編輯代表 郭 潤 直

民 法 注 解

第 XVIII 卷

債 權 (11)

第750條~第757條

博 英 社

머 리 말

「民法注解」는 民法 전체를 그의 條文順序에 따라 敍述하는 이른바 「코멘타르」(Kommentar)이다. 「코멘타르」에는 그 內容과 目的에 따라 여러 種類의 것이 있다. 이 注解書는 각 條文마다 관련되는 중요한 判決들을 引用해가면서 確定된 判例理論을 밝혀주고, 한편으로는 理論 내지 學說을 모두 그 出典을 正確하게 표시하고, 또한 論據를 客觀的으로 敍述하여 民法 각 條項의 具體的 內容을 밝히려는 것이므로, 獨逸學者들이 말하는 이른바 wissenschaftlicher Großkommentar라고 말할 수 있다. 그 目的하는 바는, 위와 같은 敍述을 통해서 우리의 民法學의 現在水準을 浮刻시키고, 아울러 우리 民法 아래에서 생기는 法的 紛爭에 대한 올바른 解答을 찾을 수 있게 하려는 데 있다.

위와 같은 內容과 目的을 가진 「民法注解」가 우리의 法學發展을 위하여 필요하다는 確信에서 그 刊行을 企劃하게 되었는데, 그 理由는 다음과 같다. 우리의 民法學이 獨自의 길을 걷기 시작한 지 近 50年이 되어간다. 또한 現行 民法이 制定·公布된 때로부터 따진다면 30餘年이 된다. 이 期間 동안에 民法을 研究하는 데 가장 基本的인 道具의 역할을 하는 法律文獻으로서 民法의 각 分野에 관한 體系的 解說書 내지 一般研究者를 위한 이른바 教科書(Lehrbuch)가 相當數 나와 있고, 또한 個別的 問題에 관한 論文도 적지 않게 發表되어 있다. 그러나 一般研究者를 위한 教科書라는 것은 著者의 主觀이 크게 作用하여, 著者에 따라 敍述에 起伏이 심하고 不充分한 점이 많다. 한편, 論文에서 표시되는 見解가 반드시 確實한 것은 아니다. 確實한 見解가 담겨진 論文이란 매우 적다고 하여도 過言이 아닐 것이다. 一般研究用 教科書나 論文이 상당히 있다 하여도 여전히 있게 마련인 空白이나 不充分한 점을 研究者 個個人이 그때 그때 自力으로 채워나간다는 것은 보통 어려운 일이 아니며, 또한 많은 時間과 精力을 쏟아야 하는 힘든 일이다. 만일에 學說·判例를 網羅的·客觀的으로 敍述하고 있어서 모든 研究者가 마음놓고 信賴할 수 있는 것이 하나 있다면, 各自 그것을 바탕으로 해서 獨自의 理論이나 見解를 펴나가는 데 集中할 수 있을 것이다. 그런데 그러한 學界 共有의 資產이라고 할 수 있는 것을 우리는 아직 가지고 있지 않다. 바로 그러한 구실을 할 수 있는 것 하나를 마련해 보겠다는 생각에서 이「民法注解」의 刊行을 꾀하게 된 것이다.

民法은 매우 큰 法律이어서, 그 전체에 관한 大「코멘타르」를 어느 特定人이 單獨으로 지어낸다는 것은 발달된 現代 民法體系 아래에서는 期待하기 어렵다. 多數의 硏究者가 共同으로 協力해서 마련하는 것이 가장 적절한 방법이다.「民法注解」도 그런 방법으로 만들기로 하였다. 그 筆陣을 정하는 것은 매우 어려운 일이었으나, 여러 사정을 고려하여 앞으로 우리의 民法學을 이끌어 갈 비교적 젊은 硏究者들을 많이 포함시켜서 筆陣을 구성하였다.

「民法注解」의 刊行은 우리의 法學史上 劃期的인 事業이라고 自負하고 있다. 그러나 처음으로 試圖하는 일인데다가, 또한 多數의 執筆者를 動員하여야 했기 때문에 均衡 있는 敍述을 期待할 수 없었다. 時間이 흐르면 法令은 變動되고 새로운 理論과 判例가 出現하게 됨은 필연이다. 그러한 變化는「民法注解」의 改訂을 불가피하게 할 것이다. 여러 가지 不充分한 점이나 흠은 改訂版을 낼 때에 是正·補充할 豫定으로 있다. 그러한 改訂을 거듭하면서「民法注解」는 더 滿足스러운 것으로, 또한 우리 나라에서 매우 값진 法律文獻의 하나로 發展할 것이다.

全部 15卷 정도로 豫定하고 있는 이 尨大한 出版을 快히 맡아 준 博英社에 대하여 깊은 謝意를 表示한다.

1992年 2月 20日

編輯代表

郭 潤 直

債權編(法定債權關係) 執筆者

金星泰(연세대학교 법과대학 교수)

金龍德(대전고등법원 부장판사)

金滉植(광주지방법원장)

朴炳大(부산고등법원 부장판사)

朴　徹(서울북부지방법원 부장판사)

徐光民(서강대학교 법과대학 교수)

梁彰洙(서울대학교 법과대학 교수)

柳元奎(서울고등법원 부장판사)

尹容燮(법무법인 율촌 변호사)

尹眞秀(서울대학교 법과대학 부교수)

李東明(인천지방법원 수석부장판사)

李尙勳(서울고등법원 부장판사)

李在洪(서울고등법원 부장판사)

李宙興(서울고등법원 부장판사)

鄭泰綸(이화여자대학교 법과대학 부교수)

崔秉祚(서울대학교 법과대학 교수)

胡文赫(서울대학교 법과대학 교수)

(가나다順. 現職은 2004년 12월 31일 기준)

債權編(法定債權關係) 執筆 內容

事務管理 前論 …… 崔秉祚
第734條～第740條 …… 崔秉祚
事務管理 後論: 不眞正事務管理 …… 崔秉祚
不當利得 前論 …… 梁彰洙
第741條～第745條 …… 梁彰洙
第746條 …… 朴炳大
不當利得의 效果 前論 …… 梁彰洙
第747條～第749條 …… 梁彰洙
不法行爲 前論 Ⅰ: 序論 …… 金星泰
不法行爲 前論 Ⅱ: 不法行爲法의 機能과 그 變遷 …… 金星泰
不法行爲 前論 Ⅲ: 不法行爲制度에 대한 새로운 視角 …… 金星泰
不法行爲 前論 Ⅳ: 不法行爲法理와 다른 補償體系 …… 金星泰
不法行爲 前論 Ⅴ: 過失責任의 原則 …… 徐光民
不法行爲 前論 Ⅵ: 無過失責任 …… 徐光民
不法行爲 前論 Ⅶ: 不法行爲責任과 다른 責任의 關係 …… 胡文赫
第750條 A 不法行爲의 要件 …… 李尙勳
第750條 B 不法行爲의 效果 …… 朴徹
第750條 後論: 人身事故에 있어서의 損害算定 …… 尹容燮
第751條～第752條 …… 李東明
責任能力 前論 …… 柳元奎
第753條～第755條 …… 柳元奎
第756條～第757條 …… 李宙興
第758條 …… 柳元奎
第759條 …… 梁彰洙
第760條 …… 鄭泰綸
第761條～第762條 …… 金滉植
第763條 …… 朴徹

第764條 …… 金滉植
第765條 …… 梁彰洙
第766條 …… 尹眞秀
不法行爲 後論 Ⅰ: 人格權侵害 …… 李在洪
不法行爲 後論 Ⅱ: 公害로 인한 不法行爲責任 …… 柳元奎
不法行爲 後論 Ⅲ: 自動車運行者責任 …… 金龍德

凡　　例

1. 條　　文

民 §49 Ⅱ iii ← 民法 第49條 第2項 第3號

民 §312-2 ← 民法 第312條의 2

民 附則 §10 ← 民法 附則 第10條

2. 判　　例

(1) 一　　般

大判 80.7.8, 79다1928(集 28-2, 101) ← 大法院 1980年 7月 8日 宣告 79다1928判決(대법원판결집 제28권 2집 민사편 101면)

大決 76.11.24, 76마275(公 551, 9634) ← 大法院 1976年 11月 24日 告知 76마275決定(법원공보 551호 9634면)

大判 80.9.24, 80다1220(要集 民 Ⅰ-1, 161) ← 大法院 1980年 9月 24日 宣告 80다1220判決(大法院判決要旨集 民事·商事編 Ⅰ-1卷 161면)

서울高判 71.12.29, 71나1733(高集 71, 612) ← 서울高等法院 1971年 12月 29日 宣告 71나1733判決(고등법원판례집 1971년 민사편 612면)

大邱地判 88.2.10, 87나485(下集 88-1, 226) ← 大邱地方法院 1988年 2月 10日 宣告 87나485判決(하급심판결집 1988년 제1권 민사편 226면)

(2) 기타의 裁判法院 및 裁判種類의 表示

大判(全) ← 大法院全員合議體判決

大邱高判 ← 大邱高等法院判決

서울民地判 ← 서울民事地方法院判決

密陽支院判 ← 馬山地方法院密陽支院判決

(3) 判例의 出典

集 ←「大法院判決集」(또는「大法院判例集」)

全集 ←「大法院全員合議體判決集」

公 ←「法院公報」

高集 ←「高等法院判決集」

下集 ←「下級審判決集」

月報 ←「判例月報」

新聞 ←「法律新聞」

總覽 ←「判例總覽」

要集 ←「大法院判決要旨集」

3. 法令略語

(1) 法　律

假登記擔保 等에 關한 法律	假擔
家事審判法(폐)	家審
家事審判規則(폐)	家審規
家事訴訟法	家訴
家事訴訟規則	家訴規
建設機械管理法	建管
建設機械抵當法	建抵
建築法	建築
競賣法(폐)	競
古物營業法(폐)	古物
公益法人의 設立·運營에 關한 法律	公益法人
公益事業을 위한 土地 등의 取得 및 補償에 관한 法律	土取
工場抵當法	工抵
公證人法	公證
供託法	供
供託事務處理規則	供規
鑛業法	鑛業
鑛業財團抵當法	鑛抵
國家賠償法	國賠
國稅基本法	稅基
國稅徵收法	稅徵
國有財產法	國財
國籍法	國籍
國際私法	國私
國土의 計劃 및 利用에 관한 法律	國計
歸屬財產處理法	歸財
勤勞基準法	勤基
金融機關不實資產 등의 效率的 處理 및 韓國資產管理公社의 設立에 관한 法律	金資
金融產業의 構造改善에 관한 法律	金構
金融實名去來 및 秘密保障에 관한 法律	金實名
勞動組合法(폐)	勞組
農地改革法(폐)	農改
農地法	農地

農地賃貸借管理法(폐)	農賃
貸付業의 登錄 및 金融利用者保護에 관한 法律	貸登
道路交通法	道交
道路法	道
都市開發法	都開
都市計劃法(폐)	都計
都市再開發法(폐)	都再
獨占規制 및 公正去來에 關한 法律	獨占
文化財保護法	文保
民法	民
民事訴訟法	民訴
民事訴訟規則	民訴規
民事調停法	民調
民事執行法	民執
訪問販賣 등에 관한 法律	訪販
法人稅法	法人
法院組織法	法組
辯護士法	辯
不動產登記法	不登
不動產登記特別措置法	不登特措
不動產實權利者名義登記에 관한 法律	不實名
不動產仲介業法	不仲
不在宣告等에 關한 特別措置法	不在特措
不正競爭防止 및 營業秘密保護에 관한 法律	不競
佛敎財產管理法(폐)	佛財
非訟事件節次法	非訟

私立學校法	私學
商街建物賃貸借保護法	商賃
商法	商
相互信用金庫法	信金
船舶法	船舶
涉外私法(폐)	涉私
所得稅法	所稅
消費者保護法	消保
訴訟促進 等에 關한 特例法	訴促
水難救護法	水救
水產業法	水產
手票法	手票
身元保證法	身保
信託法	信託
約款의 規制에 關한 法律	約款
어음法	어음
溫泉法	溫泉
原子力損害賠償法	原賠
外國人土地法	外土
外國換管理法	外換
遺失物法	遺失
利子制限法(폐)	利制
人事訴訟法(폐)	人訴
立木에 關한 法律	立木
自動車管理法	自管
自動車抵當法	自抵
自動車損害賠償保障法	自賠
資產流動化에 관한 法律	資流
傳統寺刹保存法	寺保

著作權法	著作	河川法	河川
電子去來基本法	電去	割賦去來에 관한 法律	割賦
製造物責任法	製責	航空法	航空
住民登錄法	住登	行政訴訟法	行訴
住宅建設促進法	住促	行政審判法	行審
住宅賃貸借保護法	住賃	憲法	憲
證券去來法	證去	憲法裁判所法	憲裁
集合建物의 所有 및 管理에 關한 法律	集建	刑法	刑
土地區劃整理事業法(폐)	區整	刑事訴訟法	刑訴
土地收用法(폐)	土收	戶籍法	戶籍
特許法	特許	和議法	和議
破產法	破	環境政策基本法	環基
下都給去來公正化에 관한 法律	下都	會社整理法	會整

(2) 法律의 施行令 또는 施行規則은 法律略語에 「令」 또는 「規」를 붙인다.

(3) 外國法律

獨民 ← 獨逸民法

佛民 ← 프랑스民法

瑞民 ← 스위스民法

瑞債 ← 스위스債務法

日民 ← 日本民法

墺民 ← 오스트리아民法

伊民 ← 伊太利民法

希民 ← 그리스民法

4. 文獻略語

(1) 教科書 : 著者名만으로 인용한다.

郭潤直, 債權各論, 再全訂版(1990), 新訂版(1995)

金基善, 韓國債權法各論(1982)

金錫宇, 債權法各論(1978)

金疇洙, 債權各論(1992)

金曾漢, 債權各論(1988)

金曾漢·安二濬 編著, 新債權各論(上)(1961)

__________________, 新債權各論(下)(1965)

金顯泰, 新稿 債權各論(1969)

金亨培, 債權各論(上)(1995)

李銀榮, 債權各論(1992)

李太載, 債權各論新講(1967)

張庚鶴, 新稿 債權各論(1962)

鄭範錫, 新債權法各論(1963)

朱宰璜, 債權各論講義(1950)

崔 栻, 新債權法各論(1961)

黃迪仁, 現代民法論 Ⅳ(1987)

(2) 定期刊行物

法學 ←「서울大學校 法學」

民判硏 ←「民事判例硏究」

諸問題 ←「民事裁判의 諸問題」

新聞 ←「法律新聞」

司論 ←「司法論集」

司行 ←「司法行政」

月報 ←「判例月報」

(3) 기 타

註釋債總 ← 金曾漢 編輯代表, 註釋 債權總則

5. 外國文獻(기타는 그 각 本國에서 통용되는 方式에 의함)

(1) 獨 逸

Staudinger ← Staudingers Kommentar zum BGB, 12. Aufl.

MünchKomm. ← Münchener Kommentar zum BGB, 2. Aufl.

Soergal ← Kommentar zum BGB, begründet von Hs. Th. Soergel, 12. Aufl.

(2) 日 本

日注民 ← 有斐閣 刊行, 注釋民法

차 례

第 5 章 不法行爲

前 論 Ⅰ [序論] ……………………………………… (金 星 泰) … 1
前 論 Ⅱ [不法行爲法의 機能과 그 變遷] ………… (同) … 29
前 論 Ⅲ [不法行爲制度에 대한 새로운 視角] …… (同) … 43
前 論 Ⅳ [不法行爲法理와 다른 補償體系] ………… (同) … 74
前 論 Ⅴ [過失責任의 原則] ………………………… (徐 光 民) … 126
前 論 Ⅵ [無過失責任] ……………………………… (同) … 138
前 論 Ⅶ [不法行爲責任과 다른 責任의 關係] …… (胡 文 赫) … 151
第 750 條 (不法行爲의 內容) A. 不法行爲의 要件 …… (李 尙 勳) … 179
第 750 條 (不法行爲의 內容) B. 不法行爲의 效果 …… (朴 徹) … 246
第 750 條 後論: 人身事故에 있어서의 損害算定 ……… (尹 容 燮) … 314
第 751 條 (財産以外의 損害의 賠償) …………………… (李 東 明) … 347
第 752 條 (生命侵害로 因한 慰藉料) …………………… (同) … 440
第 753 條 내지 第 755 條 前論: 責任能力 ……………… (柳 元 奎) … 462
第 753 條 (未成年者의 責任能力) ……………………… (同) … 464
第 754 條 (心神喪失者의 責任能力) …………………… (同) … 465
第 755 條 (責任無能力者의 監督者의 責任) …………… (同) … 467
第 756 條 (使用者의 賠償責任) ………………………… (李 宙 興) … 482
第 757 條 (都給人의 責任) ……………………………… (同) … 621

事項索引 ……………………………………………………………… 623

第 5 章　不法行爲

前論 Ⅰ: 序論

차　례

Ⅰ. 概念, 論議範圍와 接近方法
  1. 不法行爲와 不法行爲法
  2. 협의와 광의의 不法行爲法 概念
  3. 前論의 언급범위와 접근방법
Ⅱ. 불법행위법의 沿革
  1. 법제사적 고찰의 필요성
  2. 고전시대
  3. 로마법과 게르만법
  4. 古典的 賠償觀念의 特性
  5. 賠償原理 전개과정의 연속성
Ⅲ. 民事責任과 刑事責任
  1. 개　관
  2. 민·형사책임의 分離
  3. 민·형사책임의 상호관련

Ⅰ. 概念, 論議範圍와 接近方法

1. 不法行爲와 不法行爲法

不法行爲라 함은 법률의 근본목적에 어긋나고, 법률질서를 깨뜨리는 행위로서, 법률이 그 본질상 허용할 수 없는 것으로 평가하는 행위이다. 이를 구체적으로 정의하면, 「타인에게 손해를 주는 위법한 행위」이다. 불법행위자는 그의 행위로 말미암아 생긴 손해를 피해자에게 배상하여야 한다(民 §750). 따라서 불법행위(민법 채권편 제5장: §750 내지 §766)는 손해배상채무 발생원인의 하나이다.[1)]

불법행위로 인한 법률관계를 규율하는 불법행위법(law of torts; Deliktsrecht; droit de la responsabilité civile délictuelle)[2)]은 널리 계약관계가 설정되지 아니한 상황에서 손해를 입은 자가 일정한 자에게 그 배상을 요구할 수 있는지를 결정하는 법, 또는 귀책가능한 행위자에 의해 야기된 손해를 제거할 것을 목

1) 郭潤直, 656(1995).

2) 영미법상 불법행위법은 'law of tort(s)' 또는 'tort law'로 쓰는데 'tort'는 라틴어인 tortus(잘못된, 뒤틀린)에서 유래한 말이다. 특히 tort라는 단어는 중세의 프랑스 판례에서 이미 불법행위라는 의미로 쓰였는데 영국 보통법 법원의 용어로 수입되어 현재까지 사용되고 있다. 또한 'tort' 외에 'trespass'라는 용어도 불법행위를 의미하는 것으로 쓰이기도 한다. 상세는 v. Bar, Europäisches Deliktsrecht(München: C. H. Beck, 1996), Rn. 6.

적으로 하는 계약외적 규정에 따른 의무를 규정하는 법으로 이해할 수 있다.[3)]

실정법으로서의 불법행위법은 기본적으로 다음의 두 가지 요소를 갖추고 있어야 한다. 첫째로 손해보상체계(Ausgleichsordnung)로서의 성격, 즉 사회생활 관계를 규정(規整)하는 하나의 틀로서의 일관된 논리와 일반적 적용가능성을 요한다. 둘째로 피해자와 가해자 사이에 특별한 사전적 법률관계는 존재하지 않으나, 발생한 손해를 고려할 때 양자의 관계를 일정한 法的 規準이라는 고리로 연결할 필요성이 있다. 후자, 즉 불법행위책임 인정을 위한 정당화 근거에 관하여 보면, 불법행위책임을 논함에 있어서 또한 유의하여야 할 대목은, 損害가 발생하였다는 사실만으로 누군가에게 그 책임을 부담시킬 수는 없다는 점이다. 즉 우연한 사건(zufälliges Ereignis)으로 생긴 결과(손해)는 당해 법익의 주체가 스스로 부담해야 한다(casum sentit dominus). 손해전보를 위한 부담을 타인에게 전가하기 위해서는 특별한 근거, 즉 정당화사유를 필요로 한다. 바로 이러한 정당화요건을 충족시키는 경우에만 不法行爲責任을 인정함으로써 자의적 배상청구는 배제되고, 이러한 논리틀 안에서 적정한 손해분배를 기할 수 있다. 모든 법익주체는 자신의 법익에 대한 「일반적 위험(allgemeines Lebensrisiko)」과 그 결과를 스스로 부담해야 하고, 타인에게 이를 전가할 수 없다는 근본적인 正義에 대한 표명을 통해 불법행위책임의 기본적 명제를 이해할 수 있게 된다.[4)]

2. 협의와 광의의 不法行爲法 槪念

不法行爲 및 不法行爲法 개념에 대하여 정확한 정의를 내리지 않은 채, 이들 개념을 사용하는 경우가 없지 않다. 이와 관련하여 불법행위법은 크게 광의와 협의로 나누어 볼 수 있다. 먼저 이른바 협의의 불법행위법(또는 '계약외적 과실책임'이라고 이해되기도 한다)은 고의 또는 과실로 타인에게 손해를 가하는 법질서에 반하는 위법행위에 관한 법으로 정의되며, 이는 過失責任만을 의미하게 되어 개념적으로 무과실책임을 다루는 법은 불법행위법에서 제외된다.[5)] 이와는 반대로, 광의의 불법행위법(보통 '責任法(Haftungsrecht)'이라고도 표

3) Deutsch, Allgemeines Haftungsrecht, 2. Aufl., 1996 Rn. 1; v. Bar, Europäisches Deliktsrecht, 1996, Rn. 3f.

4) Larenz/Canaris, Lehrbuch des Schuldrechts: Besonderer Teil, 2. Halbband, 13. Aufl. 1994, S. 351.

5) 독일민법에서 이렇게 광의, 협의의 불법행위법의 정의를 시도하는 문헌으로는 Medicus, Schuldrecht Besonderer Teil, 7. Aufl., 1995, S. 348ff. 金相容, 불법행위법(1997), 2.

현함[6])은 유책한 불법에 대한 책임(Haftung für schuldhaftes Unrecht) 이외에 *危險責任*(Gefährdungshaftung)[7])에 관한 법도 포함하는 것으로 설명된다.[8]) 결국 광의의 불법행위법은 계약외적 손해배상에 관한 법규의 총체로서, 협의의 불법행위책임에 관한 법과 위험책임에 관한 법을 포함하는 상위개념으로 이해될 수 있다. 이 경우에도 事務管理 · 不當利得(민법 채권편 제 3 장 · 제 4 장)은 불법행위법의 고찰대상에 포함되지 않는다.

어떤 개념으로 불법행위법을 이해할 것인가——즉 유책성 내지는 위법성까지도 요구하지 않는 *危險責任*도 불법행위법 논의에 포섭할 것인지, 아니면 위법 · 유책한 행위로부터 야기된 책임의 영역만을 다룰 것인지——에 따라 그 논의범위도 달라질 수밖에 없다.[9]) 본고에서는 특별한 사정이 없는 한 불법행위법을 넓은 의미로 파악하기로 한다. 다만 귀책사유를 논하는 경우에는 협의로 쓰게 되지만, 이에 관하여는 별도의 설명이 없더라도 전후문맥상 쉽게 이해될 수 있으므로 별다른 문제는 없을 것이다.

3. 前論의 언급범위와 접근방법

오늘날의 *不法行爲法*이 처음부터 오늘날과 같은 발전된 형태의 논리를 갖고 있었던 것은 물론 아니었다. 위법한 행위에 대한 제재는 인간이 공동생활을 시작하면서 필수적으로 요구되었던 근본요소 중의 하나였으나, 초창기부터 오늘날과 같이 민 · 형사책임이 분리된 것은 아니었다. 장기간에 걸친 역사의

불법행위에 관한 기본규정인 §750와 그 이하의 규정내용을 볼 때 우리 민법전에서 쓰이는 불법행위의 의미는 협의로 이해될 수 있다. 그러나 민법전 제 5 장의 불법행위편의 표제어로 사용된 불법행위의 의미는 광의로 이해될 여지가 없는 것도 아니다. 왜냐하면 제 5 장에서 위험책임을 의미하는 규정(民 §758 중 공작물 등의 소유자의 책임은 위험책임의 원리에 의한다고 이해된다. 郭潤直, 754)도 포함되어 설명되고 있기 때문이다.

6) 그러나 엄밀히 말하자면 불법행위법은 'Deliktsrecht', 불법행위를 포함하여 계약위반 또는 부당이득 등 널리 민사책임 전반을 규율대상으로 하는 법은 'Haftungsrecht'로 구분함이 타당할 것이다.

7) *危險責任*의 개념정의에 대해서는, 민사법학회 민법개정안 연구소위원회, 불법행위법 개정안 의견서, 민사법학 15(1997), 173 및 176 이하.

8) 郭潤直, 656에서, '불법행위는 … 법률질서를 깨뜨리는 … 타인에게 손해를 주는 위법한 행위'로 정의한 것도 같은 맥락으로 이해될 수 있을 것이다.

9) 독일학계에서는 동일한 영역의 문제를 다루면서도, 그들의 저서에서 Deutsch는 Haftungsrecht라는 용어를 사용하며, Kötz와 Brüggemeier는 Deliktsrecht라는 용어를 각각 쓰고 있다. 네덜란드민법에서는 Art. 6:162 Ⅲ BW에서 "위법한 행위는 행위자에 의해 유책하게 야기되었거나 또는 그 원인이 법률에 의해 또는 거래관념에 의해 자신의 위험영역에 귀속되는 경우에는 그 자에게 귀책시킬 수 있다"고 규정하는 점으로 미루어, 불법행위법을 광의로 이해하는 것으로 볼 수 있다. 프랑스 민법 제1384조 I에서도 자신의 행위에 대한 객관적 책임의 내용을 담고 있으며, 이는 당연히 불법행위에 포함되어 있기 때문에 일반적으로 불법행위를 광의로 파악한다고 볼 수 있다.

진보를 통해 양 책임이 추구하는 목적·내용 등을 구별하기 시작하면서 양 책임은 분리되기 시작하였고 불법행위는 민사책임의 주요 근거 내지 채권발생원인으로 자리잡게 되었다. 특히 근대 이후에 이르러 사법의 법전화 작업을 통해 不法行爲制度의 내용은 획기적으로 발전하였다. 산업자본주의의 절대적 보호라는 당시의 사회적 이데올로기를 구현하기 위해 불법행위법도 행동의 자유를 최대한도로 보장하고자 하였다. 그러한 모습은 過失責任原則이라는 형태로 오늘날의 불법행위법리에도 잘 나타나 있다.

그러나 현대의 생존배려적 사회국가에 있어서는 책임의 근거로 가해자에 대한 도덕적 비난보다는 발생한 손해의 공평한 분담이라는 불법행위법의 새로운 기능이 강조되기 시작하여, 過失責任主義의 이해를 새롭게 하고자 하는 노력으로 위험책임의 원칙을 과실책임주의와 함께 불법행위책임의 양대 근본원칙으로 해석 또는 입법하고자 노력하고 있다.

뿐만 아니라, 불법행위제도를 이해하는데 法經濟學的 分析(law & economics; ökonomische Analyse des Rechts)이라는 새로운 방법론을 도입, 事故費用의 절감을 위해 자원배분의 효율성을 극대화하여야 한다는 접근방법이 미국을 중심으로 모색되기도 한다. 더 나아가 영미법계국가이면서도 뉴질랜드에서는 일정한 유형의 손해에 관해서는 불법행위의 논리를 뛰어넘은 새로운 보상제도를 채택·시행함으로써, 불법행위법 이론·실무가의 주목을 받고 있으며 동시에 격렬한 논란의 대상이 되고 있다.

前論은 불법행위제도를 개관하는 도입부에 해당하는만큼, 우선 불법행위제도를 초창기에서 오늘날에 이르기까지의 발전과정을 중심으로 되짚어보고, 그 바탕을 이루는 논리를 점검하며, 불법행위제도의 전통적 기능과 새로운 시각 내지 비판적 관점을 소개하기로 한다. 나아가 불법행위법리와 다른 보상(손해전보)체계와의 관계에 언급한다. 다만, 불법행위법의 立法形式에 관해서도 일반조항주의와 열거주의, 나아가 법익침해와 손해발생의 구별문제 등 서론으로 다룰만한 논점이 없지 않으나, 각론에서 충분히 논급될 것이므로 설명을 줄이기로 한다.

이러한 종적·횡적 고찰을 통하여, 이 글의 뒤를 이을 개별조문의 해석론이 미처 챙기지 못하는 역사적 발전론이나 비교제도론 및 정책적 접근론에 치중하였다. 이러한 고찰은 오늘날 우리의 불법행위법제도에 대한 깊은 이해를 도움으로써 현행제도의 문제점과 한계를 인식시키고, 이를 토대로 그 합리적 운용과 입법적 개선에 기여할 것으로 믿는다.

Ⅱ. 불법행위법의 沿革

1. 법제사적 고찰의 필요성

위법한 행위에 대해 일정한 제재를 통하여 그러한 행위 및 행위자를 비난·견제하는 인류의 지혜는 장구한 세월에 걸쳐 축적되어 왔다. 오늘날의 불법행위제도가 과연 어떤 역사적 과정을 거쳐 완성되었는지를 확인하는 것은, 바로 우리 민법의 올바른 이해를 가능하게 해준다. 또한 이를 기초로 법해석을 통한 적용과정에 하나의 지침을 제공해 줄 수 있다는 점에서, 특히 이러한 통시적 고찰은 그 의의가 크다. 아울러 우리 민법이 계수법임을 감안할 때, 비록 우리 고유 법제의 역사는 아니지만 모법인 서양법제의 역사를 탐구함으로써 유익한 시사를 받을 수 있을 것이다.[10)]

2. 고전시대

우선 인류역사상 최초의 성문법전으로 평가받고 있는 Hammurabi法典(B.C. 1,400-300)에 나와 있는 불법행위책임의 내용에 대해서 보도록 하자. 여기서는 加害者에 대한 제재의 수단으로 민·형사책임을 구분하지 않은 채 응보형 복수가 인정되었으며, 그 범위는 同害報復(lex talionis)으로 한정하고 있음을 알 수 있다. 또한 責任主體에 관해서는 個人責任의 原則이 아니라 團體責任의 형태가 주류를 이루고 있었다. 예컨대, 남의 아들(어린이)을 살해하면 殺害한 자를 벌하는 내용이, 살인자 본인이 아니라 '殺害한 자의 아들'을 殺害하는 형식의 연좌제 규정을 그 예로 들 수 있다.[11)]

한편 출애굽기(Exodus)에는 다음과 같은 구절이 있다. "황소가 사람을 뿔로 들이받아 죽게 하였다면, 그 황소는 돌멩이로 때려죽일 것이며, 그 고기를 먹어서는 안 된다. 그러나 그 황소의 임자는 책임을 면한다." 플라톤도 그의

10) 법제사 연구가 현행법전해석에 주는 영향에 대해서는 崔秉祚, 로마법연구(I)(1995), 40 참조.

11) 최종고, 法思想史(1983), 14-5. 아울러 불법행위법리의 간단한 역사 및 대륙·영미법제간의 차이 등에 관해서는 Zweigert·Kötz 공저, 양창수 역, 「비교사법제도론」(1991)의 제3부 불법행위(477 이하) 부분이 상세하다.

저서 「법률(Laws)」에서 다음과 같이 쓰고 있다. “만약 노예가 사람을 살해하면, 그 노예는 死者의 가족에게 넘겨주어야 한다. 사람을 상해한 노예는 임의로 사용할 수가 있도록 피해자에게 인도하여야 한다.” 플라톤과 거의 비슷한 시대에 살았던 에쉬네스는 통나무, 돌멩이, 쇳조각 등 無生物(voiceless and mindless things)이 우연히 사람을 죽게 한 때에는 이 물건을 國境 밖으로 내던져 버려야 한다고 주장한 바 있다.[12] 原始社會의 규범에 의하면, 사람을 덮쳐 죽게 한 나무는 피해자의 가족에게 주거나 토막을 내어버림으로써 거기서 얻는 心理的 滿足으로 補償에 갈음하였다.[13] 결국 로마법이 성립하기 이전까지는 민·형사책임이 분리되지 않았고, 책임의 보상적 성격보다는 징벌적 기능이 강하게 발휘되었음을 알 수 있다.

3. 로마법과 게르만법

(1) 로마법상의 불법행위제도

종래의 함무라비 법전류의 同害報復 사상은 초기 로마법에서도 여전히 위법행위에 대한 주된 제재수단으로 작용하고 있었다. 그 후에는 특히 이러한 속죄(Sühne)를 위한 방법으로 동등한 형태의 복수를 하는 것이 아니라, 가해자의 가족이나 부족에 의해 이를 대신할 속죄급부가 인정되기 시작하였다. 그러나 한편으로는 그 속죄급부를 받아들일 것인지, 또 그 속죄급부의 정도는 얼마로 할 것인지에 관해서는, 자신의 복수심을 만족시킨다는 목적의 달성을 위해 피해자측이 임의로 정할 수 있었다.

그 후 로마 최초의 성문법으로 불리는 「12표법(lex XII Tabularum)」[14]에서는 국민의 이익을 위하여 그러한 복수를 금지하고 그 속죄물에 대해 규정을 만들어 간섭하기 시작하였다. 이에 따르면 신체 침해, 일반적 인격권 침해, 특히 명예의 침해 등 위법한 행위를 개별적으로 확정하고, 그에 대한 속죄의 내용을 확정하게 되었다. 이 때에 이미 속죄물로서의 金錢(poena)을 부과할 수 있다고 보았으며, 피해자가 자의로 이를 받아들이지 않고 사적으로 가해자에게 보복하는 것을 금지하여 불법행위로 인한 책임을 訴權으로 인정하게 되었

12) Oliver Wendell Holmes, The Common Law(Boston: Little, Brown and Company, 1923), pp. 7-8.

13) Oliver Wendel Holmes, p. 11.

14) 12표법에 나타난 불법행위의 자세한 내용에 대해서는 Kaser, Römisches Privatrecht, 16. Aufl., 1992, S. 150f.

다.[15] 이렇듯 국가에 의해 소송의 형태로 불법행위책임의 내용이 결정되면서 복수(Rache)를 전제로 한 책임의 내용도 바뀌어 징벌의 의미를 담는 속죄금의 형태로 나타나게 되었다. 그러나 12표법에서는 최후의 수단으로 다른 형태의 속죄를 위한 노력이 실패하는 경우와 예외적으로 중한 불법행위인 경우에는 여전히 私刑으로서의 보복살인을 인정하기도 하였다.

그러나 로마가 제국을 형성해 가면서 효율적 통치를 위해 모든 제국 내에서 보편적으로 적용될 수 있는 법을 모색하기 시작하였고, 이 과정에서 불법행위법도 발전하였다. 대표적으로 lex Aquilia[16]는 초기 발전한 로마불법행위법의 연구에 중요한 자료인데, 특히 노예와 유체재산에 대한 침해로 타인에게 손해를 야기한 경우에 이를 金錢으로 배상하게 하였다는 점에서 한 단계 진보된 내용을 담고 있다. 이 법은 그 밖에도 불법행위성립에 관한 제반요건에 대해서도 상세히 규정하고 있다. 예컨대 법익침해행위와 손해의 구체적 태양, 위법성 그리고 고의·과실을 내용으로 하는 유책성에 대해 자세히 설명하고 있다. 특히 그 이전의 로마법에서는 故意(dolus)에 의한 불법행위를 제재하는 것은 허용하였으나 과실불법행위를 위한 법을 형성하지 못하였음에 비하여, lex Aquilia에 의해 過失(culpa)의 내용과 과실책임이 인정되어 발전하였다고 한다.[17]

Lex Aquilia에서는 불법행위법이 이미 개별적 구성요건주의를 취하여, 불법행위의 개별적 태양과 그 법적 효과에 대해서 구체적으로 언급하고 있었다. 따라서 초기 로마법상의 불법행위법리는 추상적인 이론형성을 목적으로 하였다기보다는, 법실무가들에게 문제가 되는 사건에서 보다 구체적으로 생활관계에 적합한 지침을 제공함을 목적으로 하였다. 이러한 점에서 이미 당시의 법학에서 실천적인 의미를 확보하는 것이 무엇보다 강조되었다. 여기서도 違法(iniuria) 등의 법적 개념이 생겨나기는 하지만, 그 의미는 추상화를 통한 다양한 형태의 불법행위를 포섭하기보다는 개별적인 사건의 해결을 위한 보조수단으로만 이용되었을 뿐이다.

그러나 비잔틴 법학시대에는 종래의 개별사건지향적 법형식을 벗어나, 법률생활에서 생기는 여러 현상들을 일반화·추상화하는 작업을 하고자 노력하

15) 이른바 벌금소권(actiones peonales)에 관해서는 金相容(註 5), 12 참조.
16) 자세히는 崔秉祚(註 10), 371 이하 참조.
17) Kaser, a.a.O., S. 228; Schiemann, Das allgemeine Schädigungsverbot: “alterum non laedere.” JuS 1989, S. 344-5.

였다는 점에서 이전의 고전파 법학과는 구별된다. 이 시기의 불법행위법의 법제사적 연구에서 자주 인용되고 있는 유스티니아누스(Justinianus)의 법학제요(Institutionen)[18]는 제1권 제1절(정의와 법) 부분에서, 특히 법의 의미에 대해서 설명하면서 불법행위법의 이론적 기초가 될 수 있는 내용을 담고 있다. 즉 법이 요구하는 것은 성실하게 생활하고(honeste vivere), 타인을 해하여서는 아니되며(alterum non laedere), 누구에게나 그의 몫이 배분(suum cuique tribuere)되어야 한다. 이 중 '타인을 해하지 말 것(법익침해금지)'을 정한 대목이 불법행위법의 일반원칙 내지 사법상의 근본원칙의 하나로 인식되었고, 기원 후 6세기 이후의 동로마제국의 법체계[19]에서 그 내용은 더욱 발전하였다.[20]

(2) 게르만법상의 발전

이론적·논리적 충실성을 중시하는 로마법과는 달리, 게르만법에서는 사회공동체에서 전승되어 오는 慣習을 중요시하였다는 점에 그 특징이 있다. 그러므로 불법행위에 대한 同害報復 사상은 '平和'를 최고의 사회가치로 여기던 게르만의 古法에서도 엿볼 수 있다. 말하자면 위법행위는 게르만의 血緣 전체의 영광에 대한 侵害로서 敵對關係(Fehde)와 血讐(Blutrache)에 의해서 회복되어야 했다.[21]

게르만의 古法인 살리카法典(lex Salica)[22]에도 이에 관한 내용이 담겨져 있다. 제36절을 보면, 家畜이 사람을 죽인 경우에 家畜所有者는 이에 대한 속죄를 위해서 和解金(the composition)의 절반을 지급하여야 하고, 나머지 절반의 賠償에 갈음하여 그 가축을 피해자측에 넘겨주어야만 했다. 人類學者의 설명에 따르면, 이러한 관습은 특히 遊牧民(pastoral peoples)에게서 보편적으로 나타나는 현상이다. 그 이유는 유목사회에서 가축은 富의 貯藏手段(a concentrated repository of material wealth)이었고, 婚姻의 형태는 부족간의 族外婚(kin-group exogamy)으로서 신부를 맞이하려면 持參金이 필요하였던 까닭이다. 즉 死亡으로 결손된 노동력은 새로 얻어 올 여자와 그 자녀에 의해서 보충할 수 있고, 賠償으로 부족간에 주고 받은 가축은 바로 이러한 목적으로 유용하게 쓰일 수

18) 이에 대해서는, Kaser의 논문 참조. Meinecke, JZ 1988, 1095ff.에서 자세히 언급되어 있음.
19) 이는 특히 1583년 이후에는 로마법대전(Corpus Iuris Civilis)이라고 일컬어진다.
20) Schiemann, a.a.O., S. 345f.
21) 郭潤直, 660 이하; 崔鍾庫(註 11), 46-7. 이와 관련된 란트平和令(Landfriede)에 관하여는 崔鍾庫, 法史와 法思想(1980), 119-22 참조.
22) 이 法典에 관한 배경설명은 崔鍾庫(註 21), 107-11 참조.

있기 때문이었다.[23] 또한 奴隷가 사람을 살해한 경우에도 같은 원리가 적용되었다(제35절). 그 후 이 논리는 다소 수정되어, 주인은 노예가 저지른 모든 손해에 대하여 배상을 하도록 되어 있다.

특이한 점은 이 살리카法典이 고대 게르만의 慣習을 成文化한 것이므로, 로마법이나 聖書의 영향을 받았을 가능성이 거의 없었음에도 불구하고 그 내용이 매우 유사한 점으로 미루어 볼 때, 古代人의 法觀念은 그 공간적 내지 풍토적 차이에 크게 영향을 받지 않았다는 사실이다. Holmes 자신도 게르만 諸部族 慣習法의 발전과정이 로마법의 성장과정과 전적으로 유사함을 인정하고 있을 정도이다.[24] 이는 실로 놀라운 사실로서 法制史·法人類學的 原因糾明이 기대되는 대목이다. 다만 여기서 지적해 두고자 하는 것은 사고나 재난이 발생한 경우에, 인간이 일정한 적극적 반응을 보여왔다는 것과 그 責任──비록 현대적 내용의 것은 아니지만──의 소재를 찾고자 노력하여 왔다는 점이다.

그 후 독일 중세에 영향력이 컸던 古法書인 작센쉬피겔(Sachsenspiegel)에서도, 다소 법리상 진보는 하였으나 近代法原理와는 상당히 다른 賠償觀念을 여기저기서 찾아 볼 수 있다.[25]

4. 古典的 賠償觀念의 特性

(1) 概 觀

위의 사례를 통해서도 알 수 있듯이, 현대법적 관념, 특히 民事責任原理에 비추어 볼 때 고전적 배상제도에서는 매우 독특한 현상들이 많이 보인다. 이를 이해하기 위하여는 다각적인 검토를 요하지만, 일반적으로 고대문화에 공통적인 요소로 풀이되는 세 가지 특성을 지적하여 두는 것은 참고가 되리라 믿는다.

그 첫째가 自然의 일체성에 대한 믿음(belief in unity of nature)이다. 즉 인간과 그를 둘러싼 자연환경을 구분하지 못하고, 따라서 인간 독자적인 관점에

23) "It is understood that these animals will in turn be used to buy a wife whose chidren will fill the void left by the man who has been killed." Marvin Harris, Culture, Man, and Nature- An Introduction to General Anthropology(New York: Thoman Y. Crowel Company, 1971), pp. 390-1.

24) Oliver Wendel Holmes, p. 18

25) 예컨대 I-53, I-65, II-5, II-6, II-16, II-40, II-61, II-62 등 참조. 그 구체적인 내용에 대해서는 催鍾庫(註 21), 183-95.

서 세상을 이해하는 능력을 갖지 못했던 것이다. 자연재해가 발생하는 경우에 이를 인간이 자연질서를 어지럽힌 데 대한 벌로 여겼던 까닭도 여기에 있다고 설명된다. 둘째 개인과 집단의 混一性에 대한 믿음(belief in unity of the individual and the group)이 강했다. 즉 개인의 행위는 당연히 그가 속한 集團의 행위로 간주되고, 그로 인한 책임도 그 집단이 지는 것으로 관념되었던 것이다. 이른바 團體責任(collective responsibility) 사상도 여기에서 유래한다. 셋째로는 가시적인 현상을 중시하는 태도(focus on the physically observable)를 들 수 있다. 따라서 일정한 사고로 損害가 생길 때에는 행위자의 심리상태 여하를 묻지 아니하고 발생한 害惡, 즉 결과에만 관심을 보이고, 이를 기준으로 책임을 논하는 경향이 강하였다.[26]

고전시대의 배상에 대한 사고방식을 설명하는 방법은 여러 가지가 있겠으나, 여기서는 그 주요한 것들만을 요약해 보기로 한다.

(2) 주요 특징

(가) 共同體責任主義 게르만의 씨족(Sippe)은 위에서 본대로 平和共同體이기도 하였지만, 동시에 保護共同體(Schutzgemeinschaft)였다. 그러므로 Sippe는 구성원을 보호하고, 그 1인에 가해진 공격은 Sippe의 영광에 대한 침해로 받아들여져 복수의 대상이 되었다. 그런데 복수는 가해자가 속한 Sippe 전체에 대하여 행해졌고, 가해자의 Sippe도 마찬가지로 가해자를 원조할 의무를 졌다. 損害의 賠償으로 지급되는 贖罪金이나 인명금도 이 Sippe가 수령하였고, 그 지급에 대한 책임도 Sippe가 부담하였다는 사실만 보더라도,[27] 공동체의식이 강하게 지배하고 있었음을 알 수 있다. 이러한 관념의 배경은, 당시 대가족중심의 집단을 단위로 생존을 도모해야 할 필요성 때문인 것으로 알려져 있다.[28]

그 이후, 대규모의 氏族共同體가 와해되고, 家族을 중심으로 하는 사회관계가 일반화되고 나서는, 가족간에 강한 연대성이 나타나게 되었다. 가족구성원 전원을 결합시키는 이러한 유대는, 만약 그들 중 한 사람이 犯罪나 위법행위의 被害者—또는 犯人—가 될 때 두드러지게 나타났다. 이 경우 피해자의 전 가족은 私的 復讐를 할 의무가 있고, 아울러 犯罪行爲에 대한 制裁로서

26) Philip P. Wiener ed., Dictionary of the History of Ideas(New York: Charles Scribner's Sons, 1978), Vol. Ⅲ, p. 35.
27) 崔鍾庫(註 21), 96-9.
28) 崔鍾庫(註 11), 15.

의 賠償金을 나누어 가질 권리를 취득하였다. 또한 가족 중 1인이 범죄를 행하였지만, 피해자의 친족에게 배상금을 지급할 능력이 없는 때에는 그 책임을 가해자측 가족 전원이 부담하였다.[29]

(나) 民·刑事責任의 未分化　현대법제하에서 民事責任은 刑事責任과는 이론상 엄격히 구분된다. 이러한 구분에서 생기는 문제점 등은 후술(「Ⅲ. 민사책임과 형사책임과의 관계」 참조)하기로 하고, 여기서는 초기의 양대 책임의 미분화상태를 간단히 언급한다.

초기사회에서는 오늘날의 不法行爲와 犯罪가 동일한 개념(the same concept)으로 이해되고 있었다.[30] 따라서 同害報復과 같은 경우를 제외하고 賠償金은 그 자체 制裁的 意味를 갖는 것이었음은 두말할 나위도 없다. 이 과정을 좀더 자세히 살펴보면, 고대 로마에서는 復讐가 가해자의 위법행위에 대한 피해자의 보복·徵罰의 원형적 모습이었으나, 그 후 復讐制度는 罰金(poena)제도로 진화하였다. 이 罰金制度는 當事者 사이의 和解를 전제로 하는 것으로서, 과도기에는 피해자의 자유의사에 맡겨져 있었으나 후에는 강제되었다. 12표법에서 그것은 강제적이었으며, 罰金額도 2배, 4배 등으로 정해져 있었다.[31]

그 후 로마법이 상당히 발달한 단계에 이르게 되자, 위법행위를 공적 범죄와 사적 불법행위로 나누어서, 전자는 刑事裁判으로 처단하고, 후자는 民事裁判에서 訴權으로 罰金을 소구하는 것으로 하게 되었다. 이렇게 보면 형식상 형사책임과 민사책임이 分化되어 있는 것 같지만, 실질적으로는 그렇지가 않았다고 한다. 우선 공적 범죄에 속하는 행위는 원칙상 사적인 불법행위가 되지 못하였고 두 責任은 다만 선택적으로 경합할 뿐이어서, 형사상 소추를 하는 때에는 사법상의 소권행사가 원칙상 불가능하였다. 또한 불법행위에 의한 罰金訴權에 있어서는 벌금 즉 배상금은 손해액의 2배 또는 4배이어서 실손해액을 훨씬 넘었다. 이러한 점을 감안한다면, 로마법상의 불법행위제도는 형벌적 성격을 갖는 것으로서, 그 최후의 발전단계에 있어서도 하나의 위법행위가 상호 독립적인 公·私法의 독자적 가치판단을 받아 민·형사상의 책임이 각각 별개로 발생할 수 있다는 현대적 감각은 갖추지 못하고 있었음을 알 수

29) Jean Imbert 著, 三井哲夫·管野一彦 共譯, フランス法制史(東京: 白修社, 1981), 20-1.

30) André Tunc. Torts-Introduction, International Encyclopedia of Comparative Law, Vol. Ⅱ, para. 49.

31) 英美獨禁法上의 制裁로서 3倍賠償制度는 이러한 사고방식과 어떤 관련을 지어볼 수 없는지 매우 궁금하다.

있다.[32)]

中世盛期에도 贖罪金·人命金制度는 계속되었는데, 재미있는 것은 그 배상금이 가해자가 속한 身分에 따라 차이가 있었다는 사실이다.[33)] 따라서 契約責任과 不法行爲責任의 오늘날과 같은 구별은 더더욱 알지 못하였다. 적어도 이 구별은 민사책임이 형사책임과 준별된 이후의, 보다 진화된 단계에서만 이루어지는 까닭이다. 불법행위제도에 징벌적(제재적) 기능을 인정할 수 있는지 여부에 관한 다툼도 결국 여기서 연원하는 것이라고 할 수 있다.[34)] 요컨대 고대의 손실전보제도에는 復讐觀念이 매우 강하게 지배하였다고 할 수 있다. Holmes도 책임관념은 그 원초적 형태에 있어서 배상이 아니라 報復(vengeance, not compensation)에서 유래한 것임을 정면으로 인정하고 있다.[35)]

(다) 自力救濟의 일반적 허용 원시적 사회에서는 자기의 권리가 침해되었다고 생각하면 복수를 하려는 소박한 감정이 더욱 강하게 작용하였으므로, 가해행위에 대해서는 당연히 자력구제(Selbsthilfe)와 배상이 인정되었다. 이러한 사고방식은 중세에도 유지되었으며, 자연스러운 것으로 받아들여졌다. 한 예로 決鬪는 투사에 있어서 당연한 권리이며, 소를 제기당한 경우에 자신의 무죄를 증명하기 위한 정당한 방법으로 용인되고 있었다.[36)] 자력구제 내지 血讐가 금지되는 데는 國家라고 하는 강력한 정치조직이 등장하여 분쟁해결권을 독점(a monopoly over the use of force to settle disputes)하기를 기다려야만 하였다.[37)]

(라) 結果責任主義 위의 사례에서도 알 수 있듯이, 고대법상의 책임은 철저한 결과책임원리에 입각하고 있었다. 행위자의 주관적 심리상태를 전혀 고려하지 않는다는 의미에서, 이러한 태도는 오늘날의 過失責任主義와 매우 대조적이다. 뿐만 아니라 심지어 자연재해에 대해서까지도 책임을 물은 예가 있다고 한다.[38)] 이와 같은 태도를, 그 사회적 성립배경을 전혀 달리하는 현대적 無過失責任論과 동일평면에서 논하기는 어렵다. 어떻든 결과에만 관심

32) 郭潤直, 659 이하.
33) Helmut Coing 저, 최종고·정종휴 역, 독일법제사(1982), 23-4 참조.
34) 현재 이 문제는 우리나라에서 慰藉料의 성질론의 문제로도 언급되고 있다. 곽윤직, 전게서, 607-8, 736-8 각각 참조.
35) Oliver Wendell Holmes, p. 34.
36) 최종고·정종휴 역(註 33), 18-9.
37) Marvin Harris, Culture, Man and Nature(New York: Thomas Y. Crowell Co., 1971), p. 339.
38) 이를테면 태풍, 지진, 홍수, 한발 등 自然災害로 피해가 생기면, 추장이나 察官을 問責한 예가 있었으며, 오늘날에도 이러한 관습을 유지하는 種族이 있다고 한다.

을 갖는 이러한 태도는, 위험한 행위의 억제와 피해자의 구제를 중시하는 사회상의 반영이라고 하겠다. "私法關係에 있어서 법은 행위자의 의도(the intent of the actor)보다는 피해자의 손실(the loss and damage of the party suffering)을 더 중요시한다"는 점을 분명히 한 1681년 영국의 Lambert v. Bessy 판결을 보면, 이 원칙이 얼마나 오랜 기간 고수되어 왔는지를 알 수 있다.[39]

(마) 動物·無生物의 擬人化　　위에서 본 결과책임적 사고방식의 연장선상에 있는 또 하나의 古法的 특징은, 이른바 單純因果的 발상법이다. 바꾸어 말하자면, 미개인이나 어린이들이 즐겨 그렇게 하는 의인화현상(the personification of inanimate nature common to savages and children)을 찾아볼 수 있다는 사실이다. 개화된 사람이라 하더라도 문틈에 손가락이 끼었을 때, 그 문에 발길질을 하게(even civilized man to kick a door) 하는 증오심이 손해배상의 원리에 포함되어 있다고 한다.[40] 이 점은 당시의 종교관 내지 세계관과도 무관하지는 않으리라 추측된다.

어떻든 이러한 특성은 다음에 보게 될 委付觀念의 원인이 되기도 하는 것이다. 로마 초기까지만 하더라도, 責任이란 물리적인 의미에 있어서 손해를 일으킨 물건에 부속하는 것으로 받아들여지고 있었다.[41] 이와 같은 생각의 밑바탕에는 동물이나 무생물인 물건 자체에도 책임의 주체가 될 수 있는 자유인에 버금가는 지위 내지 자격이 인정된다는 생각이 깔려 있다고 하겠다.

(바) 委付的 思考　　이는 事故의 원인이 된 물건을 피해자에게 넘겨줌으로써 배상에 갈음하려는 태도를 가리킨다. 事故에 개재된 動物이나 物件에 대한 소유권 내지 처분권을 피해자측에게 넘겨주거나, 이를 파괴하여 버림으로써 배상관계를 종결지으려는 태도는 현대법에서는 찾아보기 어려운 특이한 발상이라 할 것이다. 다만 오늘날에도 債務者의 재산 중 특정물 또는 재산만을 債權의 擔保로 삼는 物的 有限責任制度나, 保險의 目的이 전부 멸실한 것과 동일시할 수 있는 일정한 사유가 있는 경우에 被保險者가 그 保險의 目的에 대한 모든 권리를 보험자에게 이전하고 보험자에 대하여 보험금액 전부를 청구하는 이른바 保險委付制度[42]가 있기는 하다. 이들 제도와 古法上의 委

39) 83 Eng. Rep, 220, at 221(K.B.). Clerk & Lindel on Torts(15th ed.), The Common Law Library No. 3(London: Sweet & Maxwell, 1982), 1-11.
40) Oliver Wendell Holmes, pp. 10-1.
41) Ibid., p. 11-2.
42) 보험위부제도에 관하여는 金星泰, 보험법강론(2001), 571 이하 참조.

付觀念이 어떠한 관련을 갖는지는 분명치 않으나 어떤 형태로든 영향을 받았으리라 추측된다.[43]

어쨌거나 위와 같은 단순인과적 사고방식은 후대로 내려오면서 법률가에 의하여 교정되어, 책임은 因果關係라는 고리의 출발점으로까지(to the beginning of a chain of causation) 거슬러 올라가게 된다.[44] 여기서 우리는 좀 더 개화된 법관념상의 因果關係論을 보게 된다. 종전의 단순인과적 사고방식 — 이는 결과책임주의와 표리관계에 있다 — 은 문명이 상당한 수준에까지 이르게 되자, 더 이상 존속하기 어려워졌다. 따라서 노예를 인도함으로써 책임을 면할 수 있었던 불법행위사건에 있어서도, 주인이 이를 알고 있었던 때에는 주인에게도 책임을 물음으로써, 人的 損害에 관하여는 책임질 자의 범위를 확장하였다.

그 후 일정한 자, 즉 선주(ship-owners)와 숙박업자(innkeepers)는 자신이 알지 못한 경우에도, 船舶·旅館에 고용된 노예의 客에 대한 불법행위에 관하여, 마치 그들 자신이 불법행위자인 것처럼 책임을 지게 되었다. 이러한 예외적 책임의 근거를 이들에게 주어지는 특별한 신뢰(the exceptional confidence) 때문이라고 설명하는 이도 있었으나, 오히려 불성실한 사람을 고용한 것 자체에 잘못(guilty of negligence)이 있기 때문이라고 주장하는 학자도 있었다. 근대법적 의미의 과실책임주의는 이러한 과정에서 배태된 듯하다. 어떻든 이런 원리는 점차 適用範圍를 넓혀갔으며, 선주와 숙박업자의 責任에 관한 법은 더욱 획기적인 변화를 겪게 되었다. 즉 이들 사용자가 고용한 사람들이 自由人인 경우에도, 앞서 본 奴隷의 경우와 마찬가지로 이들 사용자에게 責任이 인정되었다.[45]

5. 賠償原理 전개과정의 연속성

이상과 같은 古法의 특징적 편린들을 짜맞추어 보면, 당시의 賠償觀念과 오늘날의 民事責任 특히 不法行爲責任 概念 사이에는 상당한 거리가 있음을

43) 해상보험에 있어서 보험위부제도는, 손해사고가 발생한 모든 경우에 허용되는 것은 결코 아니었다. 그것은 오직 중대한 사유가 생긴 경우에 특별한 조건하에서만 비로소 인정되었다. 이 점은 저 유명한 Guidon de la mer 제7장 제1조가 委付를 '例外的인 救濟手段(un extrême remède)'이라고 규정한 데서도 잘 나타나 있다. 鳥賀陽然良, 商法硏究 第3卷(東京: 有斐閣, 1936), 222-3. 그러나 유감스럽게도 그는 委付制度의 史的考察을 13세기의 이태리에서부터 하고 있어서, 비교적 상세한 이 저서에서도 古典的 委付觀念의 관련여부는 확인하기 어렵다. 同書, 234-65 참조.

44) Oliver Wendell Holmes, pp. 11-2.

45) Ibid., pp. 15-7. 오늘날의 使用者責任理論과 관련지어 볼 수 있다.

알 수 있다. 이러한 補償哲學이 近代的 意味의 責任原理로 순치(馴致)되는 데는 많은 시간이 필요하였다.[46]

이를 한 마디로 요약하기는 어려운 일이지만, 일반화하여 말하자면 당해 사회의 정치·경제·문화 등 여러 가지 요인과 사회 제세력간의 力學關係를 그대로 반영하고 있다고 보아도 무방할 것이다. 다만 Holmes판사가 이미 한 세기 전에 이 과정을 'from barbarism to civilization'이라고 표현하면서도 "法發展의 過程이란 直線的일 수 없으며, 그 방향이 언제나 可視的인 것도 아니다(its course should not be straight and its direction not always visible)"[47]고 지적하였던 사실은 이 시점에서도 음미해 볼 필요가 있으리라고 생각된다.

위에서 간단히 살핀 古典的 賠償觀念은 근대사회의 성립을 결정적 계기로 하여 획기적인 전환점을 맞이하게 된다. 1789년 프랑스 大革命을 계기로 성립한 근대시민사회는 '태어날 때부터 자유롭고 서로 平等하며, 한편으로는 理性的이면서 다른 한편으로는 利己的인 抽象的 個人'을 理念的 人間型으로 하여 이를 출발점으로 삼고 있음은 주지하는 바와 같다. 近代民法의 3大原則도 이러한 人間像을 전제로 하는 것이다. 그리하여 인간은 새로운 법질서하에서 自由를 획득한 대신, 모든 經濟關係를 자기 스스로의 책임하에 처리하지 않으면 안되게 되었다. 종래 그를 보호해주던 共同體라는 울타리는 사라져버린 것이다.

이러한 시대적 배경하에 손해전보의 원리도 당연히 크게 변모하였다. 近代的 自己責任의 原理下에서, 모든 인간은 자신의 행위로 발생한 損害에 대해서, 그것도 일정한 요건을 갖춘 경우에 한하여(過失責任主義), 賠償責任을 부담함을 원칙으로 한다. 이 문제를 합리적으로 처리하기 위하여 不法行爲制度가 마련되어 있다.

그런데 賠償責任의 個別化는 필연적으로 가해자에게 배상자력이 없는 상황에서는 심각한 문제를 야기하고, 결과적으로 不法行爲制度의 존재의의는 반감되고 만다. 여기에서 개별 경제주체간의 意圖的·自發的 結合에 의한 危險轉稼制度로서의 保險制度(위험공동체: Gefahrgemeinschaft)의 존재가치가 새롭게 부각되는 것이다.

한편 오늘날 不法行爲는 타인의 생활에 대한 違法한 侵害로 이해될 수 있

46) Philip P. Wiener, Vol. Ⅲ, p. 35.
47) Ibid., pp. 5, 77-8.

고, 그 하나의 대책으로서의 損害賠償은 생활의 유지·보장이라고 하는 기능을 수행하는 점에서 社會保障制度와 유사하다. 더욱이 社會保障의 대상이 되는 생계곤란사실 내지 要保障事故가 일정한 가해행위로 인하여 발생한 경우에, 손해배상법이 어떠한 형태로 어떠한 범위까지 간여할 수 있는가 하는 것이 문제된다. 이처럼 損害賠償制度와 社會保障制度는 그 系譜·目的·根據·性格·方法論 등에서 상당한 차이를 보이면서도, 서로 강한 영향을 주고 받는 관계에 있고, 적지 않은 대목에서 접근·중복·경합을 보이고 있다. 따라서 人的 損害에 대한 損害賠償制度를 연구함에 있어서는 관련 社會保障制度——의료, 산재, 실업, 연금보험 등 社會保險과 公的 扶助 등——의 고찰이 필수적이다. 마찬가지로 社會保障制度를 검토함에 있어서도 금세기에 들어와 장족의 발전을 한 民事責任理論 및 保險 특히 責任保險理論의 추이를 충분히 고려하여야 할 것이다.

Ⅲ. 民事責任과 刑事責任

1. 개 관

고전시대에는 民事責任이 범죄로 인한 이른바 刑事責任과 혼융(混融)되어 있었음을 앞에서 지적하였다. 그런데 위법한 행위에 대한 대응으로서의 復讐 관념은 후대로 내려오면서 사회평화를 유지할 필요성이 강하게 인식되자(the growing desire for peace), 財貨로 복수심을 사버리는(buy off the vengeance) 제도로 자리를 굳혀 갔다. 여기서 이른바 贖罪金 내지 和解金이라는 사상(the idea of composition)이 배태되었고, 상당한 기간 손해의 처리방식으로 이용되기에 이르렀다.

그 후 贖罪金은 매우 세련된 형태로 꼴바꿈을 하게 된다. 즉 贖罪金을, 피해자측의 복수심을 기준으로 하지 아니하고, 加害行爲를 기준으로(by the injury done) 산정하기에 이르렀으니, 여기에 비로소 민사불법행위의 책임내용인 근대적 의미의 賠償 관념이 나타나는 것을 볼 수 있다(the idea of compensation comes into existence).[48] 그리하여 民事責任과 刑事責任은 근대국가의 확립을 계기로 그 형식 및 내용에 있어서 현저히 다른 원리의 지배를 받게 되고, 각기

48) Philip P. Wiener, Dictionary of History of Ideas, Vol. Ⅲ, p. 35.

다른 길을 걸어 오늘에 이르고 있다.[49]

후술하는 것처럼, 刑事責任은 행위의 결과뿐만 아니라, 행위 자체에 대한 비난을 강하게 내포하므로, 법익침해의 결과가 생기지 않았더라도 일정한 범죄행위를 시도하였다는 것만으로도 처벌되는 경우가 있다(未遂犯). 그러나 民事責任은 발생한 손해를 손해사고가 생기기 이전의 상태로 회복하는 것을 가장 큰 목표로 삼기 때문에 피해자에게 損害라는 결과가 발생할 것을 전제로 한다. 따라서 민사상으로는 법익침해 없이 단순히 행태가 위험하다는 이유만으로 불법행위의 미수에 대한 책임을 물을 수 없다.

그리고 民事責任論에서는 고의나 과실 등의 요건은 그 존재 여부가 가해자가 비난받아야 할 근거를 제시할 뿐, 그 비난의 내용과 정도(손해배상의 범위와 정도)에는 영향을 미치지 않는 것이 원칙으로 이해되고 있다. 그러나 刑事責任을 논함에 있어서는 그 행위가 故意에 의한 것인지, 過失에 의한 것인지에 따라 그 비난의 내용과 정도(양형의 내용)가 현저히 달라진다.

나아가 민·형사책임의 내용상의 주요 차이점 중 하나는, 罪刑法定主義와의 관계일 것이다. 민사상 손해배상책임은 당사자간의 이익을 조정하는 기능을 하므로, 추상적으로 불법행위의 내용을 구성하고 있으며, 판례(법해석)를 통해 그 내용을 완성해 나가게 된다. 이와는 대조적으로 刑事責任에 있어서는, 국가에 의해 그 형벌이 집행되며, 인신의 구속을 전제로 하는 자유형(징역·금고)이 형벌의 주된 내용을 이루기 때문에, 범죄와 형벌의 내용은 엄격하게 법률에 기속되어야 한다는 罪刑法定主義가 강조된다. 특히 民事責任에 관하여 一般條項主義를 채택한 우리 민법의 입법태도에서 이러한 민·형사책임의 특징을 잘 이해할 수 있다. 그러나 처음부터 이러한 구별이 있었던 것은 아니고, 철학이론의 발전과 국가권력의 등장 및 정치이론의 정밀화 등에 의해 양 책임 준별사고는 꾸준히 전개되어 왔다. 다만, 불법행위책임과 관련하여 영미법에서 발달해 온 이른바 '징벌적 손해배상제도'(punitive damages)는 양 책임의 구별을 모호하게 하는 면이 없지 않다.[50]

49) 郭潤直, 659 이하 참조.

50) 우리나라에서도, 근대법에 있어서 民·刑事 兩責任의 분리가 강조된 이유가 民事責任의 성립범위를 확대하고자 하는 데에 있었음을 근거로, 양 책임의 統合을 긍정적으로 보려는 입장이 있다. 이 견해에 의하면, 兩責任의 분리는 民事責任의 制裁的 기능을 약화시키는데 목적이 있었던 것이 아니고, 불법행위의 성립요건을 확대하여 피해자구제를 강화하는 데에 그 목적이 있었다고 한다. 이명갑, "不法行爲法上의 民·刑事責任分離의 배경과 그 기능의 검토", 司行 1985, 4, 55-8 및 62. 이 견해에 따르면, 민·형 통합추세를 외면함은 과오이며, 종래의 피해자구제 이념에서 일보 전진하여 '加害行爲 抑制'를

이 자리(3.)에서는 民事責任의 본질규명에 참고가 되는 한도에서 양 책임의 분화과정을 개관하고, 民事責任法理에 남아 있는 刑事責任觀念의 흔적을 더듬어 봄으로써, 널리 不法行爲法의 위치를 음미한다. 이와 아울러 영미법상의 懲罰的 損害賠償制度와 형사절차에 있어서 賠償命令制度를 간단히 살핌으로써, 민·형사 양 책임의 관계를 점검해보는 작은 계기로 삼고자 한다.

2. 민·형사책임의 分離

(1) 大陸法系國家

로마법이 계수되었던 근세 초에는 이미 국가권력이 굳어져서, 刑罰權은 국가의 독점상태였다. 그러나 不法行爲制度가 순수한 私法上의 제도로 독립하는 데는 보다 긴 세월을 필요로 하였다. 즉 로마법 계수 후의 獨逸普通法學은 로마법상의 여러 제도를 충실하게 모방하고 이를 추종하였으므로, 우리가 이미 보았던 로마법상의 私的 不法行爲의 刑罰的 효과는 상당기간 유지되었다. 그러나 그 후 自然法學派의 영향으로 普通法에서도 刑罰的 효과는 私法上의 不法行爲에 기한 訴權의 내용으로부터 점점 제거되어 갔고, 不法行爲는 순수한 私法的 損害賠償債務의 발생원인으로 확립되어 갔다.

프랑스에서는 이미 17세기에 도마(Jean Domat)가 민·형사책임을 명백히 구분한 이래, 1804년의 나폴레옹民法典과 1808, 1810년의 나폴레옹 刑事訴訟法과 刑法이 양자를 별개로 규정함으로써 양 책임은 峻別되기에 이르렀다.[51] 한편 독일에서는 18세기 말부터의 각 란트 刑法典, 나아가 특히 1870년 獨逸帝國刑法典 제정을 계기로, 이러한 경향은 철저해져서 刑事責任과 民事責任이 마침내 완전히 분화하게 되었다.[52]

(2) 英美法系國家

(가) 不法行爲制度의 유래 영미법상 종래 不法行爲(tort)와 犯罪(crime)는 단지 制裁의 性格으로만(only by the nature of their respective sanctions) 구별될 뿐이었다.[53] 말하자면 후자가 공공의 안전이나 사회전체의 이익을 침해하는 것이기 때문에 처벌됨에 비하여, 전자는 부당한 침해를 당한 個

불법행위법론의 새로운 지도이념으로 수용할 필요가 있다고 하나, 현재로서는 별다른 호응을 얻지 못하고 있다.

51) André Tunc(註 30), Vol. II, para. 49.

52) 郭潤直, 662.

53) H. G. Hanbury, English Courts of Law(London: Oxford Univ. Press, 1957), pp. 13-4.

人이 加害者에게 보복(retaliation)을 가하지 않도록 하기 위하여 金錢賠償(monetary compensation)을 시키는 제도라는 것이다. 그런데 당시의 國家正義(royal justice)라는 이름하에 행해지던 절차상으로는, 전자 즉 不法行爲도 이른바 사회의 평온(King's Peace)을 해치는 질서문란행위(public disorder)로 다루어지는 점에서는 犯罪와 별 차이가 없었다. 그 절차는 구체적으로 加害者를 대상으로 writ of trespass[54]를 발부하는 형식으로 행하여졌다. 그리고 이 trespass라는 용어로부터 여러 가지의 不法行爲 類型이 파생하게 되었다.[55]

이들 각종 유형의 不法行爲에 있어서 중요한 것은 신체침해나 손해의 현실적 발생이 아니라, 복수나 결투를 유발한 공격적 성향(tendency of the offensive conduct to evoke retaliation and an affray)이었으며, 이는 앞서 본 不法行爲制度의 연혁상 당연한 것이기도 하다. 인격적 존엄성(personal dignity)이 영미에서 일찍부터 법의 보호를 받을 수 있었던 것도 이러한 연유에서이다. 예컨대 동의를 받지 않고 남의 신체를 건드리는 것만으로도 그 타인이 불쾌감을 느끼는 한 ── 반대 공격행위를 유발할 가능성이 있으므로 ── 救濟가 인정되는 정도였다. 이와 같은 배경하에서 영미의 不法行爲法은 일찍부터 인간의 정신적인 측면(human psyche)을 보호해 줄 수 있었다.[56] 그러나 不法行爲法이 刑法의 아류로서 그 그늘에서 뒤늦게 가지를 쳐 나온 것임은 부인할 수 없는 사실이다(a shadow on the wake of criminal law).[57]

위에서 언급한 연혁적 사정 때문에, 특히 英美法上으로는 不法行爲法에는 행위자에 대한 懲罰的 내지 制裁的 機能이 부분적으로 잔존하고 있는 경우를 볼 수 있다. 이 점은 民事責任과 刑事責任을 되도록 엄격히 구분하려는 大陸法에 비하면 다소 이례적이라고 할 수 있다. 아울러 이와 같은 태도의 차이는 후술하는 바와 같이 不法行爲制度의 機能論 등도 반영되고 있음에 유의하여야 할 것이다. 이하에서는 이와 관련된 문제들을 간단히 살피기로 한다.

54) 이 writ(영장, 명령서)는 법원 등 국가기관이 국왕의 이름으로 발행하며, 특정인에 대하여 일정한 작위·부작위를 명하는 명령서로서 여러 가지 종류가 있다. 특히 1066년 이후 국왕은 국정전반에 걸쳐 이 명령서를 활용하였고, 재판상의 영장도 여기서 분화한 것이다.

55) 고의로 폭력을 사용하여 타인의 신체를 해할 태세를 취하여 그 타인에게 공포심을 불러일으키는 행위인 assault, 현실적인 가해행위를 하는 battery, 정당한 권한 없이 타인을 체포, 감금하는 행위인 false imprisonment, 동산에 대한 불법침해인 trespass to goods 및 타인의 토지에 대한 불법침해를 가리키는 통상의 trespass가 그것이다.

56) John G. Fleming, An Introduction to the Law of Torts(Oxford: Clarendon Press, 1977), pp. 2-3.

57) Ibid., pp. 3-4.

(나) 영미불법행위법의 道德的 側面[58] 물론 不法行爲制度가 일반적인 의미에서 당해 사회의 道德觀念(current ideas of morality)과 전혀 무관할 수는 없다. 그러나 구체적으로 不法行爲制度에 어느 정도의 도덕적 색채가 반영되고 있다고 볼 것인가에 관하여는 英美學者들 사이에서도 논란이 있다. 첫째, 역사적으로 내려오면서 不法行爲法은 강한 도덕적 색채(a strong moral tinge)를 지니고 출발하였으나, 후대로 내려오면서 점차 個人에 대한 비난가능성(personal fault)을 사상(捨象)한 객관적 기준을 채택하게 되었다고 보는 견해로서, Holmes 판사에 의하여 대표된다.[59] 이에 대하여 통설은 不法行爲法이 個人은 자기의 危險負擔(at the actor's own peril)으로 행동하여야 한다는 원칙을 정립하기 위한 制度로서 출발하였으며, 그 후의 발전과정에서 책임의 기초로 도덕적 기준을 점차 수용(the acceptance of moral standards as the basis of liability)하기에 이르렀다고 본다. Wigmore, Ames, Holdsworth 등이 이러한 입장을 취한다.[60]

이와 같은 견해대립에도 불구하고 오늘날 不法行爲法에 도덕적 색채를 강조하는 의견은 그다지 많지 않다고 한다. 왜냐하면 責任의 준거인 過失概念이 엄격히 법적인 의미로 축소되어, 경우에 따라 個人의 지식·능력의 수준을 넘는 이상적(추상적) 기준을 지키지 못한 것(a failure to live up to an ideal standard of conduct which may beyond the knowledge or capacity of the individual)으로 이해되고 있기 때문이다.[61] 뿐만 아니라 過失과 무관하게 不法行爲責任이 인정되기도 하며, 부도덕하지만 不法行爲로 인정되지 않는 行爲類型이 얼마든지 있는 까닭에, 不法行爲法은 일응 個人의 도덕성(private morals)과는 무관한 사회정책적 고려를 기초로 하는 제도로 이해되고 있는 것이다.[62] 그러한 추세에도 불구하고 英美不法行爲法上의 이른바 懲罰的 損害賠償(punitive damages) 制度를 보면, 도덕적 색채가 강하게 남아 있음을 알 수 있다. Ehrmann도 不法

58) 여기에서의 도덕적이라는 말의 뜻은 刑事法的 責任을 귀속시킬 만한 道義的 非難可能性(moral blameworthiness)이라는 강한 의미이다.

59) Oliver Wendell Holmes, The Common Law(Boston: Little, Brown and Company, 1923), Lecture 1, 특히 p. 4 참조.

60) W. Page Keeton, Dan B. Dobbs, Robert E. Keeton, David. G. Owen, Prosser and Keeton on the Law of Torts, 5th ed.(St. Paul, Minn.: West Publishing, 1984)(이하 Prosser and Keeton on Torts로 약칭함), p. 21. 그 밖에 제3설로는 영미불법행위법의 발전과정에 위 양설이 주장하는 정도의 규칙성은 찾아보기 어렵다(no steady progression)는 견해(Isaccs)도 있다.

61) 이른바 過失 개념에 관한 客觀說로서, 우리나라와 英美의 지배적 견해이다.

62) Prosser and Keeton on Torts, pp. 22-3.

行爲法에 있어서 두드러진 道德的 要素(the moral element was particulary strong)를 英美法의 특징의 하나로 꼽고 있다.[63]

3. 민·형사책임의 상호관련

(1) 개　관

古法에서는 민·형사책임이 혼재되어 오다가, 근세 초부터 공·사법체계가 준별됨에 터잡아, 합리적 책임의 확정을 위하여 분리되었다. 그러나 다시 양 책임은 위법한 행위에 대한 제재라는 동일한 목적을 효율적으로 달성하기 위한 방편으로 서로 접근해가고 있다.

이하에서는 영미법상 징벌적 손해배상제도를 통해 나타나는 민사책임에 형사책임적 요소의 도입에 관하여 살핀 다음, 배상명령제도에 의해 형사절차에서 관련 민사책임문제를 해결하는 특이한 측면을 검토함으로써, 양 책임의 접근 내지 상호관련문제를 다루기로 한다.

(2) 징벌적 손해배상

英美 不法行爲法上의 懲罰的 損害賠償(punitive damages; examplary damages, vindictive damages, 또는 smart money라고도 부름)이라 함은 不法行爲가 폭행·협박·사기 등 行爲者에게 責任을 엄중히 물을 만한 사정하에서 이루어진 경우에, 피해자가 현실적으로 입은 재산상의 損害를 훨씬 넘는 액수를 賠償하게 하는 제도를 말한다. 不法行爲가 고의적·계획적일 뿐만 아니라, 동시에 犯罪를 구성한다고 하는 강도의 非難可能性을 고려하는 것이다. 그런데 그 구체적 인정범위는 나라에 따라 다소 다르다.[64] 다만 영국이 징벌적 손해배상에 대하여 제한적인 태도를 취하는 데는 그만한 이유가 있다. 영국에서는 懲罰的 損害賠償制度가 역사적으로 국가권력의 전횡으로부터 국민의 자유를 지키기 위한(to defend civil liberties against high-handed governmental action) 하나의 수단으

63) Henry W. Ehrmann, Comparative Legal Cultures(New Jersey: Prentice-Hall, 1976), pp. 41.

64) 따라서 영국에서는 통상의 자동차사고나 근로재해 등의 경우에는 이 制度가 부적당하다고 보며, 아울러 懲罰的 損害賠償을 인정하는 때에도 이를 엄격한 요건하에서만 허용한다. Rookes v. Barnard, 〔1964〕 A.c. 1129 at 1226 판결이 대표적이다. 그러나 그 밖의 보통법계국가에서는 懲罰的 損害賠償의 인정에 있어서, 영국처럼 엄격한 태도를 취하지는 않는다. 호주의 연방최고법원은 Uren v. John Fairfax and Sons(Pty), Ltd.(1966), 117 Comm. L.R. 185 판결에서 위 영국판례를 정면으로 거부한 바 있고, 캐나다도 McKinnon v. E.W. Woolworth and Co., Ltd.(1968) 판결에서 호주와 비슷한 견해를 표명한 바 있다. 미국도 여기에 별다른 제한을 가하고 있지 않다. Glanville Williams and B.A. Hepple, Foundations of the Law of Tort, 2nd ed.(London: Butterworths, 1984), pp. 73-4.

로 사용되어 왔기 때문이다. 대표적인 判例로서 North Briton이라는 신문을 인쇄한 혐의로 6시간 동안 불법감금된 원고에 대하여 加害者가 '설사 被害者를 아무리 후하게 대접하였다 하더라도' 책임을 면할 수 없다며 300파운드의 懲罰的 賠償을 명한 Huckle v. Money 事件[65]을 들 수 있다. 또한 경찰당국이 私人을 하루동안 不法監禁한 사안에 대하여 피해자에게 12,000파운드의 懲罰的 損害賠償을 인정한 1982년의 Reynolds v. Polics Comr. 判決도 참고할 만하다.[66]

(가) 理論的 基礎　　1964년 Rookes v. Barnad 判決에서 Devlin경이 판시한 바와 같이, 일반적으로 懲罰的 損害賠償制度가 '法의 힘(the strength of the law)'을 보여주기 위한 것이라고는 하지만, 그 이론적 근거에 관하여는 다소 언급할 필요성이 있다. 일종의 不法行爲法上의 罰金(a kind of tort 'fine')이라 할 수 있는 이 제도의 根據는 대체로 다음 두 가지로 집약된다.

첫째, 鎭靜理論(theory of appeasement)으로서, 犯罪와 不法行爲가 역사적인 뿌리를 같이함(the common historical roots)을 보여 주는 것이다. 주지하는 바와 같이 초기의 법의 목적은 침해행위로 인하여 분쟁이 생김으로써 사회가 붕괴되는 것을 방지(to prevent the disruption of society by disputes)하는 데 있었다. 被害者의 복수심은 賠償에 의하여 돈으로 사버릴 수 있는데, 이 경우 被害者는 두 가지 점에서 만족을 얻게 된다. 하나는 배상금을 받는다는 사실이며, 다른 하나는 加害者가 돈을 지불하지 않을 수 없다는 사실에서 확인되는 승리감이 그것이다. 이로써 피해자의 격한 감정은 진정된다(let off steam)고 보는 것이다. 한편 被害者 또는 加害者 중 일방이 사망한 경우에는 이러한 배려가 불필요하므로, 결국 懲罰的 損害賠償請求權은 당사자 일방이 死亡함으로써 消滅하게 된다.[67]

이상의 사실을 감안한다면, 懲罰的 損害賠償이 실질적으로는 대륙법에 있어서의 정신적 損害賠償(慰藉料)과 동일한 역할을 담당한다고 이해되지만, 一身專屬性 면에서는 크게 다르다고 하지 않을 수 없다. 우리의 判例는 慰藉料請求權의 상속성에 관하여, 피해자가 이를 포기, 면제하였다고 볼 만한 특별한 사정이 없는 한 상속되며, 被害者가 즉사한 경우에도 마찬가지라고 본

65) 〔1763〕 2 Wills 205, 95 ER 768.

66) Williams and Hepple, p. 75.

67) 영국의 Law Reform(Miscellaneous Provision) Act(1934), 제1조 제2항 a호는 이를 명정하고 있다.

다.[68] 多數說도 이를 지지하며, 재산적 손해의 賠償請求權에 상속성을 인정하는 것과의 균형상, 慰藉料請求權의 一身專屬性에 의문을 제기하고 있다.[69]

懲罰的 損害賠償의 둘째 근거로는 抑止理論(theory of deterrence)을 들 수 있다. 英國에서 不法行爲法이 단순한 예방의 체계(merely a regime of prevention)에 불과하다고 최초로 주장한 자는 Bentham이다. 그는 民·刑事法의 목적은 동일하며 損害賠償이나 刑罰 모두가 制裁요 惡이라고 보는데, 양자의 차이란 단지 악성의 정도(the degree of evil)의 차이에 불과한 것이라고 한다. 뉴질랜드의 법학자인 Sir John Salmon도 이에 동조하면서, '金錢賠償은 그 자체 법적 책임의 궁극적 목적이나 충분한 근거가 될 수 없다. 그것은 법이 刑法的 強制(penal coercion)라는 목적을 달성하기 위한 도구에 불과하다'고 주장함으로써, 懲罰的 賠償의 근거가 不法行爲의 억제에 있음을 주장하였다.[70]

(나) 目的과 認定範圍　　懲罰的 損害賠償制度의 목적은 당해 행위자의 刑事責任을 묻는 것과는 별도로 民事責任論의 차원에서 행위자를 處罰하고(punishing the defendant), 나아가 그러한 행위를 반복하지 않도록 교육하며(teaching the defendant not to do it again), 다른 자들에 대해서 일반예방의 효과를 거두고자(deterring others from following the defendant's example) 함에 있다. 아울러 판례에 따라서는 法律上 補償의 대상이 아닌(not legally compensable) 損害, 예컨대 감정적 상처나 訴訟費用의 塡補를 위해서도 懲罰的 損害賠償을 인정하는 예도 있다.[71]

다만 懲罰的 賠償은 피해자의 고유한 權利로서의 損害賠償請求權을 넘어 巨額의 賠償(a windfall)을 인정하는 제도이므로, 신중히 운영해야 한다거나, 과도한 賠償을 막기 위해 원래의 賠償額과 일정한 比例關係나 연관성을 유지하도록 해야 한다는 주장이 미국에서도 있지만, 法院은 이러한 주장에 크게 구애받지 않고 있다. 문서에 의한 악의적인 명예훼손사건에서 名目的 損害賠償(nominal damages)[72]을 명함과 아울러 175,000달러의 징벌적 損害賠償을

68) 大判 1966. 10. 18, 66다1335; 大判 1969. 4. 15, 69다268 참조.

69) 郭潤直, 844.

70) Williams and Hepple, Foundation of the Law of Tort(1st ed.)(London: Butterworths, 1976), pp. 70-1.

71) Batlle v. Kilcrease[1936]; Wright Titus, Inc. v. Swafford[1939]; Brewer v. Home-Stake Production Co.[1967] 및 Cox v. Stolworthy[1972] 판결 참조. Prosser and Keeton on Torts, p. 9. 이러한 경우에는 懲罰的 損害賠償이 실질적으로는 우리의 위자료의 기능을 수행하지만, 우리는 위자료에 제재적 기능을 인정하지 않는 까닭에, 양자의 성격상의 차이는 여전히 남아 있다. 이 점에 관해서는 후술한다.

72) 명목적 손해배상이라 함은 권리의 침해는 인정되지만, 실제손해의 발생이 인정되지

명한 경우(Reynolds v. Pegler, 1954), 명예훼손사건에서 1달러의 實際損害와 25,000달러의 懲罰的 賠償을 명한 사례(Edwards v. Nulsen, 1941), 또는 폭행사건에서 750달러의 실제손해와 10,000달러의 징벌적 배상을 명한 判決(Livesey v. Stock, 1929) 등에서 이러한 태도를 엿볼 수 있다. 특히 이와 같은 경우에는 不法行爲責任의 형벌적 뉘앙스가 강하게 나타나며, 大陸法的 賠償理論과는 좋은 대조를 이룬다.

(다) 이 제도의 存置 여부에 관한 논란

(a) 廢 止 論 懲罰的 損害賠償制度가 과연 타당성이 있으며 계속 존치시킬 필요가 있는가에 관하여는 다툼이 치열하다. 반대론의 근거를 몇 가지 들어 보면 다음과 같다. 먼저, 懲罰이라는 명목하에 인정하는 과도한 배상은, 위 이론적 기초(근거론) 가운데 抑止理論이 입각하고 있는 功利主義哲學(the utilitarian philosophy) —— 刑罰은 해악을 억제하는 데 필요한 정도를 넘어서는 안된다 —— 그 자체와도 모순된다는 비판이 있다. 또한 懲罰的 賠償을 인정하면서 아울러 刑事責任을 묻는 것은 결국 2중처벌(double jeopardy)이라는 점과 더불어, 加害者에게는 과도한 배상·被害者에게는 부당한 이득을 취득하게 하는 점이 문제점으로 지적되고 있다. 뿐만 아니라 懲罰的 賠償의 성격상, 그 입증에 있어서 합리적 의심을 배제하는 강도의 증명(proof of guilt beyond reasonable doubt)이나 自己負罪拒否特權(the privilege against self-incrimination) 등 엄격한 형사절차상의 제 원칙성이 적용되어야 함에도 불구하고, 변덕스런 배심원들이 만연히 평결하는 등 절차상의 문제점도 적지 않은 것으로 지적되고 있다.[73] 이에 덧붙여 징벌배상액에 대하여는 효과적으로 抗訴할 수 있는 길도 열려 있지 않은 점(no effective appeal)도 이 제도에 대한 비난의 원인이 되고 있다.[74]

(b) 存 置 論 이에 대하여 징벌배상제도를 유지하여야 한다는 찬성론도 만만치 않다. 우선 懲罰的 賠償責任을 인정함으로써 행위자의 악성(사악한 동기에 의한 행위)을 억제하고(discouraging evil motives), 訴訟費用을 손해로 인정하지 않는 美國 民事訴訟制度의 맹점을 부분적으로 보완(a partial remedy for the de-

않는 경우 또는 실제손해가 있더라도 그 액수를 입증하지 못하는 경우, 원고승소판결은 내리되 1페니나 1센트 등 극히 少額의 배상만을 명하는 방식이다.

73) 징벌적 배상의 액수가 통상 미국보다 매우 낮은 영국에서도 이 점에 관한 비판이 가장 신랄하다.

74) Williams and Hepple(1st ed.), pp. 71-2.

fect in American civil procedure)할 수 있다고 한다. 뿐만 아니라 懲罰的 賠償이 없었다면 訴訟費用 등 현실적 장애 때문에 救濟請求가 어려운 많은 사건들을 법적으로 다툴 수 있게 함으로써, 국민의 權利救濟에 기여하는 장점도 무시할 수 없다고 주장한다.

어쨌거나 懲罰的 損害賠償制度는 英美 不法行爲法을 특징지우는 制度로서 논란의 대상이 되고 있음은 사실이나, 퇴조의 기미는 현재로서 보이지 않음을 적시해두는데 그친다.[75]

(c) 餘 論 懲罰賠償을 인정하는 경우에, 그 밖에도 다음과 같은 대목이 문제된다. 먼저 加害者가 責任保險에 가입한 경우에 責任訴訟에서의 책임액 가운데 懲罰的 賠償에 해당하는 부분도 保險者가 보상하여야 하는가? 물론 保險理論上 故意免責原則이 인정되기는 하지만, 懲罰的 賠償 여부는 不法行爲訴訟에서 독자적으로 판단되므로 실제상 문제되는 예가 많다고 한다. 이 점에 관하여 다수의 판례는 公序良俗的 견지에서 이 부분에 대한 保險者의 責任을 부인하고 있다.[76] 또한 사용자가 피용자의 不法行爲에 대하여 이른바 代位責任(vicarious liability)을 지는 경우에도 위와 비슷한 문제가 생긴다. 이에 관해서도 판례는 피용자의 懲罰的 損害賠償責任까지를 사용자가 부담하는 것은 아니라고 봄이 대세이다. Restatement Tort도 이를 明定하고 있다(§909).

뿐만 아니라, 금세기에 들어와 藥禍事故, 製造物責任 등 대량적으로 발생하는 재해(mass disaster)가 늘어남에 따라, 이러한 被害에 관해서도 懲罰的 賠償制度가 타당한지 논쟁이 재연되고 있다. 이를 계기로 懲罰賠償制度의 전면적 재깁토론이 일고 있으나, 본고에서 상론할 바는 되지 아니하므로 여기서 줄이기로 한다.[77]

(3) 刑事節次에서의 民事責任의 처리: 賠償命令制度

(가) 절차의 통합 民·刑事責任의 분리는 필연적으로 각 책임의 확정절차의 분리를 수반한다. 즉 不法行爲責任은 民事訴訟에서, 刑事責任은 刑事訴訟에서 각각 다루어지게 된다. 그런데 기본적으로는 刑事訴訟은 私人에 대

75) Prosser and Keeton on Torts, pp. 11-2.

76) 대표적 판결로는 American Sur. Co. v. Gold[1967]과 Crull v. Gleb[1964]가 있다. Robert E. Keeton, Basic Text on Insurance Law(St. Paul Minn.: West Publishing, 1971), pp. 286-8.

77) Roginsky v. Richardson-Merrell, Inc., 판결 참조. Prosser and Keeton on Torts, pp. 12-5.

한 국가의 刑罰權의 존부의 확정을 목적으로 하는 점에서, 私法上의 權利關係의 확정을 목적으로 하는 民事訴訟과 구별된다.[78] 그리하여 양 소송은 기본구조·당사자, 나아가 당사자들에게 소송주도권 부여 여부, 귀책사유 요구의 정도, 입증의 강도 등 많은 면에 있어서 서로 다른 節次法原理의 지배를 받으며 발전하여 왔다.

그러나 民事訴訟과 刑事訴訟의 완전분화에 문제점이 없는 것은 아니다. 예컨대 한 개의 교통사고임에도 불구하고, 통상적으로 두 개의 절차로 나뉘어 처리되는 까닭에, 법원이나 당사자에게 비경제적일뿐더러, 판결의 모순저촉을 초래할 위험이 있다. 예를 들면 刑事訴訟에서는 운전자의 過失을 인정하면서, 民事訴訟에서는 이를 부정하는 경우가 그것이다. 이러한 결과는 법률의 문외한인 일반국민에게 司法에 대한 不信의 원인이 될 우려도 있다. 요컨대 犯罪行爲는 형사처벌의 대상일 뿐만 아니라, 그 被害者에 대해서는 不法行爲에 해당하는 경우가 대부분이다. 그러므로 이러한 犯罪行爲의 양면성에 착안하여, 최근 각국에서는 분쟁의 일회적 해결, 즉 양 절차에 있어서의 모순저촉의 방지 또는 訴訟經濟 등의 이유로 일정한 요건하에 刑事節次에서 民事責任의 일부를 확정하고 그 이행을 명하는 제도가 채택되고 있는 점이 눈에 띈다. 말하자면 附帶訴訟의 형식으로 不法行爲에 의한 賠償請求를 일정한 조건하에 刑事訴訟節次에 끌어들여 병합심리함으로써 분쟁의 간이한 해결을 도모한다. 일본의 舊刑事訴訟法의 附帶訴訟制度나 현행 독일 刑事訴訟法上의 附帶訴訟制度(Adhänsionsprozeß: 刑事訴訟法 §403 이하)가 그러하다. 영국에서도 종래 개별적 犯罪行爲에 있어서 특별법으로 刑事法院이 행위자에게 賠償命令(criminal compensation order)을 내릴 수 있도록 되어 있었고, 그 후 이를 Power of Criminal Courts Act, 1973으로 통합하여 모든 범죄행위에 있어서 널리 賠償命令을 허용하고 있다.[79]

이러한 제도를 인정하는 일반적인 근거로는 犯罪行爲者에 대한 속죄의 기회를 주고, 범죄예방의 효과를 기할 수 있으며, 절차의 간소화라는 커다란 이점이 있을 뿐만 아니라, 피해의 신속한 구제를 도모할 수 있으며, 아울러 刑事節次에 대한 被害者의 관심과 기여도를 높임으로써 실체적 진실발견에도 봉사

78) "The criminal law is principally directed towards influencing behaviour. In contrast, the aim of the law of tort is principally to compensate the victim of wrongdoing." Williams and Hepple, p. 3.

79) Willams and Hepple, pp. 5-6.

할 수 있다는 점을 든다.[80]·[81]

우리나라도 이러한 추세에 발맞추어 1981년에 제정된 「소송촉진 등에 관한 特例法」에서 附帶訴訟인 賠償命令制度를 신설하였다. 여기서 賠償命令이라 함은, 刑事訴訟節次에서 有罪判決을 宣告하면서, 동시에 피고사건의 犯罪行爲로 인하여 발생한 손해액(§25 Ⅰ) 또는 피고인과 피해자간에 합의된 賠償額(§25 Ⅱ)에 대하여 피고인에게 賠償을 명하는 것이다. 특히 賠償申請에 있어서 印紙의 免除(§26 Ⅰ), 節次費用의 國家負擔(§35)으로 경제적인 被害救濟를 꾀한 것은 특기할 만하다. 또한 賠償申請은 執行力을 구하는 데 그치므로, 엄밀한 의미의 訴는 아니지만 訴의 提起와 동일한 효과가 생기며(§26 Ⅷ), 확정된 賠償命令이 기재된 有罪判決의 正本은 強制執行에 관하여는 民事判決正本과 동일한 효력이 있다(§34 Ⅰ). 다만 우리나라의 제도는 다른 입법례에 비하여 파격적인 대목이 많은 까닭에, 이를 略式民事訴訟이 아니라, 특수한 訴訟形式으로 파악하고 있다.

(나) 批 判 論　　그러나 刑事賠償命令制度에 대해서는 批判論도 없지 않다. 우선 이것은 어디까지나 단순한 사건에 국한될 例示的인 성격의 것임에도, 우리나라의 賠償命令制度는 刑事訴訟節次가 單獨事件이든 合議部事件이든 불문하며, 被害額이 얼마이든 가리지 않고 倂合審理토록 하고 있어 문제이다. 또 賠償請求額에 대한 고유한 民事管轄이 있음에도 刑事訴訟節次의 관할에 따르게 함으로써 법원조직법상의 管轄에 관한 기준에 어긋난다. 그리고 우리의 경우는 被害者의 신청이 없더라도 法院이 직권으로 賠償命令을 할 수 있게 하고 있으나(§25), 이러한 태도는 민사사건의 處分權主義원칙에 비추어 무리라는 비판도 있다.

또 하나 우리가 눈여겨보아야 할 대목이 賠償의 範圍에 관한 것이다. 우리 법은 원칙상 傷害, 重傷害罪, 傷害致死, 暴行致死傷罪, 형법 제38장 내지 제40장의 竊盜, 強盜罪, 詐欺, 恐喝罪, 橫領, 背任罪, 제42장의 損壞罪의 경우 및 자동차사고와 관련된 부분으로서 제26장의 過失致死傷罪에 관하여 有罪判決을 宣告한 경우에 한하여 賠償命令을 宣告할 수 있도록 하되, 다만 그 밖의 犯罪에 관하여는 被告人과 被害者 사이에 합의된 경우에도 이를 인정한다(§25 Ⅱ).

80) 그러나 이 제도와 구별하여야 할 것으로서, 사회보장책의 일환으로 범죄의 피해자에게 국가가 그 피해를 보정하여 주는 이른바 犯罪被害者補償制度(criminal injuries compensation scheme)가 있다.

81) "Der Staat vergilt, der Täter sühnt"(應報는 國家가, 贖罪는 行爲者가). 이 제도에 관한 설명은 박성철, "형사배상명령제도", 新聞 1419-1427 및 李時潤, 신민사소송법(박영사, 2003), 254.

그런데 賠償의 범위에 있어서 우선 정신적 손해, 즉 慰藉料를 제외시키고 있으며, 犯罪行爲로 인하여 발생한 직접적인 物的 損害 및 治療費 損害라고 규정하고 있는 까닭에(§25 I), 賠償命令만으로는 犯罪行爲로 인한 相當因果關係 있는 損害 전부를 賠償받을 수는 없고, 미진한 부분은 다시 별도의 民事節次에 의하여야 하므로 결국 이 제도는 中途半端的 解決策밖에 될 수 없는 점에 문제가 있는 것이다.[82] 그 밖에도 법관에게 심리적 부담감을 준다든가, 事實立證의 정도를 달리하는 양 절차를 併合하는 데서 오는 피해자 지위의 불안정, 열악한 처지에 놓인 피고인으로서 사실상 배상을 강요당하는 불합리 등이 비판의 대상이 되고 있다.[83]

이상에서 賠償命令制度에 관해 일별하였거니와, 이러한 예만으로 양 책임이 통합되어 가는 추세에 있다고 단정할 수 있을지는 의문이다. 우리의 배상명령제도를 가리켜 '民·刑事 양 책임의 통합을 시도한 획기적 立法'이라고 보는 견해[84]가 없는 것은 아니지만, 이러한 태도에는 논란의 여지가 있다. 왜냐하면 이 제도는 節次法 독자적 안목에서 이루어진 조치라고 이해되어야 하며, 그렇다고 해서 그것이 곧 實體法上 양 책임의 統合 그 자체를 의미한다고 보는 것은 성급한 견해가 아닐까 생각된다.[85]

[金 星 泰]

82) 李時潤(註 81), 254-7.

83) Williams and Hepple, p. 6의 각주 11. 아울러 차용석·최용성, 형사소송법(제 2 판)(세영사, 2004), 890.

84) 이명갑(註 50), 62.

85) 아울러 양 책임이 관련을 갖는 대목으로서, 일정한 범위에서 民事責任의 확실한 이행을 전제로 刑事責任을 문제삼지 않는 특수한 경우도 있다. 이른바 交通事故處理特例法이 그것이다.

前論 Ⅱ: 不法行爲法의 機能과 그 變遷

차 례

Ⅰ. 傳統的 機能
1. 서
2. 補償機能
3. 豫防的 機能
Ⅱ. 양 기능에 대한 批判
1. 補償機能에 대한 비판
2. 豫防的 機能(抑止機能)에 대한 비판

Ⅰ. 傳統的 機能

1. 서

일반적으로 不法行爲法이 담당하는 기능으로 열거되고 있는 것에는 여러 가지가 있다. 그런데 不法行爲法은 원칙적으로 過失責任主義를 근간으로 삼고 있으므로, 이들 여러 가지 기능(내지 목적)은 過失責任主義의 기능으로 이해하더라도 별 무리는 없으리라 생각된다. 그러나 過失責任을 기조로 하는 불법행위법리가, 오늘날 그 형식이나 내용 면에서 상당히 수정·변용되고 있음에 비추어, 아래에서 구체적으로 적시될 불법행위제도의 기능은 過失責任主義와 이를테면 無過失責任原則에 있어서 각기 농담(濃淡)을 달리하며, 상호 영향을 주면서 나타나게 될 것이라는 점에 유의할 필요가 있겠다.

불법행위의 機能은 주장하는 학자에 따라서 그 내용이 달라질 수 있으나 전통적으로 인정되는 내용으로 대략 다음 다섯 가지를 들 수 있다. 첫째 被害者에 대한 補償(compensations of the aggrieved party; Ausgleich des Geschädigten), 둘째 법익침해행위의 抑止 또는 豫防(deterrence of anti-social behaviour; Prävention der Rechtsgutverletzung),[1] 셋째 違法行爲者의 處罰(punishment of a wrongdoer), 넷째 피해자의 滿足(satisfaction of the aggrieved party; Genugtuung des Geschädigten), 다섯째 社會秩序의 回復(redress of the social order)이 그것이다. 이 다섯 가지 가운데 어떤 기능이 강조되어 왔는가는 時代·場所 또는 不法行爲의 類型 등에 따라 각각 다르다. 그러나 대체로 이들 다섯 가지 기능이 서

1) 불법행위가능성에 대비하여 사전 留止請求를 인정하는 경우를 의식하여, '방어' 기능을 언급하는 견해도 있으나(金相容, 불법행위법, 3), 이는 억지 또는 예방 기능에 포함된다고 하겠다.

로 모순되는 것은 아니며, 상호보완적인 관계에 있는 것으로 생각된다.[2]

그런데 오늘날 이들 기능은 다각적으로 재음미되고 있으며, 懲罰的 損害賠償과 관련하여 근자에는 故意에 의한 위법행위인 경우 처벌기능이 새로이 강조되고 있다. 그러나 補償과 豫防(첫째 및 둘째 기능)을 제외한 나머지 機能에 대해서는 일반적으로 그다지 큰 의미를 부여하지 않고 있는 것이 사실이다.[3] 그 이유는 다음과 같다.

무엇보다 19세기 實證主義 犯罪學者의 연구 및 현대적 연구의 결과, '인간은 인간을 審判할 수 없으며, 處罰할 수도 없다'(man is not capable of judging man and should not punish him)는 점이 理論的·心理的 승인을 받게 된 까닭이다.[4] 이에 따라 私法으로서의 不法行爲法의 두 가지 고전적 기능(行爲者의 處罰과 社會秩序의 回復)이 논의대상에서 제외되었고, 「被害者의 滿足」 기능도 그 설득력을 잃게 되었다. 그 결과, 不法行爲法은 補償과 抑制를 기본적 기능으로 삼게 된 것이다. 우리나라에서도, 不法行爲責任을 無過失責任論을 중심으로 설명하려는 태도는 타당치 않으나, "지나치게 個人本位思想에 치우치고, 인격주의적·응보적 정의감을 기조로 하는 過失責任主義는 반성·시정되어야 한다"는 논의가 있는데,[5] 결국 이 견해와 문제인식을 같이 하는 입장이라 하겠다.

둘째, 故意에 의하지 않은 偶發的 損害(accidental damage)가 격증한 점이다. 우발적 손해의 경우에도 역시 행위자의 處罰이나 社會秩序의 회복이라는 것은 적절한 목표가 되기 어렵다. 근대 이전의 사회구조를 보면 산업화·도시화가 이루어지지 않았고, 교통·통신 등의 여건도 오늘날과는 판이하게 다른 靜的 社會였으므로, 대부분의 사고가 의도적 행위(deliberation)로 생긴 것[6]임을 생각한다면 쉽게 이해할 수 있을 것이다.

---

2) 이와 관련하여, 손해배상제도의 목적에 관하여 설시한 대판 1969. 2. 4, 68다2178 참조. 오늘날 불법행위제도가 수행해야 할 기능으로 1) 조정기능, 2) 원상회복기능, 3) 방어기능을 꼽는 견해도 있다: 金相容, 전게서, 3.

3) 예를 들어 Deutsch, a.a.O., Rn. 17: Larenz, Lehrbuch des Schuldrechts, Bd. I. AT 14 Aufl. (1987), S. 423: MünchKomm/Mertens, vor §823 Rn. 41.

4) André Tunc(ed.), Torts-International Encyclopedia of Comparative Law; Vol. XI, p. 133. Silber는 '인간은 인간을 審判할 수 없고, 다만 행위를 非難할 수 있을 뿐'이라고 한다. 또한 그러한 행위를 하는 자에 대하여 도덕적 판단을 내릴 힘도 가지고 있지 못하다(powerless to pronounce a moral sentence against the man who commits them)고 지적한다.

5) 이재훈, 判例不法行爲法, 제 1 권(1983), 8-9.

6) John G. Fleming, p. 4.

2. 補償機能

지배적 견해에 따르면, 발생한 손해를 가해행위 이전의 상태로 회복 내지 전보하는 역할이 불법행위법의 1차적 기능이라 할 수 있다.[7] 독일에서도 손해배상제도의 최우선순위는 '손해전보'에 맞추어야 한다는 주장이 널리 받아들여지고 있다.[8] 불법행위법의 기능 중 補償 측면을 중요시하는 이유는, 이 보상기능이 바로 正義의 요청에 부합한다는 점 때문이다. 손해배상에 있어서 正義의 원칙(the principle of justice)은 인간 고유의 심리적 반응(a psychological reaction)의 한 표현이라고 할 수 있다. 말하자면, 不法行爲를 당한 피해자는 당연히 행위자에게 反感(resentment)을 가지게 되며, 社會는 그 피해자의 처지를 동정(society sympathetically identifies itself with the victim)하게 된다. 이러한 적대적 감정은 刑罰로 무마되고(appeased by punishment), 개인적 차원에서는 補償으로 滿足(satisfied by reparation)을 얻어 진정되는 것이다. 결국 민사책임론에서 正義라는 개념은 이러한 과정을 추상화한 것으로 이해할 수 있다. 즉 타인의 유책한 위법행위로 손해를 입은 자는 바로 그 他人에 의하여 배상을 받음으로써 불법을 교정하게 되는데, 이러한 의미에서 정의의 요청이 불법행위책임의 補正機能에서 가장 잘 나타난다.[9] 이 점을 Pearson Report에서는 'elementary justice'라고 표현하면서, 個人責任概念은 여전히 妥當하다고 주장하고 있다.[10] 다만, 가해행위 이전의 상태 회복이, 반드시 原狀回復에 의한 손해의 보상만을 뜻하는 것으로 이해되어서는 안된다. 동등한 가치를 갖는 金錢에 의한 배상도 원상회복과 마찬가지로 동일한 목적을 달성하는 하나의 방법이 될 수 있기 때문이다.

개별적인 경우에, 피해자에 대한 보상을 위하여, 정의관념에 따라 구체적 책임의 양이 결정된다는 것은, 가해자를 포함한 개인의 권리보호를 기할 수 있다는 점에서 의미를 갖는다. 또 이러한 보정적 기능은 개인간의 이해관계 충돌문제에 개입하여, 경제적인 면에서 가해행위 이전의 상태로 회복시킴으로써

7) 따라서 용어상으로는 '塡補' 또는 '報償'이라는 표현이 더 적절할 수도 있겠으나, 여기서는 편의상 補償이라는 용어도 같은 의미로 쓰기로 한다.

8) Franz Bydlinski, System und Prinzipien des Privatrechts(1996), S. 187f.; Deutsch, a.a.O., Rn. 17; MünchKomm/Mertens, Vor §823 Rn. 41; v. Caemmerer, Das Problem des Kausalzusammenhangs im Zivilrecht(1956), S. 12.

9) MünchKomm/Mertens, Vor §823 Rn. 42; Williams and Hepple, pp. 135-6.

10) Royal Commission on Civil Liability and Compensation for Personal Injury, Vol. 1, para. 262. 개인적으로 비난가능한 행위로 인해 타인에게 불이익을 가한 자를 문책한다는 점에서, 불법행위법의 보상기능은 과실책임주의와도 밀접한 관련이 있다.

평화와 질서를 유지하는 기능도 발휘하게 된다. 그런데 가해자와 피해자 사이의 제반 경제·사회적 불평등을 시정하려는 이른바 配慮原則(Versorgungsprinzip)이 대두함으로써, 종래 몰가치적이고 탈이데올로기적인 보상원칙에 대해서는 실질적인 정의의 실현을 위해 가치지향적 보완이 필요하다는 견해가 주장되기도 한다.[11] 이러한 주장은 흔히 保險制度를 통하여 잘 설명되고 있다.[12]

나아가 피해자에 대한 보상 내지 정의의 실현이라는 목적 외에도, 손해의 적절한 배분이라는 요청 앞에서 불법행위법의 기능은 변화를 겪게 된다. 사회 전체적으로 볼 때, 피해자를 구제하는 것이 타당한가, 그리고 그 방법은 어떤 것이 바람직하며, 구제의 수준은 어느 정도로 할 것인가 하는 法政策的 課題에 더 큰 관심이 모아지게 된 것이다.

3. 豫防的 機能

불법행위법의 보상기능은 이미 발생한 손해를 어떠한 방법으로 제거하는 것이 타당한가에 주안점이 주어지고 있는 반면, 예방적 기능(또는 抑止機能)이란 불법행위법의 목적이 행위자에게 사전주의를 촉구하여, 불법행위가 애당초 발생하지 않도록 유도하는 데에 있다는 논의이다. 불법행위제도의 사고억지적 기능을 강조함으로써, 손해의 방지에 기여한다는 점에서 예방적 기능은 그 의미가 적지 않다고 할 것이다.

구체적으로 이러한 예방적 기능은 실무적으로 過失 개념을 확정하는 과정에서 많이 나타난다고 한다.[13] 통상적으로 過失은 「요구되는 주의의무의 해태」로 이해되는데,[14] 개별적 사건에서 어떤 내용과 수준의 주의의무가 요구되는지를 보면, 보통 이성적인 사람에게 동일한 상황에서 손해의 발생방지를 위하여 요구되는 안전조치라고 설명할 수 있을 것이다. 결국 손해를 방지하기 위한 예방조치를 취하지 않았을 때 過失이 있다고 판단된다는 점에서, 불법행위법의 목적을 판단함에 있어서 예방적 기능이 중요한 기능을 한다고 볼 수 있다.

그리고 人格權의 중대한 침해가 있을 경우, 현저한 유책성——특히 故

11) Schiemann, Argumente und Prinzipien bei der Fortbildung des Schadensrechts(1981), S. 234ff.

12) Larenz, Schuldrecht AT S. 425; MünchKomm/Mertens, Vor §823 Rn. 43. 그 밖에 권리추급적 기능(Rechtsverfolgungsfunktion)과 배려적 기능(Versorgungsfunktion)이 언급되기도 하는데, 이는 보상기능에 포함되는 것으로 본다.

13) Kötz, a.a.O., S. 646; Mertens, Vermögensschaden, S. 109ff.; Weyers, Unfallschäden, S. 479.

14) 예컨대, 郭潤直, 686; 李銀榮, 債各, 577 이하.

意——이 있으면 침해된 법적 평화의 회복을 위해 피해자에 대한 손해보상 이외에 특별한 보상(Genugtuung)이 고려되어야 한다는 논리[15]도, 결국은 특별한 보상을 하게 함으로써 그러한 가해행위를 방지하기 위하여 더 세심한 주의를 사전에 요구할 수 있게 된다는 점에서 豫防的 機能을 가질 수 있다.[16] 이러한 예방적 기능은 保險制度의 도입에 의해 축소되기는 하였으나, 완전히 소멸한 것은 아니다.

다만 불법행위법의 예방적 기능이 보상기능을 수행하는 과정에서 생기는 부수적 기능인지,[17] 아니면 보상기능보다 우선시켜야 하는 중요한 목적인지[18]에 관해서는 견해가 나뉜다.

Ⅱ. 양 기능에 대한 批判

이상과 같은 점에서 不法行爲法의 양대 기능, 즉 補償과 豫防(抑制)은 오늘날에도 중대한 사회적 의의를 지닌다는 것을 부정하기 어렵다. 특히 우발적 손해에 있어서는 「補償」이 不法行爲責任의 기반을 이루는 셈이다. 문제는 불법행위자에게 단순히 賠償義務를 지우는 것만으로는 사고의 抑止效를 기대하기 어렵다는 데 있다. 왜냐하면 責任保險의 등장으로 불법행위자와 補償者(즉 배상의무의 실질적 부담자)가 각기 다를 수 있기 때문이다(the actual tortfeasor is rarely the one who pays the compensation). 따라서 불법행위의 예방적 효과를 기대하려면 더욱 정교한 수단이 필요하다. 또한 보상이 不法行爲者 個人에 의하여 이루어지는 것보다는, 集團的으로(from collective sources) 이루어지는 편이 더 바람직하다. 바로 여기서 不法行爲責任은 損失分散技術(loss spreading technique)로 기능함을 알 수 있다. 「偶發的 損害의 分散(loss spreading of accidenta damage)」은 오늘날 不法行爲法의 주기능의 하나이다.

15) BGHZ 18, 149. 그러나 이러한 보상적 기능이 BVerfGE 34. 286에서 승인되었음에도 불구하고 항상 반론이 제기되어 왔다. 예를 들어 Kern, Die Genugtuungsfunktion des Schmerzensgeldes——ein pönales Element im Schadensrecht? AcP 191, 247.

16) Keßler, Fahrlässigkeit im nordamerikanischen Deliktsrecht, S. 142.

17) 대표적으로는 Larenz, Lehrbuch des Schuldrechts Bd. I. AT 14. Aufl., S. 423; Deutsch, a.a.O., Rn. 18; MünchKomm/Mertens, Vor §823 Rn. 41.

18) Kötz, Ziel des Haftungsrechts, FS F. Steindorf, 1990, S. 645ff.; Brüggemeier, Judizielle Schutzpolitik de lege lata -Zur Restrukturierung des BGB-Deliktsrecht, JZ. 1986, 969, 970ff.

不法行爲法의 機能이 오늘날 이처럼 변모하게 된 데에는 또 다른 원인이 있다. 바로 「安全欲求(man's desire for security)」에 대한 관심의 증대가 그것이다. 이는 개인의 가치에 대한 인식이 크게 달라지고, 인간의 다양한 활동으로 인한 피해의 위험이 높아진 사회적 분위기를 배경으로 한다. 「安全할 權利」(the right to security)는 심지어 國家的·國際的 文書로 확인·선언되고 있으며, 이러한 경향을 중시하여 일부 법학자들은 '시민의 권리보장(to guaranty the citizen's right)이 不法行爲法의 機能'이라고 주장하기도 한다.[19] 이러한 견해를 대표하는 Starck 教授는 「피해자의 관점(le point de vue de la victime)」을 중심으로 不法行爲法을 구성하고자 하며, 개인에게 주어진 自由行動權(le droit d'agir)은 불가피하게 安全에의 權利(droit à la sécurité)와 妥協(concilier)하여야 한다고 본다.[20] 權利保障機能은 補償·抑制 및 損失分散機能 속에 함축되어 있음에도 불구하고, 오늘날 새로운 관심의 대상이 되고 있음이 사실이다. 따라서 이 네 번째 기능까지를 포함하여 흔히 불법행위법의 현대적 4機能으로 꼽고 있다.[21] 그 중 前二者가 기본임은 물론이며, 불법행위법의 기능론에 관한 비판도 여기에 집중되어 있다.

1. 補償機能에 대한 비판

(1) 正義의 요청과 관련하여

불법행위법리 중 보상기능에 대한 비판은, 그 이론적 근거인 正義의 원칙에 대한 비판에서 잘 나타난다. 앞서 설명한 정의의 요구 자체가 불법행위법상의 보상기능에서 제대로 나타나고 있지 못하다는 비판을 받는데, 그 근거는 다음과 같다. 첫째, 정의의 관념이 불법행위책임에서는 단지 교정적 정의(iustitia commutativa)의 발현형태이지 배분적 정의는 고려하지 않는다는 점이다.[22] 따라서 손해배상책임은 불법의 교정(Korrektur von Unrecht)을 위한 것이지, 배분적 정의 기준에 의한 불행의 전가를 의미하는 것이 아니라고 본다. 결국 보상기능은, 사고당사자들의 經濟的 地位를 무시하고 있다. 가해자의 경제적 능력이 부족하여 賠償金支給으로 경제적으로 파산하더라도, 過失이 있는

19) André Tunc(ed.), Torts, International Encyclopedia of Comparative Law, Vol. XI, p. 154.

20) Weil et Terré, n° 595. 이러한 주장은 1947년에 나온 "Essai d'une théorie générale de la responsabilité civile considérée en sa double fonction de garanie et privée"라는 Starck 교수의 논문이 그 효시이다.

21) André Tunc, p. 154.

22) Larenz/Canaris, a.a.O., S. 354.

한 배상을 하여야 하기 때문이다. 더욱이 피해자가 경제적으로 매우 풍족하여 가해자가 야기한 손해에도 아무런 부담을 느끼지 않는 경우를 상상해 보라. 그러함에도 가해자는 그 손해의 배상을 위하여 상당기간 또는 생의 나머지 기간을 배상금 지급을 위해 살아가야 한다면, 배상논리의 설득력은 떨어질 수밖에 없을 것이다. 물론 이것도 法原則이라고 할 수는 있지만, 결코 正義로운 원칙이라고는 볼 수 없다.[23)]

둘째, 불법행위책임이 전제하는 過失責任主義는 통상 過失 개념을 客觀的으로 설정(an objective test of negligence)하는데, 이는 다분히 擬制(fiction)이다. 그 결과 개개인의 구체적·개별적 注意力의 差異는 무시될 수밖에 없으며, 이는 결코 正義에 부합한다고 보기 어렵다.

셋째, 過失의 입증은 소송상 많은 노력과 비용을 필요로 한다. 따라서 이 문제는 결국 돈싸움으로 귀착되기 쉽다.[24)] 그리고 현실적으로 사고당사자의 소송수행능력에 다양한 편차가 엄연히 존재하는 한, 일반원칙으로서의 過失責任主義는 正義感과 어긋나게 된다. 설사 피해자가 過失立證의 난점을 피하기 위하여 訴訟 대신 和解를 택한다고 하더라도, 加害者(특히 가해자가 자신이 가입한 보험회사의 지원을 받는 경우)와의 經濟的 力學關係는 반영되기 마련이며 그 결과(合意賠償額)는 正義에 반할 가능성이 높다.

(2) 補償機能의 불확실성

補償機能(compensatory function), 즉 被害者에 대한 배상은 過失責任主義의 중심적 기능이라 할 수 있다. 이를 유일한 기능으로 보는 사람도 있는데, 그 이유는 이른바 억제기능은 오히려 다른 수단으로 달성해야 할 것이기 때문이라고 한다. 요컨대 보상기능은 被害者의 지위를 가능한 한 가해행위 이전의 상태로 회복시키는 것(as nearly as possible to his former position)을 중시한다. 그러나 실제에 있어서 과연 이러한 역할을 불법행위법이 제대로 해내고 있는지에 관하여는 회의적인 견해가 많다. 私保險의 새로운 유형인 責任保險이 등장하고 널리 보급된 것도 바로 이 補償機能을 강화하기 위해서임은 두말할 나위도 없다. 그러나 이러한 제도적 뒷받침을 받으면서도 문제점은 계속 지적되어

23) "This is certainly the legal rule, but it is not quite obviously the rule of justice": Wiliams & Hepple(1984), p. 137.

24) "The acid test as to whether an injured claimant will succeed in the quest for compensation is often less a legal than a financial one"이라는 비난도 이를 두고 한 말이다. Eli P. Bernzweig, By Accident Not Design: The Case for Comprehensive Injury Reparations (N.Y.: Praeger Publishers, 1980), p. 57.

왔고, 그 당연한 결과로, 더욱 충실한 새로운 보상제도에 대한 논의가 끊임없이 제기되어 왔다.

극단적인 비판론자에 따르면, 過失責任主義에 입각한 불법행위책임은 피해자에 대한 「不補償」을 목적으로 하는 제도이다. 특히 불법행위책임을 訴訟으로 추급할 때에는 문제점이 심각하게 노출된다. 무엇보다도 '過失'이라는 법개념 자체가 매우 추상적인 까닭에, 이를 주장·입증함이 우선 용이하지 않다. 전형적으로 自動車運行에 있어서 사고는 순간적으로 생기는 까닭에, 사고시점으로부터 오랜 시일이 경과한 후에, 법관 앞에서 당사자의 과실을 증명하는 것은 매우 어렵다. 이러한 사정은 의사·변호사 등 專門職業人의 과실을 입증해야 하는 때에는 더 심각하다. 이 경우 과실 유무 판단에 있어서는 같은 분야에 종사하는 동료의 감정의견이 결정적인데, 그들과 피고 사이에는 '팔이 안으로 굽는' 이른바 'conspiracy of silence' 현상이 나타나므로 피해자의 구제는 사실상 벽에 부딪치는 셈이다. 나라에 따라서는 변호사를 상대로 불법행위책임을 추궁하는 경우, 원고인 고객측을 위하여 소송을 수행할 변호사를 구하는 것 자체가 곤란할 때도 적지 않다고 한다. 이러한 사정으로 인하여 피해자로서는 보상가능성에 관하여 현저한 불확실성에 직면하게 된다.[25)]

(3) 배상에 있어서의 賭博性

불법행위법리상 過失은 있으면 있고, 없으면 없다. 말하자면 그것은 all-or-nothing식 논리의 지배를 받는다.[26)] 따라서 일정한 사고에 휘말려 손해를 입더라도, 가해자의 과실을 입증하지 못하면 「한푼도」 배상받지 못하는 것이다. 따라서 그것은 피해자로서는 마치 제비뽑기(a lottery)를 하는 것과 다를 바가 없다.[27)]

다만 근자에 과실의 비율(퍼센티지)를 따져 배상책임을 인정하여야 한다는 「比率的 過失理論」이 거론되고 있으나,[28)] 학설로서는 별다른 주목을 받지 못하고 있는 실정이다.[29)]

25) 소송 대신 和解를 시도하는 경우에도 사정은 비슷하다. 화해란 '돈을 최대한 끌어내기 위하여 갖은 잔꾀와 기술을 다 동원해야 하는 일종의 포커놀음'(A kind of poker, using all your wits and skill against your opponents in order to take as much money as possible out of the game)이라는 Philip J. Herman의 독설이 이러한 사정을 잘 말해준다: Eli P. Bernzweig, p. 72.

26) 물론 過失相計 등은 예외라고 할 수도 있겠으나, 그것도 어디까지나 "과실 있음"으로 판단된 이후의 문제이다.

27) Eli P. Bernzweig, p. 57.

28) 李時潤, 民事訴訟法, 566 참조. 비율적 과실이론은 과실상계와는 그 내용상 별개임.

29) 이에 관한 근자의 판례로는 대판 98. 7. 24, 98다12270: 「가해행위와 피해자측의 요인

2. 豫防的 機能(抑止機能)에 대한 비판

(1) 일반적 논란

앞서 언급한 것처럼, 過失責任主義에는 일정한 유형의 행위를 억제하는 효용이 있다. 이 점을 들어 過失責任主義를 유지하고자 하는 견해도 많다. 이 문제는 不法行爲法의 도덕적 측면과도 연결되는 것이지만, 사견으로는 영미법계 국가에서는 여전히 이러한 성향이 강한 듯하다. 특히 법리의 변천이 심한 자동차사고 분야만 보더라도 미국 각주의 약 절반 그리고 영국에 있어서는 원칙상 過失責任主義를 기본으로 하는데, 이러한 사고방식의 바탕에는 행위자의 主觀的 心性을 책임귀속의 근거로 삼음으로써 책임과 도덕적 비난가능성을 일치시키고, 그리함으로써 위법행위 자체를 억제할 수 있다는 논리가 자리잡고 있는 것이다.

물론 사고의 사전적 豫防(accident prevention)은 사후적인 補償(accident compensation)보다 낫다. 그러나 不法行爲法이 과연 현실적으로 사고의 발생을 사전에 억지하는 기능(a deterrence effect)을 수행하는지에 관하여는 논란이 있다.

긍정론자들에 따르면, 일반적으로 過失責任主義는 행위자로 하여금 주의를 기울이도록 경고하는 효과가 있으며, 이것이 없으면 행위자로서는 자신의 安全(one's own safety) 이외에 사고를 방지하고자 하는 아무런 인센티브도 갖지 못하게 된다고 한다. 따라서 "실수하면 책임을 지게 된다"는 위협(the threat of legal liability for faulty conduct)이야말로 경제적 측면에서 사고방지를 위한 지속적 경보장치(a constant reminder)인 셈이다. William Schwarz가 過失責任原則을 배제한 No-Fault System을 다음과 같이 비난하는 것도 같은 맥락에서 이해 될 수 있다.

> "No-fault 제도는 자동차사고를 증가시킬 것이다. 그런 점에서 현행제도(過失責任主義)는 부주의한 운전자를 잘 제어하고 있는 셈이다. 운전자로서는 만일 사고를 내면 보험료를 더 물거나 계약갱신이 불가능해질 것을 잘 알고 있기 때문이다.

이 경합하여 손해가 발생하거나 확대된 경우에는 그 피해자측의 요인이 체질적 소인 또는 질병의 위험도와 같이 피해자측의 귀책사유와 무관한 것이라고 할지라도 당해 질환의 태양·정도 등에 비추어 가해자에게 손해의 전부를 배상시키는 것이 공평의 이념에 반하는 경우에는, 법원은 그 손해배상액을 정함에 있어서 과실상계법리를 유추적용하여 그 손해의 발생 또는 확대에 기여한 피해자측의 요인을 참작할 수 있다고 봄이 상당하다.」 이 판결에 대한 비판적 평석으로는 임준호, "의료과오소송에서 기여도에 의한 배상액의 비율적 인정", 民判硏, 21, 389-413 참조.

이에 비하여 No-Fault제도는 이러한 효과를 제거해버렸다. ……불법행위자를 사고의 책임으로부터 보호해주는 責任保險이 등장했다고 해서 억지적 효력이 감소(undercut)된 것은 아니다. 責任保險이 존재한다는 것 자체가 개인책임개념(the concept of individual responsibility)을 승인한다는 증거이며, 過失責任主義하에서는 보험료인상으로 부주의한 운전은 억제된다."[30]

반면, 過失責任主義에 억지적 기능이 있다는 견해에 대해서는 다음과 같은 반론이 있다. 첫째 賠償責任 위협만이 안전한 행동을 강제할 수 있다는 긍정론자들의 생각은 잘못이며, 오히려 훨씬 강력한 억지 인센티브가 不法行爲法 바깥에 존재한다. 형사법적 제재(처벌), 의료과오에 있어서 의사들이 우려하는 직업상의 오명(professional stigma), 자동차운행에 있어서 부주의한 운전으로 생길지도 모르는 자신과 가족의 사고, 운전면허취소[31] 등은 그 좋은 예이다.[32]

둘째, 사고를 유발하는 모든 행위(injury-causing behavior)가 회피 가능하다고 믿는 것은 잘못이다.[33] 일정한 사회에 있어서 일정한 위험행위가 구체화될 확률은 특별한 사정이 없는 한 매우 안정적이며, 이 점이 바로 보험제도의 數理的 基礎이기도 하다. 이러한 사정을 감안한다면, 過失責任에 의하여 불법행위법적 억제가 가능한 부분은 기실 상대적으로 작을(relatively insignificant part) 수밖에 없다.[34] 요컨대 過失責任原則의 억지적 효력을 강조하는 자들은, 不法行爲

30) Eli P. Bernzweig, p. 66, p. 99의 주 20 참조.

31) 우리 법원도 무면허운전에 대해서는 엄격한 태도를 취하는 추세이다. 대판 97. 12. 26, 97누17216: '오늘날 자동차가 급증하고 자동차운전면허도 대량으로 발급되어 교통상황이 날로 혼잡하여 감에 따라 교통법규를 엄격히 지켜야 할 필요성은 더욱 커진다 할 것인바, 교통법규를 위반하거나 교통사고를 일으킨 자 등에 대한 운전면허에 대하여 당국이 행하는 운전면허정지처분과 같은 행정처분은 교통상의 모든 위험과 장해를 방지·제거하여 안전하고 원활한 교통을 확보하기 위한 필수적인 법적 제재라 할 것이므로 반드시 실효성이 확보되어야 할 것인데, 운전면허정지처분기간중 운전행위를 한 것은 위와 같은 목적의 당국의 처분을 정면으로 위반하여 그 처분의 실효성을 소멸시키는 것으로서 그와 같은 행위자에 대한 운전면허의 취소에 있어서는 일반의 수익적 행정행위의 취소와는 달리 그 취소로 인하여 입게 될 당사자의 불이익보다는 이를 방지하여야 하는 일방 예방적 측면이 더욱 강조되어야 한다'고 보아, 영업사원에 대한 운전면허취소처분의 정당성을 인정한 사례; 대판 98. 3. 27, 97다6308: '운전자의 운전면허가 적법한 절차에 따라 정지 또는 취소된 이상 운전자가 그 무면허운전 사실을 인식하지 못하였다고 하더라도 달리 볼 것은 아니라'고 설시하면서, 운전면허가 정지·취소된 경우, 자동차보험의 면책규정상의 무면허운전에 해당된다고 본 사례.

32) Eli P. Bernzweig, p. 67.

33) 미국의 자료(Driver Behavior and Accident Involvement: Implications for Tort Liability, pp. 176-80)에 따르면 Washington D.C.의 정상적 도로조건하에서 우수한 운전자는 매 5분마다 서로 다른 4가지 유형의 운전실수를 9번이나 하는 것으로 밝혀졌다(Automobile Insurance and Compensation Study; U.S. Government Printer, Washington, 1970).

34) 다음과 같은 구절을 참고하기 바란다. The assumptions — that most accidents are caused by aviodable behavior, and that this behavior can be deterred or modified by penal or economic sanctions — are unsupportable.

法이 제시하는 주의기준을 지킬 수「없는(cannot)」자와 지키지「않는(will not)」자를 제대로 구분하지 못하는 잘못을 저지르고 있는 셈이다. 경험이나 訓練이 부족한 자를 포함하여 거의 모든 行爲者는 지킬 수「없는」사람들이다.[35)36)]

나아가 설사 過失責任原則에 억지효과가 있다고 하더라도, 이것이 발휘되려면 행위자가 관련법규(relevant rules)를 윤곽이나마 알고 있어야 함은 물론, 자신의 행위가 여기서 설정된 기준에 미치지 못하였음을 인정하여야만 한다. 그러나 인간의 심리적 습성상(a common psychological quirk) 사고를 내더라도 좀처럼 자기 잘못을 인정치 않으려는 경향이 있다. 심지어 법원에서 有責 판결이 확정된 경우에도 이를 사법제도에 큰 문제가 있는 탓(a gross miscarriage of justice)으로 돌리거나, 변호사가 무능했기 때문이라고 치부하는 예가 허다하다.[37)] 잘못했다고 생각하는 사람이 아무도 없는데, 어떻게 잘못된 행위를 억제한단 말인가? 특히 責任保險의 발달로 소송수행을 보험자가 대신하게 되면, 행위자는 불법행위소송의 결과에 대해서조차 관심을 갖지 않게 된다. 이 단계에 이르면 過失責任主義의 억지효는 사실상 사라지고 마는 것이다.[38)]

(2) 억지효과를 기대할 수 없는 경우

不法行爲責任과 관련하여 또한 문제가 되는 점은, 정신적 또는 환경적 요인으로 인하여 현저히 정상적인 사회활동이 곤란한 자에 대하여도 법은 책임을 인정할 수밖에 없고,[39)] 행위자에 대하여는 결과적으로 손해야기행위에 관하여 아무런 抑止可能性을 기대할 수 없다는 점이다. "교육자로서의 不法行爲法은 흡사 Dickens의 소설에 등장하는 Squeers씨와 같이 독선적이고 냉정한

35) Eli P. Bernzweig, p. 67.

36) 이 문제에 관하여는 다음과 같은 실증적 연구가 있다. 최근 40여년간 스칸디나비아 제국에서는 음주운전으로 인한 자동차사고를 막기 위하여 음주운전자에 대하여는 不法行爲責任은 물론, 무거운 형벌(severe penalties)을 과하여 왔다. 스웨덴은 혈중알콜농도가 1.5/1000인 자에 대하여는 초범(first-time vioator)이라 하더라도 30일 이상의 禁錮刑(노르웨이 21일; 핀란드 3월 이상 6월 이하) 및 최소 1년 이상의 면허정지(노르웨이 2년; 핀란드 2-3년)를 과한다. 이러한 엄격한 법이 얼마만큼 억지적 효력을 발휘하였는지(to test the deterrent effectiveness of thest laws)를 조사한 H. Laurence Ross의 결론이 매우 흥미롭다. "이들 법률이 음주운전을 억제한다고 볼 만한 아무런 증거도 찾아볼 수 없다(no adequate proof). 그러한 증거가 있다는 믿음이야말로 미신(the Scandinavian myth)이라고 할 만하다." Eli P. Bernzweig, p. 68.

37) 1970년 미국교통부(Department of Transportation)가 실시한「Public Attitude toward Auto Insurance」라는 조사에 의하면, 2대 이상의 자동차사고에 있어서 응답자의 압도적 다수(whelming majority)가 사고원인을 다른 운전자 탓으로 돌리고 있었다.

38) "How do you deter faulty conduct that no one believes is faulty?" Eli P. Bernzweig, pp. 68-9.

39) 다만 責任無能力者에 대하여 불법행위책임을 면제하는 제도가 있다.

인물이다."[40] 더 나아가 抑止原理를 내세우려면, 過失行爲를 반복하는 자에 대하여는 별도의 고려를 하여야 할 것임에도(예컨대 형사법에 있어서 상습범·누범의 가중처벌과 비교해볼 것), 불법행위법은 이 문제에는 별다른 관심이 없다.

또한 抑止原理가 관철되려면, 당사자간의 合意로 사전에 過失로 인한 不法行爲責任을 免除 또는 制限할 수 없어야 할 것이다. 대량적으로 체결되는 부합계약에 있어서는 더욱 엄격히 다루어야 하리라고 본다. 미국에서도 원칙상 당사자가 合意로 責任配分을 달리할 수는 있지만, 예컨대 공공성을 가진 企業(a quasi-public institution: 각종 운송회사 등)이 그 서비스와 관련하여 過失責任을 制限하려는 시도에 대하여는 이를 公序良俗에 반하는 것으로 보아 無效로 하고 있다.[41] 이러한 관점에서 본다면 債務不履行에 있어서의 손해배상액의 예정에 관한 民法 제398조가 不法行爲에는 準用되지 않는 것도 이해할 만하다.[42]

그러나 실제에 있어서 상당한 예외를 찾아 볼 수 있으므로 抑止原理의 설득력은 줄어들 수밖에 없는 것이다. 종래 우리 대법원은 채무불이행책임과 불법행위책임의 관계에 관하여, 이른바 「請求權競合說」을 취하는 通說을 지지해왔다.[43] 그런데 海上運送에 있어서의 특수한 사정은 해상기업주체의 계약책임

---

40) Williams & Hepple, p. 141. 또한 Atiyah는, 過失原理가 客觀說을 수용함으로써 개인차를 무시할 뿐 아니라, 사고방지를 위한 아무런 사전요구는 아니한 채, 사후명령만을 능사로 삼는다고 통박(痛駁)한다. P. S. Atiyah, Accidents, Compensation and the Law, 3rd ed.(London: Wiedenfed and Nicolson, 1980), pp. 475, 477-8.

41) O. J. Anderson, Business Law(New Jersey: Littlefield, Adams, 1978), pp. 21-2. 또한 의사가 수술을 하기 전 환자로부터 수술결과에 대하여 이의를 제기하지 않겠다는 내용의 수술승낙서를 받았다고 하더라도, "… 진단과 수술 잘못으로 원고의 오른손 끝에 마비가 오도록 수술에 과실을 저지른 이상, 승낙서에 의해 수술상의 과실에 대한 책임까지 면제될 수 없다"고 하면서 不法行爲責任을 인정한 하급심판례(1982. 3. 31. 대구지법 제4 민사부 판결) 참조.

42) 그러나 不法行爲에도 이를 부인할 이유가 없다는 주장이 있으나(이재훈(註 5), 2149), 그 근거설명이 매우 궁금하다.

43) 大判 62. 6. 21, 62다102: 본건에 있어 상법 제577조(신상법 135조)에 의한 손해배상청구권과 불법행위를 원인으로 하는 손해배상청구권은 소위 청구권이 경합하는 경우로서, 두 청구권은 동시에 성립할 수 있는 것이고 서로 표리관계에 있어 하나가 성립하면 다른 것은 성립할 수 없는 것이 아니므로 본건 청구의 경합은 선택적(택일적)인 것이 명백하므로 원심이 택일적인가 예비적인가를 밝히지 아니하였다 하여 위법하다 할 수 없다. 그리고 택일적 청구의 경합인 이상 그 중 하나의 청구원인에 의하여 원고의 청구를 인정하였다면 나머지 청구에 대하여는 심판할 필요가 없는 것이고, 더욱이 불법행위를 원인으로 하는 손해배상청구권을 행사하는 것이 상법 제577조에 의한 손해배상청구권을 행사하는 것보다 피고측의 항변을 배척함에 있어 원고에게 유리한 본건에 있어서는 원고로서는 원심이 위 불법행위를 원인으로 하는 손해배상청구권에 관하여서만 심리하였다 하여 불평할 수는 없는 것이다; 大判 77. 12. 1, 75다107: 운송계약상의 채무불이행책임과 불법행위로 인한 손해배상책임은 동시에 성립 병존하고 상법상의 단기소멸시효나 고가물 불고지에 따른 면책 등의 규정 또는 운송약관규정은 운송계약상의 채무불이행으로 인한 청구에만 적용되고 불법행위로 인한 손해배상책임에는 적용이 없다.

을 일정한 한도로 제한하는 이른바 船主責任制限制度(商 §746 이하)를 일찍부터 발전시켜 왔고, 이로써 해운산업의 육성을 뒷받침하고 있다. 그러나 이러한 契約責任의 제한원리가 不法行爲責任과는 일단 무관한 까닭에, 請求權競合說을 취하는 한, 責任制限制度의 실효성은 반감되고 만다.[44] 다만 抑止原理라는 관점에서 보면 이러한 태도가 반드시 부당하다고만은 할 수 없는 것이다. 그런데 우리 大法院은 船主責任制限制度의 취지를 감안하였는지 종전의 태도를 바꾸어, "운송인이 선하증권에 기재한 면책약관은 특단의 사정이 없는 한 그 증권소지인이 주장하게 될 운송약관상의 채무불이행책임뿐 아니라 운송물소유권침해를 이유로 한 불법행위책임에 대하여도 이를 적용할 의도로 기재하였다고 풀이하는 것이 당사자의 의사에 부합하는 것이며, 이와 달리 위 면책약관은 오로지 계약상 채무불이행책임만을 대상으로 한 것이고 불법행위책임의 추궁은 이를 감수할 의도였다고 보기는 어려운 것이다"라고 하고, 따라서 "위와 같은 면책약관이 기재된 선하증권을 교부받은 소지인과 운송인간에는 운송약관상의 채무불이행책임뿐만 아니라 운송물소유권침해로 인한 불법행위책임에 대하여도 위 면책약관을 적용키로 한 숨은 합의가 이루어졌다고 보겠으므로 그 면책약관을 불법행위책임에 적용키로 하는 별도의 명시적 또는 묵시적 합의가 없더라도 당연히 불법행위책임에도 그 효력이 미친다고 보아야 할 것이다"라고 하고, 아울러 전원의 일치된 의견으로 위 1980年의 판결을 폐기한 바 있다.[45] 抑止說은 적어도 이러한 判例態度를 합리화하기 어렵다고 본다.[46]

또한 損害賠償責任은 가해자가 사망한 경우에도 가해자의 재산에 대하여 존속한다. 이 점을 감안한다면 過失責任의 이론적 근거로는 補償說(a theory of

44) 과거에도 대법원(65. 1. 12, 63다609)은 "배상액제한약정에서 당사자의 명시적인 합의로써 불법행위상의 책임을 경감시킬 수 있다 함이 세계적으로 인식되어 있는 바라 볼 것이므로, 만일에 불법행위상의 책임의 경감에 대하여 당사자의 숨은 합의가 있다면 그에 따라서 불법행위책임을 경감할 것이다"라고 하고, 이어서 "이것은 현금 세계적으로 해상보험이 발달되어 있어 해상운송사고에 대하여 대부분의 경우에 송하인은 완전한 만족을 얻으려고 하는 경향이 있다는 점을 아울러 고찰하여 행하여지는 세계적 해석경향이라 할 것이다"고 하여, 不法行爲의 경우에도 선하증권상 배상액한정약정의 효력이 미친다고 판시하였으나, 대판 81. 11. 11, 80다1812 판결로 태도를 바꾸었다.

45) 大判 1983. 3. 22, 82다카11533. 이 판결에 대한 상세한 언급은 이균성, "해상운송인의 不法行爲責任과 면책약관의 효력", 新聞 1491-1492 참조.

46) 이러한 문제점은 영국에서도 인지되어 있으며, 그러한 立法의 예로서 Road Traffic Act 제148조 3항(自動車運行上 責任의 제한), Carriage by Air Act 제 1 편 제 3 장 제23조, Misrepresentation Act 제 4 조(過失로 인한 부실표시) 등을 꼽는다. 이 문제와 관련하여 억지이론은 형법상에서도 논의되고 있는데, 그렇다면 과실기준에 반하는 행위에 대한 제재(손해배상과 형벌)는 이중처벌(double punishment)의 문제를 야기하는 것은 아닌가 하는 의문이 있다.

compensation)만이 설득력을 가질 뿐이다.[47)]

끝으로 억지이론과 관련하여 Atiyah가 지적하는 문제점을 살핀다. 그에 따르면, 오늘날에는 회사 등 사적 단체나 지방자치단체 등 개인이 아닌 團體의 활동영역이 크게 확대되고 있다. 그런데 이들도 일정한 범위 내에서는 不法行爲能力을 가지는데, 이들 단체의 과실로 인한 不法行爲責任에는 가해자가 자연인인 경우와는 달리 과실책임의 도덕적 색채(the morality of fault principle)도 희박할 뿐만 아니라, 억지원리를 논하기도 어려워진다고 한다. 그 좋은 예로서 다음의 두 사건을 든다.

우선 Carmartheshire County Council v. Lewsi[48)] 사건이다. 내용인즉 지방자치단체가 운영하는 길가의 유치원에서, 어떤 원아가 마침 열려 있던 대문을 나와 길을 잃고 헤매다 대로변까지 나왔는데, 마침 트레일러의 운전자가 튀어나오는 원아를 피하려다가 가로수를 들이받고 사망하였다. 이 사건에서 고등법원은 원아의 보모에게 감독을 제대로 하지 못한 점을 들어 過失責任을 인정하였다. 그러나 최고법원(House of Lords)은 이를 파기하고 그 지자체의 교육위원회에 過失責任을 인정하였다. 이러한 경우에 누가 과연 잘못한 것이며, 누구에게 抑止原理가 적용될 수 있겠는가?

다음으로 1968년 英國의 Hixon 교차로의 참사를 들 수 있다. 당시 교통부는 사고위험이 매우 높은 철도를 가로지르는 교차로에 건널목 자동차단기를 새로 설치하였다. 그런데 당국이 만연히 기차접근 경보를 겨우 24초만 울리도록 해놓았는데 이것이 문제였다. 당시 당국의 운행승인을 받은 대형화물트럭 중에는, 건널목 횡단시간이 24초 이상 걸리는 것도 있었던 까닭이다. 그러나 설치 당시에는 당국의 관계자 누구도 이를 고려하지 못하였고, 이것이 바로 사고의 원인이 된 것이다. 이러한 경우에는 過失責任을 인정한다 하더라도 구체적으로 어떠한 자를 대상으로 過失責任의 억지원리를 내세울 수 있을지는 의문이다.[49)]

[金 星 泰]

---

47) Williams & Hepple, pp. 141-2.

48) [1955] A.C. 549.

49) P.S. Atiyah, pp. 480-2.

前論 Ⅲ: 不法行爲制度에 대한 새로운 視角

차 례

Ⅰ. 개 관
Ⅱ. 不法行爲 成立要件의 문제
1. 過失 문제에 대한 새로운 접근
2. 違法性에 대한 새로운 접근
3. 比率的 因果關係論
Ⅲ. 保護法益의 확대경향
1. 서
2. 독자적 보호법익으로서의 人格權과 그 특징
Ⅳ. 不法行爲法에 대한 法經濟學的 接近
1. 접근방법
2. 음미
Ⅴ. 不法行爲制度에 대한 批判
1. 不法行爲制度의 限界
2. 政治이데올로기적 批判

Ⅰ. 개 관

불법행위제도가 근대 민법전에 성문화될 당시인 19세기의 사회·경제적 또는 정치적 환경은 과실책임주의 등 민사상 책임원칙을 결정하는 데 중대한 영향을 미쳤음은 널리 알려진 사실이다. 그러나 불법행위법의 목적과 기능이 20세기 이후의 새로운 사회양상에 발맞추어 변화함에 따라, 과실책임주의 및 위법성에 대한 이해도 초기와는 달라질 수밖에 없게 되었다. 이러한 문제를 해결하기 위한 방편으로 과실의 개념, 더 나아가 과실책임주의의 내용을 새롭게 이해하여 손해의 공평한 분배를 주장하는 견해가 나오게 된다. 이와는 별도로, 독자적인 危險責任 구성요건을 민법에 도입하여, 민법의 고전적 지노원리인 과실책임주의를 극복하려는 노력도 이루어지고 있다. 결국 개인적 비난가능성에 근거한 過失責任主義는 불법행위책임 영역에서 그 적용여지가 종래에 비하여 점점 좁아지고 있다. 바꾸어 말하자면, 당사자간의 손해의 전보기능이 유책한 행위에 대한 비난으로서의 성격에서, 상당히 바뀌고 있는 것이다.

이하에서는 성립요건 및 보호법익확대라는 측면에서, 불법행위법리에 대한 새로운 문제제기에 관하여 간단히 보고, 법경제학적 관점에서 불법행위법제를 어떻게 분석하는지 검토한 다음, 불법행위제도에 대한 신랄한 비판론을 소개하기로 한다. 이로써 고전적 불법행위법리에 대한 새로운 성찰의 계기로 삼고자 한다.

본격적 논의에 앞서, 불법행위제도와 헌법상의 원칙에 관하여 일언해둔다.[1] 근본규범으로서의 憲法은 개별적인 불법행위법 개별규정의 적용에 있어서도 관철되어야 한다. 즉 개별적인 불법행위법규도 객관적·헌법적 가치질서에 의거하여야 하는 것이다. 왜냐하면 불법행위법도 헌법적으로 보장된 자유권이 구체적으로 표현된 형태의 하나이기 때문이다. 이와 아울러 社會國家思想(Sozialstaatsgedanke)도 손해배상법의 기본원칙으로 고려되어야 한다. 즉 인간의 존엄과 가치에 비추어 볼 때, 국가는 위험의 배제를 포함하여 개인의 인간다운 생활을 보장하는 지위에 서게 됨을 손해배상법상 도출해낼 수 있다.[2]

독일에서의 각론적 논의를 예시하면, 손해전보 기능은 헌법적으로 보장된 2차적 권리보호의 기능[3]으로 이해되며, 인격권의 보호와 재산적 가치를 지닌 법익의 보호도 기본권(독일헌법 §5 I)과 관련되어 이해되어야 한다.[4] 그 밖에도 책임의 예방적 기능도 헌법적 한계를 넘어서는 아니되는바, 예컨대 특정인의 사적 생활상의 위험에 관한 비용을 과도하게 제 3 자에게 전가시키는 것은 독일헌법 제 2 조에 부합하지 않는다. 나아가 위험을 강제적으로 사회화(Zwangssozialisierung)하는 것은, 커다란 위험이 따르는 활동을 하는 경제주체(기업 등)에 대하여 부당하게 보조금을 지급하는 결과가 될 수 있는데, 이는 헌법상 平等原則의 관점에서 허용되기 어렵다.[5] 반면, 자연인에 대하여 그 생존을 파괴하는 정도의 책임을 부과하는 태도도 헌법적 과잉금지원칙에 부합하지 않는다.[6]

일반적으로 볼 때, 입법자는 손해위험을 제거하고 사회적으로 분산시킴에 있어서, 헌법적으로 인정된 광범위한 재량권을 가진다. 따라서 불법행위책임으로서 過失責任原則에 갈음하여 危險責任을 인정하고, 더 나아가 保險制度에 의하여 불법행위·손해배상제도를 보완·대체하는 것도 가능하다고 인정된다. 다만 이 경우 보험제도의 특성상 평등의 원칙에 기속되어야 함은 물론이다.[7] 불법행위법에서 남녀의 성차별의 문제와 관련하여, 과실 개념의 이해와 그 적

1) 이외에도 헌법과 불법행위법과의 관계에 대해 상론한 문헌으로는 v. Bar, Europäisches Deliktsrecht, Bd. I, 1996, S. 546ff.
2) v. Bar, a.a.O., S. 551.
3) 상세한 내용은 Bullinger, "Verfassungsrechtliche Aspekte der Haftung," FS v. Caemmerer, 1978, S. 297, 299.
4) Canaris, Grundrechtswirkungen und Verhältnismäßigkeitsprinzip in der richterlichen Anwendung und Fortbildung des Privatsrechts, JuS 1989, S. 161, 167ff.
5) MünchKomm/Mertens, Vor §823 Rn. 72.
6) Canaris, Verstöße gegen das verfassungsrechtliche Übermaßverbot im Rechts der Geschäftsfähigkeit und im Schadensersatzrecht, JZ 1987, 993, 1001ff.
7) v. Bar, a.a.O., S. 552.

용기준을 설정함에 있어서 특별한 주의를 요한다. 즉 과실의 분석에서 오늘날까지도 家父長(pater familias)을 척도로 하는 법제가 있으며, 구체적인 사례에서 주의의무의 기준을 정할 경우에도 부지불식간에 남성의 주의능력을 기준으로 하는 성향이 없지 않다.[8] 그러나 이러한 태도는 헌법원칙에 저촉될 수 있다.

Ⅱ. 不法行爲 成立要件의 문제

1. 過失 문제에 대한 새로운 접근

(1) 過失責任主義의 시대적 배경

'잘못이 있으면 책임을 져야 한다. 또한 잘못이 있을 때에만 책임을 진다'는 過失責任主義는 19세기에 성행했던 민법의 성문화과정에서는 自然法 내지 常職(a law of nature, or mere common sense)으로 통용되었으며, 강한 논리적 매력(a powerful logical attraction)을 지닌 원칙으로 평가되었다. 게다가 이 원리는 正義 관념에 일단 부합하므로, 명백한 도덕적 가치(apparent moral value)도 갖는 것으로 받아들여졌다. 나아가 過失責任主義는 개인의 자유·책임주체성 및 사회적 분별력을 승인하는 것으로서 사회의 근본제도(a fundamental institution of society)로서의 존재의의도 취득한다.[9] "가해자의 손해배상책임은, 손해가 야기되었기 때문이 아니라 유책하기 때문에 생긴다"는 예링의 표현에서도 과실책임주의에 대한 당시의 강한 사회적 기대를 엿볼 수 있다.[10]

한편 영국의 사정을 보면, 대체로 19세기 이전에는 일정한 손해를 일으킨 자에 대해서는 그 행위가 영장(writs)을 발부할 수 있는 형식상의 요건만 갖추면 그 결과에 대한 책임을 물었고, 행위자의 구체적 심리상태(particular frame of mind)를 책임과 결부시키려는 경향은 보이지 않았다.[11] 이 점에서 당시의 책임은 이론상 'strict'한 것이라 하겠다. 19세기에 이루어진 중대한 변화의 하나는, 바로 이러한 결과책임주의의 퇴조와 過失責任原則(no liability without fault)의 확립이다.[12]

8) 이는 특히 "보통법(Common Law)에서는 합리적인 여성은 존재하지 않는다"는 표현이 잘 보여주고 있다. Herbert, Uncommon Law, p. 6.
9) André Tunc, pp. 116-8.
10) Mot. Ⅱ. S. 727.
11) John G. Fleming, p. 6.
12) 이러한 경향은 각국에 있어서 대체로 공통적이다. 郭潤直, 575 이하 참조.

이 원칙이 탄생한 데에는 당시의 개인주의철학 및 급속도로 성장하는 국가경제의 현실적 요구가 그 배경을 이루고 있다. 국가의 경제적 발전을 위하여는 個人에게 경제활동의 주도권을 주어야 하고(private initiative), 이를 위하여 법적으로는 경제활동에 따르기 마련인 불가피한 사고로 인한 費用의 부담을 면제함으로써 개인의 자유로운 활동을 보장하여야 한다는 논리이다. 즉 개인의 활동으로 야기된 모든 손실을 행위자에게 부담시키고, 그것이 싫으면 활동을 그만두라는 식의 부당한 선택을 강요하여서는 안 된다는 것이다. 그러므로, 오로지 「행위자가 제대로 주의를 하였는가?」 하는 점(fault 개념)만이 당해 행위자에 대한 법적 제재로서의 손실전가(shifting of loss)를 정당화할 수 있는 것이다. 왜냐하면 형법에 있어서와 마찬가지로 불법행위제도의 일차적 기능은 그 저지적 내지 일반예방적(deterrent) 효과에 있기 때문이다. 따라서 불법행위자에 대한 배상판결은 한편으로는 그에 대한 징벌(punishment)이요, 다른 한편으로는 일반인에 대한 경고(warning)였다. 그런데 후자, 즉 저지적 효과는, 그 손해가 불법행위를 한 가해자 자신의 주머니에서 배상되는 것이므로, 매우 실질적이고 확실한 것으로 여겨졌다.

(2) 時代思潮의 변화

(가) 종래의 가설에 대한 재검증 그러나 주지하는 것처럼, 손해처리원칙으로서의 개인적 비난가능성을 내용으로 하는 過失責任主義를 불법행위책임의 기본형태로 하는 것에 대하여는 오늘날 적지 않은 비판론이 일고 있다. 먼저 불법행위법의 가설에 대한 비판이다. 민사책임의 損失調整役割은 다음의 기본적 가설(central assumptions)에 입각하고 있었다. 첫째 법적 책임(legal responsibility)과 도덕적 비난가능성(moral blame-worthiness)의 일치, 둘째 피해자가 배상을 받으면 가해자는 반드시 그만큼 경제적 타격을 받는다는 전제가 그것이다.[13] 그러나 금세기에 들어와 불법행위법의 기능을 파악하는 시각이 점차 변화하고 있는바, 이는 위 두 개의 가설 중, 후자에 대한 새로운 음미가 이루어졌기 때문이다. 즉 사고로 발생한 費用(accident cost)은 대부분의 경우 사회전체에 흡수되므로, 불법행위자가 항상 손실의 최종부담자이며, 이러한 부담귀착구조로써 불법행위에 대한 억지효과를 기대할 수 있다는 위 둘째 가설은 그 논거를 상실하게 되었고, 오직 첫째 가설만이 損失轉稼의 이론적 기초로 남게 되었다.

13) John G. Fleming, p. 8.

종국적으로는 사고로 인한 배상책임법리에 커다란 영향을 미치게 된 이와 같은 방향전환(reorientation)의 결정적 계기가 된 것은, 불법행위법이 損失轉稼(loss shifting) 기능뿐만 아니라 損失分散(loss spreading) 작용도 할 수 있으며, 실제에 있어서도 자주 후자의 기능을 수행하고 있다는 점이 더 명백히 인식된 데 있다. 즉 불법행위자가 손실을 최종적으로 부담하는 것이 아니라, 그 사회 구성원의 전부나 일부가 이를 극히 작은 분량(almost imperceptible fractions)으로 나누어 분담하고, 불법행위자는 그 부담귀착(incidence of liability)을 위한 중간 통로(conduit)로서의 역할만을 담당하는 경우가 적지 않은 것이다. 이러한 현상은 불법행위자가 기업인 경우 제품생산과정의 사고로 인한 기업내부의 근로자의 배상청구와 마찬가지로, 제품을 이용하는 제3자(소비자)의 손해로 인하여 부담하는 비용도 생산의 간접비(inescapable overhead)로 보아, 제품원가에 반영하는 방식에서 잘 나타난다. 특히 책임보험방식으로 기업위험을 처리하는 경우, 그 비용부담구조를 쉽게 알 수 있다. 이렇게 되면 손실은 당해 제품의 소비자가 최종적으로 부담하게 된다.

이처럼 비용의 추가적 분산은 보험제도를 통하여 이루어진다. 중요한 것은, 責任保險이 저렴한 보험료로 위험을 담보해 줄 뿐만 아니라, 損失分散이라고 하는 사회적 기능을 맡고 있다는 점이다. 이 경우의 손실분산은 垂直的이 아니라, 동종의 활동을 하는 者——즉 동종의 위험에 노출되어 있는 경제주체——사이에 수평적(horizontally)으로 이루어지는 데 특색이 있다.[14)]

(나) 責任分配에 관한 새로운 관점의 등장　　불법행위제도의 기능의 중점이 損失轉稼에서 損失分散으로 옮아감에 따라, 법적 책임의 귀속 문제를 둘러싼 전통적 사고방식도 아래 몇 가지 점에서 수정이 불가피하게 되었다.

(a) 불법행위로 인한 費用의 실질적 부담　　우선 불법행위책임을 인정하는 경우에 당해 경제주체 특히 기업은 경제적으로 치명상(crushing and debilitating effect)을 입게 된다는 종래의 주장은 설득력을 잃어가고 있다. 왜냐하면 앞서 본 바대로 불법행위로 발생한 비용이 널리 소비대중에 의하여 흡수되므로, 사고야기자인 기업은 종전의 지위에 손상을 받지 않으며 기업활동에 위축감도 느끼지 않는다.

물론 한 때 불법행위책임을 인정하는 판결에는 당해 행위를 사회적으로 부인한다는 취지가 남겨져 있고, 따라서 손해액을 행위자에게 직접 부담시킴

14) Ibid., p. 9.

으로써 그러한 행위의 재발을 억제하고, 이로써 행동의 자유(freedom of action)를 제약하는 면이 있음이 사실이었다. 그러나 오늘날의 기업에 있어서 과중한 배상액(inordinate financial charges)이 기업행동을 결정적으로 좌우한다는 주장이 언제나 타당한 것은 아니다.[15)]

(b) 누가 損失을 더 적절히 分散시킬 수 있는 위치에 있는가?
불법행위법의 손실분산기능과 관련하여 다음으로 문제되는 것은, 사고당사자 중 손실분산을 위한 통로로서(as a conduit of distribution) 가장 적합한 위치에 있는 자가 누구인가 하는 점이다. 즉 불법행위로 인한 민사책임을 판단함에 있어서 당사자의 경제사회적 역할을 고려하여, 손실분산기능을 가장 효율적으로 수행할 수 있는 자(suitable loss distributor)에게 그 책임을 집중시킨다는 사고방식이다.[16)]

한마디로 후술하는 엄격책임 또는 무과실책임 또는 영미 보통법상의 기업책임(enterprise liability) 법리는 責任保險(liability insurance)을 탄생시키는 계기가 되었고, 책임보험제도는 이제 다시 그 모체라 할 수 있는 불법행위법리에 대하여 궤도수정을 요구하고 있는 것이다.

(다) 위험창출활동으로 인한 책임　　醫療過失(medical malpractice)·名譽毁損 등의 구체적 사건에 있어서는 過失 개념 자체가 다투어지고 있으며, 製造物責任(product liability) 및 일반적 기업책임 영역에 있어서는 危險責任說의 견지에서 과실책임주의가 타당한가 하는 점이 논란의 대상이 되고 있다.[17)] 즉 종래 불법행위로 인한 배상책임의 부담을 정당화하기 위하여는, 적어도 명백히 사회적으로 용인할 수 없는 과실행위가 있어야 한다는 통설적 견해도 근본적인 도전을 받게 되었다. 왜냐하면 불법행위자에게 경제적 타격이 없는 한, 사회전체의 자원으로부터가 아니라, 위험창출활동(risk-creating activity)으로 이익을 얻는 자의 주머니에서 피해자에게 배상토록 하는 것이 바람직하며,[18)] 이 점은 당해 손해가 사회적 승인을 받지 못하는 행위로 야기된 것이 굳이 아니더라도 마찬가지라는 점이다.

특히 가스·전기·수도·항공기·자동차·원자력산업 등 고도의 위험이 수반되는 분야(highly hazardous undertakings)에 있어서는, 過失 개념 대신 엄격책

15) Ibid., pp. 10-1.
16) 前論 Ⅳ.Ⅱ.3(不法行爲法理에 대한 責任保險의 영향) 참조.
17) 有泉亨 編, 現代損害賠償法講座, 第1卷 總論(1976), 79-84.
18) 이른바 보상책임설적 풀이이다. 郭潤直(註 12), 580 이하 참조.

임법리가 중요한 준거로 자리잡아 가고 있다.[19] 이 법리는 법제사적으로 볼 때 동물점유자에 대하여는 일찍부터 인정되어 왔고,[20] 화재의 경우에는 그 재난의 위험성으로 인하여 비슷한 경향을 보이고 있다.[21] 이처럼 과실 개념의 퇴색, 즉 fault를 책임인정을 위한 절대적 준거(all-pervasive criterion of legal liability)로 삼던 주장이 세력을 잃어감으로써 불법행위법의 모습은 크게 바뀌어 가고 있다.

(라) 비판론의 배경 지금까지 본 바와 같이, 過失責任主義가 갖는 취약점에 대하여는 여러 가지 측면에서 적지 않은 비판론이 있다. 뿐만 아니라 배상관념에 대한 시대사조가 금세기를 경계로 크게 변하여 왔고, 이들 두 시기 모두에 걸쳐 다양한 비판론이 계속되고 있다.[22]

프랑스의 민법학자 Tunc 교수는 그 배경을 다음과 같이 나누어 요약하고 있다. 우선 19세기에 있어서의 문제인식으로서, 不法行爲法의 기능을 크게 손해와 그 보상문제에만 집중시켜야 하며 행위자에 대한 道德的 判斷은 사상(捨象)하여야 한다[23]는 지적이 있었다. 또 다른 비판론으로서, 역사발전과정을 보면 형사책임과 민사책임은 엄격히 분화되는 경향이 있는데, 고의·과실이라는

19) 그 대표적인 예가 유명한 Ryland v. Fletcher(1986) 사건(M. G. Lloyd, p. 138.)으로서, 법원은 엄격책임법리의 핵심을 잘 보여준다.
사건개요: 피고는 자신의 방앗간에 이용하기 위하여 자기 토지에 저수지를 만드는 도급계약을 맺었다. 공사가 완료되어 저수지에 물을 채우고 나서, 인근 광산에 침수로 인한 피해가 발생하였는데, 그 원인은 원고 토지 내의 구멍을 통해 저수지의 물이 문제의 광산으로 흘러들었고, 여기에는 공사를 맡았던 수급인의 과실이 개재하고 있음이 판명되었다. 그러나 피고에게는 전혀 과실이 없었다. 이에 피해자가 토지의 소유자를 상대로 광산침수로 인한 손해배상을 청구.
판지(Blakburn 판사): 개인이 자기를 위하여 그 소유토지에 위험을 야기할 수 있는 물건을 반입·수집·유지하는 경우, 이로 인한 위험은 그 자신이 부담하여야 한다는 것이 진정한 법원칙이라 하겠다. 따라서 사고가 발생한 때에는 당해 위험물의 누출로 인한 모든 손해에 대하여 책임이 있는 것으로 추정되며, 그 책임을 면하기 위하여는 그 누출이 피해자측의 과실에 의한 것이기나 불가항력으로 인한 것임을 피고 스스로 입증하여야만 한다("We think that the true rule of law is, that the person who, for his own purposes, brings on his land and collects and keeps there any thing likely to do mischief if it escapes, must keep it in at his peril; and if he goes not do so, is prima facts answerable for all the damage which is the natural consequence of its escape. He can excuse himself by showing that the escape was owing to the plaintiff's default; or, perhaps, that the escape was the consequence of vis major, or the Act of God.").
20) Oliver Wendell Holmes, Jr., pp. 15-20.
21) William L. Prosser p. 503.
22) 그 배경을 Fleming은 다음과 같이 설명한다. 즉 종래 개인의 창의(private initiative)와 자기책임원칙(self-reliance)에 대한 믿음은 집단행동에 대한 믿음(reliance on colletive action)에 자리를 양보하였으며, 이는 20세기 중엽의 현대인이 물적·인적 자원의 취득·이용(acquisition, expoitation)보다는 그 보존(preservation)에 더 큰 관심을 보이는 탓이다. 요컨대 종래의 '개인주의(individualism)' 대신 '안전(security)'이 우리 시대를 특정지워주기 때문이라고 한다. John G. Fleming, p. 14.
23) '… tort law was only concerned with losses and compensations, not with moral judgements of persons.' 이는 수로 실증주의학파(the positivist school)의 영향 때문이라고 한다.

歸責事由는 분명 형사책임의 一根據이다. 그런데 이것이 동시에 民事責任의 근거가 되어야 할 필연적 이유는 없는 것이다.[24] 나아가 각종의 재해가 급격히 증가하게 되자, 구체적인 손실부담능력을 고려함이 없이 過失만을 손실분배의 기준으로 삼는 것은 加害者·被害者 모두에 비극적인 결과(tragic consequence)만을 안겨 주었기 때문이라고 한다. 이러한 문제는 특히 産業災害의 경우에 심각하게 노정되었다.[25]

그 후 금세기에 들어와 責任保險·社會保障制度가 확충됨으로써 過失責任主義는 새로운 관점에서 비판을 받고 있으며 責任準則으로서의 의미가 감소되고 있다. 우선 일상사의 많은 예에서 과실이 있는데도 책임을 지지 않거나(faults without liability), 과실로서 논의조차 되지 않은 경우(the unnoticed faults)가 허다하다. 미제로 끝나는 각종의 범죄, 의사·근로자의 직무상 과실, 서비스업 종사자의 실수에서부터 환경오염, 제조회사 등의 잘못에 이르기까지 過失責任이 회피되는 경우는 너무나 많다.[26]

다음으로 법률상 또는 사실상 책임이 免除되는 현상을 들 수 있다. 비교적 드문 예이기는 하지만, 영국법원은 Rondel v. Worsley[27]사건에서 '변호사는 소송수행에 있어서 그 의뢰인에 대하여 아무런 주의의무도 부담하지 않는다(a barrister owes no duty of care to his client)'는 해묵은 원칙을 확인하고 있다. 영국 최고법원은 그 근거로 변호사가 법원 및 정의 실현에 대한 의무를 완수하게 하기 위함임을 밝히고 있다.[28]

이상과 같은 이유에서 過失責任主義가 적용되지 않는 영역이 매우 넓음을 알 수 있다(The areas where the principles are discarded are certainly broader than the areas where it is still enforced). 나아가 널리 不法行爲法理 자체에 反省論도 심각하게 제기되기에 이른 것이다.[29] 이러한 문제에 대처하는 방안으로는, 해

24) 'There should be no reason why it should be also a condition of civil liability.' 이는 주로 역사학파(the historical school)의 영향 때문이다.

25) André Tunc, pp. 120-5.

26) 미국의 예를 보면, 의료장비의 결함으로 인하여 통상의 진단·치료를 받는 도중에 감전사하는 환자가 연 1,200-5,000명에 이른다는 R. Kennedy 의원의 주장이 있다. 또 소비자운동의 기수인 R. Nader의 주장에 따르면 獨占禁止法의 집행상의 과실로 소비자는 연간 480-600억$을 부담하고 있고, 자동차 소비자들은 생산자의 과실로 연 150억$의 수리비를 물고 있다고 한다. 같은 취지, Harry Street, The Law of Torts, 7th ed(1983), pp. 8-9.

27) [1969] 1. A.C. 191.

28) W.V.H. Rogers, Winfield and Jolowicz on Tort, 11th ed.(1979), pp. 71-4.

29) 이러한 경향에 관하여는 金星泰, "불법행위법리와 보험제도", 184 이하 참조.

석론상 과실의 존부판단을 객관화하거나 경우에 따라서는 절대화함으로써 순수한 개인책임주의를 벗어나는 방법과, 아예 이러한 기존의 불법행위책임의 틀을 벗어나 입법론적으로 민법상의 危險責任을 수용하는 일반조항을 만들어 해결하는 방법이 있을 수 있다.

그러나 過失責任主義를 평가함에 있어서 이것을 '全部 아니면 全無'라는 양자택일적 성질의 문제로 이해하여서는 안될 것이다. 그것은 여전히 일정한 범위에서 타당성을 가진다고 보아야 할 것이다. 대체로 평균인으로서 주의를 기울이면 결과회피가 가능한 손해, 즉 개인간의 일상생활상의 손해로서 加害者·被害者間의 지위의 호환성이 인정되는 성질의 손해[30]에 관하여는 여전히 합리적인 준칙이라 하지 않을 수 없을 것이다.

2. 違法性에 대한 새로운 접근

위법성의 이해에 있어서, 기본적으로 結果不法論(Erfolgsunrecht)에 입각하여, 불법행위책임의 성립요건을 검토하는 단계에서 적극적 의미를 부여하지 않았다. 즉 일정한 法益侵害[31]가 발생하면 일단 그 야기행위는 그 결과로부터 위법성이 추정되며, 단지 위법성을 배제할 만한 특별한 사유가 존재하면 그로 인해 위법성이 조각된다는 결과불법론이 주류를 이루어 왔다.

그러나 위법성의 문제를 적극적으로 검토할 필요가 강조되고 있다. 특히 우리 민법처럼 一般條項主義를 취하는 법제에서는 위법성이 추정되는 법익침해행위와 그렇지 않은 침해행위를 구별하는 기준이 주어져 있지 않다. 따라서 일정한 행위 자체가 법질서에 위반했는지를 적극적으로 논하여야 할 것이다. 이러한 행위불법론(Verhaltensunrecht)은 위법성판단에서 가치판단적 요소를 포함할 수 있다는 장점이 있다. 법적 무가치판단의 기준은 행위자가 행위불법과 관계하는 종류와 방법의 특성에 의해 결정된다는 것이다.

다시 손해를 직접적으로 야기한 경우와 간접적으로 야기한 경우를 나누어, 가해행위로부터 직접적으로 중요한 손해가 발생하여 그 직접성(Unmittelbarkeit)이 인정되는 경우라면(법익침해로 인한) 손해 자체로부터 위법성을 도출해 낼 수 있으나, 간접적으로 발생한 경우 다시 위법성을 인정하기 위한 특별한 근거가

30) 有泉亨(註 17), 78-9.

31) 독일민법 823 I에 의하면, 여기에 열거된 법익 또는 권리의 침해가 있는 경우, 그 침해사실로부터 침해행위는 위법한 것으로 추정된다.

필요하다고 볼 수 있다. 그러한 간접적인 손해를 야기하는 반가치적 행위를 하지 말아야 할 의무, 즉 행태의무(Verhaltenspflicht)의 위반이 있어야 당해 손해야기행위가 위법하다고 판단을 받을 수 있다. 이를 위해 손해야기자가 바로 이러한 의무를 지켜야 할 사람이라는 특별한 근거가 필요하게 되는데, 그 근거는 구체적인 경우마다 침해된 법익의 종류나 행위의 정황 등을 고려하여 개별적으로 정하여야 한다.

이렇게 다기화된 위법성의 이해를 통해 행위불법론적 위법성판단은 실무적 적용에 있어서 일종의 배상책임을 인정하기 위한 법정책적 판단의 수단으로 이용되는 경우가 실제로 많다. 즉 위법성의 추정은 당연히 인정되는 것이 아니라 다른 법익과의 형량을 통하여 이루어질 수 있다고 한다.[32] 이러한 경우는 결국 그러한 법익침해를 회피해야 할 행태의무의 존부를 판단하는 과정에서 가치판단적 요소가 개입될 수 있는 것이다.[33]

3. 比率的 因果關係論

종래, 하나의 결과에 대한 인과관계는 '有無의 문제'로 논정되어 왔다. 이러한 입장을 견지하는 한, 배상액도 전부 또는 전무라는 식의 처리가 불가피하다. 이러한 태도에 대하여 근자에 인과관계의 존재를 '부분적으로' 인정하자는 견해도 제기되고 있다.[34] 이는 불법행위법의 因果關係를 定量的으로 파악, 확률·기여도 등의 기준에 따라 因果關係를 比率로서 인정하는 것을 말한다. 구체적으로 보면, 「일정한 기준에 따라 판정한 寄與率을 곱하는 방법」에 의한다.[35]

이 문제는 앞(Ⅱ. 2. (1) (다) 참조)에서도 언급하였으므로, 상론을 피하기로 한다.

---

32) 자세한 논의는 梁彰洙, "불법행위법의 변천가능성", 民判硏 15, 376 이하 참조.

33) 나아가 이러한 행태의무의 위반여부는 위법성의 단계가 아니라 구성요건해당성의 단계에서 논하여져야 한다는 주장도 있다. 자세히는 Larenz/Canaris, a.a.O., S. 368.

34) 이 점에 관한 상세한 논의는 이주홍, 실무 손해배상책임법(1996), 65 이하 참조.

35) 일본의 사정을 보면, 교통사고소송 분야에서는 판례법상 정착되어 있고, 공해소송 분야에서는 이보다 늦게 1990년대에 들어와 본격적으로 도입되었다고 한다. 野村好弘, "因果關係の割合的認定", デュリスト No. 1081(1995. 12. 15), 39 이하.

Ⅲ. 保護法益의 확대경향

1. 서

保護法益의 擴大라는 표현은 독일민법 §823 I에 의해 보호되는 법익이 제한적으로 열거됨으로써 나타나는 단점을 보완하기 위하여, 보호법익이 확대될 수 있는 범위를 정하는 것이 주된 관심사였으므로 타당한 면을 지니고 있다. 그러나 우리 민법과 같은 一般條項主義를 취하는 국가에서는 오히려 보호되어야 할 법익을 찾아내어 구체화하는 것이 필요하고, 보호법익의 확대라는 표현은 정확한 것은 아니다. 예컨대 판례에 의하면 인격권의 침해에 대해서도 불법행위법에 의해 보호하고자 하는 경향을 보이는데, 이는 우리 民 §750의 보호법익이 확대되는 것이 아니라 조문의 해석을 통한 보호법익내용의 구체화라고 파악하는 것이 타당하다.

2. 독자적 보호법익으로서의 人格權과 그 특징

프랑스의 1789년 인권선언에서 그 연혁을 찾을 수 있는 人格權은 당초 내용적으로 선언적 의미를 가질 뿐이었다. 그러나 제2차 세계대전중 나치의 유태인학살만행에 대한 반성을 계기로, 개인의 인격권보호는 구체적 내용을 갖는 법익으로서 不法行爲法에서 중요한 부분을 담당하고 있다. 그 후 오늘날과 같이 생활관계가 복잡하고 대중매체가 발달한 고도산업사회에서는 사생활의 침해, 또는 명예 등의 침해가능성이 증대됨에 따라 인격권보호가 더욱 필요하게 되었다. 이러한 인격권의 새로운 등장은 특히 다원화된 사회에서 개인의 권리의식이 점차 고양되는 것과도 밀접한 관련이 있다.

우리나라에서도 최근 인격권에 관한 분쟁이 급증하고 있다. 특히 과학기술의 발달로 특수장비에 의하여 타인의 사생활을 침해하는 예(도청, 비밀촬영, 위치추적 등)가 늘어나고, 언론의 선정주의로 인해 명예훼손 등 개인의 프라이버시가 침해되는 예가 잦다.[36] 특히 가공할만한 파급력을 지닌 인터넷을 통한 인격권침해는 그 사례가 다양화하고, 분쟁도 크게 늘어나고 있다. 한편 가치관의 변화에 따라 재산권침해뿐만 아니라, 사생활·인격적 가치의 침해에 대해서도 그 주체가

36) 2003년도의 언론중재신청사건은 724건으로, 1981년 기구설립 당시보다(1981년 44건) 17배 가량 증가하였다.

법적으로 민감하게 대응하고 있으며, 법원에서도 이를 적극적으로 보호하려는 경향을 보이고 있다.[37]

인격권은 구체적인 구성요건을 갖고 있지 못하기 때문에 어떠한 경우에 인격권의 침해가 있는지 또 그 인격권의 침해가 위법한지는 구체적인 이익형량(Güterabwägung)을 통해서 이루어지게 된다.[38] 보호 여부 내지 그 범위가 구체적인 이익형량을 통하여 이루어진다는 것이 인격권 자체의 상대화를 의미하는 것은 아니다. 다만 인격권이 사람의 감정세계와 밀접하게 관련이 있기 때문에 보호되는 범위는 개별적 사례를 통한 구체화에 의해 비로소 확정된다는 것을 의미할 뿐이다.[39] 인격의 본질인 역동적 성격 때문에 확정적 한계를 갖는 것이 불가능하여 배타적으로 인격권을 확정하는 것이 쉽지는 않으나, 이러한 성격이 인격권의 한계가 없다는 것으로 오해되어서는 안 된다. 특히 많은 경우에 人格權의 보호와 表現의 自由와의 충돌이 문제될 것이다. 이 때 '헌법합치적으로(verfassungskonformend)' 한계를 설정하는 것이 하나의 기준으로서 제시될 수 있으리라고 본다.[40]

Ⅳ. 不法行爲法에 대한 法經濟學的 接近

1. 접근방법

어떠한 補償體系가 正義로운가? 특정한 보상방식은 社會的 妥當性이 있는가? 이러한 문제들을 과학적으로 검증하기란 매우 어려운 일이 아닐 수 없다. 이론적 검증을 위한 도구 자체가 客觀性을 가져야 함은 물론, 특정한 배상제도의 效率과 公平을 논하기 위한 기본관점이 분명히 설정될 것을 전제로 하기

37) 최근 인격권 내지 인격적 법익침해를 인정하여 불법행위가 성립한다고 본 대표적 판례를 몇 개 들어보면 다음과 같다: 大判 95. 11. 7, 93다41587(고문치사 진상은폐); 大判 98. 2. 10, 95다39533(성희롱); 서울地判(민사합의 41부) 98. 4. 9, 97가합72690(사직을 강요하는 방법으로, 대기발령자의 책상을 사무실 내가 아닌 통로에 배치한 사례) 등.

38) Deutsch, a.a.O., Rn. 70. 인격권의 내용을 구체적으로 분류함에 있어서, 크게 셋으로 분류하고자 하는 견해로는 Medicus, Schuldrecht BT, S. 379f.; 여러 개로 분류하여 개별적으로 고찰하는 견해로는 Larenz/Canaris, a.a.O., S. 498ff.

39) 자세히는 梁彰洙(註 32), 395.

40) 이에 관한 미국의 고전적 판결로는 New York Times Co. v. Sullivan, 376 U.S. 323, 349(1974) 판결 참조. 이홍권, "언론보도로 인한 명예훼손과 손해배상책임──책임요건으로서의 고의·과실을 중심으로 한 미국판례연구," 재판자료 47, 235 이하 참조. 한편 독일의 연방대법원 판결로는 BVerfGE 7. 198, 212; Larenz/Canaris, S. 522ff.

때문이다. 그리고 이러한 관점을 일관성 있게 유지하기 위하여는 도대체 인간에 있어서 損害 내지 救濟의 必要性이란 무엇을 의미하며, 개인의 재난을 둘러싸고 가해자 및 피해자 나아가 당해 사회가 얼마만큼 責任을 져야 하는가를 음미하여야 하고, 한 걸음 더 나아가 하나의 질서체계가 정의롭기 위한 제반 조건을 돌아보지 않으면 아니 될 것이다. 결국 이는 깊은 법철학적 성찰을 요구하게 된다.

이러한 문제를 규명함에 있어서 근자에는 법경제학적 분석도구를 원용하는 경향이 강하다. 그런데 이러한 분석방법에도 상당한 제약이 따르므로, 그 결론의 당부를 한마디로 논하기는 어렵지만, 법정책적인 판단에 있어서 법경제학적 논리에는 경청하여야 할 만한 대목이 적지 않은 것도 사실이다.[41] 이하 이 문제에 관하여 간단히 언급하기로 한다.[42]

법경제학적 분석이론을 대표하는 G. Calabresi는 매우 흥미로운 分析을 하고 있다. 널리 알려진 것처럼, 그는 不法行爲에 의한 損害賠償法(accident law)의 목표를 事故費用(accident costs: 사고 자체로 생기는 비용과 사고를 회피하는 데 드는 비용의 합계)의 절감에 두고 있다. 그 중에서 특히 사고 자체의 수와 정도를 낮추는 것이 기본이며,[43] 여기에는 두 가지 방법이 있다. 첫째, 일반적 억지책(general deterrence; market method라고도 함)으로서 市場機構를 이용하는 방법이다. 둘째는 정치과정 또는 強制力에 호소하는 방법으로서(specific deterrence; collective method라고도 함), 사고를 일으킬 가능성이 높은 활동을 금지하는 것이다. 물론 이 경우 금지를 당하는 자가 그 금지행위로 인한 손해를 배상할 의사와 능력을 갖추고 있는지 여부는 묻지 아니한다. 물론 Calabresi는 전자(general deterrence)에 가장 큰 비중을 두고 있으며, 경제학적으로도 이 방식이 가장 바람직한 것이라고 주장한다. 그는 Pareto의 厚生經濟學(walfare economics)의 입장에 서서 이른바 '파레토최적'(Pareto optimal)으로 표현되는 자원배분의 효율을 염두에 두고 있는 것이다.[44]

그가 일반적 억지의 방법으로 제시하는 두 가지 방법 중, 중요한 한 가지

41) 불법행위제도에 관한 경제학자의 법경제학적 접근예로는 김일중, "재산권이론을 통한 불법행위법의 재정립", 김정호 편, 법과 경제학(1997), 15면 이하 참조.

42) 불법행위제도에 관한 법경제학적 접근 문제에 관한 상세한 논의로는 김건식, "불법행위법과 법경제학 — 과실책임원칙을 중심으로", 民判硏 15, 403 이하 참조.

43) 이것은 'primary cost reduction'이라 부른다. Guido Calabresi, The Cost of Accidents (1970), p. 26.

44) 이와 관련된 법경제학에 관한 기본적 논문으로는, 박세일, "미국에서의 법경제학의 연구동향", 法學 25-2·3, 153 이하 참조.

는 다음의 예로 설명된다. 어떤 자동차보유자에게 연 평균 $200의 사고비용이 발생한다고 하자. 물론 우리는 이 비용을 정확히 알고 있다는 가정하에 있으며, 예컨대 자동차운행을 위한 보험료로 연간 $200을 낸다고 보면 될 것이다.[45] 그런데 새 제동장치(연간 설치·운영비 $50)를 쓰면 이 사고비용이 $100로 감소한다면, 그는 새 브레이크를 쓸 것이다. 왜냐하면 새 브레이크를 사용함으로써 회피가능한 사고비용($100)보다, 그 장치비용($50)이 적기 때문이다. 그러나 만약 사고비용을 국가의 세금 또는 被害者 자신의 부담으로 처리하는 때에는 새 브레이크를 달 필요성을 느끼지 않을 것(no financial incentive)임은 물론이다. 그가 새 제동장치를 쓰게 되면 사회 전체적 사고비용도 $50만큼 줄어들게 된다.

여기서 Calabresi는 우리에게 다음과 같이 묻고 있다. 그렇다면 모든 운전자로 하여금 획일적으로 새 브레이크로 교체하도록 하는 것이 낫지 않은가(why we do not simply make all Taneys install the new brakes)? 즉 'general deterrence'라는 번거로운 방법 대신에, 앞서 말한 'specific deterrence' 방법을 동원하면 그만이 아닌가 하는 물음이 그것이다.[46]

이에 대한 Calabresi의 답변은 다음과 같다. 어떤 사람이 구형 브레이크를 장착하고 있지만, 이 자동차는 연간 $25의 사고비용밖에 발생시키지 않는다고 하자. 이러한 경우에 그에게 $50 상당의 신형 브레이크를 장치하도록 강제하는 것은 분명 불필요한 비용을 강요하는 셈이며, 설사 그로 인해 事故費用이 0(零)이 되었다고 하더라도 사회적으로는 $25의 자원이 낭비된 셈이다. 그렇다면 새 브레이크를 설치하여 $50을 절약할 수 있는 자와 그렇지 못한 자를 구별하여, 전자에게만 브레이크의 설치를 강제하는 방법도 생각해 볼 수는 있다. 그러나 이러한 전체적인 결정이 불가능한 것은 아니지만 사회적으로 많은 비용이 드는 까닭에 역시 바람직한 것이 못된다. 따라서 새 브레이크에 대하여 비용을 지급할 것인지 여부의 결정을 전적으로 個人에게 맡기는 것이 훨씬 손쉬운 것이다.

아울러 주목할 사실이 있다. 만약 신형 브레이크가 아직 나와 있지 않다고 하자. 이러한 경우에 사고비용을 자동차에 부담시킨다면, 뭔가 새로운 대책 —— 예컨대 사고비용을 회피할 수 있고 사고비용을 부담하는 것보다 더 싼 신형

45) G. Calabresi, p. 73의 주 5 참조.
46) G. Calabresi, p. 66.

브레이크 같은 것──을 案出하도록 하는 지속적인 압력(a continuous pressure to develop something)이라는 형태로 'general deterrence'효과를 거둘 수 있게 되는 셈이다.[47]

2. 음 미

이러한 법경제학적 검토작업의 일환으로, 통상 補償體系의 사회적 상당성을 음미할 때 중요한 가치척도로 기능하는 公平性(fairness)과 效率性(utility)이라는 면을 중심으로,[48] 각국에서 엄청난 사회적 비용문제를 야기하고 있는 자동차사고로 인한 인적 손해 처리문제를 언급해보기로 한다. 그 분석에 있어서는 John Rawls류의 설명방식을 원용한다.

自動車事故로 인한 人的 損害를 처리함에 있어서, 사회는 두 가지 기본적 요청을 고려하여야 한다. 그 하나는 사회 전체적인 만족도를 극대화한다는 의미에 있어서의 最大善의 창출(to produce the most good in the sense of the greatest net balance of satisfaction)이다. 이는 이른바 공리주의에 입각한 원칙으로서 效率性의 척도(a standard of efficiency) 구실을 하는데, 우리로 하여금 가능한 한 최대의 만족을 얻을 것을 요구한다. 다른 하나는 구제가능성을 平等하게 配分하여야 한다는 원칙이다. 이 원칙은 어떠한 시스템의 正義로움을 측정하는 기준(a standard of justice)이 되며, 복지의 총량(the pursuit of aggregate well-being)보다는 그 분배를 고르게 해주는 역할을 하게 된다.[49]

위 두 가지 기준의 비중 내지 배합의 적정비율을 결정하는 데에는 다양한 방식을 생각할 수 있는데, 매우 편리한 방법의 하나로서 經濟學的 툴(tool)을 차용하는 것이 가능하다. 경제학자들은 특정의 시스템이 위 두 가지 원칙을 충족시키는 정도를 측정할 수 있다고 가정하고, 다음과 같은 無差別曲線(indifference curve) 개념을 도입하여 문제를 해명하고자 한다. 그 요점만을 간단히 보면 아래의 〈그림 1〉에서 X축은 사회전체적 福祉의 總量(total welfare)을, Y축은 平等度(equlity)를 나타낸다.[50] 이 무차별곡선은 동등하게 정당하다고 판

47) G. Calabresi, p. 99의 주 20 참조.

48) 그러나 공평·효율 두 개념 역시 추상성·상대성을 가지며, 이에 대한 설명방식에 있어서도 논란이 적지 않다. George P. Fletcher "Fairness and Utility in Tort Theory", Edited by Mark Kuperberg and Chales Beitz, Law, Economics and Phiosophy — A critical Introduction With Applications to the Law of Torts(1983), p. 248ff.

49) John Rawls, A Theory of Justice(1973), pp. 36-7.

50) 그러므로 Y축의 끝은 완전한 평등이 실현된 상태──Rawls는 여기서의 平等이 수리적·기계적 평등인지 배분적 정의를 가리키는지에 관하여는 언급하지 않음──예컨대

단되는 점들을 연결한 것으로서 곡선간에는 결코 교차하는 일이 없음은 성질상 당연하다.[51)]

그러므로 曲線 Ⅱ(또는 점 B)는 曲線 Ⅰ(또는 점 A)보다 어느 면에서 보든 우월하다. 따라서 곡선 자체의 右上(화살표)방향으로서의 이동은 전체사회의 경제수준의 향상 및 국민소득 내지 개인소득의 전반적 증대를 의미하므로, 이러한 방향으로의 노력이 지속되어야 함은 물론이지만, 동일한 곡선상에서의 이동은 주어진 경제여건하에서 사회전체의 平等과 福祉를 어떠한 비중으로 고려할 것이냐의 選擇問題라 할 것이다.

여기서 필자의 기본적 입장을 요약하면 經濟的 福祉는 자원배분의 효율성을 최대한으로 높이는 데서 달성될 수 있고,[52)] 자원의 최적배분은 자본주의 체제하에서는 個人의 自律과 創意를 토대로 한다고 할 것이므로 이 개인책임원리에 터잡은 자유주의적 경제운동법칙을 결코 가볍게 보아서는 안된다고 생각한다. 그러나 자동차사고와 같이 그것이 국민생활의 일상적 사고로 인식되어 있는 사정을 감안한다면, 이로 인한 사상자에 대한 實質的인 補償의 문제에 있어서는 자유경쟁의 관점에서 전체적인 자원의 효율적 배분, 나아가 복지총량의 증진을 다소간 왜곡하는 흠이 있다고 하더라도, 최소한도의 社會的 平等을 기하여야 한다고 보는 것이다. 이러한 이유에서 交通事故의 피해자나 그 가족이 인간다운 삶을 계속할 수 있는 한도에서는 효율성에 대한 배려가 소홀해지더라도 불가피한 일이라고 생각된다. 따라서 이 점을 Rawls식으로 표현하

자동차사고 피해자에 대하여 보상재원이 고르게 나누어지는 상황을 표시한다.

51) 그런데 관점에 따라서는 無差別曲線 자체의 인식을 달리하는 것도 가능하다. 아래의 그림은 특정 사회에서의 만족도에 관한 이해를 서로 달리하는 두 사람의 판단의 차이를 잘 보여준다. 실선은 平等에 비중을 두는 자의 판단을, 점선은 전체적 福祉의 총량을 중시하는 자의 시각을 나타낸다. 그러므로 전자는 C와 D를 동등하게 보는 반면, 후자는 D가 질적으로 더 우월한 제도로 보는 것이다. John Rawls, pp. 37-8. 그러나 위에서 본 無差別曲線은 이러한 개인의 관점의 總和로서의 이른바 社會的 無差別曲線을 예정한 것이다.

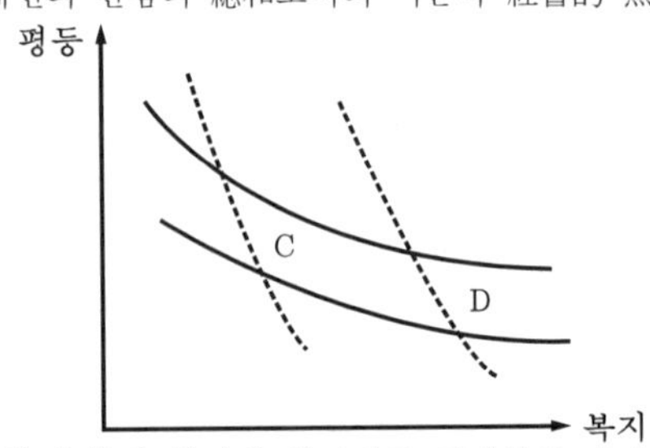

52) 물론 自動車事故費用의 효율적 처리에 있어서도 경제학적 요소만이 결정적인 것이라고는 할 수 없다.

자면 필요최저한의 평등요소의 고려량을 OE라고 한다면[53] 곡선 Ⅰ일 때 自動車人身損害賠償에 관한 法政策的 選擇은 점 A보다 윗부분(굵게 표시한 부분)에서 이루어져야 한다고 보게 된다.

〈그림 1〉[54]

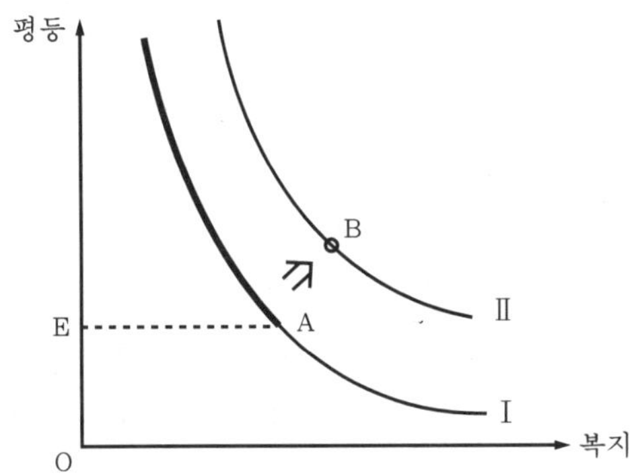

결국 보상제도의 效率性은 그 平等性, 다시 말하여 '公平理念'의 실현이라는 과제와는 양립하기 어려우며 그 선택은 政策的 價値判斷의 문제임을 잘 보여준다.

Ⅴ. 不法行爲制度에 대한 批判

不法行爲制度는 장구한 역사 속에서 발전한 제도로서, 나름대로의 단단한 논리체계와 역할에도 불구하고 작금 적지 않은 비판을 받고 있는 것이 사실이다. 그 비판은 크게 불법행위제도의 내재적 문제점을 지적하는 측면 및 정치이데올로기적 차원에서 이루어지고 있으며, 특히 정치철학적 비판은 매우 급진적이다. 이들 비판론의 妥當性은 별론으로 하더라도, 비판(문제제기) 그 자체가 전통적 不法行爲法理에 안주하는 논자들에게는 시사하는 바가 적지 않으므로, 비판론의 요점을 간단히 살피기로 한다.

53) 그 수준도 無差別曲線이 右上 방향으로 이동함에 따라 다소간 변화하게 되리라고 생각된다.

54) John Rawls, p. 37의 도표에 다소 수정을 가한 것임.

1. 不法行爲制度의 限界

(1) 책임내용의 개별성

不法行爲法은 원래 개별적·우발적 사고에 대한 법적 처리에 관하여 재판의 기준을 제공하는 법체계로서, 개개의 분쟁에 있어서 당사자의 個別的 事情을 고려한 해결을 시도한다. 민법상으로도 "…배상의무자는 그 손해가 고의 또는 중대한 과실에 의한 것이 아니고 그 배상으로 인하여 배상자의 생계에 중대한 영향을 미치게 될 경우에는 법원에 그 배상액의 경감을 청구할 수 있"으며, 법원은 "채권자 및 채무자의 경제상태와 손해의 원인 등을 참작하여 배상액을 경감할 수 있"음을 명정하고 있다(民 §765조 Ⅰ·Ⅱ).[55] 그리하여 책임의 성립 여부나 내용에 관해서는 물론이고, 손해평가면에 있어서도 법관의 판단이 절대적이다. 따라서 이 법리는 자동차사고와 같이 동종유형의 대량적 사고로 야기되는 손해를 사회전체적 관점에서 공평·신속하게 처리하는 데는 적합치 않은 구조를 지니고 있는 셈이다. 契約法에 비하여 不法行爲法에 있어서는 구체적 타당성이 더 존중된다는 설명은 이러한 성격을 잘 보여준다.[56]

이처럼 손해배상이 가해자-피해자 사이의 상호대립적 일대일의 관계에서만 이루어지는 결과, 이런 식의 접근방법으로는 個人法的 救濟側面만이 강조되고, 집단적·사회법적 해결책을 수용할 수 있는 여지는 없다. 뿐만 아니라 인적 손해가 발생한 경우, 사고의 피해자가[57] 새로운 사회환경에 어떻게 적응·복귀할 것이냐 하는 문제는 不法行爲法의 관심사가 아니다. 그러므로 이러한 문제는 새로운 각도에서 社會政策的인 접근을 통해 해결될 수밖에 없는 일이다.

(2) 귀책사유 요건

과실책임론에 관하여는 이미 언급이 되었기에 반복을 피하지만, 불법행위로 인한 損害賠償責任의 성립요건으로서 不法行爲法은 행위자의 귀책사유(故意·過失)를 요구한다. 이러한 태도는 不法行爲法이 손해의 '塡補'라는 문제 못지않게

---

55) 배상액의 경감 내지 개별사정의 고려(손해배상액 개별화) 문제는 物件運送人의 손해배상책임에서도 인정된다(商 §148Ⅱ). 하지만 이 책임의 성질이 債務不履行責任인 점에 비추어 보면, 이 규정은 매우 이례적이라고 하겠다. 金星泰, 상법총칙·상행위강론 제2판(2002), 691-2 참조.

56) 郭潤直, 657.

57) 피해자가 사망한 경우 유가족의 장기적인 생계대책문제(물론 치료비를 제외한 배상부분은 유가족의 생활자금으로 쓰이지만)는 원칙상 손해배상의 관심사가 아니다.

그 '原因'의 추급에도 관심을 가지고 있음을 보여준다. 그러므로 不法行爲法은 그 성질상 '과거지향적'이라고 할 수 있다.[58] 게다가 귀책원리의 근거인 '過失' 개념 자체도 모호하다. 즉 과실의 의미에 관해서도 사법학상 많은 논란이 지속되어 올 정도로 그 개념이 안정적이지 못하다.[59] 그리고 과실 개념은 그 정도를 묻지 아니하고 오직 存否의 문제로 처리됨으로써, 事故의 현실이 제대로 반영되지 못할 뿐만 아니라, 사안에 따라서는 정의감에도 반하는 결과를 가져온다는 비판도 있다.[60]

(3) 지나친 技術性

不法行爲法은 손해액 산정단계에서 손해의 개념, 직종별 또는 전산업(全産業) 평균임금 기타 지역별 단순일용노동자 평균임금 등 다분히 의제적인 기준을 설정하여 손해를 평가하고 있다. 물론 다른 설득력 있는 기준이 없는 한 부득이한 면도 없지는 않으나, 이러한 논리에 입각한 결론에 비현실성 내지 불합리성이 개재하게 되는 점도 결코 간과되어서는 안된다. 예컨대 일실수입 산정에 있어서 사고 전/후의 수입을 기계적으로 비교하여, 노동능력의 일부를 상실하였으나 실질적인 수입의 감소가 없으면 손해가 없다는 판례태도[61]는 이러한 문제점을 잘 보여준다.

(4) 節次的 側面에서 본 불법행위제도의 限界

不法行爲法上 피해자는 종국적으로 재판절차와 집행절차를 거침으로써 권리구제를 받게 된다. 그런데 소송절차는 법원에 의하여 주도되는 정식의 절차로서 분쟁해결방법 중 가장 신중하고 엄격한 것인 반면, 상당한 時間과 費用을 요하는 절차이기도 하다. 그러므로 급박한 보호를 필요로 하는 인신사고피

58) 金星泰(註 29), 115-7면에서 자세히 언급하고 있음.

59) 野田良元, "フランス民法におけるfaute概念" 我妻還暦記念, [損害賠償責任の硏究](上), (1958), 109. 이 점에 관한 영미판례법상의 태도변천은 Atiyah, Chapter 2 참조.

60) 위 과실은 전부냐 전무냐(all-or-nothing)는 논리에 따라 결정되므로 고의와 경미한 과실도 손해배상법상으로는 전혀 달리 취급하지 않는다. 물론 이러한 歸責事由의 경중이 위자료 등의 산정에 반영될 수는 있겠으나, 그것은 어디까지나 사실상의 변수에 불과하다. 그러므로 과실개념을 단계화하여야 한다는 주장도 대두되고 있다. Harvey McGregor, Personal Injury and Death, International Encyclopedia of Comparative Law, Vol. 6. para. 21-3참조.

61) 大判 67. 11. 28, 67다2207. "사고가 없었더라면 농촌노동으로 월 4,400원의 수입을 얻을 수 있는 것으로 계산이 되나…국민학교수위로 근무하여 월 5,000원의 수익을 얻고 있으니…결국 본건 사고로 인하여 상실되는 수입이 없음에 귀착되므로 재산상의 손해배상청구를 배척한 것은 정당하다"; 大判 71. 12. 28, 70다2254: "광부퇴직후 예상수익인 일반농업노임액이 노동능력상실정도를 감안하고도 오히려 사고 전에 받던 광부노임보다 많은 경우에는 일실이익의 손해가 … 없다."

해자의 처지에서는 이러한 과정이 부담스러운 것이 아닐 수 없다.[62] 그러므로 피해자의 신속·적정한 구제에 관한 한, 訴訟을 전제로 하는 不法行爲制度는 언제나 비용·효율면에서 결코 최상의 방안이라고 할 수 없음은 분명하다.

訴訟은 당사자들이 상대방을 일단 적으로 상정하고 최대한 공격·방어를 벌이는 이른바 對審構造(adversary system)라는 특징을 지닌다. 현실적으로도 訴를 제기하는 경우에 받을 수 있는 배상금액이 소송을 통하지 않는 경우보다 고액이므로, 피해자는 시간·비용상의 부담을 각오하고 소송에 의한 해결을 선호하는 경향이 있다. 그러나 소송에 소요되는 재원도 결국은 賠償財源의 일부이므로, 사회전체적으로 보면 간명한 절차를 예정한 제도에 비하여 이러한 배상제도는 효율이 크게 떨어진다고 하지 않을 수 없다.[63] 뿐만 아니라 불법행위법에 의한 피해자의 구제수단도 가해자에게 실질적인 賠償資力이 없으면, 아무런 의미를 갖지 않는다. 그러므로 오늘날에는 不法行爲法上 입증책임을 피해자로부터 가해자에게 전환하거나 무과실책임을 인정하는 등의 방법으로 가해자의 책임을 강화하는 대신, 責任保險 등 다른 사법적 보상제도와 연계시킴으로써 손해전보기능을 사실상 私保險 등에 이관하는 경향이 있다.

2. 政治이데올로기적 批判

(1) 비판론자의 기본적 입장

정치이론의 관점에서 자본주의적 불법행위법제를 신랄하게 비판하는 일부 진보적 학자들이 있으며, 미국을 중심으로 이른바 「批判法學(Critical Legal Studies)」 그룹이 이러한 흐름을 대표한다. 이 학파는 현행법질서 전반을 전혀 새로운 관점에서 성찰하고자 하는 유파로서, 그 이론의 출발점으로 다음 몇 가지를 전제로 삼고 있다. 첫째, 법학에 있어서 이상적 모델이란 없으며 法過程을 특정지우는 法的 推論·分析方法(legal mode of reasoning or analysis)이 독립되어 있지도 않음은 물론, 애당초 존재하지도 않는다. 둘째, 미국이 대중의 참여를 기초로 하는 민주주의국가이면서도 진정한 의미에서 국민들은 현실에

62) 물론 소송제도의 이러한 속성이 곧 손해배상제도의 결함이라고 볼 것은 아니다.

63) 법적 분쟁을 해결함에 있어서 변호사비용이 많이 드는 나라에서는, 현행의 不法行爲制度가 사회적 특권계층인 변호사 집단이 구조적으로 사고의 피해자들을 착취하는 제도라고 비난하는 논자도 있다(다음 (2)에서 다룰 「정치이데올로기적 비판」 참조). 자세한 것은 Richard L. Abel, "A Critique of Tort Law," 8 British Journal of Law and Society, N. 22(Winter, 1982) 참조. 아울러 김성태 역, "불법행위법의 이데올로기적 조명", 司硏 2 불법행위법의 제문제(1985), 86 이하 참조.

대한 영향력을 갖지 못하는데, 그 주된 원인은 法院이 국민의 지위를 충분히 배려하지 못하고 있는 탓이다. 셋째, 法이 中立的이거나 沒價値的인 것(neutral, value-free arbiters)이라는 사고방식을 배격한다. 법은 결코 사회·경제관계, 정치역학 또는 문화현상으로부터 독립적이거나 그 영향을 피할 수 없다. 넷째, 법은 다양한 기능을 수행하지만, 학설이나 그 논거, 또는 그 社會的 意義를 이해함에 있어서 특히 중요한 것은 이른바 正當化 機能(the legitimation function)이다.[64]

아래에서 비판법학자로서 현행 불법행위제도의 문제점을 신랄하게 지적하는 Richard L. Abel 교수의 주장요지[65]를 살피기로 한다.

(2) **不法行爲法과 資本主義**

㈎ 기본적 관계의 변화

(a) 가족관계 현대의 不法行爲法은 資本主義制度의 발전과 긴밀한 관련을 가지고 있으며, 그 원인인 동시에 결과이기도 하다(both cause and effect). 종래 법은 주로 개인의 身分問題, 자원(특히 土地)의 통제 그리고 契約關係에 관심을 쏟고 있었다(商業資本主義: Mercantile Capitalism). 그러나 그 후 産業資本主義(Industrial Capitalism)로 이행함으로써 사회구조는 변혁을 겪게 되어, 도시화현상이 나타났는데, 이로 인하여 개인간 상호작용의 빈도(the frequency of interaction among others)를 엄청나게 증가시켰다.

그런데 혈육이나 인척과는 달리, 他人(strangers)은 상호간에 不注意로 인하여 해를 가하지 않으려고 주의를 기울이는 인센티브를 훨씬 적게 갖고 있을 뿐만 아니라, 사고가 실제로 발생한 때에도 그로 인한 紛爭을 해결하는 것이 훨씬 더 어렵기 때문에 이러한 인간관계의 변화는 매우 중요한 의미를 지닌다. 특히 階級 및 人種간의 갈등으로 인하여 타인과의 관계는 더 악화되고 있다. 더욱이 혈육·인척관계도 더욱 좁아져, 종국에 가서는 核家族(nuclear family)의 테두리로 축소되어 버리고 말았다. 그러나 핵가족 내에서의 故意的 不法行爲는 법이 거의 해결해 주지 못하고 있는데, 그 이유는 첫째 이러한 경우

64) 비록 이들이 마르크스적 사고방식에 크게 의존하고 있으나, 그 중 일부는 맑시즘에 대해서도 비판적이며 오히려 수십년간 풍미해온 右派(liberal theory) 아니면 左派(mechanical, determinist forms of Marxism-Leninism)라는 양자택일논리에 새로운 돌파구를 모색하고 있다.

65) Richard L. Abel, "Torts", David Kairys ed., The Politics of Law — A Progressive Critique(1982). 이 논문의 완역소개는 김성태, "불법행위제도에 대한 이데올로기적 조명" 참조.

의 責任의 추궁절차는 기본관계를 파괴할 가능성이 있기 때문이고, 둘째 가해자 ── 아내에 대한 남편, 자녀에 대한 父母 ── 가 법적 책임추급을 저지하기에 충분한 힘을 가지고 있기 때문이라고 지적한다.

(b) 산업화의 영향　　한편 산업화가 진행됨에 따라, 資本主義社會의 기업은 거대한 힘을 갖게 되고, 넓은 범위에서 손해를 야기할 위험에 노출되어 있다. 이에 대하여 가계구성원이나 소비자·근로자는 이를 저지하거나 피해구제를 위한 힘이 기업에 비하여 상대적으로 약한 것이 사실이다. 자본의 集中(concentration of capital)과 大量生産(mass production)으로 인하여, 勞動者나 消費者 등이 損害를 입을 가능성이 크게 높아졌다. 그 결과 資本主義와 테크놀로지는 '事故에 대한 결정'(decision for accidents)을 내리는 세력과 事故被害者 사이의 간격을 더욱 벌어지게 하였고, 不法行爲上의 권리구제는 원격조종에 의하여 대량살상이 이루어지는 현대전(modern warfare)을 점점 더 닮아가고 있는 것이다.

(나) 가해행위 처리를 위한 시장메커니즘

(a) 법률관계의 商品化　　資本主義는 불법행위에 관하여 우리의 인식을 바꾸고 있다. 첫째, 資本主義는 생존을 위하여 賃金을 받고 노동력을 제공하는 프롤레타리아 계급을 창출하여 損害賠償에 있어서 稼動能力喪失(loss of earning capacity)을 중심적 문제로 부각시키고 있다. 둘째, 대량생산 등 資本主義的 商品化過程이 확립되어, 재화간의 대체성이 커지고 화폐는 모든 재화에 대한 等價値性을 갖게 되었다. 따라서 金錢賠償(money damages)이 적절한 損害賠償方式으로 다루어지고 있는 것이다. 셋째, 오늘날 核單位로 축소되어버린 가족구성원 사이에서도 더 이상 인적 손해(疾病·傷害)를 서로 돌볼 수 없게 되었다. 그 이유는 각 구성원이 가정 밖에서 일거리를 찾아 헤매야 하며, 환자를 돌보는 일 자체가 商品化되어 의료전문직(medical profession)이 獨占하고 있기 때문이다. 의료의 독점화로 의료전문가는 높은 報酬를 요구하는 결과, 인적 피해자를 돌보는 일은 훨씬 더 많은 대가를 지급해야 하는 일이 되고 말았다.

끝으로 모든 것을 商品으로 보는 논리(the logic of commodity form)는 비생산적 경험, 즉 정신적 고통·감정적 상처 및 가족관계(違法行爲로 인한 死亡, 배우자를 잃은 것에 대한 손해배상)에까지 확대되었다. 이리하여 자본주의적 不法行爲 논리는 勞動·所有·개호(介護)·감정적 및 신체적 완전성, 나아가 종국적으로는 사랑(love)까지도 貨幣를 매개로 등식화하기에 이르렀다.

(b) 피해자의 소외 자본주의적 불법행위법리는 자본주의적 생산양식이 노동을 착취하고 소외시키는(exploits and alienates) 것과 같은 방법으로, 불법행위 피해자를 착취하고 소외시킨다. 자본주의 이전의 사회에 있어서는 인적 손해는 勞動과 마찬가지로 사용가치(use value)를 창출했다. 즉 傷害를 당함으로써 걱정해 주는 주위 사람들의 보살핌을 받을 수 있었으며, 피해자와 동일한 공동체에 속하는 자들로부터 보복하겠다는 위협을 배경으로 사과를 요구하거나, 실제로 보복을 가하기도 하였다.

그러나 강제력을 독점한 자본주의국가는 보복적 가해행위를 금하고, 不法行爲制度라는 이름의 加害行爲를 처리하는 시장을 만들었다(creates a market for injuries). 이 資本主義가 勞動者를 生産手段으로부터 분리시킨 것처럼, 법률전문직이 불법행위 피해자를 구제수단(the means of redressing)으로부터 격리시켰으며, 의료전문직이 이들 被害者(그 가족 포함)들을 질병·상해에 대한 개호를 할 수 없도록 만들었다고 주장한다.

이들 각각의 경우에 일정한 계급이 자신들의 이익(資本家의 재산 및 法律家·醫師의 전문지식 독점권을 보호)을 위하여 국가권력을 동원(mobilizes the power of the state)하고 있는 것이다. 변호사는 법률지식을 事故와 결합시킴으로써 마치 資本家가 資本을 勞動과 결합시켜 상품을 생산하는 것처럼, 不法行爲 관련제품을 생산해 내는데, 이러한 商品은 국가가 만들어낸 시장(法院)에서 交換價値(exchange value)를 가지게 된다. 변호사는(자본가와 마찬가지로) 이러한 생산과정에 전면적 지배권을 행사하지만, 피해자는(노동자와 마찬가지로) 이 생산방식에 관하여 아무런 발언권도 취득하지 못한다(no say). 거래가 성사되면 피해자는 소액의 보상금(the bare minimum)을 받을 뿐, 대부분은 변호사가 차지한다(剩餘價値의 자본주의적 착취).

資本主義는 생산활동에 종사하는 자를 생산수단의 소유자와 분리시키는 까닭에, 노동자는 자신의 安全에 관하여도 통제권을 잃는다. 자본가들은 또한 경쟁시장에서 이윤을 극대화해야만 하는 까닭에 그들은 다른 사람들 ── 노동자·소비자·환경위험에 노출된 자 등 ── 의 건강과 안전을 희생시키지 않을 수 없는 것이다.[66]

66) 비판론은 또한 자본주의하에서 끊임없이 시장을 확대하고 소비를 증가시키지 않으면 안 되는 것처럼, 자본주의적 不法行爲法制는 인적 손해를 조장하는 면이 있다고 본다. 즉 엄격책임보다는 過失責任原則을 채택한 것이라든지, 기여과실(contributory negligence)·피용자간의 불법행위에 대한 사용자면책(fellow servant rule) 및 위험인수(assumption of risk) 등 각종 항변사유를 인정한 것이나, 면책조항(exculpatory clauses)을 일반화한 것이라든지, 초기 자본주의시대의 토지소유자, 후기 자본주의시대의 전문직업

(3) 資本主義的 不法行爲法에 대한 비판

(가) 계급·인종 및 성을 이유로 한 差別 자본주의하에서의 지배적 정치철학인 '자유주의 법이론'(liberal legalism)은 법적 차별(de jure discrimination)을 정면으로 부인한다. 따라서 不法行爲法도 구호병원의 환자와 개인병원의 환자간 차별이나 교통수단 유료·무료 승객간의 차별, 토지소유자의 過失에 의한 피해자로서 사업상·사교상의 客 사이의 차별, 의료과오 피해자와 다른 불법행위 피해자간의 차별 등을 점진적으로 폐지한 것이 사실이다. 그러나 이처럼 피상적인 平等을 강조하는(the focus on superficial equality) 이면에는 눈에 보이지 않는 不平等(invisible inequalities)이 상당히 남아 있다고 주장한다.

첫째로 상해·질병의 발생률이 직종·환경에 따라 다르다. 즉 자본가·전문직업인·사무직종사자와 공장근로자는 각각 그 직장에서의 위험상황이 크게 다르다. 또한 소비자도 그들이 구입하는 제품이나 서비스의 질(가전제품·식품·자동차·의료서비스 등)에 따라서 상당히 다른 인적 위험에 노출되어 있는 셈이다. 마찬가지로 주거환경의 差別(residential segregation)에 의하여 수인하는 환경오염의 정도도 달라지게 된다. 이러한 것들은 필연적으로 階級性을 반영하며, 계급·인종간의 差異는 사고발생 빈도의 不平等을 낳게 된다. 여성은 가정에 있어서 남성보다 더 많은 危險에 노출되어 있지만, 반대로 직장에 있어서 여성은 보다 높은 임금과 지위가 보장되는 위험한 직종으로부터는 배제되어 오히려 보호를 받는 편이다.

둘째, 경제적 및 감정적인 능력에도 개인차가 있다. 이러한 능력의 차이가 선임된 訴訟代理人의 자질 및 소송에서 공격방어능력 내지 소송을 지연시키는 등의 대응능력에 영향을 미치는 것이다.

셋째, 법은 피해구제수단의 이용가능성(availability)과 관대성(generosity) 면에서도 계층에 따른 차별대우를 하고 있다. 특히 不法行爲로 인한 損害賠償과 다른 補償制度는 그 내용상 차이가 매우 크다. 공장노동자(blue-collar worker)는 다른 직업분야에 속하는 사람보다 산업재해를 당할 가능성이 훨씬 높다. 그런데 이 경우의 재해는 産業災害補償制度(workers' compensation)라는 방식으로 격하(religated)되어 처리되는데, 이 방식에 따르면 不法行爲로 인한 損害賠償額의 단지 일부분만이 지급될 뿐이다. 부당한 대우를 받기는 다른 피압박계층(other oppressed categories) —— 처·자녀·노약자·환자 및 소수인종 등 —— 도

인에게 주의의무의 정도를 낮춘 것(lower standard of care) 등을 보면 불법행위법리는 이러한 역학관계를 반영하고 있다고 주장한다. Abel, 김성태 역(註 65), 88 이하 및 Ⅳ. (불법행위법리와 다른 보상체계) 참조.

마찬가지이다.

구제수단면에서의 다른 형태의 差別을 보면, 損害賠償의 額數(the quantum of damages)는 부와 소득의 不平等한 분배상태가 유지되거나 또는 증폭되는 데서도 나타난다. 예컨대 직업이 없고, 값싼 고물자동차를 몰던 A와, 고액소득자로서 거액의 고급차를 굴리는 B 사이의 충돌사고를 가정해 보자. 만약 A에게 過失이 있고 B에게는 過失이 없다고 할 때, A는 고급차와 B의 일실이익을 賠償하지 않으면 안된다. 반대로 B에게 과실이 있고 A에게 과실이 없다면, B는 사실상 賠償을 하지 않아도 된다(pay almost nothing). 이러한 불평등은, 慰藉料의 배상이 금전손해의 배수로 표현되는 점(통상 2 : 1) 때문에 더욱 확대된다. 그런데 이러한 사정을 責任保險에 의하여 현실성 있게 조정한다 하더라도, 不平等은 여전히 남는다. 즉, A의 보험료에는 B에 대한 가해가능성이 반영되어야 하므로, A와 A의 생활권 내에 있는 자들을 보호하는 데 필요한 것보다 훨씬 높은 수준에서 보험료가 결정될 것이다. 반면 B의 보험료는 A에 대한 加害可能性이 반영되게 되어 있으므로 B의 生活圈을 보호하는 데 필요한 것보다 낮은 보험료만 부담하는 데 그친다. 이렇게 되면 결과적으로 A는 B의 특권을 보호하는 費用의 일부를 부담하는 셈이 된다.

(나) 事故의 助長　　자본주의적 불법행위제도는 危險의 발생을 助長하는 면이 있다(systematically encourages unsafety). 資本主義의 역학관계 즉 경쟁적 이윤추구라는 통상적 상황하에서, 기업은 安全을 위한 투자에 인색한 편이다. 이 투자비용은 언제나 利潤을 저하시키기 때문이다. 오늘날 불법행위법상의 제원칙을 지배하고 형성하는 법경제학적 근기는 市場抑制(market deterrence) 원리이다. 이 원리에 따르면 적정한 안전수준을 유지토록 촉구하는 가장 효율적인 방법은, 과실로 사고를 유발한 자에게 그 결과에 대한 責任을 부담시킴으로써 사고비용을 內部化(internalize accident cost)하는 데 있다고 주장한다. 그러나 기실 이러한 시장억제원리는 작동하고 있지도 않을 뿐만 아니라, 그럴 수도 없게 되어 있다.

그 주요한 이유로는 첫째, 상해 · 질병에 대하여는 애당초 市場이라고 하는 것이 存在하지 않는 까닭이다(no market for injury and illness). 따라서 시장억제도 있을 수 없고, 사고비용은 오직 법관과 배심에 의하여 결정되는데, 여기에는 필연적으로 상당한 폭의 오류가 생긴다. 왜냐하면 이를 결정하려면, 적극손해뿐만 아니라, 개인의 장래에 관한 예측, 즉 일실수입 · 경력 · 피부양자의 수 · 잔존여명·회복의 징후·의학적 소견 등 다각적인 豫見(predictions)도 하지 않으면 안 되는 까닭이다.

둘째, 法院은 사고가 過失로 인한 것인지 여부를 결정하여야 하는데, 過失이라고 하는 것을 經濟的으로 槪念化하는 것[67]은 상당한 오차를 낳을 수 있고, 따라서 그 결과를 토대로 안전문제를 결정하는 것은 매우 부적절하다. 게다가 특정가해자가 사고를 야기하였는지 여부를 결정함에 있어서, 주지하는 바와 같이 인과관계는 確率論的(probabilistic)이고, 어떠한 사상(事象)에 대하여도 다수의 원인이 복합적으로 작용함에도 불구하고,[68] 특정인에게만 책임을 부담시키는 것은 因果的 觀點에서 事故費用을 內部化하지 못하게 만드는 원인이 된다. 뿐만 아니라, 사고비용을 내부화하고 이들 비용을 분산시킴으로써 안전을 촉진하는 것과 不法行爲法의 다른 목표 사이에는 필연적인 긴장관계가 존재하므로, 시장원리가 작동하는 데에는 한계가 있다.

셋째, 책임에 따르는 비용부담을 통하여 기업의 행동양식을 변화시키려면, 기업이 이들 비용을 소비자들에게 轉稼할 수 없어야 한다. 그러나 이러한 조건은, 수요가 가격비탄력적이거나, 시장점유율이 매우 높아서(highly oligopollistic) 責任費用이 재화나 용역의 극히 작은 부분을 구성하는 경우에는 충족되지 않는다. 그리고 市場抑制原理는 모든 사고야기자가 경제적 효율극대화론자(economic maximizers)라고 가정하지만, 이 또한 비현실적이다.

넷째, 가장 중요한 점으로, 市場抑制原理는 법제도가 過失로 인한 사고의 '모든' 비용을 완전히 內部化한다고 가정한다. 그러나 앞서 본 것처럼, 資本主義的 不法行爲法은 특정 계층에 대하여 매우 차별적이고, 경우에 따라 상해·질병에 대한 補償을 조직적으로 거부(systematically denies compensation)하므로, 市場抑制原理는 가장 핍박받는 사회계층을 가장 심각한 위험에 노출시키게 된다. 이 이론은 기업가로 하여금 事故費用(accident cost)이 아니라 책임비용(liability cost)을 낮추도록 자극하고, 安全에 관한 주의를 높이는 것이 아니라, 부주의로 인한 책임를 회피하도록 조장하는 셈이다.[69] 그 결과 책임위험에 대한

67) 이 점은 Learned Hand 판사가 공식화하였는데, 그 內容인즉 事故回避費用(the cost of accident avoidance)과 그 發生確率로 割引한 事故費用(the cost of injury discounted by its probablity)을 비교·교량하는 방법에 의한다: Conway v. O'Brien, 111 F 2d 611(2d Cir. 1940); U.S v. Carroll Towing Co., 159 F. 2d 169(2d Cir. 1947) 판결 참조.

68) Morton J. Horwitz, The Doctrine of Objective Causation, Chap. 10. 참조.

69) 그 예로, 포드사가 폭발가능성이 있음을 알면서도 위험한 가솔린 탱크를 부착한 핀토 자동차를 생산한 사례, 존스-멘빌회사가 노동자들이 폐손상 및 암에 걸려있음을 알고서도 수십년간 석면을 다루는 공사를 시킨 사건 및 맥도널·더글라스 항공회사와 어메리

자본가의 대응방식은 정보은폐(concealing information), 부당한 和解 강요, 책임경감입법을 위한 로비 등 사고비용을 外部化(externalize accident costs)하는 데에만 골몰하게 된다. 그러므로 비판론자들은 위험통제수단으로서의 불법행위제도는 실패한 것으로 진단한다. 게다가 일시적·개별적 행위라고 하는 제한된 국면에만 관심을 집중시킴으로써, 資本主義的 不法行爲法은 資本主義的 醫療制度가 그러한 것과 같이, 集團的 豫防對策을 희생하면서(at the expense of collective prevention) 개인적 사후치료(individual care)에 병적으로 집착하고 있다.[70]

(다) 부르주아와 이데올로기의 재생산

(a) 귀책사유 개념의 재포장 이 학파는 현행 不法行爲法이 부르주아 이데올로기의 再生産에도 크게 기여한다고 주장한다. 不法行爲法이 터잡고 있는 과실 개념(the fault concept)은 부르주아 이데올로기의 핵심개념인 個人主義를 강화하여 준다. 가해자의 과실에 근거하여 責任을 인정하는 것이나, 被害者의 과실을 이유로 損害賠償을 거부하는 것은, 누구나 자신의 운명을 통제한다(each person controls his or her fate)는 부르주아적인 信念을 완전하게 표현한다. 그러나 19세기적 과실 개념에 집착함은 결코 합리적이지 못하다. 또한 法經濟學이 득세함으로써(the triumph of economic analysis) 過失을 효율적 자원배분의 연결개념으로 재규정하고, 아울러 이를 감정적이고 도덕적인 개념이 아니라 科學的이고 非政治的인 개념으로 내세운다고 지적한다.

(b) 불평등상태의 고착 不法行爲法은 또한 불평등상태를 상징적으로 지지한다. 재산적 손해배상에 있어서 不法行爲法은 私有財産과 그 부속물(the notion of property and its concomitant)이라는 개념을 지지한다. 즉 사람의 價値는 그가 소유한 財産價値에 비례한다고 이해하는 것이다. 인적 손해를 당한 피해자와 그 피부양자의 소득을 보장해 줌으로써, 不法行爲法은 현존 소득분배체계의 正當性(the legitimacy of the existing income distribution)을 추인하는 셈이다. 그리고 일정한 주체에 대해서는 배상청구를 불허함으로써, 이들의 價値는 열등하다는 태도를 취한다. 더욱이 근로자재해에 대한 전보는 대부분의

칸 에어라인 여행사가 그 비행기의 철탑에 문제가 있고 다른 기체설계상의 결함이 있음을 알고서도 이를 생산·취항시킴으로써 시카고에서 추락한 사례를 꼽는다.

70) 사고의 피해자에게 변호사서비스를 제공하기 위하여, 자동차 소유자들이 만들었던 집단 法律救助計劃(group legal services plans)은 이미 오래 전에 不法化되었다: Lillian Deitch and David Weinstein, Prepaid Legal Services: Socioeconomic Impacts(1976). pp. 16-7. 또한 흔히 安全에 관한 기업내 관행이 '經營的 特權(management prerogative)'에 속하는 사항이라고 주장, 勞動組合과의 협상을 거부하는 태도 등이 그 적례로 꼽힌다.

州에서 逸失收入의 일부분만을 보상케 하는 産業災害補償制度로 격하시켜 처리함으로써, 不法行爲法은 근로자를 순전한 勞動價値(pure labor value)의 관점에서만 파악한다. 요컨대 不法行爲法은 資本主義社會의 階級構造(the class structure of capitalist society)를 정당화한다. 말하자면 인간은 그가 소유한 財產·所得 및 職業에 의하여 가치가 결정되고 마는 것이다(you are what you own, what you earn and what you do).

(c) 精神的 損害에 대한 이해　끝으로 無形의 損害(intangible injury)에 관해서도 현행 不法行爲法은 資本主義 논리를 철저화하고 있다. 즉 정신적 고통에 대한 손해배상에 있어서 이른바 벤담식의 快樂說的 計算方式(Benthamite hedonic calculus)을 극단적으로 도입하여, 모든 고통에 대하여는 이를 보상할 수 있는 다른 대등한 즐거움——돈으로 살 수 있는 즐거움(a pleasure that can be bought with money)——이 있다고 본다. 따라서 배상액산정에 있어서 배심원들은 피해자의 불행에 대하여 얼마를 청구할 수 있겠는가를 자문해보는 가학·피학성 變態行爲市場(the market in sadomasochism)을 상정하여 처리한다. 피해자의 고통에 대한 매 순간마다의 貨幣價値(a monetary value to each second)를 산정하고, 이를 苦痛을 받는 기간을 곱하여 화폐라는 等價物로 환산함으로써, 人間을 도구적인 관점에서만 파악하는 오류를 범하고 있다는 지적이다.

정신적 고통에 대한 배상이 경험을 商品化(commodify experience)하고 있다면, 가족의 인적 피해를 이유로 하는 不法行爲 구제범위의 확장추세는 애정을 商品化하고 있다.[71] 예컨대 흉한 상처를 입은 피해자에게 정신적 고통에 대한 賠償을 함과 아울러, 피해자와 특별한 관계에 있는 자에 대하여도 배상을 인정함으로써, 이들에게 그간의 投資損失(lost investment)을 메워 준다. 이는 상징적인 메시지를 담고 있으니, 모든 관계는 貨幣價値로 표시될 수 있고(all re-

71) 미국 판례는 부모를 잃은 자녀의 가족적 유대감 상실이나, 연인의 피해장면 목격으로 인한 충격에 대해서는 물론, 사랑하는 사람의 시체를 잘못 다루거나, 사랑하는 사람이 사망했다고 잘못 전한 경우에도 배상을 인정하며, 심지어 아끼는 물건에 대한 피해에 대하여도 위자료를 인정한다: Zaninovich v. American Arilines, Inc., 26 App. Div. 2d 155, 271 N.Y. S. 2d 866(1966); Rodrigues v. Bethlehem Steel Corp., 12 Cal. 3d 382 (1980); Bulloch v. U.S.(D.N.J. 1980); Berger v. Weber, 82 Mich. App. 199, 267 N.W. 2d 124(1978); Shockley v. Prier, 225 N.W. 2d 495(Wis. 1975); Dillon v. Legg, 68 Cal. 2d 728(1968); Corrigal v. Bail and Dodd Funeral Home, Inc., 89 Wash. 2d 959(1978); Johnson v. State, 37 N.Y. d 387(1975); Rodrigues v. State, 52 Hawaii 156(1970) 판결을 각 참조.

lationships have a monetary value), 사고 팔 수 있음(can be bought and sold)을 뜻한다. 일정한 관계에 있는 사람이 피해자가 되는 경우, 그 관계는 ── 마치 우리가 살고 있는 광고홍수사회에서 소비용품을 폐기하듯이 ── 폐기처분하여야 하며, 배상금으로 새로운 代替物을 구입하여야 한다. 이는 고전적 관습이던 신부의 몸값 약정과 유사하며, 현행 不法行爲法의 家父長的 연원(the patriarchal origins of comtemporary tort law)을 드러내는 것이다. 결국 '사랑과 돈의 交換'을 인정함으로써 그 관계는 賣春의 형태로(as a form of prostitution) 다루어지는 셈이라고 혹평한다.

(4) 비판법학이 제시하는 代案

㈎ 危險統制權의 부여 위와 같은 비판과 아울러, 이 학파는 인적 손해(상해·질병 등)에 관하여 社會主義的 接近方法(a socialist approach)을 하나의 해결방안으로 제시한다. 말하자면 그들의 제1차적인 관심사는, 사고위험에 대한 안전문제이며, 위험에 대한 統制權을 당사자들에게 되돌려주는 것이 중요하다고 본다. 安全이 우선이고, 사고를 당한 이후의 補償은 부차적 문제라는 것이다. 사고를 당하면 損害賠償을 받을 수 있는 까닭에 그 피해를 감수하는 것은 결코 아니기 때문이다.

구체적으로 보면, 위험도를 평준화하고(equalizing risk), 危險에 노출된 사람들에게 위험발생을 미연에 방지할 수 있는 권한(危險統制權)을 주어야 한다. 分業的 측면에서는 전문화를 억제하고, 공장노동과 사무직노동의 교대제(로테이션) 같은 것이 이루어져야 할 것이다. 아울러 生産手段 면에서 개혁이 필요한바, 이들 생산수단은 資本家에서 勞動者에게로 이전되어야 한다.[72] 이러한 개혁을 위한 첫 단계로서는 협동적 企業形態(forms of cooperative enterprise) 및 작업장에 있어서의 건강과 안전문제의 개선에 있어서 근로자의 개입방식 등이 바람직하다고 주장한다. 그러나 이 모두 급진적인 改革을 요하는 대목임을 그들도 인정한다.

㈏ 平等原則의 강화 비판론에 따르면, 補償制度는 모든 피해자의 요구에 부응할 수 있어야 하며, 그 부응의 정도도 평등하여야 하는 것이다. 따라서 특정피해자에게 지급될 배상액을 제한함으로써 ── 예컨대 재산손해·소득상실에 대하여는 最小限만을 보상하고 無形的 損害는 제외함 ── 다른 피해

72) Abel 교수는 이 제안을 별도의 논문으로 구체화한 바 있다. 상세한 것은 "A Socialist Approach to Risk," 41(3) Maryland Law Review(1982) 참조.

자를 위한 財源을 확보하는 효과를 기대한다. 일반적으로 産業災害補償制度와 사보험제도를 비교하면, 전자는 구제범위는 넓지만, 보상의 수준은 후자보다 낮다. 그런데 이 학파는 公正한 補償制度를 위한 최상의 準據(the paramount criteria)는 公平(equality)에 있다고 보므로, 전자를 선호한다. 이처럼 피해자간의 평등대우는 우선적으로 확보되어야 할 가치기준으로 이해한다.

나아가 부와 소득의 불평등이 피해구제의 차원에서도 반복되어서는 안된다고 본다. 따라서 재산이나 개인적 가득능력(property or individual earning power)에 대하여는 최소한도의 補償으로 족하며, 非金錢的 損害(nonpecuniary loss)에 대한 補償은 폐지되어야 한다고 주장한다.[73] 요컨대 이 견해는 불행(인적 손해)에 대하여 인간적 보살핌(personal care)으로 대응하는 사회를 지향하며, 복지시설에 피해자를 방치하는 결과는 바람직하지 않다고 본다.

(다) 事故處理費用의 최소화 이렇게 함으로써 과실, 인과관계, 각종 항변의 인정 여부를 둘러싼 관념적이고 복잡한 논란을 피할 수 있고, 배상액산정에 따르는 노력을 대폭 줄일 수 있는 까닭에, 현행 불법행위제도에 있어서와 같은 막대한 事故處理費用(extraordinarily high transcation cost)은 실질적으로 사라지게 됨을 강조한다. 같은 이유에서 길고 번잡한 쟁송은 물론, 辯護士의 피해자착취 우려도 사라지게 될 것이라고 주장한다.

이 목적 달성을 위하여, 國家가 광범위한 의료보험제도 및 최저임금제를 실시할 것을 제안한다. 포괄적 의료제도는 모든 형태의 治療, 再活, 신체적 보조수단제공, 특수교육 등의 서비스를 포함한다. 또한 最低賃金에 관하여 보면, 모든 구성원에게 개개인의 능력과는 상관 없이 最低生活水準(a minimum standard of living)을 보장하여야 한다. 이 두 가지 국가적 의무는 인간의 존엄성(human dignity)이라는 기본적 요청에서 우러나오는 것으로 이해한다.[74]

(라) 代案의 限界 비판론은 그들이 제시하는 改革의 한계도 자인하고 있다. 위의 주장은 현상태의 富·所得 분배체계를 현저히 변경하는 것이 아니다. 왜냐하면 현재 이 제도하에서 특권을 누리는 계층은 그들의 財產·所得에 대한 기대치를 保險에 가입하는 등의 방법으로 유지·보호할 수 있기 때문

73) 무형적 손해에 대한 배상은 동정심을 金錢으로 대체하며(substituting money for compassion), 연민보다는 시기심을 불러일으키고, 경험과 애정을 商品視하는 문화(a culture that views experience and love as commodities)를 조장하여 非人間化를 촉진하는 부작용을 낳는다고 본다.

74) 그리고 보호의 대상도 단순한 外部的 傷害(traumatic injuries)에 국한하지 않고, 모든 형태의 災難(all forms of musfortune)을 망라하여야 한다고 주장한다.

이다. 또한 이 계획은 그 자체만으로는 사고의 희생자에게 더 큰 동정을 촉구하는 것도 아니다. 다만 이들 피해자가 종래 오도된 시기심의 대상(the objects of misplaced envy)이던 것을 다소 완화시켜 주는 것은 사실이다.

그럼에도 불구하고 이들이 제시하는 대응책은 더 인간적이고 公正(more humane and just)할 뿐만 아니라, 현재 피해자를 위한 補償과 과실에 대한 懲罰(compensation and the punishment of moral fault)이라는 모순된 목적을 동시에 추구함으로써 낭비되고 있는 사회적 에너지를 安全 문제에 집중시킬 수 있도록 해 주는 장점도 가지고 있다고 주장한다.[75]

[金 星 泰]

75) 그러나 이 개선안에 대해서는 자본가·기득권세력 및 법률가집단이나 거대한 자산과 정치적 힘을 가진 보험회사 등의 반발이 있을 것임은 이들 비판법학자들도 인정하고 있디.

前論 Ⅳ: 不法行爲法理와 다른 補償體系

차 례

Ⅰ. 개 관
1. 주요 補償制度
2. 예비적 고찰
Ⅱ. 不法行爲法理와 保險制度
1. 私法上의 契約으로서의 보험
2. 不法行爲法理의 형성과 保險制度
3. 不法行爲法理에 대한 責任保險의 영향
4. 私保險과 社會保險의 관계
Ⅲ. 補償體系間의 調整
1. 體系間의 重複 問題
2. 가능한 調整方法
3. 소 결
Ⅳ. 補償制度에 관한 새로운 접근방법: 單一體系로의 統合
1. 理論的 基礎
2. 뉴질랜드 사고보상법의 示唆點
Ⅴ. 맺음말: 손해전보체계상 不法行爲法의 地位

Ⅰ. 개 관

1. 주요 補償制度

자선 또는 종교적 구휼활동이나 相互的 扶助 등을 제외하면 현대사회에 있어서 주요한 손해보상체계에는 크게 不法行爲, 私保險, 社會保障制[1]의 3종류가 있으며, 그 중 不法行爲制度는 역사적으로도 가장 오랜 연륜을 가지고 있다. 私保險은 危險團體의 운영을 영리보험사업자가 맡고, 실제 발생한 손해의 전보 또는 인신손해로 인한 금전수요를 충족시킴으로써 경제주체의 경제적 안정을 도모하는 제도이다. 그 법형식은 사법상의 계약이며, 전체적으로 收支相等의 원칙, 개별적으로는 급부·반대급부 균등의 원칙에 따라 운영된다. 이러한 私保險制度의 법제사적 의의는 自己責任의 原理를 기저로 하는 현대자본주의사회에 있어서 사고발생시에 自己責任의 原則을 보완하는 중요한 기능을 수행하는 데 있다. 한편 약 한 세기 남짓한 연륜을 가진 社會保障制는 국민의 최저생활의 확보와 복지향상을 그 목적으로 하고 있다. 이 제도는 사회성원간의 連帶意識(solidaritē)을 전제로 하며, 법령에 의한 보험관계의 설정, 급부·반

1) 이는 다시 보험방식에 의한 社會保險(social insurance)과 극빈자의 최저생활보호를 목적으로 하는 公的 扶助(public aid)로 나뉘며, 양자간의 급여원칙도 크게 다르지만, 지면사정상 상론을 피한다.

대급부균등원칙의 부적용, 保險料의 應能負擔[2] 등을 특징으로 한다.

위에서 본 것처럼, 현대사회에는 여러 종류의 損害塡補體系가 있다. 이들은 각각 나름대로 오랜 역사와 이론적 논쟁 및 法院의 실천적 검증을 거쳐 발전해 온 법제로서, 고유한 철학과 논리를 지니고 있다. 그런데 이들 각각의 체계는 결코 고립적인 제도가 아니라 서로 넓은 접촉면을 가지며, 영향을 주고 받는다. 더욱이 보상의 원인인 사고의 유형이 더욱 다양해지고 이에 대한 補償感覺도 변화하고 있으므로, 보상체계 전반에 대한 시각도 새로와지고 있다. 보상체계를 '全體的으로' 고찰할 필요성은 바로 이러한 데서 생긴다.

그러나 이들 보상체계 전부를 함께 다루는 것은 논점의 성질이나 양에 비추어 무리가 아닐 수 없다. 우리는 전체 손해전보제도와의 관련하에 不法行爲制度를 재조명하는 데 초점을 맞추고 있으므로, 不法行爲法의 주요 관심사인 책임론이나 손해론은 제외하고 보상기금의 부담, 그 합리적 배분문제를 검토하고 주요 전보제도 상호간의 관계를 다시 살펴보고자 한다. 다만 설명의 진행에 있어서는 지면제약상 주로 근자에 논의되는 몇 가지 흐름을 지적하는데 주력하기로 한다.[3] 먼저 불법행위를 비롯한 각종 손해보상제도를 전체적으로 조망함에 있어서, 기본적으로 유념하여야 할 사항에 관해 언급한다[2.]. 다음으로 불법행위제도를 이해하는데 필요한 한도에서 인접 제도의 골격과 상호관계를 살피고[I, II],[4] 끝으로 인신손해에 관한 새로운 접근방법을 실현한 뉴질랜드의 경험을 간단히 소개한 다음[IV], 前論을 매듭짓기로 한다.

2. 예비적 고찰

(1) 損害塡補의 의의

(가) 補償體系의 두 가지 측면　　각종의 보상제도가 봉사하는 목적을 고려할 때, 우리의 주목을 끄는 것은, 補償이란 양면을 지닌 절차라는 사실이다. 우리는 일정한 事故의 발생을 계기로 특정한 개인이나 사회계층(또는 전체 국민)으

---

2) 보험료가 가입자의 위험도에 따라 결정되는 것이 아니라, 所得水準에 따라 결정되는 점이 사보험과의 중요한 차이점이며, 이 점 때문에 所得再分配效果가 나타나게 된다.

3) 본고는 논의전개에 있어서 손해전보제도 전반을 거시적인 관점에서 체계적으로 다룬 점에서 권위를 인정받는 P. S. Atiyah교수(Oxford대학)의 저서 Accidents, Compensation and the Law에 힘입은 바 크다. 참고로 일본에서의 논의에 관해서는 민법전 제정 100년을 맞아, 민법 각 분야의 쟁점을 정리한 4권으로 된 체계서 廣中俊雄·星野英一 編, 「民法典の百年」(1998)(그 중 불법행위는 제3권, 559 이하) 참조.

4) 따라서 사보험과 사회보험의 관계 등도 전체적 보상제도의 검토에서는 의미가 없지 않으나, 여기서는 언급을 생략한다. 이 점에 관해서는 金星泰, 보험법강론, 41-5 참조.

로부터 補償財源을 염출하여, 이를 다른 개인(피해자) 또는 집단에 移轉한다. 그러므로 특별한 손해전보를 정당화하기 위하여는 우리가 왜 특정인에게 보상하여야 하며, 그 보상의 부담을 왜 특정인(또는 집단)에 지우는가를 물어야 한다. 일반적으로 이 두 가지 질문은 별개의 문제이고 각각 별도로 접근할 수 있다. 즉 특정인이 특정한 불행을 이유로 보상을 받아야 하는지, 둘째, 만약 그렇다면 누가 그 보상액을 지급해야 하는가를 따로 검토하는 것은 결코 어리석거나 불합리한 일이 아니다. 손해전보의무자로부터 부담금을 징수하는 것은 단지 목적달성을 위한 수단에 불과하다.

그러나 위에서 제기된 의문을 완전히 분리할 수 없는 두 가지 이유가 있다. 우선 어떤 상황에서는 통상적 추론과정이 뒤바뀔 수도 있는 까닭이다. 예컨대 우리가 특정인에게 손해전보에 관한 권리를 인정하는 이유가 다른 자를 制裁할 목적 때문일 수도 있다. 비록 예외적이기는 하지만, 不法行爲者에 대하여 懲罰賠償金(punitive damages)을 지급토록 하는 것은, 피해자(원고)의 손해를 전보하기 위해서라기보다는 가해자를 제재하기 위함이다. 이런 경우에 우리는 배상할 자가 누구인가를 알 때까지 앞의 두 가지 질문을 분리할 수 없고, 원고에게 얼마를 주어야 하는지 합리적으로 결정할 수 없다.

현행법상 이 문제는 적어도 두 가지 어려움을 야기한다. 첫째 어떤 사람이 징벌적 손해배상을 해야 할 不法行爲를 저질렀고, 그의 사용자에게 대위책임을 묻는 경우를 보자. 만약 그 損害賠償의 목적이 순전히 應報(retributive)에 있다면, 사용자가 징벌배상금을 물도록 하는 것은 정당성이 없다. 그러나 그 목적이 부분적으로 사고발생의 抑制(deterrent)에 있다면, 징벌배상은 정당화된다. 둘째 난점은 不法行爲者가 자신의 책임에 관하여 保險에 가입한 경우이다. 이 경우 保險會社는 가해행위를 한 피보험자의 징벌적 손해배상에 대해서도 책임을 져야 하는가? 단언할 수는 없지만, 위 사용자의 경우에 비하여 보험자에게 그 책임을 지우는 根據가 박약해 보인다. 保險會社에 대하여 응보나 억제를 기대할 수도 없지만, 만약 不法行爲者가 保險會社에 책임을 전가하게 되면 실제적인 不法行爲者에 대한 손해배상의 징벌적 목적은 상실될 것이기 때문이다.

두 번째 이유는, 오늘날 損害塡補制度의 본질과 관련하여 매우 중요하다. 어떤 事故가 보상해야 할 事故에 해당하며, 그 전보액은 얼마로 할 것인가에 관한 우리의 결정은, 보상재원의 부담자가 비난의 대상인지 여부에 크게 의존한다. 만약 배상금을 그 사고에 관하여 비난받아야 할 사람이 지급하면, 우리는 그 배상을 당연한 것으로 느끼지만, 반면 그것이 국민 전체(taxpayer)에 의해 지급되거나 또는 그 사고에 責任이 없는 사람들의 집단에 의해 지급된다면, 그 배상책임의 타당성을 인정하기 어려워진다. 그러므로 어떠한 事故가 전보의 대상이며 그 액수는 어느 수준이 적절한가 하는 문제를 논함에 있어서, 補償의 支給主體가 누구인가에 언제나 주목하여야 한다.[5)6)] 다만, 賠償義務者가 사고에 관하여 非難可能性이 있는지를 특별히 고려할 필요가 있지만, 통상의 경우에는 배상채무를 부담할 자가 누구인가에 구애받지 않고 배상제도의 합리적 목적을 탐색하여야 함은 물론이다.

(나) 補償 개념의 意義와 內容

(a) 補償의 의의 일반적으로 '補償'이라는 용어는 다음 두 가지 측면에서 '賠償'이라는 용어보다 넓은 의미를 갖는 것으로 이해되고 있다.[7)] 첫째 補償은 가해자의 有責性을 불가결의 전제요건으로 삼지 않는다.[8)] 예를 들어 産業災害補償保險法이 정하는 각종의 보상급여가 업무상의 사유로 인한 근로자의 부상·질병·장애 또는 사망을 保險事故의 요건으로 할 뿐, 이러한 保險事故 발생에 당해 사용자의 유책성을 문제삼지 않는 것과 같다.[9)] 즉 배상책임이 존재한다는 입증을 요하지 아니하고 급여가 행해지는 것이다. 그러므로 사용자에게 책임이 인정되는 경우는 물론, 그러하지 아니한 때에도 급여가 행해지므로 재해를 당한 근로자의 보호가 보다 확실해진다. 이처럼 가해자의 有責性 요건으로부터 해방된다는 점에 '補償'의 뚜렷한 특색이 있고, 그 결과 유책성의 입증을 둘러싼 節次와 費用을 줄일 수 있고 피해자구제의 범위가 크게

5) Atiyah, pp. 532-3.

6) 일반적으로 交通事故 피해자에 대한 보상은 자동차보험 가입자들이 하고, 産業災害로 인한 피해구제는 근로자와 기업(다만, 우회적으로는 주주와 소비자를 포함한 그 산업에 참여하는 사람들로 볼 수도 있음)이, 疾病·失業手當은 사회보장법에 따른 피보험자 전원이 보상재원을 조성한다.

7) 본고에서는 賠償(damages)과 補償(compensation)을 일단 구별하는 것으로 하되, 양자를 포괄하는 넓은 의미로 쓰는 경우에도 문맥에 따라 편의상 보상, 손해[손실]전보라는 용어를 섞어서 쓰기로 하였다. 일반적으로 補償이란 개념은 첫째, '상실한 부분에 상당하는 가액(an equivalent for what has been lost),' 둘째, '상실한 부분에 갈음하는 것 내지 위안물(a substitute or solace for what has been lost),' 그리고 '상실하였기 때문이 아니라, 유사한 상황에 처한 다른 사람과의 균형상 제공되는 것(not because of what has been lost, but because of what the victim has never had in comparison with others in a similar situation)'이라는 3가지 다른 의미를 포괄하고 있다.

8) 이러한 차이는 公法關係에서도 대체로 타당하다. 토지수용에 있어서의 국가보상과 공무원의 위법행위로 인한 국가배상이 그 예이다.

9) 산업재해보상보험법 §9Ⅱ, 근로기준법 §78 내지 80, 82, 83 참조.

확대된다.

둘째, '補償'에 있어서는 그 형태나 내용이 '賠償'의 경우에 비하여 다양하다. 손해배상은 金錢賠償이 원칙이고, 그 이외의 원상회복방법은 이용될 여지가 적다. 그러나 '補償'에 있어서는 금전급여 이외에 각종의 서비스제공이나 現物給與가 행해지기도 한다. 치료를 위한 의료서비스 이외에 재활의학적 의료서비스 제공이나 장애자용 보조장비의 지급 등을 그 예로 들 수 있다.[10)]

셋째, 급여의 水準 등에 있어서도 양자는 차이를 보인다. 賠償은 시간이 걸리더라도 '完全'배상을 원칙으로 하나, 補償은 신속을 기하되[11)] 완전한 손해전보를 하지 않는 경우가 많다. 왜냐하면 보상재원에 대한 고려, 근로자의 再活意志의 유도 등 고도의 정책적 판단이 개재되기 때문이다.

(b) 補償의 內容

(i) 損害의 等價額으로서의 補償 이것은 等價補償(equivalence compensation)이라고도 부르며, 가장 단순하고 직접적인 손해전보의 형태이며, 손해의 종류에 따라서 다시 세 가지로 구분된다. 첫째, 금전이나 금전에 갈음할 수 있는 유용한 재산을 잃을(물리적인 상실) 위험이 구체화된 경우이다. 예컨대 자동차가 교통사고로 부서지거나 주택이 화재로 소실되는 경우로서, 보상의 목적은 상실한 부분을 회복하는 것이다. 말하자면 과거 상태의 回復(restoring the status quo)이다.

등가보상의 두 번째 형태는 재산의 물질적 손해에 대한 것이 아니라 사고로 피해자가 지출해야 하는 費用(costs)을 보상하는 것이다. 이것은 치료비, 통원비 등 다양한 형태를 취한다. 이것은 질병·상해·사망 등의 결과로서 야기된 재산적 손실을 포함한다. 그리고 여기에서의 補償은 상실한 부분과 완전히 等價를 이룬다. 이러한 종류의 보상을 하는 가장 효과적인 방법은, 대부분의 치료비를 의료당국이 지급하는 것처럼 피해자 자신이 지급할 필요가 없도록 하는 것이다. 나라에 따라서는 무료의료 서비스(free medical treatment)를 일상생활의 일부분으로 받아들여, '補償'으로 여기지 않는 경우도 있다.

等價補償의 세 번째 형태는 期待利益喪失(lost expectations)에 대한 것이다. 일실소득(income losses)의 문제는 오늘날 배상제도논쟁의 핵심에 놓여 있는 주

10) 이를테면 산업재해보상보험법 §28의 2에서 재해의 예방 및 재해근로자의 복지증진을 도모하여 업무상재해를 입은 근로자의 원활한 社會復歸를 촉진하기 위한 각종의 시설을 설치·운영토록 한 것이 그러하다.

11) 보험급여는 지급결정일로부터 14일 이내에 지급하여야 한다. 산재보험법 §13.

요한 문제이다.[12] 사람이 질병이나 상해로 일을 할 수 없거나, 피부양자를 남긴 채 사망하였다면 유가족들이 잃어버린 기대소득에 대한 보상이 필요하다고 봄이 일반적이다.

이 형태의 보상은 피해자가 그 소득을 실현한 바 없다는 점에서, 앞서 말한 현실적 상실(actual deprivation)에 대한 보상과 다름을 알 수 있다. 이 경우에는 손해액의 평가(the assessment of damages)에 관한 철학적·실천적 어려움을 야기한다. 물질적 재산손해의 보상은 그가 입은 손해의 실가치(actual value)이어야 한다.[13] 그러나 기대소득상실에 있어서는 상실한 기대소득의 純價値(net value)만을 보상할 것인지 여부가 문제된다. 不法行爲法上으로는 순가치(총소득액 - 지출비용)만을 賠償한다.

반면, 상실소득평가에 있어서, 피해자가 그 所得을 벌지 않고도 금전적 전보를 받게 된다는 사실을 어떤 형태로든 고려해야 한다고 주장하는 견해는 없다. 물론 일을 하지 않고도 월급을 받는 것을 오히려 좋아하는 사람도 많은 것이 사실이지만, 질병이나 상해의 결과로써 어쩔 수 없이 누워 있어야 하기 때문에(enforced idlessness) 그렇게 되기를 원하는 사람은 없다. 그러므로 신체손해로 인한 불편과 고통은 언제나 전보된다. 따라서 이러한 경우에 보상이 기대수입상실로 인한 손실의 '순'가치를 전보하기 위한 것이라면, 적어도 논리상으로는 '현실적 所得活動 없이' 손실전보가 이루어지는 사실을 고려하여야 마땅하다. 그러나 실제에 있어서 社會保障制度나 不法行爲法 등 어떤 종류의 손실전보방식에서도 이 항목을 공제하지는 않는다.

이와 관련하여 흥미로운 주장이 있다. 앞서 본 것처럼 순소득상실에 대한 보상이 엄밀하게 이루어지려면, 그가 노무를 제공하지 않고 소득을 올린 셈이므로, 피해자의 예상손해액에서 노동력의 가치를 控除해야 한다. 그러나 이것은 피해자가 그의 노동력의 실제가치보다 더 많은 급여를 받지 못하고 있었다면(비록 드문 경우겠지만), 상실수입에 대한 보상을 제대로 받지 못한다는 것을 의미하므로 타당하지 못하다. 어떻든 Atiyah교수는 상실소득의 보상문제는 고소득자가 보상기금에 더 많은 기여를 하기로 예정된 경우 이외에는 정당화하기 어렵다고

12) 근자에 이 문제를 유형적으로 고찰한 논문으로는, 임완규, "일실이익산정의 법리——대법원 1985.9.24 선고 85다카449 판결을 중심으로", 대한변호사협회지 1986. 1, 52 이하 참조.

13) 그러나 이 경우에도 당해 재산으로 벌 수 있었던 수입도 재산손해에 포함시켜야 하는가에 대하여는 논란이 있다. 상세는 金星泰, "불법행위로 인한 손해배상에 있어서 교환가격이 뜻하는 것," 民判硏 13 참조.

주장한다.

그러므로 그에 따르면 현재와 같은 不法行爲制度와 경쟁적인 保險市場에서의 責任保險制下에서는 일실소득 문제에 두 가지 선택만을 할 수 있을 뿐이라고 본다. 첫째, 모든 피해자(또는 적어도 모든 稼得者)에게 일실소득에 관하여 그 금액의 다과를 묻지 않고 일정액(a flat-rate)을 균등하게 지급하거나, 둘째 고소득자가 고액의 保險料를 부담하지 않았음에도 고액보상을 받는 현재의 방식을 유지하는 일이다. 그리고 현구조하에서 고소득층에게 위험에 대해 더 많은 保險料를 지급하게 하는 방법은 없다. 그러나 自動車保險과 관련하여 만약 責任保險을 1개의 保險會社 또는 國家가 독점운영하면, 不法行爲法에 큰 변경을 가하지 않고도 그것이 가능하다고 그는 주장한다. 위험을 인수하는 保險者와 보상을 하는 保險者가 동일인이라고 한다면, 保險料率 결정에 있어서 被保險者의 所得額을 반영할 수 있을 것이다. 이렇게 되면 자동차운행자가 보행자에게 '보조금'을 지급하는 결과를 가져오는 셈이 되기도 한다.[14)]

(ii) 代替 또는 慰撫補償[15)] 둘째 보상이 損害와 동등액이 아니라 상실한 것에 대한 대용물 또는 慰勞(a substitute or solace)로써 행해지는 경우가 있다. 그리고 이러한 보상은 거의 전적으로 人身損害에 있어서만 문제된다. 현재의 법제도 아래에서는 金錢 이외의 보상이 거의 불가능하므로, 金錢으로 갈음할 수 없는 손실에 대한 보상은 금전으로 환가·보상할 수 있는 경우에 비하여 어려운 문제를 야기한다. 이 유형의 보상의 목적은 등가보상으로 전보할 수 없는 손해의 피해자에게 대용물이나 위로를 제공하는데 있다.

이런 보상형태가 인정되는 이유는 무엇인가? 예컨대 실명하여 TV를 더 이상 볼 수 없는 사람은 전축과 레코드판을 살 수 있을 것이다. 그것은 그에게 즐거움의 다른 代案을 제공한다. 다리를 잃어 더 이상 걸을 수 없는 사람은 자동차를 이용함으로써 다른 방법으로 즐거움을 느낄 수 있을 것이다. 여기서 의도하는 바는 더 이상 일정한 즐거움을 가질 수 없는 피해자에게 '代替補償(substitute compensation)'이라 불리는 다른 즐거움(some other pleasure)을 제공하는 것이다.

---

14) Atiyah, p. 537 및 미주 10 참조.

15) G. Williams교수는 불법행위배상에는 네 가지 기능이 있으며, 그 첫째로 慰撫(appeasement)를 꼽는다. 이에 의하여 피해자는 법 테두리 안에서 분노를 가라앉히도록(let off steam) 유도된다고 한다. A. I. Ogus and C. G. Veljanovski, Readings in the Economics of Law and Regulation(1984), pp. 103-4.

이 유형의 보상은 앞서 살핀 다른 유형보다 훨씬 강력한 正當化事由를 필요로 하며, 보상액을 결정하는 데는 상당한 어려움이 뒤따른다. 幸福이나 快樂의 양(the amount of pleasure or happiness)을 어찌 측정할 수 있겠는가! 그 평가는 주관적·객관적 어느 기준으로 할 것인가? 상실한 즐거움에서 다시 이를 즐기는데 소요되는 비용을 공제토록 할 것인가? 즐거움 상실에 대한 보상에 관하여 강력한 정당화사유가 필요한 두 번째 이유는, 어떤 즐거움을 잃고 다른 즐거움을 찾는 일은 우리 모두가 겪는 너무나 日常的인 일인 까닭이다. 자고로 인생에는 기복이 있기 마련이고, 재난의 심각성도 각기 다르다. 이러한 기복들을 줄이려 노력하는 것과 상실된 재산이나 일실이익을 실제로 보상하는 것과는 커다란 차이가 있다. 상실한 즐거움에 대한 진정한 代替物은 있을 수 없으므로, 이 유형의 보상에 관하여 代替物을 제공하는 것으로 이해하는 것은 다소 비현실적이다. 이런 상황에 있어서의 보상은 代替物로써 제공되는 것이라보다는 상실한 것에 대한 慰勞에 불과하다.

보상이 상실한 즐거움에 대한 대체물로서 주어지는 것이 아니라 고통을 받거나 견뎌야 하는 것에 대한 위안으로 주어지는 다른 예로는, 가족(부모나 자녀)을 잃은 정신적 고통에 대한 것이다. 이 경우는 물론 우리가 흔히 말하는 재산의 상실이라는 의미가 아니라 순전히 불행과 불쾌감에 대한 慰勞에 불과하다. 이 유형의 보상은 不法行爲法을 제외한 오늘날의 어떤 보상 시스템에 의해서도 인정되지 않는 것이 원칙이나, 입법례에 따라 차이가 있다.[16)]

대체보상도 그렇지만, 慰撫補償을 현행법하에서 정당화하기는 더 힘들다. 이 보상은 사고에 관하여 非難可能性이 있는 사람에 의해 지급되는 것이 바람식하다. 다만 사고야기자 스스로 배상을 하는 경우, 가해자와 그 가족의 경제적 파탄으로 야기될 사회문제를 저울질해 보아야 한다. 하지만 自動車保險加入者나 그 밖의 단체가 손실을 전보하는 때에는, 이들에게 어느 정도 수준의 慰撫補償을 요구할 수 있겠는가? 이 때 일부 피해자에게 후한 보상을 하면 상대적으로 다른 피해자의 적정한 보호를 기하기 어렵다. 그러므로 이 경우에 慰撫補償은 후순위(a low priority)로 밀려날 수밖에 없을 것이다.[17)]

(iii) 平等化補償 이는 平等主義(egalitarianism)的 견해를 정당화

16) 독일에서는 친·인척의 사망에 대해서까지 널리 인정하지 않으나, 우리나라의 경우 民 §752의 규정과, 이를 예시적으로 새기는 판례에 의해 널리 인정된다. 김상용, 불법행위법, 490-1.

17) Atiyah, pp. 537-9.

하기 위한 보상 개념이다. 예를 들면 탈리도마이드 약화(藥禍)사고 등 선천성 기형아로 태어난 어린이에 대한 보상을 거론하는 까닭은, 이러한 불행한 아이들의 지위를 정상아처럼 평등하게 회복시켜 주려는 욕구 때문이다. 그런데 법률가들은 이 평등화보상(equalization compensation) 문제에는 별로 관심이 없는데, 그 이유는 아마도 이러한 보상은 명백히 政治的 理想(political ideal)의 문제로 인식되어 있고, 영국의 경우 법률가가 특정 정치노선과 제휴하는 태도를 기피해 온 전통 때문일 것으로 관측되고 있다. 그럼에도 불구하고 오늘날 강한 평등주의적인 경향과 그 표현인 평등화보상과의 관계를 인정하지 않고서는 현대사회에서의 재난에 대한 보상욕구의 추이를 이해하는 것은 불가능하다.[18]

(2) 損失分散과 危險配分[19]

(가) 損失分散 지금까지의 논의를 전제로, 개인 또는 사회적 차원에서 회피할 수 없는 현상인 각종의 事故로 인한 損害가 실질적으로 누구의 부담으로 귀착되며, 그러한 결과가 과연 公平한가 하는 점을 살피기로 한다. 특히 이 문제는 不法行爲制度의 목적이 과연 무엇인가 하는 문제와 관련하여 논의되고 있다.[20]

일반적으로 일실소득뿐만 아니라 재산의 멸실·훼손이나 신체상해, 잔존여명의 단축, 정신적 고통 등은 不法行爲法上 '損失'에 해당한다고 할 것이다. 반대로 의료보장이 國家의 부담으로 이루어지는 경우에 의료처치비용도 어떤 의미에서는 손실에 해당하지만, 그 비용을 조세의 방법으로 조달하는 국가의 입장에서 그렇게 볼 수 있을 뿐, 개인적 관점에서는 이를 損失이라고 보기 어렵다. 선천적 기형은 대체로 전보의 대상인 손실로 보지 않는다.[21] 이러한 종류의 손실에 대한 보상은 제 3 자에게 '轉嫁(shifting)'됨으로써 이루어질 수 있다. 이와는 반대로 금전으로 환가할 수 없는 불행은, 위에서 말한 의미에서의 전가가 불가능하다.

---

18) Atiyah, p. 540.

19) 이 측면이 강조되는 것과, 過失責任原則이 쇠퇴하는 현상이 일치하는 점은 흥미롭다. 학자들도 불법행위법의 우선적 관심사는 손실분배 또는 위험분산에 있다고 주장하기 시작했다. Winfield교수는 'The Law of Torts(8th ed., 1968)'에서, "불법행위법은 우리 사회에서 발생하는 유책행위로 인한 손해의 할당이나 재분배를 다룬다"고 전제하고 있다. Atiyah, p. 540.

20) 損失分散 문제를 다룸에 있어서는 먼저 이른바 '損失' 내지 '損害'라는 선행개념에 대한 검토가 필요하지만, 지면사정상 상론하지 않는다.

21) Atiyah는 이 경우도 손해개념에 포섭함으로써 구제의 범위를 확장하여야 한다고 주장한다. p. 541.

損害의 轉嫁, 즉 손해를 제3자가 전보토록 하는 것은 現狀(status quo)의 변동과 절차적 비용을 발생시킨다. 그러므로 손해전가요건에 관한 입증책임은 손해전가를 정당화하려는 자가 부담한다. 만약 손해전가에 상당한 이유를 입증하지 못한다면, 그 손해는 발생한 곳에 남겨져야 한다. 종래 不法行爲法은 道德的 原則(moral principle)에 근거하여 손해전가를 정당화해 왔으나, 오늘날에는 이러한 논거는 지지기반을 잃어가고 있다. 오늘날의 不法行爲法論者들은 이 도덕적 원칙에 갈음할 논리를 모색해 왔으며, 그들 중 일부는 '損失分散(loss distribution)'이란 관념에서 그 해답을 찾아냈다.

不法行爲法은 일반적으로 私人間의 손해를 '轉嫁'시키는데 그치지 않고, 이를 일정기간 동안 다수인 사이에 '分散'시킨다. 그리고 여기에는 責任保險의 역할이 결정적이다.[22] 그러므로 오늘날에는 損失分散 측면의 고려가 손실전보제도에 관한 논의의 중심적 과제가 되었고, 특히 不法行爲法이 추구하는 목표가 됨은 물론, 절차면에서도 중요한 변수로 등장하였다.[23]

그러나 損失分散 그 자체가 종국적 목적이라고 주장하는 것은 성급하다. 그렇다면 손실은 누구에게 분산되는가? 손실분산방법 즉 손해전보기금을 모으는 방법에는 여러 가지가 있다. 責任保險과 결합한 不法行爲制度는 그 한 가지 방법이다. 자기를 위한 傷害保險(first-party insurance) 방식도 그러하다. 이 유형의 보험과 責任保險 사이에는 損失分散에 있어서 매우 중요한 차이점이 있다. 특히 保險料는 전자에 있어서 보험가입자가 희망하는 담보범위(the amount of coverage desired)에 따라 부과되지만, 責任保險에 있어서는 피보험자의 잠재적 사고가능성(the accident causing potential)에 의해 결정된다. 社會保障制度 또한 保險과 所得再分配 방식이 혼합된, 손실분산의 또 하나의 방법이라 할 수 있다.

自動車事故를 예로 들어 보자. 먼저 자동차운행자들만을 대상으로 기금을 걷는 방법 또는 현행과 같은 變額保險料方式이 아닌 定額負擔制(flat-rate con-

22) 자동차책임보험이나 제조물책임보험 등을 그 대표적 예로 들 수 있다. Harry Street, The Law of Torts, 6th ed.(1983), p. 9.

23) 이러한 점을 감안하여 영국대법관 Denning은, 손해를 보험회사가 전보하도록 되어 있는 사안에서는 법관이 피고(가해자)의 과실인정이나 손해액산정에 있어서 더 적극적인 태도를 취하여야 한다고 주장하기도 한다. Street, ibid. 그러나 아무런 제한 없이 이러한 견해를 받아들이기는 곤란할 것이다. 이처럼 책임보험제도는 불법행위로 인한 손해배상액 산정과정에서 사실상 적지 않은 영향을 미치고 있다. 자세한 논의는 金星泰, "責任保險制度가 不法行爲法理에 미친 영향 점묘", 정희철선생 정년기념상법논집(1985), 300-1 참조.

tributions)도 가능하다. 뿐만 아니라 油類에 관한 特別稅를 부과함으로써, 도로를 더 많이 사용하는 자동차보유자에게 더 많은 부담을 요구할 수도 있다.[24] 또 그 재원을 자전거 이용자와 보행자를 포함한 모든 도로이용자로부터 徵求할 수도 있으며, 그렇게 되면 통상의 租稅를 징수하는 것과 유사한 결과가 된다. 나아가 자동차생산자나 도로관리당국을 기여금부과대상으로 할 수도 있다. 결국 중요한 것은 손실전보를 어떠한 관점에서 평가하느냐에 달려 있다. 만약 所得喪失에 대한 가변적 보상을 예정하고 있다면, 기금부담자들의 소득수준에 따라 갹출금을 부담시키는 것이 형평에 맞을 것으로 생각된다.[25] 또 다른 대안으로서는 특별세가 아닌 一般租稅收入으로 기금을 조성하는 방법도 가능하다.

어떻든 여기서 분명해진 것은 損失分散이 不法行爲法의 유일한 목적이라면, 현재의 不法行爲法理와 責任保險을 조합한 방식보다 더 우수하고 비용이 적게 드는 방법이 상당수 있다는 점이다. 그러므로 손실분산이 그저 없는 것보다는 낫다고 주장하는 정도가 아니라면, 그 자체로서는 손실전보제도의 합리적인 목표가 될 수 없다.[26]

(나) 危險配分[27] 논자 가운데는 損害賠償法의 진정한 목적은 損害를 야기한 가해자에게 歸責事由가 있는지, 혹은 배상책임이 있는지 등의 문제를 결정하는 데 있는 것이 아니라, 다수의 당사자 사이에 특정사고 발생의 危險을 配分(allocation of risks)하는 데 있다고 주장하는 이도 있다. 이런 주장은 동물점유자의 책임 등 不法行爲法上의 無過失責任이나 산업재해보상제도 등 不法行爲 이외의 보상제도에 관해서는 적절한 것처럼 보인다.[28] 그러나 過失責任主義를 고수하는 전통적 견지(fault-oriented lawyer)에서 보면, 이는 타당하지 않은 것으로 생각될 수 있다. 반면 이 상황을 전통적인 귀책사유나 인과관

24) 인신손해전보 문제를 포괄적으로 다룬 영국의 Pearson Report도 그 결론에서 油類에 일정한 부담금을 과하는 방식을 보조적으로 채용할 것을 권고하고 있다. Royal Commission on Civil Liability and Compensation for Personal Injury, Vol. 1., Part 7(Conclusions and Recommendations), para. 112, 113 참조. 미국의 일부 州에서도 종래의 사보험방식을 버리고, 이 방식을 추진하려는 움직임이 있다.

25) Atiyah, p. 543.

26) 예컨대 교통사고의 비용을 전적으로 자동차를 보유하지 않은 사람들에게만 분산시키거나, 흡연으로 유발되는 암의 社會的 費用을 비흡연자들에게만 분산시킨다면, 이를 적정한 제도로 받아들이기 어려울 것이다.

27) 일부 학자는 不法行爲法이 일차적으로 危險의 할당에 관심을 가지고 있음을 강조함으로써, 불법행위에 있어서의 嚴格責任原則을 정당화하기도 한다. Atiyah, p. 540.

28) 예컨대 無過失責任을 부담하는 동물점유자의 경우가 그러하다. Atiyah, p. 544. 이에 비하면 우리 民法은 다소 완화된 책임만을 인정하는 셈이다. 民 §759 참조.

계라는 측면을 떠나 '危險'이라는 관점에서 본다면, 그 주장은 그다지 불합리하게 보이지 않는다. 즉 動物이 우리를 뛰쳐나가 사람에게 상해를 입힐 위험에 따른 손해는, 자신의 이익을 위해 위험한 動物을 점유하는 사람에게 부담시키는 편이, 피해자에게 부담시키는 것보다는 훨씬 합리적이다.

危險配分의 관념이 처음 강한 영향을 준 것은 産災補償 분야였다. 근로현장에서 생긴 사고로 인한 손실을, 그 사고가 과실에 의한 것이든 아니든, 피해근로자만 부담하는 것은 부당하다고 인식되어, 이러한 위험은 당해 企業이 당연히 부담하는 것으로 받아들여졌다. 마찬가지로 피용자의 과실로 인한 제3자의 손해에 대한 기업의 代位責任(vicarious liability of an enterprise)은, 사용자는 그 피용자가 타인에게 損害를 가할 危險을 인수해야 한다는 관념에 근거하여 상당기간 정당화되어 왔다. 이러한 이론은 종래 사고야기자 1인만을 문제삼던 태도를 지양하고, 사회구성원 전부를 포함하여 사고에 이해관계를 갖는 자 全員에게 초점을 맞춘다는 점에서 상당한 의미가 있다. 문제는 그러한 위험을 어떻게 配分할 것인가 하는 점이다.

특정한 危險이 이와 직접 관련된 특정 영역 내에서 처리되어야 한다는 점은, 상식이나 보편적 정의 관념에 비추어 타당하다.[29] 그럼에도 불구하고 법논리 차원에서 합리적인 목표추구를 포기하고 실제문제 해결에 대한 지표로서 상식이나 본능적 정의관념(the instinctive sense of justice)에 의존하는 태도는 결코 바람직하지 않다.[30] 危險分配 문제와 관련하여, 상식적 관념은 다소 모호한 전제에 의존하고 있는바, 그 뿌리에는 危險을 '만들어낸(created)' 자에게 위험비용을 부담시켜야 한다는 생각이 자리잡고 있다. 그리고 계속해서 어떤 경우에 위험을 '만들어낸' 것으로 보느냐는 물음에 대하여는 이를 '因果槪念(causal concepts)'으로 설명한다. 예컨대 가스관의 누출로 폭발사고가 생긴 때에 가스사업자가 피해자의 주택폭발의 인과적 '원인'이고, 따라서 이 사업자가 이러한 손해의 위험을 '만들었다'고 한다. 그렇다면 만약 파이프가 매설된 '후'에 집이 건축되었다면 더 이상 건축주를 제쳐두고 가스사업자에 의해서 危險이 '만들

29) 예를 들면, Dunne v. NW Gas Board 사건에서 원고는 금이 간 가스관에서 새어나온 가스가 폭발하여 상해를 입었다. 이 경우 사고와 관련된 危險은 과실이 증명되든 않든, Gas Board에 있음은 명백히 보인다. Atiyah, p. 545.

30) 損失分散이나 危險配分을 따지는 것도 결국 費用의 귀속 문제를 논하는 것인데, 상식이나 정의관념도 돈 문제와 연결되면 달라지기 쉽다. 많은 사람들은 過失이 있든 없든 交通事故를 '일으킨' 사람이 그 위험을 부담해야 한다고 느낀다. 그러나 엄청난 保險料 引上 소식을 접하면 생각이 달라질지도 모른다.

어졌다'고 설명할 수는 없음이 명백하다. 따라서 危險配分에 관한 논의는 상식이 아닌 좀더 복합적인 논거에 입각한 것임을 알 수 있다. 구체적으로, 危險은 이를 가장 잘 負擔할 수 있거나, 保險 기타의 방법에 의해 事故費用을 가장 적절히 分散할 수 있는 자, 또는 事故費用의 減少를 위해 자신의 行動을 가장 적절히 조절할 수 있는 주체에게 배분하여야 한다고 보는 것이다. 無過失責任을 인정하는 나라에서의 위험분배론은 대부분 이러한 이론적 근거에 입각하고 있으며, 이는 타당한 태도이다.[31]

그러나 이 기준에는 중대한 제약이 따른다. 즉 이 이론은 본질적으로 危險領域을 크게 달리하는 잠재적 위험부담자 사이의 危險分配를 결정하는데 도움이 될 뿐이다. 말하자면 개인과 대기업 사이에 분쟁이 생긴 경우, 이 이론은 후자 쪽에 위험을 배분하는 논거로서는 의미가 있다. 그러나 만약 원고에게 보상을 해야 한다고 결정이 내려졌고, 오직 그 費用을 종국적으로 누구에게 부담시킬 것인가 하는 논의에 이르면, 위험부담론은 별 도움이 되지 못한다. 위의 가스사고에 있어서 위험배분론은 위험을 住宅所有者에게 부담시켜 保險에 들게 하는 것이 좋은지, 아니면 가스사업자(와 가스소비자)에 부담시켜 無過失責任을 인정하는 것이 좋을지에 대한 질문에는 대답할 수 없는 것이다.

(다) 損失分散에 있어서의 公平性　　본래 危險配分論이나 損失分散論은 문제의 새로운 제기이지 해결책이 아니라는 것은 명백하다. 양자 모두 損失을 어떻게 分散하고 危險을 어떤 주체들에게 配分할 것인가 하는 문제는 해결하지 못하며, 이는 다른 政策的 基準에 의해 해결될 수밖에 없다. 이 때 우리가 지침으로 삼을 수 있는 정책적 고려요소는 무엇인가? 여기에는 크게 두 가지 견해가 제시된다.

첫째, 自由市場(free market) 이론이다. 즉 누구나 사용하는 것에 대가를 지불해야 하며, 스스로 야기한 피해는 전보해야 한다. 만약 이를 전보할 수 없으면 保險者가 이를 처리할 수 있도록 市場原理에 따라 산정된 保險料라도 부담해야 한다. 法經濟學的으로 본다면 資源의 適正配分에 관한 이러한 관점은 공평·타당한 손실분배에 관해서는 물론, 손실전보제도 전반의 합리성을 검증할 수 있는 기준으로 받아들여지고 있다. 그러나 현실에 있어서는 市場價格이 실제의 機會費用을 반영하지 못한다고 하는 제약이 따른다. 이를테면 보건서비스, 국방·치안 등 시장가격이 없거나 그 실질비용을 산정하기 어려운 경우,

31) Atiyah, pp. 545-6.

환경오염 등 이른바 外部效果(externalities)가 존재하는 경우 또는 독점상태인 경우가 그러하다.[32] 어떻든 이 요소만으로 충분한 설명이 가능하다고 할 수 없고, 이에 별개의 관점이 제시된다.

둘째, 社會主義的 觀點(socialist theme)이다. 즉 누구나 公平하게 손실부담을 해야 하며, 그럴 수 없다면, 시장원리가 아니라 오히려 能力에 상응하여(according to their abilities) 손실을 분담해야 한다는 사고방식이 그것이다. 물론 自由競爭이라는 관점에서 전체적인 사회자원의 效率的 配分, 나아가 福祉(welfare)의 총량을 증대시키는 것도 중요하지만, 이를 다소 희생시키더라도 社會的 平等을 우선시켜야 한다는 입장이기도 하다.[33] 왜냐하면 效率이라는 지표도 어디까지나 '현재까지의 富의 分配狀態(prior wealth inequities)'를 전제로 하는 것인데, 이 상태가 결코 衡平의 원리에 완전히 부합하는 것은 아니므로, 效率만을 추구하면 필연적으로 더욱 심각한 不平等을 낳게 되는 까닭이다.[34]

후자의 입장에 서게 되면 손해전보제도에 대하여 國家가 더 적극적으로 간여함으로써 피해자의 구제에 나서 줄 것을 기대하게 된다. 구체적으로는 보상금의 상당부분이 私保險者에 의하여 지급되므로, 이들의 지급능력확보를 위한 공법적 監督을 강화하거나, 국가가 再保險을 인수하는 방법 또는 사회적인 위험에 관해서는 國家가 기금의 일부를 부담하거나 運營主體가 되는 방법 등을 그 예로 들 수 있다. 또한 누진적 所得稅를 부과하거나 所得에 비례한 社會保障 부담금 또는 社會保障稅를 징수하는 예도 이러한 관점에서는 합리화될 수 있다 하겠다.[35]

위의 두 관점은 모두 나름대로의 설득력이 있으나, 구체적 제도로서 표현

32) J. M. Oliver, Law and Economics(1979), pp. 21-3.

33) Scott Gordon, Welfare, Justice and Freedom(1980), pp. 105-6. 배상이론상의 기본적 관점설정에 있어서 社會的 衡平을 우선적으로 고려하는 문제에 관하여는 金星泰, "손해배상이론에 대한 일성찰", 경희대학교논문집 15, 인문·사회과학편(1986), 110-1. 한편 Calabresi도 현재로서는 자료의 부정확성 때문에 資源配分이 만족스런 기준이 될 수 없다고 주장한다. Guido Calabresi, "Transaction Costs, Resource Allocation and Liability Rules — A Comment", Henry G. Manne, The Economics of Legal Relationships, pp. 209-10.

34) 상세는 金星泰, "자동차사고로 인한 인적손해보상제도 연구", 서울대학교 법학박사학위논문(1987. 2), 211-4. 의료서비스를 예로 들면 환자에 대한 의료서비스가 그의 經濟的 能力이 아니라 醫學的 狀態에 따라 제공됨을 의미한다. 이를 그르치게 되면 꼭 필요한 환자의 생명을 구할 수도 있는 의료급여를 하찮은 진료에 낭비하는 결과를 초래할 수도 있다. James Tobin, "On Limiting the Domain of Inequality", Ryan C. Macher, Robert C. Tollison and Thomas D. Willett ed., The Economic Approach to Public Policy(1981), pp. 268-87.

35) 같은 취지 西島梅治, 346-51. 아울러 낭해사회의 평등판념에 따라 배상방식에 있어서도 특히 인신손해에 있어서 制限賠償論을 보다 적극적으로 수용하게 될 것이다.

되는 단계에서는 양자간에 상당한 갈등을 노출하게 된다. 특히 財政政策에 있어서는 이런 갈등이 두드러진다. 이를테면 도로건설비용을 일반회계에서 처리할 것이냐, 아니면 도로이용자들을 대상으로 부담시킬 것이냐 하는 논란이 그러하다. 손해전보 문제도 근본적으로 이와 유사한 상황하에 놓여 있다. 사회는 통상 자동차운행자처럼 사고위험이 따르는 행위에 종사하는 사람에게 그로 인한 손실을 부담시키지만, 때로는 國民 全體에 평등하게(또는 고소득자가 저소득자보다 더 부담하는 조세부담방식으로) 부담시킬 수도 있고, 절충적 방식을 택할 수도 있다. 이러한 損失分散 방법 중 어느 것이 다른 것보다 특별히 '公平(equitable)'하다고 절대적으로 말할 수는 없다. 그것이 가능하려면 사회적으로 용인되는 平等度에 대한 政治的 價値設定이 전제되어야 할 것이다. 그러나 이에 관한 사회적 컨센서스를 확보하는 일은 결코 용이하지 않다.

㈑ 損失分散의 效率性　　비록 '公平'이 損失分散의 지침으로 별 도움이 되지 못하더라도, 우리에게는 또 하나의 기준이 있다. 效率性 기준이 그것인데, 몇 가지 측면의 검토가 필요하다. 우선 制度運營費用(administrative cost)의 면인데, 이 점에서는 社會保障制度가 가장 효율적이고, 不法行爲制度가 가장 효율이 떨어진다는 것이 일반적 평가이다.[36] 效率性의 다른 측면으로서는 당해 제도가 詐欺 기타 不正한 방법으로 남용될 위험을 들 수 있다. 이 문제에 관하여는 不法行爲制度가 우수성을 대체로 인정받고 있다. 무엇보다 소송의 항쟁구조인 對審節次(adversary procedures)는 사기방지에 매우 효과적이라고 할 수 있다. 특히 保險者가 不法行爲訴訟의 일방당사자인 경우, 사고경위나 피해상황에 대한 철저한 調査를 거치므로 부당한 청구가 받아들여질 여지는 크지 않다. 다만 청구금액이 적은 경우에는 다소 사정이 달라질 것이다.[37] 그 밖에도 손실전보의 실질적 범위, 신속성 등도 효율측면에서 충분히 논의되어

36) 영국의 통계에 따르면 運營費用이 점하는 비율이 의료보험 4%, 산재보험 12%, 범죄피해자 보상제도 11%임에 비하여, 불법행위제도는 85% 이상이나 된다. 다만 불법행위제도의 경우 배상청구에 소요되는 비용이 포함되어 있으므로 다소 차이가 있을 수 있다. 그러나 이런 점을 충분히 감안하더라도 불법행위제도의 效率性이 극히 낮다는 데는 반론이 없다. Atiyah, p. 948. 다만 사회보험의 조직이 비정상적으로 비대하거나, 기금운용이 방만한 경우에는 효율성이 떨어질 수도 있으리라 생각된다. 金星泰(註 4), 39-40 참조.

37) 이 문제에 관하여는 적절한 통계자료를 찾기 어렵다. 아울러 불법행위제도하에서는 상실수입이 全部 배상되므로, 피해자가 정상활동으로 복귀하려는 의욕을 저해(a serious disincentive to a prompt return to work)하는 면이 있음에 유의할 필요가 있다. 이러한 예는 우리나라에서도 흔히 볼 수 있으며, 바로 그러한 이유에서 사회보장제하에서는 원칙상 일실이익을 全部 보상하지는 않는다고 한다. Atiyah, p. 423.

야 한다.

적어도 效率面에서 본다면 社會保障制度가 가장 우수하지만, 이 제도는 몇 가지 약점이 있다. 우선 급여의 내용이 불충분하다는 점, 또한 장기간에 걸친 손실전보나 선천성 불구 등의 사고에는 적합치 못하다는 점, 나아가 고소득자에 대한 보상기능이 부적절하다는 점 등을 들 수 있다. 특히 고소득자 ― 현실적으로 일부에 지나지 않지만 ― 에 대한 손실전보방법으로서는 不法行爲制度가 더 적합하다.[38] 그러나 다른 모든 점에서는 상해·질병에 대한 보상방법으로서 不法行爲制度는 社會保障制에 뒤진다.

그러나 위와 같은 效率性 측면 이외에 우리가 유념해야 할 매우 중요한 한 가지 문제가 있다. 이는 특정 보상제도가 피해에 대한 보상이라는 본래의 목적 이외에 다른 유용한 役割을 수행할 수 있는가 하는 것이다. 특히 그 제도가 事故를 豫防하거나 사고로 인한 손실의 減少나 擴大防止에 얼마나 기여할 수 있는가, 또한 그것은 制裁의 수단으로서 유용한가 하는 물음이다.[39] 이를 본고에서 상세히 논하기는 적당치 않으므로 여기서 멈추지만, 이들 측면도 보상제도의 효율성을 논함에 있어서 고려해야 할 사항임에는 틀림이 없다고 본다.

(3) 補償에 관한 社會的 合意

(가) 損害塡補에 있어서의 正義 관념 　　손해전보 문제를 검토함에 있어서 우리가 겪는 본질적 어려움은, '손해전보에 있어서의 正義'[40]의 개념이 매우 다의적이라는 데 있다. 過失로 인한 사고에 있어서 손해를 입은 사람에게 후한 배상을 하되, 無過失로 인한 사고 또는 질병·선천성 불구로 고통을 당하는 사람에 대해서는 관심을 가질 필요가 없는가? 정신적 고통(pain & suf-

---

38) 우리나라 자동차손해배상과 관련하여 보자면, 사망자에 대한 지급보험금 중 하위 10%의 피해자가 받는 금액이 전체 보험금의 1.5%에 불과한 반면, 상위 10%의 피해자가 받는 금액은 전체의 31.4%에 달한다. 장경환, "자동차보험 ― 무엇이 문제인가? 제도적 측면을 중심으로", 손해보험 1991. 1, 19. 이는 손해배상에 관한 우리 사회의 평등의식의 일면을 보여주는 지표이기도 하다.

39) 이 점에 관하여는 Atiyah, p. 551.

40) 물론 '正義'의 문제가 손해전보에 고유한 개념은 아니다. 일반적으로 법적 의사결정이란 양 법주체의 이해관계를 교량하여 누구에게 무엇을 주고, 무엇을 가져오는 것이 균형을 취하는가를 묻는 사고양식이라고 할 수 있다. 그 대상인 배분·평가의 기준을 우리는 正義라고 부르며, 모든 법제도가 본질적으로 충족시켜야 하는 일반적 요건이다. 그리고 이는 후술하는 效率性과 더불어 법제도 설계의 일반적 평가기준이 된다. 平井宜雄, 法政策學(1987), 97-100, 124 이하 참조. 한편 보다 구체화된 '社會的 正義'개념과 관련하여, 그 전제와 정의일반의 관계에 관하여는 David Miller, Social Justice(1976), pp. 18, 21-3.

fering)에 대해서도 배상을 해야 하며, 그 범위는 어디까지인가? 집에서보다 일터에서 손해를 입은 사람이 더 많은 보상을 받아야 하는가? 이러한 갖가지 물음에 대한 대답은 損害事故에 있어서 '무엇이 正義인가' 하는 선행적 의문에서부터 풀어나가야 하겠지만, 이는 결코 간단한 문제가 아니다.[41)]

또한 正義에 관하여 흔히 말하는 「合理的 平均人」이라는 관점이, 현실적인 손해전보제도와 직접 또는 간접적으로 접촉함으로써 얼마나 영향을 받는가 하는 점도 한마디로 말하기는 어렵다. 예컨대 대부분의 사람들이 과실에 의해 발생한 사고에 있어서 정신적 고통에 대한 손해배상을 지지하지만, 疾病이나 선천성 장해에 대한 보상은 수긍하지 않는다면, 우리는 이것이 그가 실정법상의 견해를 수용했기 때문인지, 아니면 반대로 일반인의 생각을 입법자가 받아들인 것인지 확실히 알 수 없다. 대체로 법제도와 일반적인 정의·형평 관념 사이에는 활발한 상호작용이 이루어지기 때문이다.

한편 立法者가 손실전보제도에 관한 문제를 다루는 경우에도 그 검토는 제도의 전반에 관해서 이루어지지 못하고, 어떤 특정한 측면에 의해서 왜곡되기 쉽다. 비록 현재의 보상체계가 正義의 일반적 의미에 대하여 확신을 주는 만족스러운 것일지라도 우리는 여전히 그런 체계의 합리적 정당성에 대한 설명을 요구할 권리가 있다. 일반국민은 보상문제의 여러 측면을 평가할 능력이 부족하므로, 합리적인 근거 없이 '옳다고 느끼니까'라고 말할 수도 있겠지만, 법률전문가로서는 법질서에 관한 문제를 그런 식으로 처리할 수는 없는 노릇이다.[42)]

(나) 당해 사회의 經濟的 水準과 삶에 대한 哲學　　아울러 손실전보 문제를 논함에 있어서 유념하여야 할 한 가지 측면을 지적한다. 일정한 사회가 보상의 대상으로 인정하는 事故의 類型과 이에 대한 補償의 水準은, 상당 부분 당해 사회의 경제수준(the wealth of that society)에 의존한다는 사실이다. 쉬운 예로, GNP 수준이 매우 낮은 사회에서는 극빈자들이 굶거나 영양실조로 죽는 수도 있으며, 생존한 사람들의 경제적 상황도 비참한 경우가 많다. 이러

41) 때때로 설문조사방법으로 사회일반인의 관점이나 견해를 확인하려는 시도가 행해진 것이 사실이지만, 그 결과는 특별히 도움이 되지 않는다. Michigan Survey와 Ontario Survey에 따르면 대다수의 사람이 정신적 고통에 대해서도 배상을 해야 한다고 믿고 있다. 다만 그 중에는 부정적인 견해를 취한 사람도 상당수 ―Michigan Survey에서 20%, Ontario Survey에서 30% 정도― 에 이른다는 것은 의외이다. 영국의 경우, 손해배상은 가해자에게 과실이 있을 때에만 가능하다는 점을 피해자에게 납득시키는 것이 어렵다고 한다. Atiyah, p. 530.

42) Atiyah, pp. 530-1.

한 사회에서는, 소득수준이 높은 나라라면 심각한 비극으로 여겨질 재난에 대해서도, 사소한 일로 치부되어 보상이 거의 행해지지 않거나, 선진국 수준에서 보면 거의 명목적인 액수에 불과한 손해배상이 이루어지게 된다. 이런 배상수준의 지역차는 涉外的 人身事故에 있어서, 배상수준이 높은 국가의 法院에 소를 제기하려는 이른바 'forum shopping'의 문제를 야기하기도 한다.[43]

또한 집권당의 정치적 강령이나 국가의 경제적 상황(예: 호경기 또는 불경기) 및 예산사정이 피해자 구제에 있어서 주요한 변수가 되기도 한다. 좌파 정부가 성장보다는 분배 내지 사회안전망의 확충에 주력하는 것은 공지의 사실이다. 경기수축 국면에 접어든 오늘날 서구사회에서조차도 補償財源은 극도로 제한되어 있어서, 질병이나 신체장해로 고통받는 사람들을 구제하기 위한 노력에는 인색한 성향을 보인다. 더 나아가, 당해 사회구성원들이 품고 있는 인간사회의 재앙에 대한 철학적 태도나 生死觀 내지 종교적 신념도 보상제도의 기저를 이룸은 긴 설명을 요하지 않는다.

위에서 본 몇 가지 요소들은 손실의 전보제도의 효율이나 타당성을 음미함에 있어서, 반드시 고려하여야 할 獨立變數라 할 수 있다.

Ⅱ. 不法行爲法理와 保險制度

여기서는 주로 책임보험의 불법행위법제에 대한 영향문제를 중심으로 다룬다. 또한 편의상 사보험과 사회보험의 관계, 그리고 체계간의 조정문제를 언급한다. 아울러 새로운 철학에 바탕한 파격적인 인신손해 보상제도의 얼개에 관해서도 간략히 언급한다.

1. 私法上의 契約으로서의 보험

계약으로서의 보험은 '당사자의 일방이 약정한 보험료를 지급하고, 상대방이 피보험자의 재산 또는 생명·신체에 관하여 불확정한 사고가 생길 경우에, 일정한 보험금액 기타의 給與를 지급할 것을 약정함으로써 효력이 생기는 계

43) 과거 미국의 다국적기업(Dow Chemical)의 인도 현지 화학공장의 유독가스 누출사고로 엄청난 희생자가 생겼을 때(Bohpal 사고), 그리고 대한항공의 Guam 사고시에도 이 문제가 제기된 바 있다.

약(商 §638)을 말한다. 이는 사법상 계약의 한 유형이기는 하지만, 이에 관한 법적 규제는 매매 기타의 거래유형과는 다른 특수한 연혁적 배경을 가지고 있으므로, 우리 상법도 제4편(보험)에서 보험계약을 따로 규율하고 있다.[44]

보험계약은 民法 總則編과 상당한 관련을 가지고 있으므로, 그 성질에 반하지 않는 한, 총칙상의 규정·법리는 보험계약에도 그 적용이 있다. 보험계약의 최대선의계약성(contract of utmost good faith)과 관련하여 민법 제2조,[45] 사행계약성(aleatory contract)과 관련하여 동법 제103조[46] 등이 그 좋은 예이며, 그 밖에도 권리변동에 관한 총칙상의 법리는 원칙적으로 보험계약에도 적용된다.[47] 뿐만 아니라 그것은 사법상의 계약이라는 점에서 債權編의 규정이 보충적으로 적용(ergänzende Anwendung)됨은 물론이다.[48] 「계약」 법체계 내에서 보험계약의 위치는 대략 위와 같이 설정해 볼 수 있겠다.[49] 그러면 보험제도는 널리 다른 사법제도와 어떠한 관련을 갖는가?

널리 알려진 바와 같이 보험은 私法 특히 민법의 不法行爲制度(民 §750)와 깊은 관련을 맺고 있다. 보험 중에서도 不法行爲로 인한 損害賠償責任을 보험화한 책임보험제도(liability insurance: 商 §719 이하)는 不法行爲法理와 바로 맞닿아 있고 여기에 큰 영향을 미치므로, 이에 대한 통찰 없이는 不法行爲制度를 온전하게 파악하기 어렵다고 하여도 좋을 정도이다.

전통적 설명에 따르면, 不法行爲制度의 이상은 손해의 공평·타당한 분배에 있다. 그러나 損害賠償을 피해자와 가해자의 개인적인 문제로 삼는 데 그친다면, 실제상 위의 목적을 달성할 수 없게 되는 수가 있다. 무과실책임을 인정하는 때에는 특히 그러하며, 무과실책임이 피해자를 충분히 보호하기 위한 제도이나, 만약 가해자가 무자력이면 공허한 것이 될 뿐만 아니라, 경우에 따라서 가해자는 경제활동에 큰 타격을 입게 된다. 특히 기업이 가해자인 경우, 배상금지출로 경영의 기초를 상실하는 것은 또 다른 문제를 낳게 된다. 不法行爲制度의 이상은 이러한 문제도 아울러 해결하는 것이 아니면 그 목적을 달성하였다고 할 수 없을 것이다. 그러나 이러한 문제는 不法行爲法만으로는 도

44) 양승규, 보험법 제2판, 76 이하 참조.
45) 양승규(註 44), 87.
46) 이에 관하여는 金星泰, "사행계약에 관한 고찰", 南觀 沈泰植 博士 華甲記念論文集 참조.
47) 民 §§109, 110를 고지의무위반에 관하여 적용할 것인가에 관하여는 다툼이 있다. 金星泰(註 4), 236-9 참조.
48) Edgar Hoffmann, Privatversicherung(1978), 1.3.3.
49) 石田滿, "私法體系における保險契約の地位," 鈴木古稀記念 現代商法學の課題(上), 26 이하.

저히 해결할 수 없으며, 다른 특수한 제도의 도움에 의존하는 수밖에 없으니, 그것이 바로 각종의 보험제도인 것이다.[50)]

그러면 不法行爲制度와 보험제도는 과연 양적·질적으로 어떠한 연관을 가지고 있는가? 이러한 문제의식하에 양 제도간의 구체적 연계성을 규명해 본다. 다만 그 전반을 상론함은 부적절하므로, 영미 불법행위법리 발전과정을 중심으로 보험제도와의 관련성을 언급한다[2]. 이어서 불법행위제도와 깊은 관련을 맺고 있는 책임보험제도가 불법행위제도에 어떤 영향을 미쳤는지를 간단히 보기로 한다[3].

2. 不法行爲法理의 형성과 保險制度

(1) 서

일반적으로 볼 때, 오늘날의 법제에서는 민사책임과 형사책임의 체계가 뚜렷히 분리·독립되어 있으나, 초기 영국에서는 그것이 미분화한 상태였고, 不法行爲法도 형법의 亞流로서, 과실행위보다는 주로 '고의적' 침해('intentional' aggression)에 관심을 가지고 있었음은 이미 지적하였다. 왜냐하면 도시화·산업화가 이루어지지 않았고, 교통여건 등도 오늘날과는 판이하게 달랐던 당시의 사회여건하에서는 비고의적 사고가 드물었고, 그 대부분은 고의적 행위의 결과였기 때문이다. 이러한 연유로, 오늘날의 不法行爲法에 있어서의 고의·과실의 문제에 해당하는 가해자의 심리상태(the state of mind)에 대하여는 별다른 관심이 베풀어지지 않았다. '악마도 사람의 마음 속은 모른다(the devil knoweth not the mind of man)'는 말이 당시의 분위기를 잘 보여준다.[51)] 그러나 이러한 상황은 산업혁명을 계기로 새로운 국면을 맞게 된다.

(2) 산업혁명과 經濟的 自由主義의 대두

역사적 관점에서 볼 때, 不法行爲法은 공업화로 인간활동의 맥박이 급격히 빨라지고, 이로 인하여 사고가 유례없이 증가하게 된 19세기에 접어들면서 제 2 段階를 맞게 된다. 이와 같은 사태에 대한 법적 반응은 크게 다음의 두 가지로 나타났다.

(가) 법적 보호의 확대　　산업화, 도시화로 거리와 공장 등에서 사고의 위험이 크게 증가하여, 법원은 종래의 고식적이고 보수적인 法理로는 사회

50) 郭潤直, 672 이하 참조.
51) John G. Fleming, pp. 3-4.

환경의 변화에 대응할 수 없게 되었다. 따라서 근본적으로 새로운 손해배상법체계(an essentially new accident law)를 수립하기에 부심하였고, 그리하여 종래 합의관계(consensual relations)를 바탕으로 하는 사람들 ── 예컨대 의사와 환자 ── 간에나 적용되던 미완성의 과실에 의한 不法行爲法理(embryonic law of negligence)를 빈발하는 통상의 사고에도 널리 확장적용함으로써, 법적 보호를 확대하기에 이르렀다.

이러한 사정으로 비고의적 손해(acccidental, unintended harm)에 관하여 이른바 negligence法理가 확대되었으나, 이 이론은 동시에 소송의 沙汰를 막는 수문(the floodgates of litigation)으로서의 구실도 하였으니, 그 운용에 신중을 요하는 판도라상자(Pandora's Box)와 같은 것이다.[52)]

(나) 법적 보호의 축소

(a) 사회적 배경 과실책임(negligence liability)이라는 도깨비 같은 概念(volatile concept)이 등장하여 뿌리를 내리는 데는 오랜 시간이 걸렸다. 초기 산업사회(Victorian age)의 분위기는 대체로 보수적이었고, 경제면에서는 많은 위험을 동반하는 광산·철도·건설 등의 산업이 당대의 신화적 경제성장의 견인차 역할을 담당하였다. 그리고 누구나 다소간 산업발전으로 인한 혜택을 받고 있었던 것도 사실이다. 그러므로 이들 기업의 성공 및 그것으로 대표되는 國富 증대에 무관심한 국민이 아닌 이상, 누가 감히 기업측에 과중한 注意義務(unmitigated duty of care)를 부과하여, 산업재해로 인한 막대한 손실을 기업에게만 부담하도록 요구할 수 있었겠는가? 따라서 필요하다면 피해자 개개인이 그 손실을 부담하는 것이, 비록 자발적인 것은 아니지만, 전체의 복지(general welfare)에 공헌하는 길이라고 여겨질 정도였다. 이러한 사고방식은 산업재해를 당한 피용자를 상대로 하는 배상청구소송에서 더욱 철저화되었다.

이 시대의 분위기를 한마디로 요약하면, 자본형성(capital formation)을 위한 국민의 희생이 강요되던 시기였고, 그만큼 사고피해자의 법적 보호는 축소되었다. 그리하여 기업주로 하여금 안전한 작업환경을 갖추도록 하려는 관련 법규의 취지는, 피해자인 피용자의 배상청구를 억제하여 산업활동의 間接費(overhead cost)를 절감하려는 기업측의 술책으로 공염불(empty gesture)이 되고 말았다.[53)] 그 대표적인 예가 바로 다음 세 가지의 보통법상의 항변사유(풍자적으로 'Unholy

52) Ibid, pp. 4-5.
53) Jogn G. Fleming, p. 5.

trinity'라고 부르기도 함)이다.[54)]

(b) 3가지 주요 항변사유

(i) 피용자간 不法行爲 免責 原則(fellow servant rule)

근로자(피용자)가 업무에 종사하는 동안에, 자기와 동일한 사용자에게 고용되어 일하는 다른 피용자(fellow servant)가 그의 업무수행중의 과실로 인한 손해를 입은 때에, 가해피용자의 선임이나 기업시설상의 피용자의 안전확보에 과실이 있었던 경우를 제외하고, 사용자는 賠償責任을 지지 않는다는 보통법상의 원칙이다('doctrine of common employment'라고도 함).[55)]

비록 이 법리가 그 후 Employer's Liability Act(1889)로 일부 개정되고, 다시 Workmen's Compensation Acts(1925-1934)로 사용자의 책임이 인정되었을 뿐만 아니라, 결국 Law Reform(Personal Injuries) Act(1948)로 완전히 폐지되기는 하였으나, 산업화과정에서 자본가측의 법적 책임 회피수단으로 크게 이용된 것은 사실이다.

(ii) 寄與過失의 抗辯

기여과실의 항변(defense of contributory negligence)이란 원고가 피고의 과실로 손해를 입었음을 이유로 손해배상을 구하는 소를 제기한 경우에, 피고가 제출하는 당해 손해는 피해자인 원고측 과실의 기여로 인하여 발생하였다는 사실, 즉 원고의 과실이 近因(causa proxima)이라는 뜻의 항변을 말한다. 이 항변이 인정되면, 가해자인 피고에게 과실이 있고, 그것이 피해발생의 한 원인이라 하더라도 전혀 책임을 지지 않는 것이다.[56)·57)·58)]

54) 상세는 金星泰, "不法行爲法理와 보험제도", 경희법학 18-1(1983), 169-75 참조.

55) 1837년 영국의 Priestley v. Fowler판결이 그 효시이며, 1938년 미국의 Murrat v. South Carolina R. Co 판결 및 Farewell v. Boston & Wrocester Railway 판결도 이를 본받고 있다. William Prosser, Handbook of the Law of Torts, 4th ed.(1971), pp. 525-30.

56) 自動車衝突事故가 대개의 경우 그러하듯이, 사고발생에 관하여 피해자(배상청구소송의 원고)에게도 다소의 과실이 인정되는 경우에는 몇 가지 처리방법이 있다. 우선 해상법(maritime law)에 있어서의 처리방식으로서, 과실비율을 문제삼지 않고, 발생한 손해를 반으로 나누어(halve his damages) 부담시키는 방식이 그것이다. 여기에는 문제를 간이·신속하게 해결하고자 하는 海法 특유의 정신이 잘 나타나 있다. 다음으로 피해자측 과실을 배상액결정 단계에서 참작하는 방식으로서, 대륙법계(civil law)에서 채택하고 있다. 우리나라의 이른바 過失相計制度(民 §§763, 396 참조)가 바로 그것이다. 주의할 것은 이 제도가 단순히 가해자인 불법행위 채무자에게 항변권을 주는 것은 아니므로, 법원은 직권으로 피해자의 과실 유무를 조사하여야 한다는 점이다. 이 점에 있어서 영미 보통법상의 기여과실항변의 법리와 다르다. 郭潤直(註 50), 187-8.

57) Butterfield v. Forrester(1809) 11 East 60. M.G. Lloyd, Torts(5th ed.)(1978), p. 27.

58) 가해자(피고)가 기여과실항변을 제출하는 경우, 원고는 이른바 'last clear chance'라는 재항변을 주장할 수 있다. 즉 원고의 과실로 손해가 발생하는 것을 방지할 수 있는 기

어떻든 이 항변은 불법행위를 둘러싼 당사자간의 과실의 정도를 비교한다고 하는, 실제상 극히 골치아픈 부담을 덜어주는 것 이외에는 그 어떠한 합리적 근거도 없으며, 企業活動 등으로 인한 경제적 부담을 완화(reduce the burden on enterprise and activity)하고자 하는 데 이 법리의 주목적이 있었다고 해도 과언이 아니다. 그러나 이 원칙은 Law Reform(Contributory Negligence) Act (1945)로 폐지되고, 앞서 본 제2방식(대륙법방식)을 채택하기에 이르렀다.[59)]

(iii) 위험인수의 항변

고용계약을 체결함에 있어서 피용자가 미리 그 勞務의 수행에 통상적으로 수반되는 위험으로 인한 손해를 입더라도, 이로 인한 사용자의 배상책임을 묻지 않겠다는 의사를 명시 또는 묵시적으로 표시하거나 표시한 것으로 인정되는 경우에는, '危險의 引受(assumption of risk)'가 있는 것이 되고, 이 때에는 사용자가 피용자의 직무상의 사고가 있더라도 전혀 책임을 부담하지 않는다는 원칙이다.[60)]

이는 寄與過失의 法理와 거의 비슷한 시기에 확립된 원칙으로서,[61)] 앞서 본 fellow servant rule의 Priestly v. Fowler판결의 영향을 많이 받고 있다. 그런데 寄與過失의 원칙이 일정한 사정이 존재한다는 것을 알지 못하고(unaware), 그 결과의 발생을 본의 아니게(unwilling) 받아들여야 하는 상태하에서 합리적 인간의 행동기준에서의 일탈 내지 과실을 문제시하는 것임에 대하여, 위험인수는 피해자가 위험의 존재를 알고 있으면서도 그러한 상태를 받아들인다(knowledge of the danger and intelligent acquiesence)는 점에서 양자는 구별된다.

회를 피고가 가지고 있었으며(The 'last opportunity' of avoiding the accident lay with the defendant), 이 기회를 피고의 과실로 상실하였기 때문에 손해를 입었다는 것이 인정되면, 피고는 손해 전부에 대하여 책임을 부담하여야 하는 것이다(Davies v. Mann (1842) 1 M. & W. 546). William L. Prosser, p. 427.

59) 동법 §1 I(Paul L. Bradbury, Cases and Statutes on Tort(2ed.)(1978), pp. 112-3):

1. —(1) where any person suffers damages as the result partly of his own fault and partly of the fault of any other person or persons, a claim in respect of that damage will not be defeated by reason of the fault of the person suffering the damage, but the damages recoverable in respect thereof shall be reduced to such extent as the court thinks just and equiltable having regard to the claimant's share in the responsibility for the damage.

Provided that —

(a) this subsection shall not operate to defeat any defence arising under a contract.

(b) where any contract or enactment providing for the limitation of liability is applicable to the claim, the amount of damages recoverable by the claimant by virtue of this subsection shall not exceed the maximum limit so applicable.

60) William L. Prosser, pp. 439-41.

61) Cruden v. Fentham, 1779, 2 Esp. 685.

또한 실제에 있어서 어떤 하나의 상황이 이들 두 법리가 예정하는 요건을 모두 충족하는 경우가 있다. 예컨대 다른 교통수단을 이용할 수 있음에도 불구하고, 한밤중에 술에 취한 운전수가 운전하는 자동차를 골라 타고 가다가 사고를 당한 경우나,[62] 불에 타고 있는 건물 속으로 피해자가 자기 모자를 꺼내려 들어가다가 사고를 당한 경우 등이 있다. 이 때 가해자측은 자신의 선택에 따라 위 두 가지 항변사유의 전부나 그 중 하나를 선택하여 주장할 수 있다.[63] 이 법리를 근거로, 직업권투선수가 경기중 상해를 입거나, 서커스의 공중곡예사가 추락한 경우 또는 목수가 작업중 사다리에서 떨어진 경우에도 가해자나 상대방에게 손해배상을 청구할 수 없게 된다.[64]

이상에서 본 몇 가지 항변사유는 가해자측의 책임성립을 저지하는 유력한 수단으로 이용되었으며, 이들 법리가 형성·승인된 데에는 초기 산업사회의 시대적·경제정책적 요구가 그 배경을 이루고 있음을 엿볼 수 있다. 특히 기여과실의 법리와 위험인수의 법리는 자기책임의 원칙(self-reliance)과 개인주의(individualism)에 봉사하는 것이라는 미명하에 산업활동 이외의 영역에도 널리 확대적용되었다.[65][66] 그 밖에도 미국 자동차보험과 관련하여, 호의동승의 문제가 있으나, 이 법리는 폐지된 상태이므로 부연하지 않는다.[67]

62) Sutherland v. Davis, 1942; Hutzler v. McDonnell, 1943 사건 등 참조. 또한 술에 취한 비행사의 비행기를 탄 사례로서는 Adair v. Valley Flying Service, 1952 판결 참조.

63) Bugh v. Webb, 1959; Smidt v. Fontaine Ferry Enterprises 판결 등 참조. Ibid., p. 441.

64) Irving Pfeffer, David R. Koch, Persepctives on Insurance(1974), pp. 82-3.

65) 최종소비자(ultimate consumer)에 대한 결함제품생산자의 과실책임을, 양자가 직접계약관계(privity of contract)에 서지 않음을 이유로 부인하는 이른바 doctrine of privity도 참고할 만하다. 대표적 사례인 Winterbottom v. Write 판결 참조. O. J. Miler, pp. 7-9.

66) 시설물의 안전과 관련하여, 자신의 편익을 위하여(for his own benefit, convenience, pleasure) 시설물 내에 들어온 자에 대하여는, 시설물 소유자·점유자의 책임을 최소한으로 인정하는 법리(minimal responsibility)도 책임을 면제하는 논리의 하나이다. Ibid., pp. 59-60; John G. Fleming, p. 6.

67) 責任保險이 보편화되자, 이 제도가 악용되는 현상이 부분적으로 나타나게 되었고, 그 대책으로 당해 법률관계상의 민사책임법리 자체를 원천적으로 바꾸어 버린 사례도 있다. 1970년대 말까지 미국의 대부분의 州는 자동차보험과 관련하여 이른바 'guest law'를 두고 있었다. 그 입법취지는 자신의 업무나 레저를 위하여 아무런 대가를 지급하지 않고, 타인의 자동차에 동승중 사고를 당한 경우, 그 동승자의 운전자 또는 자동차 소유자에 대한 손해배상청구를 제한하고자 하는데 있다. 이러한 배상청구를 인정하게 되면, 자동차소유자·호의동승자 雙方이 공모하여 보험금을 詐取할 위험이 높기 때문이다(defrauding insurance companies). 설사 공모의 위험이 없는 경우에도, 가해자인 자동차소유자로서는 당해 사고와 관련된 다른 문제(예컨대 형사책임 등의 減免)를 유리하게 처리하기 위해, 배상책임을 너무 쉽게 인정해버릴 우려도 없지 않기 때문이다. 따라서 동법은 가해자측이 고의나 중대한 과실로(in a grossly negligent manner) 손해를 야기하였음을 피해자인 동승자가 입증하지 못하는 한, 아무런 손해배상청구권도 인정하지 않으며, 중과실을 입증하더라도 이른바 '위험의 引受'라고 볼만한 사정이 있는 경우에도 역시 같

이제 범위를 더 좁혀 사보험 중에서도 불법행위 내지 민사책임과 가장 밀접한 관련을 맺고 있는 책임보험제도가 불법행위법리에 어떤 영향을 미치는지 간략히 살피기로 한다.

3. 不法行爲法理에 대한 責任保險의 영향

책임위험을 인수하고 나아가 피해자를 두터이 보호할 목적으로 책임보험제도(商 §719 이하)가 마련되어 있다. 100여년의 역사를 가진 책임보험 메커니즘은 불법행위제도와 서로 잘 어우러져 손해의 사법적 처리에 있어서 중심적인 역할을 수행하고 있다. 그러면 責任保險은 자신의 후원을 받고 있는 不法行爲法理에 구체적으로 어떠한 영향을 미치는가? 이 측면을 규명함으로써, 不法行爲法의 사법체계상의 좌표가 더욱 선명히 설정될 수 있음은 물론, 전면적 보상체계 내에서의 책임보험제도의 지위와 발전방향을 정확히 내다볼 수 있을 것이다.

(1) 불법행위제도의 機能과 관련하여

(가) 억지효의 둔화　　불법행위법상 過失責任原則은 개인의 자유로운 경제활동을 보장해 주는 기능을 수행한다. 과실이 없으면 책임을 지지 않기 때문이다. 동시에 이 원칙은 과실로 책임을 지게 되는 일이 없도록 행위자에게 주의를 촉구하는 警告的 機能도 가지고 있다.[68] 따라서 과실책임원칙은 사고발생을 억제하는 효과(deterrent effect)도 거두고 있는 셈이다.

그러나 책임보험제도가 등장하여 가해자(피보험자)에게 과실이 있어도(다만 중과실은 보험자의 면책사유이므로, 예외이다) 보상이 이루어짐으로써, 피보험자의 주의력이 떨어지고 책임의식이 희박해져 사고억지 효과는 크게 둔화되었다. 책임보험계약이 이용되던 초기에, 이러한 내용의 계약이 公序良俗에 반하므로 無效라는 학설·판례가 있었던 것도 바로 이 점을 우려한 것이다.[69] 그러나 책임보험이 갖는 피보험자

은 결과를 인정하는 것이 일반적이었다. 그러나 그 후 이 법률이 1920-30년대에 보험업계의 압력(vigorous lobbying by the insurance industry)에 의한 잘못된 입법이라는 지적을 받게 되었고, 실제에 있어서도 이 법률이 소수의 詐欺訴訟을 막는데 기여하였을는지는 모르나, 보호받아야 할 동승자를 외면하는 결과를 초래하였다는 반성론이 제기되었다. 이러한 사정 때문에 오늘날 새삼스럽게 'guest law'를 채택하는 주는 없으며, 이미 이를 제정·시행하던 주들 가운데 상당수가 동법을 폐지하거나 위헌으로 판결하였다. Emmett J. Vaughan, Fundamentals of Risk and Insurance(3rd ed.)(1982), p. 465.

68) 郭潤直(註 50), 664 이하 참조.

69) 뉴질랜드·호주의 유명한 Woodhouse Report도 보험제도 특히 책임보험제도로 말미암아 과실책임원칙에 입각한 억지적 효력이 거의 감소·제거되어 버렸다고 지적하고 있다 (It is a cogent argument that the presence of liability insurance reduces and perhaps re-

보호기능이 널리 인식되면서,[70] 책임보험계약의 적법성을 다투거나 위헌시하는 태도[71]는 사라지게 되었다.

또한 불법행위책임의 사고억지기능은 그 손해가 책임보험에 의해 처리되더라도, 보험료율조정이라는 보험기술적 장치가 그 역할을 인계받고 있으므로, 그대로 발휘된다고 봄이 일반적이다. 즉 피보험자의 事故經歷(accident record)을 책임보험료 산정시에 반영함으로써 간접적으로 사고발생가능성을 낮출 수 있는 까닭이다.[72] 그러나 보험료율의 조정으로 사고방지(accident prevention) 효과를 거두려는 데에는 한계가 있다. 즉 보험상품의 가격결정에 있어서 원칙적으로 자유경쟁원리를 도입하는 한, 보험료율에 관한 공동행위는 공정거래법의 규제대상이 될 수밖에 없고,[73] 이러한 보험시장에 있어서의 料率競爭이 치열할수록 사고억지적 기능이 발휘될 여지는 줄어들게 되는 것이다.[74] 뿐만 아니라 책임보험에 가입한 자가 요율차등제에 따라서 추가로 부담할 할증보험료에 관하여 경제적인 부담감을 별로 느끼지 않는다면, 이 방식에 의한 억지적 효력은 발휘될 여지는 크게 줄어든다는 점을 지적하지 않을 수 없다.

(나) 制裁機能의 문제 불법행위제도에 제재적 내지 징벌적 기능이 인정되는가? 이 문제는 특히 정신적 손해의 배상, 즉 慰藉料(Schmerzgeld)의 본질론의 형태로 다루어지고 있다. 대체로 배상설이 지배적 견해이며, 慰藉料를 일종의 사적 제재로 보는 견해(제재설)는 근대법질서하에서는 타당성이 없는 것으로 보고 있다.[75] 그러나 영미에서는 「懲罰的 損害賠償」(punitive damages)을 정면으로 인정하므로 우리와는 그 처지가 같지 않다고 할 것이다.

---

moves altogether the deterrent effect of the fault principle). Geoffrey Palmer, Compensation for Incapacity(1966), p. 24.

70) 'only to protect the injured person'- Larkin v. Munson S.S. Line, C.C.A. N.y. 1938, 100 f. 2D 393; 'for the benefit of persons injured'- Banker v. Aetna L. Ins. Co. 1933, 148 Misc. 162, 265 N.Y.S. 231. The consolidated Laws of New York Annoated Book 27 (Insurance Law: 167-399)(1966), p. 12.

71) 상게서, p. 11. Merchants Mut. Automobile Liability Ins. Co v. Smart, 1925, 45, S. Ct. 320, 267 U.S. 126, 69 L. Ed. 538 판결. 또한 책임보험에 관한 문제는 아니지만, 해상보험에 있어서 과거에는 海員의 선박구조의욕을 감소시킨다 하여, 그 給料(seamen's wages)의 부보를 금지하였으나, 오늘날 이를 폐지한 점(영국 MIA §11 참조)도 참고가 된다. 상세는 Arnould's Law of Marine Insurance and Average Vol. I(1981)[323]. 아울러 小町谷操三, 保險法の諸問題(1974), 11 이하의 "保險制度が民事責任に及ぼす影響" 참조.

72) 우리나라 자동차책임보험의 경우 기본보험료(9급, 100%)를 기준으로, 우량할인(1급, 60%) 및 불량할증(29급, 200%) 보험료율을 적용하고 있다.

73) 보험시장에 있어서의 경쟁원리도입문제에 관하여는 金星泰, "보험행정과 독점금지법", 경희법학, 18-2(1983), 67 이하 참조.

74) Williams & Hepple, op. cit., p. 169

75) 郭潤直(註 50), 682-3.

어떻든 오늘날 사법의 지도원리가 개인자유의 보장으로부터 공공복리를 그 이상으로 함에 이르러, 不法行爲制度는 사회에서 발생하는 손해의 공평·타당한 부담·분배를 꾀하는 제도로 인식되고 있으므로, 이러한 의미에서 현대 不法行爲制度下에서 민사책임의 징벌적 의의는 상대적으로 더욱 감소하였다고 할 것이다. 나아가 不法行爲責任의 처리가 책임보험을 통해 이루어지면, 가해자인 피보험자는 자신의 민사책임에 기한 損害賠償 부담을 보험자가 해소시켜 주므로, 자기재산의 감소를 염려할 필요가 없다. 그러므로 민사책임의 징벌적 기능은 여기서 빛을 잃고 만다. 그렇다고 보험급여의 대가로 피보험자가 부담하는 소액의 보험료에 이러한 기능이 잔류하고 있다고 보기는 어렵다. 이러한 의미에서 책임보험이 그 대상으로 삼는 민사책임은 전적으로「賠償」기능의 발휘만을 목적으로 하고,「制裁」기능은 消去된 것으로 이해함이 옳겠다.[76]

(2) 「過失」개념에 관한 客觀說의 보완

不法行爲가 성립하기 위한 주관적 요건으로서 과실이 요구된다. 이 과실은「일정한 결과가 발생한다는 것을 알고 있었어야 함에도 불구하고 부주의, 즉 주의를 게을리하였기 때문에 그것을 알지 못하고 어떤 행위를 하는 심리상태」[77]로 이해하는 이른바「客觀的 過失說」이 우리나라의 통설·판례이며, 영미에서도 같다. 즉 합리적 평균인기준(reasonableman test)을 가지고 행위에 관한 완전히 객관적인 기준(entirely objective standard of conduct)이라는 관점에서 과실 유무를 판단하는 태도가 바로 그것이다. 말하자면 不法行爲에 있어서는 보통인·평균인·표준인을 기준으로 하는 주의기준인 추상적 과실만이 문제된다고 보는 것이다.

그런데 객관적 과실설의 최대 난점은, 책임능력과의 관계를 모순 없이 설명하기 어렵다는 점이다. 이 설을 주장하는 자는 과실을 평균인에게 요구되는 주의의무의 위반이라고 하면서, 다른 한편 과실의 전제가 되는 판단능력으로서 행위자의 責任能力을 요구하고 있다. 이와 같은 이론구성은 한편으로 과실 있는 행위를 하는 자에 대하여 행위자의 책임능력을 요구함으로써 그 귀책근거를 개인적 비난가능성에서 찾으려 하면서, 다른 한편 과실의 유무에 관한 판단에 있어서는 平均人에게 요구되는 주의의무를 기준으로 하고, 그 행위자의 개인적 주의능력은 문제삼지 않는다는 점에서 앞뒤가 맞지 않는다고 할 것

76) 伊澤考平, "責任保険の發展とその止揚", 我妻還記念 損害賠償責任の研究(中), 557-9.
77) 郭潤直(註 50), 688-90.

이다. 왜냐하면 행위자는 개인적 능력에 따라 행위를 하더라도 면책되지 않기 때문이다. 따라서 이 때의 귀책근거는 행위자의 의사에 있는 것이 아니라 행위의 위험성에 있다고 해야 하고, 그와 같은 책임은 보증책임이나 일종의 위험부담책임이라고 말하지 않을 수 없는 것이다.

과실의 전제조건으로서 책임능력의 존재를 요구하는 것은, 귀책의 근거를 행위자에 대한 개인적 비난가능성(유책성)에서 구하는 것을 의미한다. 왜냐하면 책임능력이라 함은 미성년자(民 §753 참조)나 심신상실자(民 §754)와 같은 개인적 능력에 관련된 개념이기 때문이다. 그러므로 과실 개념을 객관적으로 구성하면서, 그 전제조건으로서 책임능력을 요구함은 모순이 아닐 수 없다. 그리고 과실의 전제조건으로서 책임능력의 존재를 요구하려면, 과실은 행위자 개인에게 요구되는 주의를 태만히 하는 것이라고 입론해야 할 것이다. 이상과 같은 지적을 수긍한다면, 고의와 과실을 다같이 不法行爲의 주관적 요건이라고 하면서, 과실의 개념을 유책성과 단절시키는 것은, 고의의 不法行爲에 대해서는 유책성을 요구하면서 과실의 不法行爲에서는 객관적 능력만으로 만족하는 것이 되어 체계상 일관성이 없게 된다. 이와 같은 결과는 과실개념을 불법개념 내지 위법개념으로 변용하는 것이라는 비판을 면하기 어렵다.[78] 그런데 재미있는 것은, 責任保險이 이용됨으로써 이 약점을 다소나마 보완할 수 있게 되었다는 점이다.[79] 다만 행위자 개인의 주의력이 평균인의 그것보다 월등히 높은 때에도 평균인에게 요구되는 주의의무를 기준으로 하여 판단한다면 행위자를 주관적으로는 비난할 수 있는 경우라 하더라도 과실이 없어 책임을 물을 수 없게 되는 점도 객관적 과실설에 대한 비판의 한 대목이지만,[80] 책임보험이 이 부분까지도 합리화해 준다고는 보기 어려우므로 문제는 남아 있는 셈이다.

(3) 過失責任主義와 관련하여: 책임의 嚴格化

원래 책임보험은 19세기 말 산업재해의 증가에 대응하여, 무거운 책임을

78) 金亨培, "과실개념과 불법행위책임체계", 청헌 김증한박사회갑기념「현대민법학의 제문제」(1981), 535-6. 영미불법행위법상으로도 같은 비판이 있다. "This purely objective definition of fault, as we shall see, takes no account of subjective factors or moral blameworthiness, notwithstanding the rather common belief that liability for negligence is linked to a finding of moral wrongdoing." Eli P. Bernzweig, By Accident Not Design: The Case for Comprehensive Injury Reparations(1980), pp. 56-7 참조.

79) 예컨대 초보운전자도 숙련된 운전사와 동일한 정도의 주의의무를 부담해야 하는데, 이는 초보운전자가 운전중 사고를 야기하더라도, 실질적인 배상의무를 부담하지 않음을 근거로 부분적이나마 설명이 가능하다(partially explicable). Glanville Williams and B. A. Hepple, Foundations of the Law of Tort(2nd ed.)(1984), p. 165.

80) 金亨培(註 78), 536.

부담하게 된 기업이 자위책으로 안출한 제도이다. 그 후 발달과정에서 책임보험은 過失責任도 담보하게 되기는 하였으나, 그것이 특히 의미를 가지는 것은 무과실책임주의하에서이다. 그 이유는 첫째, 가해자의 처지에서 보면 과실이 없어도 책임을 져야 하므로, 예기치 않은 손해를 부담하는 일이 생기고 자연히 자유로운 경제활동에 지장을 받게 된다. 이에 가해자의 自衛手段으로 책임보험이 더 절실히 필요하게 된다. 둘째, 피해자측으로서도 무과실책임주의가 채택되면 바람직하기는 하나, 가해자가 無資力이면 무과실책임주의도 빛 좋은 개살구에 불과하다. 이에 피해자의 확실한 구제를 위해서도 책임보험제도가 요청되는 것이다. 이러한 인식이 보편화함에 따라, 그 위험 자체가 사회적인 것이어서 「賠償責任의 社會化」가 정당화되는 영역에 있어서는 책임보험의 이용을 전제로(가입이 강제되기도 함) 不法行爲責任을 엄격히 인정하는 경향이 뚜렷하다. 즉 책임보험제도가 민사책임 측면에서 과실책임주의를 완화하여 책임을 엄격화하고 있는 것이다.

우리 나라의 「자동차손해배상보장법」이 그 좋은 본보기이다.[81] 이 법은 민법상의 불법행위책임원리의 수정형식으로 출발하여, 자동차의 운행으로 사람의 생명·신체가 死傷된 경우에 그 損害賠償을 보장하는 제도를 확립함으로써 피해자의 보호를 도모하고 자동차 운송의 건전한 발달을 촉진함을 목적(§1)으로 제정되었다. 이 법 제3조에 의하면, 자기를 위하여 자동차를 운행하는 자는 그 운행으로 인하여 타인의 인명 또는 신체를 사상한 때, 승객 이외의 자가 사상한 경우에 있어서는 (i) 자기 및 운행자가 자동차의 운행에 관하여 주의를 怠慢히 하지 아니하였고, (ii) 피해자 또는 운전자 이외의 제3자에게 고의·과실이 있으며, (iii) 자동차의 구조상 결함 또는 기능의 障碍가 없었음을 모두 주장·입증하지 않는 한, 그리고 승객의 경우에 있어서는 고의 및 자살행위로 인하여 사상한 경우임을 입증하지 않는 한, 언제나 損害賠償責任을 진다고 규정한다.[82]

81) 각국의 입법례를 보면, 상당수의 국가가 우리와 비슷한 태도를 취하고 있지만(이보환, 자동차사고손해배상소송(1983), 24), 전혀 별개의 가치관에 터잡은 새로운 보상제도를 둔 나라도 있다.

82) 위 규정내용을 民 §750와 비교하면, ① 損害賠償의 범위를 인적 손해에 국한시키고, ② 불법행위요건 중 가해자의 고의·과실을 배제하고, ③ 운전자보다도 운행자에게 중한 책임을 과한 결과, 운행자는 앞서의 세 가지 면책요건상 규정한 과실이 있다고 추정함으로써 입증책임을 전도시켜 무과실책임에 가까운 損害賠償義務를 정하고 있다. 이와 같은 법규정취지를 종합하면 자배법은 民 §750 및 §756의 특별규정이라고 해석함이 통설·판례이다. 大判 70.11.24, 70다1051; 大判 72.1.31, 71다2356 참조. 이보환(註 81),

(4) 不法行爲論 一般과 관련하여

(가) 免責抗辯의 廢止　그 밖에도 영미 불법행위법상의 엄격한 책임을 회피하기 위하여 종래 인정해 오던 각종의 면책항변(위에서 설명. 2. 참조)을 점차 폐기하기에 이른 것도, 책임보험의 확산이 그 촉매역할을 하였던 덕분이다.[83]

또한 종래 영미 가족법상의 '가족간 불법행위 면책원칙'(intrafamily tort immunity)[84]이 책임보험의 등장으로 어떻게 꼴바꿈을 하였는가를 살펴보는 일은 매우 유익하다. 이 원칙을 지지하는 논자들은 이 원칙의 근거로서, 가족간에 不法行爲를 원인으로 한 제소를 허용하면 '가정불화(family disharmony)'를 유발하고, 이는 公序良俗에 반한다는 점을 든다. 그러나 이러한 논법은 다음과 같은 현실론(logic of reality)에 굴복하고 말았다. 즉 不法行爲에 대한 보상을 인정하지 않고 방치하여 둔다고 해서 가족간의 화합이나 부부간의 금슬이 더 좋아지는 것은 아니며, 특히 그러한 사고에 대비하여 보험에 가입한 경우에 그 부당함은 두드러진다. 이러한 호된 비판을 감당하지 못한 탓으로 '가족간 면책원칙'은 이론상으로는 물론 판례상으로도 그 자취를 감추고 말았다.[85]

(나) 損失分散機能과 責任集中　우리는 앞(前論 Ⅲ. Ⅱ. 1. (1). 2. (1) (나) 참조)에서, 보험제도가 보편화됨에 따라, 사고 당사자 중에서 누가 '손실분산통로'로서 가장 적합한 위치에 있는가 하는 점이 중시됨을 보았다. 즉 不法行爲責任을 판단함에 있어서, 당사자의 경제사회적 역할을 감안하여 손실분산기능을 가장 효율적으로 수행할 수 있는 자에게 그 책임을 집중시킨다는 논리이다. 이러한 상황은 보험제도가 활성화함에 따라 不法行爲法理가 실질적인 영향을 받는 좋은 본보기라 할 수 있겠다.

24-5.

83) Unquestionably, liability insurance was a potent, if not the most potent, catalyst in this movement. Eli P. Bernzweig, op. cit., p. 105.

84) 부부간 계약 취소권을 규정한 우리 民 §828의 입법취지 참고.

85) 'An uncompensated tort is hardly calculated to foster family harmony and conjugal concord, particularly where insurance has been purchased to protect against the very harm suffered.' 아울러 Thomas F. Lambert, Jr.은 다음과 같이 주장한다: "Taking a more exalted view of marriage, when a responsible and devoted husband buys the buffer of liability insurance as a shield for his wife and brood, he does not thereby declare that the whole world may benefit from its buffering protection — except his own wife and kids. The truth is, of course, that most family suits are brought because defendant-spouse or defendant-parent is insured by paid-for protection, and the family peace and pocketbook are repaired, not ravaged or reduced, by such suits. In short, the rationale of the modern decisions is the recognition that the buffer of liability insurance undercuts and displaces any policy base for the archaic interspousal or intrafamily immunity rule." Eli P. Bernzweig, op. cit., 109 110 및 주 15 참소.

대표적 예로, 核事故에 있어서는 당해 핵시설물의 운영자(operator)만을 唯一 책임부담자(the sole linchpin)로 한다는 원칙이 그것이다.[86] 이에 관한 우리나라의 「原子力損害賠償法」도 이를 명정하고 있다. 동법 제 3 조[無過失責任 및 責任의 集中]는 원자로의 운전 등으로 인하여 원자력손해가 생긴 때에는 당해 原子力事業者가 배상책임을 지고(同 I), 이에 따라 손해를 배상할 책임을 지는 원자력사업자 이외의 자는 그 손해를 배상할 책임을 지지 아니함을 분명히 하였다. 나아가 원자력사업자의 손해배상을 보장하기 위하여 시설물 당 90억원을 보상한도로 하는 책임보험계약체결을 의무화하고(§§ 5-7), 이를 넘는 손해에 관하여는 정부와 원자력사업자간의 원자력손해보상계약으로 대비하도록 하고 있다(§9 및 「원자력손해보상계약에 관한 법률」 참조). 이러한 책임집중의 원칙은 각종의 국제협약과 각국의 국내법이 널리 승인하고 있다.

한편 미국에서는 결함제품(defective products)으로 인한 소비자의 손해에 관하여 위 책임집중의 원리가 판례법상 인정된다. 대표적 사례인 Goldberg v. Kollsman Instruments 판결[87]에서 법원은 고도계(altimeter)의 고장으로 인한 항공기사고로 승객이 사망한 경우에도, 불량고도계의 제조자가 아니라 항공기의 생산자가 책임을 져야 한다고 판시한 바 있다. 즉 제조물책임은 전적으로 완제품('completed' product)의 제조자만이 부담하고, 부품제조자는 이를 지지 않는다. 왜냐하면 전자만이 광고를 통하여 자기의 이름으로(on his own trade name) 소비자의 신뢰를 유발하였고, 사고로 인한 비용을 보다 정확하게 산정(better calculate the cost)할 수 있을 뿐만 아니라, 이를 製品原價(the eventual sale price)에 반영함으로써 위험 및 그로 인한 손실을 가장 적절히 분산시킬

86) Paris Convention on Third Party Liability in the Field of Nuclear Energy, 1960; Burssel Convention on the Liability of Operators of Nucear Ships, 1962; Vienna Convention on Civil Liability for Nuclear Damage, 1963 등. 또한 영국의 Nuclear Installations Act, 1965 참조. 미국의 제조물책임 및 의료소송에서도 같다. 예컨대 Clark v. Gibbons 사건(426P. 2d 525(Cal. 1967))에서 California 주 최고법원의 Tobriner 대법관은 '오늘날 의료소송의 특징이라고 할 의제적이고 공허한 과실 유무 탐색(the largely fictitious and often futile search for fault)을 포기하여야 하며, 본건과 같이 사고원인이 규명되지 아니한 사고(unexplainable medical accidents)로 인한 손해는 보험으로 자신을 가장 잘 지킬 수 있는(best able to protect through insurance) 당사자에게 부담시켜야 한다'고 판시한 바 있다. Helling v. Carey 사건(83 Wash. 2d. 514, 519p. 2d 981(1974))에서도 법원은 '그 과실 때문이 아니라, 손실을 부담·분산시킴에 있어서 더 나은 위치에 있기 때문에(not because of their negligence but because they were in a better position to bear or spread the cost of the damages)' 피고 의사에게 책임을 인정하고 있다. Eli P. Bernzweig, op. cit., p. 108.

87) N.Y. 1963 : 191 N.E. 2d 81.

수 있는 지위에 있기 때문이다.[88)]

그러나 가해자(피고)라고 해서 언제나 이러한 위치에 서는 것은 아니다. 때에 따라서는 피해자(원고)가 손실분산의 채널로서 더 적합할 경우도 있다. 화재보험에 있어서 피해자로 예정된 일정한 재산소유자가 바로 그러하다. 이러한 보험에는 가입 ── 그것이 責任保險이든 통상의 損害保險이든 ── 이 강제되는 경우도 있는데, 이는 곧 입법자들이 당해 부보의무자를 가장 적합한 손실분산기능수행자로 보는 까닭이다. 우리 나라의 「화재로 인한 재해보상과 보험가입에 관한 법률」이 그 좋은 본보기이다.[89)·90)]

(다) 책임논의의 포기 책임보험실무상 특이한 제도로서, 주로 자동차책임보험의 보험자간에 이루어지는 「보험자간의 구상권상호포기약정」(knock-for-knock agreement)을 들 수 있다. 이는 영미의 자동차보험실무에 있어서 자동차의 충돌로 인한 차량손해가 생겼을 때, 각 차량의 대물배상책임보험자와 차량보험자의 보상방법으로서, 각 보험자가 사고 당사자인 피보험자들의 법적 책임 여하를 묻지 아니하고 보험자 '자신의' 피보험자의 손해를 보상하여 줌으로써(the insurer pays his own damage, irrespective of legal liability) 모든 법률관계를 종식시키고자 하는 합의를 말한다.[91)] 이러한 약정을 보험자간에 체결해 둠으로써 소송으로 인한 비용·노력의 낭비를 피하고, 아울러 보험료의 상승을 억제할 수 있게 된다.[92)] 그런데 이 제도를 다른 관점에서 보면, 다름 아닌 책임보험에 의한 민사책임논의의 포기(the civil law of negligence is suspended)를 뜻하는 것이다.[93)]

88) 그러나 이에 관하여는 반론이 없지 않다. 특히 당해 부품이 어느 정도의 기능적 독립성(a single identifiable function)을 가진 경우에는 더욱 그러하다. C.J. Miler, pp. 227-8 및 pp. 197-8 참조. John G. Fleming, pp. 18-9.

89) 이 법률은 '화재로 인한 인명 및 재산상의 손실을 예방하고, 신속한 재해복구와 인명피해에 대한 적정한 보상'을 목적으로(§1), 특수건물(§2 iii)의 소유자에게 身體損害賠償特約附 火災保險에 가입을 강제하고 있다(§5). 이와 아울러 부보의무자에 대하여는 「실화책임에 관한 법률」의 보호를 박탈하고 경과실이 있는 때에도 배상책임을 인정하였다(§4 I). 그리고 기업활동을 하지 않는 일반인도 손실분산기능을 수행하기는 어려운 위치에 있다.

90) Williams & Hepple, op. cit., p. 165. John G. Fleming p. 20 주 2, 3, 4 참조. 그러나 상해보험처럼 그 위험이 산발적으로 부보되어 있을 뿐만 아니라, 사고발생시 피해자가 보험금청구권과 아울러 가해자에 대한 불법행위상의 청구권도 행사할 수 있는 경우는 위의 예에 해당한다고 보기 어렵다.

91) A.G.M. Batten and W.A. Dinsdale, Motor Insurance(4th ed.)(1965), pp. 273-5.

92) 물건보험과 責任保險이 병존하는 경우의 대위관계에 관하여는 金星泰, "責任保險과 물건보험의 경합", 손해보험 1980. 12 및 1981. 1 참조.

93) Williams & Hepple, op. cit., p. 168.

(5) 責任確定節次와 관련하여

㈎ 責任 有無 판단에 대한 영향 일정한 사고가 생긴 경우에 가해자가 당해 사고와 관련하여 책임보험에 가입하였는지 여부는 책임확정과정에 어떤 영향을 미치는가? 결론부터 말하자면, 이론상으로는 아무런 영향을 미치지 아니한다. 왜냐하면 책임보험은 민사책임 특히 불법행위책임을 전제로 하는 것이며, 불법행위책임의 성부는 불법행위법 독자적인 판단에 맡겨져 있는 까닭이다.[94)]

참고로 Atiyah의 설명에 의거, 영국의 경험을 보자면, 사실심의 배심은 피해자의 딱한 처지를 동정하기 마련이며 이 때문에 책임요건 판단을 그르칠 우려도 없지 않은 까닭에, 피고가 책임보험에 가입한 사실을 배심에게 통지해서는 안 된다는 것이 확립된 원칙(a firm rule: Gowar v. Hales[1928])이었다고 한다. 그러나 오늘날 자동차사고(third party traffic risks)에 관하여는 모든 피고가 보험에 가입되어 있다는 점에 의문을 갖지 않으나,[95)] 경험에 따르면 피고가 보험에 가입했음을 알았다고 해서 배심이 원고에게 유리하게 평결하지는 않는다(not more likely to find for plaintiff)고 주장한다. 어떻든 영국에 있어서는 보험가입 여부가 불법행위책임에 영향을 미치는 데에 반대하는 것이 법원의 일반적 태도라 하겠다.[96)]

그러나 부보 여부가 責任額(the level of damages) 결정에는 영향을 미친다. 이 점을 계속해서 검토한다.

㈏ 責任額 산정에 대한 영향

(a) 사실상의 영향력 역사적으로 볼 때, 책임보험은 자본주의경제의 발전과 더불어 산업재해나 자동차사고 등 재해가 급격히 증가하는 사태에 대한 대책으로 비교적 늦게 발전하였다. 그 후 급격한 기술혁신에 의한 산업구조의 근본적 변화로, 한편으로는 사고가 대형화·다양화하였을 뿐만 아니

94) 오늘날 영국에서는 별다른 사정이 없는 한 불법행위소송의 피고는 보험에 가입한 것으로 다루고 있다(Pose Office v. Norwich Union Fire Insurance Society, Ltd.[1967]). 그러나 과실 유무(the issue of negligence)를 판단함에 있어서는 보험을 문제삼아서는 안 된다고 봄이 대세이다. [1959] A.C. 604, 627. P.S. Atiyah, Accidents, Compensation and the Law, p. 271; Williams & Hepple, op. cit., pp. 163-4. 반대견해로는, S.C.M(U.K.) Ltd. v. Whittall & Son, Ltd.[1971] 및 Spartan Steel and Alloys, Ltd. v. Martin & Co.(contractors), Ltd.[1973] 판결 참조.

95) Winn Committee Report, Para, 349(위 Atiyah의 주 17의 재인용).

96) English courts have generally set their faces against permitting the presence or absence of insurance to affect tort liability. P.S. Atiyah, op. cit., pp. 271-2

라, 다른 한편으로는 소비자운동 등의 활성화에 힘입어 배상의식이 현저히 높아졌고(liability-minded), 그 당연한 결과로서 손해배상청구소송 또한 엄청나게 증가하게 되었다. "배상소송을 할 것인가 말 것인가(To sue, or not to sue: that is the question)?"[97]라는 물음은 오늘날 일상적인 것이 되고 말았다. 이러한 사회적 배경하에서 책임보험은 급격한 발전을 이룩하게 되었고, 현대보험의 총아(Wunderkind)로 등장하였다.[98]

이러한 책임보험의 발전배경을 살핌에 있어서 또 하나 빼놓을 수 없는 점은, 바로 '賠償額'의 폭발적 증가 현상이다. 자본주의사회가 고도화함에 따라서 특히 인간의 가치는 더욱 소중해지고, 그 생명·신체의 침해로 인한 손해에 대하여는 더 두터운 보호를 해야 한다 함은 지극히 자연스러운 발상이다. 그러나 본의 아닌 사고를 낸 가해자측으로서는 배상액의 천문학적 증가(skyrocket)가 실로 큰 부담이 아닐 수 없으며, 이러한 위험에 대비하기 위하여 責任保險의 도움을 청하지 않을 수 없게 된다.

그런데 이러한 과정을 자세히 들여다보면, 배상액의 급증현상과 책임보험은 서로 선후관계 또는 인과적 관계에 있는 것이 아니라, 서로 업고 업히는 순환관계에 있음을 알 수 있다. 즉, 고액의 배상책임위험에 대비하여 책임보험에 가입하는 것도 사실이지만, 책임보험에 가입하고 있는 까닭에 고액의 배상판결을 내리는 경향이 있음도 부인하기 어렵다. 요컨대 책임보험제도는 불법행위책임의 '정도'를 결정함에 있어서 사실상 적지 않은 영향을 미치는 것이다.[99]·[100] Atiyah도 책임보험이 책임유무결정에는 영향을 미치지 않으나, 배상

97) Regional Casualty Ins. Correspondence Course, 1979년 4월, AIU Regional Education Center, p. 1.

98) 양승규, 보험법(제 5 판), 325-6.

99) 우리 나라에서도 교통사고소송실무를 보면, 그 배상액이 급격히 높아지고 있으며, 그 상당수는 가해자가 責任保險에 가입한 경우이다. 특히 '업무상 과실 또는 중대한 과실로 교통사고를 일으킨 운전자에 관한 형사처벌 등의 판례를 정함으로써 교통사고로 인한 피해의 신속한 회복을 촉진하고 국민생활의 편익을 증진할 목적'으로 제정된 「교통사고처리특례법」이 발효된 이후에는 더욱 그러하다. 한편 1959년 일본에서는 자동차사고로 인한 사망자에게 당시로서는 기록적인 액수인 600만엔의 배상을 명하였는데, 이 역시 가해자가 責任保險에 가입했던 경우였다. 加藤一郎, 不法行爲法の硏究(1971), 152 이하 참고.

100) 가해자가 다행히 責任保險에 가입하고 있으므로, 보험자에게 무한대의 배상자력(infinite resources)이 있을 것이라는 안이한 전제하에 일방적으로 고액의 배상을 명하는 폐단이 있음은 영미에서도 문제점으로 지적되고 있다. John G. Fleming, p. 16. 프랑스에서도 피해자·법관 모두가 엄청난 배상(fortes indemnites)을 주저하지 않고 요구하고 명하는 것이 현실이라고 한다.

액 결정에는 영향을 미칠 가능성이 있음을 시인한다.[101)]

(b) 循環關係의 악화와 그 대책 이상과 같이 '닭이 먼저냐, 달걀이 먼저냐' 하는 식으로 책임보험가입사실을 참작하여 고액의 손해배상을 인정하고, 고액배상 위험 때문에 책임보험에 가입하는 상황이 반복되는 것은 극히 염려스러운 사태를 초래할 수 있다. 말하자면 책임보험이 민사책임에 미치는 이러한 영향은, 다시 책임보험 자체에도 연쇄반응을 일으키게 된다. 즉 일반인은 점점 무거워지는 민사책임에 대비하여 더욱 책임보험가입을 서두르게 되고, 법관으로서는 점점 더 높은 배상판결을 내리게 된다. 이런 상황이 거듭되면, 보험자로서는 채산을 맞추기 위하여 보험료를 인상(les primes s'élèvent)하지 않을 수 없게 된다. 그 좋은 본보기가 1975년 미국의 醫療危機(the medical malpractie crisis)이다. 결국 보험료인상 규제, 의사의 책임완화(reduce medical liability), 제소요건강화(discourage malpractice claims) 및 의사의 재교육을 주요골자로 하는 입법조치로 수습이 되기는 하였지만, 의사의 직업윤리까지 거론된 실로 심각한 사태였다.[102)] 이러한 악순환(circle vicieux)을 방지하기 위해 특히 교통사고의 경우, 책임의 상한을 법정하거나 보험가입을 강제(le découvert obligatoire)하고 있는 것이다.[103)] 특히 배상액 확정절차에 배심이 간여하는 경우, 배심원은 법률에 문외한인 일반인들이어서, 고통을 받는 피해자의 감정적 호소(sentimental appeal)에 지나치게 끌린다는 점에서 문제시되어 왔다. 이에 호주와 같은 나라는 자동차강제책임보험을 실시함에 있어서, 배심의 동정론에 기운 평결로 보험기금운용에 무리가 생기지 않도록, 이 소송에서는 배심제도를 전면 폐지했을 정도이다.[104)]

더욱이 보험업계의 보험료율경쟁이 격심한 경우에는 문제는 더욱 심각하다. 1975년을 전후한 미국의 사정이 이를 잘 보여준다. 제조물책임보험(product liability insurance) 분야의 경우, 보험자들은 이러한 적자를 메우기 위해 보

101) P.S. Atiyah, op. cit., p. 272.

102) 당시 소송건수 및 비용의 급증으로 인해, 의사를 피보험자로 하는 醫師賠償責任保險(medical malpractice insurance)의 보험료가 폭등하였다. 뉴욕주의 예를 들면 1974년 6월 93.5%의 보험료 인상이 있었고, 6개월만인 동년 12월 다시 197%의 보험료의 인상을 단행하였다. 이에 의사회가 반발하자, 보험회사(Agronaut)도 지지 않고 이듬해(1975) 3월 보험료를 다시 189-600%까지 인상하였다. 이에 의사측은 소송·태업, 나아가 파업으로 맞섰으며, 한편으로는 주를 떠나거나 폐업하는 의사가 속출하여 커다란 사회문제가 된 바 있다. Thomas R. Castle and Richard B. Heller, Torts, pp. 240-6.

103) Picard et Besson, op. cit., pp. 490-2.

104) John G. Fleming, op. cit., p. 16.

험료를 대폭 인상하였고, 보험에 가입했던 제조업자들은 무더기로 해약을 하거나 보험가입을 포기하거나, 심지어 사업을 포기할 수밖에 없는 상황에 몰리기도 하였다.[105] 책임보험제도라는 보호벽을 필요로 하는 경제활동분야에 있어서, 책임보험이 순조롭게 운영되지 못할 때에 얼마나 심각한 부작용을 낳는가를 절감하게 된다. 따라서 代位制度를 두지 않는 인보험에 있어서(商 §729) 피해자인 원고가 보험에 가입하였는지 여부를 고려해서는 안 되는 것처럼, 가해자가 責任保險에 가입했는지 여부를 배상액산정에 있어서 고려해서는 아니 될 것이라는 Atiyah의 충고[106]는 귀담아 들어 둘 필요가 있다고 하겠다.

(6) 그 밖의 문제

㈎ 請求權의 性質 문제　　책임보험은 통상 不法行爲責任을 이론적 전제로 하는 제도이다. 그렇다면 민사책임의 또 하나의 중요한 영역인 債務不履行責任은 책임보험과는 어떠한 관계를 가지는가? 대체로 배상의무자가 책임의 전가 내지 면탈을 필요로 하는 점에서는 그 책임의 성질이 不法行爲責任인가 債務不履行責任인가를 구별하는 것이 의미를 갖지 못한다. 뿐만 아니라 특정한 경우에는 당해 민사책임의 성질을 어떻게 볼 것인지 그 출발점에서부터 견해가 갈리는 것도 있다. 이 때 당사자간의 법률관계를 不法行爲·채무불이행 중 어느 법리에 의할 것인가 또는 양 책임의 병존을 인정할 것인가에 관하여는 적지 않은 논란이 있다. 나아가 양 책임이 병존한다고 할 때에 청구권경합에 관하여 어떠한 태도를 취하는가에 따라 논쟁이 새로운 가지를 칠 소지도 남아 있다. 이러한 사정을 감안한다면 일단 책임보험에 있어서의 책임에는 不法行爲責任[107] 이외에 債務不履行責任도 포함되는 것으로 새김이 무난하겠다.[108] 보험실무를 보더라도 '…법률상의 손해배상책임을 부담함으로써 입은

105) 특히 제조업자인 Havir Manufacturing 회사는 보험자들 사이에 요율경쟁이 심하던 1970년에 $2,000이던 보험료가 1975년에는 $10,000로 뛰어 보험계약을 해지하고 다른 보험자와 계약을 맺으려 하였으나, 보험료가 $200,000(연간매출액의 10%에 해당하는 금액임)을 요구하므로 진퇴양난에 빠져 결국 폐업하고 말았다. Consumer Protection, Editorial Research Reposts(1978), p. 145.

106) P.S. Atiyah, op. cit., p. 272.

107) 불법행위책임도 관련 일반·특별법상의 책임이 두루 포함된다. 大法院 97. 6. 10. 선고, 95다22740 판결(요지): 자동차종합보험약관 제9조 제1항 제1호가 "회사는 피보험자가 피보험자동차의 사고로 남을 죽게 하거나 다치게 하여 법률상 손해배상책임을 짐으로써 입은 손해를 보상한다"고 규정하고, 같은 항 제2호가 위 보상의 범위를 자동차손해배상책임보험으로 지급되는 범위를 넘는 손해로 규정하고 있는바, 위 약관에 의하여 보험자가 보상할 피보험자의 '법률상 손해배상책임'의 범위는 자동차손해배상책임보험과는 달리 자동차손해배상보장법상의 자동차 보유자의 손해배상책임에 한정되는 것이 아니라, 민법상의 일반 불법행위책임, 사용자책임 등을 포함한다.

108) 金澤理 外 編, 新種·自動車保險講座 I, 責任保險(1975), 24.

손해…'[109]라고 하여 양 책임의 이론적 구별에 별다른 관심을 보이지 않으며, 의사·제조업자의 책임도 보험상품의 대상으로 삼고 있다. 어느 쪽으로 입론하든, 행위자의 주의의무나 損害賠償의 범위 등에 차이가 생긴다면 불합리하므로, 양 책임 모두 동일한 결론에 이르는 것이 바람직하다고 하겠다.

(나) 保險의 形態論　책임보험제도가 널리 이용되는 경우에도 그 구체적 운용양상이 나라에 따라 다를 수 있고, 그 결과 불법행위제도와의 관계에서 생기는 효과가 다를 수가 있음에 유의하여야 한다. 예를 들자면, 自動車責任保險이 強制/任意 보험이라는 二元的 體制로 운영되는 우리나라의 형태가 바람직한지에 관해서는 논란이 있으며, 특히 강제보험에 있어서 자동차사고의 인적 피해자에 대한 보상수준이 여전히 미흡한데도, 후자에 있어서는 그 피해자에게 무제한으로 배상받을 길을 열어 둔 것이 과연 타당한가 하는 논란이 그것인데,[110] 이에 대하여는 강력한 비판론이 있다.[111]

우리의 자동차보험제도는 그 밖에도 몇 가지 특징이 있다. 즉 무보험차량·뺑소니차량에 의한 사고의 피해자에 대한 정책적 보호제도(이른바 '保障事業': 자배법 제4장 참조) 및 불량물건의 공동인수제도(法 §20 I) 등이 그것이다. 이러한 특례규정은 사보험에 國家의 政策意志를 무리하게 반영하려는 데서 오는 왜곡현상이라고 할 수 있고, 그 당부를 떠나, 우리의 제도를 이론적으로 음미함에 있어서 매우 신중한 태도가 필요함을 말해준다.

더 나아가, 이 제도를 운용하는 법원의 태도도 자동차보험제도 및 불법행위제도의 성격을 논함에 있어서 특별한 논쟁거리를 제공한다. 이를테면, '위자료임을 명시하지 않고 지급한 刑事合意金의 법적 성질을 보험자의 보상범위에 포함되는 손해배상금으로 보는 태도가 그것이다.[112]

뿐만 아니라, 손해배상과 관련한 사보험에는 책임보험 이외에도 통상의 물건보험 등 여러 가지 형태가 있다. 또한 오늘날 신종보험의 한 형태로서 保證保險[113]과 信用保險이 널리 보급되고 있는데, 이러한 형태의 보험과 책임보

109) 배상책임보험 보통약관 §1.
110) 金星泰(註 4), 690-4 참조.
111) 양승규, "자동차대인배상책임보험에 관한 고찰", 정희철선생 회갑기념 상법논집, 288-9. 특히 법원의 배상판결금액의 증가추세에 관하여는 289 주 39)의 일람표 참조. 비판론은, 社會正義의 면에서도 극심한 배상액의 불균형을 초래하여 형평에 어긋남을 강조한다. 양승규, 위 논문, 304-6.
112) 大判 96.9.20, 95다53942 판결 등. 金星泰(註 4), 698 참조. 장용국, "형사합의금의 법적 성질", 民判硏 20 참조.
113) 보험업법 §5 I 괄호 참조. 보증보험이란 賣買·고용·都給 기타의 계약에 의한 채무 또

험과의 유사성에도 유의할 필요가 있다.[114] 특히 책임보험과 「불특정」 타인을 위한 보험(Versicherung für Rechnung wen es angeht; assurance pour compte de qu'il appatiendra)의 우열관계도 더 짚어볼 필요도 있다. 이 문제는 앞으로의 과제로 남겨 둔다.[115]

4. 私保險과 社會保險의 관계

불법행위법리가 사보험과 여러 면에서 관련을 갖는 것과 유사하게, 사회보험과도 접촉면을 가지고 있다. 이 점은 나중에('중복전보의 조정' 문제) 언급하므로, 사보험과 사회보험의 주요 차이점과 관련성만 간단히 살펴보기로 한다.

(1) 개　관

양 제도는 기본적으로 保險原理에 입각하여 운용된다는 점에서는 동일하다. 양자가 「保險」 제도로서의 공통적 기반을 갖고 있으므로, 그 한도에서는 동일한 원리에 의하여 처리되는 문제도 적지 않다. 따라서 보험재정이 危險率을 기초로 운영되며, 실손보상적 성격의 보험급여에 관해서는 보험자에게 代位가 허용된다.[116] 그리고 손해배상에서 사회보험급여의 공제 여부, 손해배상을 받은 피해자의 보험급여청구 가부 등의 문제가 생기는 점도 사보험에 있어서와 유사하다.

그러나 사회보험과 사보험이 개인의 경제생활안정을 목적으로 하며, 영리보험사업자가 운영하는 것임에 비하여, 사회보험은 국가가 국민의 최저생활보장을 목적으로 운영하는 점에서 그 성격이 크게 다르다. 따라서 재정운용형태나, 가입방식,[117] 보험료불납시 징수방법,[118] 수급권(보험금청구권)의 처분가능

는 법령에 의한 의무의 이행에 관하여 발생할 채권자 기타 권리자의 손해를 보상함을 목적으로 하는 보험계약을 가리킨다. 즉, 보증보험은 채무불이행책임을 담보·보증하는 제도(따라서 보증보험은 그 본질이 민법상의 보증이지 보험이 아니라는 주장도 있다. 金星泰, "보증보험계약의 보증계약성", 新聞, 1982. 2. 8. 판례평석 참조)이며, 특히 그 기본구조가 언제나 「타인을 위한 손해보험계약(商 §639)」이라는 형태를 취하는 점이 주목된다.

114) 이를 구별하여야 한다는 견해가 지배적이다. 孫珠瓚, "책임보험에 관한 몇 가지 문제", 보험학회지 6(1970), 63-4면. 아울러 양승규(註 111), 287.

115) 木村榮一, "不特定人 のためにする 保險の 生成と 發展", 大森忠夫還曆記念, 商法·保險法の 諸問題 참조. Williams & Hepple, op. cit., p. 148. 영국 Road Traffic Act, §§148, 149.

116) 商 §682, 의료보험법 §46 I 참조. 또한 산업재해보상보험법(1994. 12. 22. 법률 제4826호로 전문 개정되기 전의 것) §54 I은 "근로복지공단은 제3자의 행위에 의한 재해로 인하여 보험급여를 한 때에는 그 급여액의 한도 안에서 급여를 받은 자의 그 제3자에 대한 손해배상청구권을 대위한다"고 규정하고 있다.

117) 산업재해보상보험법 제2장은 보험가입자를 법률로 정하고 있으며, §8에서는 일정한

성 등에서 차이가 있으며, 적용법규도 크게 다르다.[119]

(2) 상호관련성

(가) 私保險에 의한 사회보험제도의 補完 사보험방식으로 운영되는 근로자재해보상책임보험은 사회보험인 산재보험의 給與水準이 충분하지 못한 점을 감안하여, 그 초과손해를 보상하는 사보험이다. 이 보험에서는 불법취업의 경우를 보험자의 면책사유로 하고 있는데, 이 조항의 효력에 대해서도 논란이 있다.[120] 또한 사보험인 자동차보험에서도 사회보험급여를 초과하는 손해가 발생한 경우에, 그 초과부분만을 보상한다는 취지의 면책약관의 효력을 어떻게 해석할 것인가 하는 점이 다투어지고 있다.[121] 아울러 최근에는 연금

사업주의 보험가입을 의제하기도 한다. 또한 보험관계의 성립일(§10)·소멸일(§11)을 법률로 확정하고 있다.

118) 의료보험법 제56조[보험료 등의 독촉 및 체납처분] 제3항 참조. 또한 동법 §58은 보험료의 우선순위는 국세 및 지방세를 제외한 다른 채권에 우선함을 명정하고 있다. 아울러 서울高判 87.1.14, 86나2596(법률신문 87.2.9) 참조: 피보험자 소유의 자동차공매대금(630만원) 전액에 관하여 의료보험조합(보험자)이 체납의료보험료(815만원)에 우선충당한 사건: 의료보험료의 징수순위는 국세 및 지방세의 다음 순위로서 보험료납부기한으로부터 1년 미만의 기간 이전에 설정된 저당권 등에 의해 담보된 채권보다 우선한다. 따라서 우선배분받은 것은 법규상 인정되는 의료보험료의 우선권에 근거한 것이므로, 법률상 원인없이 배분받았다고 하여 그 반환을 구하는 원고(외환은행: 자동차에 관한 저당권자)의 청구는 이유 없다.

119) 상세는 金星泰(註 4), 41-5 참조.

120) 보험분쟁조정례 95-47: 근로자재해보상책임보험 분쟁(진흥기업 주: LG화재) 산재보험에서 보험금을 지급받은 근로자를 고용계약체결시 불법취업외국인임을 이유로 근재보험약관상의 위법고용된 자로 보아, 보험자는 면책을 주장할 수 있는가 하는 점이 다투어졌다: 관광목적으로 입국한 중국교포가 진흥기업 목동지하철공사장에 고용(92.5.14)되어 작업중, 부상(동년 6.3), 94.11.30까지 산재보험으로 치료·요양을 받고 산재판정에 따른 휴업급여를 수령한 후, 진흥기업을 상대로 손해배상을 청구. 진흥기업은 LG화재에 소송대행을 요구하였으나, 보험회사는 불법취업자임을 주장, 특별약관 §3 Ⅶ에 기해 소송대행거부 및 면책통지한 사례임.

판정: 피해자가 관광비자로 입국, 진흥기업(본건 신청인)에 고용되어 작업을 하던 중 사고가 발생하여 산재보험법에 의하여 보상을 받았다 하더라도 산재보험은 무과실책임주의에 의하여 고용의 위법성 여부에 관계 없이 보상하는 것이나, 근로자재해보장책임보험은 과실책임주의에 의거, 사용자에게 과실책임이 있고 면책약관에 해당되지 않는 경우에 한하여 보상하는 것이므로, 신청인이 피해자를 출입국관리법 §18에 위반하여 고용하였고, 해당 보험약관에 위법하게 고용된 근로자의 사고에 대하여는 면책토록 규정하고 있다면, 피신청인은 책임이 없다.

생각건대 사회보험과 사보험이 비록 보완관계를 이룰 수는 있어도, 그 운용원리가 완전히 동일하지 아니한 이상, 보험자의 책임도 동일한 평면에서 논할 수는 없다. 이러한 경우, 피보험자는 고용계약시에 여권 등을 조사하여 피해자가 불법취업자임을 알고 있었거나 적어도 통상의 주의로 알 수 있었다(출입국관리법 §18 참조)고 보아야 할 것이다. 근로자의 국제적 보호경향은 바람직하나, 본건처럼 행위 당시의 위법사례를 약정을 무시하면서까지 보험으로 보호함은 결과적으로 전반적 준법의식을 흐리게 하고, 법질서문란행위를 조장할 위험이 있다. 따라서 사후의 정부방침변경은 보험자의 책임에 영향을 미친다고 볼 수 없다.

121) 大判 1990.4.24, 89다카24070. 이 사건 보험약관에 관하여 일부무효설을 취한 견해로는, 권 성, "산재보험급여대상자에 대한 자동차종합보험 면책약관의 유효여부", 民判硏

제도의 확충을 위하여 영리보험사업자에게도 개인연금보험의 판매를 허용하고 있다.[122] 이러한 성격의 사보험은 공보험에 대한 補完的 役割을 담당한다고 할 수 있다.

또한 체신보험의 경우는 그 주체만 다를 뿐 실질적으로는 사보험이다.[123] 예컨대 연금보험 등을 어떠한 형태로 운영할 것인가 하는 문제도 논리의 문제라기보다는 국가의 재정형편이나 경제여건 등을 고려하여 이루어지는 정책적 선택의 문제라 하겠다.

(나) 社會性을 띠는 私保險　　사보험도 그 대상인 위험의 성격상 사회적 관심이 현저히 높은 보험, 이를테면 자동차책임보험에 있어서는 사보험의 원리를 기본으로 하면서도, 상당한 변용이 가해진다. 즉 사보험자에 의해 영위되고, 보험계약법이 적용되지만, 가입이 강제되며(자배법 §5) 뺑소니차량에 대한 정부의 보장사업(§26)과 보험사업자의 분담금제(§29)를 정하는 등 사회성이 강하다. 또한 원자력위험 등 거대위험에 관해서도 보험조직은 기본적으로 私保險 방식으로 운영하되, 가입이 강제되며(원자력손해배상법 §5) 그 보완책으로 원자력사업자에 대한 정부의 지원가능성을 열어두고 있다(동법 §14).

Ⅲ. 補償體系間의 調整

1. 體系間의 重複 問題

(1) 調整의 必要性

앞서 본 것처럼 피해구제제도는 각각 서로 다른 이념과 역사를 거쳐 발전해 왔고, 일단 서로 특별한 관련 없이 독자적으로 운용되어 왔다. 그러나 각각의 급여가 擴充되자 동일피해에 관하여 複數의 급여가 행해지게 되어, 이른바 二重賠償의 문제가 나타났고, 이와 아울러 각 제도의 재원에 한계를 느끼자 급여항목의 전체적인 조정 내지 중복의 회피가 새로운 문제로 등장하게 되었다.[124] 예를 들면 무료로 치료를 받은 피해자가 그 치료비를 가해자에게 청구

13, 178 이하 참조.

122) 1994년 5월부터 생명·손해보험 사업자 모두에 허용하고 있다.

123) 같은 취지, 양승규(註 98), 32. 체신예금·보험에 관한 법률 §§3, 25 이하 참조.

124) 중복전보의 문제는 경우에 따라 '손익상계'의 형태로 논의되기도 한다. 민법상 손익상계는 이를 인정한 명문의 규정은 없지만 公平의 요청에 의하여 당연히 인정된다. 문제는 공제되는 이익의 범위이겠으나, 이론상 손익상계는 가해자·피해자간의 대립적 틀 안

할 수 있는가(損害賠償一社會保障 給與), 傷害保險金을 保險者로부터 받은 피해자가 다시 가해자에게 입원비를 배상금으로 요구할 수 있는가(損害賠償一私保險給與), '保險事故의 피해자가 배상주체인 被保險者의 피용자로서 근로기준법에 의한 재해보상을 받을 수 있는 경우에는 그 사고로 인하여 被保險者가 입게 된 손해는 면책'으로 한 自動車綜合保險約款의 효력 문제(私保險과 社會保險)[125] 등이 그것이다.[126] 설명을 간략히 하기 위하여,[127] 여러 손해보상제도에 있어서 손실전보비용의 실질적 귀속자를 간단히 가려보면 다음과 같다.[128]

			公的 扶助			
제도	不法行爲制度	責任保險	범죄피해자 보상제도	社會保險	人保險	구제불능
비용 부담	가해자 (또는 피해자)	잠재적 加害者집단	國家(사회 일반)	수익자 (경우에 따라 다름)	잠재적 被害者집단	피해자[129]

事故의 피해자나 유가족을 어느 정도로 두텁게 보호할 것인가, 특정 보상방식에 의해 먼저 수령한 급여액을 후속하는 급여의 계산에 있어서 控除할 것인가, 아니면 이를 전혀 무시하고 보상할 것인가? 결국 이러한 문제는 그 성격상 논리의 문제라기보다 法政策的 判斷에 맡겨야 할 성질의 것이다. 이하 이들 제도가 각각 병존하는 데서 오는 중복문제를 살피기로 한다.

에서의 형평을 도모하기 위한 것이므로, 제3의 급여주체와의 3자관계를 대상으로 하는 중복전보문제와는 그 차원을 달리하는 것으로 보아야 할 것이다. 또한 수개의 損害保險契約 사이에 발생하는 이른바 중복·병존보험의 문제(개정상법 §672)도 '체계'간의 중복문제가 아니다. 따라서 이들 두 가지 문제는 본 검토에서 상정하지 아니하기로 한다.

125) 大判 92.1.21, 90다카25499 판결의 요지: 「문제의 면책조항은 사용자와 근로자의 노사관계에서 발생한 업무상 재해로 인한 손해에 대하여는 근로기준법에서 사용자의 각종 보상책임을 규정하는 한편, 이러한 보상책임을 담보하기 위하여 산재보험제도를 설정하고 있어서 노사관계에서 발생하는 재해는 이에 의하여 전보받도록 하고 제3자에 대한 손해배상책임의 전보를 목적으로 한 자동차보험의 대인배상범위에서는 이를 제외하려는 데 그 취지가 있다. 따라서 이 면책조항은 商 §659의 적용대상이 아니며, §663에 반하는 것이 아니다.」 그 밖에도 產災保險과 自動車綜合保險에 함께 가입한 것의 重複保險 해당성(大判 89.11.14, 88다카29117) 문제도 흥미롭다.

126) 상법은 종래 人保險에 있어서 제3자에 대한 保險者代位를 획일적으로 금지하였다(§729). 그러나 개정상법은 傷害保險이 인보험이면서도 이른바 '實損補償契約(contract of indemnity)'적 성질을 띠는 점에 유의하여, 상해보험에 있어서는 보험자는 피보험자의 권리를 해하지 않는 범위에서 보험자대위를 허용하고 있다(§729 단서). 이론상 적절한 태도변화라고 할 것이다.

127) 3자간의 관계에 관하여는 金星泰, "인신손해보상에 관한 법이론의 발전방향", 참조.

128) 加藤雅信, 損害賠償から社會保障へ(1989), 3을 참고하였음.

129) 그런데 교통사고에 있어서는 가해자에게 민사상 책임을 인정할 수 없거나, 가해자를 확인할 수 없는 경우(뺑소니차량)에도 부분적인 피해자구제가 행해지고 있으며, 국가적 차원에서 이러한 입장은 강화되어야 하리라고 본다. 이 측면은 비록 私保險의 형태를 취하기는 하지만, 自動車責任保險의 社會性을 잘 보여주는 예라고 할 수 있다.

(2) **調整의 基準**

대체로 중복전보의 조정은 어려운 과제이다. 각각의 보상체계에서 다른 제도와의 관계를 언제나 친절하게 규정하고 있지 못한 까닭에, 당해 보상체계의 기본적 性格과 급여의 內容과 目的 등을 충분히 감안하여 결정하지 않으면 안 된다. 원론적으로는 중복전보문제의 해결기준으로 다음의 두 가지 측면을 생각해 볼 수 있다.

첫째, 전혀 구제를 받지 못하거나 현저히 명목적인 보상만을 받는 데 그치는 경우에 대비하여, 중첩적인 안전장치를 마련하는 것은 부당하다고 할 수 없다. 그러므로 일반론으로 말하자면 피해를 사회적으로 상당한 수준으로 回復시키는 것을 조정의 주안점으로 삼아야 하며, 급여의 외견상의 중복을 획일적으로 부정할 필요는 없다고 본다.[130] 피해자와 유가족의 生存權을 확보한다는 차원에서 이러한 수준에 이르기까지는 다른 급여의 控除나 保險代位 또는 不當利得返還請求 등의 조치를 허용하지 않는 것이 바람직하다고 할 것이다.

둘째, 반면 중복적 보상이 이루어짐으로써 과잉급여로 피해자가 事故 前에 비하여 경제적으로 利得을 얻음으로써 사고발생을 반기거나, 자의반 타의반으로 事故를 誘發하는 불상사가 초래되어서는 결코 아니 될 것이다. 뿐만 아니라 보상급여에 의하여 사회활동으로 復歸할 필요성을 느끼지 않거나, 勤勞意慾을 상실하는 일이 있어서도 아니 됨은 물론이다.

2. 가능한 調整方法

피해자가 損害賠償 이외에 별도의 급여를 청구할 수 있는 경우[131]에 양자간의 조정방법으로는 다음과 같은 것이 있다.

(1) **非控除制**(누적제) 이는 피해자에게 양 급여 全部를 취득할 수 있게 하는 것으로서 특별한 조정을 하지 않는 방법이다. 이에 의하면 피해자가 2중으로 손해전보를 받게 되므로 문제가 있다. 영미법상으로는 이를「collater-

130) 同旨 西島梅治 "賠償と保險·補償", 基本法學 5「責任」(1985), 351-3.

131) 여기서는 社會保險給與를 상정하여 논의한다. 이 대목에서 실무상 문제가 되는 것은 피해자가 가해자에 대한 손해배상청구권을 면제한 경우이다. 사회보험자는 '보험급여를 한 때에 비로소' 손해배상청구권을 대위취득하므로, 사회보험급여가 있기 전까지 피해자는 私權인 가해자에 대한 손해배상청구권을 자유로이 處分할 수가 있다. 문제는 피해자가 재판외의 화해로 가해자의 배상의무를 免除한 이후에 사회보험자가 보험급여를 한 경우, 보험자는 손해배상청구권을 대위취득하는가 하는 점으로서 일본의 경우 긍정설과 부정설의 다툼이 치열하다. 상세는 西村健一郎, "社會保障給付と損害賠償," 民商法雜誌 93(1986.3), 426-30 참조.

al source rule」이라 부르며 지난 세기까지 인정된 원칙이었으나, 점차 폐지단계에 있다. 이를 합리화하는 견해는 不法行爲制度의 징벌적·경고적 기능을 강조하며, 不法行爲法에 의한 損害賠償이 언제나 충분한 것은 아니라는 점 등을 들고 있다.[132] 학설·판례는 生命保險金은 피해자측이 손해배상청구권의 행사여부와 무관하게 취득한다는 데 이론이 없다. 이를 비공제방식으로 설명할 수 있으나, 관점에 따라서는 生命保險給與는 損害賠償과 실질적으로 중복되지 아니하므로 양립이 가능하기 때문이라고 이해할 수도 있다.

(2) 代 位 制

가해자가 별도이익을 지급한 자에게 그 부분을 償還하는 방법이다. 상환의 방법에도 여러 가지가 있을 수 있으나 통상은 代位의 방법에 의하게 되는데, 예컨대 保險金을 지급한 保險者가 保險事故 발생에 민사상 責任이 있는 가해자를 상대로 保險者代位를 하는 경우가 그러하다.[133] 이 제도의 이면에는 사고에 관하여 책임을 질 제3자가 있는 때에는 종국적인 사고비용을 事故惹起者(가해자)에게 귀속시켜야 한다는 생각이 자리잡고 있다. 그러므로 먼저 손해배상을 받은 경우에는 保險者는 이를 保險金에서 控除할 수 있고, 손해배상금이 지급된 사실을 알지 못하고 保險金을 지급한 때에는 이를 일종의 不當利得으로 반환을 청구할 수 있다.

代位制는 이론상 합리성이 인정되나, 현실적으로 대위권행사의 비용이나 확실성면에서 상당한 부담이 따른다. 뿐만 아니라 제3자에 대한 청구권이 過失相計 등의 이유로 손해액의 전부에 미치지 않는 경우나, 제3자의 자력부족으로 청구권의 일부밖에 만족될 수 없는 경우에 대위권의 취득범위에 관하여는 해석상 다툼이 있다.[134] 또한 가해자의 非難可能性을 고려하여 교훈적·징벌적 의미를 부여함이 바람직하다는 관점에서 가해자의 輕過失에는 대위를 하지 아니하고, 故意·重過失에만 代位를 허용하는 것도 입법정책적으로 가능하지 않겠느냐는 견해도 조심스레 제기되고 있다.[135]

132) 이러한 주장의 배경을 살펴볼 때, 미국에서는 辯護士의 成功報酬가 상당한 비율(25-40%)에 이르는 점을 감안할 필요가 있다.

133) 商 §682. 이러한 보험자의 대위는 사보험뿐만 아니라 社會保險에서도 널리 인정되고 있다. 의료보험법 §46, 산업재해보상보험법 §15(노동부장관의 손해배상청구권대위), 선원보험법 §26 등이 있고, 자동차손해배상보장법 §14상의 정부보장사업, 즉 보유자를 알 수 없는 자동차의 운행으로 인한 인적 손해를 보상한 경우에도 피해자의 손해배상청구권을 대위행사한다(동법 §18). 홍성무, "保險者代位權", 법원행정처 재판자료 53, 412.

134) 상세는 홍성무, 431-5 참조.

135) 加藤一郎, "重複塡補の問題点," 日本交通法學會, 交通法研究 第10·11 合併號(1982),

(3) 기 타

加害者가 다른 급여를 控除하고 殘額을 배상하도록 하는 방식(말하자면 공제제)을 생각할 수 있다. 사회보험급여에 관하여 손해배상에서의 공제를 인정하는 경우, 사고발생에 관하여 피해자에게 過失이 있을 때 그 처리를 어떻게 할 것인지가 문제된다. 그 해결방안으로는 첫째, 손해 전액에 관하여 과실상계를 한 후 사회보험급여를 공제하는 방식, 둘째, 손해전액에서 사회보험급여를 공제한 금액에 관하여 過失相計를 하는 방법을 생각할 수 있다. 예컨대 손해액(일실이익)을 100, 사회보험급여를 50, 피해자의 과실비율을 30%로 가정할 때 가해자에게 청구할 수 있는 부분은, 전자의 경우 100×0.7－50＝20이 되며, 후자의 방식으로는 (100－50)×0.7＝35로서 피해자에게 언제나 유리하다.[136]

공제제에 의하면 피해자가 일단 손해 전부에 관하여 전보를 받는다는 장점은 있으나, 가해자가 다른 보상제도의 존재에 의하여 우연히 부당한 利得을 한다는 비판을 면하기 어려우며, 현재는 그 예가 드물다. 또한 손해배상과 다른 급여 중에서 피해자가 選擇하도록 하는 방법(선택제)이 있는데, 영미에서 초기의 산재보상제도하에서 피해근로자가 산재보상을 받으면 不法行爲請求를 하지 못하도록 한 예가 그것이다. 그러나 이 역시 합리적이지 못하여 오늘날에는 거의 채택되지 않고 있다. 끝으로 보상제도의 병존과 이에 따른 중복보상 문제의 발생소지를 원천적으로 제거하고 보상제도로서의 효율을 높이는 방법으로 일정한 손해(주로 人的 損害에 국한)에 관하여 단일하고 종합적인 보상제도를 마련하는 방법이다.[137] 이 방법을 채택하는 경우에는 不法行爲請求權도 그 한도에서 폐지되는 결과를 가져온다.

---

14. 그런데 이러한 주장을 전제로 한다면, 불법행위 내지 민사책임제도에 私保險(손해보험)이 간여함으로써, 결과적으로 그 한도에서 행위자의 경과실책임을 면제하는 것이 되고, 결국 잠재적 가해자들의 행동반경을 크게 넓히는 것이 된다. 費用 측면에서 보더라도, 이는 피해자의 부담(보험료)으로 가해자의 책임이 免除되는 셈이어서 그 타당성은 의문이다.

136) 자세한 논의는 西村健一郎(註 129), 420-6 참조.

137) 영국에서는 의료보험에 있어서 보험자의 代位를 입법으로 廢止하였다. 뿐만 아니라 산재보험급여에 관해서도 그 1/2를 손해배상에서 控除하고 있다. 이는 손해배상보다 사회보험급여를 優先시키는 태도로서 代位에 따르는 난점을 피하고 가해자도 사회보험의 가입자인 국민의 한 사람으로서 보험기금에 기여하는 점을 감안한 장치이다. 이러한 태도를 극단화하고, 일정유형의 재해(人身損害)에 대한 국가의 일차적이며 적극적인 책임을 강조하는 경우에는 뉴질랜드와 같은 획기적 단일보상제도에 이르게 될 것이다. Accident Compensation Act, 1972 및 金星泰, "인신손해보상에 관한 법이론의 발전방향," 99-102 참조.

3. 소 결

이상의 논의를 加害者－被害者－社會保險者 3자간의 관계에서 전체적으로 볼 때, 전2자 사이에 문제되는 것은 사회보험급여가 손해배상에 어떠한 영향을 미치는가 하는 기본적 문제이다. 아울러 가해자－사회보험자간에는 사회보험급여가 행해짐으로써 사회보험자의 求償權 문제[138]가 제기되며, 나아가 피해자－사회보험자간에는 손해배상이 이루어짐으로써 사회보험 給與義務의 免除, 급여의 停止[139] 문제가 발생하게 된다.

아울러 제도간의 求償을 인정하는 경우에도 이를 효율적으로 집행할 수 있도록 하는 기술적인 장치를 두는 것이 필요하다. 또한 보상체계에 관한 법제를 마련함에 있어서는 기존의 관련 보상체계와의 관계를 충분히 검토하고[140] 입법시에 제도 내에 다른 전보제도와의 關係를 명백히 규정함으로써 불필요한 혼란을 미연에 방지할 필요가 있다고 하겠다. 그리고 중복전보와 관련하여 근자의 일본 보험실무계의 문제로서 이른바 '所得保障保險'이 새로운 生命保險 상품으로 등장하고 있다. 그러나 그 급여의 성격은 실손보상적이다. 이러한 중간적 형태의 保險에 있어서 損害賠償과의 調整문제가 새로이 제기되고 있다.

138) 이 문제에 관하여는 피해자의 이중이득방지·가해자의 부당한 책임면탈저지라는 측면 이외에도, 사회보험자의 負擔輕減要請이 중요한 고려요소가 된다. 또한 사회보험 수급권자의 家族에 대한 구상을 인정할 것인가 하는 문제가 제기되는데, 독일의 사회법전 (Sozialgesetzbuch; SGB) 제10편 §116는 가족구성원의 非故意的 傷害로 인한 때에는 사회보험자의 구상권을 排除하는 규정이 참고할 만하다. 또한 대위취득하는 권리의 범위에는 精神的 損害에 대한 위자료청구권은, 사회보험에서 정신적 손해를 보상하지 않으므로, 원칙상 포함되지 않는다고 봄이 일반적이다. 그러나 피해자가 재해의 후유증에도 불구하고 소득감소가 없는 경우에는 이에 대한 손해배상청구권을 취득하지 않으므로, 이 부분에 대한 급여를 한 사회보험자는 구상권을 취득하는가 하는 문제가 다투어지고 있다. 또한 사회보험과 다소 성격을 달리하는 公的 扶助에 있어서도 구상권 인정여부에 관한 논란이 있지만, 급여의 성질이 손해배상과 동일한 한도에서는 이를 부정할 이유가 없다고 본다. 입법례에 따라서는 급여를 받은 자의 '費用返還義務'를 규정하기도 한다. 상세는 西村健一郞(註 131), 409-11, 431-32 참조.

139) 사회보험자에 대한 義務免除는 피해자(유족)측에서 보면, 가해자에게 손해배상을 청구하든가 사회보험의 보호를 요청하든가 擇一토록 하는 결과가 된다. 만약 전자를 청구하여 배상을 받았다고 해서, 사회보험자의 책임을 소멸시키면 연금제, 물가연동제 기타 수급권의 보호장치(압류금지 등)의 혜택이 전면부정되는 등 사회보험제도가 갖는 의의가 상실된다. 이러한 점을 감안하여 사회보험실무상 일정한 성격의 급여에 관하여는 손해배상을 받은 경우에 재해발생 후 일정기간 급여를 停止하거나, 일정기간 이후에는 수급권자가 사회보험급여를 청구할 수 있도록 하는 예가 있다. 이러한 경우에는 적어도 부분적으로 重複塡補가 행해지는 결과가 된다.

140) 예컨대 사회보험입법에 있어서 實損補償的 性格의 급여, 말하자면 손해배상과 중복되는 부분에 있어서는 규정에 세심한 검토를 필요로 하고, 이것과 사전·사후적으로 취득하는 손해배상(그것이 불법행위를 이유로 한 것이든 채무불이행을 원인으로 한 것이든)과의 관계를 미리 설정해 둘 필요가 있다고 할 것이다.

Ⅳ. 補償制度에 관한 새로운 접근방법: 單一體系로의 統合

각종의 사고로 인한 손해 중에서도 人身損害의 전보문제에 관하여는 종래와 같은 민사배상이론에 의한 처리의 한계가 드러남에 따라, 社會連帶的 처리를 보다 강화하여 종합적이고 一元化된 보상체계를 구축하려는 경향이 있음을 지적해둔다. 흥미로운 것은 우리 나라와 유사한 손실전보제도를 가진 日本의 경우, 그 평가가 아직도 엇갈리는 뉴질랜드방식의 인신손해전보제도[141]를 학계에서는 장기적으로 바람직한 모델로 삼고 있다는 점이다.[142] 아래에서 이 제도의 뼈대만 간단히 살피기로 한다.[143]

1. 理論的 基礎

뉴질랜드는 각종 인신사고로 인한 피해구제문제에 관하여 획기적 입법을 한 바 있다. 이른바 「事故補償法(Accident Compensation Act)」이 그것이다. 이 법의 指導理念은 주창자의 이름을 딴 Woodhouse Report에 잘 나타나 있다. 이 보고서는 전통적 불법행위제도가 사고피해자의 재정적 어려움에 대처함에 있어서, 공평성과 충분성의 기준으로 직관적이고 일반적인 기준을 사용함으로써 부분적인 성공을 거둔 데 그쳤다고 비판한다. 이러한 기준으로 인하여 극소수의 인신사고피해자만이 충분한 보상을 받고, 나머지는 소홀한 대접을 받게 된다고 지적한다. 이들 개혁론자들은 보통법(영미의 不法行爲法)이 근간으로 삼아온 행위의 개별적 분석이라는 재래의 문제해결방식 및 각 사건의 재판에 따른 변용을 피하기 위하여, 사회적 이익을 앞세우고 있는 것이다.[144] 아래에서 이 제도의 이론적 기초를 간단히 살핀다.

(1) 共同體責任主義

이 제도는 먼저 국가의 이익 내지 책임의 관점에서, 국가는 모든 시민을 보호하지 않으면 아니 된다고 하는 입장에서 출발한다. 즉 보통법상의 原因責

---

141) 이에 관한 상세는 동상홍, "자동차사고로 인한 인적 손해보상제도 연구", 법학박사논문(서울대학교, 1991) 및 金星泰, "인신손해보상에 관한 법이론의 발전방향", 보험학회지 38(1991. 10) 참조.

142) 일본학계의 시각에 관해서는 金星泰(註 139), 각주 45 참조.

143) 1972년 제정하고 1974년부터 시행되었음. 그 후 1982년에 전면개정됨.

144) 동상홍, "자동차사고로 인한 인적손해보상제도 연구", 법학박사학위논문(서울대학교, 1991), 92-3면.

任理論을 수정하여 종래 배상책임이 인정되려면 그 원인행위자가 개인[145]이었어야 했는데, 이 법은 사회 전체가 사고원인행위와 관련, 책임의 주체가 될 수 있음을 인정하였다. 그리하여 인신손해에 관한 한, 집단으로서의 社會가 모든 사고 피해자에게 보상할 책임이 있는 것으로 이론을 구성하기에 이르렀다.[146] 이러한 共同體責任原則(community responsability)은, 적어도 인적 손해에 한정된 것이기는 하지만, 민법적 自己責任의 原則 내지 原子論的 人間像을 대담하게 극복한 것으로 평가된다.

(2) **收給資格의 포괄성**

모든 피해자는 그 원인을 불문하고 동일한 산정방식에 의한 보상을 받는다. 손해가 발생하면 사회적인 보상의무가 뒤따르는 것이 예상된다. 예컨대 손해를 입은 근로자를 상해의 원인에 따라 달리 취급해야 할 이유는 없으며, 인적 손해라면 포괄적으로(comprehensive) 급여대상으로 다룬다. 뿐만 아니라 事故로 인한 상해와는 일단 무관한 疾病을 원인으로 노동능력을 상실한 근로자도 소득을 상실하기는 마찬가지이며, 그러기에 이 법은 양자를 똑같이 다루는 것이 논리적이라고 판단한다.[147]

이와 관련된 문제로, 우리의 교통사고 보상에 있어서 醫療酬價를 보면, 동일한 교통사고임에도 불구하고 의보수가/일반수가/자보수가 등으로 분리운영되는 현실이고, 그 결과 의료보험환자가 상대적으로 푸대접을 받는 것은 물론, 자동차보험환자에게 지나친 진료비를 청구함으로써 보험재정에 부담을 가하는 등 적지 않은 모순을 드러내고 있다.

이 문제는 우리가 뉴질랜드와 같은 획기적 제도 개선을 하지 않는다 하더라도, 수급자격에 차등을 두지 않는 논리의 정당성을 인정하는 한 고려할 수 있는 해결방식이라 하겠다. 그러므로 현행 자동차책임보험의 개선에 있어서는 부상자의 치료부문에 관한 한 醫療保險과의 통합을 실현함이 바람직하고, 현실적으로 시급한 대목이라고 하겠다.

(3) **補償의 目標**

이 법은 피해자의 완전한 社會復歸(complete rehabilitation)를 제도의 목적으

145) 여기서의 개인이란 법주체성을 갖는 것을 의미한다고 할 것이다. 그러므로 사인 이외에 공법인을 비롯한 법인도 포함된다.

146) Richard Gaskins, "Tort Reform in the Welfare State: the New Zealand Accident Compensation Act", p. 242.

147) 동상홍(註 141), 111-3면.

로 삼는다. 즉 피해자의 신체적·직업적 상태의 회복을 촉진하는 방향으로 영위되어야 한다는 원칙을 기조로 한다. 이 법의 주요내용을 보면 앞서 비친 것처럼 補償對象은 자동차사고·산재사고 기타 '모든' 사고에 의한 상해·사망이다. 그리고 보상방법은 모든 피해자에 대하여 사고의 원인이나 사고야기자의 과실 유무를 불문하고 통일적인 산정방법에 의한 급여를 지급하며, 특히 이에 부수하는 민사책임배상청구와 산재보상청구권을 폐지한 점은 주목할 만하다.

補償機關은 법원과는 별도로 구성되는 사고보상위원회이며, 그 판단에 따른다. 보상급여의 형태를 보면, 이 제도는 크게 세 가지 보상방식(scheme)으로 구성되어 있고, 비용자부담자는 사용자 및 자영업자이다. 둘째 자동차사고피해자보상으로서 자동차사고로 인한 피해자(자손사고자 포함)를 대상으로 한다. 이 경우 비용부담자는 자동차의 보유자, 소유자 및 면허증소지자이다. 셋째 보완적 구제로서 위 두 가지 경우 이외의 원인에 대한 사고피해자를 대상으로 보상이 이루어진다. 이 부분에 소요되는 비용은 국가가 일반세입을 재원으로 부담하고 있다.

2. 뉴질랜드 사고보상법의 示唆點

이 제도는 종래 영미법계국가인 뉴질랜드가 이룩한 혁명적인 개혁으로서, 각국의 이론가에게 충격을 던져주고 있다. 물론 이러한 혁신이 가능한 배경으로 지정학적 요인을 무시할 수는 없겠다. 즉 인구가 매우 적고, 구성원간의 소득격차가 적을 뿐 아니라 사회보장제도가 충실히 운영되어 왔으며, 국민의 정부에 대한 신뢰도가 높은 점 등 제반 요인이 작용하고 있는 것이다. 어떻든 이 제도는 입안난계에서 격렬한 논의의 대상이 되었을 뿐만 아니라, 논자에 따라서는 '복지혁명'(welfare revolution)이라는 찬사를 보내는 이[148]에서부터 자원배분의 효율을 저해하고 형평에 어긋난다든지,[149] '문명사회 법제도의 재앙'이라는 비난에 이르기까지 다양한 반응을 불러일으키고 있다. 그러나 이러한 뉴질랜드의 모험적 개혁은 시행 한 세대를 맞는 현재로서는 성공적이라고 평가하는 것이 일반적이다.[150] 뉴질랜드의 선례를 본받아 호주에서도 사회성을 더욱 강화한 입법에 대한 연구를 계속하고 있다는 사실이 이를 증명하고 있다. 흥미로운 사실은 최근 우리나라와 동일한 인신손해법제를 가진 이웃 일본

148) Geoffery Pamer, p. 9.
149) James. Handerson, Jr., "The New Zealand Accident Compensation Reform", pp. 325-9.
150) Williams and Hepple, p. 192. 金星泰(註 141), 205-6 참조.

에서도 뉴질랜드방식을 장기적으로 매우 바람직한 제도로 결론짓고 있다는 사실이다.[151] 그러므로 우리 사보험제도의 운용에 있어서도 당장의 제도개혁은 무리이겠으나, 적어도 이러한 법리변천의 동향을 참작할 필요성만은 적지 않은 것으로 생각된다.[152]

그리고 이러한 추세를 인정한다면 종래 손실전보방식의 선택 및 私保險者의 책임과 관련하여 엄격히 구별되어 온 傷害(accident; accidental injuries)와 疾病(disease; natural disabilities)의 개념도 크게 상대화할 것으로 예상된다.[153]

Ⅴ. 맺음말: 손해전보체계상 不法行爲法의 地位

지금까지의 고찰을 통하여 우리는 장구한 역사의 산물인 불법행위제도가, 인접한 보상제도와 교착·상호의존관계를 유지하면서 각종 재해로 인한 피해자구제에 있어 실로 중차대한 사회적 기능을 수행하고 있음을 확인하였다. 또한 이들 불법행위 및 다른 보상제도가 놓여진 법적·사회적 좌표를 정확히 파악하려면, 차원을 달리하여 전체적인 피해보상체계 내에서 이들 제도가 차지하는 무게를 달아보지 않으면 안 된다. 그러므로 각종의 다른 보상 메커니즘—예컨대 국민건강·산재·고용·연금보험 등 사회보험 내지 사회보장제도—에 관한 고찰도 놓칠 수 없는 대목이다.

특히「과거의 불법행위법은 자선(charity)을 제외하면 재해로 인한 피해자의 고통을 덜어주는 유일한 근거가 된다는 점에서 매우 중시되었으나, 제 2 차 대전 이후의 이른바 福祉國家(welfare state)에 있어서는 구제·보호를 필요로 하는 계층(the underprivileged and handicapped)에 대하여 정책적으로 광범위한

151) 1988년 일본 사법학회 제52회 대회의 주제는 '불법행위법개혁의 방향'이었으며, 학회보고의 결론부분에서 종합적인 인신손해구제제도에 관한 제안을 하고 있다. 그런데 그 모델을 뉴질랜드에서 찾고 있는 점이 주목된다. 私法 第51號(日本私法學會, 1989), 8 이하 참조. 아울러 加藤雅信, "綜合救濟システムの提言" ジュリスト No. 918(1988. 9. 15), 98-101.

152) 최근의 논의를 요약한 문헌으로는 加藤雅信, 事務管理·不當利得·不法行爲(新民法大系 V), 2002, 432-9.

153) 이 문제는 사보험실무상 보험자의 보상책임 유무 또는 범위와 직결된 상당히 민감한 문제이며, 피보험자의 持病의 기여도 내지 因果關係를 논하는 형태로 나타난다. 참고로 Atiyah교수는 위 저서에서 1개장(제20장)을 할애하여, 난점이 없는 것은 아니지만, 양자의 구별을 철폐하는 방향으로 나갈 것을 주장하고 있다. Atiyah, p. 629.

給與가 행하여지므로, 불법행위제도의 비중은 감소되었다」[154]는 지적으로도 알 수 있듯이, 불법행위·보험을 주축으로 하는 보상제도와 다른 사회정책적 보상제도와의 역할분담에 관하여는 깊은 성찰을 요한다.

이에 관하여 참고삼아 일언하면, 불법행위법은 정신적 손해를 포함한 완전배상(full indemnity)을 보장하는 데 비하여, 사회보험·사회보장제도 등은 기본적 경제수요의 최소한도의 보장(minimal economic support)을 그 운영원리로 삼고 있다. 또한 불법행위제도는 후자보다 구체적·개별적 사정을 더 세밀히 고려하여(with greater discrimination and finesse) 손실을 부담시킬 수 있다는 커다란 장점을 지닌 반면, 후자는 그 비용을 사회구성원 전원에게 무차별적으로 부담시킨다는 점에서 租稅와 닮은 점이 많다.

문제는 이들 두 계열의 보상체계 사이의 관계를 어떻게 정립·조화시킬 것인가 하는 점이다. 일반론으로 말하자면 어떠한 활동에 수반하는 위험이 특정 영역에 치우쳐 있어서 위험사회화의 필요가 적을수록, 또한 그러한 활동으로 이익을 얻는 집단의 규모가 적을수록 그로 인한 손실은 이들에게 집중적으로 부담시켜야 할 것이며, 이 때에 불법행위법리에 의한 처리방식이 바람직스럽다고 본다. 그러나 상황이 이와 반대인 경우에는 사회정책적 配慮가 필요한 것임은 당연하다.

그러나 이는 궁극적으로는 政治哲學(political philosophy)의 문제로서, 당해 사회의 구성원이 자유주의(liberal or permissive from of society)와 사회주의(socialism) 가운데 어느 쪽을 선호하는가에 의하여 결정될 성질의 것이라 하겠다. 후자를 택하게 되면 개인적 재난에 관하여 국가의 개입·구제를 적극적으로 요구하게 되고, 전자를 택할 때에는 공공복지의 규모를 가능한 한 줄이고 사보험제도의 뒷받침을 받는 불법행위제도의 역할 수행에 만족하게 될 것이다.

그러나 個人主義的 原理를 충실히 반영하는 不法行爲法이 갖는 의미가 결코 과소평가되어서는 안 된다. 5년간의 치밀한 연구의 결실로서, 인신손해전보법리에 관한 광범위한 개혁구상을 담고 있는 영국의 Pearson Report도 不法行爲法에 관하여는 사실상 별다른 대안을 제시하지 아니한 사실은 우리에게 시사하는 바 크다.[155] 그렇다고 해서 不法行爲法을 검토함에 있어서 종래처럼 判例의 분석이나 判例理論의 분석에만 몰두하는 태도로는 충분하지 못하다.

154) John G. Fleming, p. 1.
155) Street, pp. 9-10.

왜냐하면 비록 판례법리가 법원칙으로서 갖는 무게가 결코 가벼운 것은 아니지만, 현실적 不法行爲事件 가운데 訴訟으로 해결되는 부분은 극히 작은 비율에 그치기 때문이다. 뿐만 아니라 종래의 이론에 대한 비판과 불만이 점차 고조되고 있는 사실도 중시하여야 한다. 私保險(특히 責任保險)이나 社會保障 등의 보상체계가 不法行爲 분야에 개입하여 保險料나 租稅의 형태로 위험분산이 이루어지고, 가해자－피해자라고 하는 1대 1의 개별관계만을 염두에 둔 不法行爲體系에 갈음하여 集團性에 입각한 이들 보상제도가 중요한 역할을 맡기에 이르렀다.

전체적인 손해전보제도 내에서 不法行爲制度가 점하는 비중은 물론 당해 사회에 있어서의 個人主義 및 自由主義 성향과 긴밀한 함수관계를 갖는다.[156] 이러한 성향이 강하면, 손해전보문제에 國家의 개입을 거부하고 국가주도의 복지정책도 그 규모를 되도록 축소시킴으로써, 私保險의 지원을 받는 不法行爲法理의 역할에 보다 큰 기대를 걸게 될 것이다.[157] 그러므로 역사적 고찰이나, 비교제도적 검토의 필요성은 새삼 강조할 필요가 없을 것이다. 뿐만 아니라, 각론적 고찰을 충실히 하는 것이 매우 중요함은 두말할 나위도 없다. 나아가 판례의 법리운용태도를 면밀히 분석하는 것이 불법행위론에서는 특히 중요하다고 하지 않을 수 없다.[158]

다른 한편, '責任'을 전제로 한 '賠償'이론은 물론, 不法行爲法과 병존하는 다른 補償體系間의 相互關係에 관한 깊은 연구를 통하여, 불법행위제도가 다른 피해보상제도와 효율적으로 공존할 수 있도록, 綜合的 안목의 접근자세가 절실히 요청된다 하겠다.[159] 첨언하자면, 자동차인신손해의 처리에 있어서도 불법행위법리와 책임보험의 연계형식인 현행제도의 틀을 유지하더라도, 그 사

156) 일반적으로 辯護士들은 사회보장제도 및 복지국가이념에 拒否感을 가지고 있는데, 사회보장분쟁에 관하여 별개의 법원체계(social security tribunals)를 둔 나라에서는 이들의 입장을 어느 정도 수용할 것인가 하는 문제가 중요한 의미를 갖게 된다. Atiyah, pp. 629-31.

157) "不法行爲法制는 費用이 많이 드는 제도이다. 그러나 이 제도는 자유주의 이념에 기초하고 있으며, 自由란 돈으로 따질 수 없다"는 주장 또한 음미할 여지가 있다. Philippe le Tourneau, La responsabilité civile, 3 éd.(1982), N. 46.

158) 이런 점에서 이웃 일본이 10여년 전, 학계 전체적 차원에서 일본 불법행위법(民 §§ 709-742)의 연혁과 현상을 검토하여, 그 시점에서 판례의 도달점을 條文의 형태로 표현·주석한 '일본불법행위법 리스테이트먼트'는 매우 바람직한 시도라고 하지 않을 수 없다. 不法行爲法硏究會, 連載·日本不法行爲イリステイトメント, ジュリスト No. 879(1987. 3. 1)·No. 914(1988. 8. 1-15).

159) Atiyah, p. 443 이하 참조. 西島梅治(註 130), 327-8면.

회보험성을 강화하여 보완적인 조치를 강구할 필요성이 크다고 하겠다.[160] 나아가 장차 손해배상법은 물론, 보험계약법·사회보험관련법 등을 개정함에 있어서도 관련 보상체계간의 상호관련성을 보다 밀도 있게 검토하여, 유기적인 손질을 할 것이 요구된다. 요컨대 不法行爲制度와 이에 맞닿아 있는 責任保險에만 관심을 국한할 것이 아니라, 전자와 社會保障體系와의 관계 및 私保險-社會保障制度와의 관계에도 주목하여야 할 것이다.

어떻든 전체적으로 볼 때, 不法行爲法理는 우리 사회에서 손실분배라고 하는 중대한 역할을 수행하며, 따라서 이 제도는 이른바 '사회적 조절장치'(social regulator)로서의 불가결한 임무를 담당하고 있는 셈이다.[161] 한편 보험 특히 책임보험의 등장으로 양 제도는 상호간에 커다란 영향을 주고받게 되었다.

不法行爲法에 관한 한, 이 시대는 커다란 전환기라 할 수 있다. 불법행위법리는 시대상황에 따라 많은 변천을 겪으며 발전하여 왔다. 특히 손실의 전보면에서 유사한 기능을 수행하는 사보험제도 및 사회보장제 등과 관련지어 볼 때, 不法行爲制度가 「있어야 할 자리」가 어디인가 하는 물음은 실로 본질적인 물음이지만, 이에 대한 명쾌한 해답을 찾기는 쉽지 않다. 이는 우리 시대가 해결하여야 할 과제의 하나이다. 이 대목에서 우리는 결코 놓칠 수 없는 의미심장한 움직임을 발견하게 되는바, 그것은 곧 앞서 간략하게 언급한 不法行爲法理가 완전히 탈색된 피해보상제도의 출현이다.

끝으로 향후 不法行爲法制 나아가 손해보상제도의 입법적 보완에 있어서도 기존의 해석법학적 성과뿐만 아니라, 法社會學·比較法·法經濟學的 성과도 충분히 반영함으로써,[162] 우리가 종래 소홀히 다루었던 實用法學과 法政策學的 유대를 강화해 나가야 할 것으로 생각된다.

[金 星 泰]

160) 이 문제에 관한 주요논점을 들어보면, 보상의 한도를 적절히 제한하고 개인차를 줄여나가는 문제, 보상수준을 현실화하되 소송청구의 여지를 가급적 억제하는 문제, 의료비는 의료보험과 통합하여 즉 사회적으로 처리하는 문제 그리고 보험자면책위험으로 인한 피해자의 구제범위를 확대하고 국가의 재정지원을 강화하는 문제 등이 있다.

161) John G. Fleming, op. cit., p. 20.

162) 同旨 平井宜雄, 現代不法行爲理論の一展望(1980), 181 이하 참조.

前論 V: 過失責任의 原則

차 례

Ⅰ. 意 義
Ⅱ. 過失責任의 原則의 변질
Ⅲ. 不法行爲 成立要件으로서의 有責性의 필요성 여부
Ⅳ. 過失責任의 原則의 의미내용의 재확정
Ⅴ. 過失責任의 原則의 적용한계

Ⅰ. 意 義

過失責任의 原則이라 함은 故意나 過失로 타인에게 손해를 가한 경우에만 그 손해에 대한 배상책임을 가해자가 부담하고, 타인에게 손해를 가하였다고 하더라도 그것이 가해자의 故意나 過失로 인한 것이 아닌 경우에는 가해자가 손해배상책임을 부담하지 않는다는 원칙이다. 이 원칙은 근대민법이 일반적으로 취하고 있는 원칙으로서 독일민법학에서는 有責性原則(Verschuldensprinzip)으로 불리고 있으나 일본이나 우리 나라에서는 이를「過失責任의 原則」내지「過失責任主義」라고 새기고 또 그렇게 불러왔다. 우리 민법은 §750에서 "故意 또는 過失로 인한 違法行爲로 타인에게 손해를 가한 자는 그 손해를 배상할 책임이 있다"고 함으로써 이 원칙을 취하고 있다. 원래 법질서는 발생된 손해를 피해자 이외의 자에게 부담시킬 특별한 이유나 근거가 없는 한 모든 손해는 피해자 자신이 부담하는 것(casum sentit dominus)을 원칙으로 한다.[1] 따라서 피해자에게 발생한 손해를 피해자 이외의 자에게 부담시키려면 특별한 근거, 즉 歸責根據가 있어야 한다. 不法行爲法은 그 시대와 사회의 지배적인 정의와 형평의 관념에 따라 바로 이러한 근거를 마련하여 제시하게 된다. 過失責任의 原則 역시 이처럼 손해의 피해자가 아닌 가해자가 손해를 부담해야 하는 경우를 한정하고 그 근거를 제시하는 원칙으로서 근대민법이 취하고 있는 원칙이다.

이와 같은 過失責任의 原則은 적극적인 의미와 소극적 의미의 두 가지 의미를 가지고 있다. 적극적인 의미란 故意나 過失로 인하여 타인에게 손해를

1) Holmes는 그의 명저「普通法」에서 이 원칙을 다음과 같이 말하고 있다. "Sound policy lets losses lie where they fall except where a special reason can be shown for interference." Holmes, The Common Law, 1881, 50.

가한 자는 그 손해를 부담하여야 한다는 의미로서, 이는 인간의 법감정상 언제 어디서나 바로 인정될 수 있는 責任原則이다. 한편 소극적인 의미란 故意나 過失로 손해를 가한 자만이 손해를 부담한다는 의미, 즉 故意나 過失 없으면 손해배상의무 없다는 의미로서 이는 언제 어디서나 인정될 수 있는 責任原則은 아니다. 故意나 過失 없이 가한 손해에 대해서도 가해자가 그 손해를 부담하는 責任原則도 있을 수 있기 때문이다. 過失責任主義에 역사적으로 선행하는 原因責任主義 내지 結果責任主義 역시 가해자의 加害行爲와 손해발생간에 因果關係만 있으면 가해자에게 손해배상책임을 인정하는 責任原則으로서 법률문화가 그렇게 발달되지 못하였던 고대사회의 법에서 일반적으로 인정되었던 責任原則이다. 이는 고대로마법에 있어서도 마찬가지여서 12표법도 이 원칙을 취하고 있었다. 그러다가 古典時代에 이르러 그리스철학과 기독교의 영향으로 가해자에게 故意(dolus)나 過失(culpa)이 있는 경우에만 가해자의 의사에 기한 개인적 倫理的 非難可能性(culpa)을[2] 근거로 하여 책임을 묻는 有責性原則이 형성되었다고 한다.[3] 그리고 게르만 고유법도 原因主義를 취하고 있었으나 로마법의 계수 이후에 가서야 過失責任主義가 도입되었다.[4]

過失責任의 原則, 즉 加害行爲에 대하여 가해자에게 故意나 過失이 있는 경우에만 가해자가 손해배상책임을 부담한다는 원칙은 원래 그 歸責根據를 가해자에 대한 개인적 비난가능성에 두고 있다. 즉, 이 원칙은 가해자가 손해발생을 인식하면서 加害行爲를 하였거나 손해발생을 인식 내지 예견할 수 있음에도 불구하고 부주의로 이를 인식 내지 예견하지 못하고 加害行爲를 함으로써 가해자를 개인적으로 비난할 수 있는 경우에만 加害行爲로 발생한 손해에 대한 배상책임을 묻고, 그렇지 않은 경우에는 비록 加害行爲와 손해 사이에 因果關係가 있다고 하더라도 가해자에게 그에 대한 배상책임을 묻지 않는다는 것을 의미한다. 이처럼 過失責任의 原則은 원래 가해자의 의사에 대한 개인적 비난가능성을 근거로 이른바 意思責任을 묻는 것이다. 그리고 가해자에게 개인적 비난가능성에 근거하여 의사책임을 물으려면 그 전제로서 가해자에게 책임을 변식할 수 있는 책임능력이 있어야 한다. 그러한 능력이 없는 자는 개인

2) 로마법상 culpa는 고의와 과실을 포함하여 비난가능한 행위를 가리키는 경우도 있고 過失만을 의미하는 경우도 있다. Max Kaser, Römisches Privatrecht, 15. Aufl., 1989, 168-172 참조.
3) Kaser(註 2), 172 참조.
4) 玄勝鍾 · 曺圭昌, 게르만法, 1989, 518-9 참조.

적으로 비난할 수 없기 때문이다. 우리 민법이 대륙법계 여러 나라의 민법과 마찬가지로 §753와 §754에서 불법행위책임의 성립요건으로서 책임능력을 요구하는 것도 이를 말해 주는 것이다. 이처럼 행위자에 대한 개인적 비난가능성, 즉 有責性(Verschulden 또는 Schuld)을 근거로 책임을 묻는 원칙을 독일민법학에서는 有責性原則(Verschuldensprinzip)이라고 부르고 있는 것이다. 예링(Jhering)은 일찍이 "손해가 아니라 有責性(Schuld)이 損害賠償을 의무지운다. 이 간단한 명제는 빛이 타는 것이 아니고 공기중의 산소가 탄다는 화학자의 명제처럼 간단하다"고[5] 말함으로써 이 원칙을 잘 대변하여 주고 있다.

그런데 근대민법이 이처럼 가해자에게 개인적인 비난가능성이 있는 경우에만 그에게 손해배상책임을 묻고 그렇지 않은 경우에는 비록 加害行爲와 손해 사이에 因果關係가 있더라도 가해자에게 손해배상책임을 묻지 않는 이러한 원칙을 취하게 된 것은 17세기의 자연법사상과 교회법의 영향 때문이기도 하지만 19세기의 산업화시대에 있어서의 경제활동 내지 기업활동의 자유를 보호하기 위한 경제정책적 동기에도 그 중요한 이유가 있었던 것이다. 즉 19세기의 자유주의 사상은 당시 한창 융성하는 산업의 보호를 위해서도 개인의 활동의 자유를 요구하였다. 그런데 만약 기업이나 개인이 그 활동과정에서 발생한 손해에 대하여 무조건 손해배상책임을 부담한다면 경제활동의 자유는 크게 위축될 것이고 그 결과 경제와 기술의 발전은 제약을 받게 된다. 따라서 경제활동이 위축되거나 경제발전이 제약을 받지 않도록 하기 위해서는 비록 가해사건이 발생하였다고 하더라도 이에 대하여 가해자의 故意나 過失이 없는 한 개인이나 기업이 손해배상책임을 부담하지 않게 하는 것이 필요하였던 것이다. 이러한 요청에 부합될 수 있는 責任原則이 바로 有責性原則인 것이다. 근대민법이 有責性原則을 채택하게 된 데에는 이처럼 개인과 기업의 경제적 활동의 자유를 보호하려는 데도 그 중요한 이유가 있었던 것이다.[6] 그리고 이는 근대법의 특징이라고 할 수 있는 의사주의 내지 심리주의와도 그 궤를 같이하는 것이다. 계약자유의 원칙이 개인이나 기업의 경제적 활동의 자유를 적극적으로 보장하는 근대시민법상의 원칙이라면 過失責任의 原則은 이를 소극적으로 보장하는 원칙이라고 할 수 있다. 그리고 이처럼 가해자의 有責性의 유무에 따라 손해배상책임의 유무를 정하는 이러한 원칙은 당시의 자유주의 사상이나

5) Jhering, Das Schuldmoment im römischen Privatrecht, 1867, 40.
6) Kötz, Deliktsrecht, 4. Aufl., 1988, 11-5; von Caemmerer, Das Verschuldensprinzip in Rechtsvergleichender Sicht, Gesammelte Schriften Bd. Ⅲ, 1983, 264.

오늘날과는 다른 당시의 손해발생상황에 비추어 그 당시의 지배적인 정의관념이나 형평관념에도 부합되었다고 할 수 있다.[7)]

過失責任의 原則은 이처럼 원래 가해자에 대한 비난가능성을 歸責根據로 하는 責任原則으로서 故意에 의한 불법행위와 過失로 인한 불법행위의 歸責根據를 모두 가해자의 의사에 대한 비난가능성으로 보게 되고, 따라서 그 歸責根據에 있어서는 故意不法行爲와 過失不法行爲 사이에 차이가 없게 된다. 종래의 학설이 불법행위 성립요건으로서의 가해자의 故意나 過失을 가해자의 責任能力과 더불어 주관적 요건으로 보고, 加害行爲의 違法性은 손해의 발생 및 손해의 발생과 加害行爲간의 因果關係와 더불어 객관적 요건으로 보는 것도 過失責任의 原則의 이러한 입장을 따르는 것이다.

Ⅱ. 過失責任의 原則의 변질

그런데 이처럼 원래 有責性原則을 의미한다고 할 수 있는 過失責任의 原則은 적어도 過失로 인한 불법행위에 관한 한 이제 더 이상 有責性原則을 의미한다고 할 수가 없게 되었다. 즉 過失로 인한 불법행위에 있어서의 歸責根據는 이제 더 이상 가해자의 의사에 대한 개인적인 비난가능성에서 찾을 수가 없게 되었다. 그 이유는 다음과 같다.

종래 통설은 過失의 개념에 대해서는 대체로 "일정한 결과가 발생한다는 것을 알고 있어야 함에도 불구하고 不注意로 그것을 알지 못하고 어떤 행위를 한 心理狀態"로 파악하고 있다.[8)] 이러한 過失개념에 의하면 우리 나라 학설도

7) 당시에는 고도의 과학기술문명에 힘입은 각종 危險源도 오늘날처럼 흔하지 않았고, 따라서 그러한 위험원에 내재하는 위험이 현실화됨으로써 위험원 지배자의 有責性과 관계없이 발생하는 손해사건도 흔하지 않았음을 짐작할 수 있다. 그리고 혹시 그러한 손해사건을 예상하였다 하더라도 당시로서는 경제적 활동의 자유보장 내지 기업보호의 사상이 강하였기 때문에 過失責任의 原則이 손해전보를 위한 공평타당한 원칙으로 생각되었을 것이다. 당시의 이러한 경향은 기업측의 과실 없이 汽罐이 폭발한 사건에 대한 1873년의 미국의 한 판결에서도 다음과 같이 나타나고 있다. "We must have factories, mashinery, dams, canals, and railroads. They are demanded by the manifold wants of mankind, and lie at basis of all our civilization. If I have any of these upon my lands, and they are not a nuisance and are not so managed as to become such, I am not responsible for damage they accidentally and unvoidably do my neighbor. He recieves his compensation for such damage by the general good, in which he shares, and the right which he has to place the same things upon his lands"(Losee v. Buchanan, 51. N. Y. 476, 484[1873]).

8) 郭潤直, 630; 金基善, 278; 金錫宇, 497; 金顯泰, 364; 金曾漢, 458; 金曾漢·安二濬(下),

過失不法行爲의 歸責根據를 가해자의 의사에 대한 비난가능성에 두고 있는 것처럼, 즉 過失不法行爲에 대한 책임을 故意不法行爲에 대한 책임과 마찬가지로 가해자의 심리상태에 대한 責任(意思責任)으로 파악하는 것처럼 보인다. 그러나 이 경우에 過失의 유무를 판단하는 데 필요한 주의의 정도에 대해서는 통설은 加害行爲者 개인의 능력을 기준으로 하는 것이 아니고 추상적으로 일반인, 보통인, 표준인에게 요구되는 注意義務의 정도라고 함으로써 이른바 抽象的 過失(客觀的過失)을 주장하고 있다.[9]

판례 역시 "不法行爲에 의한 손해배상의무의 전제가 되는 과실의 유무와 그 과실의 경중에 관한 표준은 그 개인에게 관한 구체적인 사정에 의하여 결정하는 것이 아니고, 일반적인 보통인으로서 할 수 있는 주의의 정도를 표준으로 하여야 할 것이며, 위의 일반적 보통인이라 함은 추상적인 일반인을 말함이 아니고 그와 같은 업무와 직무에 종사하는 사람으로서는 보통 누구나 할 수 있는 주의의 정도를 표준으로 하여 그 과실 유무를 논하고 위와 같은 주의를 심히 결여한 때에는 중대한 과실이 있다고 할 것이다"라고 함으로써[10] 일정한 업무나 직무에 종사하는 일반인에게 요구되는 정도의 주의를 결한 것을 過失로 보고 있다. 이렇게 하여 판례는 의사로서의 注意義務,[11] 등기공무원으로서의 注意義務,[12] 액화석유가스 판매사업자로서의 注意義務[13] 등의 정도를 정하고 있다.

754; 黃迪仁, 263 등.

9) 註 8의 문헌들의 같은 곳 참조.

10) 大判 1967. 7. 18, 66다1938(總 4-2(A), 928-32). 同旨: 大判 1987. 1. 20, 86다카1469(總 4-2(B), 735).

11) 판례는 醫師의 注意義務의 기준에 대하여 "진료 당시의 이른바 임상의학의 실천에 의한 의료수준에 의하여 결정되어야 하나, 그 의료수준은 규범적으로 요구되는 수준으로 파악되어야 하고, 당해 의사나 의료기관의 구체적 상황에 따라 고려되어서는 안 된다"고 하고 있다(大判 1998. 7. 24, 98다12270(공 1998, 2216)). 同旨: 大判 1998. 2. 27, 97다38442(공 1998, 872); 大判 1997. 2. 11, 96다5933(공 1997, 730); 大判 1994. 4. 26, 93다59304(공 1994, 1468); 大判 1987. 1. 20, 86다카1469(공 1987, 364).

12) 판례는 登記公務員의 注意義務와 관련하여 "등기공무원은 부동산등기법 제55조에 따라 같은 법 제40조에 의하여 등기신청에 첨부된 서류 자체를 검토하고 등기부의 기재와도 대조하여 상호 배치되는 것이 있는지, 또는 서류 자체의 양식 등이 관행에 어긋나는 점이 있는지 등을 살펴 그와 같은 잘못이 있는 경우, 등기신청을 각하하여야 할 직무상의 심사의무가 있으므로, 첨부된 서류 자체의 기재 형식에 의하여 또는 그 기재를 등기부의 기재와 대조하여서 등기공무원으로서의 통상의 注意義務만 기울였어도 그 서류들이 위조되었다는 것을 쉽게 알 수 있었음에도 이를 간과한 채 모두 적법한 것으로 심사하여 등기신청을 각하하지 못하였다면, 등기공무원으로서의 통상의 注意義務를 해태하여 형식적 심사의무를 위반한 과실이 있다 할 것이다"라고 하고 있다(大判 1994. 1. 14, 93다46469(공 1994, 717).

13) 판례는 액화석유가스 판매사업자의 注意義務와 관련하여 "액화석유가스는 인화 폭발

그리고 判例는 過失에 있어서의 注意의 정도를 추상적·객관적으로 설정할 뿐만 아니라 過失槪念 자체를 학설과는 달리 「心理狀態」로 파악하지 않고 「客觀的인 義務 違反」으로 파악하고 있다. 즉 判例는 "不法行爲로 인한 損害賠償責任에 있어서의 過失이라 함은 통상적인 사람을 기준으로 하여 마땅히 하여야 할 의무를 태만히 하였거나 또는 하지 아니하면 아니 될 의무를 이행하지 아니한 경우를 가리켜 뜻하는 것"이라고 한다.[14] 판례의 이러한 입장은 "不法行爲에 있어서의 가해자의 과실이 의무위반의 강력한 과실임에 반하여 과실상계에 있어서 과실이란 사회통념상, 신의성실의 원칙상, 공동생활상 요구되는 약한 부주의까지도 가리키는 것이다"라는 표현 속에서도 찾아 볼 수 있다.[15]

그런데 통설이나 判例가 이처럼 過失 유무의 판단기준이 되는 注意의 정도를 가해자 개인의 능력을 기준으로 하지 않고 일정한 업무나 직무에 종사하는 일반인 내지 평균인을 기준으로 하여 정한다든지, 판례처럼 過失개념 자체를 「心理狀態」로 보지 않고 [객관적인 義務 違反]으로 파악하는 것은, 통설이나 判例가 過失로 인한 不法行爲의 歸責根據를 가해자에 대한 個人的 非難可能性 내지 가해자의 의사에 대한 비난가능성에 두지 않고 있다는 것, 따라서 그 책임도 意思責任으로 파악하고 있지 않다는 것을 의미한다. 왜냐하면 통상인 내지 평균인의 주의능력을 기준으로 하여 過失 유무를 판정할 경우에는, 주의능력이 통상인보다 못한 사람이 자기의 능력으로는 결과발생을 인식 내지 예견할 수가 없어서 결과 발생을 회피할 수가 없었던 경우에도, 그의 행위로 가해결과가 발생하면 過失이 있는 것으로 인정되어 損害賠償責任을 부담하게 되지만, 그렇다고 이러한 경우에 가해자를 개인적으로 비난하거나 그가 부담하는 책임을 그의 心理狀態에 대한 책임 내지 意思責任으로 파악할 수는 없기 때문이다. 그리고 判例처럼 過失을 객관적인 義務의 違反으로 보게 되면 過失과 위법성은 뚜렷이 구별할 수가 없게 된다. 객관적인 의무의 위반은 바로 위법한 행위도 되기 때문이다.

하기 쉬운 성질을 가지고 있고 그 폭발 사고로 인한 피해가 심각하여 고도의 위험성을 가지고 있는 반면 일반인으로서는 그 누출가능성 등을 알기 어려우므로, 일반 수요자에게 가스를 공급하는 액화석유가스 판매사업자로서는 가스에 의한 재해가 발생할 위험성이 있는 경우에 이를 미리 방지하기 위한 조치를 강구할 업무상의 注意義務가 있고, 구체적인 사안에서 액화석유가스 판매사업자가 재해방지를 위한 注意義務를 다하였는지의 여부를 판단함에는 액화석유가스의안전및사업관리법의 규정 내용들도 참작되어야 한다"고 하고 있다(大判 1988. 7. 24, 98다12997(공 1998, 2220)).

14) 大判 1979. 12. 26, 79다1843(총 4-2(B), 297).

15) 大判 1995. 9. 15, 94다61120(공 1995, 3385) 참조.

그러면 통설이 이상과 같이 개념상으로는 過失을 心理狀態로 파악하면서도 실제로는 객관적 注意義務의 위반 여부에 의하여 過失의 유무를 판단하고 있는 이유는 무엇이고 그 경우의 歸責根據는 어디서 찾을 것인가? 통설은 이와 같은 抽象的 過失에 대하여 책임을 져야 하는 근거에 대해서는 언급이 없지만 過失 여부를 抽象的 過失을 기준으로 하여야 하는 이유로서는 피해자의 충분한 보호의 필요성을 들고 있다. 즉, 종래의 통설을 대표한다고 할 수 있는 郭潤直 교수는 "원래 過失責任의 原則은 손해의 발생을 막을 수 있었는데도 그것을 막지 못한 자는 책임을 져야 한다는 원칙이므로 책임의 요건으로서의 過失은 개개인의 주의력을 기준으로 하는 具體的 過失이어야 할 것이다. 그러나 피해자의 입장에서 보면 가해자가 사회의 보통인으로서의 표준적인 주의를 베푸는 것으로 예정해서 행동한다고 할 수 있다. 그런데 만일에 가해자의 주의력이 평균인 이하여서 過失이 없는 것으로 된다면 피해자는 손해를 배상받지 못하는 것이 될 것이다. 즉 불법행위 요건으로서는 具體的 過失로서 충분하다고 한다면 피해자의 보호에 충분하지 못하게 되고 공평하지도 않다는 결과가 된다. 이러한 결과를 막기 위하여 過失을 사회의 평균인을 기준으로 하여 객관화·정형화한 것이 抽象的 過失인 것이다"라는 다분히 정책적이고 실제적인 이유를 들고 있다.[16]

생각건대 통설이나 판례가 抽象的 過失을 기준으로 하는 것은 비록 過失責任의 原則(有責性原則)과는 모순될는지 모르지만[17] 통설이 드는 위와 같은 실제적

16) 郭潤直, 632-3. 이러한 이유는 金曾漢·安二濬(下), 756에도 제시되고 있고 일본의 加藤一郎, 不法行爲(1982), 69-70에도 제시되고 있다. 그리고 독일이나 스위스에 있어서의 객관적 과실론자들도 민법에서는 형법상의 형벌과는 달리 손해의 공평타당한 조정을 문제시하기 때문이라는 점을 그 근거로서 제시하는 것이 일반적이다. Larenz, Schldrecht Allgemeiner Teil, 14. Aufl., 1987, 286; Kötz(註 6), 44; Oftinger, Schweizerisches Haftpflichtrecht, Allgemeiner Teil, 4. Aufl., 1975, 144-5 등 참조.

17) 이러한 모순을 문제시하여 金亨培 교수가 주장하는 이론이 具體的(主觀的) 過失論이다. 즉 金亨培 교수는 우리 민법이 §753와 §754에서 과실의 전제조건으로서 책임능력을 요구하고 있는 것은 과실불법행위에 있어서의 귀책의 근거를 행위자에 대한 개인적 비난가능성(有責性)에서 구하는 것을 의미하는데 客觀的 過失論이 過失의 유무에 관한 판단에 있어서 평균인에게 요구되는 注意義務를 기준으로 하고 그 행위자를 문제삼지 않는 것은 모순이라고 한다. 그러므로 과실의 전제조건으로서 責任能力의 존재를 요구하려면 과실은 행위자 개인을 기준으로 하는 主觀的 過失로 구성하여야 한다고 한다. 그리고 객관적 과실론이 고의와 과실을 다 같이 불법행위의 주관적 요건이라고 하면서 고의의 불법행위에서는 유책성을 요구하고 과실의 불법행위에서는 유책성을 요구하지 않고 객관적 容態만으로 만족하게 되면 일관성이 없게 된다고 한다. 그래서 金亨培 교수는 객관적 과실론이 지니고 있는 이러한 모순을 극복하기 위해서는 불법행위의 유형에 따라서 歸責根據를 재구성할 것을 주장한다. 즉 金亨培 교수는 근대시민법은 일상생활상 발생하는 불법행위만을 예정하였고 과실의 개념도 유책성 관련하에서만 파악하였을 뿐 그 후의 산업화과정에서 발생하는 새로운 유형의 불법행위는 예상하지 못하였다

인 이유 내지 필요성에서보다도 다음과 같은 이유에서 타당하다고 본다.

가해자 개인의 주의능력을 불문하고 객관적 注意義務의 위반 여부에 의하여 過失 유무를 판단하여 책임을 묻는 것은 확실히 가해자 개인에 대한 비난가능성, 즉 有責性을 歸責根據로 하여 책임을 묻는 것으로는 되지 못한다. 그러나 주의능력이 평균인의 경우보다 못한 가해자가 객관적으로 요구되는 注意義務를 위반하여 타인에게 손해를 가한 경우에 우리는 그를 개인적으로 비난할 수는 없지만, 법률이 요구하는 객관적인 注意義務를 위반하였다는 점에서 그러한 행위는 위법한 행위라고 할 수 있다. 즉 그러한 행위의 違法性은 인정될 수 있는 것이다. 그리고 그 위법한 행위 자체는 비난할 수 있는 것이다. 이 경우에 비난의 대상이 되는 것은 가해자 개인이 아니라 위법한 행위 자체인 것이다. 따라서 그러한 경우에는 위법한 행위 자체에 대한 비난가능성, 즉 加害行爲의 違法性을 歸責根據로 하여 책임을 물을 수가 있는 것이다. 有責性을 요건으로 함이 없이 이처럼 加害行爲의 違法性을 근거로 하여 가해자에게 손해배상책임을 묻더라도 그것은 결코 부당하지 않고 공평타당한 결과로 된다. 이러한 경우의 손해는 비록 가해자에게 有責性은 없지만 가해자의 위법한 행위로 인하여 발생한 것이므로 이러한 손해는 有責性은커녕 위법한 행위조차 한 일이 없는 피해자 스스로가 부담하는 것보다는 위법한 加害行爲를 한 가해자가 부담하는 것이 공평타당하기 때문이다.[18] 따라서 이 경우에 抽象的 過失로 加害行爲를 한 가해자에게 有責性을 전제로 하지 않고 그 책임을 묻는 것은 抽象的 過失論者들이 제시하는 바와 같은 피해자보호라는 정책적 이유에서보다는 그렇게 하는 것이 공평타당한 손해전보 내지 손해조정방법이 되기 때문이라는 점에서 그 타당성의 근거를 더 찾아야 할 것이다.

는 것을 전제로 하여 과실의 본래적 개념은 유책성 관련하에서 파악되는 주관적 과실로 구성하되 다만 그 적용범위를 근대시민법이 예정하였던 일상생활상 발생하는 유형의 불법행위에 한정하고, 그 밖에 근대시민법의 입법 당시에 예상하지 못하였던 유형의 불법행위에 대해서는 객관적 과실이 적용되어야 한다고 한다. 그리고 이 경우의 귀책근거는 有責性에서 찾을 수가 없고 행위의 위험성이나 거래안전의무 등에서 찾아야 한다고 한다. 金亨培, "不法行爲에 있어서의 責任歸屬의 根據와 損害賠償의 範圍", 法律行政論集(高麗大) 18, 112-20. 이러한 견해는 日本의 石田 穰 교수에 의해서도 주장되고 있다. 石田 穰, 損害賠償法の再構成, 1978, 11 이하 참조.

18) 同旨: Wiethölter, Der Rechtvertigungsgrund des verkehrsrichtigen Verhaltens, 1960, 49; Esser, Schuldrecht, Allgemeiner Teil, 4. Aufl., 1970, 248.

Ⅲ. 不法行爲 成立要件으로서의 有責性의 필요성 여부

有責性을 근거로 하지 않고 加害行爲의 違法性을 근거로 하여 책임을 묻더라도 이처럼 가해자에게 부당한 결과로 되지 않는다면 여기서 보다 근본적으로 제기되는 의문은 損害賠償責任으로서의 不法行爲責任이 성립하는 데 有責性이 과연 필요한가 하는 점이다. 생각건대 故意不法行爲는 물론이고 過失不法行爲에 있어서도 경우에 따라서는 加害行爲에 有責性이라는 요건이 충족되어 있을 수는 있다. 그리고 有責性이 충족되어 있을 경우에는 이 有責性을 근거로 하여 그 책임을 물을 수가 있는 것이다. 그러나 有責性이 충족되지 않더라도 加害行爲의 違法性만 인정되면 손해배상책임의 歸責根據는 이 加害行爲의 違法性에서 충분히 찾을 수 있는 것이고, 그러한 근거에 의한 손해조정은 결과적으로도 바로 위에서 보았듯이 결코 부당하지 않고 공평타당한 것이다. 이는 過失不法行爲에 관한 한 통설이나 판례도 抽象的 過失을 기준으로 하고 가해자의 개인적 주의능력을 고려하지 않음으로써 사실상 인정하고 있는 것이다.

이러한 사정은 우리 나라의 통설에 직접적인 영향을 미쳤을 것으로 짐작되는 일본의 학설에 있어서도 마찬가지이다. 즉 일본의 통설을 대표한다고 볼 수 있는 加藤一郎 교수도 過失의 개념은 우리 나라의 통설과 마찬가지로 "그 결과가 발생한다는 것을 알고 있어야 하는데도 부주의로 그것을 알지 못하고 어떤 행위를 한다고 하는 심리상태"로 파악하면서도 過失의 유무를 판단하는 注意의 정도에 대해서는 해당 분야의 평균인을 기준으로 하는 抽象的 過失論을 취하여 왔다.[19] 그런가 하면 최근에는 過失의 개념 자체를 종래의 통설처럼 「心理狀態」로 파악하지 않고 그 동안의 판례의 분석을 기초로 過失을 객관적인 손해회피의무의 위반으로 파악하는 학설이 유력하게 주장되고 있다.[20] 그리고 독일의 경우에는 민법전(§ 276) 자체에서 "사회생활상 요구되는 주의를 해태한 것(Fahrlässig handelt, wer die im Verkehr erforderliche Sorgfalt außer acht läßt)"을 過失이라고 명문화함으로써 過失의 개념은 객관적인 注意義務 위반으로 파악되고 있다.

19) 加藤, 不法行爲, 64, 68-70. 그리고 이에 대한 일본의 학설의 소개에 대해서는 森島昭夫, 不法行爲法講義, 1987, 171-80 참조.

20) 平井宜雄, 損害賠償法の理論, 1979, 385 이하; 前田達明, 不法行爲歸責論, 1980, 34.

過失不法行爲에 있어서 이처럼 有責性을 문제시하지 않는 것은 영미법상의 過失不法行爲(Negligence)에 있어서도 마찬가지이다. 즉 영미법상 Negligence는 심리상태가 아니고 「행위」(Negligence is conduct and not a state of mind)이다. 좀더 자세히 말하면 Negligence는 “손해발생의 지나친 위험으로부터 타인을 보호하기 위하여 법에 의하여 정립된 기준에 미달하는 행위(Negligence is conduct which falls below the standard established by law for the protection of others against unreasonable risk of harm)”라는 것이 일반적인 견해이다.[21] 그리고 이 경우의 행위기준은 「신중하고 사려깊은 사람」(a prudent and careful person)이 그와 같은 상황에서 행동하는 것을 기준으로 한다.[22] 따라서 영미법에 있어서는 이러한 기준에 미달하는 행위로 타인에게 손해를 가하면 가해자에 대한 개인적 비난가능성을 문제시함이 없이 바로 손해배상책임이 인정되게 된다.

이상에서 살핀 몇 가지 사실들은 결국 有責性은 손해배상책임의 발생에 반드시 필요한 요건은 아니라는 사실을 말하여 주는 것이다. 그렇다면 有責性의 전제가 되는 責任能力 역시 不法行爲가 성립하는 데 논리필연적으로 요구되는 요건이라고는 할 수가 없게 된다. 따라서 責任能力에 관한 §753와 §754의 규정도 불법행위 성립에 논리필연적으로 필요한 규정이라기보다는 판단능력이 없는 자를 불법행위책임의 부담으로부터 보호하기 위하여 정책적으로 마련된 규정이라고 이해하여야 할 것이다.[23] 이와 같은 점으로 보아 근대시민법이 加害行爲 자체의 違法性 이외에 가해자에 대한 개인적인 비난가능성, 즉 有責性을 不法行爲責任의 요건 내지 근거로 설정한 것은 아무리 개인과 기업의 경제적 활동의 자유를 최대한으로 보장하려는 데 그 취지가 있었다고 하더라도 입법정책적으로 타당한 결단이었다고는 할 수 없다.

Ⅳ. 過失責任의 原則의 의미내용의 재확정

過失不法行爲의 歸責根據가 이상과 같고 불법행위책임의 성립에 有責性이

21) Second Restatement of Torts §282; Prosser & Keeton, The Law of Torts, 5th ed., 169.
22) Prosser & Keeton(註 21), 174-75.
23) 郭潤直 교수나 日本의 加藤一郎 교수는 무과실책임의 단계에 이르렀을 때에 책임능력의 기능을 이렇게 보고 있으나(郭潤直, 643; 加藤(註 16), 141), 그 단계에 이르기 전에도 不法行爲 성립에 개인적 비난가능성으로서의 有責性을 요건으로 하지 않고 不法行爲責任을 묻는 경우에는 이렇게 볼 수 있다.

반드시 필요한 요건이 아니라면 이제「過失責任의 原則」내지「過失責任主義」라는 것은 개인적 비난가능성 내지 有責性을 전제로 하는 원래의 有責性原則을 의미하는 것으로는 파악할 수 없고 단순히 故意나 過失을 전제로 하는 責任原則의 의미로 이해하여야 한다.[24] 그리고 이 경우의 過失의 개념도 종래의 학설처럼「心理狀態」로 파악하는 것보다 판례의 태도처럼「객관적인 注意義務違反」으로 파악하는 것이 솔직하고 논리일관할 것이다. 이렇게 되면 이제 故意不法行爲와 過失不法行爲는 종래 생각되어 오던 것처럼「加害者의 意思에 대한 個人的 非難可能性」을 歸責根據로 하는 동일한 유형의 不法行爲가 아니고 그 歸責根據를 달리하는 서로 상이한 유형의 不法行爲로 이해되어야 할 것이다. 물론 우리 민법은 §765의 규정을 제외하면 불법행위에 있어서 故意와 過失을 그렇게 구별하고 있지 않다. 그리고 이는 不法行爲法은 형법과는 달리 발생한 손해의 塡補를 주된 목적으로 한다는 데 기인할 것이다. 그러나 故意不法行爲와 過失不法行爲의 歸責根據가 상이한 것임을 시인하는 한 비록 현행법의 해석상으로는 양자간에 큰 차이를 인정할 수 없다고 하더라도[25] 立法論的으로는 특히 손해배상의 범위와 관련하여 양자를 달리 취급하는 방안도 생각해 볼 수 있을 것이다.[26] 그리고 有責性의 전제가 되는 책임능력에 관한 규

---

24) 독일의 Weyers 교수는 過失槪念의 客觀化로「Verschuldenshaftung」이 본래적 출발점을 떠난 이상 이제 이 용어보다는「Unrechthaftung」이라는 표현이 더 적절할 것이라고 한다(Esser-Weyers, SchR Ⅱ, 6. Aufl., 475).

25) 현행법의 해석과 적용에 있어서도 故意不法行爲와 過失不法行爲 사이에 다음과 같은 차이는 인정될 수 있고 이 점은 통설도 인정하는 바이다. 첫째, 손해배상의 범위(§393)와 관련하여 故意不法行爲의 경우에는 過失不法行爲의 경우보다 특별한 사정을 알았거나 알 수 있었을 경우가 많을 것이므로 전자가 후자보다 특별한 사정으로 인한 손해를 배상하여야 할 경우가 많을 것이다. 둘째, 정신적 손해의 배상인 慰藉料의 산정에 있어서는 당사자간의 여러 가지 사정을 고려하게 되므로 故意의 경우가 過失의 경우보다 배상액이 많게 산정될 것이다. 셋째, 過失相計에 있어서도 故意는 무겁게 평가되어 가해자에게 故意가 있으면 피해자에게 過失이 있더라도 크게 고려되지 않을 것이다. 넷째, 제3자에 의한 債權侵害나 영업활동을 방해하는 경우 등에서 보듯이 故意에 의한 加害가 아니고 過失에 의한 加害이면 불법행위가 성립하지 않는 경우가 있을 수 있다.

26) 가해자의 惡意, 重過失, 輕過失 등에 따라서 손해배상의 범위를 달리하는 입법례도 있다. 예컨대 墺民 §1324는 악의나 중대한 과실로 인한 손해에 대해서는 피해자가 완전배상(volle Genugtuung)을 청구할 수 있도록 하고 있고 경과실로 인한 손해에 대해서는 본래적인 손해배상(eigentliche Schadloshaltung), 즉 일실이익을 포함하지 않은 적극적 손해의 배상만을 청구할 수 있도록 하고 있다. 그리고 동법 §1331에서는 타인의 고의나 중대한 과실로 인하여 재산을 침해당한 자는 얻을 수 있었던 이익의 배상도 청구할 수 있도록 하고 있고, 가해가 형법에 의하여 금지된 행위에 의하거나, 의도적으로나 가해의 즐거움에서(aus Mutwillen und Schadenfreude) 행하여진 경우에는 특별한 애착(besondere Vorliebe)의 가치도 청구할 수 있도록 하고 있다. 그러나 경과실로 인하여 물건이 훼손된 경우에는 물건의 통상의 가치만을 배상하도록 동법 §1332가 규정하고 있다. 그런가 하면 瑞債 §43에서도 有責性의 정도를 손해배상시 고려하도록 하고 있다.

정 역시 過失不法行爲에 관한 한 반드시 필요한 규정이라고 할 수는 없을 것이다.

V. 過失責任의 原則의 적용한계

過失責任主義는 이제 더 이상 有責性原則을 의미하는 責任原則으로 파악할 수 없고 단순히 故意나 過失을 전제로 하는 責任原則으로 파악하여야 한다는 점은 위에서 지적한 바이지만 이러한 변질된 의미의 過失責任主義 역시 모든 경우에 항상 타당한 責任原則이 될 수는 없다. 손해발생에 대하여 가해자에게 故意나 過失이 없는 경우에도 가해자가 책임을 부담하는 것이 타당한 경우가 있기 때문이다. 오늘날 과학문명의 발달에 힘입은 고속교통기관이나 산업시설 등과 같이 아무리 주의를 하여도 사고발생의 위험을 완전 지배할 수는 없는 각종 危險源의 운영으로부터 발생하는 사고손해의 경우가 그러한 경우이다. 그러한 경우에 있어서는 다음의 前論 V에서 보듯이 변질된 의미의 過失責任主義마저도 타당한 責任原則이 될 수 없다. 즉 그러한 사고손해에 있어서는 비록 危險源의 운영자에게 손해발생에 대하여 故意나 過失이 없다고 하더라도 危險源의 운영자가 책임을 부담하는 것이 타당한 결과로 된다. 이것이 危險責任으로서의 無過失責任이며 이러한 책임을 인정하는 것이 타당한 경우에 이르면 변질된 의미의 過失責任主義 역시 그 적용한계에 봉착하게 된다. 이러한 無過失責任에 대해서는 항을 달리하여 검토하기로 한다.

[徐 光 民]

前論 Ⅵ: 無過失責任

차 례

Ⅰ. 意　義
Ⅱ. 無過失責任의 요건과 특성
1. 특수한 危險源의 운영
2. 對象的으로 구체화된 危險源의 존재
3. 規範目的上 예정된 손해의 발생
4. 免責事由
5. 無過失責任과 責任能力
Ⅲ. 無過失責任의 이론적 근거
Ⅳ. 無過失責任의 인정방법
1. 立法에 의한 방법
2. 法律의 類推適用에 의하여 인정하는 방법

Ⅰ. 意　義

일반적으로 無過失責任이라 하면 위에서 살핀 過失責任과는 달리 어떠한 가해에 대하여 가해자에게 故意나 過失이 없는 경우에도 가해자에게 인정되는 손해배상책임을 의미한다. 가해자의 故意나 過失을 묻지 않고 加害行爲와 손해발생간에 因果關係만 있으면 책임이 인정된다는 점에서만 보면 無過失責任은 앞에서 언급한 原因責任 내지 結果責任과 동일한 것으로 생각될 수 있다. 그러나 여기서 말하는 無過失責任은 過失責任이 인정되기 이전의 고대법에서 인정되었던 原因責任 내지 結果責任과는 그 인정의 역사적 배경이나 그 인정근거가 상이하다. 즉 원인책임 내지 결과책임은 행위와 손해발생간에 因果關係만 있으면 당연히 책임을 진다는 소박한 사고에 입각한 責任原則으로서 이는 근대시민사회에 있어서의 개인의 자유로운 활동에 장해가 된다는 이유에서 過失責任에 의하여 극복된 過失責任 이전의 責任原則이다. 반면 여기서 살피려는 無過失責任은 근대사회의 산업화·기계화에 따라 등장한 고속교통기관이라든지 기업시설 등 누구의 過失에 의하지 않고도 사고손해를 초래할 수 있는 위험성을 내포한 여러 가지 危險源으로부터 각종의 사고손해가 발생하게 되고, 또 이러한 손해는 過失責任의 原則에만 의존해서는 그 공평타당한 조정이 어렵게 되자, 過失責任의 原則에 대한 반성과 비판을 통하여 인정된 過失責任 이후의 責任原則이다. 따라서 전자에 있어서는 행위와 손해발생간에 因果關係가 존재한다는 점 이외에 특별한 歸責根據를 찾을 수가 없는데 반하여 후자는 뒤에서 보듯이 因果關係 이외에 그 고유한 요건과 歸責根據를 가지고 있다.

그리고 그 적용분야에 있어서도 전자는 아무런 구별 없이 일반적으로 적용되는 원칙인데 대하여 후자는 過失責任을 인정하면 불공평한 손해조정이 되는 분야, 즉 특별한 위험이 내재되어 있는 危險源을 운영하는 분야에만 적용되는 責任原則이다.

그런데 無過失責任이 이처럼 단순한 원인책임 내지 결과책임이 아니라는 것은 이해한다 하더라도 여기서 살피려는 無過失責任과 또 다른 無過失責任들을 구별할 필요가 있다. 즉 여기서 논하려는 無過失責任은 근대사회의 산업화·기계화에 따라 過失責任의 原則을 적용하게 되면 부당한 결과로 되는 각종의 危險源으로부터 발생하는 손해사고에 적용되는 불법행위책임으로서의 無過失責任만을 의미하는 것이며 민법전의 여기저기에 산재하여 있는 無過失責任 전부를 의미하지 않는다. 민법전에는 그 인정근거도 일정치 않으나 故意와 過失을 요건으로 하지 않는다는 점에서 無過失責任이라고 할 수 있는 책임이 불법행위 이외의 분야에 여기저기 규정되어 있다.[1] 그러나 이러한 책임들은 「無過失」책임이라는 점에서만 공통점이 있을 뿐 그 성질이나 요건이나 그 인정근거가 여기서 다루는 無過失責任과는 상이하다. 즉 여기서 말하는 無過失責任은 獨逸, 瑞西, 墺地利 등의 나라에 있어서 흔히 「危險責任」(Gefährdungshaftung)이라고 불리고 있는 無過失責任을 의미하고 無過失責任 일반을 의미하는 것이 아니다.[2] 따라서 여기서 말하는 無過失責任은 이른바 「危險責任으로서의 無過失責任」이라고 할 수 있다.

우리 나라 현행법상 인정되고 있는 이러한 無過失責任으로는 광업법 §91 이하의 광업권자 또는 조광권자의 鑛害賠償責任, 원자력손해배상법 §3 이하의 원자력손해에 대한 원자력사업자의 배상책임, 환경정책기본법 §31의 사업장 등에서 발생하는 환경오염으로 인한 피해에 대한 사업자의 배상책임, 수산업법 §76의 수질오염으로 인한 어업손해에 대한 오염발생시설의 경영자의 배상책임, 근로기준법 §78 이하 및 선원법 §85 이하의 사용자 및 선박소유자의 재해보상책임 등을 들 수 있다. 그리고 자동차손해배상보장법 §3 이하의 자동

1) 예컨대 §135의 無權代理人의 책임, §308의 傳貰權者의 책임, §336의 質權者의 책임, §397의 금전채무불이행에 대한 손해배상책임, §570 이하의 賣渡人의 擔保責任, §688 Ⅲ의 委任人의 손해배상책임, §697의 任置人의 손해배상책임 등을 들 수 있다.

2) 그러한 점에서 우리 나라에서도 여기서 의미하는 無過失責任을 그 인정근거와 성질이 다른 민법상의 잡다한 여타의 無過失責任과 구별 없이 단순히 無過失責任이라고 부르는 것보다는 이 책임의 적용영역과 歸責根據와 특성을 잘 부각시킬 수 있는 「危險責任」이라는 표현을 사용하는 것이 오히려 더 적절하리라고 본다.

차운행으로 인한 생명·신체상의 손해에 대한 자동차운행자의 배상책임도 完全無過失責任은 아니나 입증책임의 전환과 입증할 사항의 가중 때문에 無過失責任에 가까운 책임이 되고 있다. 한편 통설은 民 §758의 공작물소유자의 책임도 無過失責任으로 보고 있으나,[3] 이 책임이 危險責任으로서의 성질은 가지고 있는지는 모르지만 工作物의 設置·保存의 瑕疵를 전제로 하고 있다는 점에서 完全無過失責任이라고 보기는 어려울 것이다.[4]

Ⅱ. 無過失責任의 요건과 특성

無過失責任은 過失責任에 있어서처럼 가해자의 故意나 過失을 요건으로 하지는 않는다. 그러나 無過失責任을 인정하는 위의 특별법규정들을 검토하여 보면 無過失責任도 이처럼 단순히 가해자의 故意나 過失을 요하지 않는다는 소극적인 요건만을 전제로 하는 책임은 아니고 몇 가지 요인을 전제로 하고 있음을 알 수 있다. 물론 無過失責任 내지 無過失責任에 가까운 책임을 인정하고 있는 위의 특별법들이 無過失責任 인정의 전제로서 어떤 동일한 요건을 규정하고 있는 것은 아니다. 그러나 각 법률이 규정하고 있는 요건들이 다음과 같은 점에서는 유사점 내지 공통점을 가지고 있다고 볼 수 있다. 이러한 요인들은 無過失責任의 공통적인 요건으로 파악할 수가 있을 것이다.

1. 특수한 危險源의 운영

無過失責任은 손해발생의 개연성 내지 빈도로 보거나(예컨대 교통사고), 사고시 발생하는 손해의 양적·질적 심각성으로 보거나(예컨대 대기오염, 수질오염, 광해, 원자력손해) 또는 이 양자를 종합적으로 보아 위험의 정도가 높은 危險源을 운영하는 자에게 인정되는 책임이다.[5] 그리고 이 위험성은 구체적 위험이 아니고 추상적 위험을 의미한

3) 통설은 이 규정이 工作物의 占有者에 대하여는 손해의 발생을 막는데 필요한 주의를 베푼 때에는 면책을 인정하고 있으나 所有者에 대하여는 이러한 면책을 인정하고 있지 않기 때문에 소유자의 책임은 無過失責任이라고 한다.

4) 日民 §717의 土地工作物 所有者의 책임에 대해서도 이렇게 보는 견해가 유력하다, 五十嵐, 注釋民法(19), 306-7; 加藤一郎, 不法行爲(1982), 20; 石田 穰, 損害賠償法の再構成, 1978, 66-7; 四宮和夫, 事務管理·不當利得·不法行爲(下), 1983, 729 등 참조.

5) 위에서 소개한 현행법상의 無過失責任 중에서 勤勞基準法上의 사용자의 災害補償責任은 이 점과 관련하여 다소 다른 특성도 가지고 있다. 즉 사용자의 災害補償責任은 자본주의 발전에 따라 기업의 생산조직이 기계화되고 대규모화됨으로써 빈번히 발생하는 재

다. 즉 손해발생의 위험은 반드시 無過失責任이 인정되는 분야에만 있는 것이 아니고 過失責任에 있어서의 過失에도 있는 것이다. 그러나 過失, 즉 注意義務 위반이 초래하는 위험은 特定法益의 침해에 대한 구체적 위험으로서 「금지된 위험」이다.[6] 이러한 위험은 사회생활상 필요한 注意義務를 다하면 방지가능한 위험인 것이다. 이에 반해서 無過失責任의 전제가 되는 위험은 장래의 불특정 법익의 불확실한 침해에 대한 「추상적 위험」으로서 「허용된 위험」이다.[7] 그리고 이 위험은 이러한 危險源을 운영함에 있어서 요구되는 注意義務를 다해도 감소는 가능하나 완전방지는 불가능한 위험이다.

2. 對象的으로 구체화된 危險源의 존재

無過失責任은 고속교통기관, 산업시설, 원자로 등과 같이 대상적으로 구체화된 완전지배불가능한 危險源(gegenständlich verkörperte nicht voll beherrschbare Gefahrenquellen)의 支配者에게 인정되는 책임이다.[8] 대상적으로 구체화된 危險源으로부터 발생한 사고가 아니고 다이빙, 스키, 수상스키 같은 위험한 경기중에 발생하는 사고처럼 단순히 위험한 활동으로부터 발생하는 사고에 대해서도 無過失責任을 인정하여야 한다는 견해도 있으나[9] 이러한 경우의 사고는 가해자에게 故意나 過失이 없는 한 피해자 자신이 위험을 부담하여야 할 행위로 인한 사고라고 하여야 한다.[10]

해를 구제하기 위하여 마련된 것으로서 이 책임도 사용자의 지배하에 있는 위험이 현실화된 것을 조정하는 위험책임으로서의 성격을 가지고 있는 것을 부인할 수는 없다. 그러나 이 책임은 기업의 대내적 책임으로서 기업의 대외적 책임인 여타의 無過失責任과는 달리 단순히 危險責任으로서의 성질만 가지고 있는 것이 아니고 근로자의 인간다운 생활을 보장하기 위한 제도로서 생성·발전되어 왔고 또 발전되어 가고 있는 것이다. 그러한 점에서 이 제도는 독자적인 이론과 내용을 가지게 되는 것이고 그 적용범위도 반드시 위험성이 있는 기업에만 한정되는 것은 아니다. 요컨대 이 제도에 있어서의 손해의 전보는 사용자의 일정한 행위보다도 근로자의 보호필요성과 관련되어 있는 것이다.

6) Deutsch, Methode und Konzept der Gefährdungshaftung, VersR 1971, 4.

7) Deutsch(註 6), 4.

8) Esser, SchuldrechtⅡ, 488; von Caemmerer, Reform der Gegährdungshaftung, Gesammelte Schriften Bd. Ⅲ, 255.

9) Deutsch(註 6), 1 이하 참조.

10) 피해자 자신이 위험을 부담하여야 할 경우로는 위험한 행사에의 참가나 타인의 시설에 허가 없이 출입하는 행위 등을 들 수 있다. Münzberg, Verhalten und Erfolg als Grundlagen der Rechtswidrigkeit und Haftung, 1966, 310; Koziol, Österreichisches Haftpflichtrecht I, 1980, 96 이하 등 참조.

3. 規範目的上 예정된 손해의 발생

無過失責任도 위와 같은 危險源으로부터 발생하는 모든 손해에 대하여 인정되는 것이 아니고 발생한 손해나 손해의 발생방식이 법률이 그 규범목적상 無過失責任을 인정하려고 하였던 危險源의 운영에 특유한 위험의 현실화로 인한 손해인 경우에만 인정된다. 즉 無過失責任도 단순한 결과책임은 아닌 것이다.

4. 免責事由

無過失責任을 인정하는 법률규정들 중에는 天災地變, 기타 不可抗力的 사유로 인하여 손해가 발생한 때에는 책임의 감면을 인정하는 규정들이 있다. 예컨대 광업법 §94는 "손해의 발생에 대하여 피해자가 책임질 사유가 있는 때에는 법원은 손해배상의 책임과 범위를 정하는 데 있어서 이를 참작하여야 한다. 손해의 발생에 천재, 지변, 기타 불가항력의 사유가 경합한 때에도 또한 같다"고 규정하고 있다. 원자력손해배상법 §3 I 에서도 손해가 이례적으로 심대한 천재, 지변, 전쟁, 기타 이에 준하는 사변으로 인하여 생긴 경우에는 면책을 인정하고 있다. 이는 無過失責任에 있어서도 일정한 免責事由가 있을 수 있음을 말해주는 것이다. 그러나 여기서 주의할 것은 無過失責任에 있어서의 면책사유는 過失責任에 있어서의 免責事由, 즉 단순히 가해자에게 故意·過失이 없는 경우를 의미하는 것이 아니고, 피해자 스스로가 故意로 사고를 야기한 경우거나 또는 엄격한 의미의 불가항력적인 사유만을 의미한다고 하여야 한다. 왜냐하면 이러한 危險源의 운영에는 이를 운영하는 자의 故意나 過失이 없이도 사고가 발생할 수 있는 특유한 위험이 내재하여 있고 또 이를 전제로 하여 無過失責任이 인정되고 있기 때문이다. 따라서 사고발생 당시에는 예측하지 못하였고 회피할 수 없었던 외부적 요인이 작용하여 발생한 사고라고 하더라도 그것이 그러한 危險源의 운영에 흔히 있는 사고인 경우에는 그것은 그러한 危險源의 운영에 특유한 위험의 현실화로 보아야 하고 불가항력적인 사유로 보아서는 안 될 것이다. 예컨대 예기치 않은 빙판이나 기름흘린 路面의 출현, 어린아이나 짐승이 갑자기 차도로 뛰어드는 경우 등은 자동차 운행에 수반된 특유한 위험이며, 에어 포켓의 출현, 갑작스러운 기상의 변화 등은 항공기 운행에 수반된 특유한 위험이고 불가항력이라고 보아서는 안 될 것이다.[11] 그런데 無過失責任의 경우에도 이렇게 엄격한 의미에서 불가항력적인 사유가 있는 경우에는 면책이 인정되는 것은, 이러한 경우에 대해서까지 책임을 인정하게 되면 危險源의 운영자에게 너무 가혹하게 된다는 점에서도 그 근거를 찾을 수 있겠지만, 그러한 손해는 그 발생방식 내지 발생과정으로 보아 당해 법률이 그 규범목적상 無過失責任을 인정하려고 하였던 사고손해가 아니라는 점에서도 그 근거를 찾을 수가 있을 것이다.

5. 無過失責任과 責任能力

無過失責任은 가해자의 故意나 過失을 요건으로 하지 않는 책임이다. 즉 가해자에 대한 非難可能性(有責性)을 근거로 하는 책임이 아니다. 그렇다면 有責性의 전제가 되는 책임능력이 無過失責任의 요건이 될 수 없음은 너무도 당연하다. 따라서 無過失責任은 다른 요건만 충족되면 책임능력에 관계없이 인정된다.

Ⅲ. 無過失責任의 이론적 근거

無過失責任은 근대사회가 기계화되고 산업화됨에 따라 過失에 기인하지 않고도 사고를 초래할 수 있는 위험성을 내포한 고속교통기관이라든지 기업시설 등의 발달로 종래의 過失責任의 原則만에 의존해서는 손해의 공평타당한 분담 내지 조정이 어렵게 되자 過失責任의 原則에 대한 반성과 비판에 힘입어 산업이 먼저 발달된 선진 서구제국에서부터 인정되고 입법화되기 시작한 責任原則이다. 즉 이러한 위험한 시설이나 활동으로부터 발생하는 사고손해는 기업내부에서 발생한 손해(이른바 勞動災害)이든 기업외부의 제3자가 입는 손해이든 가해자의 過失에 기인하지 않는 손해라고 하더라도 피해자보다는 이러한 시설을 운영하는 자가 부담하는 것이 더 공평타당하다는 관념에서 인정되기 시작한 원칙이다.

그러면 이러한 사고손해는 피해자보다 가해자가 부담하는 것이 공평타당하다는 근거는 무엇인가? 過失責任에 있어서는 加害行爲者에 대한 非難可能性

11) 독일의 원자력법이나 항공교통법에 불가항력으로 인한 사고에 대한 면책규정을 두지 않은 것도 이러한 관점에서 이해되고 있다(Esser, Schuldrecht Ⅱ, 490).

(有責性) 내지 加害行爲 자체에 대한 非難可能性(加害行爲의 違法性)에서 그 歸責根據를 찾을 수 있지만 이러한 사고손해는 이른바 허용된 위험으로부터 발생한 손해이기 때문에 有責性이나 違法性에서 그 歸責根據를 찾을 수가 없다.[12] 이에 대해서 종래 우리 나라의 통설은 일본의 통설의 영향을 받아 危險責任說, 報償責任說, 原因責任說, 具體的 公平說 등을 소개하면서 그 중 危險責任說과 報償責任說을 유력한 근거로 보는 것이 일반적 경향이었다.[13] 그런데 통설이 유력한 것으로 소개하는 危險責任說의 근거는 위험한 물건이나 시설의 관리자는 그러한 것으로부터 생긴 손해에 대하여 배상책임을 져야 한다는 것이고, 報償責任說의 근거는 이익을 얻는 과정에서 타인에게 손해를 주었다면 그 손해는 이익 중에서 배상하게 하는 것이 공평하다는 것이다. 그러나 여기서 말하는 無過失責任은 위에서 보았듯이 그 자체가 危險責任으로서의 無過失責任이다. 따라서 危險責任으로서의 특성을 무시하고 이 책임의 歸責根據를 논할 수는 없다. 그러한 점에서 報償責任說, 原因責任說, 具體的 公平說 등은 이 책임의 특성 자체를 제대로 밝혀주지 못하고 있다. 한편 통설이 소개하는 위의 危險責任說도 위험한 물건이나 시설의 관리자는 그러한 것으로부터 생긴 손해에 대하여 배상책임을 져야 한다고 하고 있으나 이러한 정도의 설명만으로는 왜 위험한 물건이나 시설의 소유자가 그러한 책임을 부담하여야 하는가를 밝혀주지 못한다. 그러나 이는 危險責任說 자체가 잘못된 때문이 아니라 危險責任說에 대한 소개가 충분치 못한 때문이다. 원래 危險責任說은 獨逸, 墺地利, 瑞西 등에서 근대사회에 등장한 각종 危險源을 운영하는 자들이 부담하는 無過失責任의 근거를 제시함으로써 이러한 책임이 단순히 過失責任에 대한 예외적인 책임이 아니고 독자적인 歸責根據를 가진 책임이라는 것을 밝힌 責任理論이다. 이 이론이 제시하는 危險責任으로서의 無過失責任의 歸責根據는 대체로 다음과 같다.[14]

12) 물론 위와 같은 危險源의 운영에 있어서도 危險源 운영자의 過失로 인하여 사고가 발생할 수도 있을 것이며, 그 경우 過失이 입증되면 가해행위의 違法性을 근거로 책임을 물을 수도 있을 것이다.

13) 郭潤直, 613-4; 金基善, 272-4; 金曾漢·安二濬(下), 741; 金顯泰, 354; 黃迪仁, 271 등 참조.

14) 危險責任論에 대해서는 Esser, Grundlagen und Entwicklung der Gefährdungshaftung, 2. Aufl., 1969; von Caemmerer(註 8), 239 이하; Kötz, Haftung für besondere Gefahr, AcP 170(1970), 1 이하; Koziol, Umfassende Gefährdungshaftung durch Analogie, Festschrift für Walter Wilburg, 1975, 173 이하; Oftinger, Schweizerisches Haftpflichtrecht Bd. I, 4. Aufl., 1975, 21 이하 등 참조.

즉 이러한 위험한 시설이나 위험한 활동의 운영은 그 자체 내에 완전지배 불가능한 손해발생의 추상적 위험을 내포하고 있으며 이를 운영하는 자는 처음부터 그러한 위험성을 알면서도 이를 운영하고 있는 것이다. 예상가능한 위험으로부터 법익을 보호하려는 법의 예방적 목적에 비추어 보면 이처럼 위험한 시설이나 활동은 전면적으로 금지되어야 하는 것이지만 사회적 유용성 때문에 허용되고 있는 것이다. 말하자면 국가는 사회생활상 필요불가결한 이러한 시설이나 활동에 수반되는 추상적인 위험을 허용된 위험(erlaubtes Risiko)으로서 인정하고 있는 것이다.[15] 그런데 이러한 활동은 사회적 유용성 때문에 허용되고 있지만, 이는 우선은 이러한 활동을 운영하는 자의 자발적 결정에 터잡고 있고, 일차적으로는 이러한 자의 이익과 목적을 추구하는 것이다. 그렇다면 이러한 시설이나 활동에 내재하고 있는 위험의 현실화로 인한 손해는 피해자보다는 危險源을 운영·관리하고 있고 이러한 危險源을 자신의 이익을 위하여 의식적으로 운영하는 자가 부담하는 것이 공평타당한 손해조정이 된다.[16]

이러한 점이 無過失責任의 이론적 근거로서는 가장 핵심적인 것이라고 할 수 있으나 無過失責任의 이론과 입법의 발전에는 다음과 같은 사상과 법정책적 관점도 작용하였다고 볼 수 있다.[17]

첫째, 過失責任이 터잡고 있던 19세기의 자유주의 사상의 쇠퇴와 더불어 사회적 법치국가의 에토스에 의하여 형성된 새로운 사상의 영향을 들 수 있다. 이 사회적 법치국가의 에토스는 종래의 시민법의 기본원칙을 부정하는 것은 아니나 개인의 인간다운 생활의 보장을 위하여 필요한 한도에서는 근대시민법의 기본원칙에 대한 제한도 있어야 한다는 사상을 낳았는데 無過失責任도 이러한 사상의 발전과 그 궤를 같이하는 것이다. 즉 법질서가 사고를 발생하지 않도록 한다든지 사고로 부상당한 피해자를 다시 건강하게 하지는 못한다 하더라도 無過失의 사고로 인한 손해라고 하여 피해자 스스로 이를 부담하도록 한다는 것은 사회국가의 법의식에 비추어 의심스럽다는 것이다.[18] 이러한 관점은 특히 勞動災害에 대한 無過失責任의 인정과 관련하여 크게 작용하였다고 볼 수 있다.

---

15) Enneccerus Nipperdey, Lehrbuch des Bürgerlichen Rechts Bd. I, Allgemeiner Teil des Bürgerlichen Rechts 2. Halbband, 1960, 1341; Bauer, Erweiterung der Gefährdungshaftung durch Gesetzesanalogie, Festschrift für Kurt Ballerstedt, 1975, 315.

16) von Caemmerer(註 8), 249; Esser(註 14), 92 이하; Bauer(註 15), 318.

17) von Caemmerer(註 8), 250.

18) Kötz(註 14), 5.

둘째, 피해자에 의한 過失立證의 곤란을 들 수 있다. 즉 危險源의 운영중의 사고 가운데는 危險源을 운영하는 자의 過失에 기인한 사고도 없지 않겠지만 危險源이 危險源을 운영하는 자의 배타적인 통제와 조직하에 놓여 있어서 피해자는 사고의 경위나 전후관계를 파악하기도 어려울 뿐 아니라 이를 확인할 전문적 지식이나 기술도 없는 것이 일반적이다. 따라서 이러한 경우 피해자가 가해자의 過失을 입증해야만 피해구제를 받을 수 있는 過失責任의 原則에 의해서는 피해자의 구제는 극히 어렵거나 불가능하게 된다. 이러한 난점은 입증책임이 전환된 경우에도 반증을 위해서는 마찬가지이다.

셋째, 危險源의 운영중의 사고로 인한 손실은 책임보험에 가입함으로써 훨씬 적은 경비로써 위험을 분산시킬 수 있는 기업측이 부담하는 것이 피해자가 부담하는 것보다 타당한 손해조정방법이 된다는 점이다. 그리고 보험에 가입함으로써 지출되는 비용, 즉 보험료는 다시 상품이나 시설의 대금, 요금 등의 형식으로 소비자 또는 이용자에게 분산시킬 수 있는 것이다. 이처럼 책임보험가입에 의한 기업위험분산의 가능성도 無過失責任의 인정에 영향을 미쳤다고 할 수 있다.[19]

Ⅳ. 無過失責任의 인정방법

無過失責任은 종래 일반적으로 개별적인 특별법이나 특별규정에 의하여 인정되어 왔다. 그러면 개별적인 특별법이나 특별규정에 의하여 규율되어 있지 않은 危險源인 한, 無過失責任이 인정되고 있는 危險源에 못지않은 높은 정도의 추상적 위험을 내포하고 있는 危險源이라고 하더라도 이에 대해서는 無過失責任은 인정될 수 없고 過失責任의 원칙만이 적용되어야 하는가? 만약 無過失責任은 입법에 의해서만, 그것도 개별적인 특별법이나 특별규정에 의해서만 인정되어야 한다면 그렇다고 하여야 할 것이다. 그러나 그렇게 되면 같은 정도의 위험성을 내포하고 있는 危險源임에도 불구하고 어떤 危險源에 대해서는 無過失責任을, 어떤 危險源에 대해서는 過失責任을 인정하게 될 것이고, 이는 결국 對象은 유사함에도 불구하고 법률상의 취급은 달리하는 부당한

19) 이는 특히 미국에 있어서 엄격책임(strict liability)의 인정근거와 관련하여 많이 논의되었다. Prosser & Keeton, The Law of Torts, 5th ed., 537 참조.

처사로 될 것이다. 여기에 無過失責任을 인정하는 것이 타당하다고 판단되는 危險源에 대하여 개별적인 立法의 방법 이외에 無過失責任을 인정할 수 있는 또 다른 방법이 없는가 하는 의문이 생긴다. 아래에서는 이러한 의문에 답하기 위해서 無過失責任을 인정하는 방법에 대하여 살펴보기로 한다.

無過失責任의 인정방법으로는 두 가지 방법을 생각할 수 있다. 하나는 立法에 의하여 인정하는 방법이고 다른 하나는 법률규정의 類推適用에 의하여 인정하는 방법이다.

1. 立法에 의한 방법

無過失責任은 일반적으로 개별적인 특별법의 입법을 통하여 인정되어 왔다. 이 점은 앞에서 보았듯이 우리 나라에 있어서도 마찬가지이다. 이 방법은 無過失責任의 발생요건 및 책임의 배제 내지 제한의 요건을 명백히함으로써 危險源의 운영자에게 無過失責任의 부담에 대한 예측가능성을 확보해 줄 수 있는 장점을 가지고 있다. 그러나 이 방법은 모든 危險源에 대하여 각각 개별적으로 법률을 마련하여야 하므로 위험성의 정도가 비슷한데도 불구하고 어떤 경우에는 입법적 대비를 하고 어떤 경우에는 입법적 대비가 결여될 수 있는 단점을 가지고 있다. 그리고 입법은 일반적으로 과학기술의 발전에 뒤지게 마련이므로 입법의 공백기가 생기게 되는 단점도 가지고 있다.

개별적 특별법에 의한 방법이 가지고 있는 이러한 단점을 제거할 수 있는 방법으로서는 특별법으로든 민법전에든 無過失責任의 요건에 대한 一般條項을 마련하는 방법이다. 이 방법은 독일, 오지리, 일본 등의 일부학자에 의하여 제시되어 왔는데[20] 독일의 Kötz는 다음과 같은 一般條項을 독일민법전 중에(제835조로서) 둘 것을 제안하고 있다.[21]

"그 운영에 특수한 위험이 결부된 시설의 소유자는 그 위험이 현실화되어 사람의 생명·신체·건강을 해쳤거나 물건을 훼손한 경우에는 그로 인하여 발생한 손해를 배상하여야 한다. 특수한 위험이 내재한 물건이나 물질의 점유자에게도 이와 마찬가지의 책임이 있다. 그 손해가 불가항력으로 인하여 생긴 경우에는 손해배상의무가 배제된다."

그리고 최근에는 우리 나라의 학자 중에도 無過失責任에 관하여 일반조항

20) Koziol(註 14), 174; Kötz(註 14), 41; Deutsch(註 6), 3; 五十嵐(註 4), 306 등 참조.
21) Kötz(註 14), 41.

을 마련하자는 제안을 하는 분이 있다. 즉, 金亨培 교수는 한국민사법학회 민법개정안연구소위원회에서 공표한 不法行爲法 개정안 의견서에서 민법전에 危險責任에 관한 다음과 같은 일반조항을 삽입할 것을 제안하고 있다.[22]

"특별한 위험이 내재하는 시설이나 물건의 보유자는 그 시설이나 물건의 위험성으로 인하여 발생된 손해를 배상하여야 한다. 그러나 손해가 피해자의 故意나 중대한 過失 또는 不可抗力에 의하여 발생한 경우에는 그러하지 아니하다."

그런데 無過失責任을 일반조항에 의하여 인정하는 방법은 개별적 특별법에 의존하는 경우에 생길 수 있는 위와 같은 폐단은 피할 수 있지만, 어떤 危險源의 운영이 이 일반조항에 포섭될 수 있을는지가 전적으로 법관의 판단에 맡겨지게 되므로 無過失責任에 대한 예측가능성이 확보될 수가 없다는 문제가 생긴다. 이러한 문제점을 해결하면서도 과학기술의 발전 및 사회사정의 변화에 적절히 대처해 나갈 수 있는 방법으로서는 민법전에든 특별법으로든 危險責任의 성립에 관한 一般條項을 두고 일반조항에 포섭될 危險源들을 시행령에 의하여 과학기술의 발달정도 등의 사정을 고려하면서 보충하거나 삭제하는 방법을 생각해 볼 수 있다.[23]

2. 法律의 類推適用에 의하여 인정하는 방법

입법에 의하여 無過失責任을 인정하는 방법은 개별적인 특별법에 의하든 일반조항의 설정에 의하든 그것이 근본적인 해결방법이긴 하지만 입법자의 도움이 없이는 불가능한 방법이다. 그러면 해석론적으로 가능한 방법은 없는가? 이러한 방법으로서 종래 통설은 民 §758의 工作物所有者의 책임에 관한 규정을 확대·적용하는 방법을 주장하고 있다.[24] 그러나 앞에서 언급한 바와 같이 이 규정상의 공작물 소유자의 책임은 공작물의 설치·보존의 瑕疵를 전제로 하는 책임으로서 이를 완전한 無過失責任이라고 보기가 어렵다. 그리고 이 규정이 공작물의 설치·보존의 瑕疵를 전제로 하여 공작물 소유자의 책임을 인

22) 金亨培, 不法行爲法 改正案 意見書: "危險責任", 民事法學 제15호 1997, 179.
23) 1967년의 서독의 "損害賠償法規의 改正 및 補充을 위한 法律의 參事官草案"(Referentenentwurf eines Gesetzes zur Änderung und Ergänzung Schadensersatzrechtlicher Vorschriften)은 帝國責任法(Reichhaftpflichtgesetz)의 개정과 관련하여 본법에는 위험성의 종류와 성질을 구체적으로 명시하되 시행령으로 위험성을 가진 물질의 목록을 작성하여 그러한 위험물질을 보충 또는 삭제할 수 있도록 하는 방안을 제시한 바 있다 (Referentenentwurf I, 9-15).
24) 郭潤直, 690; 金曾漢·安二濬(下) 812; 金顯泰, 391; 李銀榮, 642 등 참조.

정한다는 것은, 이 규정이 일반적으로 그 설치·보존에 瑕疵가 있어야만 사고손해가 발생하는 공작물을 예정하고 있다는 것을 의미하기도 한다. 이는 이 규정이 사고발생의 위험성이 그렇게 심각한 공작물을 예정하고 있지는 않다는 것을 의미하는 것이다. 그런데 無過失責任이 인정되어야 하는 경우들은 모두 危險源의 설치·보존에 瑕疵가 있어야만 사고손해가 발생할 정도로 위험성이 적은 경우들이라고만 할 수가 없다. 따라서 이 규정은 확대적용된다 하더라도 확대적용의 범위는 사고가 주로 그 危險源의 설치나 보존에 瑕疵가 있어야만 발생하는 경우, 즉 건물, 광고탑, 교량, 저수지, 제방, 수영장 등 비교적 사고발생의 위험성이 적은 공작물의 경우에 한정되어야 할 것이다.

그러면 그 밖에 사고발생의 위험성이 보다 큰 危險源의 운영의 경우에 無過失責任을 인정할 수 있는 해석론적 방법은 어떠한 것인가? 이러한 방법으로서는 일정한 危險源의 운영에 無過失責任을 인정하고 있는 특별법의 규정을 비슷한 위험이 수반되어 있는 다른 危險源의 운영에 類推適用하는 방법을 생각해 볼 수 있다. 그러나 판례는 無過失責任을 직접 인정하는 법률규정이 없는 한 위험성이 큰 危險源의 운영에 부수하는 사고에 있어서도 注意義務의 가중이나 過失의 추정, 면책입증의 불인정 등의 방법에 의하여 過失責任을 인정할 뿐, 이러한 특별법의 類推適用에 의하여 無過失責任을 정면으로 인정하지는 않고 있다.[25] 확실히 특별법의 類推適用에 의하여 無過失責任을 인정하게 되면 입법의 불비는 보충되겠지만 일반조항의 설정에 의하여 無過失責任을 인정하는 경우에 있어서와 마찬가지로 無過失責任에 대한 예측가능성·계산가능성이 확보되지 못할 우려가 있다. 물론 이러한 방법에 의한 無過失責任의 인정은 매우 신중하게 그리고 엄격하게 행하여져야 할 것이고 그렇지 않게 되면 法的 安定性이 유지될 수 없을 것이다. 그러나 종래의 판례가 無過失責任을 정면으로 인정하지는 않았지만 過失責任을 인정함에 있어서 危險源 운영자의 注意義務를 고도로 가중한다든지 過失을 추정한다든지 하여 면책을 거의 인정하지 않음으로써 危險源 운영자에게 사실상 無過失責任을 인정한 경우, 즉 過失責任의 이름으로 無過失責任을 인정하는 경우가 없지 않았다.[26] 생각건대 그러한 경우에는 유사한 危險源을 규정하고 있는 특별법 규정을 類推適用하여 無過失責任, 또는 無過失責任에 가까운 책임을 정면으로 인정하는 것이, 過失

25) 이에 대해서는 徐光民, 不法行爲의 歸責構造 硏究(강원대학교 출판부) 1988, 171 이하 참조.

26) 徐光民(註 25), 171 이하 참조.

責任을 인정하기 위하여 그 분야에 종사하는 평균인에게 필요한 정도 이상으로 注意義務를 가중함으로써 過失이 없는 것을 過失이 있다고 하는 것보다 무리도 적고 설득력도 더 있을 것이다.

다만 이처럼 특별법의 규정을 類推適用함으로써 無過失責任을 인정하는 경우에 제기되는 한 가지 의문은 이와 같은 특별법 규정의 類推適用이 "예외규정은 확대적용할 수 없다(singularia non sunt extenda)"는 원칙에 위배되지 않는가 하는 점이다. 이러한 의문이 제기되는 이유는 無過失責任을 인정하고 있는 특별법의 규정들은 過失責任의 원칙을 정하고 있는 民 §750에 대한 例外規定이라고 볼 수도 있기 때문이다.[27] 그러면 危險責任으로서의 無過失責任을 인정하고 있는 특별법의 규정들은 民 §750에 대한 例外規定에 불과한 규정인가? 민법이 §750에서 不法行爲責任에 대하여 過失責任主義를 취하고 있는 데 반하여 위의 특별법 규정들은 그렇지 않다는 점만을 생각한다면 그렇게 볼 수도 있다. 그러나 危險責任으로서의 無過失責任도 앞에서 보았듯이 독자적인 歸責根據와 고유한 적용영역을 가진 責任原則인 것이고 단순히 過失責任에 대한 예외적인 책임만은 아니라는 점을 유의할 필요가 있다. 즉 危險責任으로서의 無過失責任은 過失責任主義를 취하고 있는 民法이 예정하지 못한 새로운 영역 내지 대상에 대하여 인정되는 책임으로서, 過失責任에 대한 예외적인 책임이라기보다는 過失責任과는 歸責根據와 적용영역을 달리하며 過失責任과는 다른 공통적인 속성과 요소들을 가진 또 하나의 責任原則인 것이다.[28] 따라서 일정한 危險源의 운영자에게 無過失責任을 인정하는 어떠한 특별법 규정이 있다면 그러한 규정은 그러한 특수한 경우에 한정된 규정이라기보다는 독자적인 근거와 고유한 적용영역을 가진 無過失責任이라는 責任原則의 한 표현으로 볼 수 있는 것이다.[29] 그렇게 되면 無過失責任을 예외적인 責任原則으로 보고 無過失責任規定을 예외규정으로 보는 경우에 제기될는지도 모르는 위와 같은 의문은 문제되지 않을 것이다.[30]

[徐 光 民]

27) 독일의 판례는 이러한 점을 이유로 危險責任을 인정하는 특별법규정의 유추적용을 거부하여 왔다(Kötz, Deliktsrecht, 4. Aufl., 1988, 135). 그러나 이와는 달리 墺地利 판례는 위험책임규정의 유추적용을 인정하여 왔다(Koziol(註 14), 174).
28) Bauer(註 14), 312.
29) Koziol(註 14), 179.
30) 同旨: Bauer(註 14) 318.

前論 Ⅶ: 不法行爲責任과 다른 責任의 關係

차 례

Ⅰ. 序 論
Ⅱ. 學說의 變遷
1. 法條競合說
2. 請求權競合說
3. 新實體法說
4. 結 論
Ⅲ. 判例에 대한 考察
1. 法條競合에 관한 判例
2. 請求權競合에 관한 判例
Ⅳ. 結 論

Ⅰ. 序 論

동일하거나 거의 일치하는 生活事實關係가 여러 개의 다른 規範들의 法律要件을 충족시키는 경우가 있다. 이 때 어느 한 規範만 그 事實關係에 적용되는지 아니면 모든 규범이 적용되는지가 우선 문제되고, 모든 規範이 적용되는 경우에 請求權이 여러 개 성립하는지, 또는 1개만 성립하는지가 문제된다.

어느 한 規範이 다른 規範을 배척하는 경우, 특히 전자가 후자의 特別規定이거나 전자가 특별한 목적을 갖고 있는 경우에는 이 배타적으로 적용되는 規範에 기한 請求權만이 성립하는데, 이를 法條競合(Gesetzeskonkurrenz)이라고 한다.

그리고 모든 規範이 적용되는 경우에는 각 規範이 정한 요건에 의하여 각기 별개의 독립된 請求權이 성립하고 이들은 병존적으로 존재하며 그 효과도 별개가 되는데, 이를 請求權競合(Anspruchskonkurrenz)이라고 한다. 그러나 근사에 모든 규범이 적용되면서 1개의 請求權만 성립하는 것이 가능하다는 견해가 새로이 대두되고 있는데, 이러한 입장에서는 이 경우를 請求規範의 競合(Anspruchsnormenkonkurrenz)이라고 한다.

하나의 生活事實關係에 적용될 가능성이 있는 여러 개의 規範들이 배타적인 관계인지 병존적인 관계인지가 불분명한 경우가 많아 어떤 경우에 法條競合이 되고, 어떤 경우에 請求權競合이 되는지에 관하여 각국의 학설, 판례에서 다툼이 있었다. 그 규범들이 병존적인 관계인 때에 관하여 종래에는 請求權競合說이 통설이었으나, 독일의 소송법학계에서 통설이 되다시피한 이른바 新訴訟物理論의 영향으로 실체법에 있어서 新實體法說이 등장하여 논쟁이 진행되고 있다.

Ⅱ. 學說의 變遷

1. 法條競合說

(1) 法條競合의 槪念

본래 法條競合이라는 개념은 刑法에서 생성되어 私法의 이론에 도입된 것이다. 刑法에서는 이 개념이 완전히 정착되어 刑法學의 기초가 되었지만, 民事法에 있어서는 완전한 개념 정립에 성공하지 못했고, 교과서나 주석서들도 法條競合論에는 별 관심을 두지 않았으며, 判例도 별로 기여한 바가 없는 실정이다.[1]

일반적으로 法條競合이라고 하면 하나의 生活現象이 여러 개의 法條文의 요건에 해당하는 것을 말한다. 그리하여 Hellwig는 여러 개의 법조문에 의하여 내용이 특정될 수 있는 하나의 請求權을 발생시키는 하나의 法律要件이 존재하는 경우에는 請求權競合이 아니고 法條競合이 된다고 보았다.[2] 그러나 Dietz는 그 개념을 더 좁게 파악하여, Hellwig식의 法條競合은 규범의 충돌에 지나지 않는다고 하고, 그 여러 개의 규범들 사이에 적용순위가 정해질 때, 즉 한 규범이 다른 규범의 적용을 배제하는 경우에만 法條競合이 된다고 하였다. 그리고 法條競合이 성립하면 처음부터 하나의 法條文만이 적용되고, 法律效果도 그 조문만에 의하여 발생하며, 권리자에게 후순위의 청구권은 아예 성립하지 않는다고 하였다.[3] 그러면서 법조경합은 여러 규범이 特別法과 一般法의 관계에 있거나,[4] 補充的 關係에 있는 경우에 인정된다고 보았다.[5]

(2) 法條競合說의 內容

法條競合說과 請求權競合說은 주로 契約不履行責任과 不法行爲責任이 경

1) Georgiades, Die Anspruchskonkurrenz im Zivilrecht und Zivilprozeßrecht, München 1968, S. 69.
2) Hellwig, Anspruch und Klagrecht, Leipzig 1924, S. 106.
3) Dietz, Anspruchskonkurrenz bei Vertragsverletzung und Delikt, Köln/Bonn 1934, S. 10, 16 ff.
4) Dietz, Anspruchskonkurrenz, S. 21 ff., 31 ff.; ders., Das Problem der Konkurrenz von Schadensersatzansprüchen bei Vertragsverletzung und Delikt, in: Dölle(hrgb), Deutsche Landesreferat zum VI. Internationalen Kongreß für Rechtsvergleichung in Hamburg 1962, Berlin/Tübingen 1962, S. 185 ff.; Enneccerus-Nipperdey, Allgemeiner Teil des Bürgerlichen Rechts, 15. Aufl., Tübingen 1960, S. 1391.
5) Dietz, Anspruchskonkurrenz, S. 40 ff., 50 ff.; ders., Landesreferat, S. 188 ff. 그는 그 예로 所有者-占有者 관계에 관한 규정을 不法行爲法의 규정들보다 우위에 두는 §992 BGB를 든다(Landesreferat, S. 188, N. 23).

합하는 경우에 그것이 法條競合이 되는가 아니면 請求權競合이 되는가 하는 문제를 둘러싸고 다투어 왔다.

法條競合說에 의하면 契約法規範은 不法行爲法規範의 특별규정이므로 이 들 규범이 경합해도 청구권이 두 개인 것이 아니라 두 法規範이 경합할 뿐, 請求權은 특별규정인 契約法에 기하여 하나만 성립한다고 한다. 그 실정법적 인 근거로 Hellwig는 雇傭契約에 관하여 사용자가 노무자의 생명과 건강을 배려할 의무를 이행하지 않을 때는 使用者의 損害賠償責任에는 불법행위에 관한 규정인 §842~846 BGB가 준용된다고 규정한 §618 Ⅲ BGB를 들고 있다. 즉 만일에 請求權競合이 된다면 이런 조문은 필요가 없었을 것이므로 결국 이 규정은 損害賠償請求權은 원칙적으로 契約으로부터만 생긴다는 것을 뜻한다는 것이다.[6]

(3) **法條競合說에 대한 批判**

이 견해는 하나의 生活事實關係를 놓고 법규범이 경합하는 경우에 생기는 여러 가지 어려움을 해결하기 위하여 극단적인 방법을 취한 것으로, 문제의 해결이 명쾌하다는 장점은 있다. 그러나 불법행위책임에 의하는 것보다 계약책임에 의하는 것이 피해자에게는 불리하여 타당치 못한 결과를 낳는 경우가 많다는 비판을 받는다. 예를 들면, 使用貸借에서 借主가 고의로 그 물건을 파괴했을 때 借主가 불법행위책임은 지지 않고 오로지 사용대차계약의 특수한 원칙에 의해서만 책임을 진다는 것은 납득하기 어렵고, 특히 신체상해가 있은 경우 §842 ff. BGB에 의한 불법행위책임이 때에 따라서는 계약책임보다 더 범위가 넓기 때문에 피해자에게는 후자에 의하는 것이 불이익이 되는 경우가 많다는 것이다.[7]

그리고 이 견해는 어떤 규범의 결합이든 이를 꺼리고 막으려 하는 태도로, 로마법의 actio적 사고방식에 젖어 있다는 비난도 받는다.[8]

뿐만 아니라 Hellwig가 든 실정법적 근거인 §618 Ⅲ BGB는 단지 계약책임에 있어서의 배상범위를 정하는 것이며, 만일 이 규정이 없으면 오로지 §249 ff. BGB에 의해서만 契約에 기한 손해배상의 규범을 정하게 된다는 의미

6) Hellwig, Anspruch, S. 98 ff.; ders., Lehrbuch des deutschen Civilprozeßrechts, Bd. I, Leipzig 1903, S. 267 ff.

7) Georgiades, Anspruchskonkurrenz, S. 84 f.

8) Georgiades, Anspruchskonkurrenz, S. 85.

가 있을 뿐이라고 한다.[9)]

이러한 결함 때문에 이 견해는 거의 주장하는 이가 없게 되었고, 특히 Reich법원이 1916. 10. 13.의 판결로[10)] 契約法과 不法行爲法은 원칙적으로 병렬적으로 적용되며, 따라서 두 개의 請求權이 성립한다고 판시하여 請求權競合說을 취한 뒤부터는 완전히 압도당하고 말았다.[11)]

2. 請求權競合說

(1) 內容과 根據

請求權競合說에 의하면, 하나의 事實關係가 여러 개의 法條의 法律要件에 해당할 때 그 각 法條의 수만큼 請求權이 발생한다.

그 근거로는 첫째로 法的 因果性을 든다. 즉, 請求權이 발생하기 위한 法律要件이 충족되면 그 法律效果로서 請求權이 성립하는데, 이러한 要件과 效果 사이의 관계를 法的 因果關係라고 할 수 있고, 이는 자연과학에 있어서의 因果關係와 조금도 다를 것이 없다. 따라서 法秩序가 法律要件으로서의 하나의 事實이나 事實群을 어떤 한 法律效果와 연결지었으면 이 연결은 자연과학상의 것처럼 필연적이어서 단절되지 않는다고 한다. 그러므로 한 生活事實關係가 實體法上 여러 개의 추상적인 法律要件에 해당하면 필연적으로 여러 개의 法律效果, 즉 이 경우는 여러 개의 請求權이 성립한다는 것이다.[12)]

둘째 근거는, 이 경우 請求規範들 사이에는 선·후의 순위가 없다는 것이다. 통설에 의하면 경합하는 規範들은 각기 다른 것을 규율하고자 하는 것이고 法律效果도 전혀 다른 출발점에서 나온 것이므로, 그들 사이에는 어느 한 규정이 다른 규정의 特別法이라든가 補充規定이라는 관계가 성립하지 않고, 서로 대등한 관계에 있다고 한다. 그렇기 때문에 각 規範이 독립적으로 請求權을 발생시키고 서로 아무런 영향을 미치지 않는다고 본다.[13)]

셋째로는 각 規範이 서로 다른 임무를 갖고 있다는 것을 근거로 한다. 특히 契約에 기한 請求權과 不法行爲에 의한 請求權은 각기 다른 法的 義務의

9) Georgiades, Anspruchskonkurrenz, S. 84. Hellwig도 뒤에 이 점을 인정하여 자신의 입장을 약간 완화하였다(System des deutschen Zivilprozeßrechts, Bd. I, Leipzig 1912, S. 325).

10) RGZ 88, 433.

11) Enneccerus-Lehmann, Recht der Schuldverhältnisse, 15. Bearb. Tübingen 1958, S. 935.

12) Caga, Konkurrenz deliktischer und vertraglicher Ersatzansprüche, Aarau 1939, S. 123 ff., zit. Georgiades, Anspruchskonkurrenz, S. 98 f.

13) Dietz, Anspruchskonkurrenz, S. 106, 125, 183; ders., Landesreferat, S. 190; BGHZ 9, 301; 24, 188(191); 32, 194(203).

위배로부터 생긴 것으로, 不法行爲法이 타인에게 損害를 끼쳐서는 안 된다는 일반적인 法的 義務를 위반한 자에게 損害賠償義務를 지게 한 것임에 반하여, 契約法은 當事者의 意思의 합치에 기하여 法的 義務가 성립하였음에도 불구하고 이 義務를 이행하지 않았을 때 損害賠償義務를 부담하게 한 것이므로, 이 두 請求權은 서로 영향을 미치지 않고 나란히 성립한다고 주장한다.[14)]

넷째 근거로는 立法者의 意思를 든다. 法에 의하여 한 가지 목적을 위하여 여러 가지 수단이 인정되었다는 것은 그런 權利를 가진 자의 입장을 강화하고 그를 보호하는 방법을 배가하고자 하는 의도가 法에 내재되어 있음을 뜻한다는 것이다.[15)]

(2) 請求權競合의 成立要件

請求權의 競合이 성립하려면, ① 當事者가 같을 것, ② 각 請求權이 같은 결과를 추구할 것, ③ 각 請求權이 성립 근거가 다를 것 등의 요건이 갖추어져야 한다고 일반적으로 보고 있다. 여기서 當事者의 동일은 별 문제가 없으나, 다른 두 要件의 해석에 관하여 견해가 반드시 일치하고 있지는 않다.

㈎ 同一한 結果의 追求　　여기서 말하는 동일한 結果가 무엇을 의미하느냐에 관하여, 초기에는 동일한 經濟的 目的이라고 보는 견해와,[16)] 같은 法律上의 利益이라고 하는 견해,[17)] 그리고 같은 目標와 利益이라고 하는 견해[18)] 등이 대립하고 있었으나, 이들은 모두 한계를 분명히 그을 수 없어서 적당한 기준이 되지 못한다고 비판받았다.[19)] 그리하여 Dernburg, v. Tuhr, Last 등에 의하여 오로지 給付(Leistung)만이 그 기준이 되며, 給付가 동일하면 이 要件이 갖추어지는 것으로 보자는 견해가 확립되었다.[20)]

㈏ 請求權의 成立根據가 다를 것　　만일 성립근거가 하나이면 請求權도 하나이고, 성립근거가 여럿이면 請求權도 여럿이 된다고 보았다. 그런데

14) Dietz, Anspruchskonkurrenz, S. 12 ff., 73 ff.; ders., Landesreferat, S. 189 f.; BGHZ 9, 302; 24, 191; Caga, Konkurrenz, S. 170, zit. Georgiades, Anspruchskonkurrenz, S. 105.
15) Vgl. Georgiades, Anspruchskonkurrenz, S. 107.
16) Rosenberg, Die Veränderung des rechtlichen Gesichtspunkts im Zivilprozesse, ZZP 49, 45 f.
17) Hellwig, Anspruch, S. 105.
18) Enneccerus-Lehmann, Schuldverhältnisse, S. 934; Enneccerus-Nipperdey, Allgemeiner Teil, S. 139 f.
19) Vgl. Georgiades, Anspruchskonkurrenz, S. 65.
20) Dernburg, Pandekten, Bd. I, 7. Aufl., Berlin 1902, S. 314; v. Tuhr, Der Allgemeine Teil des Deutschen Bürgerlichen Rechts, Bd. I, Leipzig 1910, S. 269 ff.; Last, Anspruchskonkurrenz und Gesamtschuldverhältnisse, Breslau 1908, S. 8 ff., zit. Georgiades, Anspruchskonkurrenz, S. 67.

이 成立根據의 의미에 관하여, 처음에는 이를 具體的 事件과 法律關係라고 파악하였으나,[21] 뒤에 Dietz가 이는 事實上의 요소와 法律上의 요소를 혼합한 것이어서 타당치 않다고 비판하고, 請求權의 성립근거는 오로지 權利·法律關係만이라고 주장하여,[22] 이 요건을 순수화하였다.

결국 통설에 의하면 請求權競合이란 동일한 權利者의, 동일한 義務者에 대한, 동일한 給付를 목적으로 하는, 여러 개의 權利·法律關係에 기한 여러 개의 請求權이 성립하는 것으로, 그 중 하나가 만족을 얻으면 모두 소멸하는 것을 뜻하게 된다.[23]

(3) 競合된 請求權의 法的 取扱

請求權이 경합하는 경우에 이것이 법적으로 어떻게 다루어지는가 하는 문제에 관하여, 과거의 통설은 原告가 자신의 선택에 좇아 競合하는 여러 개의 請求權 중 어느 하나를 주장할 수 있고, 일단 한 請求權을 선택하였으면 그로부터 생기는 利點을 누릴 수 있을 뿐만 아니라 거기에서 오는 不利益도 감수해야 한다고 하였고, 이를 로마법에 비추어 選擇的 競合(elektive Konkurrenz)이라고 불렀다.[24]

그러나 이러한 설명만으로는 나머지 競合하는 請求權의 법률적 운명이 어떻게 되는지가 명확하지 않았는데, 이를 해결한 것이 Dietz였다. 그는 競合하는 여러 개의 請求權은 서로 독립적으로 주장될 수 있고, 한 請求權을 주장해도 이것이 다른 請求權에는 아무 영향이 없으며, 양자는 실질적으로 倂存한다고 하였으며,[25] 양 請求權 중 하나만 포기하거나 양도할 수 있고, 한 請求權이 만족을 얻는다고 다른 모든 請求權들이 만족을 얻게 되는 것이 아니라 다만 그 請求權들이 성립하기 위해서 존재해야 하는 法律要件事實, 예컨대 損害가 없어지는 것이라고 설명하였다.[26]

그러므로, 契約責任과 不法行爲責任이 경합하는 경우에도 그 둘 사이에는 순위가 없고 債務者는 각기 다른 法的 義務를 부담하기 때문에 請求權競合이 성립한다고 한다. 그 두 義務 중 不法行爲責任은 일반적 의무이고, 契約責任은

21) Hellwig, Anspruch, S. 92; ders., Lehrbuch I, S. 263.
22) Dietz, Anspruchskonkurrenz, S. 109.
23) Vgl. Georgiades, Anspruchskonkurrenz, S. 68.
24) 예컨대, Langheinecken, Anspruch und Einrede, Leipzig 1903, S. 140; Heck, Grundriß des Schuldrechts, Tübingen 1929, §147 10.
25) Dietz, Anspruchskonkurrenz, S. 127, 169 ff.; ders., Landesreferat, S. 181 ff.
26) Dietz, Anspruchskonkurrenz, S. 139 f., 164; ders., Landesreferat, S. 205.

契約當事者 사이에만 발생하는 특별한 의무이지만, 그러나 여기에 一般法과 特別法의 원칙이나 적용순위의 선후 따위는 없는 것으로 보았다.

(4) **請求權競合論의 展開**

위에서 본 바와 같이 請求權競合論은 Dietz의 노력으로 이론적인 어려움을 극복하고 통설의 지위에 서게 되었는데, 그렇다고 모든 문제점들이 완전히 해결된 것은 아니었다. 競合하는 각 請求權을 철저히 독립되어 있는 것으로 파악하다 보니까 몇 가지 문제가 생겼다. 그 중 대표적인 것이, 한 請求權의 근거가 되는 法規定이나 當事者들의 意思表示로 한 當事者의 責任이 경감되는 경우에 이 責任輕減의 효과가 다른 請求權을 행사하는 경우에도 미치는가, 또 消滅時效期間이 서로 다른 請求權이 競合하는 때에 短期인 期間이 이미 도과했으면 아직 時效가 완성되지 않은 다른 請求權도 消滅하는가 하는 것이었다.

이 문제에 관하여 초기에는 각 請求權은 서로 독립적이고 무관하다는 원칙에 입각하여 責任輕減이나 短期 消滅時效가 다른 請求權의 운명에 아무 영향이 없다는 견해가 지배적이었다.[27] 우리나라에서는 아직도 이런 견해가 통설이지만,[28] 오늘날 독일에서는 競合하는 여러 개의 다른 請求權들이 영향을 받는다고 보는 것이 통설이다.[29] 따라서 예컨대 民法上의 請求權과 商法上의 請求權이 경합하는 경우에 商法上의 短期消滅時效期間이 완성되면 民法上의 請求權도 주장하지 못하고, 民法上 不法行爲가 성립해도 商法上 責任이 輕減되면 그 責任의 범위가 商法에서 정한 범위를 넘을 수 없다는 것이다.

(5) **請求權競合說에 대한 批判**

위에서 본 바와 같은 請求權競合說에 대하여는 주로 新實體法說의 입장에서 여러 가지 비판이 가해지고 있다.[30] 그러나 여기서는 개별적인 문제에 관한 것은 생략하고 請求權競合說이 안고 있는 근본적인 문제점을 언급하고자 한다.

㈎ 歷史的 觀點에서 본 問題點　　請求權競合論은 그 기원이 로마법

---

27) 예컨대, Lent, Die Gesetzeskonkurrenz im bürgerlichen Recht und Zivilprozeß, Bd. I, Leipzig 1912, S. 290 f.; 기타 문헌은 Dietz, Landesreferat, S. 197, N. 48 및 S. 202, N. 75 참조.

28) 이에 관하여는, 李銀榮, "契約責任과 不法行爲責任의 競合", 法曹 34권 12호, 40 참조.

29) Vgl. Arens, Zur Anspruchskonkurrenz bei mehreren Haftungsgründen, AcP 170, 396. 다만 Dietz만이 종래의 견해를 유지하고 있다.

30) 상세한 내용은 특히, Georgiades, Anspruchskonkurrenz, S. 81 ff. 참조. 우리나라에 있어서의 비판은, 李銀榮, "契約責任과 不法行爲責任의 競合", 法曹 35권 1호, 55 이하 참조.

에까지 거슬러 올라간다. 로마 고전시대의 方式書(formula)에 의한 訴訟에 있어서는 法務官(praetor)이 原告에게 미리 그가 지정한 法律的 觀點에 의한 訴權(actio)을 부여하고, 當事者 사이에서 爭點을 결정하도록 하고, 이 爭點에 기하여 裁判을 할 審判人(iudex)을 선정하도록 한다. 그리하여 審判人은 이미 결정된 actio에 기한 審判의 범위 안에서만 재판을 할 수 있었다. 그러나 후기로 내려오면서 方式書訴訟은 사라지게 되고, 따라서 actio는 審判人의 심판범위를 제한한다는 기능을 잃게 되었다. 비잔틴시대에 이르러서는 原告는 자기의 請求에 方式書에 기재했던 것과 같은 의미에서의 actio는 기재할 필요가 없고, 事實關係와 請求趣旨만 제출하면 충분하였으며, 그 請求의 근거가 될 수 있는 法規範은 묵시적으로 모두 주장한 것으로 보게 되었다. 물론 이 때에도 actio는 계속 사용된 경우가 많았는데 이는 다만 請求나 主張을 간단명료하게 표현한다는 의미밖에 없었다.[31)]

그러나 오늘날은 請求權이 그 근거가 되는 法規範에 의하여 개별화된다는 것이 통설인데, 이는 方式書訴訟 시대의 actio의 기능과 임무를 오늘날의 請求權에 옮겨 놓은 것에 지나지 않는다.[32)]

이와 같이 시대적 변천을 거슬러 올라간 현상이 생긴 원인은 다음과 같다. Justinianus황제 당시에 편찬된 Corpus Iuris Civilis에 있어서는 古典時代로의 복귀가 그 理想이었기 때문에 法典을 編纂하면서 이미 고전시대와는 그 내용이 많이 달라진 法制度에 관한 규정을 두면서 古典時代의 法律用語를 사용하였다. 거기에 歷史法學派의 고전주의적 경향까지 가세되었기 때문에 위에서 본 actio의 의미 변화를 제대로 평가하지 못하였다.[33)] 그리하여 actio가 請求權(Anspruch)으로 변신하는 과정에서 古典時代의 actio가 그 모델이 되었고, 결국 Windscheid에 의하여 actio는 바로 Anspruch를 표현하는 것이라고 하는[34)] 개념 정립이 이루어지게 되었다. 물론 Pandekten법학에 있어서도 Dernburg나 Merkel, Bekker처럼 普通法에 있어서의 請求權競合을 부인한 학자들도 적지

31) Levy, Die Konkurrenz der Aktionen und Personen im klassischen römischen Recht, Bd. Ⅱ, Berlin 1922, S. 17; Kaser, Der römische Zivilprozeßrecht, München 1966, S. 468 ff.; Hesselberger, Die Lehre vom Streitgegenstand, geschichtliche Entwicklung und gegenwärtiger Stand, Köln · Berlin · Bonn · München, 1970, S. 65.

32) Georgiades, Anspruchskonkurrenz, S. 110.

33) Kaufmann, Zur Geschichte des aktionenrechtlichen Denkens, JZ 1964, 484; Georgiades, Anspruchskonkurrenz, S. 111.

34) Windscheid, Die Actio des römischen Civilrechts, vom Standpunkte des heutigen Rechts, Düsseldorf 1856, S. 5.

않았지만,[35] 그 당시의 학계는 로마법상의 actio와 독일법상의 Anspruch의 차이를 제대로 파악할 만한 수준이 되지 못했기 때문에, 결국 대세는 이를 무시하고 請求權競合을 인정하는 방향으로 나아갔다.[36]

(나) 法律關係 當事者의 意思에 背馳 하나의 生活事實關係로부터 여러 개의 競合하는 請求權이 발생한다고 보는 것은 일반적인 상식과 어긋나고 法律關係의 當事者의 의사와는 동떨어진다고 비판받고 있다. 예를 들면, 商人이 두 개의 債權을 갖고 있고, 이들이 경합관계에 있는 경우에 항상 그 장부에 1개의 實體法上의 請求權이 있다고 기재하지, 2개의 請求權이 있다고 기재하는 것이 아니며, 타인의 契約不履行으로 손해를 입은 被害者는 그 손해를 배상받을 수 있는 단 1개의 請求權을 갖고 있다고 믿고 이를 실현시키기 위하여 노력하지, 그 請求權이 법적으로 어떻게 구성되느냐 하는 점에 관심을 갖는 것이 아니다.[37] 어떤 生活事實이 契約法과 不法行爲法의 法律要件을 동시에 충족시킨다는 것은 두 법영역이 모두 적용되고 損害賠償의 要件과 範圍가 두 法規範群으로부터 정해진다는 의미이지, 거기서 더 나아가 被害者에게 두 개의 독립된 請求權이 주어지고 이들을 분리해서 讓渡하고, 免除하거나, 主張할 수 있다는 결론이 필연적으로 나오지는 않는다는 것이다.[38]

3. 新實體法說

(1) 新實體法說 등장의 背景

독일의 Pandekten法學에 있어서는 actio를 '實體法上의 訴權'으로 파악하여, 訴權이란 실체법상의 권리 그 자체, 또는 거기에 내재하는 것으로, 그 권리의 한 屬性 내지는 發現形態에 지나지 않는다고 보았다.[39] 그 뒤 公法的 訴權說의 등장으로 訴權은 국가기관인 法院에 대한 권리, 즉 公權이므로 사법상의 권리와는 전혀 다른 것이라는 주장이 대두하였고,[40] 이러한 관점을 일부

35) Dernburg, Pandekten Bd. I, S. 87; Merkel, Über den Konkurs der Aktionen nach römischem Privatrecht, Halle 1877, S. 141, zit. Georgiades, Anspruchskonkurrenz, S. 111; Bekker, Die Aktionen, Bd. II, Berlin 1973, S. 8 ff.

36) Georgiades, Anspruchskonkurrenz, S. 111 f.

37) Georgiades, Anspruchskonkurrenz, S. 105.

38) Eichler, Die Konkurrenz der vertraglichen und deliktischen Haftung im deutschen Recht, AcP 162, 417.

39) Brinz, Lehrbuch des Pandekten, Bd. I, Erlangen 1873, S. 310 ff.; O. Wächter(hrsg), Pandekten von Carl Georg von Wächter, Bd. I, Leipzig 1880, § 98; Dernburg, Pandekten, Bd. I, S. 290 ff.

40) Degenkolb, Einlassungszwang und Urteilsnorm, Beiträge zur materiellen Theorie der

받아들여 Wach가 독일 民事訴訟法 草案의 理由書에서 주장된 確認請求權 개념을[41] 비판하면서 權利保護請求權說을 창도하기에 이르렀다.[42] 이 이론은 訴權이 한편으로는 법원에 대한 권리임을 인정하면서 다른 한편으로는 그 내용을 주시하여 私權의 保護를 청구하는 권리라고 파악하여, 뒤에 Hellwig에 의해 수립된 訴訟物 개념의 바탕이 되었다.

訴訟物, 즉 訴訟上 請求(prozessualer Anspruch)의 개념과 식별기준에 관하여 독일에서는[43] Hellwig와 Lent의 實體法說이 과거에 통설이어서, 실체법에 있어서 請求權競合이 성립하면 소송법상으로도 그 경합하는 수만큼의 訴訟物이 인정된다고 보았었다. 그러다가 Rosenberg가 訴訟法說을 주장하면서, 상황이 바뀌어 오늘날은 원고가 주장하는 契約不履行이나 不法行爲 등의 실체법적인 근거는 소송물을 결정하는 요소가 되지 못한다는 것이 통설, 판례가 되었다. 그리하여 예컨대 실체법상으로는 不法行爲와 契約不履行에 기하여 각기 독립된 損害賠償請求權이 성립하지만, 소송상으로는 손해배상을 구하는 하나의 請求, 즉 하나의 訴訟物이 성립하고 다만 그 法律的 觀點이 두 개일 뿐이라고 보게 되었다. 이로써 訴訟物 개념은 본래 생성기원이었던 실체법상의 청구권 개념과 완전히 訣別하고 말았다.

그러나 근자에 民事訴訟이 民事實體法과 완전히 동떨어진 것이 아니고 私權의 보호와 실현을 그 목적으로 하는 이상, 이처럼 두 분야에 있어서의 請求(權) 개념이 완전히 분리되는 것은 바람직하지 않으므로 이 두 개념을 다시 접근시켜야 한다는 주장이 대두되었다. 이것이 이른바 新實體法說이다.

(2) 新實體法說의 內容

신실체법설은 주장하는 학자에 따라 그 내용이 매우 다양하기 때문에 하나의 이론이라고 말하기가 어려운 형편이지만, 기본적으로는 소송법학계에 의하여 완전히 분리된 實體法上의 請求權과 訴訟上의 請求(訴訟物)의 개념을 다시 접근시켜 통일적으로 파악하되, 訴訟法說의 결론을 받아들여 종래의 實體法上

Klagen, insbesondere der Anerkennungsklagen, Leipzig 1877, S. 4.

41) Hahn-Stegemann, Die gesammten Materialien zur Civilprozeßordnung, 2. Aufl., Berlin 1881, S. 257.

42) Wach, Der Feststellungsanspruch, ein Beitrag zur Lehre vom Rechtsschutzanspruch, Sonderdruck aus der Festgabe der Leipziger Juristenfakultät für B. Windscheid zum 22. Dezember 1888, Leipzig 1889.

43) Vgl. Stein-Jonas-Schumann, Kommentar zur Zivilprozeßordnung, 20. Aufl., Bd. I, Tübingen 1984, Einl. V, Rdnr. 263 ff.; Rosenberg-Schwab-Gottwald, Zivilprozeßrecht, 15. Aufl., München 1993, S. 530 ff.

의 請求權 개념을 더 넓게 잡아, 예컨대 契約不履行으로 당사자에게 손해가 생겼을 때 그 사실이 不法行爲의 요건도 충족시키면 소송법상으로뿐만 아니라 실체법적으로도 하나의 損害賠償請求權만 발생하는 것으로 보자는 점에서는 공통된다.[44)]

新實體法說 중에서도 특히 請求權競合을 중심으로 다룬 학자가 Georgiades이므로 여기서 그의 이론을 간략히 보기로 한다.[45)]

Georgiades는 종래의 請求權 개념을 수정하여, 請求權이란 권리자의 要求可能性을 뜻하며, 일정한 義務者에 대하여 일정한 給付를 요구하고 필요한 경우에 이를 재판상 실현할 수 있는 권리자의 지위를 말하는 것으로 본다. 그리고 이러한 實體法上의 請求權을 식별할 수 있는 요소로 主體와 給付(Leistung)만을 들고 있다.[46)] 여기서 給付의 동일성을 확정하는 것은 특정물의 급부의 경우에는 給付의 對象과 內容이며, 代替物이나 金錢이 그 목적물인 경우에는 그 이외에 事實의 도움을 필요로 한다고 한다. 청구권의 개념을 이렇게 파악한 Georgiades는 종래 請求權競合이라고 인식되어 온 것을 세 가지로 구별하였다.

첫째, 여러 개의 請求規範이 동일한 給付를 대상으로 하고 있고, 한 規範이 다른 규범에 의하여 배척되는 관계에 있지 않을 때, 예컨대 契約違反과 不法行爲에 기해 손해배상을 청구하는 경우에, 종래에는 請求權競合이라고 보는 것이 일반적이었으나 Georgiades는 단지 이유가 여러 가지이며 수개의 請求規範에 입각한 하나의 請求權이라고 보고, 이를 請求規範의 競合(Anspruchsnormenkonkurrenz)이라고 하였다.[47)] 종래의 통설이 請求權의 競合이라고 보는 경우가 대부분 여기에 해당한다.

둘째, 여러 개의 請求規範에서 각기 독자적인 請求權이 발생한 것이기는 하지만 이 請求權들이 모두 동일한 경제적 이익의 만족에 이바지하는 것이기

44) Nikisch, Zur Lehre vom Streitgegenstand im Zivilprozeß, AcP 154, 269 ff.; Larenz, Lehrbuch des Schuldrechts, Besonderer Teil, 12. Aufl., München 1981, S. 687 ff.; Esser, Schuldrecht, Besonderer Teil, 4. Aufl., Heidelberg-Karlsruhe 1971, S. 458 ff.; Henckel, Parteilehre und Streitgegenstand im Zivilprozeß, Heidelberg 1961; Eichler, Die Konkurrenz der vertraglichen und deliktischen Haftung im deutschen Recht, AcP 162, 401 ff.; Georgiades, Anspruchskonkurrenz; Rimmelspacher, Materiellrechtlicher Anspruch und Streitgegenstandsprobleme im Zivilprozeß, Göttingen 1970; Hesselberger, Die Lehre vom Streitgegenstand.

45) 신실체법설에 관한 개관은 李時潤, "訴訟物理論에 관한 發展과 動向(二)", 서울大學校 法學 제12권 1호, 53 이하에 소개되어 있다.

46) Georgiades, Anspruchskonkurrenz, S. 157 ff.

47) Georgiades, Anspruchskonkurrenz, S. 164.

때문에 종국적으로는 그 중의 하나만이 履行되면 충분한 경우, 다시 말해서 일응 給付가 동일해도 法에 내재하는 목적에 비추어 실질적으로는 請求權에 차이가 있다고 하여야 할 경우를 請求權競合(Anspruchskonkurrenz)으로 본다. 이 경우에 해당하는 것으로 일정한 물건의 引渡請求를 物權的인 返還請求權(§985 BGB)과 債權的인 返還請求權(§556 BGB)에 기하여 하는 경우, 일정한 물건에 대한 占有의 返還을 §861 BGB와 §1007 BGB에 기하여 청구하는 경우 및 일정 금액의 지급청구를 어음채권과 원인관계채권에 기하여 청구하는 경우 등 세 가지를 들고 있다.[48]

셋째, 동일 給付를 목적으로 하는 것도 아니고 權利者의 동일한 경제적 이익의 만족을 달성하고자 하는 것도 아닌 것을 請求權의 倂合(Anspruchshäufung)이라고 하고, 이 경우에는 동일 당사자 사이에 독자적으로 서로 병존하는 수개의 請求權이 발생하여 그 중의 하나가 이행되었어도 다른 청구권의 존재에는 아무 영향이 없다고 한다.[49]

實體法上 規範衝突이 생기는 경우를 이와 같이 정리한 Georgiades는 訴訟物의 식별기준도 實體法上의 請求權에 있어서와 같으며, 請求規範 競合의 경우에는 소송물도 하나이며, 請求權競合의 경우에는 訴訟物도 복수라고 볼 것이라고 하였다.[50]

(3) 新實體法說에 대한 批判

위에서 본 新實體法說은 대단히 유력한 논거를 갖고 있고 Larenz 등 대가들이 이에 찬동하고 있으나 아직 소수설이며, 이에 대하여 다각적인 비판이 가해지고 있다. 여기서는 구체적, 개별적인 문제에 대한 批判에 관하여는 논급하지 않고, 근본적인 문제에 관한 批判만 소개하기로 한다.[51]

첫째, 實體法上의 請求權과 訴訟上의 請求는 그 임무가 다르다. 전자는 법원의 재판의 내용을 결정하는 기준이 됨에 반하여, 후자는 무엇에 관하여 법원이 審理하고 裁判할 수 있는가, 旣判力과 訴訟係屬은 어디까지 그 효력이 미치는가를 결정하는 기준이 된다. 따라서 訴訟上請求는 법원이 확정된 事實關係에 實體法을 적용할 수 있는 範圍를 정해 주는 것이어서 실체법에 의하여 좌우되는 것이 아니고, 請求趣旨와 사실적 현상의 한 단면인 請求原因에 의하

48) Georgiades, Anspruchskonkurrenz, S. 164 ff.
49) Georgiades, Anspruchskonkurrenz, S. 166 f.
50) Georgiades, Anspruchskonkurrenz, S. 242 ff.
51) Vgl. Arens, AcP 170, 423 ff.

여 특정된다.

둘째, 訴訟物 論爭은 아직 끝난 것이 아니다. 그럼에도 불구하고 實體法上의 請求權 개념을 소송물 개념에 의지하여 구성하면, 앞으로의 논쟁 결과에 따라서는 오늘날의 소송물에 관한 것과는 전혀 다른 결론이 나올 수도 있는데, 그래도 계속 실체법상의 청구권 개념을 訴訟物 개념에 의존케 할 수 있는지 대단히 의문스럽다.

셋째, 實體法上의 請求權과 訴訟物을 후자를 기준으로 하여 재결합시키면 실체법상의 청구권 개념 자체가 사라질 우려가 있다. 이것이 杞憂가 아닌 것이, 形成權 중 訴로써만 행사하게 되어 있는 것에 관하여는 實體法上의 形成權을 부인하고 形成訴權이라는 개념을 인정하는 견해가 이미 나타났다. 그렇게 되면 로마법에서와 같은 訴權法體系(Aktionensystem)로 되돌아가는 결과가 된다.

넷째, 新實體法說에 있어서처럼 실체법상의 請求權이 단순한 法律的 觀點으로 전락하게 되면 請求權에서 權利主體의 '意思'라는 요소가 탈락하고 만다. 본래 民法에 근거를 둔 請求權은 어떤 권리를 독자적으로 특정의 義務者에게 주장할 수 있는 모든 權能을 요약하여 표시한 것이며, 그런 의미에서 實體法上의 請求權은 개인에게 주어진 '意思의 힘'의 표현이며 개인의 權利로서, 결국 현행 民事法에 근거를 두고 있는 私的自治의 이론적 귀결이다. 그러나 訴訟上請求에는 개인의 意思의 支配라는 요소가 없으므로, 결국 新實體法說에 의하면 개인의 권리로서의 청구권뿐만 아니라 私的自治의 원칙 및 私法이 궁극적으로 개인의 자유의 보장 및 확립에 이바지한다는 사상을 버리는 결과가 될 수 있다.

4. 結　論

하나의 生活事實關係에 여러 개의 規範이 적용될 수 있을 때, 즉 規範의 衝突이 있을 때 그 여러 개의 규범을 어떻게 적용하는 것이 타당한가 하는 점에 관한 여러 學說의 타당성을 여기서 구체적, 개별적 문제에 관해서까지 세밀히 분석, 검토하는 것은 적절하지 않다. 그러나 종래의 통설이 안고 있는 問題點은 그냥 지나칠 일이 아니다. 특히 우리나라에서는 통설, 판례가 어느 한 法規範에 의하여 責任이 경감되거나, 消滅時效期間이 단축될 때 그것이 競合하는 다른 法規範의 적용에 아무런 영향을 미치지 않는다는 Dietz의 견해를 그대로 따르고 있기 때문에 여러 가지 문제점이 생기고 있다. 이 점은 뒤에 기술하는 判例에 관한 고찰에서 상세히 보기로 한다.

Ⅲ. 判例에 대한 考察

1. 法條競合에 관한 判例

우리의 判例는 민법상의 不法行爲責任과 다른 법률상의 불법행위책임에 관하여 다음의 몇 가지 경우에 法條競合을 인정하고 있다.

(1) 自動車損害賠償保障法上의 損害賠償請求權과 民法上의 損害賠償請求權

이 두 가지 請求權은 法條競合의 관계에 있다는 것이 判例이다. 自動車損害賠償保障法의 제정 목적이 "자동차의 운행으로 사람의 생명 또는 신체가 사상한 경우에 있어서의 손해배상을 보장하는 제도를 확립함으로써 피해자의 보호를 도모하고 자동차 운송의 건전한 발달을 촉진함"에 있음을[52] 전제로 하여 이 법의 조문이 民法 제750조와 法條競合이라는 근거로, 일반 不法行爲와는 달리 "자기를 위하여 자동차를 운행하는 자"에게 타인의 "생명 또는 신체"에 대한 손해를 배상하도록 하는 특별한 경우에 관한 것이고, 立證責任을 "가해자"에게 전환시키는 것으로, 民法 제750조에 대한 特別規定이라는 점과,[53] 이 법 자체에서 損害賠償責任에 관하여는 이 법에 의하는 외에 民法에 의한다고(自賠 §4) 하였으므로 이 법이 民法보다 우선적으로 적용되어야 한다는 점을 들고 있다.[54]

그리하여 자동차 사고로 손해를 입은 자가 이 법의 적용을 주장하지 않았어도 民法의 損害賠償의 규정에 우선하여 이 법을 적용한다고 하여,[55] 法條競合이 성립하면 당사자의 法律的 主張에 법원이 拘束받지 않고 법을 적용할 수 있음을 밝혔다. 그리고 이 法이 民法에 우선하여 적용되지만 이 法의 요건이 갖추어지지 않았을 경우에는 民法上의 不法行爲責任을 물을 수 있다고 하였다.[56]

52) 大判 67. 9. 26, 67다1695(總 민 756[217]).
53) 大判 67. 9. 26, 67다1695; 大判 70. 11. 24, 70다1501(集 18-3, 285).
54) 大判 69. 6. 10, 68다2071(大典 민 750 [245]).
55) 大判 67. 9. 26, 67다1695; 大判 70. 11. 24, 70다1501; 大判 77. 10. 11, 77다978(月報 92, 52); 大判 78. 4. 11, 77다1376; 大判 82. 5. 25, 81다367; 大判 97. 11. 28, 95다9390(公 49, 20).
56) 大判 87. 10. 28, 87다카1388(公 814, 1791); 大判 2001. 6. 29, 2001다23201, 23218(公 136, 1740).

(2) 船舶所有者의 責任과 使用者責任

判例는 "선장 기타 해원이 직무를 행함에 당하여 고의 또는 과실로 제3자에게 손해를 까친 경우에 선박소유자가 지는 책임은 민법 제756조 1항에서 말하는 사용자로서의 책임이 아니고 상법 제746조 1호의 규정에 의한 선주의 책임이니만치 민법 제756조 1항의 규정은 그 적용이 배제된다"라고 하여,[57] 이 두 規範이 法條競合關係에 있음을 분명히 하였다.

(3) 國家賠償法上의 損害賠償責任과 民法上의 使用者責任

判例는 "국가배상법에 규정한 국가 또는 공공단체의 손해배상책임은 공권력의 행사에 있어서 공무원이 그 직무수행에 당하여 고의 또는 과실로 법령을 위반하여 타인에게 손해를 보게 하였을 때에 한하여 있는 것"으로, "같은 법 제2조의 적용이 있는 경우에 있어서는 민법상의 사용자의 배상책임에 관한 규정(§756)은 적용이 배제된다"고 하고,[58] 그 근거로는 국가나 지방자치단체가 그 손해를 배상하는 것은 민법상의 使用者로서 그 賠償責任을 부담하는 것이 아니라는 점을 든다.[59] 그리하여 民法上 使用者의 免責事由인 被用者의 선임·감독에 過失이 없었다는 사실로는 國家賠償法上의 損害賠償責任을 면할 사유가 되지 않는다고 판시하였다.[60]

(4) 國家報勳關係法상의 報償請求權과 國家賠償法 및 民法上의 損害賠償請求權

과거에는 이것이 청구권경합관계라고 볼 여지가 있었으나 1981년에 國家賠償法이 개정되어 현재는 이 法 §2 Ⅰ 但에 의하여 法條競合關係로 되었다. 최근의 판례는, 공상을 입은 군인이 國家賠償法에 의한 損害賠償請求의 訴를 제기하였으나 다른 법령에 의한 보상을 받을 수 있다는 이유로 패소판결이 선고되고 그 판결이 확정된 후 실제로 구 國家有功者禮遇등에관한法律(1997. 1. 13. 법률 제5291호로 개정되기 전의 것)상의 보상을 받기 위한 신체검사에서 등외 판정을 받아 보훈수혜 대상자가 될 수 없음이 판명된 경우에는 종전의 확정판결과 同一한 請求原因으로 訴를 제기하더라도 종전 確定判決의 旣判力에 저촉된다고 할 수 없다고 하였다.[61]

57) 大判 70. 9. 29, 70다2129(集 18-3, 90).
58) 大判 62. 3. 15, 4294民上1083(總 §756 [36]). 같은 취지: 大判 75. 5. 27, 75다300(公 517, 8516); 大判 96. 8. 23, 96다19833(公 19, 2853).
59) 大判 70. 6. 30, 70다727(集 18-2, 122).
60) 前註.
61) 大判 98. 7. 10, 98다7001(公 98. 8. 15[64], 2087).

2. 請求權競合에 관한 判例

(1) 請求權競合의 根據

우리 大法院은 위에서 본 몇 가지 경우를 제외하고는 規範衝突이 있는 경우에 대체로 請求權競合을 인정하여, 請求權競合說의 입장에 서 있다. 그 근거로 判例는 특히 契約不履行責任과 不法行爲責任이 경합하는 경우에 관하여, 이 두 책임은 각각 요건과 효과를 달리하는 별개의 法律關係에서 발생하는 것이므로 競合되는 것이 당연하다는 점과, 競合을 인정하는 것이 被害者인 權利者를 두텁게 보호하는 길이라는 점을 들고 있다.[62)]

그러면서 判例는 法條競合說에 대하여 상세한 批判을 가하고 있다.[63)] 우선 法條競合說이 不法行爲責任은 아무와의 관계에서 있어서나 성립할 수 있는 것이나, 契約責任은 契約關係에 있는 債權者·債務者란 특별관계에 있는 자 사이에서만 발생하는 것이므로 특별관계인 계약책임이 성립하면 일반관계인 不法行爲責任은 배제된다고 주장하는 것에 관하여, 不法行爲責任도 구체적인 배상관계는 특정 당사자인 加害者와 被害者 사이의 관계이므로 계약책임과 다른 것이 없고, 다만 賠償請求權의 發生根據가 계약책임은 계약상의 의무 위반이고 불법행위책임의 경우는 법률에 규정된 위법행위라는 데에 차이가 있으나, 이 차이는 계약위반 관계가 위법행위 관계보다 특별한 것임을 보여주는 것은 아니라고 하였다.

그리고 法條競合說이 계약책임에 관한 免責, 責任制限의 특칙이나 특약이 있을 경우에 請求權競合說에 의하면 불법행위책임은 영향을 받지 않고 인정되므로 이러한 特則이나 特約이 유명무실해진다고 주장하는 데 대하여, 이런 특칙이나 특약이 있는 경우에도 권리자를 두텁게 보호하는 것이 청구권경합설의 장점인데, 이러한 비판은 請求權競合說의 장점을 뒤집어서 공격하는 것에 지나지 않는다고 하였다.

(2) 請求權競合을 인정한 경우

㈎ 契約不履行과 不法行爲에 기한 損害賠償請求權

(a) 婚姻豫約 不履行의 경우　　판례는, 婚姻豫約을 이행하지 않은 것은 채무불이행이지 불법행위가 아니라고 한 上告理由에 대하여, 婚姻豫約에

62) 大判(全) 83. 3. 22, 82다카1533(集 31-2, 17).
63) 前註.

의한 남녀 동거관계는 혼인의 신고가 없기 때문에 법률상의 혼인이라고는 할 수 없으나 혼인관계에 준하는 관계로서 事實上 婚姻關係에 있는 부부관계는 법률상 보호되어야 할 이익이 있어 그 관계가 정당한 이유 없이 파기되었을 때에는 故意 또는 過失로써 權利를 侵害한 것이라 하여 不法行爲가 된다고 하였다.[64]

(b) 失火로 인한 物件 燒失의 경우 전세권자의 실화로 인하여 가옥을 소실케 하여 그 반환의무를 이행하지 못한 때에는, 한편으로는 過失에 의하여 傳貰物에 대한 所有權을 침해한 것으로서 不法行爲인 동시에 다른 한편으로는 과실로 인하여 채무를 이행할 수 없게 됨으로써 債務不履行이 되는 것으로, 不法行爲인 경우에는 전세권자의 과실이 있는 경우 또는 피용자가 그 사무집행에 관하여 과실이 있어서 사용자로서의 책임이 있는 경우에 손해를 배상하여야 하는 것이지만, 債務不履行인 경우에는 民 §390의 규정에 의한 손해배상책임이 있는 것으로서 이 경우에 있어서는 가옥에 대한 善管義務로써 전세물을 보존할 의무를 가지는 傳貰權者 또는 그 보존기관이 그 의무를 다하지 아니하면 債務不履行의 책임이 있다고 判示하였다.[65]

고장을 수리하기로 하고 보관하던(이 경우는 都給과 任置의 혼합계약이 된다) 重機에 화재가 난 경우에 관하여, 失火責任에관한法律은 실화자에게 중대한 과실이 없는 한 不法行爲에 의한 손해배상책임의 부담을 시키지 아니한다는 데 불과하고, 債務不履行上의 손해배상청구의 경우에는 그 적용이 없으므로 이 경우에는 중과실이 아니라도 배상책임을 인정할 수 있다고 판시하여,[66] 두 請求權이 모두 성립할 수 있음을 인정하였다.[67]

(c) 어음·手票上의 債務와 不法行爲責任 手票發行人은 발행인으로서의 수표상의 채무를 부담하는 것은 물론이다. 그 외에 발행인이 先日字手票를 발행하였을 경우에는 그 수표의 善意의 所持人에 대하여 약정 시일인 선일자 당일까지 그 當座計定契約을 지속할 의무가 있는데, 그 선일자 전에 그 수표를 회수함이 없이 고의나 과실로 당좌계정계약을 해제하거나 해약사유를 초래한 경우에는 發行人으로서의 수표상의 채무와는 별도로 그 수표의 소지

64) 大判 63. 11. 7, 63다587(大典 民 §750 [250]).
65) 大判 67. 12. 5, 67다2251(總 民 §315 [1]).
66) 大判 87. 12. 8, 87다카898(公 1988, 264).
67) 大判 67. 10. 23, 67다1919; 大判 68. 9. 17, 68다1402; 大判 87. 12. 8, 87다카898(公 1988, 264).

인이 약정시일에 지급은행을 통하여 手票金을 지급받을 채권을 침해함으로 인한 손해에 대하여는 不法行爲上의 責任을 면치 못한다는 것이 판례의 태도이다.[68)]

그리고 약속어음의 지급거절이 있으면 소지인은 어음 §43 이하에 의하여 발행인에 대하여 遡求權을 행사할 수 있는데, 그 외에 不法行爲에 의한 損害賠償請求權도 행사할 수 있는지에 관하여, 판례는 약속어음 발행인이 지급일에 지급하지 못한다는 사정을 잘 알면서 발행한 행위는 불법행위가 된다고 하였다.[69)]

(d) 運送契約 不履行과 不法行爲 판례는 일반적으로 運送契約 不履行으로 인한 손해배상청구권과 不法行爲로 인한 손해배상청구권은 競合關係에 있다고 본다. 그리하여 商 §135에 의한 손해배상청구권과 불법행위를 원인으로 하는 손해배상청구권은 동시에 성립할 수 있는 것이고 하나가 성립하면 다른 것은 성립할 수 없는 것은 아니라고 판시하기도 하였다.[70)]

그리고 海上運送人이 운송 도중 운송인이나 그 사용인들의 故意나 過失로 인하여 운송물을 멸실 또는 훼손시킨 경우에, 運送契約上의 運送物引渡請求權과 그 운송물의 所有權을 아울러 가지고 있는 船荷證券 所持人은 운송인에 대하여 운송계약상의 債務不履行으로 인한 손해배상청구권과 아울러 소유권 침해의 不法行爲로 인한 손해배상청구권을 취득하여, 이 두 청구권은 서로 경합하여 병존한다고 판시하기도 한다.[71)]

또 판례는 送荷人이 동시에 그 화물의 소유자인 경우, 그 화물이 운송인의 고의나 과실로 인하여 멸실·훼손된 때에는 그 운송계약상의 債務不履行責任과 소유자에 대한 不法行爲責任이 동시에 성립하고 병존하는 것이며, 權利者는 어느 쪽의 請求權도 행사할 수 있다고 하였다.[72)]

(e) 任置契約 不履行과 不法行爲 판례는 受置人이 그 목적물을 멸실케 하여 계약상의 반환의무를 이행하지도 못하고 불법행위에도 해당한 경우에 있어 契約不履行으로 인한 손해배상을 청구하거나 또는 不法行爲로 인한 손해배상을 청구하는 것은 任置人이 자유롭게 선택하는 것이고 그 두 권리가

68) 大判 60.10.27, 4292民上906(大典 §750 [248]).
69) 大判 71.10.25, 71다1992(集 19-3, 81).
70) 大判 62.6.21, 62다102(集 10-3, 99).
71) 大判(全) 83.3.22, 82다카1533. 이 점에 관한 한 大判 80.11.11, 80다1812(公 648, 19)도 같은 취지이다.
72) 大判 77.12.13, 75다107(集 25-3, 240).

병립하지 못하는 것은 아니라고 하였다.[73]

(나) 不當利得 返還請求權과 不法行爲로 인한 損害賠償請求權　　법률상의 근거 없이 타인의 토지를 점유하고 사용한 자에 대하여, 판례는 不法行爲에 기한 손해배상청구권과 不當利得을 이유로 한 利得金의 返還責任을 인정하고 있고,[74] 불법경작의 경우도 마찬가지로 다룬다.[75]

또한 판례는 營業讓渡契約이 詐欺에 의한 것으로서 取消되는 경우에 그 법률행위가 동시에 不法行爲를 구성하는 때에는 취소의 효과로 생기는 不當利得返還請求權과 불법행위로 인한 損害賠償의 請求權은 경합하여 병존한다고 하였다.[76]

(다) 어음·手票債權과 原因關係 債權　　판례는 어음·수표채권에 기한 청구권과 원인관계 채권에 기한 청구권이 競合關係에 있음을 전제로 하여 소송에서 두 請求의 併合과 한 청구에서 다른 청구로의 訴의 變更을 허용하고 있다. 상세한 것은 뒤에서 請求權競合의 법적 취급 부분에서 보기로 한다.

(라) 각종 補償請求權과 損害賠償請求權

(a) 遺族補償請求權과 不法行爲로 인한 損害賠償請求權　　공무원의 직무수행상의 과실로 사망한 자의 유족인 原告가, 서울특별시와 전국연합노동조합 서울특별시청지부 사이에 체결한 團體協約에 의하여 일정한 유족보상금 등 순직보상금을 수령하였다. 이 때 원고가 民事上, 刑事上 이의 없이 받는다는 문구가 기재되어 있는 영수증에 날인하였는데, 실은 원고는 국·한문을 전혀 해독하지 못하는 자였다. 뒤에 원고가 不法行爲를 이유로 하여 損害賠償을 청구하는 訴를 제기하였는데, 이에 대하여 大法院은, 문맹자의 날인은 손해배상청구권의 포기의 의사표시로 볼 수 없고, 유족보상금은 단체협약에 따라 망인의 使用主인 被告로부터 받는 것이지, 피고 소속 공무원의 불법행위에 의한 손해배상으로 받는 것이 아니라고 판시하여,[77] 두 請求權이 競合關係에 있음을 전제로 하였다.

(b) 勤勞基準法上의 災害補償請求權과 不法行爲에 기한 損害賠償請求權　　판례는 근로자가 그 업무를 집행중 사용주가 고용한 다른 근로자의

73) 大判 59.2.19, 4290民上571(要集 民 §390 [10]).
74) 大判 70.9.29, 70다1815(民判集 155-1018).
75) 大判 65.4.6, 65다139, 140(카 1830).
76) 大判 93.4.27, 92다56087(公 93, 1565).
77) 大判 71.8.31, 71다1194(集 19-2, 261).

과실에 의하여 재해를 입었을 경우에는 사용주에 대한 勤勞基準法上의 災害補償請求權과 民法上의 不法行爲로 인한 손해배상청구권이 서로 경합하여 병존한다고 보고 있다.[78]

(c) 國家報勳關係法에 의한 補償請求權과 國家賠償法에 의한 賠償請求 현역 군인이 군무 수행중 운전병의 과실로 인하여 사망한 경우에 被害者는 군사원호보상법과 군사원호급여금법에 의거한 보상청구도 할 수 있고, 국가배상법에 의한 배상청구도 할 수 있으며, 양 請求權은 경합관계에 있다고 판례는 보고 있다.[79] 그러나 이 판례는 1981년에 國賠 §2 I 이 개정되기 전의 것이어서 지금은 타당하지 않다.

(d) 船員法上의 災害補償請求權과 不法行爲로 인한 損害賠償請求權 피고가 원고에게 선원법상의 재해보상의무는 부담하지만 사용자로서 불법행위로 인한 손해배상책임은 없다고 주장하여 상고한 사안에서, 판례는 船員法上의 災害補償請求權과 민법상의 불법행위로 인한 損害賠償請求權은 請求權競合의 관계에 있는 것이며 원고가 불법행위를 원인으로 한 손해배상청구를 한데 대하여 원심이 판단한 이상 선원법상의 손해배상청구권과의 관계에 관하여 판단하지 않았다 하더라도 판결에 영향을 미치지 않는다고 하였다.[80]

(마) 特別法上의 損害賠償請求權과 不法行爲에 기한 損害賠償請求權 판례는 증권거래법상 監査人이 善意의 投資者에게 부담하는 손해배상책임과(同法 §197 I) 민법상의 不法行爲로 인한 손해배상책임의 관계가 法條競合이므로 민법상의 불법행위책임에 관한 규정은 적용되지 않는다는 上告理由에 대하여, 監査人의 부실감사로 인하여 손해를 입게 된 선의의 일반 주식투자자들은 감사인에 대하여 證券去來法上의 손해배상책임과 민법상의 不法行爲로 인한 손해배상책임을 다 함께 물을 수 있다고 할 것이라고 판시하면서, 그 근거로, 監査人의 責任은 결국 손해배상책임 발생의 요건이 특정되어 있고, 그에 대한 입증책임이 전환되어 있을 뿐만 아니라 손해배상액이 추정되어 선의의 투자자가 보다 신속하게 구제받을 수 있게 하는 한편 유가증권 시장의 안정을 도모하기 위하여 그 책임을 물을 수 있는 기간이 단기간으로 제한되어 있는 損害賠償責任으로서 민법상의 불법행위책임과는 별도로 인정되는 法定責任이라 할

78) 大判 64. 11. 30, 64다1232(集 12-2, 186).
79) 大判 68. 4. 23, 68다382(大典 民 §750 [244]).
80) 大判 87. 6. 23, 86다카2228(公 1987, 1219).

것이라는 점을 들어[81] 請求權競合이라고 밝히고 있다.

그러나 이러한 근거는 오히려 法條競合說을 뒷받침하는 것이 될지언정 請求權競合의 근거가 될 수는 없을 것으로 보인다.

(3) 請求權競合의 法的 取扱

여기서는 여러 개의 請求權이 서로 경합하는 관계에 있을 때 그 효과로서 법적으로 어떻게 이를 취급할 것인가에 관하여, 判例가 어떤 태도를 취하고 있는지를 살펴보고, 問題點이 있을 때는 이를 검토하기로 한다.

(가) 두 請求權을 重疊的으로 主張할 수 있는지 여부 不當利得返還請求權과 불법행위로 인한 損害賠償請求權이 경합하는 경우에 관하여, 판례는 이들 청구권은 병존하므로 채권자는 어느 것이라도 선택하여 행사할 수 있지만 重疊的으로는 행사할 수 없는 것이라고 하였다.[82]

(나) 當事者가 주장한 請求權과 법원의 審判의 範圍 판례는 원고가 婚姻豫約履行請求權의 침해를 주장하여 不法行爲에 기한 손해배상을 청구하는 訴를 제기하였는데, 이에 대하여 원심이 원고가 주장하지도 않은 혼인예약 불이행, 즉 債務不履行으로 인정한 것은 위법하다고 하였다.[83]

또 다른 판례는, 원고가 보통파 종자를 옥파 종자라고 속여서 손해를 보게 하였다 하여 不法行爲에 의한 손해배상을 청구하고 채무불이행은 주장하지도 않았는데, 원심이 債務不履行 여부를 석명하지도 않고 채무불이행에 기하여 損害賠償請求權을 인정한 것은 위법이라고 하였다.[84]

마찬가지로 원고로부터 고장난 중기의 수리의뢰를 받고 이를 인도받아 보관하는(그러한 법률관계는 都給과 任置의 혼합계약일 것이다) 피고의 과실로 그 重機에 화재가 발생하여 원고가 損害賠償을 청구한 사건에서, 원고의 주장만에 의하여서는 이 사건 손해배상청구가 不法行爲를 원인으로 하는 것인지 債務不履行을 원인으로 하는 것인지 명확하지 않음에도 불구하고 원심이 釋明權 行使 등으로 이 사건 請求原因을 확정시키지도 않고 원고의 청구원인을 불법행위상의 손해배상인 것으로 속단하고 이를 전제로 하여 실화책임에관한법률을 적용하여 원고의 청구를 기각한 것은 잘못이라고 하였다.[85]

81) 大判 98.4.24, 97다32215(公 98.6.1[59], 1446).
82) 大判 93.4.27, 92다56087(公 93, 1565).
83) 大判 62.4.4, 4294民上945(集 10-2, 3).
84) 大判 63.7.25, 63다241(集 11-2, 67).
85) 大判 87.12.8, 87다카898(公 1988, 264).

이는 請求權競合說의 입장과 訴訟物에 관하여는 舊實體法說의 입장에 서서, 원고가 한 청구권을 주장하면 그로써 소송물이 특정되고 處分權主義에 의하여 법원은 경합하는 다른 청구권에 관하여서는 심판할 수 없다는 것을 뜻하는데, 이로써 법원이 당사자가 주장한 法律的 觀點(請求權)에 구속되지 않는다고 했으면 한 번의 소송으로 이길 수 있는 것을, 원고는 법률적 관점만 바꾸어 또 한 번 소송을 해야 한다는 커다란 부담을 안게 된다. 이러한 점에서 권리자를 두텁게 보호하려는 請求權競合說이 오히려 권리자에게 불리한 결과를 가져올 수도 있음을 알 수 있다.

그리고 법원도 스스로 확정한 請求權에 구속된다는 것이 판례인데, 예컨대 법원이 피고가 不法行爲責任을 진다고 판단하고는 지연손해금에 관하여는 商行爲로 인한 채무와 이와 동일성을 가진 채무에만 적용되는 商事法定利率을 적용하고, 消滅時效에 관하여도 商事債權에 관한 소멸시효규정을 적용한 것은 위법하다고 판시한 것이 있다.[86]

(다) 請求의 倂合 판례는 원고가 경합하는 여러 개의 청구권을 모두 주장하면 청구의 選擇的 倂合이 된다고 본다. 즉, 商 §135에 의한 損害賠償請求權과 不法行爲를 원인으로 하는 손해배상청구권을 모두 주장하는 경우에 하나가 성립하면 다른 것이 성립할 수 없는 것이 아니어서 選擇的 倂合이 되는 것이 명백하므로, 법원이 하나의 請求原因에 의하여 원고의 청구를 인용하였으면 나머지 청구에 대하여는 판단할 필요가 없다고 판시하였다.[87]

그렇다고 하여 판례가 請求權競合의 경우에 항상 選擇的 倂合이 된다고 하는 것이 아님은 물론이다. 원고가 각 청구에 순위를 정하여 제1차로 수표금청구를 하고, 2차로 이득상환청구, 3차로 대금청구를 할 경우에는 豫備的 倂合이 됨을 인정한다. 이러한 경우에 법원이 앞 순위의 청구에 관하여 판단하지 않고 후순위의 청구를 바로 인용하면 위법이 된다고 한다.[88]

(라) 請求의 變更 실체법상 경합관계에 있는 두 개의 請求權 중 소송에서 하나를 주장하다가 뒤에 다른 것으로 바꾸면 적법한 請求變更이 된다는 것이 판례이다. 예를 들면 원고가 당초 手票金을 청구하였으나 그 후 피고로부터 수취한 그 수표는 피고에 대한 貸與金에 관하여 발생한 것에 불과하므로 그 대여금 자체를 청구한다고 한 것은 請求의 基礎에 변경이 없는 적법한

86) 大判 85.5.28, 84다카966(集 33-2, 47).
87) 大判 62.6.21, 62다102(集 10-3, 99).
88) 大判 50.10.15, 4291民上793(集 7, 256).

訴의 變更이라고 하였고,89) 수표법상의 遡求權을 주장하다가 나중에 이를 原因關係인 貸與金返還請求로 바꾼 경우,90) 貸付金請求를 약속어음금청구로 바꾼 경우에도91) 같이 다루고 있다.

그리고 피고가 保險料의 지급방법으로서 제 3 자가 피고에게 발행한 약속어음을 원고에게 背書, 讓渡하였는데 그 어음이 지급기일에 결제되지 않은 사안에서, 원고가 처음에는 약속어음의 背書人으로서의 책임을 묻다가 뒤에 원인관계상의 채권인 保險料請求로 변경한 것도 請求의 基礎에 변경이 없는 적법한 訴의 變更이라고 하였다.92)

열차 승객이 객차의 승강구에서 추락하여 사망한 경우에 그 사망자의 처와 자식들이 처음에는 公務員의 職務上 不法行爲를 원인으로 한 國家賠償을 청구하였다가 뒤에 商法上의 여객열차의 損害賠償請求로 변경한 사건에서, 원심은 피고에게 國家賠償責任이 있음을 인정하고 원고들의 慰藉料請求를 인용하였다. 이에 대하여 大法院은 원심이 請求의 變更이 있었음을 간과하였고 본래 商法上의 運送契約 不履行을 이유로 하여 損害賠償을 청구하는 경우에는 亡人의 처나 자녀들은 慰藉料를 청구할 수 없다 하여, "원고들의 위자료청구를 인용한 것은 원고가 주장하지 아니한 사실관계를 근거로 한 청구의 인용으로서 변론주의에 위배된다"고 判示하였다.93)

그리고 不法耕作을 원인으로 한 損害賠償請求를 不當利得返還請求로 변경한 것이 請求의 變更이 된다고 한 판례도 있다.94)

(마) 商法上의 責任輕減에 관한 特約이나 規定이 競合하는 다른 請求權에 미치는 영향 당초에 판례는, "상법 소정의 1년의 단기소멸시효나 고가물 불고지에 따른 면책 또는 선박소유자의 유한책임 한도에 관한 각 규정들은 운송계약 불이행으로 인한 손해배상청구권에만 적용되고, 선박소유자인 피고의 일반불법행위로 인한 손해배상을 구하는 이 건에 있어서는 적용이 없는 것이며, 피고가 내세운 이 건 운송약관은 원·피고간의 운송계약상의 채무불이

89) 大判 61.4.13, 4293民上421(宋相現, 판례교재 [485]).
90) 大判 65.11.30, 65다2028(카드 1522).
91) 大判 61.11.2, 4293民上325(要集 민소 235 [19]).
92) 大判 66.3.22, 65다2635(宋相現, 判例敎材 [487]).
93) 大判 82.7.13, 82다카278(公 688, 750). 이 判例는 표현이 정확하지 않아 오해의 소지를 남기고 있다. "원고가 주장하지 않은 사실관계"를 근거로 한 것이 아니고 원고가 주장하지 않은 '法的觀點'을 근거로 한 것이며, 辯論主義에 위배된 것이 아니고 處分權主義를 위반한 것이다.
94) 大判 65.4.6, 65다139, 140(集 13-1, 93).

행으로 인한 청구에만 적용될 것이라고 보아야 할 것이므로 피고의 불법행위로 인한 손해배상을 구하는 이 사건에 있어서는 그 주장의 약관을 들어 책임을 면할 수는 없다"고 하거나,[95] "권리자가 일단 불법행위를 원인으로 한 손해배상을 구하는 경우에 있어서, 운송계약상의 면책약관이나 상법상의 면책조항은 당사자간에 명시적이거나 묵시적으로 불법행위를 원인으로 하는 손해배상의 경우에까지 적용하기로 한다는 약정이 없는 이상 거기까지 확대하여 적용할 수 없다고 함이 당원의 판례이다"라고 하여,[96] 우리나라에 있어서의 請求權競合說을 철저히 따르고 있었다.

그러다가 1983년에 이르러 全員合議體 判決로써 경우를 나누어, 일반 運送契約의 경우에는 "운송계약상의 면책특약이나 상법상의 면책조항은 오로지 운송계약상의 채무불이행책임에만 적용될 뿐 당사자 사이에 명시적 또는 묵시적 합의가 없는 한 불법행위로 인한 손해배상책임에는 영향을 미치지 않는다"고 하여 종전의 입장을 고수하면서, 海上運送人이 발행한 船荷證券에 기재된 免責約款은 일반 운송계약상의 면책특약과는 달리 별도로 당사자 사이에 이 免責約款을 不法行爲責任에도 적용키로 한 합의를 인정할 證據가 없더라도 그 運送物의 所有權侵害로 인한 不法行爲責任에도 적용된다고 볼 것이라고 하여 종래의 태도를 실질적으로 바꾸었다.[97]

大法院은 이처럼 船荷證券에 기재된 免責約款에 관하여서만 그 태도를 변경한 이유를, 당사자 사이에서 그러한 숨은 合意가 있었다고 보는 것이 타당하기 때문이라고 들면서, 그렇게 보아야 하는 이유를 다음과 같이 설명한다: 船荷證券에 의하여 運送人과 그 證券所持人 사이에는 債權的 效力이 발생하고, 運送物을 처분하는 당사자 사이에는 그 證券의 교부로 物權的 效力이 발생하므로, 船荷證券을 교부받은 자는 그 운송물의 所有權을 취득하고, 그 때문에 운송인에게 운송물의 멸실 또는 훼손에 대하여 運送契約上의 契約責任과 소유권 침해를 이유로 한 不法行爲責任도 물을 수 있게 된다. 그러므로 운송인이 선하증권에 면책약관을 기재하는 것은 契約責任뿐만 아니라 不法行爲責任에도 이를 적용할 의사가 있는 것이라고 새기는 것이 당사자의 의사에도 부합할 것이다.

95) 大判 77. 12. 13, 75다107(集 25-3, 340).
96) 大判 80. 11. 11, 80다1812(公 648, 19).
97) 大判(全) 83. 3. 22, 82다카1533.

大法院은 이러한 태도를 계속 견지하면서,[98] 船荷證券에 기재된 免責約款 이외의 경우에는 종전의 請求權競合說의 입장을 고수하고 있다. 즉, 商法上의 消滅時效規定과 商事法定利率이 不法行爲로 인한 損害賠償請求權에 적용되는지 여부에 관하여 1985년의 判決에서, "상법 제812조에 의하여 준용되는 같은 법 제121조 1항, 2항의 단기소멸시효의 규정은 운송인의 운송계약상의 채무불이행으로 인한 손해배상청구에만 적용되고 일반 불법행위로 인한 손해배상청구에는 적용되지 아니하는 것이고, 또한 상법 제64조의 일반 상사시효 역시 상행위로 인한 채권에만 적용되고 상행위 아닌 불법행위로 인한 손해배상채권에는 적용되지 아니하는 것"이라고 하고, "상법 제54조의 상사법정이율은 상행위로 인한 채무나 이와 동질성을 가진 채무에 관하여 적용되는 것이고, 상행위가 아닌 불법행위로 인한 손해배상채무에는 적용되지 아니한다"고 判示하였고,[99] 1987년에는, "원심이 피고에게 불법행위로 인한 손해배상책임을 인정하면서 위 상법의 규정에 의한 선박소유자의 유한책임한도에 따라 배상금액을 산정한 것은 선박소유자의 유한책임한도에 관한 위 규정들은 운송계약 불이행으로 인한 손해배상청구권에만 적용되고 선박소유자의 일반 불법행위로 인한 손해배상을 구하는 사건에는 적용이 없다고 한 당원 1977. 12. 13 선고, 75다107 판결에 상반되는 판단으로 위법임을 면치 못한다"는 판결을 내렸다.[100]

이러한 船荷證券의 免責約款에 대한 종전의 判例와 그 밖의 일반적인 사항에 관한 판례에 대하여 특히 海商法의 국제적 성격 등의 특수한 법원리에 입각하여 다각적이고 예리한 비판이 가해졌다.[101] 이러한 특수한 法原理라는 점은 차치하고라도, 판례가 船荷證券에 기재된 免責約款만 특별히 달리 취급하고 있는 근거로 들고 있는 사유들은 설득력이 약했다. 船荷證券을 교부받은 자가 소유권까지 취득하기 때문에 소유권 침해를 이유로 한 不法行爲責任도 물을 수 있게 되고, 그러므로 운송인이 선하증권에 면책약관을 기재하는 것은 계약책임뿐만 아니라 불법행위책임에도 이를 적용할 의사가 있는 것이라고 새기는 것은 船荷證券의 免責約款에서만 볼 수 있는 특징은 아니다. 차라리 請

98) 大判 83. 10. 25, 83다258(公 718, 1740).

99) 大判 85. 5. 28, 84다카966(集 33-2, 47).

100) 大判 87. 6. 9, 87다34(公 805, 1146); 大判 87. 6. 9, 87다35. 그 뒤에도 같은 취지의 판결이 계속 나왔다: 大判 89. 4. 11, 88다카11428(公 1989, 749); 大判 89. 11. 24, 88다카16294; 大判 90. 8. 28, 88다카30085; 大判 99. 7. 13, 99다8711.

101) 李均成, "海上運送人의 債務不履行責任과 不法行爲責任의 競合", 民判硏 Ⅳ; 同, "船荷證券約款과 請求權競合의 問題", 仲裁 136(83. 5.); 宋相現, "船荷證券上의 免責約款의 效力이 不法行爲責任에도 미치는지 여부", 民判硏 Ⅷ 등.

求權競合이라는 관점을 벗어나서 학자들이 주장하는 것처럼 국제적인 추세를 그 이유로 하든가, 보험으로 보호받는 所有者보다는 運送人을 보호하는 것이 타당하다든가 하는 실질적인 이유를 들었으면 더 설득력이 있었을 것이다. 어떻든 기본적으로는 관념적인 논리에 치우친 請求權競合論의 문제점이 드러나는 가장 대표적인 사례를 여기서 볼 수 있었다.

海上運送人의 責任에 관하여는 1991년 12월의 상법 개정으로 그 責任에 관한 규정이 不法行爲로 인한 損害賠償責任에도 적용하도록 하여(商 § 789-2 I), 이 부분에 한하여는 請求權競合論으로 생겼던 문제들을 입법적으로 해결하였다.

(바) 제3자의 慰藉料請求權 인정 여부 원심이 피고가 제출한 국가배상법상의 賠償審議會를 경료치 않았다는 本案前抗辯에 대하여, 이 사건 訴는 소속 공무원의 不法行爲를 원인으로 한 國家賠償法上의 손해배상을 구하는 것이 아니고, 국가가 사경제상의 운송인으로서 商法上의 손해배상을 구하는 것이라고 판단하고, 이 사고로 원고들이 정신적 고통을 입었다 하여 慰藉料를 인정한 사건에 있어서, 大法院은 "원심이 인정하는 피고의 이 사건 손해배상 책임은 피고의 불법행위를 이유로 하여서가 아니고, 피고와 위 망 소외인 간의 여객운송계약의 불이행을 이유로 하여 이를 인용하고 있고, 한편 원고들은 이 여객운송계약의 당사자가 아님이 원판결 이유 및 본건 기록에 의하여 명백한 바이니 원심으로서는 어떠한 근거로써 피고에 대하여 계약의 당사자가 아닌 원고들에게 계약의 불이행으로 인한 이른바 무형적 손해의 배상을 명할 수 있었는가 하는 점에 관하여 설시를 하였어야 옳았을 것이다"라고 판시하였고,[102] 뒤에 "승객이 객차의 승강구에서 추락 사망한 경우 승객 아닌 그 망인의 처, 자녀들은 그로 인하여 정신적 고통을 받았다 하더라도 상법 제148조 1항에 의하여 여객운송자에게 손해배상책임이 있음을 이유로 그들의 위자료를 청구할 수는 없다"고 명언하였다.[103] 즉, 不法行爲를 이유로 손해배상을 청구하는 경우는 피해자의 相續人들이 慰藉料도 청구할 수 있지만, 商法上의 運送契約의 불이행을 이유로 損害賠償을 請求할 경우에는 고유의 慰藉料請求權이 없다는 취지이다.

(사) 請求金額의 控除 여부 大法院은 현역 군인이 군무 수행중 같은 부대 소속의 운전병의 과실로 사망한 경우에 피해자가 가지는 군사원호보

102) 大判 74.11.12, 74다997(集 22-3, 67).
103) 大判 82.7.13, 82다카278(公 688, 750).

상법 및 군사원호급여금법에 의거한 報償請求權과 국가배상법에 의한 損害賠償請求權은 경합관계에 있으므로, 피해자의 국가배상법에 의한 배상청구에 대한 배상액을 산정함에 있어서는 그가 이미 지급받은 군사원호관계의 補償金額은 그 賠償額에서 控除 또는 參酌해야 한다고 하고, 그러나 그 보상금액인 아직 지급되지 않았을 경우는 이를 참작할 수 없다고 판시하였다.104)

(아) 消滅時效 抗辯의 효력 契約不履行과 不法行爲에 기한 손해배상청구를 병합하여 제소한 경우 피고가 계약불이행에 기한 손해배상청구권은 소멸시효 완성으로 소멸했다고 항변한 사건에서 大法院은 피고가 不法行爲에 기한 손해배상청구권의 시효소멸까지 주장한 것으로 볼 수 없다고 하여 이들이 완전히 별개의 청구임을 밝혔다.105)

Ⅳ. 結 論

우리나라 대법원의 판례는 自動車損害賠償保障法上의 손해배상청구권과 民法上의 손해배상청구권, 船舶所有者의 책임과 使用者의 책임, 國家賠償法上의 損害賠償責任과 民法上의 使用者責任 등이 경합하는 경우에는 이를 法條競合이라고 보고, 그 이외의 대부분의 規範衝突은, 즉 法條競合說과 請求權競合說이 가장 날카롭게 대립하고 있는 부분인 契約責任과 不法行爲責任이 경합하는 경우뿐만 아니라, 不當利得返還請求權과 불법행위로 인한 損害賠償請求權이 경합하는 경우, 어음·수표채권과 原因關係債權이 경합하는 경우 및 각종 報償請求權과 損害賠償請求權이 경합하는 경우 등을 청구권경합이라고 봄으로써 請求權競合說을 취하고 있다. 그리하여 경합하는 두 개의 청구권 중 어느 하나에 短期消滅時效라든가, 免責條項이나 約款 또는 有限責任規定 등 責任減免事由가 있어도 다른 청구권의 행사에는 아무런 영향이 없다고 하며, 당사자가 한 請求權을 주장하였으면 그 요건과 효과는 다른 경합하는 請求權의 영향을 받지 않고 독자적으로 정해진다고 한다. 訴訟物에 관하여는 請求權競合論과 밀접히 관련된 舊實體法說을 취하여, 당사자가 한 청구권을 주장하면 법원은 그 청구권에 대해서만 판단해야지, 경합하는 다른 청구권을 인정할 수가 없고, 법원이 스스로 어느 청구권을 인정하였으면 그 효과도 그 청구권에 따

104) 大判 68. 4. 23, 68다382.
105) 大判 98. 5. 29, 86다51110(公 61, 1742).

른 것만 인정할 수 있지, 競合하는 다른 請求權에 기한 효과를 인정해서는 안 된다고 한다.

그리하여 法條競合說이 비판하듯이, 契約責任에 관한 免責·責任制限의 特則이나 特約을 유명무실하게 만든다는 문제점이 드러나고 있다. 이에 관하여 大法院은 오히려 이것이 권리자를 두텁게 보호한다는 請求權競合說의 장점이라고 주장하지만, 權利者를 일방적으로 두텁게 보호하다 보니까 法이 그 責任을 輕減시킴으로써 보호하고자 하는 義務者를 도외시하는 결과를 초래하게 되었다는 묵과할 수 없는 문제점을 야기하였다.

그뿐 아니라 권리자를 두텁게 보호한다는 請求權競合說에 입각한 판례가 訴訟物에 관하여 舊實體法說과 결합하여 거꾸로 權利者를 不利하게 만드는 결과를 초래하고 있다. 즉, 원고가 不法行爲를 이유로 損害賠償請求의 訴를 제기하였는데 법원이 불법행위는 성립하지 않고 契約不履行이 된다고 보더라도 원고가 청구를 변경하지 않는 한 계약불이행을 이유로 하여 피고에게 손해배상을 명할 수 없고 請求棄却判決을 내려야 하므로, 결국 원고는 손해를 배상받기 위하여는 또 한 번 소송을 해야 된다. 그리고 商法上의 運送契約의 당사자가 상대방의 契約不履行으로 사망한 경우에, 그 相續人들이 불법행위를 이유로 손해배상을 청구했으면 위자료까지 받을 수 있었는데, 契約不履行을 이유로 하였기 때문에 이를 받지 못하게 된 사례도 위에서 이미 보았다.

물론 이러한 문제점들은 실체법 분야에서 請求權競合說을 취하더라도 소송에 있어서 訴訟物의 개념을 독일의 통설인 訴訟法說에 의하여 파악하면 대체로 해결할 수는 있다. 그러나 이 訴訟法說은 민사소송법이 公法임을 인식하여 소송법의 독자성을 강조해 온 독일 민사소송법학의 산물로서,[106] 논리적 간명성만을 추구한 이론이므로, 實體私法과 民事訴訟法의 밀접한 관련성을 도외시하였다는 큰 약점을 가지고 있다. 여기서 위에서 간략히 본 이른바 新實體法說을 주목할 필요가 생긴다. 그러므로 實體法上의 請求權 개념에 대한 재검토가 필요하다.

[胡 文 赫]

106) 이러한 일반적인 경향에 관하여는, Ho, Zum Anspruchsbegriff bei der Feststellungsklage, 1987, S. 91, 102 참조.

第 750 條(不法行爲의 內容)

故意 또는 過失로 因한 違法行爲로 他人에게 損害를 加한 者는 그 損害를 賠償할 責任이 있다.

A. 不法行爲의 要件

차 례

Ⅰ. 序　　說
Ⅱ. 故意·過失
　1. 自己責任의 原則
　2. 故意와 過失 一般
　3. 故　　意
　4. 過　　失
Ⅲ. 責任能力
Ⅳ. 違 法 性
　1. 序　　說
　2. 違法性의 具體的 判斷
　3. 違法性의 阻却
Ⅴ. 損害發生과 因果關係
　1. 損害의 發生
　2. 因果關係
Ⅵ. 故意·過失 및 違法性 槪念의 位置와 相互關係
　1. 過失 槪念과 違法性 槪念의 峻別에 대한 批判
　2. 兩槪念의 統合·一元化를 제창하는 學說

Ⅰ. 序　　說

民法은 不法行爲를 보통·일반적인 것과 몇 개의 특수한 것으로 나누어서 그 成立要件을 규정하고 있다. 그리고 後者, 즉 특수한 不法行爲는 一般不法行爲의 要件에 다시 특정의 특수한 要件이 갖추어질 때에 성립하는 것으로 하고 있다.

民 §750는 "故意 또는 過失로 因한 違法行爲로 他人에게 損害를 加한 者는 그 損害를 賠償할 責任이 있다"고 규정하여 不法行爲의 일반적인 要件과 기본적인 效果를 정하고 있고, 한편 民 §753와 民 §754는 責任能力 있는 者만이 賠償責任을 지는 것으로 규정한다. 따라서 一般不法行爲의 成立要件으로는 (a) 加害者의 故意 또는 過失, (b) 加害者의 責任能力, (c) 加害行爲의 違法性, (d) 加害行爲에 의한 損害發生의 네 가지로 나누어 볼 수 있다. 이들 네 가지 要件 가운데 (a)와 (b)의 要件은 主觀的 要件, (c)와 (d)의 要件은 客觀的 要件이라 할 수 있다. 또 첫째의 要件은 다시 자기의 行爲 즉 加害者 자신의 行爲일 것과 故意나 過失이 있었을 것의 둘로 나눌 수 있고, 넷째의 要件도 損

害發生과 因果關係의 둘로 細分할 수 있겠으나, 편의상 위의 네 항목으로 나누어 고찰한다. 다만 여기에서는 원칙적으로 一般不法行爲의 成立要件에 관한 一般的·抽象的인 설명에 그치도록 한다.

Ⅱ. 故意·過失

1. 自己責任의 原則

'故意 또는 過失로 인하여'라고 하는 것은 '自己의 故意 또는 過失로 인하여'라는 의미이다. 近代法에 있어서는 他人의 行爲에 대하여는 責任을 지지 않고 자기의 行爲에 관하여만 責任을 진다고 하는 自己責任의 原則 또는 個人責任의 原則이 확립되어 있다.

이처럼 우리 民法을 포함하여 近代法에서는 他人의 行爲에 대하여는 責任을 지지 않으나, 과거에는 자기의 行爲가 아닌 他人의 行爲에 대하여서도 절대적인 責任을 져야 하는 일이 있었다. 예컨대 家長이 그의 가족이나 노예의 行爲에 대하여 責任을 졌던 것과 같다. 그런데 民法에서도 親權者가 그의 자녀의 行爲에 의하여, 또는 使用者가 그의 被用者의 行爲에 의하여 責任을 지는 수가 있다(民 §755, §756). 그러나 그것도 이론적으로는 他人의 行爲에 대하여 責任을 지는 것이 아니라 他人을 감독할 의무를 지고 있는 者로서 그 감독상의 주의를 게을리하였다는 '自己의 過失'에 의거하여 責任을 지는 것으로 責任體系가 구성되기 때문에 이를 가지고 自己責任의 原則에 대한 예외라고는 할 수 없다.[1] 그렇기 때문에 감독상의 주의를 게을리하지 않았음을 立證하면 免責되는 것이다(民 §755 및 §756의 각 I 但書).[2]

1) 同旨 郭潤直, 債各(民 §750의 注解에서는 특별한 지적이 없는 한 郭潤直, 新訂(修正版) 債權各論(民法講義 Ⅳ), 2001年版을 뜻한다) 472-3; 金疇洙, 債各, 599.

金曾漢, 債各, 456-7도 대체로 同旨이나 "그러나 過失責任의 原則이 동요하면서 自己責任의 原則도 동요하게 된다. 예컨대 §756의 使用者責任에 있어서는 使用者가 選任監督에 관하여 충분한 注意를 다하였다고 하는 立證이 실제로는 인정되지 않고 事實上의 無過失責任을 지게 된다고 하는 것은, 동시에 自己責任의 原則의 부정으로 이어지는 것이다. 그러나 그것은 역시 자기의 활동범위 내의 일이므로 個人責任의 부정으로는 된다고 하더라도 그것이 곧 他人의 行爲에 대하여 責任을 지는 것이라고는 할 수 없고 自己責任이라고 하는 경우의 '自己'의 범위가 확장한 것이라고도 할 수 있다. 그 점에서 個人責任의 부정이 아니라 企業活動의 확대라고 하는 새로운 발전에 대응하여 그것이 止揚된 것이라고 할 수 있다"고 한다.

2) 監督義務者나 使用者도 監督義務의 해태가 있는 때에는 民 §755나 §756의 責任 이외에 §750의 一般不法行爲責任도 진다고 보는 견해가 있다; 朴禹東, "責任無能力者를 監

自己責任의 原則과 관련하여 다음과 같은 몇 가지 具體的인 문제가 있다.

첫째, 行爲의 개념문제이다. 行爲槪念은 주로 刑事法에서 논의되는 것으로서 民 §750와 관련하여서는 그다지 論議가 활발하지 않다. 行爲의 개념에 관하여는 外的인 結果를 야기시키는 意識 있는 擧動으로 파악하는 見解(이른바 因果的 行爲論),[3] 目的의 設定-手段의 選擇-目的의 實現과 같은 일련의 目的的 活動의 遂行으로 파악하는 見解(이른바 目的的 行爲論), 外部世界에 대한 意識 있는 社會的 行態로 파악하는 見解(이른바 社會的 行爲論),[4] 意思에 의해 支配可能한 結果를 수반하는 有責的이고 意味附合的인 現實의 形式으로 파악하는 見解(이른바 人格的 行爲論) 등이 있다. 어느 行爲論을 취하든 民 §750의 해석에 있어서는 별 차이가 없어 보인다.

둘째, 行爲의 개념에 不作爲가 포함되는가 하는 문제가 있으나, 行爲에는 作爲와 不作爲가 모두 포함된다는 데 대하여 아무런 異論이 없다. 作爲는 禁止規範에 의하여 금지되는 行爲를 하는 것이고 不作爲는 命令規範에 의하여 명령된 行爲를 하지 않는 것을 말한다. 그러므로 不作爲가 不法行爲로 되기 위하여는 作爲義務가 前提된다. 다시 말해서 不作爲는 그것이 違法性[5]을 띠는 경우에만 不法行爲가 될 수 있다.[6] 現實的으로 作爲와 不作爲를 나누어 언급할 필요는 거의 없다. 過失不法行爲의 영역에서는 作爲보다는 오히려 不作爲에 의한 加害가 더 많은 비중을 차지한다고 볼 수 있다.

督하는 者의 損害賠償責任", 金曾漢回甲紀念論文集, 1981, 566 이하. 또한 大判 66.10.4, 66다1535(集 14-3, 민 138)는 被用者의 違法行爲가 使用者의 監督怠慢行爲에 의한 것이고 또한 使用者에게 故意·過失이 있는 경우에는 使用者는 자신의 不法行爲로서 民 §750의 責任을 진다고 하였다. 특히 責任能力 있는 未成年者의 不法行爲로 인하여 損害가 발생한 경우 그 損害가 未成年者의 監督義務者의 義務違反과 相當因果關係가 있는 경우 監督義務者에게 一般不法行爲者로서 損害賠償義務를 인정하는 것은 大法院判例의 일관된 견해이다; 大判 93.8.27, 93다22357(公 1993하, 2627); 大判 97.3.28, 96다15374(公 1997상, 1205) 등 다수. 이러한 견해는 특히 民 §755의 弱點을 보완할 필요에서, 즉 責任能力者인 未成年者의 監督者에게 損害賠償責任을 부과하기 위한 현실적인 필요에 의하여 나타난 것이라고 할 수 있다. 同旨 日注民(19), 20.

3) 郭潤直, 債各, 473.

4) 李銀榮 敎授는 社會的 行爲論이 행위의 存在論的 構造와 規範的 構造를 관련시킨 社會的 意味 속에서 행위개념을 찾으려 하기 때문에 행위에 대한 社會的 責任으로서의 損害賠償責任을 잘 설명해 준다는 이유로 社會的 行爲論을 취한다고 하며, 不法行爲責任에서의 행위란 '行爲者의 意識 있는 結果指向의 行態로서 社會的으로 重要性을 갖는 것'을 가리킨다고 한다; 李銀榮, 債各(民 §750의 注解에서는 李銀榮, 債權各論 제3판, 1999年版을 뜻한다), 757. 한편 金疇洙, 債各, 600은 行爲란 "意思에 의한 外界의 操縱"이라고 한다.

5) 違法性에 관하여는 後述. 法令上의 作爲義務 없는 者의 不作爲이더라도 그것이 道德的 義務에 違反하는 것이어서 違法性을 인정할 수 있을 때에는 역시 不法行爲의 成立을 인정할 여지가 있다.

6) 異說 없음.

셋째, 他人의 行爲가 개입된 경우의 문제도 있다. 他人의 기계적인 行爲가 개입된 경우에는 그것이 그 他人의 行爲로 되는 것이 아니고 他人을 마치 도구나 기계로서 이용한 者의 行爲로 된다. 이 경우에도 他人을 이용한 者에게 故意·過失이 있어야 함은 물론이다. 他人의 適法行爲를 이용하여 第三者에게 損害를 가한 경우도 마찬가지이다.[7] 예를 들어 債權者가 실제로 權利 없이 假押留나 假處分을 한 경우에는 執達官[8]은 法規에 따라서 집행을 하는 것이지만 그 집행 자체가 허용될 수 없는 것이므로 債權者는 債務者에 대하여 違法한 加害를 한 것이 되고, 그 때 債權者에게 그러한 결과에 대하여 故意·過失이 있으면 자기의 行爲로서 責任을 진다.[9] 그러나 집행을 하였으나 그 집행방법이 부당하기 때문에 債務者나 第三者에게 損害를 준 경우에는 債權者가 그의 故意·過失로 執達官으로 하여금 집행방법을 그릇하게 하였다는 특별한 사정이 없는 한 債權者의 不法行爲는 성립하지 않는다.[10]

넷째, 法人의 不法行爲의 문제가 있다. 이에 관하여는 民 §35 注解 참조.

2. 故意와 過失 一般

不法行爲가 성립하려면 먼저 加害者의 故意 또는 過失이 있어야 함이 원칙이며, 이를 '過失責任의 原則'[11]이라 한다.

---

7) 同旨 金疇洙, 債各, 600; 金錫宇, 債各, 500.

8) 現行法上으로는 執行官이다.

9) 大判 65.6.15, 65다687(要集 민 1-2, 1200); 大判 66.7.26, 64다1306(要集 민 1-2, 1201) 등. 同旨 郭潤直, 債各, 473. 위 判例들은 그러한 경우 債權者의 故意·過失이 推定된다고 한다. 그러나 예를 들어 운송 도중 火災로 運送物이 全燒된 데 대하여 貨主가 運送人을 상대로 損害賠償請求權을 被保全權利로 한 假押留執行을 하고 本案訴訟이 大法院에서 破棄還送되자 訴를 取下하였지만, 그 事由가 失火責任에 관한 法律 所定의 "重大한 過失" 有無에 대한 法的 解釋 및 評價上의 차이에 기인한 것이라면 그 假押留로 인한 損害賠償責任이 있다고 할 수 없다; 大判 93.3.23, 92다49454(公 1993상, 1273).

또한 大判 74.6.11, 74다27(要集 민 1-2, 1204)은 被告가 訴外人에 대한 융자금을 회수하기 위하여 有體動産假押留決定에 따라 물건에 대한 假押留執行을 할 당시 그 보관자가 被告와 執達吏에게 그 물건은 訴外人의 소유가 아니고 原告 소유임을 누차 강조하였음에도 그 물건에 대하여 假押留執行을 하였다면 被告는 위와 같은 不法執行에 있어서 적어도 原告의 소유임을 알지 못한 점에 過失이 있다고 할 것이므로 이로 인하여 原告가 입은 損害를 賠償할 責任이 있다고 한다.

假押留申請 및 假押留執行에 있어서는 過失이 없었더라도 假押留執行 後에 被保全權利가 없었음을 알 수 있었는데도 그 執行을 유지하는 경우에는 過失이 인정될 수 있다; 大判 92.12.22, 92다28518(公 1993상, 561).

10) 大判 59.7.9, 4291민상44(集 7, 민 144).

11) 이는 獨逸의 'Verschuldensprinzip'를 옮긴 것인데, 'Verschulden'이 곧 '過失'을 의미하지 않는 한 이러한 번역은 정확하지 않고 오히려 '有責性原則'으로 새기는 것이 옳다고 하는 學者도 있다. 이는 不法行爲 成立要件으로서의 違法性의 本質은 무엇인가, 故意·過失, 특히 過失槪念을 어떻게 파악할 것인가, 違法性과 故意·過失의 相關關係는 어떠

民事責任의 發生原因의 하나인 不法行爲의 成立要件으로서의 故意와 過失은 원칙적으로 구별할 필요가 없다.[12] 刑事責任에 있어서는 그 成立에 원칙적으로 故意가 필요하고 過失에 관하여는 특별한 규정이 있는 경우를 제외하고는 成立하지 않기 때문에 故意와 過失을 구별할 것이 절대적으로 요구되는 것과는 전혀 다르다. 刑事責任에 있어서는 이와 같이 故意와 過失을 엄격히 구별하여야 하기 때문에 '未必的 故意'라든지 '認識 있는 過失'과 같은 槪念이 사용되지만 民事責任에 있어서는 故意와 過失의 境界線을 명확히 구별할 필요가 거의 없다.[13] 故意·過失 兩者 사이의 차이를 구태여 찾는다면 損害賠償의 범위나 賠償額의 산정에 있어서 달라지는 경우가 있을 수 있다는 것을 들 수 있을 것이다.[14] 즉 첫째로, 損害賠償의 범위는 이른바 相當因果關係에 의하여 정하여지는데,[15] 故意의 경우에는 過失의 경우보다도 特別事情에 의한 損害를 賠償하여야 할 경우가 많아질 것이다. 한편 財産的 損害額은 故意나 過失의 어느 경우에나 그 산정액에 있어서 차이가 없는 것이나, 非財産的 損害의 賠償 즉 慰藉料의 산정에 있어서는 故意의 경우에는 그것이 고려되고 賠償額이 느는 경우가 있을 수 있다. 또한 過失相計에 있어서도 故意는 무겁게 평가되는 차이가 있다. 둘째로, 民 §765에 의하여 過失에 의한 때에는 賠償義務者는 賠償으로 그의 生計에 중대한 영향을 미치게 될 경우에는 賠償額의 輕減을 法

한가 하는 등의 論議와 관련이 있다. 자세한 것은 徐光民, "不法行爲 成立要件으로서의 違法性과 故意·過失", 民法學의 回顧와 展望, 605-22 참조.

12) 그러나 金疇洙, 債各, 618-9는 이에 반대한다. 즉 故意不法行爲는 意思責任으로서 法律行爲에 있어서의 意思理論과 같은 歸責事由로 인한 不法行爲責任임에 반하여 過失不法行爲는 信賴責任으로서 法律行爲에 있어서의 信賴理論과 같은 歸責事由로 인한 不法行爲責任이므로 兩 責任의 歸責根據가 다르다고 한다. 그리하여 債權侵害 혹은 그와 관련한 第三者의 擔保權侵害와 같이 故意行爲의 경우에만 損害賠償이 인정되는 不法行爲類型에서는 過失 있는 侵害行爲의 경우에는 不法行爲가 성립하지 않는 차이가 있고(金疇洙 敎授는 國家賠償法 §2Ⅱ이 公務員 個人에 대한 求償權을 '故意 또는 重大한 過失'이 있는 때로만 한정시키는 것도 故意와 過失의 차이를 가리키는 것이라고 한다), 故意와 過失에 따라 損害賠償의 範圍나 損害賠償額의 決定에 차이를 가져오는 경우가 있는데, 이러한 것은 단순히 연속된 비난의 정도의 차이가 아니라 歸責事由가 다르다는 質的인 차이라고 한다.

또한 徐光民 敎授는 損害賠償責任으로서의 不法行爲責任이 성립하는 데 加害者에 대한 個人的 非難可能性, 즉 規範的 有責性論이 의미하는 바의 有責性은 반드시 필요한 요건이 아니고, 故意不法行爲와 過失不法行爲의 歸責根據는 종래 생각되어 온 것처럼 동일한 것이 아니며, 損害賠償의 범위와 관련하여 故意不法行爲와 過失不法行爲의 責任을 동일하게 취급하는 民法의 태도가 과연 타당한가 하는 立法論的 의문도 제기하게 된다고 한다; 徐光民(註 11), 622.

13) 同旨 郭潤直, 債各, 477-8; 李太載, 債各, 458.

14) 李太載, 債各, 458.

15) 이 점에 관하여는 後述 '因果關係' 항목 참조.

院에 請求할 수 있으나 그 不法行爲가 故意나 重大한 過失에 의한 것일 때에는 비록 賠償을 함으로써 자기의 生計에 중대한 영향이 있게 되더라도 賠償額의 輕減을 法院에 請求하지 못하는 차이가 있게 된다. 그러나 法院實務上 賠償으로 生計에 중대한 영향을 미치게 된다는 이유로 責任의 輕減을 主張하거나 그와 같은 主張이 받아들여지는 경우는 희소하다. 이는 損害擔保制度, 특히 保險制度의 발전에 연유하는 바도 있다고 생각된다.

이처럼 不法行爲의 성립에는 故意·過失을 구별하지 않으므로 被害者가 損害賠償을 청구하는 경우에도 故意 또는 過失에 의하여 損害가 발생하였다는 사실만 들면 되고 그 어느 쪽에 의한 것이냐를 확정해서 主張할 필요가 없으며, 法院으로서도 當事者의 主張에 관계없이 인정할 수 있다. 즉 被害者가 加害者의 過失을 主張하였을 뿐인 경우에도 加害者의 故意를 인정할 수 있고, 그 반대도 무방하다.[16] 判例도 故意에 의한 不法行爲를 原因으로 한 損害賠償責任의 主張에는 만일 故意는 없으나 過失이 인정될 경우에는 過失에 의한 不法行爲를 原因으로 한 損害賠償을 바라는 主張도 포함되어 있다고 보아야 하므로 被告에게 故意가 있었음을 인정할 수 없다고 하여 過失의 점에 관하여 審理判斷하지도 아니한 채 바로 原告의 主張을 배척할 수 없다고 한다.[17]

3. 故 意

(1) 故意의 槪念

일정한 결과가 발생하리라는 것을 알면서 감히 이를 행하는 心理狀態가 故意이다. 과거에는 故意를 일정한 결과의 발생의 의욕, 즉 일정한 결과를 발생케 하려는 意思를 가지고 行爲를 하는 것이라고 새기는 見解가 있었으나(이른바 '意思主義'), 오늘날에 있어서는 그러한 意思가 없더라도 일정한 결과의 발생에 대한 認識을 가지고 실제로 그런 결과가 일어나도 좋다는 생각을 가지고 行爲를 하는 때에는 故意를 인정하는 것이 일반적이다(이른바 '觀念主義').[18]

16) 同旨 郭潤直, 債各, 478; 金錫宇, 債各, 499; 李太載, 債各, 457-8. 反對 金疇洙, 債各, 620(故意와 過失은 歸責根據가 다른데 이와 같이 歸責이 다른 不法行爲에 관하여 故意만 주장하고 있는 것이 명백한 경우에 '過失'을 인정하여 被告를 敗訴시키는 것은 辯論主義에서 볼 때 의문이라고 한다).

17) 大判 90.3.27, 89다카22715(公 1990, 962); 大判 95.12.22, 94다21078(公 1996상, 466) 등.

18) 郭潤直, 債各, 474; 金基善, 債各, 401; 李太載, 債各, 458; 金錫宇, 債各, 497.

(2) 違法의 認識問題

故意에 있어서 認識이라고 하는 것은 客觀的으로 違法으로 되는 侵害를 누군가 他人에게 가한다고 함에 관한 認識으로 충분하고, 行爲者의 主觀에 있어서는 적어도 他人에게 損害를 입힐 것이라는 점에 관한 認識이 있으면 충분한 것으로써 그 加害가 違法하다는 것을 主觀的으로도 認識하고 있을 것(違法의 認識)은 필요하지 않다고 보는 것이 일반적이다.[19] 이에 대하여는 違法性의 認識을 필요로 한다고 보는 見解도 있으나, 이 見解도 그 認識이라고 하는 것이 누군가 他人에게 損害를 가한다는 認識이 있으면 족한 것이지 어떤 특정의 사람에게 損害를 가한다는 認識까지는 필요하지 않다고 한다.[20]

4. 過　失

(1) 過失의 概念

果責主義的 不法行爲의 歸責根據로서 故意·過失을 主觀的 要素로, 違法性을 客觀的 要素로 드는 것이 일반적인 見解이다. 그런데 民事法에 있어서는 主觀的 要件으로서의 故意와 過失을 같은 범주 속에 넣고 있으며 損害賠償責任이라는 효과의 발생에 있어서 故意와 過失은 동등하게 취급되고 있다. 그러나 主觀的 要件으로서의 過失概念은 損害와 損害惹起行爲 사이의 관련성을 어떻게 파악하느냐에 따라 커다란 차이를 보여 주고 있으며, 이러한 過失概念의 차이는 결과적으로 責任體系全般에 대하여 커다란 혼란을 야기하고 있다.

過失이라 함은 일정한 결과가 발생한다는 것을 알고 있었어야 함에도 불구하고 不注意, 즉 注意를 게을리하였기 때문에 그것을 알지 못하고서 어떤 行爲를 하는 心埋狀態를 말한다는 것이 종래의 通說이다.[21] 過失을 위와 같은 心理狀態로 파악함으로써 過失 有無는 行爲者에게 결과발생에 대한 豫見可能

---

19) 郭潤直, 債各, 474; 金基善, 債各, 401; 金錫宇, 債各, 497; 金疇洙, 債各, 604. 同旨 大判 2002. 7. 12, 2001다46440(公 2002하, 1943).

20) 幾代通·德本伸一, 不法行爲法, 有斐閣, 1993, 26. 大判 77. 12. 27, 77다550(集 25-3, 민 426)도 "불법점거에 의한 불법행위의 성립에 필요한 고의과실은 권원 없이 점용함으로써 누군가에게 손해가 생길 사실에 대하여 있으면 족하고, 어느 특정인에게 손해가 생길 사실에 대하여는 필요없다"고 한다.

한편 故意의 인정에 違法性의 認識을 필요로 하는가의 문제에 관하여는 刑法學의 多數說인 責任說을 취하여 違法性의 認識 또는 認識可能性은 故意의 要素가 아니라 責任要素이며, 違法性이 認識된 경우에는 行爲者에 대하여 適法行爲의 결심이 가능함에도 불구하고 違法行爲를 결심하였다는 非難可能性이 존재하게 되는데 이것은 또 하나의 責任成立要素를 이룬다고 설명하는 學者도 있다; 李銀榮, 債各, 784-5

21) 郭潤直, 債各, 475; 金基善, 債各, 401.

性과 回避可能性이 있었는가를 기준으로 하여 판단하게 된다. 그러나 이에 대하여는 加害者가 法規範上 자기에게 부과된 注意義務를 해태함으로써 他人에게 損害를 입힌 경우에 過失이 인정되는 것으로서, 行爲者의 豫見可能性이나 回避可能性이 있다고 해서 언제나 注意義務의 懈怠가 있다고 볼 수 없으며 또한 過失이 있다고 볼 수도 없고, 豫見可能性과 回避可能性은 注意義務의 결정단계 안에 흡수되어 참작된다고 보는 見解도 있다.[22] 아무튼 注意義務를 게을리하면 過失이 있다고 보게 되는데, 行爲者에게 부과되는 注意義務의 정도는 一般人의 능력을 기준으로 客觀的으로 결정할 것인가, 아니면 특정 行爲者의 능력을 기준으로 主觀的으로 결정할 것인가에 관하여 客觀的 過失說과 主觀的 過失說이 대립한다.

過失의 槪念 내지 對象과 관련하여 法律의 不知 내지 錯誤에 의하여 자신의 행위를 適法하다고 믿은 경우의 문제가 있다. 이 경우 본래 그것이 違法하다는 것을 알 수 있었을 것이기 때문에 適法하다고 믿은 점에서 당연히 過失이 있다고 단정하기는 어렵다. 法律의 存在 자체는 명확한 것이지만 그 解釋에 관하여 다툼이 있고 訴訟結果 그것이 違法한 것으로 確定되었다 하더라도 그 違法性에 관한 判例가 變更된 때와 같은 경우에는 過失이 있다고 할 수 없을 것이다. 다만 行爲者는 일반적으로 法律을 알고 행동하였을 것이기 때문에 통상은 그것을 알지 못한 것에 관하여 過失이 있다고 推定되고 反證이 없는 한 過失을 인정하는 것이 옳을 것이다.[23]

團束法規違反과 過失의 관계에 대하여도 약간의 검토를 필요로 한다. 危險性이 있는 事業에 대하여는 그 危險을 방지하기 위하여 各種의 團束法規가 마련된 경우가 있다. 이러한 團束法規에 違反하면 通常的으로는 過失이 있다고 볼 것이나, 團束法規에 違反하였다고 하여서 당연히 過失이 있는 것은 아니다. 團束法規가 타당하지 않은 엄격한 요구를 하거나 또는 실제상 불가능한 것을 요구하면 그에 違反하여도 過失이 없다고 보아야 할 경우도 있을 수 있기 때문이다. 그러나 一般論으로서는 團束法規違反이 있으면 일응 過失이 있는 것으로 推定하는 것이 타당할 것이다.[24]

反面에 團束法規를 遵守하였다고 해서 반드시 過失이 없는 것도 아니다. 團束法規는 一般的·槪括的으로 規定할 뿐으로서 필요로 하는 모든 것을 망라

22) 李銀榮, 債各, 741-2.
23) 日注民(19), 23. 大判 93.3.23, 92다49454(公 1993상, 1273) 참조.
24) 金疇洙, 債各, 617.

하여 規定하지는 않는 까닭이다. 따라서 團束法規 밖에서 요구되는 注意義務가 따로 있는 때에는 團束法規에는 違反하지 않았더라도 다른 注意義務에 違反하고 있으면 역시 過失 있는 것으로 되는 수가 있을 것이다.[25]

(2) 過失의 理論的 意義

(가) 心理狀態와 行爲義務違反 많은 學說에 의하면 過失이란 違法한 결과의 발생을 예견할 수 있었음에도 불구하고 不注意 때문에 이를 예견하지 못하였다고 하는 心理狀態라고 한다. 이와 같이 過失을 하나의 心理狀態, 즉 일종의 意思의 긴장의 결여라고 이해하는 것은 近代市民法을 관통하고 있는 個人意思自治原則의 不法行爲法上의 표현형식이라고 할 수 있는 過失責任의 原則의 해석으로는 자연스러운 것이다. 이에 대하여 우리 나라나 日本의 判例는 일반적으로 民法 제정 당초부터 過失이란 어떤 상황하에서는 일정한 行爲(作爲 또는 不作爲)를 하여야 함에도 이를 하지 않았다고 하는 일종의 行爲義務違反을 뜻하는 것으로 설시해 왔다.[26]

그러나 過失을 心理狀態로 보는가 결함 있는 行爲로 보는가의 차이는 실질적으로는 별로 큰 문제가 아니다. 왜냐하면 意思의 긴장을 결한 心理狀態라고 하여도 그것은 현실의 法的 處理의 과정에서는 무엇인가 外部的인 容態를 가지고 판단할 수밖에 없기 때문이다. 또 豫見義務가 있다고 하여도 거기에서 단순히 豫見을 위한 豫見, 認識을 위한 認識이 문제되는 것이 아니고 결국은 違法한 결과의 발생을 防止 내지 回避한다고 하는 무엇인가 外形的 行爲를 기대한 豫見이나 豫見義務가 문제로 되는 것이고 그러한 의미에서 결국 인간이 현실로 한 行爲와 하여야 했던 行爲와의 간격이 문제된다고 할 수 있다. 逆으로 行爲義務違反이라고 하는 다분히 客觀的인 언어로 표현되는 경우에도 거기에서는 어디까지나 人間의 行爲가 문제로 되는 이상 人間의 意識이나 心理를 배제한 채 行爲를 운위할 수 없는 것이기 때문이다.[27]

25) 金基善, 債各, 402-3; 金錫宇, 債各, 498; 金疇洙, 債各, 617.

26) 幾代通·德本伸一(註 20), 31-2; 金基善, 債各, 401 등 참조. 특히 金疇洙, 債各, 610-2는 學說이 心理狀態를 過失의 핵심으로 하는 데 반하여 實務가 行爲義務違反을 핵심으로 하는 이유는, 첫째, 法官이 구체적인 사건에서 각각 行爲義務를 설정하는 방법을 통하여 적절한 不法行爲法的 保護를 주기 위한 것, 즉 각 구체적 사건의 利益衡量을 쉽게 하기 위한 概念規定을 만들려고 하는 것, 둘째, 過失을 行爲者의 內心的인 心理狀態라고 하면 그 立證이 쉽지 않으므로 이것을 立證이 용이한 客觀的인 行爲可能性으로 바꾸어 놓음으로써 被害者保護를 더 쉽게 하려는 것, 셋째, 裁判結果를 當事者에게 쉽게 說得시키기 위한 것, 넷째, 사람들에게 일정한 行爲基準을 제시함으로써 그와 같은 法의 使命을 다 하게 하기 위한 것 등으로 추측된다고 한다.

27) 金基善, 債各, 401도 "論理的으로 보아서 結果의 回避는 結果發生의 豫見이 있어야만

(나) 豫見可能性과 回避可能性 過失을 하나의 心理狀態로 보는가 行爲義務違反으로 보는가는 다분히 哲學的인 思考나 表現의 문제라고 하여도 그 중에서 前者의 입장은 결과발생을 예견할 수 있음에도 不注意로 예견하지 못한 것을 過失이라고 생각하기 때문에 豫見可能性이 있는 것 같은 결과에 관하여는 당연히 그 발생을 방지 내지는 회피할 行爲義務가 있다고 하는 해석을 도출해내기 쉽다. 이와 같이 豫見可能性을 過失의 중심적인 내용으로 생각하는 입장을 豫見可能性說이라고 한다. 이 見解는 過失에 관한 學說에 있어서는 通說的인 지위를 점하고 있다. 이에 대하여 위에서 본 제 2 의 입장, 즉 過失을 하나의 行爲義務違反으로 보는 見解는 결과의 발생을 회피하는 것이 가능하고 또 그 回避義務負擔이 사회적으로 타당시되는 한도에서 회피할 의무를 지고 그러한 의무에 위반하는 것이 過失이라고 해석한다. 이 見解는 결과의 발생에 관하여는 예견하였거나 예견하였어야 할 경우에도 기업활동을 수행하면서 相當 내지는 最善의 방지설비를 갖춘 때에는 損害가 발생하여도 過失이 없다고 한다. 즉 여기에서 過失이 없었다고 하기 위해서는 기술적 또는 경제적인 의미에서의 최선의 방지·회피조치를 할 것이 요구되지만 行爲 그 자체를 하지 않는다고 하는 不作爲에 의한 회피가 당연히 포함되는 것은 아니다. 이러한 입장을 回避可能性說이라고 하지만 그것은 企業의 操業의 자유와 操業을 하면서 경우에 따라서는 他人에게 損害를 가할 자유까지를 보장하는 것이 되어 산업보호에 편중된 사고방식이라는 비판을 받는다.

豫見可能性說에 의하면 예견가능한 범위 내의 결과, 즉 損害에 관하여는 최선의 방지조치를 강구할 의무가 있고 만일 최선의 방지조치를 강구하여도 損害의 발생을 방지할 수 없는 것이라면 당해 行爲를 행하지 아니함에 의하여 결과발생을 회피하여야 한다고 보게 된다. 이러한 見解는 특히 근자에 產業公害가 크게 문제로 된 상황에서 주목을 끈다. 한편 回避可能性說은 거기에서 요구하는 방지조치의 相當性 내지는 最善性의 수준을 높이면 실질적으로는 豫見可能性說과 具體的으로 過失을 인정함에 있어서 근접하는 결과로 된다.

이와 같이 過失의 中核的 內容을 豫見可能性으로 볼 것인가 回避可能性으로 볼 것인가 하는 문제는 次元을 달리 하여 종래 不法行爲의 성립을 위한 主觀的 要件으로 인식되어 온 過失의 문제와 客觀的 要件으로 인식되어 온 違法

비로소 가능하므로 兩者는 밀접한 관계가 있는데다가 判例는 結果回避의 不可能을 쉽사리 인정하지 않음이 일반적이다. 그러므로 어느 見解에 따르더라도 過失 認定의 結論에 사실상 거의 다를 바가 없다"고 한다.

性의 문제를 통합하여 파악하려고 하는 새로운 시도로 나타나기도 한다.[28)]

回避可能性說과 豫見可能性說의 차이는 예견되는 違法한 결과 및 그 蓋然性과 그러한 결과를 회피하기 위한 行爲의 코스트(cost)와의 比較衡量을 인정할 것인가에 있다고 할 수 있다. 그리하여 어떠한 行爲에 관하여 일률적으로 豫見可能性說을 취한다면 被害者의 구제는 충분히 보장될 수 있을 것으로 보이지만 예견하여야 할 대상을 넓게 본다면 여러 가지 사업 등 무엇인가 사회적 활동을 하려고 하는 사람에게는 不法行爲制度가 지나친 구속이 되어버릴 우려가 있고 사회에서 발생한 損害를 합리적으로 분담시켜야 할 不法行爲法의 準則으로서는 타당성을 잃을 수 있다. 거기에서 문제된 行爲의 종류에 따라 어떤 종류에 관하여는 豫見可能性을 過失의 中核으로 하고 또 다른 종류에 관하여는 回避可能性을 過失의 中核으로 하는 방법도 생각해 볼 수 있다. 다만 그렇게 보는 경우 行爲의 종류를 나누는 기준을 어디에 둘 것인가가 곤란한 문제이지만 예를 들면 潛在的인 加害者와 潛在的인 被害者와의 사이에서 損害의 발생을 회피하기 위한 注意義務의 客觀的 配分이 사회적으로 승인되는 경우에는 回避可能性說을 취함이 적절할 것이고, 예를 들어 產業公害에 관하여는 豫見可能性說이 타당하다고 볼 수 있을 것이다. 또한 豫見可能性說을 취하는 경우에도 回避可能性說에서 요구되는 방지조치의 범위와 마찬가지로 거기에서 예견하여야 할 대상으로서 어느 정도의 것까지 넣어서 생각할 것인가에 의하여 결론이 달라진다. 즉 예견하여야 할 대상인 사항을 매우 높게 파악하면 過失責任이라고 하면서도 실질적으로는 無過失責任 내지는 단순한 結果責任과 다름이 없는 法的 處理를 의미하게 된다. 거기에서 過失의 成立要件으로서의 豫見可能性이란 순수히 哲學的인 의미에서의 豫見可能性이 아니고 不法行爲制度의 관점으로부터의 法的 評價를 더한 의미에서의 豫見可能性이라고 해석한다면 일률적으로 豫見可能性을 過失의 中核으로 보는 입장을 취하여도 위와 같이 二元的인 기준을 취하는 경우와 결과적으로 차이가 없게 된다. 그 밖에 널리 단순한 豫見可能性을 기준으로 하여 過失有無를 판정하는 입장을 취하여도 違法性의 관점에서 문제를 조절할 수 있다고 보는 見解도 있다.[29)] 이와 같이 여러 가지로 過失概念을 구성하여도 이른바 主觀的인 要件으로서의 故意·過失과 이른바 客觀的인 要件으로서의 違法性의 兩者는 매우 밀접하게

28) 이에 관하여는 後述 '故意·過失 및 違法性 概念의 位置와 相互關係' 항목 참조.

29) 幾代通·德本伸一(註 20), 38 참조.

연관되어 있는 문제임을 알 수 있다.

우리 나라 判例의 主流는 豫見可能性을 過失의 기본요소로 보고 있는 듯하다. 예를 들면 학생들 사이에 일어난 사고에 대한 교장 또는 교사의 보호·감독의무위반 여부가 문제로 된 사안에서 "학교법인이 설치·경영하는 학교의 교사는 학생을 보호·감독할 의무를 지는 것이나 이러한 교사의 감독의무는 학교 내에서의 학생의 전 생활관계에 미치는 것이 아니고, 학교에서의 교육활동 및 이와 밀접불가분의 관계에 있는 생활관계에 한하며, 그 의무범위 내의 생활관계라 하더라도 사고가 학교생활에서 통상 발생할 수 있다고 하는 것이 예측되거나 또는 예측가능성(사고발생의 구체적 위험성)이 있는 경우에 한하여 교장이나 교사는 보호·감독의무 위반에 대한 책임을 진다고 할 것이며, 위의 예측가능성에 대하여서는 교육활동의 때, 장소, 가해자의 분별능력, 가해자의 성행, 가해자와 피해자와의 관계, 기타 여러 사정을 고려하여 판단할 필요가 있다"고 한다.[30] 반면에 李銀榮 教授는 우리 나라의 判例가 行爲者의 注意義務를 그의 地位·職業·기타 狀況을 기초로 抽象的으로 想定하고, 注意義務의 내용은 '事故의 발생을 미연에 防止할 措置를 취하여야 할 義務'라고 파악하는데, 이는 不法行爲에 있어서의 過失을 結果(危險)에 대한 豫見可能性에서 구할 것인가 또는 結果의 回避可能性에서 구할 것인가의 論爭 중에서 後者 즉 危險回避義務說을 취한 것이라고 해석된다고 하고, 또한 判例는 注意義務를 명목상은 危險防止義務(結果回避義務)로서 구성하고 있으나 실제 運用에 있어서는 현실적으로 防止가 가능했는가를 고려하지 않고 政策的 判斷을 함으로써 현대사회의 危險責任(無過失責任)에 대한 욕구를 충족시키고 있다고 설명한다.[31] 李銀榮 教授의 이와 같은 說明도 상당 부분 妥當性을 가지고 있는 것으로 보이지만 우리 나라의 判例가 일반적으로 回避可能性說을 취하고 있다고 단정하기는 어려울 것이다. '事故의 발생을 미연에 防止할 措置를 취하여야 할 義務'에 違反한 것을 過失이라고 보았다 하더라도 그러한 義務가 인정된 상황은 대개 結果의 發生을 豫見할 수 있었는데도 豫見하지 못한 경우이기 때문이다.

30) 大判 95.12.26, 95다313(公 1996상, 522). 同旨 大判 93.2.12, 92다13646(公 1993상, 960); 大判 94.8.23, 93다60588(公 1994하, 2502); 大判 97.2.14, 96다38070(公 1997상, 753); 大判 99.9.17, 99다23895(公 1999하, 2192); 大判 2002.5.10, 2002다10585, 10592(公 2002하, 1377) 등.

31) 李銀榮, "不法行爲法에서의 注意義務(上), (下)", 判例月報 190호(86.7.) 17-28, 191호(86.8) 22-37.

(3) 抽象的 過失과 具體的 過失

加害者가 무엇인가 損害를 야기시킬 수 있으리라는 것을 알면서도 그러한 行爲를 한 것을 故意라고 한다면 過失은 주의깊게 行爲하였더라면 특정한 損害가 발생하지 않았을 경우에 인정된다. 그러므로 過失은 일정한 注意義務를 위반한 것을 뜻한다. 여기에서 일정한 注意義務가 있었는지의 여부를 판단하기 위하여는 行爲를 어떻게 파악할 것인가 하는 문제가 대두된다. 이 점에 관하여는 두 가지 방법이 있을 수 있는데, 具體的(in concreto) 評價와 抽象的(in abstracto) 評價가 그것이다. 過失을 具體的으로 평가한다는 것은 行爲者의 心理狀態를 검증하고 그의 意識에 무엇인가 비난할 만한 것이 있었는지를 찾아내는 것이라고 할 수 있는 반면에 過失을 抽象的으로 평가한다는 것은 동일한 상황에 처해 있는 다른 사람이었다면 어떤 行爲를 하였을 것인가를 판단하는 것, 즉 抽象的 形態의 行爲와 비교하는 것을 뜻한다.

過失은 비록 그것이 重過失인 경우에도 抽象的으로 평가하여야 한다. 수술상 과오를 저지른 外科醫師를 상정해 보자. 그의 意識에 따르면 그는 비난할 것이 없다. 그는 수술을 성공리에 마쳤다고 생각한다. 그의 過失을 具體的으로 평가하는 경우에는 被害者에 대한 損害賠償을 부인하여야 한다. 그러나 주의깊은 醫師였더라면 취했을 것으로 보이는 조치를 취하지 않았음이 분명하다면 어느 누구도 그 醫師의 民事上 損害賠償責任을 부정하지 않을 것이다. 자신의 반사신경에 대하여 확신을 가진 운전자가 過速한 경우도 마찬가지이다. 그 자신은 합리적으로 운전했다고 생각할 것이다. 그러나 그와 같은 운전으로 사고를 일으켜 他人에게 부상을 입혔다면 마땅히 그로 인한 損害를 賠償하여야 한다. 이처럼 不法行爲의 成立要件으로서의 過失은 抽象的 過失만이 문제된다.

또한 過失의 抽象的 評價를 통하여 民事責任과 刑事責任의 구별이 더욱 명확해진다.[32]

한편 注意義務의 存否는 行爲者를 기준으로 하지 않고 行爲者의 職業·地

---

32) 刑事責任에 있어서도 예외적으로 過失이 문제되나, 刑事責任으로서의 過失과 民事責任으로서의 過失의 認定은 그 정도에 있어서 다르다. 前者는 後者에 비하여 보다 엄격히 다루어진다. 그러므로 刑事上 過失 없음이 判示되었다고 하여 반드시 民事上의 無過失을 뜻하는 것은 아니다; 李太載, 債各, 460-1.

그러나 同一事件에서 刑事裁判과 民事裁判의 '過失'의 判定이 다른 것은 비록 後者에는 辯論主義의 制約이 있다고 하지만 法的 安定性에 비추어 바람직한 것은 아니라는 지적(金疇洙, 債各, 618)은 새겨 들을 만하다.

位 등에 속하는 通常人으로서 하는 注意, 즉 善良한 管理者의 注意(民 §324, §374, §681 등 참조)를 하지 않음이 抽象的 過失이고, 行爲者가 各自의 能力에 따라서 日常 自己의 事務를 처리하는 데 要하는 注意, 소위 '自己 財産과 同一한 注意'(民 §695), '自己의 財産에 관한 行爲와 同一한 注意'(民 §922), '固有財産에 대하는 것과 同一한 注意(民 §1022)'를 하지 않음이 具體的 過失이라고 설명되기도 한다.[33)]

(4) **客觀的 過失說과 主觀的 過失說**

일반적으로 民事上 過失與否를 판단함에 있어서 主觀的인 고려를 해서는 안 된다는 의미에서 '主觀的 過失'에 대응하는 '客觀的 過失'이라는 개념을 사용한다. 다만 이와 같은 표현은 客觀的 過失(faute objective)과 客觀的 責任(responsabilité objective)을 혼동할 염려가 있다는 점을 들어 가급적 사용하지 않는 것이 바람직하다는 見解도 있다.[34)] 過失을 분석함에 있어서 主觀的인 고려를 거부한다는 것은 無過失責任을 받아들이는 것으로서 危險理論에 연결되기 때문이라는 것이다.

무릇 무엇인가 과오를 가려내는 것은 어려운 일이 아니다. 그런데 加害者에게 責任을 부과함에 있어서 그의 行爲에 대한 검증을 거부하는 것(危險理論)과 다른 사람이라면 다르게 행동하였을 것으로 인정되는 경우에만 責任을 부과하는 것(過失의 抽象的 評價)은 서로 별개의 문제이다. 客觀的 責任理論에서는 모든 加害者에게 責任을 묻는다. 이른바 客觀的 過失理論에서는 주의깊은 사람이라면 기울였을 注意義務를 해태한 경우에만 加害者에게 責任을 인정한다. 反面에 이른바 主觀的 過失理論에서는 加害者에게 歸責性이 인정될 경우, 즉 加害者의 認識에 있어서 무엇인가 비난가능한 점이 있을 때에만 責任을 인정한다. 따라서 危險

33) 郭潤直, 債各, 475; 金基善, 債各, 401; 金疇洙, 債各, 612-3. 多數說은 이처럼 '無償行爲에 있어서의 注意義務輕減'을 過失의 종류로서 이해하여 通常의 過失을 '抽象的 過失', 그리고 無償行爲에 있어서의 過失을 '具體的 過失'이라고 부른다. 이에 대하여 李銀榮 教授는 다음과 같이 설명한다. 즉 "위 경우를 過失의 종류로 이해하는 것은 잘못이다. 이는 過失의 종류에 관한 문제가 아니라 過失의 前提가 되는 注意義務에 輕重의 차이가 있는 것이다. 또한 過失의 개념에 관해서는 客觀的 過失說과 主觀的 過失說이 대립하고 있는데, 通常의 過失을 抽象的 過失로 이해하는 것은 客觀的 過失說에서만 타당하므로 用語 자체가 어느 한 學說에만 치우치게 된다. 具體的 過失이 의무자 개인의 능력을 기준으로 하는 것은 아니다. 그 의무자가 通常人보다 우수한 능력을 갖는 경우에도 그것은 고려되지 않고 具體的 過失이란 다만 通常人의 注意義務보다 낮은 정도의 注意義務를 부과하는 것으로 이해된다. 그렇다면 '抽象的 過失', '具體的 過失'이란 用語는 개념의 혼란만을 초래하는 부적절한 것이므로 사용할 필요가 없다고 생각된다"고 한다; 李銀榮, 債各, 795-6.

34) Mazeaud, Leçon de Droit Civil, tome 2, premier volume(Obigations: théorie générale), 1985, 444-6.

理論을 신봉하는 者는 加害者의 行爲에 대하여는 평가하려 하지 않는다. 반대로 過失理論을 추종하는 者는 그 行爲에 대하여 판단한다. 그리하여 그 行爲上의 過誤가 인정될 경우에만 責任을 인정한다. 그러나 行爲上의 過誤를 판단하는 기준은 이른바 主觀的 過失을 취하는가 아니면 이른바 客觀的 過失을 취하는가에 따라 달라진다.

(カ) 客觀的 過失說 이 說에 의하면 過失은 '일정한 결과가 발생한다는 것을 알고 있어야 함에도 불구하고 不注意, 즉 注意를 게을리하였기 때문에 그것을 알지 못하고서 行爲를 하는 心理狀態'라고 하며, 不法行爲에 있어서의 過失은 抽象的 輕過失이 원칙이고 抽象的 輕過失이라고 함은 기울여야 할 注意(注意義務)를 게을리하는 것으로서 그 注意의 정도는 그 때 그 때의 具體的 事例에 있어서의 標準人·普通人을 기준으로 하며, 그 이외에 그 사고로부터 생기는 危險의 大小 내지 被侵害利益의 大小에 의하여 注意義務의 정도가 변하게 되어 예컨대 生命·身體에 직접 어떤 피해를 줄 위험이 큰 醫師·運送事業者·食品製造販賣業者 등은 더 무거운 注意義務를 진다고 한다. 判例도 '불법행위에 의한 손해배상의무의 전제가 되는 과실의 유무와 그 과실의 경중에 관한 표준은 그 개인에게 관한 구체적 사정에 의하여 결정되는 것이 아니고 일반적인 보통인으로서 할 수 있는 주의의 정도를 표준으로 하여야 할 것이며 위의 일반적 보통인이라 함은 추상적인 일반인을 말함이 아니고 그와 같은 업무와 직무에 종사하는 사람으로서는 보통 누구나 할 수 있는 주의의 정도를 표준으로 하여 그 과실 유무를 논하여야 한다'거나[35] '불법행위로 인한 손해배상책임에 있어서의 과실이라 함은 통상적인 사람을 기준으로 하여 마땅히 하여야 할 의무를 태만히하였거나 또는 하지 아니하면 아니 될 의무를 이행하지 아니한 경우를 가리켜 뜻하는 것으로 그와 같이 하지 아니한 것이 불가항력이었다면 거기에 과실이 있다고 할 수 없다'고 한다.[36]

客觀的 過失說이 우리 나라의 通說[37]이며 위와 같이 判例가 취하는 見解이다.

35) 大判 67.7.18, 66다1938(集 15-2, 민 194). 大判 2001.1.19, 2000다12532(公 2001상, 502)도 '불법행위의 성립요건으로서의 과실은 추상적인 과실만이 문제되는 것이고, 이러한 과실은 사회평균인으로서의 주의의무를 위반한 경우를 가리키며, 다만 여기서의 사회평균인이라고 하는 것은 추상적인 일반인을 말하는 것이 아니라 그때 그때의 구체적인 사례에 있어서의 보통인을 말하는 것'이라고 한다.

36) 大判 79.12.26, 79다1843(公 1979, 12494).

37) 郭潤直, 債各, 477; 金基善, 債各, 401-2 등.

(나) 主觀的 過失說 主觀的 過失說을 主張하는 學者들에 있어서 '主觀的 過失'의 내용이 모두 같은 것은 아니나 공통적인 점은 過失을 有責性의 일종으로 파악한다는 것이다. 여기에서 有責性이란 行爲者에 대한 非難可能性을 말한다.

日本의 石田은 過失은 不法行爲規範이 방지하려고 한 損害의 발생을 行爲者가 認識할 수 있었음에도 불구하고 이를 認識하지 못하거나 또는 認識하였음에도 불구하고 이를 忍容하지 아니하고 이 規範에 반하는 行爲를 하는 것이라고 설명하며, 독일의 Sieber는 注意 자체는 行爲者의 개인적 관계에 의하여 정하여지는 것이 아니고 사회생활에 있어서의 客觀的 尺度에 의하여 정하여지는 것이지만 이와 같이 客觀的으로 필요한 注意를 태만히함으로써 責任을 질 것인가 지지 않을 것인가 하는 것은 당해 行爲者의 개인적 상황에 의하여 정해지는 것이고, 主觀的 有責性은 客觀的 尺度에 의하여 측정되는 것이 아니므로 過失은 客觀的으로 사회생활상 필요한 注意를 行爲者의 개인적 능력에 의하여 지킬 수 있었는데도 불구하고 이를 태만히하여 지키지 못한 경우에 한해서 인정된다고 한다. 또 von Tuhr는 法律이 義務로 정한 注意의 尺度는 客觀的이고 抽象的인 것으로서 行爲者의 개인적인 見解나 慣習에 의하여 정하여지는 것이 아니라 사회생활을 위하여 필요로 하는 기준에 의하여 정하여지는 것이지만 이 客觀的 尺度에 따라 필요한 注意를 태만히한 것에 대하여 당해 行爲者에게 責任이 돌아가는 것은 그의 정신적·육체적 능력에 비추어 필요한 注意를 認識하고 지킬 수 있는 경우에 한하는 것이므로 過失은 有責性의 한 종류라고 한다. 그리고 Nipperdey에 의하면 行爲者에게 過失責任이 귀속되는 것은 그의 人的·個別的 能力에 비추어 사회생활상 필요로 하는 注意의 태만으로 인한 損害를 피할 수 있는 경우에 한한다고 하고, 注意義務를 태만히한 行爲는 違法한 行爲이지만 이 違法한 行爲를 다시 그 行爲者의 人的·個人的 能力에 비추어서만 行爲者를 비난할 수 있다고 보아 有責性을 違法性과 구별한다. von Caemmerer 역시 過失을 인정하기 위하여는 行爲者가 具體的 狀況에 있어서 法的으로 요구되는 客觀的 注意義務를 그의 개인적 능력에 의하여 인식할 수 있고 또 성취할 수 있는 경우여야 한다고 하고, Ernst Wolf는 過失은 곧 有責性으로서, 일정한 지식과 능력을 가진 개인이 일정한 상황하에서 발생가능한 결과나 그의 행태의 不法可能性을 알 수 있었음에도 불구하고 알지 못한 것이고, 故意나 過失은 그 내용상 개인적인 것이므로 특히 過失의 유무는 行爲者 개인의 지식이나 능력과 개별적 상황에 따라 개인적 인식가능성 및 결정가능성 여하에 좌우된다고 한다.[38)]

우리 나라에서 主觀的 過失說을 취하는 學者로는 金亨培 敎授가 있다. 그는 여러 가지 측면에서 客觀的 過失說을 비판하고 있는데, 그 중에서 法理論(法解釋)과 관련한 비판을 옮겨보면 다음과 같다.

客觀的 過失說의 최대의 難點은 責任能力과의 관계를 모순없이 설명하는 문제이다. 이 說을 主張하는 者는 過失을 平均人에게 요구되는 注意義務의 위반이라고 하면서, 다른 한편 過失의 前提가 되는 판단능력으로서 行爲者의 責任能力의 존재를 요구하고 있다. 이와 같은 理論構成은 한편으로 過失 있는 行爲를 하는 者에 대하여 行爲者의 責任能力을 요구함으로써 그 歸責根據를 개인적 비난가능성에서 찾으려 하면서, 다른 한편 過失의 유무에 관한 판단에 있어서는 平均人에게 요구되는 注意義務를 기준으로 하고 그 行爲者를 문제삼지 않는다는 점에서 모순이라고 아니할 수 없다. 왜냐하면 行爲者는 개인적 능력에 따라 行爲를 하더라도 免責되지 아니하고 平均人에게 요구되는 行爲를 하지 않으면 안 되기 때문이다. 따라서 이 때의 歸責根據는 行爲者의 意思에 있는 것이 아니라 行爲의 危險性에 있다고 해야 하고 그와 같은 責任은 保證責任이나 일종의 危險負擔責任이라고 말하지 않을 수 없는 것이다. 過失의 전제조건으로서 責任能力의 존재를 요구하는 것은 歸責의 근거를 行爲者에 대한 개인적 비난가능성(有責性)에서 구하는 것을 의미한다. 왜냐하면 責任能力이라 함은 未成年者(民 §753 참조)나 心神喪失者(民 §754)와 같은 개인적 능력에 관련된 개념이기 때문이다. 그러므로 過失概念을 客觀的 過失로 구성하면서 그 전제조건으로서 責任能力을 요구한다는 것은 모순이 아닐 수 없다. 따라서 客觀的 過失의 구성을 관철하려면 責任能力을 전제로 할 수는 없을 것이다. 그리고 過失의 전제조건으로서 責任能力의 존재를 요구하려면 過失은 行爲者 개인에게 요구되는 주의를 태만히하는 것이라고 구성해야 할 것이다. 따라서 故意와 過失을 다 같이 不法行爲의 主觀的 要件이라고 하면서 過失의 개념을 有責性과 단절시킨다는 것은 故意의 不法行爲에 대해서는 有責性을 요구하면서 過失의 不法行爲에서는 客觀的 容態만으로 만족하는 것이 되어 체계상 일관성이 없게 된다. 이와 같은 결과는 過失概念을 不法概念 내지는 違法概念으로 변용하는 것

38) 이상의 여러 日本 및 獨逸 學者들의 見解는 金亨培, "過失概念과 不法行爲責任體系", 金曾漢華甲紀念論文集, 1981, 520-1에 의하여 설명한 것이다.

이라는 비판을 면할 수 없게 될 것이다. 또한 行爲者 개인의 능력이 平均人의 그것보다 월등히 높은 경우에도 平均人에게 요구되는 注意義務를 기준으로 하여 판단한다면 行爲者를 비난할 수 있는 경우라 하더라도 過失이 없는 것이 되기 때문에 責任을 물을 수가 없게 되는 부당한 결과를 가져오게 된다.[39]

이와 같은 客觀的 過失說에 대한 비판에 맞서 反論을 제기하는 학자가 많지는 않으나 李銀榮 敎授는 다음과 같이 主張한다.

첫째, 현행법의 해석론으로서는 客觀的 過失說에 의지하여서 현대사회에 급격히 증가하고 있는 피해를 구제할 수밖에 없다. 主觀的 過失說이 주장하는 이론적 근거는 客觀的 過失說보다 論理的이고 民法立法 당시의 意圖와도 부합되는 듯하다. 그러나 主觀的 過失說은 §750의 過失責任體系 외에 그에 대적할 만한 危險責任體系가 立法化된 경우에만 妥當性을 가질 수 있을 것이다. 만약 危險體系가 過失責任과 나란히 民法典에 立法化된다면 損害賠償責任體系는 過失不法行爲責任과 危險責任의 두 종류로 분류될 것이며, 그때 前者는 行爲者의 加害行爲에 대한 非難으로서, 그리고 後者는 加害者의 危險惹起에 대한 歸責으로서 구성될 수 있을 것이다. 危險責任이 立法될 경우, 이는 客觀的 注意義務의 違反에 대한 責任으로 구성될 수는 없으며, 客觀的 注意義務의 違反은 過失의 영역으로 포섭될 수밖에 없다. 그러나 현재 過失責任의 단일한 責任體系 아래서 主觀的 過失說을 갖고 우리 사회의 損害賠償法律關係를 제대로 規律할 수 없다는 점은 분명하다. 현행법 아래에서는 客觀的 過失說을 취함으로써 製造物의 缺陷, 위험한 動物·工作物의 放置, 環境汚染物質의 排出 등 危險惹起要素들을 注意義務違反의 측면에서 다룸으로써 그 加害者에게 損害賠償義務를 부과할 수밖에 없다.

둘째, 責任能力이나 過失이나 본래의 취지는 加害者 個人에 대한 主觀的 非難可能性에서 출발하였지만, 실제 운용에 있어서 責任能力 및 過失의 存否는 일정한 客觀的 基準에 의해 判斷되는 것이 바람직하므로, 責任能力制度와 客觀的 過失說은 현재 그 운용실태를 볼 때 조화를 이루고 있다. 客觀的 過失說과 責任能力制度의 兩立이 不可能하다는 主觀的 過失說의 批判은 옳지 않다. 만약 主觀的 過失說의 論旨를 관철시킨다면 각 未成年者의 성장상태를 조사하여 그 成熟度에 비추어 行爲時에 判斷能力이 있었는가를 구체적으로 결정하여야 하는데, 그것은 실제로 곤란하다. 責任能力은 어떤 사람이 判斷能力을

39) 金亨培(註 38), 535-7.

갖는가를 객관적인 시각에 의거하여 연령을 기준으로 결정되는데, 이러한 운용방법은 客觀的 過失概念에 상응하는 관점이다.

셋째, 客觀的 過失說에 의할 경우 客觀的 注意義務 속에 違法性의 要素가 溶解되어 있다는 主觀的 過失說의 지적은 사실이지만, 그렇다고 해서 過失과 違法性의 混合이 부당하다고는 생각지 않는다. 왜냐하면 이미 어떤 상황에서 어떤 자에게 注意義務를 부과하는 것은 法律·契約 등의 規範이기 때문이다. 法規範 특히 그 중에서도 損害賠償法의 가장 중요한 목표는 體系의 明瞭化가 아니라 損害의 적정한 塡補이다. 설혹 근대 초에 想定한 不法行爲의 體系論에 다소 혼란이 온다 하더라도 그것 자체는 두려워할 필요가 없다. 중요한 것은 現代 損害賠償法의 理論 및 實務가 過失과 違法性을 一元化하는 쪽으로 변천해 가는 추세에 있다는 점이다. 責任理論은 그때 그때의 시대적 요청에 상응해서 구성됨이 바람직하다.[40]

(5) **輕過失과 重過失**

(가) 過失은 그 정도에 따라 輕過失과 重過失로 나뉜다. 이는 抽象的 過失과 具體的 過失 兩者 모두에 관하여 생각해 볼 수 있으나, 現行 法令上으로는 抽象的 過失에 관하여만 輕過失과 重過失이 나누어진다. 따라서 輕過失·重過失이라고 하면 이는 抽象的 輕過失·抽象的 重過失을 의미한다. 不法行爲에서 過失이라고 하면 抽象的 輕過失을 지칭한다. 다만 失火責任에 있어서는 輕過失은 免責되고 故意와 重過失에 대하여만 責任이 인정된다.

(나) 그런데 重過失은 輕過失과 量的인 차이가 있을 뿐인가, 즉 輕過失과 質的으로 다르지는 않는가 하는 문제가 있다.

먼저 故意와 重過失의 차이점을 보면, 重過失(la faute lourde)은 의도적이거나 자발적인 과오는 아니지만 특히 무거운 과오를 의미한다. 重過失을 저지른 者는 損害를 야기시키고자 의도한 것은 아니나, 마치 그러한 결과를 의도한 듯이 행동한 것이다. 그러나 重過失은 故意와는 달리 抽象的으로(in abstracto) 평가된다. 앞서 본 바와 같이 過失에 관하여는 抽象的 過失과 具體的 過失의 개념이 다르나, 故意는 具體的인 것이다. 이처럼 故意와 重過失은 개념상 명확히 구별되기는 한다.

그런데 어리석은 者가 惡意를 가진 者보다 더 위험할 수 있다. 그런 까닭에 원래 契約法에 있어서 重過失을 故意(내지 詐欺)와 동일시하는 見解가 발달하였

40) 李銀榮, 債各, 744-5.

고, 이러한 見解는 立法에 반영되지 않은 경우도 있으나 반영된 경우도 있다. 예를 들어 保險契約에서는 保險事故가 保險契約者 또는 被保險者나 保險受益者의 故意 또는 重大한 過失로 인하여 생긴 때에는 保險者는 保險金額을 支給할 責任이 없는 것으로 되어 있다(商 §659 I). 위와 같은 見解는 점차 不法行爲責任에까지 확장되어 왔다.[41] 그리하여 故意에 대해서만 責任을 지게 하는 것이 타당한 것으로 보이는 경우에도 重過失에 대해서까지 責任을 지도록 하는 立法이 나타난다.

法律이 輕過失을 제외하고 重過失에만 특히 損害賠償責任을 부담시키는 경우 이는 본래는 重過失을 輕過失과 質的으로 다른 것으로 보고 故意의 경우에만 責任을 지게 하면 故意에 대한 立證困難 때문에 불합리한 결과에 이를 우려가 있어서 이른바 故意에 준하는 槪念으로 重過失을 상정하여 重過失에 의한 경우에도——重過失은 故意에 準하는 것이므로——責任을 지게 한 것으로 볼 수 있을 것이다.[42] 예를 들어 失火責任이 그렇다. 이처럼 故意나 重過失이 있는 때에만 損害賠償責任을 지는 것으로 規定하고 있는 경우(輕過失에 대하여는 損害賠償責任을 排除하는 경우)에는 거기에서 말하는 重過失은 輕過失과는 質的으로 차이가 있는 過失, 즉 故意에 準하는 정도의 過誤를 의미하는 것이 一般的이라고 할 수 있을 것이다.[43] 公務員이 직무상 不法行爲를 한 경우에 國家 또는 地方自治團體가 賠償責任을 부담하는 외에 公務員 개인도 故意 또는 重過失이 있는 경우에는 不法行爲로 인한 損害賠償責任을 지는데(輕過失뿐인 경우에는 公務員 개인의 損害賠償責任은 인정되지 않는다),[44] 이 경우 公務員의 重過失이라 함은 公務員에게 통상 요구되는 정도의 상당한 주의를 하지 않더라도 약간의 주의를 한다면 손쉽게 위법, 유해한 결과를 예견할 수 있는 경우임에도 만연히 이를 看過함과 같은 거의 故意에 가까운 현저한 주의를 결여한 상태를 의미한다는 것이 우리 나라 判例의 見解이기도 하다.[45]

그러나 失火責任에 관하여는 失火責任이 갖는 특수성 때문에 故意와 重過失의 경우에만 責任을 지게 하였을 뿐이지 "失火責任에 관한 法律"이 그와 같이 규정하고 있다고 해서 重過失이란 당연히 故意에 준하는 경우만을 뜻하는

41) Mazeaud(註 34), 441-4.
42) 同旨 金疇洙, 債各, 613-4.
43) 이에 반하여 輕過失과 重過失 사이의 차이는 質的인 것이 아니라 量的인 것에 지나지 않는다고 하는 견해도 많다; 郭潤直, 債各, 475 등.
44) 大判 96. 2. 15, 95다38677(公 1996상, 771).
45) 大判 96. 8. 23, 96다19833(公 1996하, 2853). 특히 이 判決은 失火責任에 관한 法律에서 말하는 重大한 過失의 槪念에 관하여 判示한 大判 95. 10. 13, 94다36506(公 1995하, 3759)을 참조판례로 들고 있다.

것으로서 輕過失과는 質的으로 다른 것이라고 해석하기는 어렵고, 요컨대 過失을 편의상 그 輕重에 따라 2分하여 본 것이 重過失과 輕過失이라고 할 수 있을 것이라고 주장하는 견해도 있다.[46]

(6) 失火責任

(가) "失火責任에 관한 法律"의 立法趣旨 일반의 不法行爲에서는 그 成立要件으로서 加害者에게 故意 또는 過失이 있을 것이 원칙적으로 요구되지만, 그 경우 過失은 이른바 抽象的 輕過失로 충분하다는 것은 앞서 본 바와 같다. 그러나 失火責任에 관한 法律에서는 輕過失은 免責되고 重過失 또는 故意[47]의 경우에 한하여 責任을 지는 것으로 규정하고 있다.

이는 불이라고 하는 것이 위험성이 매우 큰 것이라고 보아 無過失責任에 가까운 입장에서 출발한 英美法이나 佛蘭西法과는 사뭇 다른 立法이다. 普通法(common law)에서는 다른 많은 위험물의 경우와 마찬가지로 火災에 대하여는 嚴格責任을 부과하여 왔지만 그 責任이 너무 무겁기 때문에 英國에서는 1774년에 過失, 즉 輕過失이 없는 경우에는 免責된다는 취지의 法律이 제정되기도 하였다. 그러나 오늘날에는 發火의 위험이 큰 경우에는 매우 고도의 注意義務가 부과되어 이를 게을리한 때에는 過失이 있는 것으로 되어 있다. 美國의 여러 州의 制定法이 기관차로부터 발화한 화재에 관하여 嚴格責任의 原則으로 복귀하고 있는 것도 發火責任에 대한 英美法의 사고방식을 보여주는 것이라고 할 수 있다. 佛蘭西民法의 경우도 이전에는 화재의 原因으로 된 動産·不動産의 보관자는 法律上 당연히 第三者의 損害에 관하여 責任을 지는 것으로 되어 있었다가 1922. 11. 7. 法律로써 過失(faute)이 없으면 免責되는 것으로 되었다. 그러나 우리 法처럼 重過失이 없으면 免責되는 것이 아니다.[48]

失火責任에 관한 法律의 제정취지로서 일반적으로 들고 있는 것은, 화재는 자신의 재산마저 소실시켜 버리는 것이 보통이기 때문에 각자 자신이 스스로 주의를 게을리하지 않는 것이 통상적이고 따라서 過失에 관하여 용서할 만한 사정이 있는 경우가 많다는 점, 일단 화재가 발생하면 목조가옥이 많은데

46) 註釋 債各(3), 310; 日注民(19), 27 등.

47) 失火責任에 관한 法律은 重過失의 경우에만 責任을 지는 것처럼 규정하고 있으나 論理的으로 보거나 立法趣旨로 보거나 故意의 경우에는 당연히 責任을 지는 것으로 보는 데 대하여 異說이 없다. 일반적으로 故意에 관하여는 별다른 규정을 두지 않고 重過失의 경우에 責任을 지도록 규정하고 있는 때에는 故意에 대하여 당연히 責任을 지게 하는 취지로 이해하는 것이 옳을 것이다.

48) 이상 立法例에 관하여는 日注民(19), 86 참조.

다가 대부분 밀집되어 있는 주택환경하에서 방화 및 소방능력의 부족이 겹쳐서 損害를 의외로 확대시킬 위험성이 있는 점 등이다.[49] 우리 나라 判例도 "실화책임에 관한 법률은 실화로 인하여 일단 화재가 발생한 경우는 부근 가옥 기타 물건에 연소하여 예상 외의 피해가 확대되어 실화자의 책임이 과다하게 되는 점을 고려하여 그 책임을 중대한 과실로 인한 화재의 경우에 한정하는 취지"라고 한다.[50] 그러나 本 法律에 관하여는 立法論으로 많은 비판이 가해지고 있다.[51] 이 法律로 인하여 失火者는 지나치게 보호되고 반대로 被害者에게는 지나치게 가혹하기 때문이다.[52] 또 점차 발전되어 가고 있는 保險制度의 보급도 이 法律의 타당성에 대한 의문을 더해주고 있다.[53]

(나) 失火責任에 관한 法律의 適用範圍

(a) 失火責任과 債務不履行責任 判例는 일반적으로 債務不履行責任에는 失火責任에 관한 法律이 적용되지 않는다는 見解를 확고히 하고 있다. 日本의 경우 처음에는 賃借人이 失火로 임차가옥을 소실시킨 경우의 債務不履行責任에 관하여도 本法을 적용하여 賃借人에게 重過失이 없는 이상 賠償責任이 없다고 하였다가 이를 나중에 聯合部判決로 바꾸어 債務不履行에 관하여는 적용이 없고 일반원칙에 의하여 輕過失이 있으면 賠償義務가 있다고 하였다. 日本의 學說도 이를 찬성한다.[54] 우리 나라에서도 學說의 태도는 日本과 같다. 따라서 通說과 判例에 의하면 賃借人의 失火의 경우에 本法은 인근의 연소가옥에 대한 責任에 관하여 적용될 뿐이다. 그 이유는 다음과 같다. 즉 家屋所有者의 경우에는 이웃 所有者에 대하여 일반적인 사회생활상의 注意義務 외에 특별한 계약상의 의무를 부담하지 않으나 賃借人은 賃貸人에 대하여 賃借物을 善良한 管理者의 注意義務로써 보존할 계약상 의무를 지고 이 善管義務는 賃貸人과 賃借人 사이의 특별한 관계인 賃貸借關係에 기초하는 것이므로 그 특별관계의 범위 내에서는 一般責任인 不法行爲의 法理가 배제된다고 봄이

49) 金基善, 債各, 401. 그 밖에 日本에서는 고래로 失火者에게 損害賠償責任을 지게 하지 않는 慣習이 있었다고 한다; 日注民(19) 86-7.

50) 大判 83.12.13, 82다카1038(集 31-6, 민 59); 大判 94.1.25, 93다13551(公 1994상, 797).

51) 그렇다고 해서 이 法律이 憲法에 의하여 보장된 國民의 平等權과 財産權을 침해하는 違憲의 규정이라고는 할 수 없다; 大判 94.1.25, 93다13551(공 1994상, 797). 憲法裁判所도 1995.3.23, 선고 92헌가4, 95헌가3, 93헌바4, 94헌바33(병합) 결정으로 失火責任에 관한 法律을 合憲이라고 하였다.

52) 郭潤直, 債各, 476.

53) 李銀榮, 債各, 797.

54) 日注民(19), 87.

타당하기 때문이다.[55)56)]

마찬가지로 倉庫業者가 失火로 任置物을 燒失한 경우에는 商 §160에 의한 責任을 부담하는 것이고 失火責任에 관한 法律은 이 때에는 적용이 없다.[57)]

(b) 失火責任과 工作物責任 失火責任과 工作物責任의 관계도 검토할 필요가 있다. 學說은 대체로 다음의 세 가지로 나뉜다.[58)] 즉 失火의 경우는 그것이 工作物의 하자에 기한 때에도 民 §750와 失火責任에 관한 法律만을 적용하여야 한다는 說, 危險責任의 하나로서의 工作物責任의 의의를 중시하여 失火責任에 관한 法律의 적용을 전면 부인하는 說, 工作物로부터 직접으로 생긴 화재에 관하여는 특수한 工作物의 危險에 기한 것으로서 工作物責任을 묻는 것으로 하고 延燒部分에 관하여는 失火責任에 관한 法律을 적용해야 한다는 說 등이 그것이다. 마지막 說에 찬동한다. 判例도 일관하여 "공작물 자체의 설치보존상의 하자에 의하여 직접 발생한 화재로 인한 손해배상책임에 관하여는 民 §758 I을 적용하고, 그 화재로부터 연소한 부분에 대한 손해배상책임에 대하여는 실화책임에 관한 법률을 적용함이 상당하다"고 한다.[59)]

(c) 失火責任과 使用者責任 使用者責任과의 관계에 있어서도, 失火責任에 관한 法律은 不法行爲者 本人의 責任을 輕減한 것이라는 관점에서 볼 때 被用者에게 故意 또는 重過失이 없으면 責任을 물을 수 없다고 봄이 상당하다. 다만 이 경우에도 選任監督에 관한 사용자의 故意·重過失은 필요하지 않다고 본다.[60)]

55) 李銀榮, 債各, 798; 金基善, 債各, 402 등. 大判 87. 12. 8, 87다카898(公 1988, 264); 大判 99. 4. 13, 98다1077, 51084(公 1999상, 868) 등 判例는, 失火責任에 관한 法律은 失火者에게 重大한 過失이 없는 한 不法行爲상의 損害賠償責任을 부담시키지 아니한다는 데 불과하다고만 판시할 뿐 별다른 설명은 하지 않고 있다.

56) 다만 賃借人의 損害賠償責任의 범위에 관하여는 다음과 같은 判決도 있다. 즉 大判 86. 10. 28, 86다카1066(集 34-3, 민 120)은 '건물의 구조가 목조건물로서 건물 전체가 1칸 내지 2칸 정도의 점포로 구분되어 있는데 각 점포가 구조상 독립하여 있는 것이 아니라 서로 벽을 통하여 인접함으로써 각 유지존립함에 있어 불가분일체를 이루고 있는 경우 그 중 한 점포 임차인의 과실로 위 건물전체가 소실되었다면 그 임차인의 화재로 인한 임차물반환의무의 이행불능으로 인한 손해배상으로서는 그 임차점포에만 한할 것이 아니라 이를 유지존립함에 있어 불가분일체를 이루고 있는 인접된 점포들에 대한 손해에 관해서도 그 배상을 할 의무가 있다'고 한다. 이 判決에 대한 評釋으로는 李銀榮, "失火時 賃借人의 損害賠償範圍", 民判硏 10, 172-83 참조.

57) 大判 67. 10. 23, 67다1919(集 15-3, 민222).

58) 日注民(19), 89.

59) 大判 92. 10. 27, 92다21050(公 1992, 3273); 大判 93. 12. 10, 93다20405(公 1994상, 346); 大判 94. 3. 22, 93다56404(公 1994상, 1316); 大判 96. 2. 23, 95다22887(公 1996상, 1058) 등.

60) 同旨 日注民(19), 90 등.

(다) 重過失 輕過失과 구별되는 重過失이란 무엇인가. 抽象的으로 말하면 重過失이란 一般人에게 요구되는 注意義務를 현저하게 태만히한 것이라고 정의할 수는 있다. 그러나 원래 輕過失과 重過失의 차이는 원칙적으로 質的인 것이 아니고 단지 量的인 차이가 있을 뿐이며, 다만 輕過失을 제외하고 故意나 重過失이 있는 때에만 損害賠償責任을 지는 것으로 法律이 규정하고 있는 경우에는 거기에서 말하는 重過失은 故意에 준하는 것으로서 輕過失과는 質的으로 차이가 있다고 할 것이나, 兩者를 구별하는 명확한 기준을 세우기는 어렵다. 判例도 失火責任에 관한 法律에서 말하는 중대한 過失이란 통상인에게 요구되는 정도의 상당한 주의를 하지 않더라도 약간의 주의를 한다면 손쉽게 違法·有害한 결과를 예견할 수 있는 경우임에도 만연히 이를 간과함과 같은 거의 故意에 가까운 현저한 주의를 결여한 상태를 말한다고 정의하고 있으나,[61] 이는 결국 判例가 重過失로 판단한 경우를 정리해 봄으로써 歸納的으로 그 윤곽을 그려볼 수밖에 없다고 생각된다.

우리 나라의 判例에 나타난 사례를 보면 다음과 같은 것들이 있다.

즉 보리의 탈곡작업중 배기통이 과열되어 화재가 발생한 경우 근처에 쉽게 인화되는 보리짚을 두지 않아야 할 것임에도 이를 게을리하였다면 이는 重過失에 해당한다고 하고,[62] 失火責任事件에서는 業務上 過失이 문제로 되는데 휘발유의 취급자는 부근의 인화물의 유무에 관하여 세심한 주의를 하여 화재의 발생을 미연에 방지할 의무가 있으므로 풍로를 소화하지 않은 채 그 장소에서 휘발유를 다른 빈 통에 붓다가 화재를 발생하게 하였으면 重過失이 있다고 하였다.[63] 또 당국으로부터 화재예방에 관한 농수산부의 훈령을 받고도 지키지 아니하고 화재를 발생케 하고 방화벽을 설치하지 아니하여 연소케 하였다면 重過失이 있다고 하였으며,[64] 포목상을 경영하는 者가 점포 아궁이에 연탄불을 피우고 철판을 덮어 두었는데 철판이 달아올라 문턱을 태우고 불이 번져 점포와 포목원단 등을 소훼하고 인접한 점포도 전소케 한 경우 위 아궁이가 원래부터 문턱과 너무 가까워 몇 달 전에도 문턱부분이 불에 타 보수공사를 한 일이 있고 화재발생 1개월 전부터 추운 날 밤에도 그 점포의 굴뚝에서

61) 大判 91.4.9, 90다11509(公 1991, 1341); 大判 92.4.24, 92다2578(公 1992, 1682); 大判 95.10.13, 94다36506(公 1995하, 3759); 大判 96.2.23, 95다22887(公 1996상, 1058) 등.
62) 大判 79.3.27, 79다172(要集 민 2, 101).
63) 大判 55.5.5, 4287민상271(集 2-4, 민 4).
64) 大判 76.2.24, 75다1830(要集 민 2, 100).

불꽃이 나오고 굴뚝이 달아 있는 것이 목격되었으며 여러 차례 아궁이를 덮은 쇠판이 달아오른 것을 인근주민이 발견하고 화재의 위험이 없도록 改修하라고 권유하였던 사정이 있었다면 店鋪主는 화재가 발생할 수 있을 것이라는 점을 쉽게 豫見할 수 있었는데도 불구하고 이를 看過한 것이므로 위 화재는 店鋪主의 重過失에 의한 것이라고 한다.[65)]

반면에 목재소에서 화재가 발생하여 인근 건물 벽에 세워 놓은 목재를 통해서 그 건물이 소실되었으나 그 화재의 發生原因이 밝혀지지 않은 경우 失火責任에 있어 중대한 過失이 있다고 볼 수 없다고 하며,[66)] 공장에서 화재가 발생하면서 인근 공장으로 옮겨붙어 그 시설물 등이 소훼되었으나 화재가 누구의 어떤 행위로 발생한 것인지까지는 밝혀지지 않았다면 당초 화재가 발생된 工場主에게 失火責任을 물을 수 없다고 한다.[67)]

(7) 故意·過失의 立證責任

㈎ 原　　則　　故意·過失의 立證責任은 原則的으로 被害者에게 있다.

여기에서 立證對象은 과연 무엇인가에 관하여는 약간의 견해의 차이가 있다. 多數說에 의하면 立證의 對象은 法律上의 要件인 '過失'이므로 過失 자체가 立證의 主要事實이 되고 그 過失은 間接事實에 의해 立證될 수 있으며, 이에 대하여 피고는 間接反證을 제기할 수 있다고 한다. 그에 반하여 少數說은 過失 등의 不確定槪念의 기초가 되는 개개의 구체적 사실을 主要事實로 보는데, 현재의 法制 아래서는 事實만이 直接證明의 대상이고 權利나 價値判斷의 결과는 直接證明의 대상이 될 수 없기 때문이라고 한다.[68)] 어느 說을 취하느냐에 따라 재판실무상 판단의 방식(판결서 작성방식)에 어느 정도 차이가 생긴다. 그러나 立證責任이라는 것은 要件事實을 인정할 증거가 없을 때 그로 인한 不利益을 어느 편에 미룰 것인가 하는 문제일 뿐이기 때문에 어느 說을 취하든지 결과에 있어서 별로 다를 것이 없다고 본다.

㈏ 立證責任의 緩和——過失의 事實上 推定　　民 §755나 §756에서 보는 바와 같이 法律의 규정에 의하여 加害者에게 故意·過失이 없었다는 立證責任이 주어지는 경우가 있으나, 民 §750의 경우에는 被害者保護라는 요청이 있다 하여 일반적인 故意·過失의 立證責任을 加害者에게 부담시킬 수는

65) 大判 92. 4. 24, 92다2578(公 1992, 1682).
66) 大判 96. 2. 23, 95다22887(公 1996상, 1058).
67) 大判 91. 4. 9, 90다11509(公 1991, 1341).
68) 이상의 學說에 관한 자세한 것은 吳錫洛, 立證責任論, 1996, 45-8 참조.

없다.[69] 그러나 立證責任 자체는 그대로 被害者에게 부담시키면서도 일정한 사실이 인정되면 加害者의 故意·過失을 사실상 推定함으로써 被害者의 立證의 負擔을 輕減하여 주는 방법이 강구되어 왔다. 이를 '過失의 事實上 推定' 또는 '立證責任의 事實上의 轉換'이라고 한다. 이것은 被害者가 原告로서 여러 가지 證據를 제출하여 加害行爲의 狀況이나 損害의 발생 등 加害者의 故意·過失의 존재의 가능성을 높은 정도로 證明하였을 때 加害者에게 故意·過失이 있는 것으로 推定함으로써 加害者측에서 故意·過失이 없음을 法院으로 하여금 確信을 갖게 하지 못하면 責任을 지도록 하는 것이다.[70]

判例도 이와 같은 過失의 事實上의 推定을 받아들이는 것이 적지 않다. 예를 들어 자동차운전수가 운전 도중에 자동차가 顚覆되는 등 事故가 발생하였다면 일응 운전수의 故意 또는 過失에 기인한 것이라고 推定함이 타당하다고 하고,[71] 權利 없이 假處分이나 假押留를 한 경우 實體上 請求權이 없음이 確定된 때에는 그 債權者에게 故意·過失이 推定된다고 하며,[72] 醫療事故와 같은 高度의 專門技術行爲에 의한 不法行爲의 경우에 過失의 事實上의 推定을 인정한 것이 있다.[73]

69) 同旨 金疇洙, 債各, 621. 大判 99.4.13, 98다9915(公 1999상, 863)도 "의료행위에 있어서의 잘못을 원인으로 한 불법행위책임이 성립하기 위하여서도 일반적인 경우와 마찬가지로 의료상의 주의의무 위반과 손해의 발생이 있고 그 사이에 인과관계가 있어야 하므로, 환자가 진료를 받는 과정에서 손해가 발생하였다면 의료행위의 특수성을 감안하더라도 먼저 환자측에서 일반인의 상식에 바탕을 두고 일련의 의료행위 과정에 의료상의 과실 있는 행위가 있었고 그 행위와 손해의 발생 사이에 다른 원인이 개재되지 않았다는 점을 입증하여야 한다"고 한다. 立法論的으로는 違法行爲로 他人에게 損害를 가한 이상 일응 加害者에게 故意·過失이 있는 것으로 法律이 推定하여 加害者에게 그 反證責任을 지우는 것이 옳다는 見解는 있다; 李太載, 債各, 461.

70) 金疇洙, 債各, 621 등 참조.

71) 大判 59.10.29, 4292민상67(要集 민 1-2, 1137).

72) 大判 65.6.15, 65다687(要集 민 1-2, 1200); 大判 66.7.26, 64다1306(要集 민 1-2, 1201); 大判 99.4.13, 98다52513(公 1999상, 874); 大判 2001.9.425, 2001다39947(公 2001하, 2345) 등. 또한 근저당권에 기하여 담보권의 실행을 위한 경매절차가 진행되던 중 구민소 §507 Ⅱ(현행 민사집행법 §46 Ⅱ)에 의한 잠정처분으로서 경매절차를 정지하는 가처분을 받아 그에 따라 경매절차가 정지되었다가 본안소송에서 패소확정된 경우, 그 법률관계는 부당한 보전처분집행의 경우와 유사하여 그 잠정처분에 의하여 경매절차가 정지되고 그로 인하여 채권자가 입은 손해에 대하여 특별한 반증이 없는 한 잠정처분을 신청한 채무자에게 고의 또는 과실 있음이 추정되고 따라서 부당한 경매절차정지로 인한 손해에 대하여 이를 배상할 책임이 있다; 大判 2001.2.23, 98다26484(公 2001상, 712).

73) 大判 80.5.13, 79다1390(未公刊)은 '복강경에 의한 난관불임시술을 받은 사람이 다시 임신하는 경우는 의사의 시술상의 잘못에 그 원인이 있는 것만은 아니고 시술상의 잘못 이외의 알 수 없는 원인으로 임신하는 비율이 0.1% 내지 0.2% 정도 된다고 하여도 이 사건에서는 불임시술을 받은 사람이 다시 임신하게 된 원인을 시술상의 잘못 이외의 다른 원인으로 볼 만한 특별한 사정을 인정할 수 없으니 그 원인을 의사의 시술상의 잘못으로 봄이 상당하다'고 한다.

그 밖에도 아무런 權限 없이 他人의 財産을 소비한 者, 公衆에 대하여 위험한 事業에 종사하는 者, 특히 他人의 生命·財産에 대하여 責任 있는 地位에 있는 者 등에 관하여서도 같은 결과를 인정하는 것이 타당한 경우가 있다.[74]

Ⅲ. 責任能力

民 §753, §754 注解 참조.

Ⅳ. 違 法 性

1. 序 說

(1) 沿革과 立法例

舊民 §709는 "故意 또는 過失로써 他人의 權利를 侵害한 者는 그로 인하여 發生한 損害를 賠償할 責任이 있다"고 규정하여 不法行爲의 客觀的 要件으로 '權利의 侵害'를 들고 있었으나, 現行 民 §750는 '權利의 侵害' 대신 '行爲의 違法性'을 要件으로 한다.

각국의 不法行爲制度를 보면 成立要件으로서 主觀的 要件과 客觀的 要件을 규정하는 것이 보통인데, 故意·過失과 責任能力은 主觀的 要件이다. 客觀的 要件으로는 損害發生의 因果關係를 그 하나로 드는 것은 공통적이나 그 밖에 무엇을 客觀的 要件으로 하느냐에 관하여는 立法例에 따라 다르다. 예를 들어 佛蘭西民法은 §1382에서 faute라는 포괄적 개념을 사용하여 faute 있는 者에게 不法行爲에 의한 損害賠償責任을 부과하고 있는데, 이 faute의 개념에 관하여는 대체로 그것이 主觀的 要素로서의 過失과 客觀的 要素로서의 義務違反을 포함하는 개념이라고 이해한다.[75] 또한 獨逸民法은 不法行爲의 客觀的 要件으로서 權利侵害, 保護法規違反, 善良한 風俗違反을 들고 있으며, 瑞西債務法은 違法性과 善良한 風俗違反을 든다. 日本民法은 우리의 舊民法과 같다.

舊民 §709의 立法理由는 不法行爲에 관한 규칙은 그것에 의하여 他人의

74) 郭潤直, 債各, 479.
75) faute 概念의 詳細에 관하여는 Mazeaud(註 34), 435-61 참조.

기존의 權利를 보호하고자 하는 것이므로 설혹 사업상 他人과 경쟁하여 損害를 입혔다 하여도 權利를 侵害하는 것이 아니어서 賠償의 責任이 생기지 아니한다는 것을 밝힌다는 데 있었다. 즉 舊民法 當時는 自由競爭의 放任時代라 아직 權利로서 확고한 형태가 성립하지 않은 것은 설혹 侵害하여도 不法行爲가 되지 않고 그 부면은 自由競爭의 범위 내에 두자는 데 있었던 것으로 생각된다.[76] 故意 또는 過失에 의한 權利의 侵害를 不法行爲의 要件으로 한정함으로써 市民의 경제적 자유경쟁의 보장을 꾀했던 것이다. 그러나 權利의 侵害를 엄격하게 해석함에 따른 正義觀念 또는 法感情과의 괴리가 드러나자 學說과 判例는 '權利의 侵害'를 확장해석하여 '法律이 보호하기에 적합한 利益의 侵害'라고 하기에 이르렀고, 나아가 그로써도 만족하지 못하고 비록 舊民 §709가 '權利의 侵害'의 경우만을 규정하였으나 그것은 權利의 侵害가 곧 行爲의 違法性을 징표하는 것이니 환언하면 權利의 侵害는 違法行爲의 대표적인 것이므로 行爲의 違法性을 그것으로 표현함에 불과하고 따라서 文字에 의하여 옹색하게 해석할 것이 아니라 정면으로 '違法性 있는 行爲'로 보아도 무방할 것이라는 논거를 내세워 故意 또는 過失로 違法性 있는 行爲를 하여 他人에게 損害를 가한 때에는 不法行爲의 責任을 인정하여야 한다고 主張하게 되었다. 現行民法은 舊法時代의 學說과 判例가 主張하던 바를 立法으로 채택한 것이라 할 수 있다. 舊民法이 權利侵害를 要件으로 한 데 대하여 現行民法이 '違法性'을 要件으로 요구하고 있는 것에 관하여는 모든 學者들이 타당한 것으로 인정하고 있다.[77]

(2) **違法性의 本質**

우리 나라 民法 教科書 중에 '違法性의 本質'이라는 항목으로 별도로 설명하고 있는 것은 郭潤直 教授의 것이 대표적이다. 여기에서는 주로 郭潤直 教授의 설명을 옮겨 놓기로 한다.[78]

'違法'이란 가장 평범하게는 法 내지 法秩序에 위반한다는 것을 의미한다. 우리가 '그것은 違法이다'라고 할 때에는 언제나 어떤 대상에 관하여 法律上의 어떤 判斷을 하는 것이다. 그것은 단순한 사실에 관한 記述이 아니라 價値判斷이다. 價値判斷에 있어서는 判斷을 하게 되는 標準 내지 基準과 그 標準에

76) 이희봉, "不法行爲와 違法性", 법학과 민사법의 제문제, 1986. 11., 435-40 참조.
77) 郭潤直, 債各(1999年版), 703-5 참조.
78) 이 부분의 설명은 郭潤直 教授의 종전 教科書(債刻(1999年版), 705-9)에 따른 것이다. 2001年版 教科書에는 '主觀的 違法論과 客觀的 違法論'에 관한 설명이 생략되어 있다.

의하여 判斷되는 대상이 있기 마련이다. 그렇다면 違法이라는 가치판단을 하는 데에도 반드시 判斷의 標準이 되는 것과 대상이 있어야 한다. 違法性의 本質은 이 判斷의 標準이 되는 것이 무엇이며 또한 判斷의 대상이 무엇인지를 究明함으로써 밝혀질 수 있다.

㈎ 形式的 違法論과 實質的 違法論　　어떤 대상에 관하여 그것이 違法이라는 價値判斷을 하려면 어떠한 標準에 의하는가, 즉 무엇이 判斷의 基準이라고 할 것인가. 이 문제에 관하여는 근본적으로 대립하는 두 입장을 생각할 수 있다. 하나는 違法을 法秩序上(juristisch)의 것으로 보고 法의 세계에서 違法이라는 評價의 基準을 찾으려는 것이고, 다른 하나는 違法을 法 以前(metajuristisch)의 것으로 보아 法의 세계를 떠나서 判斷의 基準을 찾는 입장이다. 前者는 實定的 法律規範에 違反하는 것이 違法이라고 함으로써 實定法을 違法이라는 判斷의 標準 내지 基準으로 하는 것이며, 形式的 違法論이라고 부를 수 있다. 이에 대하여 後者는 社會의 共同生活을 실질적으로 害하는 것이 違法이라고 하며, 이런 의미에서 實質的 違法論이라고 부를 수 있다. 이상과 같이 違法을 一元的으로 形式的 또는 實質的으로 보는 견해 이외에 두 입장을 합한 二元的 違法論도 있을 수 있다.

그런데 본래 違法이란 法律의 違反을 의미하는 것이다. 그렇다면 法律을 떠나서 違法을 논한다는 것, 따라서 法律의 세계를 떠나서 法 이외의 것을 基準으로 하여 違法이라는 評價 내지 判斷을 한다는 것은 논리적으로는 허용되지 않는다고 할 수 있다. 그렇다면 국가의 法規範, 즉 實定法에 違反하는 것이 違法이라는 形式的 違法論이 옳다는 결과가 될 것이다. 그러나 法律의 違反이 違法이라고 하더라도 거기서 말하는 法律이란 무엇인가, 그것에 違反한다는 것은 무슨 뜻인가, 또한 法律에 違反한다는 것은 어떻게 認識하는가 등을 명백히 하지 않는다면, 문제는 그대로 해결되지 못한 채 남게 될 것이다. 그렇다면 문제는 좀더 근본적으로 무엇이 法 또는 法律이냐라는 法哲學的인 것으로 발전한다. 만일에 法律의 發現形式을 實定法을 넘어서 넓게 인정한다면, 形式的 違法論과 實質的 違法論은 접근해 갈 것이다.

違法이란 實定法의 客觀的인 違反이고, 이런 의미에서 違法이 인정되는 것은 私法的·刑法的·行政法的 기타의 法規의 違反이 있을 때 및 權利의 侵害가 있는 경우라는 것이 될 것이다. 그러나 한편 이와 같이 違法을 단순한 制定法規違反 또는 法律上 주어지는 權利의 侵害가 있는 경우에 한정한다면, 널리 그 밖에도 賠償義務를 인정할 것을 國民의 法律感情이 요구하는 경우를 망라하지 못하게 된다(예컨대 同業關係가 깨진 후에 前同業者의 營業上의 秘密을 漏泄한다든가, 또는 他人의 편지를 우연히 받게 되어 이를 잘못 개봉한 者가 알게 된 他人의 秘密을 漏泄한 경우 등). 그러므로 社會的 道義意識에 바탕을 둔 一般法律感情의 요구를 만족시킬 수 있도록, 不法行爲에 의한 賠償請求權을 넓은 범위에 걸쳐 확립하기 위하여서는, 社會를 害하는 反社會的·非社會的인 행위도 실질적으로 違法이라고 하여야 한다. 바꾸어 말하면 善良한 風俗 기타의 社會秩序도 實定法規와 더불어 違法을 判斷하는 基準이라고 하여야 한다. 결론적으로 不法行爲法에 있어서는 違法을 形式的·實質的인 두 基準 내지 標準을 가지고 二元的으로 보아야 한다는 것이다.[79)]

(나) 主觀的 違法論과 客觀的 違法論 違法이라는 것은 實定法規와 社會秩序에 違反하는 것, 즉 實定法이나 社會秩序에 비추어 볼 때에 是認되지 않는다는 것을 의미한다. 그러면 무엇이 實定法이나 社會秩序에 의하여 是認된다는가(billigen) 또는 是認되지 않는다(mißbilligen)는 것인가. 즉 違法의 대상이 무엇이냐라는 문제가 있는데, 이 점에 관하여는 종래 두 경향이 있다. 하나는 사람의 主觀的인 意識에 바탕을 둔 이른바 容態만이 違法이라는 價値判斷의 대상이라는 입장이고, 다른 하나는 사람의 意識이나 意思를 떠나서 客觀的인 사실만이 違法의 대상이 된다고 보는 입장이다. 前者의 입장에서의 違法을 主觀的 違法이라 하고, 後者의 입장에서의 違法을 客觀的 違法이라고 일컫는다. 主觀的 違法論은 法을 본질적으로 사람에 대한 命令 또는 禁止라고 보는 것이며, 그러한 命令·禁止에 대한 違反이 違法이라고 한다. 그리고 그러한 命令·禁止는 責任能力이 있는 사람의 意思에 대한 것이기 때문에, 命令이나 禁止의 違反은 사람의 意思에 관하여서만 있을 수 있고, 自然現象 및 責任能力者의 意思에 돌릴 수 없는 人間行動의 결과에 관하여는 있을 수 없다고 한다. 이에 반하여 客觀的 違法論은 法을 客觀的 秩序로서 파악하고, 이 客觀的 法秩序에 대한 違反이 있으면 그것이 責任能力者의 행위이든 또는 責任無能力者의 행위이든 모두 違法性을 가지게 된다는 것이다.

그런데 法은 우리의 공동생활에 있어서의 질서를 보장하기 위하여 존재한다. 그렇다면 法이 우선 정하여야 하는 것은, 무엇이 공동생활을 제약하는 秩序에 적합하냐 또는 무엇이 그것에 적합하지 않느냐에 있다고 하여야 한다. 그리고 이것을 결정하는 것은 그 자체로서는 命令·禁止한다는 것과 별개의

79) 通說은 實質的 違法論인 듯하다. 李銀榮, 債各, 801 참조.

것이다. 命令·禁止하기 전에 무엇이 命令·禁止될 값이 있느냐를 정하여야 한다. 이러한 의미에서 法規範의 기능으로서는 價値實現을 요구하는 命令的 機能보다는 오히려 價値判斷의 基準을 보여주는 評價的 機能이 제 1 차적인 것이라고 말할 수 있다. 우리가 違法을 말하는 때에는, 먼저 어떤 주어진 것이 違法이냐 아니냐의 價値判斷을 하고 그 다음에 그 違法한 것으로 評價되는 것에 관련해서 어떠한 容態가 요구되는가를 묻는 것이다. 그러므로 어떤 것이 違法이냐 아니냐를 결정하는 것은 오로지 評價的 機能이 작용하는 局面이며, 그것은 法秩序의 목적으로부터 객관적으로 행하여지는 것이다. 따라서 무엇이 違法으로 評價될 수 있는가, 바꾸어 말하면 무엇이 法秩序에 의한 價値判斷의 대상이 될 수 있느냐도 또한 法秩序에 의하여 客觀的으로 결정되어야 한다. 그러므로 法律上의 價値判斷의 대상이 될 수 있는 것, 따라서 違法이라는 評價를 받을 수 있는 것은 비단 사람의 意思에 기한 容態에만 한정할 것은 아니며, 意思에 기하지 않는다고 생각되는 사람의 容態나 자연적으로 생기는 事態와 같은 것도 그 대상이 될 수 있는 것이다. 위와 같은 이유로 客觀的 違法論을 취한다고 한다.[80]

(3) **結果不法論과 行爲不法論**[81]

종래에는 違法性의 評價를 발생된 侵害事實 하나에 착안하여 행하는 結果不法論이 지배적이었는데 結果不法論은 他人의 生命·身體·健康·自由·所有權이나 그 밖의 權利를 침해한 경우 그 침해결과를 야기한 행위는 違法性阻却事由가 없는 한 違法하다고 보는 견해이다. 이에 반하여 行爲不法論은 違法性의 본질을 加害行爲에서 찾으려 하는 것으로서 違法性의 評價에 있어서는 어떠한 행위의 결과로서 保護法益의 침해가 있었는가, 그러한 침해는 法規範이 行爲者에게 부과한 注意義務를 懈怠함에 의하여 야기된 것인가의 두 가지 점이 함께 고찰되어야 한다는 견해이다.

行爲不法論이 설명하는 바에 따르면, 故意로 인한 加害의 경우에 마치 加害結果만 발생하면 곧 違法性이 인정되는 것처럼 보이나 실은 保護法益侵害라는 결과 외에 故意라고 하는 行爲者에 대한 非難可能性이 함께 고려된 것이고 더욱이 현대 不法行爲의 대부분을 차지하는 過失不法行爲의 경우 保護法益侵害라는 결과보다 더 중요한 것은 그 결과가 注意義務의 懈怠로 인하여 야기되

80) 客觀的 違法說이 通說이다.
81) 李銀榮, 債各, 801-3 참조.

었다는 것인데 注意義務를 懈怠했다는 점은 過失認定의 근거임과 동시에 違法性認定의 근거이기도 하며, 注意義務란 法秩序에 의하여 加害者에게 부과되었던 行爲規範이고 加害者가 그 行爲規範에 위반하여 행위하였다는 점이 바로 違法性의 대상이 된다고 한다.

李銀榮 教授는 結果不法論이 加害行爲에 대한 사회적 비난의 근거를 정확히 밝히지 못하고 違法性을 圖式的으로 처리한다는 문제점을 가지고 있는데 비하여 行爲不法論은 過失과 違法性의 概念을 명확히하였다는 점, 不作爲에 대한 不法行爲責任을 잘 설명해 준다는 점, 行爲者의 責任限界(法規範이 부과한 注意義務를 충실히 다하는 것)를 설정해준다는 점에서 타당하며 특히 우리 民法과 같이 不法行爲一般條項을 두어 責任要件을 포괄적으로 규정하는 法制에서 더욱 유용하다고 한다.[82]

2. 違法性의 具體的 判斷

(1) 序 論——被侵害利益과 侵害行爲의 相關關係

오늘날 違法性은 被侵害利益의 性質과 侵害行爲의 態樣과의 相關關係로부터 판단하여야 하는 것으로 이해되고 있다. 즉 被侵害利益이 강한 것이면 侵害行爲의 不法性이 적더라도 加害에 違法性이 있는 것으로 되지만, 被侵害利益이 그다지 강한 것이 아니면 侵害行爲의 不法性이 크지 않은 한 加害에 違法性이 없는 것으로 된다. 따라서 違法性을 구체적으로 判斷함에 있어서는 이 두 가지 측면에서 문제를 보아야 한다.[83]

먼저 侵害行爲의 측면에서 違法性의 문제를 검토해 본 다음 被侵害利益의 측면에서 검토해 본다.

(2) 侵害行爲의 측면에서 본 違法性

侵害行爲의 態樣으로서는 刑罰法規違反, 團束法規違反, 公序良俗違反, 權利濫用 등을 들 수 있다.[84]

㈎ 刑罰法規違反 名譽毁損이나 詐欺 등 刑法上 犯罪로 되는 행위에 의하여 他人에게 損害를 가한 경우에는 被侵害利益이 무엇인가를 문제삼을

82) 李銀榮 教授는 行爲不法論을 취할 경우 過失概念과 違法性 概念은 '注意義務懈怠'라는 요건으로 통합된다고 한다; 李銀榮, 債各, 803. 이 점에 관하여는 後述 '故意·過失 및 違法性 概念의 位置와 相互關係' 항목 참조.
83) 金基善, 債各, 407; 金錫宇, 債各, 504-5; 李太載, 債各, 465; 金曾漢, 債各, 464 등.
84) 그 밖에 不作爲에 의한 不法行爲를 또다른 하나의 類型으로 들기도 한다; 金疇洙, 債各, 647.

것도 없이 不法行爲가 성립한다.[85] 또한 業務上 過失로 贓物을 취득한 者의 買收行爲는 原所有者의 占有를 侵害하여 그 회복을 곤란 또는 불능케 한 것이고 그 점에서 原所有者의 權利侵害에 관하여 窃盜 또는 横領을 한 者의 不法行爲와 共同的 原因行爲가 있다.[86]

㈏ 團束法規違反　　一般公衆 등의 利益을 보호하기 위하여 마련된 團束法規에 違反하여 그 利益을 侵害한 경우에는 違法性이 있고 不法行爲가 성립하는 것으로 된다.[87] 예를 들어 銀行의 理事나 監事가 商法上의 貸借對照表의 公告義務에 違反하여 虛僞의 公告를 함으로써 銀行을 信賴한 預金者에게 부당히 損害를 입히는 行爲는 違法行爲가 된다.[88] 다만 團束法規에 違反한 行爲가 違法行爲가 되려면 그 法規가 個人의 利益을 보호하는 것을 목적으로 하는 것이어야 하므로 어떤 行爲가 이 法規에 違反하더라도 個人에게 아무런 損害를 주지 않으면 여기에서 말하는 소위 違法行爲가 되지 않는다.[89]

㈐ 公序良俗違反　　法規에 직접적으로 違反한 것은 아니어도 사회적으로 보아 허용되지 아니하는 행위에 의하여 他人에게 損害를 가하는 것은 公序良俗에 違反되어 違法性을 띠게 된다. 예를 들어 實體法上의 權利가 없는 虛僞의 債權者가 強制執行이나 假押留·假處分 또는 破産申請을 한다든지, 일상 사용하는 家財道具를 장기간 假押留한다든지[90] 하는 경우가 그렇다. 그러나 이 경우의 公序良俗違反이라고 하는 것은 民 §103와 직접적으로 관계가 있는 것은 아니고 違法性의 판단에 있어서 사회적으로 허용되지 아니하는 것을 가리키는 것일 뿐이기 때문에 구체적 사안에서 개별적으로 판단하여야 한다. 따라서 예컨대 他人을 欺罔 또는 脅迫하는 것과 같은 行爲가 刑法上의 構成要件을 不備하더라도 善良한 風俗 기타 社會秩序에 違反하면 違法行爲가 됨은 당연하다.[91]

㈑ 權利濫用　　많은 學者들이 違法性의 모습의 하나로 權利濫用을 별도로 설명하지만,[92] 權利濫用은 公序良俗違反의 한 형태로 볼 수도 있다. 아

85) 同旨 金基善, 債各, 415.
86) 大判 62.11.22, 62다579(要集 민 1-2, 1172).
87) 李太載, 債各, 471은 行政的 團束法規違法行爲에 대하여 罰則의 適用이 없는 경우에까지 不法行爲의 成立을 인정할 수 있다고 한다.
88) 金基善, 債各, 415.
89) 金基善, 債各, 415.
90) 大判 67.9.19, 67다1219(集 15-3, 민 92).
91) 金基善, 債各, 416.
92) 金基善, 債各, 416; 金錫宇, 債各, 511; 李太載, 債各, 472; 金疇洙, 債各, 647 등.

무튼 權利의 행사는 일반적으로 違法한 것은 아니나, 그 행사가 정당한 권리 행사의 범위를 넘어서 公序良俗에 違反한 경우에는 違法性을 띠게 된다. 자세한 것은 民 §2 注解 참조.

(3) 被侵害利益의 측면에서 본 違法性

違法性의 여러 모습에 관하여는 行爲의 態樣과 侵害된 權利 내지 利益의 종류라는 관점에서 살펴볼 수 있음은 앞에서 설명한 바와 같으며, 여기에서는 侵害된 權利나 利益의 종류라는 관점에서 고찰해 보기로 한다. 다만 우리의 不法行爲法은 개별적인 不法行爲의 유형을 제한적·열거적으로 규정하는 입장을 취하지 않고 不法行爲成立에 관하여 일반적인 규정을 두고 있기 때문에 여기에서의 여러 분류는 단지 편의상의 것일 뿐이고 그 서로간에 중복되는 경우도 얼마든지 있을 수 있음을 전제로 하여야 한다.

㈎ 物權 내지 物權的 權利의 侵害

(a) 所有權의 侵害 所有權은 이른바 絶對權의 典型이고 權利性이 가장 명확한 法益이기 때문에 그 侵害는 원칙적으로 違法性을 갖는다. 所有權의 侵害는 物理的·事實的 行爲를 통하여 이루어지는 경우도 있고 去來行爲의 형식을 통하여 이루어지는 경우도 있으나, 어느 것이나 所有權의 내용인 使用·收益·處分 등의 권능의 행사를 저해하고 所有者로서 향수하는 가치를 감소시키는 것을 의미하며, 그 극한은 所有者로 하여금 그 所有權을 상실시키는 것이다.

(b) 用益物權의 侵害 地上權·地役權·傳貰權 등의 用益物權, 物權的 效力이 인정되는 賃借權의 侵害는 不法行爲를 이룬다. 기본적으로는 所有權侵害의 경우에 준하여 고찰할 수 있지만, 물건에 관한 加害行爲에 있어서는 所有者와 用益物權者 중 어느 쪽을 被害者로 하는 不法行爲가 성립하는가에 관하여는 다소 문제가 있을 수 있다.

(c) 擔保物權의 侵害 擔保物權의 侵害도 不法行爲가 될 수 있다. 다만 擔保物權이라는 것은 債權의 경제적 효력을 보전하기 위하여 존재하는 것이기 때문에 擔保物權의 侵害는 오히려 債權의 侵害라는 관점에서 파악하는 것이 더 적절한 측면이 있다. 債權侵害에 관한 설명에서 보다 자세히 다룬다.

(d) 占有權의 侵害 占有權의 侵害도 不法行爲를 구성할 수 있고, 실제로 占有訴權에 관한 民法의 규정에는 損害賠償에 관한 것도 있다(民 §204, §205).

그리고 거기에서 규정된 損害賠償請求權은 그 성질이 不法行爲法上의 구제이고 따라서 加害者의 故意·過失 등 不法行爲法上의 要件이 갖추어질 것이 요구되는 것으로 해석된다.[93]

그러나 本權을 갖는 占有者가 占有를 侵害당한 것이라면 그것은 本權에 대한 侵害로서 不法行爲法上의 구제를 받게 되는 것임은 분명하고, 따라서 占有權에 관한 訴提起의 除斥期間도 적용이 없다. 本權을 갖지 않은 占有者가 占有를 侵害당한 경우 占有權만의 侵害에 의하여 생긴 損害란 무엇인가. 당해 물건의 가액을 損害額으로 볼 수 없음은 명백하고, 대체로 물건의 使用·收益을 방해받음으로 인한 不利益이 占有侵害에 의한 損害의 범위라고 보는 것이 일반적이다. 그러나 이러한 不利益은 占有者가 目的物의 用益을 향수할 法的 지위를 갖는 경우에 한정된다고 보아야 한다는 見解도 있다.[94] 本權이 없거나 本權을 主張·立證하지 못한 단순한 占有者는 원칙적으로 占有權 그 자체에 의한 不法行爲法上의 賠償請求權은 취득하지 못한다는 것이다.

(e) 特別法上 또는 慣習法上의 物權의 侵害 鑛業權·漁業權 등 特別法上의 物權의 侵害도 不法行爲를 구성한다. 慣習法上으로 物權的 效力이 인정되는 權利의 侵害도 같다. 그 밖에 河川用水權의 侵害도 不法行爲를 이룬다.[95]

(f) 無體財產權의 侵害 特許權·實用新案權·意匠權 등의 工業所有權 및 著作權은 無形的인 利益에 대한 排他的 支配權이라는 점에서 有體物에 대한 排他的 支配權인 物權에 유사한 성질을 갖기 때문에 그러한 權利를 侵害하는 行爲는 物權에 대한 侵害와 유사하게 不法行爲를 구성한다. 특히 이러한 權利의 侵害에 관하여는 '侵害로 보는 行爲'가 규정되어 있고(特許法 §127), 侵害에 관하여는 過失推定의 제도도 있으며,[96] 損害額의 推定에 관한 規定도 있다(特許法 §128 Ⅰ).

(g) 기 타 不動產 所有者가 取得時效가 완성된 사실을 알고 그 不動產을 第三者에게 처분하여 所有權移轉登記를 넘겨줌으로써 取得時效完成을 原因으로 한 所有權移轉登記義務가 履行不能에 빠지게 되어 時效取得을

93) 同旨 金基善, 債各, 408. 다만 1年의 除斥期間에 걸리게 한 것이 不法行爲와 다를 뿐이다(民 §205 Ⅱ).
94) 幾代通·德本伸一(註 20), 66 참조.
95) 大判 65.7.6, 65다425(集 13-2, 민 1).
96) 他人의 特許權 또는 專用實施權을 侵害한 者는 그 侵害行爲에 대하여 過失이 있는 것으로 推定한나(特許法 §130).

主張하는 者가 損害를 입었다면 不法行爲를 구성한다.[97] 그러나 取得時效가 완성된 후 占有者가 그 取得時效를 主張하거나 이로 인한 所有權移轉登記請求를 하기 이전에는 특별한 사정이 없는 한 그 登記義務者인 不動産 所有者로서는 그 時效取得事實을 알 수 없는 것이므로 이를 第三者에게 처분하였다고 하더라도 不法行爲가 성립하는 것은 아니며, 不動産 占有者에게 時效取得으로 인한 所有權移轉登記請求權이 있다고 하더라도 이로 인하여 不動産 所有者와 時效取得者 사이에 계약상의 債權·債務關係가 성립하는 것은 아니므로 그 不動産을 처분한 所有者에게 債務不履行責任을 물을 수도 없다.[98]

(나) 債權의 侵害 債權은 債務者라고 하는 特定人의 意思를 매개로 하여 權利內容이 실현되는 것을 그 本質로 한다. 따라서 債務者 자신에 의한 債權의 侵害는 債務不履行이 되는 것으로서 不法行爲法이 관여할 것은 아니다. 한편 第三者에 의한 債權侵害라고 하여 그것이 당연히 不法行爲를 이루는 것은 아니고, 債權의 종류나 侵害의 태양에 따라 다르다.[99]

(a) 債權의 歸屬의 侵害 他人의 無記名債權을 橫領한다든지 第三者에게 그 債權을 善意取得하게 하는 등 본래의 債權者로 하여금 당해 債權을 法律上으로 상실하게 하는 行爲는 所有權 등의 絶對權을 去來行爲的 方法으로 侵害하는 경우와 마찬가지로 違法性을 가진다. 따라서 거기에서의 不法行爲의 成立要件에 관하여는 債權의 侵害라 하여 특별한 고려를 필요로 하지는 않는다.

(b) 債權의 目的인 特定的 給付의 實現을 第三者가 방해한 경우

第三者가 債權의 目的인 特定的 給付의 實現을 방해하고 그것이 債務者의 歸責事由에 해당하지 아니하여 債權을 소멸시키는 경우가 있다. 예를 들어 丙 소유의 물건을 乙이 손괴함으로써 丙에 대하여 甲이 가지고 있던 당해 債權의 引渡債權을 소멸시킨 경우, 丙을 살상하거나 감금함으로써 丙으로부터 노무의 급부를 받기로 한 계약의 相對方 甲의 債權을 소멸시켜서 損害를 끼친 경우 등이 그것이다. 이러한 경우에 관하여는 物權侵害의 경우와 마찬가지로 債權者에 대한 侵害者의 不法行爲責任의 성립을 일반적으로 긍정하는 見解도 있

97) 大判 93.2.9, 92다47892(公 1993상, 955); 大判 94.4.12, 93다60779(公 1994상, 1431); 大判 95.6.30, 94다52416(公 1995하, 2559); 大判 98.4.10, 97다56495(公 1998상, 1301); 大判 2002.3.15, 2001다77352, 77369(公 2002상, 891) 등.

98) 大判 95.7.11, 94다4509(公 1995하, 2747).

99) 債權의 侵害로 인한 不法行爲의 成立問題에 관한 상세한 내용은 債權總論 중 '債權의 效力' 前論 注解를 참조할 것. 여기에서는 간략한 설명에 그치기로 한다.

다.[100] 이러한 見解는 위 경우 債權者의 피해와 債務者의 피해가 중첩되어 있다고 하든가 前者는 後者가 轉移된 것에 지나지 않는 것으로 보이는 한에 있어서는 타당하고, 또한 이 경우에는 債權侵害가 不法行爲로 되지 않는다고 보아도 결론적으로 債權者가 구제될 수 있기 때문에 어떻게 보아도 좋을 것이다. 문제는 第三者의 債權侵害에 의하여 債權者가 固有·獨自的인 損害를 입은 경우이다. 이러한 경우에도 加害者에게 '甲의 債權을 侵害함에 관한 過失'이 있을 때 甲에 대한 不法行爲責任의 발생을 일반적으로 긍정한다면 加害者인 乙이 責任져야 할 범위가 무한정으로 확대될 우려가 있고 사회에서 발생하는 損害의 부담을 합리적으로 배분하자고 하는 견지에서 보아 타당하다고 보기 어렵다. 이와 같은 이른바 間接損害에 관하여는 '債權을 侵害함에 관한 故意'가 있는 경우에만 債權者에 대한 不法行爲로 될 수 있다고 보는 근자의 有力說[101]이 위와 같은 司法政策的 고려에 기한 것으로서 타당한 해석이라고 할 것이다.[102]

第三者가 債務者의 債務不履行에 加工함으로써 債權의 目的인 特定的 給付의 實現을 방해한 경우에는 본래의 債權은 債務者에 대한 損害賠償請求權으로 轉化되고 債權으로서 소멸되는 것은 아니지만 債權의 실질적 내용을 약체화시킴을 부인할 수는 없다. 이러한 경우의 第三者는 앞서 본 要件을 기초로 債務者와 병행하여 獨自的·直接的으로 債權者에 대하여 不法行爲責任을 부담한다고 본다. 이와 같은 경우의 變種으로서 第三者인 乙이 債務者 丙의 자유의사에 영향을 미쳐서 乙丙간에 그 자체로서는 有效·適法한 거래관계를 성립시키고 거기에서의 丙의 乙에 대한 履行行爲를 통하여 甲의 丙에 대한 債權의 目的인 特定的 給付의 實現을 저해하는 경우가 있다. 特定物의 二重讓渡를 받아 그 履行을 받는 行爲, 勞務者를 뽑아가는 行爲 등이 그것이다. 여기에서는 문제의 甲의 債權과 내용적으로 충돌하는 債權을 第三者 乙이 취득하는 것은 경제적 자유경쟁의 원칙하에서 널리 適法視되어야 한다. 따라서 他人의 債權을 侵害한다는 故意만으로는 부족하고 그 行爲의 態樣이 保護法規違反 내지 良俗違反으로 평가될 정도의 것이어야 不法行爲의 성립이 인정될 수 있을 것이다.[103] 加害者인 第三者가 去來法의 平面에서는 문제의 債權에 대한 債務者

100) 註釋 債各(3), 487 등. 또한 幾代通·德本伸一(註 20), 70 참조.
101) 幾代通·德本伸一(註 20), 70 참조.
102) 同旨 金疇洙, 債各, 637.
103) 大判 2001. 5. 8, 99다38699(公 2001하, 1323)는 '독립한 경제주체간의 경쟁적 계약관계

의 履行補助者인 지위에 있는 경우에도 기본적으로는 위에서 본 바와 같은 설명이 적용될 수 있을 것이다.

그 밖에 債權으로 구분되기는 하지만 不動産賃借權에 대한 第三者의 侵害에 관하여는 通常의 債權에 대한 侵害의 경우와는 약간 달리 보아야 할 측면이 있다. 즉 賃借權者가 아직 目的物의 占有를 취득하지 못하고 第三者에 대한 對抗要件을 구비하지 못한 상태에서의 第三者에 의한 侵害의 경우는 일반적인 特定物債權에 대한 侵害의 한 모습으로서 위에서 본 설명이 적용될 것이나, 第三者에 대한 對抗要件을 갖춘 賃借權에 대한 侵害의 경우는 物權에 대한 侵害에 준하여 취급되어야 한다. 또한 目的物을 占有함에 이른 賃借權에 대한 占有侵害의 방법에 의한 侵害의 경우도 이와 유사하게 보면 될 것이다.[104)]

(c) 債權의 경제적 가치를 侵害하는 경우 본래적인 金錢債權에 관하여 또는 損害賠償請求權 등의 金錢債權으로 轉化한 債權에 관하여 第三者가 그 경제적 실질가치를 侵害하는 경우가 이것이다.

먼저 特定擔保에 대한 侵害에 의한 債權侵害의 경우를 본다. 擔保物權의 客體인 特定物에 대하여 간섭함으로써 被擔保債權의 만족을 곤란하게 하는 경우가 있는데, 실제로는 侵害者가 완전한 第三者이거나 債務者 아닌 擔保物 所有者인 때에 문제로 된다. 擔保物權의 目的物을 손괴한 때에는 加害者는 擔保物權者에 대하여도 직접적으로 不法行爲責任을 진다고 보는 것이 通說[105)]이지만 여기에서는 目的物 所有者에 대한 不法行爲責任과 병행하는 것으로 되어 매우 복잡한 문제를 야기한다. 擔保物權으로 된 것이 所有者에게 귀속하는 가치 중 일정량을 파악, 지배하고자 하는 것일 때 所有者가 侵害者에 대하여 損害賠償請求權을 취득하는 경우에는 擔保物權者에게는 원칙적으로 독자적인 損害賠償請求權을 인정할 필요가 없고(擔保物權者를 被害者로 하는 不法行爲는 성립하지 않는다), 所有者가 취득하는 賠償請求權 위에 物上代位함으로써 擔保物權은 보전된다고 해석하여야 할 것이다.[106)] 한편 擔保物權의 目的物의 所有者가 加害者에 대하여 損害賠償請求

에 있어서는 단순히 제3자가 채무자와 채권자간의 계약내용을 알면서 채무자와 채권자간에 체결된 계약에 위반되는 내용의 계약을 체결한 것만으로는 제3자의 고의·과실 및 위법성을 인정하기에 부족하고, 제3자가 채무자와 적극 공모하였다거나 또는 제3자가 기망·협박 등 사회상규에 반하는 수단을 사용하거나 채권자를 해할 의사로 채무자와 계약을 체결하였다는 등의 특별한 사정이 있는 경우에 한하여 제3자의 고의·과실 및 위법성을 인정하여야 할 것'이라고 한다.

104) 同旨 金疇洙, 債各, 637-8.

105) 註釋 債各(3), 507 등. 또한 幾代通·德本伸一(註 20), 75 참조.

106) 同旨 金疇洙, 債各, 635.

權을 갖지 않는 경우, 즉 目的物의 所有者(物上保證人 등) 자신이 加害者인 경우라든가 所有者 자신 및 第三者 쌍방의 行爲가 가공되어 損害를 야기시킨 경우에 관하여는 擔保物權侵害의 不法行爲가 성립할 가능성을 배제할 수 없다. 이 경우 所有者에게 擔保物權侵害에 관하여 過失이 있으면 족하지만 第三者에게는 故意가 있을 것을 요한다고 본다.[107)]

다음으로 抵當權設定登記를 違法하게 말소한다든지 質物에 대한 質權者의 占有를 違法하게 侵害하는 경우와 같이 擔保物權에 있어서의 對抗要件 내지 存續要件에 대한 違法한 간섭이 가해짐으로써 그에 의하여 擔保物權者로서는 擔保物權을 一般債權者에 대하여 主張할 수 없게 되는 경우, 결과적으로는 擔保物權을 主張할 수 있어도 그로 인하여 별도의 費用을 出捐하여야 하는 경우, 그 밖에 擔保物權의 행사가 사실상 곤란하게 되는 不利益을 받는 경우 등이 있다.[108)] 이러한 경우에도 不法한 등기절차에 의한 加害에 있어서는 擔保物權侵害에 관한 過失을 要件으로 하여, 目的物의 占有侵害에 의한 加害에 있어서는 擔保物權侵害에 관한 故意를 要件으로 하여 각각 不法行爲가 성립한다고 본다.

債務者의 일반재산을 감소시킴으로 인한 債權侵害도 있다. 第三者가 債務者의 일반재산을 감소시키는 行爲를 하였기 때문에 債權者가 債務者로부터 완전한 辨濟를 받을 수 없는 상태에 이른 경우 債權侵害의 不法行爲가 문제로 된다. 第三者의 行爲가 債務者에 대한 관계에서 不法行爲를 구성하는 때는 後者는 前者에 대하여 賠償請求權을 취득하고 그의 일반재산의 총액에는 변화가 없기 때문에 債權侵害로서의 不法行爲의 문제는 생기지 않는다.[109)] 또한 第三者의 行爲가 債務者에 대한 관계에 있어서 不法行爲를 구성하지 않는 때에는

107) 同旨 金疇洙, 債各, 635.

108) 動産의 讓渡擔保에 관하여 大判 2000. 6. 23, 99다65066(公 2000하, 1743)은, '동산에 대하여 점유개정의 방법으로 양도담보가 설정된 후 역시 점유개정의 방법으로 이중양도담보를 설정한 경우 뒤의 양도담보권자가 양도담보의 목적물을 처분함으로써 원래의 양도담보권자로 하여금 양도담보권을 실행할 수 없도록 하는 행위는, 이중양도담보설정행위가 횡령죄나 배임죄를 구성하는지 여부나 뒤의 양도담보권자가 이중양도담보설정행위에 적극적으로 가담하였는지 여부와 관계없이, 원래의 양도담보권자의 양도담보권을 침해하는 위법한 행위'라고 한다.

109) 判例도 다음과 같이 설명한다. 즉 第三者에 의한 債權侵害가 不法行爲가 成立되는지 與否는 그 債權侵害의 態樣에 따라 具體的으로 檢討 決定하여야 할 것인바, 被告들의 訴外 甲의 돈을 가로챈 事實行爲로는 債權者인 原告의 同 訴外人에 대한 債權이 消滅된 것이 아니고 訴外 甲의 責任財産이 減少되었을 뿐으로서 原告는 間接的 損害를 본 데 不過하므로 不法行爲가 成立되기 어렵다고 한다; 大判 75.5.13, 73다1244(集 23 2, 민 21).

마찬가지로 債權侵害에 의한 不法行爲가 문제로 되지 않는다. 債權者가 債務者로부터 임의의 辨濟를 받거나 強制執行에 의하여 辨濟를 받은 때는 그로 인하여 다른 債權者가 충분한 辨濟를 받을 수 없게 되어도 後者의 債權을 侵害하는 不法行爲로 되지는 않는다. 다만 債權者가 債務者의 뜻에 반하는 違法한 自力救濟에 의하여 債權의 만족을 취한 경우는 다른 債權者의 權利를 侵害한 것에 관한 故意가 있은 것을 要件으로 하여 債權侵害에 의한 不法行爲가 된다고 할 수 있다.

債務者의 일반재산을 감소시킴에 관하여 第三者 뿐만 아니라 債務者 자신도 有責일 경우가 있다. 예를 들면 債務者가 強制執行을 당할 것을 면하기 위하여 債務者와 第三者가 共謀하여 재산의 隱匿·損壞·假裝讓渡를 하는 行爲는 그 第三者에게 當該行爲에 의하여 債權者가 債權의 만족을 얻는 것을 방해하려는 故意가 있은 때에는 債權侵害에 의한 不法行爲를 구성할 것이다. 債務者가 眞實·有效한 法律行爲 내지 準法律行爲를 함에 의하여 債權者로 하여금 그 債權의 만족을 사실상 불능하게 한 경우 그러한 行爲의 相對方이 된다든지 그 밖에 그에 가담한 第三者의 行爲는 不法行爲로 되는가. 第三者 자신이 당해 債務者에 대하여 이미 가지고 있는 債權의 辨濟를 받는 것은 정당한 權利의 행사이고 詐害行爲로 되지 않을 뿐 아니라 不法行爲도 되지 않는다고 보아야 할 것이다. 債務者로 하여금 그의 責任財産을 증여시키거나 廉價로 매각시킨다든지 또는 責任財産에 들어 있는 債權을 放棄시키는 行爲에 관하여는 不法行爲의 성립가능성이 있을 것이지만 債權者가 그에 관하여 債權者取消權의 행사에 의하여 구제받을 수 있는 때에는 不法行爲가 성립되지 않을 것이다. 다만 債權侵害의 故意를 가지고 있으나 詐害行爲의 受益者 또는 轉得者의 지위에 서지 않고 敎唆나 기타 적극적인 방법으로 債務者 등을 부추겨 詐害行爲를 하게 한 第三者에 관하여는 不法行爲成立의 가능성을 인정할 여지가 있다.

㈐ 形成權의 侵害 形成權의 侵害에 관하여는 異說이 있으나 形成權도 對世的 效力을 가짐에 있어서 다른 權利와 다름이 없으므로 그 不法侵害는 不法行爲를 成立시킨다는 것이 多數說이다.[110]

㈑ 營業 내지 일반적인 경제활동이나 재산상태에 대한 不法干涉

物權이나 債權 등 定型的이고 具體的인 財産權은 아니지만 그러한 具體的인 財産權을 취득할 一般的·抽象的 可能性 내지는 期待를 포함하는 어떤 法主體

110) 金基善, 債各, 409; 李太載, 債各, 466.

의 영업활동, 경제활동 또는 재산상태의 전반이 무엇인가의 형태나 정도로 侵害되는 경우가 있다. 여기에서는 一方으로는 경제적인 자유경쟁의 보장이라고 하는 사회적 요청이 있고 또 侵害되는 利益이 具體性·固定性을 가지지 못하고 概括的·浮動的이기 때문에 그에 대한 侵害가 違法性을 갖기 위하여는 일반적으로 侵害의 態樣이라든지 加害者側의 主觀的인 상황이 상당히 강한 정도의 反社會性을 가질 것이 要件으로 된다.

(a) 營業의 侵害 他人의 영업활동을 侵害하는 것은 일반적으로 保護法規違反 내지 良俗違反으로 보여질 정도의 것이어야 비로소 不法行爲를 구성한다. 예를 들면 甲이 丙에게 상품의 위탁판매를 하게 하였는데 乙 등이 甲의 위 상품의 판매를 저지할 것을 기도하여 丙을 협박하여 그 판매를 정지시키고 그로 인하여 甲으로 하여금 당해 지방에서의 당해 상품의 판매를 정지시켜 버린 경우 乙 등의 行爲는 受託者 丙의 영업을 방해한 것으로서의 不法行爲를 구성할 뿐 아니라 委託者 甲의 영업을 방해한 不法行爲로도 되고, 幼稚園設立이 형식상 정당한 절차를 밟아 한 것이라도 他人이 그 인근에 公演場(劇場)을 설치하는 것을 방해하려는 意圖에서 하게 된 것이라면 그 幼稚園設立者는 公演場設立妨害로 인한 損害를 賠償할 責任이 있다.[111] 영업상 경쟁관계에 있는 者들 상호간에 있어서는 자유경쟁으로서 違法性이 인정되지 않는 범위가 매우 넓다. 그러나 不正競爭防止및營業秘密保護에관한法律은 國內에 널리 認識된 他人의 姓名·商號·商標·商品의 容器·包裝 기타 他人의 商品임을 표시한 標識와 동일 또는 유사한 것을 사용하거나 이러한 것을 사용한 商品을 販賣·頒布 또는 輸入·輸出하여 他人의 商品과 混同을 일으키게 하는 行爲 등 열거된 일정한 違法行爲(不正競爭行爲, 不正競爭防止및營業秘密保護에 관한 法律 §2 I 各號)로 他人의 營業上 利益을 侵害하여 損害를 가한 者는 損害賠償責任을 지는 것으로 정한다(不正競爭防止및營業秘密保護에 관한 法律 §5).[112] 또 商法도 不正한 目的으로 他人의 營業으로 誤認할 수 있는 商號를 사용하는 者에게 마찬가지로 損害賠償義務를 부담시킨다(商 §23 I·III). 이러한 것들은 어느 것이나 故意에 의한 경우에 한정되지 않고 過失에 의한 경우에도 不法行爲責任을 진다. 자유경쟁이라고 하여도 경쟁에 사용된 수단·방법이 명확히 강한 反社會性을 갖기 때문이다. 보이코트(boycott)와 같은 거래의 공동거부의 違法性

111) 大判 74.10.22, 74다79(公 1974, 8101).

112) 물론 이 경우 損害賠償責任이 成立하기 위하여는 不正競爭行爲者의 故意·過失이 필요하다.

의 유무도 문제로 된다. 보이코트의 原因이 된 相對方의 行爲나 態度도 보이코트의 효과와의 比較衡量이 違法性의 유무판단에 있어서 중요한 기준으로 되고 따라서 소비자측의 不買同盟은 違法으로 되는 경우가 적은 반면에 기업간의 공동거래거부는 違法으로 되는 경우가 많을 것이다.[113]

(b) 그 밖에 사람의 재산상태 내지 경제활동 일반에 대하여 不利益을 가하는 行爲 위에서 본 營業權과 같은 것보다는 抽象的인, 즉 특정주체의 재산상태 내지는 자산상태 일반에 不利益을 가하는 것과 같은 行爲에 관하여도 不法行爲의 성립이 문제로 된다. 예를 들면 他人의 도장을 도용하여 그 他人의 不動産을 매각한다든지 銀行의 理事나 監事가 虛僞의 營業報告書와 貸借對照票를 新聞에 公示함으로써 이를 믿고 예금한 사람에게 銀行의 破産에 의한 損害를 가한 경우에 그러한 權利가 侵害되었는지를 묻지 않고도 不法行爲의 성립을 인정할 수 있을 것이다.

(마) 生活妨害 音響, 振動, 粉塵, 煤煙, 排氣, 냄새, 汚廢水의 河川放流, 日照妨害, 電波障害 등에 의하여 주위의 他人의 생활에 각종의 방해나 악영향을 가하는 行爲에 관하여는 일찍부터 그 違法性이 문제로 되어 왔지만, 특히 그것이 사업활동에 수반되어 발생하고 또 광범위한 사람들에게 損害를 끼치는 경우에 관하여는 이른바 公害問題로서 사회적으로 커다란 문제로 되었고, 이는 단순히 不法行爲에 의한 司法的 救濟의 대상으로만 되는 것이 아니고 피해예방을 위한 각종 行政的 規制의 대상으로도 된다.

이러한 종류의 加害行爲에 관하여는 옛날에는 이를 加害者側의 權利行使이기는 하지만 경우에 따라서 權利濫用으로서 違法性을 띠는 것으로 파악하는 것이 일반적이었다. 그러나 이제는 原則과 例外가 역전되어 자기가 지배하는 토지 밖에 무엇인가 악영향을 미치는 行爲는 본래 違法한 것이지만 다만 사회생활상 受忍하여야 할 것으로 인정되는 정도까지의 것이면 違法性을 缺한다고 생각하게 되었다. 그에 따라 立證責任도 轉換된 셈이다.

生活妨害 내지 公害는 토지의 所有權에 대한 侵害가 보통이지만 土地所有者가 아니라도 피해를 받을 수 있는 것이기 때문에 侵害되는 것은 사람의 생활 그 자체이고 특히 生命·身體·健康 등의 人格權的 利益이 중심으로 된다. 다만 財産權이나 營業 등이 侵害의 대상으로 되는 경우도 있다. 그리하여 이 被侵害利益으로서는 요즈음 이를 環境權으로 파악하여 구성할 것을 主張하는

113) 金基善, 債各, 409.

學說도 나타나고 있다.[114]

이러한 종류의 侵害는 사람이 사회생활을 하는 한은 엄밀히 말하면 그 정도의 다소간에 필연적인 것이나, 다만 그것이 사회생활상 있을 수 있는 합리적인 한도를 넘는 것으로 인정되는 경우에는 違法한 侵害行爲로서 不法行爲를 이룬다고 보아야 한다.[115] 이와 같이 侵害의 정도 그 자체가 규정적인 의미를 갖는 점에 있어서 이러한 종류의 侵害類型의 특징이 있다고 할 수 있다. 侵害가 합리적인 한도를 초과하여 違法한 것인지 아닌지를 판정하는 데 있어서는 그러한 被侵害利益을 개괄적으로 어떻게 성격지울 것인가에 따라, 加害原因인 事業의 公共性의 有無와 그 大小와 같은 加害行爲의 種類 및 態樣, 生命이나 健康에 害를 미치는지 與否와 같은 侵害되는 利益의 種類 및 程度, 住宅地區인지 工場地區인지와 같은 地域性, 加害側과 被害側의 각 立地 및 居住의 先後關係, 行政的 規制에 의한 基準의 遵守의 與否, 加害行爲의 繼續性의 有無 및 程度 등 제반상황을 종합적으로 利益衡量하는 것이 중요한 요소로 작용함

114) 金基善, 債各, 407; 幾代通 · 德本伸一(註 20), 83 등 참조.
여기에서 주장되는 環境權은 私的 權利로서의 環境權을 뜻한다. 원래 環境權은 憲法 §35 I 이 "모든 國民은 건강하고 快適한 環境에서 生活할 權利를 가지며, 國家와 國民은 環境保全을 위하여 노력하여야 한다"고 규정함으로써 國民의 基本權의 하나로 승인된 것이다. 이러한 環境權의 對私人的 效力에 관하여는 環境權도 私人에 대해서도 效力을 갖지만 私人에 의해서 環境權이 침해된 경우 私法의 一般條項을 통하여 私人에게 間接適用된다는 說(金哲洙, 憲法學槪論, 1995, 573)과 私人 상호간의 관계에 대하여도 直接適用되므로 憲法의 위 條項을 근거로 損害賠償請求가 가능하다고 보는 說(權寧星, 憲法學槪論, 1995, 476)로 나뉜다. 大法院은 "헌법 §35 I 은 '모든 국민은 건강하고 쾌적한 환경에서 생활할 권리를 가지며, 국가와 국민은 환경보전을 위하여 노력하여야 한다'고 규정하여 환경권을 국민의 기본권의 하나로 승인하고 있으므로 사법(私法)의 해석과 적용에 있어서도 이러한 기본권이 충분히 보장되도록 배려하여야 할 것임은 당연하다고 할 것이나, 헌법상의 기본권으로서의 환경권에 관한 위 규정만으로서는 그 보호대상인 환경의 내용과 범위, 권리의 주체가 되는 권리자의 범위 등이 명확하지 못하여 이 규정이 개개의 국민에게 직접으로 구체적인 사법상의 권리를 부여한 것이라고 보기는 어렵고, 또 사법적 권리인 환경권을 인정하면 그 상대방의 활동의 자유와 권리를 불가피하게 제약할 수밖에 없는 것이므로, 사법상의 권리로서의 환경권이 인정되려면 그에 관한 명문의 법률규정이 있거나 관계법령의 규정취지나 조리에 비추어 권리의 주체, 대상, 내용, 행사방법 등이 구체적으로 정립될 수 있어야 할 것이다"고 하여(大決 95.5.23, 94마2218(公 1995하, 2236)) 間接適用說을 취한다. 자세한 것은 憲法學者들의 環境權에 관한 論議 참조.

115) 이웃 토지상의 건물로 인하여 직사광선이 차단되는 불이익을 받는 경우에 그것이 사회통념상 일반적으로 인용할 정도를 넘지 않는 한 이를 감수할 것이므로 인로 인하여 입는 정도의 고통은 감내하여야 하지만(大判 82.9.14, 80다2859(公 1982, 1001)), 인접 토지의 사용권자가 건물 등을 건축함으로써 직사광선이 차단되는 불이익을 입게 되고 그 일조방해의 정도가 사회통념상 일반적으로 인용되는 수인한도를 넘어서는 경우에는 그 건축행위는 정당한 권리행사로서의 범위를 벗어나거나 권리남용에 이르는 행위로서 위법한 가해행위로 평가되어 일조방해로 인한 불법행위가 성립한다(大判 2001.6.26, 2000다44928, 44935(公 2001하, 1698)).

을 부인할 수 없다.[116)]

그 밖에 이른바 公害事件에 있어서는 不法行爲의 成立要件으로서의 事實的 因果關係의 인정이라든지 故意·過失의 有無의 인정에 관하여, 또한 被害者가 多數라는 점에서 訴訟上 集團性을 특징으로 하고 加害者 역시 多數여서 그들 사이의 共同責任이 문제로 되는 등 여러 가지로 중요한 문제가 제기되고 있다.

자세한 것은 [後論] 個別的 不法行爲類型 중 公害에 관한 注解 참조.

(바) 人格的 利益의 侵害 家族의 地位에 기한 法益(身分權)의 侵害나 이른바 프라이버시의 侵害를 포함하여 人格的 利益의 侵害에 관하여는 民 §751, §752 및 [後論] 個別的 不法行爲類型 중 人格權侵害에 관한 注解 참조.

(사) 기 타

(a) 不當提訴 등 일반적으로 訴訟을 제기하거나 제기된 訴訟에 應訴하는 것 자체는 憲法에 의하여 보장된 국민의 權利實現이나 權利保護를 위한 수단으로서 원칙적으로 適法하다고 할 것이나, 그와 같은 訴提起나 應訴行爲가 權利實現이나 權利保護를 빙자하여 相對方의 權利나 利益을 侵害하는 것이거나 상당한 이유 없이 相對方에게 고통을 주려는 의사로 행하여지는 등 故意 또는 過失이 인정되고 이것이 公序良俗에 反하는 정도에 이른 것인 경우에는 違法性을 띠고 不法行爲를 구성한다.[117)] 따라서 그러한 不當訴訟으로 인

116) 大判 99.1.26, 98다23850(公 1999상, 351)은 "건물의 신축으로 인하여 그 이웃 토지상의 거주자가 직사광선이 차단되는 불이익을 받은 경우에 그 신축행위가 정당한 권리행사로서의 범위를 벗어나 사법상 위법한 가해행위로 평가되기 위하여는 그 일조방해의 정도가 사회통념상 일반적으로 인용하는 수인한도를 넘어야 하고, 건축법 등 관계 법령에 일조방해에 관한 직접적인 단속법규가 있다면 동 법규에 적합한지 여부가 사법상 위법성을 판단함에 있어서 중요한 판단자료가 될 것이지만, 이러한 공법적 규제에 의하여 확보하고자 하는 일조는 원래 사법상 보호되는 일조권을 공법적인 면에서도 가능한 한 보증하려는 것으로서 특별한 사정이 없는 한 일조권 보호를 위한 최소한도의 기준으로 봄이 상당하고, 구체적인 경우에 있어서는 어떠한 건물신축이 건축 당시의 공법적 규제에 형식적으로 적합하다고 하더라도 현실적인 일조방해의 정도가 현저하게 커 사회통념상 수인한도를 넘은 경우에는 위법행위로 평가될 수 있고, 사회통념상 수인한도를 넘었는지 여부는 피해의 정도, 피해이익의 성질 및 그에 대한 사회적 평가, 가해 건물의 용도, 지역성, 토지이용의 선후관계, 가해방지 및 피해회피의 가능성, 공법적 규제의 위반 여부, 교섭 경과 등 모든 사정을 종합적으로 고려하여 판단하여야 하고, 건축 후에 신설된 일조권에 관한 새로운 공법적 규제 역시 이러한 위법성의 평가에 이어서 중요한 자료가 될 수 있다"고 한다. 同旨 大判 2000.5.16, 98다56997(公 2000하, 1419).

117) 大判 77.5.10, 76다2940(公 1977, 10083); 大判 82.10.26, 81다375(公 1983, 54); 大判 94.9.9, 93다50116(公 1994하, 2603) 등. 또한 大判 99.4.13, 98다52513(公 1999상, 874); 大判 2002.5.31, 2001다64486(公 2002하, 1529)은, 민사소송을 제기한 사람이 패소판결을 받아 확정된 경우에 당해 소송에 있어서 제소자가 주장한 권리 또는 법률관계

하여 相對方이 입은 경제적 손실에 대하여는 당연히 이를 賠償하여야 하므로 예를 들어 不當訴訟에 의하여 相對方에게 辯護士費用 기타 費用을 부담하게 하였다면 이를 賠償하여야 한다.

다만 그러한 費用이 訴訟費用인 경우에는 좀더 검토를 요한다. 원래 訴訟費用의 재판에 의하여 인정된 訴訟費用償還請求權은 訴訟費用確定決定이라고 하는 法律에 규정된 형식에 의해서만 이것을 실현할 수 있고, 따라서 이 權利實現을 위하여 독립의 訴를 제기하는 것은 權利保護의 利益을 결하는 것이어서 허용되지 않는다. 그러나 相對方이 제기한 訴 또는 應訴가 不法行爲로 인정될 때에는 訴訟費用도 그 損害 가운데에 포함되어 不法行爲로 인한 損害賠償請求가 별도로 가능한지는 문제이다. 訴訟費用 이외의 訴訟物 때문에 생긴 間接損害에 대하여는 別訴請求를 할 수 있다는 데는 별 異論이 없으나 訴訟費用 자체에 관하여는 見解가 나뉜다. 訴訟費用償還請求權을 私法上의 金錢債權이라고 보는 입장에서는 否定說은 訴訟費用에 관한 규정의 公共性을 지나치게 강조하는 것으로 보이고 또 실제에 있어 間接費用과 訴訟費用 자체를 구별하는 것이 그다지 용이한 일이 아닌데도 間接費用만을 떼어 別訴請求를 할 수 있다는 見解는 지나치게 기교적인 듯하고 또 兩者를 모두 인정하더라도 이미 訴訟費用의 裁判이 있고 確定決定이 있거나 그 절차가 진행중인 경우에는 그 費用을 공제한 나머지 부분을 訴訟物로 하면 될 것이고 만일 訴訟費用에 관한 裁判을 기다리지 아니하고 또는 고유의 訴訟費用을 공제함이 없이 實體法上의 請求原因을 主張하여 이미 생긴 費用賠償을 제기하여 먼저 그 訴가 認容된 裁判이 있고 그 후 別訴로 고유의 訴訟費用의 裁判이 있어 고유의 訴訟費用에 대하여 兩者가 중복되는 경우에도 債務名義의 목적은 넓은 의미의 費用의 보상인 점에 비추어 그 부분을 중복하여 집행할 수 없다고 解할 수 있다면 이를

가 사실적·법률적 근거가 없고, 제소자가 그와 같은 점을 알면서, 혹은 통상인이라면 그 점을 용이하게 알 수 있음에도 불구하고 소를 제기하는 등 소의 제기가 재판제도의 취지와 목적에 비추어 현저하게 상당성을 잃었다고 인정되면 그와 같은 소의 제기는 상대방에 대하여 위법한 행위가 된다고 설명한다. 예를 들어, 소유자가 자신의 채무를 담보하기 위하여 부동산에 관한 처분권한을 위임하면서 부동산의 소유권이전등기에 필요한 일체의 서류를 채권자단의 대표에게 교부하였고, 서류를 교부받은 채권자단 대표의 승낙하에 채권자 중의 1인 명의의 가등기에 기한 본등기가 이루어졌으며, 소유자가 은행인 채권자에게 위와 같은 내용의 확인서를 작성하여 주는 등 스스로 소유권이전등기의 유효성을 인정하고 이의를 제기하지 않겠다고 하였음에도 불구하고, 이에 반하여 소유권이전등기가 무효임을 주장하면서 강제집행정지신청과 본안소송을 제기한 일련의 행위는 상당한 이유가 없는 부당소송행위로서 불법행위를 구성한다: 大判 97.2.28, 96다32126(公 1997상, 908).

부정하여야 할 이유가 없다고 하는 見解가 유력하다.[118)]

(b) 確定判決에 기한 強制執行이 不法行爲로 되는 경우 確定判決에 기한 強制執行이 不法行爲로 되는 경우가 있다. 判決의 성립과정에서 原告가 被告를 害할 의도로 作爲 또는 不作爲에 의하여 被告의 訴訟節次에 대한 관여를 방해하거나 혹은 허위의 사실을 主張하여 法院을 기망하는 등의 부정한 行爲를 하고 그 결과 본래 있어서는 아니 될 내용의 確定判決을 취득하거나 또는 당사자 쌍방이 共謀通情하여 허위의 진술을 함으로써 確定判決을 취득한 경우를 이른바 判決의 騙取라고 하는데, 이와 같은 判決의 騙取의 경우에도 그 判決이 當然無效라고 보는 見解가 없지는 않으나 判例는 피고의 주소를 허위로 기재하여 擬制自白으로 勝訴判決을 받은 경우에는 그 判決正本이 被告에게 송달되지 않았으므로 확정되지 않았다 하여 抗訴說을 취하는 외에는 모두 再審에 의하여야 한다고 함으로써 형식적 확정으로 旣判力이 발생한다고 보고 있다. 이처럼 判決의 騙取의 경우에도 형식적으로 확정된 判決에는 旣判力이 있다고 본다면 그러한 詐僞判決을 再審의 訴로 취소하거나 請求異議의 訴로 그 判決의 執行力을 배제하지 아니한 채 바로 그 強制執行이 違法하다 하여 不法行爲로 인한 損害賠償請求가 가능하다고 보는 것에는 문제가 없지 않다. 學說은 肯定說과 否定說, 折衷說 등으로 나뉜다.[119)] 判例는 일찍부터 法院을 기망하는 등의 不法行爲로 確定判決을 받은 者까지 旣判力으로 보호하는 것은 自然的 正義感에 反하므로 그와 같은 방법으로 確定判決을 받은 者는 損害賠償義務가 있다고 하여 왔고,[120)] 근자에는 詐僞判決의 개념을 보다 자세히 정립하고 詐僞判決의 집행이 不法行爲가 되는 경우를 명시한 大法院判決이 있었다. 즉 大判 95. 12. 5, 95다21808(公 1996상, 197)은 "판결이 확정되면 기판력에 의하여 대상이 된 청구권의 존재가 확정되고 그 내용에 따라 집행력이 발생하는 것이므로, 그에 따른 집행이 불법행위를 구성하기 위하여는 소송당사자가 상대방의 권리를 해할 의사로 상대방의 소송관여를 방해하거나 허위의 주장으로 법원을 기망하는 등 부정한 방법으로 실제의 권리관계와 다른 내용의 확정판결을 취득하여 집행을 하는 것과 같은 특별한 사정이 있어야 하고, 그와 같은 사정이 없이 확정판결의 내용이 단순히 실체적 권리관계에 배치되어 부당하고

118) 尹載植, "訴訟費用에 대한 損害賠償請求의 可否", 民判硏 10, 209-26 참조.

119) 이 문제는 旣判力과 관련하여 주로 民事訴訟法 분야에서 논의되므로 구체적인 설명은 생략한다.

120) 大判 60. 11. 3, 4292민상656(要集 민 1-2, 1198).

또한 확정판결에 기한 집행채권자가 이를 알고 있었다는 것만으로는 그 집행행위가 불법행위를 구성한다고 할 수 없다. 편취된 판결에 기한 강제집행이 불법행위로 되는 경우가 있다고 하더라도 당사자의 법적 안정성을 위해 확정판결에 기판력을 인정한 취지나 확정판결의 효력을 배제하기 위하여는 그 확정판결에 재심사유가 존재하는 경우에 재심의 소에 의하여 그 취소를 구하는 것이 원칙적인 방법인 점에 비추어 볼 때 불법행위의 성립을 쉽게 인정하여서는 아니되고, 확정판결에 기한 강제집행이 불법행위로 되는 것은 당사자의 절차적 기본권이 근본적으로 침해된 상태에서 판결이 선고되었거나 확정판결에 재심사유가 존재하는 등 확정판결의 효력을 존중하는 것이 정의에 반함이 명백하여 이를 묵과할 수 없는 경우로 한정하여야 할 것이다"고 한다.[121]

(4) 判例에 나타난 違法性의 具體的인 모습

구체적인 事件에서 違法性 有無를 판단하는 것은 쉬운 일이 아니다. 여기에서는 우리 나라 判例들 가운데 몇 개를 통하여 違法性의 구체적인 모습을 간단히 살펴본다.

(i) 공동의 이해관계를 갖는 다수의 사람들이 그들의 主張이나 目的을 관철할 의도하에 한 集團行動이 民事上 不法行爲를 구성하는 違法性을 갖는지 여부는 그 集團行動의 具體的인 내용, 방법, 정도뿐만 아니라 이에 이른 動機나 目的, 經緯, 狀況 등을 侵害利益과 함께 종합적으로 고려하여 그 集團行動이 社會通念上 容認될 만한 정도의 相當性이 있는지 여부에 의하여 판단하여야 한다.[122]

(ii) 被告訴人이 告訴人이 告訴한 被疑事實로 起訴된 후 이에 대하여 無罪의 確定判決을 받은 사실이 있다 하더라도 그 告訴가 權利의 濫用이었다고 인정되는 故意 또는 重大한 過失에 의한 것이 아닌 이상 不法行爲라고는 할 수 없다.[123]

(iii) 證券去來는 본래적으로 여러 불확정요소에 의한 위험성을 동반할 수밖에 없는 것으로서 투자가로서도 일정한 범위 내에서는 자신의 투자로 인해 발생할지 모르는 손실을 스스로 부담해야 함이 당연한 점에 비추어, 증

121) 同旨 大判 91. 2. 26, 90다6576(公 1991, 1070); 大判 92. 12. 11, 92다18627(公 1993상, 447); 大判 01. 11. 13, 99다32899(公 2002상, 29) 등.
122) 大判 95. 6. 16, 94다35718(公 1995하, 2496); 大判 2001. 5. 8, 2000다35955(公 2001하, 1336).
123) 大判 94. 1. 25, 93다29556(公 1994상, 801).

권회사의 임직원이 強行規定에 위반된 이익보장으로 투자를 권유하였으나 투자결과 손실을 본 경우에 투자가에 대한 不法行爲責任이 성립되기 위하여는 이익보장 여부에 대한 積極的 欺罔行爲의 존재까지 요구하는 것은 아니라 하더라도 적어도 去來經緯와 去來方法, 고객의 투자상황(재산상태, 연령, 사회적 경험정도 등), 거래의 위험도 및 이에 관한 설명의 정도 등을 종합적으로 고려한 후 당해 勸誘行爲가 경험이 부족한 일반 투자가에게 去來行爲에 필연적으로 수반되는 위험성에 관한 올바른 인식형성을 방해하거나 또는 고객의 투자상황에 비추어 과대한 위험성을 수반하는 거래를 적극적으로 권유한 경우에 해당하여 결국 고객에 대한 보호의무를 저버려 違法性을 띤 行爲인 것으로 평가될 수 있는 경우라야 한다.[124)]

(iv) 일반적으로 使用者의 勤勞者에 대한 解雇 등의 不利益處分이 無效로 판단되는 경우에 그러한 사유만에 의하여 곧바로 그 解雇 등 不利益處分이 不法行爲를 구성하게 된다고 할 수는 없으나, 근로계약에 따라 계속적으로 근로를 제공하는 근로자는 인간으로서의 존엄과 가치를 지닌 인격체이고 근로자의 근로제공은 단순히 임금획득을 위하여 근로계약을 이행하는 것에만 의미가 있는 것이 아니고 근로를 통하여 이러한 인격을 실현한다는 측면도 아울러 갖고 있으므로 使用者가 強行規定인 勞動組合法 §39[125)] 소정의 不利益取扱禁止規定을 위반하여 근로자를 부당하게 解雇하거나 不利益處分을 함으로써 당해 解雇 등이 無效인 경우에 있어서 사용자가 그러한 不利益處分을 함에 있어서 내세우는 사유가 표면상의 사유에 불과하고 실질적으로는 근로자가 정당한 노동조합활동을 한 것을 이유로 근로자를 사업장에서 배제하려는 의도하에 일부러 어떤 표면상의 해고사유 등을 내세워 징계라는 수단을 동원하여 解雇 등의 不利益處分이 이루어진 경우처럼 그러한 징계권의 남용이 우리의 건전한 社會通念이나 社會常規上 도저히 용인될 수 없음이 분명한 경우에 있어서는 그 解雇 등 不利益處分의 효력이 부정되는 데 그치는 것이 아니라 違法하게 相對方에게 정신적 고통을 가하는 것이 되어 근로자에 대한 관계에서 不法行爲를 구성할 수 있으며, 이와 같은 경우 이는 단순히 임금지급채무를 이행하지 아니한 것에 불과하다고 할 수 없어 근로자가 임금채무나 그에 대한 遲延損害金을 지급받게 된다고 하여 이로써 사용자의 이러한 부당한 解雇 등으로 말미암아 근로자가 입게 된 정신적 고통의 損害가 완전히 치유된다고는

124) 大判 94.1.11, 93다26205(公 1994상, 687); 大判 96.8.23, 94다38199(公 1996하, 2800); 大判 99.6.11, 97다58477(公 1999하, 1352) 등.

125) 현재는 勞動組合및勞動關係調整法(1997.3.13. 법률 제5310호) §81가 이에 해당한다.

할 수 없는 것이고 使用者의 歸責事由는 不當勞動行爲로 인정되는 이상 사실상 推定된다.[126] 또한 사용자가 근로자를 부당하게 해고하고 그 解雇無效判決이 확정되었음에도 장기간에 결쳐 근로자에 대한 복직을 거부한 경우에는 근로자에 대한 不法行爲가 되어 근로자의 정신적 고통에 대한 사용자의 損害賠償責任이 인정된다.[127]

(v) 搜查機關이나 刑事法廷에서의 虛僞陳述[128]이나 僞證[129]도 그로 인한 被害者에 대하여 不法行爲가 될 수 있다.

3. 違法性의 阻却

民 §761 注解 참조.

V. 損害發生과 因果關係

1. 損害의 發生

(1) 損害의 現實性

不法行爲責任을 묻기 위하여는 損害가 現實로 발생하여야 한다. 실제 訴訟事件에서도 不法行爲의 成立은 인정되어도 損害에 관한 立證이 없다는 이유로 請求가 棄却되는 일이 없지 않다.[130] 英美法에서는 違法한 侵害가 있으면 現實損害가 아니어도 名目的 損害賠償(nominal damages)으로서 金額의 賠償이

126) 大判 93.10.12, 92다43586(公 1993하, 3061); 大判 93.12.21, 93다11463(公 1994상, 488). 또한 大判 97.1.21, 95다24821(公 1997상, 597)은 '사용자가 근로자에 대하여 징계해고 등을 할 만한 사유가 전혀 없는데도 오로지 근로자를 사업장에서 몰아내려는 의도하에 고의로 어떤 명목상의 해고사유 등을 내세워 징계라는 수단을 동원하여 해고 등의 불이익처분을 한 경우나 해고 등의 이유로 된 어느 사실이 취업규칙 등 소정의 징계사유에 해당되지 아니하거나 징계사유로 삼을 수 없는 것임이 객관적으로 명백하고, 또 조금만 주의를 기울였더라면 이와 같은 사정을 쉽게 알아볼 수 있는데도 그것을 이유로 징계해고 등의 불이익처분을 하거나 적법한 절차를 거치지 아니한 경우처럼 사용자에게 부당해고 등에 대한 고의·과실이 인정되는 경우에 있어서는 불법행위가 성립된다'고 하며, 大判 97.9.26, 97다18974(公 1997하, 3237)도 같은 취지이다.

127) 大判 94.2.8, 92다893(公 1994상, 995).

128) 大判 94.5.10, 93다39072(公 1994상, 1647); 大判 97.9.5, 95다21211(公 1997하, 2994).

129) 大判 94.2.8, 93다32439(公 1994상, 1003).

130) 損害의 發生 및 그 數額의 立證責任은 原告인 被害者에게 있기 때문이다. 法院은 적극적으로 釋明權을 행사하여 損害의 數額에 관한 立證을 촉구하고 경우에 따라서는 職權으로라도 審理·判斷하여야 하지만, 그렇게 하여도 밝힐 수 없으면 原告의 請求를 棄却할 수밖에 없다.

인정되고[131] 또한 加害가 惡意를 가지고 이루어진 경우에는 現實損害의 賠償과 별도로 高額의 懲罰的 損害賠償(punitive damages)도 인정되지만 우리 法制 아래에서는 이와 같은 損害賠償은 인정되지 않는다.

그리고 여기에서의 損害란 被害者가 누리고 있던 保護法益에 대한 侵害를 말한다. 이러한 侵害는 그것이 保護法益에 관한 侵害인 경우에만 不法行爲責任이 발생한다. 예를 들어 騷音으로 인한 生活妨害의 경우에도 그것이 社會的으로 용인되어야 할 정도, 즉 受忍限度 내인 경우에는 責任이 발생하지 않는다. 이와 같이 어떠한 損害가 責任을 發生시킬 것인가는 그것이 保護法益에 해당하는가에 좌우되고, 이것은 곧 過失 및 違法性의 判斷과도 관련을 갖는다.[132]

現實損害로서 인정되는 것은 現實의 財産的 損害에 국한되는 것은 아니고 財産的 損害와는 별도로 精神的 損害에 대한 賠償으로서의 慰藉料의 請求도 인정된다. 다만 慰藉料는 現實의 精神的 苦痛에 대한 賠償으로서 그것을 금전으로 평가하는 것이어서 이를 現實損害라고 부르는 것은 일종의 擬制가 포함되어 있다.

生命이나 身體에 대한 違法한 侵害에 대한 損害의 算定을 둘러싸고 특히 論難이 되고 있으나, 이 문제를 포함하여 損害의 算定問題는 民 §763 注解 참조.

(2) **未確定損害의 賠償**

損害의 發生 내지는 損害額이 未確定인 동안에도 損害賠償請求가 가능한지도 문제이다.

먼저, 傷害를 입은 경우에 將來에 얻을 利益의 喪失이라든지 將來의 苦痛 등은 未確定의 상태에 있다. 그러나 이 경우에도 將來에 얻을 利益의 喪失[133]은 당해 不法行爲에 의하여 確定된 것으로 보고 그 損害를 不法行爲 당시의 現價로 환산하여 損害賠償의 請求가 인정된다. 이는 일종의 擬制로서 실제로는 편의상 인정되는 것이라고 할 수 있다. 現實的 損害와 관련하여 判例도 '손해배상청구권이 현실적으로 손해가 발생한 때에 성립하는 것이라 할지라도 그 현실적 손해란 비단 손해배상청구권자가 자기수중으로부터 치료비 등을 직접

131) 金疇洙, 債各, 654는 이것은 '權利'의 正當性이나 어떤 '法益'이 '權利'라는 것을 宣告하기 위하여 하는 것이고 우리 民法에도 不法行爲法은 '權利'의 確認機能을 담당하고 있다는 認識이 있으므로 이와 같은 賠償을 인정함이 옳다고 한다.

132) 李銀榮, 債各, 762.

133) 이러한 장래에 얻을 利益의 喪失은 장래 발생할 損害와는 다른 개념이다; 李銀榮, 債各, 762.

지급함으로써 손해가 현실적으로 발생한 때뿐만 아니라 치료비지급채무를 부담하거나 또는 현실적으로 재수술을 요하는 불가피한 사정에 의하여 금전지출을 하지 아니치 못함으로 인하여 손해를 받은 경우에도 현실적으로 손해발생이 있다'고 한다.[134)]

抵當權 기타 擔保權의 侵害의 경우가 있다. 侵害行爲에 의하여 抵當目的物의 價値가 감소하여도 殘存價額이 被擔保債權보다 多額이면 抵當權者에게 損害는 없고 賠償도 인정되지 않는다. 抵當目的物의 價額이 被擔保債權額보다 적게 되면 損害가 있는 것으로 되지만 債務者가 辨濟한다든지 다른 擔保로부터 滿足을 얻는다든지 하면 損害는 없는 것으로 된다. 그런데 抵當權者에게 損害가 있는 경우에 언제부터 損害賠償을 請求할 수 있는가가 문제로 된다. 즉 辨濟期前이라도 現實의 損害가 있는 것으로서 請求할 수 있는 것인지, 辨濟期가 到來한 後라면 抵當權의 實行前이라도 무방한 것인지, 아니면 抵當權을 實行한 後에만 請求가 가능한지 하는 문제가 있다. 日本의 判例는 辨濟期前에는 損害의 發生이 不明하지만 辨濟期 到來後에는 抵當權 實行前이라도 賠償請求를 할 수 있다고 한다.[135)] 이에 대하여 學說 중에는 抵當權을 實行하지 않으면 損害額이 確定되지 않기 때문에 賠償請求를 할 수 없다는 說과 反對로 損害額의 計算은 그 以前이라도 不可能한 것은 아니기 때문에 辨濟期前에도 賠償請求가 가능하다는 說[136)]이 있다.[137)]

2. 因果關係

(1) 因果關係의 槪念(Ⅰ)—責任成立의 因果關係와 賠償範圍決定의 因果關係

不法行爲에 있어서 加害者는 그의 行爲로 인하여 발생된 損害를 賠償하여야 한다. 다시 말해서 損害賠償責任이라는 不法行爲責任이 발생하기 위하여는 加害行爲와 損害 사이에 因果關係가 존재하여야 한다. 이와 같은 因果關係를 責任成立要件으로서의 因果關係라 한다. 다른 한편 責任이 성립된 경우에도 발생한 損害 중에서 어느 범위까지를 加害者에게 賠償시킬 것인가 하는 문제가 남는데, 이는 損害賠償의 범위의 문제, 즉 賠償範圍決定의 因果關係 문제이

134) 大判 65.3.23, 64다1899(集 13-1, 민 75). 이 判決상의 表現이 다소 어색하지만 原文 그대로를 인용하였다.
135) 日注民(19), 38 참조. 同旨 金疇洙, 債各, 655.
136) 金錫宇, 債各, 518.
137) 日注民(19), 38 참조.

다. 그런데 이와 같은 責任成立, 賠償範圍의 決定 및 나아가서 賠償額算定의 각 단계별로 나누어 因果關係를 고찰하느냐 아니면 이 세 가지의 단계를 엄격하게 구별하지 않고 일괄적으로 고찰하느냐 하는 입장에 따라 因果關係論 내지는 不法行爲責任體系에 관한 설명이 달라진다.

(2) 因果關係의 槪念(Ⅱ)──事實的 因果關係와 法的 因果關係

통상 私法의 분야에서 因果關係를 말하는 경우에는 '事實的 因果關係'와 '法(律)的 因果關係'가 서로 구별되는 것으로 인식되고 있다. 원래 因果關係라고 하는 槪念은 事實的·自然科學的인 것으로서 어떤 原因이 있으면 필연적으로 어떤 결과를 발생케 하는 관계, 즉 일정한 結果는 일정한 原因이 없으면 발생되지 않았을 것이라는 관계(conditio sine qua non)를 뜻한다. 이러한 因果關係를 不法行爲法에 적용하여 고찰한다면 이는 甲이라는 加害者의 行爲가 있었기 때문에 乙이라는 被害者에게 損害가 발생하였다는 事實的 關係를 의미한다. 그러므로 甲의 不法行爲責任을 묻기 위하여는 우선 乙의 損害와의 사이에 이러한 事實的 因果關係가 존재하여야 한다. 그러나 甲의 行爲와 乙의 損害 사이에 事實的 因果關係가 있다고 해서 곧 그 損害에 대한 甲의 賠償責任이 근거지워지는 것은 아니다. 다시 말하면 甲에게 損害賠償責任이라는 法的 效果가 귀속되는 것은 事實로서의 甲의 行爲와 事實로서의 乙의 損害 사이에 因果關係가 事實的·自然的·機械的으로 인식되는 것만으로 충분한 것이 아니다. 甲에게 損害賠償義務가 귀속되기 위하여는 甲의 行爲와 乙의 損害 사이에 事實的 因果關係가 존재하는 것 이외에 그 原因과 結果 사이에 甲으로 하여금 乙의 損害를 賠償하게 할 수 있는 法的인 關係, 즉 甲의 責任을 정당화하는 관계가 존재하지 않으면 안 된다.

한편 事實的 因果關係가 인정되는 범위 내에서 발생된 損害를 모두 賠償하도록 한다면 그와 같은 因果關係의 고리는 무한히 확장되는 것이어서 결과적으로 損害賠償의 범위가 지나치게 확장되고, 이는 사회실정에 맞지 않을 뿐 아니라 損害分擔의 適定化라고 하는 不法行爲의 理想과는 동떨어진 것으로 된다. 여기에서 어느 범위까지 損害賠償을 인정하는 것이 타당한가 하는 문제가 나타난다.

위와 같이 因果關係를 이해하는 입장을 法的 因果關係說이라 한다면, 責任成立에 요구되는 因果關係는 事實的 因果關係 뿐이라고 보는 입장이 事實的 因果關係說이다. 事實的 因果關係說을 취하는 견해는, 相當因果關係說에서 주장되는 法的 因果關係의 이론은 完全賠償主義를 취하는 獨逸民法 아래서만 타당하며 制限賠償主義의 우리 民法 아래서는 責任成立의 단계에서 相當性이라는 法的 因果關係의 심사는 필요하지 않고 단지 自然的, 즉 事實的 因果關係의 存否만이 문제로 된다고 한다. 또 이 견해는 賠償範圍決定도 因果關係의 存否에 관한 판단에 의해서가 아니라 規範目的에 비추어 판단되어야 한다고 주장한다. 결국 損害賠償責任에 있어서 因果關係는 事實的 因果關係만이 문제가 된다고 하며, 規範的 判斷은 因果關係의 存否確定을 위해서는 필요하지 않으며 賠償될 損害의 規範目的의 適否判斷을 위해서만 필요하다고 한다.[138)]

아래에서 보는 相當因果關係說에 관한 설명과 마찬가지로 자세한 것은 民§393 注解 참조.

(3) **相當因果關係說**

우리 나라의 通說에 의하면 因果關係란 相當因果關係를 뜻한다. 相當因果關係說은 '原因-結果'의 관계에 있는 무한한 사실 가운데에서 客觀的으로 보아 어떤 前行事實로부터 보통 일반적으로 초래되는 後行事實이 있는 때에 兩者사이에 相當因果關係가 있다고 한다. 즉 相當因果關係說은 단순히 개개의 경우에 관하여 具體的으로 '原因-結果'의 관계를 고찰하는 데 그치지 않고 다시 이를 일반적으로 고찰하여 동일한 조건이 존재하는 경우에는 동일한 결과를 발생케 하는 것이 보통이라는 경우에만 因果關係를 인정함으로써 우연한 사정이나 특수한 사정은 責任에서 제외한다. 또 相當因果關係의 판단에 있어서는 加害行爲 당시에 普通人이 알 수 있었던 사정과 加害者가 특히 알고 있었던 사정을 함께 고찰의 내상으로 한다(이른바 '折衷說').

相當因果關係說은 加害者의 行爲와 事實的 因果關係에 서 있는 모든 損害들 중에서 法的으로 타당한 관계에 있는 損害에 대하여만 그 賠償責任을 加害者에게 귀속시키려 한다. 따라서 相當因果關係는 加害者에게 損害賠償義務를 귀속케 하는 法的 因果關係, 法律上의 因果關係 또는 法律上의 歸責關係라고 이해되고 있다. 결국 相當因果關係의 理論은 加害者가 責任을 부담할 歸責範圍, 즉 被害者가 입은 損害가 보호를 받게 되는 범위를 획정하려는 것이다.

通說인 相當因果關係說은 責任成立의 因果關係와 賠償範圍決定의 因果關係를 구별하지 않는다. 그러므로 責任成立에 있어서나 賠償範圍의 決定에 있어서나 모두 因果關係의 相當性判斷이 요구된다고 설명한다.

138) 李銀榮, 債各, 774-7 참조.

判例도 기본적으로 相當因果關係說의 입장에 있다. 근자의 判例 중에는 '加害行爲와 너무 먼' 損害에 대하여는 責任이 없다는 표현을 사용한 判例들도 눈에 띈다.[139]

이러한 相當因果關係說의 상세에 관하여는 民 §393 注解 참조.

(4) 因果關係의 특수문제——假定的 因果關係

어떤 現實的 原因에 의해서 현실로 損害가 발생함과 동시에 또는 그 후에 그 現實的 損害原因이 없었다고 하더라도 다른 原因에 의해서 그와 똑같은 損害를 야기하였을 것이라고 보이는 경우에 그 現實的 原因惹起者의 損害賠償責任이 어떤 영향을 받느냐, 즉 그 現實的 原因惹起者는 위와 같은 사정을 主張하여 그의 責任을 면할 수 있느냐 하는 문제가 있는데, 이것이 이른바 假定的 因果關係의 문제이다. 예를 들어 產災事故로 노동능력을 상당 부분 상실한 被害者가 그 產災事故로 인한 損害賠償請求訴訟中에 교통사고로 사망하였을 때 產災事故의 責任者가 被害者의 교통사고로 인한 사망을 내세워 그 사망 후의 損害에 대하여 責任을 벗어날 수 있는가 하는 것이다. 이와 같은 假定的 因果關係가 문제되는 경우는 假定的 原因을 그 주체에 따라서 假定的 原因이 第三者의 不法行爲인 경우, 假定的 原因이 加害者 자신의 適法行爲인 경우 및 假定的 原因이 第三者의 責任 있는 사유 이외의 사유인 경우(즉 不可抗力 또는 第三者의 適法行爲인 경우) 등 세 가지로 대별하고 다시 그 각각의 경우에 假定的 原因의 존재 내지 발생 시기에 따라서 現實的 損害原因의 발생 당시에 假定的 原因이 이미 존재하고 있었는가 또는 그 후에 비로소 假定的 原因이 발생하였는가에 따라서 각기 다른 검토를 요한다고 보는 見解가 유력하다.[140]

특히 假定的 原因이 後發的 事情인 경우가 많을 것인데, 이 경우에 그 後發的 事情을 참작할 것인지의 여부에 관한 獨逸의 學說을 概觀하면 다음과 같다.[141] 먼저 後發的 事情을 고려하여 現實的 損害惹起者의 責任이 부정되어야 한다는 見解가 있는데, 이 見解도 그 이론적 근거를 損害額 算定時期의 문제로 파악하여, 損害賠償額 算定의 時期는 口頭辯論終結時라는 見解에 입각하여 加害者가 賠償하여야 할 損害額은 加害者의 責任으로 돌아갈 사정으로 인해서 생긴 상태와 그 사정이 없었더라면 존재하였을 것이라고 생각되는 상태와의

139) 大判 96.1.26, 94다5472(公 1996상, 713) 등.
140) 梁三承, "損害賠償과 後發的 事情", 民判硏 2, 69-87 참조.
141) 여기에서 소개하는 獨逸의 學說은 梁三承(註 140)에서 再引用한 것이다.

差額이므로 加害行爲에 의한 것과 동일한 損害를 야기시켰을 것이라고 보이는 後發的 事情이 존재하는 경우에는 그 差額이 零으로 되고 따라서 加害者는 免責된다는 見解가 있는가 하면, 이 문제를 損益相計의 문제로 보아서 損益相計에 있어서의 소위 '利益'에는 재산의 적극적 증가뿐 아니라 재산감소의 방지 내지는 輕減도 포함되는 것이므로 假定的 因果關係의 문제는 '周知의 損益相計의 映像'으로서 後發的 事情에 의해서 상실되었을 재산적 가치가 現實的 損害原因에 의해서 이미 상실되었으므로 그 상실을 면한 것이 '利益'에 해당되어 따라서 위 利益과 現實的 原因에 의한 損害가 相計되어 現實的 原因惹起者는 免責된다는 見解도 있다. 반대로 後發的 事情을 고려하지 않으려는 見解도 많은데, 이 見解도 그 이론적 근거로 들고 있는 바가 다양하다. 즉 現實的 損害原因과 結果와의 사이에 相當因果關係가 존재하는 것이 확정된 이상 現實的 損害原因은 假定的 損害原因의 原因的 生成을 방해하고 假定的 原因은 결과에 대해서 자연적 필연성을 가지지 않고 단지 동일한 결과를 야기시켰을 것이라고 하는 개연성을 가짐에 지나지 않으므로 假定的 原因만으로서는 이미 발생한 現實的 原因과 結果와의 사이의 因果關係를 배척하거나 중단시키는 아무런 효력이 없고 따라서 假定的 原因의 존재만으로서는 現實的 原因惹起者의 責任이 부정될 수 없다는 見解도 있고, 損害賠償額 算定의 時期는 現實的 事故發生의 時點을 기준으로 하여야 할 것이므로 現實的으로 損害를 야기시킨 사고가 발생한 이후에 생긴 假定的인 사정은 고려할 필요가 없다는 見解도 있으며, 그 밖에도 公平의 思想을 근거로 하여 後發的 事情을 고려해서는 안 된다는 見解도 있고, 危險負擔의 觀點을 근거로 하는 見解도 있다. 이와 같이 後發的 事情의 고려 여부를 일괄적으로 결정하려는 見解와는 달리 具體的인 경우에 따라서 결론을 달리하려는 見解도 있다. 즉 直接損害와 間接損害를 나누어서 直接損害의 경우에는 가해사고의 종료와 동시에 損害가 확정적으로 발생되는 것이므로 後發的 事情은 고려될 여지가 없으나 間接損害의 경우에는 加害行爲의 종료 이후 시간적 경과에 따라서 비로소 損害가 발생되는 것이므로 後發的 事情을 고려해야 한다고 보는 見解도 있고, 그 밖에 現實的 原因과 假定的 原因에 있어서의 過失의 정도를 비교하려는 見解, 加害原因의 분석에 의하려는 見解도 있다.

假定的 原因이 後發的 事情이고 他人의 不法行爲인 경우에 있어서 현실의 損害惹起者는 假定的 原因을 원용해서 그의 責任을 면할 수 없다고 보는 見解

가 타당하다고 본다. 우리 나라 判例는 이와 약간 다른 見解를 취한다. 즉 大判 79. 4. 24, 79다156(公 1979, 11943)은 "제 1 사고와 제 2 사고와의 사이에 조건적 관계가 존재할 경우에는, 즉 제 1 의 사고가 없었더라면 제 2 의 사고도 발생하지 않았을 것이라고 인정되는 경우와 같이 양자 사이에 조건관계가 존재할 경우에는 후발적 사정을 참작할 것이 아니니 제 1 사고의 가해자는 제 1 사고로 인한 손해전액, 즉 제 2 사고로 인한 사망을 고려하지 아니하고 제 1 사고만에 입각하여 산정되는 손해액전액을 배상하여야 할 것이나, 제 1 사고와 제 2 사고 사이에 조건적 관계가 존재하지 않는 경우에는 제 1 사고의 가해자는 제 2 사고로 인하여 피해자가 사망한 때까지의 손해만을 배상하면 된다"고 한다.[142)]

(5) 因果關係의 立證

㈎ 立證責任에 관한 學說 　因果關係의 존재에 대한 主張·證明責任의 소재에 관하여는 大別하여 債權者說과 債務者說 및 危險領域說 등으로 나뉜다.

債權者說은 因果關係의 존재를 債權者인 被害者側에서 主張·立證하여야 한다는 說로서 因果關係의 존재가 權利根據事實임을 이유로 하며, 債務者說은 醫療過誤 등의 경우에는 因果關係의 不存在에 관하여 加害者인 醫師側이 主張·證明責任을 부담한다는 說로서 醫師가 治療行爲와 損害發生과의 사이에 관한 증거를 가지고 있거나 또는 가지기 쉬운 입장에 있다고 함을 이유로 한다. 그리고 危險領域說은 債權者가 損害의 原因이 債務者만이 지배하는 危險領域으로부터 생긴 것이라는 사실을 證明한다면 債務者가 因果關係의 不存在에 관하여 主張·證明하지 않으면 안 된다고 하는 說이다.[143)]

立證責任의 分配에 관한 현재의 通說, 判例는 이른바 規範說이라고 할 수 있는데, 그에 따르면 債權者說이 옳다고 할 수밖에 없다. 또한 因果關係에 있어서 그 主張·證明責任의 일부 또는 전부를 의료과오 등의 경우에 의사측에게 부담시키는 것은 환자측에 생긴 불측의 사태가 의사의 診療行爲를 原因으로 하는 것인가의 여부가 분명하지 아니한 때에도 의사에게 責任을 지운다는 것을 뜻하나, 이는 의사에 대하여 結果責任을 부담시키는 것으로서 의사에게

142) 大判 90. 10. 30, 90다카12790(公 1990, 2409); 大判 95. 2. 10, 94다51895(公 1995상, 1320); 大判 98. 9. 18, 97다47507(公 1998하, 2512) 등도 같은 취지이다.

143) 金先錫, "不法行爲訴訟에 있어서 因果關係의 證明", 朴禹東紀念論文集, 1994, 336-58 참조.

진료요구의 거부를 인정하지 않는 법제하에서는 의사의 직업적 보호와 환자인 被害者의 구제가 형평을 잃을 뿐 아니라 사회질서인 진실요구라는 관점에서 보아도 타당성을 인정받기 어렵다. 따라서 적어도 民 §750를 근거로 損害賠償責任을 묻는 경우에는 어떤 종류의 不法行爲에 대하여도 因果關係의 존재에 관한 主張·證明責任은 債權者인 被害者에게 있다고 보아야 할 것이다. 그러나 債權者說이 옳다고 하여 모든 因果關係의 立證에 있어서 立證의 필요나 立證의 정도가 동일하다는 것을 뜻하지는 않는다.

(나) 立證責任의 緩和

(a) '一應의 推定'과 蓋然性理論 交通事故,[144] 公害,[145] 製造物責任 등에 관한 不法行爲訴訟에서 過失이나 因果關係의 존재에 관하여 그 證明이 곤란하다는 등의 이유로, 어느 정도의 상황사실이 證明되면 일응 過失이나 因果關係의 존재가 추정되고 反證이 없는 한 加害者인 被告는 責任을 면할 수 없다고 하는 '一應의 推定'에 의한 證明方法이 인정된다고 보는 것이 일반적인 見解이다.[146]

'一應의 推定'의 法理는 獨逸에서 不法行爲上의 故意·過失 및 因果關係의 인정에 있어서 立證困難을 완화하기 위하여 전개된 表見證明의 理論에서 비롯된 것이고[147] 이 表見證明理論은 다시 英美法上의 事實較量則에 유래하는 것이라고 하는데, '一應의 推定'의 法理에 따라 過失이나 因果關係의 존재가 證明된 것으로 본 判例가 상당수 있으나 그 내용이나 의미하는 바가 확정되어 있다고 보기는 어렵다. 다만 '一應의 推定'을 事實上의 推定의 한 경우라고 보는 것이 通說인 듯하다.[148]

大法院은 公害訴訟에 있어서, 일반적으로 不法行爲로 인한 損害賠償請求事件에 있어서 그 不法行爲와 損害發生과의 間에 因果關係가 있다는 主張立證責任은 請求者인 被害者에게 있는 것이고 이른바 본건과 같은 公害事件이라고 하여 위의 立證責任의 所在가 달라지는 것은 아니라고 하였다가,[149] 公害로 인한 不法行爲에 있어서의 因果關係에 관하여 當該行爲가 없었더라면 결과가

144) 자세한 것은 [後論] 個別的 不法行爲類型 중 自動車運行者責任에 관한 注解 참조.
145) 자세한 것은 [後論] 個別的 不法行爲類型 중 公害에 관한 注解 참조.
146) 金先錫(註 143), 350-2 참조.
147) 獨逸法에서의 因果關係의 證明에 관한 간략한 설명으로는 Erwin Deutsch(梁彰洙 譯), "獨逸法에서의 因果關係의 證明과 立證輕減", 저스티스 23권 2호, 111-23 참조.
148) 金先錫(註 143), 350-2 참조.
149) 大判 73.11.27, 73다919(集 21-3, 민 198).

발생하지 아니하였으리라는 정도의 蓋然性이 있으면 그로써 족하고 加害者는 이에 대한 反證을 한 경우에만 因果關係를 부정할 수 있다는 蓋然性理論을 수긍 못할 바 아니라고 하였다.[150] 그리고 더 나아가 "일반적으로 불법행위로 인한 손해배상청구사건에 있어서 가해행위와 손해발생 간의 인과관계의 입증책임은 청구자인 피해자가 부담하나, 수질오탁으로 인한 이 사건과 같은 공해로 인한 손해배상청구소송에 있어서는 기업이 배출한 원인물질이 물을 매체로 간접적으로 손해를 끼치는 수가 많고 공해문제에 관하여는 현재의 과학수준으로도 해명할 수 없는 분야가 있기 때문에 가해행위와 손해발생 간의 인과관계의 고리를 모두 자연과학적으로 증명하는 것은 곤란 내지 불가능한 경우가 대부분이므로 피해자에게 사실적 인과관계의 존재에 관한 엄밀한 과학적 증명을 요구함은 공해의 사법적 구제의 사실상 거부가 될 우려가 있는 반면에 가해기업은 기술적·경제적으로 피해자보다 원인조사가 훨씬 용이할 뿐 아니라 그 원인을 은폐할 염려가 있어, 가해기업이 배출한 어떤 유해한 원인물질이 피해물질에 도달하여 손해가 발생하였다면 가해자측에서 그 무해함을 입증하지 못하는 한 책임을 면할 수 없다고 봄이 사회형평의 관념에 적합하고, 요컨대 불법행위성립요건으로서의 인과관계는 궁극적으로는 현실로 발생한 손해를 누가 배상할 것인가의 책임귀속의 관계를 결정짓기 위한 개념이므로 자연과학의 분야에서 말하는 인과관계와는 달리 법관의 자유심증에 터잡아 얻어지는 확신에 의하여 인정되는 법적인 가치판단이니만큼 소위 수질오탁으로 인한 공해소송인 이 사건에 있어서 (1) 피고 공장에서 김의 생육에 악영향을 줄 수 있는 폐수가 배출되고, (2) 그 폐수 중의 일부가 해류를 통하여 이 사건 어장에 도달되었으며 그 후 김에 피해가 있었다는 사실이 각 모순 없이 증명되는 이상 피고의 위 폐수의 배출과 원고가 양식하는 김에 병해가 발생하여 입은 손해와의 사이에 일응 인과관계의 증명이 있다고 보아야 할 것이고, 이러한 사정 아래서 폐수를 배출하고 있는 피고로서는 피고 공장 폐수 중에는 김의 생육에 악영향을 끼칠 수 있는 원인물질이 들어 있지 않으며 또는 원인물질이 들어 있다 하더라도 그 혼합률이 안전농도범위 내에 속한다는 사실을 반증을 들어 인과관계를 부정하지 못하는 이상 그 불이익은 피고에게 돌려야 마땅하다"고 판

150) 大判 74.12.10, 72다1774(集 22-3, 민 106). 이 判決에 대하여 李太載, 債各, 479는 "公害로 인한 被害者救濟를 위하여 타당한 견해이며 다른 反證이 없는 한 그 蓋然性의 立證만으로 損害賠償請求權이 인정되어야 하는 동시에 留止請求權도 인정되어야 할 것이다"고 한다.

시하였다.[151] 특히 이 마지막 判決에 대하여는 大法院이 蓋然性理論의 취지를 재확인함과 함께 이른바 蓋然的 立證의 정도에 관하여 명확한 기준을 제시해 줌으로써 蓋然性理論을 우리 判例法上 확립, 정착화시켰다는 점에서 그 의의가 매우 크다고 평가하기도 하고,[152] 반대로 이른바 蓋然性理論이 위 判決에 영향을 미치고 있다고는 보이지만 위 判決이 蓋然性理論에 입각하고 있다거나 公害訴訟에서의 因果關係의 立證의 정도에 대하여 명확한 기준을 제시하였다고 볼 수는 없다고 평가하기도 한다.[153] 아무튼 이 判決은 명시적으로 이른바 蓋然性理論을 채택한 것도 아니고, 이른바 表見證明의 理論을 채택한 것도 아니지만, 그와 같은 각 이론을 취하는 입장에서 각자 자기의 이론을 지지하는 判決이라는 평가를 내리지 못할 바는 아니라고 생각된다.

한편 製造物責任에 관하여는, 물품을 제조하여 판매하는 제조자는 제품의 구조, 품질, 성능 등에 있어서 현대의 기술수준과 경제성에 비추어 기대가능한 범위 내의 안전성과 내구성을 갖춘 제품을 제조하여야 할 責任이 있고, 이러한 안정성과 내구성을 갖추지 못한 결함 내지 하자로 인하여 소비자에게 損害가 발생한 경우에는 계약상의 賠償義務와는 별개로 不法行爲로 인한 賠償義務를 부담하며, 변압전류기의 점진적인 절연열화를 최소화할 수 있는 방법이 있고 그러한 방법으로 절연열화를 최소화한 경우에 최소한의 내구연한이 기사용기간을 초과한다면 내구연한 전에 발생한 절연파괴는 위와 같은 절연열화를 최소화하는 방법을 취하지 않은 구조 내지는 제조상의 결함이 있는 것으로 추정할 수 있다고 한다.[154]

醫療事故에 있어서도 立證責任의 緩和 여부가 문제되는데, 이 점에 관하여 判例는 다음과 같이 설명한다. 즉 "일반적으로 의료행위는 고도의 전문적 지식을 필요로 하는 분야로서 그 의료의 과정은 대개의 경우 환자 본인이 그 일부를 알 수 있는 외에 의사만이 알 수 있을 뿐이고, 치료의 결과를 달성하기 위한 의료기법은 의사의 재량에 달려 있기 때문에 손해발생의 직접적 원인이 의료상의 과실로 말미암은 것인지 여부는 전문가인 의사가 아닌 보통인으로서는 도저히 밝혀낼 수 없는 특수성이 있어서 환자측이 의사의 의료행위상

151) 大判 84. 6. 12, 81다558(集 32-3, 민 53). 大判 97. 6. 27, 95다2692(公 1997하, 2290)도 같은 취지이다.
152) 具然昌, "公害 및 自然的 災害의 共同原因과 賠償責任", 民判硏 9, 143-60.
153) 吳容鎬, "公害訴訟의 因果關係에 대한 立證", 民判硏 7, 158-78.
154) 大判 92. 11. 24, 92다18139(集 40-3, 158).

의 주의의무위반과 손해의 발생과 사이의 인과관계를 의학적으로 완벽하게 입증한다는 것은 극히 어려우므로, 환자가 치료 도중에 사망한 경우에 있어서는 피해자측에서 일련의 의료행위 과정에 있어서 저질러진 일반인의 상식에 바탕을 둔 의료상의 과실 있는 행위를 입증하고 그 결과와 사이에 일련의 의료행위 외에 다른 원인이 개재될 수 없다는 점을 증명한 경우에 있어서는, 의료행위를 한 측이 그 결과가 의료상의 과실로 말미암은 것이 아니라 전혀 다른 원인으로 말미암은 것이라는 입증을 하지 아니하는 이상, 의료상 과실과 결과 사이의 인과관계를 추정하여 손해배상책임을 지울 수 있도록 입증책임을 완화하는 것이 손해의 공평·타당한 부담을 그 지도원리로 하는 손해배상제도의 이상에 맞는다"고 한다.[155)]

(b) 加害者가 立證을 방해하는 경우 원래 民訴 §1에서 규정한 信義誠實의 原則을 근거로 하여 대등한 私人間의 法律的 爭訟인 民事訴訟節次에서 일방 당사자에게 訴訟의 승패와 직결되는 相對方의 證明活動에 협력하여야 할 의무가 부여되어 있다고 할 수 없으므로 일방 당사자가 要證事實의 증거자료에 훨씬 용이하게 접근할 수 있다는 사정만으로는 相對方의 證明活動에 협력하지 않는다고 하여 이를 民事訴訟法上의 信義誠實의 原則에 위배되는 것이라고 할 수는 없다. 또한 증거자료에의 접근이 훨씬 용이한 일방 당사자가 相對方의 證明活動에 협력하지 않는다고 하여 相對方의 立證을 방해하는 것이라고 단정할 수도 없다.[156)]

그러나 相對方이 관계서류를 變造하는 등의 적극적인 妨害行爲를 한 경우는 달리 보아야 할 필요가 있다.[157)]

---

155) 大判 93.7.27, 92다15031(公 1993하, 2381); 大判 95.2.10, 93다52402(公 1995상, 1281); 大判 95.3.10, 94다39567(公 1995상, 1586); 大判 95.12.5, 94다57701(公 1996상, 188); 大判 99.2.12, 98다10472(公 1999상, 517); 大判 99.6.11, 99다3709(公 1999하, 1381); 大判 99.9.3, 99다10479(公 1999하, 2032); 大判 2000.1.21, 98다50586(公 2000상, 470); 大判 2000.9.8, 99다48245(公 2000하, 2074) 등.

156) 大判 93.11.23, 93다41938(公 1994상, 190); 大判 96.4.23, 95다23835(公 1996상, 1560) 등. 또한 大判 99.4.13, 98다9915(公 1999상, 863)는 "당사자 일방이 입증을 방해하는 행위를 하였더라도 법원으로서는 이를 하나의 자료로 삼아 자유로운 심증에 따라 방해자측에게 불리한 평가를 할 수 있음에 그칠 뿐 입증책임이 전환되거나 곧바로 상대방의 주장 사실이 증명된 것으로 보아야 하는 것은 아니다"고 한다.

157) 醫療過誤를 원인으로 한 損害賠償請求訴訟에서 醫師가 診療記錄을 變造하여 제출한 事案에 관한 大判 95.3.10, 94다39567(公 1995상, 1586) 참조. 이 判決은 "의료분쟁에 있어서 의사측이 가지고 있는 진료기록 등의 기재가 사실인정이나 법적 판단을 함에 있어 중요한 역할을 차지하고 있는 점을 고려하여 볼 때, 의사측이 진료기록을 변조한 행위는, 그 변조이유에 대하여 상당하고도 합리적인 이유를 제시하지 못하는 한, 당사자간의 공평의 원칙 또는 신의칙에 어긋나는 입증방해행위에 해당한다 할 것이고, 법원으로

Ⅵ. 故意·過失 및 違法性 槪念의 位置와 相互關係

1. 過失槪念과 違法性槪念의 峻別에 대한 批判

종래의 學說은 不法行爲의 일반적 成立要件으로서의 過失槪念과 違法性槪念을 확연히 구별하여 前者는 主觀的 要件에 속하고 後者는 客觀的 要件을 이루는 것으로 이해하여 왔다. 이러한 兩 槪念의 峻別的 構成은 일견 매우 명쾌한 것처럼 보이지만 반드시 그렇지도 않다. 두 개념이 실질적으로는 서로 交錯되는 측면이 있기 때문이다. 그리하여 다음과 같은 論議가 이루어진다.[158)]

첫째, 通說에 의하면 過失은 곧 抽象的 過失을 의미한다고 해석하고 또 그것은 損害發生이라는 결과의 발생을 회피할 行爲義務에 위반하였음을 뜻한다는 것인데, 그렇다면 過失을 內面的이고 主觀的인 要件이라고 하기는 어렵지 않는가 하는 論議가 있다.

둘째, 通說이 말하는 違法性이란 被侵害利益의 종류와 加害行爲의 態樣과의 相關關係下에서 판단되는 것이고 그 加害行爲의 態樣으로서는 종래에는 刑罰法規違反, 團束法規違反, 公序良俗違反, 權利濫用 등이 생각되어 왔지만 실질적으로는 故意·過失이나 動機 등 行爲者의 主觀的 容態를 고려에 넣고 있다는 것이다. 즉 主觀的 要件과 峻別되는 客觀的 要件으로서의 違法性槪念 그 자체에 벌써 실제로는 故意·過失 등 行爲者의 心理的 내지 主觀的인 요소가 加味된 것이라는 비판이 있을 수 있다.

셋째, 歷史的 系譜로 보거나 比較法的으로 보아도 예컨대 로마法의 culpa와 injuria, 佛蘭西法의 faute, 英美法의 negligence 등 어느 것도 客觀的 要件과 主觀的 要件으로 峻別되어 있지 않고, 단지 19세기에 들어서 獨逸民法學이 이 두 종류의 要件을 준별하여 이론체계를 꾸며온 것을 가지고 日本의 民法學이 만연히 수입해서 의미나 기능에 혼란을 초래한 것은 아닌가 하는 論議도

서는 이를 하나의 자료로 하여 자유로운 심증에 따라 의사측에게 불리한 평가를 할 수 있다"고 하여 법원의 서증조사기일에 제출된 피고 명의의 의사진료기록의 기재 중 원고에 대한 진단명의 일부가 흑색 볼펜으로 가필되어 원래의 진단명을 식별할 수 없도록 변조되었는데 피고측이 그 변조이유에 대하여 상당하고도 합리적인 이유를 제시하지 못한 경우 이는 명백한 입증방해행위이므로 이를 피고의 수술과정상의 과오를 추정하는 하나의 자료로 삼은 원심의 조치는 옳다고 하였다.

158) 幾代通·德本伸一(註 20), 110-1 참조.

日本에는 있다. 즉 日本民法은 §709에서 一般不法行爲의 成立要件으로 '權利侵害'를 들고 있는데, 日本民法學에 있어서 違法性理論이라는 것은 그 '權利侵害'의 의미를 확대한다는 뜻을 가진 데 불과하고, 獨逸民法學이 말하는 客觀的要件으로서의 違法性槪念과는 다르다는 논의가 그것이다. 우리 民 §750는 舊民法의 '權利侵害'槪念을 버리고 '違法性'槪念을 도입하였으며 그것이 매우 타당한 立法的 조치였다는 점은 앞서 본 바와 같고 따라서 違法性槪念을 논함에 있어서는 日本과 사정이 다르지만, 日本民法學의 영향을 심대하게 받아왔고 오늘날도 정도의 차이는 있을망정 그러한 영향에서 벗어났다고 할 수 없는 우리 民法學界도 새겨볼 만한 論議가 아닌가 한다.

2. 兩槪念의 統合·一元化를 제창하는 學說

(1) 日本의 學說

日本에서는 위에서 본 바와 같은 비판은 過失論과 違法性論을 통합하여 不法行爲의 일반적 成立要件을 一元的으로 구성하려는 學說이 되어 나타났다.[159]

그 하나는 新過失論이라고 이름붙일 수 있는 것인데, 日民 §709의 해석에 있어서 '權利侵害'의 要件이 확대된 이상 기존의 '違法性'論은 존재이유를 잃었다고 보고 獨逸民法에서 말하는 違法性도 포함하는 고도의 정책적 가치판단을 표시하는 개념인 '過失'로 논리필연적으로 전화한다는 설명으로서 不法行爲의 일반적 成立要件으로는 '過失'로 통합하는 一元化構成을 제창하는 것이다. 그리하여 具體的으로 '過失'의 유무의 판단을 규정하는 것은 當該行爲로부터 생긴 損害發生의 위험의 정도 내지는 蓋然性의 크기, 被侵害利益의 重大性 및 損害回避義務를 부담함으로써 희생되는 利益과 위의 두 개의 因子와의 比較衡量이라고 보고, 종래의 過失論에서 문제로 된 '豫見可能性'의 문제는 위와 같은 '過失'의 유무의 판단에 있어서 行爲者의 개인적 자질을 어느 정도까지 고려에 넣을 것인가 하는 문제로 된다고 설명한다.

둘째는 新受忍限度論이라고 불리는 學說인데, 주로 公害의 賠償責任問題를 검토하다가 不法行爲의 일반이론으로서 구성된 것이다. 이 學說은 受忍限度를 넘어서 損害를 他人에게 가한 경우에는 豫見可能性의 유무와 관계없이 過失이 있다고 봄으로써 過失을 主觀的인 心理狀態의 문제로부터 완전히 절단시켜 순수히 客觀的인 문제로 파악한다.

159) 이하의 설명은 幾代通·德本伸一(註 20), 112-3에 따른 것이다.

셋째는 違法性一元論이라고 할 수 있는데, 過失을 結果回避를 위한 注意義務에 위반한 것이라고 개념규정하고, 그러한 過失은 違法性의 문제로 된다고 하여 不法行爲의 일반적 成立要件을 違法性으로 통합하여 이해하려는 見解이다.

종래의 通說에서 말하는 違法性의 개념이 실질적으로는 行爲者의 心理的 내지 主觀的인 容態도 고려에 넣어 구성되고 있는 이상 不法行爲의 일반적 成立要件 가운데 主觀的 要件인 故意·過失과 대치되는 客觀的 要件의 하나로서 違法性을 드는 것은 논리적으로 혼란이 있고, 違法性이란 실질적으로는 전체적 평가의 결론으로서 當該行爲가 不法行爲를 구성하는가 그렇지 않은가를 가리는 것이라는 점이 위와 같은 批判論들의 論旨이다. 또한 日本에서 종래의 判例가 故意·過失과 대치되는 의미로 違法性이라는 용어를 사용하는 경우는 적고 오히려 많은 경우에 故意·過失도 포함하여 요컨대 不法行爲責任을 인정할 것인지 아닌지를 결정하기 위한 판단기준일반으로서 사용하였다는 점도 지적한다. 마찬가지로 違法性阻却事由에 관하여도 故意·過失과 峻別되는 의미에서의 違法性의 성립을 阻却하는 식으로 이해하려 하지 않는다. 즉 違法性阻却事由라는 것도 호칭은 여하간에 요컨대 不法行爲의 성립을 부정하는 事由 정도로 이해한다.

(2) 우리 나라의 學說

(개) 우리 나라의 學說 가운데 이 문제를 정면으로 다룬 것은 많지 않으나, 李銀榮 敎授는 다음과 같이 주장한다. 즉 判例는 注意義務의 賦課에 있어서 1980년대 이전에는 어떠 原則도 제시하지 않은 채 그때 그때 구체적 사건에서 임기응변식의 해결을 모색하다가 근래에는 어떤 注意義務가 賦課되어 있는데 加害者가 그 注意義務를 違反하였으므로 過失과 違法性이 인정된다는 식으로 명료하게 判決하는 경우가 많아졌다고 하면서, "不法行爲訴訟에서 被告의 注意義務違反은 過失과 違法性의 두 要件을 동시에 충족시키는 것으로 判例에 의해 받아들여진다. 不法行爲訴訟의 實務에서 過失과 違法性을 받아들여 過失과 違法性을 종합적으로 고찰하는 것이 바람직하다고 생각된다. 過失과 違法性의 종합적인 판단으로 不法行爲訴訟에서 被告의 有責關係가 短縮되고, 原告의 立證負擔도 輕減되는 實益이 생긴다. 注意義務違反이란 事實 속에는 義務를 다하지 않았다는 行爲者에 대한 非難(過失的側面)과 法規範의 命令에 따르지 않았다는 行爲에 대한 非難(違法性要素)이 함께 共存한다. 이러한 경향은 不法을 禁

止規範에 違反하는 行爲로 인하여 他人의 法益을 侵害하는 것으로 파악하는 行爲不法論과 調和를 이룬다"고 설명한다.[160)]

(나) 또한 梁彰洙 教授는 오늘날 不法行爲訴訟에 있어서는 종전의 양상과는 달리 民 §750가 정하는 不法行爲의 네 가지 요건들은 구체적인 사건들을 처리하는 국면에서는 실제로 '요건'으로서의 실체를 갖추지 못하거나 변질된 내용으로 적용되는 새로운 양상을 보이고 있다고 설명하면서 우리 나라의 여러 判例를 분석하고 있다.[161)]

(a) 먼저 製造物責任에 관한 大判 77. 1. 25, 77다2092(集 25-1, 민21)는 原告가 키우는 닭들이 被告로부터 사들인 飼料를 먹은 다음에 갑자기 산란율의 급격한 저하를 보이자 이들을 폐사시키고 被告에게 그 損害의 賠償을 구한 사건에서 被告의 過失 및 因果關係의 두 가지 점에 관하여 전통적으로 요건사실을 인정하여 오던 방식과는 다른 방식의 推論을 행하여, 우선 前者에 대하여는 '적어도 그 사료에 어떤 불순물이 함유된 것이 틀림없어 제조과정에 과실이 있다'고 하였는데, 이 判決은 단순히 객관적인 缺陷의 존재만으로 過失責任을 긍정한 것처럼 보이고, 이는 過失은 行爲者의 有責性 즉 개별적인 非難可能性을 핵심적 요소로 한다는 전통적인 설명방식과는 조화되기 어려운 점이 있다고 한다.

(b) 違法性의 측면에서, 所有權과 아울러 가장 중요한 法益으로 인정되고 있는 人格權에 관한 大判 88. 10. 11, 85다카29(集 36-3, 1)도 검토의 대상으로 하고 있다. 이 判決에서 大法院은 한편으로 憲法 §17에 의하여 보장되고 있는 '私生活의 秘密과 自由' 기타의 人格的 法益과 다른 한편으로 憲法 §21에 의하여 보장되고 있는 言論, 出版 등 表現의 自由가 서로 충돌할 때 "그 조정을 어떻게 할 것인지는 구체적인 경우에 사회적인 여러 가지 이익을 비교하여 표현의 자유로 얻어지는 이익, 가치와 인격권의 보호에 의하여 달성되는 가치를 형량하여 그 규제의 폭과 방법을 정하여야 할 것"이라고 전제한 다음, "타인의 명예를 훼손하는 행위를 한 경우에도 그것이 공공의 이해에 관한 사항으로서 그 목적이 오로지 공공의 이익을 위한 것일 때에는 진실한 사실이라는 증명이 있으면 위 행위에 위법성이 없으며 또한 그 증명이 없더라도 행위자가 그것을 진실이라고 믿을 상당한 이유가 있는 경우에는 위법성이 없다고

160) 李銀榮, 債各, 786-7.
161) 梁彰洙, "不法行爲法의 變遷과 可能性", 民判硏 15, 374-82.

보아야 할 것"이라고 결론지었는데, 여기에서 흥미를 끄는 것은 所有權 기타의 絶對權이 침해된 경우에 대하여 종래 인정되어 왔던 違法性의 '推定', 즉 加害者가 違法性阻却事由를 주장하고 입증하지 않는 한 違法性은 당연히 인정된다는 논리가 자취를 감추고, 충돌되는 다른 法益과의 衡量을 거쳐서만 비로소 違法 여부가 결정된다고 본 점이라고 하면서, 종래 絶對權의 침해의 경우에 被害者로서는 加害者의 故意 또는 過失만을 立證함으로써 적어도 '일단은' 할 바를 다한 셈이 되던 것과는 다르게 되었다고 한다.

(c) 大判 89.6.27, 88다카9524(集 37-2, 157)는 이른바 情報提供責任이 문제된 사안에 관한 것으로서, 이 사건에서는 은행지점의 직원들이 그 지점에 당좌예금구좌를 개설한 고객(실제로는 무자력상태에 있다)이 발행한 당좌수표를 취득하려는 사람의 문의에 대하여 신용도가 좋다는 허위의 답변을 한 경우에 그 직원들의 不法行爲를 인정하여 은행에게 使用者責任을 인정할 것인가가 문제로 되었는데, 위 判決은 "은행은 법률[162]에 의해서도 그렇거니와 은행업의 본질에 터잡아서도 은행거래에 의하여 알게 된 거래선에 관한 예금의 비밀은 물론, 거래선에 관한 내정관계, 인물, 신용상태 등에 관한 은행 자체의 가치판단까지도 비밀로 하는 것이 일반적인 관례라는 것은 현저한 사실이므로, 은행이 자기의 거래선에 대하여 제 3 자로부터 직접 신용조회를 받고 은행비밀에 속하는 사항에 관하여 은행종사자가 '신용이 있다'든지 '튼튼하다'든지 '염려없다'는 등의 대답을 한 경우에도, 거래선의 일방적인 이익을 도모하기 위하여 고의로 거짓정보를 제공하는 등의 특별한 사정이 없는 한, 그것은 단지 조회에 대한 응답에 불과한 것이라고 볼 것이어서, 그것을 어떻게 받아들이느냐의 판단은 조회자의 책임사항인 것이지 은행이 당해 응답에 대하여 바로 어떤 책임이 있다거나 그 신용을 보증한 것이라고 볼 수는 없는 것이다"고 하였다. 이 判決에 대하여 梁彰洙 敎授는 "이 判決은 法院이 불법행위사건을 판단함에 있어서 過失, 違法性 등의 요건에 의하지 아니하고 총체적인 妥當性判斷 내지 일종의 政策判斷에 의존하고 있음을 보여 준다. 위의 대법원판결에서는 원심판결과는 달리, 過失이니 違法性이니 하는 요건은 단지 假裝理由로

162) 이 사건 당시에는 "預金·積金 等의 秘密保障에 關한 法律"이었으나, 그 후 "金融實名去來에 關한 法律"로 대체되었고, 後者는 "金融實名去來 및 秘密保障에 關한 緊急財政經濟命令"에 의하여 廢止되었으며, 위 緊急財政經濟命令은 다시 현재 시행되고 있는 "金融實名去來 및 秘密保障에 관한 法律"(1997.12.31. 법률 제5493호)에 의하여 廢止되었다. 위 法律 §4 I은 金融機關에 종사하는 者는 원칙적으로 金融去來에 관한 情報를 他人에게 提供하거나 漏泄하여서는 아니 되는 것으로 규정한다.

서조차도 보이지 않는다. 다만 법원이 피고의 책임이 부인되어야 하는 여러 가지 考慮要素들을 나열하여 보여줄 뿐이다. 말하자면 사실로부터 법률효과가 바로 도출되거나 또는 도출되지 않거나 하지, 그 법률효과의 인정 여부를 제어하는 중간장치로서의 法律要件은 별로 기능하지 못하고 있는 것이다"고 설명한다.

㈐ 그 밖에 徐光民 敎授도 違法性에 관하여 行爲不法論的 입장을 지지하고, 그에 따라 過失을 사회생활상 요구되는 注意義務의 違反으로 보아 故意나 過失을 違法性 判斷에 끌어들임으로써 違法性의 요건과 故意·過失의 요건은 종래 일반적으로 주장되어 왔던 것처럼 主觀的 요건과 客觀的 요건으로 峻別될 수 없다고 한다. 그리고 民 §750는 '故意 또는 過失로 인한 違法行爲'라고만 하고 있기 때문에 위와 같은 견해가 民 §750의 法文의 표현과도 어긋나지 않는다고 한다.[163]

㈑ 우리 나라 判例 중에도 예를 들어 보행자의 통행방법에 관한 道路交通法 §8 Ⅰ, Ⅱ, §10 Ⅱ 내지 Ⅴ의 각 규정의 위반은 法上의 注意義務違反으로서 他人에 대한 의무위반을 내용으로 하는 것이고, 보행자가 이에 위반하여 사고를 야기케 하였다면 보행자의 그러한 잘못은 不法行爲의 成立要件으로서의 過失에 해당한다고 하는 등[164] 法上의 義務違反, 즉 違法性을 곧바로 過失認定으로 이어가고 있는 것들이 보인다.

㈒ 이와 같은 견해들에 대하여 金疇洙 교수는 다음과 같이 반박한다. 즉 "오늘날 '故意·過失'을 主觀的 要件으로 하고 '違法性'을 客觀的 要件으로 하여 兩者를 峻別하는 것이 어렵게 된 것은 부인할 수 없을 것이다. 그러나 '違法性'의 요건을 전혀 배제해 버려도 괜찮은가는 문제가 있다고 본다. '違法性'을 被侵害利益에 관한 요건으로서 파악하여 이를 不法行爲要件으로서 인정할 필요가 있다고 본다. 모든 이익의 침해에 대하여 損害賠償이 인정되는 것은 아니며 예컨대 生活의 靜穩·採光 등은 어느 한도를 넘어서 침해된 경우에 비로소 보호가 된다. 그것은 어느 한도를 넘어서면 이러한 이익을 해하는 것은 허용되지 않는다고 사회적으로 의식되기 때문이다. 그러면 무엇이 違法을 결정할 것인가의 문제가 있는데, 被侵害利益에 대해서는 결국 사회적인 法感情에 의할 수밖에 없을 것이다. 어떤 이익이 보호될 가치가 있는가에 대해서

163) 徐光民(註 11), 605-622 참조.
164) 大判 93.12.10, 93다36721(公 1994상, 349).

는 일률적으로 결정할 수 있는 기준은 없다. 그러나 우리의 法感情 내지 正義感은 보호를 받을 이익과 그렇지 않은 이익을 구별하고 있다. 원칙적으로는 모든 被侵害利益이 보호되어야 하겠지만 그것을 침해하더라도 특히 法的 保護를 줄 필요가 없다고 생각되는 정도의 이익의 침해에 대해서는 違法性이 없다고 설명하는 편이 過失이 없다고 설명하는 것보다는 낫다고 생각된다. 보호를 받아야 할 被侵害利益의 한계를 '注意義務懈怠=過失'의 틀로 처리하려고 하게 되면 過失이 요건이 되지 않는 不法行爲類型(無過失責任)에 있어서 不法行爲責任을 한계지우는 것은 因果關係밖에 없게 된다. 無過失責任이라 할지라도 모든 종류의 이익이 보호의 대상이 되는 것은 아니다. 그 침해가 방치되는 것이 違法하다고 의식되는 이익에 대해서만 無過失責任이 적용되는 것이다"고 한다.[165]

[李 尙 勳]

165) 金疇洙, 債各, 631-2.

B. 不法行爲의 效果

차 례

Ⅰ. 總 論
Ⅱ. 不法行爲制度의 發展과 不法行爲의 效果
Ⅲ. 損害賠償의 方法
1. 民法의 原則
2. 金錢賠償의 例外
Ⅳ. 不法行爲의 中止 또는 禁止의 請求權
1. 見解의 對立
2. 結 論
3. 法律에 의하여 禁止請求權이 인정되는 경우
4. 解釋上 禁止請求權이 문제되는 경우
Ⅴ. 損害賠償의 範圍 一般論
1. 民 §393의 準用
2. 完全賠償主義와 制限賠償主義
3. 損害賠償의 範圍와 因果關係
Ⅵ. 類型別 損害額의 算定
1. 所有物이 滅失 또는 毁損된 경우
2. 所有權이 喪失된 경우
3. 利用權 등의 侵害
4. 擔保權의 侵害
5. 賃借權의 侵害
6. 生命·身體의 侵害
7. 不當提訴 또는 不當應訴로 인한 損害
8. 有價證券의 侵害
9. 特許權 등 産業財産權 侵害의 경우
10. 人格權의 侵害
11. Publicity權의 侵害
12. 公害로 인한 損害
13. 醫師의 醫療過失行爲로 인한 損害
14. 醫療의 說明義務 違反으로 인한 損害
15. 변호사의 malpractice로 인한 損害
16. 不法爭議行爲로 인한 損害
17. 기 타
Ⅶ. 懲罰的 損害賠償

Ⅰ. 總 論

民 §750는 不法行爲의 要件이 충족되면 그 效果로서 加害者가 그 損害를 賠償할 책임이 있음을 規定하고 있다. 따라서 被害者는 不法行爲의 效果로서 不法行爲로 인하여 입은 損害의 賠償을 구하는 權利, 즉 加害者에 대한 損害賠償請求權을 갖게 된다. 이 점에서 不法行爲는 당사자 사이의 合意 내지 契約에 의하지 않는 債權發生原因으로서 事務管理·不當利得과 더불어 이른바 法定債權發生原因의 하나가 된다.

損害賠償의 方法에 관한 입법례를 살펴보면 原狀回復責任을 인정하는 原狀回復主義와 金錢賠償責任을 인정하는 金錢賠償主義가 있으나, 우리 民法은 다른 意思表示가 없는 한 損害를 金錢으로 賠償하는 金錢賠償主義를 취하고 있다(民 §763, §394). 民法은 財産的 損害를 가한 경우뿐만 아니라 精神上 苦痛을 가한 경우에도 그 精神的 損害를 金錢으로 평가하여 金錢으로 賠償하도록 하고 있으나(民 § 751 I), 名譽毁損의 경우에는 特則을 두어 法院이 被害者의 請求에 의하여 損害賠償에 갈음하거나 損害賠償과 함께 名譽回復에 적당한 처분을 명할 수 있는 것으로 規定하고 있다(民 §764). 또한 特許法, 著作權法 등 知的財産權 關聯 法律 및 鑛業法은 不法行爲의 效果로서 金錢賠償과 함께 또는 金錢賠償에 갈음하여 原狀回復을 請求할 수 있도록 하는 特別規定들을 두고 있기도 하다.

또한 金錢賠償方法에 의한 損害賠償의 範圍에 관하여 살펴보면, 民 §763가 債務不履行으로 인한 損害賠償의 範圍를 規定한 民 §393의 規定을 不法行爲에 準用하고 있으므로 不法行爲를 원인으로 한 損害賠償責任은 不法行爲와 相當因果關係 있는 損害, 즉 通常의 損害를 그 한도로 하고 特別한 事情으로 인한 損害는 加害者가 그 事情을 알았거나 알 수 있었을 경우에 한하여 그 損害를 賠償할 責任이 있다고 할 것이다. 한편 民法은 不法行爲로 인한 損害가 損害賠償義務者의 故意 또는 중대한 過失에 의한 것이 아니고 그 賠償으로 인하여 賠償者의 생계에 중대한 영향을 미치게 될 경우에는 損害賠償義務者가 法院에 그 賠償額의 輕減을 請求할 수 있고, 法院이 債權者 및 債務者의 경제상태와 損害의 原因 등을 참작하여 賠償額을 減輕할 수 있도록 하는 特則을 두고 있다(民 §765).

民法上 不法行爲의 效果로서의 賠償責任의 量은 不法行爲로 인하여 被害者가 입은 損害의 量에 의하여 결정되고 加害者가 不法行爲로 인하여 얻은 利得이나 不法行爲에 내재한 違法性의 量 또는 加害者에 대한 社會的 非難可能性의 量에 의하여 결정되는 것이 아니다. 따라서 民法上의 不法行爲制度는 不法行爲로 인한 被害者의 損害塡補를 목적으로 하고 있다고 할 수 있으며, 이 점에서 不法行爲로 인한 民事責任은 原則的으로 違法性의 量에 의하여 責任의 量이 결정되는 刑事責任과 대비된다.

한편, 被害者가 加害者에 대하여 不法行爲로 인한 損害의 賠償을 事後的으로 請求할 수 있음과 별도로 현재 계속되고 있는 不法行爲의 中止를 請求할 수 있는가, 또 장래 예견되는 不法行爲의 禁止 또는 不作爲를 事前에 請求할 수 있는가의 문제가 종래부터 논의되어 왔으며, 최근의 環境權 논의와 관련하여 그 중요성이 증대하고 있다.

Ⅱ. 不法行爲制度의 發展과 不法行爲의 效果

不法行爲法은 私法 중 가장 오랜 역사를 가진 法分野이면서도 오늘날 가장 빠르게 발전하고 있는 法分野라고 할 수 있다. 産業化 및 情報化가 눈부신 속도로 발전하면서 사람들의 生活의 質이 向上되고 社會活動의 範圍가 전에 없이 擴大되었지만 이와 함께 사람들 사이의 權利 또는 利益의 충돌이 빈번해지고 첨예화되면서 새로운 紛爭들이 發生하게 되었는데 이러한 紛爭의 解決(충돌하는 權利 또는 利益의 조정)의 많은 부분은 不法行爲法의 새로운 과제가 되었다. 製造物責任訴訟, 言論에 의한 名譽毁損訴訟, 環境權侵害訴訟, 知的財産權侵害訴訟, 性的괴롭힘(성희롱)訴訟, 醫療過誤(說明義務違反)訴訟 등이 위와 같은 새로운 紛爭의 發生 및 增加와 관련이 있다. 이러한 새로운 紛爭의 發生 및 增加에 따라 不法行爲法은 빠른 속도로 발전하고 있는 法分野가 되었다고 할 수 있다. 이러한 不法行爲法의 발전은 위에서 본 바와 같은 새로운 類型의 不法行爲訴訟을 增加시킬 뿐 아니라 無過失責任의 확대, 因果關係論의 재검토 등과 같이 不法行爲의 要件에 있어서 큰 變化를 가져오고 있다. 그렇다면 이러한 최근의 不法行爲法의 發展은 不法行爲의 效果의 側面에서는 어떤 影響을 미치고 있는가?

不法行爲法은 私法 분야 중 다른 어떤 法 분야보다 강한 正義의 觀念에 기초하고 있다. 不法行爲의 成立要件의 하나인 侵害行爲의 違法性은 그 자체로서 規範的인 槪念이고, 또 다른 成立要件인 過失도 社會的으로 요구되는 注意義務의 한계를 판단함에 있어서 規範的인 判斷을 전제로 하는 것이며, 그 效果로서 損害賠償責任의 範圍를 정하는 것도 相當因果關係라는 道具槪念을 통한 規範的 判斷에 기초하고 있다.

그러나 不法行爲의 成立 여부와 損害賠償責任의 範圍의 判斷은 正義의 觀念에만 기초하고 있는 것이 아니라 法政策的 考慮와도 깊은 연관이 있다고 할 수 있다. 製造物責任의 인정범위를 확대하면 企業이 제품의 안전에 보다 많은 비용을 지출하여 消費者의 權利가 더 두텁게 보호되고, 産業災害責任을 엄격하게 인정하면 企業이 災害防止에 보다 많은 비용을 지출하여 産災發生率을 떨어뜨릴 수 있으나 다른 한편으로는 保險料의 상승을 거쳐 결국 商品價格의 인상을 가져오게 되고, 名譽毁損에 대한 言論의 責任을 보다 엄격히 인정하게 되면 무분별한 言論으로부터 被害者를 保護할 수 있으나 다른 한편으로는 言論의 自由와 國民의 알 權利를 侵害할 수도 있으며, 醫療訴訟에서 醫師의 責任을 넓게 인정하면 적극적인 治療行爲를 제약하고 醫療費用의 증대를 가져올 수도 있다. 이와 같이 損害賠償責任의 인정 여부와 損害賠償額의 多寡의 결정에 따라 社會經濟的 價値의 配分이 달라지게 된다.

現代的 類型의 不法行爲 분야에 있어서 발전하는 理論들을 개관하여 보면 전통적인 正義論보다는 法政策的 입장에서 상호 충돌하는 權利와 利益의 조화점을 모색하고 있는 추세를 살펴볼 수 있는데, 이러한 法政策的 考慮가 극단적으로 반영된 理論으로 法經濟學을 들 수 있다. 1960년대 美國의 경제학자인 코즈(Ronald H. Coase) 敎授가 損害賠償責任의 인정 여부에 따라 社會的 費用(Social Cost)이 변화함을 數學的으로 증명하면서 社會的 費用을 최소화할 수 있는 자(the cheapest cost avoider)에게 損害賠償責任을 지우는 것이 바람직하다고 주장한[1] 것이 그 예가 될 수 있을 것이다. 이러한 法經濟學的 입장에서 보면 損害賠償責任을 인정할 것인가 또 損害賠償의 範圍를 어떻게 정할 것인가의 문제는 전적으로 社會的 費用의 最小化라는 政策的 考慮에 의하여 결정되게 된다.

法經濟學에 대한 찬반의 입장을 떠나서, 不法行爲法 분야에서의 法政策的 考慮의 중요성에 대한 인식은 널리 받아들여지고 있는 것으로 보인다. 不法行爲法에 대한 주된 관심이 哲學에서 政策으로, 規範的 判斷에서 政策的 判斷으로 변화하고 있는 추세라고 말할 수도 있을 것이다.[2] 不法行爲法이 法政策的 考慮에 기초하고 있다는 말의 의미는, 사회적 제문제의 해결을 政策目標로 하여 不法行爲制度가 그 政策目標를 달성하기 위한 手段으로 사용될 수 있다는 의미이고, 그 政策目標를 가장 효과적으로 해결하는 방향으로 損害賠償責任의 成立 여부 및 範圍가 결정될 수 있다는 의미인 동시에 사회의 발전에 따라 새로운 사회적 문제점이 발생하여 그 政策目標가 변경되면 損害賠償制度의 운용

---

1) Ronald H. Coase, "The Problem of Social Cost", 3 The Jounal of Law and Economics 1 (1960).

2) 梁彰洙, "不法行爲法의 變遷과 可能性──그 制度目的과 關聯하여──", 民法硏究 3, 330은 "不法行爲法이 가지는 道德的 含意는 후퇴하고, 그것은 차가운 經濟的 計算의 問題로 환원되는 것이다"라고 적고 있다; 李銀榮, "損害賠償法의 政策的 課題", 法과 社會 5, 257-64 참조.

도 영향을 받을 수 있다는 의미가 된다.

不法行爲의 效果의 측면에서 최근의 法政策的 考慮는 대체로 두 가지 관점에서 큰 문제점을 제기하고 있는 것으로 생각된다. 그 중 하나는 不法行爲가 완성되어 사회적으로 損害가 발생한 후 그 損害의 負擔者를 결정하는 전통적인 해법보다 不法行爲를 事前에 禁止시키는 것이 바람직하지 않은가 하는 문제점의 제기이고, 다른 하나는 전통적인 損害의 塡補만으로는 製造物責任, 環境侵害, 言論에 의한 名譽毁損 등 새로운 유형의 不法行爲에 있어서 違法行爲의 抑止라는 政策的 目的을 달성할 수 없으므로 制裁的 意味의 損害賠償을 인정하여야 하지 않는가 하는 문제점의 제기이다.

Ⅲ. 損害賠償의 方法

1. 民法의 原則

(1) 金錢賠償原則

損害賠償의 方法으로는 原狀回復主義와 金錢賠償主義가 있다. 獨逸民法은 原狀回復을 原則으로 하고 金錢賠償을 補充的인 것으로 하여 널리 例外를 인정하고 있다(獨民 §§ 249-251). 佛蘭西民法은 原狀回復과 金錢賠償의 方法 중 어느 것을 취할 것인가에 관하여 아무런 規定을 두고 있지 않으므로 損害賠償의 方法은 事實審 裁判官의 재량에 맡겨져 있으나, 原狀回復과 이를 위한 費用賠償과의 합계액이 損害額을 초과하는 경우에는 原狀回復은 인정되지 아니한다.[3)]

損害塡補라는 점에서 본다면 被害者에게는 原狀回復方法이 理想的일 것이다. 그러나 原狀回復方法은 혼잡을 가져올 우려가 있으므로 損害를 측정하는데 가장 편리한 金錢에 의하여 賠償하는 것이 현대의 상품교환사회에 있어서는 合理的이라고 할 수 있다. 加害者와 被害者의 입장을 비교하여 본다면 金錢賠償主義가 加害者에게 편의하다. 그리고 이 方法은 賠償額을 交換價格과 同一視하는 機能을 갖고, 따라서 交換價格의 賠償만으로는 塡補되지 않는 損害가 남는 경우(예컨대 農地鑛害)에는 被害者에게 가혹할 수도 있으나 原狀回復에 多額의 費用을 필요로 할 경우에는 原狀回復方法이 加害者에게 가혹할 수도 있다.

3) 梁三承, "프랑스法에 있어서의 損害賠償의 範圍 및 方法", 民事法의 現代的 課題—梅石高昌鉉博士華甲紀念, 博英社, 370.

오늘날과 같이 상품의 等價交換을 기초로 하여 金錢的 價値를 중심으로 이루어진 사회에서는 결국 金錢的 損害가 발생하는 경우가 통상일 것이다.

우리 民法은 실제상의 편의를 고려한 끝에 民 §763의 規定이 民 §394의 規定을 準用함으로써 다른 意思表示가 없으면 損害는 金錢으로 賠償하게 되는 이른바 金錢賠償主義를 취하고 있다. 따라서 당사자 사이에 特約이 없음에도 불구하고 原狀回復을 명하는 것은 違法이다.[4] 또한 財產的 損害뿐만 아니라 精神的 損害의 賠償(慰藉料)도 金錢으로 평가해서 賠償하게 된다.

(2) 通 貨

金錢賠償의 경우의 金錢이라 함은 內國通貨의 法定貨幣를 가리키며 外國通用貨幣의 給付는 인정되지 아니한다. 따라서 不法行爲로 인하여 侵害된 權利가 外貨 또는 外貨債權이라고 하더라도 이로 인한 損害賠償債權은 權利發生時點인 不法行爲時를 기준으로 한 國內通貨 貨幣價値에 따라 算定된 金錢債權이 되는 것이고 外貨債權으로 發生하는 것이 아니므로 外貨債權에 관한 民 §376와 §378의 規定이 適用되지 않는다.[5]

(3) 一時金賠償과 定期金賠償

損害賠償의 支給方法에는 一時金賠償과 定期金賠償이 있다. 獨民 §§843, 844는 당사자 사이에 다른 特約이 없으면 原則的으로 一時金賠償을 하여야 하는 것으로 하고 일정한 경우에 한하여 定期金賠償에 의하기로 하고 있으며, 우리 民法도 一時金賠償을 原則으로 하고 있다(民 §751②).

4) 大判 61.10.12, 4293民上115; 大判 62.3.22, 4294民上1421.

그러나 尹眞秀 教授는 "不法行爲의 效果로서 일반적으로 原狀回復請求權을 인정할 수는 없다 하더라도 적어도 原狀回復을 인정하는 것이 被害者에게는 金錢賠償보다 有利하고 加害者에게도 별로 不利하지 않는 경우에는 예외적으로 原狀回復請求權을 인정함이 타당하다"고 주장한다(尹眞秀, "第三者의 債權侵害와 不動產의 二重讓渡, 司論 16, 156).

5) 大判 95.9.15, 94다61120(公 1995, 3385).

"신용장 개설 은행의 損害額을 신용장결제대금에 관한 求償金 債權額의 範圍 내에서 운송물이 不法引渡되어 滅失된 당시의 時價 相當額으로 파악하고, 그 時價를 신용장 개설 은행이 통지 은행들에게 미 달러화로 지급한 운송물 대금 상당액이라고 본다면, 미 달러화로 표시된 그 時價를 滅失 당시의 외국환 시세에 의하여 우리 나라 通貨로 환산한 금액이 그 滅失 당시의 價額이 되는 것이고, 한편 不法行爲로 인한 損害賠償의 方法에 관하여 規定하고 있는 民法 제763조, 제394조 소정의 '金錢'이라 함은 우리 나라의 通貨를 가리키는 것이어서 不法行爲로 인한 時價 상당의 損害賠償을 구하는 債權은 당사자가 外國 通貨로 지급하기로 약정하였다는 등의 특별한 사정이 없는 한 債權額이 外國 通貨로 지정된 外貨債權이라 할 수 없으며, 미 달러화로 표시된 위 時價를 우리 나라 通貨로 환산함에 있어서는 달리 특별한 사정이 없는 한 基準換率에 의하여 환산함이 상당하고 대고객 전신환매도율에 의하거나 대고객 전신환매입률에 의하여 환산할 것은 아니다."

위 判決 要旨는, ① 損害算定時點, ② 金錢賠償主義의 意義, ③ 損害算定의 基準이 되는 換率의 세 가지 爭點에 관한 判示를 담고 있다.

2. 金錢賠償의 例外

(1) 特約이 있는 경우

당사자 사이에 特約이 있는 경우에는 金錢으로 賠償하지 않고 다른 方法에 의하여 賠償할 수 있다(民 §§763, 394). 즉 당사자가 다른 方法에 의하여 損害를 賠償하기로 約定하였다면 그 約定이 強行法規 등 社會秩序에 반하지 않는 한 그 約定에 의한 賠償方法에 따라 損害를 賠償하여야 한다. 다만 不法行爲의 경우에는 債務不履行의 경우와 달리 그러한 特約이 있는 경우가 흔치 않을 것이다.

(2) 原狀回復의 方法

現行法上 原狀回復의 方法이 인정되는 경우로는 다음과 같은 것들이 있다.

(가) 名譽毁損의 경우(상세한 내용은 民 §764에 대한 注解 참조) 他人의 名譽를 毁損한 자에 대하여는 法院은 被害者의 請求에 의하여 損害賠償에 갈음하거나 損害賠償과 함께 名譽回復에 適當한 處分을 명할 수 있다(民 §764).

종래 原狀回復의 한 방법으로 謝罪廣告가 널리 받아들여졌으나, 憲法裁判所는 91. 4. 1, 89헌마160에서 謝罪廣告의 강제는 國家가 裁判이라는 權力作用을 통하여 자기의 신념에 반하여 자기행위가 非行이며 罪가 된다는 倫理的 判斷을 形成, 強要하여 외부에 표시하기를 명하는 것으로서 良心에 반하는 行爲를 강제하는 것에 해당하여 良心의 自由에 대한 제한이고, 謝罪廣告는 그 구체적 내용이 國家에 의해 결정되면서도 마치 본인의 自發的 意思形成인 것 같이 표현되는 것이어서 憲 §10에서 보장된 人格의 尊嚴과 價値의 確保 내지 人格權에도 큰 危害가 되며, 謝罪廣告의 강제는 被害者의 名譽回復을 위하여 꼭 필요한 수단도 아니므로 구태여 加害者에게 良心表明의 강제 내지 굴욕 감수를 강요하는 謝罪廣告制度는 과도하고 불필요한 基本權의 制限이 되므로 民 §764가 謝罪廣告를 포함하는 趣旨라면 憲 §198(良心의 自由)에 違反되는 동시에 憲法上 保障되는 人格權을 侵害하는 것이므로 民 §764는 謝罪廣告를 포함하지 않는 것으로 解釋하여야 合憲的인 意味를 갖는다고 判示하였다.[6] 따라서 謝罪

6) 憲裁決 91. 4. 1, 89헌마160(憲裁判例集 3, 91, 149).

① 民 §764가 謝罪廣告를 포함하는 취지라면 그에 의한 基本權 制限에 있어서 그 선택된 手段이 目的에 적합하지 않을 뿐만 아니라 그 정도 또한 過剩하여 比例의 原則이 정한 限界를 벗어난 것으로 憲 §37Ⅱ에 의하여 정당화될 수 없는 것으로서 憲 §19에 위반되는 동시에 憲法上 保障되는 人格權의 侵害에 이르게 된다.

② 民 §764의 "名譽回復에 적당한 處分"에 謝罪廣告를 포함시키는 것은 憲法에 違反

의 表示가 포함된 謝罪狀의 交付, 公開法廷에서의 謝罪 등도 허용되지 않게 되었다. 위 憲法裁判所의 決定 이후 法院의 判例도 이에 따르고 있다.[7)]

그러나 加害者에 대하여 主觀的 意思表明으로서의 謝罪를 명하는 것이 아니라 侵害事實만을 인정하는 廣告, 訴訟에서의 敗訴事實 등 客觀的 事實의 廣告(判決의 揭載)를 명하는 것은 加害者의 良心의 自由에 반하는 것이 아니므로 許容된다고 할 것이다.[8)]

한편 加害者의 진술이 被害者의 名譽를 侵害하였으며 이를 取消한다는 취지의 문면을 신문, 잡지 등에 揭載할 것을 명하는 방법(取消廣告)도 종래 논의되는 방법이나 단순한 事實의 揭載가 아니라 加害者에게 특정한 意思表示 또는 意見의 陳述을 強制하는 어떠한 방법도 위 憲法裁判所 決定에 반한다고 할 것이므로 取消廣告도 허용되지 않는다고 할 것이다.

(나) 人格權(특히 肖像權,[9)] 프라이버시權)의 侵害에 대하여 民 §764의 規定을 類推適用할 것인가? 人格權의 侵害에 대하여 民 §764의 規定을 類推適用하여 原狀回復에 필요한 處分을 명할 수 있다는 肯定說[10)]과 民 §764가 金錢賠償原則에

된다는 것의 의미는, 同條 소정의 處分에 謝罪廣告가 포함되지 않는다고 하여야 憲法에 違反되지 아니한다는 것으로서, 이는 同條와 같이 不確定概念으로 되어 있거나 다의적인 해석가능성이 있는 條文에 대하여 限定縮小解釋을 통하여 얻어진 일정한 合憲的 의미를 천명한 것이며, 그 의미를 넘어선 확대는 바로 憲法에 違反되어 채택할 수 없다는 뜻이다.

7) 서울高判 93. 2. 25, 92나32878.

8) 서울高判 94. 9. 27, 92나35846(下集 94, 2, 1).

"原告가 이른바 滿足請求權의 한 형태로서 被告 방송법인이 약정과 달리 原告의 강연내용을 부당히 삭제하여 방송함으로써 原告의 著作人格權을 侵害한 점에 관하여 法院으로부터 敗訴받았다고 하는 사실을 被告가 관리하는 매체를 통하여 방송할 作爲義務의 履行을 구하는 것은 客觀的 事實의 內容을 告知할 것을 구하는 것일 뿐 被告의 良心에 반하여 主觀的 意思表明으로서 謝過를 구하는 것이 아니므로 憲法上 良心의 自由에 반하지 아니한다."

그러나 서울民地判 92. 12 15, 91가합38193(言論仲裁 1993, 봄, 169)은 "原告가 구하는 廣告의 내용이 문언상은 謝罪의 文句가 들어가 있지 아니하나, 被告의 명의로 위 내용의 廣告를 명하는 것 역시, 被告가 良心上 원치 않는 행위를 강요하는 것으로 良心의 自由를 規定한 憲法의 趣旨에 비추어 謝罪廣告가 허용되지 아니하는 것과 마찬가지로 역시 허용되지 않는다"고 判示하였다.

9) 大陸法系에서는 肖像權을 一般的 人格權에서 파생하는 個別的 人格權의 하나로 보나 英美法系에서는 人格權이라는 概念이 없으므로 프라이버시權의 한 양태로 파악되고 있는데 우리 나라에서는 獨逸, 佛蘭西, 日本 등의 大陸法系에 따라 一般的 人格權을 인정하고 그에서 파생하는 個別的 人格權의 하나로서 肖像權의 概念을 파악하는 것이 일반적이다. 韓渭洙, "사진의 撮影·使用과 民事責任——肖像權의 侵害——", 民事裁判의 諸問題 8권(民事實務硏究會 編, 94. 10), 210 참조.

10) 日東京地裁判 平 2. 5. 22(判例時報 1357, 97)는 肖像權侵害에 대하여 謝罪廣告를 명하였다; 山口純夫, "寫眞週刊誌による肖像寫眞揭載が不法行爲を構成するとして慰藉料請求は認容されたが, 肖像權に基づく回收廣告など原狀回復措置請求は認められなかった事例-週刊フライデ-肖像權侵害事件第1審判決", 判例時報 1333, 192; 五十嵐淸, 人格權論

대한 例外로서 名譽毁損에 대하여 特別規定을 둔 것이므로 人格權의 侵害에 대하여 類推適用할 수 없다는 否定說[11]이 있으나, 서울高判 94.9.27, 92나35846[12]는 "不法行爲에 의해 人格權이 侵害된 경우 현행법상으로는 金錢賠償의 原則만이 인정될 뿐 原狀回復請求權 내지 이른바 滿足請求權은 명문으로 規定하고 있지 않지만 人格權의 한 부분이라고 생각되는 名譽가 毁損된 경우 현행 民法 제764조가 法院이 名譽回復을 위한 적당한 처분을 명할 수 있다고 規定하고 있는 점, 著作權法 제95조가 故意 또는 過失로 著作人格權을 侵害한 자에 대하여는 損害賠償에 갈음하거나 損害賠償과 함께 名譽回復을 위하여 필요한 조치를 請求할 수 있다고 規定하고 있는 점과 지배적인 학설이 一般的 人格權에 대하여 排他的 支配權으로서 대세적 효력을 인정하고 있는 점에 비추어 보면 法院은 被害者가 바라는 경우 金錢으로 損害賠償을 명하는 이외에 原狀의 回復을 위한 조치 또는 被害者에게 滿足을 줄 수 있는 조치를 명할 수 있다고 보는 것이 발전하는 法秩序의 要請에 부응할 수 있을 뿐 아니라 被害救濟手段을 다양화하여 衡平을 기하는 데 適合하다고 할 수 있다"고 判示하여 肯定說을 채택하였다.

(다) 知的財産權(Intellectual Property)[13] 侵害의 경우 　不正競爭防止法은 국내에 널리 알려진 他人의 商標·商號 등을 不正하게 使用하는 등의 不正競爭行爲와 他人의 營業秘密(Know-How)을 侵害하는 行爲를 防止함을 목적으로 하고 있는데(§1), 不正競爭行爲로 인하여 營業上의 信用이 실추된 경우(§6)

(1989), 113은 프라이버시 侵害에 대하여 原狀回復處分이 가능하다고 주장한다.

11) 註釋債各(Ⅳ'), 151; 池弘源, "人格權의 侵害", 司論 10, 240; 韓渭洙, 前揭論文[註 9], 239; 日東京高裁判 平 4.12.21(判例時報 1446, 61)은 原狀回復措置는 名譽毁損의 경우에만 예외적으로 인정되고 判決要旨廣告 등에 의하여 被害者에게 主觀的 滿足을 주는 것은 위 原狀回復의 範圍를 逸脫하는 것이라고 判示하였다.

12) 下集 94-2, 1.

13) 知的財産權(Intellectual Property 또는 Intellectual Property Right)은 인간의 知的創作物인 精神的, 知能的 財貨와 標識를 獨占的으로 이용하는 것을 내용으로 하는 權利를 말한다. 世界知的財産權機構(WIPO; World Intellectual Property Organization) 設立條約 제2조 제8항은 "知的財産權이라 함은 文學, 藝術 및 科學的 著作物, 實演者의 實演, 藝術家의 公演, 音盤 및 放送, 인간 노력에 의한 모든 분야에서의 發明, 科學的 發見, 産業디자인(意匠), 商標, 서비스표, 商號 및 기타의 명칭, 不正競爭으로부터의 保護 등에 관련된 權利와 그 밖에 産業, 科學, 文學 또는 藝術 분야의 知的活動에서 발생하는 모든 權利를 포함한다"라고 規定하고 있다. 따라서 知的財産權에는 著作權, 著作隣接權, 特許權, 科學的 所有權, 意匠權, 商標權, 商號權이나 서비스표권, 不正競爭防止法에 의하여 保護되는 原産地 표시나 營業秘密 등 일체의 것, 소위 종래 廣義의 産業財産權(工業所有權)으로 분류되던 모든 것과 著作權이 모두 포함된다.

종래 '知的所有權'이라는 용어가 사용되었으나 所有權보다 포괄적인 權利概念이므로 최근에는 '知的財産權'이라는 용어가 보다 널리 사용되고 있다.

또는 營業秘密 侵害行爲로 營業上의 信用이 실추된 경우(§12) 被害者의 請求에 의하여 法院은 損害賠償에 갈음하거나 損害賠償과 함께 營業上의 信用을 回復하는 데 필요한 조치를 명할 수 있다고 規定하고 있다.

特許法 §131, 實用新案法 §31, 商標法 §69, 著作權法 §95, 컴퓨터프로그램保護法 §31도 위와 같은 취지의 規定이다.

(라) 鑛害賠償의 경우 鑛業法 §93는, 鑛害賠償의 경우 金錢賠償을 原則으로 하되 賠償金額에 비하여 과다한 費用을 요하지 아니하고 原狀을 回復할 수 있는 경우에는 被害者가 原狀의 回復을 請求할 수 있으며(§93 I), 賠償義務者의 申請이 있는 경우 法院은 적당하다고 인정할 때에는 金錢賠償 대신에 原狀回復을 명할 수 있다(§93 II)고 規定하고 있다.

Ⅳ. 不法行爲의 中止 또는 禁止의 請求權[14)]

損害賠償은 그것이 金錢賠償의 方法이든 原狀回復의 方法이든 事後的인

14) 이를 가리키는 用語로는 排除·豫防請求權, 差止請求權, 防止請求權, 禁止請求權, 留止請求權 등의 用語가 사용되고 있다. 그 用語의 사용례를 검토하여 보면 다음과 같다.

① 排除·豫防請求權(註釋債各 Ⅳ, 339; 郭潤直, 債各, 719; 金疇洙, 債各, 751 등): 物權的 請求權에 관하여 規定한 民 §§204-206이 "物件의 返還", "妨害의 除去", "妨害의 豫防"이라는 用語를 사용하고 있어 物權的 請求權을 세분하여 "目的物返還請求權", "妨害排除請求權", "妨害豫防請求權"으로 구분하고 있는데 종래 不法行爲에 대하여 中止 또는 禁止를 請求할 수 있는 權利의 인정 여부가 物權的 請求權과 관련하여 논의되었으므로 자연스럽게 物權的 請求權의 用語 사용례를 받아들여 현재 進行중인 不法行爲의 中止를 구하는 權利를 "不法行爲排除請求權"으로, 장래 예견되는 不法行爲의 禁止를 구하는 權利를 "不法行爲(또는 損害) 豫防請求權"이라고 부르게 되었다. 가장 전통적인 用語로서 대부분의 民法學者들이 사용하고 있는 用語이며, 전통적인 不法行爲法과 관련한 論議에 한하여 보면 아무런 이의 없이 사용되고 있다.

② 差止請求權(日本에서 사용되는 用語): 日本에서는 英美法上 生活妨害(nuisance), 私生活(privacy)侵害行爲, 環境侵害行爲 등의 中止 또는 禁止를 請求할 수 있는 權利(injunction)를 "差止請求權"으로 번역함에 따라 英美法의 理論을 도입한 부분에 있어서는 "差止請求權"이라는 用語가 일반적으로 사용되고 있으며, 다만 人格權에 관한 論議에서는 大陸法系의 理論을 많이 따르고 있는 탓인지 "妨害排除請求"라는 用語도 사용되고 있다(日本民法注釋 10, 174 및 176 이하 참조). 이하의 "防止請求權", "禁止請求權", "留止請求權"은 日本의 用語인 差止請求權에 대응하여 만들어진 用語들이다.

③ 防止請求權(李勇雨, "公害의 違法性", 司論 10, 87 이하).

④ 禁止請求權(池弘源, 前揭論文, 218 이하; 權誠 외, 假處分의 硏究, 博英社, 436 및 448; 韓渭洙, 前揭論文, 239 이하).

⑤ 留止請求權(許祥洙, "公害留止訴訟의 實務上 問題", 司硏 23, 187 이하; 尹眞秀, "環境權侵害를 理由로 하는 留止請求의 許容 與否", 大法院判例解說 23, 9 이하): 商 §402(日商 §272에 해당)가 日本法上의 "差止請求"에 해당하는 用語로 "留止請求"라는 用語를 사용하고 있다.

損害塡補에 의한 救濟方法이다. 그렇다면 被害者는 被害가 확대되기 이전에 또는 被害가 발생하기 이전에 加害者에 대하여 不法行爲의 中止 또는 禁止를 請求함으로써 損害의 확대 또는 損害의 발생을 豫防할 수 있는가?

1. 見解의 對立

(1) 제 1 설[15)]

不法行爲制度는 違法行爲로부터 이미 발생한 損害의 塡補를 목적으로 하는 것이므로 현재 이루어지고 있는 違法行爲의 排除·停止 내지 장래 있을 違法行爲의 豫防請求權 등은 不法行爲로부터는 직접 생길 수 없다고 한다.

(2) 제 2 설[16)]

不法行爲를 이유로 損害의 賠償을 인정하면서 그 損害를 발생케 한 違法行爲를 排除·豫防할 수 없다면 이는 不法行爲制度의 취지에 어긋나므로 마땅히 그러한 侵害의 排除·豫防을 請求할 수 있어야 한다고 한다.

(3) 제 3 설[17)]

이 문제는 근본적으로는 理論의 문제가 아니라 立法政策의 문제라고 한다. 위의 두 견해는 不法的인 侵害에 대한 排除의 認定 與否가 마치 理論上 당연히 認定 또는 否定되어야 하는 것과 같이 주장하나, 不法行爲로 侵害된 利益의 種類나 性質에 따라서 어떤 것은 損害賠償만을 인정하는 것으로 충분하기도 하고, 또 어떤 것은 그 밖의 妨害排除까지도 인정하는 것이 적당한 것도 있으며, 어떤 法益에 관하여 어느 정도의 救濟를 주느냐는 순전히 立法政

생각건대, 法律用語가 專門用語이기는 하나 새로운 漢字語를 만들어 사용하거나 일반인들이 이해하기 어려운 用語를 사용하는 것은 바람직하지 못하다. "留止請求"라는 用語가 商 §402에서 사용된 法律用語이기는 하나 國語辭典에서조차 찾아볼 수 없는 用語로서 法律用語로 사용하기에 적당한 用語는 아니라고 생각된다. 商 §402에서 "留止請求權"이라는 用語가 사용되었다고는 하나, 知的財產權 분야의 諸法律에서는 "禁止 또는 豫防"이라는 用語가 통일적으로 사용되고 있다. 또한 현재 용어의 사용례를 보면 侵害된 權利의 내용에 따라 侵害行爲의 中止 또는 禁止를 請求하는 權利를 가리키는 用語가 달리 사용되고 있으나 侵害行爲의 中止 또는 禁止를 請求하는 權利는 保護되는 權利에 관계없이 동일한 성질을 갖고 있으므로 相異한 用語를 사용하는 것도 바람직한 用語使用例는 아니라고 할 것이다. 私見으로는 進行중인 侵害行爲의 中止를 구하는 權利를 "中止請求權"으로, 장래 예견되는 侵害行爲의 禁止를 請求하는 權利를 "禁止請求權"으로 구분하거나 이를 구분함이 없이 "禁止請求權"으로 통일하는 것이 바람직하다고 생각하나 이 곳에서는 註解書의 성격을 감안하여 一般論에서는 排除·豫防請求權, 公害訴訟 부분에서는 留止請求權, 人格權 부분에서는 禁止請求權, 知的財產權 부분에서는 "禁止 또는 豫防請求權"이라는 用語를 함께 사용하기로 한다.

15) 金曾漢, 債各, 514.

16) 金基善, 債各, 403.

17) 郭潤直, 債各, 719; 註釋債各 5, 340.

策의 문제이지, 論理의 문제는 아니라고 한다. 또한 이와 같이 立法政策의 문제라고 생각한다면, 妨害排除까지도 인정할 것이냐의 여부는, 이를 認定함으로써 加害者 쪽의 自由活動을 制限하게 되는 데서 생기는 損失과 被害者 쪽이 그것에 의하여 얻게 되는 利益과의 比較·較量에 의하여 결정하여야 한다고 한다.[18]

2. 結 論

不法行爲法은 一般條項的 性格을 가지는 것이어서 千態萬象의 違法行爲가 同一한 法律規定에 의하여 規律되고 있지만 侵害되는 權利의 種類에 따라 法律의 保護 정도가 다르고, 同一한 權利가 侵害되었다고 하더라도 侵害의 態様에 따라 社會的 비난의 정도, 즉 違法性의 量도 다른 것이므로 그러한 차이점을 고려함이 없이 不法行爲를 구성한다고 하여 모든 違法行爲에 대하여 中止 또는 禁止를 請求할 수 있다는 제 2 설의 견해는 찬성하기 어렵다. 또한 같은 이유에서 不法行爲로 侵害된 權利의 種類나 侵害의 態様에 관계없이 違法行爲의 中止 또는 禁止를 請求할 수 있는 權利를 전혀 否定하는 제 1 설의 입장에도 찬성할 수 없다.

일반적인 견해는 侵害된 權利의 性質에 따라 禁止請求權의 인정 여부가 결정된다고 한다. 즉, 排他的인 支配權이 侵害된 경우에만 禁止請求權이 인정된다고 보는데 物權, 對抗力을 갖춘 賃借權, 人格權, 産業財産權(또는 知的財産權)이 排他的인 支配權의 범주에 속한다.

① 侵害된 權利가 排他的인 權利이기만 하면 그 侵害에 대한 救濟方法으로서 禁止請求權이 인정된다고 하여 損害賠償請求權과 禁止請求權의 發生要件에 있어서의 違法性의 차이점을 인정하지 아니하는 견해[19]와 ② 排他的인 權利가 侵害되더라도 모든 경우에 禁止請求權이 인정되는 것은 아니고 禁止請求權의 인정 여부는 禁止請求權을 인정함으로써 加害者 쪽의 自由活動을 制限하게 되는 데서 생기는 損失과 被害者 쪽이 그것에 의하여 얻게 되는 利益과의 比較·較量에 의하여 決定하여야 한다는 견해[20] 및 ③ 侵害行爲에 대하여 禁止請求權을 인정하기 위해서는 損害賠償請求權만이 인정되는 경우보다 높은

---

18) 金疇洙, 債各, 752은 제 3 설이 제 2 설과 별 차이가 없다고 한다.
19) 民法注解(Ⅴ), 311.
20) [註 17] 참조.

違法性을 要件으로 하여야 한다는 違法性段階說이 있다.[21][22]

吳錫洛 辯護士는 이러한 違法性段階說이 通說이라고 소개하면서, 禁止請求의 경우의 違法性의 要件은 損害賠償請求의 경우에 비하여 가중된다는 違法性段階說을 취하는 이유로, ① 禁止請求의 경우에는 기업에 치명적인 타격을 주어 그 존립을 위태롭게 한다는 점, ② 양자를 구별하는 것이 社會通念에 부합한다는 점, ③ 攻擊의 態樣도 違法性 判斷의 요인이 되는 것이므로 양자의 違法性에 차이가 생기는 것은 당연하다는 점 등을 들고 있다.[23]

違法性段階說에 찬성한다. 不法行爲制度에 의하여 보호되는 權利 또는 利益들은 그 종류 및 내용에 따라 보호의 정도에는 차이가 있을 수밖에 없고, 違法性이 인정되는 侵害行爲라 하더라도 그 禁止의 정도, 즉 違法性의 정도에도 차이가 있을 수 있다. 따라서 不法行爲를 구성하는 違法한 侵害行爲의 禁止를 請求할 수 있는 權利를 인정할 수 있는지의 여부는 ① 侵害行爲에 의하여 侵害되는 權利의 종류 및 내용과 ② 侵害의 態樣 및 정도에 따른 違法性의 量(侵害行爲에 대한 社會的 禁止의 정도)에 의하여 決定되어야 할 것이다.

3. 法律에 의하여 禁止請求權이 인정되는 경우

(1) 物權 侵害의 경우

不法行爲에 의하여 物權을 侵害한 경우 不法行爲에 의한 損害賠償請求權과는 별개로 物權의 本質的 效力으로서 物權的 請求權에 의하여 妨害排除 내지 妨害豫防의 請求를 할 수 있다.

(2) 知的財産權 侵害의 경우

不正競爭防止法 §4는, 不正競爭行爲로 인하여 자신의 營業上의 利益이 侵

21) 原田尙彦(千柄泰 譯), 環境法, 48; 加藤一郎, "序論", 公害法の生成と展開, 13; 野村好弘, "故意過失および違法性", 公害法の生成と展開, 413; 民法注解(V), 311은 이에 反對見解; 그러나 예컨대 어떤 事業場이 騷音公害를 일으키는 경우, 그 事業場의 位置, 周邊環境, 騷音의 정도, 事業의 規模 및 내용, 騷音의 감소를 위한 費用의 多寡, 事業 中止를 명할 경우 事業者가 입게 될 被害의 정도 등에 따라 不法行爲가 成立하지 않는 경우, 不法行爲를 인정하더라도 損害賠償과 함께 고통을 최소화하기 위한 적당한 조치(民 §217에 따른 적당한 조치로서 防音壁의 設置 또는 二重唱의 設置費用 負擔 등)만을 명할 수 있는 경우, 事業場 稼動의 中止 또는 禁止까지를 명할 수 있는 경우가 있을 수 있다고 생각되며, 그러한 구분은 違法性의 정도에 따라야 한다고 생각한다. 利益의 比較衡量論은 원칙적으로 政策的 考慮方法으로서 자칫 侵害者와 加害者의 經濟的 利益의 比較·衡量에 그칠 우려가 있으므로 위 판단은 侵害되는 權利의 보호정도와 侵害行爲를 사회적으로 禁止하는 정도, 즉 違法性의 정도에 따른 規範的 考察에 따라 행해져야 할 것이다.

22) 金相容, "環境侵害不法行爲", 民法學論叢·第二, 博英社, 543도 同旨.

23) 吳錫洛, 環境訴訟의 諸問題, 三英社, 18-9.

害되거나 侵害될 우려가 있다고 인정되는 자는 不正競爭行爲를 하거나 하고자 하는 자에 대하여 法院에 그 行爲의 禁止 또는 豫防을 請求할 수 있으며(§4 I), 請求時 그 不正競爭行爲를 조성한 물건의 폐기, 不正競爭行爲에 제공된 설비의 제거 기타 不正競爭行爲의 禁止 또는 豫防을 위하여 필요한 조치를 함께 請求할 수 있다(§4 II)고 規定하고 있다. 또한 §10는 營業秘密 侵害行爲에 대하여 같은 취지의 禁止請求權을 規定하고 있다.

特許法 §126는, 特許權者 또는 專用實施權者는 자기의 權利를 侵害한 자 또는 侵害할 우려가 있는 자에 대하여 그 侵害의 禁止 또는 豫防을 請求할 수 있으며(§126 I), 그 請求時 侵害行爲를 조성한 물건의 폐기, 侵害行爲에 제공된 설비의 제거 기타 侵害의 豫防에 필요한 행위를 請求할 수 있다(§126 II)고 規定하고 있다.

實用新案法 §46는, 위 特許法 §126의 規定을 準用하고 있다.

意匠法 §62는, 意匠權者 또는 專用實施權者는 자기의 權利를 侵害한 자 또는 侵害할 우려가 있는 자에 대하여 그 侵害의 禁止 또는 豫防을 請求할 수 있으며(§62 I), 그 請求時 侵害行爲를 조성한 물건의 폐기, 侵害行爲에 제공된 설비의 제거 기타 侵害의 豫防에 필요한 행위를 請求할 수 있다(§62 II)고 規定하고 있다.

商標法 §65는, 商標權者 또는 專用使用權者는 자기의 權利를 侵害한 자 또는 侵害할 우려가 있는 자에 대하여 그 侵害의 禁止 또는 豫防을 請求할 수 있으며(§65 I), 그 請求時 侵害行爲를 조성한 물건의 폐기, 侵害行爲에 제공된 설비의 제거 기타 侵害의 豫防에 필요한 행위를 請求할 수 있다(§65 II)고 規定하고 있다.

著作權法 §91는, 著作權 기타 著作權法에 의하여 보호되는 權利를 가진 자는 그 權利를 侵害하는 자에 대하여 侵害의 停止를 請求할 수 있으며, 그 權利를 侵害할 우려가 있는 자에 대하여 侵害의 豫防 또는 損害賠償의 擔保를 請求할 수 있고(§91 I), 그 請求時 侵害行爲에 의하여 만들어진 물건의 폐기나 그 밖의 필요한 조치를 請求할 수 있다(§91 II)고 規定하고 있다.

컴퓨터프로그램保護法 §31는, 프로그램著作權者 또는 프로그램배타적발행권자는 그의 權利를 侵害하는 자 또는 侵害할 우려가 있는 자에 대하여 侵害의 정지 또는 豫防을 請求할 수 있으며(§31 I), 그 請求時 侵害行爲에 의하여 만들어진 물건의 폐기와 侵害行爲에 제공된 도구 등의 폐기나 기타 侵害를 豫防

하는 데 필요한 조치를 할 것을 함께 請求할 수 있다(§31 Ⅱ)고 規定하고 있다.

4. 解釋上 禁止請求權이 문제되는 경우

(1) 債權侵害의 경우(이에 대한 상세한 내용은 民法注解(Ⅸ), 60 이하 참조)

肯定說[24]과 否定說[25]이 있으나 否定說이 타당하다고 할 것이다. 다만 物權化된 債權, 예컨대 對抗力을 갖춘 賃借權의 경우에는 物權에 준하여 妨害排除請求權을 인정할 수 있을 것이다.

(2) 生活妨害(Immission)의 경우(이에 대한 상세한 내용은 民法注解(Ⅴ), 288 이하 참조)[26]

(가) 生活妨害의 意義 어떤 토지나 그 위의 시설물의 이용으로 인하여 발산되는 煤煙·熱氣體·液體·音響·振動 등의 영향으로 이웃 토지의 사용이 방해되거나 이웃 거주자의 생활에 고통을 주는 경우가 있는데 이를 英美에서는 生活妨害(nuisance; 일반공중에 대한 것을 public nuisance, 특정인에 대한 것을 private nuisance라 한다), 佛蘭西에서는 近隣妨害(troubles de voisinage), 獨逸에서는 임미시온(Immission), 日本에서는 公害라는 용어로 부르고 있다.

이러한 生活妨害에 대한 각국의 입법례를 살펴보면, 相隣關係的 接近方法을 취하는 獨逸, 瑞西, 臺灣의 입법례와 不法行爲的 接近方法을 취하는 英美,[27] 佛蘭西, 日本[28]의 입법례로 크게 나누어 볼 수 있다.

舊民法은 이에 관하여 아무런 規定을 두고 있지 아니하였으나 學說·判例가 權利濫用의 法理에 의하여 인용의 정도를 넘은 生活妨害(Immission)가 있는 때에는 不法行爲가 성립한다고 하였다. 그런데 現行 民法은 獨民 §906조를 본

---

24) 玄勝鍾, 債權總論, 103; 金疇洙, 債權總則, 86; 黃迪仁, 민법 Ⅲ, 53.

25) 郭潤直, 債權總論, 122.

26) 民法注解(Ⅴ), 288 이하(民 §217에 대한 註釋)에서는 '임미시온'이라는 獨逸法上의 用語를 그대로 사용하였으나 이 곳에서는 '生活妨害'라는 用語를 사용한다. '公害'라는 用語도 많이 사용되고 있으나 '公害'는 民 §217의 相隣關係에 해당하는 '生活妨害'의 범위를 넘어 環境汚染을 포함하는 槪念으로 사용되는 것이 일반적이므로 民 §217의 規定과 관련한 用語로는 적절치 못하다. 私見으로는 民 §217의 規定上 사용된 用語로 볼 때는 '隣地妨害'라는 用語가 가장 적합하다고 생각하지만 일반적으로 사용되지 않는 用語를 새로 만들어 사용할 경우 초래될 수 있는 혼란을 고려하여 '生活妨害'라는 用語를 사용한다.

27) 英美法上 전통적으로는 nuisance에 대한 救濟方法으로 普通法上의 損害賠償請求權만이 인정되었으나, 오늘날에는 nuisance에 대한 救濟方法으로서 普通法上의 損害賠償請求權, 衡平法上의 侵害行爲禁止請求權(留止請求權), 侵害行爲禁止請求權에 갈음한 補償의 세 종류가 인정되며, 위 각 救濟方法의 適用은 加害者와 被害者의 事情을 比較考慮하여 決定되는 違法性의 強弱에 의하여 정해진다고 한다(Restatement df Torts §901, §933, §951에 대한 comment; 民法注解 19, 175 각 참조).

28) 日本 民法上 우리 民 §217에 해당하는 規定이 없으나, 生活妨害에 대하여 所有權에 기한 物上請求權(物權的 請求權)에 의한 保護가 인정된다는 점에는 異論이 없다.

받아 民 §217에 明文規定을 두어 相隣關係로 해결하고 있다. 즉 民 §217는, 토지 소유자는 煤煙, 熱氣體, 液體, 音響, 振動 기타 이와 유사한 것으로 이웃 토지의 사용을 妨害하거나 이웃 거주자의 生活에 苦痛을 주지 아니하도록 적당한 조치를 할 義務가 있으며, 한편 이웃 거주자는 위 妨害 내지 苦痛이 이웃 토지의 통상의 용도에 적당한 것인 때에는 이를 인용할 의무가 있다고 規定하고 있다.

(나) 生活妨害와 損害賠償請求權　　民 §217가 生活妨害로 인한 損害賠償에 관하여 아무런 規定을 두고 있지 않으나 거주자의 인용의무의 범위를 넘은 生活妨害는 損害賠償請求權의 發生原因인 不法行爲에 해당한다는 데에 通說·判例가 일치하고 있다.[29] 이 경우 生活妨害가 이웃 토지의 통상의 용도에 따른 것일 때에는 이웃 거주자가 이를 인용하여야 할 義務가 있으므로(民 §217 Ⅱ), 인용의무 범위 내의 生活妨害는 違法性이 없어 不法行爲를 구성하지 아니한다고 할 것이므로 民 §217에 의하여 적당한 조치를 할 의무를 부담하는 生活妨害와 不法行爲에 해당하는 生活妨害의 범위는 同一하다고 할 것이다.[30]

(다) 生活妨害에 대한 禁止請求權(留止請求權)　　生活妨害에 대한 禁止請求權의 인정 여부에 관하여 보면, 民 §217가 이에 대하여 明文의 規定을 두고 있지는 않으나, 生活妨害가 이웃 거주자의 인용의무 한도를 넘는 경우 그 이웃 거주자는 所有權 기타 物權에 기하여 生活妨害의 中止를 請求할 수 있으며, 인용의무 한도를 넘는 生活妨害가 예견되는 경우에는 生活妨害의 禁止를 請求할 수 있다는 것이 通說·判例이다.[31] 이러한 通說·判例의 견해(物權的 請求權說)에 따르면, 生活妨害의 中止 또는 禁止請求를 가능케 하는 違法性의 판단은 民

29) 金基洙, "公害의 私法的 救濟의 方向과 相隣關係的 構成", 환경법연구 창간호, 135; 박영우, "임미시온(Immission)과 受忍限度에 관한 硏究", 忠南大學校 社會科學硏究所論文集 3-2, 91은 相隣關係에 따른 損害賠償請求權의 構成을 시도하고 있다.

30) 生活妨害에 대한 禁止請求는 侵害者의 故意, 過失을 要件으로 하지 않음에 반하여 生活妨害를 原因으로 한 不法行爲法上의 損害賠償請求는 侵害者의 故意, 過失을 要件으로 하므로 民 §217 소정의 受忍限度를 넘는 生活妨害가 있음에도 불구하고 中止 또는 禁止만을 請求할 수 있을 뿐이고 損害賠償을 請求할 수 없는 경우가 있을 수 있으므로 종래 그 不合理를 解決하기 위한 解釋論으로 豫見可能性說, 新受忍限度論 등이 논의되었으나 環境政策基本法 §31 Ⅰ이 事業者에 의한 環境汚染 被害에 대한 無過失責任主義를 採擇하였고, 生活妨害의 대부분이 이에 포함될 것이므로 論議의 實益은 크지 않다고 한다. 民法注解(Ⅴ), 312 參照.

31) 生活妨害의 留止請求權에 관하여는 이 밖에도 人格權說, 環境權說, 不法行爲說 및 民 §217 자체를 근거하는 설 등이 있으나 後述하는 大判 95.9.15, 95다23378(公 1995, 3399)은 物權的 請求權說을 채택하였다.

郭潤直, 物權, 288은 生活妨害에 대하여 妨害排除만을 請求한 수 있을 뿐이고 妨害豫防은 請求하지 못한다고 설명하고 있으나 大判 74.12.24, 68다1489와 大判 95.9.15, 95다23378(公 1995, 3399)은 이를 인정하고 있다.

§217의 違法性 判斷基準, 즉 이웃 토지의 통상의 용도에 적당한 것인지의 여부에 대한 판단에 의하게 되므로, 결국 生活妨害에 대하여 ① 民 §217에 의한 적당한 조치를 구할 權利, ② 損害賠償請求權, ③ 生活妨害에 대한 中止 또는 禁止請求權의 세 가지 救濟方法은 동일한 요건에 의하여 발생하는 것이 된다. 그러나 生活妨害에 대한 禁止請求權이 상대방의 自由에 미치는 영향을 고려하면, 法益 侵害의 정도와 侵害의 態樣 등을 참작하여 보다 고도의 違法性이 인정되는 경우에 한하여 禁止請求權을 인정하여야 하지 않을까 생각한다.[32]

(3) **環境侵害**(Umwelteinwirkung)[33]의 경우

(가) 問題의 提起 　違法한 環境侵害(公害, 環境汚染)로 인하여 他人의 재산권 또는 생명·신체를 侵害한 경우에 被害者가 加害者에 대하여 不法行爲法上의 損害賠償請求權을 취득하게 됨은 이론의 여지가 없다. 문제는 環境侵害에 대한 留止請求權을 인정할 것인지의 여부에 있다. 環境侵害의 대부분은 전술한 生活妨害에 해당하나 전술한 바와 같이 環境侵害의 유형 중에는 生活妨害의 범위에 속하지 아니하는 것이 있으므로[34] 生活妨害의 경우와 별도로 環境侵害에 대한 留止請求權에 관하여 살펴본다.

(나) 環境侵害에 대한 留止請求權의 법적근거에 관한 학설 　環境侵害에 대한 留止請求權의 法的根據에 대하여는 다음과 같은 學說들이 주장되고 있다. ① 環境侵害를 被害者가 지배하는 토지 및 건물의 所有權·占有權과 같은 物權에 대한 侵害로 파악하여 이러한 權利가 留止請求의 기초가 된다는 物權的 請求權說,[35] ② 環境侵害를 인간생활 자체에 대한 侵害, 즉 人格權의 侵害로 보아 人格權이 留止請求의 기초가 된다는 人格權說,[36] ③ 私權으로서의 環境權을 새롭게 인정하여 그 環境權을 留止請求의 기초로 삼는 環境權說,[37]

32) 原田尙彦(千柄泰 譯), 環境法, 48; 民法注解(Ⅴ), 311 참조; 後述하는 人格權侵害에 대한 禁止請求權 부분 참조.

33) 環境侵害(Umwelteinwirkung)란 용어는 獨逸의 環境責任法에서 처음 사용된 용어이며, 우리 나라의 경우 1963년의 公害防止法에서는 公害라는 용어가, 1977년의 環境保全法 및 1990년의 環境政策基本法에서는 環境汚染이라는 용어가 사용되었다.

34) 環境侵害에서 環境은 生活環境(폐기물, 소음, 진동, 매연, 악취 등 사람의 일상생활과 관계되는 물리적, 인공적 환경)과 自然環境(지하, 지표 및 지상의 모든 생물과 이들을 둘러싸고 있는 대기, 물, 토지 등의 비생물적인 것을 포함한 자연의 상태)을 포함한다(環境政策基本法 §3).

35) 民法注解(Ⅴ), 310; 정재헌, "公害의 私法的 救濟", 司法硏究資料 6, 145

36) 尹眞秀, "環境權侵害를 原因으로 하는 留止請求의 許容 與否", 大法院判例解說 23(1995 하반기), 21; 許詳洙, "公害留止訴訟의 실무상 문제", 司法硏究資料 23, 207.

37) 李勇雨, 前揭論文, 234; 金重基, "環境訴訟에서 있어서의 假處分申請", 衡平과 正義 6(1991), 110; 吳錫洛, "公害의 私法的 救濟", 法務部論說集 4(1980), 266은 物權的 請求權, 人格權, 環境權 모두가 가능하다고 한다.

④ 모든 不法行爲에 대하여 留止請求를 인정하는 不法行爲說[38] 등이 그것이다.

모든 종류의 不法行爲에 대하여 留止請求를 인정하는 不法行爲說에 찬성할 수 없음은 前述한 바와 같다. 物權的 請求權說은 環境侵害를 전술한 生活妨害의 한 유형으로 보고 生活妨害에 대한 相隣關係의 法理에 따라 環境侵害를 처리하는 견해로서 生活妨害에 해당하지 않는 環境侵害의 경우에는 보호를 받지 못하게 되는 문제점이 있다. 우리 나라에서의 人格權說은 위 物權的 請求權說을 배척하는 견해(單純人格權說)로 주장되는 것이 아니라 이를 보충하는 견해(物權的 人格權重視說)로 주장되고 있다. 人格權說에 대하여는 모든 유형의 環境侵害를 人格權 侵害로 보게 되면 人格權의 개념이 불명확해져 法的 安定性을 해한다는 비판이 있다. 排他的인 環境權을 인정하는 環境權說에 대하여는 아래에서 살펴본다.

㈐ 環境權에 관한 憲法 規定의 私法上 效力에 관한 學說　　憲 §35 Ⅰ은, "모든 국민은 건강하고 쾌적한 환경에서 생활할 權利를 가지며, 국가와 국민은 환경보전을 위하여 노력하여야 한다"라고 規定하여 기본권으로서의 環境權을 인정하고 있다.

그런데 이러한 環境權이 國家에 대하여뿐만 아니라 일반 私人에 대하여도 인정되는가에 관하여는, 環境權도 私人에 대하여 效力을 가지지만 이는 私法의 一般條項을 통하여 私人에게 間接適用된다는 說[39]과 憲法이 明文의 規定을 가지고 環境權과 그에 대응하는 國民의 環境保全義務를 規定하고 있는 이상 環境權은 私人 相互間의 關係에도 直接適用된다고 하여 私人에 대하여도 憲 §35 Ⅰ을 근거로 環境侵害에 대한 禁止請求訴訟을 제기하거나 損害賠償請求訴訟을 할 수 있다는 說[40]이 대립한다.

排他的인 權利에 한하여 留止請求를 인정하는 전통적인 입장에서 環境權에 기한 留止請求의 인정 여부와 관련하여 보면, 私權으로서의 環境權을 부정하는 입장에서는 당연히 留止請求權을 부정하는 결론이 될 것이나 私權으로서의 環境權을 인정하는 경우에도 그 環境權에 排他的인 權利性까지를 인정하느

38) 金基善, 債各, 403[註 16].

39) 金哲洙, 全訂新版 憲法學概論, 543; 徐元宇, "環境權의 性質과 效力", 서울대학교法學 25-1, 25 이하.

40) 權寧星, 新訂版 憲法學原論, 363-364; 全昌祚, "環境權의 確立", 法과 環境(韓國法學敎授會 編, 1977), 200 이하; 李勇雨, "公害防止訴訟", 裁判資料 2, 231 이하.

냐의 여부에 따라 留止請求의 인정 여부가 결정될 것이다.

㈑ 判 例 大決 95. 5. 23, 94마2218[41]은 私權으로서의 環境權의 인정 여부와 관련하여, "憲法 제35조 제1항은 環境權을 基本權의 하나로 승인하고 있으므로, 私法의 解釋과 適用에 있어서도 이러한 基本權이 충분히 保障되도록 배려하여야 하나, 憲法上의 基本權으로서의 環境權에 관한 위 規定만으로서는 그 保護對象인 環境의 내용과 범위, 權利의 주체가 되는 權利者의 범위 등이 명확하지 못하여 이 規定이 개개의 國民에게 直接으로 구체적인 私法上의 權利를 부여한 것이라고 보기는 어렵고, 私法的 權利인 環境權을 인정하면 그 상대방의 활동의 自由와 權利를 불가피하게 제약할 수밖에 없으므로, 私法上의 權利로서의 環境權이 인정되려면 그에 관한 明文의 法律規定이 있거나, 關係 法令의 規定趣旨나 條理에 비추어 權利의 주체, 대상, 내용, 행사 방법 등이 具體的으로 정립될 수 있어야 한다"라고 判示하여 私權으로서의 環境權을 부정하였다.

大判 95. 9. 15, 95다23378[42]은 環境權에 기한 留止請求權의 認定 與否 및 物權的 請求權에 기한 妨害豫防請求權과 관련하여 다음과 같이 判決하였다.[43]

> "가. 環境權에 관한 憲法 제35조의 規定이 개개의 國民에게 直接으로 具體的인 私法上의 權利를 부여한 것이라고 보기는 어렵고, 私法上의 權利로서의 環境權이 인정되려면 그에 관한 明文의 法律規定이 있거나 關係 法令의 規定 趣旨 및 條理에 비추어 權利의 주체, 대상, 내용, 행사 방법 등이 具體的으로 정립될 수 있어야 한다.
>
> 나. 인접 대지 위에 건축중인 아파트가 24층까지 완공되는 경우, 대학교 구내의 첨단과학관에서의 교육 및 연구활동에 커다란 지장이 초래되고 첨단과학관 옥상에 설치된 자동기상관측장비 등의 본래의 기능 및 활용성이 극도로 저하되며 대학교로서의 경관, 조망이 毁損되고 조용하고 쾌적한 敎育環境이 저해

41) 公 1995, 2236; 尹眞秀 前揭論文은 이 決定에 대한 評釋이다.

42) 公 1995, 3399; 이에 대한 평석으로는 진순석, "敎育環境權 侵害와 留止請求", 衡平과 正義 10(대구지방변호사회 편).

43) 이 大法院 判決의 原審判決인 釜山高判 1995. 5. 18, 95카합5(下集 1995-1, 50)은, 禁止請求權에 대한 법적근거로서 物權的 請求權은 물론, 人格權, 環境權까지 모두를 인정하였다. 이 중 環境權에 대한 說示 부분은 다음과 같다.

"현재 環境利益을 누리고 있는 구성원은 그 環境이 명백히 부당하게 파괴될 우려가 있는 경우에는 그와 같은 부당한 侵害를 事前에 거절하거나 미리 방지할 수 있는 權利, 이른바 '環境利益의 不當侵害防止權'을 가진다고 봄이 상당하고, 현실적으로 부당한 侵害의 위험이 있거나 이미 부당한 侵害가 발생하고 있는 경우에는 특단의 사정, 즉 金錢的 補償에 의한 해결을 受忍할 수 있는 사유 등이 없는 한 環境利益의 不當侵害防止權에 기하여 위험방지를 위한 충분하고 필요한 한도 내에서 구체적인 禁止請求權을 취득하고 이를 행사함으로써 環境利益을 보전할 수 있는 것으로 해석함이 상당하다."

되며 소음의 증가 등으로 교육 및 연구활동이 妨害받게 된다면, 그 부지 및 건물을 교육 및 연구시설로서 활용하는 것을 妨害받게 되는 대학교측으로서는 그 妨害가 社會通念上 일반적으로 受忍할 정도를 넘어선다고 인정되는 한 그것이 民法 제217조 제1항 소정의 매연, 열기체, 액체, 음향, 진동 기타 이에 유사한 것에 해당하는지 여부를 떠나 그 所有權에 기하여 그 妨害의 除去나 豫防을 請求할 수 있고, 이 경우 그 侵害가 사회통념상 일반적으로 受忍할 정도를 넘어서는지 여부는 被害의 性質 및 정도, 被害 利益의 공공성과 사회적 가치, 加害行爲의 態樣, 加害行爲의 공공성과 사회적 가치, 방지 조치 또는 損害 회피의 가능성, 公法的 規制 및 인허가 관계, 지역성, 토지 이용의 선후 관계 등 모든 사정을 종합적으로 고려하여 판단하여야 한다."

이러한 판례는 大判 1997. 7. 22, 95다56153(公 1997하, 2636), 大判 1999. 7. 27, 98다47528(公 1999. 9. 1, 1755)에서도 유지되었다.

㈒ 美國의 判例

(a) Boomer v. Atlantic Cement Co. Inc. 事件(New York州 大法院 1970년 判決)[44] 被告 시멘트 공장의 대기오염으로 인하여 인근주민인 原告가 피해를 입은 사안에서 多數意見(majority opinion)은 대기오염 규제는 공공적 목표물(public objectives)로서 私的 訴訟(private litigation)의 범위를 넘는 것인 한편, 시멘트 공장에 의한 대기오염에 대한 규제기술의 발전은 전국적 내지 전세계적인 시멘트 산업체의 諸資源(resources)과 그 실현을 위한 경제적 영향에 의하여 좌우되어 단일 시멘트 공장의 능력을 넘는 것이므로, 被告 공장에 의한 그 인근토지에 대한 Private Nuisance가 인정되고 그로 인한 實質的 損害가 증명된다 하더라도, 被告 공장에 대하여 무조건의 禁止命令(Injunction)을 허용하는 것은 곤란한 반면, 일정시한을 정하여 그 시한 내에 과거·현재 및 장래의 全損害를 포괄하는 "永久的 損害賠償(permanent damages: Nuisance의 계속적 허용을 그 대상 토지에 대한 지역권의 설정으로 보아 그 代償으로 지급되는 금액)"을 명함과 동시에 그 시한 내에 위 永久的 損害賠償이 없을 것을 조건으로 하고 그 시한경과와 함께 비로소 그 효력이 발생하는 禁止命令을 허용하는 것이 양 당사자에게 공평한 것이라고 판시하였다.

위 多數意見에 대한 反對意見(dissenting opinion)은 시멘트 공장으로부터 배출되는 미립물질은 인간의 건강에 중대한 악영향을 미치는 한편, 위의 多數意見과 같이하여 Private Nuisance를 계속적으로 허용하는 것은 私企業의 私益을 위한 私有財産의 "사실상의 수용(Inverse Condemnation)"을 허용하는 것으로서

44) 26. N. Y. 2d. 219, 309; 鄭萬朝, 環境汚染에 관한 司法的 救濟——美國의 判例理論, 裁判資料 14, 13-9.

違憲이므로, 위의 Nuisance와 그로 인한 實質的 損害가 증명되는 한 일정시한까지 현재보다 개선된 기술에 의하여 그 Nuisance를 감소케 함과 동시에 그 시한까지 위 감소를 하지 않는 한 그 때부터 유효하게 되는 禁止命令을 허용하여야 한다고 하였다.

(b) Spur Industries, Inc. v. Del E. Webb Development Co. 事件(Arizona州 大法院 1972년 判決)[45] 被告는 농업지역이었던 Arizona州 Maricopar郡에서 합법적으로 소를 사육하고 있었는데, 原告가 그 인근에 태양시(sun city)라고 명명된 주거지역을 개발하고 이를 확장하여 그 주거지역이 被告의 소 사육장에 근접하게 되자 사육장의 파리, 악취로 인하여 주거지역의 주거생활이 곤란하게 되어 그 곳의 주택이 잘 팔리지 않게 되었다. 이에 原告는 被告를 상대로 소 사육장 경영의 禁止를 請求하였다.

이러한 사안에서 Arizona州 大法院은 Nuisance에 의한 侵害(Injury)가 경미한 경우에는 그 “적은 불편(minor inconveniences)”에 대한 구제는 禁止命令의 訴가 아니라 損害賠償의 訴에 의하여야 한다고 전제한 후 위 사안의 경우 被告의 소 사육장에 의한 Nuisance 정도가 인근주민에 관한 한 禁止命令을 할 정도에 이르고 原告 회사가 주거지역 내의 주택판매에 있어서의 손실이라는 “特別損害(special injury)”를 입증하여 原告適格이 있으므로 위 사육장 경영활동을 영구적으로 禁止하는 原審 判決은 정당하나, 原告가 스스로 Nuisance에 접근하였고(coming to the Nuisance) 被告의 합법적인 경영활동이 공공의 이익(public interest)을 위하여 禁止되는 것이므로 原告는 被告가 그로 인하여 입게 되는 손실을 補償(indemnify)하여야 한다고 判示하면서 原告의 補償 책임을 인정하지 않은 原審 判決을 破棄 還送하였다.

(c) Commonwealth v. National Gettysburg Battlefield Tower, Inc. 事件(Pennsylvania州 大法院 1973년 판결)[46] 被告 회사는 71. 7. 3. 미연방정부의 국립공원관리국장으로부터 건축허가를 받아 국립공원인 Gettisburg 전쟁유적지 지역 내에 307피트 이상 높이의 전망탑을 건축하려고 하자 Pennsylvania州 정부는 검찰총장을 내세워 法院에 위 전망탑의 건축을 禁止하는 命令을 請求하면서 위 소제기의 근거로 州憲法 제1조 제27항 “주민은 맑은 공기와 물 및 환경의 자연적, 경관적, 역사적, 심미학적 제 가치의 보존에 관한 權利를 갖는다. Pennsylvania州

45) 鄭萬朝, 前揭論文, 19-23.
46) 鄭萬朝, 前揭論文, 30-7.

의 공공적 자연자원은 장래 세대를 포함한 모든 주민의 공유재산이다. 주정부는 이러한 제 자원의 수탁자로서 그 제 자원을 모든 주민의 이익을 위하여 보존하고 유지하여야 한다"라는 規定을 근거로 제시하였다.

Pennsylvania州 大法院은 주검찰총장이 위 憲法條項을 근거로 禁止命令을 구하는 訴訟을 제기할 수 있는지의 여부에 관하여 다음과 같이 判決하였다. 憲法上의 環境權條項은 주지사나 주검찰총장에게가 아니라, 주정부 자체에 대하여, 州의 환경적, 자연적 제 자원의 수탁자로서 이를 보호할 수 있는 權限을 부여하는 것일뿐더러 그러한 權限은 州의 입법부 등과 규점하는 것이어서 주정부 독자적으로 그 권한을 실행함에 앞서서 필요한 環境 내지 그 구성요소의 개념 정의 등을 할 수 없는 것이므로, 同條項은 그 자체만으로 "자기집행적인 것(self-executing)"은 아니고, 그러한 權限을 실행 내지 유효하게 하기 위하여서는 입법부에 의하여 그 環境權 條項이 보호하려는 제 가치에 관한 정의와 그러한 제 가치를 보호함에 있어서 공정하게 규율될 수 있는 節次에 관한 規定 등이 선행됨을 요한다. 즉 위의 정의와 절차에 관한 "補充的 立法(supplementary legislation)" 없이 독자적으로 그 權限을 실행할 수 없는 것이다.

(바) 結 論 環境侵害訴訟에서의 留止請求權에 관하여 物權的 請求權說을 취할 경우 所有權의 侵害를 수반하지 않는 環境侵害行爲에 대하여는 被害者의 보호가 미흡해지는 문제가 있다. 그렇다고 環境侵害行爲를 人格權侵害行爲로 보는 것은 人格權의 범위를 지나치게 확대한 것으로 그 權利의 내용을 오히려 불명확하게 할 우려가 있어 찬성하기 어렵다. 釜山高判 95.5.18, 95카합5가 環境侵害에 내한 留止請求權의 근거로 人格權까지를 들고 있음에도 불구하고 이에 대한 上告審 判決인 大判 95.9.15, 95다23378이 人格權에 관하여 判示하고 있지 않는 것도 결국 環境侵害行爲에 관하여 人格權에 기한 구제를 인정하는 것이 적당하지 못하다는 判斷에 기초한 것으로 생각된다. 또한 不法行爲說이 타당하지 못함은 전술한 바와 같다.

결국 權利의 내용과 범위가 불명하여 法的 安定性을 해한다는 비판은 있지만 私權으로서의 環境權을 인정하고 環境權의 내용과 범위를 구체화해 나가는 것이 타당하지 않을까 생각한다. 私權으로서의 環境權을 인정할 경우 문제로 되는 것은 環境權의 주체, 被害者의 확정, 原告適格 등의 문제가 될 것인데 禁止請求訴訟의 경우 그 범위를 다소 넓게 인정해 주어도 될 것으로 생각한다(損害賠償請求訴訟의 경우에는 集團訴訟 등의 절차가 전제되어야 할 것이다). 大判 95.9.15, 95다23378은 私權으로서의 環境

權을 부정하였으나 環境侵害의 認定範圍를 넓힌 획기적인 判決로서 주목할 가치가 있다.

(4) **人格權 侵害의 경우**

우리 나라를 비롯한 獨逸, 佛蘭西, 日本과 같은 대륙법계 國家에서는 人間의 尊嚴 또는 人間으로서의 權利, 즉 人格에 전속되는 생명, 자유, 신체, 名譽 등의 人格的 利益을 총칭하는 개념으로서의 人格權을 인정하고 그에 파생되는 個別的 人格權으로서 姓名權, 肖像權, 名譽權, 프라이버시權 등을 인정하고 있다.[47)]

瑞西民法과 債務法은 人格權에 기한 妨害排除請求權을 인정하고 있는데, 判例는 그 밖에 不作爲請求의 訴(妨害豫防請求의 訴) 및 確認의 訴도 인정하고 있다.[48)] 獨逸에서는 人格權에 기한 禁止請求權을 인정하는 明文의 規定이 없지만, 判例는 不作爲(妨害豫防)請求權(Vorbeugende Unterlassungsklage)[49)]과 妨害排除請求權(Beseitigungsanspruch)[50)]을 인정하고 있다.

우리 나라에서도 人格權의 侵害에 대한 구제수단으로 民法이 예정하고 있는 것은 金錢賠償과 名譽毁損에 대한 名譽回復處分에 지나지 않지만, 人格權의 排他性을 인정하여 人格權에 기한 妨害豫防·妨害停止 및 妨害排除請求, 즉 禁止請求가 인정된다는 것이 通說이다.[51)]

損害賠償請求와는 달리 禁止請求權의 경우에는 故意·過失의 主觀的 要件은 필요치 않다고 한다.[52)]

人格權 侵害行爲에 대한 禁止請求權은 侵害者의 表現의 自由에 대한 중대한 제약이 될 수 있으므로 엄격하고 명확한 요건하에 있어서만 허용되어야 할 것인데 그 판단기준에 대하여는 다음과 같은 견해들이 논의되고 있다.

① 高度의 違法性說: 侵害行爲의 내용, 표현의 수단, 방법 등 侵害行爲의 態樣, 적시된 사실의 진실성 여부, 侵害行爲에 이른 경위와 加害者의 주관

47) 池弘源, "人格權의 侵害", 司論 10, 213-40 참조.

48) 池弘源, 前揭論文[註 47], 218; 三島宗彦, 人格權の侵害(1965), 81; 瑞西民法과 債務法은 人格權侵害에 대한 특수한 救濟手段으로 滿足措置(Genugtung)라는 것을 인정하고 있다. 이것은 侵害 및 過失이 특히 중대한 경우에 인정되는 것으로서 金錢的 滿足措置 외에 기타의 滿足措置로서 判決文의 公表 및 取消廣告 등도 명할 수 있게 되어 있다.

49) BGH. 1957. 11. 15, 1959. 3. 18 각 判決; 池弘源, 前揭論文, 218.

50) BGH. 1958. 5. 20. 判決; 池弘源, 前提論文, 218.

51) 註釋債各(Ⅳ), 344; 郭潤直, 債各, 669; 池弘源, 前揭論文, 220; 韓渭洙, 名譽의 毁損과 民事上의 諸問題, 司論 24, 451.

52) 池弘源, 前揭論文, 220; 川井健, "氏名權の侵害", 現代損害賠償法講座 2, 224.

적 의도, 加害者·被害者 쌍방의 관계 및 사회적 지위 등 일체의 사정을 종합적으로 고려하여 侵害行爲가 명백히 表現의 自由의 濫用에 해당하는 등 高度의 違法性을 가진다고 인정되는 경우에 한하여야 한다는 견해[53]

② 比較衡量說: 구체적 사안에 있어서 排除 내지 豫防의 조치가 없이 방치됨으로써 被害者가 입게 되는 不利益의 態樣, 정도와 禁止措置에 의하여 活動의 自由를 제약받음으로써 侵害者가 입게 되는 不利益의 그것과를 比較衡量하여 결정하자는 견해[54]

그 밖에 個別的 要件設定說과 類型的 利益衡量說 등이 있다.[55]

이에 대하여 韓渭洙 判事는 "원칙적으로 事前禁止는 허용하지 아니하되, 예외적으로 ① 그 내용이 진실이 아님이 명백한 때이거나 또는 그 내용이 진실하더라도 공공의 이해에 관한 사항이 아니면서 加害者에게 비방의 목적이 있는 경우에 한하여, ② 侵害行爲의 態樣, 加害者와 被害者 쌍방의 관계 및 사회적 지위 등 일체의 사정을 종합적으로 고려하여 被害者가 중대하고도 현저히 회복곤란한 損害를 입을 염려가 있는 때의 두 요건을 모두 충족하는 경우에만 禁止請求를 허용하며, 또한 절차적인 면에 있어서도 반드시 口頭辯論 또는 被申請人側에 대한 審問을 행하여 그들이 表現行爲의 진실성 등에 관하여 주장 또는 입증의 기회를 부여하도록 함이 名譽의 保護와 言論自由의 保障과의 조화를 이루는 길"이라는 견해를 제시하고 있다.[56]

利益衡量說보다 高度의 違法性說(違法性段階說)에 찬성함은 위에서 밝힌 바와 같다.

大判 96. 4. 12, 93다40614, 40621[57]은, "人格權은 그 성질상 일단 侵害된 후의 구제수단(金錢賠償이나 名譽回復 處分 등)만으로는 그 被害의 완전한 回復이 어렵고 損害塡補의 실효성을 기대하기 어려우므로, 人格權 侵害에 대하여는 事前(예방적) 구제수단으로 侵害行爲 停止·防止 등의 禁止請求權도 인정된다"고 判示하여 誹謗廣告의 中止를 請求한 原告의 請求를 정당하다고 인정하면서, "不作爲債務를 명하는 判決의 실효성 있는 집행을 보장하기 위하여는, 不作爲債務에 관한 訴訟節次의 辯論終結 당시에서 보아 債務名義가 성립하더라도 債務者가 이를 단

53) 日東京地決 昭 45. 3. 14(判時 586, 41); 日橫浜地決 昭 49. 6. 15(判時 760, 79).
54) 日東京高判 昭 45. 4. 23(判時 587, 31), 이 判決은 위 東京地決 昭 45. 3. 14[註 31]의 抗訴審 判決이다.
55) 韓渭洙, 前揭論文, 452 참조.
56) 韓渭洙, 前揭論文[註], 453.
57) 公 1996, 1486; 이 判決에 대한 評釋으로는 姜溶鉉, "誹謗廣告를 한 자에 대하여 事前에 廣告禁止를 명하는 判決 및 그 判決節次에서 명하는 間接強制", 大法院判例解說 25, 69.

기간 내에 違反할 개연성이 있고, 또한 그 判決節次에서 民事訴訟法 제693조에 의하여 명할 적정한 賠償額을 산정할 수 있는 경우에는, 그 不作爲債務에 관한 判決節次에서도 위 法條에 의하여 장차 債務者가 그 債務를 不履行할 경우에 일정한 賠償을 할 것을 명할 수 있다"고 判示함으로써 事前間接強制命令까지도 인정하였다.

그 외에도 人格權에 기한 出版禁止假處分을 인용한 下級審判決例로는 서울民地決 82.7.21, 82카19263,[58] 서울民地決 92.5.16, 92카44613,[59] 서울地判 95.6.23, 94카합9230[60] 등이 있다.

V. 損害賠償의 範圍 一般論

1. 民 §393의 準用

民 §763는 不法行爲로 인한 損害賠償의 범위에 관하여 債務不履行으로 인한 損害賠償의 범위에 관한 規定인 民 §393를 準用하도록 規定하고 있다. 위와 같은 明文의 規定을 두지 아니하였던 舊民法 아래에서도 不法行爲로 인한 損害賠償의 범위에 관하여는 債務不履行으로 인한 損害賠償의 범위에 관한 規定을 準用하였다.

따라서 不法行爲로 인한 損害賠償은 不法行爲로 인한 通常의 損害를 그 한도로 하며, 특별한 사정으로 인한 損害는 加害者가 그 사정을 알았거나 알 수 있었을 때에 한하여 賠償의 責任이 있다.

이와 관련한 비교법적 검토 및 이론적 검토는 民法注解(IX), 449-587(民 §393 注解 부분)에서 상세히 언급되었으므로 이 곳에서는 判例를 중심으로 실무적인 관점에서 검토하기로 한다.

2. 完全賠償主義와 制限賠償主義

損害賠償의 범위를 規定한 입법례에는 법문상 損害賠償의 범위를 제한하는 어떠한 문구도 사용하지 않는 完全賠償主義와 법문상 損害賠償의 범위를 제한하는 制限賠償主義가 있다. 完全賠償主義의 입법례로는 獨逸民法과 瑞西

58) 國內外言論關係判例集 1(言論仲裁委員會 編, 1982), 157.
59) 言論仲裁 1992 여름호, 168.
60) 下集 1995-1, 323.

債務法이 있으며, 制限賠償主義의 입법례로는 英國, 美國 등 common law의 損害賠償法, 佛蘭西民法, 이태리民法, 日本民法 등이 있다. 우리 나라 民法은 §393에서 損害賠償의 범위를 원칙적으로 通常의 損害로 한정하고 특별한 사정으로 인한 損害는 그 사정을 알았거나 알 수 있었을 때에 한하여 賠償의 責任을 인정함으로써 制限賠償主義의 입법례를 따르고 있다.

그러나 完全賠償主義를 채택한 국가에 있어서도 加害行爲로 인한 모든 損害의 賠償責任이 인정되는 것이 아니라 加害行爲와 損害 사이의 因果關係의 개념적 조작을 통하여 賠償하여야 할 損害의 범위를 한정하고 있으므로 결과에 있어서는 完全賠償主義와 制限賠償主義 사이에 큰 차이점을 찾아 볼 수 없다.

近代 損害賠償法의 사상적 바탕에는 責任制限思想이 있으며, 그 責任制限思想이 구체화된 것이 過失責任主義와 制限賠償主義이다. 責任制限思想은 사람들의 豫見可能性을 보장하고 不可豫測한 責任 負擔의 위험으로부터 사람들을 보호하는 기능을 하였으며, 그 바탕 위에서 오늘날과 같은 활발한 사회활동과 광범위한 거래행위가 가능하게 되었다. 그런데 責任制限思想을 바탕으로 가능하게 된 활발한 사회활동과 광범위한 거래행위 그리고 눈부신 과학기계문명의 발달로 인하여 사회에 새로운 위험들이 창출되기에 이르자 過失責任主義의 타당성이 재검토되면서 無過失責任이 확대되는 사상적 변화를 초래하였다. 그러나 無過失責任의 확대는 불가피하게 豫見可能性을 毁損하고 사회활동을 하는 모든 사람들에게 不可豫測한 損害賠償責任의 負擔이라는 위험을 증대하게 되었다. 생각건대 이에 대한 대처로서 나타난 것이 保險制度의 확대와 損害賠償範圍의 재검토라고 할 수 있다. 전통적으로는 不法行爲制度를 위법한 加害行爲에 의한 被害者의 損害를 塡補하는 제도로 이해하였으나 오늘날에는 不法行爲制度를 당사자 사이의 損害의 公平한 分擔을 위한 제도로 보는 思想이 대두하는 것도 이와 무관하지 않다고 생각된다(이러한 입장에서 보면 保險制度는 위험의 사회적 분산 또는 위험의 사회적 공동 분담이 된다). 不法行爲制度를 損害의 公平한 分擔으로 보는 思想은 양날을 가진 칼과 같아서 損害賠償責任의 성립의 면에서는 종래의 過失責任主義를 비판하면서 責任을 확대하는 반면, 損害賠償責任의 범위의 면에서는 종래의 制限賠償主義를 강화하여 責任을 축소하는 사상적 배경이 될 수 있다.

이와 같이 損害賠償責任의 範圍는 사회적 위험의 증대라는 사회적 여건의 변화에 따른 사상적 변화와 사회적 여건의 변화에 대처하면서도 去來의 安全

을 도모하여야 한다는 政策的 考慮에 의하여 좌우되는 것이지 法文의 文句에 의하여 고정되어 있는 것이 아니다. 따라서 法律이 損害賠償의 범위에 관하여 完全賠償主義를 채택하였는가 아니면 制限賠償主義를 채택하였는가의 차이점은 損害賠償의 범위에 관한 이론적 구성을 달리하여야만 할 본질적 차이점이 되지 않는다고 생각된다.

3. 損害賠償의 範圍와 因果關係

(1) 相當因果關係說과 規範目的說

損害賠償法에서 因果關係라 함은 損害賠償責任의 發生要件으로서의 因果關係와 損害賠償의 範圍를 決定하는 基準으로서의 因果關係라는 두 가지 의미를 갖고 있다. 因果關係에 관한 學說로는 相當因果關係說, 規範目的說, 保護規範說, 危險性關聯說 등이 있다. 상세한 내용은 民法注解(Ⅸ), 493-548 참조.

判例는 原則的으로는 相當因果關係說에 입각해 있으나 相當因果關係를 判斷함에 있어서 일반적인 結果發生의 蓋然性은 물론 違反한 法令의 立法目的과 保護法益, 加害行爲의 態樣 및 侵害된 利益의 性質 등을 종합적으로 고려하여야 한다고 說示함으로써 規範目的說의 주장을 수용하고 있다.

[判例 1] 大判 95. 1. 12, 94다21320[61] 상호신용금고의 대표이사가 相互信用金庫法 §12 등 법령에 위배하여 추가대출을 한 것을 계기로 하여 제3자가 損害를 입었다고 하더라도 상호신용금고 및 그 대표이사가 그 제3자에게 損害賠償責任을 지기 위하여는 위 법령에 위배된 행위와 제3자의 損害사이에 相當因果關係가 있어야 할 것인바, 相當因果關係 유무를 판단함에 있어서는 결과발생의 개연성은 물론, 같은 법조의 입법 목적과 보호법익, 위 법령 위배 행위의 態樣 및 被侵害利益의 性質 등을 종합적으로 고려하여 판단하여야 한다.

[判例 2] 大判 94. 12. 27, 94다36285[62] 공무원에게 부과된 직무상 의무의 내용이 단순히 공공일반의 이익을 위한 것이거나 행정기관의 내부의 질서를 규율하기 위한 것이 아니고, 전적으로 또는 부수적으로 사회구성원 개인의 안전과 이익을 보호하기 위하여 설정된 것이라면, 공무원이 그와 같은

61) 公 1995, 873.
評釋: 李學洙, "不法行爲體系에 있어서의 因果關係의 位相과 그 認定基準에 대한 새로운 검토", 判例研究(釜山判例研究會 편) 6집(96. 1), 205.

62) 公 1995, 667; 同旨 大判 93. 2. 12, 91다43466.

직무상 의무를 위반함으로 인하여 被害者가 입은 損害에 대하여는 相當因果關係가 인정되는 범위 내에서 國家나 地方自治團體가 損害賠償責任을 지는 것이고, 이 때 相當因果關係의 유무를 판단함에 있어서는 일반적인 결과발생의 蓋然性은 물론 직무상의 의무를 부과하는 行動規範의 目的, 그 수행하는 직무의 목적 내지 기능으로부터 豫見可能한 행위 후의 사정 및 加害行爲의 態樣이나 被害의 정도 등을 종합적으로 고려하여야 한다.

(2) Hand 判事의 公式과 柳元奎 判事의 公式

美國의 Hand 判事는 United States v. Carrol Towing Co. 判決[63]에서 法經濟學的 입장에서 加害行爲의 危險性과 損害賠償責任 사이의 관계를 다음과 같은 公式으로 설명하였다. ① 加害行爲로 인하여 事故가 發生할 確率을 P(Probability), ② 事故가 發生할 경우 發生하는 損害의 정도를 I(Injury), ③ 事故防止를 위하여 事前措置를 하는 데 드는 負擔을 B(Burdon)이라고 할 때 $B<P\times I$이면 加害者가 損害賠償責任을 지고, 반대로 $B>P\times I$이면 加害者가 損害賠償責任을 지지 않는다고 한다.[64]

柳元奎 判事는 Hand 判事의 公式과 유사하나 規範的 判斷을 포함한 公式을 제시한 바 있는데 그 내용은 다음과 같다. 加害行爲라는 原因과 損害發生이라는 結果 사이에서 歸責與否를 決定하는 세 가지 요소는 ① 發生된 損害와 같은 種類의 損害가 發生할 수 있는 蓋然性, ② 發生된 損害와 같은 損害가 가지는 深刻性(Seriousness), ③ 加害行爲와 같은 種類의 行爲를 禁止하고 있는 規範의 強度(Stringency)인데, 規範의 強度는 그 規範이 防止하려고 하는 危險의 정도에 正比例하여 정해지고 그 規範이 被規制者에게 지우는 社會的 제약, 즉 負擔(Burdon)에 反比例하여 정하여진다. 蓋然性×深刻性>負擔이면 加害者는 損害賠償責任을 負擔하고, 蓋然性×深刻性<負擔이면 加害者는 損害賠償責任을 부담하지 않는다는 것이다.[65] 이러한 柳 判事의 견해는 規範的 因果關係說의 입장에 선 것으로 보인다.

(3) 通常의 損害와 특별한 사정으로 인한 損害

[判例 3] 大判 96. 2. 9, 94다53372[66] 不法行爲로 인한 財産上 損害

63) 159 F. 2d 169(2d Cir. 1947).
64) 朴世逸, 法經濟學, 博英社, 1994, 286-291; 權純一, "不法行爲法上 注意義務의 基準", 法曹 486(1997. 3.), 86-8.
65) 柳元奎, "車輛管理上의 過失과 取運轉事故 사이의 因果關係", 民事判例研究 11, 263-5.
66) 公 1996, 884.

는 違法한 加害行爲로 인하여 발생한 재산상 불이익, 즉 그 違法行爲가 없었더라면 존재하였을 재산상태와 그 違法行爲가 가해진 현재의 재산상태의 차이를 말하는 것이고, 그것은 기존의 利益이 喪失되는 積極的 損害와 장차 얻을 수 있을 利益을 얻지 못하는 消極的 損害를 포함하는 것이다.

[判例 4] 大判 96. 1. 26, 94다5472[67)] 가. 不法行爲의 직접적 대상에 대한 損害가 아닌 間接的 損害는 특별한 사정으로 인한 損害로서 加害者가 그 사정을 알았거나 알 수 있었을 것이라고 인정되는 경우에만 賠償責任이 있다.

나. 加害者가 공장지대에 위치한 전신주를 충격하여 전선이 절단된 경우, 그 전선을 통하여 전기를 공급받아 공장을 가동하던 被害者가 전력공급의 중단으로 공장의 가동이 상당한 기간 중지되어 영업상의 손실을 입게 될지는 불확실하며 또 이러한 손실은 加害行爲와 너무 먼 損害라고 할 것이므로, 전주충격사고 당시 加害者가 이와 같은 消極的인 영업상 손실이 발생할 것이라는 것을 알거나 알 수 있었다고 보기 어렵지만, 이 경우 그 전신주를 통하여 전력을 공급받고 있는 인근 被害者의 공장에서 예고 없는 불시의 전력 공급의 중단으로 인하여 갑자기 공장의 가동이 중단되는 바람에 당시 공장내 가동중이던 기계에 고장이 발생한다든지, 작업중인 자료가 못 쓰게 되는 것과 같은 등의 積極的인 損害가 발생할 수 있을 것이라는 사정은 加害者가 이를 알거나 알 수 있었을 것이라고 봄이 상당하다.

[判例 5] 大判 94. 11. 11, 94다22446[68)] 債務不履行者 또는 不法行爲者는 특별한 사정의 존재를 알았거나 알 수 있었으면 그러한 특별사정으로 인한 損害를 賠償하여야할 의무가 있는 것이고, 그러한 특별한 사정에 의하여 발생한 損害의 액수까지 알았거나 알 수 있었어야 하는 것은 아니다.

[判例 6] 大判 70. 3. 24, 70다152[69)] 경찰대원이 갖고 있던 수류탄을 분실하였다는 사실만으로서는 일반적으로 그 분실자에게 그것이 반드시 폭발될 것이라는 점에 관한 위험의 예견이 있었던 것이었다고 단정할 수 없다.

評釋: 金容直, "不法行爲로 인한 損害賠償의 成立 여부 및 損害의 範圍(선착장 시설 철거에 따른 補償合意의 不履行으로 인한 損害賠償額을 算定함에 있어 기존의 利益喪失에 의한 積極的 損害 외에 補償合意된 履行利益을 喪失한 消極的 損害를 제외한 原審判決을 破棄한 사례", 大法院判例解說 1996년 상반기(통권 제25호), 121.

67) 公(判例公報) 6, 713; 同旨 大判 95. 12. 12, 95다11344(公 3, 358).

68) 公 1994, 2361.

69) 集 18(1 민), 274.

[判例 7] 大判 95. 10. 13, 93다12213[70] 債權者가 旣存債務의 履行을 위하여 교부받은 어음을 지급기일에 적법하게 지급제시를 하지 아니함으로써 遡求權이 보전되지 아니하였더라도, 약속어음의 主債務者인 發行人이 資力이 있는 한 어음을 반환받은 債務者가 發行人에 대한 어음債權이나 原因債權을 행사하여 자기債權의 만족을 얻을 수 있기 때문에 아직 損害는 발생하지 아니하고, 지급기일 후에 어음發行人의 資力이 악화되어 無資力이 됨으로써 債權者에게 자신의 債務를 履行하여야 할 債務者가 어음을 반환받더라도 發行人에 대한 어음債權과 原因債權의 어느 것도 받을 수 없게 된 때에야 비로소 자신의 債權에 대하여 만족을 얻지 못하게 되는 損害를 입게 되고, 이러한 損害는 어음 主債務者인 發行人의 資力의 악화라는 특별사정으로 인한 損害로서 遡求權 보전의무를 不履行한 어음소지인이 그 債務不履行 당시인 어음의 지급기일에 장차 어음發行人의 資力이 악화될 것임을 알았거나 알 수 있었을 때에만 그 賠償債權으로 相計할 수 있다.

[判例 8] 大判 93. 11. 23, 93다8740[71] 갑이 을과의 운송계약에 따라 을 소유의 중국산 수입옥수수를 운송하던 중 병의 자동차를 운전하던 자가 일으킨 사고로 수입옥수수가 滅失되자 운송계약상의 現物賠償約款에 따라 중국산 수입옥수수를 구입하여 現物賠償하려 하였으나 국내시장에서 구할 수 없어서 그보다 비싼 국산옥수수를 구입하여 을에게 現物賠償한 경우 위와 같은 損害는 특별한 사정으로 인한 損害이고, 수입옥수수의 국내 유통이 금지되어 있다 하더라도 국산옥수수의 시가가 수입 옥수수의 交換價格이라고 할 수 없다.

[判例 9] 大判 86. 10. 28, 86다카218[72] 債務者가 債權者로부터 약속어음을 반환받은 날에는 發行人이 부도를 낸 상태였기 때문에 위 어음의 하자로 인하여 背書人들에게 遡求權을 행사할 수 없게 되어 어음금 상당의 損害를 입게 되었다는 것은 특별한 사정으로 인한 損害라 할 것이다.

[判例 10] 大判 86. 1. 21, 86다카1051[73] 원리금상환기일이 도래하지 아니한 국민주택채권의 시가는 住宅建設促進法 제15조, 동법 시행령 제15조의 2, 3 規定에 비추어 특별한 사정이 없는 한 원리금상환기일에 이르기까

70) 公 1995, 3746.
71) 公 1994, 169.
72) 公 1986, 3112.
73) 集 34-1, 15.

지 계속적으로 적어도 그 이자 상당액을 기준으로 한 비율로 등귀한다고 보아야 할 것이고, 이러한 사정은 국민주택채권을 담보로 금전을 대출하는 사무를 업으로 하는 보험회사 영업소장으로서는 不法行爲 당시 충분히 예견하였거나 예견할 수 있었다고 보아야 한다.

[判例 11] 大判 92. 11. 27, 92다29948[74] 不法行爲나 債務不履行을 이유로 賠償하여야 할 損害는 현실로 입은 확실한 損害에 한하는 것이기 때문에 不法行爲나 債務不履行 등으로 인하여 被害者 또는 債權者가 제3자에 대하여 어떤 債務를 부담하게 된 경우 상대방에게 債務額과 동일한 賠償을 구하기 위하여는 債務의 부담이 현실적·확정적이어서 실제로 변제하여야 할 성질의 것임을 요한다.

(4) 寄與度

判例는 公害訴訟에서 加害者의 加害行爲와 자연력이 결합하여 損害를 발생시킨 경우에는 자연력이 가공한 부분을 寄與度라고 하여 이를 공제한 損害範圍에서 加害者의 損害賠償責任을 인정하고 있다. 加害行爲로 인한 損害와 자연력으로 인한 損害를 엄격히 구분하는 것은 대개의 경우 불가능할 것이므로 加害行爲로 인한 부분과 자연력으로 인한 부분을 비율적으로 판단하여 寄與度를 인정할 수밖에 없다. 判例는 加害者의 責任範圍를 정함에 있어서 寄與度를 공제하는 법적 근거를 公平의 原則에서 찾고 있다(因果關係에서 공제의 근거를 찾고 있는 것이 아니다). 生命·身體 侵害의 경우 기왕증도 이와 같다. 한 加害者의 加害行爲에 또다른 加害者의 加害行爲가 가공한 경우에는 共同不法行爲의 법리에 의하여 해결되고[75] (共同不法行爲의 성립요건을 충족하지 않는 경우에는 因果關係의 法理에 의하여 결정되며, 경우에 따라 비율적으로 因果關係를 결정할 수밖에 없는 경우도 있을 것이다), 加害者의 加害行爲에 被害者측의 행위가 가공하여 損害가 발생한 경우에는 過失相計의 法理에 의하여 해결되는 것과 구별된다.

[判例 12] 大判 93. 5. 14, 92다17280[76] 선박이 태풍을 피하기 위하여 피항하다가 연선에 스크루가 감김으로써 진주 양식장의 연선시설을 파손한 경우 진주양식장이 입은 被害에는 寄與度 20% 상당인 태풍으로 인한 被害가 포함되어 있으므로 이를 損害額에서 공제하여야 한다.

[判例 13] 大判 93. 2. 23, 92다52122[77] 가. 被害者가 입은 損害가

74) 公 1993, 256.
75) 千慶松, "公害와 共同不法行爲論 — 公害의 複數原因者의 責任", 司論 9, 151-83 참조.
76) 公 1993, 1692.
77) 公 1993, 1078.

자연력인 태풍(해일)에 의한 침수와 加害者측의 過失行爲가 경합되어 발생된 경우 加害者의 賠償範圍는 損害의 公平한 負擔이라는 견지에서 損害發生에 대하여 자연력이 기여하였다고 인정되는 부분을 공제한 나머지 부분으로 제한하여야 할 것이다.

나. 태풍 셀마호로 말미암아 被害者의 공장으로 바닷물이 유입되면서 加害者측의 아이빔과 석괴가 공장에 유입됨으로써 공장 내의 각종 기계설비 등을 충격파괴한 데 대하여 加害者의 賠償範圍를 自然力의 寄與分을 공제한 50%로 본 原審判決은 정당하다.

(5) 損害額 算定의 基準時點

不法行爲로 인한 損害額 算定의 基準時點은 不法行爲時이다. 不法行爲時와 結果發生時 사이에 시간적 간격이 있는 경우에는 결과가 발생한 때에 不法行爲가 완성된다고 볼 것이므로 不法行爲가 완성된 시점, 즉 損害發生時가 損害額 算定의 基準時點이 된다. 損害發生時點이라 함은 加害行爲에 의하여 法益侵害의 결과가 발생한 시점을 말하는 것이지 法益侵害에 따른 被害가 구체적으로 확정되는 時點을 말하는 것이 아니다. 즉 향후치료비 損害의 경우 損害發生時點은 향후치료비 지출시점이 아니라 향후치료를 요하는 상해가 발생한 시점이 損害發生時點으로 되고, 일실수입 損害의 경우에도 장래의 상실한 수입을 얻을 수 있는 시점에 그 損害가 발생한 것이 아니라 수입을 상실케 한 法益侵害時에 損害가 발생한 것으로 된다.

不法行爲時 이후에 損害의 算定價額이 상승하였다면 그 상승분은 特別損害라고 할 것이므로 加害者가 알았거나 알 수 있었던 경우에 한하여 賠償할 責任이 있다고 할 것이다.

[判例 14] 大判 95. 10. 12, 94다16786[78] 증권회사가 고객 소유의 주식을 위법하게 처분한 不法行爲로 인하여 고객이 입게 된 損害의 액은 처분 당시의 주식의 시가를 기준으로 결정하여야 하고, 그 후 주식의 가격이 올랐다고 하더라도 그로 인한 損害는 특별한 사정으로 인한 것이어서 증권회사가 주식을 처분할 때 그와 같은 특별한 사정을 알았거나 알 수 있었고, 또 고객이 주식의 가격이 올랐을 때 주식을 매도하여 그로 인한 이익을 확실히 취득할 수 있었던 경우에 한하여 고객은 그와 같이 오른 가격에 의한 損害賠償을 請求할 수 있다.

78) 公 1995, 3721; 同旨 大判 93. 9. 28, 93다26618(公 1993, 2969).

[判例 15] 大判 91.6.14, 91다8333[79] 매수한 토지상에 타인의 不法行爲로 根抵當權이 설정되고 그 所有權移轉登記 경료 후 위 根抵當權의 실행으로 위 토지가 제3자에게 경락되었다면, 위와 같은 不法行爲로 인한 損害는 위 토지가 제3자에게 경락됨으로써 그 所有權을 상실하게 된 損害이므로, 경락 당시의 時價를 기준으로 그 損害額을 산정하여야 한다.

Ⅵ. 類型別 損害額의 算定

1. 所有物이 滅失 또는 毁損된 경우

(1) 總 說

[判例 16] 大判 96.1.23, 95다38233[80] 일반적으로 不法行爲로 인한 損害는 물건이 滅失되었을 때에는 滅失 당시의 時價를, 물건이 毁損되었을 때에는 수리 또는 原狀回復이 가능한 경우에는 修理費 또는 原狀回復에 드는 費用을, 수리 또는 原狀回復이 불가능하거나 그 費用이 과다한 경우에는 毁損으로 인하여 交換價値가 감소된 부분을 通常의 損害로 보아야 한다.

[判例 17] 大判 95.9.29, 94다13008[81] 債務不履行으로 所有物이 毁損되었을 때 그 損害는 수리가 가능하다면 그 修理費, 그 수리가 불가능하다면 그 毁損 당시의 交換價値(시가)가 通常의 損害이다.

[判例 18] 大判 70.9.22, 70다649[82] 不法行爲로 인하여 所有權이 滅失되었을 때에는 그 滅失 당시의 交換價値가, 그 所有物이 毁損되었을 때에는 修繕費 또는 滅失된 交換價値가 通常의 損害이고 특단의 사정이 없는 한 따로이 장래의 수익상실의 損害를 그 賠償額으로 산정할 것이 아니다.

[判例 19] 大判 68.5.7, 68다326[83] 不法行爲로 인하여 물건이 滅失되었을 경우에는 被害者는 일반적으로 그 不法行爲와 損害와의 사이에 상당한 因果關係가 있는 한도 내에서 滅失 당시의 그 물건의 交換價格과 그 이후의 遲延利子를 請求할 수 있는 것이고 장래 그 물건을 통상의 방법으로 사용·

79) 公 1991, 1923.
80) 公 1996, 663.
81) 公 1995, 3585.
82) 集 18-3, 40.
83) 集 16-2, 4; 同旨 大判 66.12.6, 66다1684(集 14-3, 303); 大判 90.10.16, 90다카20210(公 1990, 2272).

수익할 수 있는 이익은 위의 交換價格에 포함되어 있는 것으로 보아야 한다.

[判例 20] 大判 91.6.11, 90다20206[84] 가. 不法行爲로 인하여 물건이 毁損된 경우 그 損害는 수리가 가능하면 그 修理費, 수리가 불가능하면 그 交換價値의 감소가 通常의 損害에 해당하므로 지하굴착공사로 건물이 파손, 균열됨에 따른 財産上 損害로 보수 등 공사비와 아울러 구하는, 그 보수 후 건물의 交換價値 감소액 상당의 損害는 특별사정으로 인한 損害라 할 것이다.

나. 일반적으로 타인의 不法行爲로 인하여 財産權이 侵害된 경우에는 그 財産的 損害의 賠償에 의하여 精神的 고통도 회복된다고 보아야 할 것이나, 財産的 損害의 賠償만으로는 회복할 수 없는 精神的 損害가 있었다면 이는 특별한 사정으로 인한 損害로서 그로 인한 慰藉料를 인정할 수 있다.

[判例 21] 大判 80.8.19, 80다460[85] 공원관리청인 시가 공원 내에 설치된 原告 소유의 건물을 위법한 대집행절차에 의하여 불법으로 철거한 경우에 그 건물이 공원점용허가기간의 만료 등의 사유로 조만간 철거될 예정이었다면 原告가 입은 損害는 그 건물의 交換價値가 아니라 특별한 사정이 없는 한 상당기간 그 건물의 부지인 공원지역을 不法占用한 채 그 건물을 사용할 수 있었던 이익과 그 파괴된 건물자재의 회수이익 정도라고 봄이 상당하다.

(2) 交換價格 또는 交換價値의 減少

[判例 22] 大判 96.6.11, 95다53300[86] ① 차량이 폐차될 정도로 毁損됨에 따른 損害額은 차량의 사고 당시의 交換價格에서 폐차 대금을 공제하는 방법으로 산출한 금액이고, 사고 당시의 交換價格은 그것과 동일한 차종, 연식, 형, 같은 정도의 사용상태 및 주행거리 등의 자동차를 중고자시장에서 취득할 때에 드는 가액으로 정하여야 한다.

② 보험개발원 발행 차량기준가액표의 관련 부분 기재는 차량의 사용상태와 주행거리의 차이에 따라 가격을 나누고 있지 아니함이 명백하고 더욱이 출고일자에 있어서 최대한 1년까지 차이가 날 수 있는 차량의 가격을 모두 균일한 가격으로 정하고 있어, 그 차량기준가액표의 기재만으로는 도저히 사고 차량과 사용상태 및 주행거리가 같은 차량의 交換價格을 알 수 없는데도, 사고 차량의 주행거리와 사용상태 등도 심리·확정하지 아니한 채 차량기준가액표

84) 公 1991, 1902; 이에 대한 評釋으로 정연욱, "不法行爲로 인하여 物件이 毁損된 경우 通常의 損害의 範圍", 大法院判例解說 15호, 357.

85) 公 1980, 13103.

86) 公 1996, 2124.

의 기재에 따라 사고 차량의 交換價格을 인정한 原審判決을 審理未盡을 이유로 破棄한 사례.

[判例 23] 大判 95. 7. 28, 94다19129[87] 不法行爲로 인하여 건물이 毁損된 경우 그 損害는 수리가 가능하다면 그 修理費, 수리가 불가능하다면 그 交換價値(시가)가 通常의 損害이고, 사용 및 수리가 불가능한 경우 通常 不法行爲로 인한 損害賠償額의 기준이 되는 건물의 시가에는 건물의 철거비용은 포함되지 않는다.

[判例 24] 大判 94. 3. 22, 92다52726[88] ① 不法行爲로 인하여 건물이 毁損된 경우, 그 損害는 金錢으로 賠償함이 원칙이고, 당사자가 다른 의사표시를 하는 등의 특별한 사정이 없는 이상 原狀回復 請求는 할 수 없다.

② 不法行爲로 인하여 건물이 毁損된 경우, 그 수리가 가능하다면 그 損害는 원칙적으로 不法行爲 당시의 修理費를 通常의 損害라고 보아 그 때의 건설물가에 의하여 損害額을 산정하여야 하고, 사고 후에 건설물가의 등귀로 증대된 修理費는 특별사정에 의한 損害라고 할 것이어서 그 豫見可能性이 있었던 경우에 한하여 賠償責任이 있다.

[判例 25] 大判 93. 12. 24, 93다38284[89] 토석의 굴취 또는 절개 등으로 토지가 毁損됨으로써 토지 소유자가 입게 되는 通常의 損害는 毁損된 부분을 原狀回復시키는 데 소요되는 費用 상당액이라고 할 것이고, 그 費用이 과다하거나 原狀回復이 사실상 불가능한 때에는 毁損으로 인하여 토지 자체의 交換價値가 감소된 부분이 通常의 損害이다.

[判例 26] 大判 91. 7. 23, 91다15249[90] 不法行爲로 손괴된 시내버스의 修理費가 중고차량의 交換價格을 초과한다 하더라도 시의 시내버스운송사업개선방안지시에 따라 시내버스 회사가 차량을 폐차시킬 경우에는 새 차로만 대차할 수밖에 없는 사정이 있었다면, 회사로서는 새 차를 구입하지 않은 이상 그 修理費를 지불하고 수리할 수도 있으므로 原審이 회사의 請求에 따라 그 차량의 修理費 상당액의 賠償을 명한 것은 정당하다.

[判例 27] 大判 91. 7. 12, 91다5150[91] ① 자동차가 타인의 不法行

---

87) 公 1995, 999.
88) 公 1994, 1295.
89) 公 1994, 962.
90) 公 1991, 2233.
91) 公 1991, 2147; 評釋: 李性龍, "중고차가 不法行爲로 全破된 경우 損害賠償의 範圍", 大法院判例解說 16, 59.

爲로 인하여 폐차할 정도로 손괴된 경우 그 損害賠償額은 감소된 交換價格이라고 할 것인바, 자동차가 출고된 지 45일만에 사고를 당하였다 하여도 위 법리에 따라 그 損害賠償額을 산정하여야 함은 당연하므로, 그 賠償額 산정방법으로 그 사고 당시의 交換價格에서 폐차대금을 공제하는 방법을 택하여야 하며, 위 交換價格을 평가할 때 被害者가 차를 구입하면서 지급한 取得稅 및 保險料를 참작할 수는 없다.

② 중고차가 타인의 不法行爲로 毁損된 경우 그 사고 당시의 交換價格은 원칙적으로 그것과 동일한 차종, 연식, 형, 같은 정도의 사용상태 및 주행거리 등의 자동차를 중고차 시장에서 취득할 때 드는 가액으로 정하여야 한다.

③ 위 "①"항의 경우 被害者가 새 차 구입가격의 賠償만을 고집하면서 중고차 交換價格에 관한 자료를 제시하지 아니한다 하여 사고일로부터 2월이 넘은 시점의 중고차 가격을 표시하고 있고 자동차를 그 출고일에 따라 상, 중, 하 세 종류로만 구분한 후 각 종류에 대하여 1개의 交換價格만을 표시하고 있는 被告 제출의 중고차 시세표에 의하여 사고 당시 중고차의 交換價格을 인정한 原審判決에 採證法則違背 및 釋明權 不行使의 違法이 있다고 한 사례

④ 不法行爲로 물건이 滅失되어 그 交換價格을 賠償할 경우 그 가격에는 당해 물건을 통상적인 방법으로 사용·수익함으로써 얻을 수 있는 이익이 포함되어 있고, 이는 자동차가 수리불능일 정도로 損壞되어 그 交換價格의 감소액을 賠償할 경우에도 동일하다 할 것인데, 자동차를 통상적으로 사용·수익함으로써 얻을 수 있는 이익이란 그 賃料(借賃) 상당액이어서 그 交換價格의 감소액 이외에 대용차 임료를 따로이 請求할 수는 없다.

⑤ 자동차를 사용하여 사업을 경영하던 被害者가 타인의 不法行爲로 차를 폐차하고 상해를 입은 고용 운전사가 입원치료 등을 받는 동안 다른 자동차를 운전사와 함께 빌려 영업한 경우, 대용차 비용 중 자동차의 賃料에 해당하는 부분은 차의 통상적 사용수익으로 인한 이익에 대응하는 것으로서 이를 따로 請求할 수 없다 하더라도 그 중 운전사의 임금에 해당하는 부분은 이와 전혀 관계없는 것으로서 不法行爲와 相當因果關係 있는 通常의 損害라고 할 것이다.

[判例 28] 大判 69. 1. 21, 68다2233[92] 특정물에 대한 所有權을 滅失케 한 경우에 不法行爲時를 기준으로 하여 그 당시의 交換價格에 의하여 그 損害額을 算定하여야 함이 원칙이나 특별한 사정이 엿보이는 경우 그 원칙은

92) 集 17-1, 71.

그대로 적용할 수 없다.

[判例 29] 大判 68. 9. 3, 68다981[93] 공무원이 原告 소유 건물에 대하여 行政代執行法 제2조 소정의 절차를 밟음이 없어 함부로 철거하였다 하더라도 그 건물이 서 있는 하천부지점용허가 기간이 만료하여 불원간 적법한 절차를 거쳐 철거당할 운명에 있었다면, 被告의 不法行爲로 인하여 原告가 입은 損害額은 건물의 時價 해당액 전부라고는 할 수 없을 것이다.

[判例 30] 大判 92. 5. 12, 92다6112[94] 중고차가 타인의 不法行爲로 毁損된 경우 그 자동차의 不法行爲 당시의 交換價格은 원칙적으로 그것과 동일한 차종, 연식. 형, 같은 정도의 사용상태 및 주행거리 등의 자동차를 중고차 시장에서 취득하는 데 소요되는 價額에 의하여 정하여야 한다.

(3) 修理費 또는 原狀回復 費用

[判例 31] 大判 96. 1. 23, 95다38233[95] 임야의 소나무가 절단됨으로써 산림이 毁損되고 그로 인하여 비가 올 경우에 흙이 무너져 내리고 심할 경우 산사태가 날 가능성까지 있는 경우에는, 대체 교환이 가능한 소나무에 대한 代替費用과 산사태 등을 방지하기 위한 砂防工事費用이 모두 原狀回復에 필요한 費用으로서 通常의 損害額이다.

[判例 32] 大判 94. 1. 28, 93다49499[96] 不法行爲로 인하여 所有物이 毁損되었을 때, 그 수리가 불가능하다면 그 毁損 당시의 交換價値(時價)가 通常의 損害라 할 것이며, 또한 그 毁損된 所有物이 이미 내용연수가 상당히 경과된 낡은(노후한) 것임에도 그와 같은 내용연수가 경과된 중고 자재를 구입할 수 없어 신품 자재로써 原狀으로 回復시키는 데 소요되는 복구비를 토대로 그 交換價値를 算定함에 있어서는 그 물건의 내용연수에 따라 신품을 재조달하기 위하여 적립하는 費用인 減價償却費用을 공제하여야 하고, 그 減價償却은 자재비와 인건비를 포함한 표준적인 建設費를 기준으로 하여야 할 것이다.

[判例 33] 大判 93. 7. 27, 92다47328[97] 타인의 不法行爲로 인하여 被害者 소유의 물건이 損壞되어 수리를 요하는 경우에 그 수리를 위하여는 被害者가 수리에 소요되는 附加稅까지 부담하여야 한다면 被害者는 그 附加稅를

93) 集 16-3 민, 5.
94) 公 1992, 1851.
95) 公 1996, 663.
96) 公 1994, 826.
97) 公 1993, 2390.

포함한 修理費만큼의 損害를 입었다고 하여 加害者에 대하여 그 賠償을 請求할 수 있음이 원칙이라 할 것이나 被害者가 附加稅法上의 納稅義務者인 사업자로서 그 수리가 자기의 사업을 위하여 사용되었거나 사용될 用役의 供給에 해당하는 경우에는 위 附加稅는 附加稅法 제17조 1항 1호 소정의 買入稅額에 해당하는 것이어서 被害者가 자기의 賣出稅額에서 공제하거나 還給받을 수 있으므로 위 附加稅는 실질적으로는 被害者의 부담으로 돌아가지 않게 되고 따라서 이러한 경우에는 다른 특별한 사정이 없는 한 被害者가 加害者에게 위 附加稅 상당의 損害賠償을 請求할 수는 없다고 보아야 할 것이며, 현실적으로 위 附加稅額을 공제하거나 還給받은 경우에만 위 附加稅額을 被害者의 損害額에서 공제하여야 하는 것은 아니다.

[判例 34] 大判 91. 7. 23, 90다9070[98] 건물이 毁損된 경우에 있어 그 修理費 외에 언제나 상당한 交換價値의 감소가 따른다는 經驗則이 있다거나 이러한 損害를 通常 豫見할 수 있는 것이라고 볼 수는 없다.

[判例 35] 大判 90. 8. 14, 90다카7569[99] 사고 당시의 피해 차량의 交換價格을 현저하게 웃도는 修理費用을 지출했다 하더라도 이런 경우는 경제적인 면에서 수리불능으로 보아 사고 당시의 交換價格으로부터 고물(고철)대금을 뺀 나머지만을 損害賠償으로 請求할 수 있을 뿐이라고 할 것이고, 이렇게 보아야만 損害賠償制度의 이상인 공평의 관념에 합치되는 것이며, 따라서 交換價格보다 높은 수리비를 요하는 경우에 굳이 수리를 고집하는 被害者가 있는 경우에는 그 소망을 들어 주어야 하는 것이 사회통념에 비추어 시인되어야 할 특별한 사정이 없는 한 그 수리비 가운데 交換價格을 넘는 부분은 그에게 부담시켜야만 한다.

[判例 36] 大判 70. 12. 29, 70다2445[100] ① 不法行爲로 인하여 所有物이 滅失되거나 毁損되었을 때의 損害賠償額은 그 당시의 交換價値나 보수비 또는 감소된 交換價値를 通常의 損害로 하여 산정하여야 한다.

② 휘발유가 땅(과수원)에 스며들어 그 지질을 원상복구하는데 대한 損害金을 인정함에 있어 審理未盡 내지 採證法則 違背의 잘못이 있다고 한 사례

98) 公 1991, 2215.

99) 公 1990, 1958; 評釋: 김동훈, "경제적 수리불능과 損害賠償", 法律新聞 1985호(90. 11), 15; 車漢成, "不法行爲로 인한 車輛破損時 損害賠償의 範圍", 民事判例硏究 13, 126.

100) 集 18-3, 438; 이에 대한 評釋으로는 정범석, "民法 750조 損害賠償", 건국대 判例評釋 41호; 정범석, "損害賠償의 範圍", 法律新聞 1144호, 8.

[判例 37] 大判 82.6.22, 81다8[101] 不法行爲로 인하여 물건이 毁損된 경우 그 損害는 수리가 가능하면 그 修理費, 수리가 불가능하면 그 交換價値의 감소가 通常의 損害이고 버스가 충돌로 인하여 손상을 입어 수리가 가능한 경우 그 修理費 외에도 언제나 상당한 交換價値의 감소가 따른다는 經驗則이 있다거나 이러한 損害는 通常 豫見할 수 있는 것이라고 볼 수 없다.

[判例 38] 大判 79.2.27, 78다1820[102] 선박이 충돌로 인하여 毁損된 경우 그 통상의 損害는 수리가 가능하면 修理費 상당이, 수리가 불가능하면 交換價値의 감소가 그에 해당하므로 수리가 가능한 이상 交換價値의 감소액과 결항기간 동안의 선박유지비는 特別한 損害로 보아야 하고 수리가 가능한 때라도 항상 交換價値의 감소가 있다는 經驗則은 없는 것으로 보아야 할 것이다.

(4) **逸失損害, 사용·수익하지 못한 損害 등**

[判例 39] 大判 90.8.28, 88다카30085[103] 不法行爲로 선박이 沈沒·滅失되어 어업용 선박소유자가 입은 損害額을 算定함에 있어 그가 장차 위 선박을 사용·수익할 수 있는 利益은 그 時價인 交換價格에 포함되어 있다고 할 것이므로, 위 선박의 사고 당시의 時價 상당액을 그 損害額으로 인정한 이상 새로운 선박의 건조 또는 구입시까지 그 滅失된 선박을 사용·수익할 수 없음으로 인한 損害는 이를 인정할 수 없다.

[判例 40] 大判 90.8.14, 90다카7569[104] 영업용 차량이 사고로 인하여 파손되어 그 유상교체나 수리를 위하여 필요한 기간 동안 그 차량에 의한 영업을 할 수 없었던 경우에는 영업을 계속했더라면 얻을 수 있었던 受益喪失은 通常의 損害로 인정되어야 한다.

[判例 41] 大判 84.12.11, 84다카1162[105] 건물이 수선가능한 정도로 損壞된 경우 그 건물의 통상 용법에 따른 사용이 불가능하였다면 그 수선에 소요되는 기간중 위와 같은 사용을 하지 못함으로 인한 損害는 그 損壞로 인한 通常의 損害라 할 것이나 이는 損壞에 대하여 사회통념상 곧바로 수

101) 公 1982, 680; 集 30-2, 137.
102) 公 1979, 11851; 集 27-1, 165.
103) 公 1990, 2011; 評釋: 金星泰, "不法行爲로 인한 損害賠償에 있어서 交換價格이 뜻하는 것", 民事判例研究 13, 107; 孫泰宇, "船舶所有者의 商法上 有限責任과 不法行爲에 의한 損害賠償責任과의 關係 및 船舶利用에 의한 將來收入損失額 補償有無", 商事判例研究 4집, 262.
104) 公 1990, 1958; [判例 35].
105) 公 745, 162; 集 32(4 민), 161.

선에 착수할 수 있는 경우를 전제로 하는 것이고 이 사건에 있어서 原告의 주장대로 被告측의 공사가 진행중이고 진행과정에 따라 점진적으로 손괴가 계속될 우려가 있어 곧바로 수선에 착수하기 어려운 사정이 있는 경우라면 수선의 착수가 가능한 시점까지의 사용을 하지 못함으로 인한 損害 역시 通常의 損害라고 할 것이다.

[判例 42] 大判 92. 5. 12, 92다6112[106] 不法行爲로 毁損된 자동차를 수리하는 기간 동안의 損害로서 休車損害와 貸車使用料는 선택적 관계에 있어 차주는 休車損害 대신 貸車使用料의 지급을 請求할 수 있다.

(5) 慰 藉 料

[判例 43] 大判 92. 5. 26, 91다38334[107] 일반적으로 타인의 不法行爲에 의하여 財産權이 侵害된 경우에는 그 財産的 損害의 賠償에 의하여 精神的 고통도 회복된다고 보아야 할 것이므로, 財産的 損害의 賠償에 의하여 회복할 수 없는 精神的 損害가 발생하였다면 이는 特別한 사정으로 인한 損害로서 加害者가 그러한 사정을 알았거나 알 수 있었을 경우에 한하여 그 損害에 대한 慰藉料를 請求할 수 있다.

[判例 44] 大判 93. 12. 24, 93다45213[108] 건물신축공사로 인하여 공사기간 동안 賃借人이 거주하는 被害者 소유의 주택이 2차에 걸쳐 파손되다가 급기야 신축 건물의 5층 옥탑이 무너져 내려 그 벽돌이 被害者의 주택을 덮쳐 지붕과 거실, 천장까지 파손되는 사고를 입는 등 계속적인 損害를 입는 상황이었다면 被害者가 거주하지 않고는 있어도 가옥 파괴와 貰入者의 生命, 身體, 財産侵害에 대한 불안으로 인하여 精神的 苦痛이 있었을 것임은 經驗則上 능히 인정된다.

(6) 기 타

[判例 45] 大判 91. 12. 24, 91다27648[109] 선박충돌사고로 파손된 선박을 조선소에 맡겨서 수리를 하게 한 것이라면 이를 수리하는 일은 위 조선소의 책임하에 완성하는 것이 원칙일 것이고, 그 수리를 감독하고 진행상황을 점검할 필요가 있다고 하더라도 이는 위 선박에 있는 선장이나 기관장이

106) 公 1992, 1851.
107) 公 1992, 2003; 同旨: 大判 88. 3. 22, 87다카1096(公 1988, 675).
108) 公 1994, 962; 同旨: 大判 90. 1. 12, 88다카28518(公 1990, 460); 大判 92. 12. 8, 92다34162(公 1993, 436; 評釋: 黃貞根, "不法行爲로 인한 財産權의 侵害에 대한 慰藉料 請求", 民判硏 16, 239).
109) 公 1992, 675.

하는 것이 원칙일 것이므로, 위 조선소와의 사이에 被害者의 직원을 파견하여 감독하도록 契約을 하였다던가, 被害者가 특히 직원을 파견하여 감독하여야 할 사정이 있었다는 등의 사정이 없는 한, 加害者에게 이와 같은 숙식비와 교통비의 賠償을 명할 수는 없다.

[判例 46] 大判 91.7.23, 90다10803[110)] 사고로 기계가 파손됨에 따라 被害者가 그 기계를 거래선에 설치시켜 주기로 하고 만일 그 기일을 도과할 경우에는 遲滯損害金을 지급하기로 하였다는 사정은 이른바 特別事情으로 인한 損害로서 사고 당시 加害者가 그와 같은 契約이 체결되어 있었다는 사정이 있어야 그 損害에 대한 賠償責任이 있다.

2. 所有權이 喪失된 경우

[判例 47] 大判(全) 90.6.12, 89다카9552[111)] 가. 토지구획정리사업시행자가 구 土地區劃整理事業法(1966.8.3. 法律 1822호) 제53조 제1항 후문에 따라 私道 등 私有地에 대하여 換地를 지정하지 아니하면서 淸算金도 지급하지 않기로 결정하여 換地計劃의 淸算金明細에 포함시키지 않은 채 사업을 시행하고 換地處分의 공고를 거쳐 그 토지의 所有權을 喪失시켰다면, 換地를 지정하지 않은 것 자체는 위 法規定에 따른 것이어서 違法하다고 할 수는 없어도 淸算金도 지급하지 않기로 한 것은 違法한 處分으로서 사업시행자는 土地所有權을 상실한 土地所有者에 대하여 不法行爲의 責任을 면할 수 없다.

나. 전항의 경우에 所有者는 土地所有權 상실에 대한 損失補償金인 淸算金을 請求할 수 없게 된 損害를 입었다고 할 것이므로 損害賠償의 범위를 土地所有權 상실에 대한 損失補償金인 淸算金 상당액이라고 보아야 하고, (1) 이 경우의 淸算金 상당액의 평가의 기준시기에 관하여 1980.1.4. 法律 3255호로 개정된 土地區劃整理事業法 제52조 제1항 規定하에서 換地處分을 한 경우의 淸算金 상당액은 換地處分時를 기준으로 종전토지의 위치, 지목 등 여러 사정을 참작하여 사업시행으로 인한 開發利益이 포함되지 않은 객관적인 거래가액을 평가한 후 이에 따라 산정하여야 할 것이고, 한편 구 土地區劃整理事

---

110) 公 1991, 2216.
111) 公 1990, 1450.
評釋: 朴鏞秀, "換地不指定淸算對象土地에 대하여 淸算金 교부결정 없이 한 換地處分 공고로 인하여 종전 토지소유자가 입은 損害의 性格 및 範圍", 判例硏究 3(釜山判例硏究會, 1993.2), 283.

業法(1975. 12. 31. 법률 2848호) 附則 제 2 항은 이 법 시행 이전에 인가를 받아 시행중인 사실상의 私道 등 私有地에 대하여는 사업시행인가시의 평가가액으로 換地處分하여 청산하여야 한다고 規定하였으나, 이 規定은 위 1980. 1. 4. 개정법 規定 시행 이후에 換地處分을 하는 경우에는 적용되지 않는다고 할 것이며, (2) 또한 이 경우의 토지거래가액의 평가에 있어서 換地處分公告를 거침으로써 所有權이 상실되는 종전 토지의 면적을 기준으로 평가하여야 하고 종전 토지의 면적에서 당해 換地地區 내의 一般換地에 대한 공동감소율(도로부담률 포함)을 적용하여 감소한 면적을 기준으로 평가할 것이 아니다.

(別個意見) 土地區劃整理事業法 제52조 제 1 항은 換地를 정하거나 그 대상에서 제외한 경우에 그 "과부족"분에 대하여 淸算金을 지급할 때의 산정기준에 관한 規定일 뿐 私道 등 私有地의 所有權 상실의 대가 산정의 根據規定으로 삼을 수 없는 것이고, 損失補償에 대한 憲法 제23조 제 3 항의 "정당한 補償"이 客觀的 價値의 완전한 보전을 뜻하는 것이 아니라 상당한 보전을 의미한다는 것과 그 補償金支給時期에 관하여 憲法 規定上 아무런 規定이 없으므로 補償이 재산의 제공이나 상실과 교환적으로 동시에 이루어져야 한다는 것이 헌법적으로 보장되고 있지 아니하다는 점 등 損失補償制度는 不法行爲로 인한 損害賠償制度와는 현저한 성격상의 차이가 있어 賠償額을 補償額의 범위내로 한정시키게 된 때에는 不法行爲로 인한 損害賠償制度의 본질과 취지에 어긋나는 것이 되어 허용될 수 없다고 보아야 하기 때문에 위 "가"항의 경우에는 확정적으로 대가 없이 土地所有權이 상실되게 되는 換地處分 公告시, 다시 말하면 不法行爲時의 時價(去來價格)를 감정평가하여 그에 의한 損害賠償을 명해야 한다.

(補充意見) 土地區劃整理事業法 제52조 제 1 항은 換地를 정한 토지의 과부족에 대한 淸算만이 아니라 換地 대상에서 제외한 토지에 대한 청산도 아울러 그 적용 대상으로 規定한 취지이고, 憲法 제23조 제 3 항이 規定하는 정당한 補償은 원칙적으로 완전한 補償을 하되 예외적으로 합리적인 이유가 있을 때에는 상당한 補償을 할 수 있다는 의미로 해석하는 것이 憲法이 規定한 財産權保障의 취지에 부합하며, 이 사건에 있어서도 청산금 상당액을 多數意見이 說示하는 바와 같이 토지의 客觀的인 去來價額을 평가한 가액에 의하여 산정한다면 이는 실질적으로 그 所有權喪失에 대한 완전한 補償과 다를 바 없으며 토지구획정리사업시행자가 土地所有者에게 지급해야 할 淸算金에 관하여

부당하게 부지급결정을 함으로써 이로 인하여 土地所有者로 하여금 清算金도 請求할 수 없게 만들어 놓았다면, 土地所有者는 이러한 違法한 부지급처분으로 인하여 清算金을 請求할 수 없는 損害를 입었으므로 그 清算金 상당액을 不法行爲 損害로서 賠償을 구할 수 있음은 당연하며, 이 경우의 損害는 土地所有權 喪失에 대한 損失補償請求權인 清算請求權이 侵害된 데에 따른 損害인 셈이다.

[判例 48] 大判 94. 4. 26, 93다35797[112)] 공무원의 過失로 인하여 타인 소유 토지에 관하여 원인무효인 所有權移轉登記가 경료되고, 다른 사람에게 순차로 所有權移轉登記가 경료된 후 토지의 진정한 所有者가 최종매수인 등을 상대로 所有權移轉登記抹消登記請求訴訟을 제기하여 勝訴의 判決이 확정되었다면, 공무원의 위 不法行爲로 인하여 최종매수인이 입은 損害는 原因無效인 所有權移轉登記를 유효한 登記로 믿고 토지를 매수하기 위하여 출연한 금액, 즉 賣買代金이고, 위 判決이 확정된 때의 토지의 시가 상당액이라고 할 수 없다.

[判例 49] 大判 93. 10. 8, 92다12674[113)] 保證渡 등의 방법에 의하여 운송물의 회수가 사회통념상 불가능하게 됨으로써 그것이 滅失된 후에 船荷證券을 소지하게 된 자가 입은 損害는 그 운송물의 滅失 당시의 가액(運送物의 가액을 한도로 한 信用狀 代金) 및 이에 대한 遲延損害金 상당의 금액이다.

---

112) 公 1994, 1464.

同旨 大判 93. 4. 27, 92다44312(公 1993, 1550); 大判 92. 6. 23, 91다33070(公 1992, 2235, 評釋: 黃暎周, "賠償金額의 算定方法", 判例硏究 6, 231; 李玲愛, "不法行爲로 인한 原因無效의 등기를 믿고 부동산을 買受한 사람의 損害", 民事判例硏究 15, 181); 大判 78. 3. 14, 77다2423(公 1978, 10731, 評釋: 이재후, "不動產의 不法處分으로 인한 損害賠償의 範圍", 法曹 28, 11; 鄭萬朝, "不法行爲로 인하여 不動產所有權을 취득할 수 없게 된 경우에 있어서의 損害賠償額의 算定", 民判硏 2, 88); 大判 66. 5. 3, 66다503(集 14-2, 5).

이러한 유형의 사건에서 침해된 권리는 所有權이 아니다. 不法行爲가 없었더라면 적법하게 所有權을 취득하거나 이미 취득한 所有權을 유지할 수 있었는데 不法行爲로 인하여 所有權을 취득하지 못하게 되었거나 이미 취득한 所有權을 상실하게 된 경우에는 침해된 권리는 所有權이 되고, 손해배상액은 所有權의 객체가 되는 物件의 시가가 된다. 그러나 위 유형의 사건과 같이 不法行爲가 없었다고 하더라도 所有權을 취득할 수 없었던 경우에는 침해된 권리를 당해 物件의 所有權으로 볼 수 없고, 적법한 所有權을 취득하는 것으로 오해하여 지출한 돈의 所有權을 침해된 권리로 보아야 한다. [判例 54], [判例 64]도 동일한 유형이다.

113) 公 1993, 3042.

評釋: 李宙興, "保證渡로 運送物이 滅失된 후에 양도되는 船荷證券上 權利의 내용", 商事判例硏究 2(博英社, 1996), 440.

3. 利用權 등의 侵害

(1) 不法占有의 경우

[大判 50] 大判 94.6.28, 93다51539[114] 가. 타인 소유의 토지를 법률상 권원 없이 占有함으로 인하여 그 토지 所有者가 입은 通常의 損害는 특별한 사정이 없는 한 그 점유 토지의 賃料 상당액이다.

나. 토지에 대한 不法占有의 態樣이 지하철의 설치, 운용 등과 같이 반영구적으로 계속될 것이라고 예상되는 경우라고 하더라도, 특별한 사정이 없는 한, 그 損害의 一時賠償을 請求하는 것은 허용되지 아니한다.

[大判 51] 大判 92.6.23, 92다12933[115] 開發制限區域으로 지정된 토지는 일정한 행위가 금지되는 것이기는 하나 모든 私權의 행사가 금지되는 것은 아니므로, 開發制限區域으로 지정될 당시에 이미 사실상 垈地로 조성되어 있는 토지를 타인이 占有함으로 인하여 所有者가 입은 損害額은 토지를 그 이용상태 그대로 賃貸하는 경우의 그 賃料 상당액이라 할 것이며, 이와 같은 이치는 賃料 상당의 不當利得의 返還을 명하는 경우이건 損害賠償을 명하는 경우이건 다를 바 없다고 할 것이다.

[判例 52] 大判 66.6.21, 66다693[116] 타인이 占有耕作하는 토지의 占有를 侵奪하여 耕作을 하지 못하게 하였음으로 인한 損害額은 그 토지의 賃貸料 상당액으로 算定할 수 없다.

(2) 使用妨害의 경우

[判例 53] 大判 90.12.11, 88다카14311[117] 창고의 소유자인 原告가 창고를 점포로 개조하여 사용하는 것을 被告가 妨害한 경우에 그로 인하여 所有者가 입은 損害額을 算定함에 있어서는 점포로 개조함에 필요한 費用과 期間을 위 利益喪失額과 그 期間을 산정함에 있어 고려하여야 함은 물론이며, 또 所有者가 그 점포로서의 사용을 妨害당한 기간 동안에도 종래의 시설물을 창고로서 계속 사용하여 왔다면 점포로서 사용할 경우의 借賃 상당의 금액에서 창고로 사용함으로써 얻은 利益을 공제하여야 하고, 原告 소유 창고 부분

114) 公 1994, 2089.

115) 公 1992, 2265.

116) 集 14-2, 77; 단순한 占有侵奪이 아닌 耕作妨害로 본 때문인 것으로 보이나 다른 判決에 반한 것이 아닌지 의심된다.

117) 公 1991, 449.

의 등기부상 면적 전체에 대한 借賃을 損害額 算定의 기준으로 한 조치는 정당하고 공유면적을 제외한 專用面積만을 기준으로 借賃을 산정하여야 한다는 논지는 이유없다.

4. 擔保權의 侵害

[判例 54] 大判 96.9.20, 96다25807등[118] 가. 農地改良組合 직원들이 관계 서류를 僞造하여 조합 소유의 토지를 不法處分함으로 인하여 그 토지들이 전전 양도되고 그에 따른 原因無效의 移轉登記가 경료될 경우 제3자가 최종 登記名義者의 登記를 신뢰하여 그 토지들을 擔保로 금원을 대출하게 됨으로써 財産上 損害를 입게 되리라는 것은 쉽사리 豫見할 수 있었다 할 것이므로, 다른 특별한 사정이 없는 한 위 조합 직원들의 違法行爲와 根抵當權者의 損害 사이에는 相當因果關係가 있다고 보아야 하고, 根抵當權者가 조합의 직원들과 직접 담보설정 등 거래를 한 바가 없다는 사정만으로 因果關係가 단절된다고 할 수 없다.

나. 위 "가"항의 경우, 제3자가 최종 登記名義者의 移轉登記를 신뢰하여 不法處分된 토지들에 관하여 根抵當權設定登記를 경료하고 금원을 대출하였는데, 農地改良組合이 根抵當權者를 상대로 그 登記抹消登記請求訴訟을 제기하여 조합 勝訴의 判決이 宣告되고 확정될 처지에 있다면 위 조합 직원들의 不法行爲로 인하여 根抵當權者가 입은 通常의 損害는 최종 登記名義人의 移轉登記가 유효하여 擔保權을 취득할 수 있는 것으로 믿고 출연한 금액, 즉 根抵當目的物인 토지들의 가액 범위 내에서 債權最高額을 한도로 하여 債務者들에게 대출한 금원 상당이다.

[判例 55] 大判 96.9.20, 95다47923[119] 회사의 영업부장이 擔保目的 不動産 所有者에 대한 확인을 하지 아니한 채 그 不動産을 매수하였다는 物品代金 債務者의 말만 믿고 그에게 根抵當權設定登記節次를 일임하고 사후에도 登記畢證은 교부받지 않고 登記簿 등본만을 교부받음으로써 결국 根抵當權이 말소된 경우, 회사가 그 명의로 根抵當權設定登記를 하려는 것은 장래 공급될 물품에 대한 擔保뿐만이 아니라 이미 발생한 외상대금도 적지 않은 금액이어서 그에 대한 擔保도 확보할 목적이었으므로, 그 物品代金 債務者의 資

118) 公 1996, 3157. 이 판례의 사안은 [判例 48]과 동일한 유형이다. 註 112 참조.
119) 公 1996, 3110.

力이 충분하여 그 根抵當權 외에도 債權確保를 위한 충분한 수단이 있었다는 다른 특별한 사정이 없는 한, 회사로서는 영업부장의 그와 같은 不法行爲로 말미암아 瑕疵 있는 根抵當權設定登記만 믿고 物品代金 債務者가 擔保로 제공한 不動産 이외의 財産에 대하여 그 외상대금 채권을 保全하기 위한 조치 등을 취할 기회를 喪失함으로써 損害를 입은 것이라고 하지 않을 수 없으므로, 그와 같은 損害도 영업부장이 회사에 대하여 賠償하여야 할 相當因果關係 있는 損害라고 본 사례.

[判例 56] 大判 76. 4. 13, 75다2236[120] 가. 은행이 不當鑑定結果를 근거로 하여 금원을 대여하였다가 그 元利金을 변제받지 못하여 損害를 입은 경우에 위 不法鑑定을 이유로 하여 한국감정원에 대하여 賠償請求를 할 수 있는 損害額의 範圍는 연대융자원리금 중 正當鑑定에 의한 擔保價格을 초과한 금액을 기준으로 하되 不當한 鑑定價格과 正當한 鑑定價格과의 差額을 최고한도로 하며 한편 正當한 鑑定價格을 초과하여 회수한 금액이 있을 때에는 그 금액을 공제하여야 한다.

나. 은행이 한국감정원의 특정 부동산에 관한 不當鑑定을 근거로 하여 융자를 하였던바, 그 元利金이 연체되어 위 부동산에 관한 임의경매절차가 개시되어 동 절차에서 위 은행이 이를 경락취득하여 제 3 자에게 매도하였다가 동인의 잔대금지급의무 불이행으로 賣買契約이 解除됨으로써 위 契約金이 은행의 收入이 되었다 하더라도 이는 한국감정원의 不當鑑定으로 인한 損害와는 아무 관계가 없으므로 그 損害額에서 이를 공제할 수 없다.

5. 賃借權의 侵害

[判例 57] 大判 90. 8. 28, 90다카10343[121] 다른 사람 소유의 주차장을 賃借하여 주차장영업을 하던 사람이 賃貸人의 債務不履行 또는 그 履行補助者의 不法行爲로 인하여 위 영업을 할 수 없게 되어 입은 損害를 算定함에 있어서 그 영업을 하여 收益할 수 있었던 돈은 임대차관계의 존재를 전제로 한 것이며 그 임대차관계를 유지하기 위하여 賃料 등의 費用이 들어가야 하는 것이면 이 돈은 주차료 수입에서 공제하여야 하는 것이 마땅하다 할 것이므로, 賃貸借契約을 체결함에 있어 賃料 없이 保證金만을 지급하는 이른바

120) 公 1976, 9104; 集 24-1, 213.
121) 公 1990, 2022.

債權的 傳貰의 경우에 있어서는 그 보증금에 대한 利子 상당액이 賃料에 해당하는 것으로서 보증금의 利子와 借賃과를 상계하는 것이거나 보증금 또는 전세금이라는 이름의 목돈을 냄으로써 借賃을 면제받는 것이라 할 것이므로 보증금이 반환되는 이후에 있어서 賃料에 해당하는 費用의 지출이 필요없다고 할 수는 없을 것이므로 賃貸保證金이 임차기간 만료 전에 반환되는 경우에는 주차료 수입 상실로 인한 損害를 算定함에 있어서 賃貸借保證金 반환시기 이후의 기간에 관하여는 이를 고려하여 賃料에 해당하는 費用을 공제하여야 한다.

6. 生命·身體의 侵害

7. 不當提訴 또는 不當應訴로 인한 損害

(1) 辯護士 費用 등의 賠償

不當提訴와 不當應訴를 독립한 不法行爲의 한 유형으로 분류하는 이유는, 辯護士 強制主義를 채택하고 있지 아니한 우리 법제하에서는 일반적으로 辯護士 費用이 不法行爲와 相當因果關係 있는 損害로 인정되지 않기 때문이다. 따라서 辯護士 費用을 賠償받기 위해서는 상대방의 提訴行爲 또는 상대방의 應訴行爲가 독립하여 별개의 不法行爲를 구성할 정도의 違法性과 歸責要件을 갖추어야 한다고 할 것이다.[122]

[判例 58] 大判 96. 11. 8, 96다27889[123] 가. 辯護士 強制主義를 택하지 않고 있는 우리 나라 법제하에서는 損害賠償請求의 원인이 된 不法行爲 자체와 辯護士 費用 사이에 相當因果關係가 있음을 인정할 수 없으므로, 辯護士 費用을 그 不法行爲 자체로 인한 損害賠償債權에 포함시킬 수는 없다.

나. 國家가 違法·不當한 課稅處分에 대하여 단순히 그 取消를 거부하고 있음에 그친 경우에는 被處分者들이 그 取消, 是正을 구하는 審判請求 및 取消訴訟을 제기하면서 辯護士 費用을 지출하였다고 하여도 그 辯護士 費用은 원칙적으로 선행하는 不法行爲인 違法·不當한 課稅處分 자체와는 相當因果關係가 없다.

[判例 59] 大判 95. 12. 26, 95다41918[124] 비록 측량사의 잘못된

122) 董祥洪, "辯護士 費用의 賠償에 관하여", 司論 6, 149-75 참조.
123) 公 1996, 3546.
124) 公 1996, 540.

경계측량으로 말미암아 甲과 乙 사이에 경계에 관한 분쟁이 발생하였다 하더라도, 그렇다고 하여 甲이 乙에 대하여 폭행 등 범죄행위를 저지르고 그로 인하여 형사재판까지 받게 됨으로써 지출하게 된 辯護士 費用이, 측량사의 違法行爲와 相當因果關係 있는 損害라고 볼 수는 없다.

[判例 60] 大判 65. 11. 30, 65다1707[125] 가. 법인의 목적사업 수행에 영향을 미칠 정도로 법인의 名譽·信用을 侵害한 경우에는 그 侵害者에 대하여 不法行爲를 원인으로 損害賠償을 請求할 수 있다.

나. 原告 소유 토지의 불법점거자인 被告의 부당한 抗爭에 대하여 訴訟을 제기함으로 인하여 지출하게 된 辯護士 費用은 이를 賠償할 의무가 있다.

(2) **기타 財産上 損害**

不當提訴 및 不當應訴의 문제가 주로 辯護士 費用의 賠償問題와 관련한 문제임은 위에서 설명한 바와 같으나 不當提訴 및 不當應訴(특히 不當假押留와 不當强制執行)가 독립하여 不法行爲를 구성하는 경우에는 辯護士 費用 이외의 財産上 損害가 발생할 수 있다.

[判例 61] 大判 95. 12. 12, 95다34095, 34101[126] 가. 假押留나 假處分 등 保全處分은 法院의 裁判에 의하여 집행되는 것이기는 하나 그 실체상의 請求權이 있는지 여부는 本案訴訟에 맡기고 단지 소명에 의하여 債權者의 責任 아래 하는 것이므로, 그 집행 후에 執行債權者가 本案訴訟에서 敗訴 確定되었다면, 그 保全處分의 집행으로 인하여 債務者가 입은 損害에 대하여 특별한 반증이 없는 한 執行債權者에게 故意 또는 過失이 있다고 推定되고, 따라서 그 부당한 집행으로 인한 損害에 대하여 이를 賠償하여야 할 責任이 있다.

나. 本案訴訟에서 敗訴 確定된 保全處分 債權者에 대하여 損害賠償을 請求하는 경우, 假押留 債務者가 假押留 請求金額을 공탁하고 그 집행취소 결정을 받았다면, 假押留 債務者는 적어도 그 假押留 집행으로 인하여 假押留解放供託金에 대한 民事 法定利率인 연 5푼 상당의 利子와 공탁금의 이율 상당의 이자의 차액 상당의 損害를 입었다고 보아야 한다.

[判例 62] 大判 95. 4. 14, 94다6529[127] 매매목적물인 아파트에 대하여 債權者의 假處分執行이 되어 있다고 해서 위 賣買에 따른 所有權移轉登

125) 集 13-2, 249.
126) 公 1996, 376.
同旨 大判 92. 9. 25, 92다8453(公 1992, 2990); 大判 91. 3. 8, 90다17606(公 895, 1159).
127) 公 1995, 1842.
同旨 大判 92. 12. 22, 92다28518(公 1993, 561); 大判 72. 7. 25, 72다867(集 20-2, 158).

記가 불가능한 것도 아니고, 다만 債權者가 本案訴訟에서 勝訴하여 債權者에게 所有權移轉登記가 경료되는 경우에는 買受人이 所有權을 喪失할 수 있으나 이는 擔保責任 등으로 해결할 수 있고 경우에 따라서는 信義則 등에 의해 代金支給債務의 履行을 거절할 수 있음에 그친다고 할 것이므로 買受人으로서는 위 假處分執行이 유지되고 있다는 점만으로 賣渡人이 契約을 違反하였다고 하여 위 賣買契約을 解除할 수는 없는 노릇이어서, 賣渡人이 받은 계약금의 배액을 買受人에게 지급하였다고 하더라도 그것은 賣買契約에 의거한 의무에 의한 것이라고는 볼 수 없고 호의적인 지급이거나 지급의무가 없는데도 있는 것으로 착각하고 지급한 것이라고 보일 뿐이어서 위 違約金 지급과 위 假處分執行 사이에는 法律的으로 相當因果關係가 있다고 볼 수는 없다.

(3) **精神的 損害**

[判例 63] 大判 94.9.9, 93다50116[128)] 가. 일반적으로 訴訟을 제기하거나 제기된 訴訟에 應訴하는 것 자체는 憲法에 의하여 保障된 國民의 權利實現이나 權利保護를 위한 수단으로서 원칙적으로 適法하나, 그와 같은 訴提起나 應訴行爲가 權利實現이나 權利保護를 빙자하여 상대방의 權利나 利益을 侵害하거나 상당한 이유 없이 상대방에게 고통을 주려는 의사로 행하여지는 등 故意 또는 過失이 인정되고, 이것이 公序良俗에 반하는 정도에 이른 것인 경우에는 違法性을 띠고 不法行爲를 구성한다.

나. 不當訴訟을 당한 상대방이 입게 되는 정신상의 고통은 通常 당해 訴訟에서 勝訴하는 것에 의하여 회복되고 勝訴하여도 회복할 수 없는 精神的 고통은 특별사정으로 인한 損害라고 볼 것이므로, 不當訴訟으로 인한 慰藉料請求가 인용되기 위해서는 勝訴나 財産的 損害의 賠償만으로는 회복될 수 없는 精神的 고통을 입었다고 인정될 만한 특별사정의 존재와 그러한 특별사정에 대한 豫見可能性이 전제되어야 한다.

8. 有價證券의 侵害

[判例 64] 大判 94.11.22, 94다20709[129)] 당좌수표, 약속어음 등을 할인, 취득한 결정적인 원인이 背書가 진정한 것으로 믿었기 때문이라면, 僞造된 背書를 진정한 것으로 믿고 금원을 지급하고 어음 등을 취득한 때에 이미

---

128) 公 1994, 2603.

129) 公 1995, 69. 이 판례의 사안도 [判例 49], [判例 54]와 동일한 유형이다. 註 112 참조.

不法行爲責任이 성립하였고, 그 경우 損害額은 어음 등의 액면액이 아니라 그 어음 등을 취득하기 위하여 지급한 금원이다.

[判例 65] 大判 94. 11. 8, 93다21514[130)] 가. 어음이 僞造된 경우에 被僞造者는 民法上 表見代理에 관한 規定이 類推適用될 수 있다는 등의 특별한 경우를 제외하고는 원칙적으로 어음상의 責任을 지지 아니하나, 被傭者가 어음僞造로 인한 不法行爲에 관여한 경우에 그것이 使用者의 업무집행과 관련한 違法한 行爲로 인하여 이루어졌으면 그 使用者는 民法 제756조에 의한 損害賠償責任을 지는 경우가 있고, 이 경우에 使用者가 지는 責任은 어음상의 責任이 아니라 民法上의 不法行爲責任이므로 그 責任의 要件과 範圍가 어음상의 그것과 일치하는 것이 아니다. 따라서 民法 제756조 소정의 使用者責任을 논함에 있어서는 어음소지인이 어음법상 遡求權을 가지고 있느냐는 등 어음법상의 權利 유무를 따질 필요가 없으므로, 어음소지인이 현실적으로 지급제시를 하여 지급거절을 당하였는지의 여부가 어음背書의 僞造로 인한 損害賠償責任을 묻기 위하여 필요한 요건이라고 할 수 없고, 어음소지인이 적법한 지급제시기간 내에 지급제시를 하지 아니하여 遡求權 保全의 절차를 밟지 않았다고 하더라도 이는 어음소지인이 이미 발생한 僞造者의 使用者에 대한 不法行爲責任을 묻는 것에 장애가 되는 사유라고 할 수 없다.

나. 僞造된 약속어음을 취득함으로써 입은 損害는 다른 특별한 사정이 없는 한 이를 취득하기 위하여 현실적으로 출연한 할인금 상당액일 뿐, 그 어음이 진정한 것이었다면 어음소지인이 지급받았을 것이라고 인정되는 그 어음액면 상당액이라고는 할 수 없다.

9. 特許權 등 産業財産權 侵害의 경우

(1) 損害額 推定에 관한 特別規定

産業財産權 關聯法律들은, 侵害行爲의 成立要件과 관련하여 제 3 자의 일

130) 公 1994, 3236.

評釋: 金龍德, "背書의 僞造와 不法行爲責任", 商事判例硏究 3(博英社, 1996), 58; 정진세, "背書僞造에 대한 被僞造者의 使用者責任", 法律新聞 2480(96. 2), 15.

同旨 大判 93. 8. 24, 93다6164, 6171(公 1993, 2597); 評釋: 李宙興, "遡求權保全節次를 해태하여 어음상 權利가 소멸한 경우 損害發生과 因果關係의 문제", 判例月報 287, 7; 黃亨模, "할인금을 지급하고 어음을 취득한 자가 背書를 僞造한 자의 使用者에 대한 損害賠償請求에 있어서 背書人에 대한 遡求權行使의 要件을 갖추지 못한 경우 損害의 有無", 大法院判例解說 20, 104.

同旨 大判 92. 6. 23, 91다43848(公 1992, 2245); 評釋: 孫泰宇, "僞造된 수표를 할인취득한 사람이 입게 되는 損害賠償額", 商事判例硏究 5, 379.

정한 행위를 産業財産權 侵害行爲로 看做하는 特別規定,[131] 侵害行爲者의 過失을 推定하는 特別規定[132] 등을 두고 있으며, 侵害行爲의 效果와 관련하여 사후적인 損害塡補로서의 損害賠償 외에 侵害行爲의 禁止 및 豫防을 請求할 수 있도록 하는 特別規定,[133] 損害賠償의 方法과 관련하여 民 §763, §394의 金錢賠償의 原則에 대한 例外로서 業務上의 信用回復을 위하여 필요한 조치를 請求할 수 있도록 하는 特別規定[134] 등을 두고 있다.

뿐만 아니라 産業財産權 關聯法律들은, 損害賠償 金額과 관련하여서도 損害額 推定에 관한 特別規定을 두고 있는데 産業財産權 중 대표적인 特許法 規定의 내용은 다음과 같다.

> 特許法 §128【損害額의 推定等】
>
> Ⅰ. 特許權者 또는 專用實施權者가 故意 또는 過失에 의하여 自己의 特許權 또는 專用實施權을 侵害한 자에 대하여 그 侵害에 의하여 자기가 받은 損害의 賠償을 請求하는 경우 權利를 侵害한 자가 그 侵害行爲에 의하여 利益을 받은 때에는 그 利益의 額을 特許權者 또는 專用實施權者가 받은 損害의 額으로 推定한다.
>
> Ⅱ. 特許權者 또는 專用實施權者가 故意 또는 過失에 의하여 自己의 特許權 또는 專用實施權을 侵害한 자에 대하여 그 侵害에 의하여 自己가 받은 損害의 賠償을 請求하는 경우 그 特許發明의 實施에 대하여 통상 받을 수 있는 金額에 상당하는 額을 特許權者 또는 專用實施權者가 받은 損害의 額으로 하여 그 損害賠償을 請求할 수 있다.
>
> Ⅲ. 제2항의 規定에 불구하고 損害의 額이 同項에 規定하는 金額을 超過하는 경우에는 그 超過額에 대하여도 損害賠償을 請求할 수 있다. 이 경우 特許權 또는 專用實施權을 侵害한 자에게 故意 또는 중대한 過失이 없는 때에는 法院은 損害賠償의 額을 정함에 있어서 이를 參酌할 수 있다.

(2) 特許權 등 産業財産權 侵害로 인한 損害의 算定

特許權者 또는 專用實施權者가 特許權 侵害者를 상대로 損害賠償을 請求할 때에는, 民 §750에 의한 損害의 賠償을 請求하는 方法, 特許法 §128 Ⅰ에

131) 侵害行爲 看做規定: 特許法 §127, 實用新案法 §43, 商標法 §66, 意匠法 §63.
또한 特許法 §129는, 物件을 生産하는 方法의 發明에 관하여 特許가 된 경우에 그 物件이 特許出願 전에 國內에서 公知된 物件이 아닌 때에는 그 物件과 同一한 物件은 그 特許된 方法에 의하여 生産된 것으로 推定하는 것으로 規定하고 있다(生産方法의 推定).

132) 故意 推定規定: 商標法 §68.
過失 推定規定: 特許法 §130, 意匠法 §65, 實用新案法 §31.

133) 侵害行爲禁止請求權: 特許法 §126, 實用新案法 §31, 商標法 §65, 意匠法 §62.

134) 信用回復措置請求權: 特許法 §131, 實用新案法 §31, 商標法 §69, 意匠法 §66.

의한 損害의 賠償을 請求하는 方法, 特許法 §128 Ⅱ에 의한 損害의 賠償을 請求하는 方法 중 하나를 立證의 편의에 따라 선택할 수 있다.

民 §750에 의한 損害額을 算定할 경우, 侵害行爲와 相當因果關係 있는 損害는 財産的 損害와 精神的 損害로 구분되고, 財産的 損害는 다시 消極的 損害와 積極的 損害로 구분된다. 消極的 損害는 侵害行爲가 없었더라면 特許權者가 얻을 수 있었는데 侵害行爲로 인하여 얻지 못하게 된 利益, 즉 侵害行爲로 인한 逸失利益(喪失收入)을 의미한다. 실제 訴訟에서 문제되는 逸失利益은 ① 販賣數量의 減少에 의하여 喪失한 收益(逸失販賣收益), ② 製品價格의 引下에 의하여 喪失한 收益, ③ 實施料 收入의 減少(特許權者가 제3자에게 實施許諾을 하고 있는 경우) 등 세 종류의 損害이다.[135]

積極的 損害는 侵害行爲와 相當因果關係 있는 特許權者의 旣存財産의 減少를 의미한다. 特許權者가 侵害의 除去, 防止를 위하여 지출한 費用, 辯護士費用 등이 積極的 損害의 범주에 속할 것이나 辯護士 費用이 侵害行爲와 相當因果關係 있는 損害로 인정될 수 있는 경우는 많지 않을 것이다.

不法行爲로 인하여 財産權이 侵害된 경우에는 그 財産的 損害의 賠償에 의하여 精神的 苦痛도 회복된다고 보아야 하고 財産的 損害의 賠償에 의하여도 회복할 수 없는 精神的 損害가 발생하였다면 이는 特別한 事情으로 인한 損害로서 加害者가 그러한 사정을 알았거나 알 수 있었을 경우에 한하여 그 損害에 대한 慰藉料를 인정할 수 있다는 것이 通說·判例의 입장이다. 特許權도 財産權의 일종이므로 그 侵害로 인하여 통상 발생할 수 있는 損害는 財産的 損害라고 할 것이나 特許權 侵害方法이 현저히 反道德的인 경우나 被害者에게 현저한 精神的 苦痛을 느끼게 하는 상황에서 侵害行爲가 이루어진 경우에는 經驗則上 特別한 損害가 발생하였다고 할 수 있고, 또한 통상 이를 豫見할 수 있다고 推定할 수 있을 것이다.[136] 그런데 特許權 侵害로 特許權者의 信用을 毁損한 경우에는 特許權者의 業務上 評價에 관한 人格的 利益이 侵害된 것이고 그로 인한 精神的 苦痛은 通常의 損害라는 견해가 있다.[137]

特許權者는 侵害行爲로 인한 財産的 損害를 立證하기 어렵다면 特許法 §128 Ⅰ에 의한 金額의 賠償을 請求할 수 있다. 特許法 §128 Ⅰ에 의하여 推定되는 損害는 特許權者의 消極的 損害이므로 特許法 §128 Ⅰ에 의한 損害의

135) 全孝淑, "特許權 侵害로 인한 損害賠償", 法實踐의 諸問題(東泉金仁燮辯護士華甲紀念論文集), 763-9 참조.

136) 全孝淑, 前揭論文, 770; 黃貞根, "不法行爲로 인한 財産權의 侵害에 대한 慰藉料 請求", 民事判例硏究 16, 258.

137) 全孝淑, 前揭 論文, 770.

賠償과 함께 侵害行爲로 인한 積極的 損害를 請求할 수도 있다. 特許法 §128 Ⅰ의 法律的 性質에 관하여, 이 規定은 權利者의 현실의 損害額에 관계없이 侵害者가 얻은 全利益의 返還請求權을 새로 인정한 規定이라거나 특별히 規範的 損害概念을 도입한 것이라는 견해[138]도 있으나 多數說은 不法行爲의 一般原則의 適用을 전제로 權利者의 立證의 負擔을 덜어 주기 위한 規定이고 損害의 塡補라는 觀念을 변경한 것은 아니라고 解釋한다.[139] 이러한 多數說의 견해에 따르면 위 規定은 法律上의 事實推定規定에 해당하므로 侵害者는 侵害行爲로 인한 特許權者의 損害額이 이에 미치지 못한다는 사실을 積極的으로 立證함으로써 損害額의 推定을 복멸할 수 있다. 侵害者의 利益額은, ① 침해품 매상고×被告의 이익률 또는 ② 침해품 판매수량×침해품 1개당 이익액의 방법으로 算定할 수 있다.

侵害品의 賣上高 또는 侵害品의 販賣數量에 관한 자료는 侵害者에게 있으므로 特許法 §132는 損害額 算定의 편의를 위한 節次的인 權利로서 特許權者의 文書提出命令申請權을 規定하고 있다.[140]

文書提出命令申請權이 보장되더라도 特許權者가 侵害者의 利益額을 立證하기가 용이하지 않을 수 있다. 그래서 特許法 §128 Ⅱ은 特許權 侵害行爲가 있는 경우 최소한 實施料 相當額의 損害가 발생하는 것으로 看做하는 規定을 두고 있다.[141] 따라서 特許權者가 위 規定에 의한 損害賠償을 請求하는 경우에는 侵害事實과 당해 特許權의 實施料 相當額만을 立證하면 된다.

[判例 66] 서울民地判 91.5.8, 90가합92251[142] 特許權者 또는 專用實施權者가 故意 또는 過失에 의하여 자기의 特許權 또는 專用實施權을 侵害한 자에 대하여 그 侵害에 의하여 받은 損害의 賠償을 請求하는 경우, 權利를 侵害한 자가 그 侵害行爲에 의하여 利益을 받은 때에는 그 利益의 액을 特許權者 또는 專用實施權者가 받은 損害의 액으로 推定하는 것이고(特許法 §128 Ⅰ), 따라서 特許權者 및 專用實施權者가 입은 損害의 총액은 위 법조항의 경우 侵害

138) 田村善之, 知的財産權と損害賠償, 弘文堂(平成 5), 214-5.
139) 宋永植 외 2인, 知的財産權法(育法社, 1994), 339.
140) 特許法 §132는, "法院은 特許權 또는 專用實施權의 侵害에 관한 訴訟에 있어서 當事者의 申請에 의하여 他當事者에 대하여 당해 侵害行爲로 인한 損害의 計算을 하는 데에 필요한 書類의 提出을 명할 수 있다"고 規定하여 損害額 算定의 편의를 위한 節次的인 權利로서 文書提出命令申請權을 規定하고 있다.
동 趣旨의 規定: 實用新案法 §61, 商標法 §70, 意匠法 §67.
141) 損害發生擬制說의 입장으로 우리 나라의 多數說이다(宋永植 외 2인, 前揭書, 348).
142) 下集 91-2, 266.

行爲者가 얻은 利益의 액에 한정되므로, 專用實施權者의 損害는 特許權者에게 지불하여야 할 실시료 상당액을 공제한 잔액이라 할 것이나, 專用實施權者가 特許權者로부터 專用實施權을 일정액에 매수하여 專用實施權者만이 特許權을 실시하고 있는 경우에는 侵害行爲者가 얻은 利益의 액이 모두 專用實施權者의 損害로 된다.

[判例 67] 大判 81. 1. 13, 80다1334[143] 意匠權은 무형의 사상으로서 무한정의 利益이 내포되어 있어 그 侵害에 대한 損害額의 算定이 어려울 뿐만 아니라 工業所有權의 侵害에 의하여 工業所有權者의 名譽·信用의 毁損에 의한 精神的 損害도 수반되므로 金錢的 補償으로써 被保全權利가 종국의 목적을 달할 수 없다 할 것이니 意匠權이 被保全權利인 경우에는 民事訴訟法 제720조에서 말하는 "특별사정이 있는 때"에 해당하지 아니한다.

[判例 68] 大決 91. 4. 30, 90마851[144] 商標權者 이외의 자가 同一 또는 類似한 商標를 사용하는 경우에는 그로 인하여 商標權者에게 財産上 損害를 입히는데 그치는 것이 아니라 業務上의 信用을 실추시키는 결과까지도 초래하게 되는 것으로서, 이와 같은 信用의 실추는 金錢에 의한 補償을 받음으로써 반드시 완전하게 회복되는 것도 아니므로, 구 商標法(1990. 1. 13. 법률 제4210호로 전문개정되기 전의 것) 제36조 각 호 소정의 "商標權의 侵害로 보는 行爲"가 있는 경우에는 商標權者는 위 法 제35조에 따라서 그 侵害의 禁止 또는 豫防을 請求할 수 있음은 물론, 현저한 損害를 피하거나 급박한 강폭을 防止하기 위하여 또는 기타 필요한 이유가 있는 때에는 民事訴訟法 제714조 제 2 항 소정의 임시의 지위를 정하는 假處分도 할 수 있다.

[判例 69] 大判 92. 2. 25, 91다23776[145] 구 商標法(1990. 1. 13. 法律 제4210호로 全文改正되기 전의 것) 제37조 제 2 항에 의하면, 商標權者가 商標權 侵害者에 대하여 侵害賠償을 請求하는 경우 그 자가 侵害行爲에 의하여 利益을 받았을 때에는 그 利益의 액은 商標權者가 받은 損害額으로 推定되므로 商標權者는 商標權 侵害者가 취득한 利益을 立證하면 되고 그 밖에 侵害行爲와 損害의 발생 간의 因果關係에 대하여는 이를 立證할 필요가 없다.

(3) **著作權 侵害의 경우**

著作權은 著作財産權뿐 아니라 著作人格權, 出版權, 著作隣接權을 포함하

143) 公 1981, 13580; 集 29-1, 6.
144) 公 1991, 1597.
145) 公 1992, 1124.

는 개념이다. 特許權 등 産業財産權이 財産權的 性質만을 가지는 데 반하여 著作權은 財産權的 性質과 人格權的 性質을 동시에 가지므로 著作人格權 侵害의 경우에는 通常의 損害로서 精神的 損害가 인정된다는 점에서 가장 큰 차이점이 있다. 著作財産權 侵害에 의한 效果는 特許權 侵害의 경우와 거의 같으나 著作權法은 損害推定規定에서 한 걸음 더 나아가 不正複製物의 部數를 推定하는 規定을 두고 있다.[146)]

損害推定規定인 著作權法 §93 Ⅱ, Ⅲ과 관련하여, 제 2 항에 의한 損害額에 제 3 항에 의한 損害額을 부가한 金額의 賠償을 구할 수 있다는 견해[147)]와 제 2 항에 의한 損害와 제 3 항에 의한 損害 중 擇一的으로 請求할 수 있을 뿐이라는 견해[148)]가 있는데 大法院은 後者의 견해를 채택하였다.

[判例 70] 大判 89. 10. 24, 88다카29269[149)] 구 著作權法 제14조(1986. 12. 31. 법률 제3916호로 개정되기 전의 것)에 의하면 저작자는 저작물에 관한 財産的 權利에 관계없이 또한 그 權利의 이전 후에 있어서도 그 저작물의 창작자임을 주장할 權利가 있고, 이는 저작자가 저작자로서의 인격권에 터잡아 저작물의 원작품이나 그 복제물에 또는 저작물을 공표에 있어서 그의 실명 또는 이명을 표시할 權利가 있다는 것이므로 저작자의 동의나 승낙 없이 그 성명을 표시하지 않았거나 가공의 이름을 표시하여 그 저작물을 무단복제한 자에 대하여는 특단의 사정이 없는 한 위 귀속권 侵害로 인한 精神的 損害의 賠償을 請求할 수 있다.

[判例 71] 大判 96. 6. 11, 95다49639[150)] 著作權法 제93조 제 2 항

---

146) 著作權法 §93【損害賠償의 請求】

Ⅰ. 著作財産權 그 밖의 이 法에 의하여 保護되는 權利(저작인격권을 제외한다)를 가진 자는 故意 또는 過失로 그 權利를 侵害한 자에 대하여 損害賠償을 請求할 수 있다.

Ⅱ. 著作財産權者 등은 제 1 항의 規定에 의한 請求를 하는 경우에 그 權利를 侵害한 자가 侵害行爲에 의하여 利益을 받았을 때에는 그 利益의 액을 著作財産權者 등이 입은 損害額으로 推定한다.

Ⅲ. 著作財産權者 등은 제 2 항의 規定에 의한 損害額 외에 그 權利의 行使로 通常 얻을 수 있는 금액에 상당하는 액을 損害額으로 하여 그 賠償을 請求할 수 있다.

著作權法 §94【不正複製物의 부수 등 推定】

著作財産權者의 허락 없이 著作物을 複製한 때에 그 不正複製物의 부수 등을 算定하기 어려운 경우에는 다음과 같이 이를 推定한다.

1. 출판물…… 5,000부
2. 음　반…… 1만매

147) 宋英植 외 2인, 前揭書, 1083; 이기수 외 6인, 知的所有權法, 한빛知的所有權센터(1996), 1017.

148) 梁彰洙, "民法의 觀點에서 본 著作權法", 季刊 著作權(1988, 가을), 32; 李海完, "著作權의 侵害와 그 救濟", 裁判資料 57(知的所有權에 관한 諸問題 下), 443; 鄭載勳, "著作權侵害에 대한 損害賠償", 法曹 486, 103.

149) 公 1989, 1759.

150) 公 1996, 2121.

에서는 著作財產權을 侵害한 자가 侵害行爲에 의하여 利益을 받았을 때에는 그 利益의 액을 著作財產權者 등이 입은 損害額으로 推定한다고 規定하고 있고, 그 제 3 항에서는 著作財產權者 등은 제 2 항의 規定에 의한 損害額 외에 그 權利의 행사로 通常 얻을 수 있는 금액에 상당하는 액을 損害額으로 하여 그 賠償을 請求할 수 있다고 規定하고 있는바, 이는 被害 著作財產權者의 損害額에 대한 立證의 편의를 도모하기 위한 規定으로서 최소한 제 3 항의 規定에 의한 금액은 보장해 주려는 것이므로, 결국 제 2 항에 의한 금액과 제 3 항에 의한 금액 중 더 많은 금액을 한도로 하여 選擇的으로 또는 重疊的으로 損害賠償을 請求할 수 있다.

10. 人格權의 侵害

人格權의 侵害로 인한 損害는, 財產上의 損害와 精神上의 損害로 나눌 수 있고, 財產上의 損害는 다시 積極的 損害와 消極的 損害로 나눌 수 있다. 判例는 상대방의 誹謗廣告에 대응하기 위한 廣告揭載費用을 財產上의 損害로 인정하였다. 信用·名譽 등의 侵害로 영업부진, 모델료 감소 등과 같이 收入의 喪失이 있는 경우 消極的 損害로 인정될 수 있을 것이다. 그러나 人格權의 侵害에 의한 財產上의 損害가 있다고 하더라도 그 입증이 쉽지 않으므로 人格權의 侵害에 있어서 가장 중요한 것은 精神的인 損害에 대한 慰藉料라고 할 수 있다.[151]

[判例 72] 大判 96. 4. 12, 93다40614, 40621[152] 가. 誹謗廣告들로 인한 피해를 최소한으로 줄이기 위하여 광고들이 실렸던 일간지마다 동일한 크기의 대응광고를 게재할 필요가 있었다면, 그 費用도 誹謗廣告들로 인하여 입은 損害이다.

나. 人格權은 그 성질상 일단 侵害된 후의 구제수단(金錢賠償이나 名譽回復處分 등)만으로는 그 피해의 완전한 회복이 어렵고 損害塡補의 실효성을 기대하기 어려우므로, 人格權 侵害에 대하여는 事前(豫防的) 구제수단으로 侵害行爲停止·防止 등의 禁

評釋: 方碩皓, "放送作家의 著作權 侵害에 따른 방송사 등의 責任 成立 與否", 著作權 35(1996. 9, 가을), 48.

151) 名譽毁損에 대하여 法院이 인정한 慰藉料 金額에 관하여는, 韓渭洙, "名譽의 毁損과 民事上의 諸問題", 司論 24, 439 참조.

152) 公 1996, 1486.

評釋: 姜溶鉉, "誹謗廣告를 한 자에 대하여 事前에 廣告禁止를 명하는 判決 및 그 判決節次에서 명하는 間接強制", 大法院判例解說 25(1996 상), 69.

止請求權도 인정된다(廣告中止請求를 인정).

다. 不作爲債務를 명하는 判決의 실효성 있는 집행을 보장하기 위하여는, 不作爲債務에 관한 訴訟節次의 변론종결 당시에서 보아 債務名義가 성립하더라도 債務者가 이를 단기간 내에 위반할 蓋然性이 있고, 또한 그 判決節次에서 民事訴訟法 제693조에 의하여 명할 적정한 賠償額을 算定할 수 있는 경우에는, 그 不作爲債務에 관한 判決節次에서도 위 법조에 의하여 장차 債務者가 그 債務를 不履行할 경우에 일정한 賠償을 할 것을 명할 수 있다.

11. Publicity權의 侵害

姓名權·肖像權은 人格權의 한 내용이므로 타인의 姓名權·肖像權을 侵害할 경우 그 侵害行爲는 不法行爲를 구성하고 侵害者는 被害者의 損害를 賠償하여야 할 責任을 지게 되는데 일반적으로 姓名權·肖像權의 侵害에 의한 損害는 精神的 損害가 될 것이다. 그러나 대중적 인기직업인인 배우, 탤런트, 운동선수, 모델 등의 姓名 또는 肖像이 허락 없이 광고 등에 이용된 경우에는 姓名權·肖像權이 侵害된 데 따른 精神的 고통보다 오히려 광고 출연에 대한 대가를 지급받지 못한 損害와 이미지의 손상 등으로 인한 모델료의 하락과 같은 財産的 損害가 더 크다고 할 것이고, 이러한 경우 姓名·肖像이 가지는 人格權으로서의 측면보다 財産權으로서의 측면이 부각된다. 또한 유명인이 자기의 姓名, 肖像을 광고에 이용할 수 있는 權利를 타인에게 양도하는 契約을 체결하는 등 종래 人格權으로서는 설명하기 어려운 상황이 발생되었다. 이러한 배경하에서 美國에서는 1950년대 이미 Publicity權(the right of publicity)이라 하여 姓名, 肖像 등의 상업적 이용에 관한 權利가 人格權과는 구별되는 財産權으로서 인정되었다.

Publicity權은 "肖像, 姓名 등 그 사람 자체를 가리키는 것(identity)을 광고, 상품 등에 상업적으로 이용하여 經濟的 利益을 얻을 수 있는 權利"라고 定義될 수 있다.[153] Publicity權은, 財産權, 排他的 權利, 知的財産權으로서의 法的 性格을 갖는다.

Publicity權의 侵害로 인한 損害는 우선 그 상업적 이용 자체에 대하여 權利者가 받을 수 있는 대가를 받지 못한 損害, 즉 Publicity權의 公正한 市場價値(fair market value)에 의한 使用料 상당액이 될 것이다. 이는 전문가의 감정에

153) 韓渭洙, "퍼블리서티權의 侵害와 民事責任(上)", 人權과 正義 242(1996. 10), 29.

의하여야 할 것이지만[154] 간편하게는 종전의 유사한 사용에서 原告가 받은 使用料로 算定할 수 있을 것이다.[155]

한편 조악품을 위한 광고 또는 자기의 이미지를 해치는 광고 등 자발적으로는 결코 이용을 허락하지 아니하였을 이용행위에 대하여는 使用料 상당을 賠償할 것이 아니라 그러한 이용에 의하여 姓名, 肖像의 상업적 가치가 감소하게 된 부분의 평가액 또는 장래의 收入減少分을 賠償하여야 할 것이며,[156] 특정 상품을 보증하거나 본인의 名聲이나 信用을 毁損하는 이용행위를 하였다면 이를 바로잡는 데 필요한 廣告費用 등도 賠償하여야 할 것이다.[157]

Publicity權이 財產權的 성격을 띤다 해도 人格權的 성격을 전혀 배제할 수 없고, 정상적인 교섭과정에서의 決定權을 侵害당한 측면이 있으므로 그 侵害에 대하여 慰藉料를 請求할 수 있을 것이다.[158]

[判例 73] 서울高判 89. 1. 23, 88나38770[159] 被害者를 모델로 한 카탈로그용 사진의 촬영 및 광고에 관하여서만 承諾을 얻었음에도 불구하고 그 承諾의 範圍를 벗어나 당초 被害者가 모델계약을 체결할 때 예상한 것과는 상이한 별개의 광고방법인 월간잡지에까지 被害者의 카탈로그용 사진을 사용하는 행위는 肖像權 侵害로 인한 不法行爲를 구성하고 위 월간잡지들이 발간된 이후에 被害者가 加害者와 별도의 모델계약을 체결하거나 위 카탈로그용 사진의 모델료를 수령하였다 하더라도 이를 들어 곧바로 위와 같은 행위에 대한 默示的 承諾이라고 보기 어렵다(이 判決은 다른 모델들의 모델료, 유사한 지명도와 인기를 가진 모델의 모델료 등을 감안하여 損害賠償額을 정하였다).

[判例 74] 서울民地判 91. 7. 25, 90가합76280[160] 가. 개인은 그의 허락이나 同意 없이 자신의 姓名과 肖像이 제 3 자에 의하여 공포되지 아니할 人格的 利益을 가지고 있고 이를 侵害한 자에 대하여는 不法行爲를 이유로 精神的 고통에 대한 損害賠償請求權을 가지며, 비록 모델 등 대중과의 접촉을

154) [判例 73].
155) [判例 74].
156) Clark v. Celeb Publishing, Inc., 530F. Supp. 979(S.D.N.Y. 1981) 判決은 허락 없이 저질 포르노 잡지의 광고에 原告를 등장시킴으로써 原告의 모델로서의 수입이 감소하게 되었다고 하여 그 감소분의 賠償을 명하였다.
157) Cher v. Forum International, Ltd., 213 U.S.P.Q. 96(C.D. Cal. 1982), modified and aff'd 692 F. 2d 634(9th Cir. 1982) 판결은 가수 Cher를 이용한 광고가 마치 그 잡지를 보증 또는 추천하는 듯한 오해를 불러일으키게 했다 하여 이를 불식하기 위한 정정광고비로 69,117 달러의 賠償을 명하였다; 우리 나라의 判例로는 [判例 72] 참조.
158) 韓渭洙, "퍼블리서티權의 侵害와 民事責任(ト)", 人權과 正義 243(96. 11), 124.
159) 下集 89-1, 148.
160) 下集 91-2, 92.

직업으로 하는 사람에 있어서는 통상 자기의 姓名이나 肖像이 널리 일반대중에 공개되는 것을 희망 또는 의욕하는 점에 비추어 그 使用方法, 態樣, 目的 등으로부터 보아 그의 모델로서의 評價, 名聲, 印象 등을 毁損 또는 低下시키는 경우, 기타 자기의 姓名이나 肖像을 상품 선전에 이용하지 않는 것을 의욕한 경우와 같이 특별한 사정이 있는 경우에 한하여 精神的 고통이 있다 할 수 있고, 따라서 損害賠償請求權이 인정되는 경우도 제한된다 할 것이나, 한편 위와 같은 모델 등은 자기가 얻은 名聲으로 인하여 자기의 姓名이나 肖像을 대가를 얻고 제3자에게 전속적으로 이용하게 할 수 있는 經濟的 利益을 가지고 있어서 이를 侵害한 자에 대하여 그 不法使用에 대한 使用料 상당의 損害를 財産上 損害로서 賠償을 請求할 수 있으므로, 상품선전용 텔레비전 광고 출연계약기간 만료 후에도 광고주가 광고를 계속 방영하였다면, 그로 인하여 그 광고 모델의 人格的 및 經濟的 利益을 侵害하였다 할 것이므로 광고주는 위 모델이 입은 財産上 및 精神上의 모든 損害를 賠償할 責任이 있다.

나. 위 "가"항의 경우 위 광고 모델이 위 契約에서 이미 보수를 받기로 約定하고 용역을 제공한 것이라면 자기의 肖像에 관하여 財産的 利益을 가지고 있다고 인정되고, 광고주는 모델의 承諾이나 同意를 받지 않고 그의 姓名과 肖像을 상품의 선전 광고에 이용한 셈이 되어 그 방영에 의하여 모델의 위와 같은 財産的 利益을 侵害하였다 할 것이며, 위 財産上 損害란 모델이 자유처분할 수 있는 그의 姓名 및 肖像의 이용가치에 대한 평가를 의미하므로 비록 모델이 그 불법방영기간 동안 달리 專屬契約을 체결하여 그에 따른 보수를 받음으로써 구체적인 金錢的 收益의 減少가 없었다 하더라도 財産上 損害가 없었다고는 할 수 없고, 그 구체적인 損害額은 위 광고물의 제작에 대하여 용역을 제공함으로써 얻게 되는 보수가 아니라, 모델이 이미 제작된 위 광고물을 계속 방영하는 데 同意함으로써 그 방영 당시 얻을 수 있는 보수 중 그 방영기간에 상응하는 금액으로 봄이 상당하다.

12. 公害로 인한 損害

[判例 75] 大判 91.7.23, 89다카1275[161] 가. 농장의 관상수들이 枯死하게 된 직접원인은 寒波로 인한 凍害이지만, 인근 공장에서 배출된 아황산가스의 일부가 대기를 통하여 위 농장에 도달됨으로 인하여 유황이 잎 내에

161) 公 1991, 2211.

축적되어 수목의 성장에 장해가 됨으로써 凍害에 상승작용을 한 경우에 있어 공장주는 損害賠償責任을 부담한다.

나. 위 "가"항의 경우에 있어 공장에서 배출된 오염물질(아황산가스)의 농도가 環境保全法에 의하여 허용된 기준치 이내라 하더라도 그 有害의 정도가 通常의 受忍限度를 넘어 인근 농장의 관상수를 枯死케 하는 한 원인이 되었다면 그 排出行爲로 인한 損害賠償責任을 면치 못한다.

다. 公害事件에서 被害者의 損害가 寒波, 落雷와 같은 自然力과 加害者의 過失行爲가 경합되어 발생된 경우 加害者의 賠償의 範圍는 損害의 公平한 負擔이라는 견지에서 損害에 대한 自然力의 寄與分을 제한 부분으로 制限하여야 한다.

[判例 76] 大判 83. 7. 26, 83다카716[162] 공유수면매립공사 시공 잘못으로 토사 유입과 어촌림이 파괴되어 漁場이 毁損된 경우에 있어서 그 被害者가 입은 收益喪失로 인한 損害 중 적어도 위 不法行爲 당시에 養殖중이던 고막과 굴이 정상적으로 성장하여 채취되었더라면 얻을 수 있는 收益을 얻지 못함으로써 입게 된 損害와 위 漁場을 복구하거나 혹은 복구가 불가능한 경우 毁損된 부분을 새로운 漁場으로 대체하는 데 소요되는 기간중의 收益喪失로 인한 損害는 通常損害에 해당한다고 할 것이다.

13. 醫師의 醫療過失行爲로 인한 損害

生命·身體의 侵害로 인한 損害 참조

14. 醫師의 說明義務 違反으로 인한 損害

醫師의 說明義務는 대체로 두 가지 측면에서 논의되고 있다. 그 중 하나는, 患者가 치료행위에 수반되는 위험을 認知하고 치료 여부를 스스로 결정하는 患者의 自己決定權을 보장하는 측면이며 이러한 측면에서의 醫師의 說明義務는 患者와 醫師 사이의 診療契約에서 발생하는 信義則上의 부수의무가 된다. 또다른 하나는 醫師의 치료행위 자체가 患者의 人體에 대한 侵襲行爲인데 患者의 承諾에 의하여 치료행위의 違法性이 조각됨을 전제로 충분한 說明 없이 행해진 患者의 承諾은 無效로서 치료행위의 違法性을 조각하지 않는다는 측면이다.

162) 公 1983, 1332.

前者의 측면에서 醫師의 說明義務를 파악하는 입장에서 보면 說明義務 違反은 自己決定權의 侵害이므로 그 效果는 自己決定權 侵害에 따른 慰藉料支給責任의 發生이 된다.[163] 後者의 측면에서 醫師의 說明義務를 파악하는 입장에서 보면 醫師가 說明義務를 違反하면 치료행위의 違法性이 조각되지 않으므로 患者는 치료과정에서의 過失의 입증 없이 치료행위와 因果關係 있는 모든 損害의 賠償을 구할 수 있게 된다.[164]

判例 중에 後者의 입장에 선 것[165]도 있으나 判例의 주류는 원칙적으로 前者의 측면에서 醫師의 說明義務를 파악하고, 예외적으로 醫師의 說明義務 違反의 정도가 중대하여 치료과정에서의 過失과 동일시할 수 있는 경우에는 後者의 측면에서 醫師의 說明義務를 파악하는 절충적인 견해를 취하고 있다.

[判例 77] 大判 96. 4. 12, 95다56095[166)] 醫師가 說明義務를 違反한 채 수술 등을 하여 患者에게 사망 등의 중대한 결과가 발생한 경우에 환자측에서 선택의 기회를 잃고 自己決定權을 행사할 수 없게 된 데 대하여 慰藉料만이 아닌 全損害의 賠償을 구하는 경우에는, 그 說明義務의 違反이 구체적 치료과정에서 요구되는 醫師의 注意義務의 違反과 동일시할 정도의 것이어야 하고 그러한 違反行爲와 患者의 사망과의 사이에 因果關係가 존재함이 입증되어야 한다.

[判例 78] 大判 95. 2. 10, 93다52402[167)] 가. 醫師가 患者에게 수술 등 인체에 위험을 가하는 행위를 함에 있어 그에 대한 承諾을 얻기 위한 전제로서 患者 본인 또는 그 가족에게 그 질병의 증상, 치료방법의 내용 및 필요성, 발생이 예상되는 위험 등에 관하여 당시의 의료 수준에 비추어 상당하다고 생각되는 사항을 說明하여 그 患者가 필요성이나 위험성을 충분히 비교하여 그 醫療行爲를 받을 것인가의 여부를 선택할 수 있도록 하여야 할 義務가 있다.

---

163) 金天秀, 患者의 自己決定權과 醫師의 說明義務(서울대 博士學位論文, 1994), 126; 李銀榮, 債各, 702.

164) 全河銀, "醫師의 說明義務 違反과 假定的 承諾, 損害賠償責任의 範圍", 裁判과 判例 4, 199; 任統一, "醫師의 說明義務와 그 違反의 效果", 判例硏究(서울地方辯護士會) 9, 194.

165) 大判 87. 4. 28, 86다카1136.

166) 公 1996상, 1526.

167) 公 1995, 1281.

同旨: 大判 95. 1. 20, 94다3421(公 1995, 885); 評釋: 任統一, 前揭論文, 194.

同旨: 大判 94. 4. 15, 93다60953(公 1994, 1440); 評釋: 沈昞聯, "가. 醫師가 患者에게 수술 등 侵襲을 가함에 있어 그 承諾을 얻기 위한 전제로서 부담하는 說明義務의 內容, 나. 說明義務違反과 損害賠償의 範圍", 大法院判例解說 21, 174; 全河銀, 前揭論文, 199.

나. 醫師가 說明義務를 違反한 채 수술 등을 하여 患者에게 사망 등의 중대한 결과가 발생한 경우에 患者측에서 선택의 기회를 잃고 自己決定權을 행사할 수 없게 된 데 대한 慰藉料만을 請求하는 경우에는 醫師의 說明 결여 내지 부족으로 선택의 기회를 상실하였다는 사실만을 입증함으로써 족하고, 說明을 받았더라면 사망 등의 결과는 생기지 않았을 것이라는 관계까지 입증할 필요는 없으나, 그 결과로 인한 모든 損害를 請求하는 경우에는 그 중대한 결과와 醫師의 說明義務 違反 내지 承諾取得 과정에서의 잘못과의 사이에 相當因果關係가 존재하여야 하며, 그 때의 醫師의 說明義務 違反은 患者의 自己決定權 내지 치료행위에 대한 선택의 기회를 보호하기 위한 점에 비추어 患者의 생명, 신체에 대한 구체적 치료과정에서 요구되는 醫師의 注意義務 違反과 동일시할 정도의 것이어야 한다.

[判例 79] 大判 87. 4. 28, 86다카1136[168] 醫師로서는 성형수술이 그 성질상 긴급을 요하지 아니하고 성형수술을 한다고 하더라도 외관상 다소간의 호전이 기대될 뿐이며, 다른 한편으로는 피부 이식수술로 인한 피부 제공처에 상당한 상처로 인한 後遺症이 발생할 가능성이 있음을 고려하여 수술전에 충분한 검사를 거쳐 患者에게 수술중 피부이식에 필요하거나 필요하게 될 피부의 부위 및 정도와 그 後遺症에 대하여 구체적인 說明을 하여 준 연후에 그의 事前同意를 받아 수술에 임하였어야 할 業務上 注意義務가 있음에도 불구하고 이에 이르지 아니한 채 막연한 두피이동술 및 식피술 등의 수술에 관한 同意만 받았을 뿐, 양대퇴부의 피부이식에 대한 내용 및 그 후유증 등에 대하여 구체적으로 說明하여 주지 아니하고 수술에 이르렀다면 이 사건 성형수술로 被害者가 입은 傷害는 醫師의 위와 같은 注意義務를 다하지 아니한 過失로 인한 것이라고 할 것이다.

15. 변호사의 malpractice로 인한 損害

[判例 80] 大判 95. 5. 12, 93다62508[169] 前訴訟의 抗訴審에서 敗訴한 上告人으로부터 上告事件을 受任한 辯護士가 受任事件을 태만히 하여 上告

168) 公 1987, 873.
評釋: 權五乘, "醫師의 說明義務", 民事判例硏究 11, 242; 李秀景, "醫師가 수술 전에 患者에게 행한 說明義務", 判例硏究(서울地方辯護士會) 9, 181; 金天秀, "說明義務를 해태한 醫師측의 責任範圍", 判例月報 233.

169) 公 1995, 2095.

理由書 제출기간 내에 上告理由書를 제출하지 아니하여 上告가 棄却됨으로 인한 財産上 損害賠償을 請求하는 경우, 그 辯護士가 前訴訟의 上告理由書 제출기간 내에 上告理由書를 제출하였더라면 그 原審判決이 取消되고 上告人이 勝訴하였을 것이라는 점에 관한 입증이 없다고 하여 損害賠償請求를 棄却한 原審判決은 정당하다.

[判例 81] 大判 72. 4. 25, 72다56[170] 訴訟代理人의 抗訴期間 도과로 인하여 입은 損害額의 範圍는 적법히 抗訴를 제기하였더라면 어느 정도 유리하게 변경될 수 있었을지를 審理하여 決定함이 옳다.

16. 不法爭議行爲로 인한 損害

[判例 82] 大判 96. 7. 12, 94다61885, 61892[171] 不法爭議行爲로 인하여 회사가 입은 損害額을 算定함에 있어, 관리직 인건비 중 회사 소속 예비군 중대 직원이나 기술연구소 직원에 대한 급료가 생산활동과 직접 관련이 없거나 조립 라인의 조업 중단과 무관하게 정상적으로 가동이 된 부서에 대한 비용이라고 하더라도, 그 또한 생산 부분의 생산활동에 의하여 이익을 얻는다는 기대하에 회사의 영업을 위하여 지출한 것임에도 불구하고 조립 라인의 조업 중단으로 인하여 제품 완성품이 생산되지 않아 그 비용을 회수하지 못하였으므로 이는 損害額 算定의 기초에 포함시켜야 하고, 한편 당해 회사의 給與規定에 의하면 관리직 사원에 대한 給與制度는 月給制度로서 그 月給에는 사원이 시간외 근무를 하였는지 여부나 시간외 근무시간수에 관계없이 일정액의 시간외 근무수당을 지급하도록 되어 있으므로, 회사가 지출한 관리직 사원에 대한 시간외 근무수당 명목의 금품도 損害額 算定의 기초로 삼아야 한다.

[判例 83] 大判 94. 3. 25, 93다32828, 32835[172] 가. 不法爭議行爲로 인하여 勞動組合이나 勤勞者가 그 賠償責任을 지는 賠償額의 범위는 不法爭議行爲와 相當因果關係에 있는 모든 損害이다.

나. 勞動組合이나 勤勞者의 不法爭議行爲로 인하여 의료업무를 수행하는 使用者가 그 營業上의 損失에 해당하는 診療收入의 減少로 입은 損害는 逸失

---

170) 集 20-1, 247.
171) 公 1996, 2466.
172) 公 1994, 1322.
評釋: 金炯鎭, “不法爭議行爲와 損害賠償責任”, 大法院判例解說 21(1994 상), 579; 김형배, “不法罷業에 대한 損害賠償”, 勞使情報 61, 218.

利益으로서 不法爭議行爲와 相當因果關係가 있는 損害이고, 그 逸失利益의 算定方法은 구체적 사정에 따라 다를 것이나, 일응 不法爭議行爲가 없었던 전년도의 같은 기간에 대응하는 診療收入과 대비한 減少分이나 不法爭議行爲가 없었던 前月의 같은 기간에 대응하는 診療收入과 대비한 減少分을 산출한 다음 그 收入을 얻기 위하여 소요되는 제비용을 공제하는 방법으로도 算定할 수 있다.

17. 기　타

[判例 84] 大判 92. 6. 23, 91다43657[173]　가. 아파트 입주자 선정업무를 대행하는 은행의 직원이 分讓申請人의 姓名을 잘못 전산 입력하고 그 잘못된 姓名으로 당첨자 발표까지 하여 당첨자가 所定其間 내에 賣買契約을 체결하지 못해 受分讓權을 喪失한 경우에 있어, 위 당첨자 명단에 그 姓名 이외의 住宅請約預金의 구좌번호, 주민등록번호 등은 정확히 기재되어 있었다 해도 은행으로서는 分讓申請을 접수함에 있어 申請人의 姓名 등 그를 특정함에 필요한 기본사항을 정확히 컴퓨터에 입력하여야 하고, 당첨자를 공고함에 있어서 그 姓名 등을 다시 대조·확인하여 정확히 당첨자 명단을 공고하여야 할 業務上 主義義務가 있는데도, 은행 직원들이 이를 게을리한 것이므로 위 직원들의 使用者인 은행이 損害를 賠償할 責任이 있다.

나. 위 "가"항에 있어 分讓申請人이 受分讓權을 喪失함으로써 입은 損害를 受分讓權 喪失 당시에 있어서의 위 受分讓權 자체의 交換價値인 積極的 損害를 주장한 것이 아니라 受分讓權 喪失로 말미암아 그 受分讓權에 의하여 分讓申請人이 취득할 수 있었을 아파트의 所有權을 취득하지 못한 消極的 損害로서 준공될 아파트의 가액에서 분양대금 등을 공제한 가액을 주장하고 있음이 명백함에도 원심이 消極的 損害에 대하여는 판단하지 않고 주장한 바 없는 積極的 損害에 대하여 판단한 違法이 있다고 하여 原審判決을 破棄한 사례.

[判例 85] 大判 92. 12. 8, 92다34568[174]　他人의 不法行爲로 인하여 重課稅處分을 받아 이에 따른 稅金을 납부한 경우 重課稅處分이 當然無效의 處分이 아니라 取消할 수 있는 處分에 지나지 않는다면, 그와 같은 違法한 處分이라도 일단 確定되어 稅金을 납부한 이상 違法한 稅額 상당의 損害를 입었

173) 公 1992, 2243.
174) 公 1993, 438.

다 할 것이고, 다만 納稅者가 重課稅處分에 대하여 爭訟을 제기하여 取消를 구할 수 있었는데도 이를 게을리한 채 課稅處分을 그대로 確定시킨 것이라면 過失을 참작하여 賠償責任을 減輕 또는 免除할 수 있다.

[判例 86] 大判 90. 12. 11, 90다카27129[175] 자동차 회사인 原告가 購買者에게 매도한 자동차를 被告들에게 任置중 被告들의 歸責事由로 盜難당하여 原告가 수차 차량을 인도하여 줄 것을 催告하였음에도 불구하고 被告들이 이를 이행하지 아니하므로 原告가 購買者에게 매매 목적인 자동차를 인도해 주지 못하여 대신 동종의 다른 자동차를 인도해 준 경우, 그로 인하여 原告가 입은 損害는 다시 자동차를 출고해 줌으로써 이중으로 부담하게 된 자동차의 價額과 출고, 등록, 차량 탁송에 소요된 비용과 제세공과금 등이라고 볼 것이고(그 이후에 자동차를 되찾은 날까지의 引渡遲延에 따른 損害나 減價償却額 정도라고 할 수는 없다), 被告들도 이를 예견할 수 있었다고 할 것이므로 이의 賠償責任이 있다 할 것이며, 또한 그 후에는 被告들이 자동차를 되찾아 반환하고자 한다고 하여도 原告는 이미 동종의 다른 자동차를 인도하여 賣渡人으로서의 債務를 履行해 버린 이상, 그리고 被告들을 상대로 이 사건 損害賠償 請求訴訟까지 제기하고 있으므로 신품을 판매하는 原告에게 중고자동차를 受領하여야 할 의무가 있다고 할 수는 없다.

[判例 87] 大判 89. 2. 14, 88므146[176] 事實婚不當破棄로 인한 損害賠償에는 財産的 損害와 精神的 損害가 포함되고 그 財産的 損害에는 事實婚關係의 성립, 유지와 因果關係 있는 모든 損害가 포함된다.

Ⅶ. 懲罰的 損害賠償(Punitive Damages)

民法은 民事責任과 刑事責任의 분화라는 近代 大陸法系의 立法例를 따라 懲罰的 의미의 損害賠償을 인정하고 있지 아니하다. 民法上 不法行爲로 인한 損害賠償은 실제 발생한 損害의 塡補를 한도로 하는 것이어서 被害者가 실제 被害의 範圍를 넘어서는 賠償을 받을 수 없다. 이러한 점에서 民法上 不法行爲制度는 不法行爲로 인한 損害의 塡補 또는 損害의 公平한 分擔을 목적으로

175) 公 1991, 472.
評釋: 崔秉祚, "駐車場利用契約과 駐車車輛盜難으로 인한 損害賠償責任", 民判硏 14, 165.

176) 公 1989, 425.

한다고 할 수 있고, 不法行爲의 抑止라는 효과는 不法行爲制度에 부수되는 효과일 뿐 不法行爲制度의 본질적 목적이 아니라고 말할 수 있다.

반면 英國에서는 13세기 이후 金錢損害賠償이 인정되면서부터 名目的 損害賠償(nominal damages)이라 하여 現實的 損害와 관계없이 少額의 金錢給付를 명하는 경우가 있었다. 때로는 陪審員이 부당하게 과다한 賠償을 評決하곤 하여 法的 安定性이 侵害받게 되었으므로 私權喪失宣告(a writ of attaint), 再審理(new trial) 命令 등을 통하여 과다한 賠償評決에 제한을 가했었다. 懲罰的 損害賠償을 최초로 인정한 判例로 평가받고 있는 Huckle v. Money 事件에서 法院은 명백히 陪審員이 現實의 財産的 損害를 넘는 金錢損害賠償을 評決할 수 있다고 判決하였다. 그러나 현재 英國에서는 懲罰的 損害賠償에 대한 찬반론을 거쳐 극히 제한적으로 인정되고 있다고 한다.[177)]

한편 美國에서는 英國의 懲罰的 損害賠償制度가 도입되어 19세기 중엽까지는 널리 인정되기에 이르렀으며, 현재는 몇몇 州를 제외하고[178)]는 判例에 의하여 懲罰的 損害賠償을 인정하고 있으나[179)] 최근 과도한 賠償額과 관련하여 거센 비판이 일고 있다고 한다.[180)]

美國法上 懲罰的 損害賠償은 그 근거가 訴訟費用의 賠償 등 損害의 賠償인가 아니면 不法行爲者의 處罰인가의 점을 둘러싼 논쟁이 있었으나 현재 일반적으로 수용되는 입장은 懲罰的 損害賠償이 허용되는 것은 被害者에게 어떤 특별한 權利(special merit)가 있다는 측면에서보다 加害者에 대한 懲罰(punishment), 加害者를 포함한 관련자들에 대한 警告(warning), 본보기(example) 또는

177) Williams, G. & Hepple, B. A., Foundation of the Law of Torts, 2nd ed., 1984, 74f; 주한길, 美國法上 懲罰的 損害賠償(punitive damages)의 硏究(서울대 法學碩士學位論文), 1989, 11; 英國의 貴族院(House of Lord)은 1964년 Rookes v. Barnard 判決에서 "英國의 普通法上 懲罰的 損害賠償制度의 適用은 公務員에 의한 특별한 職權濫用行爲 또는 被告가 자신의 行爲로 原告가 입는 損害 이상의 利得을 얻을 것을 계산하여 이를 행한 경우 등에 엄격히 制限된다"라고 判示하였다.

178) Louisiana, Massachussetts, Nebraska, Washington 州에서는 制定法의 근거가 없는 한 懲罰的 損害賠償의 請求를 否認하고 있다. 그러나 Louisiana 州에서는 人身傷害의 경우 수배의 損害賠償을 인정하고, Massachussetts 州에서는 廢水를 海岸에 버린 경우 3배의 損害賠償을 인정하며, Nebraska 州에서는 家畜販賣者保護法 違反時 2배의 損害賠償을 인정하고, Washington 州에서는 消費者保護法 違反時 3배의 損害賠償을 인정하는 등 懲罰的 損害賠償을 인정하는 制定法을 두고 있다.

179) Connecticut, Georgia, Michigan, New Hampshire州 등에서는 懲罰的 損害賠償의 塡補賠償的 側面(compensatory nature)을 인정하여 懲罰的 損害賠償의 인정은 原告의 訴訟費用의 賠償에 한정하고 있다.

180) 宋興燮, "美國의 懲罰的 損害賠償制度 槪觀", 外國司法硏修論集 9(裁判資料 제58집), 法院行政處, 1992, 515.

再發防止策(deterrent)이 되기 때문이라고 하고, 심지어는 被告의 행위에 대한 陪審員들의 분노의 표현(expression of the indignation)이라고도 한다. 또한 이 입장에서 懲罰的 損害賠償金이 原告에게 돌아가는 것은 단순히 同賠償金이 原告가 제기한 訴訟에서 算定되었기 때문이라거나 혹은 그와 같은 행위를 저지른 자를 裁判에 회부하여 그 懲罰을 받도록 한 公共의 奉仕(public service)에 대한 報答(reward)이 되기 때문이라고 한다.

전술한 바와 같이 不法行爲에 대한 民事責任과 刑事責任을 엄격히 구별하고 있는 우리 법제하에서는 英美法上의 懲罰的 損害賠償制度를 도입하기 어려운 것이 사실이나[181] 최근 法政策的인 관점에서 懲罰的 損害賠償制度의 도입을 적극적으로 검토하여야 한다는 견해가 대두하고 있다.[182] 懲罰的 損害賠償制度의 도입을 필요로 하는 法政策的 요구는 다음의 예를 통하여 설명될 수 있다.

첫째의 예는 言論에 의한 名譽毁損의 경우이다. 言論機關은 타인의 名譽를 毁損하는 記事를 게재하였을 때 販賣收入 및 廣告收入의 증가와 名譽毁損으로 인한 損害賠償의 부담을 비교하여 豫想收入의 증가가 豫想損害賠償金額을 초과하는 경우(즉 不法行爲로 인한 加害者의 利益이 被害者의 損害를 초과하는 경우)에는 名譽毁損임을 알면서도 記事를 게재할 수 있는데 이러한 경우 懲罰的 損害賠償이 刑事處罰보다도 더 효과적인 制裁手段이 될 수 있다는 것이다.

둘째의 예는 병원의 2차 감염의 경우이다. 병원은 비교적 적은 費用의 支出로 병원 내의 2차 감염을 豫防하거나 최소화할 수 있지만 2차 감염이 발생할 경우 2차 감염으로 인한 疾病을 치료함으로써 收入을 증대시킬 수 있으므로 병원이 治療收入의 減少를 감수하면서 감염예방비용을 支出할 것을 기대하기 쉽지 않은데 이러한 경우 懲罰的 損害賠償을 인정함으로써 병원이 2차 감염을 예방하기 위한 費用 支出을 결심하도록 할 수 있다는 것이다.

181) 서울地法東部支判 95. 2. 10, 93가합19069(下集 1995-1, 368) 懲罰的 損害賠償이 인정된 미국의 판결에 대하여 집행판결을 請求한 사건에서, "懲罰的 賠償이란 加害者에게 특히 故意 등의 주관적인 악사정이 있는 경우에 補償的 損害賠償에 덧붙여 違法行爲에 대한 징벌과 동종행위의 억지를 주목적으로 하여 과하여지는 損害賠償으로 코몬로(common law)상 인정되고 있는 구제방법의 일종으로서, 不法行爲의 효과로 損害의 塡補만을 인정하는 우리의 민사법 체계에서 인정되지 아니하는 형벌적 성질을 갖는 賠償형태로서 우리 나라의 공서양속에 반할 수 있다"라고 판시하면서, 이른바 내국관련성의 정도와 비례의 원칙 등의 관점에서 출발하여 미국법원의 損害賠償 판결을 1/2 한도로 제한하여 승인하였다.

182) 朴世逸, 前揭書, 311-3.

한편 判例는 慰藉料의 財産上 損害에 대한 補完的 機能을 인정하고 있으며,[183] 郭潤直 敎授는 "慰藉料는 被害者가 입은 現實의 精神的 損害만을 고려하지 않고서, 그것과 상관적으로 加害者의 過失의 輕重 등도 고려하여, 加害者를 懲戒하는 데 지당하다고 생각되는 공평한 賠償額을 算定하는 것이 바로 慰藉料인 것"이라고 설명하고 있다.[184] 생각건대 慰藉料는 不法行爲로 인한 精神的 損害를 금전적으로 평가하여 賠償하는 것이므로 慰藉料를 英美法上의 懲罰的 損害賠償과 동일 차원에 놓고 볼 수는 없는 것이지만 被害者의 精神的 損害의 정도가 被害者의 過失의 輕重, 不法行爲로 인한 加害者의 經濟的 利益의 정도, 不法行爲에 대한 社會的 비난의 輕重 등에 의하여 영향을 받을 수 있다는 점을 수긍할 수 있으므로 慰藉料 認定 및 算定을 통하여 懲罰的 損害賠償이 추구하는 法政策的 目的을 달성하는 것은 우리 民法의 解釋論으로도 가능하지 않을까 생각된다.[185]

[朴 徹]

183) 大判 84.11.13, 84다카722(公 1985, 23)는 "財産上 損害의 발생이 인정되는데도 입증곤란 등의 이유로 損害額의 확정이 불가능하여 그 적절한 損害塡補를 받을 수 없게 됨으로써 피해회복이 충분히 이루어지지 않는 경우에 이를 참작하여 慰藉料額을 증액함으로써 損害塡補의 불균형을 어느 정도 보완하고자 하는 것이 慰藉料의 보완적 기능"이라고 說明하고 있다.

184) 郭潤直, 債各, 738.

185) 주한길, 前揭論文, 99-102.

第750條 後論: 人身事故에 있어서의 損害算定

차 례

Ⅰ. 人身損害論
1. 人身損害의 特殊性
2. 人身損害의 性質論
Ⅱ. 損害額의 算定
1. 死亡의 경우
2. 傷害의 경우
3. 損益相計

Ⅰ. 人身損害論

1. 人身損害의 特殊性

物的 事故에 있어서는 被害物件의 交換價値에 의하여 損害를 직접 算定하게 된다. 그러나 사람의 몸에는 交換價値의 槪念을 인정할 여지가 없으므로 人身事故의 경우에는 死傷이라고 하는 損害를 어떻게 금전적으로 評價·算定할 것인가 하는 問題가 중대한 課題로 등장한다.

人身事故로 인한 損害를 評價함에 있어서는 死傷의 結果에 따른 損害를 그 種類에 따라 財産的 損害와 精神的 損害(非財産的 損害)로 우선 分類하고, 財産的 損害를 다시 積極的 損害와 消極的 損害로 分類하여 接近하는 것이 종래부터의 傳統的인 見解이다. 여기서 말하는 積極的 損害란 不法行爲로 인하여 支出되었거나 支出되지 않으면 안 될 損害를 말하고, 消極的 損害란 不法行爲가 없었더라면 被害者가 얻을 수 있었던 利益의 喪失(逸失利益)에 관한 損害를 말한다. 그러나 이와 같은 分類方法은 人身事故로 인한 損害의 性質에 관한 傳統的인 見解인 現實損害說(差額說)에 따른 것으로서 그 損害의 性質에 관하여 근래에 擡頭되고 있는 死傷損害說의 見解에 따른다면 이와 같은 分類는 별다른 의미가 없게 된다.

2. 人身損害의 性質論

(1) 現實損害說(差額說)

이 見解는 民法이 말하는 損害에는 財産的 損害와 精神的 損害의 두 가지

種類가 있다는 도그마(Dogma)로부터 출발한다. 즉 民 §751, 752의 規定과 대비하여 볼 때, §750가 規定하는 損害에는 財産的 損害가 포함되는 것임이 명백하고, 精神的 損害에 관하여는 위와 같이 §§751, 752에 별도의 規定이 있으나, 生命 또는 身體의 侵害인 死傷 그 자체를 損害로 인정하는 明文의 規定은 없다는 것을 根據로 하는 見解이다. 이 見解에 의하면, 損害賠償制度는 不法行爲로 인하여 생긴 現實의 損害를 塡補하는 것을 목적으로 하는 것이고, 死傷 그 자체는 現實의 損害로 인정될 수 없는 것이므로, 人身事故로 인한 現實의 損害는 不法行爲가 없었더라면 존재하였을 被害者의 假定的 財産狀態와 不法行爲 후에 실제로 이루어진 現實의 財産狀態와의 差異에 대한 金錢的 評價額이 된다고 한다.

現實損害說(差額說)에 대한 批判으로는 이 見解도 民 §751는 注意的으로 精神的 損害에 관하여 規定한 것으로서 §750에 規定된 損害의 意味 자체에 財産的 損害뿐만 아니라 精神的 損害까지 포함되어 있는 것이라고 보고 있는 이상 위 條文의 損害에 死傷 그 자체는 포함되어 있지 않다고 보는 데에 보다 說得力 있는 說明이 필요하다는 점과 死傷 그 자체를 現實의 損害의 範疇 밖에 두는 根據가 그리 明快하지 못하다는 점이 지적되고 있다. 그러나 이 見解의 보다 큰 問題點은 個別的 損害의 算定에 관하여 後述하는 바와 같이 경우에 따라 損害의 評價結果가 극히 부당하게 되는 점을 是正하기 위하여 無理한 假定이나 擬制를 거치지 않을 수 없게 되고, 向後治療費損害 등의 경우에도 이론적으로는 將來履行의 訴의 要件을 갖추어야 하며 遲延損害金도 그 支出時마다 붙여주어야 하는 등 訴訟上의 煩雜[1]을 초래한다는 데에 있다.

(2) 死傷損害說

이 見解는 現實損害說(差額說)에 의한 損害賠償額 算定方法이 너무 극단적인 個別主義·實質主義로 흐르는 데에 대한 疑問으로부터 출발한 것으로서, 人間의 平等이라고 하는 基本精神에 입각하여 被害者의 能力이나 收入 등에 의하여 損害額에 지나친 差異가 생겨나서는 아니된다는 思考를 前提로 하고 있다. 이 見解는 損害額을 類型化·定額化함으로써 우연적 要素와 個人差에 의한 賠償額의 差異를 좁히는 것을 志向한다. 이 見解는 또한 民 §§751, 752에서 말하는 財産 이외의 損害라 함은 死傷 그 자체를 의미하는 것이 명백하다

1) 이러한 煩雜을 고려하여 將來의 支出이나 負擔에 대한 高度의 蓋然性이 인정되면 이를 現在의 損害로 보아 즉시 賠償을 허용하고 있으나, 理論의 一貫性은 유지 못하는 셈이다.

는 데에 實定法상의 根據를 찾고 있다.

死傷損害說에 의하면, 生命 또는 身體에 대한 侵害가 있은 경우 死傷 그 자체를 하나의 非財産的 損害로 보아 그에 대한 적당한 賠償額을 一體로서 直接 評價하게 되며, 死傷에 따른 財産的 支出이나 逸失利益, 精神上의 苦痛은 損害 그 자체가 아니고 死傷이라고 하는 損害의 정도를 評價하는 자료로서의 의미가 있는 데 지나지 않는다고 한다. 死傷損害說은 損害一個說과 軌道를 같이하며[2] 損害發生의 時期에 대한 解釋을 간명하게 하는 등 損害論 전반에 걸쳐 매우 유용한 指針이 된다.

그러나 이 見解에 대하여는 生命 또는 身體 그 자체를 價格으로 하여 死傷 그 자체로부터 直接 損害를 評價한다는 것은 좀처럼 實務感覺에 어울린다고 할 수 없다는 점이 문제로 指摘되고 있다. 그리고 이 見解는 損害賠償이 定額化되어 있거나 그 算定의 基準이 확립되어 있는 分野에서는 目的實現에 威力을 발휘할 수 있지만 그것이 일반적으로 承認되어질 정도로 確立되어 있지 아니한 分野에 있어서는 賠償額의 決定이 法官의 自由裁量에 맡겨져 賠償額의 不公平을 招來할 憂慮도 없지 않다. 뿐만 아니라 生命·身體에 대한 侵害 그 자체는 종래부터 違法性의 차원에서 논의되어 오던 것인데, 그것을 損害로 파악하면 違法性과 損害의 區別이 曖昧하여진다는 문제도 있다.

(3) 위 兩說과 所得喪失說 및 勞動能力喪失說과의 差異

위 兩說 중 現實損害說은 所得喪失說과, 死傷損害說은 勞動(稼動)能力喪失說과 같은 의미라고 보는 것이 통상적인 說明이다. 그러나 現實損害說이나 死傷損害說은 人身事故로 인한 損害의 概念을 전반적으로 把握·理解하기 위한 理論構成인 반면, 所得喪失說이나 勞動能力喪失說을 人身事故로 인한 損害 중에서 逸失利益損害의 概念을 把握·理解하기 위한 理論構成인 점에서 우선 差異가 있다. 특히 死傷損害說은 통상적으로 死傷 그 자체를 유일한 損害로 보기 때문에 逸失利益의 概念을 인정할 여지가 없으나, 勞動能力喪失說은 勞動能力의 喪失에 의한 損害를 財産的 損害로 파악하는 점에서 兩者 사이에는 분명한 差異가 있다. 결국 勞動能力喪失說은 死傷 그 자체로부터 損害를 評價한

2) 이와 같이 死傷 그 자체를 하나의 非財産的 損害로 파악하여 損害額을 定型化하는 見解를 一括定額說이라고 부르기도 한다. 反面 死傷損害說 중에도 死傷이라고 하는 損害를 積極的 損害·消極的 損害·精神的 損害로 나누어 각개의 項目마다 定額化·定型化하여 損害額을 評價하는 見解가 있는데, 이를 項目別定額說이라고 부른다. 兩說의 근본적 차이는 被害者의 收入의 差異를 損害額에 反映할 것인가 아닌가 하는 점에 있다. 片桐春一, "損害の發生", 裁判實務大系 不法行爲訴訟法 1, 177.

다는 점에서는 死傷損害說과 공통점을 가지고 있지만 勞動能力의 喪失에 따른 損害를 財産的 損害로 보는 점에서는 오히려 現實損害說과 그 軌를 같이하는 것이므로, 兩說의 折衷的 見解에 해당한다고 보아야 할 것이다.

(4) 判例의 態度

우리 判例는 과거 逸失利益의 算定에 관하여 現實損害說(差額說, 所得喪失說)의 見解를 취하여 오다가 大法院 1979. 2. 13. 宣告, 78다1491 全員合議體判決[3]에서 "生命이나 身體에 대한 不法行爲로 인하여 稼動能力의 일부나 전부를 상실함으로써 逸失하는 利益의 額은 그 被害者가 그로 인하여 상실하게 된 稼動能力에 대한 總評價額으로서 所得稅 등 諸稅金額을 控除하지 아니한 金額이라고 봄이 상당하다"고 판시하여 勞動能力喪失說의 見解를 취하기에 이르렀고 그 후 이러한 態度는 여러 차례 재확인되었다.[4] 그러나 다른 한편 判例는 "他人의 不法行爲로 인하여 傷害를 입은 被害者가 負傷이 없었더라면 장차 얻을 수 있는 利益 즉 逸失利益을 消極的 損害로 주장하는 경우에 그 逸失利益의 算定方法으로는, 첫째로, 사고가 없었더라면 被害者가 얻을 수 있는 個個所得의 喪失을 逸失利益으로 보고 사고 당시의 所得과 사고 후 向後所得과의 差額을 산출하는 방법과, 둘째로, 逸失利益의 本質을 所得創出의 근거가 되는 勞動能力의 喪失 자체로 보고 喪失된 勞動能力의 價値를 사고 당시의 所得이나 推定所得에 의하여 評價할 수 있는 방법을 생각할 수 있는데, 逸失利益과 같은 장래의 期待收益의 인정은 불확정한 未來事實의 예측이므로 當該事件에서 현출된 구체적 사정을 기초로 하여 합리적이고 객관성 있는 期待收益을 算定할 수 있으면 그로써 족하고, 위에서 밀한 두 가시 방법 중 어느 한쪽만이 유일한 算定方法이라고 斷定할 수 없으며, 그와 같은 斷定은 독단에 지나지 않는다"고 판시하여[5] 逸失利益의 算定方法에 관하여 所得喪失說이 주장하는 方法과 勞動能力喪失說이 주장하는 方法 모두를 肯認한 바도 있다.

그러나 逸失利益의 分野를 제외하고 人身事故로 인한 損害 전반에 관하여는 아직 現實損害說이 判例의 主流的 態度이고 實務의 慣行 역시 마찬가지인 것으로 보인다. 逸失利益 이외의 문제에 관하여 死傷損害說에 가장 근접한 態度를 보인 判例로는 介護費의 實際支出與否와 관계 없이 介護費相當의 損害賠

3) 集 27-1, 民 98.

4) 大判 84. 10. 23, 84다카325(公 742, 1846); 大判 87. 6. 23, 87다카296(公 806, 1233); 大判 87. 9. 8, 86다카816(公 811, 1549) 등 참조.

5) 大判 86. 3. 25, 85다카538(公 776, 692).

償請求를 할 수 있다고 판시한 것[6]을 들 수 있다.

(5) 訴訟上의 主要事實

(가) 現實損害說 이 說은 生命·身體에 대한 侵害 그 자체를 損害로 보지 않고, 사고가 없었을 경우 예상되는 所得과 사고 후의 現實의 所得에 차이가 있거나 治療費 등 현실의 支出이 생겼을 때 비로소 損害가 있는 것으로 보게 되므로, 逸失利益損害에 관하여는 사고 전후의 所得額이, 그리고 治療費 등의 損害에 관하여는 그 支出事實이 각각 主要事實이 된다. 現實損害說에 의하여 逸失利益을 주장하는 경우에는 사고 전의 豫想所得額과 사고 후의 現實所得額을 모두 주장하지 않으면 아니되나, 平均餘命年數·稼動可能年數는 法院이 被害者의 年齡·經歷·健康狀態·職業의 種類 등 제반사정에 기하여 自由로운 心證으로 결정할 사항이므로 원칙적으로 當事者의 立證責任에 속하는 사항이라고 보기는 어렵다. 그리고 逸失利益額 그 자체도 主要事實(사고 전후의 收入額)에 稼動可能年數·中間利子의 控除方法 등을 적용하여 산출되는 法律評價의 結論이므로 辯論主義의 適用은 없다고 보아야 할 것이다.

(나) 死傷損害說 이 說은 死傷 그 자체를 損害로 보는 것이므로 이론상으로는 死亡 또는 傷害의 部位·程度만이 主要事實로 된다. 治療費의 支出 등은 傷害라고 하는 損害를 評價하는 자료에 지나지 않으므로 間接事實이 된다.

그러나 死傷損害說에 의한다고 하더라도, 損害의 算定이 완벽하게 定型化되어 있지 아니한 이상 死傷 그 자체로부터 곧바로 損害額을 評價할 方法은 없는 것이므로, 어차피 損害評價資料의 현출이 要求될 수밖에 없을 것이고, 또한 그 資料가 訴訟上 매우 중요한 의미를 가지게 될 것이다. 그럼에도 불구하고 이러한 資料를 단순히 間接事實로만 본다면 原告가 이를 辯論에서 주장하지 않고 단순히 證據로만 제출할 경우 被告로서는 防禦方法을 미리 講究할 기회가 없어 反證을 제출하지 못하고 不意의 打擊을 받을 우려가 있다는 점에서 문제가 있다. 이러한 이유로 死傷에 대한 金錢的 評價額을 主要事實로 보아야 한다는 主張[7]이 제기되고 있기도 하다.[8]

---

6) 大判 86.3.11, 85다카2013(公 775, 629).

7) 李輔煥, "後遺障碍로 인한 逸失利益의 算定", 司法論輯 17輯, 118.

8) 그 밖에도 治療費·逸失利益·慰藉料 등의 大項目이 主要事實이라는 說과 死傷에 대한 金錢的 評價算定의 根據事實이 主要事實이라는 說도 있다. 이 점에 관하여 자세한 것은 李輔煥, 前揭論文, 113 이하 참조.

Ⅱ. 損害額의 算定

1. 死亡의 경우

(1) 相續的 構成과 扶養的 構成

生命侵害에 의하여 발생한 逸失利益損害의 賠償을 그 遺族에게 인정하는 方法으로서 亡人이 취득한 賠償請求權이 遺族에게 相續된다고 보는 法的 構成(相續構成理論)과 遺族에게 직접 생긴 損害 특히 扶養利益의 喪失로 인한 고유의 損害를 중심으로 算定하는 法的 構成(扶養構成理論)이 對立하고 있다. 判例[9]는 통상 相續構成理論을 취하고 있으나,[10] 英美 등 歐美諸國에서는 보편적으로 扶養構成理論[11]을 취하고 있다.

相續構成理論을 취할 경우에는 被害者가 사고로 卽死하였을 때 그에게 어떻게 損害賠償請求權이 발생할 수 있는 것인가에 대한 설명이 필요하게 된다.[12] 이 점에 관한 설명으로 時間間隔說, 死者人格存續說, 同一人格承繼說, 家族共同體被害者說, 極限槪念說 등이 주창되고 있다.[13] 이러한 理論들이 주창되는 實質的 理由는 被害者가 重傷을 입고 死亡한 경우와 卽死한 경우와 사이에 賠償額의 差異가 생기는 不合理를 排除하기 위한 데 있는 것이나, 그 理論構成이 결코 明快한 것은 아니다.

이하에서는 實務가 취하는 相續構成理論에 따른 損害額의 算定에 관하여 설명한다.[14]

(2) 逸失利益

㈎ 逸失利益의 本質　　逸失利益의 本質에 관하여 두 개의 見解가 對立되어 있다. 所得喪失說은 逸失利益을 사고가 없었더라면 被害者가 얻을 수 있었을 개개의 所得의 喪失(Loss of earning)으로 보아 이를 事實的 側面에

9) 大判 69. 4. 15, 69다268(集 17-2, 民 65); 大判 66. 2. 28, 65다2523(集 14-1, 民 108).
10) 被扶養者가 扶養請求權侵害를 이유로 제기한 損害賠償請求事件에서의 確定判決의 旣判力은 扶養者 本人의 收益損害를 被扶養者가 相續하였음을 이유로 하는 損害賠償請求事件에 미치지 않는다는 判例로는 大判 64. 9. 22, 64다12(要集 民 Ⅲ-1, 362) 참조.
11) 英美法에서의 扶養構成理論의 內容에 관하여는 金鍾培, “逸失利益의 算出方法과 算定基準”, 裁判資料 21輯 31 이히 참고.
12) 또한 慰藉料請求權의 경우에는 그 債權의 性質이 一身專屬的이어서 과연 相續의 對象이 되는 것인가에 대한 설명도 필요하다.
13) 자세한 內容은 鄭貴鎬, “損害賠償法理의 再構成”, 裁判資料 20輯 408 이하 참조.
14) 扶養構成理論에 따를 경우의 賠償請求權者의 範圍와 賠償額 算定方法에 관하여는 鄭貴鎬, 前揭論文, 426 이하 참조.

서 파악하려는 見解이고, 勞動能力喪失說은 所得을 낳게 하는 기초가 된 勞動能力의 喪失(Loss of earning capacity)로 보아 이를 規範的 側面에서 파악하려는 見解이다. 所得喪失說에 의하면 逸失利益은 消極的 損害로 보게 되고 사고로 인하여 喪失한 現實的 利益이 證明對象이 되는 主要事實이 되는 반면, 勞動能力喪失說에 의하면 勞動能力의 喪失이라는 損害를 積極的 損害의 하나로 파악하게 되고 喪失된 勞動能力의 評價 그 자체가 主要事實이 된다. 勞動能力喪失說은 被害者가 현실적으로 勤勞所得을 얻고 있지 아니한 경우나 勞動能力의 一部喪失에도 불구하고 현실적으로 收入의 減少가 없는 경우에 있어서의 賠償額 算定과 所得稅의 控除與否 등에 관하여 유용한 指針이 되어 주고 있다.[15)]

(나) 逸失利益의 算定 被害者가 死亡한 경우의 逸失利益은 그가 平均壽命을 다할 때까지 生存할 것으로 推定하고 그의 所得額으로부터 生計費를 공제한 다음 사고 당시로부터 그러한 所得을 얻을 때까지의 中間利子를 控除한 것을 稼動可能期間에 걸쳐 精算集積하여 算出한다. 이러한 算定方式은 實務上 확립되어 있는 慣行이다.

(a) 所 得 額

(i) 所得의 範圍 人身事故로 인한 損害賠償에서 의미를 가지는 所得額은 성질상 당연히 勤勞所得에 한정된다. 따라서 勤勞의 對價라고 볼 수 없는 利子·配當·地料·家賃 등은 逸失利益의 범위에서 제외된다. 勤勞의 對價로 지급되는 것이라면 本俸·手當·賞與金 등 지급명칭의 여하를 불문하고 모두 逸失利益의 범위에 포함되나, 實費辨償的 性格의 支給金은 제외된다.[16)]

다만, 被害者가 勤勞의 對價로 받아 온 所得이라 하여도 장래에 그와 같은 所得이 발생하리라는 점에 대한 高度의 蓋然性이 인정되지 않는다면 그 所得은 逸失利益의 범위에서 제외된다. 따라서 延長勤勞手當이나 年·月次手當 등은 그것이 장래에도 繼續的으로 支給될 수밖에 없다는 특별한 사정이 立證되지 않는 한 逸失利益算定의 基礎收入에서 제외되어야 할 것이다.[17)]

(ii) 所得額算定의 基準時期 所得額은 원칙적으로 不法行爲時

15) 이 점에 관하여 자세한 것은 李輔煥, 自動車事故損害賠償訴訟, 194 이하 참조.

16) 大判 77.9.28, 77다300(公 572, 10333)은 大學教授가 지급받은 研究手當, 學生指導手當은 그것이 실적에 따른 實費辨償의 것이 아니라 大學教員에게 일반적으로 일정액을 定期的·繼續的으로 지급해 온 것인 이상 勤勞의 對價인 給與로 보아야 한다고 판시하고 있다.

17) 大判 90.8.28, 89다카25110(公 1990年, 2013).

를 基準으로 하여 算定한다. 그러나 장차 그 所得이 增加될 것이 상당한 정도로 확실하게 豫測할 수 있는 客觀的 資料가 있을 때에는 장차 增加될 所得도 逸失利益의 算定에 고려되어야 한다. 그리고 이러한 增加所得 상당의 損害는 通常의 損害에 해당하므로 加害者가 이를 알았거나 알 수 있었는지의 여부는 묻지 않는다.[18] 따라서 辯論終結時까지 확정된 所得增加額은 물론이고 辯論終結 이후로도 昇給 등으로 所得이 增加할 것이 客觀的 資料에 의하여 立證되면 이를 모두 참작하여 逸失利益을 算定한다.

(iii) 向後所得에 대한 立證의 程度　　物事를 判斷하는 基準은 確實, 高度의 蓋然性, 蓋然性, 可能性의 4段階로 나누어 볼 수 있다. 그런데 向後의 豫想所得에 관하여는 確實의 段階에 이르는 立證이 사실상 불가능하므로 合理性과 客觀性을 잃지 않는 범위 내에서 高度의 蓋然性이 있는 所得의 證明만으로 족하다고 보아야 할 것이다.[19]

(iv) 違法所得 및 無申告所得의 問題

(ㄱ) 所得喪失說에 의한다면 違法한 일로 인한 所得의 賠償은 否定되는 것으로 結論지어질 가능성이 많을 것이다. 그러나 勞動能力喪失說에 의하면 所得이나 收益은 勞動能力評價의 자료에 불과하고 그 所得額 자체가 損害額으로 인정되는 것은 아니므로 具體的인 일의 違法性은 어느 정도까지 捨象되어 抽象的·平均的 所得만이 인정되게 된다.[20]

判例는 慰安婦의 收入,[21] 免許 없는 重機操縱士·測量業의 營業行爲로 인한 收入[22] 등의 違法收入은 逸失利益의 算定에 있어 참작되어서는 안 됨을 밝히고 있다. 그러나 나른 한편 判例[23]는 단순한 無申告營業에 의한 收入은 逸失利益算定의 基礎收入에 포함된다고 판시하고 있다. 일반적으로 볼 때, 일정한 行爲가 法令에 의하여 禁止되고 있는 경우라도 그 禁止된 行爲로 인한 收益을 일률적으로 否定할 것은 아니고, 當該法規의 立法趣旨와 社會的 機能, 違反行爲에 대한 倫理的 非難의 정도를 가늠케 하는 罰則의 內容 등에 비추어 行爲의 違法性의 強弱을 면밀히 검토해서 그 行爲의 違法性의 정도가 重大한 것이 아니고 또 法令이 그 禁止行爲의 私法的 效力까지 否認하는 것이 아니라

18) 大判(全員合議體) 89. 12. 26, 88다카6761(公 1990年, 350).
19) 大判 87. 2. 10, 86다카1453(公 1987年, 419); 大判 94. 9. 30, 93다29305(公 979, 2824).
20) 金鍾培, 前揭論文, 82.
21) 大判 66. 10. 18, 66다1635, 1636(集 14-3, 民 166).
22) 大判 78. 2. 14, 77다1650(公 582, 10673); 大判 72. 2. 19, 72다46(判例大典 441).
23) 大判 68. 10. 23, 67다2502(判例大典 442).

면 그 行爲로 인한 收益의 일부 또는 전부를 逸失利益에 포함시킴이 옳을 것이다.

(ㄴ) 違法所得의 경우와 달리 課稅當局에 申告되지 아니한 所得은 그 取得 자체에 違法의 문제가 介在되어 있는 것은 아니므로 實際所得額에 기하여 損害賠償을 請求하는 것이 가능하다고 보는 것이 일반적이다. 그러나 아무런 제한 없이 無申告所得 전부를 그대로 逸失利益算定의 基礎收入으로 허용하는 것은 결과적으로 脫稅收入을 法院이 보호해 주는 결과가 되어 부당하므로 公平의 原則이나 信義則의 견지에서 이러한 損害의 全額請求를 제한하여야 한다는 見解[24]도 있다.

(v) 職業群別 所得額의 算定

(ㄱ) 給與所得者 公務員·會社員 등과 같은 給與所得者의 경우에는 勤勞의 對價로 지급받는 모든 報酬가 逸失利益에 포함된다. 따라서 實費辨償的 性格의 給與는 逸失利益의 범주에서 당연히 제외된다. 아울러 逸失利益算定의 기초가 되는 所得은 장래에도 繼續的·定期的으로 발생할 것이 確實하거나 적어도 高度의 蓋然性이 인정되어야 하기 때문에 延長勤勞手當·休日勤勞手當 등과 같이 우연한 사정으로 발생하는 所得은 원칙적으로 逸失利益의 算定에서 제외되어야 한다.[25] 따라서 勤勞基準法上의 平均賃金은 원칙적으로 逸失利益損害를 算定하는 基準이 될 수 없다.[26] 賞與金의 경우에도 經營實績에 따라 支給되는 것인 경우에는 장래에도 계속 支給될 것이라는 보장이 없으므로 逸失利益에 포함될 수 없다.[27] 또한 判例[28]는 被害者가 근무하던 會社가 사고 후 倒産하여 解散하였다면 그 會社에서 얻은 所得을 기초로 逸失利益을 算定할 수는 없다고 하고 있다.

公務員이나 大企業·銀行 등의 職員인 경우와 같이 昇給制度가 法律이나 社規에 의하여 확립되어 있고 또 실제로 그 規定에 따라 정기적인 昇給이 행하여지고 있다면 장래의 昇給을 고려하여 逸失利益을 算定한다. 辯論終結 당시까지 확정된 賃金引上도 逸失利益을 算定함에 있어서 당연히 고려하여야 한다.

外務社員과 같이 實績給을 받는 勤勞者의 경우에는 사고 전의 相當期間에 걸친 營業實績을 종합한 平均的 收益을 기초로 하여 이로부터 必要經費를 공

24) 加藤了, "逸失利益と稅金", 判例タイムズ 268, 162.
25) 前註 17)의 判例 참조.
26) 大判 86. 8. 19, 83다카657(公 785, 1201).
27) 大判 72. 12. 26, 71다2590(集 20-3, 民 206).
28) 大判 87. 2. 10, 86다카1453(公 1987, 419).

제함으로써 所得額을 확정하여야 할 것이다. 그것이 불가능하면 統計所得에 의할 수밖에 없다.

退職金도 後拂的 性格의 賃金에 해당하는 것으로서 勤勞의 對價로서 지급되는 것이므로 당연히 逸失利益에 포함된다. 다만 그 額數의 算定에 있어서는 既往의 退職金은 사고 당시의 平均賃金을 기준으로 算定하여 이를 공제할 것이나, 停年時의 退職金은 사고 당시의 平均賃金에 의할 수는 없고 장래에도 支給받을 高度의 蓋然性이 있는 賃金만을 基準으로 하여 算定함이 옳을 것이다. 停年 이후 稼動期限까지의 逸失利益은 從前收入에 의할 수 없고, 統計所得상의 職種別·年齡別·經歷別 賃金이나 日傭勞賃에 의하여야 할 것이다.

被害者의 給料가 辯論終結 당시의 一般日傭勞賃보다 소액인 경우에는 被害者가 日傭勞動에 종사하지 않으리라는 특별한 사정이 없는 한 一般日傭勞賃을 基準으로 逸失利益을 算定할 수 있다.[29]

被害者가 國家有功者 등 禮遇 및 지원에 관한 法律 등에 의한 年金을 받고 있다가 사망한 경우의 逸失利益을 算定함에 있어 이를 加算하여야 할 것인가 하는 문제에 관하여 所得喪失說을 취하면 이를 肯定하여야 할 것이나, 稼動能力喪失說을 취하면 이와 같은 年金은 稼動能力과 무관한 것이므로 원칙적으로 稼動能力의 評價資料로 쓸 수 없다고 보게 될 것이다. 判例는 이 점에 관하여 肯定說을 취하고 있다.[30]

(ㄴ) 日傭勞動者 日傭勞動者는 사고 당시 특정의 作業場에서 일정한 報酬를 받고 勤勞하여 왔더라도 그와 같은 報酬 상당의 所得을 장래에도 계속 얻을 수 있다고 볼 수 없으므로, 統計所得에 의하여 逸失利益을 算定할 수밖에 없다. 日傭勞動者에 대한 統計所得의 資料로는 "月刊去來價格"과 "農協調査月報"가 사용되는 것이 보편적이다. "月刊去來價格"에는 과거 政府勞賃單價와 市中勞賃單價의 2종류 勞賃이 조사, 공표되었는데, 判例[31]는 市中勞賃單價는 客觀性과 普遍性이 없다는 이유로 政府勞賃單價를 기준으로 逸失利益을 算定하여야 한다고 하였으나, 계약사무처리규칙의 개정으로 1995년 이후 市中勞賃單價만이 공표되자 市中勞賃單價의 客觀性과 普遍性을 肯定하기에 이르렀다.[32]

---

29) 大判 91. 1. 15, 90다13170(公 891, 743).
30) 大判 92. 10. 27, 92다24622(公 934, 3279).
31) 大判 91. 6. 25, 91다9602(公 902, 2009); 大判 93. 6. 8, 92다633(公 950, 1987).
32) 大判 95. 12. 12, 95다35517(公 1996, 380).

日傭勞賃에 의하여 逸失利益을 算定하는 경우에는 農村日傭勞賃에 의할 것인가 아니면 都市日傭勞賃에 의할 것인가가 중요한 問題로 등장한다.[33] 이 경우의 基準은 통상 被害者가 사고 당시 都市에 居住하였는지의 여부에 따른다. 그러나 사고 당시 都市에 居住하고 있었더라도 곧바로 農村에 복귀할 蓋然性이 큰 경우에는 農村日傭勞賃에 의할 수 있다고 봄이 상당할 것이다.

(ㄷ) 無職者 被害者가 사고 당시 아무 職業에도 종사하고 있지 아니하여 收入이 전혀 없었던 경우 現實의 損害는 없으므로 所得喪失說에 의한다면 이론적으로는 逸失利益을 인정하기 곤란하게 된다. 그러나 그러한 結論의 부당함은 두말할 나위가 없으므로 이러한 경우 所得喪失說도 一般日傭勞賃 상당의 所得을 擬制하여 逸失利益을 算定한다.[34] 그리고 無職者의 경우라도 高學歷者이거나 特定의 資格 또는 免許를 가지고 있는 者인 경우에는 職種別賃金實態에 의한 統計所得[35]을 인정할 수도 있을 것이다. 다만 이러한 統計所得에 의하여 逸失利益을 算定할 경우 그 職種에 계속 從事할 것을 假定함에 따라 당연히 뒤따르게 되는 사고 후의 年齡 또는 經歷의 上昇에 의한 賃金의 上昇을 인정하거나 또는 이를 理由로 하여 全年齡·全經歷者의 平均賃金을 기준으로 逸失利益을 算定하는 것은 妥當하지 않을 것이다.[36]

(ㄹ) 個人企業經營主 個人企業主의 逸失利益에 관하여는 ① 個人企業의 收益은 그 企業主에 귀속되는 것이므로 企業利益 전부를 個人企業主의 逸失利益으로 보아야 한다는 見解(全額說), ② 企業利益은 企業主의 勞務외에 資本과 人的·物的 組織의 종합적 運營結果에 의하여 얻어지는 것이므로 企業利益 중 經營主의 個人的 勞務의 寄與度에 따라 逸失利益을 算定하여야 한다는 見解(勞務價値說), ③ 當該經營主와 같은 정도의 知識과 能力을 갖춘 사람을 대신 雇傭하는 데 필요한 費用을 기준으로 逸失利益을 算定하여야 한다는 見解(代替勞動力雇傭費說)가 대립되어 있다.

33) 그 이유는 현재의 상황으로서는 農村日傭勞賃이 都市日傭勞賃보다 상당히 多額인데 기인한다.

34) 大判 66.11.22, 66다1504(集 14-3, 民 209)은 "사람은 누구나 보통 健康體로서 生存하고 있으면 특별한 사정이 없는 한 普通勞賃相當의 收入은 있는 것으로 보아야 한다"고 판시하고 있다.

35) 그 자료로는 통상 勞動部 發刊의 "賃金構造基本統計調査報告書"가 사용된다.

36) 이를 인정하면 사고 후의 賃金上昇을 立證하기 곤란한 通常의 給與所得者보다 無職者가 더욱 유리한 賠償을 받을 수 있게 되어 不合理하다. 大判 92.3.10, 91다27044(公 919, 1279); 大判 94.2.8, 93다49024(公 982, 3227) 참조.

判例는 위 說 중 원칙적으로 勞務價値說[37]에 따르고 있고,[38] 예외적으로 代替勞動力雇傭費說[39]도 받아들이고 있다. 그러나 代替雇傭費를 算定함에는 被害者와 같은 정도의 事業經營의 手腕과 信用 등 經營能力을 갖춘 사람을 代替雇傭함에 필요한 비용을 기준으로 하여야 함을 留意하여야 한다.[40] 위 兩說에 의한 逸失利益算定이 불가능한 경우에는 統計所得에 의할 수밖에 없을 것이다.

(ㅁ) 自營農民 自營農民의 경우에는 그의 收入에 被害者 本人뿐만 아니라 家族의 勞動力이 寄與한 부분이 포함되어 있고 土地 자체의 生産力이 混在되어 있으며, 또 收穫의 결과도 氣候 등의 自然的 要因에 의하여 많은 영향을 받게 되는 관계로 收入 자체도 일정하지 않으므로 逸失利益의 算定에 어려움이 있다. 그럼에도 불구하고 判例[41]는 統計所得상의 一般農業從事者의 收入이 客觀的이고 合理性이 있는 資料라고 보기 어렵다는 이유로 이를 基準으로 하여 逸失利益을 算定하는 것을 否定하고 있다. 따라서 이 경우에는 被害者의 平均的 總收入에서 地料·生産費用을 공제하고 家族의 寄與分을 제외하는 방식으로 被害者의 勞務에 의한 純收入을 算定하는 수밖에 없을 것이다.

(ㅂ) 自由職業者 醫師·辯護士·演藝人 등의 自由職業者의 경우에는 原則的으로 代替勞動力을 인정하기 곤란하므로 實收入을 기초로 하여 逸失利益을 算定하여야 할 것이다. 사고 전의 申告收入을 기초로 賠償을 구할 경우에는 이를 그대로 인정하여도 無妨할 것이나, 그 이상의 賠償을 구할 때에는 객관적으로 확실한 資料에 의하여 實收入을 算定하여야 한다. 醫師의 경우 實收入算定이 곤란한 때에는 統計所得에 의하는 實務例도 있다.

(vi) 生計費의 控除 生計費란 사람이 社會生活을 영위하기 위하여 필요한 費用[42]을 말한다. 死亡한 被害者의 逸失利益算定에 있어서 生計費를 控除하여야 하는 根據에 관한 理論構成으로는 損益相計說과 必要經費說의 두 가지 見解가 있다. 前者는 被害者가 死亡을 하여 支出을 면한 利益이기 때문에 控除한다는 것이고, 後者는 生計費가 再生産을 위한 必要經費이기 때문에 控

37) 大判 80. 4. 22, 80다52(公 633, 12758); 大判 80. 11. 11, 80다67(公 647, 13365).
38) 勞務寄與度의 測定方法에 관하여 자세한 설명으로는 金鍾培, 前揭論文, 123 이하 참조.
39) 大判 79. 7. 10, 79다534(公 616, 12067).
40) 大判 82. 12. 28, 82다카1297(公 699, 366).
41) 大判 90. 10. 23, 89다카35308(公 1990, 2380).
42) 그 費用의 範圍는 食費·衣類費·住居費·保健衛生費 등과 같은 生活에 필수적인 費用뿐만 아니라 敎養娛樂費·交際費 등과 같은 어느 정도의 奢侈的 支出도 포함되는 것으로 보아야 할 것이다.

除하여야 한다는 것이다. 判例 중에는 損益相計說에 입각하여 판시한 것[43]도 있으나, 死亡으로 인하여 生計費의 支出이 필요 없게 되었다 하여 이를 利益으로 파악하는 것은 法感情에 거슬리는 理論構成이라 아니할 수 없으므로, 生計費를 勞動再生産을 위한 經費로 보고 總收入에서 이를 控除한 것이 逸失利益이라고 보는 必要經費說이 이론적으로 妥當하다고 본다. 다만 判例[44]는 被害者가 死亡함으로써 公務員退職年金의 所得을 상실한 경우 그 損害는 그 退職年金으로부터 遺族들이 받게 될 遺族年金을 공제한 殘額에서 다시 生計費를 控除한 것이라고 판시한 바 있는데, 이러한 성질의 生計費控除는 損益相計說에 의하지 않고서는 說明이 곤란할 것이다.

稼動期間開始前의 生計費에 관하여는 控除說과 非控除說의 대립이 있다.[45] 判例[46]는 일관하여 就業前의 未成年者는 成年에 이르기까지 扶養義務者로부터 扶養받을 權利가 있으므로 자기의 財産으로부터 生計費를 支出할 義務가 없고 또 扶養義務者가 扶養義務를 면하게 됨으로써 얻는 利益은 被害者 자신의 利益이 아니라는 이유로 非控除說을 支持하고 있다. 稼動期間 以後의 生計費에 관하여도 收入이 따로 없는 한 生計費를 공제할 수 없다는 것이 判例[47]의 태도이다. 따라서 被害者가 年金을 받는 등으로 稼動期間 經過後에도 所得을 얻을 수 있는 경우에 그 所得은 逸失利益의 算定에 참작되어지지만, 그 대신 稼動期間이 經過한 후 餘命에 이르기까지의 生計費는 그 所得에서 控除하여야 한다.[48]

人身事故로 인한 損害의 本質에 관하여 死傷損害說을 취할 경우 死亡으로 인한 損害의 主要事實은 死亡 그 자체이고 事故前後에 있어서의 收入의 差額은 損害를 評價하는 間接事實에 불과하므로 生計費의 立證責任問題는 介在될 여지가 없으며 生計費額에 관하여 當事者 사이에 다툼이 없더라도 法院이 이에 拘束되지 않는다는 결론이 나온다. 그러나 現實損害說에 의한다면 生計費控除의 性質에 관하여 損益相計說을 취할 경우에는 生計費의 立證責任이 加害者에게 있다고 보게 될 것이고,[49] 반면 必要經費說을 취할 경우에는 生計費의

43) 大判 66.4.19, 66다422(要集 民 I-2, 1375).
44) 大判 92.7.28, 92다7269(公 928, 2556).
45) 兩說의 根據에 관하여 자세한 것은 陳成奎, "損害額算定에 있어서의 損益相計", 裁判資料 21輯, 271 이하 참조.
46) 大判 66.1.31, 65다2317(카 1541); 大判 71.3.23, 70다3007(民判集 161, 492).
47) 大判 72.4.25, 71다1156(民判集 174, 368).
48) 大判 93.4.27, 92다18795(公 947, 1541).
49) 訴訟上 證據가 顯出되어 있기만 하면 當事者의 主張을 기다릴 필요 없이 法院이 職權

控除는 損害算定의 基礎資料로서 被害者側이 主張·立證하여야 할 것이다. 구체적인 生計費所要額은 결국 事實認定의 문제이므로 원칙적으로는 被害者가 생존시 支出하였던 實生計費額을 證據에 의하여 확정하여야 하나 그것이 容易하지 않을 때에는 統計資料에 의하여도 無妨할 것이다. 그러나 經驗則이나 法院에 顯著한 事實로서 그 額數를 認定을 할 수는 없다는 것이 判例[50]의 태도이다. 實務上으로는 生計費를 實收入의 30% 내지 40% 선에서 當事者 사이의 다툼 없는 事實로 整理하는 것이 一般的이다.

(vii) 所得稅 등의 控除與否 被害者의 逸失利益을 算定함에 있어서 所得에 대하여 賦課되는 각종의 稅金을 控除하여야 하는지 여부에 관하여 학설상 控除說과 非控除說의 첨예한 대립이 있다.[51] 判例는 과거 控除說의 見解를 취하여 오다가 大法院 1979. 2. 23. 宣告, 78다1492 全員合議體判決[52]로서 非控除說을 취하기에 이르렀다.

(viii) 稼動期間

(ㄱ) 平均餘命 사람의 稼動年齡期와 平均餘命은 서로 一致하는 것이 아니므로 稼動期間을 인정하려면 먼저 被害者의 餘命期間을 확정하지 않으면 안 된다. 實務상 平均餘命의 인정에 있어서는 "生命表"나 "各歲別期待餘命表" 또는 "韓國統計年鑑"이 사용되고 있다. 그러나 통상의 稼動期間인 60세까지 生存할 수 있음은 法院에 顯著한 事實로 처리하여도 無妨할 것이다.

(ㄴ) 稼動期間 사람의 稼動期間은 성질상 미리 정확히 豫測할 수는 없는 것이므로, 被害者의 平均餘命 범위 내에서 年齡·職業의 內容·健康狀態 등 個別的 事情과 當該職種의 全般的 從事狀況·停年制度 등 社會經濟的 與件을 종합적으로 고려하여 法官의 自由로운 心證에 따라 가능한 한 合理的으로 測定하여야 할 것이다. 稼動開始年齡은 원칙적으로 成年이 되는 20세[53]라고 봄이 상당하나, 사고 당시 現實로 收入이 있었거나 成年에 이르기 전에 이미 就業이 確定된 때에는 그에 따른 收入도 逸失利益에 포함시켜야 할 것이다.

으로 生計費를 參酌함이 옳을 것이므로 主張責任의 問題는 큰 의미가 없을 것이다. 同旨 陳成奎, 前揭論文, 260.

50) 大判 67. 7. 4, 67다871(民判集 117, 152); 大判 81. 2. 24, 80다3258(民判集 278, 756).

51) 그 자세한 내용에 관하여는 陳成奎, 前揭論文, 278 이하 참조.

52) 公 608, 11774.

53) 男子의 경우에는 兵役義務가 免除되었음이 立證되지 않는 한 兵役服務期間을 除外하여야 한다.

一般肉體勞動者의 稼動年限에 관하여 判例는 과거 55세가 끝날 때까지라고 보아 왔으나, 大法院 1989.12.26. 宣告, 88다카16867 全員合議體判決[54]로써 一般肉體勞動이나 肉體勞動을 주된 내용으로 하는 生計活動의 稼動年限은 55세를 넘어서도 할 수 있다고 봄이 經驗則에 합당하다고 판시하여 종전의 見解를 變更하였다. 그 후 實務상으로는 一般肉體勞動者의 稼動年限을 60세가 될 때까지로 보는 것이 一般的 處理例가 되었다. 그러나 被害者가 從事한 肉體勞動의 성질이 高度의 危險을 수반하거나 그 強度가 매우 높은 것일 때에는 개별적으로 證據에 의하여 稼動年限을 정하여야 할 것이다. 肉體勞動이든 精神勞動이든 불문하고 그 稼動年限을 정할 때에는 막연히 그 職種에 從事하는 特定年齡의 사람이 몇 명 있다는 정도로는 부족하고 그 職種에 從事하는 사람들의 年齡層別 分布狀態와 그 增減比率, 增減의 原因 등을 종합적으로 審理하여 判斷하여야 할 것이다.[55][56] 물론 常時職 勤勞者의 경우 통상의 稼動年限을 넘어선 停年制度가 시행되고 있다면 그에 따라야 할 것이고, 停年이 통상의 稼動年限에 못미칠 때에는 停年後 稼動年限까지의 逸失利益은 統計所得 등에 의하여 算定할 것이다.

(ㄷ) 稼動日數 一般日傭勞動의 稼動日數는 都市勞動이든 農村勞動이든 불문하고 年 300日 또는 月 25日로 보는 것이 經驗則에 합당하다는 것이 判例의 일관된 태도이다. 그러나 農村日傭勞動의 경우에는 農村의 實情이나 氣候條件으로 보아 과연 月 25日씩 稼動할 수 있을 것인지 疑問이 없지 아니하다. 여하간 一般勞動이 아닌 特殊技能職種의 경우에는 원칙적으로 證據에 의하여 稼動日數를 個別的으로 認定함이 옳을 것이다.

(ix) 現價의 算定方式 被害者가 將來 얻을 수 있는 收益은 特定의 時期에 일시적으로 발생하는 것이 아니고 一定期間에 걸쳐 週期的으로 발생하는 것이므로, 이와 같이 將來에 週期的·繼續的으로 발생하는 收益을 定期金으로 請求하지 아니하고 그 總額을 사고시 등을 기준으로 일시에 請求[57]

54) 公 1990, 356.
55) 大判 81.12.8, 81다카86(公 673, 138).
56) 判例에 나타난 여러 職種別 稼動年限에 관하여 자세한 것은 金鍾培, 前揭論文, 52 이하 참조.
57) 장래에 定期的·繼續的으로 발생하는 損害에 관한 賠償方式으로는 定期金賠償과 一時金賠償이 있다. 賠償方式의 選擇權限은 원칙적으로 被害者에게 있다고 볼 것이지만, 法院이 반드시 이에 구애되는 것은 아니다. 그러나 後遺障碍의 存續期間이나 餘命短縮의 정도가 불확실하여 一時金賠償이 부당한 결과를 가져올 수 있는 경우를 제외하고는 被害者가 一時金請求를 고집하는 한 法院은 이를 존중하는 것이 옳을 것이다. 同旨 大判

하는 경우에는 그 時期를 기준으로 中間利子[58]를 공제하는 方式에 의하여 現價를 算出하지 않으면 안 된다.[59]

中間利子의 控除方式에 관하여는 카르프초우식 계산법(Carpzowsche Methode), 호프만식 계산법(Hoffmansche Methode), 라이프니츠식 계산법(Leibnitzsche Methode)이 있는바, 장래의 收益額을 S, 收益期間을 n, 利率을 i, 現價를 Sn으로 표시할 때 카르프초우식 계산법은 Sn=S(1－ni)로 표시되고, 호프만식 계산법은 Sn=1/(1+ni)로 표시되며, 라이프니츠식 계산법은 $Sn=S/(1+i)^n$로 표시된다. 카르프초우식 계산법은 利率을 年 5%로 할 때 20년 후의 現價額은 0이 되어 그 불합리성이 너무도 명백하므로 實務상 전혀 사용되지 않고 있고 나머지 두 가지 方式이 混用되고 있다. 判例도 호프만식 계산법이나 라이프니츠식 계산법의 사용을 모두 허용함은 물론 當事者의 主張에 구애됨이 없이 法院의 自由로운 判斷에 따라 양자 중 하나의 계산법을 채택할 수 있다고 판시하고 있으나,[60] 現價額에 중대한 差異를 가져오는 兩方式을 함께 許容하는 데에는 문제가 있다고 하지 않을 수 없다.[61] 현재의 실무관행은 호프만식 계산법을 채택하는 것이 보편적이나, 이 경우에는 過剩賠償이 생기지 않도록 單利年金現價率을 240(年單位일 때에는 20)의 범위 내에서 制限하여야 한다.[62]

(3) **葬禮費 및 治療費**

사람은 어느 누구나 죽음을 피할 수 없는 것이라는 이유에서 葬禮費의 損害性에 대하여 의문이 제기된 바도 있다. 그러나 사고 후 葬禮費를 부담한 遺族이 그 被害者가 장래 自然死한 경우에도 그 葬禮費를 반드시 부담하게 될 것이라고 단정할 수는 없는 노릇이고, 사고로 死亡한 被害者에 대한 葬禮費는 오직 그 사고 때문에 부득이 支出하게 된 사정이 생긴 것이므로 加害者가 賠償하여야 할 損害로 봄이 옳을 것이다.[63]

---

94. 1. 25, 93다48526(公 964, 8065). 定期金賠償에 관하여 자세한 설명으로는 宋興燮, "損害賠償의 定期金支給", 民事判例硏究 XIV, 263 이하 참조.

58) 여기서 말하는 中間利子라 함은 엄밀한 의미에서의 利子를 뜻하는 것이 아니고 將來의 損害額을 損害算定基準時點의 現價로 換算하는 率을 뜻한다.

59) 장래 相當期間에 걸쳐 週期的으로 발생하는 介護費, 治療費, 補助器具代 등도 마찬가지이다.

60) 大判 83. 6. 28, 83다191(公 710, 1137).

61) 兩方式의 長短點에 관한 비교설명으로는 金柱祥, "損害額算定과 라이프니츠식 計算法", 司法硏修院論輯 3, 19 이하 참조.

62) 大判 85. 10. 22, 85다카819(公 766, 1547).

63) 同旨 金正述, "逸失利益을 제외한 財産上 損害賠償額의 算定", 裁判資料 21, 221. 同旨 大判 66. 10. 11, 66다1456(要集 民 Ⅰ-2, 1322).

葬禮費의 額數를 정함에 있어서 주의할 것은 葬事에관한法律 등에 정하여진 제한을 넘어선 支出을 사고로 인한 損害로 인정하여서는 아니된다는 점이다.[64] 葬禮費 중 墓地購入費나 墓碑設置費에 관하여는 葬禮에 있어서 반드시 필요한 費用으로 볼 수 없다는 이유로 사고로 인한 損害에서 제외하여야 한다는 見解도 있으나, 대부분의 葬禮가 埋葬에 의하여 이루어지고 있는 實情을 감안할 때 墓地購入費은 葬禮에 통상 필요한 費用으로서 사고로 인한 損害에 포함시킴이 상당할 것이고, 또 墓碑 역시 墳墓의 識別을 위하여 긴요한 것이므로 그 設置費도 사고로 인한 損害에 포함시키는 것이 옳을 것이다.[65] 현재의 實務상으로는 審理의 편의를 위하여 葬禮費의 額數 전체를 금 300만원 내지 500만원의 범위 내에서 當事者 사이에 다툼 없는 事實로 정리하는 것이 보통이다.[66] 葬禮와 관련하여 遺族이 弔客 등으로부터 받은 賻儀金은 遺族에 대한 贈與의 성격을 가지는 것이고 損害塡補의 성질을 가지는 것이 아니므로 이것을 損害額算定에서 參酌하거나 控除할 것은 아니다.[67] 그러나 亡人의 葬禮를 위하여 구성된 葬禮委員會가 葬禮費를 전적으로 부담하여 葬禮를 치렀다면 遺族에게 葬禮費 상당의 損害가 있었다고 볼 수는 없을 것이다.[68]

死亡에 이르기까지의 治療費도 그것이 비록 生命保存의 目的達成에는 실패한 것이지만 당시의 상황에서 보아 社會觀念상 治療를 위한 상당한 支出로 인정되는 한 相續人 또는 그것을 支出한 扶養義務者가 賠償을 구할 수 있다.

(4) 慰藉料

㈎ 意義 및 法的 性質 慰藉料라 함은 精神的 損害 또는 財産 이외의 損害에 대한 賠償이라고 일반적으로 설명되어지고 있다. 따라서 慰藉料는 사고가 없었더라면 被害者가 그의 肉體的·精神的 能力이나 素質을 발현하여 享有할 수 있었던 生活利益을 侵害받은 데 대한 賠償의 성질을 가지고 있는 것이므로, 이를 단순히 精神的 苦痛에 대한 主觀的 感覺의 문제로만 파악하는 것은 타당하지 않다. 慰藉料의 성질을 이와 같이 파악하는 한 실제로 精

64) 大判 84.12.11, 84다카1125(公 745, 160).
65) 同旨 朴禹東, 人身事故訴訟, 25 이하.
墓地購入費에 관하여 同旨 註 63의 判例 참조.
66) 葬禮費의 범위에 관하여 자세한 설명으로는 金正述, 前揭論文, 223 이하 참조.
67) 大判 76.2.24, 75다1088(集 24-1, 民 99).
68) 大判 71.12.28, 71다2194(要集 民 I-2, 1325).

神的 苦痛을 느끼지 못하는 幼兒[69]·胎兒[70]·精神病者에게도 慰藉料請求權이 인정될 수 있을 것이다.

慰藉料請求權의 성질에 관하여는 私的制裁說, 損害賠償類似의 滿足請求權說, 特殊損害賠償請求權說, 純粹損害賠償請求權說 등의 대립이 있는바, 判例는 이에 관하여 純粹損害賠償請求權說의 見解를 취하고 있는 것으로 說明되어지고 있다.[71]

(나) 死亡本人의 慰藉料請求權과 相續性 사고로 被害者가 死亡한 경우 그 本人에게 死亡에 따른 損害賠償請求權이 인정될 수 있는가 하는 문제가 提起되고 있음은 앞서 본 바와 같다.[72] 그러나 慰藉料請求權의 경우에는 더 나아가 그것이 과연 遺族에게 相續될 수 있는 것인가 하는 문제도 論議되고 있다. 英美法에서는 "人的 訴權은 人과 함께 消滅한다"는 準則에 의하여 死亡에 따른 非財產的 損害의 賠償은 일체 인정되지 않고, 佛蘭西民法도 死亡者 本人의 慰藉料請求權의 相續性을 부인하고 있으며, 獨民 §847도 慰藉料請求權이 원칙적으로 相續人에게 移轉되지 않는 것임을 前提로 하여 死亡者의 慰藉料請求權이 契約으로 承認되었다든가 하는 특별한 사정이 있는 경우에만 相續人이 이를 相續할 수 있다고 規定하고 있다.[73]

判例는 이 점에 관하여 死者의 慰藉料請求權은 被害者가 이를 拋棄하였거나 免除했다고 볼 수 있는 특별한 사정이 없는 한 生前에 請求의 意思를 表示할 필요 없이 당연히 발생하고 또 원칙적으로 相續되는 것이며 慰藉料請求權은 生命侵害 등 제3자에게 讓渡할 수 없는 法益의 侵害에 의하여 생긴 것이지만 그러한 法益의 侵害로 인하여 생긴 慰藉料請求權은 財產的 損害에 대한 賠償請求權과 구별하여 그 相續性·讓渡性을 부인할 이유가 없다고 判示하여[74]

69) 大判 65.11.9, 65다1721(要集 民 I-2, 1225).

70) 胎兒의 경우 損害賠償請求權에 관하여는 이미 출생한 것으로 보게 되어 있으므로 역시 정신적 고통에 대한 慰藉料請求權을 갖는다고 보아야 할 것이다. 大判 62.3.15, 4294民上903(集 10-1, 民 200); 大判 93.4.27, 93다4663(公 947, 1568). 그러나 위 전자의 判例와 註 68)의 判例는 모두 幼兒·胎兒에 대한 慰藉料가 장래에 感受하게 될 精神的 苦痛에 대한 賠償이라고 보고 있는 듯하다.

71) 이에 관하여 자세한 설명으로는 金先錫, "慰藉料의 算定과 그 基準에 관한 諸問題", 裁判資料 21輯, 324 이하 참조.

72) I.1.(1) 참조. 大判 71.4.30, 70다3031(要集 民 I-2, 1220)은 被害者가 即死한 경우라도 致命傷을 받을 때와 死亡과의 사이에는 이론상 時間的 間隔이 인정될 수 있는 것이고 그 致命傷을 받은 그 時間에 心神喪失의 상태에 있었더라도 그 喪失된 精神的 利益을 非財產損害의 내용으로 할 수 있는 것이라고 판시하여 이 問題를 극복하고 있다.

73) 金先錫, 前揭論文, 350 이하 참조.

74) 大判 66.10.18, 66다1335(集 14-3, 民 160); 大判 70.2.24, 69다2160(要集 民 I-2, 1219); 大判 70.11.24, 70다2242(要集 民 I-2, 1220).

慰藉料請求權의 一身專屬性을 인정하지 않고 있으며, 下級審의 實務例도 모두 이에 따르고 있다.

(다) 近親者의 慰藉料請求權　　死者의 直系尊屬·直系卑屬 및 配偶者는 民法 §752의 규정에 의하여 慰藉料請求權을 가진다. 나아가 判例[75]는 위 條文의 규정이 慰藉料請求權者를 제한한 것이 아니고 그 精神的 苦痛에 관한 擧證責任을 경감하는 취지의 規定에 불과하므로 위 條文에 규정된 親族 이외의 親族도 그 精神的 苦痛에 대한 立證을 함으로써 民 §§750, 751에 의하여 慰藉料請求權을 行使할 수 있다고 하고 있다. 判例上 民 §752 所定 이외의 親族에 대하여 慰藉料請求權이 인정된 例로는 시어머니,[76] 直系卑屬의 配偶者[77] 등이 있다. 아울러 判例[78]는 위 條文 所定의 親族關係는 반드시 戶籍상의 親族만이 아니고 사실상의 親族關係에 있는 자도 포함된다고 하고 있다. 따라서 사실상의 婚姻關係에 있는 配偶者도 慰藉料請求權을 갖는다.[79] 더욱 자세한 內容은 民法 §752에 관한 注解 참조.

(라) 慰藉料額數의 算定基準　　慰藉料額數의 算定은 財産上 損失의 경우와 달라서 반드시 證據에 의하여 事實認定을 하여야 하는 것은 아니고 法院이 여러 가지 사정을 參酌하여 그 額數를 決定할 수 있다는 것이 判例[80]의 태도이다. 實務上 慰藉料額數의 算定에 있어서 參酌되는 사정으로서는 事故의 經緯 및 結果·雙方의 過失程度·被害者의 財産 및 生活狀態·被害者의 社會的 地位와 年齡·被害者와 近親者간의 身分關係·被害者나 近親者가 事故와 관련하여 제3자로부터 얻은 財産的 利益·加害者의 事故後의 態度·加害者의 財産狀態·被害者가 賠償받게 될 財産上 損害金의 額數[81] 등을 들 수 있다. 判例[82]는 被害者가 事故의 後遺症으로 입게 된 逸失收益金 상당의 財産上 損害에 관한 請求를 抛棄한 사정도 慰藉料額數의 算定에 參酌할 수 있다고 하고 있다.

---

75) 大判 67.9.5, 67다1307(集 15-3, 民 35).
76) 大判 67.12.18, 67다2047(集 15-3, 民 367).
77) 大判 78.1.17, 77다1942(公 580, 10608).
78) 大判 62.4.26, 62다72(集 10-2, 民 226).
79) 大判 67.1.31, 66다2216(要集 民 I-2, 1226).
80) 大判 76.2.10, 75므33(要集 民 I-2, 1221).
81) 大判 94.10.14, 94다14018(公 980, 2978)은 刑事合意金으로 지급된 금원의 경우 특히 慰藉料의 명목으로 지급된 것임을 명시하였다는 등의 특별한 사정이 없는 한 財産上 損害賠償金의 일부로 지급된 것으로 보아야 한다고 하고 있다. 따라서 刑事合意金으로 지급된 금원은 원칙적으로 財産上 損害金에서 그대로 공제하여야 하고, 그 명목이 慰藉料로서 지급되었다고 인정될 때에는 慰藉料의 額數算定에서 그 사정을 참작하여야 한다.
82) 大判 80.11.11, 80다1924(要集 民 I-2, 1223).

그러나 實務上으로는 또한 慰藉料額의 定額化가 시도되어 死亡의 경우 慰藉料의 總額를 통상 5,000만원 안팎으로 정하고 여기에 被害者側의 過失程度를 감안하여 調整한 額數를 다시 被害者와 近親者에게 적절히 配分하는 방법으로 慰藉料의 額數를 정하고 있다.

(마) 慰藉料의 補完的 機能 財産上 損害의 發生이 인정되는데도 立證困難 등의 이유로 그 損害額의 確定이 불가능하여 충분한 賠償을 받을 수 없게 된 경우에 이와 같은 財産的 損害塡補의 부족액을 慰藉料로서 補完, 解決할 수 있는가 하는 문제가 있다. 이에 관하여 判例[83]는 肯定的 見解를 취하면서도 財産上 損害額의 確定이 가능한 경우에도 편의한 방법으로 慰藉料의 名目 아래 사실상의 損害塡補를 꾀하는 일은 허용되지 않는다고 判示한 바 있다.

2. 傷害의 경우

(1) 逸失利益

事故로 입은 傷害의 治療期間중에 일하지 못하여 收益을 얻지 못한 경우에는 그 收益 상당의 損害에 대한 賠償을 구할 수 있다. 그리고 傷害의 治療結果 後遺障害가 남게 되어 勞動能力의 일부 또는 전부를 喪失한 경우에는 그로 인한 所得喪失에 대하여 損害賠償을 구할 수 있다. 이 경우의 逸失利益의 評價方法에 관하여는 所得喪失說과 勞動能力喪失說의 대립이 있고, 判例는 원칙적으로 그 중 後者의 방법에 따르고 있으나 前者의 방법도 완전히 排除하고 있지는 않음은 앞서 Ⅰ. 2. (4)에서 설명한 바와 같다. 後遺障害로 인한 逸失利益의 算定方法에 있어서는 死亡의 경우와 달라 生計費控除의 문제는 발생할 여지가 없고 勞動能力喪失率의 評價가 중요한 문제로 등장한다는 등의 몇 가지 점 외에는 死亡의 경우와 크게 다를 바 없다.

(가) 勞動能力喪失率의 評價 障害率은 사람을 生物學的 個體로 보는가 아니면 社會·經濟的 個體로 보는가에 따라 그 評價의 基準을 달리하게 된다. 前者에 의할 경우에는 障害率을 生理學的·醫學的 觀點에서 器質的으로 評價하게 되고, 後者에 의할 경우에는 後遺障害의 정도 등 醫學的 判斷을 기초로 被害者의 年齡·性別·職業의 내용 등 여러 가지 社會·經濟的 側面을 고려하여 勞動能力의 喪失率을 評價하게 된다. 逸失利益의 算定에 있어서 意味있는 評價方法은 물론 後者의 것이며, 이는 法官의 責務에 속하는 일이다. 判

83) 大判 84. 11. 13, 84다카722(公 743, 23).

例[84]도 逸失利益을 算定하기 위한 勞動能力喪失率은 단순한 醫學的 身體機能障害率이 아니라 被害者의 年齡, 敎育程度, 從前職業의 성질과 職業經歷 및 技能熟練程度, 身體機能障害程度 및 類似職種이나 他職種에의 轉業可能性과 그 確率 기타 社會的·經濟的 條件을 모두 참작하여 經驗則에 따라 정하여지는 收益喪失率이어야 한다고 판시하여 이 점을 명백히 하고 있다.

實務上 障害判定의 基準表로는 통상 맥브라이드(McBride)基準表[85]가 쓰이고 있으며 그 밖에 美國醫學協會(American Medical Association)基準表도 使用되고 있다. 判例[86]는 위 兩基準表는 각각 그 算定基礎 및 體系와 喪失率 등에 차이가 있어 상호 참작사유는 될 수 있더라도 混用할 수 없는 것이므로 身體障害狀態는 後者에 의하여 判定하고 勞動能力喪失率은 前者에 의하여 評價하는 것은 違法이라고 하였다. 그러나 다른 한편 判例[87]는 맥브라이드基準表상에는 外貌의 醜相에 따른 勞動能力喪失率이 제시되어 있지 아니하므로 이를 國家賠償法施行令上의 基準에 따라 評價한 후 다른 身體障害는 맥브라이드基準表에 의하여 障害率을 評價하여 重複障害率을 算定하는 것은 適法하다고 하고 있다.

被害者의 後遺症이 事故와 被害者의 旣往症이 競合하여 나타난 것이라면 그 事故가 後遺症이라는 결과발생에 대하여 寄與하였다고 인정되는 정도에 따라 그에 상응한 賠償額을 부담케 하는 것이 損害의 公平한 負擔이라는 견지에서 타당할 것이다. 이 경우 法院은 그 寄與度를 정함에 있어서 旣往症의 原因과 程度, 旣往症과 後遺症과의 相關關係, 被害者의 年齡과 職業, 그 健康狀態 등 제반 사정을 종합하여 합리적으로 判斷하여야 할 것이다.[88] 訴訟上 旣往症의 문제가 제기된 경우에는 被害者側에서 그러한 旣往症이 被害者에게 없었다는 사실을 立證하여야 할 것이다.[89] 被害者의 특이한 體質的 素因이나 자연적

84) 大判 87.6.23, 87다카296(公 1987, 1233).

85) 맥브라이드基準表에 의한 勞動能力喪失率의 計算은 먼저 被害者의 현재 症勢와 그 障害程度를 측정한 후 Table 15.에 의한 職種別 等級價値를 고려하여 각 部位別 障害程度를 Table 14.에 의하여 算出한 다음 그 각 障害率을 重複障害率 計算方式에 따라 종합하는 方式으로 이루어진다. 甲部位의 障害率이 X%, 乙部位의 障害率이 Y%인 경우 重複障害率의 計算(100분율에 의함)은 "X+(100−X)Y/100"의 算式에 의한다. 그 밖에도 맥브라이드基準表는 被害者의 年齡과 좌우 손잡이(팔이나 손에 障害가 남은 경우)도 고려하고 있으나, 實務上 크게 이용되고 있지는 않다.

86) 大判 90.4.13, 89다카982(公 1990, 1060).

87) 大判 91.5.10, 91다3918(公 899, 1605).

88) 大判 92.5.22, 91다39320(公 924, 1966).

89) 大判 99.5.11, 95다2171(公 1999, 1135). 反對 金正述, 前揭論文, 195.

身體老化狀態가 後遺症의 발생에 한 要因으로 작용한 경우에도 既往症의 경우와 마찬가지로 그 寄與度를 감안하여 賠償額을 정하여야 할 것인가 하는 문제도 있다. 被害者가 一般人보다 현저히 弱質이어서 後遺症이 남게 된 경우에는 損害의 公平한 분담이라는 見地에서 이를 감안하여 賠償額을 정하는 것이 妥當할 것이나,[90] 年齡에 따른 身體의 老化는 어느 누구에게나 생기는 普遍的 現狀이므로 이를 감안하여 賠償額을 정할 것은 아니라고 본다.

(나) 從前職業에의 適格問題 被害者가 사고 후 後遺症으로 인하여 從前의 職業에 종사할 수 없다고 판정된 경우에 그의 逸失利益을 어떻게 評價할 것인가 하는 문제가 있다. 이 경우에 관하여 과거에는 被害者가 從前職業에서 얻었던 收入을 전부 喪失한 것으로 보고 殘存勞動力으로 日傭勞動에 종사하여 얻을 수 있는 收入을 向後所得으로 擬制하여 그 差額을 구하는 方式을 채택하여 逸失利益을 評價하는 것이 일반적인 實務例였다. 그러나 이러한 所得喪失說의 見解에 따른 逸失利益의 評價方法은 우선 從前職業에의 適格問題의 판정이 容易하지 않다는 점과 被害者가 專門職에 종사하고 있는 경우 從前職業을 계속할 수 없다는 사정만으로 곧바로 그가 日傭勞動에 종사할 수밖에 없다고 擬制하는 것이 과연 합리적인가 하는 점 및 損害塡補의 결과가 不公平하다는 점에서 많은 批判을 받고 있었다. 이에 따라 判例[91]는 被害者가 勞動能力의 一部喪失로 從前職業에 종사할 수 없게 된 경우 그 사실만으로 바로 그가 장래 日傭勞動에만 종사하게 될 것이라고 推定할 수는 없을 것이고 被害者의 年齡, 敎育程度, 經歷, 從前職業과 技能資格의 有無, 後遺障害의 部位와 程度, 職業選擇에 의한 障害回避의 可能性, 社會的 條件 등에 비추어 그 被害者는 日傭勞動보다 所得이 많은 職業이나 職種에 종사하기 어렵고 日傭勞動에만 종사할 수밖에 없을 것이라고 예측되는 특별한 사정이 있을 때 한하여 그의 將來所得을 日傭勞動賃金 상당액이라고 推定할 수 있을 것이라고 판시하여 日傭勞動에 의한 向後所得의 確定에 制動을 걸었다. 따라서 설령 被害者가 從前職業에 계속 종사할 수 없게 된 경우라 하더라도 위 判例가 要求하는 특별한 사정이 인정되지 아니하는 한 勞動能力喪失說의 見解에 따라 從前의 收入額에 勞動能力喪失率을 곱하는 方式으로 逸失利益을 算定하여야 할 것이다.

(다) 餘命短縮의 問題 被害者가 勞動能力의 전부 또는 대부분을 喪

90) 同旨 大判 91. 5. 28, 90다17972(公 900, 1741).
91) 大判 85. 9. 24, 85다카449(集 33-3, 民 49).

失한 경우에는 平均餘命期間까지 生存할 수 있으리라는 一般的 推定이 더 이상 維持될 수 없는 것이므로 이 점을 審理·確定할 필요가 있다.[92] 이 점에 관하여 判例는 傷害의 後遺症으로 勞動能力을 완전히 喪失하였다는 것만으로 반드시 그 平均餘命이 短縮된다고 단정할 수는 없고 傷害의 後遺症이 平均餘命에 어떠한 影響을 미치게 될 것인가는 결국 그 後遺症의 구체적인 내용에 따라 醫學的인 見地에서 개별적으로 判斷할 수 없다고 하면서도,[93] 勞動能力의 90% 이상을 喪失하고 介護人의 助力 없이 日常生活의 거의 모든 活動을 할 수 없는 경우에는 餘命期間의 短縮이 없다고 인정하는 것은 採證法則違背라고 하고 있다.[94]

㈑ 勞動能力의 減退에도 불구하고 收入減少가 없는 경우 勞動能力의 減退에도 불구하고 被害者가 從前의 職場에 계속 근무하여 收入의 減少가 없는 경우에도 逸失利益이 있다고 볼 수 있는가 하는 문제가 있다. 이 경우 所得喪失說의 見解를 취하면 所得의 喪失이 현실적으로 發生하지 아니하였으므로 逸失利益을 인정하지 않게 될 것이나, 勞動能力評價說의 見解를 취하면 逸失利益을 인정하는데 별다른 障碍가 없을 것이다. 이 점에 관하여 判例[95]는 不法行爲의 被害者가 사고로 인하여 그 勞動能力의 일부를 喪失하게 되었다면 그 被害者는 특단의 사정이 없는 한 사고 당시 얻고 있었던 收入 중 그 勞動能力喪失程度에 상응하는 부분은 이를 喪失하게 되는 損害를 입게 되었다고 봄이 상당하고 그 被害者가 사고 후 從前職場에서 退職하고 일시 다른 곳에 就業하여 從前職場에서 받고 있던 賃金보다 많은 액수의 賃金을 받은 바 있다 하더라도 이는 그 被害者가 종전에는 자신의 勞動力을 십분 발휘할 수 있는 就業의 機會를 얻지 못하고 있었던 데에 기인한 것으로 볼 여지도 있어 그와 같은 사정만으로 그에 따른 收入喪失이 전혀 없는 것으로 단정할 수는 없다고 판시하여 後者의 見解를 따른 바 있다.[96]

㈒ 逸失退職金 被害者가 사고로 인한 傷害의 後遺症으로 종전의 職場에서 退職하였더라도 殘存勞動能力의 범위 내에서 類似한 職種의 다른 職場에 就業할 수 있는 것으로 인정되는 경우에는 그 다른 職場에 就業하여 일

92) 이 점은 生計費의 控除와 向後治療費, 介護費 등의 算定에 影響을 미친다.
93) 大判 90.10.30, 90다카23325(公 1990, 2415).
94) 大判 90.6.8, 89다카17812(公 1990, 1440); 大判 90.2.27, 89다카26809(公 1990, 772).
95) 大判 87.9.8, 86다카816(公 811, 1549).
96) 같은 취지의 判例로는 大判 87.6.23, 87다카296(公 806, 1233); 大判 90.11.23, 90다카21022(公 1990, 170).

하다가 退職時 殘存勞動能力에 상응한 退職金을 받을 수 있는 것으로 보아야 하므로 從前職場에서 停年까지 勤續하고 받을 수 있었던 退職金 전액을 喪失한 것으로 볼 수 없고 위 退職金 중 勞動能力喪失에 상응하는 부분만을 喪失한 것으로 보아야 할 것이다.[97] 이 경우 逸失退職金은 停年까지 勤續할 경우 받게 될 退職金에서 早期退職에 따른 退職金을 공제하고 그 나머지 金額 중 勞動能力減退率에 상응하는 金額이 될 것이다.[98] 그리고 被害者가 실제로 사고당시의 직장에서 퇴직하지 않았더라도 사고로 인하여 被害者의 稼動能力이 일부나마 상실되었다면, 그에 따라 그의 임금 또한 그만큼 감소되고 퇴직금 또한 그와 같이 감소된 임금을 기초로 산정될 것이므로, 특별한 사정이 없는 한, 이 경우에도 그 勞動能力喪失率 상당의 逸失退職金을 인정하여야 함은 당연하다.[99]

㈓ 後發的 事情 當該事故後 다시 後發的 事故가 발생하여 損害가 확대된 경우 이를 어떻게 고려할 것인가 하는 문제가 있다.[100] 이에 관하여 判例는 제 1 사고와 제 2 사고 사이에 相當因果關係가 있는 경우에는 제 1 사고의 加害者가 그 損害 전체에 대하여 賠償責任이 있고,[101] 제 1 사고와 제 2 사고 사이에 條件的 關係만이 있는 경우에는 제 1 사고로 인한 損害만을 賠償할 責任이 있으며, 제 1 사고와 제 2 사고 사이에 條件的 關係조차도 없을 경우에는 제 1 사고의 加害者는 제 2 사고의 시점까지 발생한 損害에 대하여만 賠償責任이 있다고 하고 있다.[102] 그러나 이러한 判例의 見解에 대하여는 제 1 사고와 제 2 사고 사이에 條件的 關係가 없을 경우 被害者로서는 제 2 사고 이후의 시점부터는 제 1 사고로 인한 勞動能力의 減退에 따른 逸失利益을 어느 누구로 부터도 賠償받을 수 없게 되는 결과가 되어 부당하다는 批判이 제기되고 있다.[103]

---

97) 前註 93의 判例 참조.

98) 大判 89.4.11, 87다카2901(公 1989年, 734). 이와 다른 算定方式도 제기되고 있다. 그 중 대표적인 방식으로는 事故가 없었을 경우 받을 수 있었던 예상총퇴직금을 事故 당시의 現價로 환산한 금액에서 事故로 말미암아 감퇴된 殘存勞動能力으로 事故 후부터 종전의 직장과 유사한 직장에 취업하여 근속한 후 정년퇴직시 받게 될 퇴직금을 事故 당시의 現價로 환산한 금액과 事故로 말미암아 종전의 직장에서 퇴직하면서 받게 된 기근속퇴직금을 공제한 금액으로 하여야 한다는 주장이 있다.

99) 大判 94.9.30, 93다58844(公 979, 2828).

100) 獨逸에서는 이를 假定的 因果關係論이라는 문제로 論議하고 있다. 자세한 내용은 梁三承, "假定的 因果關係論," 外國司法研修論集 1, 285 이하 참조.

101) 大判 92.11.24, 91다43707(公 936, 215).

102) 大判 79.4.24, 79다156(公 612, 11943); 大判 90.10.30, 90다카12790(公 1990, 2409).

103) 金鍾培, 前揭論文, 45 참조.

(2) 治療費

사고로 인하여 생긴 被害者의 身體에 대한 毁損을 治療하기 위하여 지급되는 費用은 모두 傷害로 인한 積極的 損害로 인정된다.[104] 그러나 過剩診療와 不當診療로 인한 治療費나 醫師의 診療上 過誤로 인하여 생긴 追加治療費는 사고와의 사이에 相當因果關係가 없어 損害의 範圍에 포함될 수 없을 것이다. 漢藥도 治療效果가 인정되는 한 그 購入費用은 당연히 損害의 範圍에 포함되어야 할 것이다. 漢藥代의 경우 특히 문제로 되는 것은 補藥의 購入費用인바, 사고로 인하여 衰弱해진 健康의 回復을 위하여 그 服用이 相當하다고 인정되는 경우에는 損害額에 포함시켜야 할 것이나,[105] 高價의 稀貴한 藥材를 사용한 경우에는 그것이 直接的인 治療方法으로 인정되지 아니하는 한 損害額에 포함시킬 수 없을 것이다.

被害者가 特室에 入院하여 治療를 받은 경우 一般室과 特室간의 入院費差額을 損害額에 포함시킬 수 있을 것인가에 관하여는 被害者의 身分과 地位·治療上의 必要 등을 참작하여 特室의 利用이 합리적이라고 인정되는지 여부에 따라 決定하여야 한다는 見解와 被害者의 身分과 地位는 고려할 必要가 없고 오직 治療上의 必要에 의하여만 決定하여야 한다는 見解가 있다.[106] 入院중의 食費는 入院療養중이라고 하는 特殊狀況에서 入院에 부수하여 지출된 費用이므로 사고와 因果關係가 있는 損害로 보아야 할 것이며,[107] 被害者가 나이 어려 父母의 看護가 필요한 경우 그 看護人의 食代 역시 損害額에 포함시켜야 할 것이다.[108] 다만 이 경우 被害者가 어차피 지출하여야 했을 通常의 食費는 控除하여야 할 것이다.[109]

治療費의 支出은 어차피 사고 후의 시점에서 이루어질 수밖에 없다. 그러나 사고시부터 각개의 治療費 支出時點까지의 中間利子를 일일이 공제한다는 것은 매우 번거로운 일이 아닐 수 없다. 이 때문에 實務상으로는 治療費는 원칙적으로 不法行爲로 인한 사고발생과 동시에 확정된 損害로서 履行期에 到達한 것으로 보아 中間利子를 공제하지 않고,[110] 다만 辯論終結 이후 상당기간

104) 診斷書의 發給費用도 治療費損害의 한 項目에 포함시켜 무방할 것이다. 大判 67.10.31, 67다1898(要集 民 I-2, 1323) 참조.
105) 大判 57.10.31, 4290민상625(要集 民 I-2, 1321).
106) 大判 95.3.14, 94다39413(公 990, 1603)은 후자의 견해를 취한다.
107) 大判 80.5.27, 80다664(公 636, 12880).
108) 大判 79.4.10, 79다297(公 612, 11934).
109) 大判 91.5.10, 91다5396(公 899, 1609).
110) 大判 67.8.29, 67다1025(要集 民 I-2, 1323) 등.

이 지난 다음에 支出이 예상되는 治療費나 상당기간에 걸쳐 繼續的·定期的으로 소요되는 治療費에 한하여 中間利子를 控除하고 있다.[111)]

向後治療費 중 辯論終結當時까지 그 支出豫想期間이 이미 경과한 부분의 損害에 관하여 判例[112)]는 그것이 실제로 支出되었음이 立證되었거나 辯論終結 후에도 어차피 그 費用이 소요될 것이라는 점이 立證되지 않는 한 加害者가 賠償하여야 할 損害額에 포함될 수 없다고 하고 있다. 이에 대하여는 治療費가 不法行爲와 동시에 확정된 損害로 보는 判例의 다른 原則에 背馳된다는 指摘이 있다.[113)]

治療費損害는 被害者나 그것을 실제로 支出한 扶養義務者가 請求할 수 있다. 判例[114)]에 의하면, 아직 支出되지 아니한 治療費는 특별한 사정이 없는 한 被害者가 부담하여야 할 것이고 그 아버지가 부담할 성질의 것이 아니므로 아버지가 治療費請求를 할 수는 없다고 한다.

(3) 介 護 費

사고로 인한 負傷으로 被害者에게 食事, 用便, 着脫衣 등의 일상생활을 돕고 物理療法을 施行하는 등의 介護가 필요한 경우 그에 소요되는 費用도 적극적 손해로 인정된다. 介護의 必要性과 相當性은 被害者의 傷害 또는 後遺障害의 部位와 程度에 따라 판단될 것이나, 被害者가 意識을 回復하지 못하였거나 精神異常이 된 경우와 그렇지 않더라도 食事, 用便, 起立擧動, 着脫衣 등 가장 기본적인 活動조차 혼자서 할 수 없는 경우에는 介護가 필요한 것으로 보아야 할 것이다.

介護費는 특별한 사정[115)]이 없는 한 介護를 필요로 하는 期間의 全日數에 해당하는 成人女子 1인의 日傭賃金 全額을 기준으로 하여 算定하며,[116)] 이 경우 都市 및 農村賃金의 구분은 被害者의 所在地에 따른다.[117)] 그리고 介護人

---

111) 大判(全員合議體) 79.4.24, 77다703(公 612, 11936); 大判 80.7.22, 80다761(公 640, 13032).

그러나 다른 한편 辯論終結 이후에 소요되는 治療費는 무조건 中間利子를 공제하여야 한다는 견해를 취한 判例도 있다. 大判 93.5.27, 92다50287(公 949, 1875) 참조.

112) 大判 85.11.26, 83다카2191(公 768, 104).

113) 金正述, 前揭論文, 216.

114) 大判 67.10.31, 67다1898(要集 民 I-2, 1323).

115) 그러한 사정으로는 被害者에 대한 介護가 하루의 特定時間에 집중적으로 이루어져도 무방할 뿐만 아니라 그 時間에 맞추어 時間當賃金에 의한 介護人의 雇用이 별 어려움 없이 可能하다는 점이 認定되어야 할 것이다.

116) 大判 89.3.14, 86다카2731(要集 民 I-2, 1330-4).

117) 大判 89.3.14, 88다카127(公 1989, 602).

이 하루에 실제로 介護하는 시간이 8시간에 미달하더라도 그 시간에 상응하는 日傭賃金만을 介護費로 인정할 것은 아니며,[118] 그와 반대로 하루에 8시간을 훨씬 초과하는 시간동안 介護가 필요하다 하더라도 繼續的으로 무슨 일을 하여야 하는 것은 아니고 간헐적으로 시중을 들어주는 것으로 족하다면 특별한 사정이 없는 한 하루에 2인 이상의 介護人이 요구된다고 인정할 것도 아니다.[119]

被害者가 配偶者나 近親者의 介護를 받아 실제로 介護費를 支出하지 않은 경우에도 介護費 상당의 損害가 있는 것으로 인정할 수 있을 것인가 하는 문제가 있다. 現實損害說을 엄격히 적용한다면 이 경우 損害의 發生을 의문시하게 될 것이나, 이 說을 바탕으로 하더라도 負傷의 程度와 현실적인 家族의 介護라고 하는 事實에서 職業介護人의 介護料 상당의 財産的 不利益을 입은 것으로 擬制하여 損害賠償을 인정할 수 있을 것이다.[120] 반면 死傷損害說에 의하면 이 경우 介護를 요할 정도로 負傷을 입어 近親의 介護가 있은 이상 실제로 介護費가 지출되었는지 여부와 관계 없이 介護費 상당의 損害賠償을 당연히 인정하게 된다. 判例[121]도 被害者가 近親介護를 받은 경우에는 실제로 介護費를 支出하지 않았고 또 그 支給請求를 받지 않았더라도 介護費 상당의 損害를 賠償請求할 수 있고 이 경우 被害者가 그 請求를 하지 않았다면 介護를 한 近親者가 休業으로 인한 逸失利益 상당의 賠償請求를 할 수 있다고 판시한 바 있다. 다만 近親者의 이와 같은 逸失利益의 賠償請求는 職業介護人의 介護料를 초과할 수 없고 이를 초과하게 되면 그 초과부분은 事故와 相當因果關係가 있는 損害라고 볼 수 없을 것이다.[122]

介護費損害에 대한 中間利子의 控除問題와 辯論終結時까지 近親者의 介護조차도 받지 아니한 경우 그 시점까지의 介護費에 相當하는 損害의 認定問題는 治療費의 경우에 準하여 보면 될 것이다.

(4) **醫療補助器具代**

被害者가 사고로 인한 後遺障害로 義齒, 義眼, 義手, 義足, 補聽器, 목발, 휠체어 등의 醫療補助器具를 着用 또는 使用하여야 할 경우에 그 購入 및 修

118) 大判 87.7.7, 87다카178(公 1987, 1312).
119) 大判 89.5.9, 88다카23193(公 1989, 907); 大判 89.6.13, 88다카24745(公 1989, 1070). 특별사정을 고려하여 하루 2인의 介護가 필요하다고 인정한 事例로는, 大判 89.10.10, 88다카20545(公 1990, 243); 大判 90.3.27, 88다카26543(公 1990, 952); 大判 92.10.27, 91다39368(公 934, 3246) 등 참조.
120) 朴禹東, "人身事故의 損害賠償에 관한 判例動向," 民事裁判의 諸問題, 149.
121) 大判 82.4.13, 81다카737(集 30-1, 民 137); 大判 86.3.11, 85다카2013(公 775, 629).
122) 大判 88.2.23, 87다카57(公 1988, 573).

理에 필요한 비용 역시 積極的 損害로 인정된다. 補助器具의 種類·規格 등은 障害의 部位와 程度, 被害者의 身體條件 등에 의하여 결정되며, 材料나 品質이 다양할 경우에는 원칙적으로 中等品質에 의한 價格을 기준으로 그 費用을 算定하여야 할 것이다. 向後治療費의 경우와 마찬가지로 장래 繼續的·定期的으로 支出하여야 하는 補助器具代에 관하여는 中間利子를 控除하여야 하며, 이 경우 被害者가 辯論終結當時까지 補助器具를 실제로 購入하였음을 立證하지 못한 때에는 辯論終結時點에 最初의 購入費用이 支出되는 것으로 보고 그 費用을 算定하는 것이 實務例이다.

(5) 慰藉料

사고로 負傷을 입은 被害者 本人은 加害者에 대하여 財產的 損害 외에도 精神的 苦痛에 따른 損害의 賠償을 구할 수 있음은 民 §§750, 751의 規定上 명백하나, 그 밖의 近親者에게도 고유의 慰藉料請求權이 있는가에 대하여는 見解의 對立이 있다. 종래에는 民 §752의 反對解釋上 近親者의 慰藉料請求權을 否認하는 見解도 있었으나, 현재에는 民 §750 또는 §751에 근거하여 近親者에게도 慰藉料請求權이 있다고 보는 것이 通說[123]이다. 이 점에 관하여 判例는 民 §752가 生命侵害의 경우에 限定하여 그 條文에 列擧된 近親者에게만 慰藉料請求權을 인정한 制限的 規定이 아니라 立證責任만을 輕減한 規定이라는 이유로 民 §750 또는 §751에 근거하여 身體傷害의 경우에도 近親者에게 慰藉料請求權을 인정하고 있고,[124] 慰藉料請求權을 가지는 近親者의 範圍도 配偶者와 親子는 물론이고 그 兄弟姉妹[125]·祖父母[126]에까지 확장하고 있으며,[127] 傷害의 結果에 있어서도 반드시 不具 또는 難治로 죽음에 比肩할 만한 것이 아니더라도 慰藉料를 請求할 수 있다고 보고 있다.[128] 그러나 이러한 判例의 態度에 대하여는 一般的인 負傷의 경우에는 被害者 本人의 精神的 苦痛이 慰藉되면 그 近親者의 精神的 苦痛도 함께 解消되는 것으로 봄이 상당하므로 傷害의 結果가 극히 重大한 경우에 한하여 그 配偶者 및 父母·子에 한하여 慰藉料請求權이 있는 것으로 보는 것이 옳다는 批判이 提起되고 있다.[129]

123) 郭潤直, 債權各論, 688; 金曾漢·安二濬 編著, 新債權各論(下), 845.
124) 大判 67.6.27, 66다1592(集 15-2, 民 108); 大判 67.9.19, 67다1445(集 15-3, 民 117).
125) 大判 71.12.28, 71다2256(要集 民 I-2, 1220).
126) 大判 67.12.26, 67다2460(集 15-3, 民 438).
127) 改正前 民法當時의 事例이기는 하나 適母에게 慰藉料請求權을 인정한 것도 있다. 大判 80.7.8, 80다599, 600(要集 民 I-2, 1228).
128) 大判 67.9.19, 67다1445(集 15-3, 民 117).
129) 金先錫, 前揭論文, 355 이하 참조.

實務上으로는 死亡의 경우와 마찬가지로 慰藉料額의 定額化가 시도되고 있는바, 死亡의 경우에 통상 인정되는 慰藉料의 總額에다가 勞動能力의 喪失程度를 곱하여 傷害에 따른 慰藉料의 總額을 算定한 다음 여기에 다시 被害者側의 過失程度를 감안하여 調整한 額數를 被害者와 近親者에게 적절히 配分하는 방법으로 慰藉料의 額數를 정하고 있다. 그 밖의 점에 관하여는 被害者가 死亡한 경우의 慰藉料에 관한 Ⅱ.1.(4) 참조.

3. 損益相計

債務不履行이나 不法行爲로 인하여 損害를 입은 자가 同一한 原因에 의하여 利益을 얻은 경우에는 그 損害로부터 利益을 控除하여 그 殘額을 賠償하여야 할 損害額으로 하는 것을 損益相計 또는 利得控除라고 부른다. 損益相計에 의하여 損害에서 控除되어야 할 利益은 損害를 발생시킨 原因事實로부터 발생한 것이어야 하고 아울러 不法行爲나 債務不履行과 相當因果關係가 있는 것이어야 한다.[130] 生計費의 경우를 제외하고는 人身事故로 인하여 被害者가 利益을 받는다는 것은 特別한 事情에 속하는 일이므로 損益相計의 대상이 되는 利益의 發生事實에 대한 主張·立證責任은 加害者側에 있다고 보아야 할 것이다.[131] 損害의 發生이나 擴大에 관하여 被害者에게도 過失이 있는 경우에 損益相計와 過失相計 중 어느 것을 먼저 할 것인지가 문제가 된다. 生計費控除와 같이 眞正한 損害額發見의 次元에 속하는 損益相計에 있어서는 損益相計後에 過失相計를 할 것이나, 災害補償金과 같이 損害塡補的 性質을 띠고 있는 支給金의 控除는 過失相計를 한 다음 損益相計를 하는 것이 옳다고 본다.[132]

이하에서는 人身事故로 인한 損害額의 算定에 있어서 問題가 되는 利益에 관하여 개별적으로 살펴본다. 그 중 生計費와 公租公課金에 관하여는 Ⅱ.1.(2)

---

130) 자세한 內容은 陳成奎, 前揭論文, 258 이하 참조.

131) 다만 大判 72.1.31, 71다2502(要集 民 Ⅲ-1, 134)은 被告가 勤勞基準法상의 遺族補償金支給事實에 관한 陳述을 하지 않았더라도 그 證憑書類를 證據로 提出하였다면 위 事實에 관한 間接的 陳述이 있는 것으로 보아 이 점에 대한 判斷을 하여야 한다고 判示하였는바, 이에 따르면 利益의 發生事實에 관한 主張責任은 큰 意味가 없는 것이 될 것이다. 한편 陳成奎, 前揭論文, 260은 損益相計의 대상으로 되는 利益이 발생하였다는 점을 인정할 수 있는 證據가 當事者의 어느 쪽에 의해서든 간에 訴訟上 顯出되었다면 法院은 職權으로 그 利益을 損害에서 控除하여야 한다고 主張한다.

132) 大判 81.6.9, 80다3277(公 660, 13990) 등은 損害發生으로 被害者에게 利得이 생기고 한편 그 損害發生에 관하여 被害者의 過失이 競合되어 있어 過失相計를 하여야 할 경우에는 먼저 算定된 損害額에다 過失相計를 한 후에 위 利得을 控除하여야 한다는 취지로 判示하고 있으나, 損益相計의 대상이 되는 모든 利得이 이러한 順序에 의하여 控除될 것은 아니므로 위 判示 自體에는 疑問이 있다.

(나) (a)의 (vi) 및 (vii) 참조.

(1) **各種의 保險金**

被害者의 死亡으로 生命保險金이 支給된 경우에 그 生命保險金은 保險料의 對價로 支給되는 것이며 그 利益은 保險契約이라고 하는 不法行爲와는 別個의 原因에 기한 것으로서 不法行爲에 의한 加害는 保險金支給에 條件을 주는 것에 불과하므로 損益相計의 對象이 될 수 없을 뿐만 아니라, 生命保險은 損害保險과 本質을 달리하여 保險者代位가 인정되지도 아니하므로 保險者代位에 의한 賠償額의 減縮도 인정될 수 없다고 보아야 할 것이다.[133] 傷害保險의 경우도 人保險의 일종이고 人保險에 대하여는 원칙적으로 保險者代位가 허용되지 아니하므로(商 §§727, 729 本文 참조), 生命保險의 경우와 마찬가지로 보아야 할 것이다.[134] 加害者가 加入한 責任保險에 기하여 保險金이 지급된 경우에는 損害賠償責任이 그 限度 내에서 消滅하게 되나, 이는 保險金의 支給이 賠償責任의 履行으로서의 機能을 가지기 때문이므로 損益相計의 문제로 다룰 것은 아니다. 産業災害補償保險金은 실질상 勤勞基準法에 의한 災害補償金과 性質이 같으므로 다음 項目에서 함께 說明한다.

(2) **災害補償金**

被害者가 使用者로부터 勤勞基準法上의 休業補償·障害補償·療養補償·遺族補償 등을 받은 경우에 그 金額을 賠償額에서 控除하여야 하는지에 관하여 論議가 있다. 이러한 災害補償은 勤勞者가 業務上 災害로 입은 損害를 塡補하는 성질을 가지는 것이고 同法 §90는 이를 전제로 한 당연한 規定이므로 災害補償을 한 使用者는 補償의 限度 내에서는 그 災害補償과 同質의 損害賠償責任을 면한다고 보아야 할 것이다. 따라서 支給된 休業補償金·障害補償金·遺族補償金은 이와 同質인 逸失利益의 損害賠償額에서, 療養補償金은 治療費 등의 損害賠償額에서 각각 控除되어야 한다.[135] 그러나 이와는 다른 根據에서

133) 同旨 陳成奎, 前揭論文, 294.

134) 그러나 商法 § 729 但書의 규정에 따라 當事者 사이에 保險者代位를 허용하는 約定이 締結된 경우에는 保險者代位의 法理에 따라 賠償額의 減縮을 인정함이 옳을 것이다.

135) 그러나 療養補償과 休業補償의 경우에는 특수한 문제가 介在되어 있다. 즉 療養補償의 경우에는 勤勞者에게 重大한 過失이 있다 하여 補償責任을 면하거나 過失相計의 理論에 따라 補償의 範圍를 제한할 수도 없는 것이므로, 이미 支給된 療養費 중 勤勞者의 過失比率에 따른 金員을 不當利得이라 하여 使用者의 다른 損害賠償額에서 控除할 수 없다고 보아야 할 것이다(물론 被害者가 굳이 療養費가 지급된 부분에 관한 치료비손해를 다시 청구할 경우에는 그 療養費를 공제하여야 함은 물론이다). 大判(全員合議體) 81. 10. 13, 81다카351(公 669, 14438) 참조.

또한 休業補償의 경우에도 그것이 療養期間중에 일정액의 給與를 보장함으로써 勤勞

控除를 주장하는 見解도 있다. 즉 災害補償의 本質은 勤勞者의 生存權 내지 勞動力의 保障을 위하여 특별히 인정된 法定義務이고 民法상의 損害賠償制度와는 성질을 달리하는 것이며 다만 災害補償이 勞動力의 喪失·毁損에 대한 損失塡補的 機能을 영위하는 것은 否定할 수 없으므로 使用者로 하여금 重複的 塡補의 負擔을 지지 않도록 하기 위하여 同法 §90와 같은 特別規定을 둔 것이라는 것이다.[136] 判例는 前者의 見解에서 控除說을 취한다.[137] 위 兩說은 加害者가 제3자인 경우 支給된 災害補償金의 控除與否나 遺族補償金의 控除方法등에 있어서 結論에 差異를 나타낸다.

加害者가 제3자인 경우 使用者에 의하여 支給된 災害補償金을 損害賠償額에서 控除할 것인가에 관하여는 學說의 對立이 있다.[138] 控除說은 災害補償과 損害賠償의 相互補充性을 인정하여 民 §399의 類推適用에 의하여 災害補償을 한 使用者는 勤勞者 또는 遺族을 代位하여 加害者를 상대로 損害賠償請求를 할 수 있으므로 使用者가 支給한 災害補償金은 加害者의 損害賠償額에서 控除되어야 한다고 主張한다. 이에 반하여 非控除說은 災害補償의 本質이 生存權 내지 勞動力의 保障에 있는 것인 이상 제3자에 의한 損害賠償義務의 履行은 使用者의 補償責任에 영향을 미치지 아니하며 또 使用者가 먼저 災害補償을 하였더라도 제3자에 대한 被害者의 損害賠償請求權을 代位하여 行使할 수 없다고 보고 被害者에게 兩給付의 重疊的 取得을 肯定한다. 判例의 態度와 같이 災害補償이 損害塡補的 性質을 가지고 있는 것으로 보는 이상 控除說이 妥當할 것이다.

產業災害補償保險法은 §48 Ⅱ에서 "受給權者가 同一한 事由에 대하여 이 法에 의한 保險給與를 받은 경우에는 保險加入者는 그 金額의 限度 안에서 民法 기타 法令에 의한 損害賠償責任이 免除된다"고 規定하고 있고, §54 Ⅰ·Ⅱ에서 使用者 아닌 제3자의 不法行爲를 원인으로 保險給與가 행하여진 경우에 있어서의 그 제3자에 대한 損害賠償請求權의 代位와 제3자에 의하여 損害賠

者의 최저생활을 보장하는 데 취지가 있는 것으로 보는 이상 休業給與金을 공제하여야 할 경우에는 그것이 지급된 休業期間중의 逸失利益 상당의 손해액에서만 공제하여야 할 것이다(따라서 被害者가 休業期間중의 逸失利益을 청구하지 않는 이상 休業給與金은 공제할 수 없다는 결론이 된다). 大判 93.9.10, 93다10651(公 955, 2730) 참조.

136) 郭潤直, 債權各論, 693.

137) 大判 70.10.23, 70다1562(要集 民 Ⅰ-2, 1443); 大判 71.3.23, 71다300(要集 民 Ⅰ-2, 1443); 大判 71.11.30, 71다1807(要集 民 Ⅰ-2, 1443).

138) 勤勞基準法은 產業災害補償保險法 ˀ15와 같은 規定을 따로 두고 있지 아니하여 解釋上 問題가 되는 것이다.

償義務가 先履行된 경우에 있어서의 保險給與의 免除에 관하여 각각 規定하고 있으므로, 保險給與額은 加害者가 使用者이거나 아니거나를 불문하고 損害賠償額에서 控除하여야 할 것이다.[139]

災害補償金이나 産災保險金이 아직 支給되지 않은 段階에서 장래 支給되거나 支給되기로 確定된 給與豫定額을 損害額에서 控除할 것인가에 관하여도 見解가 對立되어 있다.[140] 判例의 主流는 대체로 非控除說을 취하고 있으나,[141] 加害者가 使用者인 경우에는 장차 支給될 産災保險給與의 豫定額을 控除함이 公平하지 않은가 하는 疑問이 있다.[142] 勤勞基準法에 의한 遺族補償金이나 産業災害補償保險法에 의한 遺族給與의 受給權者가 死亡한 被害者의 相續人과 일치하지 않을 경우 補償에 의한 免責이 受給權者에 한하여 발생하는가 아니면 給與額을 控除한 나머지 損害額만이 相續人에게 移轉되는가 하는 것이 問題로 된다. 이는 특히 事實上의 配偶者가 受給權者인 경우에 있어서 큰 問題가 된다. 이 점에 관하여 單獨控除說은 災害補償責任이 損害賠償責任과는 별개의 法定義務라는 전제하에 補償을 받은 受給權者에 대하여는 別論으로 하고 補償을 받지 아니한 損害賠償請求權者에 대하여까지 受給權者가 支給받은 給與額을 控除하는 것은 부당하다고 主張하는 反面, 控除後相續說은 災害補償의 本質이 損害의 塡補에 있는 것인 이상 遺族補償이 행하여지면 그 補償의 限度내에서 死亡者의 損害賠償請求權은 당연히 消滅하는 것으로 보아야 할 것이므로 損害額에서 補償額을 控除한 殘額만이 相續人에게 移轉되는 것이라고 主張한다. 判例는 控除後相續說을 취하고 있다.[143]

(3) 社會保障制度에 의한 各種의 給與金

公務員年金法·軍人年金法·國家有功者등禮遇 및 지원에 관한 法律·船員保險法·國民年金法·生活保護法 등에 의한 각종의 社會保險給與金이 他人의 不法行爲로 인하여 生命·身體에 侵害를 입은 被害者 또는 그 遺族에게 支給된

139) 다만 이 경우의 그 控除의 理論的 根據에 대하여는 損益相計의 法理에 기하여 설명하는 見解와 代位의 法理에 의하여 설명하는 見解가 있다.

140) 자세한 內容은 陳成奎, 前揭論文, 302 참조.

141) 大判 79.10.30, 79다1211(公 623, 12336); 大判 89.6.27, 88다카15512(公 1989, 1151).

142) 産業災害補償保險法 §48 ② 후문에 의하면 障害補償年金이나 遺族補償年金을 받고 있는 자는 障害補償一時金 또는 遺族補償一時金을 받은 것으로 보도록 되어 있으므로, 이 경우에는 그 年金을 一時金으로 환산한 금액을 공제하여야 하며, 결과적으로 未支給保險金을 손해액에서 공제하는 셈이 된다.

143) 大判 87.6.9, 86다카2581(公 1987, 1139).
이와 달리 日本의 判例는 單獨控除說을 취한다. 日最高判 昭 50(1975).10.24.(判例時報 798, 16) 참조.

경우에 이를 損害額에서 控除할 것인가에 관하여도 兩論이 있다. 非控除說은 國家가 憲法상의 社會保障義務의 履行으로서 國民의 人間다운 生活을 保障하기 위한 目的에서 이러한 給與를 행하는 것이어서 그 目的이 損害塡補와는 무관한 것이므로 그 給與金을 損害賠償額에서 控除할 것이 아니라고 主張하고, 그 반면 控除說은 이러한 給與도 損害塡補的 性質을 겸유하고 있고 또한 遺族給與의 경우에도 逸失利益의 賠償에 관한 扶養喪失說을 취한다면 損益의 法的主體가 동일하므로 그 給與金을 損害賠償額에서 控除하여야 한다고 主張한다. 社會保險給與는 오로지 國家의 社會保障義務에 기하여 특별히 制定된 法令에 의하여 행하여지는 것이고 그 目的은 원칙적으로 損害塡補와 關係가 없는 것으로 보아야 할 것이므로, 이러한 給與請求權과 損害賠償請求權의 重疊的 取得을 인정하는 것이 制度의 趣旨에 부합하는 것이라 생각한다. 따라서 非控除說이 옳다고 할 것이나, 個別法令에 保險給與가 행하여진 경우에 있어서의 保險者代位나 제3자가 損害賠償義務를 先履行한 경우에 있어서의 保險給與義務의 免除에 관한 規定이 있는 경우에는 이러한 實定法의 規定上 이미 支給된 保險給與金을 損害賠償額에서 控除하지 않을 수 없을 것이다.[144] 判例[145]도 保險者代位 등에 관한 規定이 없었던 舊公務員年金法 施行當時에는 同法上의 遺族給與金에 관하여 非控除說을 취하고 있었다.

[尹 容 燮]

144) 이러한 規定을 두고 있는 法令으로는 公務員年金法(§33 Ⅱ·Ⅲ)·軍人年金法(§41 Ⅱ·Ⅲ)·國民年金法(§94)·船員保險法(§26)·私立學校敎職員年金法(§41 Ⅱ·Ⅲ) 등이 있고, 이러한 規定을 두고 있지 아니한 法令으로는 國家有功者등禮遇 및 지원에 관한 法律이 있다.

145) 大判(全員合議體) 70. 9. 29, 69다289(集 18-3, 民 86).

第 751 條(財産以外의 損害의 賠償)

① 他人의 身體, 自由 또는 名譽를 害하거나 其他 精神上 苦痛을 加한 者는 財産以外의 損害에 對하여도 賠償할 責任이 있다.[1)]

② 法院은 前項의 損害賠償을 定期金債務로 支給할 것을 命할 수 있고 그 履行을 確保하기 爲하여 相當한 擔保의 提供을 命할 수 있다.

차 례

Ⅰ. 序
Ⅱ. 慰藉料請求權者
 1. 自 然 人
 2. 法人, 非法人 社團·財團
 3. 直接 被害者 이외의 慰藉料請求權者
Ⅲ. 慰藉料의 本質과 機能
 1. 慰藉料의 本質
 2. 慰藉料의 補完的 機能
Ⅳ. 慰藉料請求權의 發生原因
 1. 序
 2. 生命의 侵害
 3. 身體의 侵害
 4. 自由의 侵害
 5. 貞操 등의 侵害
 6. 名譽의 侵害
 7. 私生活의 秘密과 自由의 侵害
 8. 肖像權의 侵害
 9. 姓名權의 侵害
 10. 生活利益의 侵害
 11. 其他 人格權의 侵害
 12. 財産權의 侵害
Ⅴ. 慰藉料 算定의 基準
 1. 一般原則
 2. 被害者의 苦痛
 3. 被害者의 財産狀態
 4. 被害者의 生活狀態
 5. 被害者의 職業·社會的 地位·年齡·國籍
 6. 被害者의 過失
 7. 被害者 또는 그 近親者가 取得한 財産的 利益
 8. 加害者의 財産狀態
 9. 加害者의 故意·過失
 10. 其他 諸事情
 11. 慰藉料의 定額化
 12. 名譽毁損의 경우 實務上 인정된 慰藉料額
Ⅵ. 慰藉料의 定期金債務支給
 1. 序
 2. 財産的 損害賠償의 定期金支給
 3. 一時金 賠償請求와 法院의 定期金賠償 宣告

Ⅰ. 序

본조는 타인의 身體, 自由 또는 名譽를 침해하거나 기타의 방법으로 정신상

1) 日民 §710, 獨民 §823 Ⅰ 참조.

고통을 가한 자는 財産上 損害의 존부에 불구하고 '財産 이외의 損害의 賠償' 즉 慰藉料를 支給할 責任이 있음(民§751 Ⅰ)과 慰藉料의 支給方法에 관하여(民§751 Ⅱ) 규정하고 있다.

본조에 규정된 慰藉料請求權과 不法行爲의 일반규정인 民 §750와의 관계에 관하여는, 본조는 民 §750의 해석상 의문이 생기지 않도록 하기 위하여 즉 民 §750의 '損害' 가운데는 '精神的 損害(非財産的損害)'도 포함된다고 하는 것을 주의적으로 둔 것이라고 일반적으로 설명되고 있다.[2] 이 견해에 따르면 본조의 규정이 없더라도 民 §750의 요건을 갖춘 不法行爲에 의하여 精神的 損害(非財産的損害)가 발생한 경우에는 民 §750에 의하여 당연히 慰藉料請求權이 인정된다는 것이다.[3]

본조는 제목이 나타내는 바와 같이 財産 이외의 損害, 즉 非財産的 損害의 賠償을 규정하고 있다. 그런데 본조의 財産 이외의 損害는 精神上 苦痛(精神的損害)만을 의미하는 것은 아니고 그 외의 수리적으로 산정할 수 없으나 사회통념상 금전평가가 가능한 무형의 損害도 포함한다고 할 것이다.[4] 또한 非財

2) 郭潤直, 823.
3) 이에 대한 반대 견해로는 註釋債各(Ⅳ), 153 참조.
4) 본조가 '기타 精神的 苦痛을 가한 자는'이라고 표현하고 있어(본조에 대응하는 日民 §710는 "타인의 身體, 自由 또는 名譽를 해한 경우와 財産權을 해한 경우를 묻지 않고 전조의 규정에 의하여 損害賠償의 責任을 지는 자는 財産 이외의 損害에 대하여도 그 賠償을 하여야 한다"고 규정하여 '精神的 苦痛'이나 '精神的 損害'로 한정하고 있지 않다), 精神的 苦痛이 없는 非財産的 損害(財産 이외의 損害)는 부인되는 것인가라는 의문이 생길 수 있다. 이에 대해 梁彰洙 교수는 "기본적으로 賠償方法으로서의 慰藉料의 독자적·적극적 의미가 인정되어야 한다. 慰藉料는 단지 精神的 苦痛에 대한 塡補가 아니라 財産損害는 없더라도 당해 不法行爲에 대한 구제수단으로 금전의 支給을 명하는 것이 적절한 경우(특히 精神的 人格權의 침해, 生活妨害 등의 경우)에 인정되는 일반적──그러나 역시 보충적인──賠償方法이라고 평가할 것이다. 따라서 그 責任의 유무와 내용을 정함에 있어서도 다양한 사정이 아울러 고려되어야 한다"고 주장하면서, 본조의 개정안으로 '不法行爲로 인한 損害賠償에 있어서는 財産 이외의 損害(非財産的 損害/非財産損害)도 賠償되어야 한다. 그 責任 및 금액을 정함에 있어서도 當事者의 행위의 내용과 態樣, 損害發生의 경과, 財産的 損害(財産損害)의 정도 및 賠償與否, 被害者의 精神的 苦痛, 當事者의 경제 및 생활상태 기타 일체의 사정이 고려된다'를 제시하고 있다(新聞 1996. 2. 1.자, 14 참조).
非財産的 損害의 중심을 이루는 것이 정신상 고통으로 인한 損害라고 하여 비정신상 고통으로 인한 損害는 慰藉料로 賠償될 수 없다고 할 수는 없을 것이다. 특히 法人의 경우는 정신상 고통을 느낄 수는 없어도 不法行爲로 名譽, 信用의 毁損 등 非財産的 損害를 입을 수 있으므로 이를 금전으로 賠償받을 수 있어야 할 것이다(法人의 信用의 毁損은 財産上의 損害로 볼 수도 있으나 財産上의 損害로 볼 경우 구체적 損害의 입증이 불가능에 가까울 것이므로 慰藉料의 문제로 해결하여야 할 것이다). 개인의 경우도 信用이 毁損된 경우 精神的 苦痛으로 인한 損害로 해결하기보다는 精神的 苦痛이 아닌 非財産損害의 문제로 해결함이 타당할 것이다. 판례도 法人의 名譽毁損에 대하여 금전평가가 가능한 무형의 損害가 발생한 경우로 보아 본조에 기한 賠償을 인정하고 있다(후술 Ⅱ의 2. 참조).

產的 損害에는 뒤에서 자세히 보는 바와 같이 人格權의 침해로 인한 非財產的 損害뿐만 아니라 財產權의 침해로 인한 非財產的 損害도 포함된다.[5)]

결국 본조는 人格權이나 財產權의 침해로 인하여 精神的 苦痛(損害)이나 그 밖의 무형의 非財產的 損害를 입은 자에게 賠償請求權을 인정한 규정이라고 할 것이다.[6)] 다만 人格權의 침해로 인한 精神的 損害의 賠償이 慰藉料의 대표적인 모습이라는 점에서 통상 財產 이외의 損害를 精神的 損害, 이에 대한 損害賠償을 慰藉料라고 부른다.

한편 판례에 의하면, 財產的 損害로 인한 賠償請求와 非財產的(精神的) 損害로 인한 賠償請求(慰藉料請求)는 각각 소송물을 달리하는 별개의 請求이므로[7)] 訴訟當事者로서는 그 금액을 특정하여 請求하여야 하고 법원으로서도 그 내역을 밝혀 각 請求의 당부에 관하여 판단하여야 하며,[8)] 1심 판결에 대하여 항소하지 아니한 원고에 대하여 1심 판결보다 더 많은 慰藉料의 支給을 명하였음은 위법이다.[9)] 또 不法行爲로 인하여 生命 또는 身體의 손상을 입은 경우에 있어서 積極的 損害와 消極的 損害는 소송물을 서로 달리하는 것이다.[10)] 결국 판례는 積極的 損害와 消極的 損害 및 慰藉料를 별개의 소송물로 보는 3분설을 취하고 있다.[11)]

---

5) 郭潤直, 823. 註 4에서 본 바와 같이 본조에 대응하는 日民 §710는 "타인의 身體, 自由 또는 名譽를 해한 경우와 財產權을 해한 경우를 묻지 않고…"라고 규정하여 이 점을 명백히 하고 있다.

6) 日 注解 判例民法, 林良平編, 債權法 Ⅱ(靑林書院, 1989), 1271 참조. 독일의 경우를 보면, 獨民 §253는 법률로 정하고 있는 경우(예 獨民 §847)에 한하여 정신적 손해에 대한 배상(慰藉料)를 청구할 수 있다고 규정하고 있고, 獨民 §823 Ⅰ은 "고의 또는 과실로 인하여 타인의 생명, 신체, 건강, 자유, 소유권 또는 기타의 권리를 위법하게 침해한 자는 그 타인에게 이로 인하여 발생할 손해를 배상할 의무를 진다"고 규정하고 있는데, 두 규정의 해석상 §823 Ⅰ의 '기타의 권리'는 개별 법률에 규정된 성명권, 초상권 등 개별적 인격권만을 의미하는지 아니면 명예 등 일반적 인격권도 의미하는지가 문제되었다. 獨民 제정 당시 위 규정에서 말하는 '기타의 권리'는 소유권과 같은 절대권을 가리키는 것이고, 이러한 '기타의 권리'에 개별법률에 규정된 성명권, 초상권 등 개별적 인격권은 포함되나, 명예 등 일반적 인격권은 포함되지 않는 것으로 인식되었다. 그러나 2차 세계대전 이후 나치독재의 경험을 통하여 인간의 존엄과 인격의 자유를 보호할 필요성이 드러났고, 1949년에 제정된 獨逸基本法에서 인격권을 헌법상의 기본권으로 규정한 것에 영향을 받아 독일연방대법원이 일반적 인격권을 獨民 §823 Ⅰ의 '기타의 권리'로 승인하였다(Larenz/Canaris, Lehrbuch des Schuldrecht Ⅱ/2, 13. Aufl., 1994, S. 491ff.).

7) 大判 89. 10. 24, 88다카29269(公 1989, 1759).

8) 大判 80. 7. 8, 80다1192(公 1980, 13012).

9) 大判 80. 7. 8, 80다1192(公 1980, 13012); 大判 90. 6. 22, 89다카27901(公 1990, 1539).

10) 大判 97. 1. 24, 96다39080(公 1997상, 636).

11) 大判 76. 10. 12, 76다1313(公 1976, 9390) 등 참조. 일본의 경우를 보면, 日 最判 昭48. 4. 5(民集 27권 3호, 419)은 財產上 損害와 精神上 損害는 소송물이 1개라고 판시하고 있다.

Ⅱ. 慰藉料請求權者

1. 自 然 人

慰藉料請求權者는 먼저 精神的 損害를 입은 被害者인 自然人이다. 현재 精神的 苦痛을 느낄 수 없는 유아[12]나 심신상실자라도 장래 고통을 느낄 수 있을 것을 합리적으로 기대할 수 있는 경우에는 慰藉料請求權이 인정된다고 할 것이다. 태아도 損害賠償請求權에 관하여는 이미 출생한 것으로 보는바(民 §762), 父가 교통사고로 상해를 입을 당시 태아가 출생하지 아니하였다고 하더라도 그 뒤에 출생한 이상 父의 부상으로 인하여 입게 될 精神的 苦痛에 대한 慰藉料를 請求할 수 있다.[13]

死者의 人格權의 인정여부가 다투어지고 있으나, 死者의 人格權에서 문제되는 것은 통상 禁止請求權에 관한 것이고 損害賠償請求가 문제되지는 않으므로 死者는 어느 견해를 취하든 慰藉料請求權者가 될 수 없다.[14]

2. 法人, 非法人 社團·財團

法人이 그의 名譽, 信用, 姓名, 활동의 自由 등을 침해당한 경우 慰藉料가 인정될 것인가가 문제된다. 이 점에 대하여 法人에게는 精神的 苦痛이 존재하지 않는다는 이유로 慰藉料請求權은 발생하지 않는다는 생각이 있으나, 판례[15]는 본조의 財產 이외의 損害는 정신상의 고통만을 의미하는 것은 아니고 그 외의 수리적으로 산정할 수 없으나 사회통념상 금전평가가 가능한 무형의 損害도 포함하고, 法人의 名譽毁損의 경우는 그러한 금전평가가 가능한 무형의 損害가 발생하는 것이고 따라서 여기에 대하여는 加害者에게 金錢賠償을 시켜야 한다는 이유로 본조에 기한 賠償을 인정하였다.[16] 非法人 社團이나 財團의 경우도 法人의 경우와 마찬가지이다.[17]

---

12) 大判 71. 3. 9, 70다2992; 大判 65. 11. 9, 65다1721.
13) 大判 93. 4. 27, 93다4663(公 1993, 1568).
14) 著作 §96, §14 Ⅱ, §95 참조.
15) 大判 96. 6. 28, 96다12696(公 1996하, 2351). 同旨 大判 99. 10. 22, 98다6381(公 1999하, 2400); 日 最判 昭 39. 1. 28(民集 18권 1호, 136).
16) 金疇洙, 756 참조.
17) 大判 90. 2. 27, 89다카12775(公 1990, 760). 종중에 대한 名譽毁損을 인정한 사례이다.

3. 直接 被害者 이외의 慰藉料請求權者

不法行爲로 인하여 그 직접적인 被害者에게 精神的 損害 내지는 非財産的 損害가 발생한 경우에 그가 慰藉料를 請求할 수 있음은 당연하다. 그러나 경우에 따라서는 精神的 損害를 입은 자가 반드시 不法行爲의 직접적인 被害者라고는 할 수 없을 경우가 있다. 예컨대 타인의 不法行爲로 被害者가 사망한 경우에 그 가족에게도 被害者가 사망했다는 슬픔을 포함하여 많은 精神的 苦痛이 따른다. 이들의 精神的 損害도 賠償되어야 할 것이다. 그러므로 民 §752는「타인의 生命을 해한 자는 被害者의 직계존속, 직계비속 및 배우자에 대하여는 財産上 損害가 없는 경우에도 損害賠償의 責任이 있다」고 규정하고 있다. 그런데 民 §752는 生命侵害로 인한 慰藉料請求權者를 직계존속·직계비속·배우자로 한정하고 있는데 이들 이외의 가족은 慰藉料를 請求할 수 없는가가 문제된다.[18]

이에 관하여 우리 대법원 판례는 民 §752의 취지가 慰藉料請求權者와 被害法益을 例示的으로 규정한 것에 불과하여 위 규정에 없는 형제자매 등의 친족들도 그 精神的 苦痛에 대한 입증을 하면 民 §750, §751의 일반원칙에 따라 慰藉料를 請求할 수 있다고 한다.[19] 그리고 사실혼 관계에 있는 배우자도 慰藉料請求權을 행사할 수 있다고 한다.[20] 학자들도 대부분 이 같은 판례의 입장에 찬성하고 있다. 이에 관한 상세한 설명은 民 §752에 관한 注解에 미루기로 한다.

Ⅲ. 慰藉料의 本質과 機能

1. 慰藉料의 本質: 賠償說과 制裁說

慰藉料의 성질에 관하여는, 학설상 그 본질을 損害賠償이라고 보는 견해

18) 民 §752와 관련하여 그 밖에도 被害者가 사망한 경우에 그 자신에게 慰藉料請求權이 인정되고 그 請求權이 유족에게 상속되는가와 生命侵害 이외의 경우의 근친자의 賠償請求 가능 여부가 문제된다.

19) 大判 78.1.17, 77디1942(公 1978, 10608); 大判 67.9.5, 67디1307(集 15-3, 35) 등.

20) 大判 69.7.22, 69다684(集 17-2, 354). 그러나 중혼적 사실혼관계의 경우에는 이른바 내연관계에 해당하므로 慰藉料請求權을 인정할 수 없을 것이다.

(賠償說)[21]와 제재적 요소를 강조하는 입장(制裁說)[22]의 대립이 있다. 賠償說이 통설이다.[23]

賠償說 중에서도, 慰藉料의 성질을 損害賠償으로 보면서도 그 산정에 있어서는 加害者側의 사정, 예를 들면 過失의 정도, 가해행위의 악성의 정도, 나아가서는 加害者의 사회적 지위나 財産狀態도 산정요소로 해서 유연한 산정방법을 긍정하는 입장과 損害賠償으로서의 성질을 엄격히 유지하여 예를 들면 被害者의 精神的 損害의 多寡에 영향이 없는 加害者의 財産狀態 등을 산정시에 고려할 수는 없다고 하는 것의 두 가지가 있다.

이러한 학설에 대하여 판례는 慰藉料의 성질에 관하여 대부분 언급하지 않고 있으나 慰藉料가 精神的 損害의 賠償인 것을 당연한 전제로 하고 있다고 생각된다. 그러나 판례는 慰藉料의 산정에 있어서 후술하는 바와 같이 그 산정을 법관의 재량에 위임하여 실제 산정요소로서 被害者側의 사정뿐만 아니라 加害者側의 사정(過失의 정도, 사회적 지위, 財産狀態 등)도 포함 일체의 사정의 참작을 인정하고 있다. 따라서 판례는 실제상의 운용으로서 慰藉料가 어느 정도에 있어서 제재적 기능을 과하는 것까지는 부정하고 있지 않다고 생각된다.

---

21) 이 설은 慰藉料를 精神的 損害 내지 財産 이외의 損害의 賠償으로 이해하는 것이다. 바꾸어 말하면 慰藉料는 순수한 損害賠償이라는 것이다. 그러나 損害는 무형적인 '精神的·肉體的 고통'이고, 이를 금액으로 구체적으로 계량할 수 없는 것이기 때문에 법관이 재량에 의하여 공평의 관념에 따라서 또한 加害者 · 被害者 쌍방의 여러 사정을 고려하여서 결정·산정하여야 한다고 한다. 이 설에 대하여는 다음과 같은 비판이 있다. 만일에 慰藉料를 순순한 損害賠償이라고 한다면, 損害賠償은 被害者가 입은 현실의 損害를 塡補하는 것을 목적으로 하는 것이므로 그 賠償하여야 할 損害를 아는 데 필요한 사정, 따라서 被害者 쪽의 사정만을 고려해서 산정된다고 하여야 할 것이다. 즉 慰藉料의 산정에 있어서 加害者 쪽의 사정도 고려하여야 한다는 이유를 정당화할 근거가 없다는 비난이 있다. 또한 精神的 損害의 금액적 평가불가능성 때문에 當事者 쌍방의 사정을 고려하는 것이라면, 財産的 損害 가운데서도 名譽·信用의 침해에 의한 損害나 身體상해에 의한 일실이익의 산정과 같이 賠償額 산정이 비교적 곤란한 것에 관하여서도 慰藉料 산정에 있어서와 마찬가지로 양 當事者의 사정을 고려하여야 하지 않느냐라는 공격이 있게 된다.

22) 이 설에 의하면 慰藉料는 損害賠償이 아니라 일종의 사적 제재에 지나지 않는다고 한다. 慰藉料의 목적은, 본래 精神的 損害라는 것이 금액적으로 평가불가능한 것이기 때문에 不法行爲로 소멸하게 된 이익을 塡補하려는 것이 아니라 被害者로부터 加害者에게 일종의 벌을 주려는 데에 있다고 한다. 즉 慰藉料의 실질은 損害賠償의 색채를 띤 형벌이라는 것이다. 이 설에 대하여는 加害者가 사망한 경우에 慰藉料 債務가 상속인에게 승계된다고 하는 한 慰藉料를 제재라고는 할 수 없을 것이고, 또한 책임무능력자의 감독의무자나 사용자 등이 支給하는 慰藉料에 관하여는 어떻게 그 제재성을 인정하느냐의 공격이 있다. 그 밖에도 制裁說은 민사책임과 형사책임의 분화의 원칙을 파괴한다는 반박이 있다. 적어도 근대법질서 밑에서는 慰藉料를 일종의 사적제재로 보는 것이 타당성이 없다는 것이 오늘날의 경향이라 하겠다.

23) 郭潤直, 822; 金疇洙 783.

2. 慰藉料의 補完的 機能

慰藉料의 산정은 법관의 재량에 의하여 유연하게 행해진다. 그렇기 때문에 慰藉料는 損害賠償 소송에 있어 경직적인 법적 해결에 구체적 타당성을 가지게 하는 데 중요한 역할을 한다. 이를 慰藉料의 補完的 내지 調整的 기능이라고 칭한다. 최근 이러한 기능을 적극적으로 사용하여 財産的 損害를 포함하는 전체로서의 賠償額의 타당한 산정을 하려고 하는 움직임이 특히 交通事故賠償訴訟에서 나타나고 있다.[24)]

판례는 법원이 불법행위로 인하여 입은 정신적 고통에 대한 慰藉料의 액수를 산정함에 있어서는 공평의 관념에 따라 일체의 사정을 참작할 수 있으므로, 원심이 慰藉料 액수를 산정함에 있어서 일반적인 참작사유 외에 피해자가 사고로 인한 상해의 後遺症으로 입게 된 일실수익금 상당의 財産上 損害에 관한 請求를 포기한 사정을 참작한 조치는 정당하다고 한다.[25)]

그러나 판례는 慰藉料의 보완적 기능은 財産上 損害의 발생이 인정되는데도 입증곤란 등의 이유로 그 損害額의 확정이 불가능하여 賠償을 받을 수 없게 됨으로써 피해회복이 충분히 이루어지지 않는 경우에 이를 참작하여 慰藉料額을 증액함으로써 損害塡補의 불균형을 어느 정도 보완하고자 하는 것이므로 함부로 그 보완적 기능을 확장하여 그 財産上 損害額의 확정이 가능함에도 불구하고 편의한 방법으로 慰藉料의 명목 아래 사실상 財産上 損害의 塡補를 꾀하는 것은 허용되지 않는다고 한다.[26)]

다음에 慰藉料의 보완적 기능의 하나로서 被害者가 적극적 損害, 소극적 損害를 請求하면서 慰藉料를 적은 액수로 請求할 때, 전자에 관한 입증이 부족한 경우에 請求總額의 범위 내에서 請求額 이상의 慰藉料를 인용할 수 있는가의 문제가 있다. 특히 評價說의 입장에 서는 경우, 當事者들이 差額說의 입장에서 請求한 금액이 상당히 감액되므로 慰藉料의 조정적 기능을 통하여 그 損害塡補의 불균형을 시정할 필요성이 적지 않다.

---

24) 일본의 경우, 우선 財産的 損害의 인정이 원고의 진술에 의하여는 적확한 금액으로 될 수 없을 때 그 점을 慰藉料額의 산정에 참작한 판결(東京地判 昭 38.4.26, 判タ 145號, 153)이 선구적이고, 나아가 명확히 금액으로 인정할 수 없는 경제적 손실을 慰藉料額에서 고려하고 더우기 원고의 請求額을 넘어 慰藉料額을 인용한 판결(東京地判 昭 42.10.18 判時 496호, 15)이 나타났다.

25) 大判 80.11.11, 80다1924.

26) 大判 84.11.13, 84다카722(公 1985, 23).

이는 변론주의와 소송물의 개수, 처분권주의와 관련된 문제인데 積極的 損害, 消極的 損害, 慰藉料를 3개의 소송물로 보는 현재의 판례[27]하에서는 慰藉料를 請求額 이상으로 인용하는 것은 民訴 §188의 처분권주의에 반하여 허용될 수 없다 할 것이므로 慰藉料의 보완적 기능은 상당히 제약되어 있다 할 것이다.[28]

Ⅳ. 慰藉料請求權의 發生原因

1. 序——人格權

慰藉料請求權은 본조에 열거된 身體·自由·名譽가 침해된 경우에 한하여 인정되는 것인가? 학자들은 본조의 身體·自由·名譽의 침해는 단지 예시적인 열거일 뿐으로 慰藉料請求權은 본조에 열거된 사항에 한하지 않고 널리 非財産的 損害(精神的 損害)가 있는 경우에 인정된다고 설명한다.[29] 즉 위에서 본 바와 같이, 慰藉料請求權은 人格權이나 순수한 財産權의 침해로 인하여 非財産的 損害(주로 精神的 損害)를 입은 경우에 인정된다.[30]

人格權[31]은 인격적 속성을 대상으로, 그의 自由로운 발전을 위하여, 제3

27) 註 7 내지 11 참조.

28) 日 最判 昭 48.4.5(民集 27권 3호, 419)은 財産上 損害와 精神上 損害는 소송물이 1개라고 판시함으로써 損害 항목간의 유용을 가능케 하고 있다.

29) 郭潤直, 711; 金疇洙, 638.

30) 이와 같이 人格權의 침해는 위자료청구권의 발생원인 중 가장 중요한 것이고, 정의하기에 따라 그 대부분을 차지하는 것이다.

31) 우리 민법하에서 人格權이라는 용어를 사용하는 것이 타당한지가 다투어지고 있다. 학설(郭潤直, 민법총칙(1999), 81; 金相容, 불법행위법(1997), 102; 註釋債各(Ⅳ), 118)과 판례(뒤에서 보는 많은 판례들이 이에 해당하는데 대표적인 것으로는 大判 88.10.11, 85다카29(公 1988, 1392)가 있다)는 대체로 人格權이라는 개념을 긍정하고 있지만, 우리 民 §750는 불법행위의 성립요건을 포괄적으로 규정하고 있고, § 751가 "타인의…명예를 해하거나 기타 정신상 고통을 가한 자"는 損害賠償責任을 진다고 규정하고 있으므로, 불법행위의 성립 여부는 위 규정에 해당하는지를 판단하면 충분하고 人格權이라는 개념을 도입할 필요가 없다는 견해(李銀榮, 733 이하)가 있다.

우리 민법이 불법행위의 요건으로서 권리침해가 아닌 違法性을 요구하고 있기 때문에 위자료청구권만을 설명하기 위해서는 굳이 人格權이라는 용어를 사용할 필요는 없다고 할 것이다. 그러나 뒤에서 보는 바와 같이 人格權 침해의 경우 손해배상청구 이외에 禁止請求도 가능하다고 보는데 이러한 禁止請求가 인정되는 것은 人格權이 물권과 같은 배타성을 갖는 권리라는 점에서 찾을 수밖에 없으므로 우리 민법하에서도 人格權이라는 개념은 유용하다고 생각된다(金載亨, "인격권일반——언론 기타 표현행위에 의한 인격권 침해를 중심으로——", 民判硏 21, 637-8).

자의 침해에 대하여 보호되어야 할 諸 利益을 의미하는 것으로 해석된다.[32] 이와 같은 정의에서 보듯이 人格權은 그 실체를 파악하기 어려울 정도로 포괄적인 성격을 가진 권리이다.[33]

人格權에는 一般的 人格權과 個別的 人格權의 개념이 있다.[34] 개별적 人格權은 名譽權, 姓名權, 肖像權, 私生活의 秘密과 자유, 生命, 身體, 自由 등 한정된 구성요건을 가진 개개의 人格權을 의미한다. 이에 대하여 일반적 人格權은 그러한 개별적 人格權의 총체이고, 또 충분이 한정되기에는 이르지 않았으나 보호되어야만 할 人格權을 포함하는 개념인 동시에 그러한 개별적 人格權의 모체이다.[35]

人格權이 포괄적인 성격을 가진 권리이므로, 人格權의 보호범위 또한 매우 광범위하여 그 범위를 한정하기 어렵다. 慰藉料請求權의 발생원인으로서의 人格權의 침해를 세분하면, 生命·身體·自由·貞操 등과 같은 身體的 側面에 관한 人格權의 침해, 名譽·姓名·肖像·私生活의 秘密과 自由 등과 같은 精神

32) 전게 日 注解 判例民法, 債權法 Ⅱ, 1117.

33) 소유권을 영원한 모성이라고 하는데, 人格權도 여러 권리와 구제수단을 발생시키는 모권 또는 기초권이라고 할 수 있다. 또한 그 침해시에 禁止請求를 할 수 있다는 점도 소유권과 유사한 측면이 있다. 그러나 人格權은 표현의 自由 등 타인의 다양한 권리와 충돌하는 경우가 많기 때문에, 人格權의 침해여부를 결정할 때 법익 및 利益衡量을 하여야 한다는 점에서 소유권과는 구별된다(金載亨, 전게논문 633). 즉 소유권의 경우는 그 침해가 있으면 違法性이 추단되나 人格權의 경우는 그 침해가 바로 위법하다고 추단되지 않으므로 違法性이 적극적으로 파악되어야 한다.

34) 註釋債各(Ⅳ), 118; 金相容, 전게서, 103.

35) 이와 같이 일반적 人格權은 아직 충분히 특정되지 않은 人格權을 보호하는 점에 중요한 기능을 가지는 개념이다. 일반적 人格權과 개별적 人格權을 구분하는 것이 타당한지가 문제된다. 金載亨 교수는 "人格權을 일반적 人格權과 개별적 人格權으로 구분하는 견해는 독일법학의 영향을 받은 것인데 우리 나라에서 이와 같이 구분하는 것은 부적절하다. 그 이유는 다음과 같다. 첫째, 우리 나라에서 이 용어들은 독일에서와 동일한 의미로 사용되는 것이 아니다. 독일에서는 원래 독일민법 등 실정법에 명문의 규정이 있는 姓名權(獨民 §12), 肖像權(獨 조형예술 및 사진작품에 대한 저작권에 관한 법률 § 22 이하) 등을 개별적 人格權이라고 하고, 그 이외의 인격적 이익에 관한 권리를 일반적 人格權이라고 한다. 그러므로 개별적 人格權은 인격의 보호를 실질적 내용으로 하고 있는 실정법을 전제로 한 것이고, 따라서 그 성립요건도 명확하다. 그러나 우리 나라에서는 姓名權, 肖像權 등에 관한 명문의 규정이 없는데도 이들을 개별적 人格權에 포함시키고 있고, 그 의미도 명확하지 않다. 오히려 우리 나라에서 개별적 人格權은 人格權의 개개의 종류와 같은 의미로 사용되고 있는데, 이와 같은 의미로 사용하려면 일반적 人格權이나 개별적 人格權이라는 용어를 사용할 필요가 없고 단순히 人格權이라고 하면 충분할 것이다"고 한다(전게논문, 638-9). 우리 나라의 경우 독일과는 다르게 개별적 人格權을 해석하고 있는 것은 사실이다. 그러나 人格權 가운데서 명예권, 성명권 등과 같이 그 개념이 학설이나 판례를 통하여 어느 정도 명확해진 것도 있고, 현실적으로 이러한 법익이 침해된 경우 막연히 人格權이 침해되었다고 하는 것보다는 명예권, 성명권 등이 침해되었다는 표현을 사용하는 점에 비추어 볼 때, 보호되어야 할 인격적 이익의 내용과 한계를 명확히 하는 의미에서는 개별적 人格權이라는 용어를 사용하여 그 의미내용을 분석 검토하는 것도 무의미하지는 않다고 생각한다.

的 側面에 관한 人格權의 침해 및 信用·營業 등과 같은 經濟的 側面에 관한 人格權의 침해로 나눌 수 있다.[36]

이하에서는 개별적 人格權의 유형을 비롯한 慰藉料請求權의 구체적 발생원인을 고찰하기로 한다.

2. 生命의 侵害

生命의 침해가 不法行爲를 구성하는 것은 말할 필요도 없으나,[37] 生命侵害의 경우에는 직접적 被害者의 권리능력이 소멸되기 때문에, 損害賠償請求權을 누구가 취득하는가 하는 문제가 남는다.

生命의 침해를 받은 被害者 자신이 加害者에 대하여 慰藉料 등 損害賠償請求權을 일단 취득했다고 생각하고 그것이 상속인에게 승계된다고 구성하는 설과 生命侵害를 당한 被害者 자신의 권리능력은 그 시점에서 소멸되어 被害者 자신에게 損害賠償請求權이 발생할 이유가 없기 때문에 그 유족이 자기의 고유의 損害에 의하여 損害賠償請求權을 취득한다고 하는 설이 대립해 있다. 또 그 절충설로서, 財産的 請求權의 상속성은 긍정하나, 慰藉料請求權의 상속성을 부정하여 유족이 자신의 고유의 損害로서 취득한다고 하는 설도 있다. 이에 관한 자세한 설명은 民 §752에 관한 注解에 미루기로 한다.

3. 身體의 侵害

위법하게 타인의 身體를 해하여 被害者에게 그로 인한 精神的 苦痛을 준 자는 그를 賠償할 責任이 있다. 여기서 身體의 침해란 身體의 상해뿐 아니라 身體에 대한 폭행, 병을 전염시키는 행위[38] 및 건강을 침해하는 행위[39]도 포함한다.

단순히 身體의 침해가 있다고 하여 慰藉料請求權이 발생하는 것은 아니고 그로 인하여 정신상의 고통, 즉 財産 이외의 損害가 발생하여야 한다.[40] 身體

36) 좁은 의미로는 정신적 측면에 관한 人格權만을 人格權으로 보기도 한다. 특히 信用·營業 등 경제적 측면에 관한 人格權은 人格權과 순수한 財産權의 양면에 걸쳐 있는 개념으로 볼 수 있을 것이다. 경제적 측면에 관한 人格權의 침해로 인한 慰藉料에는 慰藉料의 보완적 기능이 중시된다. 人格權을 위의 3면을 포함하는 개념으로 보면 人格權의 침해가 慰藉料請求權의 발생원인의 거의 전부로 된다.

37) 郭潤直, 712.

38) 夫가 부정한 행위로서 걸린 성병을 처에게 감염시키는 것도 건강장애의 일종으로서 不法行爲가 된다(日 最判 昭 31. 3. 30, 民錄 4. 3. 85).

39) 郭潤直, 712.

40) 身體障碍로 인한 노동력상실 등은 財産的 損害로서 民 §750에 의하여 해결되어야 한다.

를 상해하여 사람의 오감에 장애가 생겨 정상적인 감수력을 상실하거나 또는 노이로제에 걸린 경우 또는 건강장애를 가져온 경우, 불구자가 되어 항상 수치감과 불면을 느끼고 살아야 하는 경우, 身體의 장해로 인해 성기능을 마비케 한 경우 등은 모두 정신상의 고통이 있다고 볼 수 있다. 또한 건강장애가 없더라도 사람의 모발을 삭발하여 다시 모발이 자랄 때까지 수치감을 느끼게 하고 名譽를 손상한 경우와 같이 身體의 외형적 완전성을 해하여 精神的 평온을 해한 경우에는 精神的 苦痛이 있다고 보아야 한다.[41] 대법원판례는 폭언·욕설의 경우에도 정신상 고통을 인정하고 있다.[42]

身體의 침해는 위법한 것이어야 하는데, 이와 관련하여 친권자, 교사 등의 징계 또는 교육수단으로서의 체벌의 違法性 阻却 여부와 의료행위로 인한 身體의 침해와 不法行爲의 성립여부(소위 醫療過誤로 인한 損害賠償)가 문제된다.

법률상 또는 사회통념상 정당한 것으로 취급되는 부모나 교사의 징계행위는 상당한 범위 내에서는 違法性이 阻却되나, 교사의 체벌의 경우 판례는 "교사의 학생에 대한 체벌이 징계권의 행사로서 정당행위에 해당하려면 그 체벌이 교육상의 필요가 있고 다른 교육적 수단으로는 교정이 불가능하여 부득이한 경우에 한하는 것이어야 할 뿐 아니라 그와 같은 경우에도 그 체벌의 방법과 정도에는 사회관념상 비난받지 아니할 객관적 타당성이 있지 않으면 안된다"고 하면서 중학교 3학년 학생이 자신의 체벌을 피하고 또 지시에 불응하자 격한 감정에서 대걸레자루를 높이 치켜들고 학생을 때리려고 휘두르다가 이를 또다시 피하는 학생의 머리를 구타하여 노동능력을 완전히 상실하게 한 사안에서 체벌의 방법과 정도에 있어 사회관념상 비난받지 아니할 객관적 타당성이 있다고 보기는 어렵다는 이유로 위법성이 조각되지 않는다고 한다.[43]

환자에게 수술 등 침습을 가하는 의료행위의 경우 違法性이 없으나, 환자의 生命·身體에 대한 구체적 치료과정에서 요구되는 의사의 주의의무를 위반하여 환자의 身體를 해한 경우에는 불법행위가 성립하여 損害賠償責任을 지게 된다.

41) 註釋債各(Ⅳ), 155.

42) 大判 65.7.6, 65다762(集 13-3, 8).

43) 大判 88.1.12, 87다카2240(公 1988, 402). 일본의 판례는 교사에게는 日 학교교육법 § 11 단서에 의하여 체벌이 禁止되어 있는 점, 체벌은 교사측의 감정의 폭발, 지도방법의 잘못의 호도, 사정파악의 불충분, 거기에 수반하여 생도의 精神的 苦痛의 과대 등의 폐해를 수반하는 것 등에 비추어 보면 身體의 상해에 이르지 않은 체벌이라도 違法性을 면할 수 없다고 판시하고 있다{日 最判 昭 52.10.25(判タ 355호, 260). 전게 日 注解 判例民法 債權法 Ⅱ, 1135 참조}.

한편 판례는 醫療過誤로 인한 損害賠償과 별개로, 의사가 의료행위에 따르는 설명의무를 게을리하여 환자의 자기결정권 내지 치료행위에 대한 선택의 기회를 행사할 수 없게 하였는데 그 의료행위로 인하여 환자에게 중대한 결과가 발생한 때에는 그에 따른 정신적 고통에 대한 慰藉料를 지급하여야 한다고 일관되게 판시하고 있다.[44] 판례는 이러한 설명을 아니한 채 承諾 없이 침습한 경우에는 설령 의사에게 중대한 결과발생에 대한 치료상의 과실이 없는 경우에도 그 자체가 환자의 承諾權을 침해하는 불법행위가 된다고 하면서, 다만 설명의무위반에 따른 慰藉料만을 청구하지 않고 그 결과로 인한 모든 손해를 청구하는 경우에는 그 중대한 결과와 의사의 설명의무 위반 내지 承諾取得 과정에서의 잘못과의 사이에 상당인과관계가 존재하여야 하며, 그 경우 의사의 설명의무의 위반은 환자의 자기결정권 내지 치료행위에 대한 선택의 기회를 보호하기 위한 점에 비추어 환자의 生命·身體에 대한 의료적 침습 과정에서 요구되는 의사의 주의의무 위반과 동일시 할 정도의 것이어야 한다고 한다.[45]

身體를 침해하는 것에 의하여 그의 근친자에게 精神的 苦痛을 주는 것은 흔한데, 일본의 판례는 不法行爲에 의해 身體를 침해당한 자의 근친자가 그 때문에 被害者가 生命을 침해당한 경우에 比肩할 수 있는 정신상의 고통을 받은 때에는 자기의 권리로서 慰藉料를 請求할 수 있다 함에 대하여,[46] 우리 판례는 나아가 그 상해가 죽음과 비등할 수 있는 정도의 것이 아니라 하여도 慰藉料를 請求할 수 있다고 한다.[47]

4. 自由의 侵害

(1) 自 由

自由는 크게 나누어 身體的 自由와 精神的 自由로 나누어진다.

(2) 身體的 自由

(가) 逮捕·監禁·暴行 사람의 身體를 이유 없이 체포·감금하는 것은 물론 위법하고,[48] 증세가 없는데도 불구하고 정신병원에 입원시키거나, 범

44) 大判 97.7.22, 95다49608(公 1997하, 2608); 大判 95.4.25, 94다27151(公 1995, 1939); 大判 95.2.10, 93다52402(公 1995, 1281); 大判 95.1.20, 94다3421(公 1995, 885); 大判 94.4.15, 93다60953(公 1994, 1440); 大判 94.4.15, 92다25885(公 1994, 1434).

45) 大判 95.2.10, 93다52402(公 1995, 1281); 大判 95.1.20, 94다3421(公 1995, 885); 大判 94.4.15, 93다60953(公 1994, 1440).

46) 日 最判 昭 33.8.5(民集 12권 12호, 1901) 등.

47) 大判 67.9.19, 67다1445(集 15-3, 117); 大判 67.6.27, 66다1592(集 15-2, 108).

48) 大判 93.11.23, 93다35155(公 1994, 185). 국가안전기획부 수사관들이 피의자를 연행

인 아닌 자를 고소·고발하여 체포·구금되게 한 경우와 같이 간접적인 방법으로 自由를 침해한 경우[49]도 마찬가지이다.

(나) 도로의 통행방해 公道의 통행을 방해한 경우, 또는 私道의 경우도 통행권이 있는 자의 통행을 방해하면 개인의 身體的 自由를 침해한 것으로 不法行爲로 된다.[50]

일본의 경우를 보면, 먼저 공도에 관하여 종래의 판례는 일반 주민이 가지는 통행이익을, 행정당국이 도로를 개설하여 일반주민의 통행의 용도에 공한 것의 반사적 이익에 지나지 않기 때문에 일반 주민은 타인에 의하여 그 통행의 이익이 침해되어도 침해한 자에 대하여 그 이익에 기한 방해배제 등의 請求는 할 수 없다고 했다.[51] 그러나 그 후의 판례[52]는 일반국민은 공도에 관하여 타인이 가지는 이익 내지 自由를 침해하지 않는 정도에서 공도를 통행에 사용할 自由權을 가지고 그 통행의 自由가 방해되어 그 방해가 계속되는 때에는 당해 방해자에 대하여 그 방해의 배제를 구할 수 있다고 해서 적극적으로 통행의 自由權을 인정하기에 이르렀고, 학설도 지지하고 있다.[53] 또 일반 주민의 통행의 自由權을 피보전권리로 하여 町·道에 대하여 통행방해행위의 배제·금지를 인정한 판결도 있다.[54]

사도의 경우에도 상린권, 지역권 등에 기하여 통행권을 가지는 자의 통행을 방해하면 역시 自由의 침해로서 不法行爲가 되고, 그로 인하여 精神的 苦痛 내지 財產 이외의 損害가 발생한 때에는 이를 賠償하여야 할 것인바, 맨션 건축 반대의 주민운동에 있어 업자에 대한 사도의 통행방해가 맨션 건축업자

한 1991. 7. 8. 04:40경부터 48시간 내에 사후 구속영장을 발부받지 아니하고 같은 해 7. 10. 01:35경 통상의 구속영장을 발부받아 집행하였다면 피의자를 불법체포 구금한 것에 해당하고, 이와 같은 경우 통상의 구속영장을 발부받아 집행하였다고 하여 불법체포나 그 동안의 구금이 적법하게 된다고 할 수 없다고 한 사안이다.

49) 大判 97. 9. 5, 95다21211(公 1997하, 2994). 고소인들이 상호 명시적·묵시적인 합의하에 피고소인으로 하여금 형사처벌을 받게 하거나 오로지 고통을 주기 위하여 허위 내용을 기재한 진정서를 수사기관에 제출하여 수사의 단서를 제공한 후, 진정에 따라 수사기관의 조사를 받으면서 적극적으로 진정 내용과 같은 허위의 진술을 하고, 그에 부합하는 듯한 증거자료들을 제출하여 피고소인을 구속, 기소되도록 하였다면, 고소인들은 不法行爲로 인한 損害賠償責任을 진다고 한 사례이다. 다만 동 판결은 피고소인이 무죄의 확정판결을 받았다는 사정만으로 고소인들의 행위가 不法行爲가 되는 것은 아니라고 하였다.

50) 郭潤直, 713.

51) 名古屋高判 昭 35. 2. 29(民集 18권 1호, 9).

52) 日 最判 昭 39. 1. 16(民集 18권 1호, 1).

53) 전게 日 注解 判例民法, 債權法 Ⅱ, 1136.

54) 東京高判 昭 59. 12. 25(判時 1142호, 56).

의 圍繞地 통행권을 침해하여 위법하다고 해서 損害賠償을 인정한 사례,[55] 門 등의 造作物에 의한 불법점유로 사도의 통행의 自由를 방해한 경우 不法行爲에 의한 방해배제의 請求를 인정한 사례[56] 등이 있다.

(3) 精神的 自由

(가) 共同絶交 일본의 경우 소위 공동절교가 피절교자의 精神的 自由 또는 社會的 自由를 침해하여 不法行爲를 구성할 수 있다는 것은 일찍이 대심원판례가 인정한 것이다.[57]

공동절교도 지역 공동단체의 자치적인 제재처분으로 허용되는 경우도 있을 수 있다고 하는 설도 있으나, 공동절교에 의한 사회적·심리적 고통은 심대하여 원칙적으로 違法性을 가진다고 해석하여야 할 것이다.[58] 다만 공동절교가 언제나 不法行爲를 구성하는 것은 아니고, 피절교자가 한 원인행위와 절교자의 절교태양, 정도 및 효과 등의 사정을 구체적으로 검토한 위에 그 상관관계에 의하여 개별적으로 違法性의 유무가 판단되어야 할 것이다.[59]

공동절교와 유사한 행위로 불매동맹과 같은 공동의 거래거부가 있다. 불매동맹의 違法性의 유무는 불매동맹의 원인이 된 被害者의 행위와 그의 상관관계에 있어 결정되어야 할 것인바, 특히 영업자에 대한 소비자의 불매동맹의 違法性은 불매동맹측의 행위의 態樣, 정도 및 효과에도 의하나 일반적으로 상기의 공동절교 정도의 違法性은 없다고 할 수 있다.[60]

(나) 詐欺·脅迫 사기[61]·협박에 의하여 타인의 의사결정의 自由를

55) 東京地判 昭 52.5.10(判時 852호, 26).
56) 大阪高判 昭 44.2.27(判時 584호, 78).
57) 日 大判 大 10.6.28(民錄 27집, 1260). 일본의 하급심판례상으로는 공동절교에 대해 不法行爲의 성립을 인정한 사례와 인정하지 않은 사례가 있다.
58) 전게 日 注解 判例民法, 債權法 Ⅱ, 1136 참조.
59) 郭潤直, 713 참조.
60) 다만 촌락과 같은 지역적 공동사회에 있어서 공동절교의 피절교자가 영업자인 경우에는 필연적으로 불매동맹도 수반하나 이 경우에는 불매동맹 자체의 違法性을 공동절교의 違法性과 분리하여 논할 필요는 없다고 생각한다.
61) 서울高判 92.10.30, 92나23102(下集 1992-3, 96)은 "대형백화점의 세일과 같이 고도의 사회적 신뢰에 기하여 이루어지는 거래에 있어서 그 거래내용이 사회적 신뢰에 어긋나는 것일 때에는 거래의 상대방은 재산적 이익을 침해당하는 손해 이외에 그와 같은 고도의 신뢰를 침해당한 데에 따른 별도의 정신적 고통을 받게 되는데 이러한 고도의 사회적 신뢰를 공유함으로써 사회구성원인 개인들이 누리는 안정감과 만족감, 그리고 약간은 자랑스러워하는 마음 등은 법이 마땅히 보호하여야 할 인격적 법익에 해당한다 할 것이므로 이러한 인격적 법익을 침해한 불법행위자는 이로 인한 정신적 고통에 대한 손해도 따로 배상하여야 한다"고 판시하였고, 동 판결의 상고심판결인 大判 93.8.13, 92다52665(公 1993, 2417)은 慰藉料 문제가 쟁점이 된 것은 아니나 결과적으로 상고를 기각하여 원심판결을 유지하였다.

침해하는 행위에는 違法性이 있다. 사기·협박에 있어서의 違法性의 유무를 판단하는 경우에 문제가 되는 것은 채권자의 권리행사의 방법·정도의 한계이다. 채권자가 형식적으로는 권리행사의 모양을 취하면서 실질적으로는 정당한 권리행사의 범위를 일탈하는 경우에는 그 행위는 違法性을 띤다고 일반적으로는 해석된다.

(다) 不當한 告訴·告發·情報의 流布 　부당한 고소·고발은 피고소인·피고발자의 정신에 다대한 동요·불안을 주어 사회적 활동에 제약을 가하는 것은 명확하다. 또 신용정보기관에 의한 잘못된 정보의 등록 나아가서는 그 정보의 揭示가 被害者의 精神的·社會的인 自由를 침해하는 경우도 있다. 물론 그 경우는 동시에 名譽, 信用, 私生活의 秘密과 自由 및 財産上의 침해행위도 동시에 형성하는 경우가 많을 것이다.

5. 貞操(性的 自由) 등의 侵害

(1) 貞操의 侵害

위법한 방법으로 타인의 貞操를 침해하는 것은 不法行爲를 구성하고 그로 인한 精神的 損害에 대하여 慰藉料를 賠償하여야 한다.

貞操를 침해한다는 것은 이성과 성교섭을 갖는 것을 의미한다. 강간과 같이 폭행·협박에 의한 성교섭은 물론이고, 詐術(예컨대 혼인빙자), 지위의 남용 등에 의한 성교섭도 貞操의 침해로서 不法行爲를 구성한다.[62]

성교섭이 當事者 쌍방의 합의에 의한 경우는 貞操의 침해가 되지 않는다.[63] 상대방이 미성년자라 할지라도 그가 통상의 사능을 가지고 있고 또 합의에 의한 것이면 不法行爲가 되지 않는다. 그러나 합의가 被害者의 하자 있는 의사에 의한 것인 때에는 합의가 있었다고 볼 수 없고, 따라서 貞操의 침해가 있다고 보아야 한다.[64]

慰藉料請求權이 발생하기 위하여는 貞操의 침해로 인하여 精神的 損害 기타 非財産的 損害가 발생하여야 한다. 그러나 貞操의 침해의 경우는 貞操의 일실 그 자체가 非財産的 損害이므로 貞操가 침해된 경우는 항상 慰藉料請求

62) 郭潤直, 716; 註釋債各(Ⅳ), 157.
63) 郭潤直, 716; 大判 55.7.14, 55다156(集 2-6, 11).
64) 예컨대 장차 혼인할 것이라는 언질을 주어 상대방이 안심하고 承諾한 경우 또는 회사의 간부가 부하직원에게 요구에 불응하면 해고한 것이라고 말함으로써 장차 생계기 막연하리라는 걱정에서 부득이 성교를 承諾한 경우 등은 합의가 있었다고 볼 수 없을 것이다{註釋債各(Ⅳ), 157}.

權이 발생한다고 볼 것이다.

정교의 상대방에게 배우자가 있는 것을 알면서 정교관계를 맺은 자의 慰藉料請求의 可否에 관하여 일본의 경우 일찍이 大審院[65]은 "그러한 정교를 맺는 것은 공서양속에 반하는 행위로 자신의 불법원인에 의하여 생긴 損害이기 때문에 民 §708[66]의 정신에 비추어 보호를 줄 수 없다"고 하였으나 학설상 비판이 많았다. 그래서 最高裁[67]는 "여성이 정교관계를 맺은 동기가 주로 남성의 虛言을 믿은 것에 기인하는 경우에, 남성측의 정교관계를 맺은 동기, 그 허언의 내용·정도 및 그 내용에 대한 여성측의 인식 등 제반의 사정을 참작하여 그 정교관계를 誘起한 責任이 주로 남성측에 있고 여성측의 동기에 내재하는 불법의 정도에 비하여 남성측의 違法性이 현저하게 크다고 평가할 수 있는 때에는 여성의 남성에 대한 貞操 등의 침해를 이유로 하는 慰藉料請求는 허용될 수 있다"고 판시하였고, 이후의 하급심판례는 그 기준에 따라 違法性의 정도를 인정 판단하고 있다.

(2) 婚姻關係의 侵害

㈎ 當事者間의 침해　　전술한 當事者間의 貞操侵害의 문제는 일단 약혼이 성립하거나 사실혼관계가 성립한 경우에는 그의 부당파기의 문제와도 관련된다. 즉 약혼이나 사실혼 관계에서 성교섭을 가진 후 이를 부당하게 파기한 경우 약혼 등의 부당파기의 문제 외에도 貞操侵害의 문제를 야기하기도 한다.[68] 이 경우 貞操侵害의 한계는 반드시 명확한 것은 아니나 일본판례 중에는 혼인예약(약혼)의 성립을 부정하고 예비적 청구인 貞操侵害에 의한 불법행위책임을 인정한 사례가 있다.[69]

혼인을 포함하여 사실혼, 약혼이라는 남녀의 일정의 관계를 그 當事者의 일방이 제3자와 성교섭을 가지는 등으로 침해한 때에는, 상호간에 상대방으로부터 향수하여야 할 精神的 平和라고 하는 人格權을 침해하는 것이 된다고

65) 日 大判 昭 15.7.6(民集 19권 14호, 1142).
66) 우리 民 §746에 해당한다.
67) 日 最判 昭 44.9.26(民集 23권 9호, 1727).
68) 부부 사이에서는 특단의 사정(부부 사이에서도 강간이 성립할 수 있다는 입장에 서는 경우에 있어서의 강간)이 없는 한 부부관계로 인한 貞操의 침해 자체가 문제될 여지는 없고, 과도한 부부관계의 요구가 이혼사유로 될 수는 있을 것이다.
69) 東京地判 昭 40.4.28(判時 417호, 50); 東京地判 昭 53.12.7(判タ 380호, 114).
　다만 우리 나라의 경우 약혼의 부당파기로 인한 손해배상청구소송은 가사사건이고(家訴 §2 I), 貞操侵害로 인한 손해배상청구소송은 민사소송이므로 양 청구는 원칙적으로 병합될 수 없을 것이다(實務提要 家事, 358, 24, 30-1 참조).

생각할 수 있다. 우리 법은 이러한 침해로 혼인 등이 파탄에 이른 경우에는 民 §751와는 별도로 과실 있는 상대방에 대하여 損害賠償責任을 인정하고 있다.[70] 그런데 이 경우 當事者가 혼인 관계를 그대로 유지하면서 民 §751에 의한 손해배상(慰藉料)을 청구할 수 있을 것인가가 문제된다. 배우자 중 일방의 제 3 자와의 성교섭 자체가 타방 배우자에 대한 人格權을 침해하는 이상 이를 인정하여야 할 것이다.

(나) 제 3 자의 침해　　혼인, 사실혼, 약혼의 각 관계에 대하여 타의 제 3 자가 침해하여 파탄에 이르게 한 행위도 물론 不法行爲로 될 수 있다. 우리 가사소송법은 이러한 경우 과실 있는 제 3 자에 대하여 損害賠償責任을 인정하고 있다.[71]

배우자의 일방에 대한 강간 또는 일방 배우자와의 정교는 혼인관계의 파탄과는 관계 없이 배우자의 精神的 平和를 해한다.[72]

대법원판례는 처에 대한 강간미수는 부권의 침해가 된다고 하고,[73] 또 강간할 목적으로 여자가 자고 있는 내실에 침입하였을 경우는 身體나 貞操에 직접적인 침해는 없더라도 그것은 생활을 방해하고 精神的 안정에 동요를 준 것으로서 違法性을 띠며, 그 여자의 남편에게는 그의 처를 강간할 목적으로 그의 집에 침입하였으므로 精神的 損害를 주게 되고 그 損害는 현실적 損害로 보아야 한다고 하였다.[74]

또 배우자 있는 자와 정교한 자는 故意 또는 過失이 있는 한 상대방의 배

70) 民 §806, 民 §843, 家訴 §2 Ⅰ. 이러한 가족법상의 손해배상청구권의 법적 성질에 관하여는, 일반 불법행위로 인한 손해배상과 동일한 것이라는 견해, 신분법상의 계약인 혼인 등이 일방의 귀책사유로 파혼에 이른 경우에 지게 되는 債務不履行責任으로서의 손해배상이라는 견해, 민법이 특별히 인정하는 法定責任이라는 견해 등이 대립되어 있다(實務提要 家事, 513). 판례(大判 70. 4. 28, 69므73(集 18-1, 359))는 사실상의 혼인관계가 정당한 이유 없이 파기된 경우에 當事者 일방은 과실 있는 상대방에 대하여 채무불이행으로 인한 손해배상을 청구할 수 있는 동시에 고의 또는 과실로 권리를 침해한 것이라 하여 불법행위로 인한 손해배상을 청구할 수 있으나, 사실혼파기에 가담한 제 3 자에 대하여는 불법행위로 인한 손해배상만을 청구할 수 있을 뿐이라고 한다. 혼인이나 약혼해제의 경우에도 동일하게 해석하여야 할 것이다. 어느 입장을 취하든 우리 나라의 경우 위 손해배상청구소송은 가사사건임은 위에서 본 바와 같다.

71) 家訴 §2 Ⅰ. 다만 그러한 관계의 유지에 관하여는 當事者에 일차적인 責任이 있기 때문에 그 침해행위의 違法性은 상당정도의 것이 요구되고 過失에 의한 침해라는 것도 그다지 생각할 수 없다는 견해가 있다(전게 日 注解 判例民法, 債權法 Ⅱ, 1138).

72) 학설상은 貞操의 침해, 배우자의 정조요구권의 침해, 혼인침해, 친족권의 침해 등으로 보호법익의 파악방법은 나누어져 있으나 그 본질은 타의 배우자의 精神的인 평화를 교란하는 것으로 볼 수 있을 것이다(전게 日 注解 判例民法 債權法 Ⅱ, 1138 참조).

73) 大判 65. 11. 9, 65다1582 등(集 13-2, 217).

74) 大判 62. 3. 8, 4294민상1028(集 10-1, 184).

우자에 대하여 不法行爲를 구성하고 따라서 그로 인하여 그가 입은 정신상의 고통을 위자할 의무가 있다고 할 것이다. 부부는 상호간에 배타적 성적 관계를 요구할 수 있는 이익이 있는데 이는 사회통념상으로도 법률상으로도 보호되어야 할 법익이기 때문이다. 판례는 사실혼의 처와 성관계를 가진 남자도 사실혼의 夫에 대해 不法行爲가 된다고 한다.[75]

미성년의 자가 그의 부친과 육체적관계를 가진 여성에 대하여, 감호·교육·애정적 이익을 침해하였다 하여 損害賠償을 구한 사례에서, 판례는 여성이 처자 있는 남성과 동거생활을 함으로써 그 자녀들이 일상생활에 있어 부친으로부터 애정을 품고 그 감독교육을 받을 수 없게 되었다 하여도 그 여성이 악의로써 부친의 자녀에 대한 감독 등을 적극적으로 저지하는 등 특별한 사정이 없는 한 위 여성의 행위는 자녀에 대하여 不法行爲를 구성하는 것은 아니라고 하였다.[76]

6. 名譽의 侵害(名譽毁損)

(1) 名譽의 意義

名譽의 관념에 대하여는 인격의 내재적 가치를 말하는 內部的 名譽, 인격적 가치의 사회에 의한 승인 또는 평가를 말하는 外部的 名譽 및 사람이 자기 자신에 대하여 가지고 있는 가치판단을 말하는 名譽感情의 3가지가 있으나, 不法行爲로서의 名譽毁損에 있어서의 名譽란 외부적 名譽를 가리킨다고 봄이 통설, 판례이다.[77]

즉 名譽毁損에서의 名譽라 함은 사람의 품성, 덕행, 명성, 신용 등 세상으로부터 받는 객관적인 평가를 말하는 것이고 특히 法人의 경우에는 그 사회적 명성, 신용을 가리키는 것이다.[78]

따라서 단순한 주관적인 名譽(名譽感情)의 침해만으로는 名譽毁損이 될 수 없

75) 大判 69.7.22, 69다684(集 17-2, 354); 大判 70.4.28, 69므37(集 18-1, 359).

76) 大判 81.7.28, 80다1295(公 1981, 14198). 유사한 사안에서 日 最高裁는 그 구체적 사실관계하에서는 당해 배우자가 미성년의 자에 대하여 애정을 기울이고 감호교육을 행하는 것은 不貞과는 관계가 없고 스스로의 의사에 의하여 행하는 것이 가능하기 때문에 당해 不貞과 미성년의 자가 입은 불이익과의 사이에는 상당인과관계가 없다고 판시하고 있다(日 最判 昭 54.3.30(民集 33권 2호, 303)). 그러나 일본 하급심판결 중에는 責任을 긍정한 사례도 있다(東京地判 昭 54.1.31. 判タ 380호, 114).

77) 大判 92.10.27, 92다756(公 1992, 3252); 大判 88.6.14, 87다카1450(公 1988, 1020); 註釋債各(Ⅳ), 129; 韓渭洙, "名譽의 毁損과 민사상의 제문제", 司論 24집, 399.

78) 大判 97.10.24, 96다17851(公 1997하, 3574); 大判 88.6.14, 87다카1450(公 1988, 1020); 日 最判 昭 45.12.18(民集 24권 13호, 2151).

다.[79] 그러나 단순한 주관적 名譽感情의 침해가 본래의 名譽毁損에는 해당되지 않으나 私生活의 秘密과 자유 또는 일반적 人格權 침해의 문제로 될 수는 있다.[80]

(2) **名譽毁損**

名譽의 침해, 즉 名譽毁損이란 名譽主體에 대한 사회적 평가를 저하시키는 일체의 행위를 의미한다.[81] 이 같은 저하로 인하여 被害者가 받는 精神的 打擊, 절망 등의 정신상 고통에 대하여 慰藉料請求權이 인정된다. 특단의 사정이 있는 경우를 제외하고는 사회적 지위의 고저 또는 이에 준하는 제 사정은 名譽毁損의 成否에 영향을 미치지 않는다고 보아야 할 것이다.[82]

명예훼손이 성립하기 위해서는 사람의 사회적 평가를 저하시킬 만한 사실의 적시가 있어야 한다.[83] 판례는 명예훼손에서 말하는 사실의 적시란 반드시 사실을 직접적으로 표현한 경우에 한정할 것은 아니고, 간접적이고 우회적인 표현에 의하더라도 그 표현의 전 취지에 비추어 그와 같은 사실의 존재를 암시하고, 또 이로써 특정인의 사회적 가치 내지 평가가 침해될 가능성이 있을 정도의 구체성이 있으면 족하다[84]고 하여 의견의 표명의 경우도 일정한 경우, 즉 어떤 의견의 표현이 그 전제로서 사실을 직접적으로 표현한 경우는 물론 간접적이고 우회적인 방법에 의하더라도 그 표현의 전취지에 비추어 어떤 사실의 존재를 암시하고 또 이로써 특정인의 사회적 가치 내지 평가를 침해할 가능성이 있으면 명예훼손이 된다고 한다.[85]

그러나 단순한 의견 개진만으로는 상대방의 사회적 평가가 저해된다고 할 수 없으므로, 의견 또는 논평의 표명이 사실의 적시를 전제로 하지 않은 순수

79) 大判 92.10.27, 92다756(公 1992, 3252); 大決 97.7.9, 97마634(公 1997, 2599); 大判 99.7.13, 98다43632(公 1999하, 1611).

80) 전게 日 注解 判例民法, 債權法 Ⅱ, 1118.

81) 大判 97.10.28, 96다38032(公 1997하, 3625).

82) 전게 日 注解 判例民法, 債權法 Ⅱ, 1118. 물론 損害의 정도에 관하여는 영향을 미칠 수 있을 것이다.

83) 판례 중에는 大判 98.5.8, 97다34563(公 1998상, 1575)처럼 "사실을 적시하여 개인의 명예를 훼손하는 행위를 한 경우에도"라고 표현하여 이를 명백히 설시하고 있는 것도 있으나, 大判 98.5.8, 96다36395(公 1998상, 1572)처럼 단순히 "타인의 명예를 훼손하는 행위를 한 경우에도"라고 표현하여 사실에 관한 것과 評價(意見)에 관한 것을 구분하고 있지 않은 듯한 것도 있다. 그러나 뒤의 판례도 사안은 사실을 적시한 것이다.

84) 大判 2000.7.28, 99다6203(公 2000하, 1925).

85) 大判 2002.1.22, 2000다37524 등(公 2002상, 522). 大判 2001.1.19, 2000다10208(公 2001상, 497)은 "사실을 적시하는 표현행위뿐만 아니라 의견 또는 논평을 표명하는 표현행위도 그와 동시에 묵시적으로라도 그 전제가 되는 사실을 적시하고 있다면 그에 의하여 민사상의 명예훼손이 성립할 수 있다"고 판시하고 있다.

한 의견 또는 논평일 경우에는 명예훼손으로 인한 손해배상책임은 성립되지 아니한다고 한다.[86]

그러나 구체적인 경우 어떠한 진술이 사실의 적시냐 단순한 의견의 표명이냐 명예훼손이 되는 의견의 표명이냐의 여부를 가리기는 매우 어려운 문제이다.[87]

어떤 진술이 사실의 적시냐 의견의 표명이냐의 구별기준은 단순히 사용된 한 구절의 용어만이 아니라 어떠한 맥락에서 그 진술이 되었는가 하는 진술을 둘러싼 모든 사정, 즉 발언 전체의 내용, 문맥, 전달방법, 진술의 상대방, 그 진술의 진실성이 입증될 수 있는지의 여부, 피해자의 신분(公人인가 私人인가) 등을 고려하여 결정되어야 한다고 봄이 상당하다.[88] 이러한 입장에 설 경우 선거유세에서의 상대후보에 대한 비판,[89] 공무원을 무능하다고 하는 보도, 문학 또는 예술비평, 음식점비평, 사설 등은 다소간의 과장이 있더라도 대부분 의견의 표명으로 명예훼손이 성립되지 아니한다고 본다.[90]

한편 이와 관련하여 신문, 잡지 등의 논평(해설, 평론)기사[91] 등이 문제되는바, 논평기사로 말미암아 상대방의 사회적 평가가 저하될 수 있지만 언론의 自由

86) 大判 2000. 7. 28, 99다6203(公 2000하, 1925).

87) 미국의 경우 그 구별의 한 기준으로 의견을 純粹意見과 混合意見의 두 가지로 나누면서 어떤 진술이 의견의 형태를 띠고 있다고 하더라도 의견의 기초되는 사실이 표명되지 아니하고 오히려 그 의견을 정당화하는 숨은 명예훼손적인 사실의 존재를 암시하는 경우는 이른바 혼합의견(mixed opinion)으로 사실의 표명에 해당하여 이를 제소할 수 있으나, 의견의 기초되는 사실을 함께 이야기하거나 상대방이 그 기초되는 사실을 이미 알고 있는 경우에는 이른바 순수의견(pure opinion)으로 명예훼손이 되지 않는다고 한다. 따라서 甲이 丙을 잘 모르는 乙에게 단지 "丙은 도둑놈이다"라고 말하는 것은 혼합의견으로 명예훼손이 될 수 있으나, "시청공무원인 丙은 외국출장을 부인과 같이 갔다 와서는 부인의 경비까지 자기의 경비로 하여 시청에 청구했다. 丙은 도둑놈이다"라고 말한 경우 그 전제사실이 거짓이 아닌 한 "丙은 도둑놈이다"라는 부분만으로는 명예훼손이 되지 아니한다는 것이다(韓渭洙, 전게논문, 407 참조). 이에 관한 상세한 설명은 表晟洙, 언론과 명예훼손(육법사, 1997), 71 이하 참조.

88) 韓渭洙, 전게논문, 408. 이와는 달리 釜山高判 92. 6. 17, 92노215(新聞 1992. 7. 9.자, 9)은 표현내용이 진실 또는 허위로 확인될 수 있으면 사실의 주장이고, 그것이 옳고 그른 것으로 확정될 수 없는 것이면 의견표현으로 구별함이 옳다고 한다.

89) 大判 93. 1. 26, 92도1693(公 1993, 878)은 地方議會議員選擧法의 후보자비방죄에 관한 사안에서 "피고인의 합동선거연설회장에서의 '○○○은 자기 목적을 위해서는 아무데나 눈물 흘리고 아무데나 웃고 아무데나 비방하는 몰염치한 사람이다. 그와 같이 비양심적인 행동을 하며 목적을 위해서는 수시로 표정을 바꾸는 동인은 지방자치제나 지방발전을 위해 기여할 수 없는 사람이니 議員으로 선출하여서는 안된다'는 취지의 것은 피고인이 위 ○○○에 대하여 가지고 있는 도덕성에 관한 추상적 판단일 뿐 위 후보자비방죄에 있어서의 구체적인 사실의 적시라 볼 수 없다 할 것이다"고 판시하였다.

90) 韓渭洙, 전게논문, 408.

91) 논평, 평론이나 해설은 사실의 적시와 의견의 표명으로 이루어진 즉 평가를 포함한 보도이다.

라는 가치와의 조화가 고려되지 않으면 안된다. 그리하여 영·미의 명예훼손법에서는 '공정논평의 법리(fair comment rule)'가 인정되고 있는바, 이에 의하면 '공공의 이해에 관한 사항 또는 일반공중의 관심사인 사항에 대하여 논평의 自由를 가지며 그것을 정당화할 만한 진실된 사실에 기초하고 있는 한 그 결과로서 피논평자의 사회로부터 받는 평가가 저하된다고 하더라도 평론자는 명예훼손의 責任을 지지 아니한다'는 것이다.[92] 그러나 논평기사라 하더라도 진실에 반하는 사실에 기초하여 논평이 가해진 경우에는 사실의 적시가 있는 것으로 보아 명예훼손이 성립할 것이다.[93]

불법행위로서의 명예훼손이 성립하기 위해서는 적시되는 사실이 반드시 구체적이어야 하는가? 형법상 명예훼손죄가 성립하기 위해서는 구체적 사실의 적시가 필요하고 구체적 사실의 적시에까지 이르지 아니하는 경우에는 모욕죄에 해당할 수 있을 뿐이라는 것이 판례·통설이나,[94] 모욕죄의 보호법익도 외부적 명예로 보는 한[95] 민사상으로는 명예훼손과 모욕을 반드시 구별할 것을 요하지 않는다 할 것이므로 구체적 사실의 적시가 아닌 예컨대, '도둑놈' 등과 같이 모욕적 언사나 추상적 언사를 농하는 경우도 넓은 의미의 명예훼손에 해당한다고 봄이 타당하다.[96] 다만, 위와 같이 구체적 사실의 적시가 아닌 모욕적 언사를 농한 경우 사실의 적시냐 의견의 표명이냐 하는 구별에 어려움이 있을 것이나 위에서 설명한 바와 같이 숨은 명예훼손적 사실을 암시하느냐의 여부에 따라 구분할 수 있을 것으로 본다.[97]

名譽毁損은 허위의 사실뿐 아니라 진실한 사실을 유포함으로써도 성립한다. 따라서 타인의 秘密을 여러 사람에게 선파하여 被害者에게 羞恥心·不名譽

92) 일본의 경우도, 근래의 판례는, 일간신문에 의한 의견광고 등을 중심으로 하는 논평의 自由를 존중하는 경향이 있어, 정치, 학술, 단체 등의 公共的 문제에 대하여 정치가, 학자, 단체임원 등의 활동을 논평하고 비판하는 것은, 그것이 공공적 활동과는 무관한 私生活의 폭로나 인신공격에 이르지 않는 한 그 논평에 의해 피논평자의 사회적 평가를 저하시켜도 違法性을 결한다고 한다(東京地判 昭 52. 7. 13, 判時 857호, 30; 東京高判 昭 54. 2. 26, 判時 917호, 33 등). 한편 논평의 自由의 한계에 관하여, 당해행위가 '① 故意 또는 진실에 대한 전혀 무관심한 태도로, ② 허위의 사실을 공표하는 것'에 의한 것이 아니라고 하는 요건을 추출하여, 피논평자에게 그 반대사실의 立證責任을 전환한 판례가 있다(東京地判 昭 49. 5. 14, 判時 739, 49). 이것은 후술하는 뉴욕타임스룰을 채용한 것이라고 해석되고 있다.

93) 韓渭洙, 전게논문, 408. 大判 99. 2. 9, 98다31356(公 1999상, 458) 참조.

94) 大判 89. 3. 14, 88도1397(公 1989, 639); 註釋刑各(2), 553.

95) 우리 나라의 판례, 다수설이다. 大判 87. 5. 12, 87도739(公 1987, 1018); 註釋刑各(2), 538, 586.

96) 韓渭洙, 전게논문, 410.

97) 韓渭洙, 전게논문, 411.

등을 안겨 준 때에는 역시 慰藉料를 賠償할 責任이 있다.[98] 다만 적시된 사실이 진실한 경우 그것이 오로지 공공의 이익에 관한 것이면 후술하는 바와 같이 違法性이 阻却된다.

형법상 명예훼손죄가 성립하기 위해서는 "공연히 사실을 적시함이 필요하고(刑 §307), 여기서의 공연성이란 불특정 또는 다수인이 인식할 수 있는 상태라고 봄이 통설·판례이다.[99]

그런데 불법행위로서의 명예훼손의 성립에도 공연성이 필요한가가 문제된다. 大判 64. 9. 22, 64다261[100]에서는 방론으로 "민법상 명예를 해하였다는 이유로서 하는 불법행위로 인한 손해배상청구에 있어서의 명예훼손은 형법상 명예훼손죄의 구성요건인 불특정다수인 또는 다수인이 들을 수 있는 상태가 필요하지 아니함은 소론과 같으나…"라고 판시하여 부정설의 입장에 서고 있는 듯하다.[101] 그러나 위 판결도 피해자 본인에게 한 사실의 적시만으로는 불법행위로서의 명예훼손이 성립한다는 취지는 아니며, 명예훼손의 보호법익을 피해자의 명예감정이 아닌 피해자에 대한 사회적 평가로 보는 한 적어도 피해자 이외의 제 3 자에게 그러한 진술을 할 것을 요한다고 봄이 상당하다.[102]

(3) 被 害 者

(가) 法人, 非法人 團體　　法人 기타 실체를 갖춘 권리능력 없는 社團 또는 財團에 관하여도 그 사회적 평가가 있는 것이므로 自然人에게뿐만 아니라 法人, 非法人 團體에 대하여도 名譽毁損이 성립한다고 봄이 통설[103]·판례이다.[104]

다만 이 경우 法人에게도 慰藉料가 인정되는가에 대하여 논의가 되고 있는바, 法人에게는 精神的 苦痛이 있을 수 없다는 이유로 이를 부정하는 견해가 있을 수 있으나, 法人의 名譽가 침해된 경우에 구제수단으로서 취소광고

98) "원고는 장성한 자식들과 동거하고 있는 과부이므로 원판결이 확정한 바와 같이 피고와 정교관계에 있었다 하더라도 피고가 그러한 사정을 부락사람들에게 유포시켰다면 특단의 사정이 없는 한 피고는 원고의 名譽를 毁損시켰다 할 것이므로 損害賠償의 責任이 있다고 하지 않을 수 없다"고 한 大判 67. 7. 25, 67다1000(集 15-2, 229) 참조.
99) 註釋刑各(2), 550.
100) 總攬 5-2, 999.
101) 日 大判 大 5. 10. 12(民錄 22, 1897) 등 일본에서의 판례도 부정설의 입장에 있다(註釋債各(Ⅳ), 131 참조).
102) 韓渭洙 전게논문, 413; 郭潤直, 713 참조.
103) 郭潤直, 714; 註釋債各(Ⅳ), 131.
104) 大判 88. 6. 14, 87다카1450(公 1988, 1020); 大判 90. 2. 27, 89다카12775(公 1990, 760); 大判 97. 10. 24, 96다17851(公 1997하, 3574).

등의 방법만으로는 부적당, 불충분한 경우가 있고 또 財産的 損害가 발생하지 아니하였다 하여도 無形損害의 賠償을 필요로 하는 경우가 많으므로 이를 인정함이 타당하다 하겠고, 우리 나라[105]와 일본[106]의 판례도 이를 인정하고 있다.[107]

(나) 死者에 대한 名譽毁損　　刑 §308는 "공연히 허위의 사실을 적시하여 死者의 名譽를 毁損"하는 자를 처벌하고 있는바 民事에 있어서도 死者의 名譽를 毁損하는 것을 不法行爲로 인정할 것인가가 문제된다.

우리 나라에서는 사자 자신의 人格權을 인정하는 견해[108]와 이를 부정하고 유족에 대한 불법행위로 해결해야 한다는 견해[109] 등이 대립하고 있다.

死者의 名譽가 死者의 법률상의 인격과 별도로 사후에 존속한다고 하더라도 死者의 名譽를 해하는 행위 자체가 不法行爲를 구성한다고 하기보다 死者의 名譽를 침해함으로써 유족이 死者에 대하여 품고 있는 敬愛追慕의 情 또는 유족의 名譽가 침해되었다고 보아 유족에 대한 不法行爲를 구성하고, 유족은 死者의 권리를 대신 행사하는 것이 아니라 스스로의 권리를 직접 행사하는 것으로 봄이 타당하다고 할 것이다.[110]

(다) 被害者의 特定　　名譽毁損에 의한 不法行爲가 성립하려면 被害者가 특정되어 있어야 하지만 특정인의 姓名을 사용하지 않아도 그 표현의 내용을 주위사정과 종합해 볼 때 특정의 대상인물을 추지할 수 있는 경우에는 名譽毁損이 성립한다.[111]

그러나 공표된 사실만으로 이를 특정하기에 충분하지 않은 경우, 모델소설과 사실과의 유사성이 우연한 일에 지나지 않은 경우에는 名譽毁損이 성립하지 않는다.[112]

집단에 대한 名譽毁損行爲는 당해집단이 소규모로서 집단원이 특정되어

105) 大判 88. 6. 14, 87다카1450(公 1988, 1020); 大判 90. 2. 27, 89다카12775(公 1990, 760); 大判 97. 10. 24, 96다17851(公 1997하, 3574).
106) 日 最判 昭 39. 1. 18(民集 18권 1호, 136).
107) 전술 I 참조.
108) 民法注解(I), 256.
109) 池弘源, "人格權의 侵害", 司論 10집, 226; 韓渭洙, 전게논문, 402; 註釋債各(Ⅳ), 132.
110) 死者를 중심으로 형성된 신분적 또는 경제적 기성의 질서를 존중하여 관계자의 이익을 보호해야 할 경우도 있어 입법기술로 死者의 人格權개념이 사용된 것도 있다(著作 §14 Ⅱ, §96 참조).
111) 大判 94. 5. 10, 93다36622(公 1994, 1643); 大判 2002. 5. 10, 2000다68306(公 2002하, 1352); 大判 2002. 5. 10, 2000도50213(公 2002하, 1336); 서울地判 96. 5. 14, 94가합91515(下集 1996-1, 129).
112) 전게 日 注解 判例民法, 債權法 Ⅱ, 1119.

있는 경우에는 동시에 개개인의 집단원에 대한 名譽毁損에도 해당하는 경우도 있다.[113)]

(4) 名譽毁損의 諸形態

㈎ 訴訟行爲

(a) 民事事件 일반적으로 소송을 제기하거나 제기되어진 소송에 응소하는 것 자체는 헌법에 의하여 보장된 국민의 권리실현이나 권리보호를 위한 수단으로서 원칙적으로 적법하나, 그와 같은 소제기나 응소행위가 권리실현이나 권리보호를 빙자하여 상대방의 권리나 이익을 침해하거나 상당한 이유 없이 상대방에게 고통을 주려는 의사로 행하여지는 등 故意 또는 過失이 인정되고, 이것이 공서양속에 반하는 정도에 이른 것인 경우에는 違法性을 띠고 不法行爲를 구성한다고 할 것이다.[114)]

그런데 우리 판례는 "부당소송을 당한 상대방이 입은 정신상의 고통은 통상 소송에서 승소하는 것에 의하여 회복되는 것이며 승소하여도 회복할 수 없는 精神的 苦痛은 특별사정으로 인한 損害라 볼 것이므로 그 損害에 대한 慰藉料는 부당소송의 제소자가 그 특별사정을 알았다거나 알 수 있었을 것이라고 인정되는 경우에 한하여 인정된다"고 하여[115)] 민사소송과 관련된 일련의 부당한 행위[116)]로 名譽毁損 등으로 인한 非財産上 損害를 입은 경우 이를 특별한 사정으로 인한 損害로 보고 있다.

민사소송·비송·조정 등의 민사재판제도는 私人間의 생활관계상의 분쟁 또는 이해충돌의 해결, 조정을 꾀하는 것에 의하여 사인의 생활상의 장애와 위험을 제거하는 동시에 사회의 질서를 유지하기 위하여 고안된 제도이기 때문에, 패소할 경우의 慰藉料 支給이 두려워 국민의 재판을 받을 권리가 부당하게 제한되는 결과로 되어서는 아니되므로 慰藉料의 인정이 상당히 제한되어

---

113) 전게 日 注解 判例民法, 債權法 Ⅱ, 1119.

114) 大判 94.9.9, 93다50116(公 1994, 2603).

115) 大判 78.12.13, 78다1542(公 1979, 11616); 大判 94.9.9, 93다50116(公 1994, 2603). 같은 취지의 판례로 "父의 子에 대한 친자관계부존재확인의 訴가 취하간주로 종료된 경우 위 소송으로 인한 자의 정신상의 고통에 대한 慰藉料는 소송제기자가 그 특별사정을 알았거나 알수 있었을 것이라고 인정되는 경우에 한하여 허용된다"는 판례(大判 83.9.13, 81므78(公 1983, 1487))와 "財産權의 침해를 이유로 하는 소송의 원고 소송대리인으로 선임된 변호사가 소송수행중 임의로 소를 취하한 경우에 그로 인하여 입게 된 원고의 精神的 損害는 특별사정으로 인한 損害이므로 그 변호사가 그 특별사정을 알았거나 알 수 있었을 것이라고 인정되는 경우에 한하여 인용될 수 있다"는 판례(大判 80.10.14, 80다1449(公 1980, 13321))가 있다.

116) '행위의 유형'으로는 제소행위, 응소행위, 답변서·준비서면 기타 서류의 제출행위, 대리인의 소취하행위, 가압류·가처분 신청으로 인한 집행행위 등이 있다.

야만 할 것이다. 이 점에서 민사소송과 관련된 행위로 인한 損害를 특별한 사정으로 인한 損害로 보아 慰藉料 인정을 제한하려는 판례의 취지는 타당성이 있다고 할 것이다.

그러나 한편 판례는 부당한 가처분집행의 경우에는 "피고의 부당한 가처분집행으로 원고들이 공장을 운영하지 못하고 제품과 기구의 점유마저 방해당하여 財産上 損害 이외에도 영업상의 信用과 名譽의 손상 등을 초래케 되어 정신상 고통을 적지 않게 받았으리라는 것은 경험칙에 의하여 이를 인정할 수 있다는 원심판결이유는 정당하다"고 판시하여[117] 慰藉料를 인정하고 있는데 加害者의 예견가능성을 전혀 언급하고 있지 않아 위에서 본 특별사정으로 인한 損害라는 입장을 그대로 적용하고 있는지는 의문이다.

결국 민사소송과 관련된 행위의 경우 그 목적 그 밖의 제반의 사실에 비추어 현저하게 반사회적·반윤리적이라고 평가되어 공서양속에 반하는 등 상당한 違法性을 가지는 행위의 경우만 慰藉料가 인정되어야 할 것이다.

(b) 刑事事件 고소, 고발에 의한 名譽毁損은 故意로 한 경우에는 무고죄를 구성하고 過失의 경우는 不法行爲의 문제로 된다. 범인이 아닌 자를 범인으로 고소, 고발한 경우 일본 판례의 責任肯定 사례, 責任否定 사례를 개관하면,[118] 私人이 사적인 목적의 달성을 위하여 수사기관을 이용하는 경우에는 엄격한 責任을 묻고 있으나, 그렇지 않고 사인이 수사기관에 협력해서 범죄용의자를 통고하는 것은 공익상 좋은 일이므로 이에 기인하는 고소, 고발 등을 한 경우에는 過失이 부정된다. 또 이상의 적극적인 용의자의 통고와는 달리 참고인으로서 수사기관의 사정청취에 응하는 경우에는 형사사법의 원활 적정한 운용을 기하기 위하여 참고인의 진술이 기억에 반하지 않는 한 원칙적으로 違法性을 결한다고 한다.

한편 형사피의자로 고소된 자가 수사과정에서 알리바이를 조작하고 허위진술을 한 경우 그것이 헌법상 보장되는 형사피의자로서 방어권의 행사 내지 연장이라고 보여지는 범위 내에서는 그 허위진술 등의 행위가 고소인의 감정을 상하게 하였다 하더라도 그에 違法性을 인정할 수 없다는 하급심판결[119]이 있다.

117) 大判 72. 1. 31, 71다2368(集 20-1, 44).
118) 전게 日 注解 判例民法, 債權法 Ⅱ, 1120 참조.
119) 서울地判 89. 6. 13, 86가합5264(下集 1989-2, 128).

(나) 違法한 公務執行

(a) 수사기관의 언론기관에 대한 발표 형사사건의 발생 및 내용에 관한 보도기관에의 발표는 당해 정보가 매스미디어를 통하여 다수의 수취인에게 신속하고 설득력있게 받아들여지며 또 수사의 초기 단계에서는 일반적으로 사건의 실체형성이 미완성의 가변적인 데다가 피의자측의 방어의 태세도 불충분하기 때문에, 진실을 정확히 전달하여야 할 요청이 강하게 요구되어야 한다. 판례도 이러한 관점에 입각하여 責任을 인정한 사례가 있다.[120)]

(b) 기 타 공무원 특히 경찰관 또는 검사의 위법한 공권력 행사가 일본 판례상 名譽毁損의 문제로 된 것은 오인체포,[121)] 형사피의사건의 검찰관 송치,[122)] 고압적 언사[123)] 등이 있다.

(다) 新聞 기타 報道機關(言論機關)의 報道 역사적으로 각국에서 人格權侵害에 관한 논의는 종래 언론이 허위의 사실을 보도한 경우에 명예훼손이 성립하는지를 중심으로 행하여져 온 만큼 언론의 보도는 명예훼손의 가장 중요하고 대표적인 형태이다.

신문 기타의 언론기관은 원래 국민의 알 권리를 담당하는 수단으로 민주

---

120) 大判 96. 8. 20, 94다29928(公 1996하, 2776)은 수사기관이 피의자의 자백을 받아 기자들에게 보도자료를 배포하는 방법으로 피의사실을 공표함으로써 피의자의 名譽가 毁損된 사안에서, 피의사실이 진실이라고 믿은 데에 상당한 이유가 없다는 이유로, 보도자료의 작성·배포에 관여한 경찰서장과 수사경찰관 및 국가의 連帶賠償責任을 인정한 사례이고, 大判 2001. 11. 30, 2000다68474(公 2002상, 167)은 피해자의 진술 외에는 직접 증거가 없고 피의자가 피의사실을 강력히 부인하고 있어 보강수사가 필요한 상황이며, 피의사실의 내용이 국민들에게 급박히 알릴 현실적 필요성이 있다고 보기 어려움에도 불구하고, 검사가 마치 피의자의 범행이 확정된 듯한 표현을 사용하여 검찰청 내부절차를 밟지도 않고 각 언론사의 기자들을 상대로 언론에 의한 보도를 전제로 피의사실을 공표한 경우, 피의사실 공표행위의 위법성이 조각되지 않는다고 한 사례이다. 하급심판결로는 "일반적으로 보아 공권력행사의 일환으로서 공무원의 직무상 발표행위가 법령에 의한 권한과 절차에 따라 행해지는 한 설사 그 발표사항에 관련하여 불가피하게 개인의 명예나 단체의 信用에 훼손을 가져왔다 하여 이를 위법하다고 평가할 수는 없고, 검찰 역시 기소권을 수행하는 국가기관으로서 국민적 관심이 있는 사건처리에 관하여는 국민의 알 권리에 부응하기 위해 그 권한행사와 관련하여 공보업무를 수행하게 되는 것이므로 피고소인의 피의사실이 인정되지 아니한다는 내용의 수사결과발표가 고소인에 대하여 심한 모멸과 배신감을 느끼게 하였다고 할지라도 그것만으로는 발표행위의 違法性을 인정할 수 없으나, 그 발표행위가 충분한 근거 없이 허위사실을 날조 폭로하여 언론에 보도되게 함으로써 고소인의 인격상을 왜곡시키고 세인의 고소인에 대한 사회적 평가를 추락시켜 고소인이 국민의 한 사람으로서 헌법상 보장받는 인간의 존엄권 내지 일반적 人格權을 침해하는 결과를 초래하였다면 나라는 그 소속 관계공무원이 고소인에게 입힌 정신적 손해를 배상할 責任이 있다"고 판시한 서울民地判 89. 6. 13, 86가합5264(下集 1989-2, 128)이 있다.

121) 宇都宮地判 昭 35. 5. 16(判時 234호, 9).

122) 大津地判 昭 33. 8. 12(下民 9권 8호, 1573).

123) 東京高判 昭 35. 9. 12(下民 11권 9호, 1885).

주의 체제하에서 매우 중요한 기능과 사명을 가지고 있기 때문에, 언론에 의한 人格權侵害의 문제는 人格權과 언론의 自由의 충돌이라는 매우 중요한 법률적 문제를 내포하고 있고, 이는 人格權法에서 핵심적 위치를 차지하고 있다.

이러한 人格權과 표현의 自由의 충돌의 조정에 관하여, 大判 88. 10. 10, 85다카29[124]은 "표현의 自由는 민주정치에 있어 최대한의 보호를 받아야 하지만 그에 못지않게 개인의 명예나 私生活의 自由와 秘密 등 사적 법익도 보호되어야 할 것이므로, 人格權으로서의 개인의 명예의 보호와 표현의 自由의 보장이라는 두 법익이 충돌하였을 때 그 조정을 어떻게 할 것인지는 구체적인 경우에 사회적인 여러 가지 이익을 비교하여 表現의 自由로 얻어지는 이익, 가치와 人格權의 보호에 의하여 달성되는 가치를 형량하여 그 규제의 폭과 방법을 정하여야 할 것이다"라고 다소 추상적으로 판시하였는데 최근의 大判 2002. 1. 22, 2000다37524 등(公 2002상, 522)은 "언론·출판의 자유와 명예보호 사이의 한계를 설정함에 있어서 표현된 내용이 사적(私的) 관계에 관한 것인가 공적(公的) 관계에 관한 것인가에 따라 차이가 있는바, 즉 당해 표현으로 인한 피해자가 공적인 존재인지 사적인 존재인지, 그 표현이 공적인 관심사안에 관한 것인지 순수한 사적인 영역에 속하는 사안에 관한 것인지, 그 표현이 객관적으로 국민이 알아야 할 공공성, 사회성을 갖춘 사안에 관한 것으로 여론형성이나 공개토론에 기여하는 것인지 아닌지 등을 따져보아 공적 존재에 대한 공적 관심사안과 사적인 영역에 속하는 사안 간에는 심사기준에 차이를 두어야 하며, 당해 표현이 사적인 영역에 속하는 사안에 관한 것인 경우에는 언론의 자유보다 명예의 보호라는 인격권이 우선할 수 있으나, 공공적·사회적인 의미를 가진 사안에 관한 것인 경우에는 그 평가를 달리하여야 하고 언론의 자유에 대한 제한이 완화되어야 하며, 피해자가 당해 명예훼손적 표현의 위험을 자초한 것인지의 여부도 또한 고려되어야 한다"라고 매우 구체적으로 판시하고 있다.

신문이나 잡지 등 언론매체가 특정인에 관한 기사를 게재한 경우 그 기사가 특정인의 名譽를 毁損하는 내용인지의 여부는 기사의 객관적인 내용과 아울러 일반 독자가 기사를 접하는 통상의 방법을 전제로 기사의 전체적인 흐름, 사용된 어휘의 통상적인 의미, 문구의 연결 방법 등을 종합적으로 고려하여 그 기사가 독자에게 주는 전체적인 인상도 그 판단 기준으로 삼아야 한

124) 公 1988, 1392.

다.[125)]

한편 우리 대법원[126)]은 "피해자가 공적 인물이라 하여 방송 등 언론매체의 명예훼손행위가 현실적인 악의에 기한 것임을 그 피해자측에서 입증하여야 하는 것은 아니다"라고 함으로써 미연방재판소에서 채용되어 있는 뉴욕타임즈룰[127)]의 적용을 배척하고 있다.[128)] 즉 언론보도로 인한 명예훼손에서도 불법행위책임의 유무는 적어도 추상적 기준의 수준에서는 다른 방식의 명예훼손과 같은 기준에 의하여 판단하고 있다.

(라) 출 판 판례상 名譽毁損이 다투어졌던 것에 전기소설, 실록소설, 월간잡지, 단행본, 족보[129)] 등이 있는데 일반적으로 일간신문의 기사와 달리, 신중숙려하는 기회가 충분한 입장에서 집필되는 것이기 때문에 違法性 또는 過失이 비교적 엄격히 판단되는 경향이 보인다.[130)]

(마) 문서배포 등 판례는 문서의 배포에 의한 名譽毁損의 성립도

---

125) 大判 97.10.28, 96다38032(公 1997하, 3625); 大判 99.10.8, 98다40077(公 1999하, 2292); 大判 2002.5.10, 2000다50213(公 2002하, 1336); 大判 2002.1.22, 2000다37524 등(公 2002상, 522); 大判 2001.1.19, 2000다10208(公 2001상, 497).

126) 大判 98.5.8, 97다34563(公 1998, 1575).

127) 공무원 등은 어떤 진술(statement)이 '현실적 악의(actual malice)' 즉 '허위에 대한 고의 또는 허위 여부에 관한 무모한 경시'로 된 것을 입증하지 않는 한 자신의 공무에 관하여 된 名譽毁損的인 허위의 진술에 대하여 損害를 회복할 수 없다는 이론으로, 미국의 뉴욕타임즈 사건(New York Times Co. v. Sullivan, 376 U.S. 254(1964))에서 인정된 이래 확고한 판례의 이론이 되고 있는 것이다.

128) 同旨 大判 97.9.30, 97다24207(公 1997하, 3279).

129) 大判 90.2.27, 89다카12775(公 1990, 760). 동 판결은 "대동보라 함은 한 성씨의 시조이하 동계혈족간에 분파된 파계를 한데 모아 집대성한 것으로서 각파의 분파조는 시조로부터 몇 세손이며 어느 대에서 분파되어 파조가 되었는가를 한눈에 볼 수 있도록 수록된 족보를 말하는 것이므로 대동보에는 시조에서 분파된 모든 파계가 빠짐없이 수록되어야 하는 것이고 분파된 파계의 어느 일파라도 이를 누락시켜서는 아니되는 것인바, 원고 주장과 같이 원고종중의 선대인 김 충립과 그 형제들이 소외 망 김 문기의 손자임에도 불구하고 피고종중이 위 소외 망인을 시조로 하는 종중의 대동보를 발간함에 있어 위 김 충립과 그 형제들의 기재를 누락시켰다면 위 김 충립 등은 대외적으로 위 소외 망인의 후손이 아닌 것으로 인식되어 위 소외 망인의 후손임을 표방하는 원고종중은 그 존립기반이 부인됨은 물론 혈연관계 없는 남의 조상을 자신의 조상으로 삼는 종중이라는 비난을 받게 되어 그 사회적 평가가 저하될 것임이 명백하므로 피고종중의 위 행위는 不法行爲가 성립된다고 할 것이다"고 판시하였다.

130) 대표적인 판결인 大判 88.10.11, 85다카29(公 1988, 1392)은 "일정한 입장에 있는 인물에 관한 행위가 공적 비판의 대상이 된다고 하더라도 신문에 비하여 신속성의 요청이 덜한 잡지에 인신공격의 표현으로 비난하는 내용의 기사를 게재함에 있어서는 기사내용의 진실여부에 대하여 미리 충분한 조사활동을 거쳐야 할 것인바, 잡지발행인이 수기를 잡지에 게재함에 있어 그 내용의 진실성에 대하여는 전혀 검토하지 아니한 채 원문의 뜻이 왜곡되지 않는 범위 내에서 문장의 일부만을 수정하여 被害者가 변호사로서의 본분을 망각한 악덕변호사인 것처럼 비방하는 내용의 글을 그대로 잡지에 게재하였다면 잡지발행인으로서는 위 수기의 내용이 진실한 것으로 믿는데 상당한 이유가 있었다고 할 수 없고, 잡지에 이 수기를 게재하여 반포하였다면 위 被害者의 사회적 평가가 저하되었다 할 것이므로 위 잡지발행인은 위 被害者에 대한 名譽毁損의 責任을 면할 수 없다"고 판시하고 있다.

인정하나,[131] 당해행위는 일반적으로 특정의 동기에 기인하여 일정의 한정된 사회를 대상으로 하는 행위일 경우가 많은데, 이 경우 당해 동기 등과의 관계에서 名譽毁損行爲의 회피에 대한 기대가능성이 없으면 條理上 違法性을 결한다고 할 것이다.[132]

또 자기의 정당한 이익의 옹호를 위한 名譽毁損行爲는 그 방법 내용에 있어 사회적으로 인용된 한도를 초과하지 않는 한 違法性을 결한다. 사립학교가 학생에 의한 시설관리권의 침해에 대하여 민사소송을 제기한 취지를 고시해도 타의 일반학생에 대한 경고의 목적에서 한 것으로 위법하지 않다고 한 일본 판례[133]도 같은 이유에 의한 것이다.

㈔ 會議 등 일본의 경우 협동조합임원회의에서의 비방중상행위 및 이를 增長시킨 의장의 행위도 名譽毁損에 해당하고,[134] 町의 자치회의 총회 석상의 過한 발언도 같다[135]는 하급심판례가 있다.

㈕ 誹謗廣告 비방광고에 의하여도 名譽毁損이 성립될 수 있다.[136]

(5) 違法性 및 責任阻却

㈎ 序 刑 §310는 "違法性의 阻却"이라는 표제 아래 "§307 I 의 행위(사실의 적시에 의한 名譽毁損)가 진실한 사실로서 오로지 공공의 이익에 관한 때에는 처벌하지 아니한다"고 규정하고 있다.

그런데 위 규정이 민사상의 不法行爲에서도 마찬가지로 적용될 것인가가 문제이다. 일본에서는 오래 전부터 하급심판결에서 민사사건에 대해서도 이를 유추적용해 온 바 있었고,[137] 최고재판소에서는 昭 41.6.23. 판결[138]로 이를 확인하였다.

---

131) 大判 97.10.24, 96다17851(公 1997하, 3574). 學校法人이 그가 운영하는 학교 명의로 발행·배포한 '학교운영계획서'의 내용이 문제가 된 사안인데, 문서의 배포에 의하여도 名譽毁損이 성립할 수 있음을 전제로 한 후 다른 이유로 請求를 기각한 사건이다.

132) 전게 日 注解 判例民法, 債權法 Ⅱ, 1123 참조.

133) 東京地判 昭 50.8.29(判時 807, 56).

134) 福岡地大牟田支判 昭 45.2.17(判タ 253호, 298).

135) 大阪地判 昭 60.7.30(判タ 560호, 314).

136) 大判 96.4.12, 93다40614등(公 1996상, 1486).

137) 東京地判 昭 30.7.11(判時 59호, 5); 大阪地判 昭 33.1.17(判時 140호, 22) 등.

138) 民集 20권 5호, 1118. 동 판결은 名譽毁損行爲가, ① 공공의 이해에 관한 사실에 해당되고, ② 전적으로 공익을 위한 목적에서 이루어졌으며, ③ 적시된 사실이 진실인 때에는 違法性이 없고, 설령 진실인 것을 증명할 수 없어도, 진실이라고 오신함에 상당한 이유가 있는 때에는 고의 또는 과실이 부정되어 결국 불법행위가 성립하지 않는다고 판시하고 있다. 일본법은 명예훼손이 성립하기 위한 責任要素로 행위자의 고의 또는 과실을 요구하고 있으므로, 행위자의 진실성 오신에 상당성이 있는 경우를 責任要素가 부정되는 것 즉 責任阻却事由로 본 것이다.

우리 나라에서도 종래 학설상으로 위 형법 규정의 민사에의 유추적용을 긍정하는 견해[139]가 있었던바, 대법원은 大判 88.10.11, 85다카29[140]에서 "형사상으로나 민사상으로 타인의 名譽를 毁損하는 행위를 한 경우에도 그것이 공공의 이해에 관한 사항으로서 그 목적이 오로지 공공의 이익을 위한 것일 때에는 진실한 사실이라는 증명만 있으면 위 행위에 違法性이 없으며 또한 그 증명이 없더라도 행위자가 그것을 진실이라고 믿을 상당한 이유가 있는 경우에는 違法性이 없다"라고 판시한 이래 민사에서도 위 형법 조항이 유추적용됨을 명백히 하고 있다.

이러한 違法性 또는 責任阻却의 법리는 원래 언론의 표현의 自由와 名譽保護의 조화원리인바, 우리 판례는 언론 매체가 아닌 경우인, 수사기관이 피의자의 자백을 받아 기자들에게 보도자료를 배포하는 방법으로 피의사실을 공표함으로써 피의자의 명예를 훼손한 경우,[141] 國會議員이 기자회견 등에서 한 오대양사건에 관한 발언이 명예훼손에 해당하는지가 문제된 경우,[142] 일정한 행정목적 달성을 위하여 언론에 보도자료를 제공하는 등 이른바 행정상 공표의 방법으로 실명을 공개함으로써 타인의 명예를 훼손한 경우[143]에도 違法性阻却 또는 責任阻却의 법리를 적용하고 있다.[144]

이하에서는 違法性阻却 또는 責任阻却의 요건을 오로지 공공의 이익에 관한 때(공익성), 진실한 사실(진실의 증명), 행위자가 진실이라고 믿을 상당한 이유(상당성의 증명) 부분으로 나누어 살펴본다.

(나) 오로지 公共의 利益에 관한 때(公益性)　　판례[145]는 '오로지 공공의 이익에 관한 때'라 함은 적시된 사실이 객관적으로 볼 때 공공의 이익에 관한 것으로서 행위자도 공공의 이익을 위하여 그 사실을 적시한 것이어야 한다고 판시하고 있다. 따라서 공익성은 다시 사실이 객관적으로 공공의 이

139) 池弘源, 전게논문, 225; 註釋債各(Ⅳ), 131.

140) 公 1988, 1392. 결론적으로 慰藉料請求를 인용하고 있는 사안이다.

141) 大判 96.8.20, 94다29928(公 1996, 2776).

142) 大判 96.10.11, 95다36329(公 1996, 3297).

143) 大判 93.11.26, 93다18389(公 1994, 194); 大判 98.5.22, 97다57689(公 1998하, 1712).

144) 일본의 경우 하급심판결(違法性阻却에 관하여는 東京高判 昭 59.6.28. 判タ 528호, 85; 責任阻却에 관하여는 名古屋地判 昭 57.1.22, 判タ 470호, 155)은 이를 시인하고 있으나, 공무원에 의한 名譽毁損에도 동일법리를 적용하는 것은 의문이라는 반대견해도 있다(전게 日 注解 判例民法, 債權法 Ⅱ, 1124 참조).

145) 大判 96.10.11, 95다36329(公 1996하, 3297). 소위 '오대양사건'에 관한 國會議員의 기자회견, 강연, 후보자 합동연설회 등에서의 발언이 객관적으로 볼 때 공공의 이익을 위한 것으로서 진실에 부합되거나 진실이라고 믿은 데에 상당한 이유가 있어 違法性이 阻却된다고 본 사례이다.

익에 관한 것일 것(事實의 公益性)[146]과 행위자의 목적이 오로지 공익을 위한 것일 것(目的의 公益性)[147]으로 나누어 볼 수 있다.

공공의 이익에 관한 사실은 名譽保護와 공공의 이익이란 법익형량설의 입장에서 그 사실의 공표가 타인의 名譽를 침해함에도 불구하고 그것을 허용할 공익상의 필요가 있는 사실 즉 다수 일반의 이해에 관한 사실이라고 할 것이다.[148]

구체적으로 무엇이 공공의 이익에 관한 사항인지의 여부를 일률적으로 말하기는 어렵고, 당해 적시 사실의 구체적 내용, 당해 사실의 공표가 이루어진 상대방의 범위, 그 표현의 방법 등 그 표현 자체에 관한 제반 사정을 감안함과 동시에 그 표현에 의하여 毁損되거나 毁損될 수 있는 名譽의 침해 정도 등을 비교·고려하여 결정하여야 할 것이다. 다만 일본의 刑 §230-2 Ⅱ은 "아직 공소가 제기되지 아니한 자의 범죄행위에 관한 사실은 이를 공공의 이해에 관한 사실로 간주한다고"고 규정하고 있고 같은 조 Ⅲ은 "공무원 또는 공선에 의한 공무원의 후보자에 관한 사실은 사실의 진부를 판단하여 진실하다는 증명이 있을 때에는 이를 처벌하지 아니한다"라고 규정함으로써 적어도 "공소전의 범죄행위에 관한 사실"과 "공무원 또는 공선에 의한 공무원의 후보자에 관한 사실"은 이에 해당함을 밝히고 있는바, 우리 나라 법의 해석에 있어서도 하나의 기준이 될 것이다.

최근의 大判 98.7.14, 96다17257[149]은, 남편과 이혼소송중에 청부 폭력배를 동원하여 남편을 협박해 거액의 慰藉料를 받으려 했다는 혐의로 구속기소되었는데 이후 재판에서 범죄의 증거가 없다는 이유로 무죄를 신고받사 혐의

146) 이를 사실의 公共性으로 표현하기도 하는데 公益性과 公共性은 엄밀한 의미에서는 차이가 있을 수 있으나 통상 같은 의미로 사용되고 있는 것으로 보인다. 이는 일본형법의 조문과 우리 형법의 조문상의 차이에서 나온 것으로 보인다. 日刑 §230-2 Ⅰ은 "전조 제1항의 행위가 公共의 이해에 관한 사실에 해당하고 그 목적이 전적으로 公益을 위하여 행하여진 것으로 인정되는 때에는 사실의 진부를 판단하여 진실한 것이라는 증명이 있는 때에는 벌하지 아니한다" 규정하여 사실의 공공성과 목적의 공익성을 명백히 표현하고 있으나, 우리 刑 §310는 위에서 본 바와 같이 명예훼손행위가 진실한 사실로서 오로지 公共의 利益에 관한 때라고만 규정하고 있다.

147) 목적의 공익성을 고려할 필요가 없다는 견해(池弘源, 전게논문, 229; 韓渭洙 전게논문, 423)도 있으나 위에서 본 바와 같이 판례는 목적의 공익성을 필요로 한다고 하고 있으며 다수설도 목적의 공익성을 요하는 것으로 해석하고 있다(註釋刑各(2), 574 참조). 이는 우리 刑 §310가 일본과 달리 사실의 공공성과 목적의 공익성이라는 표현 대신 오로지 公共의 利益에 관한 때라고만 규정하고 있음에 기인한다.

148) 註釋債各(Ⅳ), 136.

149) 公 1998하, 2108.

사실을 발표한 경찰과 이를 여과 없이 보도한 5개 언론사를 상대로 損害賠償請求訴訟을 낸 사안에서, "대중 매체의 범죄사실 보도는 공공성이 있는 것으로 취급할 수 있는 것이나 범죄 자체를 보도하기 위하여 반드시 범인이나 범죄혐의자의 신원을 명시할 필요가 있는 것은 아니고, 범인이나 범죄혐의자에 관한 보도가 반드시 범죄 자체에 관한 보도와 같은 공공성을 가진다고 볼 수도 없다. 특히 공적인 인물이 아닌 평범한 일반 국민들이 저지른 범죄에 대해 범죄사실을 알리는 것은 정당한 이익이라고 하더라도 범인이 누구라고 하는 것까지 밝혀야 할 정당한 이익이 있다고 볼 수는 없다"고 판시하여 국가와 언론사에 대한 패소판결을 선고함으로써, 범죄사실은 공공성이 있으나 공적인 인물이 아닌 사람이 범인인 경우 누가 범인인가는 공공성이 없음을 분명히 하였다.

한편 공공의 이익이라 함은 반드시 국가 또는 사회 전체의 이익일 것을 요하지 아니하며 그 범위는 사실을 공표하는 상대방의 범위와의 관계에서 상대적으로 정하여진다. 따라서 小社會에 관한 사실이라도 그 사회에 속하는 사람들에게만 공표할 때에는 이에 해당하며[150] 大判 89. 2. 14, 88도899[151]도 "교회담임목사를 출교처분한다는 취지의 교단산하 재판위원회의 판결문은 성질상 교회와 교단소속 신자들 사이에서는 당연히 전파, 고지될 수 있는 것이므로 위 판결문을 복사하여 예배를 보러 온 신도들에게 배포한 행위에 의하여 그 목사의 개인적인 名譽가 毁損된다 하여도 그것은 진실한 사실로서 오로지 그 교단 또는 그 산하 교회소속신자들의 이익에 관한 때에 해당하여 違法性이 없다"고 판시하고 있다.

목적의 공익성과 관련하여 판례는 "행위자의 주요한 목적이나 동기가 공공의 이익을 위한 것이라면 부수적으로 다른 사익적 동기가 내포되어 있었다고 하더라도 공공의 이익을 위한 것으로 보아야 한다"고 판시하고 있다.[152] 학설도 인간의 행위, 동기는 복잡하므로 다소 被害者를 비방할 목적이나 사익을 위한 것이 숨어 있다 하여도 그 주요한 동기가 공공의 이익을 위한 것이라면 족하다고 본다.[153]

(다) 眞實한 事實(眞實의 證明) 違法性이 阻却되기 위해서는 우선 적시된 것이 진실한 사실임을 요한다. 공표된 사실의 진실성은 세부까지 요구

150) 池弘源, 전게논문, 228; 韓渭洙, 전게논문, 421.
151) 公 1989, 445.
152) 大判 96. 10. 11, 95다36329(公 1996하, 3297).
153) 註釋刑各(2), 575 참조.

되지는 않고, 사실의 주요한 부분에 있어 진실하면 좋다는 것이 통설,[154] 판례[155]이며 다소 과장된 표현이 있다고 해서 곧 허위의 사실이라고 할 수는 없다.[156]

그리고 무엇이 주요부분에 해당하는가 하는 점에 대해서도, 일반독자의 보통의 주의와 읽는 방법을 기준으로 판단하여야 한다고 해석된다.

㈑ 相當性의 證明　일본 최고재판소가 진실성 오신의 상당성을 고의·과실의 문제로 責任阻却事由로 봄에 대하여, 우리 대법원은 이를 違法性阻却事由로 보기도 하고 고의·과실의 문제 즉 責任阻却事由로 보기도 한다.[157]

즉 위 大判 88.10.11, 85다카29[158]에서 "진실의 증명이 없더라도 행위자가 그것을 진실이라고 믿을 상당한 이유가 있는 경우에는 違法性이 없다"고 판시한 이래 주류적 판례[159]는 이를 따르고 있으나, 大判 95.6.16, 94다35718[160]은 "진실한 사실이라는 점이 증명되지 아니하였어도 그 행위자가 그 사실을 진실하다고 믿은 데 상당한 이유가 있는 경우에는 그 행위에 고의 또는 과실이 있다 할 수 없어 不法行爲는 성립하지 않는다"고 판시하여 진실성 오신의 상당성을 일본 최고재판소와 같이 責任阻却事由로 보았고 그 후 이를 따른 판결이 2개 더 있다.[161]

상당성 증명의 문제를 고의·과실의 문제로 볼 것인지, 아니면 違法性의 문제로 볼 것인지는 과실과 違法性의 구별문제 등 이론적으로 중요한 문제를 내포하고 있고, 禁止請求의 허용여부[162] 등 현실적으로도 중요한 차이가 있으

154) 註釋刑各(2), 574.

155) 진실한 사실이라고 함은 그 내용 전체의 취지를 살펴볼 때 중요한 부분이 객관적 사실과 합치되는 사실이라는 의미로서 세부에 있어 진실과 약간 차이가 나거나 다소 과장된 표현이 있더라도 무방하다(大判 2002.1.22, 2000다37524 등(公 2002상, 522)).

156) 大判 58.9.26, 4291형상323(總覽 20-1, 613).

157) 우리 민법은 고의·과실을 책임요소(有責事由, Verschulden)로 보고 있다(過失責任主義. 郭潤直, 663 등 참조). 刑事의 경우 고의·과실을 주관적 구성요건요소로 보므로(金日秀, 형법총론 새로쓴 제5판(1997), 132; 大判 85.5.28, 85도588(公 1985, 972) 등 참조) 구성요건해당성의 문제로 될 것이다.

158) 公 1988, 1392.

159) 大判 98.5.22, 97다57689(公 1998하, 1713); 大判 98.5.8, 97다34563(公 1998하. 1575); 大判 97.9.30, 97다24207(公 1997하, 3279); 大判 96.10.11, 95다36329(公 1996하, 3297); 大判 96.5.28, 94다33828(公 1996하, 1973); 大判 99.2.9, 98다31356(公 1999상, 458); 大判 99.4.27, 98다16203(公 1999상, 1027) 大判 2002.5.10, 2000다68306(公 2002하, 1352).

160) 公 1995, 2496.

161) 大判 98.2.27, 97다19038(公 1998상, 865); 大判 98.5.8, 96다36395(公 1998상, 1572).

162) 고의·과실이 없더라도 違法性이 있으면 禁止請求가 인용된다고 보는 것이 일반적인 견해이다.

므로 판례의 통일이 기대된다.

그러면 어떤 경우에 행위자가 적시하는 사실이 진실하다고 믿음에 상당한 이유가 있다고 볼 것인가?

먼저 상당한 이유가 있는가의 여부는 확실한 자료, 근거에 비추어 판단하여야 할 것이고,[163] 특히 행위자가 언론기관인 경우 그것이 사회에 미치는 영향이 지대한 점을 감안하여 그 사실이 단순히 풍문이나 억측에 의거하는 것만으로는 부족하고 진실을 뒷받침할 만한 합리적인 자료나 근거가 있어야 할 것이나,[164] 이를 일률적으로 말할 수는 없고, 행위자가 누구인가?(일간신문인가 월간잡지인가 등 매체의 성격), 기사의 성격(신속성을 요하는 보도기사인가 상당한 기간을 두고 준비하는 기획기사인가), 정보원이 믿을 만한 사람인가, 被害者와의 대면 등 사실확인이 용이한 사항인가 등의 점을 종합적으로 고려하여 구체적 사안별로 해결할 수밖에 없는 문제라고 할 것이다.[165]

실무상 특히 자주 문제되는 것은 언론기관에 의한 범죄용의보도의 경우인바, 일본의 판례를 기초로 이를 유형화하여 일응의 기준을 설정한다면, 수사당국의 공식발표를 그대로 보도한 경우는 정보원의 신뢰도가 높고, 보도의 신속성, 사실탐지능력의 한계, 피의자가 체포되어 있어 직접 취재가 어려운 점 등을 고려하여 특히 의심할 만한 사정이 없는 이상 진실을 확인하기 위한 뒷받침조사를 하지 아니하더라도 진실이라고 오신함에 상당한 이유가 있다고 봄이 타당하고,[166] 비록 수사당국의 공식발표는 없더라도 취재기자가 충분한 조사를 하여 나름대로의 진실확인작업을 한 뒤 기사화한 경우에도 진실이라고 믿은 데 상당한 이유가 있다고 할 것이나, 반면 수사당국의 공식발표가 있기 전

163) 日 最判 昭 44.6.21(判時 559호, 25).

164) 大判 98.5.8, 97다34563(公 1998상, 1575); 서울民地判 90.8.17, 90가합35265(下集 90-2, 108); 東京高判 昭 53.9.28(判時 915호, 62). 그러나 특별한 조사권한이 없는 보도기관에 과도하게 확실한 자료 등을 요구하는 때에는, 사회적으로도 필요한 自由로운 보도를 위축시키는 것으로 된다. 그 때문에 근래의 일본 판례 중에는 정치에 관한 것인 때에는 일응 진실이라고 생각하게 하는 만큼의 합리적인 자료 또는 근거가 있으면 족하다고 하는 것도 있으나(大阪地判 昭 59.7.23. 判時 1165, 142), 일본의 경우도 공공의 이해의 대소와 보도의 自由의 관계에 대하여는 판례상 전술의 뉴욕타임즈룰과 같은 일정의 법리가 확립됨에는 이르지 않은 단계라고 한다(전게 日 注解 判例民法, 債權法 Ⅱ, 1126 참조).

165) 大判 98.5.8, 96다36395(公 1998상, 1572); 大判 98.5.8, 97다34563(公 1998상, 1575); 大判 97.9.30, 97다24207(公 1997하, 3279); 大判 2001.1.19, 2000다10208(公 2001상, 497) 등.

166) 권위 있는 수사당국의 발표에 근거하여 그것을 그대로 보도한 경우에는 원칙적으로 진실성의 오신에 상당이유가 있어, 故意·過失이 부정된다는 것이 확립된 판례이고 뒷받침할 조사도 불필요하다고 되어 있다(東京地判 昭 31.5.21, 下民 7권 5호, 1314). 同旨 大判 99.1.26, 97다10215, 10222(公 1999상, 330).

에 수사당국으로부터 비공식으로 취재를 하고 그 내용을 뒷받침할 만한 조사를 하지 아니한 채 보도한 경우나, 보도기관이 관계자나 소문의 유포에 따라 獨自的으로 취재하면서 기사의 정확성을 기하기 위한 노력을 기울이지 아니한 경우, 수사당국의 공식발표에 따른 보도를 하는 경우에도 수사당국의 발표를 오해하여 사실과 다르게 보도하거나, 보도기관이 과장 또는 각색하여 보도하거나(예컨대 사기혐의를 받고 있음에 불과한데도 사기범이라고 보도), 자기의 견해나 억측을 첨가하여 보도하는 경우는 모두 상당한 사유가 없다고 할 것이다.[167)]

피의사실 공표로 인한 名譽毁損의 경우, 공표한 피의사실의 진실성에 관한 오신에 상당성이 있는지 여부는 발표 당시의 시점에서 판단되어야 하지만 발표 당시의 시점에서 판단한다고 하더라도 그 전후의 수사과정과 밝혀진 사실들을 참고하여야 발표시점에서의 상당성 여부를 가릴 수 있는 것이므로, 발표 후에 수집된 증거자료도 상당성 인정의 증거로 사용할 수 있다는 판례가 있다.[168)]

한편 보도기관 등에 故意로 잘못된 정보를 제공한 자는 보도기관이 그 후 독자의 취재를 하여 보도하게 되었더라도 정보제공과 보도 사이에 상당인과관계가 있는 경우에는 責任을 부담하게 된다고 할 것이다.[169)]

진실성 오신의 상당한 이유를 부정한 대법원 판례[170)]로서, ① 大判 98.5.8, 97다34563[171)]은 당사자 본인이나 그 주변인물을 통하여 방송의 기초가 되는 자료 내용의 진위를 충분히 조사하지 않은 채 명예훼손의 내용이 담긴 논픽션 라디오 드라마를 그대로 방영한 경우, 방송사 측에서 그 내용이 진실이라고 믿었다 하더라도 그에 상당한 이유가 있다고 할 수는 없다고 판시하였고, ② 大判 98.5.8, 96다36395[172)]은 수사의 초점이 되지 아니하여 보강수사

167) 韓渭洙, 전게논문, 429-31.

168) 大判 96.8.20, 94다29928(公 1996하, 2776).

169) 表晟洙, 전게서, 348; 東京高判 昭 56.12.21(判時 1035, 56). 大判 94.4.12, 93도3535(公 1994, 1551)은 "타인을 비방할 목적으로 허위사실인 기사의 재료를 신문기자에게 제공한 경우에 이 기사를 신문지상에 게재하느냐의 여부는 오로지 당해 신문의 편집인의 권한에 속한다고 할 것이나, 이를 편집인이 신문지상에 게재한 이상 이 기사의 게재는 기자재료를 제공한 자의 행위에 기인한 것이므로 이 기사의 재료를 제공한 자는 刑 §309 Ⅱ의 죄책을 면할 수 없다"고 판시하였다.

170) 하급심 판결로는 서울高判 91.9.25, 91나27320(言論仲裁 1991. 겨울호, 167); 서울民地判 92.9.8, 91가합78412(言論仲裁 1992. 겨울호, 160); 서울民地判 92.7.29, 92가합3033(言論仲裁 1992. 가을호 171); 서울民地判 90.8.17, 90가합35265(下集 90-2, 108); 서울民地判 89.1.18, 88가합20604(言論仲裁 1989. 봄호, 168 등이 있다. 위 판결들에 대한 자세한 소개는 韓渭洙, 전게논문, 427-9 참조.

171) 公 1998상, 1575.

172) 公 1998상, 1572.

가 이루어지지 않은 유명 연예인의 접대행위에 관하여 수사기록 및 담당 검사로부터 입수한 정보만을 근거로 사실 확인을 하지 아니한 채 일간신문에 허위 기사를 게재한 행위에 그 기사내용이 진실이라고 믿을 만한 상당한 이유가 없다고 보았으며, ③ 大判 97.9.30, 97다24207[173]은 공직자의 비위 사실을 제보받고 사실인지 여부에 대하여 공직자의 직속상관으로부터 부정적 답변을 들었음에도 그 진위 확인 없이 일방적인 제보만을 바탕으로 신문 기사를 작성하여 보도한 경우, 그 기사의 내용이 진실이라고 믿은 데 상당한 이유가 없는 것으로 판시하였고, ④ 大判 96.5.28, 94다33828[174]은 일간신문사가 다른 언론 매체의 보도내용을 마치 직접 취재한 것처럼 기사를 작성하면서, 그 기사내용의 진위여부를 확인하기 위하여 被害者 및 관련자와 접촉하려고 시도하였으나 그 방법이 부적절하였거나 그 노력을 다하지 못하여 실패하자, 더 이상의 사실확인 노력도 하지 아니한 채 별다른 근거 없이 만연히 기사를 작성한 경우, 일간신문이 신속성을 요구한다는 점을 감안하더라도 그 언론매체에게 그 기사의 취재 과정에서 그 기사의 내용이 진실이라고 믿은 데에 상당한 이유가 있었다고 보기 어렵다고 판시하였으며, ⑤ 大判 88.10.11, 85다카29[175]은 변호사의 잘못으로 패소했다고 주장하며 그 변호사를 상대로 損害賠償請求訴訟을 제기하여 제1심에서 일부승소(나중에 항소심에서 패소, 확정되었다)한 시민이 쓴 변호사를 비방하는 허위 내용의 수기를 게재한 월간잡지를 상대로 한 소송에서 "일정한 입장에 있는 인물에 관한 행위가 공적 비판의 대상이 된다고 하더라도 신문에 비하여 신속성의 요청이 덜한 잡지에 인신공격의 표현으로 비난하는 내용의 기사를 게재함에 있어서는 기사내용의 진실여부에 대하여 미리 충분한 조사활동을 거쳐야 할 것인바, 잡지발행인이 수기를 잡지에 게재함에 있어 그 내용의 진실성에 대하여는 전혀 검토하지 아니한 채 원문의 뜻이 왜곡되지 않는 범위 내에서 문장의 일부만을 수정하여 被害者가 변호사로서의 본분을 망각한 악덕변호사인 것처럼 비방하는 내용의 글을 그대로 잡지에 게재하였다면 잡지발행인으로서는 위 수기의 내용이 진실한 것으로 믿는 데 상당한 이유가 있었다고 할 수 없고, 잡지에 이 수기를 게재하여 반포하였다면 위 被害者의 사회적 평가가 저하되었다 할 것이므로 위 잡지발행인은 위 被害者에 대한 名譽毁損의 責任

173) 公 1997하, 3279.
174) 公 1996하, 1973.
175) 公 1988, 1392.

을 면할 수 없다"고 판시하였고, ⑥ 大判 2002. 5. 10, 2000다68306[176]은 교사인 원고가 학생을 체벌하였는데 사건발생 후 원고가 취한 태도와 관련하여 허위의 기사를 작성하여 보도한 기자를 상대로 한 사건에서 "피고로서는 피해아동측에서 원고를 상대로 형사고소까지 제기한 상황에서 피해아동 및 그 부모나 처음부터 피해아동측을 대변하여 온 학부모단체 관계자의 말만 듣고는, 학교측에서 원고의 연락처를 알려주지 않는다는 이유로 더 이상 원고측의 해명을 들어 보려고 시도하지 않은 채 원고를 일방적으로 매도하는 기사를 게재한 것으로서, 피고로서는 문제의 기사 내용이 진실이라고 믿을 만한 상당한 이유가 있다고 볼 수도 없다"고 판시하였으며, ⑦ 大判 2002. 5. 10, 2000다50213[177]은 언론기관으로서는 보도에 앞서 피의사실의 진실성을 뒷받침할 적절하고도 충분한 취재를 하여야 할 주의의무를 진다 할 것이고, 일간신문사 기자가 타 신문사의 기사 내용과 피의자에 대한 구속영장 사본만을 열람한 것만으로는 기사 내용의 진실성을 담보하기 위하여 필요한 취재를 다하여 주의의무를 다한 것이라고 할 수 없으므로, 일간신문에 있어서의 보도의 신속성이란 공익적인 요소를 고려한다고 하더라도, 이러한 기사를 게재한 것이 피의자에 대한 명예훼손행위의 위법성을 조각하게 할 정도에 이른 것이라고 볼 수 없다고 판시하였다.

진실성 오신의 상당한 이유를 긍정한 대법원판례[178]로서, ① 大判 98. 2. 27, 97다19038[179]은 적시된 사실이 역사적 사실인 경우 시간이 경과함에 따라 점차 망인이나 그 유족의 명예보다는 역사적 사실에 대한 탐구 또는 표현의 自由가 보호되어야 하고 또 진실여부를 확인할 수 있는 객관적 자료에도 한계가 있어 진실여부를 확인하는 것이 용이하지 아니한 점도 고려되어야 한다고 하면서, 백범 김구 선생 암살사건의 논픽션드라마에서 배후로 묘사된 자의 명예훼손에 대하여, 방송사가 그 방송내용이 진실하다고 믿었고 또 그렇게 믿을 상당한 이유가 있다고 판시하였고, ② 大判 96. 10. 11, 95다36329[180]은 소위 오대양사건에 관한 國會議員의 기자회견, 강연, 후보자 합동연설회 등에서의

---

176) 公 2002하, 1352.
177) 公 2002하, 1336.
178) 하급심판결로는 서울民地判 84. 4. 11, 82가합4734(국내외언론관계판례집 제 2 집, 50); 서울民地判 88. 4. 29, 87가합3739(言論仲裁 1988. 가을호, 187) 등이 있다. 위 판결들에 대한 자세한 소개는 韓渭洙, 전게논문, 429 참조.
179) 公 1998상, 865.
180) 公 1996하, 3297.

발언이 객관적으로 볼 때 공공의 이익을 위한 것으로서 진실에 부합되거나 진실이라고 믿은 데에 상당한 이유가 있어 違法性이 阻却된다고 판시하였으며, ③ 大判 95.6.16, 94다35718[181]은 아파트의 일부 주민들이 입주자대표회의의 아파트 위탁관리업체 선정결의를 철회할 것을 요구하면서 유인물을 제작·배포하고, 현수막, 방송 등을 통하여 집단행동을 하는 과정에서 유인물 등에 표현된 내용이 관리업체의 명예·신용을 침해하게 되었다 하더라도 이는 전적으로 아파트 주민의 공공의 이익을 위한 행동으로서 그 표시된 내용 또한 진실에 부합되거나 적어도 주민들이 이를 진실하다고 믿은 데 상당한 이유가 있다고 보아 그 집단행동은 違法性이 없거나 고의 또는 과실이 있다고 할 수 없다고 판시하였다.

㈃ 議員의 發言

(a) 國會議員 憲 §45는 "國會議員은 국회에서 직무상 행한 발언과 표결에 관하여 국회 외에서 責任을 지지 아니한다"고 규정하여 이른바 國會議員의 免責特權을 보장하고 있다.

이는 國會議員이 국민의 대표자로서 自由롭게 그 직무를 수행할 수 있도록 보장하기 위하여 마련한 장치로서, 따라서 國會議員이 본회의 또는 위원회에서 행한 발언이 설사 제3자의 명성을 해하는 경우가 있더라도 적시된 사실이 진실인가 또는 진실이라고 믿은 데 상당한 이유가 있는가 또는 비방의 목적이 있는가를 불문하고 형사상의 責任은 물론 민사상의 責任도 지지 아니하는 것이다.

또한 위 면책특권의 대상이 되는 행위는 직무상의 발언과 표결이라는 의사표현 자체에 국한되지 아니하고 이에 통상적으로 부수하여 행하여지는 행위까지 포함된다고 해석되고 있다.[182]

위 헌법 규정이 표현형식은 "責任을 지지 아니한다"고 되어 있으나 責任阻却事由라기보다는 직무로 인한 행위로서 이른바 정당행위에 해당하여 違法性을 阻却한다고 봄이 상당하다.[183]

(b) 地方議會議員 地方議會議員에 대하여는 憲 §45와 같은 면책규정이 없고, 오히려 地方自治法 §75 I 은 "지방의회의 議員은 본회의 또는 위원회에서 타인을 모독하거나 타인의 私生活에 관한 발언을 하여서는 아니된

181) 公 1995, 2496.
182) 大判 92.9.22, 91도3317(공 1992, 3038).
183) 韓渭洙, 전게논문, 432.

다"는 규정을 두고 있다. 따라서 國會議員과 같은 절대적 면책은 명문의 규정이 없는 한 이를 인정하기 어려울 것이나,[184] 地方議會議員의 본회의 또는 위원회에서의 발언이 직무상 불가피하거나 또는 직무와 관련되고 비방 등의 목적이 없는 경우는 정당한 직무행위로서 違法性이 阻却될 수 있을 것이다.[185]

(바) 法廷에서의 發言[186]　형사소송에 있어 검사 또는 변호인은 피고인이나 제 3 자의 名譽를 해하는 발언을 하는 때가 있고, 민사소송에 있어서도 當事者 또는 그 대리인이 공격방어방법으로서 때로는 상대방의 名譽를 해하는 발언을 할 때가 있다. 그 경우 不法行爲로서의 名譽毁損이 성립할 것인가?

먼저 검사의 論告가 문제가 된 사안에서 일본의 最判 昭 5. 17.[187]은 "논고에 있어서 제 3 자의 名譽 또는 信用을 해하는 듯한 진술을 하였다 하여도 그 진술이 오로지 비방을 목적으로 하고, 사건과 전혀 관계가 없거나 또는 명확히 자기의 주관과 단순한 추측에 근거함에 불과한 등 논고의 목적, 범위를 현저하게 일탈할 때, 또는 진술의 방법이 심히 부당한 등 그 진술이 소송상의 권리남용에 해당한다는 특단의 사정이 없는 한 위 진술은 정당한 직무행위로서 違法性이 阻却된다"고 판시한 바 있고, 민사소송에 관하여 日 大阪高判 昭 60. 2. 26.[188]은 "소송에 있어서의 주장, 입증행위는 그 중에 상대방 및 그 대리인의 名譽를 毁損하는 듯한 행위가 있더라도 그것이 소송에 있어서의 정당한 변론활동이라고 인정되는 한 違法性을 阻却하는 것으로 해석하여야 할 것이고, 또한 정당하다고 인정되는 범위는 넓다고 해함이 상당하다"고 하고, "당초부터 상대방 當事者의 名譽를 해할 의도로 그것도 허위의 사실, 또는 당해 사건과 아무런 관련성이 없는 사실을 주장하는 경우, 그리고 그러한 의도는 없더라도 상응하는 근거도 없이 소송수행상의 필요성을 초과하여 현저히 부적절한 표현내용, 방법, 태양으로 주장하여 상대방의 名譽를 현저하게 해하는 경우 등은 사회적으로 허용된 범위를 일탈한 것으로서 違法性을 阻却하지 아니한다"고 판시하고 있어 이에 관한 기준의 하나를 보이고 있다.

(사) 被害者의 承諾　사실의 적시에 관하여 被害者의 承諾이 있는 경우는 "처분할 수 있는 자의 承諾에 의하여 그 법익을 毁損한 행위"로서 違

184) 日 最判 昭 42. 5. 24(刑集 21-4, 505).
185) 松山地宇和島支判 昭 53. 5. 11(判時 909호, 87).
186) 이에 관한 일본 판례의 자세한 소개는 韓渭洙, 전게논문, 434 참조.
187) 民集 39권 4호, 917.
188) 判時 1161호, 73.

法性이 阻却될 것이다(刑§24 참조). 被害者의 承諾은 반드시 명시적이어야 하는 것이 아니므로 결과가 공개될 것이 당연히 예상되는 수사기관이나 청문회에의 출두와 같이 묵시적인 承諾이 인정되는 경우도 있을 것이다.

日 長野地 飯田支判 平 元. 2. 8.[189]은 "판결이란 민사소송제도를 담보하는 의미에서도 공표성을 내재하고 있으므로 판결이 불법부당한 목적에 제공되었다거나 當事者들의 프라이버시를 필요 이상으로 침해할 목적, 방법에 의하는 등 특단의 사정이 없는 한 판결의 공표는 當事者의 名譽, 信用을 침해하는 것이라고 할 수 없다"고 판시한 바 있다.

(6) 損害賠償 이외의 救濟手段

(가) 謝罪廣告 등 原狀回復處分 타인의 名譽를 毁損한 자에 대하여는 법원은 被害者의 請求에 의하여 損害賠償에 갈음하거나 損害賠償과 함께 名譽回復에 적당한 처분을 할 수 있다(民§764).[190] 이것은 민법이 損害賠償에 대하여 金錢賠償을 원칙으로 하고 있는 데 대한 원상회복의 예외를 인정한 특칙으로서 慰藉料와는 무관한 것이다.

不法行爲에 대한 구제방법은 金錢賠償이 원칙이지만 名譽毁損의 경우에 예외가 인정되는 것은 被害者가 입은 損害의 범위 및 금전적 평가를 구체적으로 입증하는 것이 곤란하고 따라서 金錢賠償만으로서는 被害者의 구제가 실질적으로 불충분, 불완전한 경우가 많으므로 이러한 결함을 해소하기 위하여 적절한 원상회복처분을 명하도록 한 것으로 해석된다.

이와 같은 취지로 인정된 원상회복방법으로 우리 나라와 일본에서 가장 많이 이용되어 온 것이 謝罪廣告였다. 謝罪廣告는 통상 신문, 잡지 등에 게재

189) 判時 1322호, 134.
190) 조문만으로는 名譽回復에 적당한 처분을 損害賠償과는 별도의 책임내용으로 파악하는 듯하나 그것도 역시 損害賠償의 내용으로 볼 것이다. 이와 유사한 규정으로는, "법원은 故意 또는 過失에 의하여 특허권 또는 전용실시권을 침해함으로써 특허권자 또는 전용실시권자의 업무상의 신용을 실추하게 한 자에 대하여는 특허권자 또는 전용실시권자의 請求에 의하여 損害賠償에 갈음하거나 損害賠償과 함께 특허권자 또는 전용실시권자의 업무상의 信用회복을 위하여 필요한 조치를 명할 수 있다"는 特許 §131(意匠法 §66, 商標法 §69, 不正競 §6, §12도 유사하고, 實用新案法 §31는 이를 준용하고 있다)와 "① 損害賠償은 금전으로 한다. 다만 배상금액에 비하여 과다한 비용을 요하지 아니하고 원상을 회복할 수 있는 경우에는 被害者는 원상의 회복을 請求할 수 있다. ② 배상의무자의 신청이 있는 경우에 법원은 적당하다고 인정할 때에는 제1항 본문의 규정에 불구하고 금전배상 대신 원상회복을 명할 수 있다"는 鑛業 §93가 있다. 한편 名譽毁損 이외의 人格權이 침해된 경우에도 손해배상 이외의 원상회복을 위한 조치 또는 피해자에게 만족을 줄 수 있는 조치를 명할 수 있다는 하급심판결(서울高判, 94. 9. 27, 92나35846(下集 1994-2, 1))이 있다.

장소와 함께 활자의 크기를 지정하여 名譽를 毁損한 사실을 인정하고 이를 사과한다는 내용의 문면을 게재토록 하는 것이다.

그런데 謝罪廣告를 명하는 것은 피고의 양심의 自由를 침해하는 것으로 위헌이 아니냐는 논의가 있었는데 먼저 일본의 最高裁는 昭 31. 7. 4. 판결[191]로 "단순히 사태의 진상을 고백하고 사죄의 뜻을 표명함에 그치는 정도의 게재명령은 대체집행도 가능하고 그에 의하여 피고의 굴욕적 또는 고역적인 노고를 부과하거나 피고가 가지는 윤리적인 의사, 양심의 自由를 침해하는 것이라고는 해석되지 아니한다"고 판시하여 합헌임을 선언하였다.

그러나 우리 나라 헌법재판소는 1991. 4. 1. 선고, 89헌마160호 결정[192]에서 "사죄광고의 강제는 국가가 재판이라는 권력작용을 통하여 자기의 신념에 반하여 자기행위가 죄가 된다는 윤리적 판단을 형성, 강요하여 외부에 표시하기를 명하는 것으로서 양심에 반하는 행위를 강제하는 것에 해당하여 양심의 自由에 대한 제한이고, 謝罪廣告는 그 구체적 내용이 국가에 의해 결정되면서도 마치 본인의 자발적 의사형성인 것 같이 표현되는 것이어서 憲 §10에서 보장된 인격의 존엄과 가치의 확보 내지 人格權에도 큰 위해가 되며, 사죄광고의 강제는 被害者의 名譽回復을 위하여 꼭 필요한 수단도 아니므로 구태여 加害者에게 양심표명의 강제 내지 굴욕감수를 강요하는 謝罪廣告制度는 과도하고 불필요한 기본권의 제한이 되어서 위헌이다"고 판시하였다. 이 결정으로 우리 나라에서는 謝罪廣告는 名譽回復處分으로 허용될 수 없게 되었다.

위 헌법재판소의 謝罪廣告 위헌결정으로 말미암아 종래 거론되어 온 사죄장의 교부, 공개법정에서의 사죄 등 사죄의 표시가 포함된 처분은 모두 인정되기가 힘들어졌다 할 것이다.

그러나 위 방법 외에도 종래 거론되어 왔고, 헌법재판소 스스로 위 위헌결정에서 謝罪廣告 대신 허용될 수 있는 원상회복처분으로서, (1) 加害者의 비용으로 그가 패소한 民事損害賠償判決의 신문, 잡지에의 게재, (2) 刑事名譽毁損罪의 유죄판결의 신문, 잡지에의 게재, (3) 名譽毁損記事의 取消廣告(訂正報道)[193] 등을 들고 있으므로 이들을 활용할 수 있을 것이다.

(나) 反論報道請求 등 정기간행물, 방송, 종합유선방송에 공표된

---

191) 判時 80호 3.

192) 헌법재판소판례집 3권(1991), 149.

193) 이는 사죄한다는 내용 없이 명예를 훼손한 표현을 취소 또는 정정한다는 내용을 신문, 잡지 등에 게재하여 광고하는 것이다.

사실적 주장에 의하여 피해를 입은 자는 언론사, 방송국, 종합유선방송국에게 反論報道의 게재를 請求할 수 있고(정기간행물의등록에관한법률 §16, 방송법 §41, 종합유선방송법 §45), 정기간행물, 방송, 종합유선방송에 의하여 범죄혐의가 있다거나 형사상의 조치를 받았다고 보도된 자는 그에 대한 형사절차가 유죄판결 이외의 형태로 종결된 때에는 언론사, 방송국, 종합유선방송국에게 이 사실에 관한 추가보도의 게재를 請求할 수 있는바(정기간행물의등록에관한법률 §20, 방송법 §42, 종합유선방송법 §45), 전자를 反論報道請求權, 후자를 追後報道請求權이라 한다.[194]

反論報道請求權은 원래 1980년의 언론기본법에서 최초로 인정되었다가[195] 1987년 이후 위 언론기본법이 폐지되면서 정기간행물의등록에관한법률, 방송법, 종합유선방송법에 아무런 변동 없이 계수된 것으로서 그 목적은 언론의 사실적 주장으로 인한 被害者에게 신속하고 대등한 방법으로 원문보도에 대하여 반박할 기회를 주려는 데 있는 것이므로 被害者의 名譽毁損에 대한 원상회복에 목적이 있는 것이 아니어서 그 요건과 내용은 일반 名譽毁損으로 인한 구제수단과는 차이가 있다.

反論報道請求權은 被害者가 원문보도에 대하여 주장하는 반박내용을 게재해 줄 것을 요구하는 권리(이른바 反駁權)에 불과하고 원문보도의 취소를 요구하는 권리가 아니므로,[196] 反論報道請求權은 원문보도의 내용이 허위임을 요건으로 하지 아니하고 또한 공익에 관한 사안으로 진실에 부합되는 원문보도에 대하여도 反論報道請求가 인정될 수 있다.[197]

반면, 反論報道의 내용은 被害者가 원문보도에 대하여 반박하는 사실적 진술과 이를 명백히 전달하는 데 필요한 설명에 국한되고(정기간행물의등록에관한법률 §16 Ⅳ), 名譽를 회복시키는 내용 또는 원문보도를 진실에 부합되게 시정 보도해 줄 것을 요구할 수는 없다 할 것이다.[198]

한편 공직선거부정방지법 §8-3, §8-4에 의하면 방송, 정기간행물에 의하

194) 反論報道請求權에 대한 자세한 설명은 朴容相, "訂正報道請求權행사의 요건과 절차", 司論 제22집, 5 참조.

195) 이전의 光武新聞紙法(1907. 7. 24. 통감부 법률 제1호) §20와 放送法(1963. 12. 16. 법률 제1535호) §12에도 유사한 규정이 있었다.

196) 그런데 1995. 12. 30. 정기간행물의등록에관한법률 등이 개정되기 전에는 訂正報道請求權이라는 부적절한 용어를 사용함으로써 혼란을 가져왔다.

197) 大判 91. 1. 15, 90다카25468(公 1991, 744); 大判 86. 1. 28, 85다카1973(公 1986, 417).

198) 反論報道請求權이 언론기관의 보도의 自由와 平等權을 침해하고, 언론기관의 裁判請求權을 부당하게 제한하여 위헌이라는 헌법소원에 대하여, 헌법재판소는 1991. 9. 16. 선고, 89헌마165 결정(헌법재판소판례집 3권, 518)에서 위헌이 아니라고 판시하였다.

여 공표된 인신공격, 정책의 왜곡선전 등으로 피해를 받은 후보자는 방송사, 언론사에 反論報道의 방송, 反論報道文의 게재를 청구할 수 있다.

㈐ 禁止請求　名譽의 毁損에 대하여 앞서 본 바와 같은 民法 및 정기간행물의등록에관한법률 등에서 정하고 있는 것은 기본적으로 사후적인 구제절차인바, 名譽는 성질상 한번 침해되면 사후적 구제에 의해서는 용이하게 회복될 수 없는 것이므로 사전에 이러한 침해를 억제하고 일단 시작된 침해에 대하여는 이를 신속히 정지 또는 제거하도록 함이 가장 실효성이 있는 구제수단이라 할 것이다. 이러한 침해행위의 사전억제 즉 妨害豫防請求와 이미 발생하여 지속되는 침해행위의 정지·제거 즉 妨害停止·排除請求(이를 일괄하여 禁止請求하고 한다)는 통상 긴급성을 요하는 관계로 재판형식으로는 名譽를 침해하는 표현물의 출판, 배포 등을 禁止하는 가처분신청의 형태를 띠게 되는데 헌법상 보장되는 표현의 자유와 관련하여 과연 어떤 범위에서 인정될 것인가가 문제된다.[199]

이에 대하여 일본에서는 헌법상 禁止되는 검열은 행정부에 의한 것뿐만 아니라 넓은 의미에서의 공권력 즉 법원에 의한 것도 검열에 해당한다는 견해가 있으나, 日 最判 昭 61. 6. 11.[200]은 "憲 §21 Ⅱ 전단의 검열이란 행정권이 주체가 되어 사상·내용 등의 표현물을 대상으로 하여 그 전부 또는 일부의 발표금지를 목적으로, 대상으로 된 일정의 표현물에 관하여 망라적·일반적으로 발표 전에 그 내용을 심사한 후 부적당하다고 인정되는 것의 발표를 禁止하는 것을 특질로 하는 것"을 말한다고 하고, "가처분에 의한 事前禁止는 표현물의 내용의 망라적·일반적 심사에 기한 사전규제가 행정기관에 의하여 그 것 자체를 목적으로 행하여지는 경우와는 달리 개별적인 사인간이 분쟁에 관하여 법원에 의하여 當事者의 신청에 기하여, 禁止請求權 등 사법상의 피보전권리의 존부, 보전의 필요성 유무를 심리, 판단하여 발하여지는 것으로 앞서 판시한 검열에는 해당하지 아니한다"고 판시하였다.[201]

우리 판례도 "사람(종중 등의 경우에도 마찬가지이다)이 갖는 名譽에 관한 권리는 일종의 人格權으로 볼 수 있는 것으로서, 그 성질상 일단 침해된 후에는 金錢賠償이나 名譽 회복에 필요한 처분 등의 구제수단만으로는 그 피해의 완전한 회복이 어렵

199) 이러한 事前禁止는 불가피하게 언론의 自由에 대한 중대한 침해행위가 되고, 특히 우리 나라 憲 §21 Ⅱ에서 禁止하고 있는 언론·출판에 대한 검열에 해당하지 아니하는가가 문제된다.
200) 判時 1194호, 3.
201) 禁止請求의 인정근거와 인정요건에 관한 자세한 설명은 韓渭洙, 전게논문, 451-3 참조.

고 損害塡補의 실효성을 기대하기 어려우므로, 이와 같은 人格權의 침해에 대하여는 사전 예방적 구제수단으로 침해행위의 정지·방지 등의 禁止請求權이 인정될 수 있다"고 하여 이를 긍정하고 있다.[202]

(7) 독자투고 또는 광고에 의한 名譽毁損과 言論機關의 責任

사람의 名譽를 毁損하는 내용의 독자투고 또는 광고를 게재 또는 방송한 경우 그 투고자 또는 광고주가 責任을 지는 것은 당연한 것이나 그와는 별개로 이를 게재한 신문잡지사 또는 이를 방송한 방송사는 그에 대한 不法行爲 責任을 질 것인가?

먼저 이를 긍정하는 견해[203]는 언론기관은 게재 또는 방송할 독자투고나 광고를 결정할 권한이 있으며, 전문의 형식에 의한 사실의 공표도 名譽毁損에 해당한다고 하는 논리의 연장선에서 보거나 언론기관이 이를 채택하여 공표함으로써 名譽의 침해정도가 엄청나게 확대되는 점에서 언론기관이 그 責任을 짐은 당연하다고 본다.

반면 이를 부정하는 견해[204]는 독자의 입장에서는 독자투고란의 글이나 광고란의 내용은 그 언론기관과는 무관한 것으로 받아들여 그 신뢰도에서 차이를 보이고 있고, 독자투고란을 통하여 다양한 정보와 의견을 얻을 수 있는 공개토론장의 역할을 할 수 있도록 장려되어야 하며, 광고의 경우 언론기관이 일일이 그 내용을 검토하여 게재여부를 결정하는 것은 사실상 어려움이 있는 점 등을 고려하면 무조건 언론기관에 그 責任을 지우는 것은 부당하다는 것이다.

이 문제에 관한 우리 나라의 판례는 찾아보기 어려우나,[205] 訂正報道請求事件에 관한 서울民地決 92.9.15, 92카기474[206]은 "광고는 언론기관이 광고주와의 광고계약에 의하여 광고주의 개인적인 의사표시를 그대로 게재해 주는 광고주의 주장에 불과할 뿐 언론기관이 여론의 형성 등을 목적으로 공표한 사실적 주장이라고 할 수 없는 데다가, 광고는 언론기관이 광고주로부터 그 대가를 받고 이를 게재해 주는 것임에 반하여 訂正報道는 이를 무료로 게재해

202) 大判 97.10.24, 96다17851(公 1997하, 3574). 同旨 大判 96.4.12, 93다40614등(公 1996상, 1486).
203) 韓渭洙 전게논문, 462; 五十嵐 淸, 人格權論(一粒社, 1989), 41. 미국의 통설적인 견해이다(韓渭洙, 전게논문, 460 참조).
204) 韓渭洙, 전게논문, 460 참조.
205) 大判 88.10.11, 85다카29(公 1988, 1392)은 수기를 게재한 것으로 독자투고와 유사한 점이 없지 않다.
206) 언론중재 1992년 겨울호, 166.

주어야 하는 것이어서 이른바 대등의 원칙에도 반하게 되는 점 등에 비추어 볼 때, 광고의 게재로 인하여 피해를 받은 자는 광고주 또는 언론기관을 상대로 민·형사상의 구제수단을 강구하는 것은 별론으로 하고, 광고 자체를 위 법에 의한 訂正報道請求의 대상으로 삼을 수 없다"고 판시하여 광고를 일반기사와는 달리 취급하면서도[207] 그에 대하여 언론사가 責任질 가능성을 부인하지 아니하고 있다.

일본의 경우 최근 허위광고를 믿고 광고주와 계약을 맺어 財產上 損害를 입은 원고가 신문사를 상대로 損害賠償請求를 하고 있는 사건에 관하여 最判平 元. 9. 19.은 "신문광고는 신문지상의 게재행위에 의하여 비로소 실현되는 것이고 그 광고에 대한 신뢰는 높은 정보수집능력을 가지는 당해신문사의 보도기사에 대한 신뢰와 무관계한 것이 아니고 광고매체업무에 종사하는 신문사 및 동사에의 광고를 중개, 전달하는 광고사로서는 신문광고가 가지는 영향력이 큰 점에 비추어 광고내용의 진실성에 의심을 품어야 할 특별한 사정이 있어 독자에게 불측의 損害를 끼칠 염려가 있음을 예견하거나 또는 예견할 수 있는 경우에는 진실성을 조사확인하여 허위광고를 독자들에게 제공하여서는 안될 의무가 있다"고 판시하고 있다.

7. 私生活의 秘密과 自由의 침해

(1) 프라이버시(privacy)의 意義와 沿革

우리 나라 憲法은 §10에서 인간으로서의 존엄과 가치, 행복추구권을 인정함과 아울러 §17에서 "모든 국민은 私生活의 秘密과 自由를 침해받지 않는다"고 규정하여 프라이버시에 대한 헌법적 보장을 명확히 하고 있다.

프라이버시권은 19세기 말 이래 미국에서 발달되어 온 개념으로서 최초로 혼자 있을 권리(the right to be let alone)라고 그 권리성을 정의한 것은 Samuel D. Warren과 Louis D. Brendeis인데,[208] 당시 미국의 스캔들(scandal) 기사의 범람에 의한 私生活의 침해에 대하여 구제하기 위하여 제창된 것이다.[209]

207) 그러나 칼럼난의 글도 訂正報道請求의 대상이 되는가가 문제된 사안에서 서울民地判 87. 12. 11, 87다카40175(언론중재 1988. 봄호, 176)은 "訂正報道請求의 대상이 되는 보도는 일반적인 기사의 형식으로 보도되든지 독자투고의 형식으로 보도되든지 그 보도의 형식을 불문한다"고 판시하여 광고와는 달리 독자투고는 일반기사와 같이 취급하고 있다.

208) "The Right to Privacy", 4 Havard L. Rev. 193(1890).

209) 당시 미국언론이 有名人士의 私生活을 폭로하는 기사를 마구 싣는데도 종래의 名譽毁損法理만으로는 그 구제가 곤란한 경우가 많으므로 이를 위하여 새로이 프라이버시권을 인정할 필요가 있다고 주장하였다.

프라이버시권은 시대의 변천에 따라 그 의미가 확대되어 왔다. 초기에는 혼자 있을 권리(the right to be let alone), 고독에의 권리(Recht auf Einsamkeit) 등 소극적인 개념이었으나, 최근 정보화사회에 이르러서는 정부 또는 전문조사기관의 정보수집활동의 확대 및 이의 유출 등이 문제가 되자 이는 "私生活이 멋대로 공개되지 아니할 권리"라는 개념에서 "자기에 관한 정보를 콘트롤할 수 있는 권리"라는 적극적 개념으로 주장되고 나아가 미국에서는 일정한 사적 결정을 정부로부터 방해받지 아니할 自由라는 의미에서의 자율권 내지 자기결정권의 내용까지 포함하게 되었다.[210)]

이러한 사정을 종합하면 프라이버시권은 "타인이 멋대로 개인의 사적인 사실에 관하여 정보를 취득하지 못하게 하고, 또 타인이 자기가 알고 있는 개인의 사적인 사실을 멋대로 제3자에게 공표하거나 이용하지 못하게 함으로써 인격적 자율 내지 私生活상의 평온을 유지하는 이익"[211)]이라고 정의할 수 있을 것이다.[212)]

프라이버시는 私生活의 秘密과 自由만을 가리키는 것으로 볼 것인지, 아니면 肖像權이나 姓名權 등도 포함하는 것으로 볼 것인지 문제된다. 私生活 침해와 肖像權 및 姓名權의 침해는 명예가 훼손되었는지 여부와 상관 없이 성립한다는 특징을 가지고 있다.[213)] 그리하여 프라이버시라는 용어는 원래 이러

210) 韓渭洙, 전게논문, 455 참조. 梁彰洙 교수는 프라이버시는 "私生活이 함부로 공개되지 아니하고 사적 영역의 평온과 秘密을 요구할 수 있는 법적 보장"과 "자기에 관한 정보를 통제할 법적 능력"이라고 한다(梁彰洙, "정보화사회와 프라이버시의 보호", 민법연구 I (박영사, 1991), 511). 전자는 사법관계에서 주로 문제가 되고 후자는 공법관계에서 주로 문제된다. 한편 공법에서는 개인정보라는 용어를 사용하기도 한다(공공기관의 개인정보에 관한 법률 §2 ii 참조).

211) 東京地判 昭 62. 11. 20(判時 1258호, 22)에서의 정의이다.

212) 일본의 판례상 프라이버시의 권리를 명확히 정의한 것은, 東京道知事選擧에 입후보했다가 낙선한 前外務大臣과 그의 妻를 모델로 해서 창작된 소설이 프라이버시의 침해에 해당한다고 한 유명한 잔치의 뒤(宴의 あと)사건의 판결(東京地判 昭 39. 9. 28. 下民 15권 9호, 2317)이다. 동 판결은 프라이버시를 私生活을 멋대로 공개당하지 않을 법적 보호내지 권리로 정의하여 이것이 不法行爲法上 보호되어야 할 권리로 되는 요건으로, 공개된 내용이 ① 私生活上의 사실 또는 私生活上의 사실이라고 받아들여질 위험이 있는 사항인 것, ② 일반인의 감수성을 기준으로 당해 사인의 입장에 설 경우 공개를 의욕하지 않을 것이라고 인정되는 사항인 것, ③ 일반인들에게 아직 알려져 있지 않은 사항인 것, ④ 被害者가 공개에 의하여 불쾌, 불안의 생각을 느꼈을 것을 열거하고 있다. 이 잔치의 뒤의 판결에서 게시한 정의 및 일반적 기준은 그 후의 판례에 의하여 추인되고 있으나, 최근 위 판결이 제시한 것 외에 다른 하나를 프라이버시의 권리로 인정한 판례가 나타나게 되었다. 즉 타인보유의 개인 정보가 부진실, 부당하여 개인이 사회적 受忍限度를 초과하여 損害를 당한 경우에는 名譽權 내지 人格權에 의거하여 그 정보의 정정, 말소를 請求할 수 있다는 판례가 그것이다(東京高判 昭 63. 3. 24, 判時 1268호, 15).

213) 언론에서 사실대로 보도를 하는 경우에 명예훼손으로 인한 불법행위가 성립할 가능성은 적지만, 私生活침해와 肖像權 및 姓名權의 침해가 동시에 문제될 수 있다.

한 것을 포괄적으로 지칭하기 위하여 肖像權과 姓名權을 포함하는 의미로 사용되어 왔다. 그런데 일본에서는 프라이버시를 私生活의 秘密과 自由로 한정하는 의미로 사용하고 있다.[214)][215)] 우리 대법원판례도 프라이버시권을 바로 그 용어 그대로 정면에서 인정한 것은 찾아 볼 수 없고, '사생활의 자유와 비밀'[216)] '개인의 사적인 신상에 관한 사실'[217)] 등으로 표현한 것이 있을 뿐이다. 본고에서는 私生活의 秘密과 自由라는 용어를 사용하기로 한다.

(2) **私生活의 秘密과 自由의 침해와 名譽毁損**

私生活의 秘密과 自由와 名譽(사회적 평가)는 어느 것도 人格權의 하나로서 그 권리성을 인정받아 그의 침해는 精神的 損害로서 평가된다. 또 소설 등의 문학작품이나 신문 등의 보도기관의 언론, 출판, 보도, 표현의 自由와 충돌되고, 私生活의 秘密과 自由와 名譽가 경합하여 동시에 침해되는 경우도 많다.[218)] 그러나 名譽毁損의 문제로 되는 사회적 평가가 저하되었는가 아닌가, 공개된 사실이 진실인가 아닌가 하는 점은 私生活의 秘密과 自由 침해에는 원칙적으로 요건으로 되는 않고, 어디까지나 私生活의 秘密과 自由 독자의 법적 권리로서 구별되는 것이다. 또 私生活의 秘密과 自由權은 그 성질상 自然人에게만 한정되고 法人내지 法人格 없는 단체에는 인정되지 아니한다.[219)]

(3) **私生活의 秘密과 自由 侵害의 態樣**

(ᄀ) 序　　私生活의 秘密과 自由 침해는 크게 私生活에 대한 간섭과 사적 사실의 공개로 나눌 수 있다.[220)] 전자는 私生活에 직접 침입, 간섭하는

---

214) 일본의 학설은 人格權에 名譽權, 肖像權, 姓名權, 프라이버시권 등이 포함된다고 하여 (五十嵐 淸, 전게서, 11) 프라이버시라는 용어를 미국과는 달리 肖像權, 姓名權을 제외한 개념으로 사용하고 있다.

215) 이에 대해 金載亨 교수는 "프라이버시라는 용어의 연원과 맞지 않고 오히려 혼란을 불러일으킬 우려가 있다. 그리고 프라이버시의 재산적 측면을 강조하여 퍼블리시티권이 중요한 개념으로 등장하고 있는데 이러한 개념에 대응하는 의미로 프라이버시를 인정할 필요도 있다. 그러므로 프라이버시를 人格權의 하위개념으로 보아, 人格權에는 명예권 이외에 프라이버시에 해당하는 肖像權, 姓名權, 私生活의 秘密과 自由 등이 포함된다고 볼 수 있다"고 한다(전게논문, 646).

216) 大判 88.10.10, 85다카29(公 1988, 1392).

217) 大判 96.4.12, 94도3309(公 1996상, 1627).

218) 우리 나라와 같은 사회에서는 거의 모든 사항이 그 사람의 사회적 평가에 영향을 미친다고도 할 수 있기 때문에 어떤 개인일을 공표하는 행위가 名譽毁損이 됨과 동시에 프라이버시 침해에 해당할 수 있다.

219) 池弘源, 전게논문, 239. 企業秘密의 보호와는 별개의 문제이다.

220) 전술한 바와 같이 프라이버시침해는 名譽毁損과 경합하여 성립하는 경우가 많기 때문에 과거의 판례에서는 법적 근거가 명확한 名譽毁損의 성부만이 쟁점으로 된 경우가 많았고 名譽毁損과 프라이버시침해가 동시에 판단되어 있는 사례는 적었다. 또 프라이버시만을 다룬 사례도 많지 않았다.

것에 의하여 私生活의 秘密과 自由를 직접 침해하는 행위이고, 후자는 私生活상의 사실 내지 그러하리라는 사실을 공개하는 것을 통하여 私生活의 秘密과 自由의 침해의 결과를 가져오는 행위이다.[221)]

(나) 私生活의 간섭 집이나 숙소에 침입하는 것,[222)] 가게에서 가방을 불법적으로 수색하는 것, 도청기로 대화를 도청하거나 창문을 통해 집안을 들여다보는 것, 강제로 혈액검사를 하는 것 등이 이에 속한다.

개인의 주택 내의 私生活의 평온은 당연히 보호되어야 하므로 타인의 집안을 들여다볼 수 있는 건물을 건축하는 것은 私生活의 秘密과 自由의 침해로 허용될 수 없다. 다만 이러한 건축에 대하여는 사전의 建築工事禁止가 적절한 대항조치이기 때문에 사후의 損害賠償 인용사례는 많지 않다. 직접적인 私生活의 秘密과 自由 침해에 있어서는 객관적으로 보아 사회생활을 영위함에 있어 수인해야 할 한도를 초과하였는가에 의하여 損害賠償責任의 성부가 판정될 것이다.

대화나 전화를 秘密리 듣거나 또는 현실적으로 도청하고 있지 않더라도 도청할 수 있는 장치를 설치하는 행위도 私生活의 秘密과 自由 침해에 해당한다. 수사기관이 사인의 대화나 전화를 도청하는 행위도 물론 私生活의 秘密과 自由 침해에 해당하고 미행도 마찬가지이나 수사를 위한 합리적 필요성이 있고 방법·태양·정도도 부당하지 않는 경우에는 違法性이 阻却된다. 수사기관이 듣는 것으로 오해시키는 흥신소원의 조사도 私生活의 秘密과 自由의 침해에 해당한다.

(다) 私的 事實의 공개

(a) 신문, 텔레비전의 보도 범죄행위는 필히 사회적 평가를 저하시키는 것이기 때문에 범죄보도는 名譽毁損에 해당하나, 왜곡·과장·야유의 의도로 나온 보도이면 사회적 평가에 영향을 주지 않더라도 私生活의 秘密과

221) 미국의 경우 프라이버시침해의 유형에 대하여는 Prosser교수에 의한 4분류법, 즉 ① 격리된 私生活에의 무단침입(Intrusion), ② 사적 사실의 무단공표(Public Disclosure of Private Facts), ③ 진실과 다르게 공표하여 공중에게 오해를 불러일으키는 것(False Light Invasion of Privacy), ④ 姓名이나 肖像 등 사람의 동일성에 관한 것을 영리목적으로 이용하는 것(the Right of Publicity or Appropriation)이 널리 이용되고 있다(Prosser, Privacy, 48 Calif. L. Rev. 383(1960)). 우리 나라의 경우 ①, ②의 유형이 사생활의 비밀과 자유 침해에 해당하는 것은 명백하나, ③, ④의 유형은 좁은 의미의 私生活의 秘密과 自由에는 해당하지 않는 것이다.

222) 大判 62. 3. 8, 4294민상1028(集 10-5, 184)은 밤에 강간할 목적으로 내실에 침입한 자는 그 身體나 貞操에 직접적인 침해는 없다 하여도 생활을 방해하고 안전성에 동요를 준 점에 대하여 損害賠償의 責任이 있다고 하였다.

自由 침해에 해당한다.

國會議員 후보자에 관한 殺人前科 등의 보도는, 국민의 권리인 공무원의 선정, 파면을 위한 후보자의 적부의 판단은 전인격적 판단을 필요로 하기 때문에 이를 기사화해도 違法性을 결한다고 할 것이다.[223] 名譽毁損의 경우와 같이 私生活의 秘密과 自由 침해에 있어서도 공공의 이익에 관한 사실에 대하여는 違法性 내지 責任이 阻却되는 것이기 때문이다.

(b) 私生活에 관한 기사의 주간지 게재 저명한 극화작가의 부부간의 문제, 자녀교육방침에 관한 구체적 문제에 관한 흥미본위의 기사의 게재나 배우의 연애 결혼문제에 관한 사실무근의 기사의 게재는 私生活의 秘密과 自由 침해에 의한 不法行爲로 된다. 그러나 저명인인 경우에는 저명인이 故意로 私生活의 秘密과 自由를 방기한 사항 또는 그의 사회적 지위에 비추어 공공의 정당한 관심의 대상인 私生活의 일부에 관한 기사 게재는 私生活의 秘密과 自由 침해로 되지 않는다.

(c) 문서배포, 사실공표에 의한 私生活의 폭로 信用金庫의 간부직원과 여자직원의 불륜행위를 보여 주는 사진이나 비판문서를 기업 내에서 배포하는 행위는 비록 그 행위의 목적이 정당해도 기업이라는 부분사회에 있어서 상당하다고 인용되는 수단·방법 내용에 의하여 되지 않은 이상 名譽毁損에 해당하는 동시에 私生活의 秘密과 自由 침해에 해당한다.[224]

(d) 私生活에 관한 사실의 소설화, 영화화, 평전 모델소설이 모델로 된 사인에 대한 私生活의 秘密과 自由 침해로 不法行爲가 성립될 수 있으나 '저명인의 법리' 내지 '공의 이익 또는 공공의 이익의 법리'가 적용되는 경우가 있는 것은 앞서 본 잔치의 뒤의 판결이 방론에서 지적하고 있는 바이다. 즉 공공의 질서, 이해에 직접 관계가 있는 경우, 사회적으로 저명한 존재인 경우에는 사안의 공적 성격으로부터 일정의 합리적인 한계 내에서 私生活의 보도, 논평도 허용된다고 생각된다.[225]

소설에서 실명사용에 의한 전과공표를 私生活의 秘密과 自由 침해라고 한

223) 日 最判 昭 41.6.23(民集 20권 5호, 1118) 참조.
224) 東京地判 昭 49.8.13(判時 759호, 58).
225) "우리 나라 국민들에게 많은 귀감이 될 수 있는 뛰어난 기업인으로서 이미 우리 사회의 공적 인물이 되었다고 볼 수 있는 경우 그 사람은 자신의 사진, 姓名, 가족들의 생활상이 공표되는 것을 어느 정도 수인하여야 하고, 그 사람을 모델로 하여 쓰여진 평전의 표지 및 그 신문광고에 사진을 사용하거나 성명을 표기하는 것, 그 내용에 가족관계를 기재하는 것은 위 평선이 그 사람의 명예를 훼손시키는 내용이 아닌 한 허용되어야 한다"는 서울地決 95.9.27, 95카합3438(下集 1995-2, 184) 참조.

일본의 사례[226)]는 잔치의 뒤 판결의 기준을 긍정한 다음 범죄사실이 공공의 이익에 관한 것이나 시간의 경과에 의하여 갱생단계에 있는 전과자에 관하여는 전과를 공표당하지 않는 것은 법적 보호의 가치가 있는 것으로 프라이버시 침해로 인정하고 있다.

또 일본의 경우 私生活의 영화화에 관하여는 禁止請求의 사례가 있으나, 프라이버시의 권리는 승인하면서 공지성의 요건이 흠결되었다고 해서 침해의 성립을 인정하지 않았다.[227)]

(4) 違法性의 阻却

(가) 정당한 관심사 私生活의 秘密과 自由의 침해도 언론의 自由와 관련하여 그 범위가 결정되어야 할 것이다. 私生活의 비밀과 자유의 범위는 대상자가 어떤 사람인가에 따라 달라진다. 따라서 일반 사인에게는 私生活의 秘密과 自由에 해당하는 건강상의 문제도 공직자에게는 그것이 공직생활에의 적격성 문제에 관한 것이므로 私生活의 秘密과 自由에 해당하지 아니한다 할 것이다.

그러나 공공의 정당한 관심사가 아닌 흥미위주의 관심사는 私生活의 秘密과 自由 침해에 대한 면책이 되지 않는다. 따라서 연예인에 대한 사항 중 그들의 연예활동에 대한 것이 아닌 이성관계, 연예인의 되기 전의 행적에 관한 보도는 私生活의 秘密과 自由의 침해에 해당할 것이다.

(나) 本人의 承諾 私生活의 秘密과 自由도 포기할 수 있는 것이므로 본인의 承諾이 있으면 프라이버시의 침해가 되지 아니한다.[228)] 본인의 承諾은 반드시 명시적일 필요는 없고 묵시적인 것이라도 좋으나, 承諾의 범위를 초과한 경우는 違法性이 阻却되지 않는다.

8. 肖像權의 침해

(1) 肖像權의 의의

우리 법제상 肖像權을 정면으로 인정하는 명문규정은 없으나, 판례[229)]와

226) 東京地判 昭 62.11.20(判時 1258호, 22).
227) 東京地決 昭 45.3.14(判時 586호, 41).
228) 註釋債各(Ⅳ), 149. 大判 98.9.4, 96다11327(公 1998하, 2377).
229) 언론보도에 의한 肖像權侵害를 인정한 하급심판결은 많으나, 이를 정면으로 다룬 대법원판결은 나오지 않고 있다. 다만 大判 97.9.30, 97도1230(公 1997하, 3356)은 肖像本人의 동의하에 촬영된 나체사진의 존재만으로는 肖像 本人의 人格權과 肖像權이 침해되었다고 볼 수 없으며, 설사 그 사진이 肖像 本人을 공갈하기 위한 부정한 목적으로 촬영된 것이라 할지라도 그 사진을 肖像 本人의 간통죄를 입증하기 위한 증거자료로 이

후술하는 대부분의 학설들은 憲 §10(인간의 존엄과 가치, 행복추구권) 및 §17(私生活의 秘密과 自由)로부터 도출되는 일반적 人格權의 일종으로서 肖像權을 인정하고 있다.

肖像權은 사람이 자신의 얼굴 기타 사회통념상 특정인임을 식별할 수 있는 身體的 특징[230]에 관하여 함부로 촬영되고 공표되지 아니하며 광고 등에 영리적으로 이용되지 아니할 법적 보장이라고 할 수 있다.[231]

특히 근래 카메라 등의 촬영기술의 진보에 의하여 肖像權의 침해의 위험성은 증대해 있고, 표현의 자유나 공권력에 의한 수사 등과의 관계에서는 肖像權의 한계가 문제로 되어 있다.

(2) **肖像權의 내용 및 범위**

(가) 내　용　　일반적으로 肖像權은 ① 자신의 肖像이 함부로 촬영·작성되는 것을 거부할 수 있는 이른바 촬영·작성거절권, ② 촬영·작성된 肖像이 함부로 공표·복제되는 것을 거부할 수 있는 공표거절권,[232] ③ 자신의 肖像이 함부로 영리목적에 사용되지 않게끔 할 수 있는 이른바 肖像營利權[233] (Publicity권)의 3종류의 권능을 그 내용으로 하고 있다.[234]

(나) 범　위　　肖像權의 범위와 관련하여 우선 문제되는 것은 사자에게도 肖像權을 인정할 수 있느냐의 문제이다. 이는 앞에서 본 사자의 人格權 문제로서 유족 등의 人格權침해 문제로 해결하여야 할 것이다.[235]

용하는 것은 형사소송절차상의 진실발견이라는 공익을 위해서는 허용될 수 있다고 판시함으로써, 肖像權 자체 및 공익을 위한 제한 가능성을 인정하였다.

230) 肖像은 좁은 의미의 얼굴 또는 용모에 국한되는 개념이 아니라, 사람의 身體的인 특징을 포함하여 그것을 통하여 그 사람의 동일성을 파악할 수 있게끔 해 주는 일체의 가시적인 개성들을 의미한다.

231) 韓渭洙, "사진의 무단촬영·사용과 民事責任", 민사재판의 제문제 제 8 권(1994), 210.

232) 肖像 本人의 동의를 얻어 肖像이 공표되었지만 그 이용이 동의의 범위를 벗어난 경우와 설사 肖像 本人에 의해 공표된 肖像이라 할지라도 그것이 본인의 공표의도와는 다른 목적으로 이용되는 경우에도 肖像權의 침해가 성립한다(서울高判 90. 5. 4, 89나36528(국내언론관계판결집 제 2 집, 120) 참조).

233) 肖像營利權은 肖像의 이용과 관련을 맺고 있다는 점에서는 공표거절권의 연장으로도 파악할 수 있으나, 有名人의 肖像의 경우에는 그 무단이용은 肖像 本人의 인격적 이익보다는 재산적 이익에 대한 침해로 직결된다는 점에서 오늘날 肖像權의 개별적 한 권능으로 이해되고 있다(嚴東燮, "언론보도와 肖像權 侵害", 民判硏 21, 775; 韓渭洙, 전게 註 225 논문, 215 참조). 미국의 경우에는 이미 1950년대부터 有名人의 肖像權은 姓名權과 함께 이른바 Publicity권으로 개념지워지고 있으며, 일부 주에서는 이를 성문법규로까지 규정하고 있다. 그리고 우리 나라에서도 최근에 서울地判 95. 6. 23, 94가합9230(下集 1995-1, 323. 이른바 이휘소 사건)에서 이 개념을 사용하고 있다. Publicity권에 관하여는 韓渭洙, "퍼블리시티권의 침해와 民事責任", 인권과 정의 1996년 10월호, 28-37, 11월호, 109-127 참조.

234) 嚴東燮, 전게논문, 754; 韓渭洙 전게 註 225 논문, 213.

235) 同旨 韓渭洙, 전게 註 225 논문, 217.

다음으로 肖像權의 범위와 관련하여 사진을 촬영하거나 肖像畵를 작성하지 않고 肖像 本人과 닮은 사람을 이용하거나 그림(illustration), 희화(caricature) 등을 만들어 이용한 경우에도 肖像權의 침해가 성립하는지가 문제된다. 앞서 본 것처럼 肖像이란 좁은 의미의 얼굴 또는 용모에 한정되지 않고 본인임을 알 수 있게 해 주는 일체의 가시적인 특징들을 의미하는 것인 이상, 그 이용 방법 여하를 불문하고 그 이용을 통해 본인의 가시적인 특징들이 드러난 이상 肖像權의 침해를 인정할 수 있을 것이다.[236] 판례 역시 이러한 입장을 전제로 하여, 서울地判 97. 8. 1, 97가합16508에서는 광고에서 사용된 인물화가 肖像 本人의 특징적인 부분을 대부분 표현하고 있으므로 누구든지 그 인물화를 통하여 肖像 本人을 연상할 수 있다는 이유에서 肖像權侵害를 인정한 반면,[237] 서울民地判 88. 5. 11, 87가합6175[238]에서는 광고에 실린 그림이 사회통념상 원고라고 곧바로 식별할 수 있는 정도는 아니라고 보아 肖像權侵害를 부정하고 있다.

끝으로 肖像의 공개가 肖像 本人의 私生活 또는 내밀한 영역(Imtimbereich)에 영향을 미치는 경우에만 肖像權의 침해를 인정할 수 있는지의 여부가 문제된다. 肖像權이란 肖像의 무단촬영 및 공개를 통해 야기되는 일체의 정신적 고통 및 재산상의 손해로부터 肖像 本人을 보호하고자 하는 제도인 이상, 肖像의 공개를 통해 私生活 또는 내밀한 영역이 영향을 받았는지의 여부는 肖像權侵害의 성립요건이 될 수 없으며 이는 다만 손해배상액의 산정에 있어서 참작사유가 될 수 있을 뿐이다.[239]

(3) **肖像權侵害의 구제**

肖像權이 침해된 경우에도 禁止請求를 할 수 있는 외에 침해자의 故意·過失을 요건으로 損害賠償을 請求할 수 있다.

무단으로 촬영한 사진이 공표되지 않아도 무단촬영 자체가 人格權으로서의 肖像權侵害를 구성하는 경우가 있고 이 경우 피침해자는 사진원판의 파기를 請求할 수 있다고 일반적으로 해석되고 있다.

(4) **肖像權侵害의 違法性阻却事由**

㈎ 序 肖像權은 표현의 自由, 국민의 알 권리와의 관계에서 제한

236) 嚴東燮, 전게논문, 756; 韓渭洙 전게 註 225 논문, 219.
237) 同旨 서울民地決 92. 5. 16, 92카44613(언론중재 1992년 여름호, 168).
238) 국내언론관계판결집 제1집, 267.
239) 嚴東燮, 전게논문, 757.

된다. 肖像權侵害의 違法性阻却事由로는 일반적으로, ① 肖像 本人의 승낙, ② 肖像 本人이 有名人인 경우, ③ 범죄수사를 위한 경우, ④ 언론보도를 위한 경우, ⑤ 집회나 시위의 경우, ⑥ 기타 사회상규에 위배되지 않는 경우[240] 등이 제시되고 있다.[241]

(나) 본인의 승낙 본인의 승낙은 촬영사실을 알면서도 적극적으로 제지하지 않는 것과 같은 묵시적인 방법에 의한 것이라도 족하다. 肖像 本人이 촬영과 관련하여 대가를 받은 경우에는 통상의 방법에 의한 공표 및 전시를 허락한 것으로 추정해도 무방할 것이다.

본인의 승낙이 있더라도 본인이 승낙한 것과 또는 예상한 것과 다른 형태로 공표된 경우에는 肖像權의 침해로 된다.[242]

(다) 有名人의 경우 有名人의 경우에는 그들에 대한 일반공중의 관심을 고려할 때 그들의 肖像權은 일반인에 비해 어느 정도 제한될 수밖에 없다고 할 것이다.

독일의 미술·사진저작권법 §23 I 의 有名人의 해석과 관련하여, 동조의 有名人은 정치인, 예술가, 유명배우, 스포츠 스타 등의 이른바 절대적 有名人과 일반인들이 관심을 가질 만한 특정사건으로 말미암아 유명해진 이른바 상대적 有名人(예컨대 사회적으로 관심을 끌고 있는 범죄의 용의자)으로 나누어지며, 특히 후자에의 해당여부는 개인의 익명성에 대한 이익과 공중의 관심을 비교교량하여 신중하게 결정되어야 한다고 한다.[243]

우리 나라의 경우에도 서울地決 95. 9. 27, 95카3438[244] 및 서울地判 95. 6. 23, 94가합9230[245] 등에서 有名人의 경우에는 자신의 肖像이 공표되는 것을 어느 정도 감수해야 한다고 판시하고 있다. 그러나 有名人이 보도의 내용과 전혀 무관함에도 불구하고 그 有名人의 肖像을 보도에 이용한 경우라든지, 그

240) 노사분규 등에 있어서의 민사상의 증거확보를 위한 경우, 교육 또는 예술목적의 사진의 경우, 肖像 本人이 풍경의 일부나 有名人士의 배경으로서 우연히 포착된 경우 등이 이에 해당할 것이다.

241) 韓渭洙 전게 註 225 논문, 221 이하. 이는 독일 미술·사진저작권법 §23 및 §24의 肖像權 보호의 예외 사유인, ① 有名人인 경우, ② 사람이 풍경이나 기타의 장소의 부속으로 있는 경우, ③ 집회, 행렬과 같은 公의 행사에 참가하여 있는 경우, ④ 예술과 같이 고도의 이익에 입각한 경우, ⑤ 사법 또는 공안목적을 위한 경우와 대체로 일치한다.

242) 서울地南部支判 97. 8. 7, 97가합8022(국내언론관계판결집 제 5 집, 250); 서울民地判 88. 9. 9, 87가합6032(국내언론관계판결집 제 1 집, 270); 서울地東部支判 90. 1. 25, 89가합13064(下集 1990-1, 126).

243) 嚴東燮, 전게논문, 759.

244) 下集 1995-2, 184.

245) 下集 1995-1, 323.

有名人의 명예를 훼손하는 책자 또는 기사에서 그 有名人의 사진을 게재한 경우 등에는 아무리 有名人이라고 할지라도 肖像權의 침해를 인정할 수밖에 없을 것이다.[246)]

㈑ 범죄수사의 경우 범죄수사와 肖像權의 한계에 관하여는 日 最判 昭 44. 12. 24.[247)]이 통일적인 기준을 제시하고 있다. 동 판결은, ① 현재 범죄가 행해지고 있거나 행해진 직후인 경우에, ② 증거보전의 필요성 및 긴급성이 있고, ③ 촬영이 일반적으로 허용되는 한도를 넘지 않는 상당한 방법을 가지고 행해진 경우에는, 肖像 本人의 동의가 없고 재판관의 영장이 없어도 위법하지 않는다고 한다.

㈒ 언론보도를 위한 경우 肖像權侵害의 경우도 명예훼손의 경우와 마찬가지로 공공의 이해에 관한 사실을 공공의 이익을 위하여 보도하는 것은 국민에게 그 관심사를 보도하는 언론의 기능에 부합하는 것으로 일반적으로 違法性을 阻却한다고 볼 것이다.[248)]

다만 어떤 경우에는 공공의 이해에 관한 사실(공공의 관심사)로서 違法性이 阻却되고, 어떤 경우에는 이에 해당하지 않아 肖像權侵害가 될 것인지가 문제가 되는데 肖像 本人과 보도·기사와의 관련성에 따라 나누어 검토할 필요가 있다.

우선 肖像 本人이 보도나 기사의 직접적인 대상인 경우에는 그 보도를 위한 肖像의 이용과 관련하여 반드시 肖像 本人의 동의를 얻어야 할 필요는 없지만,[249)] 그 보도나 기사의 내용이 肖像 本人에 대한 명예훼손에 해당하면 동시에 肖像權에 대한 침해도 성립하는 것으로 판단될 수 있다.[250)] 다만 이 경우 肖像權侵害가 명예훼손과는 별개의 불법행위를 구성하는지 아니면 명예훼손과 함께 하나의 불법행위를 구성하는지에 관해서는 서로 대립하는 입장의 판결이 발견된다.[251)] 그러나 하급심판결의 전반적인 태도는 肖像權侵害를 명예

246) 서울民地決 82. 7. 21, 82카19263(언론중재, 1982년 가을호, 140. 이 판결은 肖像權에 관한 최초의 하급심 판결로 여겨진다); 서울民地判 89. 7. 11, 88가합31161(국내언론관계판결집 제 1 집, 274); 서울地判 97. 2. 26, 96가합31227(국내언론관계판결집 제 5 집, 198) 등.
247) 刑集 23권 12호, 1625.
248) 서울地判 97. 9. 3, 96가합82966(국내언론관계판결집 제 5 집, 123).
249) 특히 有名人의 경우에는 그러하다.
250) 서울民地判 89. 7. 11, 88가합31161(국내언론관계판결집 제 1 집, 274).
251) 서울民地判 89. 7. 11, 88가합31161(국내언론관계판결집 제 1 집, 274. 肖像權侵害를 독자적으로 인정)과 그의 항소심판결인 서울高判 90. 5. 4, 89나36528(국내언론관계판결집 제 2 집, 120. 肖像權侵害 부분이 독자적 불법행위가 되지 않는다고 판단)이 서로 상반되는 입장에 서 있고, 서울地南部支判 95. 11. 24, 95가합13495(국내언론관계판결집 제 5 집, 151. 원고의 결혼식 장면이 관련보도와 결합하여 원고의 명예를 저하시키는 결과를 초

훼손과는 별개의 불법행위로 파악하고 있다. 肖像權을 명예권과 별개의 人格權으로서 인정하는 이상, 명예훼손이 성립하는 경우에도 肖像權侵害는 그 명예훼손과는 별개의 또 다른 불법행위로 파악함이 타당하다고 할 것이다.[252]

그런데 문제는 肖像 本人이 보도나 기사의 직접적인 대상인 경우에 그 보도나 기사에 대한 명예훼손의 違法性阻却事由가 인정되면 동시에 肖像權의 침해도 성립하지 않는가라는 점이다. 肖像權은 명예권과는 서로 별개의 법익을 추구하는 권리인 이상, 오히려 이 경우에는 명예훼손의 違法性阻却事由의 존재에도 불구하고 그 보도에서의 肖像의 공개필요성 및 공개방법의 상당성 등을 따로 검토해 봄이 타당할 것이다.[253] 나아가 특히 범죄나 사고의 피해자처럼 적극적으로 그 보도의 대상이 되지 않은 사람의 경우에는 이 필요성과 상당성의 요건에 있어 매우 엄격한 판단이 요구된다고 할 것이다.[254] 그런데 서울地判 97.9.3, 96가합82966[255]은 피고 방송사가 다른 방송사의 간부인 중견 언론인이 음주측정을 요구하는 경찰관에게 항의하는 모습을 보도한 것에 대하여 그 언론인이 명예훼손을 주장한 사건에서 "행위자가 일반인인 경우에는 행위 자체가 관심의 대상이 되는 것이지 행위자가 누구인지는 관심의 대상이 되지 아니하나, 행위자가 공적인 인물인 경우에는 행위자가 누구인지 여부 자체가 바로 공공의 관심 대상이 되는 것이므로 이를 보도하는 것은 국민에게 그 관심사를 보도하는 언론의 기능에 부합하는 것"이라고 설시함으로써, 실질적으로는 이 사건에 있어서의 肖像의 공개의 필요성에 대해서도 판단하고 있는데 동 판결에 의하면 일반인의 사진을 게재하는 것은 명예훼손의 違法性阻却과는 관계 없이 肖像權侵害가 될 수 있다고 할 것이다.

다음으로 肖像 本人이 보도나 기사의 직접적인 대상은 아니지만 어느 정도 관련성을 맺고 있는 경우에는 肖像의 이용에 관한 본인의 승낙이 필요하며, 승낙이 있었던 경우에는 승낙의 범위가 다시 문제된다. 이와 관련하여 우리 판결들은 전반적으로 승낙의 범위를 매우 엄격하게 해석하여, 본인이 肖像에 관한 방송을 동의하였다고 하더라도, 본인이 예상한 것과 다른 방법으로

래한 데 대하여 명예훼손의 責任을 묻는 바이므로 그 결혼식 장면상 원고의 얼굴이 공표된 것만을 따로 떼어 별도의 肖像權侵害가 된다고 볼 수 없다고 함) 그의 항소심판결인 서울高判 96.6.18, 96나282(국내언론관계판결집 제5집, 157. 별도의 肖像權侵害 인정)도 마찬가지이다.

252) 嚴東燮, 전게논문, 772.
253) 嚴東燮, 전게논문, 772.
254) 嚴東燮, 전게논문, 773.
255) 국내언론관계판결집 제5집, 123.

방송된 경우나 동의의 범위를 넘어 다른 목적으로 방송된 경우에는 肖像權侵害가 된다고 보고 있다.[256] 이는 人格權으로서의 肖像權의 본질에 비추어 타당하다고 생각된다.

끝으로 肖像 本人이 보도나 기사 내용과 전혀 무관한 경우에는 당연히 肖像權의 침해가 성립하며, 이는 설사 그 肖像 本人이 有名人이라 할지라도 마찬가지이다. 여기서 肖像 本人이 보도나 기사의 내용과 무관한 이상, 그 보도나 기사의 내용이 肖像 本人의 명예를 훼손하는 경우뿐 아니라 그렇지 않은 경우에도 肖像權侵害가 성립할 수 있는지의 여부가 문제될 수 있으나,[257] 肖像權侵害의 違法性 판단을 위해서는 보도의 목적에 비추어 볼 때 그 肖像의 이용이 필요한지의 여부 및 이용 방법의 상당성이 중요한 기준이라고 생각되므로, 肖像 本人이 보도나 기사의 내용과 무관한 경우에는 항상 肖像權의 침해가 성립한다고 보아야 할 것이다.[258]

(바) 집회나 시위의 경우 肖像 本人이 집회나 시위에 참가하고 있는 경우를 肖像權侵害의 違法性阻却事由로 파악하는 문제와 관련해서는 그 집회나 시위에의 본인의 가담정도를 둘러싸고 입장대립이 발견된다. 일부 학설에 의하면 데모행진과 같이 공공의 행사에 참가한 경우에는 肖像 本人이 肖像權을 포기한 것으로 보는[259] 반면, 반대설[260]은 肖像 本人이 시위에 앞장서거나 집회를 주도한 경우에만 違法性阻却事由를 인정할 수 있다고 한다. 肖像 本人의 私生活 또는 내밀한 영역과 관련을 맺고 있는 경우에만 肖像權의 침해가 성립하는 것이 아닌 이상, 공공장소 또는 집회나 시위에 참여하고 있다는 점만을 가지고서 이를 肖像權侵害의 일반적인 違法性阻却事由로 인정하는 것은 지나치고, 오히려 이 문제는 보도나 범죄수사의 필요성 등 다른 違法性阻却事由가 충족되었는지의 여부를 통하여 해결되어야 할 것이다.[261]

(사) 기 타 일본의 경우, 법정에서의 사진촬영에 관하여 포괄적으로 재판소의 재량을 인정하고 있는 형사소송규칙 §215의 합헌성이 다투어

256) 서울高判 96.2.2, 95나25819(국내언론관계판결집 제4집, 242); 서울高判 98.1.13, 97나43156(국내언론관계판결집 제5집, 263).
257) 통상 실무상 문제가 된 사안들은 모두 그 보도나 기사의 내용이 肖像 本人의 명예를 훼손하는 것이었다.
258) 嚴東燮, 전게논문, 774.
259) 池弘源, 전게논문, 223.
260) 韓渭洙, 전게 註 225 논문, 227.
261) 嚴東燮, 전게논문, 760.

진 사안에서 最判 昭 33. 2. 17.[262]은 "공판정의 상황을 일반에 보도하기 위한 취재활동에 있어서도 그의 활동이 공판정에 있어서의 심판의 질서를 혼란시키고 피고인 기타 소송관계인의 정당한 이익을 부당히 해하는 때에는 허용되지 않는 것이고, 공판정에 있어서의 사진의 촬영 등은 그 행위 시, 장소 등의 여하에 따라서 전기와 같은 좋지 않는 결과를 발생할 우려가 있기 때문에 형사소송규칙 §215는 사진촬영의 허가 등을 재판소의 재량에 위임하여 그의 허가에 따르지 않는 한 그러한 행위를 할 수 없다는 것을 명백히 하고 있어 위 규칙은 헌법에 위반하는 것은 아니다"고 판시하고 있다.

9. 姓名權의 침해

(1) 姓名權 보호에 있어서의 일반적 규정은 없으나,[263] 姓名은 사람의 동일성을 표시하는 것으로서 그 사람의 인격과 밀접 불가분이고 이것이 타인에 의하여 모용된 경우에는 人格權침해의 일종으로서 법적 보호가 주어지는 것이 인정되고 있다.

(2) 姓名權침해의 구제

姓名權이 침해된 경우에는 타의 人格權침해와 같이 피침해자는 침해자에 대하여 침해행위의 禁止를 請求할 수 있다. 이 경우 物權的請求權과 같이 침해자의 故意·過失은 불필요하다. 나아가 침해자에게 故意·過失이 있는 경우에는 損害賠償請求權을 행사할 수 있다.

(3) 姓名權침해의 態樣

㈎ 타인의 姓名의 모용 타인의 姓名을 무단히 사용하는 행위는 권리자의 이익이 해하여져 있는 한 姓名權침해로 된다.

㈏ 有名人의 姓名 姓名權은 종래 人格權의 범주에서만 논의되어 왔으나, 예능인, 프로 스포츠 선수 등의 姓名은 肖像과 같이 그의 경제적 가치에 착안하여 소위 퍼블리시티권으로 인정됨은 앞서 본 바와 같다.

日 東京地判 昭 51. 6. 29[264]은 일면 배우 등의 姓名權, 肖像權 등 人格權에 있어서는 그 직업의 특징으로 인하여 일반인보다도 보호의 범위가 한정되므로 배우 등이 자기의 姓名이나 肖像의 권한 없는 사용에 의하여 精神的 苦痛을 받았다는 것을 이유로 損害賠償을 구할 수 있는 것은 그 사용의 방법,

262) 刑集 12권 2호, 253.
263) 다만 상표법, 부정경쟁방지법 등의 특별법이 이를 보호하고 있을 뿐이다.
264) 判時 817호, 23.

태양, 목적 등으로 보아 그의 배우로서의 평가, 명성, 인상 등을 毁損 또는 저하시키는 경우, 기타 특단의 사정이 있는 경우에 한정된다고 하면서, 다른 면으로 배우 등이 자기의 姓名이나 肖像을 대가를 받고 제3자에게 전속적으로 이용시키는 이익을 가지는 것을 인정하여 배우 등은 精神的 苦痛을 받지 않은 경우에도 위 경제적 이익의 침해를 이유로 해서 법적 구제를 얻을 수 있다고 하여 경제적 이익에 대한 침해에 의한 損害賠償을 인정하였다.

㈐ 자기의 姓名을 정확히 호칭당할 이익 일본에서 재일 한국인이 자기의 이름을 일본어로 읽어서 보도한 텔레비젼 방송국에 대하여 사죄방송 등을 구한 사건에서 日 最判 昭 63. 2. 16.[265]은 사람은 자신의 姓名이 정확히 호칭될 것에 관하여 不法行爲法上의 보호을 받을 수 있는 人格權을 가진다는 것을 인정하였으나 법적 이익으로서 충분히 강고한 것이라고는 말할 수 없고 부정확한 명칭이 직접적으로 不法行爲를 구성하는 것은 아니다라고 하여, 구체적 사안의 결론으로서는 재일 한국인의 姓名을 일본어 읽기로 호칭하는 관용적인 방법은 당시 일본의 사회 일반의 상식으로서 시인되어 있었기 때문에 일본어 읽기에 의하여 호칭한 행위에는 違法性이 없다고 판단하여 상고를 기각하였다.

㈑ 기 타 예명, 필명의 사용은 원칙적으로 自由이나, 이것이 실재인의 姓名과 일치하여 그 자에게 불이익이 생긴 경우에는 姓名權의 침해로 된다. 또 일본의 경우 텔레비전 영화의 惡漢의 명칭에 관하여 실재의 同名人으로부터 姓名權侵害를 이유로 한 이름 使用禁止의 가처분을 구하는 실례가 있었는데 당해 명칭을 사용하지 않는다는 화해에 의하여 해결되었다고 한다.[266] 우연한 일이나 현실의 실재인이 불이익을 받은 경우에는 禁止請求를 허용한다고 하는 한도에서의 姓名權침해가 긍정된 것이라고 할 것이다.

10. 生活利益의 침해(生活妨害)

(1) 生活利益의 의의

위에서는 전형적인 권리를 중심으로 보았으나, 특정한 권리가 아니고 일상의 평온한 생활을 방해하는 것으로도 精神的 損害는 발생할 수 있다. 이와 같은 生活妨害를 방지하기 위해 민법은 소유권의 章에서 몇 개의 규정을 두어

265) 判タ 662호, 75면.
266) 전게 日 注解 判例民法, 債權法 Ⅱ, 1132 참조.

상린관계로서 보호하고 있으나, 이것으로 만전을 기했다고 볼 수 없으며 또 이로 인해 발생하는 精神的 損害에 대한 慰藉料는 전혀 별개의 문제이다.

산업의 발전, 공업화는 불가피하게 공해를 야기하고, 더욱이 인구의 도시 집중 과밀화가 상린관계에 마찰을 야기시켜 生活妨害의 문제가 나타나게 되었다. 그 과정에서 국민의 권리의식의 고양, 개인의 존엄이라는 사상의 보급은, 단순히 살기 위하여 생활하는 것은 아니고 쾌적하고 건강한 생활과 생활의 평온이라는 生活利益을 人格權의 하나로까지 올리는 데 이르렀다.

일조의 차단, 소음, 배기, 악취, 진동 등에 의한 生活利益의 침해는 소유권 등의 財產權의 침해를 수반하는 경우가 많으나[267] 生活利益의 권리화의 추이는 그 침해에 의하여 피해를 받는 이익이 財產權만은 아니고 생활이익이 주로 人格權의 보호 구제를 위하여 형성된 것이라는 것을 여실히 보여 주는 것이다.

본고에서는 환경, 공해에 의한 침해 형태에 관한 설명은 생략하고, 生活利益의 권리화를 개략하고 판례에 의하여 인정되고 있는 生活妨害의 사례에 대하여 언급하는 데 그치기로 한다.

(2) 生活利益의 권리화――生活妨害의 구제

(가) 여기의 生活妨害는 독일법에서는 임미치온(Immission), 영미법에서는 뉴산스(nuisance)라고 호칭되어 온 것으로, 독일법에서는 加害者側의 권리남용의 문제로 취급된 반면에, 영미법에서는 주로 被害者側의 권리침해의 문제로 되어 왔다. 生活利益이라는 권리 내지는 법익 자체가 충분히 확립되어 있지 않은 경우에는 그 被害者를 보호하기 위하여 加害者側의 권리남용론으로써, 그의 침해로부터 구제를 꾀하는 경향이 있었다.

우리 나라나 일본과 같이 독일법계에 속하는 법체계하에서는 生活利益이라는 권리 내지 법익이 확립되기 어려운 점이 있어 초기에는 임미치온의 문제로 취급되기가 쉬웠다.[268]

(나) 그러나 일본의 경우 판례가 곧 生活妨害를 뉴산스의 문제로서 취급함에 이르러 被害者의 법익침해의 판단을 소위 受忍限度論과 관련하여 하게

267) 뒤에서 보는 바와 같이 財產權의 침해로 인하여 慰藉料請求가 인정된 사안의 대부분은 財產權침해를 수반하여 生活利益 등 人格權이 침해된 경우이다.

268) 일본의 경우 저명한 信玄公旗立松事件에서 대심원이, 소나무를 매연으로 枯死시킨 것은 권리행사의 범위를 넘어 不法行爲에 해당한다고 판시한 것이 그 예이다(日 大判 大 8.3.3, 民錄 25집, 356).

되었다. 受忍限度論은 違法性의 유무의 판단에 있어 침해의 態樣, 정도는 물론 加害者側과 被害者側 쌍방의 법익과 利益衡量을 전제로 하는 것이다.

그리하여 쌍방의 법익을 비교하는 과정에서 被害者側의 법익이 서서히 명확히 의식되고 나아가서는 권리화를 재촉하게 되었다.

이상의 경과를 거쳐, 생활의 평온, 쾌적하고 건강한 생활이라는 生活利益은 人格權으로 명확히 의식되어 生活利益에 대한 침해는 違法性을 가지는 것으로 일반적으로 인정되었다.

(다) 우리 나라의 경우도 뒤에서 보는 바와 같이 판례들은 일본과 마찬가지로 利益衡量을 전제로 생활이익을 법적인 보호의 대상이 되는 것으로 인정하고 있다. 대표적인 판례인 大判 97. 7. 22, 96다56153[269]은 생활방해를 원인으로 하는 공사금지가처분 사건에서 "인접 대지에 건물이 건축됨으로 인하여 입는 환경 등 생활이익의 침해를 이유로 건축공사의 금지를 청구하는 경우, 그 침해가 사회통념상 일반적으로 수인할 정도를 넘어서는지의 여부는 피해의 성질 및 정도, 피해이익의 공공성, 가해행위의 態樣, 가해행위의 공공성, 가해자의 방지조치 또는 손해회피의 가능성, 인·허가관계 등 공법상 기준에의 적합여부, 지역성, 토지이용의 선후관계 등 모든 사정을 종합적으로 고려하여 판단하여야 한다"고 판시하고 있다.

(라) 그러나 상기 利益衡量論은 공해에 의해 다수의 시민의 법익이 침해당하는 것과 같은 경우에는, 被害者 개개인의 財産權, 人格權을 加害者側의 법익과 비교하는 것은 번잡하고 또 그러한 작업을 하는 것이 被害者 구제를 위한 법이론으로서 有用適切한가가 의문시되어 왔다. 그래서 이러한 공해에 의한 환경이익의 파괴, 또는 다수의 시민의 財産權, 人格權의 침해의 구제를 용이하게 하기 위하여, 환경권의 개념이 고창되기에 이르렀으나 그 개념 자체의 애매성도 있고 현재 아직 확립된 권리로는 인지되지 않고 있다.[270]

(3) 生活妨害의 態樣

生活利益의 침해에 관한 일본의 판례로서는 ① 금융업자가 늦은 밤과 이

269) 公 1997하, 2636.

270) 大判 97. 7. 22, 96다56153(公 1997하, 2636)은 "환경권은 명문의 법률규정이나 관계 법령의 규정 취지 및 조리에 비추어 권리의 주체, 대상, 내용, 행사 방법 등이 구체적으로 정립될 수 있어야만 인정되는 것이므로, 사법상의 권리로서의 환경권을 인정하는 명문의 규정이 없는데도 환경권에 기하여 직접 방해배제청구권을 인정할 수 없다"고 판시하여 환경상의 이익침해를 이유로 하는 유지청구권의 근거를 환경권이 아닌 소유권에서 찾고 있다.

른 아침에 대금변제의 최고를 위한 電報를 배달시킨 사건에서, "債務者와 그 의 가족의 정당히 보호되어야 할 생활의 靜穩 등의 이익을 부당히 침해하는 것이다"고 하여 不法行爲의 성립을 인정한 것이 있고,[271] ② 국철을 이용하고 있는 시민이 차내에서 자기의 의사에 반하여 수동흡연을 강제당한 것을 人格權의 침해라고 하여 禁止 및 妨害豫防請求權을 행사해서 금연차량의 설치를 구한 사건에서, 그 흡연에 의한 건강피해가 人格權의 침해에 해당한다는 것을 전제로 하면서도 차내의 담배 연기에 쬐일 현실의 위험이 낮고 이에 의한 건강피해도 受忍限度를 초과하는 것은 아니라고 하여 請求를 전부 기각한 것이 있다.[272] 또 ③ 시영 지하철 차내에서의 상업선전방송이 승객에게 듣고 싶지 않은 소리의 청취를 강제하는 점에 있어 그 人格權을 침해한다고 해서 그 방송의 중지 등을 구한 사건에서, 그 방송이 되게 이른 사정, 그의 態樣, 그 결과 등을 종합적으로 감안하여 受忍限度의 범위 내라고 판단하여 請求를 기각한 것이 있고,[273] ④ 市의 방송탑으로부터의 광고방송에 의하여 精神的·身體的 피해를 받았다고 해서 人格權 및 환경권에 입각하여 禁止 등을 구한 사안에서, 제 사정을 감안한 뒤에 그 방송은 受忍限度 내라고 한 것이 있으며,[274] ⑤ 소위 가라오케 소음에 의하여 안면이 방해되었다고 해서 人格權에 입각하여 가라오케 장치의 使用禁止를 구한 사례에서, 소음에 의한 生活妨害는 肉體的·精神的 自由의 침해이기 때문에 人格權으로 파악하는 것이 가능하고 受忍限度를 초과하는 경우에는 위법한 침해로서 禁止의 대상으로 된다고 해서 그 請求를 인용한 것이 있다.[275]

우리 대법원의 판례로는 ① "醫療法人이 운영하는 종합병원의 부지와 인근 주민들이 거주하는 연립주택의 부지는 모두 도시계획법에 의하여 일반상업지역으로 지정된 지역 내에 위치하고 있기는 하지만, 그 지역의 현황은 상가 등 근린생활시설과 주택이 혼재하여 있고, 그 연립주택의 전면이 그 병원의

271) 東京地判 昭 55. 4. 1(判時 966호, 65).
272) 東京地判 昭 62. 3. 27(判時 1226호, 33).
273) 大阪地判 昭 56. 4. 22(判時 1013, 77). 그러나 항소심인 大阪高判 昭 58. 5. 31(判タ 504호, 105)이 판시 중에 "개개인은 법률의 규정이 없어도 일상생활에서 보기 싫은 물건을 보지 않고, 듣기 싫은 소리를 듣지 않을 종류의 自由를 본래 가지고 있다. 그러나 그 自由도 개개인이 개인의 각종 自由의 충돌의 장에 있는 사회의 일원으로 생활하는 이상, 절대불가침인 것은 아니고 타인의 각종의 自由와 조화하는 한도에서만 법적인 보호를 받는 것에 지나지 않는다"고 한 점이 참고할 만하다.
274) 水戶地判 昭 60. 12. 27(判時 1187호, 91).
275) 橫浜地判 昭 56. 2. 18(判時 1005호, 158).

부지 쪽을 향하여 건축된 다음 상당한 기간이 지난 후에 그 병원이 건축되었으며 그 연립주택부지와 병원부지 사이의 경계로부터 그 병원의 3층 산부인과 입원실의 연립주택 쪽 창문까지의 직선거리는 차면시설의무가 있는 법정 거리인 2m에 미치지 못하는 경우, 비록 그 병원이 그 부지의 도시계획상 용도에 적합한 시설이고 그 병원과 같은 종합병원은 공익시설이며 이를 운영함에 있어서 응급실과 영안실의 설치가 필수적이라고 하더라도 그 병원 및 연립주택의 현황과 그 위치한 지역의 형태, 토지 이용의 선후 관계, 醫療法人으로서는 그 병원의 운영에 지장을 초래하지 않는 범위 내에서 인근 주민들의 生活妨害를 방지하거나 감소시키기 위한 조치를 할 수 있었을 것으로 보이는 점 등 제반 사정에 비추어 볼 때, 醫療法人이 그와 같은 조치를 하지 아니함으로써 발생한 生活妨害는 인근 주민들에게 사회통념상 요구되는 수인의 한도를 넘은 것이라고 봄이 상당하다"고 한 것,[276] ② "토지소유자가 경계선에서 한치의 거리도 두지 아니하고 건축한 교사의 2층에서 6층까지의 각 난간 끝부분이 이웃토지를 약간 침범하여 동 난간에서 떨어지는 빗물과 학교에서 버리는 각종 오물이 이웃지붕과 마당에 떨어져 기와와 장독대가 깨어지기도 하고 학생들이 지붕 위에 올라가며 주택을 내려다보고 부녀자를 희롱하는 일이 허다하고 심지어는 불이 붙은 담배꽁초를 집어던지는 등 계속적인 소유물 방해와 소음 및 불안상태를 조성한다면 이는 이웃토지의 통상의 용도에 적당한 것이라 할 수 없으므로 이웃거주자는 이를 인용할 의무가 없다"고 판시한 것,[277] ③ "밤에 강간할 목적으로 원고의 내실에 침입한 자는 그 身體나 貞操에 직접적인 침해는 없다 하여도 그의 생활을 방해하고 精神的 안전성에 동요를 준 점에 대하여 民 §751에 의한 損害賠償의 責任이 있다"고 판시한 것,[278] ④ "건물신축공사로 인하여 공사기간 동안 임차인이 거주하는 被害者 소유의 주택이 2차에 걸쳐 파손되다가 급기야 신축건물의 5층 옥탑이 무너져내려 그 벽돌이 被害者의 주택을 덮쳐 지붕과 거실, 천정까지 파손되는 사고를 입는 등 계속적인 損害를 입는 상황이었다면 被害者가 거주하지는 않고 있어도 가옥파괴와 세입자의 生命, 身體, 財産 침해에 대한 불안으로 인하여 精神的 苦痛이 있었을 것임은 경험칙상 능히 인정된다"고 판시한 것,[279] ⑤ "건물을 신축하면서 인근 토

276) 大判 97.10.28, 95다15599(公 1997하, 3617).
277) 大判 74.6.11, 73다169(公 1974,7931).
278) 大判 62.3.8, 61다1028(集 10-1, 184).
279) 大判 93.12.24, 93다45213(公 1994, 507).

지의 지반붕괴에 대비한 예방조치 등을 함이 없이 공사를 함으로써 인근 주택의 지반이 붕괴되고 벽에 균열이 생기고 지붕이 파손되었다면 被害者로서는 財產上 損害 외에 일상생활의 안온상태가 파괴되고 언제 어떠한 損害가 발생할지 모르는 불안에 떨어야 하는 精神的 苦痛에 대한 慰藉料請求도 할 수 있다"고 한 것,[280] ⑥ "원고가 거주하고 있던 주택이 지하굴착공사로 인하여 毁損되어 그 충격과 주거생활의 불안 등으로 원고가 상당한 精神的 苦痛을 받았을 것임이 경험칙상 인정된다면 원고에 대한 慰藉料를 인정함이 상당하다"고 판시한 것[281] ⑦ "어느 토지나 건물의 소유자가 종전부터 향유하고 있던 경관이나 조망, 조용하고 쾌적한 종교적 환경 등이 그에게 하나의 생활이익으로서의 가치를 가지고 있다고 객관적으로 인정된다면 법적인 보호의 대상이 될 수 있는 것이라 할 것이므로, 인접 대지에 건물을 신축함으로써 그와 같은 생활이익이 침해되고 그 침해가 사회통념상 일반적으로 수인할 정도를 넘어선다고 인정되는 경우에는 토지 등의 소유자는 소유권에 기하여 방해의 제거나 예방을 위하여 필요한 청구를 할 수 있다"고 한 것[282] 등이 있다.[283]

11. 其他 人格權의 侵害

(1) 不當解雇

일반적으로 사용자의 근로자에 대한 해고 등의 불이익처분이 정당하지 못하여 무효로 판단되는 경우에 그러한 사유만에 의하여 곧바로 그 해고 등의 불이익처분이 不法行爲를 구성하게 된다고 할 수는 없다. 즉 근로자에 대한 징계의 양정이 결과적으로 재량권을 일탈, 남용한 것이라고 인정되어 징계처분이 징계권의 남용 등으로 무효라고 판단된다 하더라도, 그것이 법률전문가가 아닌 징계위원들이 징계의 경중에 관한 관련 법령의 해석을 잘못한 데 불

280) 大判 92.12.8, 92다34162(公 1993, 436).
281) 大判 90.1.12, 88다카28518(公 1990, 460).
282) 大判 97.7.22, 96다56153(公 1997하, 2636).
283) 하급심판결로는 日照權에 관하여 "건축관계 법령에 규정된 일조권 등의 확보를 위한 높이제한 규정, 이웃나라 일본의 규정과 실무와의 대비 등을 고려하여 볼 때 경인지역에 있어서의 아파트와 같은 공동주택의 경우에는 동지일을 기준으로 9시부터 15시까지 사이의 6시간 중 일조시간이 연속하여 2시간 이상 확보되는 경우 또는 동지일을 기준으로 8시에서 16시까지 사이의 8시간 중 일조시간이 통틀어서 최소한 4시간 정도 확보되는 경우에는 이를 수인하여야 하고, 그 두 가지 중 어느 것에도 속하지 아니하는 일조저해의 경우에는 受忍限度를 넘는다고 봄이 상당하다"고 한 서울高判 96.3.29, 94나11806(下集 1996-1, 72)과 역시 일조권에 관한 人邱地金泉支判 95.7.14, 94가합2353(下集 1995-2, 105) 등이 있다.

과한 경우에는 그 징계의 양정을 잘못한 징계위원들에게 不法行爲責任을 물을 수 있는 過失이 있다고 할 수는 없으며, 또한 마찬가지로 근로자에 대한 해고 등의 불이익처분을 할 당시의 객관적인 사정이나 근로자의 비위행위 등의 정도, 근로자에 대하여 불이익처분을 하게 된 경위 등에 비추어 사용자가 근로자의 비위행위 등이 취업규칙이나 단체협약 소정의 근로자에 대한 해고 등의 불이익처분 사유에 해당한다고 판단한 것이 무리가 아니었다고 인정되고, 아울러 소정의 적법한 절차 등을 거쳐서 당해 불이익처분을 한 것이라면 사용자로서는 근로자에 대하여 해고 등의 불이익처분을 함에 있어서 기울여야 할 주의의무를 다한 것으로 보아야 할 것이므로 비록 당해 해고 등의 불이익처분이 사후에 법원에 의하여 무효라고 판단되었다 하더라도 거기에 不法行爲責任을 물을 만한 故意·過失이 있다고 할 수는 없다.[284]

그러나 사용자가 근로자에 대하여 징계해고 등을 할 만한 사유가 전혀 없는데도 오로지 근로자를 사업장에서 몰아내려는 의도하에 故意로 어떤 명목상의 해고사유 등을 내세워 징계라는 수단을 동원하여 해고 등의 불이익처분을 한 경우나, 해고 등의 이유로 된 어느 사실이 취업규칙 등 소정의 징계사유에 해당되지 아니하거나 징계사유로 삼을 수 없는 것임이 객관적으로 명백하고 또 조금만 주의를 기울였더라면 이와 같은 사정을 쉽게 알아 볼 수 있는데도 그것을 이유로 징계해고 등의 불이익처분을 한 경우처럼, 사용자에게 부당해고 등에 대한 故意·過失이 인정되는 경우에 있어서는 不法行爲가 성립되어 그에 따라 입게 된 근로자의 精神的 苦痛에 대하여도 이를 賠償할 의무가 있다.[285]

(2) **勤勞提供拒否, 復職拒否 등**

사용자는 특별한 사정이 없는 한 근로자와 사이에 근로계약의 체결을 통하여 자신의 업무지휘권·업무명령권의 행사와 조화를 이루는 범위 내에서 근로자가 근로제공을 통하여 참다운 인격의 발전을 도모함으로써 자신의 인격을 실현시킬 수 있도록 배려하여야 할 신의칙상의 의무를 부담한다. 따라서 사용자가 근로자의 의사에 반하여 정당한 이유 없이 근로자의 근로제공을 계속적으로 거부하는 것은 이와 같은 근로자의 인격적 법익을 침해하는 것이 되어 사용자는 이로 인하여 근로자가 입게 되는 精神的 苦痛에 대하여 賠償할 의무

284) 大判 96.4.23, 95다6823(公 1996상, 1552).
285) 大判 96.4.23, 95다6823(公 1996상, 1552).

가 있다.[286] 사용자가 근로자를 부당하게 해고하고 그 해고무효확인판결이 확정되었음에도 장기간에 걸쳐 근로자에 대한 복직을 거부하였다면 근로자가 정신상의 고통을 받았을 것임이 명백하므로 사용자는 이를 금전으로 위자할 의무가 있다는 판례[287]도 같은 취지이다. 한편 출근한 교사에 대하여 근무를 못하게 하면서 급료를 支給하지 아니한 채 차별대우를 한 소위는 교사의 人格權 침해로서 不法行爲가 된다.[288]

(3) 고문치사 사실 은폐, 범인 축소 조작

경찰 간부들이 고문치사 사실을 은폐하거나 범인을 축소 조작한 경우, 유족의 인격적 법익 침해에 대한 慰藉料를 인정한 사례[289]가 있다.

(4) 不當提訴, 應訴

일반적으로 소송을 제기하거나 제기되어진 소송에 응소하는 것 자체는 헌법에 의하여 보장된 국민의 권리실현이나 권리보호를 위한 수단으로서 원칙적으로 적법하나, 그와 같은 소제기나 응소행위가 권리실현이나 권리보호를 빙자하여 상대방의 권리나 이익을 침해하거나 상당한 이유 없이 상대방에게 고통을 주려는 의사로 행하여지는 등 故意 또는 過失이 인정되고, 이것이 공서양속에 반하는 정도에 이른 것인 경우에는 違法性을 띠고 不法行爲를 구성한다.[290]

286) 大判 96.4.23, 95다6823(公 1996상, 1552).

287) 大判 94.2.8, 92다893(公 1994, 995). 하급심판결로는 大田地天安支判 91.4.2, 90가합1833(下集 1991-1, 92).

288) 大判 80.1.15, 79다1883(公 1980, 12586).

289) 大判 95.11.7, 93다41587(公 1995, 3890). 박종철 고문치사 사건이다. 원심인 서울高判 93.7.2, 89나50586(下集 1993-2, 183)은 "혈연으로 맺어져 운명적으로 고락과 영욕을 함께 하는 가족공동체에 있어서는 가족 중 누가 뜻밖의 죽음을 당한 경우에 나머지 가족들이 그 진상을 밝혀 내고 그 결과 억울한 일이 있었을 때에는 법절차에 호소하여 그 원한을 풀어 주어야 할 의무가 있다 할 것인바, 이것은 죽음을 당한 가족에 대한 내부관계에서는 의무이지만 대외적으로는 다른 사람들이 이를 침해하여서는 아니 될 하나의 권리로서 伸冤權이라고 편의상 이름할 수 있고 이것은 소위 가족권 내지 친족권의 한 내용을 이룬다고 할 것이므로 경찰관의 고문행위에 의하여 조사받던 사람이 사망하게 되었음에도 그 사실을 은폐하고 사인을 허위로 발표하는 등의 행위는 위와 같은 가족권의 침해로서 정신적 고통을 가한 경우에 해당하여 불법행위를 구성한다"고 판시하여 伸冤權이라는 개념을 사용하였는데, 대법원은 인격적 법익이 침해된 것으로 보아 慰藉料請求를 인용하면서 원심의 설시이유는 다소 부적절한 점이 있다고 하여 伸冤權을 인정하고 있지 않은 것으로 보인다.

290) 大判 94.9.9, 93다50116(公 1994, 2603). 피고 甲이 피고 乙의 동의를 얻어 원고로부터 교부받은 백지 약속어음의 수취인란을 제3자인 피고 乙로 보충하고 신탁 §7에 위반하여 피고 乙의 이름으로 원고 소유의 토지에 대하여 가압류결정을 받아 집행을 한 뒤 원고가 제기한 가압류이의소송에 피고 乙로 하여금 응소하게 하고, 약속어음의 원인인 대여금채권에 대한 담보조로 원고 소유의 다른 부동산에 관하여 피고 甲 앞으로 마쳐진 가등기에 기하여 제소전화해에 의하여 본등기를 마치고서도 가압류이의소송을 그대로 유지하는 한편, 피고 乙 이름으로 다시 가압류의 본안인 貸與金請求의 訴를 제기한 일련의 행위는 부당소송행위로서 不法行爲를 구성한다고 본 사례이다.

다만 부당소송을 당한 상대방이 입게 되는 정신상의 고통은 통상 당해 소송에서 승소하는 것에 의하여 회복되고 승소하여도 회복할 수 없는 精神的 苦痛은 특별사정으로 인한 損害라고 볼 것이므로, 부당소송으로 인한 慰藉料請求가 인용되기 위해서는 勝訴나 財產的 損害의 賠償만으로는 회복될 수 없는 精神的 苦痛을 입었다고 인정될 만한 특별사정의 존재와 그러한 특별사정에 대한 예견가능성이 전제되어야 한다.[291]

또한 불법집행으로 인한 精神的 苦痛에 대하여도 慰藉料를 支給하여야 할 것이고,[292] 일상 사용할 성질의 가재도구를 장기간 가압류 당한 경우에는 정신상 고통이 있었음은 경험칙상 추지할 수 있다.[293]

(5) 性 戱 弄

대법원은 성희롱에 관하여 "특히 남녀관계에서 일방의 상대방에 대한 성적 관심을 표현하는 행위는 자연스러운 것으로 허용되어야 하지만, 그것이 상대방의 人格權을 침해하여 인간으로서의 존엄성을 毁損하고 精神的 苦痛을 주는 정도에 이르는 것은 위법하여 허용될 수 없는 것이다"고 판결하여 성희롱에 의한 人格權침해를 인정하였다.[294]

(6) 환자의 자기결정권 침해

醫療過誤로 인한 損害賠償과 별개로, 의사가 의료행위에 따르는 설명의무를 게을리하여 환자의 자기결정권 내지 치료행위에 대한 선택의 기회를 행사할 수 없게 하였는데 그 의료행위로 인하여 환자에게 중대한 결과가 발생한 때에는 그에 따른 정신적 고통에 대한 慰藉料를 지급하여야 한다고 판례가 일관되게 판시하고 있음은 위에서 본 바와 같다.[295]

(7) 협동조합에서의 불법제명

협동조합에서 불법제명된 조합원이 비록 경제기획원장관의 시정명령의 확정에 의하여 조합원의 지위를 회복하게 되었다고 하더라도 사회적 사실로서의 제명이 소급적으로 소멸하거나 해소되는 것은 아니므로, 이사장의 위 不法行爲로 인한 精神的 苦痛의 損害가 완전히 치유되는 것이라고는 할 수 없다.[296]

---

291) 大判 94. 9. 9, 93다50116(公 1994, 2603); 大判 78. 12. 13, 78다1542(公 1979, 11616).
292) 大判 67. 9. 29, 67다1464(集 15-3, 168).
293) 大判 67. 9. 19, 67다1219(集 15-3, 92).
294) 大判 98. 2. 10, 95다39533(公 1998상, 652). 이른바 서울대 우교조 성희롱사건에 관한 것이다.
295) Ⅳ의 3 참조.
296) 大判 97. 9. 5, 96다30298(公 1997하, 3006).

(8) 僞　證

형사사건에서 위증을 한 경우 그 사건의 피고인이 유죄판결을 받지 않았다고 하더라도 위증자의 허위진술로 유죄의 판결을 받을지도 모를 위험에 노출되었다 할 것이므로 피고인은 위증으로 인하여 精神的 苦痛을 받았을 것임은 경험칙상 인정할 수 있다.[297]

(9) 債務不履行과 慰藉料

채무불이행의 경우도 정신적 손해의 배상인 慰藉料를 인정할 것인가에 대하여 통설은 民 §751와 §752를 채무불이행의 경우도 유추적용하여야 한다고 한다.[298]

(10) 著作人格權침해

저작권법은 著作人格權에 관하여 상세하게 규정하고 있다. 저작자는 故意 또는 過失로 著作人格權을 침해한 자에 대하여 損害賠償에 갈음하거나 損害賠償과 함께 名譽回復을 위하여 필요한 조치를 請求할 수 있는 것으로서 著作人格權이 침해되었다면 특별한 사정이 없는 한 저작자는 그의 名譽와 感情에 손상을 입는 精神的 苦痛을 받았다고 보는 것이 경험법칙에 합치된다.[299] 著作人格權을 침해한 경우에는 침해 등의 정지나 예방 등을 청구할 수 있고,[300] 특히 사망 후의 著作人格權도 보호하고 있다.[301] 著作人格權은 人格權과 구별되는 독자적인 의미를 가지고 있지만 위와 같은 저작권법의 규정은 人格權에 기한 禁止請求 등에도 유추적용되고 있다. 著作人格權에 대한 설명은 본 주해서의 범위 밖이므로 여기서 그치기로 한다.

(11) 國家의 約束違反

대통령이 담화를 발표하고 이에 따라 국방부장관이 삼청교육 관련 피해자들에게 그 피해를 보상하겠다고 공고하고 피해신고까지 받은 것은, 대통령이 정부의 수반인 지위에서 피해자들인 국민에 대하여 향후 입법조치 등을 통하여 그 피해를 보상해 주겠다고 구체적 사안에 관하여 종국적으로 약속한 것으로서, 거기에 채무의 승인이나 시효이익의 포기와 같은 사법상의 효과는 없더라도, 그 상대방은 약속이 이행될 것에 대한 강한 신뢰를 가지게 되고, 이러한

297) 大判 94.2.8, 93다32439(公 1994, 1003).
298) 이에 관한 자세한 설명은 民法注解(Ⅸ) 채권(2), 488 참조.
299) 大判 89.10.24, 89다카12824(公 1989, 1766).
300) 著作 §91.
301) 著作 §14 Ⅱ, §96.

신뢰는 단순한 사실상의 기대를 넘어 법적으로 보호받아야 할 이익이라고 보아야 하므로, 국가로서는 정당한 이유 없이 이 신뢰를 깨뜨려서는 아니 되는 바, 국가가 그 약속을 어기고 후속조치를 취하지 아니함으로써 위 담화 및 피해신고 공고에 따라 피해신고를 마친 피해자의 신뢰를 깨뜨린 경우, 그 신뢰의 상실에 따르는 손해를 배상할 의무가 있고, 이러한 손해에는 정신적 손해도 포함된다.[302]

(12) 信用不良去來者 登錄

피고가 원고는 그가 보증보험계약을 체결한 당사자가 아니라고 부인하는데도, 사실관계를 제대로 조사하지 않은 채 원고를 신용거래불량자로 등록하여 원고로 하여금 은행대출 등 경제활동을 하는 데 지장을 받게 한 이상, 원고에 대하여 불법행위를 구성하는 것이므로, 피고는 그로 인하여 원고가 입은 정신적 고통을 위자할 의무가 있다.[303]

12. 財産權의 침해——財産權의 침해에 대한 慰藉料請求

(1) 문제의 제기

타인이 不法行爲에 의하여 財産權을 침해한 경우에 §751 I 의 문언대로, 정신상 고통을 가하였다면 財産 이외의 損害에 대하여도 賠償할 責任이 있음은 물론이다.[304] 그런데 일반적으로 타인의 不法行爲에 의하여 財産權이 침해된 경우에는, 生命, 身體, 自由, 名譽 등 전형적으로 慰藉料請求權이 인정되는 이른바 人格權 그 자체가 침해된 경우와는 달라서, 애당초 정신상 고통이 존재하지 아니하는 수도 있고, 精神的 損害가 다소 존재한다고 하여도 財産權의 침해에 의하여 상실된 財産의 가치가 塡補되면 이로써 精神的 苦痛이 대부분 위자될 수도 있다는 특수성이 존재한다.

慰藉料請求權은 원칙적으로 人格權이 침해된 경우에 한정된다는 입장에 서면, 財産權침해의 경우에 통상 생기는 損害는 財産的 損害만이라고 볼 수밖에 없다. 그러나 財産權침해에서도 慰藉料를 인정할 실제상의 필요가 있을 수 있고, 또한 不法行爲에 의하여 財産權이 침해된 경우에 慰藉料請求가 인정되어야 하는 경우가 있다는 점은 누구나 인정하고 있다. 그렇다면 타인의 不法行爲에 의하여 財産權이 침해된 경우에 과연 어떠한 사정이 있으면 慰藉料

302) 大判 2001. 7. 10, 98다38364(公 2001하, 1815).
303) 大判 2001. 3. 23, 2000다57511(公 2001상, 970).
304) 大判 97. 2. 14, 96다36159(公 1997상, 751) 참조.

請求가 인용될 수 있는가가 문제된다.

(2) 판례와 학설

확고한 체계를 이루고 있는 판례이론은 '① 일반적으로 타인의 不法行爲에 의하여 財産權이 침해된 경우에는 그 財産的 損害의 賠償에 의하여 精神的 苦痛도 회복된다고 보아야 할 것이고, ② 다만 財産的 損害의 賠償에 의하여 회복할 수 없는 精神的損害가 발생하였다면 이는 특별한 사정으로 인한 損害로서 加害者가 그러한 사정을 알았거나 알 수 있었을 경우에 한하여 그 損害에 대한 慰藉料를 인정할 수 있다'는 것으로 요약할 수 있다.[305]

판례와 마찬가지로 통설[306]은 不法行爲에 의하여 財産權이 침해된 被害者는 크든 작든 정신상의 損害를 입는 것으로 추측되지만 그 침해가 배제되거나 財産上의 損害가 賠償되면 그것에 의하여 동시에 被害者의 정신상의 고통도 慰藉(回復)되는 것이 보통이고, 타인의 不法行爲로 인하여 財産權이 침해된 경우에 일반적으로는 精神的 損害는 財産的 損害의 裏面에 숨어 있어서 財産的 損害가 賠償되면 精神的 損害도 함께 회복된다고 보아야 할 것이라고 한다. 財産的 損害가 賠償되어도 회복되지 아니하는 특별한 精神的 損害가 있는 경우를 특별사정으로 인한 損害로 파악하여 慰藉料請求를 긍정하는 이러한 통설에 따르면, 특별한 精神的 損害라는 특별사정에 대한 加害者의 예견가능성이 요건으로 필요하게 된다.

그러나 뒤에서 유형적으로 고찰하는 바와 같이, 판례는 위에서 본 원칙론을 견지하고 있으면서도, 財産權침해의 경우에 慰藉料를 인정한 판례들을 구체적으로 들여다보면, 財産的 損害의 賠償에 의하여 회복할 수 없는 특별한 精神的 損害가 발생하는 경우에는 예견가능성에 대한 판시나 설시 없이 경험칙을 적용하여 바로 慰藉料請求를 긍정하는 형식을 취하고 있는 것이 많고, 慰藉料請求를 배척하는 경우에는 다시 예견가능성 요건의 흠결을 주로 들고 있어, 약간의 혼란을 주고 있는 것처럼 보인다.

---

305) 大判 70. 3. 31, 69다2016(集 18-1, 289); 大判 71. 2. 9, 70다2826; 大判 78. 12. 13, 78다1542(集 26-3, 290); 大判 80. 10. 14, 80다1449(公 1980, 13322); 大判 83. 9. 13, 81므78(集 31-5, 행1); 大判 88. 3. 22, 87다카1096(公 1988, 675); 大判 89. 8. 8, 88다카27249(公 1989, 1354); 大判 89. 12. 22, 89다카11333(公 1990, 340); 大判 90. 1. 12, 88다카28518(公 1990, 460); 大判 91. 6. 11, 90다20206(公 1991, 1902); 大判 91. 12. 10, 91다25628(公 1992, 485); 大判 92. 5. 26, 91다38334(公 1992, 2003); 大判 97. 2. 14, 96다36159(公 1997상, 751).

306) 郭潤直, 823; 李銀榮, 755; 金亨培, 債總(上), 275.

(3) 類型的 考察

(가) 建物 損壞 건물 손괴의 경우 慰藉料를 인정한 판례가 다수 있다. ① 大判 82. 9. 14, 81다447[307]은 "원고들이 건물에 화재가 발생함으로 말미암아 가재도구를 일시에 소실하게 되는 등 충격과 놀라움으로 인하여 精神的 苦痛을 받았다고 원심이 인정하고 慰藉料의 支給을 명하였음은 정당하다"고 판시하였고, ② 大判 90. 1. 12, 88다카28518[308]은 "원고가 거주하고 있던 주택이 지하굴착공사로 인하여 毁損되어 그 충격과 주거생활의 불안 등으로 원고가 精神的 苦痛을 받았을 것임이 경험칙상 인정된다면 원고에 대한 慰藉料를 인정함이 상당하다"고 판시하고, ③ 大判 92. 12. 8, 92다34162[309]은 피고가 원고의 주택에 인접하여 5층 건물을 신축하면서 지반붕괴에 대비한 예방조치나 공사중 낙하물에 대비한 안전망 설치 등을 함이 없이 공사를 강행함으로써 돌이 떨어져 원고 주택의 유리창이 깨지고, 지하굴착공사로 원고 주택의 지반이 일부 붕괴되어 담장이 넘어지고 건물벽에 균열이 생겼으며, 또 공사중인 5층 옥탑이 무너져 그 벽돌 등이 원고 주택을 덮쳐 기와지붕과 거실천정 등을 파손하는 등의 사안에서, "건물을 신축하면서 인근 토지의 지반붕괴에 대비한 예방조치 등을 함이 없이 공사를 함으로써 인근 주택의 지반이 붕괴되고 벽에 균열이 생기고 지붕이 파손되었다면 被害者로서는 財産上 損害 외에 일상생활의 안온상태가 파괴되고 사고에 대한 무방비 상태에서 언제 어떠한 損害가 발생할지 모르는 불안에 떨어야 하는 精神的 苦痛에 입었을 것은 경험칙상 명백한 것이고, 이러한 精神的 苦痛은 被害者가 위 不法行爲로 인하여 입은 財産上 損害를 塡補받는다 하여 치유될 성질의 것이 아니다"고 판시하였으며, ④ 大判 93. 12. 24, 93다45213[310]은 "건물신축공사로 인하여 공사기간 동안 임차인이 거주하는 被害者 소유의 주택이 2차에 걸쳐 파손되다가 급기야 신축건물의 5층 옥탑이 무너져내려 그 벽돌이 被害者의 주택을 덮쳐 지붕과 거실, 천정까지 파손되는 사고를 입는 등 계속적인 損害를 입는 상황이었다면 被害者가 거주하지는 않고 있어도 가옥파괴와 세입자의 生命, 身體, 財産 침해에 대한 불안으로 인하여 精神的 苦痛이 있었을 것임은 경험칙상 능히 인정된다"고 판시하여 慰藉料를 인정하고 있다.

307) 公 1982, 1002.
308) 公 1990, 460.
309) 公 1993, 436.
310) 公 1994, 507.

그런데 건물 손괴의 경우는 단순한 財產權의 침해에 그치지 아니하고 통상은 被害者의 생활권이나 거주권 내지 이에 준하는 人格權의 침해를 수반한다고 평가할 수 있어, 이러한 경우에는 수리비 등 財產的 損害의 賠償에 의하여 회복할 수 없는 精神的 損害가 발생하는 것이 대부분이다.[311] 또한 이러한 경우는 違法性의 정도가 심하다는 특징도 있다. 따라서 엄밀한 의미에서 보면 위와 같은 건물 손괴의 경우 慰藉料가 인정된 것은 人格權의 침해에 대한 慰藉料 인정이지 財產權 자체의 침해로 인한 慰藉料 인정은 아닌 것이다.

위 大判 92.12.8, 92다34162은 이 점을 명확히 하고 있다. 즉 위 판결은 원심이 앞서 본 확립된 판례이론에 따라 "일반적으로 타인의 不法行爲로 말미암아 財產權이 침해된 경우에는 그 財產的 損害의 賠償에 의하여 精神的 苦痛도 회복된다고 보아야 할 것이고, 원고가 특히 이 사건 不法行爲로 인하여 財產的 損害의 賠償에 의하여 회복할 수 없는 精神的 損害를 입었다는 점에 관하여는 이를 인정할 증거가 없으므로 慰藉料請求는 이유 없다"고 하여 慰藉料請求를 기각한 것에 대하여, "원심의 위와 같은 판단은 원고의 이 사건 慰藉料請求를 단순히 피고의 不法行爲로 원고의 財產權이 침해됨으로써 입은 精神的 苦痛에 대한 慰藉料請求라고 보고 그 財產上 損害의 賠償으로 精神的 苦痛도 치유되었다고 판단한 취지이나, 이는 원고의 請求와 이 사건 不法行爲의 실체를 정확히 파악하지 못한 것이라고 하지 않을 수 없다"고 한 후 원고의 이 사건 慰藉料請求는 일상생활의 안온상태가 파괴되고 사고에 대한 무방비 상태에서 언제 어떠한 損害가 발생할지 모르는 불안에 떨어야 하는 精神的 苦痛에 대한 慰藉料請求도 포함한 취지라고 보아야 할 것임에도 불구하고 원심이 이를 간과한 채 위와 같이 판단하고 말았음은 심리미진 또는 판단유탈의 위법을 범하였다고 하여, 不法行爲로 말미암아 財產權이 침해됨으로써 입은 精神的 苦痛에 대한 慰藉料請求와 財產權 이외에 被害者의 생활권 등 人格權이 침해됨으로써 입은 精神的 苦痛에 대한 慰藉料請求는 소송물이 다른 것이라고 파악하고, 不法行爲로 財產權 이외에 被害者의 생활권이나 불안감 등 人格權이 침해됨으로써 입은 精神的 損害는 예견가능성이 문제되는 특별한 損害가 아니라 通常損害라고 보고 있는 것으로 해석된다. 따라서 당해 물건에 대한 침해가 동시에 被害者의 생활권 내지 거주권, 영업권이나 불안감 등 人格

311) 예컨대 석축붕괴로 거주하는 가옥이 붕괴된 경우, 거주하는 건물에 방화한 경우, 자동차가 거주하는 가옥을 덮쳐 가옥이 파괴된 경우에는 단순히 건물이 손상됨에 그치지 아니하고 이에 부수하여 또 다른 人格權이 침해되는 경우가 대부분일 것이다.

權을 부수적으로 毁損하는 경우에는 그로 인한 精神的 損害는 人格權의 침해로부터 통상 생기는 損害이고 따라서 예견가능성은 애당초 문제가 되지 않는다고 생각한다.

이렇게 볼 때, 건물 손괴의 경우 慰藉料를 인정한 위 판결들이 예견가능성 여부를 전혀 언급하지 않음으로써, 不法行爲에 의하여 財産權이 침해된 被害者가 加害者를 상대로 慰藉料請求를 하기 위해서는 특별한 精神的 損害의 발생과 예견가능성이라는 두 가지 요건이 필요하다고 한 판례이론을 관철하고 있지 않는 점이 납득된다고 할 것이다.

(나) 土地 損壞 토지 자체의 손괴만으로 바로 특별한 精神的 苦痛이 있다고 하기는 어려울 것이다. 토지 손괴의 경우에 관한 우리 판례는 보이지 않으나, 예컨대 토지 손괴로 인하여 붕괴위험이 있는 경우에는 붕괴에의 불안감이 위자의 대상이 될 수 있을 것이다. 일본 하급심판결 중에는, 인접지의 토지채취에 의하여 토지붕괴를 일으킨 사안에서 원상회복에 과다한 비용이 소요된다는 이유로 回復工事代金請求를 기각하고 공평의 견지에서 慰藉料를 인정한 것이 있다.[312] 토지 소유권침해의 경우에도 그 가치가 塡補되면 족하고 이것이 통상 精神的 苦痛을 수반한다고 할 수는 없을 것이다.

(다) 家屋明渡, 物品搬出 판례가 많이 인정하고 있는 유형이다. 大判 67.9.19, 67다1219[313]은 "일상 사용할 성질의 가재도구를 장기간 가압류당한 경우에는 정신상 고통이 있었음을 경험칙상 추지할 수 있다"고 판시하였고, 大判 67.9.26, 67다985[314]은 "被告市가 적법한 절차에 의하지 아니하고 위법한 방법으로 원고 소유의 본건 건물을 수거하였고, 그로 인하여 원고가 精神的 苦痛을 받았다고 인정되는 이상 원심이 피고시에게 원고의 精神的 苦痛에 대한 損害의 賠償責任을 인정하였음은 정당하다"고 판시하였다.

그러나 위와 같은 경우에도 被害者의 생활권 등 부수적인 人格權을 침해한 것으로 볼 수 있기 때문에 慰藉料請求를 긍정한 것으로 보인다.[315]

(라) 家屋의 不法占有 가옥을 불법점유한 경우의 損害는 차임 상당금원으로써 塡補되므로, 원칙적으로 慰藉料請求는 인정될 수 없을 것이다. 이

312) 名古屋高裁 金澤支部判, 昭 61.11.5(判時 1239호, 60).
313) 集 15-3, 92.
314) 要集 民 I-2, 1217.
315) 예컨대 가재도구와 영업용 기계에 위법한 강제집행을 한 경우에는 被害者의 생활권, 영업권이 직접 침해되었다고 볼 수 있다.

에 관한 판례는 보이지 않지만, 被害者가 가옥에 거주하고 있어 그 거주권 등 부수적 人格權을 침해당한 경우에는 慰藉料請求를 인정할 수 있을 것이다. 일본 판례 중에는 임대인이 임차인의 가옥의 일부에 물건을 반입하여 점거한 사안에서 그 점거부분이 전체의 0.145%에 불과하여 거주권의 침해라고는 할 수 없다고 보아 慰藉料請求를 배척한 사례와 債務不履行에 관한 것이기는 하지만 건축도급계약의 不履行에 의하여 被害者의 입주가 늦어진 사안에서 거주권의 침해로 보기 어렵다 하여 慰藉料請求를 배척한 사례가 있다.

(마) 애완동물에 대한 生命, 身體의 침해 　피해물건이 애완동물인 경우에는 비록 피해물건이 동물일지라도 生命·身體에 관계된 것이고 경험칙상 이에 대한 被害者의 애착의 정이 강하여 慰藉料가 인정되어야 할 것인데,[316] 이 때 위자의 대상은 바로 被害者가 가진 애착의 정이라고 볼 수 있다. 이 경우 피해물건의 고가여부는 판단기준이 될 수 없고, 따라서 예컨대 영업용인 고가의 물고기가 절취된 경우에는 그것이 영업용인 이상 慰藉料請求를 인정할 수 없을 것이다.

(바) 樹木에 대한 침해 　예컨대 주택을 보호하기 위한 방풍림이 벌채된 경우, 오랜 기간 생육한 산림을 벌채한 경우, 오래된 수목을 이전시키다가 고사시킨 경우 등과 같이 피해 물건이 수목인 경우에는 이에 대한 손상만으로 바로 精神的 損害가 생긴다고 할 수는 없다. 그러나 수목도 생물이므로 被害者가 오랜 기간 동안 정성을 기울여 길렀기 때문에 각별히 애착의 정을 가진 경우에는 경험칙상 精神的 損害가 발생한다고 볼 수 있다. 이러한 경우에는 財產的 損害의 입증이 사실상 불가능한 경우가 많아서 慰藉料請求를 인정할 실제상의 필요성도 있다.

(사) 高價의 物件에 대한 侵害 　골동품, 자동차 등에 대한 被害者의 애착은 생물인 점에 중점이 있는 애완동물이나 수목의 경우와는 달리 취급되어야 한다. 그러한 물건이 고가이면 財產上 損害額이 고액이 될 것이어서 그러한 고액의 財產上 損害의 賠償에 의하여 精神的 苦痛은 통상 회복되는 것이므로 그러한 물건에 대한 被害者의 애착의 정이 각별하다 하더라도 원칙적으로 경험칙상 특별한 精神的 損害가 발생하는 경우에 해당할 수 없을 것이다. 다만 객관적으로도 특별한 것이라고 평가된다면 慰藉料가 인정될 수 있을 것이다.

---

316) 東京地判 昭 40.11.25(判時 427호, 17).

大判 92.5.26, 91다38334[317]은 高價의 민화가 들어 있는 이삿짐을 비 오는 곳에 며칠간 방치함으로써 정신상 損害를 입었다고 慰藉料請求를 한 사안에서, 종래의 판례이론을 설시한 다음, "그러므로 피고들에게 원고가 평소 소장해 왔던 고가의 골동품 등이 毁損됨으로써 입게 된 精神的 苦痛을 위자할 의무가 있다고 하기 위해서는 피고들이 위와 같은 특별한 사정, 즉 원고 주장과 같이 고가품이 이삿짐에 포함되어 있었다는 사정을 알았거나 알 수 있었어야 할 것인바, 원심으로서는 이러한 점에 관하여 심리판단하였어야 한다"고 판시하여 원심판결 중 慰藉料請求 부분을 파기·환송하였다. 위 판결은 財產權 침해의 목적인 물건이 고가의 골동품인 경우에 일응 특별한 精神的 損害가 있다고 볼 수 있다는 전제하에, 마치 골동품이 이삿짐 속에 있었다는 사정에 대한 예견가능성이 인정되면 慰藉料請求가 인정된다는 듯한 표현을 사용하였으나, 예견가능성의 대상은 골동품의 손상에 의하여 被害者에게 財產的 損害의 賠償에 의하여 회복할 수 없는 精神的 損害가 발생하였다는 '그러한 특별한 사정'에 대한 예견가능성이어야 하므로, 표현상 애매하기는 하나 아마도 고가품이 이삿짐에 포함되어 있었다는 사정에 대한 예견가능성조차도 인정되기 어렵기 때문에 특별한 精神的 損害에 대한 예견가능성은 더욱이 인정할 수 없는 취지에서 한 판시가 아닌가 한다.[318]

(4) 결 론

타인의 不法行爲에 의하여 財產權이 침해된 경우의 광의의 精神的 損害는, ① 財產的 損害의 賠償에 의하여 회복되는 精神的 損害와 ② 財產的 損害의 賠償에 의하여 회복할 수 없는 精神的 損害로 나눌 수 있다. 그리고 ② 財產的 損害의 賠償에 의하여 회복할 수 없는 精神的 損害는 다시 (i) 財產權 침해 그 자체로부터 생기는 精神的 損害와, (ii) 財產權침해에 부수하여 별도의 人格權을 침해함으로써 생기는 精神的 損害로 나누어 볼 수 있다. 위 (i)은 特別損害가 틀림없고, 위 (ii)는 財產權침해로 인하여 통상 바로 생기는 것이 아니라는 견지에서 보면 特別損害임이 틀림없지만 財產權 이외의 人格權을 별도로 침해함으로써 精神的 苦痛이 통상 바로 생긴다는 견지에서 보면 通常損害인 것이다.[319] 그렇게 본다면, 財產權침해에 부수하여 별도의 人格權을 침해함으로써 생기는 精神的 損害에 대한 慰藉料는 엄밀히 말하면 협의의 財

317) 公 1992, 2003.
318) 黃貞根, "不法行爲로 인한 財產權의 침해에 대한 慰藉料請求", 民判硏 16, 252.
319) 黃貞根, 전게논문, 255.

產權의 침해로 인한 慰藉料請求라고 하기는 어려운 것이다. 이렇게 精神的 損害의 종류를 나누어 보아야 한다는 것을 위 大判 92.12.8, 92다34162이 적절히 지적하고 있음은 앞서 본 바와 같다.

통설·판례대로 財產權 그 자체의 침해로 인하여 財產的 損害의 賠償에 의하여 회복할 수 없는 精神的 損害가 발생하였다면 이는 특별한 사정으로 인한 損害로서 加害者가 그러한 사정을 알았거나 알 수 있었을 경우에 한하여 그 損害에 대한 慰藉料를 인정할 수 있는바, 加害者의 예견가능성은 어떠한 경우에 인정될 수 있을 것인가가 문제된다. 피해물건의 성질이나 態樣으로부터 볼 때 피해물건의 손실 그 자체에 객관적으로 精神的 苦痛이 상정되는 경우와, 피해물건의 손실 그 자체로부터 바로 精神的 苦痛이 상정될 수 없는 경우라도 가해방법이 현저히 반도덕적이거나 被害者에게 현저한 精神的 苦痛을 느끼게 하는 상황하에서 가해행위가 이루어진 경우에는 경험칙상 財產的 損害의 賠償에 의하여 회복할 수 없는 특별한 精神的 損害가 발생하였다고 평가할 수 있고, 이러한 경우의 특별한 精神的 損害는 경험칙상 통상 예견할 수 있다고 보아야 할 것이다.[320)]

V. 慰藉料 算定의 基準

1. 一般原則

慰藉料를 산정하기 위하여는 財產的 損害賠償과 마찬가지로 塡補될 損害가 무엇인가, 그리고 그 損害額은 얼마인가가 정하여지지 않으면 안된다.

그런데 損害賠償이란 財產的 損害賠償이든 非財產的 損害賠償이든 被害者를 가해행위가 없었던 상태로 회복시키는 데 그 목적이 있다. 따라서 損害는 구체적인 산정의 가부는 별문제로 하고 이론적으로는 가해행위가 없었더라면 존재하였을 被害者의 비현실의 상태와 가해행위로 인하여 加害者에게 생긴 현실의 상태와의 차액이라고 규정할 수 있을 것이다.[321)]

그러나 慰藉料에 있어서는 대상이 되는 이 差額(損害)이 精神的(非財產的) 損害라는 금전평가가 본래 불가능한 損害이기 때문에 財產的 損害의 경우처럼

320) 黃貞根, 전게논문 255-6.
321) 註釋債各(Ⅳ), 165.

수리적으로 명확히 산출되는 것이 아니고 그 산정에는 곤란이 항상 따라다닌다.

우리 민법은 慰藉料의 산정방법이나 산정시에 고려하여야 할 요인에 관하여 아무런 규정을 두지 않고 있어 결국 그 산정을 법원에 일임하고 있다.

판례는 일관하여 不法行爲로 인하여 입은 精神的 苦痛에 대한 慰藉料 額數에 관하여는 사실심 법원이 사실심 변론종결시까지 구두변론에 나타난 모든 제반 사정을 참작하여 그 직권에 속하는 재량[322]에 의하여 이를 확정할 수 있다고 한다.[323] 그리고 그 경우 참작할 수 있는 제반 사정에는 제한이 없고, 被害者側, 加害者側, 그 외 일체의 사정이 고려의 대상으로 될 수 있으며, 또 인정의 근거(산정시에 고려한 상황)를 일일이 설시할 필요도 없고, 나아가 慰藉料算定의 기초가 되는 사실은 간접사실에 불과하므로 변론주의가 적용되지 않으며 원고가 慰藉料額의 증명을 하고 있지 않더라도 법원은 제반의 사정을 참작하여 그 액을 정하는 것도 가능하다고 한다.

판례[324]에 의하여 제시된 慰藉料算定의 구체적인 참작사유를 보면, 被害者의 被害程度(苦痛)·年齡·性別·職業·財產狀態·生活狀態·敎育程度·過失有無 및 過失程度와 加害者의 故意 또는 過失의 程度·職業·財產狀態 및 賠償責任者의 生活狀態 등이 있다.[325] 그러나 그 제반 사정을 어떻게 참작하여야 하는지에 대해서는 구체적인 이론을 제시하지 않고 있다.[326]

---

322) 판례는 대학에서 임학을 전공한 원고가 상해로 인하여 그 전공분야에 종사할 수 없게 되고 신장의 한편을 절단하여 나머지 한편의 신장이 부전하게 되어 生命을 잃을 위험성을 가지게 된 경우 원고의 정신상의 고통이 금 200만원으로 위자될 수 있다고 한 것은 우리의 경험칙에 위배된다(大判 80.2.26, 79다2264(公 1980, 12661))거나, 교통사고로 의학상 완치될 가망이 없는 상해를 입은 교원에게 20만환의 慰藉料를 인정한 것은 잘못이라 할 것이다(大判 62.4.4, 61다1355(集 10-2, 36))거나, 교통사고로 인한 상해의 후유증으로 수영실기능력을 상실하게 된 전국가대표 수영선수에게 금 2,000만원 상당의 慰藉料의 支給을 명한 원심의 조치는 정당하다(大判 88.8.23, 87다카50(公 1988, 1237))고 판시하는 등 慰藉料 額數의 확정을 사실심의 완전한 自由裁量으로 보지는 않고 경험칙에 기속되는 재량으로 보고 있다.

323) 大判 88.2.23, 87다카57(公 1988, 573); 大判 95.2.28, 94다31334(公 1995, 1454); 大判 98.3.27, 98다3016; 大判 99.4.23, 98다41377(公 1999상, 998).

324) 大判 95.2.28, 94다31334(公 1995, 1454) 등 참조.

325) 註釋債各(Ⅳ), 165.

326) 예컨대 被害者의 고통만을 참작한다면, 고통이 크면 慰藉料가 많아지고 고통이 적으면 慰藉料도 적어질 것은 당연하다. 그러나 被害者의 신분이나 財產을 참작하면 신분이 높고 財產이 많으면 慰藉料額을 많이 산정해야 하는지 적게 산정해야 하는지가 문제된다. 한편 어떠한 이익이 침해되어 생긴 精神的 損害인가에 따라서 慰藉料額의 산정에 있어 고려되는 사정과 그 비중에는 자연히 차이가 있다. 예를 들면 名譽·信用 등의 침해에 의한 慰藉料의 산정에 있어서는 被害者의 직업, 사회적 지위는 중요한 산정요소로 될 것이나 身體 침해에 의한 慰藉料의 경우는 그러한 사정은 그다지 중요한 요소로는

2. 被害者의 苦痛

慰藉料란 被害者의 고통을 제거 또는 경감시키기 위하여 주어지는 것이다. 따라서 각국의 학설·판례는 모두 被害者의 고통을 慰藉料算定에 있어 가장 중요한 산정기초로 삼고 있다. 우리 나라의 대법원 판례 역시 앞에서 소개한 바와 같이 被害者의 고통의 정도를 慰藉料算定의 중요한 기초로 삼고 있다.

육체적 고통은 상해의 정도 여하에 따라 被害者가 감수하는 정도가 다르므로 그 고통의 정도를 인식하기 위해서는 被害者가 받는 상해의 정도, 고통의 존속기간 등을 참작하는 것은 당연하다. 그리고 被害者의 고통을 측정하기 위해서는 고통의 정도뿐 아니라 피해의 態様도 고려하지 않으면 안된다. 예컨대 被害者가 상해로 인하여 고통을 받은 것이라면 고통의 정도와 존속기간뿐 아니라 被害者의 상해가 완치될 수 있는가의 여부 및 계속적 치료의 필요여부 등을 고려해야 함은 물론 피해 전의 생활환경과는 다른 장기의 요양생활을 보내야 하는가의 여부와 재발의 위험이 있는가의 여부 등도 고려하여야 한다. 또 같은 상해이더라도 혼기의 여자의 안면에 상해가 가해진 경우는 결혼에 지장이 있다는 것도 고려해야 하며 피아니스트의 손가락이 절단된 경우는 부상으로 인한 고통 외에 일생 동안 연주를 통해 맛볼 수 있는 기쁨을 누릴 수 없다는 고통도 고려하여 보통사람이 입은 상해 또는 동일인이 다른 부위에 상해를 입은 경우보다 慰藉料算定을 많이 하여야 할 것이다.

그리고 被害者가 사망한 경우에는 유족이 사망한 被害者에게 의존했던 생활관계 및 장래 의존할 수 있었던 관계 등도 참작하여야 한다. 또한 被害者가 고통을 순간적으로 느끼고 사망한 경우와 장기의 와병 끝에 사망한 경우의 慰藉料를 달리 계산하여야 할 것이다.

名譽毁損의 경우에는 被害者의 지위·직업 등을 고통의 정도를 계량하는데 함께 참작하여야 할 것이다. 예컨대 연예인에게 '甲女와 간통했다'라고 하는 것과 교회목사에게 '여신도와 간통했다'라는 것은 고통의 정도가 다르다고 보아야 하며, 교사에게 '실력이 없다'라는 것과 '얼굴이 못생겼다'라는 것은 그로 인하여 느끼는 고통이 다르다고 보아야 하기 때문이다.

그리고 慰藉料算定에 있어서는 과거 또는 현재의 정신상의 고통뿐만 아니

되지 않을 것이다. 전술한 바와 같이 본조에 열거된 이익은 예시이고, 精神的 損害가 발생하는 경우는 다양하기 때문에 침해된 이익의 유형적 정리가 慰藉料算定要素를 고려하는 데 있어서 필요할 것이다.

라 장래의 고통이 예상되는 경우에는 합리적인 범위에서 장래의 고통까지도 참작하여야 한다. 즉, 請求者가 현재 고통감수능력이 없는 때라도 장래 이것을 감수할 것을 현재 합리적으로 기대할 수 있는 경우에 있어서는 장래의 고통에 대하여 현재 請求가 가능하다는 것이다. 예컨대 현재 고통을 느낄수 없는 유아나 태아에 대해서도 장차 느끼게 될 고통에 대해 현재 慰藉料請求를 인정하여야 한다는 것이다 또 貞操侵害의 경우에는 被害者가 貞操喪失로 인하여 현재 느끼는 고통뿐 아니라 장차 결혼시에 느낄 고통도 참작하여야 하는 것도 같은 이유에서이다. 이 같은 장래의 고통 또는 장래의 損害는 입증이 곤란한 경우가 많을 것인데 그러한 장래의 고통은 그 발생에 관하여 절대적 확실성을 요구하는 것은 무리이고 막연하게나마 그 발생의 추량적 가능성이 인정되면 족하다고 해야 할 것이다. 바꾸어 말하면 장래의 損害에 관해 합리적 기대성이 인정되면 그에 대한 慰藉料請求를 인정해야 한다는 것이다.

3. 被害者의 財産狀態

被害者의 財産狀態는 被害者가 일실한 精神的 利益을 산정하는 척도로서 慰藉料算定에 있어 매우 중요한 기초를 이룬다. 대법원판례도 當事者 쌍방의 財産狀態를 慰藉料산정의 기초로 삼을 것이라고 하고 있으나 구체적으로 어떻게 산정하여야 하는지에 대하여는 분명하지 않다.[327] 그러나 當事者 쌍방의 財産狀態를 고려할 것이라 한 점에서 보아 대체로 비교교량설의 입장을 취하고 있다고 보아 무방할 것이다.[328]

4. 被害者의 生活狀態

慰藉料의 목적을 '생활상의 위안에 의한 원상회복' 즉 賠償金을 수령하거나 또는 이것을 점유하는 기쁨, 그리고 불가결한 생활필수품의 입수 내지 저축의 가능성 등을 被害者에게 주어서 被害者에게 그 기호와 생활상의 위안이 가능한 상태로 만들어 줌으로써 被害者로 하여금 일시적으로 고통을 망각 또는 경감시키는 것이라고 이해하는 입장에 선다면 이와 같은 상태를 창조할 수

327) 被害者의 財産狀態가 양호하면 慰藉料를 증액하는 식으로 참작하는 판결도 있고, 被害者의 財産狀態를 참작하되 항상 加害者의 財産狀態와 비교형량하여 慰藉料를 산정하는 판결도 있으며 한편 被害者의 양호한 財産狀態는 慰藉料를 감액하는 의미에서도 참작할 수 있다는 견해도 있다.

328) 註釋債各(Ⅳ), 169.

있는 被害者의 생활상태를 慰藉料에 의해 실현하여 주어야 할 것이므로 慰藉料算定에 있어서는 被害者의 생활상태 내지는 생활수준을 참작할 필요가 있다. 다시 말하면 타인에 비하여 보다 더 양호한 생활상태에 있는 被害者에게는 보다 소액의 慰藉料를 가지고도 생활상의 위안에 의한 원상회복이 가능하다고 생각될 수 있기 때문이다. 財産狀態는 어떤 형식으로든 생활상태를 반영하는 것이므로 慰藉料算定에 있어서 被害者의 財産狀態를 참작하면 충분한 것으로 생각되지만 보통의 경우에 財産狀態와 생활상태가 무조건 비례하는 관계에 있는 것은 아니므로 역시 被害者의 생활상태를 財産狀態와 별개로 慰藉料算定에 있어서 참작할 실익이 있다고 생각된다.

5. 被害者의 職業·社會的 地位·年齡·國籍

慰藉料算定에 있어 참작하여야 할 被害者의 사정에는 제한이 없으나 財産狀態 다음으로 중요하게 여기는 것에 직업·사회적 지위·연령 등이 있다. 직업·사회적 지위·연령에 따라 고통에 차이가 나기 때문이다. 예컨대 같은 상해로 불구자가 된 경우라도 청년이 被害者인 경우와 본래 보행에 불편을 느끼는 노인이 被害者인 경우는 고통의 정도가 다를 것이다. 또 같은 이혼이라도 초혼으로 장기간 부부생활을 해 온 자와 중년기에 재혼한 자와는 고통의 정도가 다를 것이다. 그리고 같은 名譽毁損일지라도 고급 공무원이 被害者인 경우와 거리의 불량배가 被害者인 경우는 고통의 정도가 다르다고 할 것이다. 그러므로 이와 같은 경우에는 被害者의 직업·지위·연령 등을 참작하여 慰藉料를 적당히 증액하여야 할 것이다. 또 被害者의 연령에 있어서는 예를 들면 후유증이 있는 경우, 연령이 고통의 계속기간에 관계가 있기 때문에 당연히 고려된다.

피해자가 외국인인 경우 위자료 산정과 관련하여 대법원은 “불법행위의 피해자인 외국인이 일시체류자 또는 불법체류자로서 사고가 아니었더라면 곧 고국으로 돌아갈 것이 예정되어 있거나, 그러한 피해자의 유족들이 외국인으로서 외국에 거주하고 있는 경우, 그 사고로 인한 불법행위로 외국인인 피해자가 입은 정신적 고통에 대한 위자료를 산정하는 데에는 피해자 자신의 고국에서의 소득수준이나 그 나라의 경제수준을 위자료 산정의 한 기준으로 참작할 수는 있으나, 그 참작의 정도는 반드시 그러한 소득수준 또는 경제수준의 차이에 비례하여야 하는 것은 아니고, 당해 불법행위의 유형을 감안하여 합리

성이 인정되는 범위 내에서 고려하면 족하다"고 한다.[329)]

6. 被害者의 過失

實損害의 塡補를 목적으로 하는 損害賠償制度는 損害分擔의 공평의 원칙을 그 이념으로 한다. 따라서 損害賠償責任을 지는 자는 타인의 過失에 대해서 責任을 질 이유가 없는 것이며 민법은 이러한 취지에서 損害原因의 발생 및 損害의 발생확대에 被害者의 過失이 존재하는 경우에는 損害賠償算定에 있어서 반드시 참작할 것을 규정하고 있다(§396, §763). 그러므로 被害者의 過失이 損害에 가담해 있다면 損害額을 감액하여야 할 것이다.

그런데 이 過失相計의 원칙을 慰藉料算定에 있어서도 그대로 적용할 것인가? 그리고 被害者의 過失을 참작한다고 할 때 그 '被害者'는 누구를 의미하는가가 문제된다.

첫째, 慰藉料算定에 있어서도 過失相計가 인정되는가에 관하여는 상계설과 참작설의 대립이 있으나 우리 판례나 실무례는 참작설을 따르고 있다고 할 수 있는데, 過失 반영비율에 관하여는 실무상 被害者 過失 전부를 반영하자는 입장과 그 중 3분의 2 정도만 반영하자는 입장이 있다.

둘째, 被害者의 過失을 慰藉料算定에 있어서 참작한다고 할 때에 被害者의 過失이라 함은 구체적으로 누구의 過失을 의미하는가가 문제된다.

責任無能力者가 被害者인 경우에 누구의 過失을 참작할 것인가에 대하여 판례는 8세된 어린이의 過失을 참작하여 慰藉料를 산정하기도 하고, 被害者인 만 5세된 어린이를 위험한 장소에서 놀게 한 감독의무자의 過失을 참작하여 慰藉料를 산정하기도 한다. 그러나 이들 판례의 내용을 검토하여 보면 대체로 被害者와 감독의무자의 過失을 같이 참작하고 있다. 過失相計에 있어서 過失이라 함은 엄격한 법률상의 過失 개념이 아니라 단순한 생활상의 부주의로 해석된다. 따라서 被害者의 過失을 참작하기 위하여 被害者에게 責任能力을 요한다고 볼 것은 아니며 단지 被害者에게 위험에 대한 변별능력만 있으면 그의 過失을 참작하여야 한다고 생각되며 또 동시에 감독의무자의 過失도 같이 참작하여야 한다는 판례의 입장이 타당하다고 본다.

호의동승과 관련하여 운행자의 호의동승을 한 피해자에 대한 배상책임 제한의 문제가 있는데, 가사 호의동승을 한 사실이 재산상 손해배상액의 감액사

329) 大判 2001. 10. 26, 99다68829(公 2001하, 2534).

유가 되지 않는 경우라도 慰藉料 감액사유로는 삼을 수 있을 것이다.

한편 자동차의 보유자는 자동차의 운행으로 인한 이익을 향수할 뿐 아니라 자동차의 운행을 지배하는 지위에 있는 자로서 운전자의 선임에 관하여는 물론 그 지휘감독에 관하여까지 상당한 주의를 하여야 할 의무가 있으므로 자동차의 운행으로 말미암아 발생하는 결과에 대하여 책임이 있고, 따라서 자동차의 보유자가 다른 사람으로 하여금 자동차를 운전하게 하고 그 자동차에 함께 탔다가 제3자의 과실로 인하여 교통사고가 발행한 결과 손해를 입은 경우에, 그 자동차의 운전자에게도 과실이 있었다면 그 손해를 배상할 의무가 있는 제3자가 자동차의 보유자에게 배상하여야 할 재산상 손해의 액과 慰藉料의 액을 정함에 있어서 그 자동차 운전자의 과실을 참작하여야 할 것이다.[330)]

7. 被害者 또는 그 近親者가 取得한 財產的 利益

(1) 財產的 損害의 賠償金

債務不履行이나 不法行爲로 인하여 財產損害와 非財產損害가 함께 생긴 경우에 財產損害賠償은 慰藉料에 어떠한 영향을 미치는가? 판례는 법원은 慰藉料액을 산정함에 있어 피해자측과 가해자측의 제반 사정을 참작하여 그 금액을 정하여야 하므로 피해자가 가해자로부터 당해 사고로 입은 재산상 손해에 대하여 배상을 받을 수 있는지의 여부 및 그 배상액의 多寡 등과 같은 사유도 慰藉料액 산정의 참작 사유가 된다고 한다.[331)] 한편 일본에서는 財產損害를 請求할 수 있는 자가 이것을 請求하지 않고 慰藉料만을 請求할 경우에는 慰藉料를 다액으로 책정하여야 한다는 학설과 판례가 있으나, 慰藉料와 재산상 손해를 별개의 소송물로 보는 우리 판례의 입장에서는 전술한 慰藉料의 보완적 기능의 범위 내에서만 이를 고려하여야 할 것이다.[332)]

(2) 기타 財產的 이익

被害者 또는 그 가족이 不法行爲로 인하여 어떤 財產的 이익을 얻었을 때 慰藉料에 어떤 영향을 미치는가가 문제된다.

불법행위의 가해자에 대한 수사과정이나 형사재판과정에서 피해자가 가해자에 대한 처벌을 원치 않는다는 내용의 합의를 하면서 지급받은 금원을 뜻하는 형사합의금의 경우 이를 ① 재산상 손해의 일부로 지급된 것으로 보아, 재

330) 大判 94.4.26, 94다2121(公 1994, 1474).
331) 大判 84.11.13, 84다카722(公 1985, 23).
332) 전술 Ⅲ의 2. 참조

산상 손해에서 공제할 것인지, ② 위자료 산정의 참작사유로 삼을 것인지, ③ 또는 순수한 위로금[333]으로 보아 위자료 산정의 참작사유로도 삼지 않을 것인지는 기본적으로 당사자 의사 해석의 문제이다. 이때 고려될 수 있는 사정은 피해자의 손해배상채권액 및 그 중 재산상 손해액과 위자료 액수와의 관계, 형사합의금의 액수, 형사합의금을 지급받은 사람이 피해자 전원인지 1인인지, 기타 형사합의를 둘러싼 여러 정황을 들 수 있다. 이런 관점에서 보아 호의적·동정적·의례적인 금원의 수수로 인정되는 경우에만 위로금으로 보고, 그 외 특히 고액인 경우 채무의 변제로 보아야 할 것이다.

판례의 경우 財產上 損害의 일부로 支給된 것으로 보아, 財產上 損害에서 공제한 경우[334]와 慰藉料 산정의 참작사유로 삼은 경우[335]가 있는데, 형사합의금에 대한 판례의 태도를 요약하면, 특히 위자료 명목으로 지급받는 것임을 명시하였다는 등의 특단의 사정이 없는 한 그 금원은 재산상 손해배상금의 일부로 지급되었다고 봄이 상당하다고 할 것이나,[336] 위와 같은 합의를 함에 있어서 '위로금' 조 또는 '보험금과는 별도'라는 표현을 명시하고 있으면, 이 경우에는 피고의 공제 주장을 배척하고 위자료 참작사유로만 삼고 있다.[337][338]

근로기준법, 산업재해보상보험법상의 보상 및 급여, 공무원연금법상의 급여, 군인연금법 등에 의한 급여 등 각기 실정법상의 근거를 달리하여 支給되는 각종의 원호금·보조금·급여금과 慰藉料와의 관계가 문제되는데 판례는 慰藉料에 대한 참작사유에 그치는 경우와 손익상계를 인정하는 경우를 구별하고 있다. 이에 관한 상세한 설명은 손익상계에 관한 부분에 미루기로 한다.

333) 이 경우는 민사상 손해배상금의 성질이 없으므로 가해자가 보험회사에 대하여 구상권을 가지지 않게 된다.

334) 大判 88.5.24, 87다카3133(公 1988, 989); 大判 96.9.20, 95다53942(公 1996하, 3114) 등.

335) 大判 91.4.23, 91다5389(公 1991, 1477); 大判 91.8.13, 91다18712(公 1991, 2357) 등.

336) 大判 88.5.24, 87다카3133(公 1988, 989); 大判 91.8.13, 91다18712(公 1991, 2357); 大判 94.10.14, 94다14018(公 1994, 2978); 大判 95.7.11. 95다8850(公 1995, 2755); 大判 96.9.20. 95다53942(公 1996하, 3114).

337) 大判 90.12.11, 90다카28191(公 1991, 478); 大判 91.4.23, 91다5389(公 1991, 1477); 大判 91.8.13, 91다18712(公 1991, 2357).

338) 교통사고의 가해자측이 피해자의 유족들을 피공탁자로 하여 위로금 명목으로 공탁한 돈을 위 유족들이 출급한 경우, 공탁서상의 위로금이라는 표현은 민사상 손해배상금 중 정신적 손해인 위자료에 대한 법률가가 아닌 일반인의 소박한 표현에 불과한 것으로 보아 위 공탁금은 민사상 손해배상금의 성질을 갖는다(大判 99.1.15, 98다43922(公 1999상, 292)).

8. 加害者의 財產狀態

순수한 배상설에 의하면 가해자의 재산상태를 고려할 필요가 없으나 손해의 공평한 분담이라는 견지에서 가해자의 재산상태도 慰藉料산정의 사유로 봄이 상당하다.

9. 加害者의 故意 · 過失

被害者 또는 그 가족은 不法行爲에 의해 加害者에 대하여 어떤 형태 · 정도로도 원한을 가진다는 것은 당연하다. 이와 같은 감정은 不法行爲가 없었더라면 느끼지 않았을 것으로서 이것 역시 不法行爲에 기한 非財產的 損害의 일부를 구성한다. 加害者가 輕過失로 不法行爲를 한 경우에는 被害者는 그로 인한 損害를 일종의 숙명으로 받아들일 것이지만 加害者가 故意 또는 重過失에 의해 不法行爲를 행한 경우에는 被害者의 원한의 감정은 보다 커져서 加害者에 대하여 보다 엄한 제재를 기대하게 된다. 따라서 이 같은 被害者의 감정은 加害者의 過失의 정도 즉 輕重에 따라 차이가 생기게 되며 被害者의 精神的 苦痛을 경감하기 위하여 支給되는 慰藉料의 산정에 있어서 加害者의 過失의 정도를 참작하지 않을 수 없는 것이다.

10. 其他 諸事情

예를 들면 被害者와 加害者의 관계도 문제가 된다. 즉 加害者와 被害者 사이에 친밀한 관계가 있으면 그것은 慰藉料 감액사유로 된다.[339] 판례는 남편이 자기의 처와 간통한 자를 상대로 낸 慰藉料請求訴訟에 있어, 그 액수를 정함에 있어서는 그 不法行爲의 정도 원 · 피고의 사회적 지위, 財產程度뿐만 아니라 남편이 다른 여자와 내연관계를 맺었거나, 처와 간통한 자가 간통죄로 복역한 사실이 있다면 이러한 사정도 참작하여야 한다고 판시하였다.[340]

11. 慰藉料의 定額化

이상에서 본 바와 같이 慰藉料의 산정은 법원이 제반 사정을 고려하여 하기 때문에 동종의 가해행위에 의해 동종의 피해가 발생해도, 법원에 따라 그

339) 전게 日 注解 判例民法, 債權法 Ⅱ, 1277.
340) 大判 59.11.5, 59다771(集 7, 286).

인용액이 크게 다른 경우가 있다. 이것은 법적 안정성의 점에서도 바람직한 것은 아니고 특히 교통사고와 같이 동종의 사고로부터 동종의 피해가 대량으로 발생하는 경우, 慰藉料의 인용액에 극단적 차이가 생기는 점에는 문제가 있다. 또 교통사고의 대량발생으로 인한 교통사고 賠償訴訟 건수의 급증의 결과 대량의 사건을 신속히 처리하지 않으면 안될 입장에 처한 법원이 賠償額 특히 많은 사정을 고려하여 그 액을 산정하여야만 하는 慰藉料에 있어 그 액을 일정의 기준에 의하여 산정하는 소위 慰藉料額의 정액화를 추진하여 왔다.

2002. 9. 1. 현재 서울地方法院 교통사고 담당 재정단독 재판부의 실무례를 보면, 원고들 전체(家團)에 대한 금액을 기준하여, 전체 5,000만원(사망 또는 노동능력 100% 상실시 4,000만원에서 1999. 11. 1.부터 5,000만원으로 증액되었다)에서 過失比率 상당금액을 공제한 금액에다 여러 증감요소를 고려하여 적절히 증감한 뒤 이를 신분관계에 따라 배분하는 방법(예컨대 본인 : 배우자 : 부모 · 자녀 : 조부모 · 형제=8:4:2:1)을 사용하고 있고 노동능력 일부 상실시에는 사망시 기준금액에 노동능력상실률을 곱한 금액에다 위와 같은 원칙을 적용한다.

12. 名譽毁損의 경우 實務上 인정된 慰藉料額

언론기관 등을 상대로 한 명예훼손소송 등에서 우리 법원이 인정하는 慰藉料의 액은 1990년대 초반까지는 1,000만원 이하인 경우가 대부분이었다. 따라서 평균 500만 달러에 달하는 미국의 예[341]에 비추어 慰藉料額數가 지나치게 적어 無責任한 언론의 횡포에 대한 실질적인 제재수단으로는 미흡하다는 비판이 있어 왔다. 그 후 慰藉料의 액수가 점차 커져 2,000만원 내지 3,000만원의 慰藉料가 일반화되어 가고 있고, 3억원이나 4억원의 慰藉料를 명하는 사례도 나오고 있다. 특히 1996. 3. 1. 서울地方法院에 언론전담재판부인 민사 제25부(2002. 2. 18.자로 민사 제26부도 언론전담재판부로 되었다.)가 생기면서 동 재판부를 중심으로 慰藉料의 고액화 현상이 뚜렷해지고 있다. 이는 慰藉料額을 대폭 올려 名譽毁損에 대한 실질적 구제가 이루어질 수 있도록 할 필요가 있다는 여망을 반영한 것으로 앞으로도 慰藉料의 고액화 현상이 계속될 것으로 보인다.

최근의 主要判例에서 나타난 慰藉料額數를 살펴보면 다음과 같다.

341) 1984년 미국의 통계에 의하면 名譽毁損訴訟에서 인정된 一般損害賠償額은 평균 2,033,367.00달러, 懲罰的 損害賠償額은 평균 2,980,093.70달러였다고 한다{Smolla, Rodney A., Law of Defamation(New York: Clark Boardman Co., 1990), sec. 9. 14, at 9-72. 韓渭洙, 전게註 77 논문, 439에서 再引用}.

(1) 大判 88. 10. 10, 85다카29(公 1988, 1020).

월간 주부생활. 모 변호사를 비방하는 소송의뢰인의 수기를 게재. 금 1,000만원 인정한 원심판결 유지.

(2) 서울地東部支判 89. 4. 21, 88가합17151(言論仲裁 1989. 여름호, 172).

월간 신부. 기혼가수 조하문 모 여자탤런트와의 열애설 기사. 사죄광고와 500만원.

(3) 서울高判 90. 5. 4, 89나36258(言論仲裁 1991. 여름호, 155).

월간 여성동아. 가수 김성희와 전 새마을본부회장과의 관련설 기사. 사죄광고와 1,000만원. 월간지 마드모아젤에 대하여 같은 사유로 사죄광고와 慰藉料 2,000만원.

(4) 서울民地判 90. 8. 17, 90가합35265(下集 90-2, 108).

일간 서울신문. 노동운동가인 원고가 북한공작원으로서 임수경양 입북사건에 관련된 것처럼 보도. 400만원.

(5) 서울民地判 90. 9. 5, 89가합51612(言論仲裁 1992. 가을호, 171).

주간 기자협회보(발행부수 약 1만부). 모 일간신문 논설위원이 전교조를 매도하는 칼럼을 써서 곧 바로 司正諮問委員으로 위촉되었다는 기사. 즉시 일부의 정정기사 보도한 점 참작, 사죄광고와 300만원.

(6) 서울民地判 90. 11. 9, 90가합15032(新聞 1991. 1. 21.자, 10).

월간 주부생활. 가수 김세레나 前 國會議員과 교제설 기사(원고는 前 國會議員의 처). 400만원

(7) 서울民地判 91. 4. 17, 90가합3961(言論仲裁 1991. 여름호, 149).

가수 조용필. 기자들에게 유부녀였넌 원고가 자기를 사랑한다고 했다는 등의 답변을 하여 보도되게 한 사안. 원고 남편이 먼저 피고를 名譽毁損한 점을 감안. 1,000만원.

(8) 서울高判 91. 9. 25, 91나27329(新聞 1991. 10. 7.자, 10).

주간 시사토픽. 故 육영수여사 狙擊事件에 당시 청와대경호관계자가 연루된 것처럼 보도. 원고와 가족들에게 합계 2,500만원.

(9) 서울民地判 92. 7. 29, 92가합3033(言論仲裁 1992. 가을호, 71).

주간 매스컴신문(발행부수 약 75,000부). 연합통신사 대표이사 및 기자들이 시당국자로부터 광고료 등으로 받은 돈을 寸志를 받았다고 보도. 1,000만원.

(10) 서울民地判 92. 9. 8, 91가합78412(言論仲裁 1992. 겨울호, 160).

조선일보 등 4개 일간지. 배우 최유리 유학알선업체의 사기 관련설 기사. 각 1,000만원.

(11) 서울民地判 92. 12. 4, 91가합82923(국내언론관계판결집 제2집, 215).

주간조선. '통합 야당대변인 노무현 의원은 과연 상당한 재산가인가?' 제하의 기사에서 일부 허위사실을 게재하고 어떤 사실은 일면만 적시하고 다른 면은 누락함으로써 원고가 상당한 재산가이며 부동산 투기를 하는 부도덕한 정치인이며 인권변호사로서의 활동도 과장되었다는 인상을 줌. 판결요지의 광고와 2,000만원.

(12) 2심: 서울高判 94. 1. 11, 93나6210

1심: 서울民地判 92. 12. 15, 91가합38193.

한국소비자보호원의 우유품질비교시험에 대하여 허위의 비방광고를 일간신문에 게재한 파스퇴르유업 주식회사에 대하여 1심은 합계 9,000만원, 2심은 합계 6,500만원.

(13) 서울地西部支判 94. 9. 14, 93가합14585(국내언론관계판결집 제3집, 232).

월간 한국의회 창간호. '제14대 총선의 당선자 분석' 제하의 기획기사에서 임채정 국회의원이 중앙정보부 출신이라는 허위 내용을 보도. 5,000만원.

(14) 서울地西部支判 96. 1. 26, 94가합5021.

한겨레신문. 한약업사들이 정치자금으로 김영삼 전 대통령의 차남 김현철에게 1억원 전달하였다는 취지의 보도. 1면 중앙 상단부에 정정보도와 4억원.

(15) 大判 96. 4. 12, 93다40614등(公 1996상, 1486).

파스퇴르분유 주식회사가 4개의 유력 일간신문에 9차례에 걸쳐 원고 남양분유의 제품제조과정 및 제조원료에 관하여 허위로 비방광고. 인격·명예·신용훼손을 이유로 3억원.

(16) 서울地判 96. 5. 14, 94가합91515(국내언론관계판결집 제4집, 264).

월간 필. '독점수기 호스티스 출신 서울대 여학생의 충격 고백'이라는 제목으로 고향이 전주인 서울대 사회대 86학번의 여학생이 운동권 선배와 연애끝에 배신당한 후 호스티스 생활을 시작, 재벌회장과의 동거 등의 과정을 거치면서 남자에 대하여 부정적 생각을 갖게 되었다는 내용의 허위날조 기사를 보도. 서울대 사회대 86학번 여학생 14명이 원고. 필지가 사과문 게재한 점 참작하여 고향이 전주인 원고 2명에게 각 1,000만원, 나머지 원고 12명에게는 각 200만원.

(17) 서울地判 96. 8. 22, 94가합98592(국내언론관계판결집 제4집, 307).

월간조선. '김일성 장례식은 희대의 비극적인 코미디였다' 제하로 장례식에 참석한 한 재미교포와의 인터뷰 기사를 보도하면서 '문명자의 충성서약'이라는 제목으로 '문명자씨가 위로연에서 도쿄에서 김주석이 돌아가셨다는 얘기를 듣고 다음 날 새벽 5시까지 울었다. 김정일 동지를 뒤따라가는 수밖에 없다고 발언했다'고 보도. 판결요지의 광고와 慰藉料 3,000만원.

(18) 서울地判 97. 2. 26, 96가합31227.

월간지 클라세. '본지 대특종 윤정희 20세 연하 소문의 동생 손 마리조제 수녀 충격 인터뷰', '소문의 동생(?) 손 마리조제 수녀 충격 극비 인터뷰!'라는 제목하에 배우 윤정희의 동생이 사실은 윤정희의 딸이라는 소문이 있고, 그 소문에 근거가 있는 듯한 인상을 일반독자에게 주도록 허위기사 게재. 윤정희와 그 부모에게 慰藉料 합계 1억원.

(19) 서울地判 97. 12. 10, 96가합22315.

지역주간지 종로신문. 15대 총선 5일 전에 '국민회의 운동원 박○○는 조직폭력배 월드컵파의 일원으로 선거운동중 폭력을 행사하였다'는 취지의 허위기사를 게재하고 평소의 5배가 넘는 15,200부를 인쇄하여 정기구독자뿐만 아니라 다른 종로지역 주민들에게 배포. 피해자인 국민회의 후보자 이종찬을 위하여 정정·판결요지의 광고와 慰藉料 5,000만원.

(20) 서울地判 98. 4. 22, 96가합72242.

월간미술. 유명 판화화가인 망 오윤의의 10주기를 맞아 사후판화의 전시회를 개최하였는데 리프로덕션 판화를 오리지널 판화인 것처럼 속여 전시회를 하고 있다는 허위기사 게재. 정정·판결요지의 광고와 慰藉料 합계 5,000만원.

(21) 서울地判 98. 7. 1, 97가합88220.

시사주간지 인사이더월드와 단행본 2권을 통하여 대선직전인 1997. 8.부터 10.까지 '김대중 후보가 공산주의자 또는 용공·친북인사이고, 국민들을 상대로 수없이 거짓말을 해 온 믿을 수 없는 정치인이며, 북한과 김일성과 김정일이 오래 전부터 김대중을 지지해 왔고, 김대중을 대통령으로 만들기 위해 많은 노력을 기울여 왔다'는 취지로 게재하고 김일성 또는 김정일과 김대중 대통령이 나란히 서 있는 사진도 함께 실은 사안. 배포금지와 장래 유사한 행위금지를 명함과 아울러 慰藉料 합계 1억 2,000만원.

(22) 2심: 서울高判 2001. 4. 19, 2000나9859(국내언론관계판결집 제9집, 96)
1심: 서울地判 2000. 2. 2, 99가합77460.

조선일보. 조폐공사파업유도 관련 수사를 보도하면서 검찰의 감청의혹이라는 제목으로 사설을 실어 배포. 검찰특별수사본부의 본부장 및 소속 검사 11인에 대하여 1심은 각 위자료 1,500만원 및 정정보도문 게시, 2심은 위자료 각 1,000만원 및 정정보도문 게시.

(23) 서울地判 2001. 4. 25, 2000가합64132(국내언론관계판결집 제9집, 107)

중앙일보 등 5개 일간지와 문화방송. 가수 조덕배에 대해 경찰조사단계에서의 혐의사실을 두고 대마초를 흡연한 것으로 단정보도하여 명예를 훼손. 총 4,800만원.

(24) 서울地判 2001. 5. 23, 2000가합21104(국내언론관계판결집 제9집, 143)

사단법인 대한의사협회. 재단법인 사랑의 장기기증운동본부가 개설한 무료혈액센터가 불법을 행하고 있으므로 이를 시급히 단속해야 한다는 인상을 주는 기사를 의협신보에 게재. 1,000만원.

(25) 2심: 서울高判 2001. 5. 31, 2000나11081(국내언론관계판결집 제9집, 154)
1심: 서울地判 2000. 2. 2, 99가합64112.

스포츠투데이 기자. 유명 방송인 백지연에 관해 PC통신에 게재된 소문을 기사화. 개인의 진술을 수많은 독자에게 확대 배포하는 전파자에 대하여는 원진술자와는 별도의 명예훼손책임이 성립될 수 있고, 소문이라고 명시하고 원진술자의 신원을 밝혔다는 것만으로는 책임을 면할 수 없다. 1, 2심 모두 1억원.

(26) 서울地南部支判 2001. 6. 22, 99가합5683(국내언론관계판결집 제9집, 167)

문화방송. 문화방송이 1999. 1. 7.부터 2. 7.까지 뉴스데스크 프로그램에서 이른바 '대전 이종기 변호사 수임비리사건'과 관련하여 대전지역 검사들이 이종기 변호사의 불법로비와 부정한 청탁의 대가로 금품을 수수하였고 사건을 부당하게 처리하였다는 등의 보도를 하자 현직 검사인 원고들 21명은 명예가 훼손되었다며 소송제기. 대전지역검사들 표시에 의한 명예훼손은 주위정황 등으로 보아 집단 내 개별 구성원을 지칭하는 것으로 여겨질 수 있으므로 대전지역 검사 개개인이 피해자로서 특정될 수 있다. 대전지역 검사 4명만 인용. 각 3,000만원 및 정정보도문 게재.

(27) 서울地判 2001. 9. 26, 97가합68721(국내언론관계판결집 제9집, 248)

조선일보. 월간조선에서 이장희 교수가 저술한 〈나는야, 통일 1세대〉라는 제목의 책자가 이적표현물이고, 원고가 친공, 친북세력이라는 취지의 기사를 게재. 공공의 이익에 관한 평론 또는 의견표명에 해당한다고 하더라도 그것이 합리적이고 타당한 근거를 갖추지 못한 일방적, 극단적 사실을 주장하고 있어 정당한 평론 또는 의견표명에 해당된다고 볼 수 없다. 5,000만원.

(28) 서울地判 2001. 11. 7, 2000가합68769(국내언론관계판결집 제 9 집, 284)

대한민국과 8개 일간신문. 서울지검 형사2부가 검찰청 기자실에서 직접 피고 언론사들을 포함한 각 언론사 기자들을 상대로 미리 제작한 '유해식품 단속결과'라는 보도자료를 배포하고 화학적 합성품인 포르말린이 함유된 통조림을 제조·공급하여 이득을 취하고 자가품질검사를 거치지 아니하였다는 범죄사실로 기소할 예정이라는 내용의 기자회견을 하자 각 언론사들은 원고들이 인체에 유해한 포르말린이 함유된 번데기 통조림 등을 제조하였고, 이러한 사실을 알면서도 통조림을 판매하였다는 등의 내용을 보도하였다. 이에 원고들은 위와 같은 사실이 형사재판에서 무죄로 선고되자 대한민국과 각 언론사들을 상대로 손해배상소송 제기. 담당검사는 형사사건으로 소추된 피의자나 피고인은 무죄로 추정됨에도 불구하고 피의자들이 피의사실을 부인하고 있는 상태에서 적극적으로 기자회견을 통하여 그들의 피의사실을 기자들에게 발표하고 이 사건 각 보도가 이루어지게 함으로써 원고들의 명예를 훼손. 공장장에게 5,000만원, 두 판매회사에게 1억 5,000만원과 1억원. 언론사들은 위법성 조각.

(29) 2심: 서울高判 2001. 11. 29, 2001나11989(국내언론관계판결집 제 9 집, 301)

1심: 서울地南部支判 2001. 1. 18, 99가합19514.

문화방송 및 기자, 뉴스진행자. 문화방송이 뉴스데스크 프로그램에서 '못 믿을 변호사'라는 제하로 변호사인 원고가 수임료를 받고도 불성실한 소송수행으로 의뢰인을 패소하게 했다는 등의 내용보도. 1, 2심 모두 1억원 및 정정보도문 방송.

Ⅵ. 慰藉料의 定期金債務支給

1. 序

不法行爲로 인한 損害賠償의 방법에 관하여 우리 민법은 金錢賠償의 원칙을 선언하고 있는바,[342] 그 支給方法에 관하여는 사고발생시 損害가 확정되는 것으로 보는 일반적 견해에 따라 통상 一時金支給으로 행하여진다. 그러나 계속적으로 발생하는 損害, 예컨대 장래의 계속적 치료비, 일실수입 등은 오히려 定期金賠償이 자연스러운 면이 있고, 또 실무상으로도 一時金賠償은 실질적으로 장래에 발생할 損害額을 미리 확정해야 함에 따르는 어려움, 일시에 被害者에게 支給되는 과도한 賠償額과 이에 의한 加害者側의 과도한 부담 등 많은 문제점을 안고 있다.

이에 대하여 우리 민법은 非財産的 損害의 賠償인 慰藉料의 경우에는 定期金支給을 명할 수 있다는 본조 제2항의 규정을 두고 있다. 이는 세계적으로도 유례가 없는 입법례[343]라 할 것인데, 본조항의 규정에도 불구하고 실무상 慰藉料의 定期金支給은 행하여지지 않고 있다. 慰藉料의 경우에는 回歸的 損害가 발생함을 상정하기 어려워 定期金賠償의 방식으로 支給하는 것보다 一時金으로 支給하는 것이 여러 모로 더 바람직하기 때문이다.[344]

오히려 본 조항과 관련하여 문제가 되는 것은 첫째, 定期金賠償方式은 본 조항이 규정하는 損害賠償(慰藉料)의 경우에만 국한되는 것인가 아니면 여타의 損害賠償의 방식에도 적용되는 것인가라는 점과 둘째, 當事者가 一時金賠償을 구함에도 법원이 定期金賠償을 명할 수 있는가라는 점이다. 이 문제는 본조의 해석과는 직접적인 관계가 없으므로 상세한 설명은 §750의 주해에 미루기로 하고 여기서는 간단하게 언급하기로 한다.

2. 財産的 損害賠償의 定期金支給

(1) 우리 학설

민법의 규정취지에 비추어 慰藉料의 경우에만 定期金支給이 국한된다는 견해[345]도 있으나 통설은 財産的 損害賠償의 경우도 定期金支給이 인정된다고 한다.[346][347]

342) §763, §394.

343) 인사사고소송의 경우 賠償方法에 관한 각국의 立法例에 대한 소개는 宋興燮, "損害賠償金의 定期金支給", 民判硏XIV, 265 참조.

344) 피고의 賠償能力 등 다른 정책적인 면을 고려한다면 分割賠償으로서 그 실익이 없는 것은 아니나, 다른 財産上 損害의 경우에 비해서는 여전히 실익이 적은 점은 부인할 수 없을 뿐 아니라 기본적으로 定期金賠償은 一時金의 기계적 분할은 아닌 것이다(宋興燮, 전게논문, 275).

345) 註釋債各(Ⅳ), 332; 金基善, 457 등.

346) 金曾漢, 517-8; 金錫宇, 549; 鄭貴鎬, "損害賠償法理의 재구성", 재판자료 20집, 403; 宋興燮, 전게논문, 274 등.

(2) 일본의 학설, 판례

定期金賠償에 관한 명문의 규정이 없는 일본에서는 民訴法上의 將來履行의 訴에 대한 규정을 들어 그 인정근거로 삼고자 하는 것으로 보인다. 즉 현재 履行되고 있지 아니하다면 장래분에 대하여도 미리 履行을 구할 요건은 충족되었다고 보는 것이다.

일본의 판례는 종래 大判 大 5.9.16.이 사망유족에 대하여 定期金支給을 긍정한 바 있고, 大判 昭 3.3.10.에서 방론으로 定期金賠償 방식을 긍정한 바 있으나 그 후 하급심판결은 견해가 엇갈려 왔다.[348]

(3) 우리 판례

판례는 定期金支給을 명할 수 있다는 점은 大判 67.8.29, 67다1021[349] 이래로 인정해 오고 있는바, 그 인정근거에 대한 특별한 설시는 찾아 볼 수 없다. 즉 판례는 원고가 定期金支給과 一時金支給을 선택적으로 請求할 수 있다고 하여 기본적으로 定期金支給을 원고가 구할 수 있음은 판례상 확립되었다고 보인다.[350]

3. 一時金 賠償請求와 法院의 定期金賠償 宣告

(1) 우리 학설

被害者의 희망에 따라 定期金賠償이 허용되므로 법원이 當事者의 의사에 반해 定期金判決을 할 수 없다는 견해[351]도 있으나, 定期金賠償을 명할 것인가의 여부는 법원의 自由裁量 사항이라고 해석하는 견해가 통설[352]로 보인다.

(2) 일본의 학설, 판례

학설은 定期金賠償請求와 一時金賠償請求는 모두 질적 동일성을 가져 一時金賠償請求에 대하여 定期金賠償請求를 명한다 하여도 민사소송법상의 처분권주의에 위반되지 않는 것이므로, 현재 급부의 訴의 請求에 대하여도 履行期

347) 입법론으로는 다음과 같은 조문의 신설을 생각해 볼 수 있다. ① 법원은 身體의 침해를 이유로 하는 損害賠償을 定期金의 支給에 의하여 할 것을 명할 수 있다. 그 때 법원은 상당한 담보를 제공하게 할 수 있다. ② 그 명령이 있은 후에 사정의 변화가 있는 때에는 當事者는 그 명령의 취소 또는 변경을 請求할 수 있다.

348) 상세는 大場民男, "交通事故에 있어서의 定期金賠償", 交通事故損害賠償의 法理와 實務, 165 이하 참조.

349) 集 15-2, 261.

350) 大判 81.10.24, 80다2846 등(公 1981, 14493); 大判 88.1.12, 87다카2240(公 1988, 402); 大判 91.5.14, 91다8081(公 1991, 1640) 등.

351) 金柱祥, "損害額算定과 라이프니쯔식 계산법", 법소 1980년 12월호, 33.

352) 郭潤直, 672; 金錫宇, 549; 金疇洙, 745 등.

가 장래에 속한다고 함이 판명된 경우에는 장래의 급부의 주문을 선고할 수 있는 것처럼 一時金請求의 일부기각으로서 定期金給付를 선고할 수 있다는 적극설과 一時金賠償과 定期金賠償은 그 기본적 발상을 달리하는 이질적인 것이므로 처분권주의와의 관계상 被害者가 定期金賠償을 선택하는 경우에만 定期金賠償판결이 허용되는 것이고 一時金賠償을 구하는 경우에는 법원은 이에 구속된다는 소극설로 나누어져 있다.

일본의 판례를 살펴보면, 우선 하급심판례는 이에 관하여 엇갈린 견해를 나타내었다. 이에 대하여 最高裁는 最判 昭 51. 10. 26.에서, 一時金請求를 구함에 대하여 定期金賠償을 명할 수 없다는 취지로 판시하였고, 최근의 最判 昭 62. 2. 6.[353]도 같은 취지를 유지하고 있다.

(3) 우리 판례

㈎ 개호비, 향후치료비 등 積極的 損害에 대하여 被害者가 一時金支給을 請求하더라도 법원은 定期金賠償으로 支給을 명할 수 있다는 것이 확립된 판례의 태도이다.[354] 즉 식물인간 등의 경우와 같이 그 후유장애의 계속기간이나 잔존여명이 단축된 정도 등을 확정하기 곤란하여 一時金支給방식에 의한 損害의 賠償이 사회정의와 형평의 이념에 비추어 현저하게 불합리한 결과를 초래할 우려가 있다고 인정될 때에는, 損害賠償請求權者가 一時金에 의한 支給을 請求하였더라도 법원이 재량에 따라 定期金에 의한 支給을 명하는 판결을 할 수 있다고 한다.[355]

㈏ 消極的 損害인 逸失利益에 대하여 우리 판례가 어떤 태도를 취하고 있는가에 관하여는 판례 해석 자체와 관련하여 견해가 나누어져 있다.

피고가 국가인 일실이익 請求事件에서 大判 67. 11. 21, 67다2199[356]은 "不法行爲로 인하여 장래 얻을 수 있는 가득이익을 상실한 데 대한 損害賠償을 請求함에 있어 그 상실한 가득이익이 장래 정기적으로 발생하는 것이라고 하여서 일시적으로 請求할 수 없는 것은 아니며 또 피고 나라는 支給能力이 확실하다고 하여서 원고들이 定期金으로 급부를 請求하면 모르되 원고들이 그와 같이 請求를 하지 아니하는 본건에 있어서 법원이 定期金債務로 支給을 명

353) 判時 1232호, 100.
354) 大判 70. 7. 24, 70다621(集 18-2, 175); 大判 88. 11. 8, 87다카1032(公 1988, 1526); 大判 95. 2. 28, 94다31334(公 1995, 1454) 등.
355) 大判 94. 1. 25, 93다48526(公 1994, 806); 大判 96. 8. 23, 96다21591(公 1996하, 2863).
356) 集 15-3, 316.

할 수는 없는 것이다"라고 판시하여 被害者가 一時金支給을 請求한 때에는 법원이 이에 따르지 아니하고 定期金賠償으로 支給을 명할 수는 없다고 하였다.

그런데 그 후 위에서 본 바와 같이 積極的 損害에 대하여 損害賠償請求權者가 一時金에 의한 支給을 請求하였더라도 법원이 재량에 따라 定期金에 의한 支給을 명하는 판결을 할 수 있다고 하는 판결이 여러 차례 선고되었는데[357] 그 판결들에서 이유를 설시함에 있어 "損害賠償에 있어서 定期金支給을 구할 것인지 一時金支給을 구할 것인지는 當事者가 임의로 선택할 수 있는 것이며, 定期金支給을 명할 것인가의 여부는 법원의 自由裁量에 속하는 것이다"라고 하여 적극적 損害와 소극적 損害의 경우를 구별하지 않는 듯한 표현을 쓰고 있다.

이에 따라 소극적 損害의 경우도 위 大判 67.11.21, 67다2199이 변경되어 원고의 請求와는 관계없이 법원이 自由裁量으로 定期金支給을 명할 수 있다고 해석하는 견해[358]와 소극적 損害의 경우는 여전히 위 大判 67.11.21, 67다2199에 따라야 한다고 해석하는 견해[359]가 나누어지게 되었다.

앞으로 대법원에서 이 점을 명확히 하여 판결할 것이 기대되나, 실무상 일실이익의 경우 定期金支給을 명하는 사례를 찾아볼 수 없으므로 논의의 실익은 크지 않다고 본다.

[李 東 明]

357) 소극적 損害에 대한 판결은 보이지 않는다.
358) 宋興燮, 전게논문, 283.
359) 金柱祥, 전게논문, 35.

第 752 條(生命侵害로 因한 慰藉料)[1]

他人의 生命을 害한 者는 被害者의 直系尊屬, 直系卑屬 및 配偶者에 對하여는 財産上의 損害 없는 境遇에도 損害賠償의 責任이 있다.

차 례

Ⅰ. 總 論
Ⅱ. 死者의 損害賠償請求權과 그 賠償請求權의 相續
1. 序
2. 財産的 損害賠償請求權의 相續
3. 慰藉料請求權의 相續
Ⅲ. 近親者의 範圍
1. 序
2. 日本에서의 判例·學說의 변천
3. 우리 나라의 判例
4. 學 說
5. 判例·學說 批判
Ⅳ. 生命侵害 이외의 경우와 近親者의 배상청구
1. 慰藉料請求
2. 財産的 損害의 배상

Ⅰ. 總 論

人間의 生命은 人格權의 일종으로써 人格的 利益 중 최고의 가치가 있다. 따라서 그 侵害는 被害者 本人에게 不法行爲가 됨은 물론이고, 더 나아가 被害者와 일정한 近親關係에 있는 자에 대하여도 親族關係의 파괴에 의한 不法行爲가 成立한다.[2]

본조는 이와 같은 生命侵害의 경우에 被害者(死者)의 직계존속, 직계비속, 배우자에게[3] 자기의 近親者의 사망에 의하여 입은 非財産的 損害에 대한 배상청구를 인정한 것이다.

그런데 본조는 단지 일정한 親族關係에 있는 者 고유의 慰藉料請求權만을 규정하고 있어, ① 피해자가 사망한 경우에 그 자신에게 財産的 損害賠償請求權과 慰藉料請求權이 인정되고 그 청구권이 유족에게 相續될 것인가, ② 본조에서 규정하고 있는 近親者 외의 近親者에게는 慰藉料請求權이 인정되지 않는가, ③ 生命侵害가 아닌 상해의 경우 近親者에게는 慰藉料請求權이 인정되지

1) 日民 §711 참조.
2) 註釋債各(Ⅳ), 176.
3) 日民 §711는 피해자의 부모, 배우자, 자로 규정하고 있다.

않는가라는 점들에 대하여 舊法時代부터 判例·學說이 심각하게 對立되어 왔다.[4] 이하에서는 위와 같은 쟁점에 관하여 살펴보기로 한다.

Ⅱ. 死者의 損害賠償請求權과 그 賠償請求權의 相續[5]

1. 序

뒤에서 보는 바와 같이 判例·多數說은 본조를 不法行爲에 관한 일반규정인 民 §750와 財產 이외의 損害의 배상규정인 民 §751와의 關係에서, 生命이 侵害된 경우의 近親者의 損害賠償請求權만을 制限的으로 규정한 것으로 解釋하지 않고 단순한 例示 내지 注意規定으로 설명하면서, 近親者의 損害賠償請求權을 認定할 뿐만 아니라 더 나아가 被害者 本人의 財產的·精神的 損害賠償請求權을 認定하고, 이것이 近親者에게 相續된다는 이론을 構成하고 있다.

그러나 生命이 侵害된 경우의 損害賠償問題를 이론적으로 살필 때 ① 被害者는 損害의 발생 당시에 死亡하여 權利能力을 喪失함으로써 損害賠償을 請求할 수 없고, 따라서 그 損害賠償請求權의 相續도 생각할 수 없는 것은 아닌가, ② 설령 이것을 認定한다 하더라도 일정한 遺族이 가지는 固有의 損害賠償請求權과 相續되는 被害者 自身의 損害賠償請求權은 어떠한 關係에 있으며 또 具體的인 損害賠償額은 어떻게 算定해야 하는가, ③ 특히 精神的 損害에 대한 賠償인 慰藉料의 請求權은 一身專屬的인 權利로 相續될 수 없는 것은 아닌지[6] 등의 問題가 야기되고 있다.

한편 최근에 이러한 相續構成理論의 論理的 矛盾을 批判하면서 遺族은 단지 遺族의 扶養請求權의 侵害에 따른 遺族 固有의 期待되는 喪失利益의 賠償

4) 원래 본조와 같은 立法例는 日本民法과 우리 民法에 特異한 것으로 各國의 立法例를 살펴볼 때 人間의 生命이 侵害된 경우 그 損害賠償에 관한 普遍的인 原理를 발견하기 어렵다.

5) 이에 대한 비교법적 고찰에 대하여는 註釋債各(Ⅳ), 191 이하 참조.

6) 死者에게 財產的 損害賠償請求權이 발생할 것인가와 관련하여서는 生命을 侵害당한 경우 損害가 발생한 순간에 被害者는 死亡하여 權利主體가 아니므로 그 侵害에 대하여 損害賠償請求權을 取得할 수 없게 되고 따라서 相續人에게 그 請求權이 承繼되는 것도 생각할 수 없는 것은 아닌가라는 점만 문제가 되나, 死者에게 慰藉料請求權이 발생할 것인가와 관련하여서는 위 문제는 물론이고 더 나아가 위자료청구권 자체의 相續性도 문제가 된다. 즉 相續과 관련하여 우리 民法은 §1005 本文에서 "財產相續人은……被相續人의 財產에 關한 包括的 權利義務를 承繼한다"라고 하고, 但書에서 "그러나 被相續人의 一身에 專屬한 것은 그러하지 아니하다"라고 규정하고 있는데 慰藉料請求權이 主觀的·個人的인 것이어서 一身에 專屬하는 權利가 아닌가 하는 점이다.

만을 請求할 수 있다는 扶養構成理論이 有力하게 登場하고 있다.[7]

2. 財産的 損害賠償請求權의 相續

(1) 判 例

(가) 우리 나라의 判例 被害者의 死亡으로 인하여 그가 將來 얻을 수 있었을 收入은 喪失되는데 그로 인한 損害賠償請求權이 被害者 本人에게 발생하여 相續人에게 承繼되는가에 관하여, 일찍부터 大法院은 "亡人(未成年子)의 損害賠償請求權을 相續한 父母들이 그 損害賠償을 請求한 경우에 亡人의 장래 期待되는 收入喪失金에서 扶養義務者가 亡人에게 支拂할 扶養費를 控除할 수는 없다"고 判示하거나[8] 또 "生命侵害의 不法行爲가 있는 경우에 被害者의 父母가 그들 自身의 權利로서 가지는 慰藉料請求權 또는 出捐한 葬禮費 등에 관한 損害賠償請求權과 死亡한 被害者가 가지는 將來可能利益을 喪失한 데에 관한 損害賠償請求權은 別個의 權利로써 그 行使 또는 消滅에 반드시 運命을 같이하여야 하는 것은 아니다"라고 判示하여,[9] 間接的으로 이를 認定하였다. 또한 大法院은 時間的 間隔說을 원용하여 遺族의 慰藉料請求權의 相續을 인정한 判決에서 財産的 損害賠償請求權의 당연 相續을 전제한 듯한 判示를 하였고,[10] 退職金을 將來期待利益의 喪失로 보아 相續을 인정한 判決을 하였다.[11]

그러나 正面에서 明白히 그 根據에 대하여 밝힌 判決은 없고, 다만 遺族이 가지는 損害賠償請求權과 被害者의 損害賠償請求權은 處理의 主體나 損害算出의 基礎가 달라 競合된다고 밝히고 있을 뿐이다.

이상과 같이 우리 판례는 死者의 재산적 손해배상청구권과 그 상속성을 일찍이 인정하였고, 현재 실무상 이에 대하여 의문의 여지가 없이 받아들여지고 있다.

(나) 日本의 判例 일본의 경우 입법자는, 피해자 본인이 사망한 경우 死者는 사망에 의하여 권리주체가 아니게 되어 자기의 사망에 의하여 생긴 損害賠償請求權을 피해자 자신이 취득할 수 없기 때문에 그 賠償請求權을 유

---

7) 朴禹東, "인신사고에 의한 손해배상청구권의 상속성", 대한변호사협회지 79년 9월호, 30; 鄭貴鎬, "생명침해로 인한 손해배상청구에 관하여──상속구성이론과 부양구성이론──", 民判硏 3, 304.
8) 大判 66. 2. 28, 65다2523(集 14-1, 108).
9) 大判 67. 10. 31, 66다2472.
10) 大判 69. 4. 15, 69다268(集 17-2, 17).
11) 大判 69. 10. 23, 69다1380(集 17-3, 208).

족이 相續하는 것도 아니라고 생각하여, 그 경우에 본조에 의하여 유족에게 특별히 賠償請求權을 부여하려고 한 것이라고 한다.[12)]

그러나 판례는 입법자의 생각과는 다르게 전개되었다. 財産的 損害의 賠償請求權에 대하여 당초는 被害者가 重傷 後 얼마 후에 死亡한 경우에만 賠償請求權의 相續을 인정하였다가,[13)] 그 후 열차사고에 의해 피해자가 즉사하여 그 子가 배상을 청구한 사건에서 다음과 같이 판시하여 즉사의 경우도 직접 피해자(死者)의 賠償請求權이 그 相續人에게 相續된다고 하는 입장을 취하였다. 즉 "즉사의 경우에 인격이 소멸하여 賠償請求權이 발생하지 않고 즉사 아닌 경우에 그것이 발생한다고 하면 불균형이 생긴다. 즉사의 경우도 受傷과 사망의 사이에 관념상 시간의 간격이 있고, 수상의 시점에서 취득한 損害賠償請求權이 사망에 의하여 유족에게 相續된다"고 하였다.[14)]

이 判決 이후 死亡에 의해서 생긴 損害를 이미 被害者가 그 死前에 입었다고 하는 것은 '死前에 死 있든지, 死後에 死 있다는 前提'가 아니고서는 矛盾이라고 하면서 死者의 損害賠償請求權의 발생과 相續을 否定한 判例[15)]도 있었지만, 그 후 判例은 一貫해서 死者의 損害賠償請求權의 발생과 相續을 認定하였다.[16)]

(2) 學　説[17)]

日本이나 우리 나라의 判例가 확고하게 生命侵害를 입은 被害者 本人에게 財産的 損害賠償請求權이 발생하고 그것이 相續人에게 승계된다는 이론을 구성하고 있는 데 반하여, 學說[18)]은 死者側의 損害賠償請求權의 발생 및 그 相續을 肯定하는 說과 否定하는 說이 對立한다.

(가) 肯 定 說　判例와 같이 傷害를 입은 후 死亡한 경우에는 被害者 本人에게 損害賠償請求權이 발생하고 이것이 相續人에게 相續되는데, 이보다 重大한 卽死의 경우에는 그것이 認定되지 않는다는 것은 不當하다는 理由로 相續을 肯定하는 것이 多數說이라 할 수 있는데 그 理論構成은 多樣하다.

---

12) 日 注解 判例民法, 林良平編, 債權法 Ⅱ(靑林書院, 1989), 1279 참조. 입법자의 생각에 관하여는, 好美淸光, "生命侵害의 損害賠償請求權과 그의 相續性에 관하여", 田中誠二古稀紀念 '現代商法學의 諸問題', 676.

13) 卽死의 경우에는 死亡時點에 被害者는 現存하지 않아 請求權을 取得할 수 없다고 하였다.

14) 日 大判 大 15. 2. 16(民集 5권, 150).

15) 日 大判 昭 3. 3. 10(民集 7권, 152).

16) 日 大判 昭 16. 12. 27(民集 20권, 1479) 등.

17) 註釋債各(Ⅳ), 179 이하 참조.

18) 종전에 일본에서 주로 논의가 되었으나, 현재는 손해배상청구권과 그 상속성을 인정하는 실무례가 확고하게 자리잡고 있으므로 이론적인 흥미에 불과하게 되었다.

① 卽死의 경우일지라도 致命傷害를 입은 時點과 死亡의 時點 사이에는 이론상 또는 실제상 時間的 間隔이 있으며 被害者는 致命傷害를 입은 때에 損害賠償請求權을 取得하고 被害者의 死亡으로 그 請求權을 相續人이 承繼한다는 時間的 間隔說,[19] ② 生命侵害는 무한대의 身體傷害 즉 生命侵害는 身體侵害의 극한개념이라는 極限槪念說, ③ 被害者에 대한 不法行爲가 명백히 성립한 이상 단순한 被害者의 死亡이라는 자연적 사실이 있다는 이유만으로 당연히 그 순간에 不法行爲에 기한 損害賠償請求權의 主體라는 法律觀念上의 주체마저 消滅해야 할 이유는 없으며 이 損害賠償請求權의 範圍 內에서는 被害者는 여전히 法律觀念上의 權利主體로서 간주되어야 한다는 人格存續說, ④ 死亡과 權利能力의 상실은 시간적으로 동시에 발생하는데, 死亡에 의한 權利能力의 상실 시점에 있어서 權利能力의 존재로부터 그의 부정에로의 轉化過程이 생각되기 때문에 그 過程에서 사망을 원인으로 하는 損害賠償請求權의 발생과 相續의 轉化過程을 생각할 수 있다는 轉化過程說(發展過程說), ⑤ 相續은 同一人格의 승계이므로 비록 肉體的 生命은 끊어져도 法律的인 人格은 단절되지 않고 계속하여 被相續人에게 생긴 生命侵害로 인한 損害賠償請權이 相續人에게 原始的으로 취득된다고 하는 同一人格承繼說,[20] ⑥ 家族共同體의 일원이 타인의 不法行爲로 살해되거나 상해되었을 때에는 그 財産的 損害는 순수하게 개인적인 것이 아니므로 家族 全體를 一團의 被害者로 보아 그 損害를 총괄적으로 算定해야 한다는 家族共同體被害者說, ⑦ 法律上의 觀念이 死亡을 일면에서는 權利能力의 終期인 동시에 또 일면에서는 상속의 始期로 하는, 즉 권리능력의 종기인 死亡과 相續의 시기인 死亡이 同一點 위에 중복되어 있으며 그 사이에는 법률개념상 하등의 간격이 없다고 하는 法律觀念上의 同時發生說 등이 있다.

(나) 否 定 說

(a) 初期의 否定說　　否定說은 日本民法의 起草者 중의 1人인 梅博士에 의하여 제창되어 日本民法의 초기에 통설적 견해를 이루었는데 그 요지는 다음과 같다. 즉, 生命이 侵害된 경우 死者는 이미 權利主體가 아니기 때문에 加害者에게 損害賠償을 請求할 수 없고, 死者의 遺族 個個人이 被害者의 死亡에 의한 固有의 損害賠償請求權을 取得한다고 한다. 그리고 損害의 內容

19) 郭潤直, 843. 受傷 後 死亡한 경우의 被害는 被害者가 損害賠償을 請求할 수 있는데, 그것보다 重大한 卽死의 경우에는 請求할 수 없다는 否定說의 矛盾을 극복하기 위하여 初期에 主張된 學說로 初期의 判例에 援用되어 많은 학자의 지지를 얻었다.

20) 金曾漢·安二濬, 855.

에 관하여는 ① 被害者와 生活을 같이하여 被害者의 收入에 의한 利益을 받던 자가 被害者가 생존하였더라면 얻을 수 있는 利益의 損害(生存利益說), ② 被害者가 天壽를 다하였더라면 받을 수 있는 利益으로 相續人의 遺産으로써 취득할 수 있는 것을 被害者의 死亡에 의하여 취득하지 못하게 되는 損害(遺産利益說), ③ 被害者로부터 扶養과 扶助를 받던 자가 장래 얻을 수 있는 利益의 損害(扶養利益說) 등이라고 한다.

(b) 扶養構成理論[21]　扶養構成理論의 요지는 生命侵害의 경우 被害者의 유족은 扶養利益의 상실을 원인으로 한 固有의 損害賠償請求權을 취득한다는 것이다.[22] 따라서 損害賠償請求權의 주체는 生命侵害를 당한 本人으로부터 扶養을 받고 있던 자가 되는데 이 때 반드시 民法上의 扶養請求權을 가지고 있을 것까지는 요하지 않는다고 한다.[23] 즉, 우리 民法은 不法行爲에 있어서 獨逸民法이나 日本民法처럼 權利侵害를 要件으로 하지 않으므로 死者로부터 死亡 前에 사실상의 扶養을 받고 있었으면 損害賠償의 請求를 할 수 있다고 하며 다만 단순한 사실로서의 扶養만으로는 부족하고 적어도 法的 保護價値가 있음을 要한다고 한다.[24]

(3) 判例·學說 批判

生命侵害로 인한 損害賠償請求權의 相續에 관한 이상의 判例·學說을 정리해 보면 다음의 몇 가지에서 爭點이 되고 있다.

첫째, 判例와 肯定說은 卽死의 경우와 受傷 後 死亡한 경우 사이의 균형을 중시하고 相續人의 보호를 고려한다. 따라서 被害法益은 死者의 逸失利益이 중심이 된다. 이에 반하여 相續否定說은 死者에 의해서 生活上의 利益을 받고 있던 자의 보호에 초점을 맞추어 被害法益은 이러한 被扶養者의 法律上의 扶養利益이 중심이 된다. 相續人의 利益의 保護를 고려하는 判例와 肯定說은 현실적으로 아무런 苦痛도 없는 '웃는 相續人'을 낳게 되는 경우가 발생하여 부당하다 하겠고, 否定說도 受傷 後 死亡한 경우와 卽死의 경우의 損害額 處理上의 불균형을 초래하여 부당하다고 하겠다.

둘째, 判例와 肯定說은 被害者가 만약 事故 없이 通常的으로 존재하였다

---

21) 金疇洙, 798. 扶養構成理論은 원래 獨逸에서 生命侵害로 인한 損害賠償理論으로 確立된 것이며, 日本에서는 初期의 否定說 중 扶養利益說에서 그 起源을 볼 수 있는데, 最近에 好美淸光, 倉田卓次 등에 의하여 有力한 理論으로 提起되었다(註釋債各(Ⅳ), 183).
22) 朴禹東, 전게논문, 30.
23) 鄭貴鎬, 전게논문, 330.
24) 鄭貴鎬, 전게논문, 330.

고 할 때 인정되는 被害者의 財產狀態와 그 財產狀態下의 재산에 대한 相續을 기준으로 法律關係를 처리하는 데 반하여, 否定說은 死亡 當時 被害者에 의해서 扶養을 받고 있던 자의 法律關係를 기준으로 한다. 따라서 前者에 의하면 被害者가 만약 사고 없이 생존하였더라면 예상되는 相續人과 현재의 相續人이 다르게 될 가능성이 있게 된다. 後者에 의하더라도 受傷 後 死亡한 경우에 相續을 인정하면 死者 本人에게 귀속하게 될 利益 中 扶養額 이상의 부분을 잃게 될 가능성이 있다.

셋째, 加害者가 부담하여야 할 損害金額에 대하여 보면 判例와 肯定說에서는 死者가 장래 얻을 수 있는 利益이라는 것에 대하여 否定說에서는 死者의 위 利益 中에서 被扶養者의 扶養에 소비되는 利益에 불과하다고 한다. 따라서 後者는 前者와 비교하여 損害賠償額이 줄어들게 된다. 한편 肯定說에 의하더라도 賠償額이 너무 많아지게 되어 加害者에게 가혹하며 幼兒死亡의 경우에는 逆相續이 생기고 또한 亡人의 死亡 前에 그로부터 扶養받고 있던 사람이 法定相續人이 되지 못하는 모순이 발생할 수 있다.

넷째, 肯定說에 의하면 被相續人의 債權者는 相續人이 받게 되는 賠償請求權에서 만족을 얻을 수 있는데 否定說에 의하면 이러한 債權者는 被扶養者가 받을 수 있는 損害賠償請求權에는 直接 權利를 주장할 수 없게 된다.

이상 살펴본 바와 같이 生命侵害로 인한 財產的 損害賠償請求權의 相續에 관한 肯定說·否定說 어느 것도 완전한 것은 되지 못하며 損害額算定 및 이론상의 난점을 가지고 있다.

즉, 순수히 논리적으로만 살핀다면 生命侵害로 인한 財產的 損害賠償請求權이 被害者 本人에게 발생한다는 前提는 인정할 수 없는 것이며 따라서 相續도 생각할 수 없을 것이다. 그러나 이렇게 되면 肯定說에 의해서 지적된 바이지만 受傷 後 死亡한 경우와 卽死의 경우의 불균형이 생기게 된다. 여기서 肯定說이 다양하게 理論構成을 시도한 것이지만 그 어느 것도 被害者가 취득하는 것은 死亡 直前까지의 身體傷害에 대한 것에 불과하지 生命侵害 자체로 인한 損害라는 것을 설명하지 못하였다. 그렇다면 生命侵害로 인한 損害賠償의 문제는 과연 어떻게 하면 被害者를 두텁게 보호할 수 있느냐 하는 실질적인 妥當性에 대한 價値判斷과 국민일반의 법감정이 어디에 있느냐 하는 점에 핵심이 있다 하겠다.

생각건대 致命傷害로 인한 損害와 生命侵害 자체로 인한 損害는 同一線上

의 損害라 할 수 있으며 致命傷害 後 死亡하였다 하여 損害가 증가되는 것은 아닌 것이다. 또 실제상의 損害額의 算定에 있어서도 거의 차이가 없는 것 같다. 또한 生命侵害로 인한 損害賠償請求事件의 실제를 통하여 우리의 법감정을 살펴볼 때 被害者들은 死者가 死亡하지 않았더라면 얻게 될 期待利益을 당연한 遺族 自身의 損害로 생각하는 것 같으며 判例도 일관되게 生命을 侵害당한 被害者 本人에게 損害賠償請求權이 발생하고 相續人이 그 損害賠償請求權을 相續한다는 이론구성을 하고 있다. 그렇다면 현대 不法行爲法의 이상인 피해자 보호의 근본이념에 맞추어 生命侵害로 인한 損害賠償請求權이 被害者 自身에게 발생하고 相續人에게 승계된다는 이론을 인정함이 타당하다고 생각된다.[25]

3. 慰藉料請求權의 相續

(1) 判 例

(가) 우리 나라의 判例 大法院은 慰藉料請求權에 관하여 1966. 10. 18. 최초로 一身專屬性을 부인하고 "慰藉料請求權은 被害者가 이를 拋棄하거나 免除했다고 볼 수 있는 특별한 사정이 없는 한 원칙적으로 당연히 相續된다"고 判示[26]한 이래 계속하여 위 判決을 引用하여 같은 취지의 判示를 하고 있다.[27] 그리하여 이제 受傷 後 死亡한 경우이든 卽死이든 구별하지 않고 그

---

25) 註釋債各(Ⅳ), 184.

26) 大判 66. 10. 18, 66다1335(集 14-3, 160).

27) 大判 67. 5. 23, 66다1025(集 15-2, 15); 大判 69. 4. 15, 69다268(集 17-2, 17); 大判 69. 10. 23, 69다1380(集 17-3, 208) 등. 즉 大法院은 "정신적 損害에 대한 賠償(慰藉料)請求權은 被害者가 이를 포기하거나 免除하였다고 볼 수 있는 特別한 事情이 없는 限 生前에 請求의 意思를 表示할 필요 없이 원칙석으로 相續되는 것이라고 解釋함이 상당하다고 하는 것이 本院의 判例(66다1335 판결 참조)이므로 이와 反對의 견해로써 慰藉料請求權은 一身專屬權인 것으로서 死亡者가 生前에 같은 請求權을 拋棄한 事實이 없음으로서만은 不足하고 生前에 이 請求權을 行使하려고 한 意思를 表示한 事實이 있어야 한다고 判示한 原審 判示理由는 精神的 損害에 대한 賠償請求權의 발생에 관한 法理를 誤解한 위법이 있다 할 것이다"라고 判示하였으며(大判 67. 5. 23, 66다1025), 繼續하여 相續의 根據로 時間的 間隔說을 援用하여 "精神的 苦痛에 대한 被害者의 慰藉料請求權도 財産上의 損害賠償請求權과 구별하여 취급할 根據가 없는 바이므로 그 慰藉料請求權이 一身專屬權이라 할 수 없고 被害者의 死亡으로 인하여 相續된다 할 것이며 被害者의 相續人이 民 §752 所定의 遺族인 경우라 하여도 그 遺族이 民 §752 所定 固有의 慰藉料請求權과 被害者로부터 相續받은 慰藉料請求權을 함께 行使할 수 있다 하여 그것이 不當하다고 할 수 없고 被害者의 慰藉料請求權은 感覺的인 苦痛에 대한 것뿐만 아니라 被害者가 不法行爲로 인하여 喪失한 精神的 利益을 非財産的 損害의 內容으로 할 수 있는 것이어서 被害者가 卽死한 경우라 하여도 被害者가 致命傷을 받은 때와 死亡과의 사이에는 理論上 時間的 間隔이 認定될 被害者가 致命傷을 받은 때와 死亡과의 사이에는 理論上 時間的 間隔이 認定될 수 있는 것이므로 被害者의 慰藉料請求權우 相續의 對象이 된다고 解釋함이 相當하고 原判決의 위와 같은 判斷에 위법이 있을 수 없다"고 判示하였다(大判 69. 4. 15, 69다268).

慰藉料請求權은 一身專屬權이 아니고 特別한 事情이 없는 한 特別한 意思表示 없이도 金錢債權으로 轉化되어 당연히 相續되므로 遺族은 본조에 의한 遺族 固有의 慰藉料請求權과 동시에 行使할 수 있다는 것이 大法院의 확립된 태도이다.

(나) 日本의 判例 慰藉料請求權에 관한 日本의 判例 傾向을 살펴보면 慰藉料請求權의 相續性에 대하여도 財産上의 損害賠償請求權과 같은 이론구성을 하여 受傷으로 인한 慰藉料請求權과 死亡을 原因으로 하는 慰藉料請求權을 구별하지 않고 被害者가 死亡한 경우 被害者 本人의 慰藉料請求權의 발생을 인정하고 그 相續까지 인정하고 있다. 다만 慰藉料請求權의 一身專屬性 여부로 인하여 當然 相續을 인정하는 判例가 나오기까지에는 우여곡절을 겪어야 했다.

즉, 慰藉料請求權에 있어서는 판례는 財産的 損害의 賠償請求權의 相續을 인정한 앞서 본 판례[28] 후도 그 일신전속성을 이유로(즉 정신적 고통을 금전에 의하여 위자해 받을까는 피해자 자신의 판단에 위임되어 있다), 원칙적으로 相續을 부정하고 다만 피해자가 생전에 그 청구권행사의 의사를 표명한 경우만 相續을 인정하는 태도를 가졌다.[29] 그러나 이와 같이 의사표명의 유무를 기준으로 하면 의사표명이 있은 경우와 없은 경우에 불균형이 있기 때문에 판례는 행사의 의사표명에 대하여 일종의 의제를 하는 것에 의하여 相續된 경우를 확대했다.[30]

그러나 이러한 의사표명의 추인은 지나치게 의제적이고 이 방법에 의하여도 즉사의 경우나 수상 후 의식불명 상태에서 사망한 경우에는 相續을 인정할 여지는 없어 불균형은 역시 면할 수 없다. 그래서 最高裁는 교통사고의 피해자가 의식불명인 채 10일 후에 사망한 사안에서, ① 損害賠償請求權의 발생시점에 있어서 민법은 재산상의 損害와 재산 이외의 損害를 구별하고 있지 않고 있는 점, ② 慰藉料請求權이 발생하는 경우의 피해법익은 일신에 전속하는 것이나, 청구권은 단순한 금전채권이고 相續의 대상으로 될 수 있는 점, ③ 民 §711에 의한 近親者의 고유의 慰藉料請求權과 피해자가 취득하는 그것과는

28) 日 大判 大 15.2.16(民集 5권, 150).
29) 日 大判 昭 2.12.14.
30) 慰藉料請求의 意思表示는 일반적인 法律行爲에 있어서의 意思表示와는 달리 加害者에 대하여 慰藉料請求의 意思를 표시하면 족하고 반드시 加害者인 相對方에게 도달할 필요는 없다고 하면서 이 意思表示의 방법을 완화하여 '억울하다'(日 大判 昭 2.5.30.), '저쪽이 나쁘다'(日 大判 昭 12.8.6.), '분하다'(大阪地判 昭 9.6.18.) 등의 不特定多數人에 대한 외침을 자기의 過失을 뉘우치는 特別한 事情이 없는 한 慰藉料請求의 意思表示로 인정하였다.

피해법익을 달리하여 병존할 수 있는 것이고 또한 피해자의 相續人은 반드시 동조에 의한 慰藉料請求權을 취득할 수 있는 것이라고 할 수 없는 점 등을 이유로 慰藉料請求權은 그것을 포기하였다고 해석할 수 있는 특별한 사정이 없는 한 의사표명의 유무를 묻지 않고 당연히 相續된다고 하는 입장에서 판례를 변경하였다.[31]

그러나 이 判決에도 불구하고 下級審判決 中에는 相續性을 否定하는 判決이 多數 나타나고 있다.[32]

(2) 學 說

判例과 마찬가지로 學說도 生命侵害로 인한 慰藉料請求權의 相續性에 관하여 肯定說과 否定說로 견해가 대립되어 있다.

(가) 肯定說(當然相續說) 慰藉料請求權의 相續을 肯定하는 것이 通說的 見解[33]인데, 이러한 相續肯定說은 初期에 일본의 2차대전 전의 判例가 慰藉料請求權의 발생 여부를 오로지 被害者의 意思表示의 존부에서 求하고 있기 때문에 被害者가 意思表示를 하지 않으면 慰藉料請求權은 相續性을 갖지 못하게 되는 불합리한 결과가 됨을 批判하고 卽死한 경우와 또는 重傷으로 意識不明이 된 경우에 被害者 保護의 공평을 위하여 意思表示의 有無에 관계없이 相續된다고 주장되었다. 즉, 慰藉料請求權을 그 內容에 着眼하여 이것이 普通의 金錢債權으로서 財産上의 損害賠償과 다를 바 없기 때문에 一身專屬權이라고는 볼 수 없고, 따라서 免除·拋棄 등의 意思表示가 없는 限 當然히 相續된다고 한다. 다시 말하면 生命侵害로 인한 慰藉料請求權이 一身專屬權이 아니라는 根據로 相續을 認定한다. 그리하여 生命侵害로 인하여 損害가 발생한 경우 본조 소정의 遺族은 相續人이 되어 相續하는 慰藉料請求權과 본조에 의한 固有의 慰藉料請求權은 각각 被害法益을 달리 하므로, 즉 前者는 被害者 自身이 입은 精神的 損害의 塡補이고, 後者는 被害者의 死亡으로 인하여 발생하는 遺族 固有의 精神的 損害의 賠償이기 때문에 兩請求權을 동시에 청구할 수 있다고 한다.

그러나 相續을 인정하기 위해서는 慰藉料請求權이 死亡 前에 일단 被害者에게 歸屬하는 것을 前提해야 하는데 순수히 논리적으로 볼 때 生命侵害가 있으면 權利主體가 消滅되어 그 이론구성에 財産的 損害賠償請求權의 相續에서

31) 日 最判 昭 42.11.1(民集 21권 9호, 2249).
32) 東京地判 昭 43.1.251(判時 525호, 70) 등.
33) 郭潤直, 844; 金錫宇, 567; 李太載, 513.

밝힌 바와 같은 學說이 對立한다.

(나) 否 定 說 이러한 肯定說에 대하여 死亡을 原因으로 하는 被害者의 慰藉料請求權의 발생과 相續을 否定하는 주장[34]이 유력하게 제기되고 있는데 그 요지를 보면 다음과 같다.

첫째, 被害者 自身이 死亡 자체를 원인으로 하는 慰藉料請求權을 취득하고, 이것이 相續人에게 相續된다는 것은 이론적으로 矛盾이라고 한다. 즉, 이는 財產的 損害賠請求權의 相續을 부정하는 것과 같은 입장에서 被害者 本人에게 慰藉料請求權이 발생하였다가 死亡에 의하여 상속되는 것은 피해자의 수상기간중의 손해일 뿐이고 사망에 의하여 被害者의 權利能力이 소멸되기 때문에 被害者 本人에게 慰藉料請求權이 발생하고 그것이 遺族에게 相續된다는 것은 부당하다는 것이다. 또한 肯定說에 의한다고 하여 반드시 損害賠償額이 고액화되는 것은 아니며 否定하더라도 실무상으로 처리하면 결국 총액에서는 동일하게 된다고 한다. 왜냐하면 死者 本人은 死亡에 의하여 人格을 喪失하여 버렸기 때문에 여기에 대해서 賠償을 한다는 것은 相續人 또는 相續債權者에게 이익을 주는 것이 아니면 加害者에게 制裁를 가하는 것이며 또 현세에 이익을 가지지 않는 유령을 보호하는 것이라 한다.

둘째, 慰藉料請求權은 一身專屬權이므로 相續의 대상이 되지 못한다는 것이다. 즉, 慰藉料는 精神的 損害의 賠償을 목적으로 하는 것이기 때문에 그것이 被害者 本人에게 지급되어야 비로소 의미가 있는 것이고, 被害者가 死亡함으로써 그 목적을 이룰 수 없으며, 따라서 相續될 수 없다고 한다.

셋째, 본조가 遺族에게 固有의 慰藉料請求權을 인정한 것은 명백히 相續을 부정한 것이며, 遺族은 단지 본조에 의하여 그 固有의 慰藉料請求權만을 행사할 수 있다고 한다. 즉, 본조는 生命을 侵害당한 被害者의 保護를 위한 규정이라기보다는 도리어 그의 直系尊屬·直系卑屬 및 配偶者 등 間接被害者인 遺族을 위한 동시에 被害者의 死亡으로 인하여 民 §§750, 751와는 달리 權利主體가 없게 되는 경우의 不當性을 배제하기 위한 규정이라고 하는 것이 타당한 해석이라고 한다.

否定說은 결국 生命侵害 자체로 인한 慰藉料請求權이 被害者 本人에게 발생하는 것은 이론적으로 모순이고, 이것은 본래적인 一身專屬權이며, 또한 본조의 입법취지가 相續을 부정한 것이라는 근거로 相續을 부정하고, 다만 본조

34) 金曾漢·安二濬, 857; 金疇洙, 759; 李銀榮, 761.

소정의 遺族만이 慰藉料를 請求할 수 있으며 賠償額은 실무상으로 처리하면 적절히 해결된다고 한다.

(3) 이미 살핀 바와 같이 慰藉料請求權의 相續을 否定하는 說, 肯定하는 說의 어느 것도 만족스럽지 않다. 따라서 財產的 損害賠償請求權과 같은 理論構成으로 慰藉料請求權의 相續을 인정하는 데에 큰 모순이 없고, 또 그렇게 함으로써 被害者를 두텁게 보호할 수 있다면 相續을 인정하는 것이 타당하다고 생각된다. 즉, 慰藉料請求權은 生命侵害의 사실이 있으면 受傷 後 死亡한 경우든 卽死의 경우이든 死者 本人에게 발생하여 그 遺族에게 相續되고 遺族은 固有의 慰藉料請求權과 병행하여 청구할 수 있다고 보아도 무리가 아니라고 생각된다.[35]

Ⅲ. 近親者의 範圍

1. 序

현행 民法은 不法行爲에 관한 일반규정으로 §750를 두고 다시 財產 이외의 損害賠償, 즉 非財產的 損害賠償에 관하여 §751를 두었으며 더 나아가 生命侵害로 인한 慰藉料請求權에 관하여 본조를 두어 被害者의 直系尊屬·直系卑屬 및 配偶者가 慰藉料를 請求할 수 있다고 규정하고 있는데, 이들 §§750, 751, 752의 관계에서 慰藉料를 청구할 수 있는 자의 범위에 관하여 學說이 대립한다. 즉, 生命이 侵害된 경우에 §752에 列擧되지 않은 자, 예컨대 兄第·子妹 등은 慰藉料를 請求할 수 없는 것이냐, 또 請求할 수 없다면 財產的 損害의 賠償은 請求할 수 있는 것이냐 등이 문제되고 있다. 이는 본조를 §§750, 751에 대한 例外的 규정으로 보아 制限的 列擧로 보느냐, 아니면 단순한 注意규정으로 보아 例示的으로 列擧한 것으로 해석할 것인가 하는 문제로 舊法時代부터 判例·學說이 심하게 대립되어 왔다.

2. 日本에서의 判例·學說의 변천

日民 §711 "他人의 生命을 害한 者는 被害者의 父母·配偶者 및 子에 대하여 그 財產權을 害하지 아니한 경우에 있어서도 損害의 賠償을 하여야 한

35) 註釋債各(Ⅳ), 194.

다"의 해석에서, 慰藉料請求權의 相續과 관련하여 同條에 列擧된 '父母·配偶者 및 子'에 한하여 慰藉料를 請求할 수 있다는 立場과 同條에 列擧된 자 이외의 兄弟·子妹 등도 넓게 慰藉料를 請求할 수 있다는 立場이 대립되어 왔다.

그런데 1910年代 日民 初期의 學說·判例은 同條를 嚴格하게 解釋하여 生命侵害의 경우에 被害者의 近親者 중 본조에 列擧된 자만이 加害者에 대하여 財産的 損害 및 財産 이외의 損害의 賠償을 請求할 수 있다는 취지를 규정한 것이라고 해석하였다.

그러나 그 후 判例는 死亡한 兄弟·姉妹를 위해서 부담한 葬禮費用의 賠償請求를 認定하고 또 被害者의 遺族에게 扶養請求權의 침해에 의한 損害賠償請求權을 認定하였다.

그 결과 遺族은 日民 §709에 의해서 財産的 損害의 賠償請求權을 취득하지만, 遺族의 精神的 損害에 대한 賠償인 慰藉料請求權은 §711에 의한 것이기 때문에 §711가 규정하는 被害者의 父母·配偶者 및 子만이 慰藉料를 請求할 수 있고 生命侵害 이외의 경우와 生命侵害의 경우에도 父母·配偶者 및 子 이외의 이를테면 事實婚關係의 配偶者·未認知의 子·祖父母·孫·兄弟·姉妹 등에 대하여는 입법론으로는 몰라도 해석론으로는 아무리 심각한 精神的 苦痛을 입었다고 하여도 慰藉料를 청구할 수 없다고 하였다. 더구나 被害者와 近親者와의 親族關係 등이 광범위하게 걸치기 때문에 그다지 슬프지 않은 遺族에게까지 慰藉料請求權을 認定하는 불합리를 회피하기 위해서 同條가 慰藉料請求權者의 범위를 最近親으로 제한한 것이라고 하는 것이 日本의 戰前의 判例·多數說의 태도였다.[36]

이에 대하여 少數說은 遺族은 慰藉料請求權을 日民 §§709, 710에 의하여 당연히 갖게 되는데 그 精神的 損害의 立證困難을 피하기 위해서 §711가 특히 被害者의 父母·配偶者 및 子에게 慰藉料請求權을 인정하는 취지를 규정하여 그 立證責任을 輕減한 것이고 그들 이외의 자도 被害者에 대한 生命侵害에 의해서 심각한 精神的 苦痛을 받았다는 것을 입증함으로써 慰藉料를 請求할 수 있다고 주장하였다.

그런데 제2차 대전 후 日本의 判例는 同條의 존재의의를 검토하게 하는 계기를 만들어 學說의 변화를 가져오게 하였다. 이미 설명한 戰前의 立場에

36) 註釋債各(Ⅳ), 196.

반대하여 成岡地判 昭 31. 5. 31.[37]은 "현재 일반적으로 內緣關係에 인정되는 法律上의 地位 및 본조의 입법취지에 비추어 婚姻申告를 하지 않았어도 事實上의 婚姻과 동일한 관계에 있는 內緣의 配偶者에게도 同條를 類推하여", 즉 內緣夫婦를 法律上의 夫婦에 준하여 被害者의 內緣關係의 夫에게 慰藉料請求權을 인정해야 한다고 판시하였다. 그 후 下級審 判例는 위와 같은 趣旨에 따라서 內緣의 妻에게 慰藉料請求權을 인정하였다. 또 福岡地飯塚支判 昭 34. 10. 30.[38]은 他人의 嫡出子로서 虛僞의 出生申告가 되어 있던 어린이가 死亡한 경우에 관하여 認知도 戶籍訂正도 하지 않고 바로 生母가 慰藉料請求를 할 수 있다고 하였으며, 東京高判 昭 36. 7. 5.[39]은 內緣中의 出生子가 그 부모의 婚姻申告 후 아직 認知를 하지 않은 生父에게 양육되고 있는 동안에 交通事故로 死亡한 경우에 未認知의 父라도 法律上의 父와 똑같은 精神上의 苦痛을 받고 있기 때문에 본조의 法律上의 父에 준하는 地位에 있다고 하여 그 未認知의 父에게 慰藉料請求權을 인정하였다.

그리하여 日本의 判例[40]·多數說은 日民 §711가 결코 遺族의 慰藉料請求權에 대한 唯一한 근거규정은 아니고 慰藉料請求權은 日民 §§709, 710의 一般原則에 의하여 近親者에게도 발생하는 것이나, 그것이 精神的 損害로써 賠償될 만한 것인가 하는 문제가 발생하므로 日民 §711를 두어 父母·配偶者 및 子는 그 점에 대한 立證을 할 것도 없이 원칙적으로 賠償을 請求할 수 있으며 父母·配偶者 및 子의 精神的 損害는 被害者의 死亡으로 인하여 通常 생기는 損害로서 賠償할 것이지만 그 외의 祖父母·孫·兄弟·姉妹 등도 §709에 의하여 損害賠償을 請求할 수 있고, 반대로 加害者에게도 父母·配偶者 및 子라고 하더라도 被害者와 오랫동안 관계를 끊은 사이 같은 特殊한 事情을 立證하여 賠償을 면할 수 있다고 해석하고 있다.

3. 우리 나라의 判例

大法院은 初期부터 "民 §752는 生命侵害의 경우에 被害者의 直系尊屬·直系卑屬 및 配偶者에게 精神的 苦痛이 있는 데 대한 立證責任을 輕減한 취지의 규정이다"라고 하여,[41] 日本의 判例·多數說과 같이 본조를 擧證責任을 輕

37) 下民 7권 5호, 1438.
38) 下民 10권 10호, 2292.
39) 高民 14권 5호, 309.
40) 日 最判 昭 49. 12. 17(民集 28권 10호, 2040) 참조.
41) 大判 63. 10. 31, 62다558(集 11-2, 219).

減한 취지의 규정으로,[42] 본조에 列擧된 자를 例示的으로 해석한다. 따라서 §752에 규정된 親族 이외의 親族도 그 精神的 苦痛을 입증함으로써 §§750, 751에 의하여 慰藉料를 청구할 수 있다고 하고, 被害者의 兄弟·姉妹가 慰藉料를 청구한 것을 認容하였다.[43] 또 며느리가 死亡한 경우의 시어머니[44]와 타인의 不法行爲로 생명을 잃은 被害者의 直系卑屬의 配偶者[45]에게도 慰藉料請求權을 인정하였다. 大法院은 본조의 親族關係는 戶籍上의 親族關係는 물론 事實上의 親族關係도 포함된다고 判示하였다. 즉, "民 §752에서 他人의 生命을 害친 사람은 被害者의 직계존속, 직계비속 및 배우자에 대하여 財産上의 損害 이외의 損害에 관하여도 賠償할 責任이 있다고 규정하고 있는바, 여기에서 말하는 친족관계는 반드시, 호적상의 親族關係만을 가리키는 것이 아니고, 이 事件에 있어서와 같은 慰藉料 청구에 있어서는, 사실상 위와 같은 친족관계(戶籍에 入籍되지 않은 경우)가 있는 경우도 포함하는 것이라고 解釋하는 것이 상당하다"고 判示하였다.[46] 또 事實上의 婚姻關係에 있는 配偶者에 대하여도 "內緣關係는 다만 婚姻의 屆出을 하지 아니하고 있다는 점에서 法律上의 婚姻關係와 다를뿐이고, 男女가 서로 협력하여 夫婦로서의 社會的·個人的 生活關係를 영위하는 결합체인 점에 있어서는 法律上의 婚姻關係와 하등 다를바 없으며 民 §752에서 말하는 配偶者는 法律上의 婚姻關係에 있는 配偶者에 限한다고 볼 것이 아니라 內緣關係에 있는 配偶者도 이에 準하여 같은 法條에 의한 損害賠償請求權이 있는 것이라고 봄이 상당하다 할 것이다"라고 하여 본조를 유추하여 慰藉料請求權을 인정하였다.[47] 그리고 生命을 侵害당한 被害者의 父·子女 및 妻는 각기 저마다의 慰藉料를 加害者에 대하여 청구할 수 있다고 判示하여 慰藉料請求權者가 수인인 경우에 個別的 請求를 인정하였다.

4. 學 說

判例가 일관되게 본조를 擧證責任을 輕減한 例示的 규정으로 보고 있는데 반하여 學說은 判例와 같이 例示的 규정으로 보아 擧證責任을 輕減한 것으

42) 위의 친족들은 정신상의 고통에 대한 사실상의 추정효과를 받는다는 뜻으로 풀이하고 있다고 보인다.
43) 大判 67. 9. 5, 67다1307(集 15-3, 35). 피해자의 누나가 청구한 사건이다.
44) 大判 67. 12. 18, 67다2047(集 15-3, 367).
45) 大判 78. 1. 17, 77다1942(公 1978, 10608).
46) 大判 66. 6. 28, 66다493(集 14-2, 85); 大判 62. 4. 26, 62다72(集 10-2, 226).
47) 大判 67. 1. 31, 66다2216.

로 해석하는 것이 多數說의 입장이지만 最近에 본조에 列擧된 자만이 限定的으로 청구할 수 있다는 설이 有力하게 주장되고 있다.

(1) 多 數 說

多數說은 본조를 注意的·例示的 규정으로 봄이 妥當하다고 하면서 遺族은 본조에 列擧되지 않은 자라도 모두 본조에 列擧된 同等 이상의 精神的 苦痛을 입었음을 立證하여 §§750, 751의 一般原則에 의해서 慰藉料를 請求할 수 있다고 한다.[48] 多數說은 그 근거로 生命侵害에 의한 慰藉料請求權도 그것이 본조에 의해서 발생하는 것이 아니라 不法行爲에 관한 일반규정인 §750에 의해서 발생한다는 것이며 또 精神的 損害는 그것이 賠償할 만한 가치가 있는가의 여부의 立證이 곤란하기 때문에 본조를 注意的으로 규정한 것이라고 한다.

그러나 多數說의 입장을 취하면서도 §752에 列擧된 慰藉料請求權者가 있는 경우에는 그 이외의 자가 동등 이상의 精神的 損害를 입었다고 하는 입증은 좀처럼 인정되어서는 안 될 것이라도 하는 주장도 있다.[49]

(2) 少 數 說

少數說은 최근에 유력하게 주장되고 있는 학설인데 그 취지는 다음과 같다. 즉, 본조는 死者의 直系尊屬·直系卑屬 및 配偶者에게 財産上의 損害가 없더라도 加害者에게 損害賠償을 請求할 수 있음을 인정하였으므로 본조의 反對解釋으로 기타의 親族은 財産上의 損害를 입은 때에만 그 賠償을 청구할 수 있으며 본조에 규정된 자 이외의 자는 請求할 수 없다거나, 또 日民 §711가 '父母·配偶者 및 子'인 것과 비교하여 우리 民法이 祖父母·曾祖父母·孫子·曾孫子 등으로 넓힌 것은 §752가 제한규정이란 해석을 뒷받침하다거나,[50] 被請求權者의 범위를 多數說과 같이 넓히면 그 범위가 지나치게 넓게 되어 그리 비통하지 않은 자에게까지 慰藉料請求權을 認定하게 되는 결과가 되고, 본래 不法行爲에 대한 損害賠償責任을 認定하고 있는 것은 衡平의 原則에 따라 加害者와 被害者의 利益을 조절하려는 것인바, 賠償請求權 自體의 범위를 지나치게 확대한다면 加害者에게 너무 가혹하게 되어 權利의 槪念이 不明確하게 된다고 한다. 즉, 民 §752는 生命을 侵害당한 被害者를 保護하기 위한 규정이라기보다는 도리어 그의 直系尊屬·直系卑屬 및 配偶者 등 間接被害者인 一定한 身分關係가 있는 親族을 保護하기 위한 규정인 동시에 被害者의 死亡으로

48) 郭潤直, 830.
49) 金曾漢·安二濬, 844.
50) 朴禹東, "민법 제752조의 의의", 인신사고소송, 232.

인하여 民法 §750 내지 §751와는 달리 權利主體가 없게 되는 경우의 不當性을 배제하기 위한 규정이라고 하는 것이 타당하다고 한다.[51] 다시 말하면 多數說이 主張하는 擧證責任의 輕減이란 무의미하고 民 §751가 身體傷害·自由 또는 名譽損傷 등을 例示하여 그러한 사유로 精神上의 苦痛을 가한 자에게 損害賠償責任이 있음을 규정한 것은 §750의 特則으로 규정한 것이 아니고 §750에 의하여 賠償할 損害 가운데는 '精神的 損害'도 포함한다는 趣旨를 명백히 한 데 지나지 않으며, 이는 被害者 本人의 慰藉料請求權을 규정한 것이고 본조는 精神上 苦痛의 模糊한 한계 때문에 그 고통으로 인한 慰藉料請求權의 범위를 한정지울 필요가 있는 데서 마련된 규정이라고 한다.[52] 한편 制限的 列擧로 보면서도 立法論으로는 擴大할 必要性을 인정하기도 한다.[53]

5. 判例·學說 批判

生命이 侵害된 경우 少數說이 指摘하는 바와 같이 多數說에 의하면 範圍가 지나치게 넓어져 그리 비통하지 않은 자에게까지 慰藉料請求權이 認定되는 不合理도 있을 수 있을 것이다.

그러나 財産的 損害賠償請求權이 §750에 의하여 발생되어 §752 이외의 자에게 인정된다면 그들에게 동일한 不法行爲로 인한 精神的 損害賠償請求權이 부정된다는 것은 부당하다. 生命侵害의 경우에도 損害賠償請求는 財産上의 損害이든 精神上의 損害이든 간에 §750에서 발생되고 본조는 단지 慰藉料請求權者를 例示的으로 열거한 것이라는 多數說이 妥當하다고 생각된다.

또 少數說은 본조는 生命侵害의 경우에 直系尊屬·直系卑屬 및 配偶者가 慰藉料請求權을 갖는 것을 명백히 하는 것과 더불어 請求權者의 범위를 한정한 것이라고 하는데 이렇게 되면 死亡으로 인한 慰藉料의 請求權者가 친족 일반에 확대되는 것은 피하겠지만 부모가 없어 애정을 다하여 被害者를 양육한 兄弟·姉妹의 慰藉料請求權을 부정하게 되어 불합리하게 된다.

따라서 多數說이 主張하는 바와 같이 慰藉料請求權은 §§750, 751가 규정하는 不法行爲의 일반원칙에 따라서 近親者에게도 발생하는 것이나 精神的 損害는 원래 主觀的·個人的인 것으로 증거에 의하여 損害額을 입증할 수 있는 財産上의 侵害와 달라서 그 精神的 損害가 賠償할 만한 가치가 있는가에 대하

51) 權龍雨, "민법 제752조 소정의 위자료청구권", 法曹 74년 1월호, 32.
52) 朴禹東, 전게 註 50 논문, 238.
53) 李英燮, "생명침해로 인한 손해배상", 法政(1965) 183, 33.

여 의문이 제기되기 때문에 본조에 의해서 被害者의 直系尊屬·直系卑屬 및 配偶者에 대하여는 입증을 않고서도 原則的으로 賠償請求할 수 있도록 한 것으로 보아야 할 것이다.[54]

요컨대 直系尊屬·直系卑屬 및 配偶者의 精神的 損害는 被害者의 死亡으로 통상 발생하는 것으로써 당연히 賠償하여야 하며 그 외의 親族도 精神的 損害가 立證되면 §750에 의하여 慰藉料를 청구할 수 있는 것이다. 한편 多數說에 의하여 慰藉料請求權者가 다수인 경우 그들 상호간의 관계가 문제된다. 즉, 개별적으로 請求할 것인가, 포괄적으로 請求할 것인가의 문제이다. 본조의 취지를 살펴볼 때 被害者를 두텁게 보호하기 위하여 個別請求할 수 있다고 하는 것이 타당하다.[55] 다만 請求權者가 많은 경우 加害者에게 너무 가혹한 결과가 되므로 총액을 고려하여 慰藉料額을 定額化하는 방안도 생각할 수 있을 것이다.

Ⅳ. 生命侵害 이외의 경우와 近親者의 배상청구

1. 慰藉料請求

본조는 피해자가 사망한 경우에 그 近親者의 배상청구를 인정하는 규정이다. 그렇다면 피해자가 부상하는 것에 그친 경우에 그 近親者에게 賠償請求權은 생기지 않는 것일까? 이는 위에서 본 바와 같이 民 §§750, 751, 752의 關係에서 生命侵害 이외의 경우에도 近親者 등은 財産的 損害賠償請求와 慰藉料請求를 할 수 있는 것인지의 문제인데 특히 慰藉料請求에 있어 논의가 있다.

(1) 日本의 判例·學說

日本의 初期의 判例는 日民 §711를 文理的으로 制限解釋하여 被害者가 死亡한 경우에 限하여 그 父母·配偶者 및 子에게 慰藉料請求權이 認定되고, 被害者가 傷害를 받은 때에는 親族에게 慰藉料請求權이 認定되지 않는다고 하였다. 學說도 判例와 같은 態度가 多數說의 立場이었다.

判例·多數說이 日民 §711를 限定的으로 解釋하는 데 대하여 有力한 小數說이 提起되었다. 소수설은 고통 있는 被害者에게 慰藉料請求權을 인정하는

54) 註釋債各(Ⅳ), 200.
55) 郭潤直, 830.

것이 이상이라고 하면서 동조의 '生命'을 例示에 지나지 않는다고 해석하고 이것을 '傷害'의 경우에 확장하여 近親者가 '生命侵害에 비견할만한 큰 고통'을 받았을 경우에는 固有의 慰藉料請求權을 인정할 수 있다고 주장하였다.

이러한 학설에 따라 전후 먼저 하급심에서 18세의 전기공이 양 어깨를 절단당한 사례에서 그의 부모에게 慰藉料를 인정한 판례가 나타났고,[56] 다시 최고재도 10세의 여아가 교통사고로 안면을 부상당하여 용모를 현저하게 다친 사례에서 그의 부모로부터의 慰藉料請求를 "子가 사망한 것에 비견할 만한 정신상의 고통"을 받았다는 이유로 §§709, 710에 기하여 인정하였다.[57] 그 후도 같은 취지의 판례가 계속되고 있어, 부상의 경우도 '사망에 비견할 수 있다고 할 정신적 고통'이 近親者에 생기면, 유족고유의 慰藉料請求權이 인정된다는 판례의 입장은 확립되어 있다고 할 수 있다. 구체적으로 어느 정도인 경우에 사망에 비견할 수 있는 정신적 損害를 인정할 수 있을 것인가에 대하여는 판례상도 일정하지 않고, 하급심은 비교적 용이하게 인정하는 경향이나 최고재는 엄격히 그 기준을 적용하는 경향에 있다고 할 수 있다.

이러한 判例傾向에 대하여 찬성하는 것이 多數說이지만 反對說도 강하게 제기되고 있다. 즉, §711는 日本의 가족관념의 특수성을 특별히 고려하여 直接 被害者에게만 慰藉料請求權을 인정하는 日本 不法行爲法의 예외규정이어서 엄격히 해석해야 한다든가, '子의 苦痛이 親의 苦痛이고' '子의 滿足이 親의 滿足'이라고 하면서 慰藉料請求權을 受傷者 本人에게만 인정하는 것이 타당하다고 한다.

(2) 우리 나라의 判例

生命侵害 이외의 경우에도 被害를 입은 被害者 本人이 아닌 被害者의 直系尊屬·直系卑屬·配偶者 등이 損害賠償을 청구할 수 있는가에 관하여 判例는 일찍부터 본조를 擴張解釋하여 "民 §752의 규정은 他人의 生命을 해하는 경우에 한하여 위 條文에 열거한 身分關係에 있는 사람에 한하여 精神上의 損害에 대한 손해배상책임을 인정하고 있는 취지가 아니고, 타인의 생명침해의 경우의 慰藉料請求權 있는 사람과 被害法益을 例示的으로 규정한 것으로 해석하여야 하므로 生命侵害 이외의 경우에도 直接被害者가 아닌 父母 또는 配偶者는 그의 아들이나 配偶者의 身體傷害에 대하여도 損害賠償에 대한 원칙규정인

56) 福岡高判 昭 27. 4. 9(下民 3권 4호, 482).
57) 日 最判 昭 33. 8. 5(民集 12권 12호, 1901).

§750에 의하여 精神的 損害賠償을 請求할 수 있다"고 判示[58]한 이래 아들의 身體에 대한 侵害가 있는 때에 父母에게 慰藉料請求權이 있다는 判示를 繼續하고 있다.[59] 이 때 損害賠償은 損害가 賠償할 만한 것임과 동시에 相當因果關係의 범위 내라면 족하다 할 것인바, 被害者가 不法行爲로 傷害를 입었다면 그 傷害가 죽음에 比肩할 수 있는 것이 아니라 하여도 親族은 特別한 事情이 없는 한, 親族關係에 의한 精神的 利益이 違法하게 侵害된 것이어서 損害賠償을 請求할 수 있다고 한다.[60] 또 親族의 範圍에 대하여는 동일호적에 있으며 함께 생활하고 있는 外祖父는 外孫子가 交通事故로 勞動力의 6割의 減退를 볼 정도의 負傷을 입었다면 이로 인하여 苦痛을 받을 것이라 함은 經驗則上 當然하다고 하여[61] 外祖父에게까지 損害賠償請求를 認定하였다. 더나아가 事實上의 婚姻關係에 있는 配偶者도 다른 配偶者가 第三者의 不法行爲로 인하여 傷害를 입은 경우에는 自身이 입은 精神的 苦痛에 대한 慰藉料를 請求할 權利가 있다고 보는 것이 相當하다고 判示하였다.[62] 判決이 이와 같이 넓게 生命侵害 이외의 경우도 被害者 本人 이외의 近親者에게 損害賠償請求權이 認定된다는 근거는 본조의 '生命'은 例示에 불과하고 본조는 §§750, 751의 적용에 어떤 제한를 둔 것은 아니며 단지 生命侵害의 경우의 立證責任을 輕減하게 하기 위한 규정에 지나지 않는다는 것이다.

(3) 學　說

判例가 일관되게 生命侵害 이외의 경우의 近親者에게 損害賠償請求를 認定하는데 學說은 이를 認定하는 多數說과 否定하는 少數說이 대립한다.

多數說[63]은 近親者의 損害賠償請求權을 認定하는 근거로 실질적 다당성과 본조의 '生命'은 例示에 불과하다는 것을 들고 있다. 즉, 父母는 子女가 死亡한 경우뿐만 아니라 유괴당한 경우에도 심각한 精神的 損害를 받을 수 있는 것이고 子가 불구자가 되어서 일생을 불행하게 보내지 않으면 안되게 된 경우에는 子가 死亡한 때 이상으로 父母의 精神的 損害가 크다고 할 것이므로 少數說과 같이 生命侵害 이외의 경우에는 被害者 本人만이 損害賠償을 請求할 수 있고

58) 大判 65. 5. 25, 65다292.
59) 大判 65. 8. 24, 65다1083; 大判 67. 7. 18, 67다1085; 大判 67. 12. 19, 66다2075; 大判 99. 4. 23, 98다41377(公 1999상 998) 등.
60) 大判 67. 6. 27, 66다1592(集 15-2, 108).
61) 大判 67. 12. 26, 67다2460(集 15-3, 438).
62) 大判 69. 7. 22, 69다684(集 17-2, 354).
63) 金錫宇, 557; 金曾漢, 527; 李太載, 520; 李銀榮, 756; 金疇洙, 639.

그 외의 자는 절대로 損害賠償請求를 하지 못한다는 것은 부당하고 判例와 같이 본조가 §§750, 751의 적용에 어떤 제한을 둔 것은 아니고 生命侵害의 경우 일정한 자의 立證責任을 輕減한 것으로 生命侵害 이외의 경우에도 近親者의 損害賠償請求를 인정해야 한다고 한다.

한편 최근에 유력하게 주장되고 있는 否定說[64]은 不法行爲에 관한 일반규정인 §750, 精神的 損害賠償에 대한 규정인 §751와의 관계에서 §751는 被害者 本人의 慰藉料請求權만을 규정한 것이고 본조는 生命이 侵害된 경우의 被害者의 일정한 近親者에 대한 固有의 慰藉料請求權을 明定한 것이라 할 것인바 이는 精神上 苦痛의 모호한 한계 때문에 그 고통으로 인한 慰藉料請求權者의 범위를 한정할 필요가 있어서 규정한 것이고, 따라서 生命侵害 이외의 어느 경우에도 그 固有의 慰藉料請求權은 認定되지 않으며 被害者 本人만이 損害賠償을 請求할 수 있다고 한다.

(4) 判例·學說 批判

生命侵害 이외의 경우에도 近親者에게 固有의 損害賠償請求權을 認定하는 判例·多數說의 立場은 現代 不法行爲法의 근본이념에 비추어 볼 때 실질적인 타당성이 있다고 생각된다. 즉, 生命侵害의 경우보다 심각한 身體侵害가 있을 수 있을 것이며 身體傷害의 경우의 精神的 苦痛은 오히려 영구적이라 하겠다. 따라서 법을 형식논리적으로만 해석할 것이 아니라 具體的 妥當性을 고려하여 生命侵害 이외의 경우에도 近親者에게 固有의 慰藉料請求權을 인정해야 할 것이다.[65]

그러나 少數說이 지적하는 바와 같이 慰藉料請求權者의 範圍가 넓어져 加害者에게 가혹한 結果를 가져올 염려가 있으므로 夫婦 사이나 父母 또는 父母 대신에 동생을 養育한 兄弟·姉妹 등 그 範圍를 限定해야 할 것으로 생각된다.

2. 財産的 損害의 배상

피해자가 부상하여 그 近親者가 치료비 등 재산적 손해를 지출한 경우 그 배상의 청구는 어떻게 되는가? 現實的 損害說의 입장에 선다면 피해자 본인의 배상청구를 부정하고 근친자가 지급한 치료비 등을 사고와 상당인과관계가 있다 하여 인용할 것이나, 死傷損害說을 취하면 상해 그 자체를 손해로 보고 치

64) 朴禹東, 전게 註 50 논문, 232; 權龍雨, 전게논문, 42.
65) 註釋債各(Ⅳ), 204.

료비 등은 상해라는 손해의 평가자료에 불과하므로 사실상 치료비 등을 누가 지급하였고 누가 입원계약상의 채무자인지를 따질 필요 없이 피해자 본인이 그 손해를 청구할 수 있다. 그러나 사상손해설을 취한다고 하더라도 부양의무자인 근친자가 부양의무의 이행으로서 지급한 치료비 등이 사고와 상당인과관계가 있는 손해라는 측면을 부정할 수 없고 따라서 그 배상청구를 거절할 수 없다고 할 것이다. 즉 피해자의 치료비 등 손해배상청구권은 치유에 의하여 상실되지 않는 동시에 치료비를 의무의 이행으로 지출한 부양의무자도 손해배상청구권을 가진다.[66] 다만 피해자와 부양의무자인 근친자 모두의 이중청구는 허용될 수 없고, 양자 사이는 부진정연대채권의 관계에 있다고 할 것이다.[67]

일본의 경우 판례는 우리 나라와 같이 近親者, 被害者의 어느 쪽도 청구를 할 수 있다고 하고 있다. 예를 들면 부상한 부친의 입원비용을 子가 지출한 경우 子로부터의 배상청구는 인정된다.[68] 또 역으로 子의 부상에 대하여 父가 치료비를 지출한 경우에 子로부터의 청구도 인정된다.[69]

일본의 학설도 그 이유에 대하여는 다툼이 있으나[70] 판례의 결론을 긍정하는 점에서는 일치하고 있다.[71]

[李 東 明]

---

66) 郭潤直, 826. 大判 82. 4. 13, 81다카737(公 1982, 498); 大判 87. 12. 8, 87다카1332(公 1988, 269); 大判 88. 1. 19, 86다카2626(公 1988, 407); 大判 88. 2. 23, 87다카57(公 1988, 573).

67) 郭潤直, 826.

68) 日 大判 昭 12. 2. 12(民集 16권, 46).

69) 日 最判 昭 32. 6. 20(民集 11권 6호), 1093.

70) 피해자가 속하는 家團이 피해를 입었다고 보는 설, 배상자 대위에 의한다는 설, 사무관리를 근거로 하는 설 등.

71) 전게 日 注解 判例民法, 債權法 Ⅱ, 1282 참조.

第753條 내지 第755條 前論: 責任能力

차 례

Ⅰ. 意 義
Ⅱ. 區別基準
Ⅲ. 立證責任

Ⅰ. 意 義

1. 責任能力이라고 함은 어떤 행위를 하는 사람[1)]이 그 행위가 가져올 법적 책임을 변식할 수 있는 능력을 뜻한다. 책임능력이 있다고 하기 위하여서는 행위자가 단순히 그 행위가 초래할 결과를 인식할 능력이 있다거나, 그 행위가 올바른 것인지, 아니면 그른 것인지를 가리는 정도의 판단능력을 가지는 것만으로는 부족하고, 자신의 행위가 위법한 것으로서 법률상 비난받고 이에 따라 일정한 법적 제재가 있을 것임을 인식·판단할 수 있는 정신적인 능력을 갖추어야 한다.

2. 우리 민법은 원칙적으로 不法行爲를 인정하는 근거로서 意思責任主義 내지 過失責任主義를 채택하여 故意 또는 過失을 不法行爲의 성립요건으로 하고 있으므로 행위자가 일정한 意思能力 내지 判斷能力이 있는 것이 不法行爲의 전제가 된다. 따라서 "行爲의 責任을 辨識할 知能이 없는"(民 §753) 未成年者의 행위와 "心神喪失中에"(民 §754) 행한 행위는 不法行爲가 되지 않는다. 이런 뜻에서 責任能力을 "不法行爲能力"이라고 부르기도 한다.

3. 행위자에게 故意·過失이 없는 한 책임을 지우지 않는다는 過失責任主義와 이에 근거한 責任能力의 개념이 근대의 시민들로 하여금 안심하고 경제행위를 하도록 보장함으로써 경제발전에 큰 기여를 하였음은 주지하는 바와 같다. 그러나, 현대로 넘어오면서 過失責任主義가 '손해의 공평한 분담'이라는 不法行爲制度의 이념과 상충되는 결과를 낳는 분야들이 생겨났다. 이러한 분야에 있어서는 행위자에게 無過失責任을 지우는 不法行爲가 인정되고 있다. 責任能力도 이와 같이 無過失責任이 인정되는 경우에는 더 이상 不法行爲의 성립요건이라고 할 수 없게 된다.[2)]

1) 여기에서는 自然人의 責任能力을 위주로 설명한다. 法人의 責任能力 내지 不法行爲能力에 관하여는 民 §35의 해석과 관련하여 民法注解(Ⅰ), 492-8 참조.

2) 獨民 §829는 責任無能力者에게도 衡平責任(Billigkeitshaftung)에 기한 배상의무를 인

Ⅱ. 區別基準

1. 未成年者에게 責任能力이 있는지 여부를 결정하는 기준에 관하여 年齡主義(獨民 §828)[3]와 知能主義의 두 가지 입법례가 대립하고 있다. 우리 민법은 知能主義를 채택하고 있으므로, 責任能力의 유무는 행위자 개인의 구체적인 정신능력을 감안하여 판단되는 것이고, 연령 등을 이유로 획일적으로 정해지는 것은 아니다. 法律行爲에 있어서 未成年者가 한 행위를 일률적으로 취소할 수 있도록 우리 민법이 규정한 것은 거래의 안전이라는 事前的인 고려 때문이지만, 不法行爲에 있어서는 그로 인하여 발생한 결과에 대한 책임의 부담이라는 事後的인 문제가 주된 고려의 대상이므로[4] 연령 등에 의한 획일적인 취급은 적당하지 않기 때문이다. 이러한 점에서 不法行爲에 있어서의 責任能力은 法律行爲에 있어서의 意思能力과 대비되는 것이라고 할 수 있다.

2. 心神喪失中의 행위인지 여부의 구별도 쉬운 것은 아니다. 精神鑑定 등의 의학적인 의견을 참작하여 결정하여야 할 경우가 적지 않다. 그러나, 心神喪失 여부는 행위자에게 법적 책임을 지울 것인지의 여부를 가리는 법적 판단의 대상임을 잊지 않아야 한다.

Ⅲ. 立證責任

일반인은 통상적으로 責任能力을 갖추고 있다고 보아야 할 것이므로, 責任能力이 없다는 점에 관하여 不法行爲者 쪽에서 입증할 책임이 있다. 행위자가 未成年者인 경우에도 그 행위의 책임을 변식할 지능이 없다는 점에 대하여 행위자인 未成年者가 입증하여야 한다.

[柳 元 奎]

정하고 있다.

3) 7세 미만의 未成年者에 대하여는 일체 責任能力을 인정하지 않고, 7세 이상 18세 미만의 자에 대하여는 개별적으로 판단력의 유무를 살펴 責任能力을 결정하는 것으로 규정하고 있다.

4) 불법행위에도 손해의 예방이라는 事前的인 고려가 문제되지 않는 것은 아니지만 그것이 불법행위의 주된 이념이라고는 할 수 없다.

第753條(未成年者의 責任能力)

未成年者가 他人에게 損害를 加한 境遇에 그 行爲의 責任을 辨識할 知能이 없는 때에는 賠償의 責任이 없다.

1. 이 조문은 責任能力이 없는 첫번째 경우로서 '행위의 책임을 변식할 지능이 없는 未成年者'를 규정하고 있다. 20세 이상의 성년자라면 그가 설혹 자기 행위의 책임을 변식할 지능이 없더라도 여기에서 말하는 責任無能力者에는 해당되지 않는다. 다만 §754의 心神喪失者로 취급될 수는 있을 것이다.

2. 결정기준

未成年者에게 責任能力이 있는지 여부를 결정하는 기준에 관하여 우리 민법이 知能主義의 입법례를 따르고 있음은 이 조문의 문면상 분명하다. 따라서 〈前說〉에서 언급한 대로 責任能力의 유무는 未成年者 개인의 구체적인 辨識能力을 기준으로 판단할 것이다.

그러나, 未成年者의 辨識能力을 판단함에 있어서 연령이 무시할 수 없는 요소임에는 틀림없다. 통상적으로 초등학교에 들어가기 전의 未就學 兒童에게는 責任能力이 있다고 하기 어려울 것이다. 刑 §9는 14세 미만의 자의 행위를 벌하지 않는다고 규정하고 있지만, 14세 미만의 자라고 하더라도 초등학교를 졸업하는 12세 정도에 달하면 자신의 행위가 초래할 결과에 대한 법적인 책임을 변식할 지능을 갖추게 되는 것이 보통이다. 판례는 12세까지의 未成年者에 대하여 대체로 責任能力을 부인하고 있지만,[1] 그 이상 14세 미만의 未成年者에 대하여는 구체적인 경우마다 다른 결론을 내리고 있다. 13세 3개월[2] 또는 13세 6개월[3]된 未成年者의 責任能力을 인정한 판례가 있는가 하면, 13세 5개월,[4] 심지어는 14세 2개월[5]된 未成年者의 責任能力을 부인한 사례도 있다. 그

1) 大判 69.1.28, 68다1804; 大判 71.4.6, 71다59; 大判 72.1.31, 71다2582; 大判 75.12.23, 75다1301; 大判 81.8.11, 81다298;

2) 大判 69.7.8, 68다2406 集 17-2, 279.

3) 大判 71.4.6, 71다187.

4) 大判 77.5.24, 77다354(公 563, 10107); 大判 78.7.11, 78다729(公 593, 10998). 위 두 판결은 모두 13세 5개월된 중학생이 위험한 물건인 고무총으로 돌을 발사하여 다른 아이에게 실명 등의 상해를 입힌 사안이다.

5) 大判 78.11.28, 78다1805(集 26-3, 民 272). 14세 2개월된 중학생이 야간에 콘크리트 바닥에서 피해자와 레스링을 하다가 얼굴을 지면으로 향하여 엎드려 있는 피해자를 예고없이 발로 밀어버린 사안에 관한 것이다.

러나 14세 이상의 未成年者는 心神에 특별한 장애가 있다는 등의 사정이 없는 한 責任能力이 있다고 평가하고 있다.[6)]

12세 이상된 未成年者의 責任能力을 부인하고 있는 판례들은 責任能力의 유무를 결정함에 있어서 당해 未成年者 본인의 知能이나 辨識能力이 아닌 다른 고려를 하였던 것이 아닌가 하는 의문이 있다. 즉, 不法行爲를 한 未成年者에게 責任能力이 인정되면 그의 父母 등 法定監督義務者의 책임을 물을 수 없게 된다는 전제하에 경제적으로 賠償能力이 빈약한 未成年者보다는 監督義務者에게 배상책임을 지워 피해자를 보호하려는 의도가 엿보인다. 그러나, 이러한 고려는 타당하지도 않을 뿐만 아니라 필요하지도 않다.[7)] 이 조문의 법문에 충실하게 責任辨識能力만을 기준으로 未成年者 본인의 不法行爲가 성립되는지 여부를 가려야 할 것이다.

[柳 元 奎]

第 754 條(心神喪失者의 責任能力)

心神喪失中에 他人에게 損害를 加한 者는 賠償의 責任이 없다. 그러나 故意 또는 過失로 因하여 心神喪失을 招來한 때에는 그러하지 아니하다.

1. 이 조문은 責任能力이 없는 두 번째 경우로서 '心神喪失中에 있는 사'를 규정하고 있다. 未成年者라도 心神喪失中에 타인에게 손해를 가한 때에는 이 규정의 적용을 받게 되므로 그가 §753 소정의 "행위의 책임을 변식할 지능"을 갖출 정도로 성숙되었는지 여부는 이를 가릴 필요가 없다.

2. 心神喪失

心神喪失이란 자기가 하는 행위의 책임을 변식하는 정신적 능력을 잃은 상태를 말한다. 心神喪失의 원인이 무엇인지는 문제되지 않는다. 정신적인 질

6) 大判 62.2.28, 4294민상1036(17세 5개월); 大判 69.2.25, 68다1822(集 17-1, 민 232. 14세 3개월); 大判 89.1.24, 87다카2118(公 1989, 296. 18세 남짓된 고등학교 3년생); 大判 89.5.9, 88다카2745(公 1989, 886. 16세 5개월 남짓된 고등학교 2년생).

7) 이 점에 관하여는 民 §755에서 상술한다.

환에 기인한 것이 보통이지만, 癎疾의 발작, 酒醉, 痲藥이나 痲醉劑의 투여, 催眠術 등에 기인한 것일 수도 있다.

또, 이러한 상태가 지속적이든, 일시적이든 상관없다. 禁治產宣告는 心神喪失의 常態에 있을 것을 그 요건으로 하지만, 불법행위자의 心神狀態는 그 불법행위가 행해질 당시를 기준으로 하여 구체적으로 판단하면 족하다. 禁治產者가 아니더라도 心神喪失로 인하여 責任能力이 없을 수 있고, 반대로 禁治產者라고 하더라도 그 心神이 회복된 동안에 불법행위를 저지를 수 있을 것이다. 不法行爲로 인한 損害賠償의 문제를 다룸에 있어서는 事後的인 觀點(retrospective point of view)에서 責任能力의 유무를 판단하여야 하므로, 거래의 안전을 위하여 획일적인 규율을 필요로 하는 법률행위의 능력에 관한 제도와는 다르기 때문이다.

3. 例 外

행위자가 心神喪失中이더라도 그 心神喪失이 행위자 자신의 故意·過失로 초래된 것일 때에는 손해배상책임을 면하지 못한다(이 조문 단서). 이른바 "原因에 있어서 자유로운 행위(actio libera in causa)"의 이론에 기초한 것으로서, 心神喪失의 상태를 自招하여 일으키는 不法行爲를 예방하고, 손해의 공평한 부담을 기하기 위한 규정이다.

여기에서 말하는 故意·過失은 心神喪失狀態의 초래에 관한 것이지, 加害行爲 자체에 관한 것은 아니다.[1] 즉, 心神喪失을 초래하는 행위에 대한 故意나 認識可能性이 있음으로서 족하고, 心神喪失로 인하여 일으킬 가능성이 있는 加害行爲에 대한 故意·過失까지 필요한 것은 아니다.

그러나, 이 조문 단서규정에서 말하는 心神喪失은 "일시적"인 것만을 의미한다고 함이 통설이다.[2] 心神喪失이 비록 가해행위자의 故意·過失에 의하여 초래되었다고 하더라도 그러한 상태가 장기간에 걸쳐 지속되는 경우에는 면책되어야 한다는 것이다. 과연 어느 정도의 기간을 "일시적"이라고 할 것인가 하는 문제에 대하여는 수일 내 또는 수개월 내라는 식으로 일률적으로 말하기는 곤란하다. 행위자가 자초한 心神喪失狀態가 객관적으로 볼 때 손쉽게 회복될 수 있는 유형의 것인지, 행위자가 그러한 점을 알았거나 알 수 있었던

1) 同旨 郭潤直 613; 註釋 211.
2) 郭潤直 613, 金基善 390, 金錫宇 503.

것인지, 행위자가 그와 같은 心神喪失에 빠지게 되면 어떤 加害行爲를 저지를 가능성이 있음을 알았거나 알 수 있었던 것인지[3] 등 여러 사정을 감안하여 구체적인 경우에 이 조문 단서의 心神喪失에 해당하는지 여부를 가리는 수밖에 없을 것이다.

4. 立證責任

心神喪失에 대한 立證責任은 이를 주장하는 쪽에 있다. 그러나 그 心神喪失이 행위자의 故意·過失로 인하여 초래되었다는 점에 대한 立證責任은 행위자에게 不法行爲責任을 물으려는 측에서 부담한다.

[柳 元 奎]

第 755 條(責任無能力者의 監督者의 責任)

① 前 2條의 規定에 依하여 無能力者에게 責任 없는 境遇에는 이를 監督할 法定義務있는 者가 그 無能力者의 第3者에게 加한 損害를 賠償할 責任이 있다. 그러나 監督義務를 懈怠하지 아니한 때에는 그러하지 아니하다.

② 監督義務者에 갈음하여 無能力者를 監督하는 者도 前項의 責任이 있다.

차 례

Ⅰ. 序 論
1. 責任의 性質
2. 責任의 根據
3. 沿革과 立法例
Ⅱ. 監督者責任의 要件
1. 責任無能力者의 不法行爲
2. 監督義務者 또는 代理監督者의 監督義務 해태
3. 因果關係
Ⅲ. 賠償責任者
1. 監督義務者
2. 代理監督者
3. 責任의 경합
Ⅳ. 責任能力 있는 未成年者의 不法行爲에 대한 監督義務者의 責任
1. 문제의 제기
2. 책임의 법적 근거
3. 감독상 過失의 認定
Ⅴ. 立 法 論

3) 구체적인 가해행위에 대한 인식 또는 인식가능성을 말하는 것은 아니다.

Ⅰ. 序 論

1. 責任의 性質

本條에 의하면, 責任無能力者가 그의 違法行爲에 대한 배상책임을 지지 않는 경우에, 그 責任無能力者를 감독할 法定義務 있는 자(예, 親權者·後見人 등)와 감독의 무자에 갈음하여 無能力者를 감독하는 자(예, 유치원 또는 초등학교 교사, 정신병원 의사 등)는 그 감독을 게을리하지 아니하였음을 입증하지 못하면 배상책임을 진다.

이 책임의 이론적 기초는 게르만법에 있어서의 團體主義的 責任理論과 로마법을 계수한 근대법의 個人主義的 責任理論의 타협에 있다고 일컬어지고 있다. 즉, 고대로부터 인정되어 오던 家族構成員의 違法行爲에 대한 家長의 절대적 책임을 근대의 個人主義的 責任理論에 따라 수정하여, 監督義務者가 자신의 감독의무를 게을리한 점을 근거로 자기 행위에 기한 책임을 지는 것으로 바꾸어 규정한 것이라고 한다.

그럼에도 불구하고 本條의 책임은 일반 不法行爲에 있어서의 責任理論과는 다음과 같이 다른 성질을 가지고 있다.

① 責任無能力者의 가해행위에 대한 結果責任이지, 監督義務者 스스로의 가해행위에 대한 책임이 아니다. ② 監督義務者의 과실은 責任無能力者에 대한 일반적인 감독을 게을리하는 것을 뜻하고 責任無能力者가 한 구체적인 가해행위 자체에 관한 過失을 뜻하는 것이 아니다. ③ 피해자가 監督義務者의 과실에 관한 立證責任을 부담하는 것이 아니라, 監督義務者가 감독을 게을리하지 아니하였음을 입증하지 못하는 한 책임을 면하지 못한다.

누구도 加害行爲 자체에 대한 과실이 없으면 책임을 지지 아니한다는 過失責任의 원칙에서 볼 때 本條의 책임은 일종의 無過失責任이라고 할 수도 있으나, 한편으로는 자신의 감독상의 과실을 요건으로 하는 점에서 절대적인 無過失責任이라고도 할 수 없으며, 이러한 의미에서 소위 '中間的 責任'이라고 부른다.

2. 責任의 根據

本條의 책임은 앞에서 본 바와 같이 우리 민법이 채택하고 있는 自己責任의 원칙과 過失責任主義에 대한 일종의 예외라고 할 수 있다. 이와 같은 예외를 인정하는 이유 내지 실질적인 근거는 무엇인가?

첫째로, 피해자 보호를 꼽을 수 있다. 責任無能力者의 違法行爲로 인하여 생긴 손해에 대하여 아무런 배상책임이 인정되지 않음으로써 피해자로 하여금 스스로 그 손해를 감내하게 하기보다는 가해자 쪽에 속한다고 할 수 있는 일정한 범위의 사람에게 배상책임을 지우는 것이 옳다는 것이다.[1)]

둘째로, 監督義務者의 注意를 촉구하여 責任無能力者에 의한 違法行爲가 발생하는 것을 방지하도록 할 수 있다는 점이다.[2)]

3. 沿革과 立法例

고대 로마법 및 게르만법에서 家長은 그의 가족구성원의 불법행위에 대하여 절대적으로 책임을 부담하였다. 이 영향으로 근세에 접어들어서도 獨民 §832[3)]나 瑞民 §333는 未成年者의 불법행위에 대하여 親權者가 감독을 게을리하지 않았음을 입증하지 못하는 한 배상책임을 지는 것으로 규정한다. 佛民 §1384 Ⅳ도 대체로 비슷한 규정을 두고 있으나, 親權者의 책임을 그와 동거하면서 감독권을 행사하는 未成年者의 불법행위로 한정하고 있다. 그러나 위 입법례들은 모두 未成年者의 責任能力의 유무를 親權者 책임의 요건으로 삼고 있지 않다.[4)] 그런데, 日民 §714는 獨民 §832를 모범으로 하면서도 감독을 받는 자가 責任能力이 없는 경우에만 監督義務者가 책임을 지는 것으로 한정하였다. 責任無能力者가 스스로 不法行爲에 대한 책임을 져야 할 때에는 監督義務者가 배상책임을 져야 할 이유가 없기 때문이라는 것이 그 이유이다.[5)]

우리 민법은 그 제정 당시에 의용되던 위 日民 §714의 규정을 그대로 답습하고 있다.[6)] 民法草案 §750는 "前 4조의 규정에 의하여 未成年者·心神喪

1) 註釋 216.
2) 金基善 408, 金錫宇 520.
3) 이 규정은 "감독의무자의 책임"이라는 제목 아래, "① 미성년 또는 정신적·신체적 상태로 인하여 감독을 필요로 하는 자를 감독할 법률상 의무가 있는 자는 피감독자의 위법행위로 제 3 자에게 가한 손해를 배상할 책임이 있다. 다만 감독의무자가 감독의무를 다하였거나 적절한 감독을 하더라도 손해가 발생하였을 경우에는 배상책임이 없다. ② 계약에 의하여 감독업무의 처리를 인수한 자도 같은 책임을 진다"고 규정하고 있다.
4) 獨逸의 경우 만 7세 이상 18세 미만자로 責任能力을 갖춘 未成年者는 親權者와 연대하여 피해자에게 배상책임을 진다(獨民 §828 Ⅱ, §840 Ⅰ, §1626 Ⅱ).
曺圭昌, "미성년자의 불법행위에 대한 친권자의 책임――민법 제755조와 대법원판례의 고찰", 판례연구 제 2 집(고려대학교 법학연구소, 1983) 152-158.
5) 松坂佐一, "責任無能力者お監督する者の責任", 損害賠償責任の研究(上), 164; 川井飯塚 "責任能力のある未成年者の不法行爲と監督義務者の不法行爲責任", 判時749, 26.
6) 民議院 法制司法委員會, 民法案審議小委員會 編, 民法案審議錄 上卷, 443.

失者·監督義務者 또는 사용인에게 손해배상의 책임이 없는 경우에도 법원은 당사자의 경제상태 및 기타의 사정을 참작하여 그에게 손해의 전부 또는 일부의 배상을 명할 수 있다"는 규정을 두었으나 심의과정에서 이를 삭제하였다.[7) 이러한 일련의 입법과정에 비추어 보면, 未成年者가 責任能力이 없는 경우에만 監督義務者가 배상책임을 지는 것으로 함이 민법의 입법취지였음이 틀림없다. 따라서 우리 민법은 未成年者에게 責任能力이 있는 경우에 있어서는 法定監督義務者의 배상책임은 이를 문제삼지 않거나 규율대상에서 제외한 것으로 볼 수밖에 없다.

한편, 英美의 普通法(common law)은, 대륙법체계와는 달리, 원칙적으로 자식의 행위에 대한 父母의 代理責任(vicarious liability)을 인정하지 않는다. 어린 아이라도 독립한 법적 주체로서 그 자신의 不法行爲에 대하여 책임이 있고 단지 부모라고 해서 법적인 책임을 지지는 않는 것이다. 그러나, 통상적으로 資力이 없는 未成年者의 不法行爲로 인한 손해에 대하여 실질적인 배상이 이루어질 수 없게 되는 不合理를 구제하기 위하여 실제로 미국의 모든 州가 부모의 책임을 인정하는 成文法(statute)을 제정하고 있다. 다만, 父母의 책임은 未成年 子女의 "惡意的이거나 放恣한(wilful or wonton)" 不法行爲에 국한되고, 그 책임의 범위도 美貨 300불 내지 수천불 정도로 제한되어 있는 것이 보통이다.[8)]

Ⅱ. 監督者 責任의 要件

1. 責任無能力者의 不法行爲

責任無能力者가 객관적으로 違法한 행위, 즉 만일 그에게 責任能力이 있었더라면 손해배상책임을 져야만 하는 행위를 함으로써 그로 인하여 손해가 발생하였어야 한다. 未成年者나 禁治産者에게 責任能力이 있어서 스스로 不法行爲責任을 지는 경우에는 비록 監督義務者의 감독에 과실이 있었다고 하더라도 本條에 의한 책임을 지지는 않는다.[9)] 本條에 의한 감독자의 책임이 위와 같은 補充的 책임이 아닌 責任能力 있는 未成年者 등과의 倂存的 책임이라고

7) 前註 민법안심의록 상권, 445.
8) W. Page Keeton, Prosser and Keeton on Torts 5th ed. p. 913.
9) 다만, 監督義務者 자신의 固有한 不法行爲가 성립되는지 여부는 後述.

해석하는 견해[10]도 있을 수 있으나, "전 2조의 규정에 의하여 책임없는 경우에"라는 명문의 해석과 앞에서 본 本條의 沿革[11] 등에 비추어 볼 때 해석론으로서는 本條에 의한 監督義務者의 책임의 補充性을 인정하지 않을 수 없다.

2. 監督義務者 또는 代理監督者의 監督義務 해태

監督義務者 또는 이에 갈음하여 감독하는 자가 監督義務를 게을리하였어야 한다.

(1) 監督義務의 내용

앞에서 언급한 바와 같이 여기에서 말하는 監督義務는 責任無能力者의 행위에 대한 一般的인, 日常的인 監督義務를 말하는 것이고, 당해 不法行爲에 대한 구체적인 감독의무를 말하는 것은 아니다. 따라서 責任能力이 없는 어린 아이가 부모의 눈길이 닿지 않는 곳에서 부모가 모르는 동안에 加害行爲를 한 경우이더라도 監督義務者로서 통상 하여야 할 감독을 게을리한 때에는 책임이 생긴다.

(2) 監督義務의 범위

일반적으로 法定監督義務者는 責任無能力者의 생활관계 전반에 걸쳐 계속적인 감독의무를 부담하므로 그 범위가 상당히 넓다. 물론 구체적인 사건에 있어서는 加害行爲가 이루어진 경위 및 그 종류 등에 비추어 그러한 가해행위를 예방하기 위하여 필요한 감독이 合理的인 監督義務者에게 사회통념상 요구되는 범위 내에 속하는 것인가의 여부를 기준으로 하여 판단할 문제이기는 하지만, 無能力者의 加害行爲가 監督義務의 범위를 벗어난 것이라고 인정되는 경우는 매우 희소하다고 할 수밖에 없다.[12] 한편, 代理監督者의 경우에는 감독의무의 범위가 責任無能力者의 특정한 생활에 한정되는 경우가 많을 것이다. 판례는, 학교의 교장이나 교사의 학생에 대한 감독의무는 학생의 전 생활관계에 미치는 것이 아니고 학교에서의 교육활동 및 이와 밀접불가분의 관계에 있

10) 本條에 의한 監督義務者의 책임은 被監督者의 책임을 補充하는 것이 아니라 감독의무자의 책임과 피감독자의 책임이 併存한다고 판시한 大判 84. 7. 10, 84다카474이 있었으나, 이 견해는 그후 大判 94. 2. 8, 93다13605(전원합의체)에 의하여 폐기되었다.

11) 前述 I. 2. 참조.

12) 우리 나라 판례 중에는 免責을 인정한 사례를 찾아 볼 수 없고, 일본의 판례 중에는, 老齡인 父母가 壯年의 아들인 精神障碍者의 보통 때의 행동에 폭행 등 절박한 위험이 있었던 것이 아니고 식사하는 일 등에서 난폭해졌다고 하여 가해행위 전에 경찰서나 보건소에 그 처치에 관하여 상담을 하는 등의 조치를 취하고 있었다면 그 부모에게 本條의 책임을 물을 수 없다는 취지의 희소한 판례가 있다. 日最判 1983. 2. 2.

는 생활관계에 한한다고 판시하고 있다.[13)]

(3) **責任無能力者의 失火에 대한 책임**

失火責任에 관한 법률은, 失火의 경우에는 중대한 과실이 있을 때에 한하여 不法行爲責任을 지도록 규정하고 있다. 반면 本條의 책임은 감독에 관한 監督義務者의 抽象的 輕過失로 충분하다.[14)] 그렇다면 責任無能力者의 失火에 대하여 監督義務者에게 감독상의 輕過失만이 있는 경우 監督義務者를 免責시킬 것인가? 失火를 한 사람이 責任無能力者인 경우 그 과실의 輕重을 따지는 것은 무의미하므로 失火責任에 관한 법률의 취지에 따라 監督義務者의 감독상의 과실의 輕重을 가려 보아 監督義務者가 중대한 감독의무해태가 없음을 입증한 때에는 면책시켜야 한다는 견해,[15)] 責任無能力者의 행위로부터 직접 발생한 화재에 대하여는 本條를 적용하여 과실의 輕重을 불문하고 監督義務者에게 책임을 지우고, 延燒部分에 대하여는 감독에 관하여 중대한 과실이 있는 경우에만 本條의 책임을 부담시켜야 한다는 견해[16)] 등도 있으나, 판례는 責任無能力者의 失火에 대한 監督義務者의 책임에 대하여는 本條만을 적용하고 失火責任에 관한 법률의 적용을 배제하여 감독상 과실이 있는 때에는 중대한 과실이 아니더라도 손해배상책임이 있다는 입장을 취하고 있다.[17)]

(4) **監督義務를 게을리한 점에 대한 입증책임**

監督義務를 게을리하였다는 점은 일반 불법행위와는 달리 피해자측에서 이를 적극적으로 입증할 필요가 없고 監督義務者 쪽에서 그 의무를 게을리하지 아니하였음을 입증하여야 그 책임을 면할 수 있음은 앞에서 설명한 바와 같다. 本條의 책임을 지는 監督義務者는 자신의 책임을 변식할 지능이 전혀 없는 자를 보호감독하는 것이므로 일반적으로 高度의 注意義務가 부여되어 있다고 할 수 있고, 특히 責任無能力者의 사회생활 전반에 대한 감독의무가 주어져 있는 法定監督義務者의 경우에 있어서는 加害行爲가 일어난 사실 자체가 감독상의 과실을 사실상 추정케 하는 證憑이 되므로 無過失을 입증하여 本條의 책임을 면하는 것은 실제로 대단히 어려운 일이라고 할 수 있다.[18)]

---

13) 大判 93.2.12, 92다13646; 大判 94.8.23, 93다60588; 大判 96.8.23, 96다19833; 大判 97.6.13, 96다44433; 大判 97.6.27, 97다15258.
14) 金顯泰 380; 安相敦, 前揭論文 386.
15) 安相敦 前揭論文 387; 日 福岡地方裁判所 1971.7.9. 判決; 日 大阪高等裁判所 1981.4.15. 判決.
16) 日 註釋民法(19) 260.
17) 大判 72.1.31, 71다2582.
18) 부모가 代理監督者를 두었다거나(大判 69.1.28, 68다1804), 학교에서 일어난 사고(大

3. 因果關係

監督義務者의 감독의무 해태와 손해의 발생 사이에 인과관계가 있어야 할 것인가? 즉, 監督義務者가 감독을 게을리하지 않았더라도 역시 가해행위로 손해가 생겼으리라는 것을 입증하면 그 책임을 면할 수 있는가에 관하여는 使用者責任에 관한 §756 I 단서와 같은 명문의 규정이 없으나, 같은 규정을 유추하여 그러한 경우에는 책임을 면한다고 해석하는 것이 통설이다.[19] 이에 대하여 감독의무는 責任無能力者의 행위에 대한 일반적인 감독의무를 말하는 것이고 당해 불법행위에 대한 구체적인 감독의무를 가리키는 것은 아니므로 監督義務者의 過失은 손해의 먼(remote), 간접의(indirect) 원인에 지나지 않는다거나,[20] 本條의 책임이 감독상의 過失과 加害行爲 사이의 因果關係를 기초로 하는 것이 아니라는 견해가 있다.[21] 비록 그 立證責任이 전환되어 있기는 하지만, 감독상의 과실이 本條의 책임의 전제가 되어 있는 이상, 그 과실과 손해발생과의 사이에 法的인 因果關係가 필요하다고 보는 통설의 견해가 타당하다고 할 것이다. 다만, 실제에 있어서는 因果關係가 존재하지 않는다는 점에 대한 입증을 할 수 있는 경우는 거의 없을 것이다.

Ⅲ. 賠償責任者

1. 監督義務者

責任無能力者의 法定監督義務者는, 未成年者에 있어서는 親權者(§909) 및 親權代行者(§910, 948)와 後見人(§928)이고, 禁治產者에 있어서는 後見人(§929)이다. 禁治產宣告를 받지 않은 心神喪失者의 監督義務者에 관하여는 아무런 법규정이 없으므로 慣習法 또는 條理에 의하여 적당한 지위에 있는 자를 그 監督義務者로 할 수밖에 없다.[22] 판례는 條理上 妻, 父母, 戶主의 순위로 監督義務者가 된다

判 62.5.17, 62다44)라는 점을 주장, 입증하는 것만으로 감독의무를 해태하지 아니하였음을 입증한 것으로는 볼 수 없다.

19) 郭潤直 675, 金基善 410, 金錫宇 522, 金顯泰 380.

20) 松坂佐一, "責任無能力者を監督する者の責任", 損害賠償責任の研究(上), 有斐閣 161.

21) 日註釋民法(19) 258 이하.

22) §1. 郭潤直 675.

고 한다.[23] 親權者 외에 미성년인 子의 養育者가 따로 있는 경우(§837 참조)에는 그 養育者가 監督義務者이고 양육을 하지 않는 親權者는 원칙적으로 本條의 책임이 없다.[24]

公設의 보호시설에 있는 未成年者인 孤兒에 대하여는, 그 보호시설의 장이 後見人으로서 감독의무를 부담하고, 私設의 보호시설에 있는 未成年者인 고아와 각종의 아동보호시설에 입소중인 아동에 관하여는, 그 보호시설의 소재지의 서울특별시장, 광역시장, 도지사가 지정한 後見人의 직무를 행할 자가 감독의무를 부담한다.[25] 少年院에 송치된 未成年者인 保護少年 등에 대하여 親權者 또는 後見人이 없거나 있어도 그 권리를 행사할 수 없어서 법원의 허가를 받아 親權者 또는 後見人의 직무를 행사하는 少年院長도 마찬가지이다.[26] 그밖에 親權者 또는 後見人이 없는 18세 미만의 아동에 대하여는 道知事의 청구에 따라 법원이 선임한 後見人이 감독의무를 부담하게 된다.[27]

2. 代理監督者

여기에는 예컨대, 탁아소의 보모, 유치원의 원장과 보모 또는 교사, 초등학교의 교장과 교사, 소년원의 직원, 정신병원의 의사 등이 해당된다. 法定監督義務者에 갈음하여 감독을 하게 된 원인이 契約이든, 法律이든. 慣習이든 상관이 없다.

3. 責任의 경합

法定監督義務者와 代理監督者의 책임은 서로 양립할 수 있다는 것이 통설이다.[28] 즉, 後者에게 책임이 있는 경우에도 前者가 後者에게 감독하게 한 데에 과실이 없었음을 증명하지 못하면, 前者도 책임을 면하지 못한다.[29]

이 경우는 물론, 親權을 共同行使하는 부모, 數人의 代理監督者들에게 本條의 책임이 인정되는 경우 그들의 책임은 이른바 不眞正連帶債務로서 피해자는 전부의 배상을 받을 때까지 어느 쪽에 대하여서도 책임을 물을 수 있다.

---

23) 大判 57.7.25, 4290민상302.
24) 朴禹東, "責任無能力者를 監督하는 자의 損害賠償責任", 人身事故訴訟 259.
25) 保護施設에 있는 孤兒의 後見職務에 관한 法律 §2.
26) 少年院法 §23.
27) 兒童福祉法 §16.
28) 郭潤直 676, 金基善 410, 李太載 485.
29) 대법원판례의 입장도 마찬가지이다. 大判 62.5.17, 62다44; 大判 69.1.28, 68다1804.

Ⅳ. 責任能力 있는 未成年者의 不法行爲에 대한 監督義務者의 責任

1. 문제의 제기

未成年者의 책임이 인정되는 경우에도 이와는 별도로 監督義務者의 책임을 물을 수 있는가? 앞에서 본 바와 같이 責任能力이 없는 未成年者가 불법행위에 의해 타인에게 손해를 가한 경우에 未成年者 자신은 배상의 책임을 지지 않고(民 §753), 그 未成年者를 감독할 法定義務가 있는 자가 本條에 의하여 그 손해를 배상할 책임을 지는 것이며, 이 책임은 직접적인 가해자인 未成年者가 배상책임을 부담하지 않는 경우에만 생기는 보충적 성격을 가진 것으로 구성되어 있으므로, 未成年者가 責任能力을 가진 경우에는 監督義務者가 감독의무를 게을리하였더라도 本條의 책임을 지는 것은 아니다.

그러나, 이와 같은 경우에 監督義務者가 아무런 책임을 지지 않는다면, 다음과 같은 不合理가 생긴다.

첫째, 責任能力이 있는 未成年者에 대하여 손해배상을 청구하여 勝訴判決을 얻어도 통상 未成年者에게는 賠償能力이 없는 까닭에 監督義務者에게 배상책임이 없다고 하면 피해자의 구제에 소홀하게 된다.

둘째, 미성년자의 불법행위에 대하여 監督義務者에게 책임을 묻기 위해서는 가해 미성년자에게 責任能力이 없다는 것을 피해자가 입증하여야 하는데, 우리 민법이 責任能力에 관하여 知能主義를 채택하고 있는 이상,[30] 가해 未成年者에게 責任能力이 없다는 것을 입증하는 것은 쉽지 않으므로 피해자의 구제도 어렵게 된다. 더욱이 우리 民事訴訟法상 主觀的 豫備的 併合이 인정되지 않는데다가, 未成年者에게 責任能力이 있었는지 없었는지는 분명하지 않은 경우가 많으므로, 피해자로서는 未成年者와 監督義務者 양쪽을 모두 被告로 하여 損害賠償請求의 訴를 제기할 수도 없고 누구를 被告로 잡을 것인지를 선택하기가 곤란한 처지에 빠지게 된다.

셋째, 監督義務者에게 監督義務의 違反이 있어도 未成年者에게 責任能力이 있기 때문에 배상책임을 면한다고 하는 것은 過失責任主義의 원칙에 반한다.

이와 같은 이유로 未成年者에게 責任能力이 인정되는 경우에도 監督義務者가 그 監督義務를 게을리한 것이 인정되는 경우 배상책임을 부담시켜야 한

30) 책임능력 〈前說〉 Ⅱ. 1. 참조.

다는 논의가 생겨나게 되었다.

2. 책임의 법적 근거

(1) 本條適用說

이것은, 本條를 民 §750에 대한 특칙으로 해석하는 입장, 즉, 監督義務者의 과실이 제3자에 대하여 가해의 원인인 때에도 未成年者 자신에게 책임이 있는 경우에는 監督義務者는 책임을 지지 않는 것으로 규정하는 한편, 無能力者의 가해행위가 인정되면 피해자가 監督義務者의 過失을 입증할 필요가 없도록 하려는 것이 本條의 규정취지라고 보는 입장에서 주장되는 견해로서, 여기에는 상반된 두 가지 입장이 있을 수 있다.

첫째는, 監督義務者의 책임을 위와 같이 보충적 책임으로 규정하였기 때문에 생긴 不合理를 입법적으로 해결하는 것은 몰라도 해석론으로써는 監督義務者의 책임을 긍정하기가 어렵다는 점을 인정하는 입장이다. 本條와 별개로 家團論에 의하여 家團의 책임을 인정하거나, 혹은 가족구성원의 행위를 家長의 행위에 준하여 家長의 책임을 인정하는 등의 해석론 등이 그것이다. 판례도 구체적인 사건에서 가능한 한 責任能力이 인정되는 年齡을 높게 설정하여 責任無能力者의 加害行爲로 사실인정을 하여 本條를 적용함으로써 피해자를 구제하려는 시도를 한 것들이 있다.[31] 그러나, 판례의 이러한 노력은 責任能力을 인정하는 기준 자체를 모호하게 할 우려가 있을 뿐 아니라, 責任能力이 있음이 분명한 14세 이상의 未成年者에게는 적용할 수 없는 한계가 있다.

둘째는, 本條가 규정한 監督義務者의 책임이 보충적인 것이 아니라 병존적인 것이라고 修正解釋하는 입장이다. 大判 84. 7. 10, 84다카474은 本條의 배상책임은 "가족적 생활협동체의 단체주의적 책임을 근대적 개인책임형태로 수정한 것으로, 행위자 자신에 責任能力이 있었는지의 여부가 명백하지 않고 행위자에게 責任能力이 있는 경우라고 하더라도 자신의 재산을 가지고 있지 않은 때가 많아 소송상의 어려움과 그 실효를 기대하기 어렵다는 점에서 피해자 보호를 위하여 불법행위자에게 그 행위 당시에 責任能力이 있었느냐의 여부에 불구하고 감독책임자는 그 배상책임을 지는 것이며, 監督義務者의 책임은 被監督者의 책임을 보충하는 것이 아니라 監督義務者의 책임과 被監督者의 책임은 병존하는 것이라고 풀이함이 상당하다 할 것이다. 따라서 이 監督義務者의

31) 民 §753의 2.결정기준 참조.

책임은 그 불법행위 자체에 관한 과실이 아니라 피감독자에 대한 일반적 감독 및 교육을 게을리한 과실로서 실질적으로는 危險責任과 같은 성질을 가지고 있어 이 過失은 추정되므로 監督義務者가 그 감독을 게을리 하지 않았다는 것을 증명하지 않는 한 배상책임을 면할 수 없는 것"이라고 판시한 바 있다.[32)]

(2) 民 §750 適用說

責任能力을 가진 未成年者가 가해행위를 행한 경우에 監督義務者는, 本條와는 별개로, 자신의 감독의무 해태를 요건으로 하여 民 §750의 일반원칙에 따라 監督義務者에게 過失責任을 부담시킬 수 있다는 견해로서 현재의 통설이다.[33)] 監督義務者는 未成年者가 제3자에 대하여 가해행위를 하지 않도록 감독하여야 할 의무[34)]를 부담하고 있으므로 그 監督義務를 게을리한 결과 無能力者의 加害行爲가 발생한 경우에 그 책임을 면제시킬 만한 이유가 없고, 無能力者에게 법률상 책임이 있는 경우에도 監督義務者에게 책임을 부담시키는 것이 당연하다.

本條가 '前2條의 규정에 의하여 無能力者에게 책임없는 경우에는'이라고 규정한 것은, "감독의무를 해태하지 아니한 때에는 그러하지 아니하다"고 규정한 本條 但書와 관련지어 해석할 것이므로 無能力者에게 책임이 없는 경우에는 監督義務者의 過失이 추정된다고 하는 의미에 지나지 아니하고, 監督義務者의 책임에 관하여서까지 民 §750의 일반원칙을 제한하는 취지는 아니라고 풀이할 수 있을 것이다.[35)] 다만, 無能力者에게 법률상의 책임이 있는 경우에 監督義務者에게 배상을 청구함에 있어서는 本條의 적용이 없게 되므로, 일반원칙에 따라 監督義務者의 過失 내지는 그 過失과 그 無能力者의 加害行爲 사이의 因果關係를 피해자 쪽에서 立證하여야 한다.

판례의 주류도 통설과 같이 民 §750를 적용하는 입장을 취하고 있다.[36)]

---

32) 集 32-3, 166 이 판결은 16세 11개월, 17세 3개월된 고등학교 2학년 학생들이 가출한 중학교 3학년 여학생 등을 꾸짖는다는 구실로 자기들의 자취방으로 데려가 폭행하고 화상을 입게 한 사안에 관한 것인데, 이 판결이 취한 견해는 그 후 大判 94.2.8, 93다13605(전원합의체)로 변경되었다.

33) 金曾漢 483; 李太載 485; 朴禹東, 人身事故訴訟 269-70; 金吾洙 "責任能力있는 未成年者의 불법행위와 監督義務者의 책임" 사법행정(85.9) 20-2; 김준호, "責任能力있는 未成年者의 불법행위와 監督義務者의 책임" 사법행정(94.6) 48-54.

34) 民 §§913, 945.

35) 松坂佐一, 前揭論文 165.

36) 大判 75.1.14, 74다1795; 大判 89.5.9, 88다카2745; 大判 90.4.24, 87다카2184; 大判 91.4.9, 90다18500; 大判 91.11.8, 91다32473; 大判 92.5.22, 91다37690; 大判 97.3.28, 96다15374; 大判 98.6.9, 97다49404; 大判 99.7.13, 99다19957.

大判 94. 2. 8, 93다13605(전원합의체)은 판례의 견해를 통일하여 다음과 같이 판시하고 있다.

"민법 제750조에 대한 특별규정인 민법 제755조 제 1 항에 의하여 責任能力 없는 未成年者를 감독할 법정의 의무있는 자가 지는 손해배상책임은 그 未成年者에게 책임이 없음을 전제로 하여 이를 보충하는 책임이고, 그 경우에 監督義務者 자신이 감독의무를 해태하지 아니하였음을 입증하지 아니하는 한 책임을 면할 수 없는 것이나, 반면에 未成年者가 責任能力이 있어 그 스스로 불법행위책임을 지는 경우에도 그 손해가 당해 未成年者의 監督義務者의 의무위반과 상당인과관계가 있으면 監督義務者는 일반불법행위자로서 손해배상책임이 있다 할 것이므로, 이 경우에 그러한 감독의무위반사실 및 손해발생과의 상당인과관계의 존재는 이를 주장하는 자가 입증하여야 할 것이다."

(3) 身元保證責任說

親權者는 民 §913조에 의하여 미성년의 子를 육체적·정신적·도덕적으로 건전한 인간으로 육성해야 할 재산상 또는 재산외의 포괄적 의무를 부담하고 있으며, 이러한 親權者의 권리의무에는 자신의 자녀에 대한 身元保證人으로서의 법적 의무가 포함되므로, 그의 자녀들의 不法行爲에 대하여 身元保證人으로서 연대하여 배상책임을 부담한다는 견해이다.[37] 이에 대하여는 使用者와 身元保證人 사이에 맺어지는 身元保證契約에 기한 책임을 未成年者의 監督者에게 원용하는 것은 事理에 맞지 않고 지나치게 기교적인 理論構成이라는 비판이 있다.[38]

3. 감독상 過失의 認定

(1) 監督義務 懈怠

民 §913의 감독의무는 一般的·日常的인 감독의무임에 반하여, 民 §750이 규정하는 過失은 구체적인 상황에서 행위자에게 요구되는 구체적인 注意義務를 전제로 하는 것이므로, 일반적인 監督義務를 게을리한 것을 막바로 過失로 보아서는 안 된다.

그런데, 이 점에 관하여 우리 大法院判例 중에는 親權者의 一般的, 日常的

37) 曺圭昌, 前揭論文 171-3.
38) 金吾洙, 전게논문 19; 權五乘, "責任能力있는 未成年者의 不法行爲와 監督義務者의 責任", 民判硏 14, 219.

인 監督義務違反과 未成年者의 가해행위에 의한 손해발생 사이에 相當因果關係만 있으면 친권자에게 배상책임이 있다는 취지로 판시한 판결들이 있다.[39] 이러한 판례의 태도에 대하여, 손해의 공평한 분담과 피해자보호라는 견지에서 찬성하는 견해[40]가 있는 반면, 過失責任主義에 반할 뿐만 아니라 親權者에게 너무 무거운 부담을 지우게 되면 監督이 지나쳐서 未成年者의 건전한 人格形成을 저해할 우려도 있다는 이유로 비판하는 견해도 있다.[41]

생각건대, 民 §913의 監督義務는 본래 未成年인 子의 정상적인 成長과 人格形成을 위하여 인정되는 것이고, 제 3 자 보호는 副次的인 것에 지나지 않는다는 점을 유의하지 않으면 안 된다. 피해자 보호라는 명분만을 내세워 親權者로 하여금 스스로 판단할 능력을 어느 정도 갖춘 未成年者를 계속적으로 감시하거나, 필요 이상으로 통제하도록 한다면, 미성년자의 인격형성에 오히려 장해를 가져오게 되어 監督義務의 본래의 목적에 어긋나는 결과를 초래할 지도 모른다.[42]

(2) 過失認定의 基準

감독상 과실은 구체적인 개개의 경우의 모든 사정을 고려하여 결정하여야 한다. 한편으로는 未成年者의 연령·성숙 및 발육단계, 신체와 정신상의 특성 등 未成年者側의 사정을 고려하고, 다른 한편으로는 親權者와의 同居 여부, 未成年者의 經濟的 獨立 여부와 그 정도, 침해행동의 예견성 및 그 위험성 등, 親權者에게 손해의 발생을 방지할 수 있는 가능성과 통제수단이 있었느냐를 고려함으로써 정해져야 한다. 특히 미성년인 자가 금지사항을 준수하지 않을 때, 명백히 공격적인 행동 및 범죄행위로서의 성향이 있을 때, 전에 이미 위험한 사건에 관계가 있었을 때에는 그에 상응하는 높은 감독이 요구된다.[43]

예를 들면, 未成年者에게 폭력전과가 있었던 경우,[44] 주의력이 현저히 떨

39) 大判 89. 5. 9, 88다카2745; 大判 90. 4. 24, 87다카2184; 大判 92. 5. 22, 91다37690.

40) 金吾洙, 전게논문 24-5에 의하면, 책임능력 있는 미성년자의 불법행위에 대하여 친권자에게도 民 §750의 책임을 인정한다고 하더라도 친권자의 과실을 인정함에 있어서 구체적인 예견가능성과 회피가능성을 요구하게 되면 실제로 친권자에게 책임이 인정되는 경우는 극히 제한될 것이라고 한다.

41) 權五乘, 前揭論文 225-6.

42) 독일의 판례에 의하면, 자신의 책임을 변식할 만한 지능을 가진 7세 내지 10세 정도의 미성년자에 대하여 그 부모가 교통법규를 반복하여 가르치고 자전거나 롤러스케이트 등을 타는 경우 다른 통행자에게 미칠 수 있는 위험을 일러 주었다면 그것으로 충분하다고 한다. OLG Köln VersR 1969, 45; vgl. BGH VersR 1964, 313; VersR 1965, 385; VersR 1965, 606; NJW 1968, 249, 1672.

43) Vgl. Münchener Kommentar(2. Aufl.)/ Mertens, RdNr. 20 zu §832.

44) 光州高判 84. 1. 27, 82나756.

어지는 고교생 아들에게 오토바이로 통학하는 것을 허용한 경우,[45] 전에 이미 동일한 사고를 저지르거나 평소에 비행이 있었던 경우,[46] 미성년자가 화살 등 위험한 물건을 가지고 노는 경우[47] 등에는 監督義務者의 과실이 인정될 가능성이 높을 것이다. 또, 未成年者가 부모의 집에서 동거하거나, 부모에게 용돈을 타 쓰는 등으로 부모의 통제가 가능한 경우에는 그렇지 못한 경우보다 쉽게 감독상의 과실이 인정될 수 있다.

(3) **因果關係**

미성년자의 행위로 인한 손해에 대한 친권자의 책임을 民 §750에 의한 책임으로 보면 친권자의 감독의무 해태의 과실과 손해의 발생 사이에 법적인 因果關係가 있어야 함은 물론이다. 그러나, 친권자 감독의무 해태와 손해발생 사이에는 미성년자의 가해행위라는 제3의 요소가 개입되는 것이므로 2중의 因果關係가 인정되어야 한다. 즉, 친권자의 감독의무 해태가 미성년자의 가해행위의 원인이어야 하고, 미성년자의 가해행위가 손해발생의 원인이어야 한다. 앞에서 본 바와 같이 친권자가 日常的·一般的인 監督을 게을리하였다고 하여 그것이 막바로 미성년자의 구체적인 가해행위를 초래한 원인이 되었다고 단정하여서는 안 되며, 친권자의 일정한 감독의무 해태가 미성년자의 일정한 행위를 유발하는 원인이 된다고 사회적으로 평가되고, 그 미성년자의 행위가 손해를 발생시킨 원인이라고 역시 사회적으로 평가되는 그런 관계가 있어야 한다. 앞서 본 판례[48] 중에는 因果關係에 관한 철저한 검토 없이 친권자의 일상적·일반적 감독의무 해태와 그 감독하에 있는 미성년자의 가해사실만을 설시하여 친권자의 손해배상책임을 인정한 사례들이 있으나, 피해자 보호라는 명분이 있다고 하더라도 논리적으로 타당한 태도라고는 할 수 없다.

(4) **立證責任**

책임능력이 있는 미성년자의 불법행위에 대한 친권자의 책임의 근거에 관한 견해에 따라 감독의무 해태와 인과관계에 관한 입증책임이 달라지게 된다. 즉, 本條適用說을 취하게 되면, 피해자는 미성년자의 가해행위로 인한 손해의 발생만을 입증하면 충분하고 친권자의 감독의무 해태, 또는 인과관계에 관하여 입증책임을 부담하지 아니하며, 오히려 친권자측에서 감독의무를 해태하지

45) 日大阪地判 67. 2. 15. 判例タイムス 205, 175.
46) 日宇都宮地判 1970. 3. 1. 判時 612, 73.
47) Vgl. BGH LM 832 BGB Nr. 1, Nr. 8a; Bgh famRZ 1964, 505.
48) 註 39의 대법원판결들.

아니하였다는 점 또는 손해발생과 감독의무 사이에 인과관계가 없다는 점을 입증하여야만 그 책임을 면할 수 있다. 그러나, 民 §750 適用說을 취하게 되면, 피해자측에서 감독의무 해태와 인과관계를 모두 입증할 책임을 부담한다. 大判 94. 2. 8, 93다13605(전원합의체)이 民 §750 適用說을 취하면서 立證責任이 피해자에게 있다고 분명하게 판시하고 있음은 앞에서 본 바와 같다.[49]

Ⅴ. 立 法 論

本條는 未成年者 本人에게 責任能力이 없는 경우에만 그 監督義務者가 감독의무 위반을 요건으로하여 배상책임을 부담하도록 규정하고 있다. 물론, 미성년자 본인에게 責任能力이 있는 경우에도 감독의무자에 대하여 民 §750에 의한 不法行爲責任을 물을 수 있으나, 이 때에는 監督義務者가 監督義務를 게을리하였다는 점 내지 그 감독의무의 懈怠와 미성년자의 가해행위 사이의 因果關係에 관하여 피해자측에서 주장, 입증하여야 한다.

그러나, 未成年者에게 責任을 辨識할 知能이 있는지 없는지와 상관없이 法定監督義務가 지워져 있는 이상,[50] 監督義務者로서는 그 監督義務를 게을리하지 않았음을 立證하지 못하는 한 자신의 감독 아래 있는 미성년자가 저지른 가해행위에 대하여 배상책임을 지도록 개정하는 것이 타당하다. 監督義務者와 未成年者 사이의 내부적인 감독관계를 外部의 피해자가 파악하여 감독상의 過失을 입증한다는 것은 상당히 어려운 일이기 때문이다.[51]

[柳 元 奎]

49) 전술 Ⅳ. 2. (2).

50) 미성년자에 대한 감독의무는 반드시 미성년자에게 책임능력이 없는 경우에만 인정되는 것이 아니고, 미성년자이기만 하면 책임능력이 있든 없든 인정되는 것이다. 民 §§ 913, 945 참조.

51) 참고로 韓國民事法學會가 "민법 불법행위법에 관한 개정의견"이란 주제로 개최한 학술발표회에서 徐光民 교수가 제안한 本條의 改正試案은 다음과 같다.
"제755조(심신상실자와 미성년자의 감독자의 책임)
① 심신상실자와 미성년자의 監督義務者는 심신상실자나 미성년자가 제 3 자에게 가한 손해를 배상할 책임이 있다. 그러나 監督義務者가 감독의무를 해태하지 아니한 때에는 그러하지 아니하다.
② 監督義務者에 갈음하여 심신상실자나 미성년자를 감독하는 사도 전항의 책임이 있다." 법률신문 1996. 2. 8, 15.

第 756 條(使用者의 賠償責任)

① 他人을 使用하여 어느 事務에 從事하게 한 者는 被用者가 그 事務執行에 관하여 第三者에게 加한 損害를 賠償할 責任이 있다. 그러나 使用者가 被用者의 選任 및 그 事務監督에 相當한 注意를 한 때 또는 相當한 注意를 하여도 損害가 있을 境遇에는 그러하지 아니하다.

② 使用者에 갈음하여 그 事務를 監督하는 者도 前項의 責任이 있다.

③ 前 2 項의 境遇에 使用者 또는 監督者는 被用者에 對하여 求償權을 行使할 수 있다.

차 례

Ⅰ. 使用者責任의 意義 및 機能
  1. 意 義
  2. 沿革과 立法例
  3. 使用者責任의 機能
Ⅱ. 使用者責任의 근거 및 성질
  1. 책임의 근거
  2. 책임의 성질
  3. 결 론
Ⅲ. 使用者責任과 다른 책임과의 관계
  1. 國家賠償法에 기한 責任과의 관계
  2. 自動車損害賠償保障法에 기한 責任과의 관계
  3. 法人機關에 의한 不法行爲責任과의 관계
  4. 履行補助者責任과의 관계
  5. 船舶所有者責任과의 관계
  6. 使用者責任과 失火責任에 관한法律
Ⅳ. 使用者責任의 發生要件
  1. 使用者關係
  2. 使用者責任에서의 業務執行關聯性
  3. 「第 3 者」에게 손해를 주었을 것
  4. 被用者의 故意·過失·責任能力
Ⅴ. 使用者責任에 있어서의 免責可能性
  1. 독일법상 使用者責任에 있어서의 免責可能性
  2. 우리 법에 있어서의 使用者責任에 있어서의 免責可能性
Ⅵ. 賠償義務者·共同使用者責任과 求償關係·被用者責任
  1. 賠償責任者
  2. 民 §756 Ⅱ 代理監督者責任
  3. 一方的 使用者責任과 共同不法行爲者 사이의 求償
  4. 共同的 使用者責任에 있어서의 使用者 사이의 求償
  5. 被用者 自身의 責任
  6. 使用者責任과 被用者責任과의 관계
  7. 使用者의 被用者에 대한 求償權

I. 使用者責任의 意義 및 機能

1. 意　義

民 §576는 타인을 사용하여 어느 사무에 종사하게 한 자 및 그 자에 갈음하여 그 사무를 감독하는 자는 피용자가 그 사무집행에 관하여 제 3 자에게 손해를 가한 때에는 그 피용자의 선임 및 사무감독에 상당한 주의를 다하였음을 입증하지 못하면 그 손해를 배상할 책임이 있다고 규정하여, 사용자의 피용자 가해행위에 대한 損害賠償責任을 인정하고 있고, 이 책임을 使用者責任이라고 한다.

오늘날 산업구조와 기술이 복잡 전문화되고, 생산단위체제가 家內經濟에서 市場經濟로 바꾸어지면서, 使用者責任은 不法行爲法 나아가 일반 損害賠償責任法 분야에서 가장 빈번하고도, 일반적인 책임유형이 되었고, 個人責任이 아닌 企業責任이 점점 그 중요성을 더하여 가고 있다고 하겠다.

使用者責任이 교통사고, 의료사고, 산업재해사고 기타 不法行爲領域에서 가장 중요한 책임발생원인이 되고 있음은 두말할 나위가 없을 것이다. 운송업과 같은 대량적·정형적 상거래에서는 운송인 본인이 직접 운송업무에 종사하는 경우는 거의 없고, 거의 대부분 피용자를 통하여 이루어지고, 그래서 使用者責任이 가장 문제될 수 있는 분야는 의료사고와 함께 운송인책임분야이다. 자동차 사고로 인한 손해가 財產上 損害가 아닌 人的 損害라면 自動車損害賠償保障法上의 운행자성 법리에 따라 책임 유무가 결정되는 것이 대부분이나, 손해가 재산에 대한 것이라면 그 책임근거가 自動車損害賠償保障法上 運行者責任 대신 民法上 不法行爲責任 그 중에서도 특히 使用者責任이 되어야 할 것이다. 즉 人身事故에 관한 한 자동차운전과 관계된 손해는 自動車損害賠償保障法이 우선 적용되어 使用者責任이 별다른 역할을 하지 못하나, 자동차운전과 관계된 재산상 손해에 관하여는 위 법이 적용되지 않아 여전히 使用者責任이 중요한 責任發生根據가 되고 있다. 아울러 건설공사장 등 작업현장에서의 산업재해사고에서도 工作物責任規定과 함께 使用者責任規定이 책임근거규정으로서의 큰 몫을 차지하고 있다.

우리법상 제 3 자의 행동에 대한 책임을 규정하고 있는 경우로는 民 §35 법인의 不法行爲責任, §391 履行補助者責任, §756 使用者責任, 商 §§135, 787,

788, 육상, 해상운송인의 損害賠償責任, §746 선박소유자유한책임의 각 규정, 그리고 國家賠償法, 自動車損害賠償保障法 등 특별법이 있으나, 각 책임의 법적 성격이나 인적·사물적 적용범위는 조금씩 다르다고 하겠다.

근본적으로는 두 가지로 대별할 수 있는데, 그 하나는 履行補助者責任으로서 채무자는 기존의 채권채무관계 내에서 자기 자신의 과실에 관계없이 履行補助者의 有責한 행동에 대하여 책임을 지는 것이고, 다른 하나는 使用者責任으로서 계약상 특별관계 밖에서 피용자가 그 사무집행에 관하여 제3자에게 손해를 가한 경우 책임을 지게 되나, 사용자가 피용자의 선임·감독에 관하여 상당한 주의를 다한 경우에는 그 책임을 면하는 경우이다. 종종 履行補助者責任과 使用者責任은 서로 교차 경합될 수 있다. 그런데 우리 나라와 같이 使用者責任과 履行補助者責任이라는 이원적 구조를 갖고 있는 법체계 바꾸어 말하면 使用者責任에서 피용자의 선임·감독에 대하여 과실이 없는 경우 免責可能性을 갖고 있는 법체계하에서는 이러한 二元的 構造를 그대로 유지하는 것이 논리적 내지 구체적 타당성, 실용성 그리고 정의와 형평의 관념에 비추어 적절한 것인가가 그 과제로 보여진다.

2. 沿革과 立法例

使用者責任에 관한 大陸法과 英美法의 태도는 상당히 대조적이다. 영미법에서는 사용자는 피용자가 그 직무의 수행에 있어서 범한 第三者에 대한 不法行爲에 대하여 책임을 지는데 이를 代位責任이라고 하며 이 책임은 사용자 자신에게 아무런 過失이 없더라도 지게 되어 있다는 의미에서 嚴格責任(Strict liability)이라고 한다.

이에 대하여 대륙법에서는 대체로 過失責任主義를 바탕으로 하는 제도가 성립하고 있다. 그리하여 獨民은 사용자는 그의 피용자의 選任·監督을 게을리 하였다는 자기의 과실에 책임을 지는 것으로 규정하고 있고(§831), 瑞西 債務法(§55)도 같은 태도이다.

(1) 英美法

영미법상 사용자는 피용자의 업무수행 과정에 있어서의 有責한 행동에 대하여 자신의 과실이 없더라도 免責됨이 없이 無條件責任을 지는데, 사용자의 이러한 책임을 대위책임(Vicarious liability)의 가장 전형적 예로 든다.[1] 이 책임

1) 英美法上 代位責任의 沿革에 관하여는 李宙興, "使用者責任에 있어서의 業務執行關聯

이론은 피용자가 업무수행 과정 내에 있을 때에만 적용되며, 이러한 경우 代位라는 문자 그대로 책임에 관한 한 다른 사람을 대신하게 된다. 대위책임의 관념은 역사적으로 그 뿌리를 Common Law에서 찾을 수 있다. 영국의 Hlot판사(1642-1710)는 사용자는 그의 明示的인 지시에 의하여 이루어진 행동뿐만 아니라, 묵시적인 지시에 의하여 이루어진 행동에 대하여도 책임을 진다는 원칙을 확립하였는바, 이는 사용자가 업무이행 과정에서 피용자에게 수여한 일반적인 權能으로부터 推論될 수 있다고 한다. 그 후 사용자의 책임이 업무의 범위와 관련되면서 近代法의 기초가 제공되었으며, 18세기 말엽쯤 어떤 특별한 중요성이 사용자와 피용자의 관계 그것만에도 있다는 생각이 등장하여 1849년 「Reedie v London and North W stern Ry」에서는 그런 관계의 존재가 필수적이라고 판시하였다. 사용자의 책임은 그러한 사용관계로부터 추출되어, 사실상 대위적으로 되게 되었다. 동시에 사용자의 일차적인 책임의 기초가 되었던 "默示的 權能"이라는 句節은 점점 근대적인 "業務履行의 과정(course of empolyment)"이라는 요소에 양보하게 되었다. 근대이론은 20세기에 접어들면서 사용자의 책임은 그가 不法行爲를 한 그의 피용자에게 묵시적으로 지시·명령하였다는 fiction에 근거하지 않고, 그의 업무이행이나 권한행사의 과정의 범위내에서 행하여졌다는, 보다 확실하고 단순한 근거에 기초를 두게 되었다.

위에서 본 바와 같이 사용자에게 歸責性이 없더라도 업무이행 과정에서의 피용자과실에 의한 제 3 자에 대한 不法行爲에 관하여 사용자가 대위적으로 책임을 진다는 respondeat superior 이론은 오늘날 모든 Common law 국가에서 받아들여지고 있으나, 이 이론의 근거에 대하여는 통일이 되어 있지 않은 것 같나. 당조에는 respondeat superior 이론을 전통적인 과실체계하에서 정당화하려고 애썼으나, 그 후 respondeat superior 이론은 피용자의 과실로 인한 업무위반의 경우에만 적용될 수 있었던 반면, 사용자에게 피용자의 선임·감독에 있어서의 과실이 있을 것을 요구하지는 않았다. 그래서 몇 번의 변천과정 끝에 대위책임은 피용자의 선임·감독에서의 과실로부터가 아니라, 피용자의 업무로부터 발생된 不法行爲 여하에 따라 좌우된다고 하였다. 사용자가 피용자를 고용함에 있어 적절한 注意를 다하지 않았다든가, 그의 피용자의 행동에 대한 적절한 감독을 안했다든가 하는 사용자 자신의 그러한 주의의 결여는 respondeat superior 이론을 끌어들일 필요없이 바로 직접적인 책임을 그에게

性(上)", 法曹 86-7, 90-111.

지울 수 있기 때문이다. 여기서 대위책임론의 법률적 기초와 관련하여 먼저 등장한 操縱理論(Control theory)은 피용자의 행동이 사용자의 묵시적 권능, 자격수여 내지 부수적인 인준 등에 의하여 행하여진 때에는 언제든지 그 책임을 진다는 이론이고 최근 가장 지배적인 견해는 危險分配라는 정책원리가 아닌가 싶고 오늘날 使用者責任에서의 책임성립에 관한 초점은 業務執行關聯性(course of employment, scope of authority)에 두고 있다. 기업은 손해를 흡수하여 가격 내지 責任保險으로서 公衆에게 이를 分散시킬 수 있고, 덧붙여 엄격책임을 부담하는 사용자는 그의 피용자의 선임·지시·감독에 있어서 注意를 촉구하게 되어 기업이 보다 안전하게 운영되도록 모든 예방조치를 취하게 되는 것이다.

한편 피용자의 業務執行 밖에 있는 행동에 대하여 즉 respondeat superior 이론이 적용되지 않는 경우 사용자에게 책임을 지우기 위해 選任過失論(negligent hiring theory)이 최근 등장하였다. 예컨대, 슈퍼마켓 사용자가 피용자를 고객의 아파트로 배달을 보냈는데, 피용자가 고객을 강간한 경우 그 강간은 사용자의 이익을 조장할려고 한 것이 아니고, 피용자의 업무 밖에 있기 때문에 respondeat superior 이론은 적용되지 않는다. 이 경우 사용자는 안전하고 유능한 피용자를 고용할 의무를 지고 있기 때문에, 사용자는 당해 피용자가 전에도 강간한 사실이 있다는 점을 알면서도 고용하여 배달을 보낸 경우에는 選任過失論이 적용되어, 고객이 사용자 자신의 선임과실을 입증하면 책임을 지울 수 있다. 이 선임과실론은 fellow servant rule(최근에는 사용자가 피용자를 고용함에 있어 주의를 다 하지 않으면 업무와의 관련 밖에서 행하여진 행동에 대하여도 동료 피용자에 대하여 책임을 진다는 法理로 발전되었다)의 확장으로 처음에는 동료 근로자의 선임에 대한 상당한 주의에 한정하였으나, 그러한 의무는 사용자와 어떤 특별한 관계에 있는 제3자에게도 확장되었다. 이러한 특별한 관계는 허가를 받거나, 초청받은 사람, 사용자의 構內에 있는 사람 그리고 고객 등에 대한 것을 포함하게 되었다.

(2) **佛蘭西法**

佛民(Code Civil) §1384는 不法行爲責任者는 자신의 행동을 통하여 야기된 손해뿐만 아니라 그가 책임을 져야 할 다른 사람들이 야기한 손해에 대하여 책임을 져야 한다고 규정하고 어느 경우에 책임을 져야 하는지에 관하여는 §1384 Ⅳ·Ⅴ·Ⅵ에서 열거하고 있는데, 使用者責任에 관한 §1384 Ⅴ을 보면, 피용자(prepose)가 그에게 맡겨진 직무를 수행하면서(dans les fonctions auxquelles ils les ont empolyes) 제3자에게 손해를 가하면 사용자(commettant)는 제3자에게 발생된 손해를 발생하여야 한다고 되어 있다.[2] 이 규정으로 사용자는 그의 피용자의 不法行爲에 대하여 무조건적인 배상의무를 부담하는 것으로 이해되었고, 피용자를 주의깊게 선임·감독하였다는 면책입증은 배제되어 있다. 부모, 교사, 匠人에게 인정된 면책입증(§1384 Ⅳ·Ⅵ)은 사용자에게 切斷되어 있다는 점에서 그 책임이 보다 엄격하다고 하겠다.

그 대신 §1384 Ⅴ이 명확하게 규정하고 있지는 않지만, 通說은 피용자가 §1384 이하 不法行爲의 객관적·주관적 구성요건을 완전히 충족하여야 한다고 한다. 피용자에게 비난가능성 없는 객관적 不法行爲만으로는 충분하지 않다. 당초 民法(草案)은 사용자의 면책입증을 예견하고, 사용자의 事物的인 책임범주에 대하여는 "業務執行에 있어"라는 표현을 "dans les fonctons auxquelle ils les ont preposes"라고 했다. 그러나 參事院(Conseil dètat)에서 免責可能性에 관한 문언이 빠지면서 "preposes"라는 용어 대신에 "employes"라는 단어로 대체되었다. 일부에서는 이러한 입법안의 경과를 사용자의 책임범주에 관한 좁은 해석을 위한 논증으로서 사용되었다고 한다. 원래 "preposes"라는 말을 사용함으로써 機會的 不法行爲(a locassion des fonctions)도 책임의 범주에 들어가게 되었으나, 최종적으로 결정된 "employes"라는 단어로서 그 반대해석을 추출해 내었던 것이다. 최근 使用者責任에 있어서의 쟁점은 사용자의 사물적인 책임범주를 결정하는 것이다.

19세기를 통하여 使用者責任에 있어서의 법정책적 정당성과 이론적 체계에 관한 전통이론에 따르면, 過失推定論이 지배적이었다. 즉 사용자의 책임은 과실책임이나, 이는 피해자가 입증하는 것이 아니고 오히려 사용자의 선임·감독과실이 추정된다는 것이다. 이와 같이 최초에는 과실원리에 기초하는 일반적 不法行爲法과의 통일적인 체계를 염두에 두고, 使用者責任을 과실책임에 연결시키려고 하였으나, 법이 사용자의 자기과실에 대하여 언급한 바는 없었다. 다만 Pothier의 事故防止思想은 不法行爲法上 과실원리에서의 정리를 위한 연결점을 제공했다. 즉 선임·감독과실에 대한 책임으로 使用者責任이 일반적인 不法行爲體系에 들어갈 수 있다고 하였다. 이러한 방지사상은 그 후에도 사라지지 않고 배경에서 움직이고 있다. 그로서 심지어 故意的으로 저지른 刑法犯罪에 대하여도 책임범주에 끌어들일 수 있었고, 그래서 사용자는 책임을

2) 佛蘭西法의 沿革에 관하여는 李宙興, "使用者責任에 있어서의 業務執行關聯性(下)", 法曹 86-8, 56 以下.

면하기 위하여 피용자의 업무적인 자질뿐만 아니라 도덕적인 완전성까지를 검토하지 않으면 안 되게 되었다. 이러한 방지사상은 당시의 사회상태와 직접적인 관계를 갖고 있다. 그것은 당시 지배적인 가부장적 생활원리 없이는 생각할 수 없다. 최소한 이러한 상황으로부터 §1384 V의 확장해석이 이해될 수 있었던 것이다.

그 후 작업장에서의 사고에 관한 문제로부터 19세기 말엽쯤 "危險理論(theorie de risque)"이 등장하였다. 사회적 요소, 특히 산업사회에서의 기업관념의 변화는 §1384에 새로운 근거를 제공하였고, 그것이 바로 이 위험이론이다. 伊太利 刑法學에서 나온 危險責任思想은 세기의 전환점에서 佛蘭西 民法思想에 아주 빨리 전파되었다. 먼저 등장한 것이 利益危險論(theorie de risque pour porfit)이다. 그것은 "이익 있는 곳에 負擔을(Ubi emolumentum ibionus)"이라는 유명한 법언으로 표현될 수 있다. 作業事故問題로부터 교통사고문제로 관심이 더 강하게 기울어지면서 이익위험론 대신에 創出危險論(theorie de risque cree)이 前面으로 나섰다. 즉 피용자를 통하여 위험상황에 대한 고려가 전면에 나서게 된 것이다. 사용자는 피용자의 고용으로 加害의 가능성과 수단을 얻었기 때문에 책임진다는 것이다. 그러나 §1384 V의 법이론적 근거의 통일은 오늘날까지도 도달하지 못했다. 과실론은 오늘날에도 문헌상 드물지만 나타나고 있고, 위험책임론도 귀책근거의 목적이 이익위험에 있는지, 창출위험에 있는지 통일되지 않고 있다.

네덜란드 Burgerilik Wet book(Bw) §1403 Ⅲ, 伊太利 Codice civile(1942) §2049, 포르투갈 codigo civil(1966) §500, 그리스民法(1940/46) §922도 佛蘭西法系를 따랐다고 한다.

(3) 獨 逸 法

獨民 §831에 따른 손해배상청구권의 구성요건으로 피용자의 위법한 구성요건실현이 사용자의 선임·감독·지시·설비상의 주의의무위반에 기하여 발생되어야 한다.[3] 즉, 사용자는 피용자의 선임·감독·지시 및 설비상 과실(culpa in eligendo sive custodiendo sive instruendo sive inspiciendo)이라는 자신의 과실에 대하여 책임을 져야 한다. 이것은 이행보조자책임에 관한 獨民 §278의 경우에서와 같은 피용자의 과실에 대한 책임이 아니고 타인의 不法行爲責任을 대위하는 책임이나, 위험책임도 아니고, 피용자의 선임·감독, 그리고 기계·기구의

3) 獨逸法의 沿革에 관하여는 前註, 65 이하.

裝置에 대한 사용자의 주의의무위반이 책임근거가 되는 자기과실책임이라는데, 대체로 판례·학설이 일치하고 있다. 이러한 선임·지휘·장치에 대한 사용자의 주의의무위반이 §831 I 後段에 의하여 추정되어, 사용자가 피용자의 선임에 있어 요구되는 주의의무를 다하였다는 점을 입증하여야만 이 추정을 깨뜨릴 수 있는 것이다. 그래서 §831 규정은 §823의 一般不法行爲責任規定보다 피해자를 위하여 입증책임을 더 유리하게 輕減하고 있다. §831에 의하여 선임·지휘·장치에 대한 과실이 사용자에게 규정되어 이를 책임의 근거로 한 이상, 사용자의 책임을 기초짓는 不法行爲의 주관적 귀책사유는 이로써 충족되기 때문에, 피용자의 고의·과실, 책임능력은 使用者責任의 요건이 될 수 없다. 그 이외의 不法行爲構成要件은 피용자가 이를 충족하여야 한다. 즉 不法行爲의 객관적 귀책사유인 違法性 및 인과관계 등의 존부는 피용자의 행동에 대하여 판단한다. 피용자의 과실에 좌우되지 않는 것은 §831에서 명시적으로 언급하지는 않았으나, 입법자는 責任無能力者(예컨대 미성년자)를 고용하여 손해가 발생한 경우 그가 책임능력이 없다는 항변에 의존할 수 없도록 하려고 하였고, 여기서 피용자의 과실이 아무런 역할을 할 수 없다는 해석을 추론하고 있다. 이러한 입법취지는 사용자가 피용자의 責任無能力(예컨대 미성년자)에 의존하여 면책되는 것을 방지할려는 데 있다는 것이다.

이와 같이 독일법에서는 계약법상으로 채무자는 자신의 과실뿐만 아니라, 그가 의무를 이행함에 있어 사용한 제 3 자의 과실에 대하여도 면책입증의 가능성 없이 항상 책임을 지는 데 반하여 不法行爲法上으로는 피용자의 선임에 있어서의 자기과실에 대하여 책임을 져, 면책입증을 통한 면책의 길이 열려 있다. 사용자의 면책입증과 관련하여 우리법은 使用者責任의 면책전제로서 감독주의의무도 아울러 명시하고 있음에 반하여, 독일법은 이를 명문규정에서 흠결하고 있으나, 학설·판례를 통하여 사용자에게 감독의무를 부여하고 있으며, 한편 우리 법상 §758에서 工作物設置, 管理瑕疵責任을 따로 규정하고 있음에 반하여 독일법에서는 이러한 독립된 공작물책임규율은 없고, 다만 使用者責任에서 설비과실을 규정하고 있다.

1884년 獨逸民法 제정 당시 독일법률가회의에서는 사용자가 어느 범위에서 피용자의 과실에 대하여 책임을 져야 하는지 하는 책임범위에 관한 논의가 제 3 자의 행동에 대한 책임의 이론적인 근거 즉 과실책임으로 할 것인가 대위책임으로 할 것인가 하는 문제와 더불어 큰 비중을 차지하였다. 가장 날카로운 대립은 과실책임주의를 지향하는 판텍덴法學의 전통주의파와 佛民 §1384를 지향하는 진보파의 대립이었다. 그리고 業務執行關聯性에 관하여는 압도적인 견해가 "業務執行에 있어(in den Ausführung)" 이고, "업무이행에 즈음하여 혹은 이행의 機會에(bei Gelegenheit der Ausführung)"가 아닌 것으로 보았으나, "in den Ausführung"을 "bei Gelegenheit der Ausführung"으로부터 구별하는 것은 실제적인 境界의 어려움 때문에 처음부터 의문을 자아내었다. 사용자의 책임범위를 어디까지 둘 것인가에 작용하는 因子로서 가장 중요한 것이 바로 業務執行關聯性인데, §831에서는 사용자의 계약외 책임에 대하여 피용자가 業務執行에 있어서의(in Ausführung der Verrichtung) 행동에 대하여 책임이 있다고 명시적으로 규정하고 있어, 제국법원[RGZ 104, 141(145)] 이래 연방법원[BGHZ 11, 151 152, BGH NJW 1971, 31(32) WM1977, 1969(1770f)]에서는 꾸준히 피용자가 단순히 業務執行에 기회에 즈음하여(bei Gelegenheit der Verrichtung) 행동하였을 때에는 사용자는 책임을 지지 않는다고 하였다.

民 §831 使用者責任規定의 성립 당초부터 앞서 본 바와 같이 과실책임으로 할 것이냐 대위책임으로 할 것이냐 즉 免責可能性 폐지 여부가 使用者責任에 있어서의 쟁점이 되었는바, 소규모농업과 같이 보호를 필요로 하는 많은 산업부문이 엄격책임을 감당할 수 있을지 의문시된다 하여 과실추정의 절충선에서 그쳤다. O. Gierke는 獨逸民法이 피용자의 과실에 대한 사용자의 무조건적인 책임을 不法行爲領域에 끌어들이지 않은 점을 애석해 하였다. 현행 §831에 대하여는 그 동안 그 개정문제가 꾸준히 논의되었다. 使用者責任에서의 免責可能性의 폐지 즉 使用者責任과 履行補助者責任의 동일화는 사실 독일에서 債務法의 수정문제와 관련하여 契約責任과 不法行爲責任을 더 강하게 근접시켜 동일시할 수 있는 가능성을 모색하는 노력의 일환이라고 볼 수 있다.

한편 독일에서는 그간 수십년간 노동법상 판례를 통하여, 위험성 있는 작업을 수행하면서, 발생한 손해에 대하여는, 피용자에게 고의 또는 중대한 과실이 없는 한, 피해자로부터 손해배상청구를 당한 피용자는 사용자에게 그 면책을 청구할 수 있다고 하였는바(소위 면책청구권 Freistellungsanspruch), 이러한 면책청구는 民法上 使用者責任에도 중대한 영향을 미쳐, 사용자의 免責可能性이라는 예외적 규정, 나아가 사용자에게 인정된 법상, 계약상 責任制限 내지 면제를 유명무실하게 만든다. 그래서 등장한 이론이 법률상, 약정상 責任制限의 보호범위의 확장 내지 면책의 第三者效理論이라 하겠다. 독일법상 이 사용자의 免責可能性, 피용자의 면책청구 그리고 면책의 제 3 자효문제를 三角關係(Trilemma, Dreiecke)로 파악한다.

(4) 瑞西·奧地利法

瑞西法에 있어서는 使用者責任에 관하여 債務法(O. R.) §55에서 규정하고 있는바, 즉 특정한 의무를 이행하기 위하여 피용자를 사용한 사용자는 피용자가 가한 손해에 대하여 책임을 지나, 사용자는 그가 모든 주의를 다하였거나, 이러한 주의에도 불구하고 손해가 발생하리라는 점을 입증하면 그 책임이 거절될 수 있다고 되어 있다.[4] 舊債務法 §62는「모든 요구되는 주의의무(alle erfordorliche Sorgfalt)」 대신에「상황에 따른 모든 주의의무(alle nach den Umständen Sorgfalt)」로 되어 있었고, 여기에 대하여는 법원실무에서 전환된 입증책임을 갖는 과실책임으로 보았으나 1910년대 말부터 학설, 판례(최초 판례로 BGE 34 Ⅱ 270)는 더 이상 면책입증을 인정하지 않는 결과책임으로 보게 되었다. 이 점에서 使用者責任에 있어서 獨逸法계의 체제, 구조를 갖춘 瑞西法이 그 책임의 본질에 관하여는 독일법과 해석을 달리하고 있다.

奧地利法에서는 피용자 자체에 대한 특별한 책임규정은 없다. 사용자는 근본적으로 그가 신뢰할 수 없는 사용자(unzuverlässiger Leute, 후술하는 무능한 피용자 untüchtiger Personen과 구별한다)를 사용하였거나, 작업기구가 부족하다거나, 피용자에게 적절한 지시를 하지 않았다든가, 흠이 있는 도구를 사용케 하였다든가, 충분치 못한 피용자를 두었다든가, 감독을 잘못하였을 때, 그 자신의 과실로부터만 책임을 지고, 피해자가 손해배상을 청구함에 있어 그러한 과실을 입증하여야만 한다. 다만 사용자가 필요한 지식과 기술이 부족한 무능한(untüchtiger) 피용자를 사용한 경우에는 ABGB(Allgemeines Bürgerliches Gesetzbuch 一般民法典) §1315에 따라 담보책임(Garantiehaftung)이 성립된다.

(5) 일 본 법

使用者責任에 관한 舊民法上의 규정은 財産編 §373인바, 이는「주인, 장인 또는 工事, 운송 등 營業人 또는 모든 委任者는 그 고용인, 사용인, 직공 또는 수임자가 직무를 행하기 위하여 또는 그것을 행함에 즈음하여 가한 손해에 책임이 있다」고 되어 있다.[5] 여기서 사용자는 피용자가「직무를 행하거나, 이를 행할 즈음(際シテ)」에서 야기된 손해에 대하여 책임을 부담한다고 규정

4) 瑞西·奧地利法의 沿革에 관하여는 前註, 71 이하.
5) 日本法의 沿革에 관하여는 前註, 72 이하.

하고 있는데, 이는 佛民 §1384와 당시 佛蘭西에 있어서의 학설, 판례의 성과를 염두에 두고 만든 것이나, 現行民 §715의 입법과정에는 「爲メ」한다는 것은 협소하고 「際シテ」라는 것은 넓기 때문에, 그 중간으로서 事務執行에 「付キ」라는 문언을 넣은 것이라고 한다.

또한 舊民法이 책임주체에 관하여 위와 같이 열거하고 있는데 이는 그 폭에 있어 의문이 생길 우려가 있기 때문에 現行民法에서는 「어떤 사업을 위하여 타인을 사용하는 자」라고 넓게 규정하게 되었다.

아울러 선임·감독에 관한 주의의무를 다한 경우 면책을 인정하여 체제상 과실책임주의를 취하고 있으나 판례는 일찍부터 免責可能性에 대하여 상당히 엄격한 입장을 취하였고 반면 피용자의 유책성을 필요로 하였는데, 그 후 통설은 소위 중간적책임이라고 하는 절충설을 취하였다.

(6) 우리나라

民法 草案 §749에서는 사용자책임에 관하여 「타인을 사용하여 사무에 종사하게 한 자는 피용자가 그 事務執行으로 인하여…」로 되어 있었는데 法制司法審議委員會의 안으로 「타인을 사용하여 사무에 종사하게 한 자는 피용자가 그 事務執行에 관하여…」라는 수정의견이 제출되었고, 그 수정안이 채택되어 현행법과 같이 되었다. 수정이유로는 「본조는 타인을 사용하여 자기의 활동범위를 확장한 자는 그 확장된 범위에 있어서 補償責任(이익이 속하는 곳에 손실도 속한다는 이념)을 입법한 것으로 본조의 "事務執行으로 인하여"라는 文句는 본래의 事務執行 자체에 국한하는 것으로 해석되기 쉬워서 너무 협소하여 補償責任의 정신에 위반되므로 "事務執行에 관하여"로 수정함이 타당하다」고 하고 있다.[6]

한편 民法草案에서부터 사용자가 선임·감독상 주의의무를 다하면 면책하도록 되어 있어 책임의 성립 구조에 관하여 뒤에서 보는 바와 같이 과실책임주의의 형태를 취하였으나, 그 후 실무에서는 면책을 거의 인정하지 않고 있고 학설도 無過失責任 내지 중간책임이론이 오히려 다수설로 되어 있다.

3. 使用者責任의 機能

使用者責任에 관한 §756는 가사노동적인 사용관계뿐만 아니라 널리 기업에 있어서의 사용관계에 관하여서도 적용되며 이 점에서 대단히 중요한 작용을 한다. 오늘날의 기업은 다수의 사용자를 유기적으로 조직하여 규모가 큰

6) 민법안심의록(上), 444.

활동을 하고 거대한 수익을 올리고 있으며 그러한 기업활동을 위하여 피할 수 없는 위험이 따르는 기계나 시설을 보유하고 있다. 여기서 우연히 피용자가 業務遂行過程에서 타인에게 손해를 가하였다 하더라도 이러한 손해는 기업으로 하여금 이를 배상케 하는 것이 공평할 뿐만 아니라 피해자 쪽에서 보더라도 자력이 없는 피용자를 상대로 하는 것보다는 기업을 상대로 하는 편이 보다 충분한 구제를 받을 수 있게 된다. 더 나아가 使用者責任은 근래 기업중심의 자본주의 발달로 더욱 중요한 기능을 담당하게 되었다. 경제적으로 使用者責任으로 인한 損害賠償金은 기업의 손해로서 처리되어 다수인에게 분담된다.[7] 기업의 책임 일반에 관하여 특별한 규정이 없는 우리 나라에서는 §756의 규정이 기업책임에 관한 實定法上의 근거가 되는 기능을 하고 있다.[8]

한편, 대기업에 있어서는 피용자의 채용은 획일적 조건에 따라서 대량적으로 하게 되고 한 사람 한 사람에 관하여 選任上의 注意를 한다고 하는 것은 거의 불가능하고 또한 사용자가 피용자들의 職務行爲의 하나하나를 감독한다는 것이 사실상 불가능하므로 기업활동에 의하여 타인에게 손해를 가한 때에는 내부에 있어서 선임·감독에 과실이 있느냐 어떠냐의 문제는 기업조직 내부에 있어서의 어떤 지위에 따르는 책임으로서 순전히 기업의 내부관계로 생각하여야 옳은바, 그렇다면 사용자에게 免責事由를 인정하고 피용자에 대한 사용자의 求償權을 인정하고 있는 현행 使用者責任制度는 기업책임의 규정으로서는 불충분하다는 비판이 있다. 그래서 입법론으로서는 기업에 있어서의 사용관계와 가사노동에 있어서의 사용관계를 구별하고 전자에 관하여는 본조와는 별개의 입법으로 無過失責任을 인정하는 것이 타당하다는 견해가 있다.[9] 가내적인 사용관계의 경우에는 사용자의 피용자에 대한 선임·감독의 해태, 피용자의 행위의 태양 등도 상당히 중요한 요소로서 고려되지 않으면 안 된다.

7) 李銀榮, 627.
8) 郭閏直, 740.
9) 前註.

Ⅱ. 使用者責任의 근거 및 성질

1. 책임의 근거

(1) 過失責任說

사용자가 피용자의 행위에 대하여 책임을 지는 것은 사용자가 피용자의 선임·감독에 과실이 있기 때문이라는 것이다. 사용자의 위법한 가해행위로 인한 손해배상은 이러한 사용자의 귀책사유로 인한 손해에 한정하므로 使用者責任을 自己責任이라 한다.[10)]

(2) 補償責任說

타인을 사용하여 어떤 사업 내지 기업을 경영하는 자는 그것에 의하여 자기의 활동범위를 확장하고 그만큼 많은 이익을 얻고 있으므로 피용자가 事務執行에 관하여 타인에게 주는 손해는 그 사업 내지 기업에 기인하는 손해로서 사용자 자신이 부담하는 것이 公平의 관념에 부합하고 이익이 있는 곳에 손해도 歸屬되어야 한다는 「補償責任」의 원리에 합치한다는 것이다. 大判 85.8.13, 84다카979(集 33-2, 149)은 民法上 使用者責任을 인정한 근거는 어떠한 행위로 인하여 이익을 얻는 자는 그 행위로 인하여 발생한 위험 즉 손해도 부담하여야 한다는 공평의 원칙에서 유래한다고 하였다. 이 견해가 현재 우리 나라의 通說이라 할 수 있다.[11)]

(3) 危險責任說

사회생활에 위험상태를 야기한 자는 그 위험의 실현으로 발생한 손해에 대해서 賠償責任을 져야 한다는 것이다. 사람을 사용하여 자기의 활동영역을 확대한 경우 사회에 대한 가해의 위험을 증대시키고 이렇게 증대된 위험은 이를 지배하는 사용자가 그에 대한 책임을 져야 한다는 것이다.[12)]

(4) 社會政策的 考慮說

일반적으로 피용자는 자력이 약하여 피해자에게 만족할 만한 배상을 한다는 것을 기대하기 어려운 현실에 비추어 피해자 보호의 견지에서 사용자에게 책임을 지우며, 使用者責任의 근본에는 「사회에서 생긴 손실의 분배」라는 사

10) 李太載, 487.
11) 郭閏直, 741; 金曾漢, 485.
12) 報償責任說과 危險責任說을 함께 고려하는 입장으로 金疇洙, 674.

회정책적 고려에 있다고 보는 것이다.[13] 즉 피용자 개인보다는 사용자에 책임을 인정하는 것이 손실의 사회적 분담의 견지에서 바람직하다는 것이다. 사용자의 책임은 보험에의 전가나 상품가격에의 포함 등을 통하여 그 위험을 분산할 수 있다고 한다.

2. 책임의 성질

(1) 過失責任說

使用者責任은 사용자가 피용자의 선임 및 사무감독에 관하여 과실이 있기 때문에 부담하는 自己過失責任으로 본다. 그러나 본조는 違法行爲로 인한 가해행위에 대한 사용자의 과실을 그 요건으로 하는 것이 아니고 또 피용자의 선임·감독에 관한 사용자의 과실은 그 적극적 요건으로 삼는 것도 아니므로 엄밀한 의미의 과실책임이라고 할 수 없을 뿐만 아니라 선임·감독상의 과실이 없다는 입증책임이 사용자에게 있고 그 입증이 매우 곤란하다는 점에서 보통의 不法行爲에 비하여 그 책임이 加重되어 있다고 할 것이다.

(2) 結果責任說

民 §756 I 但書는 사용자의 책임발생의 조건이 아니고 단순히 면책조건이라고 할 수 있고, 사용자의 과실은 선임·감독상의 과실이지 가해행위에 관한 과실이 아니며, 과실과 손해 사이에 인과관계가 없다는 입증은 단지 상당인과관계가 없다는 것의 입증만으로 충분하지 않고, 그 사이에 원인적 인과관계가 없다는 것의 입증이 필요하다는 취지라고 보아 §756에 의한 과실 및 인과관계는 民 §750上의 입증책임과 다르므로 使用者賠償責任의 성질은 일종의 免責條件附 結果責任이라고 한다.[14]

(3) 中間的 責任說

통설은 使用者責任은 순수한 과실책임은 아니지만 순수한 결과책임도 아니고 과실책임과 결과책임의 중간에 있는 책임으로 본다. 왜냐하면 순전히 결과책임이라고 한다면 피용자의 선임·감독에 대한 사용자의 과실이 문제되지 않을 것이기 때문이다.

사용자의 과실의 특색을 ① 직접의 가해행위에 관한 것이 아니고 그 피용자의 선임·감독상에 관련되어 있고, ② 따라서 가해행위와 의무해태의 關聯

13) 金顯泰, 382.
14) 前註, 32.

性을 파악하는 것이 아니라 책임의 귀책근거로서 작용할 뿐이고, ③ 입증책임이 일반의 不法行爲와는 달리 사용자에게 전환된다는 점에서 찾으면서 일반의 과실책임과는 다르다는 의미에서 중간책임이라고 하거나,[15] 使用者責任을 논리적으로는 선임·감독상 주의의무위반이라는 과실책임적 구성을 취하면서 실질적으로는 입증책임의 전환 및 免責事由의 규범적 심사라는 방법에 의해 無過失責任的 효과를 꾀하고 있다고 하면서 無過失責任的 효과를 위해 과실책임적 구성을 빌렸다는 점에서 中間責任이라고 하고 있다.[16]

3. 결　론

우리 民法上 使用者責任의 입법취지가 補償責任에 있다면, 使用者責任의 법적 성질에 관한 논쟁, 즉 과실책임이냐 無過失責任이냐 하는 논의는 필요없을 것으로 생각된다. 왜냐하면 결과책임에 있어서야 이를 정당화시키는 이론적 근거, 즉 補償責任이냐 혹은 사회정책적 고려냐 하는 논의가 필요한 것이지, 과실책임이라면 과실 그 자체로서 책임을 지우는 정당성이 인정되고, 따로 근거가 필요없기 때문이다. 民 §756의 법체계 내지 구조는 獨民 §831와 같이 免責可能性을 두어 과실책임체제를 취하고 있지만, 입법근거나 책임의 본질에 관하여 통설은 과실책임주의이론을 취하지 않고, 오히려 獨法系이면서도 결과책임주의로 해하는 瑞西法의 해석론에 가깝지 않나 생각된다. 판례도 使用者責任은 被用者責任의 代替的責任이라고 한다.[17] 실무에서는 해석론을 통하여 사용자의 免責可能性을 사실상 봉쇄하고 있다.

一般不法行爲責任에 비하여 과실의 입증책임이 피해자에게 부과되지 않고 免責可能性의 입증책임이 사용자에게 있는 점에서 特殊不法行爲責任이라 할 수 있다.

Ⅲ. 使用者責任과 다른 책임과의 관계

1. 國家賠償法에 기한 責任과의 관계

공무원이 그 직무를 집행함에 당하여 타인에게 不法行爲를 한 경우에는

15) 郭潤直, 742; 金疇洙, 674.
16) 황적인, 486; 李銀榮, 627.
17) 大判 92.6.23, 91다33070(公 1992, 2235).

國家賠償法의 규정에 따라 국가 또는 지방자치단체가 그 손해를 배상하여야 한다(§2). 위 법조는 民 §756에 대하여 특별법의 관계에 있다. 國賠 §8에 의하면 국가 또는 지방자치단체의 賠償責任에 관하여 民法 이외의 다른 법률(특별법)에 특별한 규정이 있으면 그 규정에 의하고(동조 但書, 예컨대 우편법 제5장, 구우편요금법 §17, 우편대체법 §24, 원자력손해배상법 §3 이하, 공공전기통신사업법 §90, 철도법 제4장 등과 같이 국가 또는 공공단체의 賠償責任의 제한, 배상액의 한정, 배상청구권의 단기소멸시효 등에 관한 특별규정을 두고 있는 경우에는 그 특별규정에 의하여야 한다), 그러한 특별법의 규정이 없을 때에는 國家賠償法의 규정에 의하고 國家賠償法의 규정이 없으면 民法의 규정이 보충적으로 적용된다. 따라서 國賠 §2가 적용되는 경우에는 民 §756의 적용은 배제된다.[18]

國賠 §2와 民 §756는 동일한 기초 위에 선 것이지만 여러 가지 점에 차이가 있다.

첫째로, 國家賠償法은 국가 또는 地方自治團體를 위하여 선임·감독상 주의의무를 다한 경우 면책될 수 있는 但書條項이 없다.[19] 둘째로, 國家賠償法은 공무원에게 「고의 또는 중대한 과실」이 있는 때에만 공무원에 대한 청구권이 인정되어(동법 §2 Ⅱ), 피용자에게 輕過失이 있는 경우에도 구상권을 인정하는 民 §756와는 다르다.

피해자는 직접 행위자인 공무원에 대해서는 공무원 개인으로서의 책임을 물을 수 없고, 오로지 국가 또는 지방자치단체에 대해서만 손해배상을 청구할 수 있다는 견해가 있다.[20] 판례는 종전에 공무원의 직무상 손해를 받은 피해자는 공무원 자신에 대하여도 직접 그의 不法行爲를 이유로 손해배상을 청구할 수 있다고 하였으나,[21] 최근 공무원 개인의 不法行爲責任을 부정하였다.[22]

國賠 §2에서 말하는 「직무」에는 공권력행사 이외에 비권력적 공행정 작용(이 중에서 영조물의 설치·관리작용과 사경제적 작용을 제외한 일체의 공행정작용)을 의미한다.[23] 사경제의 주체로서의 활동으로 손해를 발생한 경우 순수한 民法上 不法行爲가 된다.[24] 국가 또는 지방자치단체라 할지라도 공권력의 행사가 아니고 단순한 사경제의 주체로 활동하였을 경우에는 그 손해배상책임에 국가배상법이 적용될 수 없고 민법상의 사용

18) 大判 62.3.15, 4294민상1083(集 10-1, 204); 大判 75.5.27, 75다300(公 517, 8516).
19) 大判 70.6.30, 70다727(集 18-3, 122).
20) 황적인, 488.
21) 大判 72.10.10, 69다701(集 20-3, 48).
22) 大判 94.4.12, 93다11807(公 1994, 1416).
23) 大判 62.3.15(註 18).
24) 大判 69.4.22, 68다2225(集 17-2, 36); 大判 70.7.28, 70다961(集 18-2, 242); 大判 70.11.24, 70다 1148(集 18-3, 279).

자책임 등이 인정되는 것이다.[25)]

國賠 §2와 民 §756 사이에는 위에서 본 賠償責任者의 免責事由, 구상범위에서 뿐만 아니라, 군인·군무원·경찰공무원 또는 향토예비군 대원의 國家賠償請求禁止規定에 대응하는 것이 使用者責任에서 인정되지 않는다는 점에서도 차이가 있다.

國家賠償法에 있어서의 「직무를 집행함에 당하여」에 관하여는 使用者責任에서와 같이 外形理論이 적용된다.

2. 自動車損害賠償保障法에 의한 責任과의 관계

우리 나라에서 위 법이 시행되기 전에는 자동차사고로 인한 損害賠償責任은 民 §§750, 756에 의하였는데, 위 특별법의 제정으로 民法上의 일반원칙은 수정되었다. 즉 自賠 §3는 책임발생근거규정으로 자기를 위하여 자동차를 운행하는 자가 그 운행으로 인하여 타인의 생명 또는 신체를 사상한 때에는 그 손해를 배상하도록 되어 있는바, 이는 民 §756에서의 사용자를 "자기를 위하여 자동차를 운행하는 자"라는 개념으로 대체하여 損害賠償義務者를 확장하였을 뿐만 아니라, 立證責任을 전환하여 피용자의 과실이 입증되지 않아도 운행자가 免責事由를 주장·입증하지 않는 한 책임을 지지 않을 수 없게 하였다.

자동차의 운행으로 인한 인적 손해의 배상에 관하여는 自賠 §3가 民 §750나 §756에 대한 특칙으로서 우선적용되고 이는 당사자의 주장을 기다리지 아니하고 民法에 우선하여 적용된다.[26)] 그렇다고 당사자가 民 §756에 의하여 청구하는 것을 금지하거나 동조의 적용을 완전히 배제하는 것은 아니다.[27)]

앞서 말한 바와 같이 自動車損害賠償保障法이 적용되기 위하여는 자동차의 운행으로 인하여, 타인의 생명 또는 신체를 사상한 경우에 적용되고(따라서 물질적 피해에 대하여는 民法規定에만 의존할 수 있다), 또 民 §756에 의하면 사용자가 책임을 지기 위하여는 피용자에게 고의·과실이 있음을 요하지만 自賠 §3에서는 운전자의 고의·과실을 책임발생의 적극적 요건으로 하지 아니하고 다만 그 無過失이 보유자의 면책요건의 하나가 되어 있을 뿐이며, 自動車損害賠償保障法의 경우에는 보유자뿐만 아니라 운전자, 운전보조자도 그 보호대상에서 제외된다. 그래서 버스운전사의 과실로 일어난 사고에서 현실적 구체적으로 운전행위의 일부를 분담한

25) 大判 97. 7. 22, 95다6991(公 1997, 2602); 大判 99. 6. 22, 99다7008(公 1999, 1473).
26) 大判 67. 9. 26, 67다1695(集 15-3, 152); 大判 69. 6. 10, 68다2071(集 17-2, 177).
27) 大判 88. 3. 22, 86다카2747(公 823, 672).

조수나 안내원이 부상한 경우에는 自賠 §3가 아닌 民 §756에 기한 使用者責任을 진다.[28] 그리고 自賠 §3에 의한 보유자의 免責事由는 사용자의 免責事由에 비하여 그 요건이 엄격한 점에서도 차이가 있다.

3. 法人機關에 의한 不法行爲責任과의 관계

법인의 본질에 관하여 통설은 實在說에 의거하여 代表機關이라는 개념을 설정하고 대표기관이 타인에게 가한 손해에 대하여는 법인은 民 §35에 의하여 賠償責任을 부담하고 그 이외의 구성원이 타인에게 가한 손해에 대하여는 피용자의 不法行爲에 대한 법인의 賠償責任으로서 民 §756가 적용된다고 한다. 즉 법인의 구성원을 대표기관과 피용자로 나누어 대표기관에 의한 不法行爲에 대하여는 民 §35, 피용자에 의한 不法行爲에 대하여는 民 §756에 의하여 법인이 賠償責任을 부담한다고 하는 구별기준이 설정되어 있다.[29]

여기서 말하는 대표기관에는 理事·假理事·淸算人·特別代理人이 포함되나 民 §55에 의하여 이사가 선임한 대리인이나 사원총회, 감사 등은 대표기관에 포함되지 않는다. 지배인 등 商業使用人은 대표기관이 아니고 피용자로 해하여진다.[30] 예컨대 단위농업협동조합의 장은 그 조합의 대표기관으로서 사용자의 관계에 있다 할 수 없다.[31] 이에 대하여는 이사의 행위와 피용자의 행위 사이에는 권한(직무)의 범위의 양적인 차이가 있음에 지나지 않고 본질적인 차이가 없기 때문에 법인의 不法行爲責任이나 使用者責任 공히 타인의 행위에 대하여 인정되는 책임의 일 態樣으로서 통일적으로 이해하여도 좋다는 견해도 있다.[32] 이사의 경우가 피용자의 경우와 다른 것은 이사는 법인의 대표기관으로서 代表權과 業務執行權을 갖고 법인대표로서 스스로 행위를 하는 것이기 때문에 항상 스스로 「행위의 외형」을 만들고 끊임없이 위험을 창출한 수 있는 상황에 있다고 말할 수 있다. 즉 행위의 측면에서 대외적으로 이사는 법인과 일체적 관계에 있다. 이에 반하여 피용자는 사용자와의 관계에서 사용자의 指揮·監督하에 있다. 따라서 使用者責任에 있어서는 사용자가 피용자를 써서 제3자에게 손해를 주기 쉬운 상황에 있는가 어떤가, 손해의 발생을 방지하는 조

28) 大判 79. 2. 13, 78다1536(要集 민 I, 1272).
29) 일본의 통설. 吉田眞證, "法人構成員の不法行爲," 法律時報 48-12, 62.
30) 郭閏直, 總則, 254.
31) 大判 76. 9. 28, 76다1054(集 24-3, 75).
32) 川島武宜, 民法總則, 127-8.

치를 강구하는 것이 어떠한가 등 책임발생 전제조건에 대한 구체적 판단이 따르게 된다. 전자는 광범위한 裁量權과 독립성을 갖는 법인의 대표기관의 행위를 문제로 하는 것에 대하여 후자는 상사의 指揮·監督에 기하여 일정한 재량권 밖에 갖고 있지 않는 자의 행위를 문제로 하는 점에서 양자를 구분할 수 있다.[33)]

한편 법인의 不法行爲責任에서는 선임·감독에 관하여 과실이 없다 하더라도 법인은 면책이 되지 않는다. 이 점이 使用者責任과 다르다. 이는 법인의 대표기관이 단순한 피용자 이상으로 事業主體의 조직속에 깊이 관여하고 있으며 법인의 강대한 힘과 신용을 배경으로 행하여진 대표기관의 행위에 대해서는 법인 자신의 책임을 광범위하게 인정할 필요가 있기 때문이다.

법인의 不法行爲責任에 있어서도 使用者責任에 관한 外形理論에 따라 「직무에 관하여」라 함은 행위의 외형상 기관의 職務遂行行爲라고 볼 수 있는 행위와 사회관념상 關聯性을 갖는 행위를 포함한다.[34)] 그러나 民 §756의 外形理論의 실질적 기준으로서 「사용자측의 위험의 창출 및 방지조치의 결여」라는 것은 民 §35에 그대로 통용되지 않는다. 왜냐하면 법인의 대표기관은 그 직무의 성질상 항상 위험을 창출할 수 있는 지위이고 또한 자신에 대하여 방지 조치를 운위하는 것은 무의미하기 때문이다. 요컨대 使用者責任이 타인의 不法行爲에 의한 책임임에 반하여 법인의 책임은 법인 자신의 不法行爲에 대한 책임이라는 데에서 서로 다르다.

4. 履行補助者責任과의 관계

使用者責任과 履行補助者責任 사이의 차이는 매우 중요하다. 계약상 채무자는 자신의 과실뿐만 아니라 면책입증의 가능성 없이 그가 채무이행을 위하여 사용한 제3자의 과실에 대하여도 책임을 진다(民 §391). 그 반면에 不法行爲상으로는 사용자는 피용자의 선임·감독상의 추정된 자기자신의 과실에 대하여 책임을 진다(民 §756). 양 책임은 請求權競合關係에 있다.

양자의 차이는 먼저 사용자가 제3자에게 손해를 야기시킨 피용자에게 求償權을 행사할 수 있다는 점이다(民 §756 Ⅲ).

履行補助者責任과 使用者責任 사이의 또 다른 차이는 사용자가 책임을 져

33) 田上富信, "法人の不法行爲責任," 現代判例 民法學の課題, 森泉章 敎授還歷紀念論集, 48, 53.
34) 郭閏直, 서민(주해민법), 247.

야 하는 人的 範圍에서도 나타나는바, 使用者責任에서는 사용자의 지시에 따르는 종속적인 피용자로 파악됨에 대하여 履行補助者責任에 있어서는 이 범위를 넘어 履行補助者 속에 채무관계에서의 급부 내지 보호의무의 이행에 관여한 독립적 기업자까지도 포함한다. 또한 법정대리인은 그 자체로 使用者責任에서의 피용자가 되는 것은 아니나 履行補助者責任에서는 본인이 그에 대하여 책임을 진다.

그리고 使用者責任에 있어서는 피용자가 "職務執行에 있어" 저지른 피용자의 행동에 대하여만 책임을 진다고 함에 대하여 履行補助者責任에 있어서는 문언상 가해행동이 업무의 이행과정에서 이루어져야 한다는 것을 요구하지 않는다. 履行補助者責任에서는 단순히 채무자는 그 채무의 이행을 위하여 사용한 보조자의 과실에 대하여 책임을 진다고만 되어 있다. 그래서 채무관계 내에서의 책임영역에 관하여는 다툼이 있다. 예컨대 채무자는 이행에 즈음하여 (bei Gelegenbeit der Erfulling) 한 보조자의 절도에 대하여 책임을 지는가가 문제된다. 독일의 판례나 다수설은 이 경우 履行補助者責任을 거절한다. 또한 독일법에서는 손해가 거래상 業務執行에 즈음하여 야기되어 보조자의 업무와는 단순히 외형적·장소적·시간적 關聯性을 갖는 때에는 債務者가 使用者責任을 지지 않는다. 예컨대 근로자가 작업중 끽연으로 화재손해를 야기시킨 경우나 그가 일하여야 하는 집에서 절도를 행한 경우에 그러하다. 이와 같이 독일법에서는 使用者責任에 있어서 機會的 不法行爲(Gelegenheit-delikt)에 대하여는 일반적인 경우 업무수행중에 있어서 발생한 것이 아니라고 좁게 보고 있으나, 다만 운송업자, 창고업자의 피용자에 의한 절도의 경우에는 절도로부터의 화물의 보호가 바로 수탁된 업무자체이기 때문에 使用者責任이 긍정되었다. 그러나 우리 나라에서는 이러한 경우에는 外觀理論의 적용으로 使用者責任에 도달할 수 있는 여지가 있다.

한편 상법상 해상운송인 혹은 육상운송인의 損害賠償責任에 있어서의 사용인(Leute)은 운송인이 특정업무의 수행을 위하여 그의 업무범위 내에 고용한 모든 자를 포함하고, 여기서의 영업의 개념은 광범위하게 이해되어 직접 운송으로 향하여진 행동에만 제한되는 것은 아니다. 履行補助者責任에서와는 달리 피용자가 물품운송 자체나 나아가 침해된 운송계약의 이행과 관련되어야 하는 것을 요구하지 않는다. 그래서 육상운송인이나 해상운송인은 사용인의 업무이행에 즈음하여서 손해를 야기시킨 경우에도 책임을 진다.

이러한 使用者責任과 履行補助者責任의 구분은 영미 등 Common Law 국가에서는 알려지지 않았다. Common Law하에서는 사용자가 원칙적으로 피용자의 不法行爲에 대하여 면책입증의 가능성없이 책임을 지기 때문에 이러한 날카로운 구분이 쓸모없는 것이다. 불란서법에서도 이러한 二重構造는 존재하지 않는다.

5. 船舶所有者責任과의 관계

종전 商 §746 I 은 개정 전 일본상법규정과 달리 責任要件과 效果로 명확히 구분 정리할 수 있었다. 즉 선박소유자는 "가액을 한도로 그 항해에 관하여 선장 해원 도선사 기타의 선박사용인의 고의 또는 과실로 인하여 제3자에게 가한 손해의 賠償責任을 진다"고 되어 있었는바, 이는 법문 형식상 유한적인 책임내용과 아울러 그 책임원인을 규율한 것이 명확하다 하겠다.

그래서 舊商 §746 I 은 民 §756의 使用者責任과는 별도의 청구권근거이자 책임원인규정으로 해석되었다. 舊商 §746 I 에서는 民 §756 但書의 免責可能性에 관한 규정의 적용이 없다는 것이고, 이 상법 규정으로 民 §756에 의한 使用者責任을 따로 물을 수 없는 것은 아니다. 舊商 §746 I 과 民 §756에 기한 각 손해배상청구권은 그 요건·내용에 있어 각각 固有의 法領域이 놓여 있고 위 상법 조항이 使用者責任에 관한 不法行爲責任의 성립을 배제한다고 볼 아무런 근거나 이유나 없었다.

그러나, 改正商法 §746 I 은 1976년 船主責任制限條約에 따라 그리고 일본의 「船舶의所有者등의責任의制限에관한法律」[昭 50(1975)] §3 I 과 마찬가지로 선박소유자는 선박에서 또는 선박의 운항에 직접 관련하여 발생한 사람의 사망 신체의 장해 또는 그 선박 이외의 물건의 滅失 또는 毁損으로 인하여 생긴 손해에 관한 債權에 대하여 그 책임을 제한할 수 있다고 하여, 일견 독립된 책임원인 내지 책임근거적 요소로는 보이지 않는다. 이제 상법 개정으로 선박소유자의 責任制限이 계약상의 청구권이든 비계약상의 청구권이든 그 청구의 원인을 불문하고 모두 적용된다.

6. 使用者責任과 失火責任에관한法律

使用者責任의 경우에도 실화책임에관한법률에 의하여 피용자에게 중과실이 있는 경우에 한하여 사용자가 損害賠償責任을 지게 되는 것이고, 실화책임에관한법률에서 말하는 중대한 과실이라 함은 通常人에게 요구되는 정도의 상당한 주의를 하지 않더라도 약간의 주의를 한다면 손쉽게 違法·有害한 결과를 예견할 수 있는 경우임에도 만연히 이를 간과함과 같은 거의 고의에 가까운 현저한 注意를 缺如한 상태를 말하는 것이다.[35]

Ⅳ. 使用者責任의 發生要件

1. 使用者關係

(1) 使用者關係의 意味

使用者責任이 성립하려면 먼저 사용자와 不法行爲者와의 사이에 어떤 사무에 종사하게 하는 사용·피용의 사용관계가 있어야 한다. 사용자개념에 대칭되는 피용자란 일반적으로 사용자의 선임에 의하여 그 指揮·監督하에 사용자가 영위하는 사업에 종사하는 자,[36] 혹은 어느 사무에 종사하게 하기 위하여 타인에 의하여 사용된 자로 그 타인의 기업조직 또는 지배권 속에서 그의 지시에 따라 사무를 집행하는 자를 의미한다. 사용관계에 있어서는 무엇보다도 사용자와 피용자 사이에 실질적인 指揮·監督關係가 있어야 한다.

大判 91.2.12, 90다11370(公 893, 973)은 부락주민들로 구성된 마을회에 의하여 설립된 새마을유아원의 원장 및 교사는 설립운영자인 위 마을회에 의하여 임명된 것이며, 군이 유아원에 운영비를 보조하고 교사의 유지 추천과 근무지의 조정을 하여 왔어도 이는 군이 법에 의한 幼兒教育振興을 위한 사업진행의 일환으로 혹은 指揮·監督廳의 지위에서 부조적인 지원행위에 불과하며 군을 유아원장 및 교사의 사용자로 볼 수 없다고 하였다.

大判 98.1.23, 97다39490(公 1998, 601) 역시 새마을금고법 제46조, 제54조, 제61조 소정의 새마을금고연합회의 지도·감독의무는 추상적·일반적 지도·감독의무라 할 것이어서 이를 근거로 연합회가 새마을금고나 그 직원을 구체적·실질적으로 지휘·감독하고 있다고 할 수 없고, 따라서 새마을금고 직원의 불법행위에 대하여 연합회가 사용자 내지 그에 갈음한 감독자로서 손해배상책임을 진다고 할 수 없다 하였다.

35) 大判 95.10.13, 94다36506(公 1995, 3759); 大判 92.4.24, 92다2578(公 1992, 2578).
36) 大判 76.9.14, 75다1890(要集 민 Ⅰ, 1238).

독일판례는 사용자의 지시에 따르고 그의 감독과 통제를 받는 사람만이 "피용자(Verrichtungsgehilfe)"에 속한다고 하고 이에는 우선 사용자를 위하여 일하는 勞務者(Arbeiter)와 事務員(Angestellte)이라는 광범위한 계층이 해당되며, 가령 의사가 엑스선 장치의 조작을 위하여 간호원을 고용했다면 그는 "피용자"이나, 의사가 치료를 위하여 병원으로부터 간호원과 함께 엑스선 장치를 사용해도 좋다는 허락을 받았으나 그가 그녀에게 장치의 사용에 관하여 지시를 할 수 없다면 그렇지 아니하다고 한다.[37] 佛蘭西의 판례도 가해자가 사용자의 "피용자"인가 하는 문제를 독일에서와 동일한 기준에 좇아 피용자가 사용자에 대하여 복종관계에 있는가, 그가 그에게 맡겨진 업무의 수행과 관련하여 내려진 지시와 명령에 따라야 하는가에 달려 있다고 한다.[38]

여기서 사용자의 사무와 피용자 자신의 사무를 어떻게 구별할 것인지 그 기준이 문제되는바, 피용자 업무의 獨立性 혹은 從屬性은 피용자의 행위에 대하여 사용자가 책임을 지는 범위를 결정하는 데 있어 중요한 역할을 하게 된다. 이와 같이 업무의 종속성은 피용자의 행위를 使用者責任에 연결시켜 주는 중요한 고리가 된다고 볼 수 있으나, 업무의 從屬性을 너무 엄격하게 해석하여 民 §756의 적용을 협소하게 하는 것은 타당하다고 볼 수 없다.[39]

대체로 業務上 從屬性이란 피용자가 사용자의 지배권 또는 기업조직에 편입되어 업무시간, 업무량, 업무수행방법 등에 관하여 사용자가 언제라도 피용자의 事務執行을 제한하거나 금지시킬 수 있고, 이에 관하여 결정할 수 있음을 의미한다. 따라서 어느 特定組織이나 支配權에 편입됨이 없이 자기가 가지고 있는 지식·경험에 따라 업무를 독자적으로 수행할 수 있는 裁量權을 가지고 있고, 또 그 업무시간, 업무량, 업무수행방법 등에 대하여도 스스로 결정할 수 있을 때에는 民 §756의 피용자 범주에는 들어가지 않는다.[40]

여기서 고용된 의사나 선장과 같이 명백한 전문가로서 자신의 직업적인 결정에 관하여 고용주로부터도 지시를 받지 않는 경우 그런 사람도 피용자가 되는가가 문제된다.

영미법상 피용자(servant)와 獨立契約者(independent contractor)를 구분하는

37) Zweigert, Konrad/Kötz, Hein[이하 'Kötz'라고 한다], "Einführung in die Rechtsvergleichung auf dem Gebiet des Privatsrecht" Bd Ⅱ. (1969) S. 352.
38) 前註, S. 357.
39) 이상광, 使用者責任論, 109.
40) 이상광, 106.

것은 가해자의 행위를 충분히 지시하고 統制할 수 있는가에 달려 있다고 한다. 그 보조자가 특수한 전문지식과 경험을 가지고 있으면 이러한 사정은 그의 독립성을 인정하는 데 유리한 작용을 한다. 이와 같이 전통적으로 독립계약자에 대하여도 지시의 복종이라는 통제기준(control test)을 적용하였다.[41] 佛蘭西判例는 병원이나 국가의 보건소에 고용된 의사는 자신의 의료업무에 관하여 사용자의 지시에 따르지 않기 때문에 일반적으로 피용자로 보지 않는다.[42] 오늘날 차츰 특수화된 전문가에 대하여는 통제기준이 제한적으로 적용되고 지시권능이라는 기준에 갈음하여 그 사람이 사용자의 기업에 조직상 편입되어 있는가 하는 것이 기준으로 되어 간다는 지적이 있다.[43]

대체로 독립적으로 작업하는 수공장인, 건축업자, 운송업자는 일반적으로 委託者의 피용자로 보지 않는다. 따라서 독자적 기업과 체결하는 都給契約에는 업무상 從屬性이 없기 때문에 獨立契約者가 履行補助者에는 포함되나, 피용자에는 포함되지 않는다. 不法行爲法上의 使用者責任을 계약법상의 履行補助者責任보다 더 좁은 범위에서 인정하는 것은, 전술한 바와 같이 전자는 履行補助者의 사용이 債權債務關係에서 나오는 채무이행을 목적으로 하는 것이기 때문에, 채무자가 독자적 기업에 자기의 채무이행을 위임한다 하더라도 그에 대한 책임으로부터는 면제될 수 없음에 반하여 不法行爲法上 使用者責任은 독립계약자인 경우에는 사용자가 그 기업의 事務執行을 指揮·監督하는 등 그에 관여할 수 없기 때문이다.[44] 그러나 후술하는 바와 같이 도급, 조합(同業關係) 등의 관계에 있어서도 사실상 사용관계가 인정되면 不法行爲法上 使用者責任이 인정된다는 점에서 이러한 구분의 의미는 희석되어 가고 있다.

이 사용관계는 雇傭契約에 의하여 성립하는 것이 보통이다. 또한 약간의 自由裁量의 여지가 있다 하더라도 그가 어느 조직에 편입되어 사무를 수행하는 한 사용관계가 부정되는 것은 아니다. 다소간 指揮·監督關係가 인정되면 사용관계가 긍정된다. 보수의 유무나 기간의 장단도 이를 묻지 않는다.[45]

여기서의 사무는 광범위한 의미로서 法律的 事務가 아닌 단순한 사실상의 일, 사실행위를 포함한다. 피용자가 집행할 사무가 法的 性格을 가진 사무인

41) Kötz(註 37), S. 360f.
42) 前註, S. 357.
43) 前註, S. 357f.
44) 이상광, 104.
45) 大判 60. 12. 8, 4292민상977(集 8, 191).

경우 代理權을 부여받았느가 여부도 문제가 되지 않는다. 그 사무는 단순노동을 요하는 것이든 또는 정신노동을 요하는 것이든 아무 상관이 없다. 기업책임 관점에서의 사무뿐만 아니라 가사도 사무가 될 수 있다. 公益事業인가 營利事業인가를 묻지 않고, 계속적인 것에 한하지 않으며 일시적인 사무라도 무방하다.[46] 이에 따라 大判 89.10.10, 89다카2278은 집합건물의소유및관리에관한법률의 적용을 받는 공동주택으로서 同法律에 의하여 당연설립기구인 관리단이 관리하도록 되어 있는 건물이더라도 관리단이 조직으로서의 실체를 갖추지 못하여 건축주 관리인을 채용하여 그 건물을 관리토록 하면서 그를 指揮·監督하는 등 사실상 위 건물관리사무를 주관하여 왔다면 위 건축주와 관리인 사이에 사용자관계를 인정하고 있다.

舊民法에서는 [事業]이라는 용어를 사용하였으나, 현행 民法이 그에 갈음하여 [事務]라고 한 것은 사업이라고 하면 영리적 계속적이어야 한다는 오해가 있기 때문이라고 한다.[47] 日最判 昭 56(1981).11.27(民集 35.-8.-1271)는 형제간에도 사실상 指揮·監督關係에 의하여 사용자·피용자관계를 판단하고 있다. 그리고 가해 피용자가 반드시 특정되어야 하는 것은 아니다.[48] 위 일본판결은 국가 또는 공공단체의 공무원에 의한 일련의 직무상 행위과정에 있어서 타인에게 피해가 발생되면, 가해행위자의 불특정을 가지고 국가나 공공단체가 民法上의 損害賠償責任을 면할 수는 없다고 하였다.

타인을 사용함에는 앞서 본 바와 같이 勞動關係를 기초로 하는 것이 보통이나, 그와 같은 법적인 관계가 없이도 사용될 수 있다. 따라서 사실상 사용관계가 있으면 되므로, 그 관계가 반드시 법률적으로 존재하거나 유효하여야 하는 것은 아니다.[49] 예컨대 雇傭契約이 무효이거나 취소된 경우는 물론이고, 애당초부터 그러한 雇傭契約없이 지휘·감독을 받아 사실상의 피용자로서 한 不法行爲에 대하여서도 역시 使用者責任이 성립될 수 있는 것이다.[50] 사표 수리후 사실상 종전과 같이 근무한 자에 대한 관계에 있어서도 사용자관계가 성립된다.[51] 예컨대 증권회사의 전 지점장이 같은 지점에서 정부 직원이 아닌 투

46) 大判 79.2.13, 78다2245(集 27-1, 118); 大判 89.10.10, 89다카2278(公 861, 1662).
47) 大判 64.6.30, 64다3(集 12-1, 205).
48) 日最判 昭 57(1982).4.1(民集 36, 519).
49) 大判 94.9.30, 94다14148(公 1994, 2848); 大判 82.11.23, 82다카1133(集 30-4, 95); 大判 96.10.11, 96다30182(公 1996, 3328); 大判 98.8.21, 97다13702(公 1998, 2276).
50) 大判 68.4.16, 67다2644(要集 민 I, 1236); 大判 79.2.13(註 46).
51) 大判 82.11.23(註 49).

자상담사로 근무하다가 그 직을 그만두었음에도 불구하고, 이를 숨기고 고객들을 상대로 투자상담사로서의 업무를 계속하였고, 증권회사에서도 그의 업무수행을 묵인하였다면, 사용관계가 인정된다(大判 2001. 3. 9, 2000다66119(公 2001, 844)). 여기서 選任이 사용관계의 必須要件인 것은 아님을 알 수 있다. 그러나 퇴직한 뒤에는 퇴직에도 불구하고 사용자의 실질적 지휘감독 아래에 있다고 볼 수 있는 특별한 사정이 있어야 사용자관계가 성립되므로, 예컨대 퇴직한 뒤 사무실에 출근하다가 그곳에 근무한 일이 없고 다만 직원을 속여 사무실에 들어가 직인과 명판으로 어음을 위조하였다면, 사용자책임을 물을 수 없다(大判 2001. 9. 4, 2000다26128(公 2001, 2158)). 스스로 피용자를 선임하지 않는 경우에도 사용자가 피용자를 指揮·監督하는 한 이를 통하여 자기의 활동영역을 확대하고, 不法行爲의 발생을 미연에 저지하여야 할 입장에 있기 때문에 雇傭契約의 결여가 被用者責任의 성립을 인정함에 방해가 되지 않는다.[52)]

大判 92. 2. 25, 91다39146(公 918, 1143)은 비록 정식직원이 아니더라도 정식직원의 명의를 빌려 사실상 증권회사 지점의 고문으로서의 業務를 遂行하는 듯한 외관을 갖게 하여 실질적으로 투자상담업무를 수행하고 이를 묵인한 경우 피용자로 보고 있다. 투자상담사의 경우 증권회사 직원이 아님에도 불구하고 증권회사가 그에게 사무실 내에 책상, 컴퓨터 및 전화기를 제공하여 자리를 마련해 주고, 그 직원들이 평소에 팀장 등 직원으로 호칭하며, 고객과의 투자상담 및 주식매매거래 등의 업무를 위탁하도록 묵인하는 등 증권회사를 돕거나 이용하면서 주식등의 거래를 권유하거나 고객을 유치하는 일을 하게 하였다면 직원이 아니더라도 증권회사가 실질적으로 투자상담사를 지휘, 감독할 권한을 가지거나 그러한 지위에 있다고 본다(大判 2002. 10. 11, 2001다71590).

佛蘭西의 종전 판례는 많은 경우에, 사용자의 지시권능이 요구될 뿐만 아니라, 그가 피용자를 자유롭게 선택할 가능성도 가져야 한다는 입장을 택하였으나 최근에는 가령 군대에서 사격단체에 훈련을 목적으로 파견된 장교나 사업자에게 일정한 노동을 위하여 보내진 旣決囚와 같이 강제적으로 할당된 보조자도, 그가 그 할당을 받은 사람의 통제권능과 지시권능에 복종하는 한 §1384에서 말하는 "피용자"라고 할 수 있다고 한다.[53)]

타인을 사용함은 事實的 行爲다. 따라서 피용자에게 行爲能力 또는 不法

52) 山本進一, "民法 第715條 1項の被用者にあたると認めろれた例", 民商 56-3, 430.
53) Paris 1938. 12. 9, D. H. 1939, 136; Req. 1942. 10. 21, Gaz. Pal. 1942. 2. 243 參照 Kotz(註 37), S. 357.

行爲能力이 있을 것을 요하지 않는다. 明示的 意思表示를 통하여 타인을 사용할 뿐만 아니라, 타인이 사무를 집행하는 것을 默示的으로 容認하는 것도 사용의 개념에 포함된다. 또 사용자의 事務執行이 누구를 위한 것인가도 불문한다. 사용자 본인을 위한 경우가 대부분일 것이나, 제 3 자를 위한 경우도 있을 수 있다.[54)]

그리고 民 §756에서 말하는 사용자관계라는 것은 實質的인 指揮·監督關係를 의미하므로 營業許可 名義者 아닌 자가 그 사업의 실질적인 경영주라면 종업원과는 실질적인 경영주가 사용자이다.[55)] 名義貸與關係에 관하여는 뒤에서 다시 상세히 보기로 한다.

한편 앞서 본 自動車損害賠償保障法上 운행지배는 차 중심의 물적 개념임에 비하여 使用者責任에서의 指揮·監督은 사람중심인 점에서 다를 뿐, 使用者責任에 있어서도 운행지배에서와 마찬가지로 직접 구체적인 指揮·監督만을 가르키는 것이 아니고, 指揮·監督의 가능성만 있으면 사용자관계가 인정된다 할 것이므로, 사용자관계에 있어서도 사용관계의 개념은 규범적인 개념으로 파악하여야 할 것이다.

한편 指揮·監督關係가 자신에 의하여 직접 이루어진 것이 아니고 다른 사람이 개입하여도 상관없다. 그리고 順次的 契約關係에서도 사용자관계가 인정될 수 있다. 大判 82. 9. 14, 81다447(公 693, 1002)에 의하면 피고들이 買受·取得한 연립주택에 관리인을 두기로 하고 위임장을 작성하여 소외 甲에게 교부하고 소외 甲은 소외 을에게, 소외 을은 소외 丙에게 위 건물의 관리를 부탁하여 소외 丙이 이를 관리케 된 것이라면 피고들과 소외 丙 사이에 직접적인 계약관계가 없다 하여도 소외 丙이 위 건물을 관리하는 사무는 피고들을 위한 것이므로 피고들이 위와 같이 순차로 관리를 부탁하는 과정을 豫見하지 못하였다 하더라도 제 3 자에 대한 관계에 있어서는 피고들은 소외 丙과 적어도 외관상 指揮·監督關係에 있는 것으로 보아 사용자로서의 책임을 면치 못한다고 하였다.[56)]

---

54) 이상광, 105.

55) 大判 81. 7. 28, 81다281(公 665, 14259).

56) 이 판례는 소외 丙이 위 건물을 관리하는 사무는 그 소유자인 피고들을 위한 것이므로 피고들이 위와 같이 순차로 관리를 부탁하는 과정을 예견하지 못하였다 하더라도 제 3 자에 대한 관계에서는 소외 丙과 적어도 외관상 指揮·監督關係에 있다 하여 종전 指揮·監督關係에서의 실질성, 객관성과는 달리 외형적 가능성에 따라 指揮·監督關係를 파악하여 마치 業務執行關聯性에 관한 外形理論이 여기에 등장한 느낌이다.

대기업에 있어서는 일반 피용자의 指揮·監督關係가 重疊的 構造를 지니는 것이 보통이다. 또한 피용자에 해당하는 자(예컨대 下受給人 또는 再下受給人)가 다시 제 3 자를 사용하여 중첩적 사용관계가 있을 수 있다. 이러한 경우 제 3 자와 사용자 사이에도 사용관계가 인정되는가가 문제된다. 이러한 문제는 名義貸與人과 名義利用者의 피용자와의 사용관계에서도 마찬가지로 제기된다.

먼저 原受給人이 下受給人의 피용자를 직접 指揮·監督하고 있는 경우 原受給人에게는 당연히 사용자성이 인정된다. 日最判 昭 45(1970). 2. 12(判時 591-6)은 原受給人이 사원인 토목기술자를 공사책임자로서 현장에 보내어 下受給人의 공사시행을 指揮·監督할 뿐만 아니라, 위 下受給人의 현장책임자에 대하여도 原受給人의 직접 피용자와 같은 指揮·監督을 하였기 때문에 그 피용자와 동일시되는 현장책임자가 原受給人의 業務執行중 그 과실에 의하여 사고를 야기한 것이라면 原受給人의 使用者責任이 긍정된다고 한 원판결이 정당하다고 하였다.

그리고 직접 指揮·監督을 하지 않은 경우라도 原受給人의 下受給人에 대한 직접의 감독관계를 인정하고 그 피용자에 대하여는 下受給人을 통하여 간접적으로나마 지휘·감독이 미치는 경우 原受給人의 사용자성은 긍정한다. 大判 90. 10. 30, 90다카23592(公 886, 2415)는 이 경우 下都給人의 피용자는 下都給을 매개로 하여 都給人의 指揮·監督을 받고 있다 할 수 있어 都給人은 통상 下都給人의 피용자의 不法行爲에 대하여 使用者責任을 진다고 하였다. 日最判 昭 37(1962). 12. 14.은 原受給人이 下受給人에 대하여 공사상 지시를 하거나 그 감독에 기하여 공사를 시행하여 그 관계가 사용자와 피용자와의 관계 또는 이것과 동일시되는 경우에 있어 下受給人이 다시 제 3 자를 사용하는 때 그 제 3 자가 타인에게 가한 손해에 대하여 原受給人이 民 §715의 책임을 부담하는 범위에서 下都給工事의 부수적 행위 또는 그 연장 또는 외형상 下受給人의 사업범위 내에 포함된 모든 행위에 관하여 原受給人이 책임을 부담하는 것이 아니고 위 제 3 자에 대하여 직접 간접으로 原受給人의 指揮·監督關係가 미치고 있는 경우에 행하여진 위 제 3 자의 행위만이 原受給人의 사업집행에 대하여 행하여진 것이고 그 한도에서 原受給人은 위 제 3 자의 不法行爲에 대하여 책임을 진다고 하였다.[57] 마찬가지로 再下受給人이 피용자를 사용하는 경우에도

57) 이 판례에 대한 평석으로 內山尚三, "請負人の不法行爲責任", 森泉章教授還暦紀念論集 現代判例民法學の課題, 633-45; 植林弘, "下請負人の被用者…要件", 民商 49-3, 321-9.

原受給人이 간접적으로 指揮·監督權을 보유하고 있으면 피용자의 범위는 原受給人과 직접의 계약관계에 없는 위 피용자에게도 미친다는 것이다.[58)]

한편 甲의 피용자 을이 丙을 사용하는 것에 대하여 甲의 허락을 얻는 것이 甲·丙간 사용관계의 요건으로 볼 여지도 있는바, 예컨대 을이 甲의 사업을 집행하고 다시 제3자를 사용하는 것이 전제로 되거나 일반적으로 그것이 예상되는 경우에는 甲·丙간에 사용자관계로 보는 것이 무방하다. 이 경우 을의 丙에 대한 指揮·監督은 일면 甲을 위하여 甲을 대신하는 것으로 이해할 수 있다. 그래서 甲의 사업집행을 위하여 을에 의하여 부여되고 있는 丙의 職務權限과 일정한 牽連關係에 있는 丙의 不法行爲는 甲의 사업집행과 關聯性을 갖는 것으로 생각되어진다. 大判 74.7.26, 73다1980(集 22-2, 228)은 토지매수인인 피고의 남편으로서 土地賣買나 所有權移轉登記事務의 대리인이 자기의 使者인 소외인으로 하여금 매도인인 原告名義의 地目變換申告書를 위조하고 미리 받았던 등기이전서류에 매매일자를 임의로 기재하여 지목변경과 등기이전을 마쳤다면 제3자에 대하여는 代理人의 使者가 한 不法行爲를 피고가 알지 못하였다고 하여도 적어도 외관상 그들에 대한 指揮·監督關係가 있는 것으로 보아 사용자로서의 책임을 면치 못한다고 하였다. 이 판결에서 指揮·監督關係에서도 「외관」이라는 표현을 쓰고 있어 특이하다.

또한 甲·乙이 親會社, 子會社關係 기타 실질적으로 동일성을 갖는 경우 또는 이에 유사한 밀접한 관계가 있는 때에도 親會社인 甲과 子會社의 피용자인 丙간의 사용관계는 긍정되어도 좋은 것이다.[59)] 그 밖에도 일본판례는 최초受託者와 複委任을 받은 자의 피용자와의 관계에 관하여도 委託者의 複受託者에 대한 관여방법, 정도를 이유로 사용관계를 긍정하고 있다.[60)]

한편 후술하는 바와 같이 운전사부차량대여에 있어서는 賃貸人이 고용한 운전사가 차량임차인의 현장감독의 지시에 따라 운송업무에 종사한 경우 車輛賃貸人과 車輛賃借人에 대하여도 병합적으로 사용자관계를 긍정할 수 있을 수 있다. 船員附船舶賃貸借에 있어서도 임대인과 선원 사이에 雇傭關係가 있는 이상 사용자성은 당연히 긍정되고, 선박임대가 사업의 일환으로서 볼 수 있는 한 직접적으로는 임차인의 직장 내의 不法行爲라도 임대인의 「事務執行關聯

58) 內山尙三, "請負人の不法行爲責任," 現代判例 民法學の課題, 森泉章 敎授還曆記念論集, 642.
59) 日最判 昭 42(1967).11.9(民集 21-9, 2336) 참조. 總合判例 21-3.
60) 日大判 昭 7(1932).11.1; 日大判 大 12(1923).6.7.

性」이 있는 것으로 볼 수 있다.[61] 그러나, 임차인측과 임대인측 어느 쪽이 당해 운전수를 指揮·監督하는가가 애매한 이상 바로 임차인과 운전수 사이에 사용관계가 있다고는 말할 수 있는지는 의문을 가질 수 있다.

여기서 사용자로 생각될 수 있는 자가 수인이 있는 경우에는 피용자가 구체적 현실적으로 누구의 지휘·감독을 받고 업무를 집행하는가, 즉 業務從屬性이 누구와의 관계에서 가장 밀접하게 존재하는가를 검토하여야 할 뿐만 아니라 아울러 누가 피용자에 대한 指揮·監督의 객관적 지위에 있는가, 누가 피용자에 대한 指揮·監督을 할 수 있고 또 指揮·監督義務를 부담하는지를 살펴보아야 할 것이다. 만약 業務從屬性의 정도가 같은 사용자가 2인 이상일 때에는 그들이 연대하여 使用者責任을 진다고 보아야 할 것이다.

다음으로 피용자의 選任者(상사)도 使用者責任을 지는가 여부의 문제는 피용자가 선임자를 위하여 사무를 집행하는 것이 아니고 오직 權利主體인 사용자를 위하여 사무를 집행하므로, 피용자의 選任者는 원칙적으로 使用者責任을 부담하지는 않는다. 물론 피용자가 선임자 개인을 위한 피용자도 될 수 있다. 예컨대 경리사원이 회사와 대표이사 개인의 명판 및 대표이사 직인과 대표이사 개인 인장을 보관하면서 회사의 지출결의나 대표이사 개인의 지시에 따라 회사명의나 대표이사 개인 명의로 수표나 어음을 작성하여 온 경우 회사의 피용자인 동시에 대표이사 개인 명의의 수표나 어음을 작성하는 사무에 종사하는 범위에 있어서는 대표이사 개인의 사실상 피용자이다.[62] 한편 사용자가 피용자의 指揮·監督을 전적으로 어느 특정 선임자에게 위임한 경우에는 (소위 의무·권한 위임시의 경우) 그가 使用者責任을 질 수도 있을 것이다.[63]

가사를 위한 업무의 경우 예컨대 가정부 기타 가사를 위하여 사용된 자뿐만 아니라, 자녀도 民 §756의 피용자가 될 수도 있다. 자동차보유자가 휴가여행중에 동승한 아들에게 일시 차의 운전을 맡긴 경우 피용자가 되기 위한 選任關係가 존재한다 하겠다.

使用者責任은 원래 기업의 피용자를 중심으로 생각하여 企業危險(Betriebsgefahr)으로 파악되어 왔으나, 기업인이 아니더라도 개인에게 일을 시켜, 그 피용자가 제 3 자에게 손해를 발생시키게 되는 경우가 있을 수 있다. 다만 企業人이 아닌 사람이 사용하는 경우에 기업인이 사용하는 경우와 그 使用者責任

61) 總合判例 17.
62) 大判 82.11.23(註 49).
63) 이상광, 110.

을 동일하게 취급할 것인가, 아니면 양자의 경우를 구별하여 취급할 것인가가 문제로 된다 하겠다. 기업인이 아닌 경우 사용자의 免責可能性이 엄격하게 봉쇄되면 가혹하다고 볼 여지가 있을 것이다.

한편 사용자관계와 구분되어야 할 개념으로 대리감독자관계가 있다. 民 §756 Ⅱ 소정의 「사용자에 갈음하여 사무를 감독하는 자」란 객관적으로 볼 때 사용자에 갈음하여 현실적으로 구체적인 사업을 감독하는 지위에 있는 자[64]를 뜻한다. 사용자를 대리하여 사업을 감독하는 자라 함은 계약으로 인하여 사용자를 위하여 사업감독의 임무를 담당하는 자뿐만 아니라 사용자가 法人인 경우에는 이사 기타 代表機關으로 사업을 감독하는 자도 포함한다.[65] 예컨대 농지정리조합장은 경지정리공사의 시행을 조합부장에게 맡겨 사실상 공사의 指揮·監督에 임하게 하는 경우 조합에 대신하여 사업을 감독하는 자가 될 수 있다.[66] 우리나라나 일본 판례는 사용자가 법인인 경우에 있어서 법인의 대표자는 현실적으로 구체적으로 피용자의 선임감독을 담당하고 있는 한 당해 피용자의 행위에 대하여 代理監督者로서의 책임을 부담하나, 대표자가 단순히 법인의 대표기관으로서 일반적 業務執行權限을 갖고 있는 것을 들어 바로 동 조항을 적용하여 그 개인책임을 물을 수는 없다고 하였다.[67]

그런데 구체적으로 都給 또는 下都給關係에 있어서 사용자관계인지 대리감독자관계인지가 분명치 않은 경우가 많다. 위 大判 92.7.28, 92다10531은 소외 甲은 소외 乙의 경주공장의 신축공사를 도급받아 시공하면서 그 작업 일부를 피고에게 下都給 주고, 피고는 그 작업을 하면서 기중기가 필요하여 原審의 共同被告 丙으로부터 기중기 1대를 그 운전기사와 함께 1개월간 임차, 사용하기로 하였으며, 丙은 1986.3.6. 피고와의 계약에 따라 그 피용인이자 기중기의 운전기사인 소외 A·B를 기중기와 함께 피고의 공사현장에 파견하여 그 날부터 피고의 作業指示에 따라 위 현장에서 勤務하게 하였는데 甲 소속 현장소장은 위 공사현장에 이웃하여 소외 丁이 도급받아 시공하고 있는 소외 戊의 경주공장 신축 공사의 현장대리로 근무하고 있는 소외 C로부터 그 공사현장의 2층 건물 슬라브공사용 철근 약 1.3t을 그 곳 야적장으로부터 공사중

64) 大判 92.7.28, 92다10531(公 929, 2640); 大判 93.3.26, 92다10081(公 1993, 1284); 大判 73.3.13, 72다2300(公 465, 7307).
65) 같은 취지 日大判 大 10(1921).6.7; 日大判 昭 3(1928).7.9.
66) 日大判 昭 15(1940).5.10.
67) 大判 73.2.13, 72다2488(要集 민 Ⅰ, 1271); 日最判 昭 42(1967).5.30, 東京高判 昭 38(1963).11.27.

인 건물 2층 위까지 용이하게 들어올릴 수 있도록 위 기중기를 그 운전기사와 함께 빌려 달라는 요청을 받고, 평소의 親分關係로 인하여 아무런 조건없이 이를 응락하고 위 운전기사로 하여금 위 기중기를 옮겨가서 丁의 위 철근 운반작업을 도와주도록 지시하고, 이에 따라 위 B는 위 기중기를 피고의 작업현장으로부터 丁의 철근야적장까지 운전하여 간 후 위 A에게 위 기중기를 넘겨주어 A가 그 때부터 위 기중기를 조종하게 되었는데, 위 A의 과실로 丁의 피용인인 소외 D로 하여금 고압전류에 감전되게 하여 상해를 입게 한 사안에서 피고를 사용자에 갈음하여 그 사무를 감독할 지위에 있는 자라 하였다.

(2) 個別的·具體的 類型

아래에서 指揮·監督關係의 유무가 문제되는 사례를 유형화하여 고찰해 보기로 한다.

(가) 同業·委託關係 고용관계가 아닌 형식상 同業關係라 하더라도 동업자 사이에 業務執行에 관하여 指揮·監督의 관계가 있으면 使用者責任이 인정된다.[68] 大判 99. 4. 27, 98다36238(公 1999, 1029)은 합동법무사사무소의 구성원인 법무사들이 위촉된 등기사무를 처리함에 있어서 실제로 그 구성원 법무사 중 누가 사무를 처리하든 관계없이 한 달을 열흘 단위로 나누어 구성원 1인의 이름으로 처리하기로 내부방침을 정하고 있었고, 위 방침에 따라 구성원인 법무사 중 1인이 등기신청 대행 업무를 처리하면서 다른 법무사를 서류상 작성명의인으로 기재한 경우, 서류상 작성명의인인 법무사는 합동사무소에 위촉되어 동업관계에 있는 법무사와 공동으로 처리하여야 할 업무를 위임하여 처리하도록 한 셈이므로 그 업무처리에 있어 실제 업무를 처리한 법무사를 시위·감녹하여야 할 사용자관계에 있다고 보아야 한다고 하였다.

타인에게 위탁하여 계속적으로 사무를 처리하여 온 경우 객관적으로 보아 그 타인의 행위가 위탁자의 指揮·監督 內에 속한다고 보이는 경우에는 그 타인은 民 §756에 규정한 피용자에 해당한다.[69]

(나) 都給關係

(a) 一 般 論 都給契約에 있어서 都給人은 도급 또는 지시에 관하여 중대한 과실이 없는 한 그 受給人이 그 일에 관하여 제 3 자에게 가한 손해를 배상할 책임은 없는 것이다.

---

68) 大判 79. 7. 10, 79다644(公 616, 12070); 大判 98. 4. 28, 97다55164(公 1998, 1492).
69) 大判 63. 2. 21, 62다780(集 11-1, 109); 大判 98. 8. 21, 97다13702(公 1998, 2276).

일반적으로 都給人과 受給人 사이에는 受給人이 자기의 책임하에서 독립성을 가지고 독자적으로 일의 완성을 기하는 지위에 있기 때문에 指揮·監督의 관계가 없고 따라서 受給人 또는 受給人으로부터 下都給받은 자가 그 수급공사 또는 하수급공사를 시행하기 위하여 고용한 노무자는 원칙적으로 都給人 또는 受給人의 피용자라 할 수 없다.[70] 그러나 건설공사의 경우 특히 하청에 있어서는 그 외형상의 계약 명칭에도 불구하고 都給人이 受給人에 대하여 특정한 행위를 指揮·監督하거나 작업 전반의 진행 및 방법에 관하여 都給人의 구체적 指揮·監督下에서 수행하여 受給人을 사실상 자기 지배하에 두고 그 활동영역을 확장하고 이익을 확대하는 경우도 있다. 그래서 都給契約에 있어서도 사용관계의 유무가 문제될 수 있는 것이다.

大判 93.5.27, 92다48109(公 1993, 1872)에 의하면 都給人이 受給人의 일의 진행 및 방법에 관하여 구체적인 指揮·監督權을 유보한 경우에는 都給人과 受給人의 관계는 실질적으로 사용자 및 피용자의 관계와 다를 바 없으므로 受給人이 고용한 제3자의 不法行爲로 인한 손해에 대하여 都給人은 使用者責任을 면할 수 없다고 하였는바, 형식상 都給契約이 체결된 경우에도 受給人이 그 업무수행에 관하여 都給人의 指揮·監督을 받는 경우에는 그 범위 내에서 실질적으로 사용자관계에 있다 하겠다.[71] 여기서 指揮·監督이란 실질적인 사용자관계가 인정될 정도로 구체적으로 공사의 운영 및 시행을 직접 지시·지도하고 감시·독려하는 등 공사시행방법과 공사진행에 관한 것이어야 할 것이다.

이와 같이 都給契約關係에 있어서도 형식보다는 실질에 의하여 사용자관계를 판단하여야 하나, 구체적인 경우에 있어서 都給人과 受給人 사이에 어느 정도의 指揮·監督關係에 있으면 都給人에게 使用者責任을 지울 것인가 하는 한계가 분명한 것은 아니다. 문제는 都給人과 受給人 사이에 실질적인 指揮·監督關係가 있다 하더라도 양자 사이에는 통상 都給契約書가 작성되고 이것이 법정에서 서증으로 제출되어 처분문서로서의 강한 증명력을 부여받기 때문에 이를 깨뜨리고 구체적이고 실질적인 指揮·監督關係를 밝혀내는 것이 쉽지 않다는 점이다. 이러한 어려움은 특히 후술하는 監理와 監督의 구분문제에서 발

70) 大判 71.4.6, 71다301(集 19-1, 340).

71) 같은 취지 大判 92.6.23, 92다2615(公 1992, 2249); 大判 91.3.8, 90다18432(公 895, 1160); 大判 83.11.22, 83다카1153(集 31-6, 35); 大判 72.1.31, 71다2370(要集 민 I, 1236); 大判 72.10.31, 72다1179(要集 민 I, 1030); 大判 82.1.26, 81다544(公 677, 296).

생한다.

日大判 昭 11(1936). 2. 12(新聞 3956, 17)에서는 都給人이 下都給人의 공사에 관하여 현장감독을 파견하였다는 사정이 都給人을 사용자로 인정하는 요소로 되었고, 日大判 昭 12(1937). 9. 18(新聞 4186, 7)은 都給人이 현장감독을 파견하고 또 受給人이 都給人의 감독하에서 都給人 소유의 기계를 사용하고 있고 한편 주문회사가 都給人 파견의 현장감독을 공사책임자로서 이와 교섭하고 있는 등의 사정을 요소로 하여 使用者責任을 인정하기도 하였다.

우리 판례에서는 受給人이 목욕탕시설공사를 함에 있어 都給人과 함께 기존목욕탕의 구조 및 시설을 보고서 이를 모방하였고, 또 공사에 소요되는 자재도 수시로 都給人이 제공하였으며, 공사진행중 都給人이 수시로 공사장에 나타나 受給人 또는 인부들을 지시·감독하여 공사를 시행한 경우,[72] 都給人會社 계장이 회사측 현장감독으로서 그 공사의 작업을 시행하는 전공들을 직접 선정하고 현장에서 작업을 지시감독한 경우,[73] 양수기 설치공사에 있어서 都給人이 설계 규격의 사전검사 및 공사감독을 한 경우[74] 각각 사용자관계를 인정하였다.

(b) 勞務都給　판례에 의하면 노무도급의 경우 都給人은 下受給人의 不法行爲에 대하여 책임을 진다. 노무도급관계는 특정한 행위를 지시하거나 특정의 사업을 도급시켜 都給人과 受給人 사이에 지시감독 또는 이에 준한 관계가 성립되는 법률관계라 할 수 있다.[75] 大判 65. 10. 19, 65다1688(集 13-2, 209)은 이러한 勞務都給人 경우 都給人이라 하더라도 실질상 指揮·監督과 통제아래 사용자관계에 있다고 보아 使用者의 賠償責任의 규정에 의한 책임이 있다고 하였다.[76]

(c) 下 都 給　이러한 都給人과 受給人의 관계에서의 使用者責任에 관한 이치는 下都給에 있어서도 마찬가지이다. 大判 75. 7. 30, 74다2256(公 522, 8624)은 下都給人은 공사를 함에 있어서 원도급을 받은 피고의 指揮·監督을 받게 되고 따라서 피고는 下都給人의 피용자를 指揮·監督하는 자로서 피용자

72) 大判 65. 10. 19, 65다1688(集 13-2, 209).
73) 大判 75. 2. 10, 74다1506(公 509, 8313).
74) 大判 72. 2. 29, 71다2622(要集 민 Ⅰ, 1325); 大判 98. 6. 26, 97다58170(公 1998, 1978).
75) 大判 83. 2. 8, 81다428(集 31-1, 58); 서울高判 77. 3. 31, 76다2787.
76) 大判 83. 2. 8(前註); 大判 82. 1. 26(註 71); 大判 79. 7. 10, 78다1530(集 27-2, 125); 大判 75. 4. 8, 74다481(要集 민 Ⅰ, 1237); 大判 65. 10. 19(註 72)도 같은 취지.

의 不法行爲로 인한 손해를 배상할 책임이 있다고 판시하였다.77)

受給人이 수급받은 공사중의 일부를 下都給 주고, 下受給人이 다시 下都給을 준 경우에도 下都給關係의 성격, 내용, 下都給部分, 指揮·監督關係 등으로 보아 실질적으로 受給人과 최후의 受給人과의 사이에 실질적인 사용관계가 성립된다고 보아야 할 경우가 많다. 大判 90.10.30, 90다카23592(公 886, 2415)은 건축공사의 都給人이 현장소장을 상주시켜 작업원들을 구체적으로 指揮·監督케 한 경우 受給人으로부터 일부 작업을 노무下都給 받은 下受給人의 피용자의 業務執行上의 과실로 인하여 피해자가 입은 상해에 대한 都給人의 使用者責任을 긍정하였다. 이 경우 原都給人, 中間下都給人, 末端下都給人 모두가 損害賠償責任을 지고 이들은 相互不眞正連帶債務의 관계에 있게 된다.78)

(d) 都給人의 免責約定 한편 都給人과 受給人 사이에 工事都給契約을 체결하면서 그 공사중 발생한 인명피해에 대한 책임은 受給人이 부담하기로 약정하는 경우가 있는바 이러한 약정은 都給人과 受給人 사이에서만 효력이 발생할 뿐 제3자에 대한 관계에서는 효력이 없다.79) 마찬가지로 下受給人이 下都給工事過程중 이러한 사고에 대하여 민·형사상 모든 책임을 지겠다고 下都給人과 약정하였다고 하여 위 約定의 趣旨가 과실있는 下都給人의 共同不法行爲者로서의 賠償責任마저 배제하고 下都給契約上의 공사로 인하여 발생하는 모든 사고의 책임을 下受給人이 지기로 한 것으로 볼 수 없으며,80) 下都給人이 산재보험에 대신 가입하기로 하였다고 하여 달리 해석할 것은 아니다.81)

(e) 監理와 監督의 區分 앞서 본 바와 같이 현실적으로 형식상 都給關係가 실질에서는 사용관계인지 여부를 판별하기 어려운 문제는 대체로 都給人측에서 현장대리인 내지 현장감독을 파견한 경우에 발생하는바, 이 경우 사용관계는 그 구체적 현실적 감독의 정도에 따라 결정된다 하겠다.

판례도 아래에서 보는 바와 같이 도급관계에서 都給人의 受給人에 대한 指揮·監督은 어느 정도 구체적인 指揮·監督을 가질 것을 요구하고 있는바, 그 경계선상에 있는 것이 바로 監理와 監督의 구분문제라 하겠다.

대법원판례의 구분에 따르면 都給人의 受給人에 대한 指揮·監督은 현

77) 大判 74.2.12, 73다366(要集 민 I, 1274); 大判 75.4.8(前註)도 같은 취지.
78) 日最判 昭 42(1967).11.9(民集 21-9, 2336).
79) 大判 84.7.10, 84다카407(集 32-3, 142); 大判 81.1.13, 80다2140(公 652, 13635); 大判 79.9.25, 79다1339(要集 민 I, 1274).
80) 大判 83.5.24, 83다카208(集 31-3, 27)
81) 서울民地判 87.7.1, 86가합4905.

장에서 구체적인 공사의 運營 및 施行을 직접 지시·지도하고 감시·독려함으로써 시공 자체를 관리함을 말하며 단순히 공사의 운영 및 시행의 정도가 설계도 또는 시방서대로 시행되고 있는가를 확인하고 공정을 감독하는 데에 불과한 이른바 監理는 여기에 해당하지 않는다고 한다.[82] 여기서의 감독은 원칙적으로 현장에 상주하여 시공에 관한 구체적인 사항을 사전에 승인 또는 금지하고 공사의 운영시공이 계약대로 실시되고 있는지 여부를 직접 상세하게 감시·지도·독려·감사하고 필요하면 시정조치를 강제할 수 있는 것을 말하며, 이에 반해 단순한 監理라 함은 필요에 따라 공사의 운영·시공의 정도가 설계도면대로 실시되고 있는지의 여부를 監理者의 책임하에 확인하는 업무로서 그 목적은 전적으로 품질·공정의 관리에 있는 것이다. 監理가 행하여져도 감독이 행하여지지 않는 경우에는 수급인의 독자적인 판단에 따라 契約內容대로 공사의 완성을 도모하는 것이므로 원칙적으로 都給人은 受給人의 不法行爲에 관하여 책임을 지지 않는다.

위와 같이 판례는 감독과 監理를 구별하고 있으나 구체적 개별적 사건에서 그 구분의 한계를 긋기가 쉽지 않다. 법원은 都給人이 현장감독을 통하여 작업개시와 중지 등의 시공관리나 공사관계사항에 대한 監理的 성질을 가진 指揮·監督을 넘어서 공사 자체의 진행 및 시공방법에 관하여 구체적으로 어떠한 指揮·監督이 있는가를 審理하여야 할 것이다.

구체적으로 판례에서 감독으로 본 예와 監理로 본 예를 대비해 보기로 한다.

먼저 指揮·監督關係를 인정한 예로 大判 92.6.23, 92다2615(公 1992, 2249)은 타인의 건물에 인접한 대지 위에서 빌딩신축을 위한 지하굴착공사를 하다가 위 건물 전체에 균열이 생기게 하는 등 손해를 가한 경우에 있어 위 공사의 都給契約 체결 당시 受給人의 현장대리인이 공사현장에서 都給人의 현장감독관의 감독 또는 지시에 따라 공사에 관한 모든 사항을 처리하고, 위 현장감독관이 공사의 대행을 지휘·감독하고 공사에 사용될 재료 또는 공작물을 검사, 시험하며, 受給人은 재해 방지를 위하여 필요하다고 인정할 때에는 미리 都給人의 현장감독관의 의견을 들어 임기의 조치를 취하기로 하는 등의 약정을 하였고, 위 약정에 따라 都給人의 현장감독관이 공사현장에 常駐하면서 구체적인 공사를 직접 指揮·監督하였다면, 都給人은 단순히 監理의 권한만을 유보한 취지라

82) 大判 88.6.14, 88다카102(公 828, 1030); 大判 91.3.8(註 71); 大判 87.10.28, 87다카1185(公 814, 1786); 大判 89.8.8, 88다카27249(公 857, 1354); 大判 83.11.22, 83다카1153(集 31-6, 35).

고는 보기 어렵고, 더구나 기존건물에 인접하여 지하굴착공사를 하는 경우 그 공사과정에서 생기는 진동이나 토압 붕괴로 인하여 인접건물에 피해를 줄 우려가 많음은 都給人으로서는 능히 예견할 수 있는 일이므로 그 사고 방지를 위한 조치는 당연히 都給人이 지정한 현장감독관의 指揮·監督業務에 속한다고 할 것이며, 위와 같은 都給契約에서 정한 都給人의 受給人에 대한 指揮·監督權限을 특별한 사정이 없는 한 그 下受給人이나 勞務受給人에게도 미치기로 한 것이라고 봄이 타당하므로, 이들의 不法行爲로 사고가 발생한 것이라면 都給人에게 使用者責任을 물을 수 있다고 하였다.

大判 90.10.30, 90다카23592(公 886, 2415)도 역시 피고가 빌딩신축공사중 미장공사 부분을 甲에게 도급주면서 미장에 필요한 건축자재를 직접 공급하고, 그 공사장에 乙을 현장소장으로 상주시켜 전반적인 작업의 시행에 관하여 작업원들을 구체적으로 指揮·監督하였고, 甲은 그 미장공사 중 옥상으로의 모래운반작업을 丙에게 勞務下都給 주어 丙이 원고와 원치공 丁을 일당으로 고용하여 작업을 하던 중 丁의 業務執行上의 과실로 원고가 상해를 입은 경우 피고는 그의 현장소장인 乙을 통하여 勞務下都給 받은 丙 및 그 작업원들을 직접 지시·감독하는 관계에 있다고 하였다.[83)]

이에 반해 지시·감독관계를 부정한 예로 大判 88.6.14, 88다카102(公 828, 1030)은 피고의 현장감독직원이 도급공사의 수행을 指揮·監督하며 공사에 사용될 자재 또는 공작물을 검사 또는 시험하고, 下都給人의 현장대리인은 피고공사의 현장 감독직원의 지시·감독에 따라 공사현장의 공사에 관한 사항을 처리하기로 하였다는 것만으로는 피고의 현장직원이 下都給人이 도급받은 전주이설공사현장에서 그 구체적인 공사의 운영 및 시행방법 등에 관하여 직접 지도하고 감시 독려함으로써 그 시공 자체를 직접 관리하기로 한 것이라고는 볼 수 없고, 오히려 피고의 현장감독의 지시·감독이란 下都給人에 대하여 작업을 개시하게 하거나 중지하게 하는 등의 시공관리와 공사관련휴전 조작관리에 관한 사항을 지시·감독할 수 있는 정도의 것에 불과하여 監理에 지나지 아니한다고 판시하고 있다.[84)]

이와 같이 都給人에게 구체적이고도 실질적인 指揮·監督權을 요구하는

83) 그 밖에 都給人의 책임이 긍정된 예로 大判 82.1.26(註 71); 大判 75.7.30, 74다2256(公 522, 8624).

84) 그 밖에 都給人의 책임이 부정된 예로 大判 71.4.6, 71다301(集 19-1, 340); 大判 74.2.12(註 77).

판례의 입장에 대하여 使用者責任의 이념에 비추어 이론상 모순일 뿐만 아니라 건설공사와 같이 항상 위험을 수반하여 특별한 주의를 요하는 경우에 있어서는 都給人은 受給人의 작업에 있어 제 3 자에게 위해를 끼칠 가능성이 높다는 것을 충분히 인식하고 이를 방지하여야 한다는 당위성의 문제에 있어서 배치되는 것이고 건설공사에 있어서 原受給人의 경우 下受給人의 작업에 대하여 외형상 일응 指揮·監督權이 있으면 下受給人이 제 3 자에게 끼친 손해에 대하여 책임을 지우는 것이 공평의 이상에서 보아 타당하며 최근 들어 우리나라에서도 빌딩건축·지하철공사·중화학 및 첨단제품시설공사건설 등 그 공사의 규모가 전문화·대형화·복잡화 되어감에 따라 건설공사 都給契約에 下請業者들이 제 3 자에 대한 손해를 끼치는 기회가 증대하는 반면 하청업자들이 건설공사에 있어 주도적인 기회를 상실하고 단순한 노무공급자로 전락해가는 추세를 감안해 본다면 都給人(原受給人)의 책임면제를 엄격히 제한하는 방향으로 나가야 할 것이라는 비판이 있다.[85]

(다) 運轉士附 重機 등 車輛貸與 會社名義로 등록된 차량을 그 持入車主로부터 운전수와 함께 일시 임차하여 화물운송에 사용한 경우에 특별한 사정이 없는 한 車輛貸與者인 회사의 그 소속 운전수에 대한 사용자의 지위는 위와 같은 일시대여 상태에서도 여전히 유지되고, 이러한 경우 차량을 임대한 자로서는 그 운전사에 대한 관계에 있어서는 貸與者에 갈음하여 그 운전사무를 감독하는 자의 지위에 있는바, 그 임대기간중 운전수를 指揮·監督하여 화물운송에 종사케 한 이상 비록 일시차용이라고 하여도 피해자에 대한 관계에서는 사용자로서의 賠償責任을 면할 수 없으며, 이러한 경우 차량의 임대인과 그 임차인의 각 賠償責任은 서로 不眞正連帶關係에 있다.[86] 마찬가지로 大判 80.8.19, 80다708(公 642, 13104)도 피고 甲회사가 피고 乙회사로부터 중기를 조종사 丙과 함께 대여하여 사용하다가 丙이 과실로 사고가 발생한 경우 甲회사의 현장감독은 그 貸與者에 갈음하여 丙을 감독할 지위에 있다 할 것이므로 현장감독의 감독불충분으로 사고가 발생하였다면 甲회사는 현장감독의 사용자로서 책임이 있고, 피고 乙회사에 지입된 중기라 할지라도 피고 乙회사는 名義貸與者로서뿐만 아니라 객관적으로 指揮·監督할 관계에 있다 할 것이고 일시적으

85) 이상원, "受給人(下都給人) 또는 그 피용자의 不法行爲에 대하여 都給人이 책임을 지는 경우(中)," 司行, 1989. 12. 38-41.

86) 大判 92.3.31, 91다39849(公 1992, 1416); 大判 80.8.19, 80다708(公 642, 13104); 大判 63.9.26, 63다455(要集 민 I, 1235).

로 甲회사에서 임대하였다고 하더라도 乙회사도 丙에 대한 관계에 있어서는 여전히 사용자의 위치에 있다고 하였으며, 大判 61. 12. 21, 4294민상224(集 9, 124)도 부르도자차를 운전사와 함께 대여하여 정지작업중 사람을 致死케 한 사안에 관하여 운전사에 대한 선임·감독권이 차주에게 있으므로 차주가 免責事由를 立證하지 못하는 한 운전사의 不法行爲로 인한 賠償責任을 면하지 못한다고 판시하였다. 다만 임대인의 책임에 관하여는 大判 63. 9. 26, 63다455(要集 민 I, 1235)은 피고회사가 그 소속의 자동차와 운전수를 타인에게 빌려 주어 그 차를 이용하여 소풍가던 도중 사고를 일으켰다 하더라도 피고회사로서는 사용자로서의 책임을 지는 것이고 타인은 대리감독자의 책임이 있다고 하였다.

大判 79. 2. 13, 78다2245(集 27-1, 118)은 더 나아가 피고가 소외 甲에게 선박으로부터 물품을 揚陸하는 荷役作業을 도급주고서도 자기소유이며 자기의 피용자가 조종하는 기중기를 위 작업에 가담시키고 현장감독을 파견하여 위 작업의 독려 및 안전관리를 한 경우에는 위 작업은 피고의 책임과 감독하에 진행되었다고 할 수 있으니 受給人인 위 甲에게 고용되어 위 작업에 종사한 노무자는 위 작업에 관한 한 피고의 피용자라고 아니할 수 없고, 假使 위 작업이 피고의 감독하에 진행된 것이 아니고 受給人인 위 甲의 책임과 감독하에서 진행되었다고 하더라도 피고소유의 기중기가 위 작업에 가담하여 작업을 하게 되고 受給人인 위 甲에게 고용되었던 노무자 乙로 하여금 위 기중기 조종에 관한 신호를 하게 하고 동인을 피고가 파견한 현장감독이 指揮·監督하였다면 위와 같은 사실상의 사용관계만으로서 위 乙은 피고의 피용자라고 보아야 한다고 하였다.

그러나, 日最判 昭 41(1966). 7. 21(民集 20-6, 1235)은 토목공사청부인의 도로공사에 사용하기 위하여 운전수와 조수를 붙여 화물자동차를 빌린 경우 그 조수가 청부인의 현장감독의 지휘에 따라 화물자동차의 운전조수로서 토석, 모래의 운반에 관여하고 때에 따라서 직접 차를 운전도 하였고 이들 일에 대하여는 조수의 雇傭主의 지시를 받는 것이 아니며 청부인의 음식점에 기거하는 등의 사정이 있으면 조수는 토목공사 청부인의 피용자라고 해함이 상당하다고 하였다.[87]

한편 선박임대인이 선장을 포함하여 선박을 임대한 경우 앞서 본 차량임

87) 이 판례의 평석으로 山本進一, 425-31; 戒能通厚, "民法第715條第1項の被用者…事例", 法協 84-6, 843-52; 鈴木重信, "民法第715條第1項の被用者…事例" 法曹時報, 18-10, 125-8.

대인과 차량임차인(운전사와 함께 임대)의 관계는 船舶所有者와 船舶傭船者(직원 모두 딸려 선박임대)와의 관계와 비교해 볼 때 그 책임문제에서 구조상 동일하다 하겠다. 즉, 船員附船舶賃貸借에 있어서도 앞서 본 바와 같이 임대인과 선원 사이에 雇傭關係가 있는 이상 사용자성은 당연히 긍정되고, 선박임대가 사업의 일환으로 볼 수 있는 한 직접적으로는 임차인의 직장 내의 不法行爲라도 임대인의 「事務執行關聯性」이 있는 것으로 볼 수 있다.[88]

그런데 일본 판례는 우리 판례와 달리 선원부선박임차를 한 수산조합이 밀어 단속을 실시하던 중 사용선 선원의 과실로 인하여 충돌사고를 야기한 때는 예컨대 위 사용선이 선원부로커로부터 임차하여 임대기간중의 선원의 급료는 임대인이 지급키고 약속하더라도 사용자로서 본조의 책임을 부담하는 것은 조합(선박임차인)이고 임대인(소유자)은 아니라고 하였고,[89] 또한 浦和地裁 月谷地判 昭 32(1957). 12. 13은 농업협동조합의 조합원유지에 의한 출하연합이 조합의 자동차 및 운전사를 임차한 경우, 운전사가 야기한 不法行爲責任을 조합에 귀속시키는 것을 부정하면서 자동차 운전사의 사용이 출하연합의 사업을 위한 것이고 조합의 그것이 아니기 때문에 운전사에 대한 조합의 지배관계 내지 일체의 指揮·監督權은 없다고 하였다.[90]

㈑ 借用被用者 사업자가 그의 노무자나 사무원으로 하여금 일시적으로 다른 사람의 사업 내에서 그의 지시에 따라 일하도록 지시한 경우 이러한 借用勤勞者가 피용자인지 여부가 문제되는바, 이 경우 그 사업자가 일정한 감독과 통제의 권리와 의무를 가지는지 여부에 달려 있다.[91] 海上運送法에서의 傭船契約書上 용선자가 자신의 비용으로 선장의 감독하에 선적, 저부하도록 되어 있는 경우 선주가 不良積付에 대하여 책임을 지는지에 대하여 미국 판례는 개개행위영역을 구분하여 선장이 선박의 不堪航을 고려하여 전문가적인 적부에 관여한다면, 용선자의 차용근로자(borrowed servant)로 보아야 하고 선주의 책임은 최초 불감항에 제한된다고 한다.[92]

佛蘭西에서도 자신의 고용인을 일정한 기간 다른 사업자에게 "빌려준" 경우 누가 사용자로서 책임을 지는가는 개별사건의 구체적인 사정에 따라 누가

88) 神田孝夫, "使用者責任", 民法總合判例硏究, 39, 17.
89) 日大判 昭 2(1927). 3. 10. 日註民, §715 Ⅳ, 280.
90) 日註民, §715 Ⅳ, 280; 戒能通厚, 847-8.
91) Kötz(註 37), S. 352.
92) Erhard Riehmer, "Under Supervision of the Captain", TranspR 90. 5. S. 183ff.

借用勤勞者에게 그가 수행할 노동에 관하여 지시를 할 수 있는가에 달려 있다고 한다. 불란서 판례는 운송업자가 건축업자에게 토목공사의 수행을 위하여 운전수와 함께 화물자동차를 며칠 동안 사용하게 한 경우 운전사에 의하여 발생한 손해가 일반적인 교통법규의 위반에 기인하는 경우에는 운송업자에게, 적재잘못이 건축업자의 통제하에 그의 지시에 따라 이루어지면 건축업자가 책임을 진다고 한다.[93)]

(마) 名義貸與者 종래 상법상 名義貸與責任은 법률행위에서와 마찬가지로 不法行爲에도 적용되는 것으로 보았다. 大判 64. 4. 7, 63다638(集 12-1, 20)에 의하면 타인에 대하여 어느 사업에 관하여 자기 사업을 자기 이름으로 대행할 것을 허용한 사람은 그 사업에 관하여 자기가 책임을 부담할 지위에 있음을 표시한 것이라 할 것이고 그 사업을 대행한 사람 또는 피용자가 그 사업에 관하여서 한 법률행위에 관하여 제3자에 대하여 그 책임이 있음은 물론이고, 不法行爲의 경우에 보더라도 피고는 소외 "甲"이나 그 피용자의 분뇨수거 사업집행에 관한 加害行爲에 대하여 피고 자신이 사업주로서 책임을 져야 함은 위 법률행위에 관한 법리와 조금도 다름이 없다고 하였다.[93-2)]

그러나 상법상 名義貸與責任規定은 不法行爲와 같은 사실행위에 적용되는 것은 아니다. 영업상의 명의를 대여한 자가 使用者責任을 지는가에 대하여 大判 93. 3. 26, 92다10081(公 1993, 1284)은 일반거래행위에 있어서 名義貸與者에 대하여 民 §756에 의한 使用者責任을 인정할 수 있기 위하여는 名義貸與者와 명의를 빌린 자 사이에 사용관계가 존재하여야 하며, 그러한 사용관계는 법적으로 유효한 계약관계가 존재할 필요는 없고 사실상 指揮·監督이 존재함으로써 족할 것이고, 나아가 그 指揮·監督關係는 사실상 指揮·監督하고 있었던 여부에 의하여 결정할 것으로 해석해야 한다고 하면서, 公衆衛生法上 숙박업의 허가는 시설물을 기준으로 하고 있는 것으로 보이고 그에 따라 허가명의를 양도하는 경우 등에도 양수인이 별다른 제한없이 지위를 승계하는 것으로 규정하고 있으므로 宿泊業許可名義貸與者에 대하여는 명의사용자에 대한 指揮·監督義務를 시인하기 어렵다고 하였다. 그러나 大判 79. 2. 13, 78다1500·1501(集 27-1, 106)에 의하면 關稅還給請求權을 소외인에게 양도하고 관계서류에 記名捺印을 하여 주어 동인으로 하여금 자기의 명의로 관세환급청구권을 행사하도록 허용한 자

93) Kötz(註 37), S. 358. Civ. 20. 7. 1955. J. C. P. 1956 Ⅱ 9052.
93-2) 같은 취지 大判 98. 5. 15, 97다58538(公 1998, 1631).

는 동 소외인이 이를 기화로 부당하게 과다한 관세환급을 받아 국가에 손해를 가한 不法行爲를 하였다면, 名義貸與者로서 동 손해를 배상할 책임이 있다고 하였다.

이와 같이 名義貸與者의 使用者責任은 名義貸與라는 사실만으로 바로 책임이 인정되는 것이 아니고, 使用者責任의 一般法理에 따라 사용자관계가 인정되어야 하고, 여기서의 사용자관계도 원칙론에 따라 실질적인 指揮·監督關係를 의미하는 것이고 형식적인 영업허가등 명의만에 의할 것은 아니다.94) 따라서 營業許可名義者 아닌 자가 그 사업의 실질적인 경영주라면 그 종업원의 事務執行上 不法行爲로 인한 손해에 관하여는 그 실질적인 경영주가 사용자로서 책임이 있다.

그러나 일정한 경우에는 사용관계의 기준이 되는 선임·감독관계의 유무가 사실상 지휘·감독을 하였느냐가 아니라, 객관적으로 지휘·감독하여야 할 지위에 있느냐에 따라 좌우되는 수가 있다. 즉 사업의 성질상 타인에게 위험을 미칠 염려가 있어서 그 사업을 업무로 하려면 국가나 공공단체의 면허 또는 허가를 필요로 하는 사업에 관하여 자기의 허가 또는 면허 명의를 대여하여 타인으로 하여금 영업을 하게 한 자는 그 사업을 감독할 의무가 있으므로, 명의를 빌린 자가 사업을 운영함에 있어서 타인에게 준 손해에 대하여는 使用者責任이 인정된다 하겠다.95)

예컨대 일정한 자격과 경력을 구비하지 않고는 설치, 경영할 수 없는 민간보육시설 사업의 경우 자신의 명의를 그러한 사업의 대표자 명의로 사용하도록 대여하였을 때에는 명의대여자는 객관적·규범적으로 보아 명의차용자 또는 그 피용자 불법행위로 인해 타인에게 손해를 입게 하지 않도록 지휘, 감독하여야 할 의무와 책임을 부담한다(大判 2001. 8. 21, 2001다3658(公 2001, 2039)).

이것이 자주 문제되는 영역은 자동차운송사업분야이며, 이른바 持入形態이다. 자동차운송사업에 관하여 명의를 대여한 경우에 大判 87. 4. 14, 86다카899(公 801, 792)은 持入받은 중기수탁경영회사가 持入車主의 사용자라고 하고 일찍부터 그러한 名義貸與者와 명의를 빌린 자는 그 명의차용자의 피용자의 가해행위에 대하여 모두 使用者責任을 부담한다고 하고 있다.96) 持入車主가 그 持

94) 大判 76. 4. 27, 75다137(公 538, 9148); 大判 81. 7. 28(註 55).

95) 大判 59. 2. 19, 4290민상829(要集 민 Ⅰ, 1233); 大判 62. 1. 11, 4294민상548(集 10-1, 29); 大判 69. 1. 28, 67다2522(要集 민 Ⅰ, 1175).

96) 大判 59. 5. 21, 4291민상58(要集 민 Ⅰ, 1233); 大判 64. 4. 7, 63다638(集 12-1, 20).

入된 차량을 직접 운행·관리하면서 화물운송 계약을 체결한 경우에 있어 持入車主가 대외적으로는 그 차량의 소유자인 회사의 위임을 받아 운행·관리를 대행하는 지위에 있는 것이므로, 그 운행·관리에 관한 행위의 법률상 효과는 持入會社에 귀속되는 것이고 운임 등 경제적 이익이 持入車主에게 귀속된다고 하여 법률행위의 효과까지도 그 귀속을 같이 할 의도였다고 볼 수는 없을 뿐만 아니라, 持入會社는 그 持入차량의 운전자를 직접 고용하여 지휘·감독을 한 바 없었더라도 객관적으로 持入車輛의 운전자를 지휘·감독할 관계에 있는 사용자의 지위에 있다고 할 것이므로, 그 운전자의 과실로 타인에게 손해를 가한 경우에는 使用者責任을 부담한다.[97] 大判 72.4.11, 71다2803(要集 민 I, 1237)도 사고차량의 실질적인 소유자로서 그 운행을 전담하고 있는 자와 그 차량의 등록명의자는 모두 그 차 운전수의 사용인으로서 연대하여 損害賠償責任이 있다고 하였다. 그 이유로서는 위에서 본 바와 같이 名義貸與者도 그 자동차의 운행에 관하여 종업원을 직접 선임하지는 않았더라도 종업원을 지휘·감독할 의무가 있다는 것을 들고 있다.[98] 또한 大判 88.3.22, 87다카1096(公 823, 675) 역시 持入車主 겸 운전사인 甲과 持入會社인 乙회사 사이에 甲으로 하여금 個別免許를 취득하게 하기 위하여 위 차량의 讓渡契約을 체결하고 그 讓渡證明書를 甲에게 교부하면서 甲으로부터 종래의 관리비를 精算하여 교부받고 甲과의 사이에 앞으로 발생하는 위 차량의 운행으로 인한 모든 책임을 甲이 지기로 약정하는 한편 甲이 개별면허를 취득하여 자기 앞으로 등록명의를 이전할 때까지 乙회사 명의로 위 차량을 운행하여 운송사업을 하도록 허용하였는데 甲이 개별면허를 취득하여 車輛登錄名義를 이전하기 전에 위 차량의 운행중 교통사고가 발생하였다면 乙회사로서는 自己名義로 운송사업을 하도록 허용함으로써 여전히 위 차량운행에 관하여 甲을 指揮·監督할 지위에 있었다고 보아야 할 것이라 하였다.

자동차영업과 같이 일정기준에 달하지 않으면 허가를 받을 수 없기 때문에 名義貸與가 행하여지는 경우 名義貸與 자체가 違法性을 띠게 되는 동시에, 名義貸與者는 사고가 일어나지 않도록 指揮·監督할 의무가 있기 때문에 使用

97) 大判 95.11.10, 95다34255(公 1995, 3913); 大判 98.1.23, 97다44676(公 1998, 611); 大判 2000.10.13, 2000다20069(公 2000, 2321).

98) 같은 취지 大判 57.2.9, 4289민상676(要集 민 I, 1215); 大判 68.6.18, 68다56(要集 민 I, 1236); 大判 91.8.23, 91다15409(公 906, 2408); 大判 90.12.11, 90다7616(公 889, 460); 大判 87.4.14, 86다카899(公 801, 792); 大判 87.12.8, 87다카459(公 801, 792).

者責任을 지는 것이라고 말할 수 있다. 名義貸與者와 不法行爲者 사이의 指揮·監督關係는 使用者責任의 입법취지를 살리기 위하여 사실상 指揮·監督을 하였느냐 하는 현실성의 문제가 아니라 名義貸與者가 不法行爲者를 指揮·監督할 의무와 책임을 부담하느냐, 바꾸어 말하자면 객관적으로 指揮·監督할 수 있는 관계가 있었느냐의 가능성의 문제라 하겠다.[99)]

판례는 공기압축기의 持入會社에 대하여도 使用者責任을 긍정하고 있다.[100)]

마찬가지로 大判 82.4.27, 81다카957(公 684, 559)은 德大契約關係의 실제에 있어서 광업권자가 대외적으로 피용인들의 사용인 내지 사업주로서 명의를 내걸고 채탄과정에서도 강력한 指揮·監督 통제권한을 유보하고 있어 간접적으로 德大의 피용자의 사이에 指揮·監督 통제관계를 인정할 수 있다면 德大業者에 의하여 고용된 운전수가 운전하는 출퇴근용 버스가 광부사택에서 갱구까지 광부운송업무를 수행하던 중 사고를 내어 그 차에 타고 있던 광부가 사고를 당한 경우 광업권자는 이에 대한 使用者責任을 부담하여야 한다고 하였다.

日最判 昭 41(1966).6.10(民集 20-5-1029)도 면허를 받아 자동차의 운송사업을 영위하는 자가 타인으로 하여금 위법하게 그 영업명의를 사용하여 자동차운송사업을 영위케 한 경우 사실상 指揮·監督의 유무를 묻지 않고 사용자로서의 指揮·監督義務가 있음을 이유로 使用者責任을 긍정하였다.

다만 大判 76.9.28, 76다1855(要集 민 I, 1238)은 사고차량은 피고회사가 발행하는 주간지에 관하여 委託販賣契約을 맺고 있는 甲의 소유이고 운전수 乙은 甲이 채용한 것이며 사고 당시 피고회사의 표식을 부착한 것은 피고회사의 금지 조치를 어겨 가면서 함부로 부착한 것이므로 객관적으로 본다 할지라도 피고회사는 위 乙을 사용하는 지위에 있다고 볼 수도 없거니와 위 甲에 갈음하여 乙을 감독하는 지위에 있다고도 볼 수 없다고 하였다.

또한 大判 77.7.12, 77다91(集 25-2, 168)은 매매를 동반하지 않는 순수한 名義

99) 이공현, "名義貸與者의 使用者責任," 대법원판례해설 1988 상반기 59-60. 大判 2000. 10.6, 2000다30240(公 2000, 2286)은 지입차주가 자기명의로 사업자등록을 하고 사업소득세를 납부하면서 기사를 고용하여 지입차량을 운행하고 지입회사의 배차담당직원으로부터 물건을 적재할 회사와 하차할 회사만을 지정하는 최초 배차배정을 받기는 하나 그 이후 제품운송에 대하여 구체적인 지시를 받지는 아니할 뿐만 아니라 실제 운송횟수에 따라 운임은 지입회사로부터 지급받아 온 경우 지입차주가 지입회사의 지시·감독을 받는다거나 임금을 목적으로 지입회사에 종속적인 관계에서 노무를 제공하는 근로자라고 할 수 없다는 이유로 지입회사와 지입차주 사이에 대내적으로 사용자관계에 있다고 볼 수 없다 하여, 지입회사의 지입차주에 대한 사용자책임과 제 3 자에 대한 사용자책임을 구분하고 있다.

100) 大判 90.12.11(註 98).

貸與 사안에서 「어느 차량이 持入이라는 용어로서 회사에 등록되고, 회사의 상표와 일련번호를 차체에 표시하였다 할지라도 회사 내에서의 차량운행질서와 상품판매질서에 한하여 회사의 指揮·監督을 받는 정도라면, 그 운전사를 회사의 피용자라고 볼 수 없다」고 하였다.

한편 持入會社와 持入車輛의 양수인 사이에 위와 같은 사용자관계를 인정할 수 있으려면 위 양수인이 전 持入車主와의 사이에서 持入車輛을 양수한 것만으로 부족하고 持入會社와 사이에서 전 持入車主의 持入契約上 지위를 승계하거나 새로이 持入契約을 체결함으로써 실제로 持入會社가 위 양수인을 指揮·監督할 수 있는 지위에 있음이 인정되어야 할 것이다.[101]

사용자책임의 요건으로서의 사용자관계는 명시적이든 묵시적이든 객관적으로 보다 실질적으로 불법행위자를 지휘·감독하여야 할 관계에 있음을 요하므로, 명의대여관계에 있어서도 명의를 대여하게 된 경위 등 객관적 사정에 비추어 명의대여자가 명의차용자나 그 피용자를 지휘·감독하여야 할 지위에 있다고 인정되지 않으면 안 되는바, 예컨대 쌀가게의 상호는 그 취득에 있어 무슨 자격요건이 필요하다거나, 명의대여시 어떤 위험이 발생할 여지가 있는 것이 아니므로 명의대여자에게 명의차용자에 대한 특별한 지휘·감독의무가 부과되지도 않고 실제로도 명의대여자가 경영에 관여하지 않았다면 명의대여자로서의 사용자책임을 지지 않는다(大判 2002. 4. 26, 2002다4894).

㈏ 名義殘存者 명의잔존에 있어서도 名義貸與에서와 마찬가지로 형식보다는 실질에 의하여 사용자관계의 유무를 따져야 할 것이다.[102] 자동차의 소유자가 자동차를 매도하였으면서 名義變更登錄을 마치기 전에 자동차를 인도하여 그간 매수인으로 하여금 所有者名義로 운행할 것을 허용하여 온 경우에는 소유자는 비록 그 운행에 관하여 사실상의 이해관계가 없다 하더라도 자동차를 실제로 운행하는 위 매수인과 더불어 그 차의 운행에 관한 종업원을 指揮·監督할 책임이 있다. 大判 72. 4. 11, 71다2803(要集 민 I, 1237)도 사고차량의 실질적인 소유자로서 그 운행을 전담하고 있는 자와 그 차량의 등록명의자는 모두 그 차 운전수의 사용인으로서 연대하여 손해배상의 책임이 있다고 하였고, 위 75다1061판결도 자동차의 소유자가 자동차를 매도하였으면서 매수인과는 친구간으로서 서로 신뢰하고 있는 관계로 명의변경등록을 마치기 전에 자동차를

101) 大判 94. 3. 8, 93다52662(公 1994, 1169); 大判 92. 8. 18, 92다10494(公 1992, 2751).
102) 大判 75. 12. 23, 75다1061(集 23-3, 152).

인도하여 그간 위 매수인으로 하여금 소유자 명의로 운행할 것을 허용하여 온 경우에는 소유자는 비록 운행에 관하여 사실상의 이해관계가 없다 하더라도 자동차를 실제로 운행하는 위 매수인과 더불어 그 차의 운행에 관한 종업원을 指揮·監督할 책임이 있다고 하였다.

그러나 大判 74. 5. 28, 73다935(要集 민 I, 1237)은 사업을 위하여 타인을 사용한다 함은 그 사용관계에 유효한 계약관계가 존재하는 경우뿐 아니라 사실상 指揮·監督關係에 있는 경우도 포함하나 자동차를 매수한 자가 소정의 使用主名義變更登錄을 하지 아니한 채 사용하는 경우까지 매도인이 사용자라고 할 수 없다고 하였다.[103] 大判 84. 9. 25, 84다333(公 740, 1717)도 매도인이 차량을 타인에게 매도하여 대금전액을 수령하고 그 차량을 인도하면서 소유자 명의변경등록에 필요한 서류까지 매수인에게 교부하였는데 매수인이 다시 제 3 자에게 이를 매도하여 제 3 자가 이를 인도받아 운행하다 사고를 일으켰다면 비록 등록명의가 원매도인 앞으로 그대로 남아있다 하더라도 원매도인은 위 제 3 자와의 사이에 아무런 사용관계나 指揮·監督關係가 있다고도 할 수 없다고 하였다.[104]

(사) 辯護士·法務士·執行官·醫師·看護師 변호사의 경우 그가 訴訟代理人으로 될 때 訴訟依賴人의 피용자인가 여부가 분명하지 않다. 왜냐하면 訴訟代理人으로서의 변호사는 한편으로 訴訟依賴人의 지시에 따라 행위하기도 하지만, 다른 한편 변호사의 직책은 객관적 입장에서 법적 자문에 응하고 법실천에 참여하기 때문에 그의 업무상 독자성은 유지된다고 볼 수 있기 때문이다. 이와 같이 변호사는 사무처리를 위탁하는 자의 직접적인 指揮·監督을 받지 않고, 자기의 자유재량에 의하여 독립적으로 일을 행하는 독립된 직업인이기 때문에, 변호사의 違法行爲에 대하여 의뢰인 내지 고객은 使用者責任을 지지 않는 것이 원칙이다. 원래 이들은 일정한 자격을 가진 자이기 때문에 그들에게 위임을 한 경우에는 선임에 관해서도 과실이 없다고 보여진다.

그러나, 위임의 경우에도 위임인과 수임인 사이에 지휘·감독관계가 있고 수임인의 불법행위가 외형상 객관적으로 위임인의 사무집행에 관련된 경우 위임인은 수임인의 불법행위에 대하여 사용자책임을 진다(大判 98. 4. 28, 96다25500(公 1998, 1476)). 위 판례는 상속재산 분할 등의 사무를 수임한 변호사가 당해 부동산을 타에 처분하여 매각대금을 편취한 사안에서 위임인의 사용자책임을 인정하였다.

103) 같은 취지 大判 62. 3. 8, 4294민상1240(集 10-1,190).

104) 같은 취지 大判 80. 9. 24, 79다2238(公 644, 13222); 大決 95. 6. 29, 95마13289(公 1995, 2532)에서도 명의잔존자의 사용자책임을 인정한 원심판결을 파기하였다.

일본 판례로서 변호사가 집행에 대하여 채권자의 위임을 받아 押留實施에 입회한 사건에 있어 사용관계를 부정하였으나, 후에 競賣實施에 관한 행위의 위임을 받은 변호사가 집행에 즈음하여 타인의 動產을 경매한 경우에 使用者責任을 인정한 예도 있다.[105)]

법무사도 변호사와 같이 독립의 영업자로 보아야 할 것이다. 일본 판례 중에는 법무사와 고객 사이의 사용관계를 전제로 사업집행행위가 아닌 것으로 그 책임을 부정한 예가 있다.[106)] 그러나 受任人이 독립하여 노무에 종사하는 경우라도 앞서 본 都給에서와 같이 부적절하고도 부당하게 지시한 일에 대해서는 의뢰자에게도 일반 不法行爲責任 혹은 使用者責任이 생길 여지가 있다.

執行官은 채권자의 위임에 기하여 행위를 하여 손해를 생기게 한 때에는 執行官이 제1차로 책임을 지나(民訴 §493), 執行官은 지방법원에 소속되어 법률의 정하는 바에 의하여 재판의 집행과 서류의 송달 기타 법령에 의한 사무에 종사함을 그 직무로 한다고 되어 있으므로(執行官法 §2) 실질적 의미에서의 국가공무원에 속한다고 할 것이고, 執行官이 위와 같은 직무를 수행함에 있어서 注意義務를 위배하여 손해를 가한 경우 國家賠償法의 문제로서 처리될 수 있으므로 民 §756에 따른 사용자관계를 논의할 여지가 희박하다.[107)]

한편 병원에 고용되어 근무하는 의사나 간호사는 앞서 본 바와 같이 民 §756의 피용자가 될 수 있으며, 의사뿐만 아니라, 방사선기술사, 마취사, 수혈담당보조원 등도 그들이 病院主에 의하여 고용되어 있을 때에는 병원소유주가 그들의 不法行爲에 대하여 民 §756에 따른 使用者責任을 부담한다.

피용자가 業務上 從屬性을 가졌다 함은 피용자가 수행할 업무의 세부적인 것까지 모두 사용자의 지시를 받아야 하는 것을 의미하지는 않는다. 앞서 본 바와 같이 피용자가 자기의 전문지식과 경험에 따라 어느 정도 自由裁量權을 가지고 자기 업무를 수행하여도 그가 어느 조직에 편입되어 업무를 수행하는 한 그는 業務上 從屬性을 가졌다고 보는 것이다.

(아) 獨立履行契約者 使用者責任에서의 피용자와 履行補助者責任에서의 履行補助者의 차이는 獨立契約者에서 크게 나타난다. 使用者責任에서는 일반적으로 독립계약자의 歸責事由로 인하여 발생한 손해에 대하여 委託者가 책임을 지지 않는다.

105) 日大判 昭 7(1932).11.12; 日大判 昭 10(1935).3.15. 判例 ユソメソタル 民法 Ⅲ, 646.
106) 日大判 昭 7(1932).3.31. 判例 ユソメソタル 民法 Ⅲ, 646.
107) 總合 6.

먼저 獨立履行契約者와 관련하여 실무상 자주 문제되는 것은 보험회사의 외판원, 보험모집인과 보험대리점에서의 사용자관계이다. 이 점에서 청미사사건은 독립경영자에게 지시감독관계가 없어도 使用者責任을 인정한 판결이다. 즉 大判 88. 5. 24, 87다카2646(公 827, 990)은 甲이 매일 출근하여 계속 피고가 제공하는 물건을 종전 피고의 거래처에 계속 피고상호인 청미사 명의로 판매하고 매일 전액 입금한 뒤 월말에 매월 입금액 중 일정 비율의 금원을 대가로 지급받는 경우 그 실질에 있어서는 甲이 피고에게 고용된 외판원으로서 피고의 물품을 피고가 지정한 가격으로 타에 판매하면서 다만 그 보수만을 販賣實績에 따른 成果給으로 지급받은 것으로 보아야 하고 甲이 그 판매활동을 하면서 자기 소유의 차량을 사용해 왔고, 그 구체적인 판매활동의 방법에 관하여 피고로부터 간섭이나 지시를 받은 바 없다고 하여 이를 달리 볼 것은 아니라 하여 사용자관계를 인정하였다. 마찬가지로 상사회사(백화점)지점의 외무사원의 점포밖에서의 物品去來行爲로 인하여 타인에게 손해를 입힌 경우에도 위 회사는 사용자의 賠償責任을 면할 수 없다고 하였다.[108] 또한 大判 97. 3. 25, 97다3798(公 1997, 1188)에 의하면 정기간행물의 제작·판매를 업으로 하는 회사가 정기간행물의등록에관한법률에 의하여 신고의무가 있는 지국 대신에 타인과의 사이에 사실상 동일한 역할을 수행하는 지국설치계약을 체결하고, 상당한 보조를 하는 방법으로 그로 하여금 회사의 명의로 영업을 할 수 있는 터전을 제공함으로써 이를 통하여 영업확장의 이익을 얻고 있을 뿐 아니라, 타인의 업무수행방법에 관하여 구체적인 지휘감독권을 유보하고 있는 경우라면 비록 그 사업이 타인의 사업이고, 명의자의 고용인이 아니라고 하더라도 실질적으로 사용자와 피용자의 관계와 다를 바 없으므로, 그 명의사용자의 피용자가 신문대금을 수금하는 업무수행중 일으킨 교통사고에 대하여 그 사용자책임을 진다고 하였다.

한편 보험업자의 보험모집인, 보험대리점에 대한 使用者責任과 보험업법 §158와의 관계가 문제된다.

보험자와 보험모집인간의 내부관계는 保險募集人委囑契約의 내용에 따라 결정된다 할 것이나 일반적으로 보험모집인은 소속 보험사업자의 외근사원으로 위촉되어 보험계약의 체결을 중개하는 등 보험모집에 종사하게 되고, 그 보험모집의 실적에 따라 보수를 받게 되는 것이 거래의 실정이다. 또한 보험회사는 대리점계약체결시 대리점에게 법규 등의 遵守義務, 秘密維持義務, 帳簿

108) 大判 76. 7. 13, 76다860(公 544, 9313).

등의 備置義務 등을 부과하고 있다.

여기서 보험업법 §158에는 보험모집인, 보험대리점이 보험모집에 있어서 保險契約者에게 가한 손해를 배상할 책임이 있다고 규정하는바, 그렇다면 보험회사와 보험모집인, 대리점간에는 어느 정도 피용자와 유사한 指揮·監督關係가 있다 할 것이고, 보험대리점은 사회적·경제적으로도 보험회사와 종속관계에 있다 할 것이다.

그러나 보험사업자의 직원 등이 보험모집을 함에 있어서 保險契約者에게 손해를 가한 경우에 있어서 그 직원 등의 소속 보험사업자의 賠償責任을 규정하고 있는 보험업법 §158는 사용자의 賠償責任에 관한 일반규정인 民 §756에 우선하여 적용되어야 한다.[109)]

한편 운송인을 위하여 운송계약의 이행을 보조하거나 대행하고 있더라도 운송인으로부터 직접 지휘·감독을 받지 않고 독립하여 영업활동을 수행하고 있을 뿐이라면 그러한 자를 운송인의 피용자라고 할 수 없다.[109-2)] 해상운송에서 운송인의 선적, 하역, 보관의무와 관련된 독립계약자로 대표적인 것이 荷役業者(stevedore)와 터미날業者(terminal operater) 그리고 堪航能力義務와 관련하여 선급협회와 조선소, 선박수리업자 등이 있다. 契約責任과 관련하여 1963년 스톡홀름 만국해법회의에서 「독립의 계약자를 사용하는 것이 적당하고, 또 선정에 상당한 주의를 다하며, 또한 상당한 감독을 한 때에는 선박의 건조, 수선 또는 유지에 대하여 단지 이러한 독립계약자 및 그 사용인의 고의 또는 과실에 의하여 운송인이 상당한 주의를 태만히 한 것으로는 볼 수 없다」는 수정안이 가결되었다. 國際海上運送法에 관한 한 契約責任(履行補助者責任)과 不法行爲責任(使用者責任)이 그 요건면에서 통일되어 있다. 한편 선박검사인 특히 이름있는 Lloyd 선급협회 등의 검사를 받은 것만으로 상당한 주의를 다한 것으로 볼 수 있는가에 대하여 이것만으로 그 책임을 면할 수 없고, 선임의 過失責任을 인정할 수 있는 경우는 물론 이들 자의 過失이 있는 경우에도 책임을 져야 한다고 해석함이 선박수리업자와의 형평상 맞다고 생각된다. 다만 선박검사관리와 같이 법률에 의하여 공무원이 검사한 경우에는 이를 운송인의 사용인이라 할 수 없다.

또한 선박대리점, 선원송출대리점에 대한 선주 혹은 선원과의 사용자관계 여부가 문제되는바, 우선 선원송출대리점에 관하여 釜山地判 90.5.9, 89가합

109) 大判 94.11.22, 94다19617(公 1994, 68).
109-2) 大判 2000.3.10, 99다55052(公 2000, 930).

20876에 의하면 피고회사는 외국의 선주 또는 선박관리회사와의 사이에 船員送出代理店契約을 체결하고 대리점계약에 따라 자격있는 한국 선원들을 모집하여 그들에게 취업을 알선하는 회사로서, 선주와의 사이에 같은 대리점계약을 체결하고 한국선원들을 모집, 위 선주회사가 제시한 雇傭條件에 따라 위 선주회사를 대리하여 그들과 고용계약을 체결함으로써 그들로 하여금 위 선주회사에 취업토록 알선한 데 불과하므로 한국선원들과 피고회사 사이에는 사용관계가 존재하지 아니하고, 위 선주회사와의 사이에만 사용관계가 존재한다고 하였다.

다음 선박대리점에 관하여 보건대 선박대리점은 예컨대 船荷證券의 受領, 下都指示書의 發行, 荷役業者의 選定 등 제반 업무를 수행하고 그 자체로서는 해상운송인의 피용자가 되는 것은 아니므로 특별한 지시감독관계가 인정되지 않으면 대리점의 不法行爲에 대하여 선주가 使用者責任을 부담하지 않는다.[110]

그리고 하역업자가 독립기업자인 경우 商 §788의 「선원 기타 선박사용인」에 해당한다고 보기 어렵다. 그러나, 하역업자는 송하인에 대한 관계에서 운송인의 소위 下受給人的 지위에 있다 할 것이고, 그렇다면 사실상의 指揮·監督關係나 勞務都給의 관계가 인정되는 경우에는 民 §756에 따라 原受給契約者인 운송인이 使用者責任을 질 수도 있는 것이다.

大判 97. 9. 9, 96다20093(公 1997, 3037)은 보세창고업자가 운송물의 인도업무에 관하여 운송인의 이행보조자라고 볼 수 있으나, 독립된 기업자로서 간접적으로 지휘 감독하였다고 볼 수 없으면 사용자로서의 지위를 갖는 것이 아니라고 하였다. 마찬가지로 大判 2000. 3. 10, 99다55052도 태국항만당국이 운송인 등으로부터 화물의 보관을 위탁받아 보관하기는 하나 그 보관에 관하여 위탁자의 직접적인 지휘·감독을 받지는 아니하고 독립하여 보관업무를 수행하고 있으므로, 태국항만당국이 운영하는 컨테이너 야드에 화물이 보관되어 있던 기간 동안에 발생한 화물손상에 대하여 사용자책임을 물을 수 없다고 하였다.

(자) 指導的 被用者(leitende Ausgestellte) 선장이나 총지배인과 같이 독립한 지위에서 자기의 전문지식과 경험에 기하여 행동하는 자도 피용자이다.

(차) 德大契約·組鑛權者 판례는 광업권자가 채탄과정에서 德大業者의 피용자에 대하여 지휘·감독,통제하는 관계에 있는 경우에는 그 범위 내에서 실질적으로 사용자관계에 있다 볼 것이고, 광부운송업무는 채탄작업과

110) 같은 취지 서울民地判 89. 6. 1, 88가합59756.

밀접하게 관련된 업무이니 광부운송차량사고는 광의의 광산사고에 포함된다고 봄이 상당하므로, 광업권자는 德大業者의 피용자에 의한 광부운송차량 전복사고에 대하여 損害賠償責任이 있다고 하여 德大業者가 고용한 피용자가 광업권자가 대한 관계에서도 사용자관계가 있다고 보았다.[111)]

㈎ 海上運送에서의 使用者關係　　해상운송인의 전형적 피용자에는 商 §§787, 788에서의 선원이 해당하고, 여기에는 지도적 피용자라 할 수 있는 선장도 포함한다.[112)] 그리고 위 조문에서의 「기타 선박사용인」이란 운송인과 고용관계가 없더라도 운송실행에 관여하여 운송인 내지 선장의 지시·감독을 받는 재운송인, 도선사, 예선의 선원, 하역업자 등을 말한다. 동시에 이들은 해상운송인에 대하여 民 §756의 사용자, 피용자관계에 있다. 大判 92.10.27, 91다37140(公 1992, 3244)은 조선소의 선거장(dock master)이 수리를 마치고 출항하는 선박에 승선하여 도선함에 있어 선거장이 선장의 指揮·監督을 받으며 선장에게 자신의 의견을 지시하는 입장에 서지만 선장이 선거장의 판단에 따라 조종하다가 선거장의 판단착오로 선박이 좌초된 데 대하여 선거장 소속 조선소의 使用者責任을 인정하였다.[113)]

한편 선주가 선원들과 사이에 일정한 비율에 따라 利益分配를 약정하고 선박을 제공한 「保合制」契約에 있어서 선장과 선원을 고용하고 해고하는 권한이 선주에게 있다면 이는 보수약정의 한 방법일 뿐 선주는 선장, 기관장 기타 선원에 대한 관계에 있어서 同業契約을 맺은 것으로 볼 수 없고 이들 사이에는 指揮·監督關係에 있어 선주가 사용자의 지위에 선다.[114)]

㈏ 會社의 理事, 名目上 理事, 待遇理事, 兼職理事　　원래 법인의 이사 또는 대표자는 앞서 본 바와 같이 피용자가 아니므로 使用者責任이 아닌 법인의 불법책임의 대상이 된다. 大判 76.9.28, 76다1054(集 24-3, 75)에 의하면 단위농업협동조합장은 그 조합의 대표기관으로서 조합과 사용자와 피용자의 관계에 있다고 할 수 없다고 하였다.

그러나, 형식상 이사라도 實質關係에 비추어 使用關係에 있다고 판단하여야 할 경우가 있다. 大邱高判 86.9.16, 85나1011에 의하면 회사의 이사로 登

111) 大判 82.4.27, 81다카957(公 684, 559).
112) 大判 92.9.8, 92다23292(公 1992, 2849).
113) 같은 취지: 90.4.24, 86다카2778(公 874, 1124).
114) 大判 77.6.7, 76다1869(公 566, 10191); 大判 81.10.27, 81다29(要集 민 I, 1240); 大判 87.6.23, 86다카2228(公 806, 1219).

載된 자가 회사의 용인하에 위 회사 서울사무소를 설치하여 그 사무소장으로 위 회사와 사업 및 계산을 독립하여 하면서 위 회사로부터 관계서류를 위 회사이름으로 작성하여 받아 타인으로부터 工事都給을 받고 공사를 하는 사업을 경영하던 중 그 사업과 관련하여 타인에게 끼친 손해에 대하여 위 회사는 사용자로서 그 손해를 배상할 책임이 있다고 하였다.

한편 大判 2002. 9. 24, 2001다16379(公 2002, 2493)은 신용관리기금의 이사장이 업무 등의 정지명령이 내려진 종합금융회사의 관리인으로 선임된 경우 신용관리기금이 그 이사장 및 대리인의 관리업무와 관련하여 사용자의 지위에 있다고 보았다.

法人格 없는 法人의 社員에 대하여도 법인에 준하는 法主體性을 인정하기 때문에 不法行爲에 있어서 법인에 준하여 생각할 수 있다.

(파) 親子會社 사이의 使用者關係 앞서 본 바와 같이 親會社 子會社의 관계 기타 실질적 동일성을 갖는 경우 또는 이와 유사한 밀접한 관계가 있는 때에는 親會社와 자회사의 피용자간의 사용관계는 당연 긍정된다. 日最判 昭 42(1967). 11. 9.(集 21-9. 2336)은 A회사는 甲 회사와 법률상 별개의 권리주체이나, 甲 회사의 지배를 받고 이에 대하여 다분히 從屬的 關係에 서 있으며, 본건 가해자동차에 대하여 甲 회사는 A회사에 대하여 그 사용을 허락하였기 때문에 A회사 피용운전수 B는 甲 회사의 指揮·監督下에 있다고 하였다.

(하) 法定代理人 미성년자의 법정대리인과 같이 타인의 사용이 법률에 의하여 직접 규정되어 있는 때에는 그 미성년자는 법정대리인의 不法行爲에 대하여 使用者責任을 부담하지는 않는다.115) 이에 대하여는 최근 법정대리인의 활동을 통하여 무능력자 본인은 재산상의 생활관계에 있어서는 능력자와 다름없는 이익을 향수하는 것, 법률행위의 영역에 있어서는 법정대리에도 表見代理의 적용이 인정되어 외부자의 이익에 대한 배려는 입법상 해석상 행하여 질 것이라는 점 등에서 행위무능력자가 보유한 재산의 운용에 대하여 법정대리인이 그 관리권 대리권의 집행에 관하여 제 3 자에게 손해를 준 경우 不法行爲責任을 진다는 견해도 있다.116)

115) 이상광, 105.
116) 總合判例, 15.

2. 使用者責任에서의 業務執行關聯性

(1) 序

우리나라에서 사회적 경제적 여건의 변화와 더불어 使用者責任의 성립요건과 관련하여 논의의 초점이 될 수 있는 것은 使用者責任의 객관적·사물적 성립범위에 관한 문제이다. 영미법이나 佛蘭西法에서는 使用者責任에서의 논의의 초점은 業務執行關聯性의 범위를 얼마만큼 넓히고 그 한계를 어디에 두느냐에 있다.

즉 成文法國家에서는 입법 당초 그 業務關聯性을 "업무이행에 즈음하여" 혹은 "업무이행의 기회(bei Gelegenheit der Ausführung, a locascion de lexcution des fonction)"로 보아 그 범위를 넓힐 것인가 그렇지 않고 "業務執行에 관하여" 혹은 "業務執行에 있어(in der Ausführung, dans les fonctions)"로 좁게 볼 것인가가 다루어졌고, 그 후 입법은 독일, 불란서, 瑞西, 일본, 우리 나라 모두 "業務執行에 관하여"로 그 범위를 좁게 보았으며, 그렇지만 그 법의 구체적 운용이나 해석에 있어서는 각 나라마다 조금씩 차이가 있으면서, 그 확장과 이에 대한 적절한 제한이 끊임없이 논란의 대상이 되고 있다.

使用者責任에 있어 業務執行關聯性의 범위를 넓히는 데 크게 기여한 이론이 이른바 外形理論인바, 이 外形理論은 補償責任論과 거래안전이론에 근거하면서 그 뿌리는 계약법 내지 거래법에서 형성되었다. 사실 신뢰보호사상에 바탕을 두고 있는 外形理論이 귀책영역인 不法行爲法體制에서 生硬感을 자아냄은 부인할 수 없다 하겠다.

業務執行關聯性에 관한 각국의 판례를 간략히 살펴보고[117] 우리 나라 판례의 태도를 살펴보기로 한다.

(2) 美國法理論

전술한 바와 같이 respondeat superior이론은 피용자의 업무이행과정에서의(in the course of empolyment, 혹은 within the scope of empolyment) 과실에 대하여 사용자가 책임을 진다는 것으로 업무범위 밖의(outside the scope of empolyment) 과실에 대하여는 책임을 지지 않는다. 즉 業務執行關聯性이 respondeat superior이론의 적용에 대한 test이다. 그런데 이 개념은 불확정적이어서 의미 그 자체의 空虛性과 애매성으로 오히려 판결과정에서 바람직한 결과를 얻는 데 상

117) 이에 관하여는 李宙興, 前揭論文(註 1), (註 2) 참조.

당히 유동적인 역할을 한다는 점에서 가치가 있다고 한다. 그것은 피용자의 업무와 밀접하게 관련있거나, 그 업무에 부수하는 것이 상당하고 합리적이어서 비록 부적절하다 하더라도 관습적으로 형성된 일의 방법 내지 유형(Method, Mode)이어야 한다. 그 關聯性을 결정함에 있어서는 많은 요소들을 고려하는데 시간, 장소, 행동의 목적, 위탁받은 권한과의 유사성, 그러한 피용자에 의하여 보통 행하여지는지 여부, 정상적인 방법에서의 이탈과정, 당사자 사이의 종전 관계, 사용자가 그러한 행동이 행하여지는 것을 기대할 만한 사유 등이 일반적으로 고려되고 있다.

(가) 主觀的 要素　Salomone v. Yellow Taxi Corp(1926. 242 NY 251, 151, N. E 442)에서는 피용자가 적어도 업무를 수행할려는 의사는 전혀 없고 순전히 자신의 목적을 달성하기 위하여 한 경우에는 업무의 범위 내에 들지 않는다고 하였다.[118] 이와 같이 당초에는 주관적 의사가 책임결정요소로서 중요시 되었는바, 대표적인 경우로서 소유자의 차를 빌려서는 그 자신이 즐기기 위해 운행한 경우가 이에 해당된다 하겠다. 그러나 화장실에 가는 것, 난방을 위해 불을 피우는 것과 같은 행동은 피용자의 이익을 위한 행동이면서도 통설 업무와 밀접하게 관련되어 있다고 본다. 1949년 California 판결은 피용자측 흡연은 통상적이고 예견할 수 있어 기업의 통상적인 위험으로 간주되고 그래서 대위책임의 범주에 든다고 했다.[119]

어려운 사실문제가 피용자의 행동이 완전히 사용자의 업무로부터 벗어나는지, 業務執行의 단순한 우회적인 방법에 불과한지를 결정하는 데에서 일어난다. 최근에는 주관적 요소보다는, 다른 접근방법을 택하고 있고, 그것이 보다 더 일반적이라고 승인되고 있는데, 이것이 그러한 離脫의 豫見可能性(foreseeability)에 의지하는 것이다. 즉 사용자는 피용자가 위험영역(Zone of risk)에서 이탈하는 것이 합리적으로 기대되는 범위 내에서는 전적으로 피용자 자신의 목적을 위해서 離脫하더라도 책임을 진다. 이탈의 정도가 가볍고, 그러한 이탈의 예견가능성이 있으면, 그러한 요소는 업무범위를 결정하는 데 중요한 요소가 된다.

(나) 故意的인 不法行爲　默示的 命令理論(implied command theory)에 의존하는 종전 판결들은 피용자의 고의적인 不法行爲에 대하여 사용자의 책임

118) 미국판례는 William L Prosser, Law of Torts, 4th ed.(1971) P. 461 ff.; C. O. Gregory, Harry Jr. Kalven, Richard A. Epstein, Case and Materials on Tort, 3th. ed(1977) P. 702ff.

119) George v Bekins Van & storage Co. 1949 33. Cal. 2d 834, 203. p. 2d 1037. Prosser P. 462.

을 거부했다. 왜냐하면 그러한 행동에 대하여 피용자에게 권한이 주어졌다고는 추론할 수 없기 때문이다. 그러나 오늘날 위험분담이론은 고의적 不法行爲에 대하여도 업무범위와 연결시켜 책임있는 것으로 인정하고 있다. 일반적으로 피용자의 목적이 잘못되었다 하더라도 전부 혹은 부분적으로 사용자의 업무를 조장하는 데 있다면 피용자에 의한 어떠한 고의적 不法行爲에 대하여도 사용자는 책임이 있다고 한다. 예컨대 버스 운전수가 경쟁회사 버스를 도랑으로 밀어 넣은 경우, 販賣人이 그가 팔고 있는 상품에 대해 詐欺的인 말을 한 경우 등이다.

폭행과 業務執行關聯性에 관한 판례를 보면 Carr v. Wm. C. Crowell Co., 28 Cal. 2d 652, 171 P. 2d 5(1946) 사건에서 原契約者의 피용자가 공사장에 있는 下都給契約者의 피용자인 원고에게 화가 난 나머지 해머로 친 경우, 그 傷害는 개인적인 사항이고, 단지 노무자가 수행하는 업무와 부수적으로 연결되어 있었음에도 불구하고, California 最高法院은 폭행이 업무범위 내에서 행하여진 것이라고 했다. 그리고 Lebrane v. Lewis, 292 So. 2d. 216(La, 1974) 사건에서도 Louisinia 最高法院은 해고된 피용자가 사용자의 사업장 구내에 있을 동안 그를 찌른 감독자의 사용자에 대해 책임을 지웠다. Louisinia 最高法院은 Miller v. Keating, 349 So. 2d 265(La, 1977) 사건에서 회사 종업원의 그의 동료 종업원에 의한 계획된 被殺에 대하여, 회사는 희생자의 생명보험증권의 수익자로서 희생자의 사망으로부터 경제적으로 이익을 받는 지위에 섰기 때문에, 살인행위도 피용자의 업무범위 내에 있다고 하는 극단적인 판결을 하였다.

그러나 이런 판결들과는 달리 Mays v. pico Finance Company, Inc. 339 So. 2d 382(La. App. 1977) 사건에서 법원은 被告法人의 副支配人에 의한 원고의 강간은 가해자가 회사지위를 이용하였다 하더라도 업무범위 내에 있지 않다고 하였다.

한편 계약관계 등으로부터 피해자의 보호가 특별히 요구되는 관계에 서는 경우 피용자의 고의적 不法行爲에 대한 業務執行關聯性을 인정한다[예컨대 운송인의 승객, 병원의 환자, 여관에서의 숙박자에 대한 강간, 로마법상 선박소유자, 숙박업자의 引受擔保責任(receptem nautarum Cauponum), 佛蘭西法에서의 결과책임(Obligations de resùltat)과 맥을 같이한다고 보여진다].

또한 업무가 그러한 특별한 기회를 제공하거나, 동기가 된 경우에도 책임을 지웠다(업무관계로 다투다가 화가 나서 동료직원을 구타한 경우). Ira S. Bushey & Sons, Inc v. United States에서 법원은 위험을 업무조건, 상태의 특성(Characteristic)으로 보았고, 사용자에 의하여 예견할 수 없는 것이 아닌 것으로 보았다.

한편 Dill v. Rader 사건에서 Oklahoma 항소법원은 피용자의 不法行爲가 업무의 범위 내에 있는가를 정하는 규율을 선언하면서 사용자는 피용자가 그의 권능을 초과하거나, 不法行爲가 의도적으로 혹은 악의적으로 행하여진 경우라 하더라도, 그러한 행동이 사용자의 업무에 부수하여 그리고 이를 조장하는 데 있다면 제 3 자에 대하여 피용자에 의하여 행하여진 故意的 不法行爲에 대하여 책임을 진다고 하였다.

(다) 被用者가 아닌 代理人　　사용자는 被用者가 아닌 代理人에 대하여는 구체적으로 그의 행동에 대하여 조종할 권리가 없기 때문에, 원칙적으로 책임은 대리인에게 있고 본인은 그가 저지른 不法行爲에 대하여 책임지지 않는다. 그러나 이러한 경우에도 본인의 不法行爲責任이 발생하는 경우가 적지 않다. 이것은 不法行爲가 본인을 위하여 행동한다는 表見的인(apparent or ostensible) 권능에 바탕을 두거나, 대리인과 피해자 사이의 계약체결 과정에서 일어나는 詐欺와 같은 不法行爲에서 발생한다. Restatement of Agency(Second)에서 일반적인 규율의 型(form)을 만들었는데, §229에서의 "업무의 범위 내에 있는 행동의 유형(Kind of Conduct within scope of Employment)"이 그것이다. 즉 첫째, 업무의 범위 내이기 위해서는 행동이 부여받은 것과 같은 일반적 성격을 지니거나, 허락받은 행동에 수반하여 일어나기 쉬운(incidental) 것이어야 한다. 둘째, 권한을 부여받지 못하였더라도, 그 행동이 허락받은 행동과 유사하거나, 부수하여 일어나기 쉬운 것인가를 결정하는 데에는 다음과 같은 사실의 요소가 고려되어야 한다. (a) 그 행동이 그러한 피용자에 의하여 일반적으로 있는 경우인지 여부, (b) 행동의 시간, 장소, 목적, (c) 사용자와 피용자 사이의 종전 관계, (d) 사용자의 업무가 다른 피용자 사이에 어느 정도로 분산되어 있는지, (e) 그 행동이 사용자 사업의 밖에 있는지, 만일 사업 내이면 그 행동이 어느 피용자에게 맡겨졌는지 여부, (f) 사용자가 그러한 행동이 행하여질 것을 예상할 만한 이유가 있는지, (g) 허락받은 업무와 행하여진 일의 성질에서의 유사성, (h) 손해를 준 도구가 사용자에 의하여 피용자에게 주어졌는지 여부, (i) 허락받은 결과를 이루는 통상적인 방법으로부터의 이탈의 정도, (j) 그 행위가 심하게 범죄적이냐, 아니냐.

(3) 英國法理論

(가) 一般的 基準　　먼저 業務關聯性(Scope of authority, course of employment)과 관련하여 어떤 행동이 업무범위 안이고 밖인가를 결정하는 데에는 명백한 기준이 없고, 또한 모든 경우에 미치는 단일 test 방법은 없다고 한다. Salmond에 의하면 가장 자주 사용되는 기준은 (a) 不法行爲가 사용자에 의하여 권한이 부여되었거나, (b) 사용자에 의하여 권한이 부여된 어떤 행동을 함에 있어 야기된, 잘못되나, 권한이 수여되지 못한 행동유형(방식, Mode)이어야 한다고 한다. 구체적으로 어떤 행동이 수여받은 권한과 같은 부류에 들어가는 행동유형인지를 결정하는 것은 무척 어렵게 보인다.

(나) 금지된 행동　　먼저 사용자에 의하여 명백히 금지되었다 하더라도 여전히「업무집행과정」에 들어갈 수 있다. 이것은 업무를 수행하는 특정방식만을 금지하는 것에 불과한지 혹은 피용자가 수행하도록 채택된 행동들의 부류(class)를 제한하는 것인지에 따라 業務執行關聯性이 좌우된다. C.P.R V Lockard[1942] A. C. 591 사건에서 樞密院(Privy council)은 보험에 들지 않은 차를 운전하지 못하도록 금지하였다 하더라도 업무를 위하여(for the purpose of his work) 보험에 들지 않은 차를 운행하면서 야기한 손해에 대한 책임을 면제시키지는 못한다고 하였다. 또한 Rose v. Plenty[1976] 1 All ER 97에서 항소법원은 Plenty가 우유배달감독원으로 Co-operative Retail Service Ltd.에 고용되었고, 감독원은 어떤 경우에도 어린이를 업무수행에 사용하여서는 안 된다는 주의가 주어졌는데, Plenty는 이 금지를 거역하고 13살난 Rose를 보조원으로 써서 차를 타고 가다가 Plenty의 부주의한 운전으로 Rose가 상해를 입은 사안에 대하여 Plenty는 그의 업무를 계속 수행하면서 단지 권한없는 방법으로 수행하는 것이라고 판시하였다.[120)]

Century Insurance Co. v. Northern Ireland Rood Transport Board[1942] A.C. 509 사건에서도 휘발유탱크 운전수가 자동차수리장에 휘발유를 운반하고, 휘발유가 그의 차로부터 지하탱크에 흘러 들어가고 있는 중에 성냥불을 그어 부주의하게도 불이 있는 성냥개비를 그대로 버려 폭발이 일어난 사안에 대하여, 법원은 비록 성냥불을 긋는 행위는 그 자체 운전업무와 관련이 없지만 휘발유의 운반과 연결하여 생각하면 그것은 업무수행중의 과실에 이르는

120) 英國判例는 Winfield & Jolowicz, on Tort, 11thed.(1979) P. 550ff.; Charlesworth & Percy, on Negligence, 6th. ed(1977) P. 102f.

것으로 볼 수 있고 따라서 그의 사용자는 그에 따른 폭발로 야기된 손해에 대하여 책임을 진다고 하였다. 전체상황을 고려하고 문제가 된 특정행동을 따로 독립하여 취급하지 않을 필요성은 다음 사건에서도 나타난다. 즉 피용자의 不法行爲만을 주위사실들과 따로 떼어보는 접근방법을 피하는 것은 필수적이라 하겠다. Ilkiw v. Samuels[1963] 1 W.L.R. 991 사건에서 트럭운전수는, 운전수로서의 자격에 관하여 심문한 바 없이, 노무자가 근거리에 있는 창고로 그의 트럭을 운전하는 것을 허용하였는데, 사실상 노무자는 무자격자이고, 그의 부주의한 트럭운전으로 원고가 손해를 입은 사안에 대하여 피고는 트럭운전수의 사용자이고 노무자의 사용자가 아니지만, 운전수가 노무자를 운전하도록 허용함에 과실이 있고, 다른 사람에게 그의 트럭을 운전하도록 함이 금지되어 있음에도 불구하고, 운전을 허용하여 운전업무수행중에서의 과실로 보아야 한다고 판시하였다.

㈐ 故意的 犯罪行爲——ultra vires 不法行爲責任　　다음 피용자에 의한 故意的 加害行爲를 살펴보면 다음과 같다.

Warren v. Healys Ltd.[1948] 2 All E. R., 935 사건에서 피고에 의하여 휘발유펌프 보조자가 폭로한 말로 "원고가 차의 탱크에 넣은 기름대금을 지급하지 않고 운전하여 가버릴려고 했다"고 원고를 비난하였고, 이에 원고는 대금을 지급한 뒤 경찰을 부르면서 그 펌프보조자에게 이 사실을 사용자에게 보고되도록 하겠다고 하자, 보조자는 원고를 폭행하여 상해를 가한 사건에서 보조자에 의한 폭행행위는 그의 개인적 이익에 영향을 미치는 개인적 일에 관련하여 행하여진 것이라고 하여 사용자가 책임이 없다고 하였다.

이러한 고의적 범죄행위는 사용자가 회사인 경우, ultra vires 不法行爲責任과 관련하여 논의가 된다. Poulton v L. & S. W. Ry(1867) L.R. 2 Q. B. 534 사건에서 원고가 철도회사와 여행계약을 체결하면서 말의 운송에 대하여는 요금을 면제받았는데, 여행의 마지막 시골역 역장이 말의 운송에 대한 요금을 요구하여 원고가 이를 거절하자, 역장이 원고를 압류한 사안에 대하여, 抗訴法院은 철도회사는 운송요금을 지불하지 않는 경우, 화물을 압류할 권한이 있지만 사람을 압류할 권한이 없고, 따라서 가사 그가 요금을 지불하지 않고 철도로 말을 운송하였다고 하더라도, 원고를 구금할 권한이 없을 뿐만 아니라, 역장에게 위임된 체포권도 없어, 사용자는 책임이 없다고 하였다.

그리나 Dyer v. Munday[1895] 1Q. B. 74 사건에서는 가구대여업자인 피고는 임대인인 X의 拂入金이 몇 번 未拂되자, X에게 빌려준 가구를 회수하도록 그의 지배인을 보냈고, 한편 X는 그 가구를 지주에게 그의 차임에 대한 담보로 잡혔는바, 지주 아내는 X가 그 가구를 운반해 가는 것을 막을려고 하자 지배인이 그 여자에게 폭행한 사안에 대하여 피고가 책임을 져야 한다고 하였다.

㈑ 被用者의 주관적 사상　　미국법에서와 마찬가지로 피용자가 그 자신의 이익을 위하고 사용자를 위하지 않았기 때문에 업무범위 밖에서 행동한 것이라고 단정할 수는 없고, 모든 주위 사정을 고려하여 결정하여야 한다는 것이다. 처음 Barwick v. English Joint Stock Bank 에서는 잘못이 사용자를 위하여서 의도된 것이어야 한다는 원칙을 세웠으나, 후술할 Llody 사건에서 보는 바와 같이 이 입장은 그 뒤 바꾸어졌다.

㈒ 詐欺的 行動과 表見權能　　詐欺的이든 혹은 다른 不法行爲이든지 간에 業務執行에 관하여서는 그 책임에 있어 차이가 없다. 후술할 1912년 Lloyd 사건에서 잘 알 수 있듯이, 使用者責任에 있어서 중요한 것은 그가 사용자에 의하여 이것을 할 수 있도록 배치된 직책에 있었다는 것이고, 피용자의 과실 있는 행동이 업무집행과정에서 행하여졌는가 여부는 구체적 사건에 있어서의 업무의 성격(nature of employment)에 좌우된다. 피용자의 행동은 사용자에 의하여 발생된 表見(apparant or ostensible)權能의 범위 내에 있었고 이 때문에 사용자가 책임을 지게 된다. Uxbrige Permanent Benefit Building Society v. Pikard[(1939) 2. K. B 248]에서도 Lloyd 사건과 마찬가지로 변호사 사무장이 그의 이름으로 업무수행과정에서 사기를 할 수 있는 권능이 그의 실제상 권한에 들어간 것은 아니나, 변호사에 의해 행하여지는 업무 내에 들어온 종류의 일을 행하는 것이 그의 表見的인 권능하에 들어간다고 하고, 그가 그러한 부류의 일을 하는 한, 그의 사용자는 사무장이 사용자를 위하여 혹은 피용자 자신을 위해서 업무를 수행하든 이와 관계없이 사무장의 사기적 不法行爲에 따른 損害賠償責任을 진다고 한다.

이와 같이 詐欺的 不法行爲에서 表見權能의 문제가 발생하나, 피용자의 사기적 행위가 실제 혹은 表見上(actual or estensible) 권한범위 내에 들지 않으면 사용자는 그 책임을 부담하지 않는다. 판례를 통해 이 원리를 적용함에 있어 유의하여야 할 점은 업무상 지위가 不法行爲에 대한 기회를 제공하였다는 단순한 사실만으로는 충분하지 않다는 것이다. 더 요구되는 점은 피해자가 피용자를 그의 손해를 초래한 부정직한 행동과 같은 종류의 일을 수행하도록 지명된 것으로 보는 데 합리성이 있어야 한다. 이것은 마치 表見責任에서의 정당한 이유를 요구하는 것과 동일하다. 이 요건이 충족되면 피용자의 사기는 업무수행범위내에 들어가 사용자가 책임을 진다.

종래 일반적인 법칙은 사용자는 피용자의 그러한 사기적 행위에 대하여 비록 명시적인 명령은 입증되지 않았지만 피용자가 사용자의 이익을 위하여 행동하였기 때문에 책임을 진다는 것이나, 이 견해는 Lloyd 사건에서 너무 좁은 것으로 받아들여져 피용자가 그 자신 이외에 누구에게도 이익을 주지 않을려는 경우에도 책임을 진다고 하였다.

Lloyd v. Grace, Smith & Co.(1912 A. C 716) 판결은 피용자의 사기적 행동, 表見權能과 관련해서 획기적인 판결이라고 한다. 사안은 다음과 같다. 원고는 과부로써 별장을 소유하고 있었으나 그 별장에서 나오는 수입에 불만을 가지고 피고 변호사 사무실에 가서 사무장을 만났는데 그는 별장을 팔도록 권유하였고, 그녀에게 거짓말로 매매에 필요하다고 하면서 2가지 문서를 만들었는데, 사실 이 문서는 그녀가 사무장에게 별장을 양도하는 것이었다. 抗訴法院은 피고가 책임지지 않는다고 했으나 上院(House of Lords)은 책임이 있다고 하였다.

(바) 有償保管者責任 Morris v Martin & Sons Ltd[1966] 1 Q. B. 716에서 항소법원은 원고가 모피상에게 모피를 세탁하러 보냈고, 모피상은 피고에게 그 세탁을 맡겼는데, 피고의 피용자가 이를 훔친 사안에 대하여 그 책임을 인정하면서, 덧붙여 만일 맡겨진 물건의 보관과 관계없는 직책에 고용된 피용자에 의한 절도행위라면, 이는 전적으로 업무범위 밖이라 할 것이고 따라서 피고는 책임을 지지 않았을 것이라고 한다. 이러한 有償保管者의 機會的 不法行爲에 대한 책임긍정에 관한 입장은 다음 몇 개의 판례에서도 나타나고 있다. 즉 Aitchicon v Page Motors Ltd.(1936) 52 T. L. R. 137; 154 L. T 128 사건에서 자동차 거래상인 피고가 A의 차를 수선을 위해 받아, 有償任置人(bailees for reward)이 되었고, A의 동의로 차를 공장에 보냈는데, 피고의 지배인 Q는 차를 찾으러 가서 인도를 받아서는 그 자신의 목적을 위하여 차를 사용하다가, 그와 동승한 승객들이 지배인 Q의 부주의한 운전으로 사망한 사안에 대하여 A는 피고에게 차의 손괴에 대한 손해를 배상하라고 청구하면서, Q는 사고발생시 업무와 관련하여 행동하였다고 주장하였다. 법원은 피고에 대한 손해배상청구를 認容하였으나, 그 판결 이유는 使用者責任 보다는 有償任置人責任에 비중을 누고 있다. 임치인책임의 要諦는 Barwick v English Joint Stock

Bank(1867) L. R. 2 Ex. 259 atp 266에서 잘 표현되어 있다. 즉 사용자는 그의 대리인을 그러한 행동부류의 일을 하도록 그의 자리에 두었고 그래서 그는 그 대리인이 행동하는 방법에 책임을 져야 한다고 하였다. 이 피용자가 그런 행동을 하도록 하였다면 사용자는 그의 피용자의 행동이 그 자신의 것처럼 委託人(bailor)에 대하여 책임을 진다는 것이다. 판례는 이와 같이 유상보관인의 보관업무를 業務執行關聯性의 문제보다는 유상보관인의 절대적 업무로 파악하고 있는바, 이는 佛蘭西法의 結果責任(obligation de résultat)과도 연결된다고 하겠다.

(4) 佛蘭西法理論

㈎ 전반적 경향으로서의 광범위성 판례는 대체로 사용자에게 예견되는 不法行爲의 범위를 매우 넓게 끌어들이고 있다. 예컨대 어떤 사람이 농부를 이웃에 보내 도구를 가져오도록 하였는데 그가 이웃에 가는 도중 라이터에 Benzin를 채우다가 화재가 발생한 경우 그 손해를 배상하여야 한다고 한다(Civ. 19. 12. 1950. JCP 1951. Ⅱ 6577). 또한 농부가 하루 동안 도와줄 목적으로 자기 아들을 이웃 사람에게 보냈는데, 그 소년이 돌아오는 길에 불을 켜지 않은 자전거로 보행자를 친 경우 농부는 소년이 선택한 길에 영향을 미쳤다든가, 그가 사용한 운송도구를 소유하고 있었는가 여부에 관계없이 책임을 진다고 한다(Soc. 71. 1965 Bull. Civ 1965 Ⅳ. 5). 고의적으로 저질러진 不法行爲에 대하여도 사용자에게 자주 책임을 지웠다. 영화관 주인은 좌석 안내인이 안내를 부탁하는 여자손님을, 조금 떨어져 있는 극장 지하실로 데려가 살해한 경우에도 책임을 지웠다(Crim 5. 11. 1953. Gaz. Pal 1953. 2. 383).

이와 같이 佛蘭西法에서는 후술하는 獨逸法이나 瑞西法에 있어서 보다 그 業務執行關聯性의 인정범위가 넓다고 하겠다.

판례를 유형별로 다음과 같이 정리할 수 있다. 첫째 위임받은 사무를 집행하면서(dans lexecution des fonctions), 둘째 이행의 기회에(a locascion de l'excution des fonction), 마지막으로 權限濫用(abus des fonctions)을 통하여 손해를 발생시킨 경우로 나누어 살펴보기로 한다.

㈏ "業務執行에 있어서의" 손해 이에 대하여 사용자가 책임을 지는 것은 의문의 여지가 없다. 여기서는 피용자의 행동이 업무이행과 관련되어 있다는 객관적 상황이 나타나야 하고, 주관적으로는 피용자의 의사가 業務執行에 향하여져 있어야 한다. 그 행동이 객관적으로는 業務執行과 무관계하더라도 주관적으로 이행에 향하여져 있다면, 피용자는 그의 업무이행에 있어

행동한 것으로 된다. 여기서 그의 주관적인 관계가 결정적이다. 예컨대 리용법원(Lyon 24. 11. 1967. D 1968 Somm 10)은 호텔 종업원이 리볼버권총을 가지고 있다가, 그가 비난받을 수 없는 행동 즉 자세를 일으켜 세우면서 총알이 발사되어 손님을 다치게 한 경우 법원은 종업원이 업무수행 이외의 다른 목적을 추구하지 않았고, 그래서 손해발생행동 즉 발사행위가 객관적으로 업무와 무관한 행동이라 하더라도 그 손해는 업무를 이행하면서 발생되었다고 하였다.

(다) 업무이행에 즈음한 손해　　사용자는 피용자가 과실로 직무수행의 기회에 발생시킨 손해에 대하여 책임질 뿐만 아니라, 심지어 더 넓은 범위 예컨대 고의적으로 그리고 형법과 관련된 방법으로 야기시킨 손해에 대하여도 책임을 졌다. 이는 그 책임이 사용자가 그의 신뢰를 자격없는 자에게 주었다는 비난가능성 있는 상황에 근거한다. 그래서 자격없는 자가 그 신뢰를 업무수행 자체에서가 아니더라도 작업수행의 기회에 깨뜨린 것에 대하여는 그에 대신하여 책임을 져야 한다는 것이다. 1855년 항소법원(Cass. 5. 11 1855)은 이행에 즈음하여 발생된 손해에 대하여도 책임을 진다고 명백히 하였다. 즉 기관사가 열차를 운행하면서 관세범죄를 저지른 경우 철도회사가 책임진다고 하였다. 전술한 극장안내인의 살인사건도 여기에 해당된다. 1955년 항소법원(Crim. 9. 11. 1955. JCP 1956. Ⅱ. 9093)은 건축주의 피용자가 다른 피용자에게 구타를 가한 사안에서 일에 대한 논의로 때리게 되었다면 사용자는 책임이 있다고 하였고, 사용자는 일상적인 행동 혹은 통상 업무에 덧붙여 발생한 손해결과에 대하여도 역시 책임진다.

1950년대 이후 법률이론은 전술한 바와 같이 과실책임론이 변화된 사회조건하에서 더 이상 使用者責任의 이론적 근거가 될 수 없음을 먼저 추론해 냈고, 과실책임에서 위험책임으로 전환하면서 업무에 있어서(dan les fonctions)라는 관념, 의미에 대한 새로운 자각이 생기게 되었다.

1954년 항소법원(Civ. 17. 1954. Ⅱ. 8352, D. 1954. 628)에서 이러한 변화가 시작되었는데, 직업적으로 운전업무를 하지 않고, 또 운전면허도 가지지 않는 노무자가 사용자 부재중 화물차를 운전하다가 사고를 낸 경우 그 책임을 지웠다. 그외 형사법원은 고의적인 不法行爲에 대하여도 책임지운다. 피용자가 일을 마치는 무렵 그가 업무를 수행하러 들렀던 집에 들어가 물건을 절도한 경우 그 책임을 인정하였다.[121] 1968년 3개의 형사법원 판결은 자업지시나 작업

121) Crim. 6. 12. 1967, Bull. Crim 1967 S. 737. Nr. 316; 佛蘭西判例는 Kauffmann, Walter, "Die

방법을 비판하였다든가 혹은 처리하고 있는 업무에 대하여 토론하다가 작업감독이나 동료근로자를 가해한 사안에 대하여 맡겨진 업무영역에 기원을 두는 동기에 손해원인이 기한다고 하여 책임을 인정하였다.122) 대체로 판례는 업무수행의 기회에 있어서의 손해발생이 고의 또는 과실로 일어난 경우 (a) 손해발생의 동기(Motiv)가 업무와 관련있거나, (b) 손해발생이 전형적으로 작업과 관련된 위험상황 특히 위험한 작업수단에 기할 때에는 손해발생과 업무이행 사이에 밀접한 關聯性을 인정한다.

㈑ 表見責任 우리 나라나 일본에서의 去來的 不法行爲에 관한 外形理論과 밀접하게 관련을 맺는 부분이 바로 여기서 말하는 불란서에서의 表見責任 논의가 아닌가 싶다.

판례에 따르면 사용자는 피해자가 피용자가 업무이행에 있지 않다는 것을 알았거나 알 수 있었을 때에는 그 피용자가 업무에 즈음하여 야기한 손해에 대하여 책임을 지지 않는다(이는 교통사고에서 사용자의 승낙을 얻지 않은 好意同乘의 경우 종종 문제된다). 은행종업원이 은행고객과 공모하여 株式詐欺를 한 경우123) 사용자의 자동차에 피해자가 고의적으로 無斷乘車한 경우124) 각 책임을 부정하였다. 무단운전에 있어서 피해자가 피용자의 남용 내지 過度의 점을 알았거나 알 수 있었을 때에는 동승하는 피해자는 임의로 피용자에 의하여 지배되는 위험영역에 들어간 것이라고 풀이한다. 1941. 12. 12. 抗訴法院은 은행의 대리가 예금을 횡령하였는데, 그 돈은 대리인으로서가 아니라 자신의 이름으로 제3자로부터 받은 경우, 제1심은 은행을 사용자로 보지 않았으나, 이를 破棄하면서, 그 이유를 피해자가 사실상 믿었기 때문이라고 하였다[JCP 1942. Ⅱ 1814(1. Fall)]. 또한 피용자의 해고에도 불구하고 종전 사용자의 고객에 대하여 외관이 성립되면, 사용자는 그 외관이 사용자의 귀책성 있는 행동을 통하여 야기되었다는 전제하에서 종전 피용자의 사기적 행동에 대하여 책임을 질 수 있다고 한다.125)

독일에서는 表見責任을 계약체결시의 신뢰이익으로 보고 여태까지 그 책임문제를 계약법에서 취급하였으나, 불란서법에서는 §1384 V 使用者責任에

Gehilfenhaftung in französischen Deliktsrecht, Entwicklungen und Erfahrung in Hinblick auf das Deutsche Recht und dessen Referentanentwurf von 1967 Zu §831 BGB"(1973) S. 51-83 에서 引用.

122) Crim 20. 3. 1968, Bull Crim. 1968. S. 233. Nr. 98. Crim. 10. 7. 1968 Bull Crim. 1968. S. 527 Nr, 220. Crim. 21. 11. 1968 Bull Crim 1968. S. 755 Nr. 321.

123) Civ 15. 6. 1884-D. 85. 1. 213.

124) Crim 12. 12. 1903; D 1904. 1. 70.

125) Trib. Grande de la seine vom 16. 10. 1965, D 1966 Somm 46.

관한 규정이 契約責任에도 적용되기 때문에 그 한에서만 表見責任에 대한 不法行爲的 使用者責任이 존재한다.

(마) 代理權濫用(abus de fonctions) 代理法에서의 대리권남용의 경우 §1384 V 使用者責任規定에 돌아가는가, 대리법이 적용되는가가 문제된다.

佛民에서는, 獨民에서 법적으로 규정되어 있거나, 판례법으로 해결되는 表見代理權 이론이 그렇게 넓게 발전되지 않아서, 전통적 불란서 실무에서는 먼저 不法行爲法의 영역에서 이 문제가 취급되었다. 권한남용에 대한 책임은 피해자가 惡意의 경우 면제된다. 그런데 表見代理責任에 있어 §1384 V을 끌어들이는 것에 대하여는 여러 방면에서 비판이 가해지고 있다. 핵심적인 것은 대리법(民 §1998 이하 CC)을 통하여서만 규율하자는 것이다. 1962년 破毁院(Cour de Cassation)은 表見代理를 不法行爲法的인 고찰방법으로부터 해방시켰다. 즉 법원은 表見代理權(mandat apparent)을 독립된 책임근거로 인정하였다(Ass. Plen. Civ. 13. 12. 1962-D. 1963. 277). 다만 형사법원만이 아직까지 不法行爲的 구성을 하고 있다(Crim. 15. 2. 1972-JCP 1972. Ⅱ. 17159-D 1972, 368).

(5) 獨逸法理論

독일에서의 業務執行關聯性은 목적과 방법에 의한 業務執行과의 내부적 關聯性(innere Zusammenhang)으로 설명된다.[126] 피용자가 위임받은 업무를 벗어난 경우, 그 이탈이 내부적인 關聯性이 사라질 정도로 중대하고 현저한가 하는 것은 사실문제에 속한다. 이것은 피용자의 의사에 따라 좌우되는 것은 아니어서,[127] 피용자의 고의적 악의적 행동도 업무범주에 걸치는 것으로 볼 수 있다.

피용자가 위탁받은 사무를 이행하면서(in Ausübung der ihm übertragenen Verrichtung) 손해를 가한 경우 손해를 직접적으로 야기시킨 행동 자체가 피용자에게 위탁될 것을 요하는 것은 아니고, 오히려 이 행동이 업무수행에 통상 수반되는 표준의 범주에 들어가면 족하다.[128] 손해를 직접적으로 발생시킨 행위가 피용자에게 맡겨진 그 업무일 필요는 없다. 그 행위가 그 업무의 수행에 일반적으로 수반되는 조치의 범주에 속하는 것으로 충분하다. 예를 들어 비계

126) BGH VRS 8, 334, 1955; 獨逸判例는 Geigel, Reinhart, Geigel, Robert, "Der Haftpflichtprozess"(12 Aufl., 1964) S. 321f; Kötz(註 37), S. 352f.; Kötz, Hein "Deliktsrecht"(2 Aufl., 1979) S. 128f.; Paland Kurz-Komm. Bürgerliches Gesetzbuch(42 Aufl., 1983) §831. S. 893에서 整理.

127) JW 1924, 1714.

128) BGH 30, 10, 1967 BGHZ 49, 19, 23.

를 설치하는 노무자가 통나무를 거리로 던져 그로 인하여 누군가가 피해를 입었다면, 그가 그것을 던짐으로써 어린애가 보도 위에 놓인 비계를 가지고 위험하게 노는 것을 저지하려고 하였는가 아니면 그렇게 해서 그 길을 걸어가고 있던 아는 사람을 놀라게 하려고 하였는가에 따라 구별을 둘 수 있다. 전자의 경우에만 손해를 야기한 행위와 노무자의 직무영역과의 사이에 충분한 내적 관련이 존재한다.[129] 물론 그 경계설정이 어려운 경우도 있다.[130] 예컨대 건축업자가 건축업무를 수행하러, 작업장으로 피용자를 보냈는데, 그 장소로 가는 것과 관련하여 교통사고를 야기하였다면, 사용자는 교통수단의 선택과 通行路程을 정하였는지 여부에 따라 §831의 적용 여부가 좌우된다고 한다.[131] 물건운송을 맡은 운전수가 위탁받은 운송노선을 이탈하여 제 3 자에게 손해를 가한 경우 사고와 수행중인 사무 사이의 내적인 관계는 그 이탈이 사소하다면, 해소되지 않는다. 동일한 운전수가 명시적으로 전달된 금지에 반하여 업무수행중에 친지를 데리고 가다가 그에게 사고를 입힌 경우 그로서 그가 사용자로부터 전달된 지시를 중대하게 무시하였다면, 그 사고는 업무수행의 기회(nur bei Gelegenheit)에 야기된 것으로 볼 수 있다.[132] 그러나 명시적으로 행하여진 금지사항에 대한 위반행위의 동기가, 그 운전사가 이러한 방법으로 그가 받은 운송명령을 더 빨리 이행할 수 있다고 생각한 데 있다면 달라진다.[133] 이 업무와의 직접적 내적 관계는 피용자가 의식적으로 그리고 독자적으로 사용자의 지령을 벗어나 그로서 손해를 발생시켰다 하더라도 이러한 관계가 여전히 존재할 수 있는 경우가 있는데, 예컨대, 운전수가 사용자의 자동차를 금지된 방법으로 이용한 경우 그 관계가 유지된다.[134] 피용자의 가해행위가 위탁업무를 수행하는 기회에만 행하여진 경우 사용자의 책임은 §831에 의존할 수 없는데, 이 결과는 가끔 §823 一般不法行爲規定에 따른 책임을 지우므로서 수정될 수 있다. 즉 상황에 따라 사용자에게 그가 적당한 조치로서 그의 피용자가 그에게 맡겨진 업무를 수행하는 기회를 틈타 제 3 자에게 손해를 가하는 것을 방지하여야 할 주의의무를 해태한 경우 기관의무나 거래안전의무를 부담시켜서 그렇게 할 수 있는 것이다.

129) BGH VersR 1955, 205 참조.
130) Kötz(註 37), S. 353. 이하 판례도 Kötz, S. 353f.에서 재인용.
131) RGDR 1942, 1980 반대 München 고등법원 MDR 1959, 391.
132) BGH NJW 1965, 391.
133) BGH 6, 10, 1970, NJW 1971, 31.
134) BGH 20. 9. 1966.

한편 BGHZ 11, 151, 155f.(MDR 1952, 356)에서는 건축주의 피용자가 지붕 철거 기회에 함석지붕의 함석판을 가로챈 사안에 대하여 그것은 단지 장소적 시간적 關聯性을 가지나, 어떠한 내적인 關聯性이 있는 것이 아니다라고 하고, 단지 위임받은 업무의 기회에(gelentlich) 행하여져서 §831에 따른 책임이 발생하지 않는다고 하였다. 가공회사의 기술자가 사용자의 위임으로 가정집에 가서 샹델리아를 달다가 부순 경우, 業務執行關聯性이 인정되나 그 기술자가 등을 단 그 방 밖에서 무엇을 훔쳤다면 이것은 "業務執行에 즈음하여"로 보아 그 關聯性이 부정된다(BGH in VersR. 1961. 848). "in Ausführung"과 "bei Gelegenheit"의 차이에 대하여 Larenz는 "업무의 집행에 있어(in Ausführung)"은 비록 부적절하다 하더라도 맡겨진 업무의 목적을 위하여 기도된 활동의 범위 내에 있으면 된다고 한다. 이 범주를 넘으면 "bei Gelegenheit"로 된다.[135] 그래서 그에게 준 위탁의 범위를 넘거나(권한초과의 경우) 위탁자의 내부적인 지시에 반하여도 사용자의 책임을 제외시키지는 않는다.[136] 피용자가 일반적으로 일을 하면서 절도를 한 것은 대체로 업무이행에 즈음하여("bei Gelegenheit") 행한 행동에 해당하고, 업무와 관련하여 손해를 야기한 것으로 보지 않았다.[137] 그러나 운송인, 창고업자에 대하여는 달리 보았다. 왜냐하면 이 경우 절도로부터의 화물의 보호는 바로 위탁된 업무자체에 속하기 때문이다. BGHZ 24, 188ff.에서는 옷가지와 일상용품, 안경테, 우표 등이 든 수하물이 본역의 수하물 발송처에서 수하물 작업인부에 의하여 도난당한 경우 使用者責任을 긍정하였다. 대리인에게 특정한 범위 내에서 매매계약을 체결하도록 위임한 자는 그에게 속아 계약을 체결한 계약상대방에게 계약체결시 입혔던 손해를 배상하여야 한다. 물론 사기가 사용자로부터 대리인에게 위임된 것은 아니지만, 계약의 체결이라는 위임된 업무와의 내부적인 關聯性을 인정한 것이다.[138] 결국 구체적인 사건에서 방법과 목적에 의하여 판단되어야 한다고 한다.

(6) 瑞西法理論

瑞西法에 있어서도 손해는 업무의 집행에 있어서(Ausübung dienstlicher oder geschäftlicher Verrichtungen, dans l'accomplissment de leur travail) 이루어져야 한다. 사용자는 피용자가 업무이행에 있어서가 아니라 단순히 業務執行의 기회에(bei

135) Larenz, Karl Lehrbuch des Schuldrechts Bd Ⅱ. Besonderen Teil(10 Aufl. 1971) S. 494.
136) BGHZ 49, 19, 23.
137) BGHZ 11, 151.
138) RG 73, 436: LZ 1917, 866.

Gelegenheit, a loccasion de leurs fonction) 손해를 가한 경우 책임을 지지 않는다.

여기에서는 가해와 피용자의 업무 사이에 시간적·장소적 關聯性뿐만 아니라 기능적 關聯性이 요구된다고 한다. 시간적·장소적 關聯性은 가해행위가 사용자로부터 받은 도구로 행하여졌다는 사실과 마찬가지로 채무법 §55의 적용을 위한 徵憑이 된다. 특히 호의동승 내지 무임승차와 관련하여 운전수가 차를 차고에 넣지 않고 무단으로 약혼녀와 드라이브를 한 경우, 사용자는 그로부터 발생한 손해에 대하여 책임을 질 수 없다고 한다.[139] 작업반장이 토요일에 공장삭도(Fabrikseibahn)를 운행한 경우[140] 작업시간 외[141] 절도[142] 사기[143] 등에서도 業務關聯性을 부정하였다. 그러나 달갑지 않는 손님을 집 밖으로 내쫓는 것은 사환의 통상적 업무에 속하는 것으로 보았고,[144] 하인이 불량우유를 만든 경우에도 그 책임을 인정하였다.[145] 使用者責任은 業務關聯性이 사용자의 목적과 양립하는 한, 피용자가 스스로 그의 업무를 확장하거나, 부정하게 이행한다 하더라도 반드시 배제되는 것은 아니다.[146] 사용자는 피용자에게 수여한 권능을 초과한다 하더라도 그 책임이 거절될 수 없다. 오히려 그는 그런 사태가 일어나지 않도록 주의를 다하여야만 한다. 瑞西法에 있어서의 業務執行關聯性의 범위는 독법과 같이 佛蘭西法보다는 약간 엄격하다 하겠다.

(7) 日本法理論

(가) 外形理論의 등장 "업무의 집행에 있어서"라는 법문에 관하여 초기 판례는 一體不可分說이라 하여, 그 범위를 좁게 해석하였다. 즉 사용자의 명령 또는 위임에 기한 행위 및 이것과 一體不可分的인 관계에 있는 행위에 그 적용을 한정하여, 사용자나 피용자의 의사를 중시하거나, 피용자의 행위가 사업의 집행으로서 구체적으로 행한 사항이 현존하는 경우에 한정하고 피용자가 지위를 남용하여 자기의 이익을 꾀하는 행위는 사업의 집행에 포함시키지

139) BGE 50 Ⅱ 469, 47 Ⅰ 72, 43 Ⅱ 187, 49 Ⅱ 239; 瑞西判例는 Oftinger, Karl "Schweizerisches Haftpflichtrecht" Bd Ⅱ Besonderes Teil(2 Aufl. 1960) §18 S. 86f., S. 144f; Portmann, Peter "Organ und Hilfsperson im Haftpflichtrecht" Abhandlungen zum Schweizericher Recht, Heft 335(1958) S. 68f. 참조.

140) BGE 20, 958.

141) SJZ 63, 275.

142) SJZ 7, 230 ZBJW 47, 280.

143) Sem Jud 78, 404.

144) BIZR 19 Nr. 1055, 197.

145) ZBJV 28, 521.

146) BGE 57 Ⅱ 40: SJZ 28, 183.

않았다.[147] 그러나 그 후 전통적 과실책임설을 극복하고, 無過失責任에서 그 근거로 들고 있는 補償責任思想을 도입하여, 사업집행의 범위를 확대하는 방편으로서 소위 外形理論이 제창되었고, 이러한 外形理論은 대정 15. 10. 13 대심원 연합부판결에 처음 등장하였다. 이 판결은 株券의 위조와 관련하여, 株券用紙, 社印, 社長印을 보관하고, 주권發行事務를 담당하고 있던 서무과장이 회사주권을 위조하여 이를 정기거래의 증거금 대용으로서 타인에게 교부하였으나 거래에 실패한 결과 그 자에게 손해를 준 사안에 대하여 원심은 종래의 입장을 답습하여 서무과장이 그 지위를 남용하여 주권을 위조한 것은 사업의 집행에 관한 것이 아니라고 하였으나, 대심원은 종래 판례의 입장을 §715의 입법정신에 비추어, 그리고 일반거래관념에 비추어 협소하다고 하면서, 회사가 서무과장을 직무상 지위를 남용하여 주권을 부정하게 발행하기 쉬운 위험한 지위 내지 상황에 두었을 때에는 그 선임을 엄히 하고, 행동을 감시하는 등 위험의 방지에 대하여 상당한 조치를 취한 것이 인정되지 않는 한 서무과장의 행동은 사업의 집행에 관한 것에 해당한다고 하였다.

(나) 外形理論의 적용요건·기준 　그 후 日大判 昭 11(1936). 12. 11은 서무과 직원을 주권을 위조하기 쉬운 지위에 두었고, 따라서 그러한 위험을 방지할 조치를 취하지 않았다고 하여, 그리고 日大判 昭 19(1944). 6. 17은 직무성질상 용이하게 인장의 도용이 가능하다 하여, 각각 그 책임을 인정하였다. 日最判 昭 36(1961). 6. 9.도 협동조합 서기가 어음을 위조한 사안에서 지위, 권한의 남용사실을 외부로부터 인식하기 곤란하다 하여 외형상 직무관련을 인정하였고, 日最判 昭 40(1965). 11. 30.에서는 피고회사 회계과에서 어음작성준비업무를 담당하다가 어음을 위조한 사안에 대하여 (a) 피용자가 어음작성사무로부터 무관계해졌는가에 대하여 이는 단순히 사무분배의 변경명령이 있는 것에 지나지 않고 사무실의 구조, 책상의 배치 등 객관적 조건, 집무시간중 인장 등의 보관방법이 허술하였던 사정에 비추어 보면 피용자는 인장을 冒用하여 어음을 작성하는 것이 용이한 지위에 있고, (b) 피용자가 어음계에 있을 당시부터 일련의 위조행위를 처단하여 그 계속을 불능하게 하는 것에 실효 적확한 조치를 취하지 않는 점 등을 들어 業務執行關聯性을 인정하였으며, 日最

147) 日大判 大 5(1916). 7. 29; 日大判 大 6(1917). 6. 11; 日大判 大 7(1918). 3. 27; 日大判 大 7(1918). 6. 22; 日大判 大 10(1921). 6. 7; 日本判例는 田上富信, “使用者責任における「事業ノ執行ニ付キ」の意義”, 現代損害賠償法講座 6, 29-43; 中川善云助 外 5人編, 注釋民法(19) §715. 283-9에서 整理.

判 昭 43(1968). 4. 12. 역시 어음발행에 관여하지 않더라도 주된 업무 외에 소규모 영업회사에서 사장의 명을 받고 어음교부 상품주문업무를 맡고 있는 상품출납 등 담당 피용자가 사용자 명의의 어음을 위조한 사안에서 業務執行關聯性을 인정하였다.[148] 그 밖에 (a) 주식에 관한 사무담당의 서무과 직원이 회사의 주권용지를 사용하여 주권을 위조한 경우,[149] (b) 有價證券의 보관 예치사무를 담당하는 은행원이 명의개서백지위임장을 위조하여 그 보관하는 記名주권을 처분한 경우,[150] (c) 어음發行事務를 담당하는 회사의 경리과장이 대표이사의 인감을 도용하여 어음을 위조한 경우[151]를 들 수 있다. 여기서 예방조치의 종류, 정도는 사용자의 사업 내지 해당 피용자의 직무에 특유한 것인가, 일반적인가, 위험성이 높은가, 없는가 하는 것과 상관관계가 있다고 한다.

그리고 피용자의 不法行爲와 직무와의 關聯性은 "사용자가 피용자로 하여금 수표나 주권을 위조하는 등 지위를 남용하여 제3자에게 손해를 주기 쉬운 상황에 두었다는 것, 즉 위험성이 있는 지위 내지 상황에 두었다는 것(직무의 성질에서 나오는 위험의 창출)"에서 인정될 수 있을 것인바, 이는 피용자의 不法行爲와 밀접한 관련이 있는 사무를 담당하는 지위에 있는 피용자는 그 직무의 성질로부터 수표용지, 주권용지, 문서 등에 항상 접촉하고 있거나 또는 사용자가 관리 및 제공하고 있는 인장을 이용할 수 있는 기회가 많기 때문이라고 한다.[152] 그리고 事務執行關聯性을 판단할 때 인장 등의 보관이 허술하거나 미리 인장을 날인한 어음용지 등을 피용자의 보관에 맡겨두거나 인장이나 어음용지에의 접근이 용이한 것 등을 들고 있는데 이것은 직무의 성질 이외의 危險創出이라고 볼 수 있다고 한다.[153]

이와 같이 판례가 外形理論 적용을 위한 사용자측 원인으로 防止措置의 缺如를 들고 있음에 대하여는 補償責任 내지 위험책임이라는 使用者責任의 해석이념에 비추어 과실주의의 弊에 빠질 우려가 있다는 비판이 있을 수 있다.

이에 반해 業務執行關聯性을 부정한 예로서 (a) 作業所 主任의 어음발행,[154]

148) 日最判 昭 44(1969). 2. 21.
149) 日大判 昭 8(1933). 4. 18
150) 日大判 昭 14(1939). 12. 6
151) 日最判 昭 32(1957). 7. 16.
152) 田上富信(註 147).
153) 吉川義春, "手形僞造の表見代理と使用者責任(二)", 民商法雜誌 65, 282은 이를 객관적 위험상태의 존재로 보고, 田上富信(前註), 50은 이를 防止措置 缺如로 본다.
154) 日最判 昭 43(1968). 1. 30.

(b) 직무권한이 예금수불창구이고 수금 작성교부사무에는 미치지 않으며, 인장보관사용도 허용되지 않는 신용조합예금과장의 수표발행,[155] (c) 회사의 어음수표작성사무를 평상시 담당하지 않는 여종업원의 수표발행, (d) 회사지점도 영업소도 아닌 사무소의 사무원이 한 수표위조, (e) 어음發行事務에 관여하지 않는 평이사의 어음위조 등을 들 수 있고 아울러 (f) 전화명의변경서류를 위조한 경우,[156] (g) 세금체납에 의한 공매는 시의 財政局收稅課 소관임에도 불구하고 고정자산세의 부과사무 등을 취급하는 財政局主稅課土地家屋係의 係員이 공매처분을 하여 토지매각대금을 사취한 경우[157]에도 사업의 집행에 관한 것이 아닌 것으로 보았다.

(다) 去來的 不法行爲에 있어서의 表見責任과의 관계 　 使用者責任의 외형책임에 대하여는 表見代理責任制度와 관련하여 다음과 같은 의문이 제기되고 있다. 즉 거래행위에 대하여 외형표준설이 취하여진 것은 그것이 제 3 자의 신뢰를 보호하는 기능을 하고 있고, 전게 대심원 연합부 판결[158]이 「일반거래관념에 비추어」라고 한 것이 그러한 취지를 포함하나, 거래행위에 있어서는 使用者責任과 유사한 제도로서 表見代理制度가 있고, 그래서 거래행위에 있어서 제 3 자의 신뢰보호를 위하여 이유있는 경우에는 원칙적으로 表見代理制度를 준용하여야 하며, 예외적으로 表見代理를 준용하여 거래를 유효하게 하는 것이 특별히 불합리한 경우에만(주권의 위조 등) 使用者責任이 적용되는 것으로 해석할 수 있고, 그렇다면 어음위조에 대하여는 학설상 제 3 자가 그 권한이 있다고 믿고 그것에 대하여 본인에게 책임을 지울 사정이 있는 경우에는 表見代理의 경우와 동일하게 본인에게 어음상 책임을 인정할 수 있어 소지인이 소구권을 행사한 결과 상환이 불가능한 것으로 판명된 후가 아니면 손해가 발생한 것이 아닌 것으로 하여 使用者責任을 추급할 수는 없는 것이 아닌가 하는 의문이 생긴다고 한다(이에 대하여는 어음위조에서의 使用者責任과의 관계에서 따로 후술한다).

(라) 事實的 不法行爲 　 去來的 不法行爲에 강조된 행위의 외형은 事實的 不法行爲에서도 마찬가지로 적용되게 되었다. 처음에는 사실행위에 관하여 엄격하게 해석하였으나, 전술한 거래행위에 관한 大審院 大 15(1926). 10. 13. 판결 이후 그 취지가 사실행위에 관한 사안에도 미치기 시작하여, 昭 7

155) 日最判 昭 44(1969). 4. 25.
156) 日大判 昭 11(1936). 6. 8.
157) 日最判 昭 37(1962). 3. 20.
158) 大 5(1916). 10. 13.

(1932)년경부터 판례의 태도가 명확해졌다.[159] 사실행위에 관하여는 자동차사고에 관한 사례가 많다. 운전자가 본래 운전을 담당하는 직무가 아닌 경우,[160] 운전을 직무로 하는 자가 사용으로 운전한 경우[161]에도 업무의 집행에 있는 것으로 보았다. 사실행위의 경우에는 상대방이 행위의 외형에 의하여 행동하는 것은 아니기 때문에 자동차운행의 경우 「행위의 유형」이라는 것이 어떻게 들어왔는지가 명확하지 않다. 事實的 不法行爲에는 피해자측 사정은 전혀 문제되지 않는다.

(마) 故意·重過失의 문제 한편 최고재판소는 §715의 使用者責任의 成否에 대하여 피해자측의 주관적 사정을 고려하여 피해자측에 있어서 그 거래행위가 사용자의 사업집행이 아닌 것을 알거나 혹은 중과실로 이를 알지 못한 경우에 그 책임의 성립을 부정하는 태도를 취하였다. 즉 最高裁 昭 42(1967). 4. 20. 판결은 外形理論을 취한 이유를 행위의 유형에 대한 제3자의 신뢰를 보호하는 것이라고 하여, 상대방인 제3자의 악의, 중과실이 使用者責任을 부정하는 사유가 되는 근거를 명확히 하였다. 이 판례는 악의인 경우 면책을 인정한 사례이나, 最高裁 昭 42(1967). 11. 2. 판결에서는 피해자가 악의인 경우는 물론 중대한 과실에 의하여 알지 못한 경우에도 使用者責任을 부정하였다.[162] 最高裁 昭44(1969). 11. 21. 판결은 일반인에게 요구되는 주의의무를 현저하게 위반하여 고의에 준할 정도의 주의의 흠결이 있다면 공평의 견지상 상대방에게 보호를 주지 않는 것이 상당하다고 인정되는 상태에 있다고 설시하였다.[163]

그러나 학설상으로 악의의 경우는 어찌되었든간에 과실은 그 경중을 묻지 않고 과실상계에 의하여 처리하자는 견해도 있다. 不法行爲를 事實的 不法行爲와 去來的 不法行爲로 구분하지 않고 일원적으로 고찰하여 外形理論의 근거를 補償責任에 구하고 주관적 사정은 손해산정자료에 불과하다는 것이다.[164] 피용자의 행위에 대한 피해자의 신뢰관계요소는 무관계하여 책임관계에 들어올 수 없다는 것이다.[165]

159) 日大判 昭 7(1932). 9. 12.
160) 日大判 昭 7(1932). 9. 12; 昭 13(1938). 2. 12; 日最判 昭 34(1959). 4. 23
161) 日最判 昭 30(1955). 12. 22; 日最決 昭 37(1962). 11. 8; 日最判 昭 39(1964). 2. 4.
162) 같은 취지 日最判 昭 42(1967). 12. 21.
163) 위 판례외에도 日最判 昭 43(1968). 2. 69; 昭 47(1972). 3. 31 등. 奥村長生, "取引先の外観信頼" 民法判例百選 II 債權(別冊シュリスト No.78), 182-3.
164) 上田宏, "被用者による… 遡求權との關係", 民商 63-5, 758.
165) 燕山嚴, 法曹時報 18-1, 135 이하.

그러나 다수설은 外形理論을 事實上 不法行爲와 去來上 不法行爲는 2분하여 고찰할 때 후자의 근거는 상대방 신뢰보호에 있으므로 여기서는 악의 중과실이 하나의 요인이라고 한다.[166] 여기에서 중과실이 무엇인지, 즉 어떠한 경우에 피해자에게 중과실이 있다고 볼 수 있는가가 문제되는데 日本大審院判決은 중과실이라 함은 거래의 상대방이 조금만 주의를 기울였더라면 피용자의 행위가 그 직무권한 내에서 적법하게 행하여진 것이 아니라는 사정을 알 수 있었음에도 이에 이르지 아니하고 만연히 이를 직무권한 내의 행위라고 믿음으로써 일반인에게 요구되는 주의의무를 현저히 위반하는 것으로 고의에 준하는 주의의 해태이고 공평의 견지상 상대방을 보호할 필요가 없다고 봄이 상당한 상태라고 한다.

(8) 우리 나라 판례의 입장

㈎ 外形理論의 意義·趣旨·適用要件 使用者責任에 있어서의 事務執行關聯性은 원칙적으로 그것이 피용자의 직무범위에 속하여야 한다. 예컨대 신용관리기금의 이사장이 재정경제원장관의 선임으로 업무 등의 정지명령이 내려진 종합금융회사의 업무와 재산을 관리하는 것은 그 자체가 신용관리기금의 업무이다(大判 2002. 9. 24, 2001다16739(公 2002, 2493)). 그러나 판례는 이와 같이 극단적으로 그 범위를 좁게 해석하면 거래의 안전을 도모하려는 입법취지를 도외시하는 결과가 된다고 하면서,[167] 業務執行關聯性에 있어서의 업무의 범위는 피용자의 직무집행행위 자체는 아니나 그 행위의 외형으로 관찰하여 마치 직무의 범위 내에 속하는 것과 같이 보이는 행위도 포함한다 하여 外形理論에 따라 그 성립범위를 확대하고 있다. 外形理論이 대법원판례에 등장한 것은 大判 61. 2. 28, 4293민상558(要集 민 I, 1244)이 나올 무렵이 아닌가 싶다. 이 판결에서 대법원은 事務執行關聯性의 의의를 外形理論의 관점에 서서 명확히 하였고, 이러한 의의는 그 후 使用者責任에 있어서 外形理論을 취한 많은 판결들의 이유 중에 나타나고 있다.[168] 앞서 본 바와 같이 民 §756 제정 과정에서도 정부안의 "사업집행으로 인하여"라는 문구가 본래의 事務執行 자체에 국한하는 것으로 해석되기 쉬워서 너무 협소하여 補償責任精神에 위반됨으로 "事務執行에 관하여"로 수

166) 植林弘, 民商 54-6, 168.
167) 大判 85. 8. 13, 84다카979(集 33-2, 149).
168) 大判 63. 2. 14, 62다921(要集 민 I, 1244); 大判 66. 9. 20, 66다1166(集 14-3, 49); 大判 66. 10. 21, 64다1102(要集 민 I, 654); 大判 66. 10. 21, 65다825(要集 민 I, 1246); 大判 67. 2. 7, 65다1702(要集 민 I, 1246) 등.

정되었던 것이다.

使用者責任의 경우 그 事務執行에 관하여 가해행위가 있었을 것을 규정하고 있어 事務執行에 있어서는 피용자의 不法行爲와 상당한 關聯性이 있는 기초적인 직무권한이 필요하게 된다. 이 때 직무권한은 법률행위에 관한 것이든 사실행위에 관한 것이든 상관없다.[169] 따라서 법률행위에 관한 대리권이 있어야만 表見代理가 성립하는 경우에 비하여 그 기초적 직무권한의 범위가 넓다고 할 수 있으나, 表見代理에서는 권한외의 기본대리권이 예정하는 행위와 동종류일 것을 요하지 않고 있기 때문에[170] 양자의 범위의 광협을 일률적으로 말할 수는 없다.[171]

피용자가 사용자의 구체적인 명령 또는 위임에 따르지 않고 그 지위를 남용하여 자기 또는 제3자의 이익을 도모하는 경우에도 사용자나 피용자의 주관적인 사정에 따라 사용자의 책임을 부정하는 것은 使用者責任制度나 목적에 반하므로 이 경우에도 사업의 범위에 포함된다.[172] 따라서 예컨대 사고의 원인이 된 기중기조종작업이 비록 사용자의 지시나 위임에 기한 것이 아닌 현장소장의 무단전대에 의한 것이라도 외형적으로 事務執行行爲와 유사한 행위로 본다.[173]

大判 99.7.27, 99다6272(公 1999, 1758); 大判 95.10.13, 94다38168(公 1995, 3761); 大判 95.2.3, 94다43115(公 1995, 1154); 大判 92.2.25, 91다39146(公 918, 1143); 大判 92.9.22, 92다25939(公 1992, 2982); 大判 88.11.22, 86다카1923(公 839, 11)은 「외형상 객관적으로 사용자의 事務執行에 관련된 것인지의 여부는 피용자의 본래 직무와 不法行爲와의 관련정도 및 사용자에게 손해발생에 대한 위험창출과 방지조치 결여의 책임이 어느 정도 있는지를 고려하여 판단하여야 할 것」이라고 하였다. 위험의 창출과 관련하여 위 84다카979 판결은 「去來的 不法行爲와 관련하여 피용자의 권한외의 행위에 대하여 사용자의 지배가 가능한 것임에도 불구하고 피용자가 사용자의 이름으로 당해 행위를 하는 것이 객관적으로 용이한 상태에 있었다면, 피용자의 행위는 그 職務範圍內에 있다는 외관을 나타내는 것이 일반이다」라고 하였다.

일반적으로 事務執行의 범위를 판정할 때 基礎權限과 加害行爲의 「關聯性

169) 판례는 表見代理責任에서의 기본대리권의 범위를 매우 너그럽게 보아 사실행위(大判 62.2.8, 4294민상192(集 10-1, 87))도 기본대리권으로서의 적격을 인정한다.
170) 大判 63.8.31, 63다326(集 11-2, 91).
171) 兪 泫, "피용자의 어음위조와 회사의 使用者責任", 재판자료집 38, 568.
172) 大判 85.8.13(註 167); 大判 91.1.11, 90다8954(公 891, 722).
173) 大判 92.7.28(註 64).

의 정도」와 가해행위 유발의 「객관적 위험상태의 정도」라는 2가지 사항의 「상관관계」에 의하여 파악해야 한다. 즉 피용자의 직무권한과 가해행위 사이의 關聯性과 사용자가 창출한 「남용할 우려있는 객관 상태」가 반비례적으로 요구되어, 전자가 희박하면 후자의 위험상태의 정도가 강할 것이 요구된다. 그래서 이 관계는 양자를 합산하여 일정한 단계 이상에 달한 경우에 그것이 事務執行의 범위 내에 해당한다는 것이다.

대법원판결은 外形理論의 적용요건으로 직무의 성질에서 나오는 위험의 창출외에도 위험을 피하는 데 상당한 방지조치를 취하지 않았다는 것, 즉 피용자의 선임 및 사고감독이 느슨한 점을 들고 있는데 不法行爲的 表見責任에서 위험창출 내지 위험의 기회제공만으로 바로 사용자의 책임을 인정하기에는 사용자에게 너무 가혹하다고 생각되어 방지조치결여라는 사용자 본인의 귀책성을 外形理論의 적용요건으로 추가할려고 하였는지 모르지만, 여기에는 외관신뢰에 대한 피해자의 정당한 이유가 더 적절하지 않을까 하는 생각이 든다.

外形理論에 대하여는 일반적으로 그 개념이 애매하다고 지적되고 있고 몇가지 점에서 비판이 가하여지고 있지만, 판례법상 使用者責任에서의 業務執行關聯性의 범위결정에 관한 이론으로서는 확고부동한 위치를 차지하고 있음은 부인할 수 없다.

㈏ 外形理論의 適用事例

(a) 去來的 不法行爲의 유형 外形理論의 적용범위를 살펴봄에 있어 우선 크게 去來的 不法行爲와 事實的 不法行爲로 나누어 생각해 볼 수 있다. 外形理論은 거의 대부분 去來的 不法行爲에 있어서 취하여졌는데, 이를 유형별로 대략 정리해 보면,

① 은행지점장의 지급보증서발행행위,[174] 협동조합예금취급소장의 지급보증행위,[175] 은행지점대리의 지불보증행위,[176] 은행지점차장의 지급확인행위[177] 등과 같이 금융기관의 대리, 차장, 소장이 한 지급보증행위가 있다.

② 국고수표를 발행하는 직무를 담당한 분임출납관이 지출원인 없이 수표를 발행하는 행위,[178] 상호신용금고 지점장서리가 개인 목적으로 지점장명의

174) 大判 69.1.21, 68다321(集 17-1, 18).
175) 大判 70.12.29, 70다2506(集 18-3, 451).
176) 大判 72.8.31, 72다1054(集 20-2, 204).
177) 大判 75.5.27, 74다1583(集 23-2, 78).
178) 大判 69.3.4, 67다1911(集 17-1, 257).

의 약속어음을 발행하는 행위,[179] 경리사무나 현금출납사무를 담당하고 있는 경리사원, 경리과장, 총무과장 등의 직무상 보관중이거나, 위조한 대표이사직인으로 어음을 위조발행하는 행위[180]등과 같이 어음·수표發行事務와 관련된 직책에 있음을 기화로 부당하게 그 권한을 남용하여 혹은 아무런 권한 없이 어음·수표를 발행하는 행위가 있으며(이 경우가 外形理論이 적용되는 가장 전형적인 경우이다).

③ 학교법인이 학교장이었던 자의 법인명의의 어음을 담보로 한 금원차용행위,[181] 法務士 사무원의 매매대금보관횡령행위,[182] 증권회사 영업부장의 증권편취행위[183] 등으로 나누어 볼 수 있다.

한편 사실행위적 不法行爲란 피용자의 不法行爲가 법률관계를 전제로 하여 발생하는 것이 아니라 순수한 사실행위로서 이루어진 것으로 피용자가 자동차를 운전하다가 교통사고를 낸 경우 혹은 事務執行中 제3자를 폭행하여 상해를 입힌 경우 등이 이에 해당한다. 事實行爲的 不法行爲의 경우는 去來行爲的 不法行爲와는 달리 피해자의 신뢰는 문제로 되지 않는다.

(i) 어음·手票僞造의 경우 가장 대표적인 것이 어음·手票僞造의 경우이다.

판례는 대체로 피용자가 어음作成事務나 어음作成準備事務를 담당하고 있거나 피용자가 어음작성사무나 어음작성준비사무를 담당하고 있지 않더라도 사용자가 印章 및 어음用紙의 보관을 소홀히 하여 피용자로 하여금 어음위조를 용이하게 할 수 있도록 한 상태에 두었는지를 고려하여 事務執行關聯性을 판단하고 있다. 피용자가 어음작성 사무를 본래의 사무로 하고 있어서 어음僞造行爲와 본래의 직무가 밀접한 관련이 있는 경우에는 印章保管狀態 등 어음위조가 용이한 상태에 있었는지가 문제되지 않지만,[184] 어음위조가 피용자의 본래의 직무와의 관련도가 희박해질수록 인장보관상태 등 어음위조가 용이한 상태에 있었는지 즉 위험창출과 방지조치 결여[185]에 관하여 상세히 검토하여

179) 大判 81.9.22, 80다3119(公 668, 14375).
180) 大判 66.9.20, 66다1166(集 14-3, 49); 大判 66.10.21. 64다1102(要集 민 I, 654); 大判 67.2.7, 65다1702(要集 민 I, 1246); 大判 72.5.30, 72다 512(集 20-2, 79); 大判 82.10.26, 81다509(公 695, 55).
181) 大判 81.9.22, 80다1317(公 668, 14369).
182) 大判 67.7.25, 67다1038(集 15-2, 231)
183) 大判 80.1.15, 79다1867(公 628, 12585).
184) 이 경우에는 表見代理의 성립이 용이하다 하겠다. 예컨대 大判 62.7.12, 62다255(集 10-3, 153).
185) 이는 表見代理要件에서 외관발생창출에 대한 본인의 귀책사유라 할 수 있고 어음행위

야 할 것이다.

대법원은 대한교육연합회 공제조합의 총무부장이 조합의 금전출납 등 경리사무 전반과 조합의 이사장 직인 보관, 문서작성 등 서무전반에 걸친 사무에 종사하고 있던 중 組合名義의 어음을 위조한 경우,[186] 회사의 경리과장이 현금출납사무에 종사중 은행에 등록된 대표이사의 명판과 인장을 보관하고 있음을 기화로 회사 명의의 수표를 위조한 경우,[187] 회사의 어음發行事務를 담당하고 있는 경리부의 경리과장이 대표이사의 고무인이 찍힌 어음용지를 보관하고 있음을 기화로 회사 명의의 어음을 위조한 경우,[188] 어업협동조합의 상무가 조합의 어음을 발행하여 오다가 무효인 조합명의의 어음을 발행한 경우,[189] 회사의 출납계장이 금전출납, 어음수납사무, 어음발행에 있어서의 문면작성 등 어음준비행위, 수취한 어음보관 및 推尋業務를 담당하고, 대표자의 인장보관상태가 어음배서의 위조를 함에 있어 용이한 상태에 있었던 경우,[190] 회사의 경리사원으로서 회사의 대표이사 개인의 어음용지를 은행으로부터 수령하고 代表理事 개인의 명판 및 인장을 보관하면서 대표이사 개인명의의 어음을 작성하여 오던중 대표이사 개인 명의의 어음을 위조한 경우,[191] 회사의 재정부 자금과에서 자금집행을 담당하다가 자금과가 1, 2과로 나뉘고 1과 소속의 외환관리담당으로 직책이 바뀌었으나, 자금 1, 2과가 같은 사무실을 사용하고, 또한 새로 자금집행을 담당한 사원이 업무미숙하여 상사의 양해하에 종전의 約束어음作成業務에 관여하여 왔고, 약속어음용지가 과장의 책상위 손금고 안에 허술하게 보관되어 있어 직원들이 이를 쉽게 꺼내어 사용할 수 있는 상태에 놓여 있어 이를 꺼내어 거래처에 줄 어음을 결제받을 때 함께 끼어 넣어 상사의 눈을 속여 대표이사의 인감도장을 받고 사무실 책상에 있는 명판을 찍어

의 경우 본인이 대리인에게 어음행위를 할 수 있는 것과 같은 지위 및 상태를 설정하였거나, 대리인의 반복적인 어음행위를 방치 내지 묵인하였다는 사정이 존재하여야 한다. 그 중 본인이 자칭 대리인의 반복된 위조행위를 몰랐다 하더라도 충분히 주의를 기울였다면 이를 알 수 있었고 또한 이를 방지할 수 있었다는 주의의무위반은 단지 손해배상의 법률효과만을 가져오는 것이 아니라 외관구성요건에 의한 이행의무까지 발생시킨다는 것이다. 이 경우 본인의 의무위반이 損害賠償責任이 아닌 이행의무를 창출할 수 없다는 입장이 있다. Larenz S. 583. (A G) Lange-Köhler S. 339.

186) 大判 66. 10. 21, 64다1102(要集 민 Ⅰ, 654).
187) 大判 72. 5. 30, 72다512(集 20-2, 79).
188) 大判 78. 8. 22, 78다756(要集 민 Ⅰ, 1259).
189) 大判 82. 6. 8, 82다150(集 30-2, 113).
190) 大判 75. 6. 24, 74다809(要集 민 Ⅰ, 1255).
191) 大判 82. 10. 26, 81다509(公 695, 55).

어음을 위조한 경우,[192] 회사경리계장이 회사자금관리, 세무, 회계업무 등을 담당하면서 약속어음작성업무에도 관여하여 오던 중 타인이 발행한 약속어음 배서란에 경리계 직원들이 때때로 보관하기도 하던 대표이사의 일반업무용 명판 및 인장을 압날하여 배서를 위조한 경우,[193] 회사의 경리사원이 금전출납, 전표작성, 은행거래업무에 종사하던 중 때마침 대표이사의 지시로 은행거래를 위하여 보관중인 대표이사 인장을 이용하여 수표를 위조한 경우[194]에 事務執行關聯性을 긍정하고 있다.

위에서 본 바와 의하면 대법원은 회사의 경리과장의 어음僞造行爲에 관하여는 경리과장이 어음發行事務를 담당하고 있다는 사실만을 들어 인장보관의 여부는 문제삼지 않고 事務執行關聯性을 인정하고 있고, 조합의 상무는 재판상 또는 재판 외의 대리권이 있는 점을 들어, 무효인 조합명의의 어음을 발행하여 이를 배서 양도받은 선의의 제3자에 대한 관계에서 事務執行關聯性을 긍정하였으며 어음작성준비사무 이외에 일반회계, 경리사무를 담당하는 경리직원의 어음작성준비사무는 그의 본래의 직무는 아니지만 사실상 이에 관여하고 있음을 기화로 어음을 위조한 행위에 대하여 事務執行關聯性을 긍정하면서 피용자가 사용자 명의로 권한 외의 어음행위를 하는 것이 객관적으로 용이한 상태에 있었는지, 사용자가 주의의무를 제대로 했는지가 검토되고 있다. 즉 피용자가 어음작성준비사무를 사실상 담당하고 있어 피용자의 背書僞造行爲와 상당한 관련을 가진 사무를 담당하고 있음을 나타내고, 회사 대표자의 인장을 사용하여 대표자 이름으로 어음배서를 용이하게 할 수 있을 만큼 인장 등의 보관방법이 허술한 점을 들어 外形理論을 적용함에 있어서의 위험창출적 요소를 강조한다. 피용자의 어음僞造行爲가 이루어지는 것이 객관적으로 용이한 상태에 있느냐의 여부는 기업의 시설, 기구, 대표자의 명판 및 직인의 보관상태, 업무의 분화정도, 피용자의 지위와 그 직무내용 등이 중요한 판단요소가 될 것이다.[195] 그리고 피용자의 不法行爲와 직무와의 關聯性의 정도는 「사용자가 피용자로 하여금 수표나 주권을 위조하는 등 지위를 남용하여 제3자에게 손해를 주기 쉬운 상황에 두었다는 것, 즉 위험성이 있는 지위 내지 상황에 두었다는 것(직무의 성질에서 나오는 위험의 창출)」으로 볼 수도 있을 것인바, 이는 피용자의 不

192) 大判 85.8.13(註 167).
193) 大判 88.11.22, 86다카1923(公 839, 11).
194) 大判 92.6.23, 91다43848(公 1992, 2245).
195) 김형진, "어음수표 피위조자의 책임," 재판자료집 30, 346-7.

法行爲와 밀접한 관련이 있는 사무를 담당하는 지위에 있는 피용자는 그 직무의 성질로부터 수표용지, 주권용지, 문서등에 항상 접촉하고 있거나 또는 사용자가 관리 및 제공하고 있는 인장을 이용할 수 있는 기회가 많기 때문이다.[196)]

職務關聯性을 부정한 예로서는 지출관이 지출원인행위의 채권자 아닌 자에 대하여 국고수표를 발행한 경우,[197)] 회사에서 약속어음사무와는 무관한 판매 담당자(경리책임자가 따로 있음)가 약속어음을 위조한 경우,[198)] 군농업협동조합의 상무대리로서 자기앞수표 발행을 그 관장하는 직무의 하나로 하고 있을 뿐 조합을 대표하거나 대리할 자격이 없음에도 불구하고 조합 상무대리 명의의 약속어음을 발행한 경우,[199)] 회사에서 어음발행이나 배서와는 무관하고 단순한 이미 완성된 어음을 교부하고 영수증을 교부받는 사무를 담당하고 있는 출납계장이 어음배서를 위조한 경우,[200)] 보험회사가 금융기관으로부터의 당좌대월을 제외하고는 재무부장관의 사전승인 없이 자금차입 등 채무부담행위를 하지 못하도록 엄격히 규제를 받고 있고, 그 영업소는 본사의 指揮·監督 밑에서 기계적이고 보조적인 사무만을 처리하는 점포로서, 약속어음의 발행이나 배서, 회사의 채무부담에 속하는 서류의 작성이나 자금차입이 그 사업에 속하는 바가 아닌데도 보험회사 영업소장이 배서를 한 경우[201)] 등을 들 수 있다.

피용자가 판매담당자로서 어음作成事務와 무관한 사무를 담당하고 있는 경우에 피용자의 담당사무가 어음發行이라는 모습을 띤 피용자의 不法行爲와 무관하다고 할 수 있다. 마찬가지로 어음작성에 관여하지 않고 이와는 전적으

196) 田上富信, "使用者責任における'事業ノ執行にけキ'の意義," 現代損害賠償法講座 6, 49.
197) 大判 71. 3. 23, 71다186(集 19-1, 239).
198) 大判 73. 12. 11, 73다635(公 479, 7634).
199) 大判 74. 11. 26, 74다993(集 22-3, 98). 이 판결에 대하여는 피용자에게 자기앞수표를 발생할 권한이 있다면 약속어음의 반환 역시 事務執行과 관련한 행위로 보여지고 따라서 원고에게 악의 또는 중과실이 있음을 이유로 使用者責任을 부정할 수 있어도 바로 직무집행과 關聯性이 없다고 할 수는 없다는 견해가 있다. 兪泫, 570. 김연태, "금융거래와 관련하여 문제되는 은행의 책임", 재판자료집 32, 221에서도 약속어음의 발행행위는 농업협동조합이 조합법 소정의 사업을 행하기 위하여 필요한 행위로 본다. 위 大判 71. 11. 15, 71다2039(要集 민 I, 1250)와 상반되는 것이 아닌지 하는 의견을 피력하고 있다.
200) 大判 76. 10. 12, 76다1743(要集 민 I, 1257). 이 사건도 구자승 사건으로 피용자의 직무권한의 범위는 어음의 발행이나 배서사무와는 관계가 없고 단순히 완성된 어음을 교부하고 영수증을 받는 일에 국한되었다. 피고회사는 종래 물품대금지급이나 기타 채무변제를 위하여 타인발행의 어음에 배서 교부한 사례가 없었던 사실에 비추어 구자승의 배서행위도 직무권한 내에 속하는 행위라고 볼 수 없다고 하였다. 이 판례에 대한 반대견해로 김동현, "피용자의 어음위조와 使用者責任에 관한 소고" 법조춘추, 132, 52. 大判 77. 6. 28, 76다2888(要集 민 I, 1258).
201) 大判 89. 2. 14, 87다카3176(公 845, 415).

로 별개의 사무를 담당하는 영업계는 직무와의 相當關聯性을 결하고 있다.[202] 사환, 수위 등에 의하여 이루어진 경우에도 대표자 직인 등의 인장보관상태가 다소 허술하였다는 객관적 위험상황에도 불구하고 그 행위는 職務範圍 외라 할 것이다.[203]

참고로 일본판례를 소개하면 다음과 같다. 日大判 昭 11(1936). 12. 11.은 서무과 직원을 주권을 위조하기 쉬운 지위에 두었고, 그러한 위험을 방지할 조치를 취하지 않았다고 하여, 그리고 日大判 昭 19(1944). 6. 17.은 직무성질상 용이하게 인장의 도용이 가능하다 하여, 각각 그 책임을 인정하였다. 日最判 昭 36(1961). 6. 9.도 협동조합 서기가 어음을 위조한 사안에서 지위권한 남용 사실을 외부로부터 인식하기 곤란하다 하여 외형상 직무관련을 인정하였고, 日最判 昭 40(1965). 11. 30.에서는 피고회사 회계과에서 어음작성준비업무를 담당하다가 어음을 위조한 사안에 대하여 (i) 피용자가 어음작성사무로부터 무관계해졌는가에 대하여 이는 단순히 사무분배의 변경명령이 있는 것에 지나지 않고 사무실의 구조, 책상의 배치 등 객관적 조건, 집무시간중 인장등의 보관방법이 허술하였던 사정에 비추어 보면 피용자는 인장을 모용하여 어음을 작성하는 것이 용이한 지위에 있고, (ii) 피용자가 어음계에 있을 당시부터 일연의 僞造行爲를 차단하여 그 계속을 불능하게 하는 것에 실효 적확한 조치를 취하지 않는 점 등을 들어 業務執行關聯性을 인정하였으며, 日最判 昭 43(1968). 4. 12. 역시 어음발행에 관여하지 않더라도 주된 업무외에 소규모 영업회사에서 사장의 명을 받고 어음교부, 상품주문 업무 등을 맡고 있는 상품출납등 담당피용자가 사용자명의의 어음을 위조한 사안에서 業務執行關聯性을 인정하였다. 그 밖에 ① 주식에 관한 사무담당의 서무과 직원이 회사의 주권용지를 사용하여 주권을 위조한 경우,[204] ② 유가증권의 보관예치사무를 담당하는 은행원이 명의개서백지위임장을 위조하여 그 보관하는 기명주권을 처분한 경우,[205] ③ 어음發行事務를 담당하는 회사의 경리과장이 대표이사의 인감을 남용하여 어음을 위조한 경우[206]를 들 수 있다.

---

202) 兪泫, 574.
203) 김형진, 347.
204) 日大判 昭 8(1933). 4. 18.
205) 日大判 昭 14(1939). 12. 6.
206) 日最判 昭 32(1957). 7. 16.

(ii) 어음·手票僞造 이외의 경우

(ㄱ) 金員借用行爲 金員借用行爲가 외형상 회사의 事務執行과 관련된 것이지 여부에 관하여 大判 91. 10. 11, 91다24038(公 909, 2711)은 재일교포로서 국내에 상주하지 않는 재개발사업을 시행하는 회사의 대표이사 외에는 다른 사람의 지시를 받음이 없이 동인을 실질적으로 대리하여 재개발지구 내의 토지매입 교섭과 賣買契約締結 및 賣買代金支給 등에 관련된 실무를 직접 처리하여 온 관리부 소속 재개발담당과장이 위 회사를 위하여 매입한 토지대금 지급에 사용한다는 명목으로 금원을 차용한 행위가 외형상 위 회사의 事務執行과 밀접하게 관련된 것이라고 볼 수 있다고 하였다. 마찬가지로 주식회사의 경리부장으로서 은행거래, 유가증권의 할인 등에 의한 회사자금조달 등의 사무를 집행하는 자의 자금차용행위는 외형상 事務執行에 관하여 이루어진 것이라 하였다.[207)]

이에 반하여 大判 90. 12. 11, 90다카27648(公 889, 475)은 주택자재의 제조판매, 골재채취 및 판매 등을 목적으로 하는 회사에서 자금차입은 이사회의 결의를 받아 대표이사가 집행하게 되어 있고, 골재사업소 관리과장은 물론 사업소장에게도 금원차용의 권한은 없으며 그 전에도 이들이 회사를 위하여 금원을 차용한 적은 한번도 없었는데, 위 골재사업소에서 소장을 보좌하여 골재의 수취판매와 수금업무를 담당하고 있는 관리과장이 골재사업소장과 관리과장의 記名捺印이 있는 약속어음이나 차용증을 작성하여 주고 회사가 차용한다는 명목으로 거액의 돈을 騙取한 경우 위 金員借用行爲는 위 회사 골재사업소 관리과장으로서의 본래 직무와는 관련이 없는 행위로서 외형상으로도 위 회사의 職務範圍 내에 속하는 행위로 볼 수 없다고 하였다.

이와 같이 金員借用行爲가 業務執行關聯性이 있는지를 판별하는 것이 쉬지 않은데 특히 金員借用行爲와 관련하여서는 은행, 조합, 신용금고, 보험회사 등 금융기관 직원의 차용행위가 종종 문제된다.

대체로 금원차용에 있어 법령에 정해진 內部的 節次 및 制限은 두 가지로 나누어 볼 수 있는바, 하나는 학교법인, 농지개량조합, 건설공제조합, 상호신용금고, 보험회사의 경우와 같이 일단 개인으로부터 금전을 차용하는 것 자체를 금지하지는 않고 다만 금전을 차용할 때에는 이사회의 의결 및 감독청의 허가나 도지사의 승인 등 일정한 내부적 절차를 거치도록 법령에 규정되어 있

207) 大判 90. 1. 23, 88다카3250(公 868-510).

는 경우이고, 다른 하나는 협동조합, 국민은행의 경우와 같이 금융기관 이외의 자로부터 금전을 차용할 수 없도록 법령에 규정되어 일반 개인으로부터 금원을 차용하는 것 자체를 금지하고 있는 경우이다.

우선 전자의 경우에는 피용자의 金錢借用行爲가 법령에 정해진 내부적 절차를 거치지 않았다는 것은 使用者責任을 인정하는 데 장애가 되지 않고 피용자의 차용행위가 피용자의 본래의 직무와 관련이 있는지 여부 등이 문제될 뿐이다. 그 밖에 대법원 판례에서 金員借用行爲와 관련하여 事務執行關聯性을 긍정한 예로 학교장의 차용행위,[208] 학교법인의 총무부장과 서무과장의 차용행위[209] 등을 들 수 있다. 학교장의 차용행위에 관한 사안에서는 학교장이 借用金員을 학교직원의 봉급 또는 학교시설확충에 사용하였고, 총무부장과 서무부장의 차용행위에 관한 사안에서는 학교법인의 운영자금 조달업무를 처리하여 오던 피용자들이 학교설치 경영에 따른 負債償還 및 그 운영비 목적으로 금원을 차용한 것이어서 모두 피용자들의 차용행위가 그들 본래의 직무와 밀접한 관련이 있다고 보고 있다.

또한 대법원은 농지개량조합의 총무과장과 경리계장의 차용행위,[210] 농지개량조합의 조합장, 총무계장의 차용행위[211]에 관하여 법에 정해진 절차를 거치지 않고 금전을 차용했는데도 使用者責任을 인정하고 있다.

마찬가지로 건설공제조합의 출장소장이 사실상 金錢借入 및 融資斡旋을 하여 오다가 조합원에 대한 융자알선을 위하여 차용한 경우에도 事務執行關聯性을 긍정하고 있다.[212]

大判 90.3.23, 89다카555(公 872, 943)은 상호신용금고의 지점장서리가 개인 목적으로 지점장 명의의 약속어음을 발행하여 金錢借入節次를 거치지 않고 금전을 차용한 경우에 대하여도 지점장서리가 금전차입을 할 권한이 있으므로 金錢借用行爲는 그의 본래의 직무와 밀접한 관련이 있어 事務執行關聯性을 긍정하고 있다.[213]

그러나 보험회사 출장소장은 본·지점의 指揮·監督 밑에서 기계적이고 보

208) 大判 65.11.23, 65다1952(集 13-2, 236); 大判 78.1.24, 77다2084(要集 민 I, 1258).

209) 大判 79.12.26, 79다1817(要集 민 I, 1260); 大判80.4.8, 79다1431(公 633, 12774); 大判 81.9.22(註 181); 大判 98.12.8, 98다44642(公 1999, 107).

210) 大判 72.7.11, 72다815(要集 민 I, 1251).

211) 大判 75.1.14, 74다1748(要集 민 I, 1254).

212) 大判 73.5.30, 72다2283(集 21-2, 29); 大判 73.6.26, 73다186(要集 민 I, 1252).

213) 같은 취지 大判 81.9.22(註 179); 신용협동조합 분소장의 차용행위에 대하여 大判 98.7.24, 97다55706(公 1998, 2206).

조적인 사무만을 처리할 뿐이므로 그가 한 차용행위는 事務執行에 관한 것이 아니라고 하고 있다. 보험회사가 목적업무 아닌 자금차입을 하는 경우 금융기관에서의 當座借越을 제하고는 주무장관의 事前承認을 받는 등 엄격한 규제를 받고 있고 특히 출장소는 본지점의 指揮·監督 밑에서 기계적 보조적 사무처리하는 점포이므로 출장소장의 資金借入은 그 업무에 속하지 아니한다고 하였다.[214)]

다음으로 후자의 경우에는 使用者責任이 부정되고 있는데, 그 이유로는 협동조합, 국민은행이 금융기관이 아닌 개인으로부터 금전을 차용할 수 없다는 법령상의 제한을 들고 있다. 그리고 이러한 法令上의 제한이 없는 은행의 경우에도 일반적으로 보아 은행이 개인으로부터 금전을 차용하는 것은 있을 수 없고, 피해자가 은행의 피용자가 사적으로 차용하는 것임을 알았거나 알 수 있었을 것이라는 점을 들어 使用者責任을 부정하고 있다. 회사나 법인의 사업목적, 사업능력, 사업내용과 경험칙에 비추어 그 사업범위 내에 속하지 않는다고 보는 것으로 대체로 법령에서 사업 목적이 정하여져 있는 은행, 협동조합, 보험업종에서 그 적용이 부정되고 있다.

앞서 말한 바와 같이 농업협동조합이나 어업협동조합은 농업협동조합법, 수산업협동조합법에 의하여 金融機關 이외의 자로부터는 자금을 차용할 수 없도록 정하여져 있으므로 협동조합의 피용자가 일반개인으로부터 금전을 차용한 경우에 事務執行關聯性이 부정된다.[215)]

마찬가지로 은행지점장이 본점에서 資金配定이 늦어 은행의 긴급 용도에 사용한다는 이유로 고객으로부터 금원을 차용하여 이를 개인적 용도에 소비한 경우라면, 일반적으로 보아 은행이 금융기관 아닌 개인으로부터 금원을 차용한다는 것은 있을 수 없으므로 이러한 행위가 은행지점장의 사무와 관련된 행위라고 일반적으로 인정할 수 없다고 하였다.[216)] 은행지점의 대부계주임의 개인으로부터의 金員借用行爲에 대하여는 차용행위가 대부계주임의 사무 또는 그 대부사무와 관련된 것이 아니라는 점을 들기도 한다.[217)]

---

214) 大判 79.11.13, 79다1324(公 624, 12365).
215) 大判 68.5.14, 68다249(集 16-2, 23); 大判 73.8.21, 73다644(要集 特 Ⅱ, 18); 大判 79.3.13, 78다1437(要集 民 Ⅰ, 1260).
216) 大判 77.3.22, 75다999(公 559, 10000).
217) 大判 69.7.22, 69다702(集 17-2, 357); 大判 71.6.8, 71다598(集 19-2, 95); 大判 74.11.12, 74다1169(公 502, 8106).

그러나 事務執行關聯性을 긍정하고 있는 경우가 있다.[218] 한국은행이 개인으로부터 차용한 행위에 대하여 使用者責任을 긍정한 사례도 있다.[219] 앞서 본 바와 같이 일반 은행의 피용자가 한 차용행위의 경우에서 事務執行關聯性을 부정하는 이유는 ① 일반적으로 보아 은행이 금융기관이 아닌 개인으로부터 금원을 차용함은 있을 수 없는 일인 점, ② 피해자가 은행거래 경험이 많아서 은행의 직원이 개인으로부터 借用行爲를 하는 것은 그 직무에 관하여 행하는 것이 아니라는 것을 알았거나 알 수 있었을 것이라는 점이다.

이러한 관점은 결국 被害者保護의 한계를 어디에 두느냐 하는 문제에 있어 피해자의 外觀信賴에 대한 상당한 이유 내지 피해자의 인식가능성이라는 문제와 결부된다고 하겠다.

㈁ 支給保證行爲 支給保證行爲는 금융기관의 업무에 속하는 대출업무와 밀접한 관련이 있다. 금융기관 직원의 支給保證行爲에 대하여는 피용자가 대출업무를 담당하고 있는지 여부에 따라 事務執行關聯性이 판정된다. 貸出業務를 담당하는 금융기관의 피용자(예컨대 은행의 예금취급소장)의 支給保證行爲에 대하여는 事務執行關聯性을 긍정하고,[220] 貸出業務와 무관한 사무를 담당하는 금융기관의 피용자의 支給保證行爲에 대하여는 事務執行關聯性을 부정한다.[221]

대체로 어업협동조합의 상무겸 전무,[222] 보험회사의 출장소장,[223] 건설공제조합의 도출장소장[224]이 지급보증을 한 경우에는 피용자의 본래 직무와의 關聯性을 구체적으로 확정하여 事務執行關聯性을 판정하고 있다. 은행의 지점장,[225] 지점장대리,[226] 지점차장, 예금취급소장, 예금 및 대부계 담당대리와 대부계 주임의 支給保證行爲에 대하여는 支給保證行爲라는 형태를 띤 피용자들의 不法行爲가 본래의 직무인 대출업무와 밀접한 관계가 있기 때문에 事務執行關聯性이 된다.

자기앞수표 發行權限이 있는 지점장 대리가 지급보증서를 발행한 행위도

218) 大判 72.10.31, 72다1432(要集 民 Ⅰ, 1251). 그외 大判 75.5.27(註 177); 75.5.13, 75다53(集 23-2, 45).
219) 大判 72.8.31(註 176); 大判 75.7.22, 74다2140(要集 民 Ⅰ, 1255).
220) 大判 86.3.11, 85다카1600(集 34-1, 117); 大判 69.1.21(註 174); 大判 75.5.13(註 218); 大判 75.5.27(註 177); 大判 80.8.12, 80다901(公 641, 13084).
221) 大判 71.5.24, 71다656(集 19-2, 70).
222) 大判 78.12.26, 78다1169(要集 민 Ⅰ, 1259).
223) 大判 89.2.14(註 201).
224) 大判 72.7.11, 72다801(要集 민 Ⅰ, 49).
225) 大判 75.7.22, 74다2140(要集 민 Ⅰ, 1255); 大判 69.1.21(註 174).
226) 大判 72.7.31, 72다1082(要集 민 Ⅰ, 1251); 大判 86.3.11, 85다카1600(集 34-1, 117).

본래의 職務權限과 밀접한 關聯性이 있다.[227] 또한 은행의 지점차장이 예금유치를 위하여 한 어음배서행위 및 지급보증서 발행행위가 지점차장 본래의 업무인 고객유치확보 및 대출업무등과 밀접한 관련을 갖고 있다고 한다.[228] 大判 97. 9. 26, 97다21499(公 1997, 3238)은 회사의 지점장이 물품대금을 현금으로 변제받을 목적으로 채무자의 어음할인을 돕기 위해 회사 명의로 약속어음에 배서한 행위에 대해 직무 범위 내에 속하는 것과 같은 외관이 있다고 보아 회사의 사용자책임을 인정하였다.

마찬가지로 농업협동조합의 예금취급소장,[229] 지소장[230]의 支給保證行爲에 대하여는 농업협동조합이 금융기관의 일원으로서 일반인의 예금취급 및 금전지급위탁 사무의 수임, 자기앞수표 즉 보증수표의 발행 등을 그 업무의 일종으로 하고 있고, 그 예금취급소장, 지소장에게 대출업무에 관한 권한이 있으므로 예금취급소장, 지소장이 한 支給保證行爲와 본래의 직무 사이에 밀접한 관련이 있다.

그러나 은행의 은행계리부장대리는 貸出業務에 관한 어떠한 권한도 없기 때문에 同人이 한 보증행위에 대하여는 事務執行關聯性을 부정한다.[231] 또한 은행지점장이 형식상 지점장 명의를 이용했을뿐 실제로는 자기가 경영하는 회사를 위하여 개인 자격으로 支給保證行爲를 한 경우 은행의 기관이나 지배인으로서 그 업무 및 영업범위내에 속한 사항에 관하여 支給保證을 한 것으로는 볼 수 없으므로 使用者責任이 없다고 한다.[232]

(ㄷ) 株式, 分讓 騙取行爲 　증권회사의 영업부장이 증권업무 전반을 관장하던 중 原告에게 원고소유의 주식을 2, 3일간만 본점 영업부에 移替使用케 하여 달라고 기망하여 이체케 한 다음 그 주식을 편취하거나,[233] 증권투자에 초심자인 원고에게 돈을 맡기면 주식을 적절히 買受·賣渡하여 이익이 남도록 관리, 운영하여 주겠다고 하여 금원을 받아 횡령한 행위,[234] 증권회사의 외무사원이 고객의 구좌를 관리하던 중 전표정리상 필요하니 出金請求

227) 大判 73. 9. 12, 73다1040(要集 민 I, 1253).
228) 大判 75. 5. 13(註 218).
229) 大判 71. 5. 24, 71다416(集 19-2, 37); 大判 71. 6. 8, 70다2417(要集 민 I, 1249); 大判 72. 8. 31(註 176).
230) 大判 71. 11. 15(註 199).
231) 大判 71. 5. 24, 71다654(集 19-2, 37).
232) 大判 76. 1. 27, 75다1582(公 532, 8976).
233) 大判 80. 1. 15, 79다1867(公 628, 12585).
234) 大判 81. 12. 22, 81다967(要集 민 I, 143).

書에 도장을 찍어 달라고 거짓말을 하여 고객으로 하여금 출금청구서에 날인케 한 후 예탁주식을 임의로 매도하고 그 주식 賣渡代金을 횡령한 행위[235]에 대하여 事務執行關聯性을 긍정하였다.

한편 大判 84.2.28, 82다카1875(集 32-1, 94)은 조합의 사무장이 조합원이 아닌 소외 甲에게 상가 점포 1동을 조합원이 아니면 분양할 수 없는 것을 할 수 있는 것처럼 가장하여 分讓契約을 체결하고 그 代金을 分納으로 받으면서 폐기된 회원카드 1매를 僞造交付하였다면, 비록 조합의 조합원 자격이 엄격히 제한되어 있고 조합원에게만 점포분양이 가능하고 비조합원에게 회원카드만을 발행 또는 양도한다 하여 조합원의 지위가 그로 인하여 취득 또는 讓渡되는 것은 아니라 하더라도, 객관적으로 보면 조합사무장의 위 甲에 대한 점포분양대금 騙取行爲는 조합의 조합원에 대한 점포분양 업무와 밀접하게 관련되어 이루어진 것으로서 적어도 외형상으로는 피고 조합의 業務執行으로 보여진다고 하였다.

(ㄹ) 預金 내지 預託金引出行爲 大判 95.10.13, 94다38168(公 1995, 3761)은 상호신용금고 지점차장으로 근무하면서 고객과의 상담을 통한 자금유치, 유치된 자금 등의 효율적인 증식 등의 업무에 종사하던 직원이 고객 預託金의 관리를 위한 업무수행 과정에서 미리 교부받은 통장과 인감이 날인된 저축금 청구서를 이용하여 원고의 예탁금을 引出·橫領한 것이므로 이는 피고의 營業活動 내지 그와 관련된 不法行爲라고 보아야 한다고 하였다.

수산업협동조합중앙회의 출장소직원이 출장소보관의 인장을 훔쳐서 預金請求書를 위조하여 무통장상태로 예금을 引出한 경우,[236] 예금주의 피용자가 은행지점에서 그 곳에 있던 성명불상자를 위 지점의 안내원으로 오인하여 預金引出을 의뢰하고 예금주의 인장과 예금통장을 교부하였는데 성명불상자가 예금을 引出하여 도주한 경우,[237] 상호신용금고의 지점직원이 예금거래사무를 처리함을 기화로 은행에서 無印鑑, 無通帳狀態로 예금을 引出한 경우,[238] 증권회사가 지점장실 옆에 고문실과 집기 등을 사용하게 하는 등 업무수행을 묵인하는 가운데 지점의 고문으로 행세하면서 그 지점의 정식 투자상담자의 명의를 빌어 투자상담자로서의 업무를 수행하고 투자상담에 따른 手數料도 지급받

235) 大判 83.7.26, 83다55(公 713, 1328).
236) 大判 71.12.28, 71다2299(集 19-3, 210).
237) 大判 75.5.27, 74다2083(集 23-2, 89).
238) 大判 87.6.23, 86다카1418(公 806, 1209).

아 오던 자가 그의 권유에 의한 주식투자자와 함께 지점장을 찾아가 증권매매거래계좌설정약정을 체결하는 과정에서 투자자의 도장을 소지하게 됨을 기화로 몰래 백지출금전표 10매에 그 도장을 미리 찍어 보관하다가 함부로 그의 증권매매위탁자구좌에서 예탁금을 引出, 횡령한 경우[239] 증권회사지점장이 고객으로부터 증권투자예수금을 교부받아 보관하던 중 횡령한 경우[239-2] 신용협동조합이사장이 타인으로부터 예금명목으로 교부받은 돈을 정상적으로 입금시키지 않고 임의로 유용한 경우[239-3] 事務執行關聯性을 긍정하고 있다. 위 74다2083판결은 원고의 피용자 甲이 예금청구서를 위조하여 무통장 상태로 예금을 引出한 행위에 대하여 원고의 使用者責任을 인정함에 있어서 여러 가지 구체적인 사정들을 들고 있는데, 출장소장이 은행지점에 출장소 직원을 인사 소개시켰고 預金引出行爲와 關聯性이 있는 預金引出事故를 이전에 수차례 담당하였던 점, 예금청구서에 예금주가 피고에게 미리 신고하여 둔 그의 직인과 署名代用印이 압날되어 있는 점이 事務執行關聯性을 인정하는 데 중요한 요소로 작용하였는바, 이것은 危險創出的 要素라고 볼 수 있으며 피용자가 예금引出사무를 본래의 직무로서 담당하고 있지는 않으므로 위험창출적 요소가 事務執行關聯性을 긍정하는 데 중요하게 작용한 것이다.[240]

大判 64.6.30, 64다3(集 12-1, 205)은 支店長代理의 원고들에게 대한 不法行爲 당시 그가 庶務擔當代理였고 貸付擔當代理가 아니었으나 등 지점장대리의 행위는 외견상 대부사무를 취급하는 것으로 인정되고 또한 이러한 경우에는 위의 지점장대리가 內規上 制限된 직무의 범위를 초월한 것이라 하더라도 그 결과로써 가져온 손해는 사용자의 사업 또는 事務執行에 관하여 생긴 것이라 하였다.

(ㅁ) 法務士·公認仲介士·稅務士·運送人 등의 事務員의 金員保管行爲 등 　大判 67.7.25, 67다1038(集 15-2, 231)은 法務士의 사무원이 원고로부터 賣買周旋을 부탁받고 그 대금조로 금전의 보관을 받은 행위는 비록 法務士의 事務執行行爲 자체라고는 보기 어렵다 하더라도 法務士의 사무인 書類作成行爲와 외형상 牽連關係가 있는 행위로 볼 수 있다고 하였다.

239) 大判 92.2.25, 91다39146(公 1992, 1143).
239-2) 大判 99.12.7, 98다42929(公 2000, 140).
239-3) 大判 99.1.15, 98다39602(公 1999, 290).
240) 金載亨, "使用者責任의 성립요건으로서의 '事務執行關聯性'에 관한 판례연구"(1990년 서울대석사논문), 84.

마찬가지로 大判 67. 12. 19, 67다2222(集 15-3, 401)은 「피고가 토지, 가옥 소개업을 하는 복덕방을 경영하면서 甲을 그 소개사무에 종사하게 하던 중 甲이 원고의 의뢰를 받아 원고소유의 주택을 乙에게 소개하여 乙과 원고 사이에 賃貸借契約을 맺게 하고, 원고가 계약금으로 받은 金 4만원을 위 주택의 전 임차인에게 지급하기 위하여 편의상 한동안 甲에게 맡겼다면 이 같은 돈의 보관행위는 소개업자인 피용자가 그 紹介事務執行에 관하여 한 행위라고 보아야 한다」고 하였다.

한편 大判 95. 2. 3, 94다43115(公 1995, 1154)에 의하면 세무사 甲의 세무회계사무소 사무장인 乙로부터 토지 양도로 인한 讓渡所得稅 申告·납부와 관련한 상담을 받고 세액과 비용이 金 30,000,000원 정도가 되니 그 금액이면 讓渡所得稅 및 수수료 등 모든 것을 책임지고 종결시켜 주겠다고 하여 讓渡所得稅申告 및 納付代行을 위임받아 처리하기로 하고 丙으로부터 그 금원을 지급받은 후, 甲에게 그 사실을 알리지 아니한 채 관할세무서에 丙 명의로 讓渡所得稅課稅標準確定申告를 하면서 讓渡所得稅 및 방위세로 일부만을 납부하고 나머지 금액을 임의로 소비하였고, 그 이후 위 세액이 과소하게 申告納付되었음이 밝혀져 丙이 가산세를 합하여 양도소득, 방위세 및 가산금을 추가로 납부하게 되었다면, 乙의 행위는 외형상 객관적으로 사용자인 甲의 事務執行과 밀접하게 관련된 것이므로 甲은 乙의 사용자로서 위 不法行爲로 인하여 丙이 입은 손해를 배상할 책임이 있다고 하였다.

그러나 大判 79. 8. 14, 79다928(公 619, 12186)은 원심이 「단순히 운전업무에 종사하는 피고회사의 운전사인 甲이 운송을 위탁한 원고를 대리하여 운송물의 대금을 수령하는 행위는 피고회사의 業務執行과 관련이 있는 행위라고 볼 수 없다」 하여 甲의 不法行爲로 인한 손해에 대하여 피고회사의 使用者責任을 부정한 것을 정당하다고 하였다.

(ㅂ) 증권회사 직원의 부당권유행위 등 — 大判 2002. 7. 12, 2000다59364는 주식투자 등에 관하여 필연적으로 수반되는 위험성에 관한 고객의 올바른 인식형성을 방해하여 투자판단을 그르치게 하거나 고객에게 과대한 위험성을 수반하는 거래를 적극적으로 권유한 이른바 부당권유행위에 대하여 직무집행관련성을 인정하고 있다.

(b) 事實的 不法行爲 — 去來的 不法行爲에 강조된 外形理論은 事實的 不法行爲에서도 원용되고 있다.

(i) 自動車運轉行爲　　사실행위에 관하여는 자동차사고에 관한 사례가 많다.

판례는 전업사전공이 종업원의 출퇴근을 시키기 위하여 오토바이를 운전하다가 사고를 일으킨 경우,[241] 광부사택에서 갱구까지의 광부운송업무는 채탄작업과 밀접한 관련업무로서 광의의 광산사고라고 하여 광부운송업무 수행중 일어난 교통사고의 경우,[242] 자동차정류소 매표직원이 버스에 승차하여 승객에게 승차권을 판매하던 중 운전수가 離席한 채 돌아오지 아니하여 크락션을 누르는 등 운전수를 찾다가 운전대 옆 비상구 휴대주머니에서 자동차열쇠를 발견하고 버스의 시동을 걸다가 교통사고를 일으킨 경우[243] 사고집행 또는 이와 밀접한 과정에서의 사고로 보고 있다.

(ii) 暴行損壞行爲　　暴行行爲는 事實行爲的 不法行爲의 일종이나 행위 자체가 事務執行으로는 거의 볼 수 없다는 점에서 자동차사고에 비해 使用者責任의 成立範圍가 狹小하여질 수밖에 없다.

대법원 판결은 다음과 같은 경우에 事務執行關聯性을 인정하고 있다.

(ㄱ) 버스운전조수 겸 차장이 승차안내정리관계로 언쟁 끝에 승객을 毆打致死케 한 경우[244]

(ㄴ) 피고의 지시로 합심원 소속의 자활대원들이 부랑아, 걸식아동의 街頭檢索을 하던 중, 피해자를 걸인으로 오인하고 強制連行하여 자활대막사에서 감금하고 구타하여 상해를 가한 경우[245]

(ㄷ) 싸롱 영업중 손님을 負傷시킨 경우[246]

(ㄹ) 전기공작소 작업장안에서 전기제품 규격의 적정 여부에 대한 시비로 공원이 작업조장에게 드라이버를 던져 傷害行爲가 발생한 경우[247]

(ㅁ) 회사친선 체육대회에서 배구대회와 관련하여 폭행행위가 발생한 경우[248]

(ㅂ) 택시운전사가 택시를 운행중 승객인 부녀를 강간한 경우[249]

---

241) 大判 78. 12. 26, 78다1889(集 26-3, 372).
242) 大判 81. 7. 28(註 55).
243) 大判 82. 4. 27, 81다카957(公 684, 559).
244) 大判 62. 1. 31, 4294민상498(要集 민 Ⅰ, 1244).
245) 大判 64. 11. 30, 64다924(要集 민 Ⅰ, 1245).
246) 大判 78. 10. 10, 78다1420(要集 민 Ⅲ, 670).
247) 大判 86. 10. 28, 86다카702(集 34-3, 107).
248) 大判 89. 2. 28, 88다카8682(公 846, 530).
249) 大判 91. 1. 11(註 172).

(ㅅ) 원고가 피고 회사 소유의 시내버스를 운전하다가 승객을 다치게 한 사고에 대하여 피고 회사 사무실에서 담당직원에게 회사가 치료비를 담당할 것을 요구하던 중 말다툼 끝에 피고 회사 운영부장 등이 원고를 폭행한 경우[250)]

(ㅇ) 회사 소속 중기기사가 회사의 작업지시를 받고 丙의 작업현장에서 회사의 굴삭기로 작업을 하다가 덤프트럭에 돌을 싣는 과정에서 덤프트럭 운전사와 시비가 되어 싸우던 중 주위에 있던 사람들이 위 운전사를 병원으로 데리고 가자 흥분하여 굴삭기로 丙의 현장사무실 막사와 식당, 기물들을 부수어 버린 경우[251)]

(ㅈ) 회사원이 밤늦게 귀가하기 위하여 승강기를 타고 내려오다가 회사 경비원과 늦게 퇴근하는 데 대하여 시비가 되어 싸우던 중 그에게 상해를 입게 한 경우[252)]

(ㅊ) 호텔종업원이 손님에 대하여 상해를 가한 경우[252-2)]

이에 반해 大判 94. 11. 18, 94다34272(公 1994, 53)에서는 業務執行關聯性을 부정하고 있다. 즉 위 판결은 사적인 전화를 받던 레스토랑 종업원이 지배인으로부터 욕설과 구타를 당한 후 레스토랑을 나가 약 8시간 동안 徘徊하다가 과도를 사 가지고 레스토랑에 들어왔는데 다시 지배인으로부터 욕설과 구타를 당하자 이에 대항하여 지배인을 과도로 찔러 사망에 이르게 한 경우, 종업원의 위 不法行爲가 레스토랑의 영업시간중에 사용자의 사업장소에서 이루어진 것이기는 하나, 그 종업원은 사용자에게 고용되어 담당하게 된 사무의 집행과는 관련이 없이 자기 개인의 인격과 신체에 대한 침해행위에 對抗하여 살해행위를 저질렀다고 봄이 상당하고, 종업원의 위 不法行爲를 외형적·객관적으로 보아도 이를 사용자의 事務執行과 관련된 행위로 볼 수는 없다고 하였다.

(iii) 竊取橫領 등 행위 事實行爲的 不法行爲에는 위에서 본 자동차 사고, 폭행행위 이외에도 절취횡령행위에 관한 대법원 판결이 있다. 교육청이 세입징수관인 군수의 지시에 의하여 수납기관 아닌 군청직원에게 양곡대금을 납입하였으나 직원이 이를 횡령한 경우[253)] 객관적으로 사용자의 지배영

250) 大判 92. 3. 31, 90다8763(公 1992, 1395).
251) 大判 92. 9. 22, 92다25939(公 1992, 2982).
252) 大判 93. 9. 24, 93다15694(公 1993, 2924).
252-2) 大判 2000. 2. 11, 99다47297(公 2000, 665).
253) 大判 63. 12. 5, 63다519(集 11-2, 279).

역에 있다고 하였다. 大判 88.5.10, 87다카821(公 826, 944)도 수산업협동조합의 냉장창고의 책임자(창고장)인 甲이 위 조합의 指定仲買人인 乙이 위 조합명의의 백지보관증을 임의로 引出하는 것을 목격하고서도 이를 묵인하였을 뿐만 아니라 위 보관증 유출사실을 창고입출고담당직원이나 조합의 상급자에게 보고조차 아니하였다면 보관증 발행이 甲의 사무범위에 속하는 이상 백지보관증에 날인을 하여 가지고 나감으로써 허위내용의 보관증이 발행되리라고 예상됨에도 불구하고 보관증 발행 담당자가 이를 제지하지 아니하고 묵인한 것은 허위내용의 보관증발행과 동일시 할 수 있는 작위의무 있는 자의 不作爲라 할 것이고 그 부작위는 적어도 위 조합의 事務執行行爲와 밀접한 관련이 있는 행위라고 하였다.

그러나 大判 77.4.26, 76다2448(要集 민 I, 1258)은 피고 사회복지법인의 원아들이 원고 소유의 농우를 절취한 행위에 그 직원이 가담하였다 하더라도 이는 피고의 事務執行과 무관한 것이라고 하였다.

(iv) 其 他 방송촬영을 위하여 합숙중 실화로 화재가 발생한 것과 관련하여 大判 94.3.22, 93다45886(公 1994, 1310)은 방송국의 창사기념극의 제작을 위한 촬영단의 일원으로서 위 기념극의 제작 촬영상의 便宜를 위해 그 제작책임자의 지시에 따라 다른 단원들과 함께 여관에 합숙하면서 촬영작업에 참여하고 있는 한 그는 실제 촬영작업에 종사하고 있는 동안은 물론 그 이외의 일정까지도 위 책임자의 지휘 및 통제범위 내에 있다고 볼 여지가 있어 실화로 여관건물을 소실케 한 경우 事務執行關聯性을 부정한 原審判決을 審理未盡 등으로 파기하였다.

또한 大判 97.10.10, 97다16572(公 1997, 3427)은 회사의 생산 현장 청소 등의 업무로서 파지와 고철의 수집·정리를 담당하던 피용자가 고철을 수집하러 온 피해자에게 농약을 음료수로 오인하고 건네주어 피해자가 이를 마시고 사망한 사안에서, 이는 회사의 사무 집행에 관하여 가한 손해에 해당한다고 하였다.

(다) 被害者의 故意 또는 重過失과 外形理論의 適用限界 民 §756의 문언상으로 피해자의 주관적 사정은 使用者責任을 판단할 때 아무런 영향을 주지 못할 것처럼 보인다. 그러나, 일반인이 피용자의 職務範圍 내라고 신뢰할 수 있는 경우 民法上 表見代理의 법리와 마찬가지의 법리에 의하여 使用者責任을 지우는 것이 타당하고, 使用者責任의 立法趣旨의 하나는 거래의 안전을 보호하는 데 있으므로, 거래행위적 不法行爲에서는 피해자측의 신뢰의

보호, 즉 거래의 안전도 事務執行關聯性을 판단하는 데 고려하여야 할 것이다.

판례에서 피해자가 惡意인 경우 또는 經驗則에 비추어 악의로 推斷되는 경우 이론의 여지없이 事務執行關聯性이 배제된다.[254] 大判 58. 7. 31, 4290민상888은 금융조합의 부이사인 甲이 자기 개인의 채무로 원고의 대리인인 소외 乙을 통하여 원고로부터 금원을 차용함에 있어 위 乙이 甲의 언명에 의하여 당초부터 甲 개인이 차용하는 사실을 숙지하면서도 조합명의의 지불증을 요구하였기 때문에 甲이 조합명의의 지불증을 교부한 경우 직무집행행위에 속하지 않는다고 하였다. 大判 80. 12. 23, 80다134(公 651, 13573)도 증권회사의 영업부장이 장외거래로 주식을 매입하여 달라는 부탁과 함께 원고로부터 그 대금을 받아 횡령한 경우, 場外去來는 원래 증권회사의 사무가 아닐 뿐만 아니라 가사 외형상으로 증권회사의 사무에 관련된 행위라고 하더라도 원고가 장외거래가 증권회사의 사무에 관련된 것이 아님을 알고 있는 이상, 증권회사에 대하여 使用者責任을 물을 수 없다고 하여, 악의의 경우 책임을 배제하였다. 大判 2000. 3. 28, 98다48934(公 2000, 1049)도 고객이 증권회사 직원으로부터 특정 주식의 시세가 타 증권회사 직원의 시장조작에 의하여 오를 것이니 매수하라는 권유를 받고 이를 매수하였다가 손해를 입은 경우 증권회사 직원의 시세조종 등 불공정거래행위가 증권회사의 사무집행행위에 해당하지 않음을 알았다고 보아 증권회사의 사용자책임을 부정하였다. 또한 支出原因行爲의 채권자가 아닌 자에 대한 國庫手票의 發行行爲,[255] 은행의 개인으로부터의 차용행위,[256] 분임지출원의 起債行爲[257]에 대하여는 경험칙에 비추어 통상 있을 수 없으므로, 피해자가 이러한 사정을 몰랐다고 할 수 없다 하여 業務執行關聯性을 배척하였다. 상대방이 당해 거래행위가 業務執行에 들어가지 않는 것을 안 경우, 그 상대방의 이러한 동기를 고려에 넣어서 자기의 활동을 하기 때문에 그에 隨伴된 위험은 그 상대방이 인수하여야 하는 것이다.

여기서 重過失의 경우 事務執行關聯性이 없다고 보아 使用者責任이 부정되는지 아니면 重過失의 경우 과실상계의 문제로 될 뿐인가가 문제된다. 重過失은 使用者責任의 입법취지가 거래안전과 신뢰보호에 있다고 할 때에는 이는

254) 大判 58. 7. 31, 4290민상888(要集 민 I, 1243); 大判 2000. 3. 28, 98다48934(公 2000, 1049); 大判 98. 12. 8, 98다44642(公 1999, 107).

255) 大判 71. 3. 23(註 197).

256) 大判 71. 6. 8(註 217); 大判 99. 3. 9, 97다7721, 7738(公 1999, 618).

257) 大判 70. 11. 24, 70다2140(集 18-3, 315).

책임면제에 해당하지만, 補償責任으로 볼 때에는 과실상계의 요소에 해당하는 바, 일반적으로 使用者責任과 表見代理責任과의 차이로서, 첫째 책임범위에 관하여서 여기서는 신뢰책임(이행책임) 아닌 不法行爲責任이라는 점이고, 둘째 악의뿐만 아니라 重過失에서도 그 책임이 배제되어야 한다는 점을 들고 있는바, 여기서 重過失은 악의와 동일한 법효과를 도출하는 것이 많다고 한다.[258] 외관이론은 보호가치의 문제이고, 대체로 거래상 요구되는 주의를 다하여도 신뢰할 수 밖에 없는 경우에 적용된다 할 것이므로 거래행위에 의한 不法行爲에 있어서는 피해자의 주관적 사정이 책임의 성부에 영향을 미친다 할 것이다. 거래법상 表見責任에서는 無過失까지 요구하고 있지만, 去來的 不法行爲에서는 輕過失에 대하여는 그 책임성립을 인정할 수 있더라도 重過失의 경우까지 피해자를 보호한다면 이는 사용자 내지 기업가에게 너무 가혹하고 利益較量 내지 衡平의 관념에 반하지 않는가 생각된다. 이러한 피해자의 주관적 사정이 使用者責任의 성립요건인 「業務執行關聯性」의 판단기준인 「外形理論」의 적용 제외사유로 볼 것인지, 그렇지 않으면 피해자, 즉 제3자가 使用者責任에 기한 손해배상을 청구할 수 없는 소극적 요건으로 볼 것인지 이를 어디에서 다루어야 할 것인지가 문제되나, 신뢰보호의 정당성 즉 피해자의 善意·無重過失이 外形理論의 적용을 위한 또 하나의 요건으로 보아야 할 것이다.

피해자가 중대한 과실로 피용자의 행위가 事務執行에 속한 것이 아님을 몰랐을 경우 대법원의 주류적 태도는 구체적 사실관계하에서 피해자가 피용자의 행위가 事務執行이 아님을 알지 못한데 重過失이 있다고 인정되는 경우 使用者責任을 부정하고 있고, 최근 이런 방향으로 귀결되어 가는 느낌을 준다.[259] 사용자책임이 면책되는 피해자의 중대한 과실이라 함은 조금만 주의를 기울였더라면 피용자의 행위가 그 직무권한 내에서 적법하게 행하여진 것이 아니라는 사정을 알 수 있었음에도 만연히 이를 직무권한 내의 행위라고 믿음으로써 일반인에게 요구되는 주의의무에 현저히 위반하는 것으로 거의 고의에 가까운 정도의 주의를 결여하고, 공평의 관점에서 피해자를 구태여 보호할 필요가 없다고 봄이 상당하다고 인정되는 상태를 말한다.[259-2] 大判 83. 6. 28, 83다카217

258) Deutsch, Erwin Frhrlässigkeit und erforderliche Sorfgalt S. 154.

259) 大判 73. 6. 22, 72다2391(公 468, 7346); 大判 83. 6. 28, 83다카217(集 31-3, 103); 大判 85. 8. 13(註 167); 大判 96. 12. 10, 95다17595(公 1997, 293); 大判 2000. 3. 10, 98다29735(公 2000. 923); 大判 99. 7. 27, 99다12932(公 1999, 1768); 大判 98. 7. 24, 97다49978(公 1998, 2203).

259-2) 大判 99. 10. 22, 98다6381(公 1999, 2400); 大判 99. 10. 8, 99다30367(公 1999, 2303).

(集31-3, 103)은 「농지개량조합의 조합장이 동 조합지출역과 공모하여 개인적 목적으로 신용금고로부터 금원을 차용한 경우 신용대출 등을 사업목적으로 하는 신용금고로서는 농지개량조합의 債務負擔에 관한 法律上 制限을 능히 알 수 있고 개인이 신용금고로부터 차용하는 金員에 대하여 농지개량조합이 그 支給擔保로 수표를 발행한다는 것은 극히 이례에 속하는 일이므로 특단의 사정이 없는 한 신용금고는 위 수표발행이 適法하게 된 것이 아님을 알았거나 또는 알지 못하여도 중대한 과실이 있고, 이 경우 피해자는 사용자에 대하여 使用者責任을 물을 수 없다」고 하였다.

중대한 과실을 부정한 예로서 大判 99.10.8, 99다30367(公1999, 2303)은 피용자에 의하여 위조된 배서에 대리인의 기명이 누락되었다고 하여 그것이 외형상 명의자의 배서가 아니고 권한 없는 자에 의하여 이루어졌음이 명백한 경우에 해당하여 피용자의 행위가 사용자나 사용자에 갈음하여 그 사무를 감독하는 자의 사무집행행위에 해당하지 아니함을 피해자 자신이 알았거나 중대한 과실로 알지 못한 경우에 해당한다고 할 수 없다고 하였다. 大判 2002.7.12, 2000다59364는 주식투자 등에 관하여 별다른 경험이 없는 회사원이거나 전자오락업, 파출부 등의 일을 하고 있는 사람들이 증권회사가 구체적인 금융거래계약을 체결하지 않은 상태에서 증권회사 직원에게 돈을 송금하는 방법으로 투자하겠지만, 증권회사의 구좌에 은행거래와 같이 자유스럽게 입금하는 것이 가능하지 아니한 점, 피해자들이 증권투자경험이 거의 없는 상태에서 직원의 권유에 따라 돈을 송금한 점, 투자상담이 이루어지고, 투자금의 일부가 지급된 곳이 증권회사 사무실인 점 등에 비추어 증권회사 직원의 투자권유와 투자금 수행행위가 사무집행범위를 벗어난 사실을 알았거나, 중대한 과실로 알지 못하였다고 인정하기 어렵다고 하였다.

한편 事實的 不法行爲에도 外形理論을 적용하면서 惡意 또는 重過失 등 피해자의 주관적 사정이 使用者責任의 부정에 이르게 한 판결도 있다.[260] 大判 71.3.23, 71다6(集19-1, 212)은 정부대여양곡의 상환은 반드시 현물로 하여야 한다는 사실을 알고 있으면서 그 대금상환을 승낙할 권한이 없는 물품출납 공무원의 보조자에게 糧穀償還代金을 지급한 경우 위 보조자의 代金受領行爲를 事務執行에 관련된 것이라 볼 수 없다고 하였다. 무단운행되는 차량임을 알고서 적극 가담하여 동승한 피해자에 대한 관계에서 외관상 事務執行과 관련된 운

260) 위 92다10531 판결.

행이라고 볼 수 없다는 취지의 판결도 이와 맥락을 같이한다.[261] 신뢰의 요소를 외관이론에서 배척하고 주관적 요소를 過失相計로서 객관적으로 처리한 반대 취지의 판례로는 大判 85. 8. 13, 84다카979(集 33-2, 149)이 있다.

학설의 대부분은 일치되게 表見代表理事制度나 表見支配人制度에서 모두 악의 또는 重過失에서 피해자의 보호가 배제되어 있는바, 보호가치의 문제면에서 信賴保護를 근거로 하는 外形理論도 이 점에서는 통일되어야 할 것이다. 이는 法文의 규정에 따른 것은 아니고 외관이론의 前提 내지 限界에 관한 이론적인 문제라 하겠다. 不法行爲法에서는 더욱 제한적으로 해석하여야 할 것이다. 禁反言責任이 不法行爲責任에 연결될 때, 신뢰의 합리성이 중시되지 않을 수 없으며 이러한 信賴의 合理性이 없는 경우에는 外形理論에 따른 業務執行關聯性을 부정하여야 할 것이다.

證據에 의하여 피해자의 악의가 확정되는 경우에는 문제가 없으나, 惡意·重過失은 內心에 관한 것이기 때문에 피해자의 惡意·重過失을 판정하기가 어려운 경우가 많다. 따라서 피해자의 惡意, 특히 重過失의 의미와 그 판정기준이 무엇인지를 밝힐 필요가 있는 것이다. 피해자의 惡意·重過失은 기본적으로는 피해자가 피용자의 행위가 그의 事務執行의 범위에 속하지 아니함을 알았거나 알지 못한데 重過失이 있다고 볼 수 있는 具體的 사정이 있는지에 따라서 판별해야 한다고 말할 수 있다.

대법원은 使用者責任을 排斥하는 重過失이 인정되는 경우를 매우 限定的으로 보고 있다. 판례에서 피해자의 주관적 사정을 이유로 使用者責任을 배척하는 경우를 살펴보면 그 이유에서 다음과 같은 점을 고려하고 있다.

첫째, 피용자의 행위가 법령상의 제한을 위반한 사실에 대한 認識可能性[262]

둘째, 피해자의 경험, 직위[263]

셋째, 피해자와 피용자의 종래의 거래관계[264]

네째, 은행의 개인으로부터의 借用行爲 등 經驗則上 피용자의 행위가 異例에 속하는 경우[265]

여기서 被害者保護의 한계는 피해자의 外觀信賴에 대한 상당한 이유 내지

261) 大判 89. 11. 14, 88다카26536(公 863, 26); 大判 87. 10. 13, 87다카1817(公 813, 1718).
262) 大判 71. 3. 23(註 197); 大判 83. 6. 28(註 259).
263) 大判 80. 12. 23, 80다134(公 651, 13573).
264) 大判 71. 3. 23(註 197); 大判 74. 11. 12(註 217).
265) 大判 74. 11. 12(前註).

認識可能性에서 이루어진다고 하겠다. 그러나 위와 같은 사정이 있다고 하더라도 그것이 事務執行關聯性을 항상 배제하는 것은 아니고 事務執行關聯性을 판단할 때 사용자측 사정과 함께 被害者側 事情으로 고려되어야 할 요소로서 작용하는 것이다. 즉 피해자의 重過失을 판단할 때 단순히 수량적으로 판단하여서는 안 되고, 위와 같은 피해자측 사정을 사용자의 과실과 比較衡量하여 피해자가 피용자의 행위가 그 事務執行에 속하지 아니함을 알 수 있었다거나 그에 준할 정도의 현저한 注意義務違反으로 이를 알지 못했다고 인정되는 경우에 使用者責任을 부정하여야 할 것이다.[266]

使用者責任에서 이러한 惡意·重過失은 누구를 표준으로 할 것인가? 즉 피해자인 제3자를 직접의 상대방에 한하지 않는다면 惡意·重過失은 누구를 기준으로 할 것인가? 이에 대하여는 위조어음의 受取人으로부터 어음을 취득한 자 또는 그 자로부터 다시 어음을 轉轉取得한 제3자는 각자 따로 출연하고 어음을 취득함으로써 새로이 손해배상청구권을 취득하는 것이지 자기의 전자의 손해배상청구권을 양도받는 것이 아니므로 각 취득자별로 使用者責任 요건의 구비여부를 따져야 할 것이다. 따라서 전자에게 惡意·重過失이 있어도 현재의 어음소지인이 善意·無重過失이면 使用者責任이 성립된다. 이와 같이 거래상의 행위에 대한 不法行爲에 있어서 책임의 성부에 직접 영향을 미치는 것은 직접 상대방이 아닌 바로 손해배상을 청구하는 被害者本人의 주관적 사정이라 할 것이다. 大判 82.10.26, 81다509(公 695, 55)은 피고의 피용자에 의하여 위조된 어음의 수취인이 위 어음의 僞造行爲를 공모하였거나 또는 위조사실을 알고서 이를 교부받았다 하여도 그와 같은 사실은 위 수취인으로부터 背書讓渡에 의하여 위 어음을 割引取得한 원고의 피고에 대한 손해배상청구권의 취득에 영향이 없다고 하였다.

重過失의 인정은 극히 신중하게 하여야 할 것이므로 어음 자체에 의심할 만한 사정이 있다든가 어음행위와 관련된 職務權限이 법령에 의하여 규제되고 있는 등 특별한 경우를 제외하고는 重過失을 되도록 인정하지 않고 過失相計의 문제로 처리함이 상당할 것이다.

한편 惡意·重過失의 立證責任은 사용자에게 있다 할 것이다.

앞서 본 바와 같이 상대방의 신뢰보호는 事實行爲에서도 마찬가지이다.

---

266) 金載亨, 131-2.

好意同乘에서의 고유한 危險引受理論이 이에 해당한다는 것이다.[267] 大判 89. 11. 14, 88다카26536(公 863, 26)도 운전자가 피해자의 요청에 의하여 사고차량을 무단운행하는 것임을 알고서 동승한 것이 명백한 경우에는 외관상 자동차소유자의 事務執行과 관련된 운행이라고 볼 수 없다고 하였다. 그러나 피해자측 사정은 앞서 말한 바와 같이 事實的 不法行爲에서 거의 문제되지 않는다. 판례는 外形理論에 있어서 信賴保護의 요소를 강조하므로 결과적으로 去來的 不法行爲는 事實的 不法行爲보다 그 성립범위가 한정된다 하겠다.[268]

(라) 結 論 業務執行關聯性의 범위에 관하여는 法理論的인 필연성이 있는 것이 아니고, 그 시대 경제, 사회상황 그리고 그 입법규정의 체제, 구조, 그 배경 및 성립근거 등에 비추어 법정책적으로 그 범위가 결정된다고 하겠다. 먼저 우리 使用者責任의 입법근거가 補償責任이라고 할 때, 사용자의 귀책성은 使用者責任의 성립요건에서 등장할 필요가 없지 않을까 생각된다. 일본판례이론이 外形理論의 적용요건으로 ① 직무의 성질에서 나오는 위험의 창출과, ② 선임·감독의무라는 방지조치의 해태를 요구한 것은 프랑스법에서의 防止思想이 危險思想이 등장한 후에도 그 배경에서 작용하고 있음에 영향을 받지 않았나 생각된다. 그러나 過失責任과 無過失責任이 병존혼재되어 있는 것은 法理論上 모순이라 하겠고 이론적인 불투명성을 면할 수 없다. 방지조치는 民 §756 I 但書의 使用者免責可能性에 작용하든지 그렇지 않으면 民 §제750 一般不法行爲責任에 바로 연결되어야 한다. 영미법상 選任過失論(negligent hiring theory)이 使用者責任論(respondeat superior)이 적용되지 않는 경우에 고려되는 것도 이러한 생각과 일맥 상통한다고 하겠다.

한편 不法行爲責任에서 표현적 책임을 인정하기 위한 外形理論은 補償責任論보다는 신뢰보호사상에 그 바탕을 두고 있고, 이 이론의 역사적 배경은 프랑스법에서 代理制度가 발달되지 않았던 점에 있으며 또한 보조자의 행위에 대한 契約責任規定이 따로 없어(책임의 非競合, non-coumul) 不法行爲責任法 영역에서 발전된 것이지만, 純粹 不法行爲的 要素라고는 볼 수 없다. 그래서 이를 어디까지나 예외적 구성요건으로 보아 立證責任까지 피해자에게 부담시키고 있고 최근에는 독일법과 같이 不法行爲에서의 表見責任이라는 표현이 점점 사라지고 있다.

우리 판례상 外形理論도 業務執行關聯性 내지 外形理論의 意義에서 볼 때

267) 前田達明, "支店長手形割引事件(使用者責任と相對方の重過失)", 判例不法行爲法, 129 以下.

268) 宮內竹和, "使用者責任における外形理論", 民法の爭點, 296.

어디까지나 예외적 이론임을 알아 볼 수 있다. 즉, 사업의 범위라 함은 원칙적으로 직무집행과 관련이 있어야 한다. 다만 직무에의 直接的·內的 關聯性이 없더라도 외형을 나타내면, 그 책임을 지운다는 것이다. 이와 같이 외형은 그 개념에서 알 수 있듯이 피해자의 신뢰에 관계하지, 본인의 귀책성과 관계없다. 따라서 예외적으로 엄격하게 적용되어야 할 필요성이 있지 않나 생각된다. 그렇다면 表見責任에 대하여 외형이 드러나 있는 것만으로는 부족하고 그 외에도 피해자가 그렇게 믿었거나 믿음에 중대한 과실이 없어야 한다. 예외적으로 발생되는 不法行爲的 表見責任에서 表見이라는 요소만으로 기업가에게 책임을 돌아가게 하는 것은 正義와 衡平의 관념에 비추어 보아도 가혹하다는 느낌이 든다. 重過失의 문제는 이와 같이 신뢰보호나 거래안전이라는 사상이 개입된 바가 없다면 당연히 過失相計에 돌아갈 문제이지만 이러한 요소가 고려되는 表見責任에서는 책임의 성부에 관계하는 중대한 요소가 된다고 본다. 아무리 기업책임이 강조되어 無過失責任 쪽으로 나아간다 하더라도, 表見責任에서는 그 시각을 달리하여야 할 것이다. 프랑스법에서 業務執行關聯性의 범위가 확장된 것은 이와 같이 사용자가 피해자의 신뢰를 손상시켰다는 비난적 상황에 근거하여 업무집행중이 아니라 하더라도 業務執行에 수반하여 혹은 業務執行의 기회에도 그 신뢰를 파괴할 수 있다고 보았기 때문이다.

不法行爲法上 외관이론은 事實的 不法行爲에서는 별 문제가 되지 않고 원래 去來的 不法行爲에서 表見代理制度의 미발달에 기인하고 있으며, 表見代理制度의 정비로 차츰 不法行爲領域에서는 사라지는 것이 바람직하다 하겠는바, 그렇다면 外觀理論은 不法行爲에 도입하더라도 이를 엄격히 적용하여야 할 것이다.[269]

3. 「第3者」에게 손해를 주었을 것

使用者責任은 피용자가 제3자에게 손해를 준 때에 발생한다. 여기에서 「제3자」라는 것이 어떤 범위의 자를 가리키느냐에 관하여는 학설·판례가 모두 「사용자와 직접 가해행위를 한 피용자를 제외한 그 밖의 자」를 말하는 것으로 해석하고 있다.[270] 따라서 같은 사용자 밑에서 고용되어 있는 근로자 사이에서도 한쪽이 업무상의 不法行爲로 다른 쪽에 손해를 주어도 역시 使用者

269) 李宙興, "使用者責任에서의 業務執行關聯性과 外形理論," 民判硏 8, 154-6.

270) 大判 67.2.7, 65다1702(要集 민 I, 1246); 大判 66.10.21, 65다825(要集 민 I, 1246). 황적인, 494.

責任이 생기게 된다.[271] 그러나 영미법에서는 fellow servant rule이라고 하여 어느 피용자의 행위에 의하여 동일한 사용자 밑에서 일하는 다른 피용자가 피해를 입은 경우에는 사용자는 피해자인 피용자에 대하여 책임을 지지 아니하였다. 그러나 이 원칙은 대기업의 출현으로 시대에 뒤떨어지고 또 근로자에게 불리한 것이므로 이 원칙의 적용에 제한을 가하게 되었고 다시 각종의 勤勞者補償法(Workman's Compensation ACts)에 의하여 이 원칙은 배제되기에 이르렀다. 우리 판례[272]도 같은 사용자 밑에서 고용되어 있는 근로자 사이에서도 한쪽이 업무상의 不法行爲로 다른 쪽에 손해를 주어도 역시 使用者責任이 생긴다고 하였다.

또 판례는 피용자에 의한 어음위조의 경우에는 어음발행의 직접 상대방인 受取人뿐 아니라 이를 轉得한 所持人도 여기 제 3 자에 해당한다고 하였다.[273]

4. 被用者의 故意·過失·責任能力

사용자에게 책임을 부담케 하는 전제로서 피용자의 加害行爲가 不法行爲의 일반요건 즉 피용자가 故意·過失이나 책임능력을 갖추고 있어야 하느냐의 여부는 民 §756의 규정만으로는 명백하지 않다.

獨民 §831의 해석으로서는 피용자의 가해행위가 違法한 것은 필요하지만 피용자의 故意·過失 및 責任能力이 있을 필요는 없다고 한다.

이에 대하여 영미법과 프랑스 民法에 있어서는 피용자의 고의·과실을 필요로 한다고 한다.

일본의 통설은 피용자의 故意·過失·責任能力은 필요한 것으로 보지만, 이것이 필요없다는 학설이 최근 등장하고 있는데, 여기에는 企業責任이라는 기업에 있어서 피용자에 대한 특수한 책임을 상정시켜 이 때는 피용자의 故意·過失·責任能力이 없더라도 사용자는 책임을 져야 한다는 소위 企業責任說[274]과 과실의 개념을 주관적 과실로 이해하면서, 이러한 의미의 과실 및 책임능력은 모든 使用者責任에 있어 필요하지 않다는 입장[275]이 있다.

271) 李太載, 492.
272) 大判 79. 2. 13, 78다1536(要集 민 I, 1272).
273) 大判 72. 5. 31, 72다611(集 20-2, 92). 어음위조의 경우 우리 대법원은 제 3 자의 범위에 대하여 제한설적 입장에 있다고 보여진다. 大判 69. 12. 23, 68다2186(集 17-4, 204); 大判 76. 1. 27, 75다1488(要集 민 I, 193); 大判 68. 12. 27, 68다1871(要集 민 I, 203).
274) 神田孝夫, "피용자의 고의·과실", 현대손해배상법강좌 Ⅵ, 77.
275) 田上富信, "使用者責任" 民法講座 6, 501-5.

우리나라에서도 說이 대립되어 있다.

피용자의 고의·과실, 責任能力不要說의 입장은 使用者責任의 성질에 관한 自己責任說의 입장과 일치하여 주장되며, 그 주장의 내용은 使用者責任은 피용자의 가해행위로부터 독립된 고유한 책임으로 파악하는 것이 옳고, 그렇다고 한다면 自己責任說이 보다 타당하며, 자기책임설에 의하는 경우 사용자의 과실만이 문제로 되고 피용자의 가해행위는 고려할 필요가 없으며 使用者責任은 근래 과실책임의 영역에서 벗어나 無過失의 기업과실로서 확장되는 추세에 있는데, 피용자의 책임요건설은 오히려 使用者責任의 발생을 억제하므로 이러한 추세에 역행하여 사용자를 과다보호하는 결과가 되어 사용자의 불충분한 작업지시 또는 부적격한 기재공급으로 말미암아 피용자의 가해행위가 야기된 경우 피용자 자신의 과실 및 不法行爲責任은 부정되어야 하는데, 피용자의 過失要件說에 의하면 使用者責任도 부정되어 부당하고 民法의 규정에는 使用者責任의 요건으로서 피용자의 과실을 요구하고 있지 아니하며 使用者責任訴訟에 있어서 피해자로 하여금 피용자의 不法行爲에 관한 모든 요건과 아울러 使用者責任의 성립요건도 입증하도록 하는 것은 가혹하다는 것이다.[276)]

그러나 통설은 피용자의 행위가 不法行爲의 일반적 요건을 具備하고 있을 것을 필요로 한다고 한다. 그 이유는 그렇지 않으면 사용자는 피용자의 無過失에 의한 행위에 대하여서도 책임을 지는 것이 되어 너무나 가혹하고 또 民 §756 Ⅲ이 사용자의 피용자에 대한 求償權을 규정하고 있는 점에 비추어 보더라도 피용자의 행위는 그러한 不法行爲의 여러 요건을 갖추고 있을 것이 필요하다고 보는 것이다.[277)]

그러나 使用者責任의 근거를 사용자의 피용자에 대한 선임·감독상의 과실에 있다고 하는 입장에서는 사용자에게 과실이 있는 이상 피용자에게 과실이 있어야 한다고 할 필요가 없다고 주장하거나 使用者責任의 근거를 補償責任 혹은 危險責任이라고 보는 입장에서도 사용자가 타인을 사용하여 거대한 이익을 올리거나 위험을 창출하고 있는 이상 침해행위에 대하여 피용자의 責任要件을 문제로 삼을 필요가 없다고 한다.

판례는 피용자에게 고의 내지 과실, 책임능력이 인정됨으로써 별도로 不法行爲의 일반요건을 충족한 때에만 사용자는 使用者責任을 지게 된다고 한

276) 李銀榮, 630-1.
277) 郭閏直, 749; 황적인, 486; 김기선, 한국채권법각론, 법문사, 1982, 412; 金錫宇, 529-30; 鄭鏞仁, 註釋債權各則(Ⅳ), 263-4.

다.[278] 그래서 使用者責任을 인정함에 있어 피용자의 過失有無가 쟁점이 되는 사례가 종종 있다.[279]

産災事故와 같은 기업책임의 경우 실무상 피용자의 과실을 넓게 인정함으로써 기업의 責任範圍를 넓히려는 경향이 있다. 예컨대 大判 91. 7. 23, 91다12325(公 904, 2227)은 회사직원의 지시에 따라 음료수 상자 배달작업을 하던 피해자가 혼자 무리하게 상자 3개를 한꺼번에 들어올려 놓으려다가 요추손상을 입은 사고에 대하여 이 事件 事故는 피해자와 같은 일용종업원이 하는 일이 물건의 運搬配達 등의 단순한 일이기는 하나 피해자가 작업량에 쫓겨 무리하게 일을 하다가 허리등에 부상을 입을 위험성이 있으므로 被告會社의 영업부사원은 피고회사에 建議하여 빠진 인원을 보충하고 또 보충이 안 된 상태에서 일을 시키려면 피해자로 하여금 자기의 체력에 맞춰 적당한 양의 식료수 상자를 들어올리도록 감독할 의무가 있음에도 이와 같은 조치를 취하지 아니한 과실을 들어 使用者責任을 인정하였다. 한편 실화의 책임에 있어서 피용자의 실화에 대하여 사용자가 책임을 지는 것은 피용자에게 고의 또는 중대한 과실이 있는 경우에 한한다.[280]

이러한 입장에 따르면 피용자가 責任無能力者인 때에는 일을 감당할 능력이 없는 자를 사용한 것이 사용자의 과실로 인정되어 사용자가 民 §750에 의하여 책임을 지는 수가 있는 것은 별론으로 하더라도 본조에 의한 使用者責任은 지지 않는다. 다만 未成年者가 피용자인 경우에는 使用者責任을 지우기 위하여 가급적 그 責任能力을 인정하려는 경향이 있다.

한편 피용자의 과실을 使用者責任의 요건으로 하여도 과실은 구체적, 상대적인 개념이므로 대기업에 종사하는 피용자에게는 상당히 고도의 注意義務를 부과함으로써 결과적으로 피용자의 故意·過失을 요하지 않는다고 하는 기업책임의 이론을 인정한 것과 마찬가지의 결론을 내리는 경우가 많다.

加害被用者의 有責性을 요구하는 것은 원칙적으로 피해자가 가해피용자의 故意·過失을 입증하지 않으면 안 된다는 것을 의미하나 최근 생산기술의 진전, 기업활동의 대규모화 등에 수반하여 가해원인이 複雜化·多樣化하고 있어

278) 大判 81. 8. 11, 81다298(集 29-2, 263); 大判 55. 5. 5, 4287민상271(集 2-4, 4).
279) 예컨대 大判 91. 12. 27, 91다1165(公 915, 761); 大判 92. 6. 23, 91다43657(公 1992, 2243). 피용자의 과실을 부인한 예로 大判 91. 11. 12, 91다29354(公 911, 109); 大判 91. 11. 8, 91다20623(公 911, 74).
280) 大判 83. 2. 8(註 75); 大判 87. 4. 28, 86다카1448(公 802, 874); 大判 62. 10. 25, 62다452(集 10-4, 149).

그것은 반드시 용이하지 않다. 그 결과 使用者責任을 물을 수 없는 우려가 있다. 여기서 使用者責任이 보다 엄격한 책임을 지향하는 기업책임으로서의 역할을 할 수 없는 까닭이 있다 하겠다.

한편 기업이라는 조직체 그것에 과실이 있으면 바로 民 §750의 一般不法行爲責任으로 돌아간다고 볼 수 있다. 이에 대하여는 전통적 개인주의적 市民法思想에 따라 기업 그것에 대하여 과실의 관념을 상정할 수 있는가하는 의문이 제기되나 오늘날 不法行爲의 주체를 자연인에 한정하여 보아야 할 아무런 근거가 없다.[281)]

V. 使用者責任에 있어서의 免責可能性

앞서 본 바와 같이 사용자의 免責可能性은 영미법이나 佛蘭西法에서는 찾아 볼 수 없다. 독일법, 일본법 등에서만 규율되어 있고 우리나라는 독일법의 그것에 가깝다고 할 수 있다. 그러나 우리나라에서는 실무에서 사용자가 이 면책입증에 성공하는 예가 거의 없다. 이에 대한 논의도 부족하다. 그래서 이 규정의 취지를 보다 정확하게 파악하기 위하여 먼저 우리 법 규정의 뿌리라 할 수 있는 독일법의 내용을 간략히 살펴 볼 필요가 있다.[282)]

1. 독일법상 使用者責任에 있어서의 免責可能性

(1) 사용자의 선임·감독·지시 및 설비상 과실과 면책입증

독일법상 使用者責任은 자기과실책임이고 여기서 사용자의 과실은 먼저 선임 과정에서부터 문제가 된다. 사용자는 피용자를 고용할 때 피용자의 적성을 충분히 검토하지 않으면 안 된다. 여기에는 연령·건강상태·경험·독립성·신용성 등이 고려된다. 특히 다른 사람에게 쉽게 위험을 가져다 줄 수 있는 직업, 예컨대 자동차운전수·전기기사·벽돌공에 있어서는 특별한 인적 능력의 고려가 요구된다. 의사에 관하여는 국가의 자격면허가 중요하다. 그러나 사용자가 자격증을 소지한 피용자를 고용한 것만으로 선임상의 주의의무를 다한

281) 神田孝夫(註 274).

282) 이하 독일법에 관하여는 李宙興, "독일법상 使用者責任에 있어서의 免責可能性(上)", 대한변호사협회지 1986. 7. 59-69; 李宙興, "독일법상 使用者責任에 있어서의 免責可能性(下)," 대한변호사협회지 1986. 8. 63-7.

것으로 볼 수는 없다. 선임시 그러한 자격에 상응하는 실질적인 능력뿐만 아니라 피용자의 전과 관계·건강 상태·신뢰성·책임감 등 제반 개별적 구체적인 요소나 사정을 고려하여야 할 것이다.

연혁적으로 볼 때 1900년 초에는 실무상 면책입증을 위하여 큰 요구를 하지 않았기 때문에 독민 §831에 따라 사용자를 책임지우게 하는 것이 어렵게 보였으나, 그 뒤 사용자의 면책이 점점 어려워졌다.

먼저 독일제국법원이 면책입증을 더 어렵게 하기 위하여 창안해 낸 것은 피용자에 대한 감독의무이다. 使用者責任에 관한 §831 I 후단에서는 선임과실만을 규정하고 있지, 감독과실에 대하여는 명문규정을 흠결하고 있다. 그래서 일반적인 감독의무를 §831에 연결하기 위하여 다음과 같이 설명하고 있다. 즉 「選任은 업무집행시에 있어서의 선임이고 따라서 선임이 오랜 시간 전으로 거슬러올라가, 임용 당시의 주의를 다하였다는 것만으로는 충분하지 않고 손해 발생의 시점에서도 계속적인 감독으로(그래서 기간의무·長期義務 Dauerpflicht라고 한다) 그의 자격을 보전하게 하여야 하며, 업무에 관한 주의 깊은 선발이 바로 업무에서의 감독이라는 것이다」.[283] 감독의무의 위반은 경우에 따라서 일반 不法行爲에 관한 통칙규정인 §823에 따른 손해배상의무를 발생시킨다. 그러나 여기서는 피해자가 이러한 의무위반을 입증하여야만 한다. §831로부터 이러한 일반적 감독의무를 도출해 내는 경우에는 사용자가 자신의 면책을 위하여 이러한 감독의무를 제대로 하였음을 입증하여야 한다.[284] 학설상으로는 최초 이러한 감독의무의 위반은 §823에 의하여서만 損害賠償責任에 이르게 되고 따라서 사용자의 면책입증의무 대신 피해자가 과실을 입증하여야 하였으나, 그 후 학설은 판례와 같이 §831로부터 꾸준한 감독의무를 요구하게 되었다. 실무상 선임과실보다는 감독과실이 더 중요하게 취급되고, 감독과실책임이 강화되고 있다. 그러나 감독의무에 관한 고정적 기준은 주어질 수 없고, 구체적인 사정에 따라 특히 나이와 자격 등에 따라 요구되는 감독의 범위가 달라질 수 있다. 예컨대 나이가 어리거나 미숙하거나 고용된지 얼마 안 되는 피용자에 대하여는 더 엄격한 감독이 요구된다 하겠다. 이렇게 판례는 §831로부터 새로운 부가적인 감독과실의 추정을 파생시키면서 과실추정을 선임에만 연결시키는 원칙을 포기하였고, 그래서 많은 경우 사용자는 그러한 감독을 제대로 하였다는 입증을 하지 못하

283) RG 78, 107; 79, 101 JW 1912, 240, 1930, 2927; 1931, 862; BGHZ 8, 239, 243.
284) 1933년 RG Jurw 1933. S. 831.

여 패소판결을 받는다. 의료사고와 관련하여 연방법원은 보조의사가 수술시 수술실에 수술복을 입지 않고 들어간 경우 감독과실이 있다 하여 면책입증을 성공시키지 못하게 하고 있다.

그 다음으로 이 監督過失과 관련지우면서 그 구별이 문제가 되는 것이 명문의 규정이 있는 指示·指導(Anweisung, Leitung)상 과실이다. 대체로 감독의무는 고용된 자의 성격으로부터 발생함에 대하여, 지시의무는 위임받은 구체적인 업무와 관련되어 있다고 한다. 그러나 구체적인 경우 실제상 양자의 과실 추정이 분산되지 않고, 엉켜져 있는 경우가 많다고 하겠다. 제국법원은 「§831에 있어서의 업무의 지도(Leitung der Verrichtung)라 함은 피용자와 그의 업무에 대한 일반적 감독의 관행이 아니라 업무의 특별한 성격과 거기에 고용된 피용자의 특수성으로부터 발생하는 개별적 업무의 특별감독이다」라고 하였다. 이러한 지시과실은 대체로 사용자가 선임·감독상 과실에 대한 면책입증에 성공한 경우, 그 다음으로 문제가 된다. 예컨대 사용자가 위험상황에 직면한 운전수의 전화상 문의에 대하여 바로 지시를 하지 않았다든가, 장거리여행에서 막 돌아온 운전수를 다시 그만큼 긴 여행으로 보내는 경우(Übermundung) 등이 이에 해당된다. 연방법원은 의사는 그가 주사를 놓도록 한 간호원에게 충분한 지시와 가르침을 주어야 하고, 그 간호원이 주의 깊게 선임된 것만으로는 충분하지 않다고 하였다. 간호원은 책임있는 일을 맡으면 거기에 대한 특별한 지시를 받아야 하는바, 예컨대 주사의 위험성에 대하여 교육을 받고, 신체구조와의 관계, 특히 좌골신경(Ischiasnervs)의 위치에 대하여 가르침을 받아 주사액이 좌골신경 근처에 다다르지 않도록 주의를 다한 바 없다면, 바로 이 지시과실에 해당된다고 하였다.

이와 같이 指示義務立證責任으로 사용자는 가해자인 피용자에게 적절한 지시를 하였다는 追加的 免責立證을 부담하는 외에 사용자의 과실은 기계·기구의 공급, 설비상 필요한 주의를 다 하지 않는 경우에도 성립된다. 이 역시 독일법에서는 명문으로 규정되어 있다. 손상된 기계, 잘못된 설치, 사용할 수 없는 위험한 기구는 공급되어서는 안 되고, 필요한 사용방법 내지 취급상 주의가 사용자로부터 고지되어야 한다. 독일법상 이러한 設備過失은 우리 법상으로는 오히려 공작물책임에서 문제될 수 있다고 하겠다. 지시의무와 설비의무는 구체적 사정에 따라 사용자가 부담하는 특별한 법률의무라고 할 수 있으나, 선임·감독의무보다는 상대적으로 그 역할이 적다 하겠다. 독일에서는 면책에 성공하는 경우를 거의 보기 힘들 만큼 엄격한 입증을 요구하고 있다. 특히 전술한 바와 같이 위험한 성격을 지닌 운송기업의 피용자를 통한 교통사고나 의사, 간호원, 보조자를 통한 의료사고에서 더욱 그러하다. 최근에는 이러한 판례를 통하여서뿐만 아니라, 특별법 제정을 통하여서도 §831의 免責可能性이 배제되기에 이르렀다.

(2) 대기업의 免責可能性──소위 분산적 면책입증(dezentralisierter Entlastungsbeweis)의 문제

§831의 적용에 있어 실제상 가장 불만족스러운 결과를 초래하게 된 것은 대기업이 책임문제에서 더 유리한 위치를 차지한다는 것이다. 왜냐하면 오랫동안 통설과 판례는 소위 分散的 免責立證을 승인하였기 때문이다. 즉 대기업의 경영자는 개개 피용자에 대하여 요구되는 주의의무를 다하여 선임·감독하였다는 점을 입증하여야 하는지, 그렇지 않으면 근대 대기업에서 사용자가 생산규모 때문에 개개의 선임·감독을 더 이상 할 수 없기 때문에 이것을 오히려 高級使用人(leitende Personen) 혹은 中間使用人(Zwischenpersonen, Mittelpersonen)에게 위임하여야 하고, 그래서 이러한 고급 내지 중간사용인의 선임·감독만 제대로 하면 면책입증이 충족되는지에 대하여 통설은 이 경우 중간사용인이 選任·監督되고 피용자의 감독에 필요한 충분한 기구, 조직이 구성되어 있다면, 사용자가 면책된다는 것이고, 제국법원 역시 사용자가 고급사용인을 주의깊게 선임하고, 그 외에 그에 종속되는 피용자의 감독을 확실하게 하기 위하여 필요한 시설과 배치를 갖추면 족하다고 하여 대기업이라는 기업의 성격에서 법적 책임면제근거로 의무의 분산을 인정하였다. 즉,「대기업의 소유주는 개개 피용자의 지휘·감독을 위해 관리인을 선임하고, 그 관리인에 의하여 선임·감독된 피용자에 의하여 손해가 발생한 경우, 소유주는 그가 관리인을 주의 깊게 선임·감독하였거나, 그 손해가 주의 깊은 선임·감독이 있었음에도 발생한 것이라면, 면책이 소유주에게 허용되는 것이다. 관리인이 귀책사유 없이 행동하였다거나, 손해발생에 근접해 있는 피용자를 주의 깊게 선임·감독하였다는 입증은 기업소유주가 면책함에 있어 요구되는 것이 아니다」라고 하였다. 그래서 피해자는 가해자가 대기업에 고용되어 손해배상을 청구할 수 없는 경우가 있는가 하면, 똑같은 상황하에서 가해자가 소규모회사에서 사용자에 의해 바로 선임되어 손해배상을 청구할 수 있게 되었다. 대기업에 대한 이러한 "분산된 면책허용"이 소기업보다 유리하다는 점에서 결국 개인기업이 不法

行爲法에서 대기업보다 더 엄격하게 파악되며, 모든 활동을 스스로 하는 사람은 §823의 一般不法行爲責任條項에 따라 免責可能性 없이 책임을 지게 된다. 여기에 대하여 Helm은 사용자가 면책함에 있어서는 중간사용인까지도 개개피용자를 선임·감독함에 있어 주의 깊게 행동할 것을 요한다는 반대설의 입장에 서서, 이 문제의 해결의 열쇠는 §831의 기능적 고찰에 있다고 하고, 분산적면책입증을 인정하는 견해가 피용자에 대한 활동의 위임으로, 사용자는 원칙적으로 일반인에게 부과된 법적 의무를 위임한다는 이해의 바탕 위에 서서, §831가 일반적·법적 의무의 개인적인 양도의 효력을 인정하고 있다는 것이나, 사용자는 중간사용인의 선임으로 전적으로 그러한 일반적·법적 의무가 없어지는 것은 아니고, 또한 손해배상의무가 면제되는 것도 아니며, 여전히 지시·지배권한과 그에 상응하는 의무가 남는다고 한다. §831에 의하여 피용자가 不法行爲로 손해를 가하였음을 증명하면 사용자는 특별한 의무를 부담하게 되는데, 이것이 피용자에 대한 선임·감독·지시의무의 이행에 대한 입증이며, 이 의무는 사용자로서의 사회적 지위에서 나오고 중간감독자에게 감독의무를 위임한다 하여 사용자의 사회적 지위가 변동되는 것이 아니며, §831의 사용자 의무는 스스로의 고유한 사회적 지위이자 활동에 대한 고유한 지배로서 이러한 위임은 위임받는 자가 사회에 대하여 이행에 대한 동일한 확실성을 제공할 때에만 허용되므로(獨立履行契約者 Selbstständiger, Hilfsperson, independent contractor가 여기에 해당됨) 사용자는 종속되는 피용자에게 §831의 의무를 위임하는 것에 의해 §831의 책임에서 면제될 수 없다는 것이다.[285]

(3) **免責可能性의 遮斷과 책임추궁의 우회적 방법**

독일에서는 §831에 의한 면책입증을 차단하기 위하여, 특히 전술한 대기업의 부적절한 면책을 피하기 위하여 판례와 학설은 몇 가지 이론을 발전시켰다. 첫째는 계약법에의 도피로서, 수많은 定型的不法行爲構成要件들을 民 §278(履行補助者責任)의 契約責任의 영역에 편입시키는 것이었다. 그 연결이 계약체결상의 과실(Culpa in contrahendo), 제3자를 위한 保護效契約(der Vertrag mit Schutzwirkung zugunsten Dritter) 등이다. 독일법에서는 契約責任과 不法行爲責任의 영역이 점점 섞여져 가고 있고, 그러한 가장 중요한 원인이 판례에서 어느 한 법분야(使用者責任)의 약점을 다른 법분야(履行補助者責任)에 접근, 보충함으로써 제거하는 것이

285) Helm, Johann Georg, "Rechtsfortbildung und Reform beider Haftung für Verrichtungshilfen", AcP 166, Heft 5-6 S. 397f.

통상의 기교가 되었다는 점에 있다. 1903년 제국법원은 기차가 출발한 후에도 여행객이 역에서 안전하게 퇴장하도록 하여야 할 계약상의 의무를 인정하여, 피용자가 역구내의 빙판을 잘 제거하지 않은 철도경영자에게 §831에 의한 면책입증을 통한 책임배제가능성을 배제하였고 유명한 Linoleum-Rollen 사건[286]에서 상점의 손님이 리노륨이 무너지면서 다쳤는데, 제국법원은 계약체결의 단계에 있는 계약상대방의 생명·재산에 대한 주의의무를 확장하였는바, 이는 보조자에 대한 책임에 使用者責任에 관한 §831 대신 履行補助者責任에 관한 §278를 적용할 목적에서였다. 그러나 이러한 계약법적 구성이 중요성을 잃을 수 있을 때, 不法行爲法의 도움을 받아 그 위치를 바꾸어 나갔는데, 그 첫째가 機關過失(Organisationsverschulden)이고, 둘째가 피용자를 감독하고, 조종하여야 하는 去來安全義務(Verkehrssicherungspflicht)이다. §831의 구성요건이 충족되지 않는 경우 혹은 사용자에게 면책입증이 성공된 경우, 사용자(대체로 법인)는 제 3 자의 손해발생을 방지하기 위하여 적절한 기관적인 예방수단으로 기업운영의 흐름과 직원의 활동을 지시하고 감독하여야 하는 것을 소홀히 하였다는 것을 근거로 책임을 추궁할 수 있는데, 이 경우 사용자의 책임은 §831에 의하여서가 아니라 §823 一般不法行爲責任에서의 기관과실로 이끌 수 있는 것이다. 앞서 본 분산적 면책입증론은 바로 이 기관과실의 점에서 문제가 된다. 이는 바로 더 올바른 기관, 기구에게 맡겨야 할 일을 잘못된, 불안전한 부주의한 기관에게 맡길 수 있는가 하는 문제로서, 분산적 면책입증론에 대하여 기관이 감독을 잘 수행할 만큼 조직되어야 한다는 점에 대한 충분한 검토를 하지 않는다는 비난을 할 수 있다는 것이다. 통설이나 판례는 이와 같이 특별히 창출된 기관의무를 통하여 분산적 면책입증의 효과가 약화되는 것이 필요하다고 보고 있다. 사용자는 중간사용인을 주의 깊게 선임·감독하였다는 것을 입증하는 것만으로는 면책됨에 부족하고, 부가적으로 개개 피용자가 적절한 업무수행을 할 수 있도록 충분한 영업기구를 갖출 것이 요구된다. 소위 Zuckerrüberschnitzel 事件[287]에서 연방철도가 납을 운송한 차량을 제대로 청소하지 않고 사탕무우의 운송을 위하여 설탕공장에 제공하여 납독이 묻은 사탕무우 조각을 먹은 원고의 소가 죽은 사안에 대하여 연방법원은 기관과실의 법리를 적용하여, 피고

286) RG 7, 12, 1911 RGZ 78, 239; Landermann, Hans-Georg, "Die Überarbeitung des deutschen Schuldrechts aus internationalrechtlicher Sicht", Rebels Z 45, S. 135 ft. 45.

287) BGUZ 17, 241ff. 이 판례의 소개는 李宙興, "독일판례를 통해 본 운송인책임의 계약규정과 불법행위책임(下)," 사법행정, 1986. 2. 8-9.

의 기관이 납 운송 하역 후 피용자가 청결검사를 실시함에 상당한 주의를 하지 않았다고 하였다. 제조물책임에 관한 Schubstreben 사건[288]에서 불충분한 운영기관의 추정에 대하여 밝혔던 견해, 즉 피해자는 손해를 가져오게 된 기업내부적인 경과를 설명할 수 없다는 견해는 특히 운송, 운송주선에서의 화물의 멸실·훼손의 많은 경우에도 적용된다고 한다. 특정상황하에서 추정될 수 있는 기관과실의 제도로서 사용자의 면책입증을 배제할 수 있게 되는 것이다.

2. 우리 법에 있어서의 使用者責任에 있어서의 免責可能性

우리나라는 使用者責任에 대하여 사용자의 免責可能性을 명문으로 두고 있으면서도 사용자 면책방지를 위한 法理的 檢討는 제대로 이루어지지 않고 있다. 民 §756 I 但書에 의하면 사용자는「피용자의 선임 및 그 事務監督에 상당한 注意를 한 때」또는「상당한 주의를 하여도 손해가 있을 경우」에는 그 책임을 면할 수 있다고 되어 있다. 사용자는 이들 두 免責事由 중 어느 하나를 입증하면, 그 책임을 면하는 것이다. 그 가운데서 후자, 즉 상당한 주의를 하여도 손해가 발생하였으리라는 것은, 사용자의 부주의와 손해의 발생과의 사이에 因果關係가 없으면 책임은 생기지 않는다는 것이다. 使用者責任에 있어서는 전자의 免責事由 즉 선임·감독에 상당한 주의를 하였느냐의 여부가 중요하다.

사용자는「選任 및 그 事務監督」에 상당한 주의를 한 때에 면책되므로, 선임과 사무감독의 양자에 있어서 過失이 없어야 하고, 어느 한쪽이든 과실이 있으면 책임을 면하지 못한다. 이들 두 免責事由의 입증책임은 모두 사용자가 부담하지만,[289] 판례는 이에 관한 사용자의 면책입증을 아주 엄격하게 하여 그 결과 使用者責任은 無過失責任에 가까운 것으로 된 듯하다.[290] 그래서 어느 정도 주의를 베풀었을 때에 상당한 주의를 한 것으로서 면책되느냐의 기준을 찾기가 어렵다.

먼저 사용자의 감독상 과실은「善良한 管理者로서의 주의로써 감독하였다면 損害發生을 미연에 방지하거나 피해액을 減額시킬 수 있었으리라고 생각되는데」그리하지 않은 경우 인정된다.[291] 그러나 그 注意義務의 정도는 사업

288) BGH NJW 1968 S. 247ff.
289) 大判 67. 9. 26, 67다1432(集 15-3, 142); 大判 69. 1. 28, 68다578(集 17-1, 90); 大判 71. 10. 11, 71다1641(集 19-3, 31); 大判 98. 5. 15, 97다58538(公 1998, 1631).
290) 황적인, 494-5.
291) 大判 68. 1. 31, 65다376(集 16-1, 23).

내지 사무의 성질에 따라서 다를 수 있다. 판례에 따르면 예컨대 의사는 고도의 專門知識을 요하는 직업이므로 의사의 진료에 관하여 담당의사의 판단이 중요성을 가지는 결과 개개의 진료내용이 상당한 獨立性을 가지는 것도 부인할 수 없으나, 진찰치료의 실시면에 있어서 사용자가 피용자인 의사에 대하여 一般的 監督을 못할 바도 아니라고 하면서 사용자가 종업원에게 概括的 注意 지시만을 하고 渡美 不在중에 있었으므로 종업원에 대한 일반적 監督義務를 다하였다고 볼 수 없다 하였다.[292)]

자주 문제가 되는 것은 피용자가 운전사인 경우인바, 운전업무는 항상 상당한 위험이 수반되기 쉬운 작업이므로 고도의 注意義務를 요구하고 있다.[293)] 자동차운전기술을 가진 자를 운전사로 선임하면서 전과 유무 등을 확인하고 때때로 위험방지 및 기술습득에 대한 교양과 훈시를 한 것만으로는 사용자가 피용자의 선임·감독에 상당한 주의를 하였다고 볼 수 없으며,[294)] 운전수에게 매일 아침 추상적이고 개괄적인 訓諭의 정도나 일반적인 운전사 注意義務에 대한 환기만으로는 상당한 주의를 한 것이라고 인정할 수 없다.[295)] 아울러 판례는 피고회사의 代理監督者의 지시내용이 애매하여 피해자가 그것을 잘못 해석하고 작업하다가 피해를 당하였다면 피해자에게 과실이 있다 하더라도 피고회사는 적어도 그 지시나 감독상의 過失責任을 면할 수 없다고 하였다.[296)]

그러나, 대기업의 경우와 家事使用人에 대한 것과의 사이에는 免責可能性이 정도에 있어 차이가 있다. 대기업에서는 개별적인 指揮·監督이 곤란하여 면책은 거의 인정되기가 어렵지만, 가사사용인이나 소기업의 경우에는 실제로 상당히 구체적인 指揮·監督이 행하여지고 있을 것이며, 따라서 면책이 인정되는 수가 어느 정도는 있게 될 것이다.

한편 우리나라에서도 독일에서의 分散的 免責立證論[297)]에 대한 논의가 있는바, 기업이 크면 클수록 사용자가 피용자를 직접 선임·감독하는 일은 적어지고, 공장장·출장소장·인사과장·현장감독 등의 여러 職制를 두어서, 이들

292) 大判 64.6.2, 63다804(集 12-1, 135).
293) 大判 66.7.26, 66다953(集 14-2, 235).
294) 大判 64.12.29, 64다1095(要集 민 I, 1265); 大判 67.12.26, 67다1430(要集 민 I, 1266).
295) 大判 64.10.28, 64다693(要集 민 I, 1265).
296) 大判 71.1.26, 70다2486(集 19-1, 21).
297) 李宙興, "독일법상 使用者責任에 있어서의 免責可能性(上)," 대한변호사협회지 1986.7, 59-69; 李宙興, "독일법상 使用者責任에 있어서의 免責可能性(下)," 대한변호사협회지 1986.8, 63-7.

감독기관으로 하여금 자기에 갈음하여 選任·監督의 임무를 담당케 하는 것이 보통인데 이 경우에 감독기관이 피용자의 選任·監督에 있어서 과실이 있다고 할 때에, 사용자는 자신이 피용자의 選任·監督에 과실이 있었던 것으로 되느냐, 또는 사용자는 감독기관을 選任·監督하는 데에 과실이 없는 이상 책임을 지지 않는다고 할 것이냐가 문제된다. 만일 사용자가 감독기관의 選任·監督에 있어서의 그의 과실에 대하여서만 책임을 진다고 해석하게 되면 앞서 본 바와 같이 피해자가 충분한 배상을 얻지 못하게 되어 가혹할 뿐만 아니라, 사용자에게 부당한 이익을 주는 결과가 된다. 앞서 본 독일판례에서 발전된, 사용자의 면책주장과 관련된 피해자 구제이론은 우리법에서도 참고가 될 수 있을 것이다.

Ⅵ. 賠償義務者·共同使用者責任과 求償關係·被用者責任

1. 賠償責任者

民 §756에 의하여 損害賠償責任을 부담하는 자는 사용자(§756 Ⅰ)와 사용자에 갈음하여 그 사무를 감독하는 자 즉 代理監督者(§756 Ⅱ)이다. 사용자란 앞서 본 피용자개념과 대응되는 것으로 피용자를 자기의 사무를 위하여 사용하는 관계에 있는 자를 가리키는 것으로서 자연인이든 法人이든 不問한다. 현재 기업은 거의 法人形態를 갖추고 있기 때문에 사용자가 법인인 경우가 오히려 많다.

사용자와 代理監督者가 함께 책임을 부담하는 경우에 양자의 책임의 관계는 不眞正連帶債務이다.[298] 또 사용자가 피용자와 공동으로 不法行爲를 한 경우에는 사용자로서의 책임 이외에 民 §750에 의한 一般不法行爲責任을 부담한다.

2. 民 §756 Ⅱ 代理監督者責任

民 §756 Ⅱ 소정의 「사용자에 갈음하여 事務를 監督하는 자」란 객관적으로 볼 때 사용자에 갈음하여 현실적으로 구체적인 사업을 감독하는 지위에 있는 자[299]를 뜻한다. 그 예로서 공장장·현장감독·지점장 등이 거시된다.

大判 98.5.15, 97다58538(公 1998, 1631)은 회사의 대표이사가 타인에게 회사의

298) 大判 63.9.26(註 86).
299) 大判 73.3.13(註 64).

사장 직함을 사용하면서 회사 명의로 고철 관련사업을 전담하되 사업 경비는 회사가 부담하고 이익금은 서로 분배하며 타인에게 급여는 따로 지급하지 아니하기로 하여 그 사무를 집행하도록 하는 한편, 업무에 관하여 타인으로부터 보고를 받고 이를 지휘한 경우, 대표이사는 회사에 갈음하여 현실적으로 타인을 선임 및 감독하는 지위에 있었던 자라 할 것이므로, 타인의 불법행위에 대하여 민법 제756조 제2항 소정의 사용자책임이 있다고 하였다.

그러나, 大判 93. 3. 26, 92다10081(公 944, 1284)에 의하면 건물의 수리 사무가 건물 소유자와 賃借人 사이의 문제에 지나지 아니하며, 피고 甲이 피고 乙을 대리하여 賃借人에게 피고 乙의 숙박업허가명의 사용을 허락하였다 하더라도 이로 인하여 피고 甲이 곧바로 피고 乙을 대리하여 賃借人을 지휘·감독하는 지위를 갖게 되는 것은 아니고, 따라서 피고 甲에게 「사용자에 갈음하여 사무를 감독하는 자」로서의 책임을 물을 수는 없다고 하였다.[300]

代理監督者의 責任要件은 사용자의 경우와 꼭 같으며 그가 맡은 選任·監督에 관하여 상당한 주의를 하였음을 입증하면 책임을 면할 수 있다. 사용자가 법인인 경우에 이사가 법인의 代理監督者라는 지위에서 개인적인 책임을 지는 수가 있는가에 관하여 견해가 갈린다.

일본판례는 이사 기타 대표기관으로서 사업을 감독하는 자는 사용자에 갈음하여 감독하는 자에 해당한다고 하였다. 학설도 이사가 법인의 대표감독자라는 입장에서 개인적인 책임을 지는 수가 있게 될 것이라고 하고 이것은 이사가 법인의 기관으로서 당연히 책임을 지는 것이 아니라, 피용자의 선임·감독을 담당하는 한도에서 代理監督者로서 책임을 지는 것이라고 한다.[301]

판례는 대표이사가 회사의 업무를 수행함에 있어 그 피용자를 지휘·감독한다 하더라도 이는 그 代表理事라는 회사기관이라는 자격으로 하는 것이며 위 회사와 별도의 독립된 인격에서 위 회사에 갈음하여 그 사무를 감독하는 자라고 할 수는 없으므로 대표이사에게 대리 감독과 책임이 있다고 할 수 없다고 하였다.[302] 代理監督者가 있는 경우에도 사용자는 여전히 일반적으로 피용자를 選任·監督하는 지위에 있는 이상 選任·監督에 대한 자신의 과실이 없음을 立證하지 못하는 한 賠償責任을 부담한다고 하여야 할 것이다.

民 §756 Ⅱ의 代理監督者 책임은 民 §755 Ⅱ과 같은 내용을 지니고 있다.

300) 大判 92. 7. 28(註 64).
301) 郭閏直, 751.
302) 大判 73. 2. 13, 72다2488(要集 민 I, 1271).

이 관계에 대하여 大判 81. 8. 11, 81다298(集 29-2, 263)에 의하면 民 §755 Ⅱ에 규정된 責任無能力者에 대한 代理監督者의 책임은 代理監督者 스스로의 違法行爲에 대한 책임이 아니라 責任無能力者의 가해행위의 결과에 대한 책임이므로 責任無能力者의 代理監督者에게 위 법조의 규정에 의한 賠償責任이 있다고 하여 위 代理監督者의 사용자 또는 사용자에 갈음한 감독자에게 당연히 民 §756에 의한 使用者責任이 있다고 볼 수는 없으며, 責任無能力者의 가해행위에 관하여 그 代理監督者에게 고의 또는 과실이 인정됨으로서 별도로 不法行爲의 일반요건을 충족한 때에만 위 代理監督者의 사용자 또는 사용자에 갈음한 감독자는 民 §756의 使用者責任을 지게 된다고 보아야 할 것이라고 하였다.

3. 一方的 使用者責任과 共同不法行爲者 사이의 求償

(1) 사용자가 배상한 경우 피용자가 아닌 共同不法行爲者에 대한 求償

大判 92. 6. 23, 91다33070(公 1992, 2235)은 피용자와 제 3 자가 共同不法行爲로 피용자에게 손해를 가하여 그 손해배상채무를 부담하는 경우에 피용자와 제 3 자는 共同不法行爲로서 서로 不眞正連帶關係에 있고, 한편 사용자의 損害賠償責任은 피용자의 賠償責任에 대한 대체적 책임이어서 사용자도 제 3 자와 不眞正連帶關係에 있다고 보아야 하므로, 피용자와 제 3 자의 책임비율에 의하여 정해진 피용자의 부담부분을 초과하여 사용자가 피해자에게 손해를 배상한 경우에는 사용자는 제 3 자에 대하여도 제 3 자의 부담부분의 한도 내에서 求償權을 행사할 수 있다고 하였다.[303]

피해자에게 손해를 배상한 사용자는 다른 共同不法行爲者에 대하여 구상을 인정한 것이 가해자 사이의 손해의 공평한 분담이라는 관점에서 타당하다. 그 구상의 비율 즉 내부분담비율은 피용자와 제 3 자의 과실비율이 될 것이다.

(2) 被用者 아닌 共同不法行爲者가 배상한 경우 사용자에 대한 求償

한편 서울高判 91. 4. 30, 90나34405은 「제 3 자와 피용자의 共同不法行爲로 야기된 사고의 피해자에 대하여 共同不法行爲者 전원과 그 사용자는 연대하여 손해를 배상할 책임이 있고, 共同不法行爲者 상호간에는 어느 일방이 자신의 출재로 피해자에 대하여 부담하는 損害賠償責任을 공동면책시킨 경우에 있어서의 제 3 자와 사용자 사이의 구상관계에 있어서는 使用者責任이 사용자의 고의·과실을 이유로 하는 것이 아니고 補償責任의 원리에 따라서 피해자

303) 大判 82. 1. 19, 80다3075(集 30-1, 8); 大判 88. 4. 27, 87다카1012(公 825, 904) 참조.

를 보호하기 위하여 법률상 인정된 제도인 점에 비추어 이것을 가해자 사이의 부담의 조정을 도모하기 위한 구상관계에 준용 내지 類推適用할 수 없고(제3자와 사용자 사이에는 共同不法行爲者 상호간 같은 내부관계가 있다고 할 수 없다) 오직 不法行爲責任의 일반원칙으로 돌아가 사용자가 사고발생에 과실이 있다든가 또는 사용자로서 피용자의 과실에 관하여 원인을 부여한 경우에 한하여 共同免責額 중 사용자의 過失 정도 내지 기여도에 상응하는 부분의 상환을 구할 수 있고, 이러한 경우 제3자에게 사용자가 사고 발생의 과실이 있다든가 또는 피용자의 과실에 원인을 부여하였다는 점에 대한 主張立證責任이 있다」고 하였다.

그러나 日最判 昭 63. 7. 1.(民集 42, 451)은 「피용자가 그 사용자의 사업의 집행에 관하여 제3자와의 공동의 不法行爲에 의하여 타인에게 손해를 가한 경우에 있어서 위 제3자가 자기와 피용자와의 過失比率에 따라 정해진 자기의 負擔部分을 넘어서 피해자에게 賠償한 때에는 위 제3자는 피용자의 부담부분에 관하여 사용자에 대하여 구상할 수 있다고 해석하는 것이 상당하다」고 하고, 사용자의 損害賠償責任을 정한 日民 §715의 규정은 주로 사용자가 피용자의 활동에 의하여 이익을 얻는 관계에 있는 것에 착안하여 이익이 있는 곳에 손실도 돌아간다는 견지에서 피용자가 사용자의 사업활동을 하는 데 관하여 타인에게 손해를 가한 경우에는 사용자도 피용자와 같은 내용의 책임을 負擔하여야 한다는 것이고, 이와 같은 규정의 취지에 비추어 보면 피용자가 사용자의 업무집행에 관하여 제3자와의 공동의 不法行爲에 의하여 타인에게 손해를 가한 경우에는 사용자와 피용자는 일체를 이룬다고 보아 위 제3자와의 관계에 있어서도 사용자는 피용자와 같은 내용의 책임을 부담하여야 한다고 해석하여야 하기 때문이라고 하였다.

원래 사용자와 제3자는 행위의 공동은 아니므로 직접의 內部關係를 가지지 아니한다. 제3자로부터의 구상의 경우에는 求償權의 존재가 전제로 되는데 제3자와 사용자와의 사이에는 직접의 행위공동관계가 없는 것을 감안하면, 共同不法行爲者인 피용자를 빼어버리면 사용자에 대한 求償權을 생각할 수 없다. 여기서 求償權 자체에 관하여 「사용자와 피용자의 일체성」을 논할 필요가 나오게 된다. 앞서 본 바와 같이 판례는 피용자와 제3자가 共同不法行爲者로서 서로 不眞正連帶關係에 있고 한편 사용자의 損害賠償責任은 피용자의 賠償責任에 대한 대체적 책임이어서 사용자도 제3자와 不眞正連帶關係에 있다고 보아야 한다고 한 다음, 피용자와 제3자의 책임비율에 의하여 정해진 피용자의 부담부분을 초과하여 사용자가 피해자에게 손해를 배상한 경우에는 사용자는 제 3 자에 대하여도 제 3 자의 부담부분의 한도 내에서 求償權을 행사할 수 있다고 판시하였는바, 그렇다면 거꾸로 제 3 자가 먼저 피해자에게 손해배상을 한 다음 피용자의 대체적 책임을 부담하는 不眞正連帶關係에 있는 사용자에 대하여도 구상을 할 수 있다고 할 것이다. 피해자에 대하여 배상한 제 3 자는 피용자의 부담부분도 배상한 것이 되고 그 한도에서 이를 피용자에게 구상할 수가 있고 다시 이 구상이 사용자의 業務執行에 관하여 생긴 손해의 내부적 轉化物인 피용자의 부담부분을 대상으로 하는 것이므로 이것도 使用者責任에 의하여 사용자가 담보하는 것으로 사용자에 대한 구상을 긍정하여도 좋다. 그 한에서 民 §756의 擴張適用이 된다.304)

「사용자와 피용자의 일체성」은 제 3 자로부터 사용자에 대한 구상의 경우에 求償權과 구상액의 양면에서 구체화된다. 사고야기에 관하여 사용자에게 어떠한 과실 내지 기여가 있는 경우에도 제 3 자로부터의 구상의 관하여는 사용자의 부담부분과 피용자의 부담부분을 일체로 본다. 이는 사용자와 피용자 사이의 내부적 부담부분을 사용자 및 피용자는 외부자인 求償權者에 대하여 주장할 수 없다는 것을 의미한다.

4. 共同的 使用者責任에 있어서의 使用者 사이의 求償

(1) 使用者責任이 竝列的 競合關係에 있는 경우

共同不法行爲者에게 각기 사용자가 있는 경우에 피해자에 대하여 손해배상을 한 사용자는 다른 사용자에 대하여 구상을 할 수 있는가 하는 문제이다. 大判 69. 1. 28, 68다2245(集 17-1, 130); 大判 69. 6. 24, 69다441(集 17-2, 222)은 피용자인 자동차운전사들의 과실로 인하여 두차가 충돌하여 승객에게 손해를 가한 경우에 위 운전사들의 사용자는 共同不法行爲者로서 연대책임이 있고, 각 운전사의 과실의 정도에 따라 그 부담부분이 정하여지고 어느 사용자가 단독으로 승객에게 손해를 배상하였다면 다른 사용자에 대하여 그 부담부분을 구상할 수 있다고 하였으며, 大判 88. 4. 27, 87다카1012(公 825, 904)도 「甲회사 차량운전수와 乙회사 차량운전수의 쌍방 과실로 차량이 충돌하여 甲회사 차량승객들이 손해를 입게 된 경우 甲회사와 乙회사는 비록 共同不法行爲者는 아니더라도 각자 위 승객들이 입은 모든 손해를 배상할 의무가 있고 이러한 의무를 이행한 일

304) 홍광식, "복수책임주체간의 구상관계", 司論, 23, 88-9.

방은 상대방에게 각 피용자의 과실비율에 따른 부담부분에 대하여 구상할 수 있다」고 판시한 바 있다. 여기서 이러한 求償權의 이론적 근거가 분명하지 않으나 共同不法行爲를 염두에 둔 듯 하고 자동차손해배상보장법에 정한 운행자책임에 있어서도 다른 운행자에 대한 구상을 인정하고 있다. 이와 같이 가해자가 각각 다른 경우 각 가해자의 사용자는 피해자에 대하여 共同不法行爲는 아니나 이에 준하여 不眞正連帶責任 관계에 있으며 일방의 출연으로 채무 전부를 소멸케 한 경우 상대방에게 求償權을 행사할 수 있다 하겠다.

日最判 平 3(1991). 10. 25.도 「共同不法行爲者의 가해자의 각 사용자가 使用者責任을 부담하는 경우에 있어서 일방의 가해자의 過失比率에 따라 정해진 자기의 부담부분을 넘어 손해를 배상한 때는 그 넘은 부분에 관하여 타방의 가해자의 사용자에 대하여 당해 가해자의 과실비율에 따라 정해진 부담부분의 한도에서 구상할 수 있다」고 한다. 이 판결은 일방의 가해자를 지휘·감독하는 複數의 사용자가 각각 損害賠償責任을 부담하는 경우에 있어서도 각 사용자 사이의 책임의 내부적 부담의 공평을 꾀하기 위하여 구상이 인정되어야 하는데 그 구상의 전제로 되는 각 사용자의 책임비율은 피용자인 가해자의 가해행위의 태양 및 각 사용자의 사업의 집행과의 關聯性의 정도, 가해자에 대한 각 사용자의 지휘·감독의 강약 등을 고려하여 정하여야 하는 것이고 사용자의 일방은 당해 가해자의 과실비율에 따라 정해진 부담부분을 넘어 손해를 배상한 때에는 그 넘는 부분에 관하여 사용자의 타방에 대한 위 책임의 비율에 따라 정해진 부담부분의 한도에서 구상할 수 있다고 하는 것이 상당하다고 하였다.

피용자의 각 사용자는 모두 피용자의 賠償責任에 대한 대체적 책임을 부담하고, 사용자는 제 3 자와 不眞正連帶關係에 있다고 한다면 제 3 자의 사용자와도 서로 不眞正連帶關係에 있다고 보아야 할 것이므로 일방의 사용자가 피해자의 손해를 배상하였다면 다른 共同不法行爲者의 대체적 책임자인 사용자에 대하여 구상할 수 있다고 해석하여야 할 것이다.

그러나 共同不法行爲責任과 使用者責任 등이 교차되는 경우 부담부분은 가해자 사이의 불공평을 시정하기 위한 기술개념으로 共同不法行爲者 사이와 같은 橫的인 관계와 使用者責任과 같이 縱的인 관계가 중첩되어 추상적인 존재로서의 부담부분만으로 해결할 수 없다. 그래서 누구에 대한 관계이냐에 따라 상대적으로 결정되는 부담부분이 문제로 되는바, 代位的인 부담부분, 고유의 歸屬判斷을 통한 부담부분, 終局的인 부담부분 등으로 부담부분을 누구와

의 관계인가에 따라 상대적으로 나누어 볼 수 있다.[305]

예컨대 자동차끼리의 충돌에 의하여 제3자가 피해를 받은 사건을 상정한다면 피해자의 손해는 가해자동차 사이의 과실비율에 따라 분담하는 것이 가장 衡平에 맞는 방법이고 특별한 사정이 없는 한 다른 요소를 고려할 필요가 없다. 그러나 손해에 대한 각 행위자의 기여도가 불분명한 경우에는 그 부담부분은 평등한 것으로 본다.[306] 분담의 비율에 차이가 있다는 특별한 사정은 이를 주장하는 자에게 입증책임이 있다.

한편 자동차운전자의 과실과 도로의 설치관리의 하자가 경합하여 발행한 사고에 의하여 제3자에게 피해를 준 경우에 전자의 과실과 후자의 하자와를 동일 평면상에서 비교하는 것이 곤란하고 엄격한 의미에서「과실비율」을 상정할 수 있는가도 의문이 없지 않으므로 오히려「가공도」에 중점을 둘 수밖에 없다. 자동차 사고와 의료과오의 경합에 관하여도 거의 같다고 하겠다. 또한 단순한 자동차끼리의 충돌이라도 일방이 가연물이나 유독물을 만재하여 사고의 충격으로 이것이 누출되었기 때문에 피해가 현저하게 확대된 경우에는 過失比率에 한정하지 않고 널리 피해에 대한 가공도를 고려하여 부담부분을 결정하는 것이 타당하다.

(2) **使用者責任이 垂直的 競合關係에 있는 경우**

이러한 求償關係는 가해자를 같이하는 重疊的 사용자관계에 있는 사용자 상호간에도 시인된다 할 것이다. 大判 92.3.31, 91다39849(公 1992, 1416)는 회사 명의로 등록된 차량을 그 持入차주로부터 운전수와 함께 일시 임차하여 화물운송에 사용한 경우에 위 운전수의 차량 운전에 관하여 持入會社와 車輛賃借人이 실질적으로 하나의 가해자에 대하여 복수의 사용자의 지위에 있다고 인정하고「차량의 임대인과 그 賃借人의 각 賠償責任은 서로 부진정연대관계에 있다고 할 것이므로, 어느 한쪽이 피해자에 대한 손해를 배상하여 공동면책 되었다면 그 求償權의 범위는 각자의 부담부분, 즉 손해발생에 기여한 과실의 정도에 의하여야 할 것이다」라고 하였다. 위 판결의 원심은 피고와 소외공사 사이의 각 부담부분, 즉 손해발생에의 각 기여도를 확정함이 없이 만연히 공동면책이 된 전액에 대하여 소외공사에게 求償權이 있는 것으로 판단하였으나, 대법원은 사고 발생의 직접적 원인이 트럭 운전수의 운전상 과실에 있다

305) 홍광식, 93-6.
306) 最高裁 昭 41(1966).11.18. 判例時報 473, 30.

고 하여도 위 공사의 지휘·감독상 과실이 여기에 경합되었다면 위 공사의 부담부분이 없다고 할 수 없으므로 원심으로서는 위 공사의 위 운전수에 대한 지휘·감독의 내용을 자세히 살펴보고 위 운전수의 운전상 과실을 예방하지 못한 지휘·감독상의 과실이 없었는지를 가려보아야 할 것이라고 하였다. 이 경우 가해자인 피용자를 달리 하는 사용자 상호간의 求償關係와는 달리 그 구상의 전제가 되는 각 사용자의 책임의 비율을 가해자인 피용자의 부담부분을 기준으로 할 수 없다. 그래서 위 대법원 판결은 원심이 賃借人이 차량을 그 운전수와 함께 임대하고 나면 賃借人이 또 하나의 사용자가 되어 작업 현장에서 운전수를 직접 지휘·감독하게 되므로 임대인과 賃借人의 운전수에 대한 지휘·감독에 있어서 賃借人이 보다 직접적인 지휘·감독을 할 수 있는 지위에 있으므로 임대인과 賃借人 사이에 이러한 사정을 고려하여 책임비율을 정했어야 할 것인데 그러하지 아니한 점을 탓하고 있다.

日最判 平 3(1991). 10. 25.(판례시보 14025-29)도 일방의 가해자를 지휘·감독하는 복수의 사용자가 각각 損害賠償責任을 부담하는 경우에 있어서도 각 사용자 사이의 책임의 내부적 부담의 공평을 꾀하기 위하여 구상이 인정되어야 하는데 그 구상의 전제로 되는 각 사용자의 책임비율을 피용자인 가해자의 加害行爲의 態樣 및 각 사용자의 사업의 집행과의 關聯性의 정도, 가해자에 대한 각 사용자의 지휘·감독의 강약 등을 고려하여 정하여야 하는 것이고 사용자의 일방은 당해 가해자의 과실비율에 따라 정해진 부담부분을 넘어 손해를 배상한 때에는 그 넘는 부분에 관하여 사용자의 타방에 대한 위 책임의 비율에 따라 정해진 부담부분의 한도에서 구상할 수 있다고 하는 것이 상당하다고 하였다. 그리고 「複數의 者가 동일한 사고차량의 運行共同者로서 각각 自賠 §3에 의한 損害賠償責任을 부담하는 경우에 있어서도 위와 같이 解釋할 수 있는 것이고 당해 사고의 態樣, 각 운행자 상호간에 있어서 책임의 비율을 정하는 것이 상당하다」고 하였다.

大判 94. 12. 27, 94다4974(公 1994, 659)도 동일한 가해자를 指揮·監督하는 복수의 사용자가 각각 損害賠償責任을 부담하는 경우에 있어서도 각 사용자 사이의 책임의 內部的 負擔의 공평을 꾀하기 위하여 구상이 인정되어야 할 것인데, 그 구상의 전제로 되는 각 사용자의 책임비율은 피용자인 가해자의 가해행위의 태양 및 각 사용자의 사업의 집행과의 관계 정도, 가해자에 대한 각 사용자의 指揮·監督의 강약 등을 고려하여 정하여야 하는 것이고, 사용자의 일방은 당해 가해자의 위 과실비율에 따라 정해진 부담부분을 넘어 손해를 배상한 때는 그 넘는 부분에 관하여 다른 사용자에 대한 위 책임의 비율에 따라 정해진 부담부분의 한도에서 구상할 수 있다고 하는 것이 상당하다고 하였다.

마찬가지로 같은 가해자에 대하여 사용자관계에 있는 都給人과 受給人 사이의 관계에서도 양자는 共同不法行爲를 이루므로,[307] 이러한 이치에 따라 求償權行使에 있어 양자의 부담부분을 결정할 수 있다.

한편 판례는 國賠 §2 I 但書에 의하면 군인, 군무원 등이 職務執行과 관련하는 행위 등으로 인하여 전사, 순직 또는 공상을 입은 경우에 다른 법령의 규정에 의하여 災害補償金, 遺族年金, 傷痍年金 등의 보상을 지급받을 수 있을 때에는 國家賠償法 또는 民法의 규정에 의한 손해배상청구를 할 수 없도록 규정하고 있으므로 이들이 직접 국가에 대하여 손해배상청구권을 행사할 수 없음은 물론 국가와 共同不法行爲責任이 있는 자가 그 배상채무를 이행하였음을 이유로 국가에 대하여 求償權을 행사하는 것은 허용되지 않는다고 하였다.[308] 그런데 헌법재판소[309]는 위 94다6741판결의 원심법원이 내린 國賠 §2 I 但書에 대한 違憲提請申請棄却決定에 대한 憲法訴願審判에서 「國賠 §2 I 但書를 일반 국민이 직무집행중인 다른 군인에게 공상을 입혀 그 피해자에게 共同不法行爲로 인한 손해를 배상한 다음 共同不法行爲者인 군인의 부담부분에 관하여 일반 국민이 국가를 상대로 求償權을 행사하는 것을 허용하지 아니한다고 해석하는 한 헌법에 위반된다」고 하였다.

5. 被用者 自身의 責任

使用者責任이 생기는 경우에도, 피용자의 책임이 사용자의 책임에 흡수되는 것은 아니므로, 피용자는 자신의 不法行爲에 대하여 책임을 지지 않으면 안 된다.

大判 69.6.24, 69다441(集 17-2, 222)은 피용자가 事務執行에 관하여 제3자에게 손해를 가한 경우에 民 §756에 의한 사용자의 배상채무와 民 §750에 의한 피용자 자신의 배상채무는 별개의 獨自的 債務라고 하였다.[310] 따라서 피용자의

307) 大判 72.6.13, 72다556(集 20-2, 113).
308) 大判 94.5.27, 94다6741(公 1994, 1821); 大判 93.10.8, 93다14691(公 1993, 3046); 大判 92.2.11, 91다12738(公 1992, 985); 大判 83.6.28, 83다카500(集 31-3, 113) 참조.
309) 憲裁決 94.12.29, 93헌바21.
310) 같은 취지 大判 60.8.18, 4292민상772(要集 민 I, 1269).

배상액과 사용자의 배상액이 각각 다를 수 있고 또 사용자의 그것이 반드시 피용자의 그것의 범위 내이어야만 한다는 이치는 없다. 그리고 피용자의 不法行爲에 대한 債務免除나 合意의 효력은 피해자가 사용자에 대하여도 더 이상 손해배상청구를 하지 아니할 明示的 또는 默示的 意思表示를 하는 등의 다른 특별한 사정이 없는 한 사용자에 대하여 그 효력이 미칠 수는 없다.[311)]

종래 大判 94. 4. 12, 93다11807(公 1994, 1416) 등은 공무원에 대하여는 제 3 자에 대한 不法行爲責任을 부정하였다. 이에 대하여는 설이 나누어지는바 책임긍정설에 의하여 공무원 개인이 소송의 전면에 세워질 가능성이 있다면 공무원의 원활한 직무집행을 위축시키고, 違法行爲뿐만 아니라 본래 장려되어야 할 적법한 공무의 집행도 억제될 우려가 있으며, 이러한 우려는 制限的 肯定說(또는 加重制限的 肯定說)에 의하여 공무원의 개인책임을 故意·重過失의 경우에 한정한다고 하더라도 故意·重過失의 부존재를 입증하기 위하여 事實審理가 필요한 경우가 적지 않고, 공무원이 피고로서 법정에 출석하고 입증활동에 시간을 소비하는 것을 완전히 방지할 수는 없어, 공무원의 個人責任을 부정하는 부정설의 입장이 타당하다고 하였다.[312)] 그러나 96. 2. 15, 95다38677(公 1996, 771)은 憲 §29 I 본문과 但書 및 國賠 §2의 해석상 공무원이 직무수행중 不法行爲로 타인에게 손해를 입힌 경우에 국가 등이 國家賠償責任을 부담하는 외에 공무원 개인도 고의 또는 重過失이 있는 경우에는 그로 인한 損害賠償責任을 부담하고, 다만 공무원에게 輕過失만이 인정되는 경우에는 공무원 개인은 損害賠償責任을 부담하지 아니한다고 보아야 할 것이라고 하여 종전에 이와 견해를 달리하여 공무원의 직무상 不法行爲로 국민에게 손해를 입힌 경우에 공무원의 귀책사유의 정도에 관계없이 공무원 개인이 損害賠償責任을 진다고 판시한 大判 72. 10. 10, 69다701(集 20-3, 48) 등과 공무원의 귀책사유의 정도에 관계없이 공무원 개인은 損害賠償責任을 지지 아니한다고 판시한 大判 94. 4. 12, 93다11807(公 1994, 1416)을 모두 변경하였다.

그러나 공무원을 피용자와 달리 취급할 이유나 근거를 찾기 어렵다. 오히려 피용자의 사용자에 대한 賠償責任에 있어서도 國家賠償法과 같이 고의 또는 重過失에 한정하자는 논의가 있다. 법률상 특별규정이 없는 한 피해자에 대한 외부관계에서 자신의 책임을 면할 수는 없고 공무원의 근로자로서의 특

311) 大判 89. 5. 9, 88다카16959(公 851, 904)
312) 김기동, "국가배상과 공무원의 개인책임," 박우동 기념논문집, 488-91, 501.

수성은 내부관계에서 반영되어야 할 문제가 아닌가 생각된다. 독일의 免責請求權(Freistellungsanspruch)이론에서와 같이 피용자가 제3자에게 손해배상채무를 이행하면 輕過失의 피용자가 사용자로부터 배상(구상)을 구할 수 있듯이 輕過失의 공무원은 피해자에게 자신의 의무를 이행한 뒤 국가로부터 구상을 받을 수 있다는 이론을 취함이 나을 것 같다. 부정설에 의할 경우 憲 §29 I 후문의 「이 경우 공무원 자신의 책임은 면제되지 아니한다」는 규정에 대한 해석도 문제가 될 것이다.

近代産業社會를 특징지우는 현상 중의 하나는 피용자를 통하여 계약이 자주 履行된다는 점이다. 확실히 최근 산업구조의 변화와 자본주의의 정비로 제3자가 契約履行過程에 관여하는 일이 빈번해졌다. 때때로 사용자는 피용자 행동에 대하여 계약상 혹은 不法行爲上 책임을 지고, 피용자는 獨自的으로 不法行爲法의 규율에 따라 스스로 책임지기도 한다. 그러나 피용자의 법적 책임이라는 것은 최근까지도 관심 밖의 일이었다. 그에 대한 不法行爲責任은 사용자보다 일반적으로 劣後한 辨濟負擔能力으로 사실상 實效가 없었고, 또한 별로 부유하지도 않은 사람에게 그의 모든 재산을 收去해 버린다는 수치감에서 債權者는 먼저 그의 계약상대방인 기업가, 사용자에게 책임을 묻게 된다. 이와 같이 사용자의 破産 및 責任保險의 未締結이라는 예외적인 상황 외에는 사용자가 대체로 피해자의 일차적인 標的이 되었으나, 이런 상황은 오늘날 차음 변천하게 되었다.

먼저 근대적 경제생활에서의 계약관계는 定型化된 免責約款에 의하여 형성되면서 기업가는 履行補助者의 과실에 대한 책임을 면제하려고 하였고, 또한 대기업에서의 使用者責任에 관하여는 中間監督者(Zwischenpersonen, leitende Personen)의 주의 깊은 選任監督만으로 족하다고 하는 소위 分散的 免責立證論(dezentralisierende Entlastungsbeweis)으로, 특히 製造物責任 등에서는 거의 완벽한 면책을 가져왔다. 한편 勞動法上 수십년간 발전된 危險近接作業(gefahrengeneigter Arbeit)에서의 危險調整은 노동법의 영역을 넘어 民法上 損害賠償責任의 테두리에 들어와 피용자의 典型的인 실수(typische Abirren)로 손해가 발생한 경우 그의 책임위험을 사용자에게 轉嫁하게 되었고, 기업가에게는 간접적으로 不法行爲請求를 당하는 새로운 가능성이 발생되었다. 이것이 소위 獨逸判例에서 발전된 免責請求(Freistellungsanspruch)理論으로, 피용자는 그에게 맡겨진 危險近接作業을 수행하면서 제3자에게 손해를 가한 경우 고의 또는 重過失이 아닌 한 사용자에게 그를 제 3 자의 손해배상청구로부터 면책되도록 청구할 수 있는 것이다.

이 免責請求權을 통하여 使用者責任이 加重되고, 여기서 기업가보호의 필요성이 재인식되기에 이르렀다. 이러한 免責請求權의 보장은 강행법규이기 때문에 사용자가 피용자의 免責請求權의 발생을 미리 계약으로 배제할 수 없다. 그래서 이러한 여러 상황의 변화 속에서 과연 계약상·법률상의 책임제한이나 책임면제의 보호영역에 계약당사자가 아닌 제 3 자인 피용자를 끌어들여 그에게도 그러한 책임이익을 享受케 할 수 있는가 하는 문제가 새롭게 대두되게 되었다.[313)]

독일에서는 航海過失에 대한 해상운송인의 法定免責을 그 피용자인 선장, 선원 등의 개인적 책임에 확대하려는 입법안이 1943년 海法委員會에서 거론되었으나 獨民(BGB) 全體責任法의 붕괴를 초래한다는 이유로 거절되었다가, Schlechtriem은 1981년 債權法改正案으로 채권법에 BGB §423 Ⅱ으로 免責請求權을 갖는 피용자의 책임이익향수를 제안하고 있고,[314)] 최근 우리나라에서는 해상물건운송인의 損害賠償責任과 관련하여 헤이그·비스비규칙이나 함부르크규칙을 받아들여 商 §789의 3 Ⅱ에 이런 취지의 규정을 두게 되었다.

6. 使用者責任과 被用者責任과의 關係

고의 또는 과실로 인한 違法行爲로 타인에게 직접 손해를 가한 피용자 자신의 손해배상의무와 그 사용자의 손해배상의무는 별개의 채무이다.[315)] 사용자와 피용자는 피해자에 대하여 각자 損害賠償責任이 있다. 사용자와 피용자는 共同不法行爲關係에 있는 것은 아니다. 그러나 대체로 이를 준용하여 양 책임은 不眞正連帶關係로 파악한다(차량賃借人과 차량임대인 사이와 같이 수직적 공동운행자 사이에도 마찬가지이다). 大判 92. 9. 8, 92다23292(公 1992, 2849)은 被曳引船의 선장 및 기관책임자의 과실과 같은 선박의 설치관리상의 하자로 그 선박에 실려 있던 장비가 바다에 가라앉아 유실되는 등의 사고가 발생하였다고 보아 그 선장은 不法行爲者로서, 선박소유자는 위 선장 등의 사용자 겸 소유자로서 각자 損害賠償責任이 있다고 하였다.

---

313) 李宙興, "법률상·약정상 책임제한 내지 책임면제의 被用者責任에의 보호영역확장의 문제", 民法學論叢, 郭潤直기념논문집, 691-2.

314) Peter Schlechtriem, "Vertragliche und außervertragliche Haftung in Gutachten und Vorschläge zur Überarbeitung des Schuldrechts"(1981) Bd. 1, 1976. 1645-6.

315) 大判 69. 6. 24, 69다441(集 17-2, 222).

그런데 共同不法行爲에 있어서는 共同不法行爲者 1인에 대하여 피해자의 과실이 있는 때 그 共同不法行爲者 전원에 대한 관계에 있어 일률적으로 참작되어야 한다고 한다.[316] 각 共同不法行爲者에 대한 피해자의 과실이 다른 경우 共同不法行爲責任은 가해자 즉 개인의 행위에 대하여 개별적으로 그로 인한 손해를 청구하는 것이 아니고 그 가해자들이 공동으로 가한 不法行爲에 대하여 그 책임을 추궁하는 것으로서 피해자의 과실은 그들 전원에 대한 과실로 전체적으로 평가하여야 한다는 것이다. 大判 91. 5. 10, 90다14423(公 899, 1601)도 피해자가 共同不法行爲者 등의 일부만을 상대로 손해배상을 청구하는 경우에도 과실상계함에 있어 참작하여야 할 쌍방의 과실은 피해자에 대한 共同不法行爲者 전원의 과실과 피해자의 共同不法行爲者 전원에 대한 과실을 전체적으로 평가하여야 하고 共同不法行爲者간의 과실의 경중이나 求償權行使의 가능 여부 등은 고려할 여지가 없다고 한다. 그러나 大判 92. 2. 11, 91다34233(公 1992, 998)은 전기공작물 보존, 관리상의 하자와 使用者責任이 경합된 사건에 있어서 피해자의 과실 내용과 피고들의 과실 내용을 검토하여 피해자의 피고들에 대한 과실 비율을 달리 정함이 정의의 관념이나 공평의 관념에 부합된다고 하여 과실 비율을 피고별로 따로 정한 원심의 조치를 수긍하였다.

판례는 使用者責任과 被用者責任에 있어서도 피해자의 과실을 참작한 결과 그 손해배상범위가 달라질 수 있음을 긍정하고 있는바, 大判 94. 2. 22, 93다53696(公 1994, 1078)은 不法行爲로 인한 손해의 발생에 관한 피해자의 과실을 참작하여 과실상계를 한 결과 피용자와 사용자가 피해자에게 배상하여야 할 손해액의 범위가 각기 달라질 수 있다고 하였다.[317] 특히 피용자 본인이 고의로 직접 不法行爲를 저지른 경우에는 피용자 본인은 내세울 수 없는 사정을 참작하여 사용자가 배상하여야 할 손해액을 감할 수 있다.

최근 日最判 昭 45(1970). 4. 21.(판례시보 595-54)은 不法行爲로 인한 피용자의 채무와 사용자의 채무에 관하여 이를 부진정연대채무라는 이유로서 현실의 변제 이외의 사유(예컨대 화해)의 절대적 효력을 부정하고 있다.[318]

不眞正連帶債務인 共同不法行爲로 인한 손해배상채무에 있어서 共同不法行爲者 中 1인의 변제는 변제된 금액의 한도내에서 채무자 전원을 위하여 공

316) 大判 61. 7. 20, 4293민상469(要集 민 I, 1304); 大判 63. 9. 12, 63다343(集 11-2, 117).
317) 같은 취지 大判 69. 6. 24(註 315).
318) 같은 취지 日最判 昭 12(1937). 6. 30(民集 16-1285).

동 면책의 효력이 있다.[319] 마찬가지로 사용자의 배상에 의하여 채무의 전부 또는 일부가 만족되었을 때에는 피용자의 책임도 그만큼 消滅한다.

한편 피용자가 피해자에게 일부 변제를 한 경우 그 범위 내에서 사용자의 賠償責任도 소멸한다.[320] 그런데 過失相計 등으로 사용자와 피용자가 배상하여야 할 손해액이 다른 경우 일부 辨濟額만큼 사용자의 채무도 소멸하는가가 문제된다. 판례는 직접 不法行爲를 저지른 피용자 본인이 내세울 수 없는 사정을 참작하여 사용자가 배상하여야 할 손해의 금액을 감할 수 있도록 과실상계를 허용하는 취지는, 궁극적으로 피용자 본인이 손해를 배상할 자력이 없는 경우 피해자와 피용자 사이에 그로 인한 손해를 공평 타당하게 분담하도록 하려는 데 있다고 할 것이므로, 피용자 본인이 손해액의 일부를 변제한 경우에는 그 辨濟金 중 사용자의 過失比率에 상응하는 만큼은 사용자가 배상하여야 할 손해액의 일부로 변제된 것으로 봄이 상당하고, 따라서 사용자의 損害賠償責任이 그 범위 내에서는 소멸되는 것으로 보아야 한다고 하였다.[321]

不眞正連帶債務關係에 있어서 채무자 1인에 대한 債務免除는 다른 채무자에게 효력을 미치지 아니한다.[322]

한편 판례[323]는 不眞正連帶債務者 사이의 상계의 절대적 효력에 관하여 부정적 입장을 취하나 이는 의문이다.

어느 連帶債務者가 변제를 하여 다른 연대채무자들이 공동면책된 경우에 변제자가 피해금액을 초과한 비용을 더 지출하였다 하더라도 다른 연대채무자들은 피해자가 입은 피해액을 비준으로 각자 공동면책을 받은 범위 내에서만 각 책임비율에 따른 구상책임을 부담한다.[324]

사용자가 변제함으로써 공동면책된 경우에는 사용자와 피용자 사이에 부담부분이란 있지 않다. 이 경우에는 피용자가 全額求償責任을 진다.

319) 大判 81. 8. 11(註 278); 大判 60. 8. 18(註 310).

320) 大判 75. 12. 23, 75다1193(集 23-3, 157).

321) 大判 99. 2. 12, 98다55154(公 1999, 536); 大判 94. 2. 22, 93다53696(公 1994, 1078); 大判 76. 6. 22, 75다819(集 24-2, 150); 大判 94. 8. 9, 94다10931(公 1994, 2275). 위 판례는 원심이 취한 견해에 따르면 원고 은행은 소외 甲으로부터 손해액의 40%를 변제받고 피고 회사로부터 손해액의 60%(70%-10%)를 받음으로써 결국 손해액을 전부 배상받게 되고 피고 회사는 손해액의 60%를 배상하게 되는 결과 원고 은행은 피고 회사에 대한 관계에서 자신의 과실의 정도에 상당하는 손해를 전혀 분담하지 않게 되므로, 不法行爲에 있어서 과실상계를 인정한 지도원리인 공평의 원칙과 신의칙에 반하는 결과가 되어 명백하게 부당함을 알 수 있다고 하였다.

322) 大判 71. 2. 9, 70다2508(集 19-1, 62); 大判 80. 7. 22, 79다1107(集 28-2, 201).

323) 大判 89. 3. 28, 88다카4994(公 848, 673).

324) 大判 78. 11. 14, 78다1423(集 26-3, 197).

그런데 사용자, 피용자 사이의 求償問題는 뒤에서 보는 바와 같이 반드시 不眞正連帶債務 즉 民法의 連帶債務에 관한 규정을 따르는 것은 아니고[325] 특수한 구조를 취하고 있다. 이에 대하여는 아래에서 따로 살펴보기로 한다.

7. 使用者의 被用者에 대한 求償權

(1) 우리 판례법상 信義則에 기한 제한

피용자는 계약법 그리고 不法行爲法의 일반원리에 따라 사용자에 대하여 雇傭契約上의 노무제공에 관한 注意義務를 제대로 이행하지 못하여 손해를 가하는 경우 채무불이행책임을, 이것이 동시에 不法行爲의 요건을 갖추는 경우 不法行爲責任를 각 부담하게 된다. 한편 피용자는 제3자에게 손해를 가하여 不法行爲責任을 부담하는 수가 있는데, 이 경우 사용자도 일정한 요건하에서 피용자의 不法行爲에 대하여 使用者責任을 부담하게 되며, 이 경우 사용자가 현실적으로 배상이행을 한 때에는 피용자에 대하여 求償權을 행사할 수 있다. 우리법상 사용자의 피용자에 대한 求償權은 民 §756 Ⅲ에 의하여 명문으로 인정되어 있을 뿐만 아니라 이는 책임의 구조나 성격에서 代位責任說的 立場을 취하든 自己責任說的 立場을 취하든 무관하다 하겠다.

그러나, 우리 民法上 그리고 노동법상 피용자의 사용자의 대한 損害賠償責任 내지 구상책임의 경감에 관한 特別規定은 없다. 다만 輕過失의 공무원에 대하여는 國賠 §2 Ⅰ에 의하여 국가 또는 지방자치단체가 구상할 수 없다.[326]

학설은 위 求償權에 대하여 여러 가지 이유로 그 범위를 제한하여야 한다는 주장이 있는바, 행위자의 故意·重過失에만 求償權을 인정하자는 輕過失免責論, 과실상계의 법리를 유추적용하여 求償權을 제한하자는 과실상계이론, 권리남용, 신의칙 등 일반조항의 적용에 의하여 求償權을 제한하자는 權利濫用論 내지 信義則理論이 있다. 대법원은 피용자의 구상책임에 관하여 大判 75. 12. 23, 75다1193(集 23-3, 157)은 「피용자의 事務執行中의 不法行爲로 인한 사용자의 民 §756의 규정에 의한 賠償責任과 피용자 자신의 民 §750의 규정에 의한 不法行爲責任은 전혀 별개의 것이고 다만 피해자가 어느 편으로부터 배상에 의하여 일부 또는 전부의 만족을 득하였을 때에는 그 범위 내에서 타방의 賠償責任이 소멸한다 할 것이고, 이러한 피용자의 事務執行中의 不法行爲責任과

325) 大判 75. 12. 23(註 320).
326) 大判 71. 4. 6, 70다2955(集 19-1, 317).

使用者賠償責任이 강학상 不眞正連帶債務의 부류에 속한다 하더라도 성질상 사용자의 피용자 대한 求償關係는 반드시 연대채무에 관한 규정에 따라야 하는 것은 아니고, 사용자와 피용자간의 법률관계에 따라서 해결하여야 하고 이에 속한 다툼은 특약이 없는 한 법률행위해석에 관한 문제에 속한다」고 하였다. 이는 사용자의 피용자 사이의 內部的 法律關係의 분석에 따라 求償權 내지 그 제한을 설명하는 것이었다.

그런데 大判 87. 9. 8, 86다카1045(公 811, 1551)은 피용자의 책임에 관하여 위 75년 판결과는 약간 그 뉘앙스를 달리 하면서 중요한 판단을 내렸다. 즉 「사용자가 피용자의 業務執行으로 행해진 不法行爲로 인하여 직접 손해를 입었거나 또는 사용자로서의 損害賠償責任을 부담한 결과로 손해를 입은 경우에는 사용자는 그 사업의 성격과 규모, 사업시설의 상태, 피용자의 업무내용, 근무조건이나 근무상태, 가해행위의 상태, 가해행위의 예방이나 손실의 분산에 관한 사용자의 배려의 정도 등의 제반 사정에 비추어 손해의 공평한 분담이라는 견지에서 신의칙상 상당하다고 인정되는 한도 내에서만 피용자에 대하여 위와 같은 손해의 배상이나 求償權을 행사할 수 있는 것이라고 해석함이 옳다」고 하였다.[327]

大判 96. 4. 9, 95다52611(公 1996, 1390) 역시 피용자가 業務遂行과 관련한 不法行爲로 사용자가 입은 손해 전부를 辨濟하기로 하는 각서를 작성하여 사용자에게 제출한 사실이 있다고 하더라도, 그와 같은 각서 때문에 사용자가 信義則上 상당하다고 인정되는 한도를 넘는 부분에 대한 손해의 배상까지 구할 수 있게 되는 것은 아니라고 하였다.

여기서의 법률판단은 다음 몇 가지로 분석 정리될 수 있다. 첫째 피용자의 사용자에 대한 賠償責任이나 구상책임은 경감될 수 있어, 책임의 부분적·비율적 한정처리방식이 가능하게 되었고, 그 責任制限의 근거 내지 기준을 信義則이라는 일반조항으로 구성하고 있으며, 둘째 被用者責任경감의 원칙은 피용자의 사용자에 대한 직접적인 不法行爲責任에 있어서뿐만 아니라(물론 계약위반에 따른 債務不履行責任도 마찬가지라 하겠다) 사용자로서의 책임을 배상한 경우 사용자의 피용자에 대한 求償權행사에 있어서도 적용된다고 하여 직접손해배상청구와 구상청구를 동일하게 취급하고 있고 더 나아가 사용자의 배상이행이 일종의 사용자의 손해로 보고

327) 같은 취지 大判 94. 12. 13, 94다17246(公 1994, 476); 大判 91. 5. 10, 91다7255(公 899, 1612); 大判 92. 9. 25, 92다25595(公 1992, 3002). 國家賠償法上 공무원에 대한 구상청구에 관하여 大判 91. 5. 10, 91다6764(公 899, 1610).

있어 賠償責任이나 구상책임이 그 법적근거에서 동일한 것으로 보여진다.[328] 셋째 信義則의 내용을 정하는 객관적 기준으로서 責任輕減要素로 고려되는 것은「사업의 성격과 규모, 사업시설의 상황, 피용자의 업무내용, 근무조건이나 근무상태, 가해행위의 상황, 가해행위의 예방이나 손실의 분산에 관한 사용자의 配慮의 정도 등의 제반 사정」이라는 것이다. 이러한 대법원의 태도는 사용자가 피용자의 근무로 인하여 다대한 수익을 얻고 있음에 반하여 피용자는 작업과정에서의 사소한 실수로도 엄청난 손실을 초래할 수 있고, 한편 현실적으로 사용자에 비하여 열악한 경제적 지위에 있다는 점등 근대 산업회사에서 더 이상 피용자의 보수로 기업위험을 감당할 수 없게 된 사회경제적 여건을 살펴볼 때 정의와 衡平의 원리에 기하여 피용자의 책임을 경감하는 것이 구체적 사정에 부응하는 공평타당한 해결이라고 하는 고려에서 출발한 것이라고 볼 수 있다.

위 91다7255 판결은 렌트카회사의 야간경비원이 업무수행과 관련하여 회사 소유의 렌트카를 운전하다가 일으킨 교통사고로 인하여 회사가 사용자로서 損害賠償責任을 부담한 경우에 있어, 피용자인 위 경비원의 가해행위가 지니는 책임성에 비하여 사용자의 가해행위에 대한 기여도 내지 가공도가 지나치게 큰 점 등에 비추어 사용자로서의 피용자의 상속인과 그 신원보증인에 대한 求償權行使가 信義則上 부당하다 하여 구상청구를 기각한 원심의 조치를 수긍하였고, 위 94다1724 판결 역시 사용자와 피용자 雙方의 과실의 경중, 곤돌라 기사인 피용자의 근무조건과·그러한 근무조건이 사고발생에 미친 영향의 정도, 피해자가 사고를 당하게 된 경위, 사용자의 노무자에 대한 인력관리상황, 사고 후 피용자가 실형을 복역한 후 현재 면직되어 있음에 반하여, 사용자는 국내 유수의 공동주택관리업체로서의 지위를 그대로 유지하고 있는 점 등 제반 사정을 참작하여 사용자의 피용자에 대한 求償權行使가 信義則에 반하여 허용되지 아니한다고 하였다.

328) 피용자는 雇傭契約상의 의무를 이행하면서 사용자에게 손해를 가하지 않도록 하여야 할 注意義務가 있음에도 불구하고 사용자에게 손해배상의무를 부담하게 하여 이를 배상하도록 한 것은 그 자체가 사용자에게 손해를 가한 것으로도 볼 수 있으므로, 사용자의 求償權이 피용자의 채무불이행에 대한 사용자의 손해배상청구권을 의미하는 것으로 보여지나 오늘날 계약관계가 없더라도 사실상 指揮·監督 관계가 있으면 使用者責任이 성립된다고 해석되기 때문에 계약관계가 인정되지 않는 때에는 不法行爲에 기한 손해배상청구권으로 해하지 않을 수 없다. 다만 사용자의 求償權은 대부분 계약관계 특히 雇傭契約으로부터 발생한다. 사용자의 求償權과 雇傭契約과의 관계에 관하여 v. Tuhr, Peter, “Allgemeiner Teil des Schweizerischen Oblegationsrecht”, S. 449.

우리 使用者責任의 입법취지인 補償責任原理[329]가 기업의 대외적 책임에서 뿐만 아니라 기업의 대내적 책임 즉 사용자 피용자 사이의 內部的 法律關係에도 작용하는 것은 타당하다 하겠다. 그런데 被用者責任경감에 대하여 적절한 입법적 조치가 없는 현 상황하에서 어떤 法理論에 의하여 그리고 어떠한 요건과 전제하에서 이러한 被用者責任輕減을 이룰 수 있는가를 결정하는 것은 그리 쉬운 문제가 아니다. 被用者責任輕減의 지도원리 내지 법적 근거가 되고 있는 일반조항인 信義則에 대하여는 대법원이 전체 私法秩序 나아가 公法分野에 이르기까지 광범위하게 이를 확장적용하고 있음은 주목할 만하다. 그런데 이러한 일반조항을 함부로 적용할 것은 아니고 구체적 적용에 있어서 신중하여야 하며, 다른 법리론에 의하여 사태를 합리적으로 해결할 수 없는 때에야 비로소 보충적으로 이를 고려하여야 할 것이다.[330] 그래서 우리 판례는 信義則의 濫用에 따른 法硬化現狀, 법내용의 불명확, 자의의 위험성을 피하기 위해서 信義則 적용의 요건 내지 효과 등에 관한 명확한 기준제시가 필요하다 하겠다.

그런데 民法에서는 피용자의 책임감축에 대한 특별규정은 없고, 다만 民 §765는 「본장(제5장 不法行爲)의 규정에 의한 배상의무자는 그 손해가 고의 또는 중대한 영향을 끼치게 될 경우에만 법원에 그 배상액의 輕減을 請求할 수 있고 법원은 채권자 및 채무자의 경제상태와 손해의 원인등을 참작하여 배상액을 경감할 수 있다」고 되어 있는바, 사용자의 피용자에 대한 不法行爲請求權이나 求償權의 행사에 있어서 이 衡平條項에 따라 배상액이 경감될 수 있다 하겠다. 大判 67. 12. 26, 67다1430(要集 민 I, 1266)도 「본조에 의한 減額請求가 있는 경우에 법원은 채권자 및 채무자의 경제상태와 손해의 원인 등을 참작하여 衡平의 정신에 입각하여 자유로이 배상액을 경감할 수 있는 것이다」라고 설시하고 있다. 위 규정과 같은 취지의 瑞西債務法 §44 Ⅱ에 의하면 법관은 가해자가 전 손해배상으로 궁박에 빠질 때에는 輕過失에 있어서의 배상의무를 경감할 수 있으나, 단순한 지불곤란, 생활수준의 저하만으로는 이에 해당하지 않으며, 사회적 가혹의 회피는 원칙적으로 強制執行法(Betreibungsrecht)의 영역이기 때문

329) 民法案審議錄(상) 445. "본조는 타인을 사용하여 자기의 활동범위를 확장한 자는 그 확장된 범위에 있어서 補償責任(이익이 歸하는 곳에 손실이 歸한다는 개념)을 입법한 것"이다. 大判 85. 8. 13(註 167)은 使用者責任에 관한 이러한 입법근거를 밝히고 이에 따라 使用者責任과 그 면책 및 책임한도를 가려야 할 것이라고 한다. 대위책임을 취하고 있는 영미법에서는 오늘날 그 책임의 정당성을 이러한 補償責任에서 보다는 사회정책적 고려에서 구하고 있나. William L. Prosser, Law of Torts 4thed.(1971), 459.

330) 郭閏直, 채권총론, 民法講義 Ⅲ, 15-6(1987).

에 이 규정은 매우 제한적으로 적용되어야 한다고 한다.[331] 이와 같이 瑞西法은 피용자의 사용자에 대한 구상책임에 있어 우리법과 달리 그 責任輕減에 있어 立法的으로 그 문제를 해결하고 있다고 볼 수 있다. 즉 그 책임의 범위에 관하여는 모든 상황, 경감요소를 고려하여 개별적 정의를 실현하기 위하여 법관의 자유로운 판단에 맡기고 있는 것이다. 그래서 법률의 규정에 따르면 해당 법관이 결정할 때까지는 누구도 피용자가 사용자에 대하여 어느 금액 한도까지 책임질지 알 수 없다고 한다.[332] 우리나라에서도 위 §765의 규정으로 사용자와 피용자 사이의 危險分配 내지 調整을 하는 외에도 과실상계의 적용 내지 類推適用으로 손해의 공평한 분담을 기할 수 있다. 피용자, 사용자 과실의 정도를 고려함에 있어서는 사용자의 내부관계상의 평가도 덧붙여 판단하여야 하고 이를 위해서는 피용자의 연령, 경험, 노동조건, 노동환경, 가해행위의 태양, 시설의 상황, 업무의 성격등 제반 요소가 고려되어야 한다면 이러한 責任輕減의 문제는 信義則이라는 일반조항에 의하지 않고도 과실상계의 적용 내지 유추적용으로 해결할 수 있는 것으로 생각된다.[333] 이는 바로 법관법 내지 판례법이 입법의 흠결시 어디까지 입법을 보충할 수 있는가 하는 한계적인 문제와도 관련된다 하겠다. 재판의 구체적 타당성을 기하기 위한 民法의 기본원리에 대하여는 법관의 전권에 따른 폐해의 위험성이 지적되고 있고, 이에 따른 법률생활의 불안정은 信義則에 대한 가장 중요한 비난으로서 信義則에 대한 공격은 바로 이러한 信義則의 남용에 대한 경계에 집중되어 있다고 하겠다.[334]

어쨌든 오늘날 자본주의적 문명의 폐해라는 사회적·경제적 상태의 변화로 법률행위 자유의 원칙이 적지 않은 수정을 받으면서, 종래 民法이론을 갖고 타당한 규율을 할 수 없는 전형적 사회현상인 노동관계에 대해 새로운 원리에 의한 노동법의 건설이 역설되고 있으며,[335] 그런 의미에서 이러한 노동관계에서의 信義則에 대한 대법원의 위와 같은 태도 역시 이러한 社會經濟的 상태변화에 따른 것이라 하겠다.

---

331) Rehbinder, Manfred, "Die Haftung des Arbeitnehmers im schweizerischen Recht", 현대법학의 제문제, 無碍 서돈각기념논문집, 465.

332) Rehbinder, 전게논문, 462, 466.

333) 사용자와 피용자 사이의 補償責任 내지 위험책임이라는 관점에서 보험에의 미가입도 손해예방조치의 소홀로 볼 여지가 있다.

334) 황적인, 現代民法論 I, 25(1981)

335) 我妻榮, "民法に於ける信義則理念の進展" 鳩山秀夫, "債權法にわける信義誠實の原則" 附錄 I 446-7.

사용자의 피용자에 대한 구상은 民 §756 Ⅲ에 의하여 별다른 제한없이 인정되고 있는데, 오늘날 경제적·사회적 제 사정 특히 기업의 거대화, 복잡화, 위험화 그리고 교통사정의 악화에 따라 그 밑에서 일하는 경제적·재정적 약자로서의 근무자에 대한 求償權의 적절한 제한은 經濟的 정의와 衡平의 관념에 비추어 볼 때 오늘날의 중요과제가 아닐 수 없다.

信義則이 피용자의 사용자에 대한 직접적인 損害賠償責任이든, 구상책임에 적용된다고 할 때 법관에게 신의성실의 내용을 정하는 객관적 기준을 제시하여 합리적으로 판단하도록 하는 것이 중요한 문제가 되는바, 대법원이 責任輕減 요소로 제시하고 있는 위와 같은 기준 즉「사업의 성격과 규모, 사업시설의 상황, 피용자의 업무내용, 근무조건이나 근무태도, 가해행위의 상황, 가해행위의 예방이나 손실의 분산에 관한 사용자의 배려의 정도등의 제반 사정」이 어떠한 연유로 등장하게 되었고 그 구체적 의미가 어떠한 것이며, 왜 이러한 요소들이 信義則의 기준으로 제시되는가 하는 것이 검토되어야 할 것이다. 日最判 昭 51(1976).7.8. 판결 역시 사안의 개별적 구체적 사정에 부응하는 공평타당한 해결을 위해 이와 같은 판단요소의 특정과 판단기준을 구체화하고 있고,[336] 이러한 求償權制限의 범위를 결정하는 판단요소 및 판단기준의 정립은 求償權制限法理의 중요한 국면이 되고 있고, 그 구체화가 긴급한 금일의 과제라 할 수 있다.[337]

한편 代理監督者에게 選任·監督上의 과실이 있는 경우에, 사용자는 代理監督者에 대하여 구상할 수 있는가? 代理監督者도 피용자로서의 일면을 가지고 있으므로, 選任·監督에 과실이 있으면 계약관계로부터도 채무불이행으로 인한 손해배상을 청구할 수 있다고 생각할 수도 있지만, 중간의 감독자에게 거기까지 무거운 책임을 인정하는 것은 실제로 타당치 않다. 民 §756 Ⅲ이 특히 피용자에 대한 求償權을 규정한 것은 代理監督者에 대한 구상을 부정한 것이라고 새겨, 代理監督者의 과실과 손해의 발생과 사이에 직접적인 인과관계가 있는 경우에 한해서, 代理監督者에 대하여 피용자의 자격으로 구상할 수

336) 口井和郎, “使用者かその事業の執行につき被用者の惹起した自動車事故により損害を被つた場合において信義則上 被用者に對し右損害の一部についてのみ賠償 び求償の請求が許されにすぎたいとされた事例” (民商 78) 77-6, 116. 金澤理, “自動車事故による物的損害につき使用者の求償權および損害賠償請求權の行使を制限した一事例” 判例タイムス No. 348 107-10. 동인은 본판결을 포함하여 使用者側事情, 被用者側事情, 兩者間事情等 과거의 재판예를 소재로 하는 求償權制限의 판단기준에 내하여 검토하고 있다.

337) 口井和郎(前註), 123.

있다고 새기는 것이 타당할 것이다.[338]

보다 적절한 법원리를 찾기 위하여 외국의 이론, 판례를 살펴볼 필요가 있다.

(2) 독일법상 피용자의 사용자 손해에 대한 賠償責任

㈎ 一般民法上 원칙 독일 학설이나 판례는 使用者責任이 대체로 民法의 기본원칙인 과실책임의 예외가 아니라고 보고, 피용자의 선임·지휘·감독 그리고 기계, 기구의 장치에 대한 사용자의 注意義務위반이 책임근거가 되는 자기책임이라고 보는 데 대체로 일치하고 있어,[339] 사용자의 使用者責任과 피용자의 不法行爲責任이 경합하는 경우에는 共同不法行爲가 되고, 따라서 양자는 연대채무자로서, 獨民 §424에 따라 연대채무자의 부담부분이 균등한 것으로 추정된다고 할 수 있으나, 不法行爲法上 民 §840 Ⅱ은 사용자가 賠償責任을 이행한 때에는 예외적으로 피용자에 대하여 전체를 구상할 수 있다고 특별히 추정하고 있다.[340]

㈏ 노동법상 책임원칙의 수정

(a) 종래 판례의 입장 그런데 위에서 본 일반원칙에 따르면 피용자가 위험성있는 혹은 손해가 발생하기 쉬운 작업(gefahrengeneigte oder schadensgeneigte Arbeit)을 수행하면서 그의 조그마한 실수로서 사용자에 대하여 엄청난 손해를 배상하여야 하는 경우가 발생한다. 이에 대하여는 정의와 衡平에 맞지 않는다는 우려가 나타났는바,[341] Gamillscheg의 견해에 따르면 1936. 11. 4. Plauen 노동법원(Arbeitsgericht)의 판결로서 독일民法上 책임법의 일반원칙으로부터 노동법적인 이탈이 전개되었다고 한다.[342] 이 판결은 「작업의 성격상 누구도 거래상 요구되는 주의에 대한 일반적인 해태만으로도 경우에 따라서는 엄청난 결과의 손해를 가져올 수 있다. 반면에 인간성의 불완전으로

338) 李宙興, "독일법상 피용자의 사용자손해에 대한 賠償責任의 특수성," 손해배상법의 제문제, 황적인기념논문집, 223-36.

339) Kötz, Hein "Deliktsrecht" 2. Aufl.(1979), S. 126.

340) Palandt BGB Komm. §840 Abs. 2. S. 923.

341) Sollner, a.a.O., S. 257. Lieb, Manfred, "Arbeitsrecht" 3. Aufl.(1984), Schwerpunkte Bd. X. S. 30.

342) Gamillscheg의 1964. 9. 24. 제45차 독일법률대회(45. Deutschen Juristentag)에서의 "Empfiehlt es sich, die Haftung des Arbeitnehmers gegenüber dem Arbeitgeber abweichend vom Schuldrecht des BGB zu regeln"라는 주제에 대한 강연에서임. Verhandlungen des 45. DJT Karlsruhe 1964, 1965, Bd. Ⅱ/G.; Richardi, Reinhard, "Ist es erforderlich, die Verteilung des Schadensrisiko bei unselbständiger Arbeit neu zu ordnen?" Juristen Zeitung 1986./17. S. 797, 796에서 재인용.

계속되는 긴장상태하에서 아무리 주의 깊은 사람이라도 가끔 한번쯤 저질러게 마련이다」라고 하고, 「이러한 계속적 근로관계의 특수성으로 운전수로 고용된 피용자의 그가 운전한 자동차의 손상에 대한 책임은 그에게 고의 또는 중대한 과실이 있는 경우에만 인정되는 것으로 보여진다」고 하였다. 독일民法에서는 이러한 노동법원 판결의 근거를 찾을 수 없다.[343] 이 판결의 문제는 바로 이러한 법이론적 근거에 있는바, 이 판결에서 信義則에 따라 당사자의 의사로 간주되는 것은 重過失에 기한 운전수의 책임이 그 자체로서 앞서 말한 바를 고려하면 인간적으로 용서하여도 되는(menschlich entschuldbar) 것으로 보여지는 것이고 만일 당사자의 다른 의사가 확인된다면 그것은 양속(guten Sitten)에 위반되는 것으로 보여진다는 것이다.[344] 이러한 위험근접작업 과정중 발생되는 손해발생의 불가피성에 대한 판례의 입장은 최근 1983년 판결까지 승계되면서 그 내용이 풍부해지고 또한 유형화되었으며 오랜 기간 관습법으로 굳어졌다.[345] 먼저 연방노동법원(Bundesarbeitgericht, BAG) 1957. 9. 25 大部(Grosser Senat)판결[346]은 동일한 기업 내지 영업에 속하는 다른 피용자에 대하여 과실로 작업사고를 야기한 피용자는 그에게 맡겨진 업무의 특수위험을 고려하여 구체적인 상황에 따라 그의 귀책사유(Schuld)가 중대하지 않는 경우라면 그 피용자에 대하여 損害賠償責任은 지지 않는다고 하였고, 연방노동법원 1959. 3. 19. 제2부 판결[347]도 (i) 위험성있는 작업과정중의 사고를 제외하고는 피용자는 그의 雇傭契約上 의무위반, 즉 모든 과실로 말미암아 발생한 손해에 대하여 사용자에게 賠償責任을 지고, (ii) 위험성 있는 작업을 수행하는 과정에서라도 중대한 과실로 야기한 손해에 대하여는 원칙적으로 피용자 단독으로 이를 부담하지 않으면 안 되며, (iii) 위험성 있는 작업을 수행하면서 중대한 과실없이 통상의 과실(bei normaler Schuld)로 발생한 손해에 대하여는 사용자와 피용자 사이에 衡平의 원칙(Billigkeitsgrundsätz)과 기대가능성의 관점(Zumutbarkeitsgesichtspunkt)에 따라 손해의 원인과 손해의 결과의 전 상황을 참작하여 비율적으로 분담하지 않으면 안 된다고 하였다. 판례가 들고 있는 운전수의 교통사고와 같이 오래 계속되거나 항상 반복되는 작업과정에서 피용자의 실제 피하기

343) Larenz, Karl, “Lehrbuch des Schuldrechts” Ⅱ. Bd. Bessonderer Teil 10. Aufl., §52 Ⅱ. d. S. 211; Esser, Josef/Schmidt, Eike,“Schuldrecht Bd Ⅰ Allgemeiner Teil” 6. Aufl.,(1984), S. 386.

344) Richardi, a.a.O., S. 797, 801.

345) Palandt BGB Komm. §276. 5. c. S. 307. BGH VersR 79. 279; Larenz, a.a.O., S.

346) BAGE, 5, 1.

347) BAGE 7, 290f.

어려운 조그마한 또는 일순간의 注意義務違反으로 사용자에 대하여 무제한적으로 비교적 큰 손해를 배상하게 하는 것은 부당하며, 그래서 被用者責任이 경감되어야 한다는 점에 대하여는 학설도 일치하고 있다.[348] 그런데 이러한 노동법상 원칙은 강행적인 것이 아니다. 이를 회피하는 계약약정은 허용되며, 다만 독민 §138(공서양속), §242(信義則)의 제한을 받는다.[349]

(b) 위험성 있는 작업의 개념과 평가판정방법 여기서 연방노동법원이 말하는 위험성 있는 작업이란 "경험칙상 아무리 주의 깊은 피용자라도 전형적인 실수(typischen Abirren)를 통하여 커다란 손해발생의 결과로 이끌려 들어갈 수 있는 작업"을 말한다.[350] 이러한 위험성 있는 작업에는 전술한 운전수의 운전업무외에도 복잡한 기계의 조작 등이 이에 해당한다.[351] 위험성있는 작업에의 해당 여부는 피용자가 맡은 업무의 일반적 성격에 따라 즉 전형적 고찰(typisierende Betrachtung)에 따라 판명되는 것이 아니고, 구체적으로 손해를 야기시킨 작업 즉 상황적 고찰(situationsmässige oder situative Betrachtung)에 의하여 판명된다.[352] 이와 같이 위험성 있는 작업인지의 여부는 개별적인 사정, 상황에 따라 평가 결정되어야 하므로 그 자체로서 위험성 있는 작업이란 있을 수 없다. 판례법상 전형적으로 인정된 위험근접작업으로 자동차, 전차, 기중기 등 운전수, 기계공, 항상 과로해야 하는 피용자, 건축감독이나 예컨대 자동차 운전수라도 비가 오지 않는 개인 날씨에 사람이 없는 밝고 직선의, 도로사정이 좋은 곳에서의 운행과 같이 특별히 위험한 상황이 주어지지 않으면 작업의 위험성이 제거될 수 있다고 한다.[353] 일반적으로 판례법상 위험근접작업에 속하지 않는 것으로 분류된 것으로는 지점장업무, 운전수의 부수업무(예컨대

348) 우리 나라에서도 상당히 높은 위험이 따르는 업무에 종사하는 경우 가벼운 과실 내지 순간적 방심도 허용되지 않으며 또한 그러한 노무에 어느 노무자를 배치하느냐는 사용자의 권한이기 때문에 노무자가 그의 추상적 과실에 대하여 언제나 전적으로 책임을 진다는 것은 공평하지 않고 그러한 경우 사용자와 노무자가 함께 위험에 대한 책임을 나누는 것이 적당할 것이며 결국 노무자는 그 주의의 정도가 경감되어 중대한 과실에 대하여서만 사용자에게 책임을 진다는 결과가 된다는 견해가 있다. 김형배, 노동법, 218 (1988).

349) Palandt BGB Komm. §611. 14. b) S. 604.

350) BAGE 5, 1(7); BAGE 7, 290(295).

351) Däubler, Wolfgang, "Die Haftung des Arbeitnehmers—Grundlagen und Grenzen" NJW (1986. 4) Heft 14. S. 867; Zöllner, a.a.O., S. 208, 210; Westermann, Harm Peter, Münchener Kommentar zum Bürgerlichen Gesetzbuch Schuldrecht Besonderer, Teil 1. Halbband §611 Rdnr. 426.

352) Zöllner, a.a.O., S. 210; Däubler, a.a.O., S. 867f.

353) Schauber, Günter, "Arbeitsrechts—Handbuch" 4. Aufl.(1980), S. 221; Lieb a.a.O., S. 30.

오일교환), 기업가의 법률고문업무 등이다. 위험근접작업에 있어서의 責任輕減의 원칙은 피용자가 무단운전하거나, 업무운행중 개인적 목적을 위하여 우회하는 경우에는 적용되지 않는다. Kobler에 의하면 이 손해위험(Schadengefahr)은 피용자의 사용자에 대한 損害賠償責任에 있어서 사용자의 피용자 손해에 대한 위험책임의 裏面으로서 원칙적으로 고찰되어져야 하는 것이고, 손해배상에 있어서 후술할 과실 이외에 손해위험이 고려되어져야 한다는 것은 오늘날 모든 법에 떠오르는 이상 즉 정의의 요구라고 한다.[354)]

(c) 과실기준에 따른 3단계 위험성 있는 작업이라는 객관적 구성요건에 해당하는 경우 피용자의 責任制限은 앞서 본 연방노동법원 판결에서와 같이 다음과 같은 귀책사유의 구분에 따라 이루어진다. 즉 독일民法에서는 알려지지 않았으나, 연방노동법원에서 개발 발전시킨 개념인 피용자의 輕過失에 있어서는(bei leichtester Fahrlässigkeit) 사용자만이, 고의 또는 重過失인 경우에는(bei Vorsatz und grober Fahrlässigkeit) 피용자만이 각각 전 손해를 부담하게 되고, 보통 중간과실에 있어서는(bei einfacher Fahrlassigkeit oder mittlerer Fahrlässigkeit) 사용자와 피용자 사이에 개별사건의 모든 상황을 고려하여 손해가 나누어진다.[355)] 여기서 판례상 운전업무에 있어서 重過失에 해당하는 경우로는 상황에 따라 알코올농도를 초과한 음주운전, 운전면허 없는 운전, 과속, 신호위반, 부주의한 추월, 잦은 과실운전(Häufung von Fehlleistung) 등을 든다. 重過失은 피용자에게 중대한 인적인 유책비난(Schuldvor-wurf)이 있거나, 주관적으로 전혀 용서받기 어려운 의무위반을 한 경우에만 가능하다 하겠다.[356)] 주의할 점은 제3자에 대하여는 重過失에 해당한다 하더라도 사용자에 대한 관계에서 重過失에 해당하지 않는 경우가 있다. 예컨대 사용자가 과로한 운전수를 운전에 내보내거나, 혹은 흠결있는 자동차를 인도하여 운전하게 한 때 그러하다. 한편 보통과실에서 사용자, 피용자 사이의 책임분할에 있어서 고려할 요소로서는 (i) 빈도와 강도에 따른 위험의 크기, (ii) 예견가능성, (iii) 경영위험(Unter-nehmensrisiko), (iv) 작업 급부의 독점(Monotomie), (v) 기업 소유 기간(Dauer der Betriebszugehörigkeit), (vi) 나이(Lebensalter), (vii) 직책(Stellung im Betrieb), (viii)

354) Köbler, Gerhard, "Mittler Fahrlässigkeit und dogmatische Einordnung de Arbeitnehmerhaftung" AcP 169. S. 420.

355) Esser/Schmidt, a.a.O., S. 영미법에서도 과실의 정도에 따라 구분 표현되고 있다(slight, ordinary, gross).

356) Schaub, a.a.O., S. 222; Däubler, a.a.O., S. 868.

유책성 급여 수준, (ix) 인적관계, (x) 과실 정도, (xi) 손실의 크기, (xii) 보험의 존재 등이 열거되고 있다.[357)]

(d) 피해자의 寄與過失 여기서도 被用者責任은 피해자인 사용자의 과실로 경감된다(民 §254 Ⅰ·Ⅱ). 獨民 §254의 목적은 전손해 보상의 원칙을 개별적 평가를 통하여 破棄하는 데 있다. 사용자의 損害輕減注意義務위반에 해당하는 과실로는 (i) 사용자가 긴급한 지시를 하지 않은 것, (ii) 필요한 감독을 하지 않은 것, (iii) 흠이 있는 작업도구를 사용하게 한 것, (iv) 작업기구가 제대로 충분히 조직되지 않은 점, (v) 피용자의 능력이 과대하게 요구된 점, (vi) 피용자가 과로한 점, (vii) 노동시간 규정의 잦은 위반 등을 든다. 다수설에 따르면 사용자가 보험에 가입할 수 있는 위험을 부보하지 않은 경우에도 사용자의 기여과실이 있는 것으로 본다. 이러한 사용자의 과실이 중대한 경우에는 피용자의 책임면제를 가져올 수 있다. 補助者(Erfüllungsgehilfe)의 과실에 대하여는 사용자가 民 §278에 따라 자신의 유책과 마찬가지로 고려된다고 하겠다.[358)] 이러한 보조자는 피해자의 법익보호를 위하여 채용된 자로서 여기에는 법적 대리인 혹은 법인의 기관대표자 등도 해당된다.

(e) 責任制限의 근거 이러한 위험성 있는 작업에 있어서의 책임에 관한 법적 불명확성은 특히 責任制限의 법적 근거에 있는데, 그 적용범위와 법적 효과를 검토하기 전에 責任制限의 법적 근거에 대한 문제를 먼저 해결하지 않으면 안 된다. 판례와 학설상 위험성 있는 작업에 있어서의 피용자 責任制限에 대한 근거에 대하여는 다양한 기준이 제시되고 있다.[359)] 피용자의 사용자에 대한 責任制限의 근거에 대한 종래의 지배적 견해는 피용자의 사용자에 대한 免責請求權(Freistellungsanspruch)의 근거와 마찬가지로[360)] 사용자의

357) Scherr, Walter, "Aktuelle Zweifelsfragen bei Betriebsumfällen"(1981) S. 168; Schaub, a.a.O., S. 222f; BAGE 7, 295f.

358) Schaub, a.a.O., S. 220.

359) Achterberg, Norbert, "Der Rechtgrund der Haftungsbeschränkung und der Ersatzansprüche des Arbeitnehmers bei schadengeneigter Arbeit" AcP 164(1964), S. 16, Fn. 7.; Köbler, a.a.O., S. 490ff; Larenz, a.a.O., S. 211ff. 이러한 責任制限근거의 다양성으로 학자들은 衡平判決(Billigkeitsrechtssprechung)에 대한 비난을 공공연하게 지적하는 것이 이해가 된다고 한다. Achterberg, a.a.O., S. 17.

360) Helm, Johann Georg, "Der arbeitrechtliche Freistellungsanspruch bei schadensgeneigter Arbeit und seine Auswirkung auf die beschränkte Unternehmerhaftung insbesondere im Verkehrsrecht" AcP 160, S. 134ff. 136. 사용자와 피용자가 외부관계에서 連帶債務者로서 책임을 지는 경우 피용자는 내부관계에서 사용자에게 책임으로부터 면제될 것을 청구할 수 있으므로 설령 사용자가 법정 매지 약정 책임면제 내지 제한의 이익을 누린다 하더라도 제3자는 피용자의 이러한 免責請求權을 압류하거나 양도받아 사용자에 대하

배려의무에서 구하였다.[361] 전술한 1959년도 판결 역시 피용자 책임의 한계를 근로관계를 지배하는 신뢰, 보호의무사상에서 도출하였다. 이 배려의무에 대하여는 일반적으로 적용되는 법적 규정이 흠결되어 있으나, 이 배려의무는 피용자를 위하여 정하여져야 하는 근로관계의 영역에서 피용자에게 보호와 배려가 주어져야 하고 피용자의 이익이 손상되기에 알맞은 모든 것을 중지하여야 할 사용자의 의무로서 규정지워진다.[362] 그러나 최근에는 이에 대한 반대견해가 유력하다. 특히 Canaris는 피용자의 책임영역이 손해산정(Schadenzurechnung)에 관한 문제인데, 배려의무가 이러한 손해산정의 근거가 될 수 없으며, 게다가 責任制限은 배려의무를 알지 못하는 법률관계에서도 적절하게 이루어져야 한다고 한다. Canaris는 그 대신 責任制限의 근거를 타인의 이익을 위하여 종사하는 경우의 위험책임(Risikohaftung bei Tätigkeit in fremdem Interesse)의 원칙에서 도출한다. 또한 責任輕減의 문제는 사실상 누가 최종적으로 타인의 이익을 위하여 업무를 수행함에 있어 발생할 수 있는 손해를 부담하여야 할 것인가에 관한 문제라고 한다. 여기서 타인의 이익을 위하여 업무를 수행하다가 발생된 손해에 대하여는 이익귀속자에게 그 손해가 전환되어야 한다는 것이다.[363] 1970. 4. 28. 연방노동법원은 처음으로 經營危險(Betriebsrisiko)을 사용자의 부담으로 하는 독립된 귀책근거로 보았고 그 뒤 계속되는 판결은 손해부담을 위험문제로 파악하였다.[364] 이에 대하여 Zöllner는 Canaris의 위험사상이 전적으로 문제를 해결시키는 것은 아니라고 한다. 왜냐하면 어느 정도 損害轉嫁가 일어나고 개별적으로 어떠한 전제요건하에의 이러한 전가가 일어날 수 있는지에 대하여는 문세가 되는 법률관계에 일반적으로 동일하게 적용되는 원칙이 없다

여 직접 피용자에 대한 손해배상청구권을 행사하고 이로서 사용자의 면책이나 責任制限을 무의미하게 만든다. 이와 같은 免責請求權은 특히 운송법에 있어서 큰 역할을 하여 책임법의 하나의 혁명이라고까지 일컬어진다. 위험근접작업에 있어서의 損害操縱은 먼저 사용자 피용자 사이에 이루어졌다가 피용자의 제 3 자에 대한 관계에까지 적용된 것이다.

361) Achterberg, a.a.O., S. 33, 47; Genius, Klaus "Risikohaftung des Geschäftsherrn" AcP. 173. S. 498.

362) Achterberg, a.a.O., S. 32. 만일 責任制限이 직접적으로 근로계약으로부터 끌어들인다면 이것은 사용자와 피용자 사이의 관계에서만 가능하다고 한다. Achterberg, a.a.O., S. 16, Fn.6.; Bauer, Jobst-Hubertus/Schmidt, Detlef "Ist es wirklich nicht notwendig, das Recht der Haftung des Arbeitnehmers gegenüber dem Arbeitgeber gesetzlich zu regeln" ZRP (Zeitschrift für Rechtpolitik) 1986. 9. S. 221.

363) Canaris의 견해는 Zöllner, a.a.O., S. 210 Köbler, a.a.O., S. 410 Fn. 50에서 재인용.

364) Richardi a.a.O., S. 799 Fn 39; Däubler, a.a.O., S. 869. BAG 1983. 3. 23. 판결 NJW 1983. 1693.

는 것이다. 오히려 법률관계에 전형적인 이익상황과 양쪽 당사자의 義務強度(Pflichtintensität)에 대한 정확한 기준을 제공하는 종합적 사고만이 있을 수 있으며 이 점에서 근로관계에서는 사용자의 신뢰의무(Treubindung)의 특수성이 責任制限을 위하여 특별히 중요한 의미가 있다고 한다. 또한 피용자의 작업중 발생하는 손해의 위험은 제3자 손해를 제하고는 사용자를 이를 부담하여야 하는데, 被用者責任의 중심문제는 과실사고에서의 이러한 위험을 사용자에게 얼마만큼 전가하여야 하는가에 있는바, 여기서는 종국적으로 사용자의 피용자에 대한 지속적인 保護配慮義務(Schutz und Rücksichtspflicht)를 인정하고 이로서 일반적 손해배상원리를 적용함에 있어 경계를 설정하는 근거가 될 수 있다고 한다.

(f) 판례의 변경 그런데 1983. 3. 23. 연방노동법원의 판결이 나오기까지는 전술한 바와 같이 소위 보통의 중간과실에 있어서 손해가 衡平原則에 따라 나누어지는 중간지대(Zwischenzone)가 있었으나 이것이 이제는 철폐되었다. 이 연방노동법원 제7부 판결은 종래의 판례를 변경하여 피용자의 책임을 고의 또는 重過失에 한정하고, 소위 중간과실의 경우 피용자의 비율적 책임분담을 배제하였다.[365] 이러한 보통과실에 있어서의 전적인 책임배제를 두고, 노동법상 責任輕減에 대한 근거를 더욱 위험원리(Risikoprizip)에서 찾게 된 데서 비롯되었고, 더 이상 그 근거를 사용자의 배려의무에서 찾지 않게 되었다고 한다.[366] 그리고 위험성 있는 작업에 있어서의 고의 또는 重過失로 피용자의 책임을 한정하는 것은 法的安定性(Rechtssicherheit)과 法的明確性(Rechtsklarheit)의 요구를 충족한다고 한다.[367] 더 나아가 연방노동법원은 같은 해 10. 21. 같은 부에서 다시 責任輕減의 범위를 전술한 소위 위험성 있는 작업에 있어서의 손해에 한정하지 않고, 사업활동의 수행에 있어서의 손해에 확대한다고 하였다. 즉 (i) 피용자의 책임을 고의 또는 重過失에 제한하는 것은 피용자가 업무수행중에 그 손해를 야기하는 것을 요건으로 하고, 그 외에 이 업무가 위험성이 있는가 없는가에 대하여 확정하는 것은 결정적이 아니며, (ii) 피용자가 업무수행중에 그 손해를 야기시켰는가 하는 문제는 업무와 손해발생 사이에 사업목적의 추구가 결정적인 손해원인으로 볼 만큼 그러한 내부적 인

365) BAGE, 42, 130.

366) Dütz, Wilhelm, "Gefahrgeneigte Arbeit" NJW(1986. 7) Heft 29. S. 1781, 1783f. 責任輕減의 근거로서의 위험원리에 관하여 BAGE, 42, 137ff.

367) BAGE, 42, 141.

과관계가 있는가 여부에 달려 있다고 하였다.[368] 앞의 두 판례는 종래의 판례와 비교해 볼 때 획기적인 것이었다. 먼저 피용자의 責任制限 기준이 되었던 「위험성 있는 작업」이라는 요건이 철폐되고 모든 작업에 확대 되었으며, 다음으로 종래 과실의 3단계 구분이 철폐되면서 피용자의 책임은 고의 또는 重過失에 한정되고 그 이외에는 완전 면책되었으며, 마지막으로 피용자의 責任制限의 근거로서 사용자의 배려의무 대신 경영위험이 등장하였던 것이다. 이러한 "위험성 있는" 대신 "경영상의" 작업("betriebliche" statt "gefahrgeneigte" Arbeit)에로의 판례의 태도 변경에 대하여는 대체로 긍정적인 것 같다.[369] 피용자가 받는 노동보수(Arbeitsentgelt)와 손해 사이의 잦은 불균형이 이를 정당화하는 것이다.[370] 그런데 普通過失이라는 중간단계를 철폐한 것에 대하여는 찬반 양론이 나누어진다. 이는 바로 責任輕減의 근거를 사용자의 배려의무로부터 구한데서 위험분담문제(Risikoproblem)로 바꾸어진 것과도 관련이 있다 하겠다.[371] 보통 중간과실에 있어서의 책임의 배제는 무엇보다도 피용자의 보호필요성을 들고 그 다음으로 輕過失과 중간과실 사이의 한계를 긋는 것이 어렵다는 점을 이유로 들고 있음에 반하여, 반대 견해는 輕過失責任의 예방의미(Präventionsbedeutung)를 들면서, 만일 輕過失과 重過失이 Alles oder Nichts의 결정에 관한 것이라면 그 경계가 너무나 커다란 의미를 갖는다고 한다.[372]

(g) 배상액의 제한문제 被用者責任이 전술한 원칙에 따라 발생하면, 피용자는 원칙적으로 전 손해를 배상하게 된다. 다만 이 경우에도 전술한 바와 같이 피해자인 사용자의 과실이 손해발생의 원인이나 결과에 기여한 때에는 이를 참작할 것이다. 그런데 重過失로 행동한 피용자가 단 한번의 잘못된 실수로 그의 경제적인 기반이 붕괴된다는 문제가 이 경우에 발생하게 되는데, 이는 기본법에 의하여 보장된 개인의 인격권을 고려할 때 우려할 만한 것으로 보인다는 견해가 있다. 즉 개인의 인격권 신장은 개인에게 어느 정도 물질적인 재화를 처분할 수 있다는 데에 결정적으로 좌우되는바,[373] 자본으로 출자한 사용자가 자본이 없는 피용자와 체결한 雇傭契約의 이행으로 보장

368) BAGE, 44, 170f.

369) Däubler, a.a.O., S. 871. 「과실」과 「위험성」의 이중심사(Doppelprufüng)에 대하여는 종전부터 비난이 있었다.

370) Peifer, a.a.O., S. 299.

371) Däubler, a.a.O., S. 869f: Bauer-Schmidt, a.a.O., S. 222

372) Dütz, a.a.O., S. 1784; Bauer Schmidt, a.a.O., S. 219.

373) BVerfGE 50, 339ff.

되는 경제적 이익을 누리면서, 피용자로 하여금 다대한 손해의 배상을 부담하게 한다는 것은 기본권인 인격권의 침해로 볼 수 있을 여지가 있다는 것이다.[374] 이러한 점을 고려해 볼 때 피용자가 금액적으로 무제한의 손해배상의무를 부담한다는 것은 衡平에 어긋난 제재가 될는지 모른다. 그래서 피용자가 운전하는 차에 대하여 車體保險(Kaskoversicherung)이 부보되어 있다면, 피용자의 책임은 월급의 2배 내지 3배로 그 배상액을 제한하고자 주장한다.[375]

(h) 이사나 지도적 피용자에의 적용문제 그리고 이러한 손해위험의 분담은 從屬的作業(unselbständige Arbeit)에서 규율되는 것이며 이러한 被用者責任에 관한 특별규율이 독립적 기업자 혹은 자유직업적 종사자에 대하여는 적용되지 아니한다. 예컨대 컴퓨터를 수리한 전자회사, 처방을 한 의사, 상소를 한 변호사는 그의 업무의 위험성 때문에 重過失에만 책임을 진다는 주장을 할 수 없다. 한편 주식회사나 유한회사의 이사[376]와 같이 기관 구성원의 책임에 대하여도 責任輕減이 이루어지는가가 문제되나[377] 형식상으로는 독립적 경제적 수임자적 지위에 있으면서 다소 종속적인 피용자 유사의 노동제공이 이루어지는 경우 그 적용 여부의 불확실성이 크다 하겠다.[378] 특히 해상운송에 있어서 지도적 피용자로서의 선장의 지위가 문제가 되는데, 선장은 사용자의 대리인이나, 그럼에도 불구하고 순수한 피용자로서 기본적으로는 사용자의 보호, 배려의무의 범주에 머물러 있기 때문에 責任輕減에서 제외될 수 없다고 한다.[379] 최근 연방노동법원은 위험근접작업에 있어서의 責任輕減을 지도적 피용자에 대하여 적용하였음에 반하여[380] 연방법원(BGH)은 지도적 피용자에 대하여 責任恩典을 거절하였다.[381] 관리(Beamter)가 고권적 권능의 영역에서 제3자나 사용자에게 가한 손해에 있어서는 노동법상 원칙이 적용되지 않는다. 왜냐하면 관리는 重過失에 대하여만 책임지기 때문이다.[382]

---

374) Gamillscheg, Rother, Lichtenberg, Lotmar의 견해; Motzer, a.a.O., S. 240 fn. 79에서 재인용.
375) Däubler, a.a.O., S. 871.
376) §93AKtG §43GmbHG
377) Bauer-Schmidt, a.a.O., S. 220. 유한회사의 이사에 대하여 責任輕減을 인정하자는 견해가 있다.
378) Däubler, a.a.O., S. 874.
379) 통설 Bauer-Schmidt, a.a.O., S. 219, 224. Zöllner, a.a.O., S. 83. 79.
380) BAG NJW 1977, 598; BAGAP 80 zu §611 BGB Haftung des Arbeitnehmers; Schaub, a.a.O.(1987), S. 266. fn 103. Bauer-Schmidt, a.a.O., S. 219 fn. 30에서 재인용.
381) BGH VersR, 1969, 474(477); BGH NJW 1970, 34; Bauer-Schmidt, a.a.O., S. 219 fn. 34에서 재인용.
382) Palandt BGB Komm. §276. 5. c. S. 307. §611. 14. b. S. 604f. §839. Bundesbeamtengesetz (BBG) §46 BVerwGE 19, 249.

(3) 瑞西, 佛蘭西法에 있어서의 被用者責任의 輕減

먼저 瑞西法은 이 문제를 거의 입법으로 해결하고 있다. 즉 앞서 말한 채무법 §44 Ⅱ 責任輕減事由 외에도 이와 관련된 조문을 살펴보면, 不法行爲責任에 있어서의 責任輕減根據로 채무법 §43 Ⅰ은 발생한 손해에 대한 배상의 방법과 정도는 법관이 결정하며, 이 경우 법관은 당해사정(民 §4)과 귀책사유의 정도(채무법 §41 Ⅰ)를 평가하여야 하고, §44 Ⅰ은 피해자가 가해행위에 동의하였거나 그에게 책임있는 사정에 의하여 손실의 발생 또는 加重이 초래되었거나 배상의무자의 지위가 가중된 경우에는 법관은 배상의무를 경감하거나 전부 면제할 수 있다고 되어 있으며, 한편 채무불이행책임에 있어서 §99 Ⅱ은 책임의 정도는 거래의 특수한 성질에 따라 정하며, 거래가 채무자의 이익을 목적으로 하는 것이 아닌 경우에는 특별히 이를 완화한다고 하여 예컨대 피용자의 낮은 급료는 피용자에게 고의 또는 重過失이 없는 한 또 하나의 책임의 경감사유가 되고, 또한 같은 조 Ⅲ은 그 밖에 계약위반행위에 대하여는 不法行爲에 있어서의 책임의 정도에 관한 규정을 준용한다고 규정하여 이를 통하여 契約責任에도 전술한 不法行爲責任에서의 責任輕減規定이 적용되며, 雇傭契約에 있어서 §321의 Ⅱ은 근로자가 책임져야 할 주의의 정도는 직업상의 위험, 노무에 요구되는 교육정도, 또는 전문지식 및 사용자가 알았거나 알았어야 할 근로자의 능력과 특성을 참작하여 개개의 雇傭契約에 따라 결정된다고 하여 이 규정으로부터 主觀的 過失概念과 輕過失免責을 도출하고 있다. 그리고 求償關係에 있어서도 같은 법 §51 Ⅰ은 不法行爲(§41 이하), 계약(예컨대 §111 §113) 또는 법률의 규정(예컨대 §55 使用者責任) 등에 의하여 수인이 상이한 법적 근거로 동일한 손해에 관하여 피해자에게 책임있는 경우에는 일개의 손해에 대하여 공동책임 있는 者간의 求償權에 관한 규정(§50)을 이들에 준용하는데, §50 Ⅱ는 당사자 상호간의 求償權의 유무와 범위는 법관의 재량(民 §4)으로 정한다고 되어 있다.[383)]

佛蘭西法에서는 사용자와 대리인(domestiques et preposes)은 民 §1384에 따라 피해자에게 損害賠償責任을 부담하게 되어, 이를 이행하게 되면 피용자에게 求償權을 가지나 하급심에서는 사용자의 求償權을 제한할려는 시도가 있었고, 이제는 단순한 雇傭契約상의 輕過失에 대하여는 求償權이 거절되며 다만 피용자에게 중대한 과실로 책임을 추궁할 수 있는 경우에만 求償權을 허용할

383) Rehbinder, 전게논문 454-67 참조; Schönenberg. W., "Schweizerisches Zivilgesetzbuch mit Obligationenrecht"(1983). OG §44 Ⅱ §43 Ⅰ §99 Ⅱ §321의 e §51 Ⅱ §50 Ⅱ ZBG §4.

것이라고 한다.384)

(4) 일본에서의 논의

使用者責任이 피용자의 유책성을 기초로 하는 타인의 不法行爲에 기한 책임(대위책임)이라고 본 종래의 판례, 통설의 입장에서는 使用者責任이 인정되는 경우에는 항상 피용자 자신도 피해자에 대하여 직접적 내지 전면적인 損害賠償責任을 부담하는 것이 당연시되었고, 사용자에 의한 배상은 이론상 궁극적인 책임자인 피용자에게 전액 구상을 할 수 있다고 생각하였다.

그러나 그 후 기업활동의 발전, 확대와 더불어 (가) 사용자는 위험성 있는 업무에 피용자를 종사시켜 그 피용자의 노동에 의해 많은 이익을 얻고 있음에도 불구하고 기업활동으로부터 생기는 손해를 전부 피용자에게 전가하는 것은 부당하고, (나) 사용자는 기업활동으로부터 생기는 정형적 위험에 관하여 보험제도 혹은 가격기구를 통하여 다른 곳으로 손실을 분산시킬 수 있지만 피용자는 그러한 입장이 못되며, (다) 사용자는 피용자의 노동조건을 조정하는 지위에 있지만 피용자는 그렇지 않고, 위험의 방지 내지 회피도 곤란하다는 등의 이유로 피용자보호의 사회적 요청이 고양되어 사용자의 求償權行使를 제한하여야 한다는 주장 및 해석론이 일반적으로 승인되기에 이르렀다.385)

日最判 昭 51(1976).7.8(民集 30-7, 689)은 사용자가 그 사업의 집행에 관하여 이루어진 피용자의 가해행위에 의해 직접 손해를 입고 또는 사용자로서의 損害賠償責任을 부담한 것에 기해 손해를 입은 경우에는 사용자는 그 사업의 성격, 규모, 시설의 현황, 피용자의 업무의 내용, 노동조건, 가해행위의 태양, 가해행위의 예방 혹은 손실의 분산에 관한 사용자의 배려의 정도 기타 제반의 사정에 비추어 손해의 공평한 분담이라고 하는 견지에서 信義則上 상당하다고 인정되는 한도에서 피용자에 대하여 위 손해의 배상 혹은 구상의 청구를 할 수 있다고 하였다.

(5) 結 論

우리나라에서도 독일법과 같이 責任輕減理論이 충분히 고려되어 위험작업에 종사하는 근무자에게 손해발생에 대한 輕過失이 있는 경우에 賠償責任이 경감되거나 면제되는 것이 타당하다는 견해가 있다. 입법론으로서도 國家賠償

384) Zweigert, Konrad/Kötz, Hein "Einführung in die Rechtsvergleichung auf dem Gebiets des Privatrecht", Bd Ⅱ, Institutionen §18. S. 360; Ferid, Murad, "Das Französische Zivilrecht" (Bd Ⅰ, Allgemeine Lehren, Recht der Schuldverhältnis), 1971. 2. M. 144. S. 852.

385) 田上富信, "使用者の被用者に對する求償權の制限", ジュリスト 民法の爭點, 294-5.

法과 같이 고의 또는 重過失에 한정하자는 논의가 있다. 모든 작업에 피용자의 責任制限을 할 것인가는 차치하고라도 종래 독일의 통설, 판례인 위험성 있는 작업에서의 被用者責任制限 이론은 일응 우리나라에서 수용을 검토할 만한 이론이라고 생각된다. 이는 우리법에서의 使用者責任의 입법이념인 補償責任論이 사용자 피용자 사이의 대내적 관계에서도 작용하는 것을 의미한다. 사용자는 이러한 경영위험을 보험이나 가격산정을 통하여 분산할 수 있는 것이다. 이러한 해석론은 독일뿐만 아니라 瑞西, 불란서 등에서도 확립되어 있는 이론이다. 그리고 이러한 責任輕減의 근거를 信義則이라는 일반조항에서보다는 補償責任 내지 기업위험 등 使用者責任의 이념이나 법적 성질과 개별적 구체적 조항인 과실상계의 적용 내지 유추적용으로 부터 도출함이 보다 낫지 않는가 생각된다. 과실상계가 공평하고 합리적인 손해분담을 위해 조정기능을 갖는 기술, 제도이고 보면 종래의 과실상계에 있어서의 「과실」 개념에 얽매일 필요는 없고 이를 확대하여 피용자측의 사정으로 과실정도, 노동조건(급료 등), 사용자측의 사정으로 보험가입의 유무, 지도·감독의 방법(근무지시의 적법) 등 모든 사정을 참작할 수 있다.

[李 宙 興]

第 757 條(都給人의 責任)

都給人은 受給人이 그 일에 관하여 第三者에게 加한 損害를 賠償할 責任이 없다. 그러나 都給 또는 提示에 관하여 都給人에게 重大한 過失이 있는 때에는 그러하지 아니하다.

民 § 757는 "都給人은 그 受給人이 그 일에 관하여 제 3 자에게 加한 손해를 배상할 책임이 없다. 그러나 都給 또는 指示에 관하여 都給人에게 중대한 過失이 있는 때에는 그러하지 아니하다"고 규정하고 있다. 원래 受給人은 都給人으로부터 獨立해서 그의 事務를 처리하는 것이므로, 都給人의 被用者라고 할 수 없다. 都給關係에 있어서의 사용자성 문제에 관하여는 이미 使用者責任에서 자세히 살펴보았으므로(民 § 756 Ⅳ 1. (2) (나)) 여기서는 생략한다. § 757 본문은 바로

이 당연한 事理에 의하여 도급인에게는 § 756의 適用이 없음을 注意的으로 규정한 것에 지나지 않는다. 민법이 同條를 특히 둔 意義는 오히려 但書에 있다고 할 것이다.[1)]

[李 宙 興]

1) 곽윤직, 745-6.

事項索引

[ㄱ]
家團論　476
稼動能力　64, 327
家事使用人　589
假押留　182, 204
假裝讓渡　218
假定的 因果關係　232
가족간 불법행위 면책원칙　103
家族共同體被害者說　319, 444
假處分　182, 204, 389
間接損害　215, 274
監督義務　180, 467, 471, 517, 583
監理　517, 518
開發利益　286
蓋然性理論　235
個人意思自治　187
個人主義的 責任理論　468
介護費　339
客觀的 過失　100, 130, 132, 186, 192, 193
客觀的 違法　208
客觀的 責任理論　192
去來安全義務　133, 546, 587
去來的 不法行爲　544, 555, 573
結果不法　51, 209
結果責任　12, 45, 127, 138, 468, 495, 536
輕過失　197, 613
—— 免責論　604
經營危險　613, 615
經濟的 自由主義　93
경험의 商品化　70
계약법에의 도피　586
계약체결상의 과실　586
高度의 違法性說　268, 269
고독에의 권리　392
故意　7, 179, 180, 184, 197
故意免責原則　25
故意不法行爲　129, 134, 183
公共의 利益　376, 395
共同不法行爲　276, 592, 594
共同的 使用者責任　590, 594
共同絶交　360
共同體責任主義　10, 119
공리주의　24, 57
公法的 訴權說　159
公序良俗　40, 211
工作物 責任　3, 140, 148, 201, 483
公的 扶助　74, 118
公的 인물　374
公平의 原則　59, 276, 494
공표거절권　397
公害　235, 304
過失　7, 32, 35, 51, 129, 136, 179, 180, 183, 185, 426
——과 違法性의 통합　188, 240
——과 違法性의 峻別　239
——로 인한 부실표시　41
——의 推定　102, 186, 477, 487
過失相計　36, 95, 116, 117, 136, 183, 276, 342, 426, 572, 592, 596, 608
過剩賠償　329

慣習 8
廣告揭載費用 301
鑛害賠償 255
교사의 감독의무 190
교정적 정의 34
交換價値의 減少 279
求償權 118, 183, 482, 592, 593, 604
——의 制限 604, 609
具體的 公平說 144
具體的 過失 132, 191
具體的 위험 140
具體的 타당성 60
國家賠償 165, 496
國家報勳關係法상의 報償請求權 165
國家의 約束違反 413
權利濫用 211, 604
權利保護請求權 160
權利濫用 225
規範目的 272
規範的 損害槪念 298
規範的 有責性論 183
極限槪念說 319, 444
近親者 440
—— 고유의 慰藉料請求權 332, 341, 460
——의 範圍 451
禁反言 575
金錢賠償 247, 250, 252
禁止請求權 256, 389, 398, 403
禁治産宣告 466
機關過失 546, 587
기대가능성 611
期待利益喪失 78
企業危險 511
企業責任 48, 483, 579
寄與過失 65, 95, 614
寄與度 276
旣往症 334
機會的 不法行爲 501, 541

[ㄴ]
內部的 名譽 364
negligence法理 94
勞動能力喪失 316, 317, 320, 333
勞務價値說 324
勞務都給 515
農村日傭勞賃 324
누적제 115
뉴욕타임즈룰 374
뉴질랜드방식의 인신손해전보제도 119

[ㄷ]
團束法規 186, 211
單純人格權說 263
團體主義的 責任理論 468
團體責任 5, 10
團體協約 169
담보권실행경매 204
擔保權의 侵害 212, 290
담보책임 139
代理監督者 471, 474, 512, 590, 609
代理權濫用 545
對象的으로 구체화된 危險源 141
對審構造 62, 88
代位責任 25, 85, 484, 490, 604, 620
代替勞動力雇傭費說 324
代替物 161
代替慰撫補償 80
代表權 499, 591
德大契約 525, 531
都給 513, 516
都市日傭勞賃 324
獨立契約者 504, 528
獨立履行契約者 586

독자투고 광고 390
동물점유자 49, 84
同業關係 513
同一人格承繼 319, 444
同害報復 5
等價補償 78
라이프니츠식 계산법 329
란트平和法 8

[ㅁ]
맥브라이드基準表 334
면책의 第三者效理論 490
免責請求權 490, 601
免責特權 384
名目的 損害賠償 23, 227, 311
名譽毁損 48, 53, 252, 364, 370, 386, 400
名義貸與 522
目的的 行爲論 181
無過失責任 2, 29, 138, 140, 143, 146, 271, 462
無權代理 139
無申告所得 321
無差別曲線 57
無體財産權의 侵害 213
無形의 損害 70, 71, 176
默示的 命令理論 535
文書提出命令 298
物權의 侵害 212
物權的 請求權 162, 255, 258, 262, 264
物上代位 216
物的 損害 28
物的 有限責任 13
美國醫學協會基準表 334
未成年者 101, 195, 464
미완성의 과실 94
未確定損害 228
民事責任 16
——과 刑事責任 11, 16, 18
——의 制裁的 기능 17

[ㅂ]
反論報道請求 388
方式書 158
配慮原則 32, 615
배분적 정의 34, 57
賠償命令制度 25
賠償額 輕減請求 60, 183, 617
범죄사실의 보도 378
범죄수사와 肖像權의 한계 400
법률관계의 商品化 64
법률행위 자유 608
법인 120, 350, 368, 591
——機關에 의한 不法行爲責任 499
——의 不法行爲 182
法的 因果關係 154, 230
法定監督義務者 471
法定代理人 533
法條競合 152, 164
辯論主義 173, 184
辯護士費用 292
변호사책임 307
竝列的 競合關係 594
保證渡 288
保證保險 110
保證責任 101, 195
중간과실 613
普通過失 617
保合制契約 532
保險 92, 93, 198, 529
保險金 111, 343
保險委付 13
보험자간의 구상권상호포기약정 105

보험자대위 111, 114, 343
保護共同體 10
保護配慮義務 616
複委任 510
不當鑑定 291
부당권유 568
不當應訴 292
不當利得 3, 115, 169, 173
不當提訴 222, 292
不當解雇 226, 409
附帶訴訟 26
父母의 代理責任 470
부부간 계약 취소권 103
부실감사 170
扶養構成 319, 442, 445
扶養利益 445
不作爲 181
不正競爭 219
不眞正連帶責任 461, 474, 519, 590, 592, 595, 601
副次的給付非控除原則(collateral source rule) 115
부합계약 40
분산적 면책입증 585, 589, 600
불량물건의 공동인수 110
不法爭議 308
不法占有 289
不法行爲禁止請求權 255
不法行爲에 의한 罰金訴權 11
不法行爲豫防請求權 255
불특정타인을 위한 보험 111
非法人社團 350
費用返還義務 118
比率的 過失 36
比率的 因果關係 52
非財産的 損害 28, 70, 72, 99, 118, 123, 136, 183, 228, 294, 314, 347, 348, 440

[ㅅ]
事故補償法 119
사고비용의 內部化 67
事務員의 金員保管行爲 567
私保險 74, 111
死傷損害說 315, 326, 340
私生活 → 프라이버시
사실상 사용관계 505
事實上의 親族關係 332, 454
사실의 적시 365
事實的 不法行爲 551, 568, 574
事實的 因果關係 230
사실행위적 不法行爲 556
사실혼 167, 310, 362, 454
使用妨害 289
使用者 25, 85, 112, 153, 180, 501, 503, 590, 593
使用者責任 109, 165, 177, 180, 201, 482
死者에 대한 名譽毁損 369
死者의 損害賠償請求權 441
死者의 人格權 319, 350, 444
私的 復讐 10
私的自治의 원칙 163
謝罪廣告 252, 386
社會保障 16, 74, 83, 89, 122, 345
社會保險 74, 111
社會的 법치국가 145
社會的 조절장치 125
社會的 行爲論 181
사회주의 71, 87, 123
産業資本主義 63
産業財産權 → 知的財産權
3倍額賠償制度 11
상계 426, 603

相當因果關係說 231, 272
상대적 有名人 399
相隣關係 261, 405
商事法定利率 172, 175
相續構成 319, 441
傷害와 疾病 개념의 상대화 122
相互不眞正連帶債務 516
生計費 325
生命侵害 이외의 近親者의 배상청구 457
生命侵害로 因한 慰藉料 440, 449
생존배려적 사회국가 4
生活妨害 220, 255, 260, 404
生活利益 404
善良한 管理者의 注意 167, 192, 200
船舶所有者의 責任 165, 502
船員附 船舶賃貸借 521
選任·監督上의 과실 486, 583, 588, 609
船主責任制限 41
選擇的 競合 156
船荷證券 免責約款 41, 174
設備過失 584
設置·保存의 瑕疵 140, 148
涉外的 人身事故 91
姓名權 302, 403
性戲弄 248, 412
遡求權 168, 173
訴權 158, 163
消極的 損害 274, 314, 438
所得喪失說 316, 319, 333
소멸시효 177
訴訟費用償還請求 223
所有權의 侵害 212, 278, 286
贖罪金 7, 10, 16
손실의 사회적 분담 495
손실전가 46
損益相計 113, 233, 325, 342
손해배상액의 개별화 60
손해배상액의 예정 40
損害賠償의 方法 250
損害賠償의 範圍 270
損害賠償責任의 個別化 15
損害賠償責任의 社會化 102
損害賠償請求權의 相續 441
損害額의 推定 296
손해위험 613
損害의 轉嫁 83
損害의 現實性 227
修理費 282
受忍限度論 405
收支相等의 원칙 74
垂直的 競合關係 596
順次的 契約關係 508
時間的 間隔說 319, 442, 444
신뢰이익 544
新訴訟物理論 151
新受忍限度論 240
新實體法說 151, 159
信用保險 110
身元保證 478, 606
신의성실의 원칙 305, 607, 609, 620
身體損害賠償特約附 火災保險 105
實損補償契約 114
實質的 違法論 207
失火責任 105, 197, 199, 202, 472, 502
心身喪失 101, 195, 465

[ㅇ]

安全할 權利 34
約款 105, 112, 173, 177
良心의 自由 252, 387
養育者 474

어음·手票上의 債務 167
어음·手票의 僞造 556
抑止機能 32, 37, 99
言論報道에 의한 名譽毁損 248, 312
嚴格責任 48, 84, 146, 199, 484
業務上 從屬性 504
業務執行關聯性 490, 534, 542, 547
業務執行權 499
餘命短縮 335
年齡主義 463
연좌제 5
永久的 損害賠償 265
營業讓渡 169
營業의 侵害 219
豫備的 併合 172
預託金引出 566
完全賠償主義 270
外部的 名譽 364
外部效果 87
外傷損害說 460
外形理論 498, 500, 534, 548, 553, 571
外貨債權 251
用益物權의 侵害 212
偶發的 損害 30, 33
運送契約 168, 173
운송인책임 483
運轉士附 車輛貸與 519
운행지배 508
ultra vires 539
原狀回復費用 282
原狀回復主義 247, 250
原狀回復請求權 251
原因에 있어서 자유로운 행위 466
原因責任 120, 127, 138, 144
原子力損害賠償 104
違法性 3, 133, 134, 205
—— 段階說 258, 269
—— 및 責任阻却 375
——의 具體的 判斷 210
——의 本質 206
——의 추정 52
—— 一元論 241
違法의 認識 185
委付 13
違約金 294
위임 527
慰藉料 12, 22, 28, 61, 67, 99, 136, 173, 183, 228, 285, 301, 303, 306, 330, 341, 348, 351, 457
—— 算定의 基準 421
——額의 定額化 342
——의 補完的 機能 313, 333, 353
——의 定額化 429
慰藉料請求權 22, 118, 331, 348, 350
——의 相續 331, 447
위험공동체 15
위험근접작업 612
危險防止義務 190
危險負擔責任 101, 195
危險領域 86, 234, 535
危險源 129, 137, 140
위험원리 616
위험인수 65, 96, 577
危險責任 3, 44, 48, 137, 139, 144, 190, 196, 494, 615
危險回避義務 190
有價證券의 侵害 294
有償保管者責任 541
留止請求 29, 255, 256, 262
有責性 3, 126, 128, 134, 182, 195
類型的 利益衡量說 269
의견의 표명 365
醫療過失 48, 108, 237, 248, 305, 358

意思能力 463
醫師賠償責任保險 108
醫師의 說明義務 248, 305, 358
意思責任 127
利用權의 侵害 289
利益危險論 488
二重賠償 113
이중의 因果關係 480
이중처벌 24, 41
履行補助者 216, 483, 500
人格權 44, 53, 242, 252, 253, 255, 262, 268, 301, 302, 354, 373, 417, 440, 618
人格的 行爲論 181
因果關係 227, 229, 234, 473
因果的 行爲論 181
人保險 109, 114
引受擔保責任 536
人身損害 14, 64, 72, 87, 102, 116, 119, 314
一般日傭勞賃 323, 324
一般條項主義 4, 17, 51, 53
一方的 使用者責任 592
일부변제 603
一時金賠償 251, 437
一身專屬的 權利 441, 448
逸失利益 61, 67, 78, 88, 117, 136, 284, 297, 314, 317, 319, 333, 438, 445
逸失退職金 336
日傭勞動者 323
一應의 推定 235
一體不可分說 548
賃借權의 侵害 291
任置 168
立證妨害 238
立證責任 480
——의 輕減 453, 460
——의 緩和 203, 235
——의 전환 62, 140

[ㅈ]

自己財產과 同一한 注意 192
自己決定權 306, 392
自己過失責任 489, 495, 582
自己의 姓名을 정확히 호칭당할 이익 404
自己責任說 580, 604
自己責任의 原理 15, 74, 97, 120, 180
자동차강제책임보험 108
자동차보험 면책약관 112
自動車損害賠償 102, 109, 164, 498
自動車運行者責任 140, 483
自動車人身損害賠償 59
자력구제 12
自由市場 이론 86
자유주의 66, 123, 145
自由行動權 34
將來履行의 訴 437
葬禮費 329
財產的 損害 21, 183, 228, 273, 293, 314, 440, 460
再審의 訴 224
災害補償金 343
抵當權設定登記의 違法말소 217
저명인 395
著作權의 侵害 299
著作人格權 413
積極的 損害 67, 136, 274, 314, 438
前科의 公表 395
절대적 有名人 399
占有權의 侵害 212
定期金賠償 251, 347, 435, 436
情報提供責任 243

精神的 損害 → 非財産的 損害
訂正報道請求 388, 390
제 3 자를 위한 保護效 586
제 3 자에 의한 債權侵害 136, 214
제 3 자의 擔保權 侵害 183
製造物責任 25, 48, 104, 108, 237, 242, 248, 588
制限賠償主義 270, 271
操縱理論 486
族外婚 8
主觀的 過失論 132, 186, 192, 194, 619
主觀的 違法論 208
中間利子의 控除 329
中間責任 468, 492, 496
重大한 過失 130, 182, 184, 191, 197, 199, 200, 202, 472, 503, 552, 572, 573, 613
中止請求權 → 留止請求權
중첩적 사용관계 509
支給保證 564
指導的 被用者 531, 618
指示·指導상의 과실 584
持入 523
知的財産權 248, 254, 295
持參金 8
직접계약당사자관계 97
眞實의 證明 378
鎭靜理論 22
集團訴訟 267
집단에 대한 名譽毁損 369
집합건물 506
懲罰的 損害賠償 17, 20, 21, 99, 228, 310, 312

[ㅊ]
差額說 314, 353
債權의 侵害 214, 216
債權者取消權 218
債權的 傳貫 292
債務免除 599, 603
債務名義 223
責任輕減 特約 173
責任能力 42, 100, 132, 135, 143, 181, 195, 462, 475
責任無能力者 39, 426, 467, 581
責任保險 16, 25, 33, 35, 80, 92, 98
責任成立의 因果關係 229
책임의 非競合 577
責任財産 218
책임집중의 원칙 104
處分權主義 27, 172
請求權競合 40, 151, 154, 171
請求規範의 競合 151, 161
請求의 變更 172
請求의 倂合 172
請求異議의 訴 224
請求趣旨 162
肖像權 302, 396
抽象的 過失 100, 130, 134, 191, 193, 197
追後報道請求權 388
出版禁止假處分 270
取得時效 214
治療費 329, 338
親權代行者 473
親權者 180, 473
親子會社 533
親族 459

[ㅋ]
카르프초우식 계산법 329
collateral source rule → 副次的給付非控除原則

[ㅌ]
태아 350
通常損害 247, 270, 273, 417, 420
通行自由權 359
特別損害 136, 183, 270, 273, 415, 420
特定給付의 實現 방해 214

[ㅍ]
파레토최적 55
判決의 騙取 224
퍼블리시티권 302, 403
平等化補償 81
forum shopping 91
表見機能 295, 533, 540, 545, 551
表見代理責任 573
表見證明 237
表見責任 544
表現의 自由 54, 242, 269, 373
프라이버시 242, 391, 394, 395
프랑스 大革命 15
被用者 25, 65, 85, 180, 482, 503
被用者責任 601, 605, 619
피의사실 공표 381
被害者保護 34, 65, 385, 564
被害者側의 過失 333

[ㅎ]
下都給 509, 512, 515
合理的 平均人 90
海上運送 530, 532
行爲不法論 51, 209
向後所得 321
허용된 위험 141, 144
現實損害說 314, 317, 326, 340, 460
血讐 8
刑罰法規違反 210
形成權의 侵害 218
形成訴權 163
形式的 違法論 207
衡平原則 606, 611, 616
衡平責任 462
好意同乘 97, 426, 577
호프만식 계산법 329
婚姻關係의 侵害 362
婚姻豫約 166
혼자 있을 권리 392
혼합계약 167, 171
和解 8, 16, 35
環境權 248, 263, 267
환자의 자기결정권 412
回歸的 損害 436
後見人 473
後遺症 334

民法注解〔XVIII〕—債權(11)

2005年 1月 15日 初版一刷發行
2012年 5月 30日 初版四刷發行

編輯代表 郭 潤 直
發 行 人 安 鍾 萬
發 行 處 (株)博 英 社
110-102 서울특별시 종로구 평동 13-31번지
전화 (733) 6771-3
FAX (02) 736-4818
등록 1959. 3. 11. 제300-1959-1호(倫)

組 版 所 홍익m&b

定 價 50,000원

ISBN 978-89-6454-848-6
978-89-6454-583-6(세트)

http://www.pybook.co.kr